CB074401

CURSO de DIREITO PENAL

ARTIGOS 1º A 120
DO CÓDIGO PENAL **1**

O GEN | Grupo Editorial Nacional – maior plataforma editorial brasileira no segmento científico, técnico e profissional – publica conteúdos nas áreas de concursos, ciências jurídicas, humanas, exatas, da saúde e sociais aplicadas, além de prover serviços direcionados à educação continuada.

As editoras que integram o GEN, das mais respeitadas no mercado editorial, construíram catálogos inigualáveis, com obras decisivas para a formação acadêmica e o aperfeiçoamento de várias gerações de profissionais e estudantes, tendo se tornado sinônimo de qualidade e seriedade.

A missão do GEN e dos núcleos de conteúdo que o compõem é prover a melhor informação científica e distribuí-la de maneira flexível e conveniente, a preços justos, gerando benefícios e servindo a autores, docentes, livreiros, funcionários, colaboradores e acionistas.

Nosso comportamento ético incondicional e nossa responsabilidade social e ambiental são reforçados pela natureza educacional de nossa atividade e dão sustentabilidade ao crescimento contínuo e à rentabilidade do grupo.

ROGÉRIO
GRECO

CURSO de DIREITO PENAL

ARTIGOS 1º A 120
DO CÓDIGO PENAL

1

27ª edição
revista e atualizada

gen | atlas

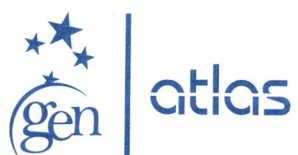

- O autor deste livro e a editora empenharam seus melhores esforços para assegurar que as informações e os procedimentos apresentados no texto estejam em acordo com os padrões aceitos à época da publicação, e todos os dados foram atualizados pelo autor até a data de fechamento do livro. Entretanto, tendo em conta a evolução das ciências, as atualizações legislativas, as mudanças regulamentares governamentais e o constante fluxo de novas informações sobre os temas que constam do livro, recomendamos enfaticamente que os leitores consultem sempre outras fontes fidedignas, de modo a se certificarem de que as informações contidas no texto estão corretas e de que não houve alterações nas recomendações ou na legislação regulamentadora.

- Fechamento desta edição: *10.12.2024*

- O Autor e a editora se empenharam para citar adequadamente e dar o devido crédito a todos os detentores de direitos autorais de qualquer material utilizado neste livro, dispondo-se a possíveis acertos posteriores caso, inadvertida e involuntariamente, a identificação de algum deles tenha sido omitida.

- **Atendimento ao cliente:** (11) 5080-0751 | faleconosco@grupogen.com.br

- Direitos exclusivos para a língua portuguesa
  Copyright © 2025 by
  Editora Atlas Ltda.
  Uma editora integrante do GEN | Grupo Editorial Nacional
  Travessa do Ouvidor, 11 – Térreo e 6º andar
  Rio de Janeiro – RJ – 20040-040
  www.grupogen.com.br

- Reservados todos os direitos. É proibida a duplicação ou reprodução deste volume, no todo ou em parte, em quaisquer formas ou por quaisquer meios (eletrônico, mecânico, gravação, fotocópia, distribuição pela Internet ou outros), sem permissão, por escrito, da Editora Atlas Ltda.

- Esta obra possui material suplementar via *QR Code*. Esse conteúdo será disponibilizado somente durante a vigência da respectiva edição. Não obstante, a editora poderá franquear o acesso por mais uma edição.

- Capa: Fabricio Vale

CIP-BRASIL. CATALOGAÇÃO NA PUBLICAÇÃO
SINDICATO NACIONAL DOS EDITORES DE LIVROS, RJ

G829c
27. ed.
v. 1

    Greco, Rogério
        Curso de direito penal : artigos 1º a 120 do código penal / Rogério Greco. - 27. ed., rev., atual. e reform. - Barueri [SP] : Atlas, 2025.
        792 p. ; 24 cm.   (Curso de direito penal ; 1)

        Continua com: Curso de direito penal : artigos 121 a 212 do código penal
        Inclui bibliografia
        Inclui índice remissivo
        ISBN 978-65-5977-679-5

        1. Brasil. [Código penal (1940)]. 2. Direito penal - Brasil. I. Título. II. Série.

24-94824   CDU: 343.2(81)

Meri Gleice Rodrigues de Souza - Bibliotecária - CRB-7/6439

*Faze-me justiça, ó Deus, e pleiteia a
minha causa contra a nação ímpia.
Livra-me do homem fraudulento e injusto.*
Salmos 43.1

*Toda honra e toda glória sejam
dadas ao Príncipe da Paz – Jesus Cristo.*

O Autor

Rogério Greco, ocupando, atualmente, o cargo de Secretário de Estado de Justiça e Segurança Pública de Minas Gerais, integrou o Ministério Público de Minas Gerais entre os anos de 1989 e 2019. Foi vice-presidente da Associação Mineira do Ministério Público (biênio 1997-1998) e membro do conselho consultivo daquela entidade de classe (biênio 2000-2001). É membro fundador do Instituto de Ciências Penais (ICP) e da Associação Brasileira dos Professores de Ciências Penais, e membro eleito para o Conselho Superior do Ministério Público durante os anos de 2003, 2006 e 2008. Professor do Curso de Pós-Graduação de Direito Penal da Fundação Escola Superior do Ministério Público de Minas Gerais; Pós-doutor pela Università Degli Studi di Messina (Itália); Doutor pela Universidade de Burgos (Espanha); Mestre em Ciências Penais pela Faculdade de Direito da Universidade Federal de Minas Gerais (UFMG); formado pela National Defense University (William J. Perry Center for Hemispheric Defense Studies) (Estados Unidos); especialista em Direito Penal (Teoria do Delito) pela Universidade de Salamanca (Espanha); Membro Titular da Banca Examinadora de Direito Penal do XLVIII Concurso para Ingresso no Ministério Público de Minas Gerais; palestrante em congressos e universidades em todo o País. É autor das seguintes obras: *Direito penal* (Belo Horizonte: Cultura); *Estrutura jurídica do crime* (Belo Horizonte: Mandamentos); *Concurso de pessoas* (Belo Horizonte: Mandamentos); *Direito penal – lições* (Rio de Janeiro: Impetus); *Curso de direito penal – parte geral e parte especial* (Rio de Janeiro: Atlas); *Código Penal comentado – doutrina e jurisprudência* (Rio de Janeiro: Forense); *Atividade policial – aspectos penais, processuais penais, administrativos e constitucionais* (Rio de Janeiro: Impetus); *Vade mecum penal e processual penal* (coordenador) (Rio de Janeiro: Impetus); *A retomada do Complexo do Alemão* (Rio de Janeiro: Impetus); *Virado do avesso – um romance históricoteológico sobre a vida do apóstolo Paulo* (Rio de Janeiro: Nah-Gash); *Sistema prisional – colapso atual e soluções alternativas* (Rio de Janeiro: Impetus); *Crimes hediondos e tortura* (Rio de Janeiro: Impetus); *Terrorismo* (Rio de Janeiro: Impetus); *Organização criminosa* (Rio de Janeiro: Impetus); *Abuso de autoridade* (Salvador: JusPodivm); *Derechos humanos, crisis de la prisión y modelo de justicia penal* (Espanha: Publicia Editorial); *Direito penal estruturado* (Rio de Janeiro: Método); *Medicina legal* (Rio de Janeiro: Impetus); *Crimes hediondos e equiparados* (Rio de Janeiro: Atlas). É embaixador de Cristo.

Fale direto com o autor pelo *e-mail*:
rogerio.greco@terra.com.br,

pelo Instagram:
@rogerio.greco

e pelo site:
www.rogeriogreco.com.br

Nota do Autor

Há aproximadamente 3 mil anos, um jovem pastor estava cuidando de suas ovelhas quando recebeu um recado de seu pai, que lhe pedia para ir à procura de seus três irmãos mais velhos, que se encontravam no campo de batalha. O pai, com o coração ardendo, pediu ao filho mais moço que levasse um pouco de trigo e pães aos seus irmãos, bem como lhe trouxesse notícias sobre eles.

Obediente ao seu velho pai, o jovem pastor saiu à procura de seus irmãos e os encontrou aterrorizados sob uma colina, pois todo seu grupo estava sendo desafiado por um enorme lutador, na verdade um gigante, que propunha que seus inimigos escolhessem entre eles ou tro guerreiro, para que a luta fosse travada somente entre os dois. Aquele que vencesse a luta subjugaria o grupo inimigo.

Ninguém, contudo, se atrevia a descer a colina a fim de dar início à batalha. O gigante, durante quarenta dias seguidos, ofendia e humilhava seus inimigos. Ao deparar com esse quadro, o jovem pastor foi à procura de seu rei, que também se encontrava no campo de batalha, e, sem qualquer receio, pediu permissão para enfrentar o gigante guerreiro inimigo. O rei, olhando para aquele jovem de apenas 17 anos, que nunca havia pegado em armas, tentou demovê-lo da ideia, pois não sabia que aquele pequeno e fraco pastor estava guerreando em nome do SENHOR DOS EXÉRCITOS.

Com uma simples funda, munido de algumas pedras, o jovem desafiou aquele guerreiro experiente, um gigante da terra de Gate, e, com os olhos voltados para o seu Senhor, arremessou a pedra, que acertou na testa de seu inimigo. Ao fazê-lo cair, o jovem pastor correu em direção àquele gigante adormecido e, tomando-lhe a espada, cortou-lhe a cabeça, e os seus inimigos foram derrotados.

Esse jovem pastor era Davi, filho de Jessé, da tribo de Judá; o gigante era Golias, da tribo de Gate, pertencente ao povo filisteu.

O tamanho e a força do gigante guerreiro, que nunca havia sido derrotado, intimidavam o exército de Israel. Davi, ao contrário dos demais do seu povo, olhava muito além, pois tinha os olhos voltados para o Criador dos céus e da terra, cuja força é inigualável.

Eu não sei qual o gigante que você, amado leitor, não está conseguindo derrotar. Contudo, tal como Davi, não fixe os olhos no seu problema. Olhe para cima e veja Aquele que é superior a tudo e a todos.

A Bíblia nos relata que Davi era um homem segundo o coração de Deus. Como homem, mesmo depois de ter sido coroado rei de Israel, Davi errou por diversas vezes. Adulterou, matou inocentes e descumpriu os mandamentos de Deus. Entretanto, Deus conhecia-lhe o coração e sabia que, mesmo errando, ele amava o seu Criador.

Todos nós erramos e, muitas vezes, nos sentimos envergonhados de falar com Deus. A mensagem que gostaria de transmitir-lhe, nesta oportunidade, é que Deus está esperando você iniciar a conversa. O amor de Deus é tão profundo que Ele entregou seu único Filho para a remissão de nossos pecados. A Palavra de Deus diz que todos pecaram e carecem da sua misericórdia.

Talvez você esteja pensando agora: "O que esta mensagem está fazendo em um livro de Direito Penal?" Na verdade, não existe lugar melhor para falar de Deus do que em uma obra que cuida das mazelas praticadas pelo homem. O ser humano é mau. Mata, estupra, rouba, calunia, enfim, pratica toda sorte de iniquidades. Na época do Antigo Testamento, o povo judeu tinha de imolar um cordeiro para a remissão de seus pecados. O ritual consistia em pegar um cordeiro sem qualquer defeito e sobre ele impor as mãos, como se estivesse transferindo a ele todos os pecados. Em seguida, o cordeiro era morto.

Como a raça humana não cessava de pecar e o simbolismo do cordeiro imolado já não era suficiente, Deus enviou o seu Filho unigênito, Jesus Cristo, que nunca havia praticado qualquer transgressão, para que fosse o seu cordeiro, ou seja, o Cordeiro de Deus, e, morrendo por nós naquele madeiro, levasse com Ele todos os nossos pecados e transgressões.

Assim, Jesus Cristo morreu por mim e por você. Nós, na verdade, é que matamos a Jesus Cristo. Contudo, ele não está morto, pois que ao terceiro dia ressuscitou e está vivo entre nós. Por isso, antes mesmo de ler este livro de Direito Penal, que, diga-se de passagem, não tem a menor condição de, com suas lições acadêmicas, resolver os problemas da humanidade, entregue sua vida a Jesus e deixe de olhar para seus problemas e suas transgressões como se fossem o seu Golias.

Diariamente assistimos aos telejornais, cujos âncoras, efusivamente, atribuem a chamada "onda de criminalidade" à falta de rigor das leis penais, como se não houvesse rigor suficiente. A cada dia, nossos congressistas, com finalidades eleitoreiras, criam novas infrações penais, almejando, com isso, satisfazer os desejos da sociedade, que se deixa enganar pelo discurso repressor do Direito Penal. Não se iluda, pois o Direito Penal não é a solução para qualquer problema. O problema está na natureza do homem, que é má. Por isso, somente Deus pode resolver todos os problemas da humanidade. Se praticarmos o Seu mandamento – "que vos ameis uns aos outros; assim como eu vos amei..." (João 13:14) – a sociedade será outra. Não haverá corrupção, mortes, injúrias, enfim, se seguirmos Suas lições, se o homem se voltar para Deus e tiver temor a Ele, todos os problemas serão eliminados.

Durante aproximadamente dezessete anos no Ministério Público de Minas Gerais, pudemos perceber a diferença em lidar com presos que conheceram a Palavra de Deus, que tiveram um encontro verdadeiro com Jesus Cristo, nosso Salvador. Não pensam em rebelar-se; procuram se adaptar às regras do cárcere, e mais: servem de conforto aos que ainda se encontram nas trevas.

Se você, querido leitor, quiser ter esse encontro com Jesus Cristo, faça esta oração de entrega, com todo o seu coração. Se ao final concordar com aquilo que foi lido, diga AMÉM, bem forte, com todo o seu sentimento. Diga comigo:

Senhor Jesus, eu não Te vejo, mas creio que Tu és o Filho de Deus. Agradeço-Te, Jesus, por ter morrido em meu lugar naquele madeiro, levando Consigo todas as minhas transgressões. Reconheço, Jesus, que Tu és o único Senhor e Salvador da minha alma. Escreve meu nome no Livro da Vida e me dá a salvação eterna. Amém.

Agora que você entregou sua vida ao REI DOS REIS, antes mesmo de começar a ler este livro, procure conhecer a Palavra de Deus, que é a Bíblia. Quando estiver ansioso, seja estudando, trabalhando ou mesmo com problemas de ordem pessoal, não se esqueça de que, agora, você conhece Alguém a quem pode confiar e confidenciar todas as suas angústias. Não se esqueça, também, de que Jesus Cristo levou-as na cruz do calvário.

Espero que goste da leitura que será feita a seguir, pois procurei escrever este livro da forma mais didática possível, buscando auxiliar não somente o profissional do Direito, como também os estudantes e aqueles que desejam prestar concursos públicos.

Que Deus abençoe você. Maranata!

Rogério Greco

Sumário

Capítulo I – Notas Preliminares 1
1. Introdução 1
2. Finalidade do Direito Penal 2
3. A seleção dos bens jurídico-penais 4
4. Códigos Penais do Brasil 4
5. Direito Penal Objetivo e Direito Penal Subjetivo 6
6. Modelo penal garantista de Luigi Ferrajoli 7
   6.1. Garantismo hiperbólico e monocular *versus* garantismo integral 9
   6.2. Dez axiomas do garantismo penal 10
7. Privatização do Direito Penal 11
8. O Direito Penal moderno 12

Capítulo II – Evolução Histórica do Direito Penal e Escolas Penais 13
1. Introdução 13
   1.1. Vingança privada 14
   1.2. Vingança divina 15
   1.3. Vingança pública 15
2. Direito Penal na Grécia antiga. Direito Penal romano. Direito Penal germânico. Direito Penal canônico 16
   2.1. Direito Penal na Grécia antiga 16
   2.2. Direito Penal romano 16
   2.3. Direito Penal germânico 17
   2.4. Direito Penal canônico 18
3. Período humanitário 19
   3.1. A importância da obra de Beccaria 20
   3.2. John Howard e a reforma penitenciária 26
   3.3. Jeremy Benthan e sua influência no sistema penitenciário 28
4. Período criminológico 30
5. Escolas penais 34
   5.1. Introdução 34
   5.2. Escola Clássica 38

	5.3.	Escola positiva	40
	5.4.	Outras escolas	42
		5.4.1. Terceira Escola (*Terza Scuola*)	42
		5.4.2. Escola Moderna alemã	43
		5.4.3. Escola Técnico-Jurídica	43
		5.4.4. Escola Correcionalista	44
		5.4.5. Escola da Nova Defesa Social	44

Capítulo III – Fontes do Direito Penal 46
1. Conceito 46
2. Espécies 46
3. Quadro-resumo 49

Capítulo IV – Da Norma Penal 50
1. Introdução 50
2. Teoria de Binding 50
3. Classificação das normas penais 51
   - 3.1. Normas penais incriminadoras e normas penais não incriminadoras 51
   - 3.2. Normas penais em branco (primariamente remetidas) 53
       - 3.2.1. Ofensa ao princípio da legalidade pelas normas penais em branco heterogêneas 55
   - 3.3. Normas penais incompletas ou imperfeitas (secundariamente remetidas) 57
4. Anomia e antinomia 57
5. Concurso (ou conflito) aparente de normas penais 58
   - 5.1. Princípio da especialidade 59
   - 5.2. Princípio da subsidiariedade 60
   - 5.3. Princípio da consunção 60
       - 5.3.1. Crime progressivo e progressão criminosa 62
   - 5.4. Princípio da alternatividade 63

Capítulo V – Interpretação e Integração da Lei Penal 64
1. Introdução 64
2. Espécies de interpretação 64
3. Interpretação analógica 70
4. Interpretação conforme a Constituição 71
5. Dúvidas em matéria de interpretação 72
6. Analogia 73
   - 6.1. Juiz como legislador positivo e como legislador negativo 75

Capítulo VI – Princípio da Intervenção Mínima 76
1. Quadro-resumo 78

Capítulo VII – Princípio da Lesividade 79

Capítulo VIII – Princípio da Adequação Social 82
1. Quadro-resumo 84

Capítulo IX – Princípio da Fragmentariedade 85
1. Quadro-resumo 86

Capítulo X – Princípio da Insignificância 87
1. Introdução 87
2. Tipicidade penal 88
3. Rejeição ao princípio da insignificância 89
4. Quadro-resumo 93

Capítulo XI – Princípio da Individualização da Pena 94
1. Fases da individualização da pena 94
2. Individualização da pena e a Lei nº 8.072/90 96
3. Quadro-resumo 98

Capítulo XII – Princípio da Proporcionalidade 99
1. Introdução 99
2. Proibição de excesso e proibição de proteção deficiente 100
3. Quadro-resumo 102

Capítulo XIII – Princípio da Responsabilidade Pessoal 103
1. Quadro-resumo 105

Capítulo XIV – Princípio da Limitação das Penas 106
1. Introdução 106
2. Penas de morte e de caráter perpétuo 107
3. Pena de trabalhos forçados 108
4. Pena de banimento 108
5. Penas cruéis 109
6. Quadro-resumo 110

Capítulo XV – Princípio da Culpabilidade 111
1. Quadro-resumo 114

Capítulo XVI – Princípio da Legalidade 115
1. O Estado de Direito e o princípio da legalidade 115
2. Introdução ao princípio da legalidade penal 116
3. Funções do princípio da legalidade 117
4. Legalidade formal e legalidade material 119
5. Vigência e validade da lei 120
6. Termo inicial de aplicação da lei penal 121
7. Medidas provisórias regulando matérias penais 122

8. Diferença entre princípio da legalidade e princípio da reserva legal 124
9. Quadro-resumo 124

Capítulo XVII – Princípio da Extra-atividade da Lei Penal 126
1. Introdução 126
2. Tempo do crime 126
3. Extra-atividade da lei penal – Espécies 128
4. *Novatio legis in mellius* e *novatio legis in pejus* 129
   4.1. Aplicação da *novatio legis in pejus* nos crimes permanentes e continuados 129
5. *Abolitio criminis* 130
   5.1. Efeitos da *abolitio criminis* 131
   5.2. *Abolitio criminis temporalis* 131
   5.3. Princípio da continuidade normativo-típica 132
6. Sucessão de leis no tempo 134
   6.1. Lei intermediária 134
   6.2. Sucessão de leis temporárias ou excepcionais 134
   6.3. Sucessão de complementos da norma penal em branco 136
7. Combinação de leis 137
8. Competência para aplicação da *lex mitior* 138
9. Apuração da maior benignidade da lei 139
10. Irretroatividade da *lex gravior* e medidas de segurança 139
11. Aplicação da *lex mitior* durante o período de *vacatio legis* 140
12. *Vacatio legis* indireta 140
13. A retroatividade da jurisprudência 141

Capítulo XVIII – Princípio da Territorialidade 143
1. Lugar do crime 143
2. Territorialidade 144
3. Quadro-resumo 145

Capítulo XIX – Princípio da Extraterritorialidade 146
1. Quadro-resumo 148

Capítulo XX – Disposições sobre a Aplicação da Lei Penal 149
1. Eficácia da sentença estrangeira 149
2. Contagem de prazo 150
3. Frações não computáveis na pena 151
4. Legislação especial 151

Capítulo XXI – Conceito e Evolução da Teoria do Crime 153
1. Noções fundamentais 153
2. Infração penal 155

3.	Diferença entre crime e contravenção	155
4.	Ilícito penal e ilícito civil	157
5.	Conceito de crime	158
6.	Conceito analítico de crime	160
7.	Conceito de crime adotado por Damásio, Dotti, Mirabete e Delmanto	162
8.	Dogmática do delito	163

Capítulo XXII – Classificação Doutrinária das Infrações Penais 165

1. Classificação doutrinária das infrações penais 165
    1.1. Crimes e contravenções penais 165
    1.2. Crimes comissivos, crimes omissos (próprios e impróprios) e crimes de conduta mista 166
    1.3. Crime consumado e crime tentado 167
    1.4. Crimes de ação pública e crimes de ação privada 168
    1.5. Crimes dolosos e crimes culposos 169
    1.6. Crime impossível e crime putativo 169
    1.7. Crime material, crime formal e crime de mera conduta 170
    1.8. Crime comum, crime próprio e crime de mão própria 171
    1.9. Crimes hediondos 172
    1.10. Crimes militares próprios e impróprios 175
    1.11. Crimes qualificados pelo resultado (crimes preterdolosos ou preterintencionais) 175
    1.12. Crime continuado 176
    1.13. Crimes multitudinários 177
    1.14. Crimes de dano e crimes de perigo (abstrato e concreto) 177
    1.15. Crimes simples e crimes complexos 179
    1.16. Crimes qualificados e crimes privilegiados 180
    1.17. Crime de bagatela 181
    1.18. Crime falho 181
    1.19. Crimes instantâneos, crimes permanentes e crimes instantâneos de efeitos permanentes 181
    1.20. Crime a prazo 182
    1.21. Delitos de intenção: crimes de resultado cortado e crimes mutilados de dois atos 182
    1.22. Crimes comuns, crimes políticos e crimes de opinião 183
    1.23. Crimes à distância, crimes plurilocais e crimes em trânsito 184
    1.24. Crimes habituais 184
    1.25. Crimes principais e crimes acessórios 185
    1.26. Infrações penais de menor potencial ofensivo 185
    1.27. Crimes monossubjetivos e crimes plurissubjetivos 186
    1.28. Crimes uniofensivos e crimes pluriofensivos 187

1.29. Crimes de subjetividade passiva única e crimes de subjetividade passiva dupla 187
1.30. Crime de ímpeto 188
1.31. Crime progressivo 188
1.32. Crimes exauridos 188
1.33. Crimes de atentado ou de empreendimento 188
1.34. Crimes vagos 189
1.35. Crimes ambientais 189
1.36. Crimes unissubsistentes (ou monossubsistentes) e crimes plurissubsistentes 189
1.37. Crimes transeuntes e crimes não transeuntes 190
1.38. Crimes conexos 190
1.39. Crimes falimentares 191
1.40. Crimes de responsabilidade 191
1.41. Crimes subsidiários 192
1.42. Crimes funcionais 192
1.43. Crimes de ação múltipla ou de conteúdo variado 193
1.44. Crimes de forma livre e crimes de forma vinculada 193
1.45. Crimes de ensaio ou de experiência (flagrante preparado ou provocado) 194
1.46. Crimes remetidos 194
1.47. Crimes aberrantes 195
1.48. Crimes internacionais 195
1.49. Crimes emergentes 196
1.50. Crimes condicionados e crimes incondicionados 196
1.51. Crimes de trânsito 196
1.52. Crimes de acumulação ou crimes de dano cumulativo 196

Capítulo XXIII – Conduta 197
1. Conduta 197
2. Conceito de ação – causal, final e social 198
3. Condutas dolosas e culposas 200
4. Condutas comissivas e omissivas 200
5. Ausência de conduta 201
6. Fases de realização da ação 202

Capítulo XXIV – Tipo Penal 205
1. Conceito 205
2. Tipicidade penal = tipicidade formal + tipicidade conglobante 206
3. Adequação típica 210
4. Fases da evolução do tipo 211
5. Teoria dos elementos negativos do tipo 212

6. Injusto penal (injusto típico)	214
7. Tipo básico e tipos derivados	214
8. Tipos normais e tipos anormais	215
9. Tipos fechados e tipos abertos	215
10. Tipos congruentes e tipos incongruentes	216
11. Tipo simples e tipo misto	216
12. Tipo complexo	218
13. Elementares	219
14. Elementos que integram o tipo	220
15. Elementos específicos dos tipos penais	221
16. Funções do tipo	228

Capítulo XXV – Tipo Doloso 230

1. Dispositivo legal	230
2. Conceito de dolo	230
3. O dolo no Código Penal	232
4. Teorias do dolo	233
5. Teorias adotadas pelo Código Penal	234
6. Espécies de dolo	235
7. Dolo geral (hipótese de erro sucessivo)	237
8. Dolo genérico e dolo específico	238
9. Dolo normativo (*dolus malus*)	238
10. Dolo subsequente (*dolus subsequens*)	238
11. Dolo de propósito e dolo de ímpeto	239
12. Ausência de dolo em virtude de erro de tipo	239
13. Dolo e crime de perigo	240
14. Dolo eventual e teoria da cegueira deliberada (cegueira intencional ou *willful blindness*, do mundo anglo-saxão)	241

Capítulo XXVI – Tipo Culposo 242

1. Dispositivo legal	242
2. Conceito e elementos do delito culposo	242
3. Imprudência, imperícia e negligência	248
4. Crime culposo e tipo aberto	249
5. Culpa consciente e culpa inconsciente	250
6. Diferença entre culpa consciente e dolo eventual	250
6.1. Dolo eventual ou culpa consciente nos delitos praticados na direção de veículos automotores	250
7. Culpa imprópria	254
8. Compensação e concorrência de culpas	254

9. Excepcionalidade do crime culposo 255
10. Culpa presumida 255
11. Tentativa nos delitos culposos 256
12. Princípio da confiança e crimes culposos 256

Capítulo XXVII – Relação de Causalidade 258
1. Dispositivo legal 258
2. Relação de causalidade 258
3. Do resultado de que trata o *caput* do art. 13 do Código Penal 258
4. Teorias sobre a relação de causalidade 260
5. Regressão em busca das causas do resultado 262
6. Processo hipotético de eliminação 263
7. Ocorrência do resultado 263
8. Espécies de causas 264
    8.1. Causa absolutamente independente 264
    8.2. Causa relativamente independente 266
9. Omissão como causa do resultado 270
10. Ação esperada 270
11. Crimes omissivos próprios e impróprios 271
12. Relevância da omissão 273
13. A posição de garantidor 274
    13.1. Cominação de pena diferenciada ao garantidor 276
14. Crimes omissivos por comissão 276
15. Teoria da imputação objetiva 277

Capítulo XXVIII – Consumação e Tentativa 285
1. Dispositivo legal 285
2. *Iter criminis* 285
3. Consumação 287
4. Não punibilidade da cogitação e dos atos preparatórios 287
5. Diferença entre atos preparatórios e atos de execução 288
6. Dúvida se o ato é preparatório ou de execução 290
7. Tentativa e adequação típica de subordinação mediata 291
8. Elementos que caracterizam o crime tentado 291
9. Tentativa perfeita e imperfeita 292
10. Tentativa e contravenção penal 292
11. Crimes que não admitem a tentativa 293
12. Tentativa e crime complexo 294
13. Tentativa branca 296
14. Teorias sobre a punibilidade do crime tentado 297

15. Punição da tentativa como delito autônomo	298
16. Tentativa e aplicação da pena	298
17. Tentativa e dolo eventual	299

Capítulo XXIX – Desistência Voluntária e Arrependimento Eficaz ... 302

1. Dispositivo legal ... 302
2. Desistência voluntária ... 302
    - 2.1. Introdução ... 302
    - 2.2. Desistência voluntária e política criminal ... 303
    - 2.3. A desistência deve ser voluntária, e não espontânea ... 303
    - 2.4. Fórmula de Frank ... 304
    - 2.5. Responsabilidade do agente somente pelos atos já praticados ... 305
    - 2.6. Agente que possui um único projétil em seu revólver ... 306
3. Arrependimento eficaz ... 306
4. Natureza jurídica da desistência voluntária e do arrependimento eficaz ... 306
5. Diferença entre desistência voluntária e arrependimento eficaz ... 307
6. Não impedimento da produção do resultado ... 307

Capítulo XXX – Arrependimento Posterior ... 308

1. Dispositivo legal ... 308
2. Natureza jurídica ... 308
3. Política criminal ... 308
4. Momentos para a reparação do dano ou restituição da coisa ... 309
5. Infrações penais que possibilitam a aplicação do arrependimento posterior ... 309
6. Ato voluntário do agente ... 309
7. Reparação ou restituição total, e não parcial ... 310
8. Extensão da redução aos coautores ... 311
9. Cooperação dolosamente distinta e arrependimento posterior ... 312
10. Diferença entre arrependimento posterior e arrependimento eficaz ... 313
11. A Súmula nº 554 do STF ... 313
12. Reparação do dano após o recebimento da denúncia ... 314
13. Reparação dos danos e a Lei nº 9.099/95 ... 314
14. Arrependimento posterior e crime culposo ... 315
15. Aplicação mais benéfica ao agente ... 315

Capítulo XXXI – Crime Impossível ... 316

1. Dispositivo legal ... 316
2. Introdução ... 316
3. Teorias sobre o crime impossível ... 316
4. Absoluta ineficácia do meio ... 317
5. Meio relativamente ineficaz ... 318

6.	Absoluta impropriedade do objeto	319
7.	Objeto relativamente impróprio	319
8.	O crime impossível e a Súmula nº 145 do STF	319
9.	Diferença entre crime impossível e crime putativo	320

Capítulo XXXII – Agravação pelo Resultado 321

1.	Dispositivo legal	321
2.	Inovação das disposições contidas no art. 19 do Código Penal	321
3.	Crimes qualificados pelo resultado	322
4.	Finalidade do art. 19 do Código Penal	322
5.	Crítica aos crimes preterdolosos	323

Capítulo XXXIII – Erro de Tipo 325

1.	Dispositivo legal	325
2.	Conceito de erro e sua distinção da ignorância	325
3.	Erro de tipo	326
4.	Consequências do erro de tipo	327
5.	Erro de tipo essencial e erro acidental	328
6.	Descriminantes putativas	330
	6.1. Efeitos das descriminantes putativas	332
	6.2. Hipóteses de erro nas descriminantes putativas	333
7.	As descriminantes putativas e as teorias extremada (estrita) e limitada da culpabilidade	333
8.	Teoria da culpabilidade que remete às consequências jurídicas	335
9.	Delito putativo por erro de tipo	335
10.	Erro de subsunção	335

Capítulo XXXIV – Ilicitude 337

1.	Conceito	337
2.	Ilicitude formal e material	338
3.	A ilicitude no conceito analítico de crime	339
4.	Causas de exclusão da ilicitude	340
5.	Elementos objetivos e subjetivos nas causas de exclusão da ilicitude	340
6.	Causas legais de exclusão da ilicitude	342
7.	Estado de necessidade	342
	7.1. Conceito – elementos	342
	7.2. Estado de necessidade justificante e estado de necessidade exculpante	344
	7.3. Prática de fato para salvar de perigo atual	345
	7.4. Perigo provocado pelo agente	346
	7.5. Evitabilidade do dano	347
	7.6. Estado de necessidade próprio e de terceiros	348

	7.7.	Razoabilidade do sacrifício do bem	349
	7.8.	Dever legal de enfrentar o perigo	350
	7.9.	Estado de necessidade defensivo e agressivo	351
	7.10.	Elemento subjetivo no estado de necessidade	351
	7.11.	Excesso no estado de necessidade	353
	7.12.	*Aberratio* e estado de necessidade	353
	7.13.	Estado de necessidade putativo	353
	7.14.	Estado de necessidade e dificuldades econômicas	354
	7.15.	Efeitos civis do estado de necessidade	355
8.	Legítima defesa		357
	8.1.	Conceito e finalidade	357
	8.2.	Bens amparados pela legítima defesa	358
	8.3.	Espécies de legítima defesa	359
	8.4.	Injusta agressão	360
	8.5.	Diferença entre agressão injusta e provocação injusta	361
		8.5.1. Provocação para criação de situação de legítima defesa	363
	8.6.	Meios necessários	363
	8.7.	Moderação no uso dos meios necessários	364
	8.8.	Atualidade e iminência da agressão	365
	8.9.	Defesa de direito próprio ou de terceiro	366
	8.10.	Agressão ou risco de agressão à vítima mantida refém durante a prática de crimes	367
	8.11.	Elemento subjetivo na legítima defesa	369
	8.12.	Legítima defesa e agressão de inimputáveis	370
	8.13.	Legítima defesa recíproca	371
	8.14.	Legítima defesa putativa *versus* legítima defesa autêntica (real)	372
	8.15.	Legítima defesa *versus* estado de necessidade	372
	8.16.	Excesso na legítima defesa	373
	8.17.	Excesso intensivo e extensivo	376
	8.18.	Excesso na causa	377
	8.19.	Excesso exculpante	377
	8.20.	Legítima defesa sucessiva	378
	8.21.	Legítima defesa e *aberratio ictus*	379
	8.22.	Ofendículos	379
	8.23.	Efeitos civis da legítima defesa	380
	8.24.	Forças policiais que repelem agressão injusta	380
9.	Estrito cumprimento de dever legal		381
	9.1.	Conceito e requisitos	381

9.2. O esvaziamento do estrito cumprimento de dever legal como causa de exclusão da ilicitude em face da tipicidade conglobante 383
10. Exercício regular de direito 385
11. Consentimento do ofendido – conceito, finalidades e requisitos 386

Capítulo XXXV – Culpabilidade 389
1. Conceito 389
2. Culpabilidade e perigosidade 390
3. Livre-arbítrio e determinismo 391
4. Evolução histórica da culpabilidade na teoria do delito 392
    4.1. Sistema causal-naturalista de Liszt-Beling (sistema clássico) 393
    4.2. Teoria normativa – sistema neoclássico – metodologia neokantista ... 396
    4.3. Teoria da ação final (sistema finalista) 397
    4.4. Teoria social da ação 400
    4.5. Funcionalismo teleológico ou moderado (Roxin) e Funcionalismo sistêmico ou radical (Jakobs) 400
5. Culpabilidade de ato e culpabilidade de autor 402
6. Elementos da culpabilidade na concepção finalista 403
    6.1. Imputabilidade (capacidade de culpabilidade) 403
        6.1.1. Denúncia oferecida em face de um inimputável e de um semi-imputável 408
        6.1.2. Emoção e paixão 409
        6.1.3. Embriaguez 410
    6.2. Potencial consciência sobre a ilicitude do fato 413
        6.2.1. Introdução 413
        6.2.2. Diferença entre o desconhecimento da lei e a falta de consciência sobre a ilicitude do fato 414
        6.2.3. Consciência real e consciência potencial sobre a ilicitude do fato ... 415
        6.2.4. Espécies de erro sobre a ilicitude do fato 415
        6.2.5. Erro sobre elementos normativos do tipo 417
        6.2.6. Consequências do erro de proibição 418
        6.2.7. Erro de proibição e delito putativo – diferença 418
        6.2.8. Erro de validez 418
        6.2.9. Erro de proibição culturalmente condicionado 419
    6.3. Exigibilidade de conduta diversa 419
        6.3.1. Conceito 419
        6.3.2. Causas legais de exclusão da culpabilidade por inexigibilidade de outra conduta 420
        6.3.3. Inexigibilidade de conduta diversa como causa supralegal de exclusão da culpabilidade 424
            6.3.3.1. Objeção de consciência 425

		6.3.4.	Aplicação, no Júri, das causas exculpantes supralegais	426
7.	Coculpabilidade			427

Capítulo XXXVI – Concurso de Pessoas 429

1.	Introdução		429
2.	Requisitos para o concurso de pessoas		429
3.	Teorias sobre o concurso de pessoas		431
4.	Autoria		432
	4.1.	Introdução	432
	4.2.	Conceito restritivo de autor	433
	4.3.	Conceito extensivo de autor	434
	4.4.	Teoria do domínio do fato	435
	4.5.	Coautoria	436
	4.6.	Autoria direta e indireta	437
	4.7.	Autoria mediata e crimes de mão própria	439
	4.8.	Coautoria e crimes de mão própria	440
	4.9.	Autor intelectual	441
	4.10.	Autor de determinação	442
	4.11.	Autoria por convicção	443
	4.12.	Coautoria sucessiva	443
	4.13.	Autoria colateral, autoria incerta e autoria desconhecida	444
	4.14.	Autoria de escritório (aparatos organizados de poder)	446
5.	Participação		446
	5.1.	Introdução	446
	5.2.	Cumplicidade necessária	447
	5.3.	Teorias sobre a participação	448
	5.4.	Instigação a autores e a fatos determinados	450
	5.5.	Participação punível – desistência voluntária e arrependimento eficaz do autor	450
	5.6.	Arrependimento do partícipe	452
	5.7.	Tentativa de participação	453
	5.8.	Participação em cadeia (participação de participação)	453
	5.9.	Participação sucessiva	454
	5.10.	Possibilidade de participação após a consumação	454
	5.11.	Participação por omissão	455
	5.12.	Impunibilidade da participação	456
	5.13.	Participação de menor importância	456
	5.14.	Participação em crime menos grave (desvio subjetivo de conduta)	457
	5.15.	Cumplicidade e favorecimento real	458
6.	Punibilidade no concurso de pessoas		459

7.	Circunstâncias incomunicáveis	460
8.	Crimes multitudinários	461
9.	Concurso de pessoas em crimes omissivos	463
	9.1. Crimes omissivos próprios e impróprios – distinção	463
	9.1.1. Coautoria em crimes omissivos (próprios e impróprios)	465
	9.1.2. Participação em crimes omissivos (próprios e impróprios)	466
10.	Concurso de pessoas em crimes culposos	467
	10.1. Introdução	467
	10.2. Coautoria em delitos culposos	468
	10.3. Participação em crimes culposos	469

Capítulo XXXVII – Das Penas 471

1.	Introdução	471
2.	Origem das penas	472
3.	Finalidades das penas – Teorias absolutas e relativas	474
4.	Teoria adotada pelo art. 59 do Código Penal	476
5.	Críticas aos critérios de prevenção geral e especial	477
6.	Sistemas prisionais	478
7.	Espécies de penas	480
8.	Penas privativas de liberdade	481
	8.1. Reclusão e detenção	481
	8.2. Regimes de cumprimento de pena	482
	8.3. Fixação legal do regime inicial de cumprimento de pena	483
	8.4. A Lei nº 8.072/90 e a imposição do cumprimento inicial da pena em regime fechado nos crimes nela previstos	485
	8.5. Lei de tortura e regime inicial de cumprimento de pena	487
	8.6. Lei de Lavagem de Capitais (Lei nº 9.613/98) e fixação do regime aberto ou semiaberto nas hipóteses de delação premiada	489
	8.7. Impossibilidade de cumprimento de pena em regime mais gravoso do que o determinado na sentença penal condenatória	489
	8.8. Regras do regime fechado	491
	8.8.1. Estabelecimento penal federal de segurança máxima	492
	8.9. Regras do regime semiaberto	493
	8.10. Regras do regime aberto	494
	8.11. A remição pelo estudo nos regimes semiaberto e aberto	495
	8.12. Progressão e regressão de regime	495
	8.12.1. Jurisprudência em teses do Superior Tribunal de Justiça, Boletim nº 7, publicado em 19 de fevereiro de 2014, sobre falta grave em execução penal	501
	8.12.2. Jurisprudência em teses do Superior Tribunal de Justiça, edição nº 144, sobre falta grave em execução penal – II	502

- 8.12.3. Jurisprudência em teses do Superior Tribunal de Justiça, edição nº 145, sobre falta grave em execução penal – III 503
- 8.12.4. Jurisprudência em teses do Superior Tribunal de Justiça, edição nº 146, sobre falta grave em execução penal – IV 504
- 8.13. Regime especial 505
- 8.14. Direitos do preso 506
  - 8.14.1. Gestantes e mães presas 508
  - 8.14.2. Parâmetros de acolhimento de LGBT em privação de liberdade no Brasil 509
- 8.15. Trabalho do preso e remição da pena 510
- 8.16. Remição pelo estudo 511
- 8.17. Jurisprudência em teses do Superior Tribunal de Justiça, Boletim nº 12, publicado em 14 de maio de 2014, sobre remição 512
- 8.18. Superveniência de doença mental 513
- 8.19. Detração 513
- 8.20. Prisão especial 515
- 8.21. Prisão-albergue domiciliar 517
- 8.22. Uso de algemas 519
- 8.23. Monitoramento eletrônico 521
  - 8.23.1. Introdução 521
  - 8.23.2. Tecnologias de controle de primeira, segunda e terceira gerações 525
  - 8.23.3. Monitoramento e prisão preventiva 527
  - 8.23.4. Regulamentação do monitoramento 527
9. Penas restritivas de direitos 528
   - 9.1. Introdução 528
     - 9.1.1. Possibilidade de aplicação de penas restritivas de direitos no delito de tráfico de drogas 529
   - 9.2. Espécies de penas restritivas de direitos 530
   - 9.3. Requisitos para a substituição 531
   - 9.4. Duração das penas restritivas de direitos 533
   - 9.5. Prestação pecuniária 533
     - 9.5.1. Violência doméstica e familiar contra a mulher 535
   - 9.6. Perda de bens e valores 536
   - 9.7. Prestação de serviços à comunidade ou a entidades públicas 539
   - 9.8. Interdição temporária de direitos 540
     - 9.8.1. Proibição do exercício de cargo, função ou atividade pública, bem como de mandato eletivo 540
     - 9.8.2. Proibição do exercício de profissão, atividade ou ofício que dependam de habilitação especial, de licença ou de autorização do Poder Público 541

	9.8.3.	Suspensão de autorização ou de habilitação para dirigir veículo	541
	9.8.4.	Proibição de frequentar determinados lugares	542
	9.8.5.	Proibição de inscrever-se em concurso, avaliação ou exame públicos	542
9.9.	Limitação de fim de semana		542
9.10.	Conversão das penas restritivas de direitos		543
9.11.	Execução provisória da pena restritiva de direitos		544

10. Pena de multa ... 545
    10.1. Introdução ... 545
    10.2. Sistema de dias-multa ... 546
        10.2.1. Pena de multa na Lei nº 11.343/2006 ... 546
    10.3. Aplicação da pena de multa ... 547
    10.4. Pagamento da pena de multa ... 547
    10.5. Execução da pena de multa ... 548
    10.6. Competência para a execução da pena de multa ... 549

11. Aplicação da pena ... 550
    11.1. Introdução ... 550
    11.2. Cálculo da pena ... 550
    11.3. Circunstâncias judiciais ... 553
        11.3.1. Culpabilidade ... 553
        11.3.2. Antecedentes ... 553
        11.3.3. Conduta social ... 555
        11.3.4. Personalidade do agente ... 555
        11.3.5. Motivos ... 555
        11.3.6. Circunstâncias ... 556
        11.3.7. Consequências do crime ... 556
        11.3.8. Comportamento da vítima ... 557
    11.4. Circunstâncias atenuantes e agravantes ... 558
        11.4.1. Circunstâncias agravantes ... 559
        11.4.2. Circunstâncias atenuantes ... 567
        11.4.3. Circunstâncias atenuantes inominadas ... 571
        11.4.4. Concurso de circunstâncias agravantes e atenuantes ... 572
        11.4.5. Tribunal do júri ... 573
        11.4.6. Jurisprudência em teses do Superior Tribunal de Justiça, publicada na edição nº 29, sobre aplicação da pena – agravantes e atenuantes ... 573

Capítulo XXXVIII – Concurso de Crimes ... 575

1. Introdução ... 575
2. Concurso material ou real de crimes ... 576
    2.1. Introdução ... 576
    2.2. Requisitos e consequências do concurso material ou real ... 577

2.3.	Concurso material homogêneo e heterogêneo	579
2.4.	Concurso material e penas restritivas de direitos	579

3. Concurso formal ou ideal de crimes 579
   - 3.1. Introdução 579
   - 3.2. Requisitos e consequências do concurso formal ou ideal 580
   - 3.3. Concurso formal homogêneo e heterogêneo 581
   - 3.4. Concurso formal próprio (perfeito) e impróprio (imperfeito) 581
   - 3.5. Concurso material benéfico 582
   - 3.6. Dosagem da pena 583
   - 3.7. Jurisprudência em teses do Superior Tribunal de Justiça, Boletim nº 23, publicado em 29 de outubro de 2014, sobre concurso formal 583

4. Crime continuado 584
   - 4.1. Introdução 584
   - 4.2. Natureza jurídica do crime continuado 584
   - 4.3. Requisitos e consequências do crime continuado 585
      - 4.3.1. Crimes da mesma espécie 585
      - 4.3.2. Condições de tempo, lugar, maneira de execução ou outras semelhantes 587
      - 4.3.3. Os crimes subsequentes devem ser havidos como continuação do primeiro 588
   - 4.4. Crimes dolosos, contra vítimas diferentes, cometidos com violência ou grave ameaça à pessoa 590
   - 4.5. Crime continuado simples e crime continuado qualificado 590
   - 4.6. Consequências do crime continuado 591
   - 4.7. Concurso material benéfico 591
   - 4.8. Dosagem da pena no crime continuado 591
   - 4.9. Crime continuado e *novatio legis in pejus* 592

5. Aplicação da pena no concurso de crimes 593
6. Multa no concurso de crimes 594
7. Jurisprudência em teses do Superior Tribunal de Justiça, Boletim nº 17, publicado em 6 de agosto de 2014, sobre crime continuado I 594
8. Jurisprudência em teses do Superior Tribunal de Justiça, Boletim nº 20, publicado em 17 de setembro de 2014, sobre crime continuado II 595

Capítulo XXIX – Dos Crimes Aberrantes 596

1. Introdução 596
2. Erro na execução (*aberratio ictus*) 596
   - 2.1. *Aberratio ictus* e dolo eventual 599
3. Resultado diverso do pretendido (*aberratio criminis* ou *aberratio delicti*) ... 599
4. Concurso material benéfico nas hipóteses de *aberratio ictus* e *aberratio criminis* ... 600
5. *Aberratio causae* 601

Capítulo XL – Limite das Penas 602

1. Introdução 602
2. Limite das penas 603
3. Tempo sobre o qual deverão ser procedidos os cálculos para a concessão dos "benefícios" legais 604
4. Condenação por fato posterior ao início do cumprimento da pena 605

Capítulo XLI – Suspensão Condicional da Pena 607

1. Introdução 607
2. Direito subjetivo do condenado ou faculdade do juiz? 608
3. Aplicação do *sursis* 608
4. Requisitos para a suspensão condicional da pena 609
5. Espécies de *sursis* 610
6. Revogação obrigatória 611
7. Revogação facultativa 612
8. Prorrogação automática do período de prova 613
9. Cumprimento das condições 613
10. Diferença entre o *sursis* e a suspensão condicional do processo 614

Capítulo XLII – Livramento Condicional 616

1. Introdução 616
2. Requisitos do livramento condicional 616
3. Condições para o cumprimento do livramento 622
4. Procedimento do livramento condicional 622
5. Necessidade de ser ouvido o Conselho Penitenciário para a concessão do livramento 623
6. Revogação do livramento condicional 624
7. Extinção da pena 626
8. Livramento condicional e execução provisória da sentença 626

Capítulo XLIII – Dos Efeitos da Condenação 627

1. Introdução 627
2. Efeitos genéricos da condenação 628
3. Efeitos específicos da condenação 633
4. Efeitos da condenação nos crimes contra a propriedade imaterial 636
5. Efeitos da condenação no delito de favorecimento da prostituição ou de outra forma de exploração sexual de criança ou adolescente ou de vulnerável 637
6. Efeitos da condenação na Lei de Tortura 637
7. Fixação do valor mínimo para reparação dos danos causados pela infração penal 638

8. Efeito da condenação na lei que define os crimes resultantes de preconceito de raça ou de cor 638
9. Efeitos da condenação na lei que regula a recuperação judicial, a extrajudicial e falência do empresário e da sociedade empresária 638
10. Efeitos da condenação com relação a membros do Ministério Público e da Magistratura 639
11. Efeitos da condenação na Lei nº 12.850, de 2 de agosto de 2013 (organização criminosa) 639
12. Identificação do perfil genético como efeito da condenação 639
13. Proibição de homenagem na denominação de bens públicos 640

Capítulo XLIV – Da Reabilitação 641
1. Introdução 641
2. Aplicabilidade 641
3. Requisitos e competência para a análise do pedido 642
4. Recurso do indeferimento do pedido de reabilitação 643
5. Revogação da reabilitação 643

Capítulo XLV – Medidas de Segurança 644
1. Introdução 644
2. Espécies de medidas de segurança 645
3. Início do cumprimento da medida de segurança 646
4. Prazo de cumprimento da medida de segurança 647
5. Desinternação ou liberação condicional 649
6. Reinternação do agente 650
7. Medida de segurança substitutiva aplicada ao semi-imputável 650
8. Extinção da punibilidade e medida de segurança 651
9. Direitos do internado 651
10. Internação cautelar 652

Capítulo XLVI – Ação Penal 653
1. Introdução 653
2. Condições da ação 654
   2.1. Legitimidade das partes 654
   2.2. Interesse de agir 655
   2.3. Possibilidade jurídica do pedido 656
   2.4. Justa causa 656
3. Espécies de ação penal 657
   3.1. Ação penal de iniciativa pública 657
      3.1.1. Ação penal de iniciativa pública incondicionada 658
      3.1.2. Ação penal de iniciativa pública condicionada à representação do ofendido ou à requisição do Ministro da Justiça 658

		3.1.3.	Princípios informadores da ação penal de iniciativa pública	658
	3.2.	Ação penal de iniciativa privada		659
		3.2.1.	Privada propriamente dita	659
		3.2.2.	Privada subsidiária da pública	660
		3.2.3.	Privada personalíssima	661
		3.2.4.	Princípios informadores da ação penal de iniciativa privada	661
4.	Representação criminal ou requisição do Ministro da Justiça				662
5.	Ação penal no crime complexo				664
6.	Decadência do direito de queixa ou de representação, renúncia e perdão do ofendido				665
7.	Acordo de não persecução penal				665

Capítulo XLVII – Extinção da Punibilidade 667

1. Introdução 667
2. Morte do agente 669
3. Anistia, graça e indulto 670
   - 3.1. Jurisprudência em teses do Superior Tribunal de Justiça, Boletim nº 139, publicado em 6 de janeiro de 2020, sobre indulto e comutação da pena 672
4. Retroatividade de lei que não mais considera o fato como criminoso 673
5. Prescrição, decadência e perempção 674
6. Renúncia ao direito de queixa ou perdão aceito nos crimes de ação privada 676
   - 6.1. Renúncia ao direito de queixa 676
   - 6.2. Perdão do ofendido 677
7. Retratação do agente nos casos em que a lei a admite 679
8. Perdão judicial, nos casos previstos em lei 679
   - 8.1. Perdão judicial no Código de Trânsito Brasileiro 680
   - 8.2. Perdão judicial e a Lei nº 9.807/99 682
   - 8.3. Perdão judicial e a Lei de Organização Criminosa (Lei nº 12.850, de 2 de agosto de 2013) 684

Capítulo XLVIII – Prescrição 685

1. Introdução 685
2. Natureza jurídica da prescrição 685
3. Espécies de prescrição 686
4. Prescrição antes de transitar em julgado a sentença 686
5. Prescrição das penas restritivas de direitos 687
6. Prescrição depois de transitar em julgado a sentença penal condenatória 687
7. Momento para o reconhecimento da prescrição 689
8. Prescrição retroativa e superveniente (intercorrente ou subsequente) 689
9. Termo inicial da prescrição antes de transitar em julgado a sentença final 691
10. Termo inicial da prescrição após a sentença condenatória irrecorrível 693

11. Prescrição da multa..695
12. Redução dos prazos prescricionais..696
13. Causas suspensivas da prescrição..697
14. Causas interruptivas da prescrição..700
    14.1. Recebimento da denúncia ou da queixa..701
        14.1.1. Recebimento da denúncia ou queixa na atual legislação processual penal..701
    14.2. Pronúncia...704
    14.3. Decisão confirmatória da pronúncia..705
    14.4. Publicação da sentença ou acórdão condenatórios recorríveis........705
    14.5. Início ou continuação do cumprimento da pena..............................707
    14.6. Reincidência..707
    14.7. Efeitos da interrupção...707
15. Prescrição no concurso de crimes..708
16. Prescrição pela pena em perspectiva (ideal, hipotética ou pela pena virtual)..................709
17. Prescrição e detração..710
18. Imprescritibilidade...710

Referências..711

Índice Remissivo..731

deram # Capítulo I
Notas Preliminares

1. INTRODUÇÃO

Talvez a primeira indagação que venha à mente do leitor quando inicia o estudo do Direito Penal seja, a propósito, sua própria denominação. Por que Direito Penal e não Direito Criminal ou outra denominação qualquer?

O Brasil, desde que se tornou independente, em 1822, somente utilizou a expressão *Direito Criminal* uma única vez, em seu Código de 1830 (Código Criminal do Império). Nos demais, passou a adotar a denominação Código Penal para o conjunto de normas, condensadas num único diploma legal, que visam tanto a definir os crimes, proibindo ou impondo condutas, sob a ameaça de sanção para os imputáveis e medida de segurança para os inimputáveis,[1] como também a criar normas de aplicação geral, dirigidas não só aos tipos incriminadores nele previstos, como a toda a legislação penal extravagante, desde que esta não disponha expressamente de modo contrário, conforme determina o art. 12 da Parte Geral do Código Penal (Decreto-Lei nº 2.848/40, com as modificações introduzidas pela Lei nº 7.209/84), assim redigido:

> **Art. 12.** As regras gerais deste Código aplicam-se aos fatos incriminados por lei especial, se esta não dispuser de modo diverso.

Conforme as lições de Basileu Garcia, criticava-se a expressão *Direito Penal* porque esta dava ênfase à pena e não abrangia as medidas de segurança, que visam não à punição do agente que cometeu um injusto típico, mas, sim, ao seu efetivo tratamento. Contudo, noticiava ainda o renomado mestre que alguns sustentavam ser "mais apropriado dizer Direito Criminal, porquanto as mencionadas medidas visam a evitar os crimes e pressupõem, em regra, que o seu destinatário tenha praticado algum."[2]

Nilo Batista, adepto da expressão *direito penal*, justifica sua posição dizendo:

---

[1] Pela Lei nº 7.209/84, com a reforma da parte geral do Código Penal, as medidas de segurança passaram a ser destinadas aos inimputáveis (ou aos semi-imputáveis, na hipótese do parágrafo único do art. 26, necessitando o condenado de especial tratamento curativo – conforme o art. 98 do CP).
[2] GARCIA, Basileu. *Instituições de direito penal*, p. 7.

"Em primeiro lugar [...], a pena é condição de existência jurídica do crime – ainda que ao crime, posteriormente, o direito reaja *também ou apenas* com uma medida de segurança. Pode-se, portanto, afirmar com Mir Puig que a pena 'não apenas é o conceito *central* de nossa disciplina, mas também que sua presença é *sempre* o limite daquilo que a ela pertence. Em segundo lugar, porque as medidas de segurança constituem juridicamente sanções com caráter retributivo, e portanto com indiscutível matiz penal.'"[3]

Embora façamos o estudo de um Direito Penal, não descartamos o uso do vocábulo *criminal* do nosso sistema jurídico. Por exemplo, o local onde tramitam ações de natureza penal chama-se Vara Criminal; o recurso interposto em virtude de uma decisão proferida por um juízo monocrático é dirigido e submetido ao crivo de uma Câmara Criminal; o advogado que milita na seara penal é conhecido como advogado criminalista.

Apesar da discussão existente, a denominação *Direito Penal* é, ainda, a mais difundida e utilizada, inclusive pela própria Constituição Federal, de 1988, v.g., no art. 22, inciso I.

2. FINALIDADE DO DIREITO PENAL

A finalidade do Direito Penal é proteger os bens mais importantes e necessários para a própria sobrevivência da sociedade, ou, nas precisas palavras de Luiz Regis Prado, "o pensamento jurídico moderno reconhece que o escopo imediato e primordial do Direito Penal radica na proteção de bens jurídicos – essenciais ao indivíduo e à comunidade."[4] Nilo Batista também aduz que "a missão do direito penal é a proteção de bens jurídicos, através da cominação, aplicação e execução da pena.[5] A pena, portanto, é simplesmente o instrumento de coerção de que se vale o direito penal para a proteção dos bens, valores e interesses mais significativos da sociedade.

Com o direito penal objetiva-se tutelar os bens que, por serem extremamente valiosos, não do ponto de vista econômico, mas sim político, não podem ser suficientemente protegidos pelos demais ramos do direito.

Quando dissemos ser político o critério de seleção dos bens a serem tutelados pelo Direito Penal, é porque a sociedade, dia após dia, evolui. Bens que em outros tempos eram tidos como fundamentais e, por isso, mereciam a proteção do Direito Penal, hoje, já não gozam desse *status*.[6] Exemplo disso foi a revogação dos delitos de sedução, rapto e adultério, levada a efeito pela Lei nº 11.106, de 28 de março de 2005. A mulher da década de 1940, período em que foi editado nosso Código Penal, cuja parte especial, com inúmeras alterações, ainda se encontra em vigor, é completamente diferente daquela que participa da nossa sociedade já no século XXI.

Hoje, a mulher também é voltada para o trabalho fora do ambiente doméstico; divide, efetivamente, os encargos relativos à manutenção de seu lar com o marido; e quando sozinha, assume a responsabilidade da chamada "família monoparental", atua ativamente na vida política do país, enfim, há uma diferença gritante entre a que viveu na década de 1940, e a deste

---

[3] BATISTA, Nilo. *Introdução crítica ao direito penal brasileiro*, p. 48.
[4] PRADO, Luiz Regis. *Bem jurídico-penal e Constituição*, p. 47.
[5] BATISTA, Nilo. *Introdução crítica ao direito penal brasileiro*, p. 116.
[6] Conforme assevera Sérgio Salomão Shecaira, "não é por outra razão que, no momento em que vivemos, de grandes modificações sociais, de evolução e superações, estejamos a enfrentar um duplo problema: quais bens jurídicos devem ser protegidos; quais bens jurídicos não mais precisam de proteção. Em outras palavras, estamos diante de uma via de duas mãos: a que criminaliza condutas e a que as descriminaliza" (*Responsabilidade penal da pessoa jurídica*, p. 134).

novo século. Conceitos modificam-se durante o passar dos anos. É por isso que o direito penal vive, como não poderia deixar de ser, em constante movimento, tentando adaptar-se às novas realidades sociais.

Em virtude dessa constante mutação, bens que outrora eram considerados de extrema importância e, por conseguinte, carecedores da especial atenção do Direito Penal já não merecem, hoje, ser por ele protegidos.

Assim, já que a finalidade do direito penal, como dissemos, é proteger bens essenciais à sociedade, quando esta tutela não mais se faz necessária, ele deve afastar-se e permitir que os demais ramos do direito assumam, sem a sua ajuda, esse encargo de protegê-los.

Esse raciocínio a respeito da finalidade protetiva de bens jurídicos atribuída ao Direito Penal teve início com Birnbaum, em 1834. Antes dele, Feuerbach afirmava que o Direito Penal tinha por fim proteger direitos subjetivos, pois o delito significava uma *lesão de um direito subjetivo alheio*[7]. Portanto, desde Birnbaum, a doutrina majoritária tem afirmado ser esta a finalidade do Direito Penal.

No entanto, atualmente, parte da doutrina tem contestado esse raciocínio, a exemplo do Prof. Günther Jakobs, que afirma que o Direito Penal não atende a essa finalidade de proteção de bens jurídicos, pois, quando é aplicado, o bem jurídico que teria de ser por ele protegido já foi efetivamente atacado. Para Jakobs, o que está em jogo não é a proteção de bens jurídicos, mas, sim, a garantia de vigência da norma, ou seja, o agente que praticou uma infração penal deverá ser punido para que se afirme que a norma penal por ele infringida está em vigor. Conforme destacado por Guillermo Portilla Contreras, para Jakobs, "o essencial no Direito Penal não é a proteção de bens jurídicos senão a proteção de normas, dado que os bens se convertem em jurídicos no momento em que são protegidos normativamente"; e continua dizendo que "o delito já não se caracterizará pelo conceito de dano social, senão pelo de infidelidade ao ordenamento, e a pena cumprirá a missão de confirmar o mandato jurídico como critério orientador das relações sociais"[8].

Apesar da posição do emérito catedrático da Universidade de Bonn, prevalece aquela a respeito da finalidade protetiva de bens que é atribuída ao Direito Penal. Consequentemente, se o Direito Penal tem por fim proteger bens jurídicos, não pode ocorrer a criação típica sem que algum bem esteja sendo por ele tutelado.

Merece destaque, no entanto, a advertência levada a efeito por André Estefam, quando aduz que "a missão crucial do jurista do Direito Penal, muito mais do que simplesmente definir o que é bem jurídico, deve ser encontrar quais são os limites para a sua proteção por meio das normas penais."[9] Indo mais além, podemos dizer que também faz parte dessa missão conter a "fúria legislativa", ou seja, o desejo incontido do legislador de criar tipos penais, proibindo ou impondo determinados comportamentos cujos bens não mereciam ser protegidos pelo Direito Penal, mas, sim, por outros ramos do ordenamento jurídico menos radicais do que aquele.

---

[7] FERNANDÉZ, Gonzalo D. *Bien jurídico y sistema del delito*, p. 12.
[8] CONTRERAS, Guillermo Portilla. *La influencia de las ciencias sociales en el derecho penal:* la defensa del modelo ideológico neoliberal en las teorías funcionalistas y en el discurso ético de Habermas sobre selección de los intereses penales (Crítica e justificación del derecho penal en el cambio de siglo), p. 106.
[9] STEFAM, André. *Direito penal* – Parte geral, v. 1, p. 47.

3. A SELEÇÃO DOS BENS JURÍDICO-PENAIS

Sendo a finalidade do Direito Penal a proteção dos bens essenciais ao convívio em sociedade, deverá o legislador fazer a sua seleção. Embora esse critério de escolha de bens fundamentais não seja completamente seguro, pois que nele há forte conotação subjetiva, natural da pessoa humana encarregada de levar a efeito tal seleção, podemos afirmar que a primeira fonte de pesquisa se encontra na Constituição Federal.

Os valores abrigados pela Carta Magna, tais como a liberdade, a segurança, o bem-estar social, a igualdade e a justiça, são de tal grandeza que o Direito Penal não poderá virar-lhes as costas, servindo a Lei Maior de norte ao legislador na seleção dos bens tidos como fundamentais.[10]

A Constituição Federal exerce, como veremos mais adiante, duplo papel. Se de um lado orienta o legislador, elegendo valores considerados indispensáveis à manutenção da sociedade, por outro, segundo a concepção garantista do Direito Penal, impede que esse mesmo legislador, com uma suposta finalidade protetiva de bens, proíba ou imponha determinados comportamentos violadores de direitos fundamentais atribuídos a toda pessoa humana, também consagrados pela Constituição.

Nesse sentido são as lições de André Copetti, quando assevera:

"É nos meandros da Constituição Federal, documento onde estão plasmados os princípios fundamentais de nosso Estado, que deve transitar o legislador penal para definir legislativamente os delitos, se não quer violar a coerência de todo o sistema político-jurídico, pois é inconcebível compreender-se o direito penal, manifestação estatal mais violenta e repressora do Estado, distanciado dos pressupostos éticos, sociais, econômicos e políticos constituintes de nossa sociedade."[11]

4. CÓDIGOS PENAIS DO BRASIL

Após a proclamação da Independência, em 1822, e depois de ter-se submetido às Ordenações Afonsinas, Manoelinas e Filipinas, o Brasil editou, durante sua história, os seguintes Códigos:

---

[10] "É a Constituição que delineia o perfil do Estado, assinalando os fundamentos, objetivos e princípios basilares (particularmente, arts. 1º ao 5º da CF) que vão governar a sua atuação. Logo, como manifestação da soberania do Estado, o Direito e, em especial, o Direito Penal partem da anatomia política (Focault), devem expressar essa conformação político-jurídica (estatal) ditada pela Constituição, mas, mais do que isso, devem traduzir os valores superiores da dignidade da pessoa humana, da liberdade, da justiça e da igualdade, uma vez que o catálogo de direitos fundamentais constitui, como ressalta Gómez de la Torre, o núcleo específico de legitimação e limite da intervenção penal e que, por sua vez, delimita o âmbito do punível nas condutas delitivas" (Queiroz, Paulo de Souza. *Direito penal – Introdução crítica*, p. 17-18).

[11] COPETTI, André. *Direito penal e estado democrático de direito*, p. 137-138.

Códigos do Brasil:

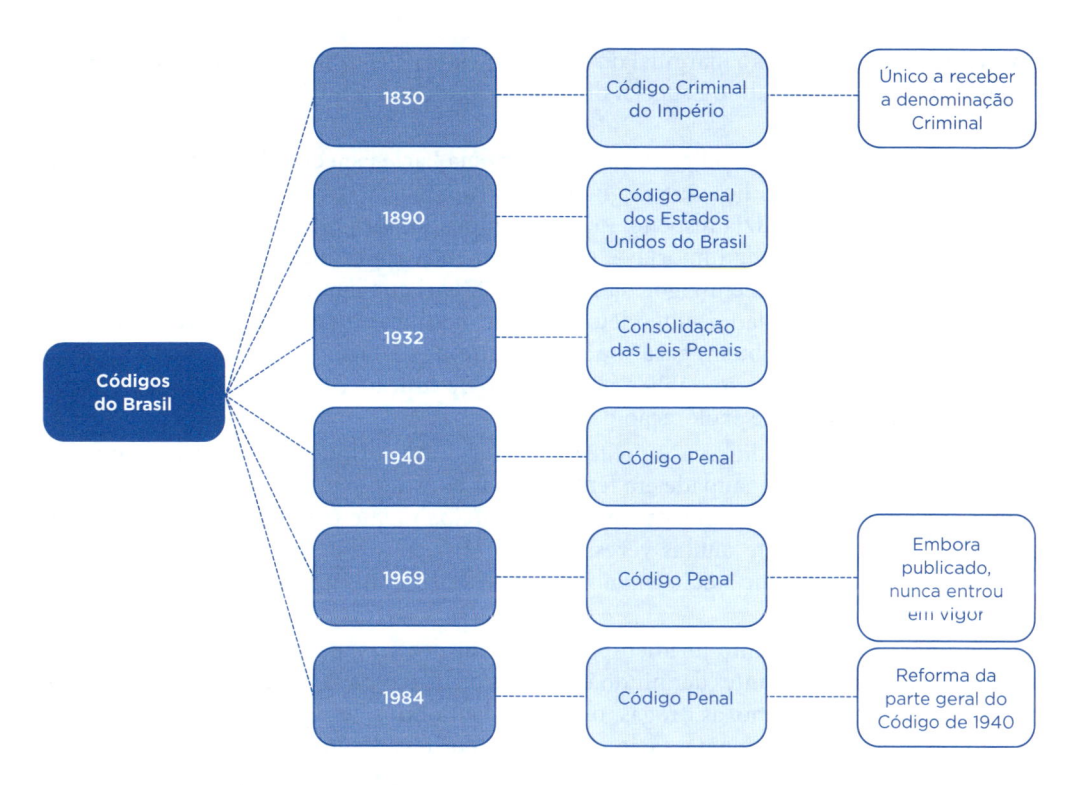

- 1830 — Código Criminal do Império — Único a receber a denominação Criminal
- 1890 — Código Penal dos Estados Unidos do Brasil
- 1932 — Consolidação das Leis Penais
- 1940 — Código Penal
- 1969 — Código Penal — Embora publicado, nunca entrou em vigor
- 1984 — Código Penal — Reforma da parte geral do Código de 1940

O nosso atual Código Penal é composto por duas partes: *geral* (arts. 1º a 120) e *especial* (arts. 121 a 361).

É a Parte Geral do Código destinada à edição das normas que vão orientar o intérprete quando da verificação da ocorrência, em tese, de determinada infração penal. Ali encontramos normas destinadas à aplicação da lei penal, preocupando-se o legislador em esclarecer, v.g., quando se considera praticado o delito, ou seja, o tempo do crime; cuida de conceitos fundamentais à existência do delito, como a conduta do agente (dolosa ou culposa), bem como o nexo de causalidade entre esta e o resultado; elenca causas que excluem o crime, afastando sua ilicitude ou isentando o agente de pena; dita regras que tocam diretamente à execução da pena infligida ao condenado, bem como à aplicação de medida de segurança ao inimputável ou semi-imputável; enumera causas de extinção da punibilidade; enfim, ocupa-se de regras que são aplicadas não só aos crimes previstos no próprio Código Penal, como também a toda a legislação extravagante, isto é, àquelas normas que não estão contidas no corpo do Código, mas que dispõem também de matérias penais.

A Parte Especial do Código Penal, embora contenha normas de conteúdo explicativo, como, *v.g.*, aquela que define o conceito de funcionário público (art. 327), ou mesmo causas que excluam o crime ou isentem o agente de pena, é destinada, precipuamente, a definir os delitos e a cominar as penas.

No Código Penal ainda percebemos que, quase sempre ao lado dos artigos, de forma destacada, encontramos determinadas expressões que se destinam à sua maior inteligibilidade. Vejamos o exemplo do art. 1º. Antes mesmo de fazermos a sua leitura, podemos perceber que esse artigo cuidará de algo que diz respeito à anterioridade da lei. E por que chegamos a essa conclusão? Por uma razão muito simples: o próprio legislador preocupou-se em nos informar, por intermédio daquilo que chamamos de *indicação marginal ou rubrica*, que aquele artigo seria destinado a tratar da matéria já por ele anunciada. Vejamos outro exemplo: no art. 121, *caput*, temos a seguinte redação: *matar alguém*. O legislador, neste caso, deu a esse crime o *nomen iuris* de *homicídio simples*, colocando essa expressão em sua rubrica. A indicação marginal ou rubrica variará de acordo com cada infração penal ou instituto da Parte Geral ou Especial do Código, podendo também ser utilizada na legislação extravagante.

Curiosamente, nosso Código Penal tinha, em sua Parte Especial, dois delitos diferentes que possuíam a mesma indicação marginal. Havia, nos arts. 332 e 357, a rubrica *exploração de prestígio*. A primeira dizia respeito ao crime praticado por particular contra a Administração em geral e a segunda importava, especificamente, em crime contra a administração da Justiça. Com a entrada em vigor da Lei nº 9.127/95, que deu nova redação ao art. 332 do Código Penal, o legislador entendeu por bem modificar a rubrica. Agora, aquele que solicita, exige, cobra ou obtém, para si ou para outrem, vantagem, a pretexto de influir em ato praticado por funcionário público no exercício da função, comete o delito de *tráfico de influência*, e não mais o de exploração de prestígio.

O movimento de codificação, que teve suas raízes no período iluminista e se concretizou no século XIX, cuja finalidade era tentar acabar com a insegurança e a incerteza que os inúmeros diplomas penais esparsos traziam – principalmente pela falta de sistematização entre eles –, que eram, até muitas vezes, contraditórias e incoerentes, está sendo minado pela inflação legislativa que assola a maioria dos ordenamentos jurídicos, a exemplo do que ocorre no Brasil.

Em nosso ordenamento jurídico-penal existem dezenas, para não dizer centenas, de leis especiais ou extravagantes definindo inúmeras infrações penais, a exemplo do que ocorre com a tortura, o racismo, as drogas, os crimes hediondos etc. Isso faz com que se perca a visão sistêmica, proporcional e racional do nosso ordenamento jurídico-penal, surgindo dúvidas no momento da interpretação conjugada desses textos legais.

A *descodificação penal*, como alerta Sergio Gabriel Torres, "altera a eficácia da lei penal e traz como consequência uma severa lesão aos princípios da necessidade, sistematicidade, racionalidade, unidade, simplicidade e proporcionalidade que devem orientar a matéria."[12]

5. DIREITO PENAL OBJETIVO E DIREITO PENAL SUBJETIVO

Direito Penal Objetivo é o conjunto de normas editadas pelo Estado, definindo crimes e contravenções, isto é, impondo ou proibindo determinadas condutas sob a ameaça de sanção ou medida de segurança, bem como todas as outras que cuidem de questões de natureza penal, v.g., excluindo o crime, isentando de pena, explicando determinados tipos penais.

O Estado, sempre atento ao princípio da legalidade, pilar fundamental de todo o direito penal, pode, de acordo com sua vontade política, ditar normas de conduta ou mesmo outras que sirvam para a interpretação e a aplicação do Direito Penal. Todas essas normas que ganham vida no corpo da lei em vigor formam o que chamamos de Direito Penal Objetivo.

Direito Penal Subjetivo, a seu turno, é a possibilidade que tem o Estado de criar e fazer cumprir suas normas, executando as decisões condenatórias proferidas pelo Poder Judiciário. É o próprio *ius puniendi*. Se determinado agente praticar um fato típico, antijurídico e culpável, abre-se ao Estado o dever-poder de iniciar a *persecutio criminis in judicio*, visando a alcançar, quando for o caso e obedecido o devido processo legal, um decreto condenatório.

Mesmo que em determinadas ações penais o Estado conceda à suposta vítima a faculdade de ingressar em juízo com uma queixa-crime, permitindo--lhe, com isso, dar início a uma relação processual penal, caso o querelado venha a ser condenado, o Estado não transfere ao querelante o seu *ius puniendi*. Ao particular, como se sabe, só cabe o chamado *ius*

---

[12] TORRES, Sergio Gabriel. *Características y consecuencias del derecho penal de emergencia* – La emergencia del miedo, p. 144.

persequendi ou o *ius accusationis*, ou seja, o direito de vir a juízo e pleitear a condenação de seu suposto agressor, mas não o de executar, ele mesmo, a sentença condenatória, haja vista ter sido a vingança privada abolida de nosso ordenamento jurídico.

O chamado *ius puniendi*, no entanto, não se limita à execução da condenação do agente que praticou, por exemplo, o delito. A própria criação da infração penal, atribuída ao legislador, também se amolda a esse conceito. Assim, tanto exerce o *ius puniendi* o Poder Legislativo, quando cria as figuras típicas, como o Poder Judiciário, quando, depois do devido processo legal, condenado o agente que violou a norma penal, executa sua decisão.[13]

Podemos subdividir, ainda, o *ius puniendi* em: *positivo* e *negativo*.

Ius puniendi positivo seria o citado anteriormente, vale dizer, o poder que tem o Estado não somente para criar os tipos penais, como também para executar suas decisões condenatórias.

Ius puniendi em sentido negativo seria, conforme as lições de Antonio Cuerda Riezu, "a faculdade de derrogar preceitos penais ou bem restringir o alcance das figuras delitivas",[14] atribuição essa que compete ao Supremo Tribunal Federal, quando declara a inconstitucionalidade de lei penal, produzindo eficácia contra todos e efeito vinculante, conforme determina o § 2º do art. 102 da Constituição Federal.

Assim, concluindo, podemos considerar o Direito Penal Objetivo e o Direito Penal Subjetivo como duas faces de uma mesma moeda. Aquele, como o conjunto de normas que, de alguma forma, cuida de matéria de natureza penal; este, como o dever-poder que tem o Estado de criar os tipos penais, e de exercer o seu direito de punir caso as normas por ele editadas venham a ser descumpridas.

6. MODELO PENAL GARANTISTA DE LUIGI FERRAJOLI

Conforme as lições de Bobbio:

> "As normas de um ordenamento não estão todas no mesmo plano. Há normas superiores e normas inferiores. As inferiores dependem das superiores. Subindo das normas inferiores àquelas que se encontram mais acima, chega-se a uma norma suprema, que não depende de nenhuma outra norma superior e sobre a qual repousa a unidade do ordenamento. Essa norma suprema é a norma fundamental. Cada ordenamento possui uma norma fundamental, que dá unidade a todas as outras normas, isto é, faz das normas espalhadas e de várias proveniências um conjunto unitário que pode ser chamado de *ordenamento*."[15]

E é justamente sobre essa hierarquia de normas, existente no chamado Estado Constitucional de Direito, que Luigi Ferrajoli vai buscar os fundamentos do seu modelo garantista.

Num sistema em que há rigidez constitucional, a Constituição, de acordo com a visão piramidal proposta por Kelsen, é a "mãe" de todas as normas. Todas as normas consideradas inferiores nela vão buscar sua fonte de validade. Não podem, portanto, contrariá-la, sob pena de serem expurgadas de nosso ordenamento jurídico, em face do vício de inconstitucionalidade.

---

[13] Podemos citar o art. 57 da Lei nº 6.001/1973 (Estatuto do Índio) como exceção a esse monopólio estatal, que diz, *verbis*: Art. 57. Será tolerada a aplicação, pelos grupos tribais, de acordo com as instituições próprias, de sanções penais ou disciplinares contra os seus membros, desde que não revistam caráter cruel ou infamante, proibida em qualquer caso a pena de morte.

[14] Cuerda RIEZU, Antonio. *El legislador y el derecho penal*, p. 96.

[15] BOBBIO, Norberto. *Teoria do ordenamento jurídico*, p. 49.

A Constituição nos garante uma série de direitos, tidos como fundamentais, que não poderão ser atacados pelas normas que lhe são hierarquicamente inferiores. Dessa forma, não poderá o legislador infraconstitucional proibir ou impor determinados comportamentos, sob a ameaça de uma sanção penal, se o fundamento de validade de todas as leis, que é a Constituição, não nos impedir de praticar ou, mesmo, não nos obrigar a fazer aquilo que o legislador nos está impondo. Pelo contrário, a Constituição nos protege da arrogância e da prepotência do Estado, garantindo-nos contra qualquer ameaça a nossos direitos fundamentais.

Nesse sentido, Ferrajoli aduz que o "garantismo – entendido no sentido do *Estado Constitucional de Direito*, isto é, aquele conjunto de vínculos e de regras racionais impostos a todos os poderes na tutela dos direitos de todos, representa o único remédio para os poderes selvagens", e distingue as garantias em duas grandes classes: "as garantias primárias e as secundárias. As garantias primárias são os limites e vínculos normativos – ou seja, as proibições e obrigações, formais e substanciais – impostos, na tutela dos direitos, ao exercício de qualquer poder. As garantias secundárias são as diversas formas de reparação – a anulabilidade dos atos inválidos e a responsabilidade pelos atos ilícitos – subsequentes às violações das garantias primárias."[16]

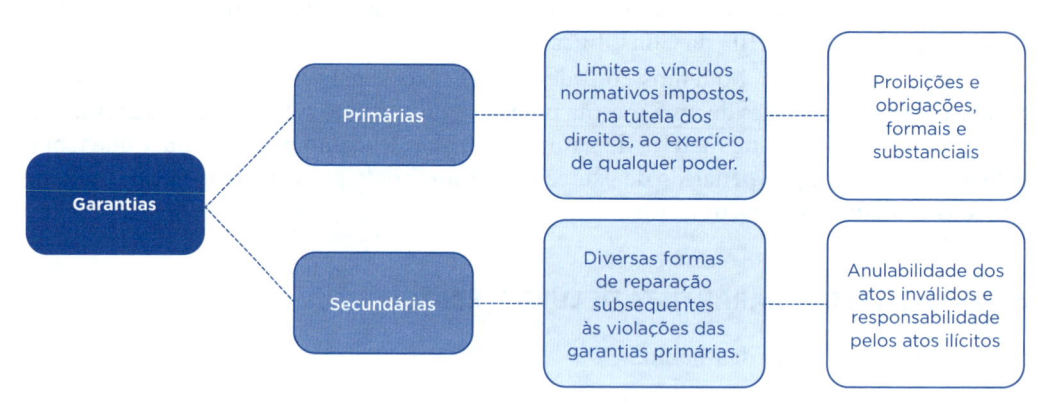

```
                          ┌─ Primárias ─── Limites e vínculos ─── Proibições e
                          │                normativos impostos,    obrigações,
                          │                na tutela dos           formais e
          Garantias ──────┤                direitos, ao exercício  substanciais
                          │                de qualquer poder.
                          │
                          └─ Secundárias ── Diversas formas ────── Anulabilidade dos
                                           de reparação            atos inválidos e
                                           subsequentes            responsabilidade
                                           às violações das        pelos atos ilícitos
                                           garantias primárias.
```

A magistratura, segundo a concepção garantista de Ferrajoli, exerce papel fundamental, principalmente no que diz respeito ao critério de interpretação da lei conforme a Constituição. O juiz não é mero aplicador da lei, mero executor da vontade do legislador ordinário. Antes de tudo, é o guardião de nossos direitos fundamentais. Ante a contrariedade da norma com a Constituição, deverá o magistrado, sempre, optar por esta última, fonte verdadeira de validade da primeira. Nas palavras de Ferrajoli:

> "A sujeição do juiz à lei já não é, como o velho paradigma positivista, sujeição à letra da lei, qualquer que fosse seu significado, senão sujeição à lei enquanto válida, quer dizer, coerente com a Constituição. E no modelo constitucional garantista a validez já não é um dogma associado à mera existência formal da lei, senão uma qualidade contingente da mesma ligada à coerência de seus significados com a Constituição, coerência mais ou menos opinável e sempre remetida à valoração do juiz. Disso se segue que a interpretação judicial da lei é também sempre um juízo sobre a lei mesma, que corresponde ao juiz junto com a responsabilidade de eleger os únicos significados válidos, ou seja, compatíveis com as normas constitucionais substanciais e com os direitos fundamentais estabelecidos pelas mesmas."[17]

---

[16] FERRAJOLI, Luigi. *El garantismo y la filosofía del derecho*, p. 132.
[17] FERRAJOLI, Luigi. *Derechos e garantías* – La ley del más débil, p. 26.

Como bem destacou Salo de Carvalho:

> "A teoria do garantismo penal, antes de mais nada, se propõe a estabelecer critérios de racionalidade e civilidade à intervenção penal, deslegitimando qualquer modelo de controle social maniqueísta que coloca a 'defesa social' acima dos direitos e garantias individuais. Percebido dessa forma, o modelo garantista permite a criação de um instrumental prático-teórico idôneo à tutela dos direitos contra a irracionalidade dos poderes, sejam públicos ou privados.
> Os direitos fundamentais adquirem, pois, *status* de intangibilidade, estabelecendo o que Elias Diaz e Ferrajoli denominam de esfera do não decidível, núcleo sobre o qual sequer a totalidade pode decidir. Em realidade, conforma uma esfera do inegociável, cujo sacrifício não pode ser legitimado sequer sob a justificativa da manutenção do 'bem comum'. Os direitos fundamentais – direitos humanos constitucionalizados – adquirem, portanto, a função de estabelecer o objeto e os limites do direito penal nas sociedades democráticas."[18]

6.1. Garantismo hiperbólico e monocular *versus* garantismo integral

Infelizmente, a teoria garantista ganhou uma visão equivocada no Brasil. A sociedade, para um determinado segmento doutrinário tido como garantista, é sempre reconhecida como a algoz, impulsionadora da criminalidade, sendo o autor da infração tratado como se fora vítima dessa mesma sociedade.

Os réus são sempre considerados os mais vulneráveis, diante de um Estado "opressor". São sempre a parte mais frágil, mais débil. Esquecem-se, contudo, completamente alheios à realidade, de que a sociedade não somente precisa, como também merece ser protegida, principalmente diante de uma nova criminalidade, oculta, mas terrivelmente cruel, como ocorre com os chamados crimes do colarinho branco, praticados, normalmente, por agentes de classe média e média alta, que sempre gozaram do benefício da impunidade. Surge, assim, por conta desse raciocínio completamente equivocado, o chamado garantismo hiperbólico e monocular.

Dissertando sobre o tema, Douglas Fischer, com precisão, esclarece que:

> "Têm-se encontrado reiteradas manifestações doutrinárias e jurisprudenciais em que há simples *referência* aos ditames do *garantismo penal* ou da *doutrina de garantias*, sem que se veja nelas a assimilação, na essência, de qual a extensão e quais os critérios da aplicação das bases teóricas invocadas. Em muitas situações, ainda, há (pelo menos alguma) distorção dos reais pilares fundantes da doutrina de Luigi Ferrajoli (*quiçá* pela *compreensão não integral de seus postulados*). Daí que falamos, em nossa crítica, que se tem difundido um *garantismo penal* unicamente *monocular* e *hiperbólico*; evidencia-se desproporcionalmente e de forma *isolada* (monocular) a necessidade de proteção *apenas dos direitos fundamentais individuais* dos cidadãos que se veem investigados, processados ou condenados"[19].

Com a finalidade de corrigir essas distorções, Douglas Fischer, de forma magistral, propõe o estudo e aplicação daquilo que convencionou denominar *garantismo integral*. Segundo o renomado autor, isso significa:

---

[18] CARVALHO, Salo de; CARVALHO, Amilton Bueno de. *Aplicação da pena e garantismo*, p. 17.
[19] FISCHER, Douglas. O que é garantismo (penal) integral? Garantismo penal integral – questões penais e processuais, criminalidade moderna e aplicação do modelo garantista no Brasil, p. 69.

"Que a compreensão e a defesa dos ordenamentos penal e processual penal também reclamam uma interpretação sistemática (por isso *integral*) dos princípios, das regras e dos valores constitucionais para tentar justificar que, a partir da Constituição Federal de 1988 (...), há também *novos paradigmas* influentes *também* (ao que interesse precipuamente aqui) em matéria penal e processual penal. Diante de uma Constituição que preveja, explícita ou implicitamente, a necessidade de proteção de bens jurídicos (individuais e coletivos) e de proteção *ativa* dos interesses da sociedade e dos investigados e/ou processados, incumbe o dever de se visualizar os contornos *integrais* do sistema garantista"[20].

Deve-se proteger e assegurar a aplicação, portanto, não somente dos direitos fundamentais individuais, ou seja, correspondentes àquele que, supostamente, praticou a infração penal, como também proteger os bens jurídicos que permitem que tenhamos uma vida regular, segura e pacífica em sociedade. Todos, portanto, merecem essa proteção e reconhecimento por parte do Estado, razão pela qual fala-se, corretamente, em *garantismo integral*.

6.2. Dez axiomas do garantismo penal

A teoria garantista penal, desenvolvida por Ferrajoli,[21] tem sua base fincada em dez axiomas, ou seja, em dez máximas que dão suporte a todo o seu raciocínio. São eles:

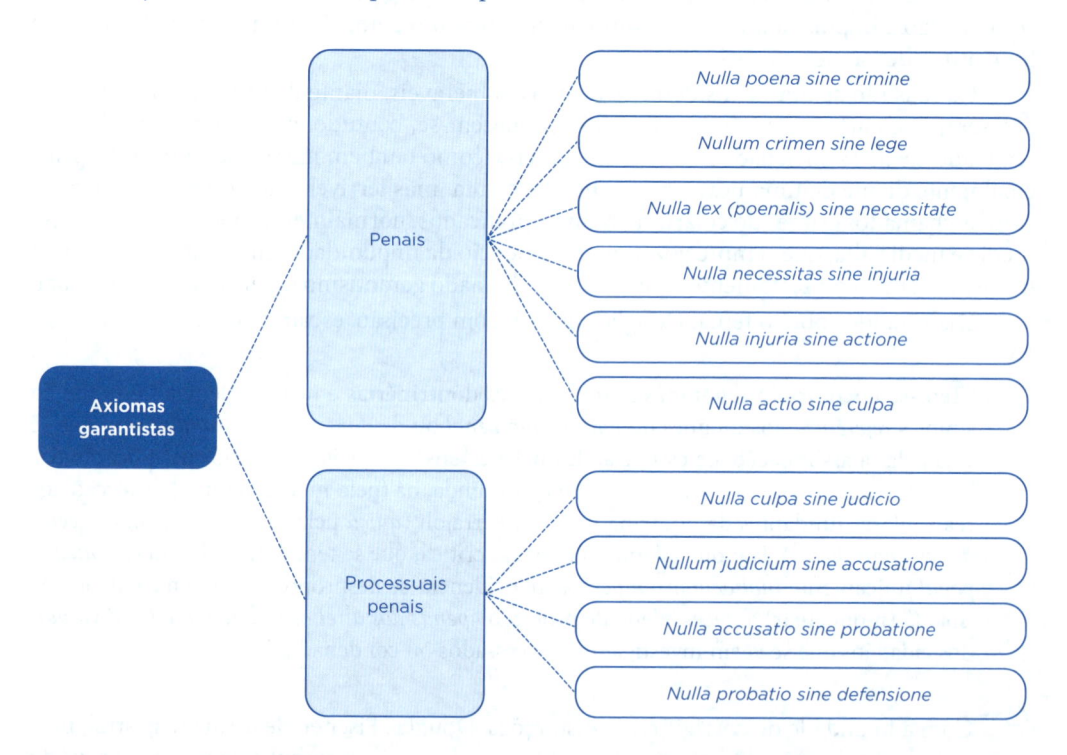

Axiomas garantistas

Penais:
- Nulla poena sine crimine
- Nullum crimen sine lege
- Nulla lex (poenalis) sine necessitate
- Nulla necessitas sine injuria
- Nulla injuria sine actione
- Nulla actio sine culpa

Processuais penais:
- Nulla culpa sine judicio
- Nullum judicium sine accusatione
- Nulla accusatio sine probatione
- Nulla probatio sine defensione

Por intermédio do primeiro brocardo – *nulla poena sine crimine* –, entende- -se que somente será possível a aplicação de pena quando houver, efetivamente, a prática de determi-

---

[20] FISCHER, Douglas. O que é garantismo (penal) integral? Garantismo penal integral – questões penais e processuais, criminalidade moderna e aplicação do modelo garantista no Brasil, p. 69.
[21] FERRAJOLI, Luigi. *Direito e razão*, p. 74-75.

nada infração penal, que, a seu turno, também deverá estar expressamente prevista na lei penal – *nullum crimen sine lege*. A lei penal somente poderá proibir ou impor comportamentos, sob a ameaça de sanção, se houver absoluta necessidade de proteger determinados bens, tidos como fundamentais ao nosso convívio em sociedade, em atenção ao chamado direito penal mínimo – *nulla lex (poenalis) sine necessitate*. As condutas tipificadas pela lei penal devem, obrigatoriamente, ultrapassar a pessoa do agente, isto é, não poderão se restringir à sua esfera pessoal, à sua intimidade, ou ao seu particular modo de ser, somente havendo possibilidade de proibição de comportamentos quando estes vierem a atingir bens de terceiros – *nulla necessitas sine injuria* –, exteriorizados mediante uma ação – *nulla injuria sine actione* –, sendo que, ainda, somente as ações culpáveis poderão ser reprovadas – *nulla actio sine culpa*.

Os demais brocardos garantistas erigidos por Ferrajoli apontam para a necessidade de adoção de um sistema nitidamente acusatório, com a presença de um juiz imparcial e competente para o julgamento da causa – *nulla culpa sine judicio* – que não se confunda com o órgão de acusação – *nullum judicium sine accusatione*. Fica, ainda, a cargo deste último o ônus probatório, que não poderá ser transferido para o acusado da prática de determinada infração penal – *nulla accusatio sine probatione* –, devendo ser-lhe assegurada a ampla defesa, com todos os recursos a ela inerentes – *nulla probatio sine defensione*.

7. PRIVATIZAÇÃO DO DIREITO PENAL

Temos assistido, ultimamente, à retomada do prestígio da vítima no processo penal. Depois da Segunda Guerra Mundial, com a descoberta das atrocidades do nazismo, surge pela primeira vez o termo *vitimologia*. Conforme esclarece Heitor Piedade Júnior, "o termo 'vitimologia', que etimologicamente deriva do latim *victima,ae* e da raiz grega *logos*, foi pela primeira vez, segundo se afirma, empregado por Benjamin Mendelson, em 1947, numa conferência pronunciada no Hospital do Estado, em Bucareste."[22]

Muitos institutos penais e processuais penais foram criados mais sob o enfoque dos interesses precípuos da vítima do que, propriamente, do agente que praticou a infração penal. Sua vontade é levada em consideração, por exemplo, nas ações de iniciativa privada, ou mesmo nas ações de iniciativa pública condicionadas à representação; no arrependimento posterior, previsto no art. 16 do Código Penal, tem-se em mira a reparação dos prejuízos por ela experimentados; a própria lei que criou os Juizados Especiais Criminais (9.099/95), em seu art. 62, depois de esclarecer que o processo deverá ser orientado pelos critérios da oralidade, da informalidade, da economia processual e da celeridade, afirma que os seus objetivos serão, sempre que possível, a *reparação dos danos sofridos pela vítima* e a aplicação de pena não privativa de liberdade etc.

Vemos, assim, que a vítima, esquecida que foi durante décadas, começa a retomar posição de proeminência, sendo seus interesses priorizados pelo Estado. Essa influência da vítima no Direito e no Processo Penal fez com que alguns autores cunhassem a expressão *privatização do Direito Penal*, entendendo-a como uma outra via de reação do Estado. Ulfrid Neumann esclarece que "recentemente, a introdução da relação autor-vítima-reparação no sistema de

---

[22] PIEDADE JÚNIOR, Heitor. *Vitimologia* – evolução no tempo e no espaço, p. 78.

sanções penais nos conduz a um modelo de 'três vias', onde a reparação surge como uma terceira função da pena conjuntamente com a retribuição e a prevenção."[23]

A referida Lei dos Juizados Especiais nos fornece outro exemplo que se amolda ao conceito de privatização do Direito Penal, vale dizer, a *composição dos danos*, na qual, nas hipóteses de ação penal de iniciativa privada ou de ação penal de iniciativa pública condicionada à representação, o acordo homologado acarreta a renúncia ao direito de queixa ou representação, nos termos do parágrafo único do art. 74 da Lei nº 9.099/95.

8. O DIREITO PENAL MODERNO

Conforme lições de Edgardo Alberto Donna, o:

"Chamado Direito Penal moderno se encontra com um fenômeno quantitativo que tem seu desenvolvimento na parte especial. Não há código que nos últimos anos não haja aumentado o catálogo de delitos, com novos tipos penais, novas leis especiais e uma forte agravação das penas."[24]

De acordo com as lições do renomado autor, podemos citar como exemplos, dentre outros, do chamado Direito Penal moderno, cujas previsões se fazem presentes na maioria dos Códigos Penais, principalmente nos países ocidentais:

- direito penal do risco;
- antecipação das punições;
- aumento dos crimes de perigo abstrato;
- delitos econômicos;
- crime organizado;
- lavagem de dinheiro;
- direito penal ambiental;
- terrorismo;
- responsabilidade penal da pessoa jurídica;
- crimes cibernéticos;
- drogas;
- mudança de tratamento do criminoso, enxergando-o como um inimigo;
- aumento de proteção a bens jurídicos abstratos, como a saúde pública;
- recrudescimento das penas;
- dificuldade para reintegração social do preso, aumentando o efetivo tempo de cumprimento da pena, dificultando sua saída do cárcere no que diz respeito à progressão de regime ou livramento condicional.

O Direito Penal moderno, como se percebe, segue as orientações político- -criminais de um Direito Penal máximo, deixando de lado, muitas vezes, as garantias penais e processuais penais, sob o argumento, falso em nossa opinião, de defesa da sociedade.

---

[23] NEUMANN, Ulfrid. *Alternativas al derecho penal* (Crítica e justificación del derecho penal en el cambio de siglo), p. 202.
[24] DONNA, Edgardo Alberto. *Derecho penal* – Parte general, t. I: Fundamentos – Teoría de la ley penal, p. 63-64.

Capítulo II
Evolução Histórica do Direito Penal e Escolas Penais

1. INTRODUÇÃO

Definitivamente, o homem não nasceu para ficar preso. A liberdade é uma característica fundamental do ser humano. A história da civilização demonstra, no entanto, que, logo no início da criação, o homem se tornou perigoso para seus semelhantes.

Segundo o livro de Gênesis, capítulo 3, versículo 8, Deus se encontrava com o homem sempre no final da tarde, ou seja, na virada do dia. Seu contato era permanente com Ele. Contudo, após sua fatal desobediência, Deus se afastou do homem. Começava, ali, a história das penas. A expulsão do primeiro casal do paraíso foi, com certeza, a maior de todas as punições. Logo após provar do fruto da árvore do conhecimento do bem e do mal, o homem deixou de lado sua pureza original, passando a cultivar sentimentos que até então lhe eram desconhecidos.

Anos mais tarde, a desobediência inicial do homem gerou o primeiro homicídio. Caim, enciumado pelo fato de que Deus havia se agradado mais da oferta de seu irmão Abel, traiçoeiramente, o matou. Caim recebeu sua sentença diretamente de Deus, que decretou que ele seria um fugitivo e errante pela terra.

A partir desses acontecimentos, o homem não parou de praticar fatos graves contra seus semelhantes. O plano original de Deus era para que o homem tivesse domínio sobre todas as coisas. Sua desobediência, contudo, levou-o a distanciar-se de Deus, dando início à prática de comportamentos nocivos àqueles que se encontravam ao seu redor.

Todo grupo social sempre possuiu regras que importavam na punição daquele que praticava fatos contrários a seus interesses. Era uma questão de sobrevivência do próprio grupo ter algum tipo de punição que tivesse o condão de impedir comportamentos que colocavam em risco sua existência.

Segundo as lições de Maggiore "a pena – como impulso que reage com um mal ante o mal do delito – é contemporânea do homem; por este aspecto de incoercível exigência ética, não tem nem princípio nem fim na história. O homem, como ser dotado de consciência moral, teve, e terá sempre, as noções de delito e pena."[1]

---

[1] MAGGIORE, Giuseppe. *Derecho penal*, v. 2, p. 243.

A palavra "pena" provém do latim *poena* e do grego *poiné* e tem o significado de inflição de dor física ou moral ao transgressor de uma lei. Conforme as lições de Enrique Pessina, a pena expressa "um sofrimento que recai, por obra da sociedade humana, sobre aquele que foi declarado autor de delito."[2]

A história do Direito Penal, portanto, confunde-se com a própria história da humanidade. Desde que o homem passou a viver em sociedade, sempre esteve presente a ideia de punição pela prática de atos que atentassem contra algum indivíduo, isoladamente, ou contra o próprio grupo social. Essa punição não era originária de leis formais, que não existiam naquela época, mas sim de regras costumeiras, culturais, destinadas à satisfação de um sentimento inato de justiça e, também, com a finalidade de preservar o próprio corpo social.

Obviamente que, no início, as reações não tinham de ser, obrigatoriamente, proporcionais ao mal praticado pelo agente infrator. Em muitas situações prevalecia, como se podia esperar, a lei do mais forte. A ideia de retribuição pelo mal sofrido, ou mesmo de vingança, era muito clara.

Conforme as lições de Magalhães Noronha:

"A pena, em sua origem, nada mais foi que vindita, pois é mais que compreensível que naquela criatura, dominada pelos instintos, o revide à agressão sofrida devia ser fatal, não havendo preocupações com a proporção, nem mesmo com sua justiça.

Em regra, os historiadores consideram várias fases da pena: *a vingança privada*, a *vingança divina*, a *vingança pública* e o *período humanitário*. Todavia deve advertir-se que esses períodos não se sucedem integralmente, ou melhor, advindo um, nem por isso o outro desaparece logo, ocorrendo, então, a existência concomitante dos princípios característicos de cada um: uma fase penetra a outra, e, durante tempos, esta ainda permanece a seu lado."[3]

1.1. Vingança privada

A primeira modalidade de pena foi consequência, basicamente, conforme explicitado por Magalhães Noronha, da chamada *vingança privada*. O único fundamento da vingança era a pura e simples retribuição a alguém pelo mal praticado. Essa vingança podia ser exercida não somente por aquele que havia sofrido o dano, como também por seus parentes ou mesmo pelo grupo social em que se encontrava inserido.

A Bíblia relata a existência das chamadas "cidades refúgio", destinadas a impedir que aquele que houvesse praticado um homicídio involuntário, ou seja, um homicídio de natureza culposa, fosse morto pelo *vingador de sangue*.[4] Se, no entanto, o homicida viesse a sair dos limites da cidade refúgio, poderia ser morto pelo mencionado vingador.[5]

A Lei de Talião pode ser considerada um avanço em virtude do momento em que foi editada. Isso porque, mesmo que de forma incipiente, já trazia em si uma noção, ainda que superficial, do conceito de proporcionalidade. O "olho por olho" e o "dente por dente" traduziam um conceito de Justiça, embora ainda atrelada à vingança privada. Conforme esclarecem María José Falcón y Tella e Fernando Falcón y Tella:

---

[2] PESSINA, Enrique. *Elementos de derecho penal*, p. 589-590.
[3] NORONHA, E. Magalhães. *Direito penal*: parte geral, v. 1, p. 20.
[4] BÍBLIA SAGRADA. AT. *Números*, cap. 35, vers. 12.
[5] BÍBLIA SAGRADA. AT. *Números*, cap. 35, vers. 27.

"Durante milênios o castigo dos atos criminais se levava a cabo mediante a *vingança privada*. A intervenção da coletividade se dava somente para aplacar a cólera de um deus que se supunha ofendido. Se produzia uma identificação delito-pecado, ideia que informará durante anos de forma decisiva toda a fisionomia penal. Nesta evolução, o *talião* supôs um tímido intento a fim de superar a absoluta arbitrariedade com que se aplicava a pena anteriormente."[6]

1.2. Vingança divina

Seguindo, ainda, as lições de Magalhães Noronha, no que diz respeito à vingança divina:

"Já existe um poder social capaz de impor aos homens normas de conduta e castigo. O princípio que domina a repressão é a satisfação da divindade, ofendida pelo crime. Pune-se com rigor, antes com notória crueldade, pois o castigo deve estar em relação com a grandeza do deus ofendido.
É o direito penal religioso, teocrático e sacerdotal. Um dos principais Códigos é o da Índia, de Manu (Mânava, Dharma, Sastra). Tinha por escopo a purificação da alma do criminoso, através do castigo, para que pudesse alcançar a bem-aventurança. Dividia a sociedade em castas: brâmanes, guerreiros, comerciantes e lavradores. Era a dos brâmanes a mais elevada; a última, a dos *sudras*, que nada valiam.
Revestido de caráter religioso era também o de Hamurabi. Aliás, podemos dizer que esse era o espírito dominante nas leis dos povos do Oriente antigo. Além da Babilônia, Índia e Israel, o Egito, a Pérsia, a China etc."[7]

Era o direito aplicado pelos sacerdotes, ou seja, aqueles que, supostamente, tinham um relacionamento direto com um deus e atuavam de acordo com sua vontade. Incontáveis atrocidades foram praticadas em nome dos deuses, muitas delas com a finalidade de aplacar-lhes a ira. A criatividade maligna dos homens não tinha limites.

As sociedades, nesse período, eram carregadas de misticismos e crenças sobrenaturais. Eventos da natureza, como chuvas, trovões, terremotos, vendavais etc., podiam demonstrar a fúria dos deuses para com os homens e, para tanto, precisava ser aplacada, mediante o sacrifício humano. Alguém era apontado como culpado e, consequentemente, devia ser entregue aos deuses.

1.3. Vingança pública

A vingança pública surge, nessa fase da evolução histórica do Direito Penal, e fundamentada na melhor organização social, como forma de proteção, de segurança do Estado e do soberano, mediante, ainda, a imposição de penas cruéis, desumanas, com nítida finalidade intimidatória.

Nessa fase, ainda há resquícios das fases anteriores, ou seja, a vingança privada continua a ser aplicada no seio das tribos, sendo carregada, também, de misticismos, típicos da fase da vingança divina. Conforme esclarece João Mestiere:

"A vingança divina cede naturalmente lugar à vingança pública, produto da paulatina afirmação do direito no contexto socio-cultural. As várias sociedades, já politicamente organizadas,

---

[6] FALCÓN Y TELLA, Maria José; FALCÓN Y TELLA, Fernando. *Fundamento y finalidad de la sanción – ¿un derecho a castigar?*, p. 97.
[7] NORONHA, E. Magalhães. *Direito penal* – Parte geral, v. 1, p. 21.

contam com um poder central, procurando por todos os meios se afirmar e manter a coesão e a disciplina do grupo social. Leis severas são ditadas e a sociedade não demora muito a sentir a enorme perda que está sofrendo dia a dia, com a aplicação da justiça. As mortes e as mutilações apenas enfraqueciam a tribo, sendo necessário então outra forma de retribuição."[8]

Pelo fato de as mutilações serem praticadas com muita frequência, enfraquecendo, sobremaneira, o grupo social, surge uma nova forma de resolução dos conflitos: a *compositio*. Segundo as lições de Maggiore:

"Ao transformar-se o talião em *composição*, se realiza o processo subsequente. Assim, o agravo já não se compensa com um sofrimento pessoal, senão com alguma utilidade material, dada pelo ofensor. O preço do resgate, e já não mais o da vingança, está representado pela entrega de animais, armas, utensílios ou dinheiro. E a proporção entre a reparação e o agravo, está contida às vezes na chamada 'tarifa de composição', em sua medida precisa."[9]

2. DIREITO PENAL NA GRÉCIA ANTIGA. DIREITO PENAL ROMANO. DIREITO PENAL GERMÂNICO. DIREITO PENAL CANÔNICO

2.1. Direito Penal na Grécia Antiga

Após passar pelos períodos da vingança privada e da vingança divina, numa terceira época, denominada "histórica", a pena deixou de se assentar sobre fundamento religioso, passando a ter uma base moral e civil, embora essas fases ainda fossem interligadas, ou seja, não havia ocorrido uma separação absoluta entre elas. A evolução mais significativa, de acordo com as lições de Luis Jiménez de Asúa, ocorreu no que diz respeito à responsabilidade:

"Que durante o transcurso de vários séculos passou de sua índole coletiva, do *genos*, à individual. Certo que, inclusive nas épocas mais antigas, o direito grego somente castigou o autor, quando se tratava de delitos comuns. Mas, no tocante às ofensas de caráter religioso e político, existiram durante longos períodos sanções de caráter coletivo. Os traidores e os tiranos eram mortos e com eles toda sua família. Glotz assinala episódios históricos de pena de morte coletiva, de privação coletiva de direitos, de expulsão coletiva da paz, chamada pelos gregos *atimia*, que acarretava terríveis consequências: qualquer um podia matar o excluído da comunidade e apoderar-se de seus bens."[10]

2.2. Direito Penal romano

O Direito Romano pode ser considerado um dos marcos mais importantes da nossa história. Roma foi fundada em 753 a.C. e surgiu de uma pequena comunidade agrícola existente na península itálica no século VIII, tornando-se um dos maiores impérios do mundo antigo. Em virtude de uma proposta levada a efeito por um plebeu chamado Gaius Terentilius, em 462 a.C., que se opunha ao modo pelo qual as leis eram conhecidas e aplicadas, principalmente pelos patrícios, foi designado um *decenvirato* (um grupo de dez homens), que teve por encargo a preparação de um conjunto de leis que, posteriormente, ficou conhecido como Lei das XII Tábuas, que chegou a seu termo e foi promulgada de 451 a 450 a.C. Foi, originalmen-

---

[8] MESTIERE, João. *Manual de direito penal* – Parte geral, v. 1, p. 26.
[9] MAGGIORE, Giuseppe. *Derecho penal*, v. 2, p. 245.
[10] JIMÉNEZ DE ASÚA, Luis. *Tratado de derecho penal*, t. 1, p. 275.

te, escrita em doze tabletes de madeira, que foram afixados no Fórum Romano, permitindo, assim, que todos as conhecessem e pudessem fazer a sua leitura. Sua temática estava dividida da seguinte forma: Tábuas I e II: Organização e procedimento judicial; Tábua III – Normas contra os inadimplentes; Tábua IV – Pátrio poder; Tábua V – Sucessões e tutela; Tábua VI – Propriedade; Tábua VII – Servidões; Tábua VIII – Dos delitos; Tábua IX – Direito público; Tábua X – Direito sagrado – Tábuas XI e XII – Complementares.

Cezar Roberto Bittencourt nos informa ainda:

"Nos primeiros tempos da realeza, surge a distinção entre os crimes públicos e privados, punidos pelo *ius publicum* e *ius civile*, respectivamente. *Crimes públicos* eram a traição ou conspiração política contra o Estado (*perduellio*) e o assassinato (*parricidium*), enquanto os demais eram crimes privados – *delicta* – por constituírem ofensas ao indivíduo, tais como furto, dano, injúria etc. O julgamento dos crimes públicos, que era atribuição do Estado, através do magistrado, era realizado por tribunais especiais, cuja sanção aplicada era a pena de morte. Já o julgamento dos crimes privados era confiado ao próprio particular ofendido, interferindo o Estado somente para regular seu exercício. Os crimes privados pertenciam ao Direito privado e não passavam de simples fontes de obrigações. Na época do império romano surge uma nova modalidade de crime, os *crimina extraordinaria*, 'fundados nas ordenações imperiais, nas decisões do Senado ou na prática da interpretação jurídica, que resulta na aplicação de uma pena individualizada pelo arbítrio judicial à relevância do caso concreto.'"[11]

E conclui o renomado autor, dizendo que, naquele período:

"Os romanos não realizaram uma sistematização dos institutos de Direito Penal. No entanto, a eles remonta a origem de inúmeros institutos penais que na atualidade continuam a integrar a moderna dogmática jurídico-penal. Na verdade, os romanos conheceram o nexo causal, dolo, culpa, caso fortuito, inimputabilidade, menoridade, concurso de pessoas, penas e sua medição. Não procuraram defini-los, trabalhavam-nos casuisticamente, isoladamente, sem se preocupar com a criação, por exemplo, de uma Teoria Geral de Direito Penal."[12]

2.3. Direito Penal germânico

O Direito germânico primitivo não possuía fontes escritas, sendo suas normas transmitidas por meio dos costumes. Os problemas penais eram resolvidos pela vingança ou pela perda da paz (*friedlosigkeit*). O agente infrator era colocado fora da proteção jurídica do grupo a que pertencia, podendo ser perseguido e morto por qualquer pessoa. Por essa razão, segundo Aníbal Bruno, a *friedlosigkeit* "se torna uma modalidade de pena de morte, a mais velha e persistente das formas de reação anticriminal – também a mais absurda, nas condições do Direito Penal moderno."[13]

O direito aplicado a cada indivíduo variava de acordo com o grupo a que efetivamente pertencia. Aos poucos, o contato com o mundo romano fez com que esse direito consuetudinário fosse sendo modificado, uma vez que Roma prezava suas leis escritas. As ordálias, ou juízos de Deus, foram amplamente utilizadas pelo Direito Penal germânico durante toda a Idade Média, onde eram consideradas uma espécie de prova judiciária utilizada para a determinação da culpa ou mesmo da inocência dos acusados. A palavra "ordália" tem o significado de um julgamento no qual não existe interferência dos homens, pois seu resultado depende

---

[11] BITTENCOURT, Cezar Roberto. *Tratado de direito penal* – Parte geral, v. 1, p. 75.
[12] BITTENCOURT, Cezar Roberto. *Tratado de direito penal* – Parte geral, v. 1, p. 77.
[13] BRUNO, Aníbal. *Direito penal* – Parte geral, t. 1, p. 83.

exclusivamente de Deus. O acusado, portanto, deveria provar sua inocência se submetendo a diversas provas, a exemplo de segurar, durante determinado tempo, uma pedra incandescente ou colocar suas mãos dentro da água fervente. Se suportasse o sofrimento, significava que era inocente e que Deus o havia absolvido; caso contrário, estaria comprovada sua culpa.

A vingança de sangue (*blutrache*) era entendida mais como um dever do que como um direito. Tempos depois, foi superada pela composição, que, no começo, era tida como voluntária e, posteriormente, passou a ser legal. No entanto, conforme assevera Aníbal Bruno:

"O uso primitivo de resolver pela força as questões criminais não desapareceu: a prática da vingança recrudesceu com a queda da monarquia franca, quando a influência do Direito romano cedeu novamente o passo aos velhos costumes germânicos, sendo preciso para combatê-la a instituição das tréguas de Deus, do asilo religioso, das pazes territoriais. Penetrou mesmo nas práticas do processo penal. Depois das ordálias, o juízo de Deus acabou prevalecendo sob a forma do duelo judiciário, que reaparece, levando o julgador a reconhecer a razão do mais forte, na realidade tomando a sorte das armas e, portanto, a força como prova do Direito. Era uma consequência, talvez, da predominância do individual no Direito germânico, que o levou a fazer persistir nos regimes jurídicos sob a sua influência, como o dominante no maior trecho da Idade Média, a vingança privada e a composição entre as partes, ou acentuando a pena pecuniária e tomando em consideração, na apreciação do crime, mais o dano que o elemento subjetivo do agente."[14]

2.4. Direito Penal canônico

O ano de 313 d.C. foi fundamental para o Cristianismo. Depois de um longo período de perseguições, o Imperador Constantino, "o Grande", proclamou a liberdade de culto, com a expedição do chamado *Édito de Tolerância*, após sair vencedor na batalha de Monte Milvio, em 28 de outubro de 312, quando, na noite anterior, sonhou com uma cruz, na qual estava escrito em latim: *in hoc signo vinces* (sob este símbolo vencerás). Se, por um lado, a suposta conversão de Constantino, interrompendo um ciclo de perseguição aos cristãos, pode ter tido seu mérito, por outro, a igreja cristã primitiva, pura viu-se impregnada de rituais pagãos, que não foram abolidos pelo Imperador e que permanecem até os dias de hoje, já que Constantino, até seus últimos dias de vida, continuou sendo um "adorador do deus sol."

Em 27 de fevereiro de 380, por meio do Édito de Tessalônica, o Imperador Teodósio I determinou que o cristianismo fosse a única religião autorizada em todo o Império Romano, ao contrário de Constantino, que, embora o tolerasse, não o colocou acima de outras religiões. A partir de então, o poder da Igreja, mesmo impregnada de rituais pagãos, foi crescendo.

De acordo com as lições de Heleno Fragoso:

"O direito canônico dividia os crimes em *delicta eclesiastica* (de exclusiva competência dos tribunais eclesiásticos); *delicta mere secularia* (julgados pelos tribunais leigos) e *delicta mixta*, os quais atentavam ao mesmo tempo contra a ordem divina e a humana e poderiam ser julgados pelo tribunal que primeiro deles conhecesse. As *penas* distinguem-se em *espirituales* (penitências, excomunhão etc.) e *temporales*, conforme a natureza do bem que a atingem. As penas eram, em princípio, justa retribuição (*zelo justitiae et bono animo*), mas dirigiam-se também ao arrependimento e à emenda do réu (*poenae medicinalis*).

A influência do direito canônico foi benéfica. Proclamou a igualdade de todos os homens, acentuando o aspecto subjetivo do crime, opondo-se, assim, ao sentido puramente objetivo da ofensa, que prevalecia no direito germânico. Favorecendo o fortalecimento da justiça

---

[14] BRUNO, Aníbal. *Direito penal* – Parte geral, t. 1, p. 84-85.

pública, opôs-se à vingança privada decisivamente, através do direito de asilo e da trégua de deus (*treuga dei*). Por força desta última, da tarde de quarta-feira à manhã de segunda-feira nenhuma reação privada era admissível, sob pena de excomunhão. Opôs-se também o direito canônico às ordálias e duelos judiciários e procurou introduzir as penas privativas da liberdade, substituindo as penas patrimoniais, para possibilitar o arrependimento e a emenda do réu."[15]

Até 1917, a Igreja Católica era regida por um conjunto disperso de normas, e chegou-se à conclusão de que havia necessidade de condensá-las em um único corpo, compilando aquelas que estavam em vigor. Assim, em 27 de maio de 1917, foi promulgado, pelo papa Bento XV, o Código de Direito Canônico (*Codex Iuris Canonici*), regulando a organização da Igreja Católica Romana (de rito latino), a hierarquia do seu governo, os direitos e obrigações dos fiéis, bem como o conjunto de sacramentos e sanções que se estabelecem pela contravenção das mesmas normas, o que, na prática, pode ser considerado como a "Constituição" da Igreja Católica. Em 25 de janeiro de 1983, o Papa João Paulo II, substituindo o anterior, promulgou um novo Código de Direito Canônico, que entrou em vigor em 27 de novembro do mesmo ano.

3. PERÍODO HUMANITÁRIO

As modalidades de penas foram variando ao longo dos anos. A privação da liberdade, como pena principal em virtude da prática de um fato criminoso, é relativamente recente.

Até basicamente o período iluminista, as penas possuíam caráter aflitivo, ou seja, o corpo do homem pagava pelo mal que ele havia praticado. Os olhos eram arrancados, os membros mutilados, o corpo esticado até se destroncar, sua vida esvaía-se numa cruz, enfim, o mal da infração penal era pago com o sofrimento físico e mental do criminoso.

Sobretudo a partir do final do século XVIII, as penas corporais, aflitivas foram sendo substituídas, aos poucos, pela pena de privação de liberdade, que, até aquele momento, com raras exceções (a exemplo do que ocorria com a punição dos monges religiosos em seus monastérios, cuja finalidade era levá-los a refletir sobre a conduta praticada, ou ainda com as casas de correção, criadas a partir da segunda metade do século XVI na Inglaterra – *houses of correction* e *bridewells* – e na Holanda – *rasphuis* para os homens e *spinhuis* para as mulheres), era tida tão somente como uma medida cautelar, ou seja, sua finalidade precípua era fazer com que o condenado aguardasse, preso, a aplicação de sua pena corporal.

Santiago Mir Puig sublinha que a evolução histórica das penas ocorreu, sem embargo, sob o signo de uma paulatina atenuação de seu rigor, paralelamente ao aumento do conforto material e da sensibilidade da humanidade ante o sofrimento. Assim, por exemplo, em nosso âmbito de cultura, desapareceram das legislações as penas corporais, como a tortura ou os açoites. O progresso mais importante nesse sentido teve lugar com a passagem do absolutismo do Antigo Regime ao Estado Constitucional.[16]

A prisão do acusado, naquela época, era uma necessidade processual, uma vez que ele tinha de ser apresentado aos juízes que o sentenciariam e, se fosse condenado, determinariam a aplicação de uma pena corporal, de natureza aflitiva, ou mesmo uma pena de morte. Na verdade, sua prisão era destinada a evitar que fugisse, inviabilizando a pena corporal que lhe seria aplicada, em caso de condenação, ou mesmo para que fosse torturado, com a finalidade de obter a confissão do fato que supostamente por ele havia sido praticado. Assim, o corpo do acusado tinha de se fazer presente, razão pela qual, em muitos casos, aguardava preso seu julgamento. No entanto, logo após execução da sua pena – se não fosse, obviamente, a de

---

[15] FRAGOSO, Heleno Cláudio. *Lições de direito penal* – Parte geral, p. 40-41.
[16] MIR PUIG, Santiago. *Estado, pena y delito*, p. 37.

morte – era libertado. Essa gradativa substituição fez com que as penas privativas de liberdade fossem ocupando, prioritariamente, o lugar das penas corporais.

Até o século XVIII, portanto, as penas mais utilizadas eram as corporais, a pena de morte, além das chamadas penas infamantes e, em alguns casos menos graves, as penas de natureza pecuniária. Com a virada do século XVIII, principalmente após a Revolução Francesa, em 1789, a pena de privação de liberdade começou a ocupar lugar de destaque, em atenção mesmo a um princípio que, embora embrionário, começava a ser discutido, vale dizer, o princípio da dignidade da pessoa humana. Analisando essa mudança de opção punitiva, Foucault dizia que, a partir daquele momento, o sofrimento não mais recairia sobre o corpo do condenado, mas, sim, sobre sua alma.

O período iluminista teve importância fundamental no pensamento punitivo, uma vez que, com o apoio na "razão", o que outrora era praticado despoticamente, agora, necessitava de provas para ser realizado. Não somente o processo penal foi modificado, com a exigência de provas que pudessem conduzir à condenação do acusado, mas, e sobretudo, as penas que poderiam ser impostas. O ser humano passou a ser encarado como tal, e não mais como mero objeto, sobre o qual recaía a fúria do Estado, muitas vezes sem razão ou fundamento suficiente para a punição.

Mediante um raciocínio jusnaturalista, passou-se a reconhecer direitos inatos ao ser humano, que não podiam ser alienados ou deixados de lado, a exemplo de sua dignidade, do direito a ser tratado igualmente perante as leis etc. Até mesmo no que dizia respeito à pena de morte, algumas formas de aplicação foram sendo aperfeiçoadas, com a finalidade de trazer o menor sofrimento possível ao condenado, como ocorreu com a utilização da guilhotina, sugerida por Ignace Guillotin, pela primeira vez no dia 25 de abril de 1792, que consistia em fazer com que a morte ocorresse rapidamente por meio de um golpe seco, produzido por uma lâmina afiadíssima e pesada, que pendia sobre a cabeça do executado.

As penas, que eram extremamente desproporcionais aos fatos praticados, passaram a ser graduadas de acordo com a gravidade do comportamento, exigindo-se, ainda, que a lei que importasse na proibição ou determinação de alguma conduta, além de clara e precisa, para que pudesse ser aplicada, estivesse em vigor antes da sua prática. Era a adoção do exigível princípio da anterioridade da lei.

3.1. A importância da obra de Beccaria

O ano de 1764 foi singular para a história do Direito Penal. Naquele ano, veio a público um livro revolucionário, que traduzia as ideias defendidas pelos mais entusiasmados iluministas de seu tempo. Esse "pequeno grande livro", que recebeu o título de *Dos delitos e das penas*, foi concebido por um Marquês, um homem que, embora gozasse das regalias que sua condição lhe proporcionava, não virava as costas para os acontecimentos sociais de seu tempo. Um homem que, preocupado com a dignidade do ser humano, não ficou inerte ante o sofrimento infligido aos cidadãos pelo próprio Estado opressor.

O autor desse pequeno grande livro chamava-se Cesare Bonesana, o Marquês de Beccaria, que nasceu na cidade Italiana de Milão, em 15 de março de 1738. Filho primogênito de uma família de nobres, iniciou seus estudos em um colégio de jesuítas, chamado Colégio dos Nobres de Parma, conhecido pela rigidez com que ensinava e disciplinava seus alunos.

Vinte anos mais tarde, Beccaria finalizava seus estudos de jurisprudência na Universidade de Pavia, regressando à sua cidade natal. Em Milão, na Academia dei Pugni, reuniu-se com um grupo de amigos, podendo-se destacar dentre eles os irmãos Alessandro e Pedro Verri. Ali, naquele ambiente acadêmico e revolucionário, discutiam não somente as obras dos enciclopedistas franceses, como também debatiam sobre as injustiças do sistema no qual se encontravam inseridos.

A brutalidade do regime monárquico absoluto, os abusos praticados pelos detentores do poder, as injustiças realizadas contra os menos favorecidos; enfim, a existência de uma sociedade desigual e tirana fez com que os amigos de Beccaria, principalmente os irmãos Verri, o estimulassem a escrever um manifesto, uma obra mostrando os erros e a necessidade de correção imediata de um sistema que, resumidamente, não se preocupava com o ser humano.

Assim, a partir de 1763, Beccaria deu início à redação do seu opúsculo, completando-o em 1764. A força das suas palavras ecoou não somente pela Itália, mas por toda a Europa Continental. Temeroso pelo que certamente lhe aconteceria, caso fosse descoberta a autoria daquele manual revolucionário, no livro, quando da sua primeira publicação, foram omitidos, propositadamente, a data e o nome do autor.

Logo após o início de sua circulação, como não poderia deixar de ser, os detentores do poder se uniram, com o fim de aniquilar aqueles pensamentos revolucionários. Conforme relata Maria Asunción Moreno Castillo:

> "O livro de Beccaria, da mesma forma que teve grande acolhida, também foi objeto de duras refutações e censura, entre as quais podemos mencionar as realizadas por Fachieri, que, em 1766, escreveu *Notas e Observações sobre um livro intitulado Dos delitos e das penas,* no qual imputa ao anônimo autor 23 acusações de impiedade e 7 de sedição, por opor-se às máximas das escrituras. Impiedade por 'acusar de cruel a Igreja Católica' e sedição por 'tratar de cruéis a todos os Príncipes e soberanos do século[...]'. Também Mouyart de Vouglans publica *Refutações ao Tratado dos delitos e das penas,* em que sustenta que as propostas de Beccaria lhe parecem irrealizáveis, inimigas do sentido comum, da tranquilidade pública do Estado e da Religião."[17]

O tempo passou e Beccaria foi reconhecido e louvado por ter escrito esse livro revolucionário, que evidenciava tudo o que de mais terrível ocorria na sociedade de sua época. Suas ideias refletiam o sentimento de um povo, cansado de ser oprimido pelos governantes inescrupulosos, cruéis e corruptos, desprovidos de legitimidade para administrar a *res publicae*.

Como não poderia deixar de acontecer, após o sucesso do livro, vieram as críticas de seus próprios amigos, que o acusavam de ter utilizado ideias que não eram originariamente dele. O ser humano continuava igual. Com ou sem revolução, o egoísmo ainda era uma marca indelével. Seus diletos amigos, companheiros de discussão e de ideais, agora o criticavam duramente.

Após retornar de uma viagem à França, onde foi recebido pelos homens que se destacaram por seus pensamentos iluministas, seus principais amigos, os irmãos Verri, romperam relações com ele e passaram a criticá-lo duramente, inclusive colocando em dúvida, como já havia acontecido, a originalidade dos seus textos.

Luis Jiménez de Asúa, em seu espetacular *Tratado de derecho penal,* trouxe a público uma carta escrita por Pedro Verri, dirigida a seu irmão, em 1780, onde faz duras críticas a Beccaria, dizendo:

> "O livro feito por Beccaria; tudo que diga respeito ao estilo, tem que compreender que não é o meu, mas podia dizer que, na verdade, sem mim, aquele livro não teria sido feito e nem publicado, que boa parte das ideias estão desenvolvidas por você e por mim, que a parte da tortura é o extrato das minhas observações [...]."[18]

---

[17] MORENO CASTILLO, María Asunción. *Estudio del pensamiento de Cesare Beccaria en la evolución del aparato punitivo* – Historia de la prisión, p. 93-94.

[18] JIMÉNEZ DE ASÚA, Luis. *Tratado de derecho penal*, t. 1, p. 255.

Em 1794, aos 56 anos de idade, morria Beccaria, na cidade de Milão, afastado de suas funções como professor e ocupando um cargo como alto funcionário.

Independentemente das críticas sofridas, se foi ou não o pensador original das ideias colocadas em sua magnífica obra, por incrível que isso possa parecer, mesmo decorridos mais de duzentos anos da primeira edição do livro de Beccaria, suas lições, com pouquíssimas adaptações, ainda podem ser perfeitamente aplicadas aos dias de hoje. Parece que o tempo parou, que ainda estamos vivendo a mesma sociedade cruel e despótica da época de Cesare Bonesana. Os governos, despreocupados com a população, somente têm os olhos voltados para a punição, para a criação de tipos penais cujo valor não ultrapassa o mero simbolismo.

Os pensamentos de Beccaria, ainda hoje, servem de inspiração a muitos autores. Não se pode cogitar de garantismo penal e processual penal sem buscar socorro e fundamento na obra de Beccaria. Não se pode questionar seriamente o sistema prisional sem antes se aprofundar nos estudos do mestre de Milão. Neste capítulo, fazemos uma visita, mesmo que superficial, a alguns tópicos marcantes da obra de Beccaria, que têm o condão de influenciar nosso sistema prisional, pugnando por um cumprimento de pena que não seja ofensivo à dignidade da pessoa humana, que leve em consideração o fato de que o homem pode errar, mas o Estado, não. Não compete ao Estado aniquilar com direitos que são inatos ao ser humano, direitos que não podem ser alienados ou mesmo sacados arbitrariamente de sua personalidade. Por isso, ninguém melhor do que Beccaria para, além de fazer essa radiografia de um sistema penal iníquo e injusto, propor soluções que são aplicáveis ainda nos dias de hoje.

A sociedade do século XVIII vivia numa situação de terror e desigualdades. O processo penal era inquisitivo, realizado secretamente, sem que o acusado tivesse conhecimento das provas que contra ele estavam sendo produzidas. A tortura era um meio oficial utilizado pelo Estado para obter a confissão daquele que se escolheu para ocupar o lugar de culpado. A confissão era compreendida como a rainha das provas. O réu, na verdade, era quase que obrigado a confessar, a fim de expiar sua culpa. Os juízes, principalmente na França, eram peças fracas e frágeis a serviço de um governo despótico. Sempre parciais, julgavam com desigualdade os processos que envolviam ricos e pobres. As penas eram indeterminadas, ou seja, ficavam ao alvedrio do julgador aplicá-las de acordo com a sua conveniência. As leis existentes eram confusas, de redação rebuscada, impedindo sua compreensão. Era permitido o uso da analogia para que se pudesse condenar alguém. Enfim, o caos reinou até que surgiram os pensadores iluministas, que se colocaram contra todo esse sistema, e Beccaria se transformou em um dos principais mentores de uma reforma que já se fazia tardia.

As lições e os princípios propostos por Beccaria modificaram completamente a maneira de tratar o ser humano, que tem em seu favor, como direito inato, sua dignidade.

O direito de castigar ainda continuava sendo necessário? Claro que sim, mas, a partir daquele momento, sem a desproporção, a crueldade e a desigualdade com que era aplicado. A teoria do pacto social nos levava a acreditar que todos nós, integrantes de determinada sociedade, havíamos acordado, tacitamente, com esse pacto, que significava que abriríamos mão de uma parcela de nossos direitos para que o direito de todos pudesse prevalecer.

Assim, embora tivéssemos, ainda, nosso direito de liberdade, esse mesmo direito cederia caso não cumpríssemos as cláusulas constantes do pacto, necessárias à manutenção da própria sociedade onde o infrator se encontrava inserido. No entanto, esse pacto social deveria observar os direitos inatos e inalienáveis de todo cidadão, concentrados, principalmente, em sua dignidade como ser humano.

Por causa disso, inúmeros princípios foram sendo construídos. O mérito maior de Beccaria não foi a originalidade da construção dos princípios, há muito discutidos, principalmente pelos revolucionários franceses, mas o fato de ter tido a coragem de torná-los públicos, mediante fundamentos que contrariavam, perigosamente, os interesses dos detentores do poder da época em que houve a sua publicação.

Tais princípios colidiam frontalmente com os interesses dos administradores despóticos, que, em geral, não se preocupavam com o bem-estar de seus administrados. Sua consciência, se é que existia, não os incomodava. Por isso, infelizmente, é que o livro de Beccaria é tão atual. Nossos governantes, guardadas as devidas proporções, atuam como se não conhecessem as ruas; nossos julgadores proferem suas decisões como se não conhecessem a realidade social; nossos legisladores criam leis que jamais atingirão as pessoas de classe alta, mas que, por outro lado, oprimem os menos favorecidos. Assim, como na época de Beccaria, os ricos e abastados continuam soltos, por mais grave que tenha sido a infração penal por eles praticada, enquanto os pobres são presos, mesmo que por delitos sem muita gravidade.

Após discorrer, no capítulo segundo de sua obra, sobre a origem das penas e do direito de punir, Beccaria, justificando a teoria do contrato social, esclarece:

"As leis representam as condições sob as quais homens independentes e separados se uniram em sociedade, cansados de viver em um contínuo estado de beligerância e de gozar de uma liberdade que resultava inútil diante da incerteza de poder conservá-la. Dessa mesma liberdade, sacrificaram uma parte, para poder gozar o resto com segurança e tranquilidade. A soma de todas essas porções de liberdade sacrificadas ao bem de cada um constitui a soberania do povo, e o seu soberano é o seu depositário e legítimo administrador."[19]

E continua seu raciocínio:

"Foi, portanto, a necessidade que compeliu os homens a ceder parte de sua própria liberdade; é certo, porém, que ninguém pretende colocá-la em um depósito público com um limite superior à mínima porção possível, aquela exclusivamente suficiente para induzir aos demais para que a defendam. A soma de todas essas mínimas porções possíveis constitui o direito de punir; tudo o que for para mais é abuso, não justiça; é fato, não direito."[20]

Consequentemente, no capítulo terceiro, conclui Beccaria que somente a lei é que poderia fixar penas com relação aos delitos praticados. Só ela, portanto, é que tinha a possibilidade de fazer com que o homem perdesse uma parcela do seu direito de liberdade.

É o princípio da legalidade o pilar fundamental que sustenta o chamado Estado de Direito: todos serão tratados de maneira igual perante a lei; ricos e pobres, cultos e analfabetos, independentemente de raça, cor, religião, sexo, serão tratados igualmente, de acordo com suas desigualdades.

Não basta, no entanto, simplesmente a publicação de uma lei anterior ao fato para que reste preservado o princípio da legalidade e, em consequência, resguardado o direito de liberdade do cidadão. Beccaria percebeu que, ao seu tempo, embora algumas leis fossem editadas, a redação delas era incerta, obscura, imprecisa, ou seja, embora existente uma lei, os cidadãos ficavam nas mãos dos seus intérpretes, uma vez que quase ninguém conseguia alcançar exatamente o seu conteúdo.

Com a lucidez de quem entendia a importância de um Estado de Direito, Beccaria, no capítulo V de sua obra, afirma:

"Se a interpretação das leis é um mal, é evidente que o é, da mesma forma, a obscuridade que arrasta consigo necessariamente a interpretação, e assim igualmente será um grande mal, se as leis são escritas em linguagem estranha Ao povo, e colocadas, assim, apenas na dependência de uns poucos, não podendo a maioria dos cidadãos julgar por si mesma qual seria o limite

---

[19] BECCARIA, Cesare. *Dos delitos e das penas*, cap. 2, p. 106
[20] BECCARIA, Cesare. *Dos delitos e das penas*, cap. 2, p. 107-108.

de sua liberdade ou dos demais membros da sociedade; uma língua que faz de um livro solene e público, algo particular e doméstico."[21]

Apontava Beccaria, assim, a falácia de uma suposta legalidade formal. Não bastava, dessa forma, que a lei fosse um diploma que tivesse sido editado pelo Poder competente, vale dizer, pelo Poder Legislativo. Não bastava que o então projeto de lei tivesse obedecido ao procedimento necessário para sua conversão em lei. Não bastava, ainda, que a lei fosse publicada e estivesse em vigor com anterioridade ao fato. Nada disso importaria se a redação da lei fosse obscura o suficiente para impedir sua leitura e sua apreensão pelo mais humilde dos cidadãos.

A lei foi feita para o povo e, consequentemente, seu destinatário deve compreendê-la em todos os seus sentidos para que não seja surpreendido por interpretações que importarão na diminuição ainda maior da parcela de sua liberdade de que, volitivamente, de antemão, tinha renunciado ao integrar determinado corpo social.

A clareza da lei, principalmente após a Revolução Francesa, ocorrida em 1789, passou a ser identificada pelo brocardo *nullum crimen nulla poena sine lege certa*. Assim, existe, atualmente, a exigência daquilo que se convencionou denominar *taxatividade* da lei penal.

Outro desdobramento natural do princípio da legalidade diz respeito à *proporcionalidade das penas*. Além de clara a redação constante no tipo penal que proíbe ou impõe determinado comportamento, a pena nele cominada deve, obrigatoriamente, procurar ser proporcional ao mal praticado pelo agente que descumpriu a norma e, com isso, produziu uma lesão ou perigo de lesão a algum bem juridicamente protegido.

Beccaria destinou o capítulo XXIII de sua obra para discutir a necessidade de proporção entre os crimes e as penas. Em sua época, como também ocorre em muitas situações nos dias de hoje, o legislador tratava com rigor excessivo determinadas situações que não o exigiam e, por outro lado, de forma extremamente branda fatos que mereciam um rigor maior. Além disso, não raras as vezes, como as penas eram, na sua maioria, corporais, aflitivas, normalmente eram desproporcionais ao delito praticado pelo agente.

Por causa disso, conclui, em seu capítulo XV:

"Para que uma pena alcance o seu efeito, é suficiente que o mal proveniente da pena supere o bem que nasce do delito; e nesse excesso de mal deve-se calcular a infalibilidade da pena e a perda do bem que o crime viria produzir. Tudo, além disso, é, portanto, supérfluo, e, ao mesmo tempo, tirânico."[22]

Isso significa, resumidamente, que a pena será o termômetro da gravidade do fato praticado. Quando maior o dano e maior a importância do bem atacado, maior deverá ser a punição, desde que atendido, obviamente, o princípio da dignidade da pessoa humana.

Todos esses raciocínios culminarão, portanto, numa aplicação de pena que tenha sido previamente conhecida, de forma clara e precisa, pelo agente que, mesmo sabendo de antemão das consequências do seu ato, não deixou de praticar a conduta proibida ou de levar a efeito aquela imposta pela lei penal, razão por que o Estado, a partir desse momento, ou seja, a partir da prática da infração penal, viu-se possibilitado a dar início à investigação, resguardadas as garantias do acusado, que culminaram em um oferecimento de denúncia perante a Justiça Criminal, que, através de um processo contraditório, respeitando a ampla defesa, condenou-o à pena proporcional, prevista no preceito secundário do tipo penal incriminador.

---

[21] BECCARIA, Cesare. *Dos delitos e das penas*, cap. V, p. 123-124.
[22] BECCARIA, Cesare. *Dos delitos e das penas*, cap. XV, p. 179.

A partir do trânsito em julgado da sentença penal condenatória, tem início nova etapa, vale dizer, a do cumprimento da pena que fora imposta legitimamente pelo Estado. O condenado, agora, pelo fato de ter descumprido uma das cláusulas do imaginário contrato social, perderá uma parcela do seu direito de liberdade.

Nos dias de hoje, nos países em que se preserva a dignidade da pessoa humana, afora a pena de morte, o máximo que se poderá impor ao agente que praticou o delito será sua privação de liberdade, ficando preservados seus demais direitos.

Nesse sentido, determina o art. 3º da Lei de Execução Penal:

> "Art. 3º Ao condenado e ao internado serão assegurados todos os direitos não atingidos pela sentença ou pela lei.
> **Parágrafo único.** Não haverá qualquer distinção de natureza racial, social, religiosa ou política."

A pena deverá, ainda, ter um fim utilitário, isto é, deverá servir para impedir que o delinquente venha a praticar novos crimes, seja na forma de prevenção especial negativa (segregação momentânea do convívio em sociedade), seja como prevenção especial positiva (ressocialização), bem como, ainda, como espécie de prevenção geral (também positiva e negativa), dissuadindo-se os demais membros da sociedade a praticar infrações penais.

Beccaria, em conclusão à sua obra, no capítulo XLII, diz que "para que cada pena não seja uma violência de um ou de muitos contra um cidadão privado, deve ser essencialmente pública, eficaz, necessária, a mínima das possíveis nas circunstâncias dadas, proporcionada aos crimes, ditadas pelas leis."[23]

O mestre de Milão foi, portanto, um dos grandes pensadores iluministas de seu tempo, e suas lições continuam atuais. Por mais incrível que isso possa parecer, vivemos em um período talvez até pior do que aquele em que se encontrava Beccaria quando seu livro foi escrito. Pior no sentido de que o Estado, mesmo não sendo despótico, tirano, trata seus presos com indignidade. Parece que aquele que praticou alguma infração penal, ao ser preso, processado e condenado, junto com a sua privação de liberdade, perde também seus demais direitos.

O livro de Beccaria deverá, em suma, ainda hoje, ocupar as cabeceiras daqueles encarregados de promover a Justiça, entendida aqui de forma ampla, vale dizer, por aqueles detentores do Poder que são capazes, em razão do cargo que ocupam, de mudar a mentalidade de um sistema falido e cruel.

Já não mais existe qualquer novidade no pensamento de Beccaria. No entanto, parece que não queremos tirar proveito das lições do passado para que o presente e o futuro sejam melhores.

Toda vez que os índices de criminalidade aumentam, toda vez que algum crime bárbaro acontece, a sociedade, estimulada pelo movimento da mídia, pede uma punição sempre mais severa ou mesmo a criação de novas infrações penais. A neopenalização e a neocriminalização, contudo, já haviam sido diagnosticadas por Cesare Bonesana como um erro. Na verdade, o que estimula o cometimento de crimes, em todos os níveis, é a certeza da impunidade. Por isso, diz Beccaria que "a certeza do castigo, ainda que moderado, despertará sempre uma impressão maior, do que o receio mais cruel, ligado à esperança da impunidade."[24]

Além disso, outro fator inibidor de determinadas infrações penais seria o implemento de políticas públicas, ou seja, ações sociais no sentido de minimizar a desigualdade existente na sociedade, onde riqueza e pobreza extrema convivem em um mesmo espaço.

---

[23] BECCARIA, Cesare. *Dos delitos e das penas*, cap. XLII, p. 315.
[24] BECCARIA, Cesare. *Dos delitos e das penas*, cap. XX, p. 213.

Não resta dúvida de que o livro de Beccaria poderia ter sido escrito para o nosso século. O homem se esqueceu das lições do passado e, por isso, sofre no presente. Mas temos o poder de mudar nosso futuro. Basta que, para isso, exista vontade política. O livro de Beccaria ainda pode ser considerado uma semente que já brotou e que necessita ser regada para que cresça, floresça e dê frutos. Há esperança.

3.2. John Howard e a reforma penitenciária

Sem dúvida, um dos personagens mais marcantes na história da reforma penitenciária foi John Howard.

John Howard nasceu em Clapton – Hackney –, nos arredores de Londres, em 1726. Sua mãe faleceu quando ele ainda era uma criança e seu pai, um próspero comerciante, quando ele tinha 16 anos de idade, deixando-lhe uma fortuna considerável.

Sua educação foi fundamentada em ideais calvinistas (cristãos evangélicos), o que fez com que fosse tratado com certa discriminação, uma vez que tais ensinamentos eram diferentes e, na verdade, contrários aos da Igreja Católica, que ainda predominavam.

Após ficar curado de uma grave doença, que o debilitou por algum tempo, Howard, com o coração agradecido, resolveu casar-se com Sara Lodoire, a viúva que dele havia cuidado, sem considerar o fato de que ele contava somente com 25 anos e ela já com 50 anos de idade. Três anos mais tarde morria Sara Lodoire.

Após a morte de sua primeira esposa, Howard, em 1755, aos 30 anos de idade, resolveu ir a Lisboa contemplar o que havia ocorrido naquela cidade depois do grande terremoto que a destruiu. Essa viagem seria um marco extremamente importante na sua vida, pois, a partir dela, começaria a entender o que significava a privação da liberdade de um ser humano e as condições a que era submetido.

Conforme relata Luis Jimenez de Asúa:

"A viagem teria as mais fecundas consequências em sua existência, repleta, desde então, de um afã filantrópico. Ao voltar daquela excursão, à altura de Brest, no ângulo extremo da Bretanha, quase à entrada do Canal da Mancha, o barco de Howard que voltava à sua pátria, foi atacado por um corsário francês, que o reteve como prisioneiro durante vários meses. Conheceu, assim, por experiência própria, a privação da liberdade."[25]

Em 1758, Howard contraiu novas núpcias, agora com Enriqueta Leeds. Ambos, cristãos evangélicos, envolveram-se profundamente com as doutrinas da Igreja Batista. Tiveram um filho que, infelizmente, foi acometido de um problema de saúde mental, o que o levou a ficar internado. Esse fato fez com que Howard conhecesse os hospitais a que se destinavam esses tipos de doentes. Sua segunda esposa faleceu em 1765.

Em 1773, aos 45 anos de idade, Howard foi nomeado *sheriff* do condado de Bedford, fazendo, assim, com que, agora, viesse a se familiarizar com as misérias das prisões de sua época, os lugares fétidos onde serem humanos eram jogados como se fossem animais, pois uma das suas principais funções era visitar os estabelecimentos carcerários. Essas visitas periódicas permitiram-lhe contato direto e intenso com os presos e fizeram com que o humanista inglês ficasse ainda mais sensibilizado com os problemas que presenciava diariamente, tornando-se, assim, um incansável crítico e defensor da melhora do sistema.

As enfermidades eram uma constante, já que os presos não recebiam tratamento adequado, permitindo, dessa forma, que doenças se alastrassem facilmente nos cárceres. A promis-

---

[25] JIMÉNEZ DE ASÚA, Luis. *Tratado de derecho penal*, t. 1, p. 258.

cuidade também era um mal que deveria ser combatido. No entanto, como os encarregados de cuidar dos presos e de vigiá-los não recebiam qualquer remuneração dos cofres públicos, a situação ficava ainda pior – as cobranças recaíam diretamente sobre os próprios presos, em geral miseráveis, pertencentes às classes menos favorecidas, que não tinham como pagar e, assim, permaneciam presos indefinidamente, até que acertassem suas contas com aquele que detinham as chaves da sua cela.

Conforme esclarece Javier Galvete, citado por Fernando Bejerano Guerra:

"Em Bedford [...], nem o prefeito e nem os carcereiros cobravam soldos do Estado, senão que viviam de certas quotas impostas aos presos, de maneira que nenhum deles podia sair da prisão, ainda que houvesse cumprido a sua condenação, ou sido absolvido, enquanto não abonasse 75rs ao prefeito e 10 ao carcereiro. Alguns infelizes permaneciam anos inteiros detidos por não poder pagar esses tributos."[26]

Essa imposição de pagamento feita ao preso pelo carcereiro fazia com que muitas injustiças fossem praticadas. Por isso, Howard propôs que os carcereiros fossem pagos pelo próprio Estado, ou seja, pela própria administração pública da prisão, e não pelos presos.

Howard foi um obstinado pelo problema carcerário. Além de conhecer e trabalhar para a melhoria das prisões da Inglaterra e em Gales, também empreendeu viagens para outros países, a exemplo de Portugal, Espanha, França, Alemanha, Holanda, Finlândia, Irlanda, Suíça, Dinamarca, Áustria, Prússia, Rússia, Itália, Turquia, dentre outros, procurando conhecer e comparar os sistemas prisionais.

Realizou algumas grandes viagens que lhe renderam anotações importantes. Fazia comparações entre os sistemas carcerários dos vários países, registrando o que de mau havia entre eles, bem como o que se podia aproveitar para a construção de um sistema que atendesse não somente aos interesses da sociedade, que se via livre, mesmo que temporariamente, daquele que havia praticado uma infração penal, como também aos do acusado ou condenado, que deveria permanecer preso durante certo período.

Sua vida foi dedicada à modificação de um sistema que começava a ser implementado, com a privação temporária ou perpétua da liberdade dos presos. Esse sistema, no entanto, era muito cruel e severo. Não se podia esquecer de que se estava diante de seres humanos que erraram, sim, mas que ainda continuavam a gozar do *status* de seres humanos. Não tinham perdido essa condição, mas tão somente o direito de liberdade.

Depois de avaliar e criticar inúmeras prisões, Howard, em seu livro intitulado *The state of the prisons in England and Wales*, fixou as bases para um cumprimento de pena que não agredisse os demais direitos do homem, a saber: 1) higiene e alimentação; 2) disciplina distinta para presos provisórios e condenados; 3) educação moral e religiosa; 4) trabalho; 5) sistema celular mais brando.[27]

Howard identificou inúmeros problemas que, se melhorados, proporcionariam uma condição de vida mais digna aos presos que cumpriam pena naqueles estabelecimentos. Embora, resumidamente, sejam os pontos acima os indicados, genericamente, para o aperfeiçoamento das condições carcerárias mínimas, o filantropo inglês apontava que a resolução de simples problemas, como o de fornecimento de água constante; a necessidade de ventilação das celas, a fim

---

[26] GALVETE, Javier. Fragmentos y ensayos – Apuntos biográficos sobre John Howard *apud* BEJERANO GUERRA, Fernando. John Howard – Inicio y bases de la reforma penitenciaria: historia de la prisión. In: VALDÉS, García (Dir.). *Historia de la prisión* – Teorías economicistas: crítica p. 116.

[27] HOWARD, John. The state of the prisons in England and Wales: with preliminary observations, and an account of some foreign prisons *apud* JIMÉNEZ DE ASÚA, Luis. *Tratado de derecho penal*, t. 1, p. 259.

de permitir a passagem de um ar limpo e respirável; o fornecimento de alimentação adequada; a utilização de uniformes que possibilitassem a identificação e a melhor apresentação dos detentos; o oferecimento de trabalho para que a mente permanecesse ocupada com algo útil, diminuindo, dessa forma, não somente a depressão e o desejo de fugir, mas o de eliminar a própria vida, com a prática de suicídio; a permanente visita de magistrados e de funcionários do governo que inspecionassem as prisões, ouvindo e solucionando os problemas relativos aos presos; enfim, medidas que, por mais incrível que se possa parecer, ainda carecem de aplicação nos dias de hoje.

Na verdade, diante do que ocorre com inúmeras penitenciárias ao redor do mundo, parece que as anotações e sugestões feitas por John Howard são dirigidas a nós. Infelizmente, depois de mais de duzentos anos, as condições carcerárias ainda permanecem as mesmas.

Howard faleceu em 20 de janeiro de 1790, após ter contraído, no meio em que tanto lutou para ser melhorado, vale dizer, em algum estabelecimento carcerário de Kerson, na Crimea, a chamada "febre carcerária" (*tifus exantematico*).

Sua luta, porém, não foi em vão. Fez despertar os sentimentos de solidariedade e de humanidade, até então deixados de lado. Inúmeros estabelecimentos carcerários, principalmente os da Europa, acabaram adotando e aplicando as orientações desse grande humanista.

No mundo de hoje, diversas organizações não governamentais (ONGs) defendem os posicionamentos de Howard, pugnando por melhorias das condições carcerárias, chegando, em alguns casos, a lutar pelo fechamento de estabelecimentos prisionais.

Suas lições são utilizadas para a construção de penitenciárias mais humanas, que visem à recuperação do condenado ou que, pelo menos, não o façam sair de lá pior do que quando entrou.

Os problemas detectados por Howard ainda persistem. Suas lições e experiências devem nortear a sociedade, que vive na chamada pós-modernidade.

Assim, podemos concluir com Fernando Bejerano Guerra, quando diz:

> "Se a obra de Howard é considerada por muitos a obra de partida da reforma carcerária, não podemos olvidar sua transcendência e atualidade, já que seus princípios seguem vigentes hoje, encontrando-se muitas de suas propostas incorporadas nas disposições que na atualidade regem os estabelecimentos penitenciários do Ocidente."[28]

3.3. Jeremy Benthan e sua influência no sistema penitenciário

O período que antecedeu o século XVIII foi marcado pela crueldade com que as leis penais eram aplicadas. Não somente os suplícios, como também a forma degradante com que as pessoas eram presas, faziam com que o condenado preferisse a morte a viver em tais condições.

Com a chegada do século XVIII, sobretudo com o movimento que recebeu a denominação de "iluminista", justamente porque vinha colocar luzes sobre as trevas até então existentes, a história das penas começou a mudar. O ser humano passou a ser visto de forma mais digna. Havia uma preocupação em sua preservação, com diminuição significativa das penas cruéis, infamantes, que somente deixavam transparecer a fúria do Estado opressor e covarde, contra um de seus súditos, que não podia buscar socorro em nada, tampouco em ninguém.

Grandes pensadores e defensores humanistas levantaram suas vozes durante esse período, como vimos. Parecia que os gritos de dor estavam ecoando por todo o globo terrestre, fazendo com que em diversos países um exército de valentes começasse a se formar, a exemplo do que ocorreu na Itália, na França, na Inglaterra, na Alemanha etc.

---

[28] BEJERANO GUERRA, Fernando. John Howard: inicio y bases de la reforma penitenciaria. In: VALDÉS, García (Dir.). *Historia de la prisión* – Teorías economicistas: crítica, p. 131.

A uma voz perdida entre a multidão, gritos de protestos começaram a se juntar, formando um grande coro. Novos pensamentos surgiram, novas ideias começaram a ser construídas por um mundo melhor, sem tanta inflição de dor. O Estado, que deveria nos fornecer condições mais dignas de vida, não podia ser o nosso maior carrasco.

O crime, que sempre existiu na história e ainda continuará a existir nesta terra dominada pelo mal, embora tivesse de ser reprimido, o seria com menos crueldade.

O final do século XVIII foi marcado por uma mudança de mentalidade estatal quanto à pena de privação de liberdade. Inicialmente, como vimos, havia um caráter meramente provisório, cautelar, fazendo as vezes de local para que o acusado ou mesmo o condenado aguardasse sua execução, normalmente, por uma pena corporal, que lhe infligiria um castigo pelo mal que havia cometido, ou mesmo a morte.

A prisão começava a ganhar novo *status*. Agora, de mera coadjuvante, passou a ocupar o lugar principal. Mas seus problemas eram evidentes. A desumanidade ainda fazia parte do seu contexto. Lugares insalubres, sem ventilação adequada, úmidos, desprovidos do mínimo necessário para que uma pessoa pudesse habitá-los, eram os utilizados para que o condenado cumprisse sua pena de privação de liberdade. Era um ambiente fétido, promíscuo, que tinha somente por finalidade fazer o condenado pagar pelo seu erro, e nada mais.

Essas verdadeiras masmorras foram duramente combatidas pelos pensadores iluministas, destacando-se dentre eles a figura de Jeremy Bentham, um renomado filósofo e jurista inglês, nascido em Londres, na rua Red Lion, em 1748.

Bentham foi o criador do *utilitarismo* do Direito, sendo considerado uma das mentes mais importantes da Inglaterra de seu tempo. Conforme relembra Ricardo González Parra:

> "Seu profundo interesse pela Revolução Francesa, os ilustrados franceses, o empirismo inglês, e os penalistas italianos ilustrados, entre os quais se destacava Beccaria, influenciaram Bentham e o animaram em sua longa luta em defesa do projeto panóptico e, posteriormente, o encontro com seus principais discípulos – Etienne Dumont y James S. Mill – entre outros, converteram o filósofo de Queen's Square Place, no líder espiritual dos liberais ingleses e estrangeiros da época."[29]

O utilitarismo de Bentham tinha como ponto de partida a crítica que fazia ao direito natural, que pressupunha a existência de um *contrato social* imaginário, que a todos vinculava.

Para Bentham, o cidadão deveria obedecer ao Estado, não pelo fato de que estaria a ele vinculado por um suposto contrato social, mas, sim, porque a obediência contribuiria para a felicidade geral, ao contrário da desobediência, que a todos prejudicava. A felicidade geral, entendida como o interesse da comunidade, era fruto de um cálculo de natureza hedonista, ou seja, o resultado da soma do bem comum e das dores dos indivíduos.

Dessa forma, substituiu a teoria do direito natural pela teoria da utilidade. Mediante um estudo empírico, dizia, é que se podia provar se um comportamento ou uma instituição podia ou não ser considerada útil.

De certa forma, opôs-se também aos revolucionários franceses, quando eles se fundamentavam no direito natural a fim de afirmar os direitos universais do homem. Para Bentham, o indivíduo somente possuía direitos à medida que conduzisse seus comportamentos para o bem da sociedade. Assim, criticava a proclamação dos direitos expressos pelos revolucionários franceses, uma vez que os entendia como demasiadamente individualistas. O fundamen-

---

[29] GONZÁLEZ PARRA, Ricardo. Jeremy Bentham: el utilitarismo y su influencia en la reforma del sistema penitenciario. In: VALDÉS, García (Dir.). *Historia de la prisión* – Teorías economicistas: critica, p. 134.

tal, para ele, era a reconciliação entre o indivíduo e a sociedade, ainda que fosse necessário o sacrifício de supostos direitos humanos.

A teoria utilitarista seria de extrema importância para sua luta reformista. Como um humanista, Bentham propunha a reforma do sistema prisional por um modelo que garantisse a dignidade da pessoa humana. Passou a dedicar-se a encontrar esse modelo, o que ocorreu com a criação do chamado *panóptico*.

O prefixo *pan*, de origem grega, tem o significado de totalidade; *óptico*, palavra também originária do grego, refere-se à visão. Assim, Bentham projeta, arquitetonicamente, o chamado *panóptico*, ou seja, um edifício destinado ao cumprimento de penas privativas de liberdade, construído de modo que toda a sua parte interior pudesse ser vista de um único ponto.

Descrevendo o panóptico de Bentham, Jacques-Alain Miller esclarece:

"O edifício é circular. Sobre a circunferência, em cada andar, as celas. No centro, a torre. Entre o centro e a circunferência, uma zona intermediária. Cada cela volta para o exterior uma janela feita de modo a deixar penetrar o ar e a luz, ao mesmo tempo que impedindo ver o exterior – e para o interior, uma porta, inteiramente gradeada, de tal modo que o ar e a luz cheguem até o centro. Desde as lojas da torre central se pode então ver as celas. Em contraposição, anteparos proíbem ver as lojas desde as celas. O cinturão de um muro cerca o edifício. Entre os dois, um caminho de guarda. Para entrar e sair do edifício, para atravessar o muro do cerco, só uma via é disponível. O edifício é fechado."[30]

Na verdade, conforme entendia Bentham, o modelo panóptico não servia tão somente para o encarceramento de pessoas. Sua utilidade arquitetônica ia muito além disso. Podia servir, com algumas adaptações, para escolas, asilos, hospitais, *workhouses* etc.

No que diz respeito à utilização do panóptico como prisão, do ponto central, ou seja, internamente, da torre, podia-se visualizar todas as celas. Os dois princípios fundamentais da arquitetura do panóptico são a posição central da vigilância e sua invisibilidade. Cada andar podia ser, tranquilamente, vigiado por apenas um funcionário. Esse funcionário era considerado um "olho que não podia ser visto", ou seja, somente ele tinha acesso às celas, não tendo os presos condições de vê-lo.

Bentham dedicou vinte anos de sua vida à realização do projeto panóptico. Todos os detalhes, desde a construção do prédio até as vestimentas dos presos foram minuciosamente pensados por ele. Nada lhe passou despercebido. Tudo foi projetado, sopesado, avaliado. Até mesmo a evacuação dos excrementos dos presos foi objeto de longa exposição de seu trabalho.

Faleceu no dia 6 de junho de 1832, aos 84 anos de idade, em Queen's Square. Seu projeto, no entanto, continuou a ser desenvolvido por amigos e discípulos. Ainda hoje, o *panóptico* de Bentham exerce forte influência sobre o sistema carcerário, principalmente o existente nos Estados Unidos da América.

4. PERÍODO CRIMINOLÓGICO

Após o período humanitário, marco importantíssimo para o Direito Penal, surgiu, com mais intensidade, no século XIX, o chamado "período criminológico." De acordo com as lições de Antonio Garcia-Pablos de Molina, "a atual denominação (criminologia) desta disciplina tem sua origem, ao que parece, no antropólogo francês Toppinard (1830-1911), se bem que somente adquiriu força graças à célebre obra de Garofalo, publicada seis anos depois, em 1885."[31]

---

[30] MILLER, Jacques-Alain. A máquina panóptica de Jeremy Bentham. In: BENTHAM, Jeremy. *O panóptico* p. 89.
[31] GARCIA-PABLOS DE MOLINA, Antonio. *Tratado de criminologia*, p. 59.

Embora não se possa atribuir uma definição única ao termo *criminologia*, pode-se defini-la como uma ciência interdisciplinar que tem como objeto o estudo do *comportamento delitivo* e a *reação social*. Interdisciplinária porque, embora sugestivo o seu título – criminologia –, não somente as ciências penais se ocupam do seu estudo, sendo este, inclusive, mais aprofundado em outras áreas, a exemplo da sociologia, da psicologia, da psiquiatria, da antropologia, da medicina forense, dentre outras.

No que diz respeito às ciências penais propriamente ditas, serve a criminologia como mais um instrumento de análise do comportamento delitivo, das suas origens, dos motivos pelos quais se delínque, quem determina o que punir, quando punir, como punir, bem como se pretende, com ela, buscar soluções que evitem ou mesmo diminuam o cometimento de infrações penais. O estudo do criminólogo, na verdade, não se limita ao comportamento delitivo em si, visto que vai mais longe, procurando descobrir sua gênese, retrocedendo, como um *historiador do crime*, em busca das suas possíveis causas.

Conforme esclarece Magalhães Noronha:

"Após o período humanitário, novos rumos para o direito penal são traçados e que se ocupam com o estudo do homem delinquente e a explicação causal do delito.
Quem primeiro os apontou foi um médico: César Lombroso. Em 1875, escreve seu livro *L'uomo delinquente*, que bastante repercussão tem, granjeando adeptos e provocando opositores.
Ao invés de considerar o crime como fruto do livre arbítrio e entidade jurídica, tem-no qual manifestação da personalidade humana e produto de várias causas. A pena não possui fim exclusivamente retributivo, mas, sobretudo, de defesa social e recuperação do criminoso, necessitando, então, ser individualizada, o que evidentemente supõe o conhecimento da personalidade daquele a quem será aplicada.
O ponto nuclear de Lombroso é a consideração do delito como fenômeno biológico e o uso do método experimental para estudá-lo. Foi o criador da *antropologia criminal*. Ao seu lado surgem Ferri, com a *sociologia criminal*, e Garofalo, no campo jurídico, com sua obra *Criminologia*, podendo os três ser considerados os fundadores da Escola Positiva."[32]

A pesquisa do criminólogo, esquecendo momentaneamente o ato criminoso praticado, mergulha no seio da família do delinquente, no seu meio social, nas oportunidades sociais que lhe foram concedidas, no seu caráter; enfim, mais do que saber se a conduta praticada pelo agente era típica, ilícita ou culpável, busca-se investigar todo o seu passado, que forma um elo indissociável com o seu comportamento tido como criminoso. Retrocede-se, em busca das possíveis causas do crime. Percebe-se, portanto, que o conceito criminológico de comportamento delitivo é mais amplo do que aquele adotado pelo Direito Penal.

A reação social também é objeto de estudo do criminólogo. Segundo Garrido, Stangeland e Redondo:

"Sua extensão abarca desde a mera desaprovação e o controle paterno de algumas condutas infantis ou juvenis desapropriadas (mediante pequenos castigos) até os sistemas de justiça penal estabelecidos pela sociedade para os delitos (leis penais, Polícia, Ministério Público, Tribunais, prisões etc.)."[33]

A reação social dá origem a um controle pela própria sociedade, que pode ser entendido como *formal* ou *informal*. Tem-se como *formal* o controle que é exercido pelos meios oficiais

---

[32] NORONHA, E. Magalhães. *Direito penal* – Parte geral, v. 1, p. 26-27.
[33] GARRIDO, Vicente; STANGELAND, Per; REDONDO, Santiago. *Principios de criminología*, p. 49.

de repressão, a exemplo da Polícia, do Ministério Público, da Magistratura. *Informal* é o controle exercido pelo próprio meio social onde o agente está inserido, a começar pela sua família, a escola, os vizinhos, os meios de comunicação etc.

O papel do criminólogo mostra-se importantíssimo, podendo-se dizer indispensável na compreensão e na prevenção da delinquência. Sendo eleitas como objeto da criminologia a análise do comportamento delitivo e a reação social, deverá o criminólogo delimitar seu âmbito de estudo, sob pena de se perder ao longo de divagações extremamente abstratas que fogem à sua finalidade.

Podemos destacar como suas principais áreas de estudo: *a)* o delito; *b)* o delinquente; *c)* a vítima; e *d)* o controle social.

Mesmo que tal raciocínio não se possa dizer absoluto, para efeitos de estudos criminológicos, considera-se *delito* aquele definido na lei como tal, com todos os seus elementos integrantes (tipicidade, ilicitude e culpabilidade).

Aqui, não se poderá desenvolver um estudo completo e geral sobre todas as infrações penais, dada a diversidade de sociedades, de costumes, de bens considerados relevantes em algumas e de pouca ou nenhuma importância em outras. O que em determinada sociedade pode ser considerado infração penal, em outra, o comportamento pode ser lícito e até mesmo estimulado a ser praticado.

A título de comparação, imagine-se a hipótese, no Brasil, em que a nossa lei penal pune os maus-tratos praticados contra animais, domesticados ou não, comparativamente às touradas espanholas, em que o espetáculo, covarde para nossa cultura, é plenamente aceito e idolatrado por aquele povo. Cite-se, ainda, o fato de que em alguns países da Europa, o aborto é tolerado, ao contrário, também, do Direito brasileiro, onde a lei prevê somente duas hipóteses em que o aborto é permitido, conforme se verifica pelos incisos I e II do art. 128 do Código Penal.

Competirá ao criminólogo investigar os mecanismos que fazem com que algumas atividades sejam consideradas delitos em determinada sociedade e perfeitamente lícitas em outras. A política criminal, ou seja, a conclusão entre o embate de correntes ideologicamente diferentes fará com que ocorra a seleção dos comportamentos que se quer incriminar.

Existem, como afirmam Garrido, Stangeland e Redondo,[34] três principais categorias de comportamentos delitivos, a saber:

a) comportamentos penalizados e castigados em quase toda sociedade moderna;
b) comportamentos penalizados, mas sobre os quais a lei se aplica com escassa frequência;
c) comportamentos em via de penalização ou despenalização.

Assim, mesmo que uma das principais áreas de estudo do criminólogo seja a infração penal em si, haverá diferença entre profissionais de países diferentes. Contudo, isso não impede que haja uma *zona de consenso*, ou seja, de estudo de infrações penais, na qual basicamente em todos os países sejam reconhecidas como tal, a exemplo do delito de homicídio.

Há comportamentos, ainda, tipificados pela lei penal cuja aplicação é pouca, ou quase nenhuma, a exemplo do que ocorria com o delito de adultério, revogado pela Lei nº 11.106/2005.

Outros comportamentos encontram-se naquele estágio de discussão político-criminal, havendo correntes que almejam sua proibição por meio do Direito Penal, e ou-

---

[34] GARRIDO, Vicente; STANGELAND, Per; REDONDO, Santiago. *Principios de criminología*, p. 62.

tras que apregoam a desnecessidade de uma intervenção tão radical por parte do Estado. Também existem aqueles em que as opiniões políticas tendem a descriminalizá-los, deles afastando o Direito Penal, tal como ocorre com o uso de substâncias entorpecentes, o aborto eugênico etc.

O *delinquente*, certamente, é aquele que recebe as maiores atenções, uma vez que, independentemente da infração penal que se queira apurar, mediante estudos criminológicos, procura-se aferir por que o ordenamento jurídico foi por ele violado. Pesquisam-se sua raiz, a gênese do comportamento delitivo e os motivos que o levaram a comportar-se diferentemente dos demais.

As Escolas Clássica e Positiva, cuja análise será realizada mais adiante, tiveram o mérito de tentar decifrar o enigma da delinquência, lançando suas luzes para a moderna criminologia, surgida no início do século XX.

O estudo da *vítima*, vale dizer, a vitimologia, também interessa ao criminólogo sob diversos aspectos. Podemos aferir sua contribuição para o delito, ou seja, se seu comportamento de alguma forma estimulou a prática da infração penal, o porquê da sua escolha, o tratamento que lhe é deferido pelo Estado etc.

As leis penais modernas procuram, de alguma forma, voltar sua atenção para as vítimas do delito. Tome-se, por exemplo, as inspirações de política criminal que fizeram inserir em nosso Código Penal o instituto do arrependimento posterior (art. 16), cuja finalidade, embora de natureza híbrida, é fazer com que a vítima se veja ressarcida dos prejuízos e dos danos por ela experimentados com a prática do crime, bem como a composição dos danos trazida pela Lei nº 9.099/95. Por outro lado, o comportamento da vítima pode minimizar a reprimenda a ser aplicada pelo Estado ao agente, como se verifica na redação do art. 121, § 1º, segunda parte, do Código Penal, que diz que se este último cometer o crime sob o domínio de violenta emoção, logo em seguida à *injusta provocação* da vítima, a pena poderá ser reduzida de um sexto a um terço.

A vitimologia, conforme preleciona Lélio Braga Calhau:

"Nasceu do sofrimento dos judeus na Segunda Guerra Mundial, sendo reconhecido como seu sistematizador, à época Professor Emérito da Universidade Hebraica de Jerusalém, Benjamim Mendelsohn, que como marco histórico proferiu uma famosa conferência, *Um horizonte novo na ciência biopsicossocial: a vitimologia*, na Universidade de Bucareste, em 1947."[35]

O *controle social* é exercido por meio de duas categorias, como deixamos antever. Existe um controle formal, realizado por profissionais ligados diretamente ao Estado, a exemplo dos policiais, promotores de justiça, juízes etc., e outro, de natureza informal, que é procedido por qualquer pessoa que não tenha especificamente essa função, podendo ser levado a efeito por pessoas próximas ao agente, como seus pais, vizinhos, colegas de trabalho, professores, transeuntes, imprensa etc.

Também é tarefa do criminólogo investigar como são exercidos tais tipos de controle e sua influência na gênese e na prática do delito.

Podemos concluir com Garrido, Stangeland e Redondo que "a delinquência não tem nem explicação simples nem remédios fáceis, e os estudos criminológicos devem abarcar temas mais variados para descrever e entender os fenômenos delitivos"[36].

---

[35] CALHAU, Lélio Braga. *Vitima e direito penal*, p. 3.
[36] GARRIDO, Vicente, STANGELAND, Per; REDONDO, Santiago. *Princípios de criminología*, p. 73.

5. ESCOLAS PENAIS

5.1. Introdução

A pena deve tão somente reprovar o agente pelo mal que ele praticou mediante o cometimento da infração penal, ou deve ir adiante, buscando, além da efetiva reprovação, ter uma finalidade utilitária, vale dizer, tentar impedir que futuros delitos venham a ser levados a efeito? A pena deve ser entendida somente como um ato de vingança pública, compensando o mal produzido pelo agente com a prática da infração penal, ou deve ser vista como um instrumento cuja aplicação tentará garantir, no futuro, uma maior segurança para a vida em sociedade? Como preleciona Basileu Garcia:

> "As doutrinas acerca dos fins atribuídos à pena podem classificar-se em absolutas, relativas ou utilitárias e mistas. Três lemas indicam-lhes a essência: *punitur quia peccatum est* (absolutas); *punitur ut ne peccetur* (relativas ou utilitárias); *punitur quia peccatum est et ne peccetur* (mistas). Pune-se porque pecou; pune-se para que não peque; pune-se porque pecou e para que não peque."[37]

Manuel de Lardizábal y Uribe, dissertando sobre o tema, já em 1782, preleciona:

> "O direito de impor penas é tão próprio e peculiar da sociedade, que nasceu com ela mesma, e sem ele não podia subsistir. Como o primeiro e o principal fim de toda sociedade é a segurança dos cidadãos e a saúde da república, segue-se, por consequência necessária, que este é também o primeiro e geral fim das penas. *A saúde da república é a suprema lei*."[38]

De acordo com as lições de Ferrajoli,[39] são teorias absolutas todas aquelas doutrinas que concebem a pena como um fim em si mesma, ou seja, como "castigo", "reação", "reparação" ou, ainda, "retribuição" do crime, justificada por seu intrínseco valor axiológico, vale dizer, não um meio, tampouco um custo, mas, sim, um dever ser metajurídico que possui em si seu próprio fundamento. São, ao contrário, "relativas" todas as doutrinas *utilitaristas* que consideram e justificam a pena enquanto um meio para a realização do fim utilitário da prevenção de futuros delitos.

As *teorias absolutas*, com os olhos voltados para o passado, ou seja, simplesmente para a infração penal praticada pelo agente, advogam a tese da *retribuição*, sendo que as *teorias relativas*, com suas lentes voltadas para o futuro, buscando evitar que outras infrações penais sejam cometidas, apregoam a *prevenção*.

Na reprovação, conforme preconiza a teoria absoluta, reside o caráter retributivo da pena. A punição se justifica pelo fato de ter o agente cometido uma infração penal. Ao mal do crime, retribui-se com o mal da pena. Emanuel Kant foi o grande expoente da teoria absoluta. Para ele, a pena é imperativo categórico e deve ser aplicada porque a exigem a razão e a justiça. Ao lado de Kant, Hegel foi outro grande defensor da teoria absoluta da pena.

Nesse sentido é a lição de Roxin:

> "A teoria da retribuição não encontra o sentido da pena na perspectiva de algum fim socialmente útil, senão em que mediante a imposição de um mal merecidamente se retribui, equilibra e espia a culpabilidade do autor pelo fato cometido. Se fala aqui de uma teoria 'absoluta' porque para ela o fim da pena é independente, 'desvinculado' de seu efeito social. A concepção da pena como

---

[37] GARCIA, Basileu. *Instituições de direito penal*, v. 1, t. 1, p. 132.
[38] LARDIZÁBAL Y URIBE, Manuel de. *Discurso sobre las penas*, p. 156.
[39] FERRAJOLI, Luigi. *Direito e razão*, p. 204.

retribuição compensatória realmente já é conhecida desde a antiguidade e permanece viva na consciência dos profanos com uma certa naturalidade: a pena deve ser justa e isso pressupõe que se corresponda em sua duração e intensidade com a gravidade do delito, que o compense."[40]

Conforme destaca Alicia Rodriguez Nuñez:

"A pena privativa de liberdade executada exclusivamente como vingança, exemplo, expiação ou retribuição não tem nenhum sentido prático para a coletividade, que não pode eliminar de seu seio, definitivamente, o indivíduo associal ou inadaptado. Se não se projeta conseguir uma mudança de atitude no apenado, o único efeito de utilidade que se consegue é satisfazer, momentaneamente, os cidadãos perturbados na convivência. O manter encarcerada uma pessoa sem um objetivo, como único recurso para lutar contra a delinquência, não é remédio suficiente para conseguir, a médio ou a longo prazo, a paz social interrompida pelas atividades ilegais de certos indivíduos. Como a pena justa há de ser proporcional ao fato e à culpabilidade do sujeito, senão que, passado um tempo de privação de liberdade, essa pessoa há de retornar ao convívio em sociedade, sendo desejável o conseguir que reinicie uma convivência harmônica com seus congêneres."[41]

A sociedade em geral se satisfaz e, na verdade, busca tão somente fazer com que a pena tenha essa finalidade retributiva, pois tende a fazer com ela uma espécie de "pagamento" ou compensação ao condenado que praticou a infração penal, desde que, obviamente, a pena seja, pelo menos, privativa de liberdade. Se ao condenado for aplicada uma pena restritiva de direitos ou mesmo a de multa, a sensação, para a sociedade, é de impunidade, uma vez que o homem, infelizmente, ainda se regozija com o sofrimento causado pelo aprisionamento do infrator.

Ressalta Santiago Mir Puig sobre a teoria retributiva:

"Responde a arraigada convicção de que o mal não deve ficar sem castigo, e o culpado deve encontrar nele o seu merecido. A função da pena se centra, segundo esse ponto de vista, na realização da justiça, impedindo que a injustiça 'triunfe'. A pena não aparece, então, como um instrumento dirigido à consecução de fins utilitários de bem-estar social, como seria o de proteção da sociedade, senão como exigência ética derivada do valor Justiça. 'A lei penal – dizia Kant, em seu *Metafísica dos costumes* – é um imperativo categórico'. Sua necessidade não procede de sua possível conveniência para frear a delinquência, senão que é independente de que possa ou não servir a tal finalidade. Seja útil ou inútil para assegurar a paz social, a pena deve impor-se se o exige a Justiça."[42]

A concepção retributiva da pena parte do pressuposto de que o homem é livre, que possui o direito e a faculdade de escolher entre o bem e o mal. Se opta por praticar o mal, deve receber a sanção previamente determinada pelo Estado. Sua preocupação não está na prevenção de futuros atos semelhantes praticados pelo próprio agente, ou mesmo por outras pessoas. Por isso, a teoria retributiva é conhecida, também, como uma teoria absoluta, já que a pena é um fim em si mesma.

É importante frisar que essa concepção retributiva, principalmente no pensamento de Kant, surgiu em um Estado Liberal, onde se pressupunha que todos eram iguais perante a lei. No entanto, esse conceito de igualdade formal não é suficiente. Que igualdade poderia haver entre

---

[40] ROXIN, Claus. *Derecho penal* – Parte general, p. 81-82.
[41] RODRIGUEZ NUÑEZ, Alicia. *Elementos básicos de investigación criminal*, p. 360.
[42] MIR PUIG, Santiago. *Estado, pena y delito*, p. 38.

um homem que foi criado em meio à pobreza absoluta e outro, em "berço de ouro"? A maioria esmagadora dos delinquentes, selecionada pelo Direito Penal, é oriunda das classes sociais mais baixas e desfavorecidas. Assim, questiona Santiago Mir Puig: "Pode pretender-se que o delito, produto desta desigualdade, deva ser castigado porque assim o reclama a Justiça?"[43]

Embora seja criticável esse raciocínio de Justiça proposto pela teoria retributiva, seu surgimento, no século XVIII, teve como fundamento limitar o arbítrio no que dizia respeito à aplicação das penas. Se a pena era uma compensação, uma retribuição do mal praticado pelo agente, essa retribuição, obrigatoriamente, devia ser proporcional ao mal praticado. Assim, a retribuição não permite que se castigue além da gravidade do fato cometido.

A teoria relativa, a seu turno, sob o enfoque utilitarista, fundamenta-se no critério da prevenção, que se biparte em:

a) prevenção geral – negativa e positiva;
b) prevenção especial – negativa e positiva.

No que diz respeito à teoria de prevenção geral, disserta Roxin que ela:

"Não vê o fim da pena na retribuição, nem em sua influência sobre o autor, senão a influência sobre a comunidade que, mediante ameaças penais e a execução da pena, deve ser instruída sobre as proibições legais e afastada da sua violação. Também aqui se trata, pois, de uma teoria que tende à prevenção de delitos [...], como consequência do qual a pena deve, sem embargo, atuar não *especialmente* sobre o condenado, senão *de forma geral*, sobre a comunidade. Por essa razão se fala de uma teoria da prevenção geral."[44]

A teoria de prevenção geral foi desenvolvida de forma mais eficaz por Paul Johann Anselm von Feuerbach,[45] tendo sido extraída de uma teoria por ele formulada, denominada "teoria psicológica da coação."[46] Dissertando sobre a importância de Feuerbach no desenvolvimento das ideias preventivas, Jescheck preleciona:

"As teorias penais dos séculos XVII e XVIII estavam certamente determinadas pelas ideias preventivas, mas unicamente *Paul Johann Anselm v. Feuerbach* (1775-1833), o maior criminalista alemão da primeira metade do século XIX, distinguiu, a partir do ponto de vista teórico, claramente entre prevenção geral e prevenção especial. *Feuerbach* vinculou a prevenção geral à cominação penal, fazendo dela o centro de seu sistema. Deste modo, conduziu a teoria da ilustração a seu zénit. *Feuerbach* não se apoiava já no utilitarismo clássico de *Beccaria y Bentham*, senão que intentava estender uma ponte entre sua teoria e a ética kantiana. A *cominação* penal tinha que produzir 'prevenção geral através da coação psicológica'; a *imposição* da pena somente vinha a demonstrar que se pensava realmente levá-la à prática. 'O Estado [...] deve preocupar-se de impedir psicologicamente ao que tem inclinações delitivas, que se comporte realmente de acordo com essas inclinações.'"[47]

---

[43] MIR PUIG, Santiago. *Estado, pena y delito*, p. 40.
[44] ROXIN, Claus. *Derecho penal* – Parte general, t. 1, p. 89.
[45] FEUERBACH Johann Anselm von. *Tratado de derecho penal*, p. 99-100.
[46] "Imaginava-se que a alma do delinquente potencial havia caído na tentação, como um campo de batalha entre os motivos que lhe empurram até o delito e os que resistem a ele; opinava que havia de provocar a psique do indeciso sensações de desagrado, que fizessem prevalecer os esforços por impedir a comissão e, desta maneira, pudessem exercer uma 'coação psíquica' para abster-se da comissão do fato" (ROXIN, Claus. *Derecho penal*: parte general, t. 1, p. 89-90).
[47] JESCHECK, Hans-Heinrich.

Além de Feuerbach, outros nomes de vulto que atuaram na defesa das teorias utilitárias da pena foram o filósofo e jurista inglês Jeremy Benthan (1748 – 1832) e o também jurista e filósofo italiano Gian Domenico Romagnosi (1761 – 1835).

A prevenção geral pode ser analisada sob dois enfoques. Por meio da prevenção geral negativa, conhecida também por *prevenção por intimidação*, a pena aplicada ao autor da infração penal tende a refletir-se na sociedade, evitando, assim, que as demais pessoas, que se encontram com os olhos voltados para a condenação de um de seus pares, reflitam antes de praticar qualquer infração penal.

Segundo Hassemer,[48] com a prevenção por intimidação, existe a esperança de que os concidadãos com inclinações para a prática de crimes possam ser persuadidos, por meio da resposta sancionatória à violação do direito alheio, previamente anunciada, a comportarem-se em conformidade com o Direito; esperança, enfim, de que o Direito Penal ofereça sua contribuição para o aprimoramento da sociedade.

Por meio dessa vertente da prevenção geral, tida como negativa, a sociedade é advertida a respeito do Direito Penal tanto mediante ameaça da pena, em abstrato, contida na lei, como também na oportunidade em que essa mesma lei é aplicada, gerando a condenação de um de seus pares. Nesta última hipótese, o agente, na verdade, serve de *exemplo*[49] aos demais, fazendo com que sua condenação reflita em seu meio social, levando à compreensão de todos aqueles que o cercam, ou que, pelo menos, tiveram conhecimento da sua condenação, as consequências pela prática de determinada infração penal.

Segundo Nilo Batista, Zaffaroni, Alagia e Slokar, a lógica da dissuasão intimidatória propõe a clara utilização de uma pessoa como recurso ou instrumento empregado pelo Estado para seus próprios fins: a pessoa humana desaparece, reduzida a um meio a serviço dos fins estatais.[50]

Por outro lado, por meio da prevenção geral positiva, a pena exerce outra função, que não a da simples utilização de um "bode expiatório", cuja punição servirá de exemplo para os demais membros da sociedade.

Na verdade, como ressalta Roxin:

"Na prevenção geral positiva se podem distinguir três fins e efeitos distintos, se bem que sobrepostos entre si: o efeito de aprendizagem, motivado socialpedagogicamente; o exercício na confiança do Direito, que se origina na população pela atividade da justiça penal, o efeito de confiança que surge quando o cidadão vê que o Direito se aplica; e, finalmente, o efeito de pacificação, que se produz quando a consciência jurídica geral se tranquiliza, em virtude da sanção, em virtude do descumprimento da lei, e considera solucionado o conflito com o autor. Sobretudo ao efeito de pacificação, mencionado em último lugar, se alude, hoje, frequentemente, para a justificação de reações jurídico-penais, com o termo prevenção integradora."[51]

Por outro lado, com enfoque distinto dos anteriores, existe a *finalidade preventiva especial* da pena, que pode também ser concebida em seus dois sentidos: positiva e negativa.

---

[48] HASSEMER, Winfried. *Três temas de direito penal*, p. 34.
[49] Merece registro a posição de Ferrajoli, quando assevera que "mais do que qualquer outra doutrina utilitarista, esta ideia da função exemplar da execução da pena dá margem, com efeito, à objeção kantiana segundo a qual nenhuma pessoa pode ser utilizada como meio para fins a ela estranhos, ainda que sociais e elogiáveis" (FERRAJOLI, Luigi. *Direito e razão*, p. 223).
[50] BATISTA, Nilo; ZAFFARONI, Eugenio Raúl; ALAGIA, Alejandro; SLOKAR, Alejandro. *Direito penal brasileiro*, v. 1, p. 120.
[51] ROXIN, Claus. *Derecho penal* – Parte general, t. 1, p. 91-92.

Por intermédio da prevenção especial negativa, busca-se levar a efeito a neutralização daquele que praticou a infração penal, neutralização que ocorre com sua segregação no cárcere, retirando o agente momentaneamente do convívio social, impedindo-o de praticar novas infrações penais, pelo menos na sociedade da qual foi retirado. A neutralização do agente, como se percebe, somente ocorre quando a ele for aplicada pena privativa de liberdade.

De acordo com o raciocínio da prevenção especial positiva, segundo Roxin, "a missão da pena consiste unicamente em fazer com que o autor desista de cometer futuros delitos",[52] e, acrescenta, ressocializando-o.

No escólio de Cezar Roberto Bitencourt, "a prevenção especial não busca a intimidação do grupo social nem a retribuição do fato praticado, visando apenas àquele indivíduo que já delinquiu para fazer com que não volte a transgredir as normas jurídico-penais."[53]

Do embate entre as duas teorias – retributivas e preventivas –, surgiu uma terceira, como não poderia deixar de ser, chamada de *mista* ou *unificadora da pena*, tal como ocorre com a teoria adotada pelo art. 59 do Código Penal, que funde as necessidades retributiva e preventiva da pena.

5.2. Escola Clássica

Não houve, realmente, uma escola "Clássica." Tal denominação lhe foi dada pelos positivistas, com uma conotação nitidamente pejorativa, no sentido de antiga, anterior, ultrapassada.

As ideias postuladas pela Escola Clássica ainda podem ser consideradas como o fundamento dos modernos sistemas jurídico-penais aplicados em todo o mundo. Com o surgimento da Escola Clássica, no século XVIII, e principalmente por intermédio da obra de Beccaria (1764 – *dos delitos e das penas*) e de Bentham (1789 – *Introdução aos princípios da moral e da legislação*), inúmeros princípios começaram a ganhar corpo, a exemplo dos princípios da necessidade e da suficiência da pena, proporcionalidade, utilidade, prevenção geral e especial, *in dubio pro reo*, publicidade dos julgamentos, presunção de inocência, culpabilidade, dentre outros, sem falar, talvez, na maior conquista da história da humanidade, que é o princípio da dignidade da pessoa humana, fazendo com que a pena deixasse de ser aflitiva, tendo o corpo do criminoso deixado de ser objeto da pena, evoluindo para a privação da liberdade.

Segundo as lições de Foucault, "a prisão, peça essencial no conjunto das punições, marca certamente um momento importante na história da justiça penal: seu acesso à humanidade"[54].

Conforme esclarece Cezar Roberto Bittencourt:

"A Escola Clássica encontrou adeptos em diversos países do continente europeu ao longo do século XIX, todos preocupados em oferecer uma explicação das causas do delito e dos efeitos da pena sob uma perspectiva jurídica.

Tal como se desenvolveu na Itália, distinguiu-se em dois grandes períodos: a) teórico-filosófico – sob a influência do Iluminismo, de cunho nitidamente utilitarista, pretendeu adotar um Direito Penal fundamentado na necessidade social. Este período, que iniciou com Beccaria, foi representado por Filangieri, Romagnosi e Carmignani; b) ético-jurídico – numa segunda fase, período em que a metafísica jusnaturalista passa a dominar o Direito Penal, acentua-se a exigência ética da retribuição, representada pela sanção penal. Foram os principais expoentes desta fase Pelegrino Rossi, Francesco Carrara e Pessina. No entanto, indiscutivelmente, os dois maiores expoentes desta escola foram Beccaria e Carrara: se o primeiro foi o precursor do

---

[52] ROXIN, Claus. *Derecho penal*: parte general, t. 1, p. 85.
[53] BITENCOURT, Cezar Roberto. *Manual de direito penal* – Parte geral, p. 81.
[54] FOUCAULT, Michel. *Vigiar e punir*, p. 195.

Direito Penal liberal, o segundo foi o criador da dogmática penal. Mas, na verdade, Carrara é quem simboliza a expressão definitiva da Escola Clássica, eternizando sua identificação como a 'Escola Clássica de Carrara'."[55]

A Escola Clássica estava fundamentada, resumidamente, nos seguintes postulados: *a)* livre-arbítrio; *b)* dissuasão, *c)* prevenção e *d)* retribuição.

Por livre-arbítrio entendia-se a capacidade que tinha o agente de decidir entre a prática de um comportamento lícito ou ilícito. Na precisa lição de Pablos de Molina, a determinação sempre justa da lei, igual para todos e acertada, é infringida pelo delinquente em uma decisão livre e soberana. Falta na Escola Clássica uma preocupação inequivocamente etiológica (preocupação em indagar as "causas" do comportamento criminoso), já que sua premissa iusnaturalista a conduz a atribuir a origem do ato delitivo a uma decisão "livre" do seu autor, incompatível com a existência de outros fatores ou causas que pudessem influir no seu comportamento.[56]

Moniz Sodré afirma:

"Na opinião dos criminalistas clássicos, o livre-arbítrio é o apanágio de todos os homens psiquicamente desenvolvidos e mentalmente sãos. E desde que possuem essa faculdade, esse poder de escolha entre motivos diversos e opostos, eles são moralmente responsáveis por todos os seus atos, visto estes serem filhos exclusivamente dessa vontade livre e soberana."[57]

Entre a escolha de cometer ou não um delito, a pena deveria ser utilizada como fator de dissuasão nessa escolha, ou seja, na comparação entre o mal da pena e o benefício a ser alcançado pela prática da infração penal, aquele teria de ser um fator desestimulante ao agente. Por meio de uma espécie de balança, o agente colocaria em seu prato as vantagens da infração penal e as desvantagens da pena que a ele seria aplicada, e nessa compensação a pena deveria desestimulá-lo, pois que superior às vantagens obtidas por meio do delito.

A pena, ainda segundo a Escola Clássica, sob o enfoque teórico-filosófico, deveria servir a uma função preventiva, tanto geral quanto especial. Beccaria já dizia que "o fim da pena, pois, é apenas o de impedir que o réu cause novos danos aos seus concidadãos e demover os outros de agir desse modo."[58]

Carrara, depois de afirmar, no § 604 do *programa do curso de direito criminal*, que existe uma lei eterna, absoluta, constituída pelo complexo dos preceitos diretivos da conduta externa do homem, revelada por Deus à humanidade, por meio da simples razão, sob o enfoque ético-jurídico, deixando transparecer seu caráter retributivo, nos §§ 622 e 623 da obra citada, diz que a pena:

"Que em nada remedeia o mal material do delito, é terapêutica eficacíssima e única para o mal de ordem *moral*. Sem ela, os cidadãos que pela repetição das malfeitorias sentiriam cada dia mais esvair-se a própria segurança, seriam constrangidos ou a entregar-se às violentas reações privadas, perpetuando a desordem e substituindo o governo da força ao da razão, ou a abandonar uma sociedade incapaz de protegê-los.

Dessa maneira: o *fim* último da *pena* é o bem social, representado pela *ordem* que se diligencia graças à tutela da lei jurídica; e o efeito do fato penal se conjuga à causa que o legitima."[59]

---

[55] BITENCOURT, Cezar Roberto. *Manual de direito penal* – Parte geral, p. 99-100.
[56] PABLOS DE MOLINA, Antonio Garcia; GOMES, Luiz Flávio. *Criminologia*, p. 160.
[57] SODRÉ, Moniz. *As três escolas penais*, p. 71.
[58] BECCARIA, Cesare. *Dos delitos e das penas*, p. 52.
[59] CARRARA, Francesco. *Programa do curso de direito criminal* – Parte geral, v. 2, p. 64, 82.

Embora tivesse tido um mérito inegável, a Escola Clássica começou a receber críticas contundentes em razão de alguns de seus fundamentos. Em 1913, Viveiros de Castro, enfaticamente dizia:

"Os juristas, os escritores da escola clássica definem o crime como violação voluntária e livre de um princípio da justiça absoluta sancionado na legislação positiva. Há nesta definição dois princípios que a caracterizam – a eternidade de uma justiça imutável, pairando sobre o tempo e as sociedades, e o livre-arbítrio como guia da conduta humana. Ambos estes alicerces em que os juristas repousam seu conceito de crime são falsos. Nem a justiça é absoluta e imutável, nem o livre-arbítrio, a faculdade de querer ou deixar de querer, é verdadeiro.
O homem determina sua conduta pelo motivo mais forte e o princípio da justiça é relativo, muda e varia segundo o nível ético dos diferentes estados sociais.
Basta lançar um rápido olhar retrospectivo sobre o desenvolvimento histórico da humanidade para compreender que a ideia da justiça somente se apura e se aperfeiçoa à proporção que a evolução mental do homem progride corrigindo e educando o sentimento. Os povos selvagens não possuem absolutamente a noção de justiça. E isto demonstra-se pelo seu modo de proceder sobre as três manifestações principais da noção da justiça, o respeito à vida, o respeito à propriedade e o sentimento da família. O Dr. Charles Letourneau em seu interessante livro – *A Sociologia* – nos ensina que entre os povos ainda em estado primitivo é geral o costume de matarem os velhos e as crianças; são instituições nacionais o parricídio e o infanticídio. Na Melanésia, diz ele, tem-se o costume de matar os velhos e enfermos, as bocas inúteis. Os Neocaledônios, que contudo consideram sagradas as cabeças de seus pais, desterram para lugares desertos os velhos e os enfermos, deixando-os morrer em abandono. Chegam mesmo algumas vezes a enterrá-los vivos. As vítimas acham a coisa muito natural. Caminham impassíveis para o túmulo onde são atiradas, depois de lhes aturdirem a cabeça com uma pancada formidável."[60]

E conclui o renomado jurista:

"É pois, sem conclusão, um erro dos metafísicos a ideia de uma justiça eterna e imutável. A justiça varia segundo o nível ético das civilizações, dos estados sociais, purifica-se à proporção que melhor se desenvolve a evolução mental do homem."[61]

5.3. Escola Positiva

Cesare Lombroso nasceu em Verona, na Itália, em 6 de novembro de 1835. Formou-se em medicina na Universidade de Pavia, em 1858. Em 1876, escreveu uma de suas obras mais importantes, que o deixaram conhecido no cenário mundial: *L'uomo deliquente* (*O homem delinquente*). Foi professor de Medicina Legal da Universidade de Turim e é considerado o pai da criminologia moderna. Foi o introdutor do *positivismo*, método científico utilizado nas ciências naturais, a exemplo da Física, da Botânica, da Medicina ou da Biologia. Embora a Antropologia Criminal tivesse alguns precursores diretos e imediatos, a exemplo de Nicolson, Thomson e Musdsley, foi com os trabalhos de Lombroso que ela ganhou ares de ciência. De acordo com as precisas lições de Moniz Sodré:

"A antropologia criminal é a *história natural do homem criminoso*, como Quatrefages considerava a zoologia 'a história natural dos animais', e a antropologia geral a 'história natural dos homens'.

---

[60] CASTRO, Viveiros de. *A nova escola penal*, p. 26-28.
[61] CASTRO, Viveiros de. *A nova escola penal*, p. 34.

A antropologia geral é, na definição de Topinard, 'o ramo da história natural que trata do homem e das raças humanas'.

Nós podemos definir a antropologia criminal *o ramo da antropologia geral que trata do delinquente e dos seus tipos fundamentais*. Nela se estuda o criminoso sob o ponto de vista somático e psíquico, isto é, nas suas qualidades anatômicas, fisiológicas e psicológicas, bem como ainda na sua vida de relação com o meio físico e social."[62]

Para Lombroso, a observação e a medição deviam constituir as estratégias habituais do conhecimento criminológico, além da racionalidade e da especulação do mundo jurídico. Suas ideias deram origem à Escola Biológica da Criminologia, que também ficou conhecida como *Escola Italiana*.

Conforme salientam Newton Fernandes e Valter Fernandes:

"Lombroso imaginou ter encontrado, no criminoso, em sentido natural-científico, uma variedade especial de *homo sapiens*, que seria caracterizada por sinais (*stigmata*) físicos e psíquicos. Tais estigmas físicos do criminoso nato, segundo Lombroso, constavam de particularidades da forma da calota craniana e da face, consubstanciadas na capacidade muito grande ou pequena do crânio, no maxilar inferior procidente, fartas sobrancelhas, molares muito salientes, orelhas grandes e deformadas, dessimetria corporal, grande envergadura dos braços, mãos e pés etc. Como estigmas ou sinais psíquicos que caracterizariam o criminoso nato, Lombroso enumerava: sensibilidade dolorosa diminuída (eis por que os criminosos se tatuariam), crueldade, leviandade, aversão ao trabalho, instabilidade, vaidade, tendência a superstições, precocidade sexual."[63]

Lombroso apregoava que o criminoso nato tinha um regresso atávico, pois que muitas das características por ele apontadas também eram próprias das formas primitivas dos seres humanos.

Enrico Ferri, jurista, político e sociólogo, criador da Sociologia Criminal, com seu livro publicado em 1880, intitulado *I nuovi orizzonti del diritto e della procedura penale*, aderiu às teses de Lombroso e a elas agregou fatores sociais, econômicos e políticos considerados importantes na análise da delinquência, apontando cinco tipos de criminosos:

a) nato;
b) louco;
c) passional;
d) ocasional;
e) habitual.[64]

No mesmo diapasão, Garofalo, jurista e professor da Universidade de Nápoles, aduz:

"A ideia do atavismo foi sustentada por Lombroso, em vista da semelhança entre os caracteres físicos e morais do delinquente e do selvagem, considerado como representante do homem primitivo; o confronto entre alguns caracteres de crânios pré-históricos e de crânios de delinquentes e ainda o estudo psicológico das crianças, que representam estágios atrasados da evolução humana e nas quais se encontram muitos fatos comuns aos selvagens e aos crimi-

---

[62] SODRÉ, Moniz. *As três escolas penais*, p. 57-58.
[63] FERNANDES, Newton; FERNANDES, Valter. *Criminologia integrada*, p. 81.
[64] Cf. FERRI, Enrico jurista. *I nuovi orizzonti del diritto e della procedura penale*. Bologna: Zanichelli, 1881.

nosos, reforçam a opinião do grande escritor. A verdade destas aproximações é indiscutível, independentemente da hipótese de que as produz uma regressão atávica."[65]

A Escola Biológica, apesar dos seus erros iniciais, contribuiu para inúmeros estudos comparativos, a exemplo da herança genética, na qual os estudos dos cromossomos levaram, nas décadas de 1940 e 1950, a descobertas de alterações genéticas que, possivelmente, poderiam conduzir o indivíduo à criminalidade, como no caso da chamada *síndrome do supermacho*, na qual, em virtude das mencionadas alterações, era possível encontrar, na cadeia genética do agente, a presença de mais um cromossomo Y, que conduzia à formação XYY. Naquela oportunidade, tentou-se afirmar que esses indivíduos possuíam uma tendência à agressividade, sendo considerados pessoas violentas. Hoje em dia, já ficou demonstrado que essa alteração em nada repercute na possibilidade de serem cometidas infrações penais, podendo-se concluir, portanto, que a delinquência não possui natureza hereditária.

Outros nomes de relevo engrossaram as fileiras da Escola Positiva, a exemplo de Puglia, Altavilla, Florian, Grispigni etc.

Podemos concluir com Heleno Fragoso que os princípios básicos da Escola Positiva são os seguintes:

> "(a) o crime é fenômeno natural e social, estando sujeito às influências do meio e aos múltiplos fatores que atuam sobre o comportamento. Exige, portanto, o *método experimental* ou o método positivo para explicação de suas causas; (b) a responsabilidade penal é responsabilidade social (resultado do simples fato de viver o homem em sociedade), tendo por base a periculosidade do agente; (c) a pena é exclusivamente medida de defesa social, visando à recuperação do criminoso ou à sua neutralização, nos casos irrecuperáveis; (d) o criminoso é sempre psicologicamente um anormal, de forma temporária ou permanente, apresentando também muitas vezes defeitos físicos; e (e) os criminosos podem ser classificados em *tipos* (ocasionais, habituais, natos, passionais e enfermos da mente)."[66]

5.4. Outras Escolas

Após o surgimento das Escolas Clássica e Positiva, outras foram surgindo ao longo dos anos, conforme veremos rapidamente a seguir. Por opção, somente faremos a análise de algumas delas, já que fugiria à finalidade deste estudo levar a efeito a pesquisa das inúmeras escolas que foram sendo construídas. Assim, mesmo que resumidamente, analisaremos as seguintes: *a*) Terceira Escola; *b*) Escola Moderna Alemã; *c*) Escola Técnico-Jurídica; *d*) Escola Correcionalista; e *e*) Escola da Nova Defesa Social.

5.4.1. *Terceira Escola (Terza Scuola)*

Surgiu com a finalidade de conciliar as posições das Escolas Clássica e Positiva, tendo Alimena, Carnevale e Impalomeni como seus principais defensores. Também foi denominada *Positivismo Crítico*. De acordo com as lições de Anibal Bruno:

> "Essa corrente recolhe da Escola Clássica o princípio da responsabilidade moral e a consequente distinção entre imputáveis e não imputáveis, mas exclui o fundamento do livre-arbítrio. A imputabilidade resulta da intimidabilidade, para Impalomeni; da dirigibilidade dos atos do

---

[65] GAROFALO, Raphaele. *Criminologia*, p. 132-133.
[66] FRAGOSO, Heleno Cláudio. *Lições de direito penal* – Parte geral, p. 57-58.

homem, para Alimena; da capacidade de sentir a coação psicológica que provém da ameaça da pena. O crime se apresenta como fenômeno individual e social, condicionado pelos fatores que Ferri determinou. A pena tem por fim a defesa social, mas não perde o caráter aflitivo e se distingue essencialmente da medida de segurança."[67]

5.4.2. Escola Moderna alemã

Foi reconhecida na Alemanha, também, sob as denominações *Escola Moderna* ou de *Positivismo Crítico, Escola de Política Criminal* e, ainda, *Escola Sociológica*. Seu precursor foi o austríaco Franz Ritter von Liszt, que integrava a corrente denominada causal-naturalista na teoria do delito, juntamente com Ernst von Beling. Foi professor de Direito Penal nas Universidades de Giessen (1879-1882), Marburgo (1882-1889) quando escreveu o *Programa de Marburgo*, em 1882. Sob sua liderança, em 1888 foi criada a *Escola de Política Criminal*, sendo que, no ano seguinte, 1889, fundou a União Internacional de Direito Penal, juntamente com Gérard van Hamel e Adolphe Prins, que se transformaria, em 1924, na Associação Internacional de Direito Penal. Foi militante do partido progressista popular alemão, tendo ocupado a cadeira de deputado. Liszt rejeitava a tese do criminoso nato, tampouco a existência de um tipo antropológico de delinquente. A pena teria funções preventivas, tanto geral como especial. Segundo as lições de Noronha, são caracteres dessa escola:

> "a) método lógico-jurídico para o direito penal e experimental para as ciências penais; b) distingue o imputável do inimputável, sem se fundar, porém, no livre-arbítrio, e sim na determinação normal do indivíduo; c) aceita a existência do estado perigoso; d) tem o crime como fato jurídico, mas também como fenômeno natural; e) a luta contra o crime far-se-á não só pela pena, mas também com as medidas de segurança."[68]

É de Franz von Liszt a famosa frase que diz: "O Código Penal é a Carta Magna do delinquente e o Direito Penal é a barreira intransponível da Política Criminal."[69]

5.4.3. Escola Técnico-Jurídica

Um dos precursores desta escola foi o alemão Karl Binding. No entanto, seu desenvolvimento aconteceu de forma prodigiosa na Itália, tendo como um dos seus principais representantes Arturo Rocco, jurista e professor de Direito Penal, que também ocupou os cargos de Presidente da Câmara de Deputados e de Ministro da Justiça da Itália. Rocco, em 1905, proferiu uma conferência histórica, com o título *Il problema e il metodo della scienza del diritto penale*, na Universidade de Sassari. Nela, conforme informa René Ariel Dotti, Rocco:

> "Sustentou que o método de estudo deveria cingir-se à dedução dos princípios que constituem o sistema do direito legislado em face dos meios da técnica jurídica e não as abordagens limitadas aos comentários ou às críticas. Em sua perspectiva, o estudo do Direito penal deve se concentrar no direito positivo vigente como o único que a experiência indica para formar o objeto de uma ciência jurídica. O trabalho intelectual do penalista deve se voltar para a interpretação do texto vigente, ordenando a matéria em um plano de sistema e detectando os princípios jurídicos resultantes em forma de dogmas. O penalista deve proceder à crítica

---

[67] BRUNO, Aníbal. *Direito penal* – Parte geral, t. 1, p. 124-125.
[68] NORONHA, E. Magalhães. *Direito penal* – Parte geral, v. 1, p. 41.
[69] Cf. VON LISZT, Franz. *Tratado de direito penal alemão*. Tradução de José Hygino Duarte Pereira. Rio de Janeiro: F. Briguiet, 1889. t. I.

objetiva se for o caso e propor modificações no próprio âmbito do Direito Penal, sobre a base de seus princípios e do seu sistema e não, subjetivamente, por influxo da Filosofia do Direito Penal e da Política Criminal. É necessário que sobre o *velho tronco* ainda vivo da ciência clássica de Direito Penal, liberado da borrasca da Filosofia metaempírica, ressurja um novo direito, de grande vitalidade porque se liberou das correntes sempre ousadas e, às vezes, infectadas da Antropologia, da Psicologia e da Sociologia Criminal e bem protegido contra os ventos insidiosos de uma Política Criminal reformadora."[70]

Outro representante da Escola Técnico-Jurídica foi Vincenzo Manzini, autor dos tratados de Direito Penal e de Direito Processual Penal. Na verdade, mais do que uma escola, o tecnicismo jurídico é uma orientação, uma metodologia de estudo, levando-se a efeito o estudo sistemático do Direito Penal.

5.4.4. Escola Correcionalista

De inspiração clássica, a Escola Correcionalista surgiu em 1839, tendo o professor de Heidelberg, Carlos Davi Augusto Roeder, como seu precursor, que concebia o Direito, segundo Noronha, como o "conjunto de condições dependentes da vontade livre, para cumprimento do destino do homem"[71]. Roeder defendia que a pena não podia ter um tempo determinado, já que servia para corrigir aquele que praticou a infração penal, e devia durar o tempo que fosse necessário para isso. Cessada a necessidade, consequentemente, deveria cessar também o cumprimento da pena. Essa corrente não teve grandes acolhidas em seu país de origem, a Alemanha, sendo, no entanto, mais bem difundida e aperfeiçoada na Espanha, principalmente por intermédio de Pedro García Dorado Monteiro e Concepción Arenal. Dorado Montero foi um eminente jurista que introduziu o positivismo na Espanha, colidindo seus pensamentos com o jusnaturalismo católico tradicional. Dentre suas obras, destaca-se aquela publicada em 1916, com o título *El derecho protector de los criminales*, onde concebe os postulados correcionistas, a exemplo de um Direito Penal sem pena, com a finalidade de tratar e recuperar os criminosos. Dizia ele que o Estado devia proteger o delinquente da reação da sociedade e de sua ignorância para castigar, porque o delinquente não tem capacidade para uma vida jurídica livre, tendo em vista que o delito não se comete em razão de uma vontade livre, mas sim por outras causas que o Estado deve combater; a pena não deve ser retributiva, senão corretiva da vontade criminosa, tomando-se como base um estudo psicológico e não por fundamento o delito, devendo servir a pena, outrossim, para impedir a prática de futuros crimes; o tratamento do interno deve ser sempre individual, levando-se em consideração a sua periculosidade criminal. Concepción Arenal forjou, a seu turno, a seguinte frase: "Não há criminosos incorrigíveis e, sim, incorrigidos."

5.4.5. Escola da Nova Defesa Social

Surgiu ao final da Segunda Guerra Mundial, em 1945, após a constatação das atrocidades cometidas pelos nazistas, reacendendo, assim, uma forte reação humanista e humanitária. Seu mentor foi o jurista italiano Filippo Gramatica, fundador, naquele mesmo ano, de um Centro de Estudos de Defesa Social, na cidade de Gênova. Evandro Lins e Silva, com a precisão que lhe era peculiar, dizia que para Gramatica:

> "A Defesa Social consistia na ação do Estado destinada a garantir a ordem social, mediante meios que importassem a própria abolição do direito penal e dos sistemas penitenciários

---

[70] DOTTI, René Ariel. *Curso de direito penal* – Parte geral, p. 159.
[71] NORONHA, E. Magalhães. *Direito penal* – Parte geral, v. 1, p. 33.

vigentes. Depois do caráter repressivo e da crueldade dos regimes derrubados pela guerra, a manifestação do Centro criava perspectivas alvissareiras. Sentia-se um sopro renovador, progressista, arrojado, talvez utópico, quanto aos objetivos a alcançar. O movimento de Gramatica logo se tornou um foco aglutinador e, ao mesmo tempo, irradiador de modernas concepções. O direito penal sufocado pela estreiteza do tecnicismo jurídico e pelo racionarismo nazifacista, renascia e tomava suas verdadeiras dimensões. Saía do litoral e voltava a encarar o horizonte. Olhava para frente e voltava a ser uma ciência arejada, sem teias de aranha a proibir-lhe o convívio com as outras ciências, na sua origem e sobretudo na sua aplicação a seres humanos."[72]

E continua o penalista dizendo:

"Os exageros do pioneirismo de Gramatica viriam a ser podados pela moderação dos que acorreram ao chamado de sua pregação. Marc Ancel, que viria a conter os excessos do Centro, a ele, entretanto, aderiu com entusiasmo porque desenvolveu-se numa 'atmosfera singular de fervor e de esperanças' e implantou 'as bases do verdadeiro movimento de defesa social: uma confiança no destino do homem, uma proteção do ser humano, uma reação contra a repressão cega, uma preocupação de humanizar as instituições penais e de assegurar a recuperação social daquele que se tenha desviado para a delinquência: estas são as primeiras afirmações da defesa social, no momento em que ela toma verdadeiramente consciência de si mesma.'"[73]

---

[72] SILVA, Evandro Lins e. *De Beccaria a Filippo Gramatica* – Uma visão global da história da pena, p. 14-15.
[73] SILVA, Evandro Lins e. *De Beccaria a Filippo Gramatica* – Uma visão global da história da pena

Capítulo III
Fontes do Direito Penal

1. CONCEITO

Fonte, no seu sentido mais amplo, quer dizer lugar de procedência, de onde se origina alguma coisa. O Direito Penal, como não poderia deixar de ser, também tem suas fontes. Na precisa lição de Fontán Balestra:

"Na ciência jurídica, fala-se em fontes do direito, atribuindo-se à palavra uma dupla significação: primeiramente, devemos entender por 'fonte' o 'sujeito' que dita ou do qual emanam as normas jurídicas; em segundo lugar, o modo ou o meio pelo qual se manifesta a vontade jurídica, quer dizer, a forma como o Direito objetivo se cristaliza na vida social. Este duplo significado dá lugar à distinção entre fontes de produção e fontes de cognição ou de conhecimento."[1]

2. ESPÉCIES

Partindo da lição do renomado autor argentino, podemos dividir as fontes do Direito Penal em:

a) fontes de produção;
b) fontes de conhecimento, que podem ser, ainda, imediatas e mediatas.

O *Estado*, e com este vocábulo não estamos querendo nos referir especificamente aos estados que compõem a Federação brasileira, mas sim a esta última, *é a nossa única fonte de produção do direito penal*. Conforme preceitua o inciso I do art. 22 da Constituição Federal, *compete privativamente à União legislar sobre direito penal*. Assim, cabe tão somente à União, como única fonte de produção, ditar normas gerais de direito penal, bem como proibir ou impor determinadas condutas (comissivas ou omissivas), sob a ameaça de sanção. Quando nossa Carta Maior diz competir privativamente à União legislar sobre direito penal, quer dizer que somente com a conjugação da vontade do povo, representado pelos seus deputados, com a vontade dos Estados, representados pelos seus senadores, e, ainda, com a sanção do Presi-

---

[1] FONTÁN BALESTRA, Carlos. *Derecho penal* – Introducción y parte general, p. 103.

dente da República, é que se pode inovar em matéria penal, criando ou revogando, total ou parcialmente, as leis penais.

Embora seja da competência privativa da União legislar sobre o Direito Penal, como bem destacou Paulo Queiroz, "excepcionalmente os Estados-membros podem fazê-lo quanto a questões específicas (v. g. trânsito local), desde que haja autorização por lei complementar para tanto (CF, art. 22, parágrafo único)."[2]

O Estado, já foi dito, é a única fonte de produção do Direito Penal. Contudo, para que possa exteriorizar sua vontade, deve valer-se de algum instrumento, o qual, *in casu*, é a lei. Deixando transparecer a adoção, por nós, do sistema representativo, diz a nossa Lei Maior, em seu parágrafo único do art. 1º: *Todo o poder emana do povo, que o exerce por meio de representantes eleitos ou diretamente, nos termos desta Constituição*. Importa salientar que quando a União cria tipos penais incriminadores, por exemplo, é como se todo o povo brasileiro tivesse anuído para com a inovação feita ao sistema jurídico-penal, em virtude da adoção do aludido sistema representativo.

A *lei*, portanto, seria a *única fonte de cognição ou de conhecimento do Direito Penal* no que diz respeito à proibição ou imposição de condutas sob a ameaça de pena, atendendo-se, dessa forma, ao princípio da reserva legal, insculpido no inciso XXXIX do art. 5º da Constituição Federal, assim redigido: *Não há crime sem lei anterior que o defina, nem pena sem prévia cominação legal*.

Nossa doutrina, contudo, biparte as fontes de cognição ou de conhecimento em:

a) imediata e
b) mediatas.

Imediata seria a *lei*. Para saber se determinada conduta praticada por alguém é proibida pelo Direito Penal, devemos recorrer exclusivamente à lei, pois somente a ela cabe a tarefa, em obediência ao princípio da legalidade, de proibir comportamentos sob a ameaça de pena. Em virtude disso é que Fontán Balestra conclui:

> "em matéria penal, em nosso regime institucional, não existe outra fonte do direito a não ser a lei. Os costumes, a jurisprudência e a doutrina podem ter influência mais ou menos direta na sanção e modificação das leis, mas não são fontes do Direito Penal."[3]

Apesar do ponto de vista do conceituado tratadista, podemos comungar com a posição daqueles que incluem e entendem os costumes e os princípios gerais de direito como espécies de fontes cognitivas mediatas.

De acordo com Mirabete, "o costume é uma regra de conduta praticada de modo geral, constante e uniforme, com a consciência de sua obrigatoriedade."[4] Servem os costumes para auxiliar o intérprete a traduzir conceitos, tais como o de repouso noturno, honra etc., permitindo, assim, um enquadramento correto do fato ao tipo penal.

Para que uma conduta se torne um costume e não se confunda com um mero hábito, Limonge França aponta os seguintes fatores: *a*) continuidade; *b*) uniformidade; *c*) diuturnidade; *d*) moralidade; *e*) obrigatoriedade.[5]

---

[2] QUEIROZ, Paulo. *Direito penal* – parte geral, p. 41.
[3] FONTÁN BALESTRA, Carlos. *Derecho penal* – Introducción y parte general, p. 105.
[4] MIRABETE, Júlio Fabbrini. *Manual de direito penal* – Parte geral, p. 47.
[5] FRANÇA, Rubens Limongi. *Instituições de direito civil*, p. 14.

Os costumes podem ser populares ou científicos, e a doutrina os classifica, quanto ao alcance, em costumes *contra legem* (contrários à lei), *praeter legem* (além da lei) e *secundum legem* (absorvidos pela própria lei, passando ao *status* de fonte primária).

Discute-se, comumente, se os costumes têm o poder de revogar as leis, ou, melhor dizendo, se a prática reiterada de determinadas condutas teria o condão de afastar a aplicação da lei penal. O jogo do bicho é o exemplo clássico daqueles que defendem a tese dessa possibilidade. Não obstante algumas posições contrárias, o pensamento que prevalece, tanto na doutrina quanto em nossos tribunais, é no sentido da impossibilidade de se atribuir essa força aos costumes. Isso porque o art. 2º, *caput*, da Lei de Introdução às Normas do Direito Brasileiro (Decreto-Lei nº 4.657, de 4 de setembro de 1942), de forma clara e precisa, preconiza: *Não se destinando à vigência temporária, a lei terá vigor até que outra a modifique ou revogue*. Nesse sentido são as lições de Bobbio, quando aduz que "nos ordenamentos em que o costume é inferior à lei, não vale o costume ab-rogativo; a lei não pode ser revogada por um costume contrário."[6]

Assim, não se pode falar em revogação de leis pelos costumes, mas tão somente por outra lei de mesma ou superior hierarquia.

Embora não possam revogar a lei penal, os costumes fazem com que os elaboradores da lei repensem a necessidade ou não da permanência, em nosso ordenamento jurídico, de determinado tipo penal incriminador. Da mesma forma que os costumes, o desuso de certa lei penal não traz a ideia de sua revogação, podendo ser ela aplicada a qualquer momento.

Quanto aos princípios gerais do Direito, Bobbio preleciona serem eles "normas fundamentais ou generalíssimas do sistema, as normas mais gerais."[7] Frederico Marques, a seu turno, aduz:

"No campo da licitude do ato, há casos onde só os princípios do direito justificam, de maneira satisfatória e cabal, a inaplicabilidade das sanções punitivas. É o que sucede nas hipóteses onde a conduta de determinada pessoa, embora perfeitamente enquadrada nas definições legais da lei penal, não pode, ante a consciência ética e nas regras do bem comum, ser passível de punição."[8]

Sérgio Sérvulo da Cunha ainda esclarece que "o termo 'princípio' não significa o que está em primeiro lugar, mas aquilo que é colocado em primeiro lugar, aquilo que se toma como devendo estar em primeiro lugar, aquilo que merece estar em primeiro lugar."[9]

Como adverte Paulo Bonavides:

"Os princípios gerais de direito passaram a residir na Constituição, expressa ou implicitamente [...]. A constitucionalização dos princípios seria o 'axioma juspublicístico de nosso tempo' e que os princípios constitucionais nada mais são, em seu fundamento teórico, do que os princípios gerais do direito restituídos à sua dimensão intrínseca de valores superiores."[10]

---

[6] BOBBIO, Norberto. *Teoria do ordenamento jurídico*, p. 94.
[7] BOBBIO, Norberto. *Teoria do ordenamento jurídico*, p. 158.
[8] MARQUES, José Frederico. *Tratado de direito penal*, v. I, p. 176.
[9] CUNHA, Sérgio Sérvulo da. O que é um princípio: In: CUNHA, Sérgio Sérvulo da; GRAU, Eros Roberto (Coord.). *Estudos de direito constitucional em homenagem a José Afonso da Silva*, p. 261.
[10] BONAVIDES, Paulo. *Curso de direito constitucional*, p. 18 *et seq.*

3. QUADRO-RESUMO

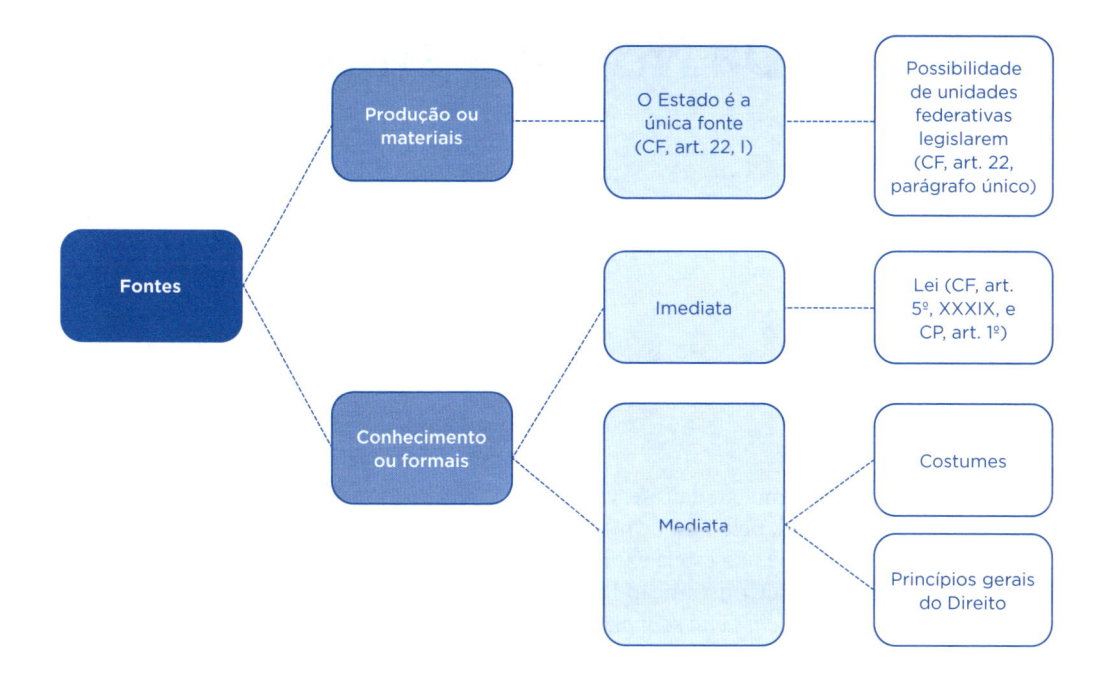

- **Fontes**
  - **Produção ou materiais**
    - O Estado é a única fonte (CF, art. 22, I)
      - Possibilidade de unidades federativas legislarem (CF, art. 22, parágrafo único)
  - **Conhecimento ou formais**
    - Imediata
      - Lei (CF, art. 5º, XXXIX, e CP, art. 1º)
    - Mediata
      - Costumes
      - Princípios gerais do Direito

Capítulo IV
Da Norma Penal

1. INTRODUÇÃO

De acordo com o princípio da reserva legal, que será visto mais detidamente em capítulo próprio, em matéria penal, pelo fato de lidarmos com o direito de liberdade dos cidadãos, pode-se fazer tudo aquilo que não esteja expressamente proibido em *lei*, uma vez que, segundo o inciso XXXIX do art. 5º da Constituição Federal e o art. 1º do Código Penal, *não há crime sem lei anterior que o defina, nem pena sem prévia cominação legal.*

Isso quer dizer que, embora a conduta do agente possa até ser reprovável socialmente, se não houver um tipo penal incriminador proibindo-a, ele poderá praticá-la sem que lhe seja aplicada qualquer sanção de caráter penal. O fato de cruzarmos com nossos vizinhos sem cumprimentá-los, ou mesmo de não cuidarmos de nossa higiene pessoal não nos levará a receber uma sanção penal pelo Estado. A sanção que nos é reservada não é aquela de cunho penal, mas, sim, de natureza social. A reprovação vem da própria sociedade, mas nunca do Direito Penal. O princípio da intervenção mínima, que limita as atividades do legislador, proíbe que o Direito Penal interfira nas relações, protegendo bens que não sejam vitais e necessários à manutenção da sociedade. A lei, portanto, é a bandeira maior do Direito Penal. Sem ela, proibindo ou impondo condutas, tudo é permitido.

A proibição e o mandamento, que vêm inseridos na lei, são reconhecidos como normas penais, espécies do gênero norma jurídica que, na definição de Bobbio,[1] são aquelas "cuja execução é garantida por uma sanção externa e institucionalizada."

2. TEORIA DE BINDING

Analisando os tipos penais incriminadores previstos na parte especial do Código Penal, podemos perceber que o nosso legislador utiliza um meio peculiar para fazer chegar até nós a proibição de determinadas condutas. Pela leitura do art. 121, *caput*, do Código Penal, podemos verificar que o legislador descreveu uma conduta que, se praticada, nos levará a uma condenação correspondente à pena prevista para aquela infração penal. A redação do mencionado art. 121 é a seguinte: *Matar alguém – Pena: reclusão, de 6 (seis) a 20 (vinte) anos.*

Conforme preleciona Luiz Regis Prado:

"A norma jurídico-penal tem a natureza imperativa e endereça-se a todos os cidadãos genericamente considerados, através de mandados (imperativo positivo) ou proibições (imperativo

---

[1] BOBBIO, Norberto. *Teoria do ordenamento jurídico*, p. 27.

negativo) implícita e previamente formulados, visto que a lei penal modernamente não contém ordem direta (v.g., não deixar de; não matar; não ofender a integridade corporal), mas sim vedação indireta, na qual se descreve o comportamento humano pressuposto da consequência jurídica."[2]

Essa técnica de redação fez com que Binding chegasse à conclusão de que o criminoso, na verdade, quando praticava a conduta descrita no núcleo do tipo (que é o seu verbo), não infringia a lei – pois o seu comportamento se amoldava perfeitamente ao tipo penal incriminador –, mas, sim, a norma penal que se encontrava contida na lei e que dizia *não matarás*, como no citado exemplo do art. 121 do Código Penal.[3]

Norma jurídica e lei, conforme destaca Luiz Regis Prado, "são conceitos diversos. A primeira vem a ser o *prius* lógico da lei, sendo esta o revestimento formal daquela."[4]

Discordando do raciocínio construído por Binding e na esteira de Luiz Regis Prado, assim preleciona Damásio:

"Entre lei e norma legal, porém, não há esta diferença encontrada por Binding. Mais correto é afirmar que a lei é a fonte da norma penal. A norma é conteúdo da lei penal. Como diz Eduardo Correia, a norma proíbe ou impõe concretamente a respectiva conduta que descreve. A regra jurídica que define um comportamento e determina uma penalidade como consequência, está proibindo a conduta. Assim, o fundamento da lei é um princípio de comportamento, uma norma. A lei penal contém uma norma, que é a proibição da conduta por ela descrita. Em 'matar alguém', tal pena, está contida a norma proibitiva 'não matarás.'"[5]

Finalizando, a lei, segundo Binding, teria caráter descritivo da conduta proibida ou imposta, tendo a norma, por sua vez, caráter proibitivo ou mandamental.

3. CLASSIFICAÇÃO DAS NORMAS PENAIS

3.1. Normas penais incriminadoras e normas penais não incriminadoras

As normas penais existentes no código não têm como finalidade única e exclusiva punir aqueles que praticam as condutas descritas nos chamados tipos penais incriminadores. Existem normas que, em vez de conterem proibições ou mandamentos os quais, se infringidos, levarão à punição do agente, possuem um conteúdo explicativo, ou mesmo têm a finalidade de excluir o crime ou isentar o réu de pena. São as chamadas *normas penais não incriminadoras*. Dessa forma, podemos destacar dois grupos de normas:

a) normas penais incriminadoras;
b) normas penais não incriminadoras.

---

[2] PRADO, Luiz Regis. *Curso de direito penal brasileiro* – Parte geral, p. 90-91.
[3] Conforme Nilo Batista, Zaffaroni, Alagia e Slokar, "em sua obra mais importante, Binding desenvolveu com mais amplitude sua famosa teoria das normas [ ] Ao definir aquelas como proibições ou mandados de ação, ele afirmava que o delito se choca com tais proibições e mandados, mas não com a lei penal. Normas são, por exemplo, as do Decálogo, mas estas não pertencem à lei penal nem ali se encontram. Elas são extraídas dos modelos legais, isto é, da lei penal: se se pune o furto, deduzimos que há uma proibição de furtar; se se pune a omissão de socorro, deduzimos que há um mandado de socorrer. Porém, nem a proibição nem o mandado (as normas) estão na lei. Daí concluir Binding que aquele que furta ou omite socorro não viola a lei, mas sim a cumpre, violando a norma, que se acha fora da lei penal, conhecida por nós através dela" (*Direito penal brasileiro*, v. 1, p. 584).
[4] PRADO, Luiz Regis. *Curso de direito penal brasileiro* – Parte geral, p. 89.
[5] JESUS, Damásio E. de. *Direito penal* – Parte geral, p. 13.

A) Às normas penais incriminadoras é reservada a função de definir as infrações penais, proibindo ou impondo condutas, sob a ameaça de pena. É a norma penal por excelência, visto que quando se fala em norma penal pensa-se, imediatamente, naquela que proíbe ou impõe condutas sob a ameaça de sanção. São elas, por isso, consideradas *normas penais em sentido estrito,* proibitivas ou mandamentais.

- *Preceitos da norma penal incriminadora* – Quando analisamos os chamados tipos penais incriminadores, podemos verificar que existem dois preceitos:

    a) preceito primário;
    b) preceito secundário.

O primeiro deles, conhecido como preceito primário (*preceptum iuris*), é o encarregado de fazer a descrição detalhada e perfeita da conduta que se procura proibir ou impor; ao segundo, chamado preceito secundário (*sanctio iuris*), cabe a tarefa de individualizar a pena, cominando-a em abstrato.

Assim, no preceito primário do art. 155 do Código Penal, temos a seguinte redação: *Art. 155. Subtrair, para si ou para outrem, coisa alheia móvel.*

Logo em seguida, vem o preceito secundário: *Pena – reclusão, de 1(um) a 4 (quatro) anos, e multa.*

Então, aquele que praticar a conduta descrita no preceito primário do art. 155, *caput*, do Código Penal terá como consequência a aplicação da pena também nele prevista.

B) As normas penais não incriminadoras, ao contrário, possuem as seguintes finalidades: *a)* tornar lícitas determinadas condutas; *b)* afastar a culpabilidade do agente, erigindo causas de isenção de pena; *c)* esclarecer determinados conceitos; *d)* fornecer princípios gerais para a aplicação da lei penal.

Portanto, podem ser as normas penais não incriminadoras subdivididas em:

Normas penais
- **Incriminadoras (ou em sentido estrito, proibitivas ou mandamentais)**: Têm a função de definir as infrações penais, proibindo ou impondo condutas, sob a ameaça de uma sanção de natureza penal
- **Não incriminadoras**:
  - **Permissivas**
    - *Justificantes*: Têm por finalidade afastar a ilicitude da conduta do agente. Ex.: CP, arts. 23, 24 e 25
    - *Exculpantes*: Se destinam a eliminar a culpabilidade, isentando o agente de pena. Ex.: CP, arts. 26, *caput*, e 28, § 1º
  - **Explicativas**: São aquelas que visam esclarecer ou explicitar conceitos. Ex.: CP, arts. 327 e 150, § 4º
  - **Complementares**: São as que fornecem princípios gerais para a aplicação da lei penal. Ex.: CP, art. 59

3.2. Normas penais em branco (primariamente remetidas)

Normas penais em branco ou primariamente remetidas são aquelas em que há necessidade de complementação para que se possa compreender o âmbito de aplicação de seu preceito primário. Isso significa que, embora haja uma descrição da conduta proibida, essa descrição requer, obrigatoriamente, um complemento extraído de um outro diploma – leis, decretos, regulamentos etc. – para que possam, efetivamente, ser entendidos os limites da proibição ou imposição feitos pela lei penal, uma vez que, sem esse complemento, torna-se impossível sua aplicação.

Suponhamos que João, armado com um revólver, atire em Pedro, desejando matá-lo, vindo a alcançar o resultado por ele pretendido. Analisando o art. 121, *caput*, do Código Penal, verificamos que em seu preceito primário está descrita a seguinte conduta: *matar alguém*. O comportamento de João, como se percebe, amolda-se perfeitamente àquele descrito no art. 121, não havendo necessidade de recorrer a qualquer outro diploma legal para compreendê-lo e aplicar, por conseguinte, a sanção prevista para o crime por ele cometido. Agora, imaginemos que Augusto esteja trazendo consigo certa quantidade de maconha, para seu uso, quando é surpreendido por alguns policiais. O art. 28 da Lei nº 11.343, de 23 de agosto de 2006, possui a seguinte redação:

> **Art. 28.** Quem adquirir, guardar, tiver em depósito, transportar ou trouxer consigo, para consumo pessoal, drogas sem autorização ou em desacordo com determinação legal ou regulamentar será submetido às seguintes penas:
> I – advertência sobre os efeitos das drogas;
> II – prestação de serviços à comunidade;
> III – medida educativa de comparecimento a programa ou curso educativo.

No caso de Augusto, como podemos concluir que ele praticou a conduta descrita no art. 28 da Lei nº 11.343/2006, se não está expressamente escrito em seu texto quais são as drogas não autorizadas ou que se encontram em desacordo com determinação legal ou regulamentar? O álcool e o cigarro, como se sabe, causam dependência. Será que se fumarmos um cigarro ou ingerirmos certa quantidade de bebida alcoólica estaremos cometendo a infração prevista no art. 28 da Lei Antidrogas? A partir do momento que tivermos de nos fazer essa pergunta, ou seja, a partir do instante que necessitarmos buscar um complemento em outro diploma para que possamos saber o exato alcance daquela norma que almejamos interpretar, estaremos diante de uma norma penal em branco.

Diz-se em branco a norma penal porque seu preceito primário não é completo. Para que se consiga compreender o âmbito de sua aplicação, é preciso que ele seja complementado por outro diploma, ou, na definição de Assis Toledo, normas penais em branco "são aquelas que estabelecem a cominação penal, ou seja, a sanção penal, mas remetem a complementação da descrição da conduta proibida para outras normas legais, regulamentares ou administrativas."[6]

No caso do art. 28 da Lei nº 11.343/2006, somente após a leitura da Portaria nº 344, de 12 de maio de 1998, com todas as atualizações posteriores, expedida pela Agência Nacional de Vigilância Sanitária (Anvisa),[7] autarquia sob regime especial vinculada ao Ministério da Saúde, é que poderemos saber se esta ou aquela substância é tida como entorpecente, para fins de aplicação do mencionado artigo.

Muitas vezes, esse complemento de que necessita a norma penal em branco é fornecido por outra lei, ou, como vimos acima, no caso do art. 28 da Lei nº 11.343/2006, por outro diploma que não uma lei em sentido estrito. Por essa razão, a doutrina divide as normas penais em branco em dois grupos:

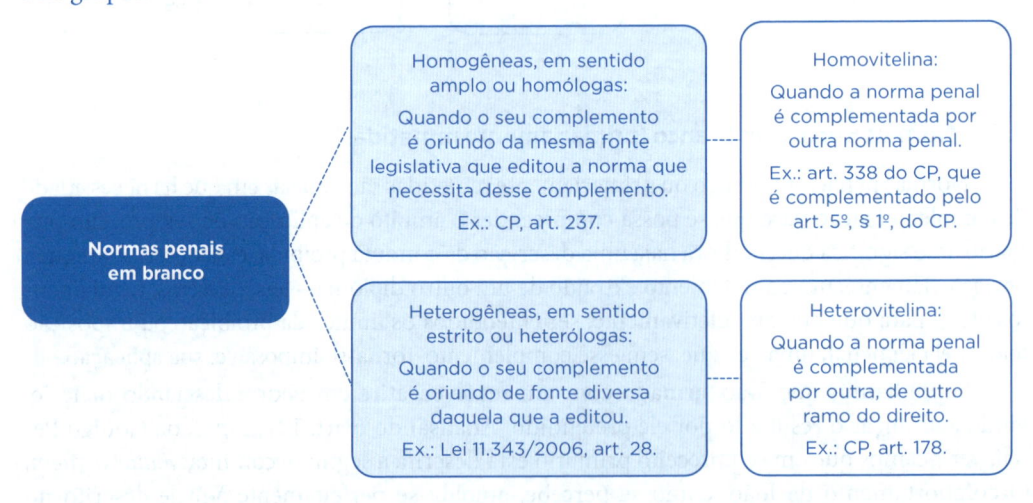

Normas penais em branco

- **Homogêneas, em sentido amplo ou homólogas:** Quando o seu complemento é oriundo da mesma fonte legislativa que editou a norma que necessita desse complemento. Ex.: CP, art. 237.
  - **Homovitelina:** Quando a norma penal é complementada por outra norma penal. Ex.: art. 338 do CP, que é complementado pelo art. 5º, § 1º, do CP.
- **Heterogêneas, em sentido estrito ou heterólogas:** Quando o seu complemento é oriundo de fonte diversa daquela que a editou. Ex.: Lei 11.343/2006, art. 28.
  - **Heterovitelina:** Quando a norma penal é complementada por outra, de outro ramo do direito. Ex.: CP, art. 178.

---

[6] TOLEDO, Francisco de Assis. *Princípios básicos de direito penal*, p. 42.
[7] A Lei nº 9.782, de 26 de janeiro de 1999, definiu o Sistema Nacional de Vigilância Sanitária e criou a Agência Nacional de Vigilância Sanitária (Anvisa).

Diz-se homogênea, em sentido amplo ou homóloga, a norma penal em branco quando o seu complemento é oriundo da mesma fonte legislativa que editou a norma que necessita desse complemento. Assim, no art. 237 do Código Penal, temos a seguinte redação:

> **Art. 237.** Contrair casamento, conhecendo a existência de impedimento que lhe cause a nulidade absoluta:
> Pena – detenção, de 3 (três) meses a 1 (um) ano.

Para responder pela prática do aludido delito, é preciso saber quais são os impedimentos que levam à decretação de nulidade absoluta do casamento. E quais são eles? O art. 237 não esclarece. Temos, portanto, de nos valer do art. 1.521, incisos I a VII, do Código Civil (Lei nº 10.406/2002) para que a referida norma penal venha a ser complementada e, somente depois disso, concluirmos se a conduta praticada pelo agente é típica ou não.

Assim, como o art. 237 do Código Penal requer um complemento, pois não basta por si próprio, dizemos que há uma norma penal em branco. Agora, partindo do princípio de que no art. 237 do Código Penal se encontra uma norma penal em branco, devemos, outrossim, formular outra pergunta: Essa norma penal em branco é homogênea ou heterogênea? Homogênea, porque a fonte de produção do Código Civil, de onde extraímos o complemento, é a mesma que produziu o Código Penal, onde reside a norma penal que necessita ser complementada, ou seja, ambas foram produzidas pelo Congresso Nacional.

A norma penal em branco homogênea, também conhecida como *homóloga*, ainda se divide em: *a) homovitelina*; e *b) heterovitelina*. Conforme preleciona o Min. Felix Fischer, em voto proferido no Recurso Ordinário em *Habeas Corpus* nº 9.834 – São Paulo (2000/0029128-5):

> "As normas penais em branco de complementação homóloga homovitelina são aquelas cuja norma complementar é do mesmo ramo do direito que a principal, ou seja, a lei penal será complementada por outra lei penal. Exemplo desse tipo é o art. 338 do CP (reingresso de estrangeiro expulso), que é complementado pelo art. 5º, § 1º, do CP (define a extensão do território nacional para efeitos penais).
> As normas penais em branco de complementação homóloga heterovitelina têm suas respectivas normas complementares oriundas de outro ramo do direito. É o caso, por exemplo, do art. 178 do CP (emissão irregular de conhecimento de depósito ou *warrant*), que é complementado pelas normas (comerciais) disciplinadoras desse título de crédito."

Diz-se heterogênea, em sentido estrito ou heteróloga, a norma penal em branco quando o seu complemento é oriundo de fonte diversa daquela que a editou. No caso do art. 28 da Lei Antidrogas, por exemplo, estamos diante de uma norma penal em branco heterogênea, uma vez que o complemento necessário ao referido artigo foi produzido por uma autarquia (Anvisa) vinculada ao Ministério da Saúde (Poder Executivo), que integra o Sistema Nacional de Políticas Públicas sobre Drogas (Sisnad) – art. 14, I, do Decreto nº 5.912, de 27 de setembro de 2006 –, e a Lei nº 11.343/2006 foi editada pelo Congresso Nacional (Poder Legislativo).

Assim, para que possamos saber se uma norma penal em branco é considerada homogênea ou heterogênea, é preciso que conheçamos, sempre, sua fonte de produção. Se for a mesma, ela será considerada homogênea; se diversa, será reconhecida como heterogênea.

3.2.1. *Ofensa ao princípio da legalidade pelas normas penais em branco heterogêneas*

Dissemos que as normas penais em branco heterogêneas são aquelas cujos complementos provêm de fonte diversa daquela que editou a norma que necessita ser complementada. A questão que se coloca, agora, é a seguinte: como o complemento da norma penal em branco heterogênea pode ser oriundo de outra fonte que não a lei em sentido estrito, esta espécie de norma penal ofenderia o princípio da legalidade?

Entendemos que sim, visto que o conteúdo da norma penal poderá ser modificado sem que haja uma discussão amadurecida da sociedade a seu respeito, como acontece quando os projetos de lei são submetidos à apreciação de ambas as Casas do Congresso Nacional, sendo levada em consideração a vontade do povo, representado pelos seus deputados, bem como a dos Estados, representados pelos seus senadores, além do necessário controle pelo Poder Executivo, que exercita o sistema de freios e contrapesos.

Imagine-se o que pode acontecer com a seleção das substâncias ou os produtos capazes de causar dependência, previstos no art. 28 da Lei nº 11.343/2006. Fará parte desse rol, ou mesmo será excluída dele, aquela substância que assim entender a cúpula de direção da Anvisa, autarquia vinculada ao Ministério da Saúde que detém esse poder, conforme se verifica pela alínea *a* do inciso I do art. 14 do Decreto nº 5.912, de 27 de setembro de 2006, que regulamentou a Lei nº 11.343, de 23 de agosto de 2006, tratando das políticas públicas sobre drogas e da instituição do Sistema Nacional de Políticas Públicas sobre Drogas (Sisnad), que diz:

> **Art. 14.** Para o cumprimento do disposto neste Decreto, são competências específicas dos órgãos e entidades que compõem o SISNAD:
> I – do Ministério da Saúde:
> a) publicar listas atualizadas periodicamente das substâncias ou produtos capazes de causar dependência.

O que na verdade estamos querendo esclarecer é que não haverá, seja na inclusão de novas substâncias (criminalização), seja mesmo na exclusão daquelas já existentes (descriminalização), qualquer discussão por parte do Poder competente para legislar em matéria penal, que é a União, nos termos do art. 22, I, da Constituição Federal.[8]

Merece destaque a lição de Nilo Batista, Zaffaroni, Alagia e Slokar, quando asseveram:

> "Não é simples demonstrar que a lei penal em branco não configura uma delegação legislativa constitucionalmente proibida. Argumenta-se que há delegação legislativa indevida quando a norma complementar provém de um órgão sem autoridade constitucional legiferante penal, ao passo que quando tanto a lei penal em branco quanto sua complementação emergem da fonte geradora constitucionalmente legítima não se faz outra coisa senão respeitar a distribuição da potestade legislativa estabelecida nas normas fundamentais. O argumento é válido, mas não resolve o problema. Quando assim se teorizou, as leis penais em branco eram escassas e insignificantes: hoje, sua presença é considerável e tende a superar as demais leis penais, como fruto de uma banalização e administrativização da lei penal. A massificação provoca uma mudança qualitativa: através das leis penais em branco o legislador penal está renunciando à sua função programadora de criminalização primária, assim transferida a funcionários e órgãos do Poder Executivo, e incorrendo, ao mesmo tempo, na abdicação da cláusula da *ultima ratio*, própria do estado de direito."[9]

Tem prevalecido, no entanto, posição doutrinária que entende não haver ofensa ao princípio da legalidade quando a norma penal em branco prevê aquilo que se denomina *núcleo essencial da conduta*. Nesse sentido, são as lições de Carbonell Mateu, quando aduz:

> "A técnica das leis penais em branco pode ser indesejável, mas não se pode ignorar que é absolutamente necessária em nossos dias. A amplitude das regulamentações jurídicas que dizem

---

[8] Nesse sentido Copetti, André. *Direito penal e estado democrático de direito*, p. 180; QUEIROZ, Paulo. *Direito penal* – Parte geral, p. 115.
[9] BATISTA, Nilo; ZAFFARONI, Eugenio Raúl; ALAGIA, Alejandro; SLOKAR, Alejandro. *Direito penal brasileiro*, v. 1, p. 205-206.

respeito sobre as mais diversas matérias, sobre as que pode e deve pronunciar-se o Direito Penal, impossibilita manter o grau de exigência de legalidade que se podia contemplar no século passado ou inclusive a princípio do presente. Hoje, cabe dizer que desgraçada mas necessariamente, temos de nos conformar com que a lei contemple o núcleo essencial da conduta."[10]

3.3. Normas penais incompletas ou imperfeitas (secundariamente remetidas)

Normas penais incompletas ou imperfeitas (também conhecidas como secundariamente remetidas) são aquelas que, para saber a sanção imposta pela transgressão de seu preceito primário, o legislador nos remete a outro texto de lei. Assim, pela leitura do tipo penal incriminador, verifica-se o conteúdo da proibição ou do mandamento, mas para saber a consequência jurídica é preciso se deslocar para outro tipo penal.

Na definição de Luiz Regis Prado, "a lei penal estruturalmente incompleta, também conhecida como lei penal imperfeita, é aquela em que se encontra prevista tão somente a hipótese fática (preceito incriminador), sendo que a consequência jurídica localiza-se em outro dispositivo da própria lei ou em diferente texto legal."[11]

São exemplos de normas penais incompletas aquelas previstas na Lei nº 2.889/56, que define e pune o crime de genocídio. O seu art. 1º, para melhor visualização, vem assim redigido:

> Art. 1º Quem, com a intenção de destruir, no todo ou em parte, grupo nacional, étnico, racial ou religioso, como tal:
> a) matar membros do grupo;
> b) [...];
> c) [...];
> d) [...];
> e) [...];
> Será punido:
> com as penas do art. 121, § 2º, do Código Penal, no caso da letra a.

O artigo, portanto, nos remete a outro dispositivo penal para que se possa aferir a *sanctio iuris*, razão pela qual se diz que tal norma penal é incompleta ou imperfeita (ou, ainda, secundariamente remetida, pois a remessa é levada a efeito pelo seu preceito secundário).

O art. 304 do Código Penal é, ao mesmo tempo, considerado uma norma penal em branco, bem como uma norma incompleta ou imperfeita, pois o seu preceito primário remete o intérprete a outros tipos penais a fim de saber quais são os papéis falsificados ou alterados a que se refere o mencionado artigo, além de também encaminhar o exegeta a outro tipo penal com o escopo de apurar as penas cominadas em seu preceito secundário. Assim, é considerado em branco em seu preceito primário e incompleto em seu preceito secundário.

Alguns doutrinadores, a exemplo de Cleber Masson[12], embora com a mesma fundamentação exposta, denominam *lei penal em branco inversa ou ao avesso*, aquilo que, tradicionalmente, é conhecido por norma penal incompleta, imperfeita ou secundariamente remetida.

4. ANOMIA E ANTINOMIA

A anomia pode ser concebida de duas formas: em virtude da ausência de normas, ou, ainda, embora existindo essas normas, a sociedade não lhes dá o devido valor, continuando a

---

[10] MATEU, Juan Carlos Carbonell. *Derecho penal:* concepto y principios constitucionales, p. 124.
[11] PRADO, Luiz Regis. *Curso de direito penal brasileiro* – Parte geral, p. 94.
[12] MASSON, Cleber. *Direito penal* – Parte geral, p. 94.

praticar as condutas por elas proibidas como se tais normas não existissem, pois confiam na impunidade. Por mais paradoxal que possa parecer, aquilo que chamamos de *inflação legislativa*, ou seja, o número excessivo de normas, pode nos conduzir à sensação de anomia. Isto é, quanto mais normas, maior a sensação de ausência de leis, em face do sentimento de impunidade. Além disso, assevera, com precisão, Sergio Gabriel Torres que "a inflação penal gera a impossibilidade de conhecer todas as proibições e mandados existentes."[13]

Como bem observado por Ralf Dahrendorf, "o caminho para a anomia seria um caminho ao longo do qual as sanções iriam sendo progressivamente enfraquecidas. Os responsáveis deixam de aplicar as sanções; indivíduos e grupos são isentos delas. A impunidade torna-se cotidiana."[14]

Para René Ariel Dotti:

"A primeira das propostas fundamentais para reverter esse quadro de anomia que envolve o sistema criminal consiste na necessidade de se levar a frente um amplo movimento de descriminalização e despenalização. Somente por esse caminho será possível resgatar o prestígio do magistério penal que ficou profundamente abalado nas últimas décadas diante da massificação dos processos de incriminação e da consequente ineficácia das reações penais contra o delito."[15]

Antinomia, na precisa definição de Bobbio, é aquela "situação que se verifica entre duas normas incompatíveis, pertencentes ao mesmo ordenamento jurídico e tendo o mesmo âmbito de validade."[16] Se houver uma relação de contrariedade entre normas existentes num mesmo ordenamento jurídico, qual delas deverá ser aplicada? Se, por exemplo, uma norma proíbe determinado comportamento, enquanto outra, existente no mesmo ordenamento jurídico, determina que se realize aquela conduta proibida pela outra norma, qual das duas deverá ser aplicada? Com a finalidade de resolver o problema da antinomia jurídica, Bobbio propõe a aplicação dos seguintes critérios: *a)* o critério cronológico; *b)* o critério hierárquico; *c)* o critério da especialidade. Assim, de acordo com o primeiro critério, devemos verificar se houve entre as normas distância temporal, de modo que a segunda, editada posteriormente, revogue a primeira. Pelo critério hierárquico e de acordo com um sistema de Constituição rígida, devemos aplicar a hierarquia das normas, segundo a visão piramidal, tendo a Constituição no seu vértice, de modo que em qualquer confronto entre, por exemplo, uma lei ordinária e a Constituição, esta deverá prevalecer. Pode acontecer, contudo, que os dois critérios anteriores não consigam resolver o problema, pois as normas foram editadas simultaneamente, bem como gozam do mesmo *status* hierárquico, a exemplo do confronto entre duas leis ordinárias. Nesse caso, poderá ser aplicado, ainda, o critério da especialidade, no qual a lei especial afastará a aplicação daquela tida como geral.

Os princípios que se propõem a resolver o conflito aparente de normas penais serão analisados a seguir.

5. CONCURSO (OU CONFLITO) APARENTE DE NORMAS PENAIS

Fala-se em concurso aparente de normas quando, para determinado fato, aparentemente, existem duas ou mais normas que poderão sobre ele incidir. Como a própria denominação

---

[13] TORRES, Sergio Gabriel. *Características y consecuencias del derecho penal de emergencia* – La emergencia del miedo, p. 141.
[14] DAHRENDORF, Ralf. *A lei e a ordem*, p. 30-31.
[15] DOTTI, René Ariel. *Curso de direito penal* – Parte geral, p. 37-38.
[16] BOBBIO, Norberto. *Teoria do ordenamento jurídico*, p. 88.

sugere, o conflito existente entre normas de direito penal é meramente aparente. Se é tão somente aparente, quer dizer que, efetivamente, não há que se falar em conflito quando da aplicação de uma dessas normas ao caso concreto.

Na precisa conceituação de Frederico Marques:

"O concurso de normas tem lugar sempre que uma conduta delituosa pode enquadrar-se em diversas disposições da lei penal. Diz-se, porém, que esse conflito é tão só aparente, porque se duas ou mais disposições se mostram aplicáveis a um dado caso, só uma dessas normas, na realidade, é que o disciplina."[17]

O conflito, porque aparente, deverá ser resolvido com a análise dos seguintes princípios:

```
Princípios utilizados na resolução do conflito aparente:
├── Especialidade
├── Subsidiariedade
│   ├── Expressa
│   └── Tácita
├── Consunção
└── Alternatividade
```

5.1. Princípio da especialidade

Pelo *princípio da especialidade*, a norma especial afasta a aplicação da norma geral. É a regra expressa pelo brocardo *lex specialis derrogat generali*. Em determinados tipos penais incriminadores, há elementos que os tornam especiais em relação a outros, fazendo com que, se houver uma comparação entre eles, a regra contida no tipo especial se amolde adequadamente ao caso concreto, afastando, desta forma, a aplicação da norma geral. Na lição de Assis Toledo, "há, pois, em a norma especial um *plus*, isto é, um detalhe a mais que sutilmente a distingue da norma geral."[18]

Como exemplo, podemos fazer uma comparação entre os crimes de homicídio e infanticídio. Fala-se em homicídio quando o agente produz a morte de um homem. No infanticídio, embora também ocorra a morte de uma pessoa, determinadas elementares contidas no tipo do art. 123 do Código Penal fazem com que, se presentes, o fato deixe de se amoldar ao art. 121 do Código Penal para fazê-lo, com perfeição, ao tipo do art. 123, que prevê o infanticídio. Se uma parturiente, ao dar à luz um filho, sem qualquer perturbação psíquica originária de sua especial condição, desejar, pura e simplesmente, causar-lhe a morte, responderá pelo crime de homicídio. Agora, se durante o parto ou logo depois dele, *sob a influência do estado puerperal*, causar a morte do próprio filho, já não mais responderá pela infração a título de homicídio, mas, sim, por infanticídio, uma vez que as elementares contidas nesta última figura delitiva a tornam especial em relação ao homicídio.

---

[17] MARQUES, José Frederico. *Tratado de direito penal*, v. II, p. 457.
[18] TOLEDO, Francisco de Assis. *Princípios básicos de direito penal*, p. 51.

5.2. Princípio da subsidiariedade

Pelo *princípio da subsidiariedade* a norma dita subsidiária é considerada, na expressão de Hungria, como um "soldado de reserva", isto é, na ausência ou impossibilidade de aplicação da norma principal mais grave, aplica-se a norma subsidiária menos grave. É a aplicação do brocardo *lex primaria derrogat legi subsidiariae*.

A subsidiariedade pode ser *expressa ou tácita*.

Diz-se expressa a subsidiariedade quando a própria lei faz a sua ressalva, deixando transparecer seu caráter subsidiário. Assim, nos termos do preceito secundário do art. 132 do Código Penal, somente se aplica a pena prevista para o delito de perigo para a vida ou a saúde de outrem se o fato não constituir crime mais grave. Crime de perigo é aquele em que há uma probabilidade de dano. Se houver o dano, que não foi possível ser evitado com a punição do crime de perigo, não se fala em cometimento deste último. São também exemplos de subsidiariedade expressa os delitos tipificados nos arts. 238, 239, 249 e 307, todos do Código Penal.

Fala-se em subsidiariedade tácita ou implícita quando o artigo, embora não se referindo expressamente ao seu caráter subsidiário, somente terá aplicação nas hipóteses de não ocorrência de um delito mais grave, que, neste caso, afastará a aplicação da norma subsidiária. Como exemplo, podemos citar o art. 311 do Código de Trânsito Brasileiro, que proíbe a conduta de trafegar em velocidade incompatível com a segurança nas proximidades de escolas, hospitais, estações de embarque e desembarque de passageiros, logradouros estreitos, ou onde houver grande movimentação ou concentração de pessoas, gerando perigo de dano. Se o agente, deixando de observar o seu exigido dever de cuidado, imprimindo velocidade excessiva em seu veículo, próximo a um dos lugares acima referidos, vier a atropelar alguém, causando-lhe a morte, não será responsabilizado pelo citado art. 311, mas, sim, pelo art. 302 do mesmo Código, que prevê o delito de homicídio culposo na direção de veículo automotor. O crime de dano afastará, portanto, o crime de perigo.

Na lição de Hungria:

"A diferença que existe entre especialidade e subsidiariedade é que, nesta, ao contrário do que ocorre naquela, os fatos previstos em uma e outra norma não estão em relação de espécie a gênero, e se a pena do *tipo principal* (sempre mais grave que a do *tipo subsidiário*) é excluída por qualquer causa, a pena do *tipo subsidiário* pode apresentar-se como 'soldado de reserva' e aplicar-se pelo *residuum*."[19]

Na verdade, não possui utilidade o princípio da subsidiariedade, haja vista que problemas dessa ordem podem perfeitamente ser resolvidos pelo princípio da especialidade. Se uma norma for especial em relação à outra, como vimos, ela terá aplicação ao caso concreto. Se a norma dita subsidiária foi aplicada, é sinal de que nenhuma outra mais gravosa poderia ter aplicação. Isso não deixa de ser especialidade.

5.3. Princípio da consunção

Podemos falar em *princípio da consunção*[20] nas seguintes hipóteses:

---

[19] HUNGRIA, Nélson. *Comentários ao código penal*, v. I, t. I, p. 139.
[20] "A controvérsia atual sobre o critério da *consunção* é irreversível e a tendência parece ser sua própria *consunção* por outros critérios, especialmente pelo critério da *especialidade* e pelo *antefato e pós-fato* copunidos: a literatura contemporânea oscila entre posições de *aceitação* reticente e de *rejeição* absoluta do critério da *consunção*" (Santos, Juarez Cirino dos. *A moderna teoria do fato punível*, p. 348-349).

a) quando um crime é meio necessário ou normal fase de preparação ou de execução de outro crime;
b) nos casos de antefato e pós-fato impuníveis.

Os fatos, segundo Hungria, "não se acham em relação de *species* a *genus*, mas de *minus* a *plus*, de parte a todo, de meio a fim."[21] Assim, a consumação absorve a tentativa e esta absorve o incriminado ato preparatório; o crime de lesão absorve o correspondente crime de perigo; o homicídio absorve a lesão corporal; o furto em casa habitada absorve a violação de domicílio etc.

Antefato impunível seria a situação antecedente praticada pelo agente a fim de conseguir levar a efeito o crime por ele pretendido inicialmente e que, sem aquele, não seria possível. Para se praticar um estelionato com cheque que o agente encontrou na rua, é preciso que ele cometa um delito de falso, ou seja, é preciso que o agente o preencha e o assine. O preenchimento e a falsa assinatura aposta ao cheque são considerados antefatos impuníveis, necessários para que o agente cometa o delito-fim, isto é, o estelionato. Deixando transparecer a sua posição com relação aos crimes de falso e estelionato, o STJ editou a Súmula nº 17, com a seguinte redação: *Quando o falso se exaure no estelionato, sem mais potencialidade lesiva, é por este absorvido*.

"O princípio da consunção é aplicado para resolver o conflito aparente de normas penais quando um crime menos grave é meio necessário ou fase de preparação ou de execução do delito de alcance mais amplo, de tal sorte que o agente só será responsabilizado pelo último, desde que se constate uma relação de dependência entre as condutas praticadas. Precedentes. É inaplicável o princípio da consunção entre os delitos de porte ilegal de arma de fogo de uso permitido e posse irregular de arma de fogo de uso restrito, por tutelarem condutas e bem jurídicos diversos" (STJ, AgRg no AREsp 1.515.023/GO, Rel. Min. Jorge Mussi, 5ª T., DJe 10/10/2019).

"Aplica-se o princípio da consunção mesmo diante de delitos com diversidade de bem jurídicos tutelados, ou quando o delito abstratamente mais grave – com maior pena – é absorvido pelo menos grave, hipótese que, inclusive, deu origem ao enunciado nº 17 da Súmula desta Corte Superior de Justiça. A incidência do princípio da consunção está condicionada à verificação de uma relação de meio e fim entre as normas penais aplicáveis a determinado caso concreto, tendo, na hipótese dos autos, as instâncias ordinárias afirmado, com base no acervo probatório produzido no caderno processual, que os atos imputados a título de gestão fraudulenta de instituição financeira foram meios utilizados para a prática do delito de evasão de divisas" (STJ, AgRg no REsp 1.395.352 / PR, Rel. Min. Jorge Mussi, 5ª T., DJe 09/05/2018).

"O princípio da consunção pressupõe que um delito seja meio ou fase normal de execução de outro crime (crime-fim), ou mesmo conduta anterior ou posterior intimamente interligada ou inerente e dependente deste último, mero exaurimento de conduta anterior, não sendo obstáculo para sua aplicação a proteção de bens jurídicos diversos ou a absorção de infração mais grave pelo de menor gravidade. Precedentes" (STJ, AgRg no AREsp 672.170/SC, Rel. Min. Reynaldo Soares da Fonseca, 5ª T., DJe 10/02/2016).

O pós-fato impunível pode ser considerado um exaurimento do crime principal praticado pelo agente e, portanto, por ele não pode ser punido. Na lição de Fragoso:

"Os fatos posteriores que significam um aproveitamento e por isso ocorrem regularmente depois do fato anterior são por este consumados. É o que ocorre nos crimes de intenção, em que aparece especial fim de agir. A venda pelo ladrão da coisa furtada como própria não constitui

---

[21] HUNGRIA, Nélson. *Comentários ao código penal*, v. I, t. I, p. 140.

estelionato. Se o agente falsifica moeda e depois a introduz em circulação pratica apenas o crime de moeda falsa (art. 289, CP)."[22]

Com relação à venda da coisa furtada pelo autor da subtração, entende Assis Toledo que o agente deverá responder pelo estelionato, em concurso material, uma vez que empreendeu "nova lesão autônoma contra vítima diferente, através de conduta não compreendida como consequência natural e necessária da primeira."[23] Entendemos que, no caso em estudo, a melhor posição é a de Fragoso. Isso porque, na verdade, o autor da subtração pratica essa conduta, algumas vezes, com a finalidade de transformar o objeto furtado em dinheiro. Não lhe interessa, por exemplo, utilizar o televisor ou o aparelho de som, mas, sim, a subtração deles, pelo valor que eles representam. Dessa forma, o fato de vender a *res furtiva* a terceiro de boa-fé, como se fosse de sua propriedade, deverá ser considerado mero exaurimento do crime de furto, não podendo o agente, portanto, ser responsabilizado criminalmente por ele.

No que diz respeito à possibilidade de um crime ser absorvido por uma contravenção penal, assim já se manifestaram nossos Tribunais Superiores:

"Hipótese em que o Tribunal *a quo* aplicou o princípio da consunção entre as infrações, sob o entendimento de que os atos ilícitos configuradores de estelionato e uso de documento falso foram praticados pelo agente como meio de consumação da contravenção penal de exercício irregular da advocacia. O Supremo Tribunal Federal já se manifestou no sentido da "impossibilidade de um crime tipificado no Código Penal ser absorvido por uma infração tipificada na Lei de Contravenções Penais" (HC 121.652, Rel. Min. Dias Toffoli, Primeira Turma, j. 22/04/2014, DJe 04/06/2014) (STJ, REsp 1.732.488/GO, Rel. Min. Jorge Mussi, 5ª T., DJe 22/11/2018).

"Crime tipificado no Código Penal não pode ser absorvido por infração descrita na Lei das Contravenções Penais. Com base nessa orientação, a 1ª Turma denegou *habeus corpus* para refutar a incidência do princípio da consunção. Na espécie, a impetração pleiteava que o crime de uso de documento falso (CP, art. 304) fosse absorvido pela contravenção penal de exercício ilegal da profissão ou atividade econômica (LCP, art. 47). A Turma aduziu, ainda, que o crime de uso de documento falso praticado pelo paciente não fora meio necessário nem fase para consecução da infração de exercício ilegal da profissão" (*HC* 121.652/SC, Rel. Min. Dias Toffoli, 22/4/2014, *Informativo* nº 743).

5.3.1. *Crime progressivo e progressão criminosa*

Há crime progressivo quando o agente, a fim de alcançar o resultado pretendido pelo seu dolo, obrigatoriamente, produz outro, antecedente e de menor gravidade, sem o qual não atingiria o seu fim. A título de exemplo, imagine a hipótese em que o agente queira matar alguém. Assim, agindo com *animus necandi*, ou seja, com dolo de matar, efetua um disparo em direção à vítima, atingindo-a em uma zona letal. Dessa forma, para que pudesse chegar ao resultado morte, o agente teve de produzir, em tese, lesões corporais na vítima. A lesão corporal, portanto, encontra-se, obrigatoriamente, no caminho para que o resultado morte venha a ser produzido, sendo, assim, um *minus* em relação a este último. Os crimes que ocorrem antes do resultado final pretendido pelo agente são reconhecidos como *crimes de ação de passagem*, que terão de ser levados a efeito a fim de possibilitar o crime progressivo.

Na progressão criminosa, ao contrário, o dolo inicial do agente era dirigido a determinado resultado e, durante os atos de execução, resolve ir além, e produzir um resultado mais grave. A título de exemplo, imagine a hipótese em que o agente, querendo causar lesões cor-

---

[22] FRAGOSO, Heleno Cláudio. *Lições de direito penal*, p. 360.
[23] TOLEDO, Francisco de Assis. *Princípios básicos de direito penal*, p. 54.

porais na vítima, a agrida, desferindolhe vários socos e durante a execução do delito de lesão corporal, o agente, após iniciar as agressões, resolva matá-la. Nesse caso, tal como no exemplo anterior, também deverá responder por um único delito de homicídio doloso, que absorverá as lesões corporais sofridas pela vítima.

Pode ocorrer também a progressão criminosa na hipótese em que o agente, por exemplo, querendo praticar um crime de roubo, ao ingressar na residência da vítima, resolva também estuprá-la. Aqui, ao contrário do raciocínio anterior, deverá ser responsabilizado, em concurso material, pelas duas infrações penais (roubo e estupro).

Assim, concluindo com André Estefam:

> "Não se deve confundir progressão criminosa em sentido estrito com *crime progressivo*. Naquela, o agente modifica seu intento durante a execução do fato, isto é, inicia com um objetivo determinado (por exemplo: decide furtar um objeto encontrado no interior do imóvel em que ingressou). No crime progressivo, o agente possui, desde o princípio, o mesmo escopo e o persegue até o final, ou seja, pretendendo um resultado determinado de maior lesividade (v.g., a morte de alguém), pratica outros fatos de menor intensidade (v.g., sucessivas lesões corporais) para atingi-lo."[24]

5.4. Princípio da alternatividade

Embora os três princípios sejam os indicados para a solução do conflito aparente de normas, vale mencionar, ainda, a existência de outro, conhecido como *princípio da alternatividade*. Tal princípio terá aplicação quando estivermos diante de crimes tidos como de *ação múltipla* ou de *conteúdo variado*, ou seja, crimes plurinucleares, nos quais o tipo penal prevê mais de uma conduta em seus vários núcleos. Exemplo de tais tipos penais é aquele previsto no art. 33 da Lei nº 11.343/2006, assim redigido:

> **Art. 33.** Importar, exportar, remeter, preparar, produzir, fabricar, adquirir, vender, expor à venda, oferecer, ter em depósito, transportar, trazer consigo, guardar, prescrever, ministrar, entregar a consumo ou fornecer drogas, ainda que gratuitamente, sem autorização ou em desacordo com determinação legal ou regulamentar:
> Pena – reclusão de 5 (cinco) a 15 (quinze) anos e pagamento de 500 (quinhentos) a 1.500 (mil e quinhentos) dias-multa.

Suponhamos que o agente adquira, tenha em depósito e venda drogas, praticando, dessa forma, três dentre as condutas previstas pelo mencionado artigo. No caso em tela, não poderá ser punido como se tivesse cometido o delito, por exemplo, em concurso material, mas, sim, uma única vez, sem que se possa falar em concurso de infrações penais. Nesse sentido, a lição de Mirabete, quando assevera que "o princípio da alternatividade indica que o agente só será punido por uma das modalidades inscritas nos chamados crimes de ação múltipla, embora possa praticar duas ou mais condutas do mesmo tipo penal."[25]

A rigor, o princípio da alternatividade não diz respeito à hipótese de conflito aparente de normas, uma vez que, como podemos observar pelo exemplo proposto, ou seja, pelo delito tipificado no art. 33 da Lei nº 11.343/2006, não existem duas normas que, supostamente, dispõem sobre o mesmo fato, mas, sim, vários núcleos, constantes do mesmo tipo penal, que poderiam ser imputados ao agente.

---

[24] ESTEFAM, André. *Direito Penal* – Parte geral, p. 154.
[25] MIRABETE, Júlio Fabbrini. *Manual de direito penal* – Parte geral, p. 116.

Capítulo V
Interpretação e Integração da Lei Penal

1. INTRODUÇÃO

Interpretar é tentar buscar o efetivo alcance da norma. É procurar descobrir aquilo que ela tem a nos dizer com a maior precisão possível. No escorreito ensinamento de Hungria:

> "Como toda norma jurídica, a norma penal não pode prescindir do processo exegético, tendente a explicar-lhe o verdadeiro sentido, o justo pensamento, a real vontade, a exata razão finalística, quase nunca devidamente expressos com todas as letras."[1]

Durante muito tempo prevaleceu entre nós a máxima *in claris cessat interpretatio*, querendo significar que quando o texto fosse claro o suficiente não haveria necessidade de interpretação. Contudo, conforme destaca Manoel Messias Peixinho:

> "Não há norma suficientemente clara que prescinda da interpretação e que a conclusão sobre a clareza de determinado enunciado normativo é resultado do próprio processo interpretativo. Assim, para decidir se determinado texto é claro ou obscuro, bem como para decidir se determinada controvérsia é contemplada ou não por certa norma, é imprescindível, evidentemente, uma operação intelectual. Pois bem, o nome dessa operação é justamente o que se conhece por interpretação."[2]

2. ESPÉCIES DE INTERPRETAÇÃO

Numa primeira abordagem, poderíamos subdivir a interpretação em: *a)* objetiva (*voluntas legis*); *b)* subjetiva (*voluntas legislatoris*).

Por meio da chamada interpretação objetiva, busca-se descobrir a suposta vontade da lei; ao contrário, com a interpretação subjetiva, procura-se alcançar a vontade do legislador. Essa distinção tem sido severamente criticada pela doutrina, principalmente no que diz respeito à *voluntas legislatoris*. Em acertada crítica, assevera Carbonell Mateu:

---

[1] HUNGRIA, Nélson. *Comentários ao código penal*, v. I, t. I, p. 62.
[2] PEIXINHO, Manoel Messias. *A interpretação da Constituição e os princípios fundamentais*, p. 16/17.

"Se em outros âmbitos do ordenamento pode resultar importante a busca da vontade do legislador, da *voluntas legislatoris*, a dimensão subjetiva da interpretação, no Direito Penal, em virtude do princípio da legalidade, resulta rechaçável. Não somente hoje é quimérico falar em vontade do legislador, como se este fora um único indivíduo, quando o processo legislativo ou de criação das normas abarca um enorme cúmulo de vontades [...]; o que importa não é o que o legislador queria dizer senão o que efetivamente disse ou, inclusive, o que hoje há de ser entendido como o que a lei disse, colocada em confronto com todo o sistema jurídico e social."[3]

A interpretação pode ser distinguida, ainda, quanto ao *órgão (sujeito)* de que emana, quanto aos *meios* que são utilizados para alcançá-la e quanto aos *resultados* obtidos.

A interpretação, no que diz respeito ao *sujeito* que a realiza, pode ser:

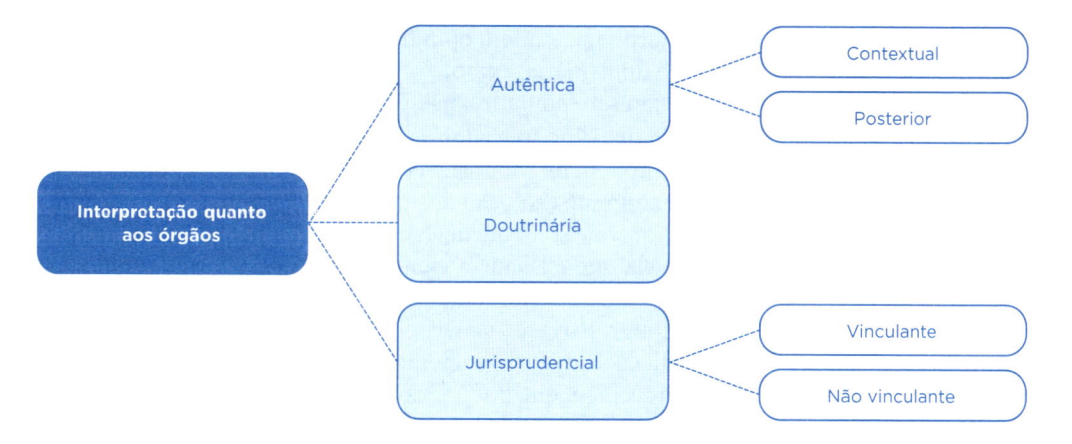

Interpretação quanto aos órgãos:
- Autêntica
  - Contextual
  - Posterior
- Doutrinária
- Jurisprudencial
  - Vinculante
  - Não vinculante

Diz-se *autêntica* a interpretação realizada pelo próprio texto legal. Em determinadas situações, a lei, com a finalidade de espancar quaisquer dúvidas quanto a este ou aquele tema, resolve, ela mesma, *no seu corpo,* fazer a sua interpretação.

A interpretação autêntica ainda pode ser considerada:

a) contextual;
b) posterior.

Contextual é a interpretação realizada no mesmo momento em que é editado o diploma legal que se procura interpretar. Como exemplo de interpretação autêntica contextual podemos citar o art. 327 do Código Penal, que definiu o conceito de funcionário público no mesmo instante que previa, no corpo do Código, os crimes que, para sua configuração, exigiam essa especial qualidade, procurando evitar, dessa forma, outra interpretação tendente a modificar aquilo que realmente se pretendia alcançar.

Posterior é a interpretação realizada pela lei, depois da edição de um diploma legal anterior. Surge a interpretação autêntica posterior para afastar qualquer dúvida de interpretação existente quanto a outro diploma legal já editado. Busca-se, com isso, como dizia Hungria,[4] "a dirimir a incerteza ou obscuridade de lei anterior."

Chegando-se à conclusão de que interpretação autêntica é aquela realizada *no corpo da lei editada*, poderíamos atribuir essa modalidade de interpretação à *Exposição de Motivos* do

---

[3] MATEU, Juan Carlos Carbonell. *Derecho penal* – Concepto y principios constitucionales, p. 244.
[4] HUNGRIA, Nélson. *Comentários ao código penal*, v. I, t. I, p. 63.

nosso Código? Absolutamente não. Isso porque, embora seja a Exposição de Motivos uma justificativa feita pela comissão encarregada de elaborar o projeto, explicando os pontos alterados, bem como a necessidade de ser inovado o nosso ordenamento jurídico, e, embora nos auxilie a interpretar o novo texto legal, não é votada pelo Congresso Nacional e nem sancionada pelo Presidente da República. René Ariel Dotti aduz, ainda, que a Exposição de Motivos "que pode acompanhar a proposta legislativa não é objeto de discussão pela Câmara dos Deputados ou Senado Federal, razão pela qual a aprovação do projeto não implica, necessariamente, na concordância com a natureza e os termos da justificativa apresentada."[5]

Assim, não sendo efetivamente uma lei, as conclusões e explicações levadas a efeito na Exposição de Motivos não podem ser consideradas como interpretações autênticas, mas, sim, doutrinárias.

Interpretação doutrinária é aquela realizada pelos estudiosos do direito, os quais, comentando sobre a lei que se pretende interpretar, emitem opiniões pessoais. É a chamada *communis opinio doctorum*. A interpretação doutrinária, embora seja extremamente importante para que as falhas e os acertos da lei possam ser apontados, não é de obediência obrigatória.

Interpretação judicial é a realizada pelos aplicadores do direito, ou seja, pelos juízes de primeiro grau e magistrados que compõem os tribunais. Por intermédio de suas decisões, os magistrados tornam a lei viva, aplicando-a na solução dos casos concretos que lhes são apresentados. Deve ser ressaltado, contudo, que somente devemos falar em interpretação judicial ou jurisprudencial com relação àquela que é levada a efeito *intra-autos*, ou seja, sempre no bojo de um processo judicial. Se ministros do STF ou do STJ emitirem suas opiniões, interpretando a lei penal em palestras, congressos etc., jamais poderemos considerar esse tipo de interpretação como de natureza judicial. Em suma, somente a interpretação, para a aplicação de uma lei, feita nos autos de um processo é que pode ser considerada judicial. Caso contrário, mesmo que seja procedida pela maior autoridade judiciária, se for realizada *extra-autos*, sendo documentada, será uma interpretação doutrinária.

No conceito de interpretação judicial (ou jurisprudencial), podemos incluir as chamadas súmulas, que traduzem as decisões reiteradas de um Tribunal sobre determinado assunto.

As súmulas, mesmo que editadas pelos Tribunais Superiores, não tinham o condão de vincular as atuações dos juízes monocráticos, tampouco dos integrantes dos demais tribunais. No entanto, depois da edição da Emenda Constitucional nº 45, de 30 de dezembro de 2004, a situação foi modificada.

Hoje, depois da promulgação da referida emenda, podemos subdividir a interpretação judicial sumular em *vinculante* e *não vinculante*. O art. 103-A e parágrafos, acrescentados à Constituição Federal por intermédio da Emenda nº 45, cuidam da chamada *súmula com efeito vinculante*, dizendo, *verbis*:

> **Art. 103-A.** O Supremo Tribunal Federal poderá, de ofício ou por provocação, mediante decisão de dois terços dos seus membros, após reiteradas decisões sobre matéria constitucional, aprovar súmula que, a partir de sua publicação na imprensa oficial, terá efeito vinculante em relação aos demais órgãos do Poder Judiciário e à administração pública direta e indireta, nas esferas federal, estadual e municipal, bem como proceder à sua revisão ou cancelamento, na forma estabelecida em lei.
> § 1º A súmula terá por objetivo a validade, a interpretação e a eficácia de normas determinadas, acerca das quais haja controvérsia atual entre órgãos judiciários ou entre esses e a administração pública que acarrete grave insegurança jurídica e relevante multiplicação de processos sobre questão idêntica.
> § 2º Sem prejuízo do que vier a ser estabelecido em lei, a aprovação, revisão ou cancelamento de súmula poderá ser provocada por aqueles que podem propor a ação direta de inconstitucionalidade.

---

[5] DOTTI, René Ariel. *Curso de direito penal* – Parte geral, p. 238.

> § 3º Do ato administrativo ou decisão judicial que contrariar a súmula aplicável ou que indevidamente a aplicar, caberá reclamação ao Supremo Tribunal Federal que, julgando-a procedente, anulará o ato administrativo ou cassará a decisão judicial reclamada, e determinará que outra seja proferida com ou sem a aplicação da súmula, conforme o caso.

De acordo com a determinação constitucional, somente o Supremo Tribunal Federal é que poderá editar súmulas com efeito vinculante. Os demais tribunais e, inclusive, o próprio Supremo Tribunal Federal ainda poderão continuar a produzir suas súmulas que, embora traduzam as conclusões a respeito de suas reiteradas decisões sobre o mesmo fato, não vinculam os juízes de primeiro grau, os desembargadores ou mesmo os ministros que, atuando naquela Corte Superior de Justiça, a ela não se filiam. São as chamadas *súmulas persuasivas* ou *suasórias*.

Dissertando especificamente sobre a possibilidade de edição de súmulas não vinculantes pelo próprio Supremo Tribunal Federal, Gustavo Nogueira elenca alguns argumentos favoráveis, dizendo, com precisão:

> "Primeiro, porque as súmulas já editadas pelo STF não receberam automaticamente o efeito vinculante, inclusive enquanto as súmulas não forem confirmadas por dois terços dos integrantes do Supremo, ou seja, oito Ministros, nenhuma delas terá efeito vinculante, conforme dispõe o art. 8º da EC nº 45/2004. As súmulas que não forem confirmadas continuarão servindo como diretriz para um determinado julgamento, continuarão apenas tendo o efeito prático de orientar o órgão julgador a adotar aquele posicionamento já previsto em súmula, não cabendo, no entanto, a reclamação para anular a decisão judicial, muito menos o ato administrativo.
>
> Segundo, porque existem súmulas do STF que não tratam de matéria constitucional, e assim não poderão ter efeito vinculante, pelo menos legítimo [...].
>
> Terceiro, porque a súmula pode ser aprovada sem o quórum qualificado previsto no art. 103-A da Constituição, de oito Ministros. O Regimento Interno (do STF) não foi revogado quando exige maioria absoluta para aprovação da súmula, uma vez que não é incompatível com o novo Texto Constitucional. A Constituição exige o voto de oito Ministros para aprovação de súmula com efeito vinculante, porém nada impede que o voto de seis Ministros aprove uma súmula não vinculante. Se for proposta sua revisão e pelo menos oito Ministros concordarem com uma nova redação, passará então a ter efeito vinculante."[6]

Quanto aos *meios* empregados, a interpretação pode ser[7]:

---

[6] NOGUEIRA, Gustavo Santana. *Das súmulas vinculantes:* uma primeira abordagem (Reforma do Judiciário – Primeiras reflexões sobre a emenda constitucional nº 45/2004), p. 281.

[7] Vale ressaltar o alerta feito por Manoel Messias Peixinho, quando diz que "os métodos gramatical, lógico, histórico e sistemático não constituem quatro espécies de interpretação, dentre as quais deve-se escolher de acordo com o interesse do intérprete, mas, e isto sim, são diversas atividades que precisam interagir harmoniosamente, com o fito de alcançar uma hermenêutica satisfatória" (*A interpretação da Constituição e os princípios fundamentais*, p. 52).

Interpretação quanto aos meios empregados:
- Literal (gramatical)
- Teleológica
- Sistêmica ou sistemática
- Histórica

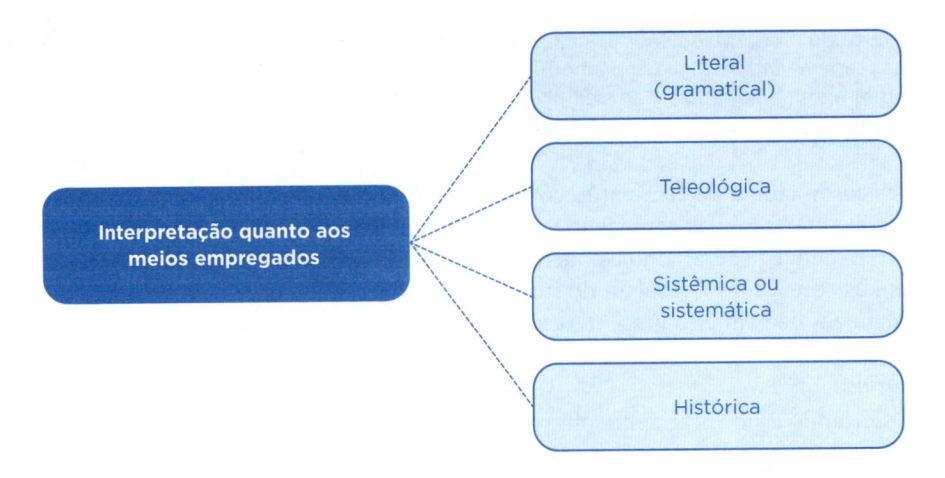

Interpretação literal ou gramatical é aquela em que o exegeta se preocupa, simplesmente, em saber o real e efetivo significado das palavras. O intérprete, obrigatoriamente, deve buscar o verdadeiro sentido e alcance das palavras para que possa dar início ao seu trabalho de exegese. Não se pode, por exemplo, entender o que venha a ser *homicídio* sem que se conheça o significado da palavra alguém, contida no art. 121 do Código Penal.

Já na *interpretação teleológica*, o intérprete busca alcançar a finalidade da lei, aquilo a que ela se destina a regular. "A interpretação lógica ou teleológica consiste na indagação da vontade ou intenção realmente objetivada na lei e para cuja revelação é, muitas vezes, insuficiente a interpretação gramatical."[8] Segundo Jean-Louis Bergel, "o método teleológico fundamentado na análise da finalidade da regra, no seu objetivo social, faz seu espírito prevalecer sobre sua letra, ainda que sacrificando o sentido terminológico das palavras."[9] Quando, v.g., analisamos a Lei nº 8.069/90, que dispõe sobre o Estatuto da Criança e do Adolescente, podemos verificar que o legislador criou uma série de tipos penais incriminadores. A pergunta que se faz, quando se interpreta esses tipos penais, é a seguinte: Com que finalidade o legislador criou essas novas infrações penais? Por meio de uma interpretação teleológica, conclui-se que essas infrações foram criadas com o fim de proteger as crianças e os adolescentes. Da mesma forma deve ser interpretado o art. 59 do Código Penal, cujas circunstâncias judiciais devem ser analisadas com o fim de fixar a pena que seja *necessária* e *suficiente* para a *reprovação* e *prevenção* do crime. A interpretação teleológica busca, portanto, os fins propostos pela lei.

Com a *interpretação sistêmica*, o exegeta analisa o dispositivo legal no sistema no qual ele está contido, e não de forma isolada. Interpreta-o com os olhos voltados para o *todo*, e não somente para as *partes*. Bobbio define a interpretação sistêmica como:

> "Aquela forma de interpretação que tira os argumentos do pressuposto de que as normas de um ordenamento, ou, mais exatamente, de uma parte do ordenamento (como o Direito Privado, o Direito Penal) constituam uma totalidade ordenada (mesmo que depois se deixe um pouco no vazio o que se deve entender com essa expressão), e, portanto, seja lícito esclarecer uma norma deficiente recorrendo ao chamado 'espírito do sistema', mesmo indo contra aquilo que resultaria de uma interpretação meramente literal."[10]

---

[8] HUNGRIA, Nélson. *Comentários ao código penal*, v. I, t. I, p. 75.
[9] Bergel, Jean-Louis. *Teoria geral do direito*, p. 332.
[10] BOBBIO, Norberto. *Teoria do ordenamento jurídico*, p. 76.

A Constituição Federal, na alínea *d* do inciso XXXVIII do seu art. 5º, dispõe ser reconhecida a instituição do júri, com a organização que lhe der a lei, assegurada sua competência para *julgamento dos crimes dolosos contra a vida*. Suponhamos que alguém, com a finalidade de subtrair coisa alheia, cause dolosamente a morte da vítima para subtrair-lhe o relógio de ouro. Nessa hipótese, deverá o agente ser submetido a julgamento pelo júri, uma vez que, embora com a finalidade de subtração, tenha causado dolosamente a morte da vítima? Não, pois se interpretarmos sistemicamente o art. 157, § 3º, II, do Código Penal, embora tendo a vítima sido morta dolosamente pelo agente, não podemos submetê-lo a julgamento pelo tribunal popular, uma vez que o art. 157, § 3º, II, está previsto no Capítulo II, do Título II, do Código Penal, que cuida dos crimes contra o patrimônio. Assim, pela interpretação sistêmica, conclui-se que o agente praticou um crime contra o patrimônio, e não contra a vida em primeiro plano, razão pela qual deverá ser julgado pelo juízo singular, e não pelo júri.

Por meio da *interpretação histórica*, o intérprete volta ao passado, ao tempo em que foi editado o diploma que se quer interpretar, buscando os fundamentos de sua criação, o momento pelo qual atravessava a sociedade etc., com vista a entender o motivo pelo qual houve a necessidade de modificação do ordenamento jurídico, facilitando, ainda, a interpretação de expressões contidas na lei.

Através da interpretação *progressiva*, também conhecida como adaptativa ou evolutiva, o intérprete traduz os tipos penais de acordo com a realidade atual, ou seja, elementos dos tipos penais que, anteriormente, tinham determinada interpretação, agora, no momento atual, passam a ser entendidos de forma diferente, por conta da evolução ou progressão pela qual passa naturalmente a sociedade. Como exemplo de evolução adotada por esse tipo de interpretação, podemos apontar o tipo penal do art. 233, que prevê o chamado ato obsceno. Aquele comportamento que, no século passado, poderia ser considerado como um ato obsceno, hoje em dia já não importa mais na infração penal indicada. Assim, por exemplo, um beijo em público, considerado lascivo na década de 1950 do século passado, já se configura como um indiferente penal na sociedade do século XXI. Nesse sentido, aduz Norberto Avena que interpretação progressiva é aquela que "com o passar do tempo, ajusta-se à realidade social e às modificações político-sociais que se sucedem"[11], a exemplo do que ocorre quando se interpreta o que seria "perigo de vida" (art. 129, § 1º, inciso II, do CP), diante do progressivo desenvolvimento da medicina; ou, ainda qual seria o sentido da expressão "doença mental" (art. 26 do CP), em face das novas descobertas da psiquiatria.

Quanto aos *resultados*, a interpretação pode ser:

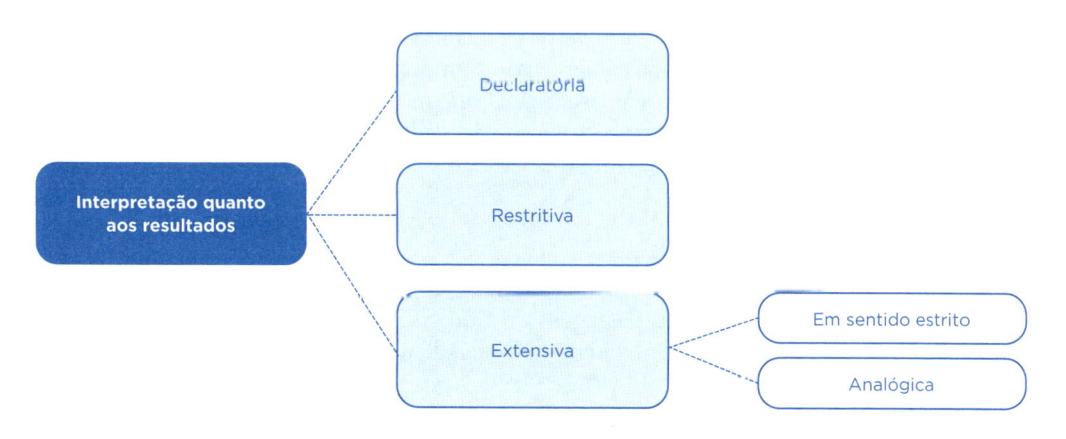

- Interpretação quanto aos resultados
  - Declaratória
  - Restritiva
  - Extensiva
    - Em sentido estrito
    - Analógica

---

[11] AVENA, Norberto. *Processo penal esquematizado*, p. 59.

Na interpretação *declaratória*, o intérprete não amplia nem restringe o seu alcance, mas apenas declara a vontade da lei. Como exemplo, podemos citar o art. 141, III, do Código Penal, o qual preceitua que as penas cominadas para os crimes de calúnia, difamação e injúria serão aumentadas de um terço se qualquer dos crimes for praticado na presença de *várias pessoas*. Interpretando o termo *várias*, chegamos à conclusão de que o código exige, pelo menos, *três pessoas*. Isso porque quando a lei se contenta com apenas duas ela o diz expressamente, como ocorre com o inciso IV do § 4º do art. 155 do Código Penal (mediante o concurso de duas ou mais pessoas); quando exige quatro, também o diz expressamente, a exemplo do § 1º do art. 146 do Código Penal (mais de três pessoas). Assim, a interpretação dada ao inciso III do art. 141 é meramente declaratória, pois não ampliamos nem restringimos seu alcance, mas simplesmente declaramos seu conteúdo real.

Interpretação *restritiva* é aquela em que o intérprete diminui, restringe o alcance da lei, uma vez que esta, à primeira vista, disse mais do que efetivamente pretendia dizer (*lex plus dixit quam voluit*), buscando, dessa forma, apreender o seu verdadeiro sentido. Preconiza o inciso II do art. 28 do Código Penal que a embriaguez, voluntária ou culposa, pelo álcool ou substância de efeitos análogos não exclui a imputabilidade penal. No caso em exame, embora fazendo menção à embriaguez voluntária ou culposa, o artigo não se referiu à chamada *embriaguez patológica*, uma vez que esta última encontra-se abrangida pelo *caput* do art. 26 do Código Penal, e não pelo art. 28. Dessa forma, devemos diminuir o alcance da norma contida no inciso II do art. 28 do Código Penal, para dela subtrairmos a sua aplicação quando for o caso de embriaguez patológica.

Ocorre a interpretação *extensiva* quando, para que se possa conhecer a exata amplitude da lei, o intérprete necessita alargar seu alcance, haja vista ter aquela dito menos do que efetivamente pretendia (*lex minus dixit quam voluit*). A título de raciocínio, quando a lei proibiu a bigamia, criando, para tanto, o crime previsto no art. 235 do Código Penal, quis, de maneira implícita, também abranger a poligamia; no caso do delito de perigo de contágio venéreo, tipificado no art. 130 do Código Penal, a lei incrimina não somente a situação de perigo à qual é exposta a vítima que mantém relação sexual com alguém que, sabendo-se doente, com ela pratica o ato sexual, como o próprio dano causado com o contágio. Neste último exemplo, há autores que entendem que, havendo o efetivo contágio, o delito deixa de ser aquele tipificado no art. 130 e passa a ser o de lesões corporais,[12] não sendo o caso, portanto, de ser realizada uma interpretação extensiva.

Por mais que possamos trabalhar com todas essas modalidades de interpretação, vale a crítica feita pelo querido amigo, professor e Procurador da República, Paulo Queiroz, quando aduz:

> "É inútil, pois, estudar interpretação a partir de métodos, visto que: a) não existe um método para a eleição do método; b) toda compreensão é uma autocompreensão determinada pelos preconceitos do intérprete; c) a eventual adoção de um método (v.g., o histórico) não é garantia de uma mesma solução, nem de uma solução adequada do caso penal; d) o intérprete não extrai sentidos da lei, mas atribui sentidos à lei"[13].

3. INTERPRETAÇÃO ANALÓGICA

O legislador, em determinadas passagens do Código Penal, por não poder prever todas as situações que poderiam ocorrer na vida em sociedade e que seriam similares àquelas por

---

[12] Nesse sentido, TELES, Ney Moura. *Direito penal* – Parte geral, v. I, p. 167.

[13] QUEIROZ, Paulo. *Direito processual penal* – por um sistema integrado de direito, processo e execução penal, p. 55/56.

ele já elencadas, permitiu, expressamente, a utilização de um recurso, que também amplia o alcance da norma penal, conhecido como interpretação analógica.

Interpretação analógica quer dizer que a uma fórmula casuística, que servirá de norte ao exegeta, segue-se uma fórmula genérica.

Inicialmente, o Código Penal, atendendo ao princípio da legalidade, detalha todas as situações que quer regular e, posteriormente, permite que tudo aquilo que a elas seja semelhante possa também ser abrangido pelo mesmo artigo.

Tomemos como exemplo o art. 121, § 2º, III, do Código Penal, com a seguinte redação:

> § 2º Se o homicídio é cometido:
> I – [...];
> II – [...];
> III – com emprego de veneno, fogo, explosivo, asfixia, tortura ou outro meio insidioso ou cruel, ou de que possa resultar perigo comum.

Quando o legislador fez inserir as expressões *ou por outro meio insidioso ou cruel, ou de que possa resultar perigo comum*, ele quis dizer que qualquer outro meio dissimulado ou que cause excessivo sofrimento à vítima e aquele que possa trazer uma situação de perigo a um número indeterminado de pessoas, embora não elencados expressamente por esse inciso, estão também por ele abrangidos e, em virtude disso, qualificam o crime de homicídio.

Podemos perceber que a uma fórmula casuística – *com emprego de veneno, fogo, explosivo, asfixia, tortura* – o Código fez seguir uma fórmula genérica – *ou outro meio insidioso ou cruel, ou de que possa resultar perigo comum*.[14]

Percebe-se que, da mesma forma que a interpretação extensiva, a interpretação analógica amplia o conteúdo da lei penal, com a finalidade de nela abranger hipóteses não previstas expressamente pelo legislador, mas que por ele foram também desejadas.

Podemos, portanto, entender que a interpretação extensiva é o gênero, no qual são espécies a *interpretação extensiva em sentido estrito* e a *interpretação analógica*. Como, então, poderemos diferenciar ambas as espécies? Analisando a lei penal. Se, para abranger situações não elencadas expressamente no tipo penal, o legislador nos fornecer uma fórmula casuística, seguindo-se a ela uma fórmula genérica, faremos, aqui, uma interpretação analógica. Caso contrário, se, embora o legislador não nos tenha fornecido um padrão a ser seguido, tivermos de ampliar o alcance do tipo penal para alcançarmos hipóteses não previstas expressamente, mas queridas por ele, estaremos diante de uma interpretação extensiva em sentido estrito.

4. INTERPRETAÇÃO CONFORME A CONSTITUIÇÃO

A interpretação conforme a Constituição é o método de interpretação por meio do qual o intérprete, de acordo com uma concepção penal garantista, procura aferir a validade das normas mediante seu confronto com a Constituição.

As normas infraconstitucionais devem, sempre, ser analisadas e interpretadas de acordo com os princípios informadores da Carta Constitucional, não podendo, de modo algum, afrontá-los, sob pena de ver judicialmente declarada sua invalidade, seja mediante o contro-

---

[14] Na Bíblia, que é a Palavra de Deus, também temos um exemplo claro de interpretação analógica na carta que o Apóstolo Paulo escreveu aos Gálatas, no capítulo 5, versículos 19-21, quando diz: "Ora, as obras da carne são conhecidas e são: prostituição, impureza, lascívia, idolatria, feitiçarias, inimizades, porfias, ciúmes, iras, discórdias, dissenções, facções, invejas, bebedices, glutonarias e *coisas semelhantes a estas*, a respeito das quais eu vos declaro, como já, outrora, vos preveni, que não herdarão o reino de Deus os que tais coisas praticam" (*Bíblia de Estudos Genebra*).

le direto de constitucionalidade, exercido pelo Supremo Tribunal Federal, seja pelo controle difuso, atribuído a todos os juízes que atuam individual (monocráticos) ou coletivamente (colegiados). Mediante uma interpretação conforme a Constituição, de acordo com a lição de Manoel Messias Peixinho, "reconhece-se a supremacia da Constituição sobre todo o ordenamento jurídico, não só estabelecendo uma hierarquia de uma lei superior sobre outra de nível inferior, como, também, exercendo uma vigilância da constitucionalidade das leis."[15]

Como bem destacou Paulo de Souza Queiroz:

"Como guardião da legalidade constitucional, a missão primeira do juiz, em particular do juiz criminal, antes de julgar os fatos, é julgar a própria lei a ser aplicada, é julgar, enfim, a sua compatibilidade – formal e substancial – com a Constituição, para, se a entender lesiva à Constituição, interpretá-la conforme a Constituição ou, não sendo isso possível, deixar de aplicá-la, simplesmente, declarando-lhe a inconstitucionalidade."[16]

Deverá o julgador, a título de exemplo, aferir se a norma penal atendeu ao princípio da proporcionalidade fazendo uma comparação entre ela e os demais tipos penais, a fim de saber se o bem que por ela fora protegido goza da importância que motivou a cominação da pena nele prevista, ou, ainda, buscar preservar a igualdade de tratamento, conforme se verifica pelo julgado da Segunda Câmara Criminal do extinto TARS, colacionado por Paulo de Souza Queiroz, que, segundo o ilustre Procurador da República, "considerou que, embora o art. 34 da Lei nº 9.249/95, ao permitir a extinção da punibilidade pelo recolhimento do tributo nos crimes contra a Ordem Tributária e Previdenciária Social, violasse o princípio da igualdade, deveria, no entanto, ter seus efeitos estendidos para as demais hipóteses de crimes sem violência ou grave ameaça à pessoa."[17]

5. DÚVIDAS EM MATÉRIA DE INTERPRETAÇÃO

Será que, mesmo depois de utilizados todos os meios necessários e adequados a fim de buscar o verdadeiro alcance da lei, se ainda persistir a dúvida no âmago do intérprete, poderemos aplicar o princípio do *in dubio pro reo*, ou seja, a dúvida em matéria de interpretação da lei penal deve ser levada em benefício do agente que supostamente praticou a infração penal?

Com a finalidade de responder a essa indagação, surgiram três correntes. A primeira delas aduz que, em caso de dúvida de interpretação, esta deve pesar em prejuízo do agente (*in dubio pro societate*). Já a segunda corrente preleciona que a dúvida de interpretação teria de ser resolvida pelo julgador, podendo ser contrária ou a favor ao réu. A última corrente, de posição mais adequada aos métodos de interpretação da lei penal, preconiza que, havendo dúvida em matéria de interpretação, deve esta ser resolvida em benefício do agente (*in dubio pro reo*). É a posição defendida por Hungria:

"No caso de irredutível dúvida entre o espírito e as palavras da lei, é força acolher, em direito penal, irrestritamente, o princípio do *in dubio pro reo* (isto é, o mesmo critério de solução nos casos de prova dúbia no processo penal). Desde que não seja possível descobrir-se a *voluntas legis*, deve guiar-se o intérprete pela conhecida máxima: *favorablia sunt amplianda, odiosa restringenda*. O que vale dizer: a lei penal deve ser interpretada restritivamente quando prejudicial ao réu, e extensivamente no caso contrário."[18]

---

[15] PEIXINHO, Manoel Messias. *A interpretação da Constituição e os princípios fundamentais*, p. 108-109.
[16] QUEIROZ, Paulo de Souza. *Direito penal* – Introdução crítica, p. 39.
[17] QUEIROZ, Paulo de Souza. *Direito penal* – Introdução crítica, p. 40.
[18] HUNGRIA, Nélson. *Comentários ao código penal*, v. I, t. I, p. 86.

6. ANALOGIA

Define-se a analogia como uma forma de autointegração da norma, consistente em aplicar a uma hipótese não prevista em lei a disposição legal relativa a um caso semelhante, atendendo-se, assim, ao brocardo *ubi eadem ratio, ubi eadem legis dispositio*. Luiz Regis Prado aduz que:

"Por analogia, costuma-se fazer referência a um raciocínio que permite transferir a solução prevista para determinado caso a outro não regulado expressamente pelo ordenamento jurídico, mas que comparte com o primeiro certos caracteres essenciais ou a *mesma ou suficiente razão*, isto é, vinculam-se por uma matéria relevante *simili* ou a *pari*."[19]

Aplicando-se a analogia, atende-se, outrossim, ao art. 4º da Lei de Introdução às Normas do Direito Brasileiro (Decreto-Lei nº 4.657, de 4 de setembro de 1942), que diz: *Quando a lei for omissa, o juiz decidirá o caso de acordo com a analogia, os costumes e os princípios gerais de direito*.

Assim, inicialmente, podemos subdividir a analogia em:

1) analogia legal, ou *legis*;
2) analogia jurídica, ou *juris*.

Por analogia legal, ou *legis*, podemos entender aquela que é levada a efeito quando o intérprete aplica a um caso omisso uma determinada lei que regula caso semelhante. Como preleciona Rogério Sanches Cunha "é caracterizada pela utilização de outra disposição normativa para integrar a lacuna existente no ordenamento jurídico"[20].

Importante ressaltar, contudo, conforme já decidido pelo Superior Tribunal de Justiça que:

"Não cabe ao Julgador aplicar uma norma, por assemelhação, em substituição a outra validamente existente, simplesmente por entender que o legislador deveria ter regulado a situação de forma diversa da que adotou; não se pode, por analogia, criar sanção que o sistema legal não haja determinado, sob pena de violação do princípio da reserva legal" (REsp 956.876/RS, Recurso Especial 2007/0124539-5, 5ª T., Rel. Min. Napoleão Nunes Maia Filho, DJ 10/09/2007).

Analogia jurídica ou *juris* é aquela em que os princípios gerais do direito são utilizados a fim de que seja suprida uma lacuna existente.

Com essas fórmulas, mesmo que para determinado caso não haja norma expressa regulando-o, o juiz não pode eximir-se de julgá-lo, embora ocorra uma lacuna na lei. O mesmo não ocorre com o sistema jurídico-penal, que se tem por perfeito em suas normas incriminadoras.

Tudo aquilo que não for expressamente proibido é permitido em direito penal. As condutas que o legislador deseja proibir ou impor, sob a ameaça de sanção, devem vir descritas de forma clara e precisa, de modo que o agente as conheça e as entenda sem maiores dificuldades. O campo de abrangência do direito penal, dado seu caráter fragmentário, é muito limitado. Se não há previsão expressa da conduta que se quer atribuir ao agente, é sinal de que esta não mereceu a atenção do legislador, embora seja parecida com outra já prevista pela legislação penal.

Quando se inicia o estudo da analogia em direito penal, devemos partir da seguinte premissa: é terminantemente proibido, em virtude do princípio da legalidade, o recurso à analogia quando esta for utilizada de modo a prejudicar o agente, seja ampliando o rol de circunstâncias agravantes, seja ampliando o conteúdo dos tipos penais incriminadores, a fim

---

[19] PRADO, Luiz Regis. *Curso de direito penal brasileiro* – Parte geral, p. 97.
[20] CUNHA, Rogério Sanches. *Manual de direito penal* – parte geral, p. 63.

de abranger hipóteses não previstas expressamente pelo legislador etc. Nesse sentido é a lição de Fabrício Leiria, quando diz:

> "Em matéria penal, por força do princípio de reserva, não é permitido, por semelhança, tipificar fatos que se localizam fora do raio de incidência da norma, elevando-os à categoria de delitos. No que tange às normas incriminadoras, as lacunas, porventura existentes, devem ser consideradas como expressões da vontade negativa da lei. E, por isso, incabível se torna o processo analógico. Nestas hipóteses, portanto, não se promove a integração da norma ao caso por ela não abrangido."[21]

Partindo desse raciocínio, podemos fazer a seguinte distinção entre:

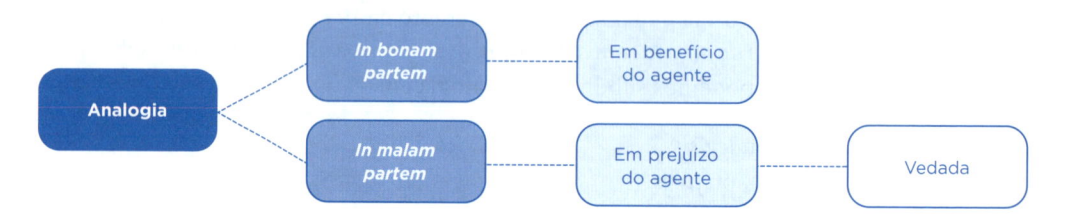

- Analogia
  - *In bonam partem* — Em benefício do agente
  - *In malam partem* — Em prejuízo do agente — Vedada

A aplicação da analogia *in bonam partem*, além de ser perfeitamente viável, é muitas vezes necessária para que ao interpretarmos a lei penal não cheguemos a soluções absurdas. Se a analogia *in malam partem*, já deixamos entrever, é aquela que, de alguma maneira, prejudica o agente, a chamada analogia *in bonam partem*, ao contrário, é aquela que lhe é benéfica.

A título de exemplo, imagine-se a hipótese prevista no inciso I do art. 181 do Código Penal, que diz ser isento de pena quem pratica qualquer dos crimes previstos no Título II (Crimes contra o patrimônio), em prejuízo do *cônjuge*, durante a constância da sociedade conjugal. Cuida-se, *in casu*, da chamada escusa absolutória ou imunidade penal de caráter pessoal, por meio da qual, por questões de política criminal, entendeu por bem o legislador em não punir o cônjuge que, por exemplo, viesse a subtrair, sem violência ou grave ameaça, um bem pertencente ao outro. São situações comuns no dia a dia do casal, como a hipótese em que o marido ou a esposa, sem o consentimento ou a aprovação do outro cônjuge, dele subtrai certa quantidade de dinheiro. Aqui, de acordo com a regra constante do art. 181, I, do Código Penal, embora o fato pudesse ser considerado como típico, ilícito e culpável, não seria punível.

Agora, e se a subtração tivesse sido levada a efeito pelo companheiro, que vivia maritalmente com o outro, de acordo com o conceito de união estável? Seria razoável puni-lo, em virtude de não ter sido mencionado expressamente pelo citado art. 181, I, do Código Penal? A resposta só pode ser negativa, pois tal como ocorre com o cônjuge, por questões de política criminal, não se justificaria sua punição que, caso viesse a ocorrer, certamente atingiria a relação do casal. Nesse caso, podemos aplicar o raciocínio relativo à analogia *in bonam partem*.

Não obstante a possibilidade de utilizarmos a analogia com a finalidade de beneficiar de qualquer modo o agente, devemos observar a escorreita lição de Assis Toledo, quando diz que "é preciso notar, porém, que a analogia pressupõe falha, omissão da lei, não tendo aplicação quando estiver claro no texto legal que a *mens legis* quer excluir de certa regulamentação determinados casos semelhantes."[22]

A analogia *in malam partem*, na definição de Vicente Cernicchiaro e de Roberto Lyra Filho, "significa a aplicação de uma norma que define o ilícito penal, sanção, ou consagre *occi-*

---

[21] LEIRIA, Antônio José Fabrício. *Teoria e aplicação da lei penal*, p. 71.
[22] TOLEDO, Francisco de Assis. *Princípios básicos de direito penal*, p. 27.

dentalia delicti (qualificadora, causa especial de aumento de pena e agravante) a uma hipótese não contemplada, mas que se assemelha ao caso típico. Evidentemente, porque prejudica e contrasta o princípio da reserva legal, é inadmissível."[23]

6.1. Juiz como legislador positivo e como legislador negativo

Vimos que é possível o recurso à chamada analogia *in bonam partem*, uma vez detectada a hipótese de lacuna, falha, omissão legal. Assim, para que seja preservado o princípio da isonomia, deverá o julgador aplicar ao caso concreto, para o qual não existe regulamentação legal, a norma relativa à hipótese que lhe seja similar. Atuando dessa maneira, ou seja, ampliando o alcance da lei a outras situações que não foram objeto de regulamentação expressa, estará o julgador (aqui entendidos os juízos monocráticos e colegiados), funcionando como um *legislador positivo*.

Ao contrário, quando reconhece a inconstitucionalidade de determinado diploma penal, seja por meio do controle concentrado, exercido pelo Supremo Tribunal Federal, seja por meio do controle difuso, inerente a todo julgador, estará exercendo as funções de um *legislador negativo*, impedindo, outrossim, a aplicação da lei ao caso concreto.

---

[23] LYRA FILHO, Roberto; CERNICHIARO, Luiz Vicente. *Compêndio de direito penal* – Parte geral, p. 86.

Capítulo VI
Princípio da Intervenção Mínima

Acesse e assista à aula explicativa sobre este assunto.
> http://uqr.to/1wh0w

O direito penal só deve preocupar-se com a proteção dos bens mais importantes e necessários à vida em sociedade.

O legislador, por meio de um critério político, que varia de acordo com o momento em que vive a sociedade, sempre que entender que os outros ramos do direito se revelem incapazes de proteger devidamente aqueles bens mais importantes para a sociedade, seleciona, escolhe as condutas, positivas ou negativas, que deverão merecer a atenção do direito penal. Percebe-se, assim, um princípio limitador do poder punitivo do Estado, conforme preleciona Muñoz Conde:

> "O poder punitivo do Estado deve estar regido e limitado pelo princípio da intervenção mínima. Com isto, quero dizer que o Direito Penal somente deve intervir nos casos de ataques muito graves aos bens jurídicos mais importantes. As perturbações mais leves do ordenamento jurídico são objeto de outros ramos do Direito."[1]

O princípio da intervenção mínima, ou *ultima ratio*, é o responsável não só pela indicação dos bens de maior relevo que merecem a especial atenção do Direito Penal,[2] mas se presta, também, a fazer com que ocorra a chamada descriminalização. Se é com base neste princípio que os bens são selecionados para permanecer sob a tutela do Direito Penal, porque considerados como os de maior importância, também será com fundamento nele que o legislador, atento às mutações da sociedade, que com a sua evolução deixa de dar importância a bens que, no passado, eram da maior relevância, fará retirar do nosso ordenamento jurídico-penal certos tipos incriminadores.

O direito penal deve, portanto, interferir o menos possível na vida em sociedade, devendo ser solicitado somente quando os demais ramos do direito, comprovadamente, não forem capazes de proteger aqueles bens considerados da maior importância. Nesse sentido é a lição de Cezar Roberto Bitencourt:

> "O princípio da intervenção mínima, também conhecido como *ultima ratio*, orienta e limita o poder incriminador do Estado, preconizando que a criminalização de uma conduta só se

---

[1] MUÑOZ CONDE, Francisco. *Introducción al derecho penal*, p. 59-60.
[2] José E. Sáinz-Cantero Caparrós preleciona que "o setor punitivo somente deve ocupar-se das agressões mais intoleráveis aos bens jurídicos mais transcendentes, porque é o setor que impõe as mais traumáticas sanções" (*La codelinquencia en los delitos imprudentes en el código penal de 1995*, p. 73).

legitima se constituir meio necessário para a proteção de determinado bem jurídico. Se outras formas de sanções ou outros meios de controle social revelarem-se suficientes para a tutela desse bem, a sua criminalização será inadequada e desnecessária. Se para o restabelecimento da ordem jurídica violada forem suficientes medidas civis ou administrativas, são estas que devem ser empregadas e não as penais. Por isso, o Direito Penal deve ser a *ultima ratio*, isto é, deve atuar somente quando os demais ramos do direito revelarem-se incapazes de dar a tutela devida a bens relevantes na vida do indivíduo e da própria sociedade."[3]

Ressaltando o *caráter subsidiário* do direito penal, Roxin assevera:

"A proteção de bens jurídicos não se realiza só mediante o Direito Penal, senão que nessa missão cooperam todo o instrumental do ordenamento jurídico. O Direito penal é, inclusive, a última dentre todas as medidas protetoras que devem ser consideradas, quer dizer que somente se pode intervir quando falhem outros meios de solução social do problema – como a ação civil, os regulamentos de polícia, as sanções não penais etc. Por isso se denomina a pena como a '*ultima ratio* da política social' e se define sua missão como proteção *subsidiária* de bens jurídicos."[4]

Discute-se hoje em dia, por exemplo, a respeito da necessidade de se punir penalmente aquele que emite cheque sem suficiente provisão de fundos. Será que medidas civis ou administrativas, tais como execução da quantia não paga e o impedimento, por um longo prazo, para que o emitente do cheque possa, novamente, voltar a ser correntista de algum banco não são suficientes para inibir as ações dos maus pagadores? Esse raciocínio, feito com base no princípio da intervenção mínima, levará o legislador a refletir e a sopesar a eficiência da aplicação de outras medidas para inibir a mencionada conduta, e, se entender que são suficientes, não mais haverá necessidade de intervenção do Direito Penal, cuja aplicação se mostrou desnecessária.

Da mesma forma, também é objeto de discussão, com base no princípio da intervenção mínima, a manutenção das contravenções penais em nosso ordenamento jurídico. Se levarmos em conta que, de acordo com a concepção dicotômica das infrações penais, ou seja, fazendo-se a divisão entre, de um lado, os crimes/delitos e, do outro, as contravenções penais, considerando-se que a estas últimas é destinada a proteção dos bens que não gozam da mesma importância daqueles protegidos pelos crimes/delitos. De acordo com o critério proposto pelo princípio da intervenção mínima, o Direito Penal deveria afastar as chamadas contravenções penais, permitindo que a proteção dos bens por elas realizada fosse destinada aos outros ramos do ordenamento jurídico.[5]

---

[3] BITENCOURT, Cezar Roberto. *Lições de direito penal* – Parte geral, p. 32.
[4] ROXIN, Claus. *Derecho penal*, t. I, p. 65.
[5] Luigi Ferrajoli, com maestria, assevera: "Um redimensionamento do direito penal deveria ser precedido, ao menos, da despenalização de todas as contravenções, compreendidas aquelas punidas com a prisão, assim como de todos os delitos punidos com multa mesmo se em alternativa à reclusão [...]; o fato de o legislador ter determinado qualificar certas condutas como simples contravenções, e de alguma maneira a elas agregar a punição – seja mesmo à discricionariedade do juiz – com uma simples multa, é suficiente para fazer supor que ele mesmo tornou tais condutas menos ofensivas que todos os outros crimes; e isto em uma perspectiva de um direito penal mínimo é, sem dúvida, um primeiro critério pragmático de despenalização" (*Direito e razão*, p. 575). Nesse aspecto, convém destacar o *esquema minimalista piramidal*, desenvolvido em nossa tese de doutorado, em virtude do qual, uma vez adotada a postura minimalista, teremos de rever todo o ordenamento jurídico, com a finalidade de levar a efeito uma "limpeza" nos tipos penais, revogando todos aqueles cujos bens neles previstos sejam passíveis de proteção pelos demais ramos do ordenamento jurídico, sem necessidade da intervenção radical do Direito Penal (Sobre o tema, *vide* GRECO, Rogério. *Direitos humanos, sistema prisional e alternativas à privação de liberdade*. São Paulo: Saraiva, 2011).

Por intermédio da Lei nº 11.106, de 28 de março de 2005, foram abolidos alguns tipos penais incriminadores, cujos bens, nos dias de hoje, podem ser perfeitamente protegidos pelos demais ramos do ordenamento jurídico, como acontece, por exemplo, com o adultério. Nesse caso, o cônjuge traído, se for do seu interesse, poderá ingressar no juízo civil com uma ação de indenização, a fim de que veja reparado o prejuízo moral por ele experimentado, não havendo necessidade, outrossim, da intervenção do Direito Penal.

As vertentes do princípio da intervenção mínima são, portanto, como que duas faces de uma mesma moeda. De um lado, orientando o legislador na seleção dos bens mais importantes e necessários ao convívio em sociedade; de outro, também servindo de norte ao legislador para retirar a proteção do direito penal sobre aqueles bens que, no passado, gozavam de especial importância, mas que hoje, com a evolução da sociedade, já podem ser satisfatoriamente protegidos pelos demais ramos do ordenamento jurídico. Desse modo, podemos concluir com André Copetti, quando assevera:

"Sendo o direito penal o mais violento instrumento normativo de regulação social, particularmente por atingir, pela aplicação das penas privativas de liberdade, o direito de ir e vir dos cidadãos, deve ser ele minimamente utilizado. Numa perspectiva político-jurídica, deve-se dar preferência a todos os modos extrapenais de solução de conflitos. A repressão penal deve ser o último instrumento utilizado, quando já não houver mais alternativas disponíveis."[6]

1. QUADRO-RESUMO

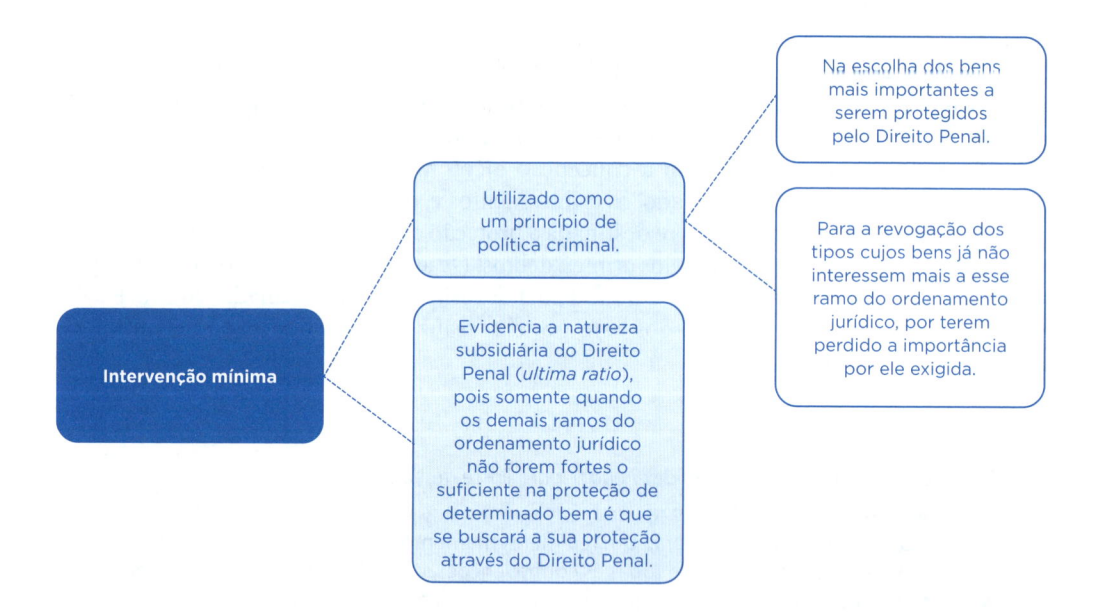

Intervenção mínima

- Utilizado como um princípio de política criminal.
  - Na escolha dos bens mais importantes a serem protegidos pelo Direito Penal.
  - Para a revogação dos tipos cujos bens já não interessem mais a esse ramo do ordenamento jurídico, por terem perdido a importância por ele exigida.
- Evidencia a natureza subsidiária do Direito Penal (*ultima ratio*), pois somente quando os demais ramos do ordenamento jurídico não forem fortes o suficiente na proteção de determinado bem é que se buscará a sua proteção através do Direito Penal.

---

[6] COPETTI, André. *Direito penal e estado democrático de direito*, p. 87.

Capítulo VII
Princípio da Lesividade

Os princípios da intervenção mínima e da lesividade são como duas faces de uma mesma moeda. Se, de um lado, a intervenção mínima somente permite a interferência do Direito Penal quando estivermos diante de ataques a bens jurídicos importantes, o princípio da lesividade nos esclarecerá, limitando ainda mais o poder do legislador, quais são as condutas que poderão ser incriminadas pela lei penal. Na verdade, nos orientará no sentido de saber quais são as condutas que *não* poderão sofrer os rigores da lei penal. Nesse sentido, afirma Sarrule:

"As proibições penais somente se justificam quando se referem a condutas que afetem gravemente a direitos de terceiros; como consequência, não podem ser concebidas como respostas puramente éticas aos problemas que se apresentam senão como mecanismos de uso inevitável para que sejam assegurados os pactos que sustentam o ordenamento normativo, quando não existe outro modo de resolver o conflito."[1]

O princípio da lesividade, cuja origem se atribui ao período iluminista, que por intermédio do movimento de secularização procurou desfazer a confusão que havia entre o Direito e a moral, possui, no escólio de Nilo Batista,[2] quatro principais funções, a saber:

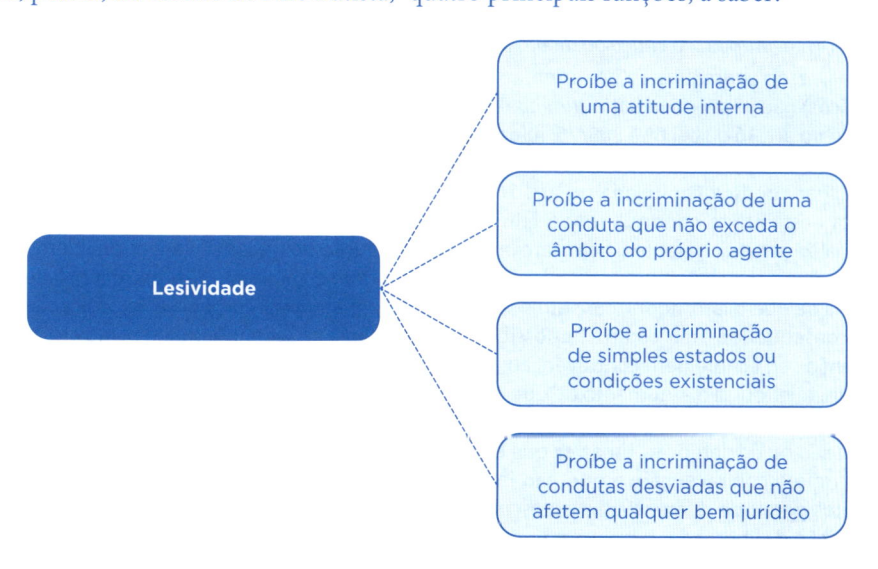

Lesividade
- Proíbe a incriminação de uma atitude interna
- Proíbe a incriminação de uma conduta que não exceda o âmbito do próprio agente
- Proíbe a incriminação de simples estados ou condições existenciais
- Proíbe a incriminação de condutas desviadas que não afetem qualquer bem jurídico

---

[1] SARRULE, Oscar Emilio. *La crisis de legitimidad del sistema jurídico penal* (Abolicionismo o justificación), p. 98.
[2] BATISTA, Nilo. *Introdução crítica ao direito penal brasileiro*, p. 92-94.

A primeira das vertentes do princípio da lesividade pode ser expressada pelo brocardo latino *cogitationis poenam nemo patitur*, ou seja, ninguém pode ser punido por aquilo que pensa ou mesmo por seus sentimentos pessoais. Não há como, por exemplo, punir a ira do agente ou mesmo a sua piedade. Se tais sentimentos não forem exteriorizados e não produzirem lesão a bens de terceiros, jamais o homem poderá ser punido por aquilo que traz no íntimo do seu ser. Seria a maior de todas as punições.

O Direito Penal também não poderá punir aquelas condutas que não sejam lesivas a bens de terceiros, pois não excedem ao âmbito do próprio autor, a exemplo do que ocorre com a autolesão ou mesmo com a tentativa de suicídio. No Brasil, discutia-se a validade do art. 16 da revogada Lei nº 6.368/76, que proibia o uso de substância entorpecente. Nilo Batista posicionava-se no sentido de que o art. 16 da mencionada legislação "incrimina o uso de drogas, em franca oposição ao princípio da lesividade e às mais atuais recomendações político-criminais."[3]

Mesmo após a edição da Lei nº 11.343, de 23 de agosto de 2006, a discussão ainda persiste. Isso porque o atual art. 28 da referida lei ainda incrimina a conduta de consumir drogas. O que houve, na verdade, foi uma *despenalização*[4], melhor dizendo, uma medida tão somente *descarcerizadora*, haja vista que o novo tipo penal não prevê qualquer pena que importe em privação de liberdade do usuário, sendo, inclusive, proibida sua prisão em flagrante, conforme se dessume da redação constante do § 2º do art. 48 da Lei Antidrogas.

Nesse sentido, também são as lições de Zaffaroni, quando aduz que "viola o princípio da lesividade ou ofensividade a proibição de porte de tóxicos para consumo próprio em quantidade e forma que não lesione nenhum bem jurídico alheio."[5]

Amoldam-se também sob essa perspectiva todos os atos preparatórios que antecedem a execução de determinada infração penal, ou mesmo, como destacou Nilo Batista,[6] a hipótese de crime impossível, pois aqui, como se percebe, não existe possibilidade de lesão ao bem jurídico em face da absoluta ineficácia do meio utilizado, bem como a absoluta impropriedade do objeto.

---

[3] BATISTA, Nilo. *Introdução crítica ao direito penal brasileiro*, p. 92-93.

[4] A Turma, resolvendo questão de ordem no sentido de que o art. 28 da Lei nº 11.343/2006 (Nova Lei de Tóxicos) não implicou *abolitio criminis* do delito de posse de drogas para consumo pessoal, então previsto no art. 16 da Lei nº 6.368/76, julgou prejudicado recurso extraordinário em que o Ministério Público do Estado do Rio de Janeiro alegava a incompetência dos juizados especiais para processar e julgar conduta capitulada no art. 16 da Lei nº 6.368/76. Considerou-se que a conduta antes descrita neste artigo continua sendo crime sob a égide da lei nova, tendo ocorrido, isto sim, uma despenalização, cuja característica marcante seria a exclusão de penas privativas de liberdade como sanção principal ou substitutiva da infração penal. Afastou-se, também, o entendimento de parte da doutrina de que o fato, agora, constituir-se-ia infração penal *sui generis*, pois esta posição acarretaria sérias consequências, tais como a impossibilidade da conduta ser enquadrada como ato infracional, já que não seria crime nem contravenção penal, e a dificuldade na definição de seu regime jurídico. Ademais, rejeitou-se o argumento de que o art. 1º do DL 3.914/41 (Lei de Introdução ao Código Penal e à Lei de Contravenções Penais) seria óbice a que a novel lei criasse crime sem a imposição de pena de reclusão ou de detenção, uma vez que esse dispositivo apenas estabelece critério para a distinção entre crime e contravenção, o que não impediria que lei ordinária superveniente adotasse outros requisitos gerais de diferenciação ou escolhesse para determinado delito pena diversa da privação ou restrição da liberdade. Aduziu-se, ainda, que, embora os termos da Nova Lei de Tóxicos não sejam inequívocos, não se poderia partir da premissa de mero equívoco na colocação das infrações relativas ao usuário em capítulo chamado "Dos Crimes e das Penas" (STF, *Boletim informativo* nº 456, RE 430.105 QO/RJ, Rel. Min. Sepúlveda Pertence, 13/2/2007).

[5] ZAFFARONI, Eugenio Raul. *Estructura básica del derecho penal*, p. 44.

[6] BATISTA, Nilo. *Introdução crítica ao direito penal brasileiro*, p. 92.

A terceira função do princípio da lesividade é a de impedir que o agente seja punido por aquilo que ele é, e não pelo que fez. Busca-se, assim, impedir que seja erigido um autêntico direito penal do autor. Zaffaroni, categoricamente, afirma:

> "Seja qual for a perspectiva a partir de que se queira fundamentar o direito penal de autor (culpabilidade de autor ou periculosidade), o certo é que um direito que reconheça, mas que também respeite, a autonomia moral da pessoa jamais pode penalizar o 'ser' de uma pessoa, mas somente o seu agir, já que o direito é uma ordem reguladora de conduta humana."[7]

Finalmente, com a adoção do princípio da lesividade busca-se, também, afastar da incidência de aplicação da lei penal àquelas condutas que, embora desviadas, não afetam qualquer bem jurídico de terceiros.[8] Por condutas desviadas podemos entender aquelas que a sociedade trata com certo desprezo, ou mesmo repulsa, mas que, embora reprovadas sob o aspecto moral, não repercutem diretamente sobre qualquer bem de terceiros.[9] Não se pode punir alguém pelo simples fato de não gostar de tomar banho regularmente, por tatuar o próprio corpo ou por se entregar, desde que maior e capaz, a práticas sexuais anormais (parafilias). Enfim, muitas condutas que agridem o senso comum da sociedade, desde que não lesivas a terceiros, não poderão ser proibidas ou impostas pelo Direito Penal.

Concluindo, todas as vertentes acima traduzem, na verdade, a impossibilidade de atuação do Direito Penal, caso um bem jurídico relevante de terceira pessoa não esteja sendo efetivamente atacado. Aquilo que for da esfera própria do agente deverá ser respeitado pela sociedade e, principalmente, pelo Estado, em face da arguição da necessária *tolerância* que deve existir no meio social, indispensável ao convívio entre pessoas que, naturalmente, são diferentes.

De acordo com as precisas lições de Mariano Silvestroni, "a tolerância é consequência da intangibilidade do ser humano e de sua liberdade. Politicamente significa que as pessoas têm direito de *ser, pensar, expressar-se* e *atuar* livremente sem que sejam submetidas a restrições ou sanções que se fundem no mero fato do que se *é*, se *pensa*, se *expressa* ou se *faz*, salvo, nestes dois últimos casos, que com isso se afete o direito de outro."[10]

---

[7] ZAFFARONI, Eugenio Raúl. *Manual de derecho penal* – Parte general, p. 73.
[8] Ferrajoli afirma, com precisão, que "o direito penal não possui a tarefa de impor ou reforçar a (ou uma determinada) moral, mas, sim, somente de impedir o cometimento de ações danosas a terceiros" (*Direito e razão*, p. 178).
[9] Jorge Figueiredo Dias e Manuel da Costa Andrade prelecionam que "é ilegítimo criminalizar por razões exclusivamente moralistas. O mesmo vale para as condutas que relevam de particulares representações subculturais ou se afastam dos padrões normais de respeitabilidade, eudemonismo, felicidade ou perfeição" (*Criminologia* – O homem delinquente e a sociedade criminógena, p. 407).
[10] SILVESTRONI, Mariano H. *Teoría constitucional del delito*, p. 155.

Capítulo VIII
Princípio da Adequação Social

Na precisa lição de Luiz Regis Prado:

"A teoria da adequação social, concebida por Hans Welzel, significa que apesar de uma conduta se subsumir ao modelo legal não será considerada típica se for socialmente adequada ou reconhecida, isto é, se estiver de acordo com a ordem social da vida historicamente condicionada."[1]

A vida em sociedade nos impõe riscos que não podem ser punidos pelo direito penal, uma vez que essa sociedade com eles precisa conviver da forma mais harmônica possível.

O trânsito nas grandes cidades, o transporte aéreo e a existência de usinas atômicas são exemplos de quão perigosa pode tornar-se a convivência social. Mas, conquanto sejam perigosas, são consideradas socialmente adequadas, e, por esta razão, fica afastada a interferência do direito penal sobre elas. No escólio de Assis Toledo:

"Se o tipo delitivo é um modelo de conduta proibida, não é possível interpretá-lo, em certas situações aparentes, como se estivesse também alcançando condutas lícitas, isto é, socialmente aceitas e adequadas."[2]

Welzel, fazendo uma análise entre o tipo e a adequação social, diz:

"Na função dos tipos de apresentar o 'modelo' de conduta proibida se põe de manifesto que as formas de conduta selecionadas por eles têm, por uma parte, um caráter social, quer dizer, são referentes à vida social; ainda, por outra parte, são precisamente inadequadas a uma vida social ordenada. Nos tipos, encontra--se patente a natureza social e ao mesmo tempo histórica do Direito Penal: indicam as formas de conduta que se separaram gravemente dos mandamentos históricos da vida social."[3]

O princípio da adequação social, na verdade, possui dupla função. Uma delas, já destacada acima, é a de restringir o âmbito de abrangência do tipo penal, limitando a sua interpretação, e dele excluindo as condutas consideradas socialmente adequadas e aceitas pela socieda-

---

[1] PRADO, Luiz Regis. *Curso de direito penal brasileiro* – Parte geral, p. 83.
[2] TOLEDO, Francisco de Assis. *Princípios básicos de direito penal*, p. 131.
[3] WELZEL, Hans. *Derecho penal alemán*, p. 66.

de.[4] A sua segunda função é dirigida ao legislador em duas vertentes. A primeira delas orienta o legislador quando da seleção das condutas que deseja proibir ou impor, com a finalidade de proteger os bens considerados mais importantes. Se a conduta que está na mira do legislador for considerada socialmente adequada, não poderá ele reprimila valendo-se do Direito Penal. Tal princípio serve-lhe, portanto, como norte. A segunda vertente destina-se a fazer com que o legislador repense os tipos penais e retire do ordenamento jurídico a proteção sobre aqueles bens cujas condutas já se adaptaram perfeitamente à evolução da sociedade. Assim, da mesma forma que o princípio da intervenção mínima, o princípio da adequação social, nesta última função, destina-se precipuamente ao legislador, orientando-o na escolha de condutas a serem proibidas ou impostas, bem como na revogação de tipos penais.

Embora sirva de norte para o legislador, que deverá ter a sensibilidade de distinguir as condutas consideradas socialmente adequadas daquelas que estão a merecer a reprimenda do direito penal, o princípio da adequação social, por si só, não tem o condão de revogar tipos penais incriminadores. Mesmo que sejam constantes as práticas de algumas infrações penais, cujas condutas incriminadas a sociedade já não mais considera perniciosas, não cabe, aqui, a alegação, pelo agente, de que o fato que pratica se encontra, agora, adequado socialmente. Uma lei somente pode ser revogada por outra, conforme determina o *caput* do art. 2º da Lei de Introdução às Normas do Direito Brasileiro (Decreto-Lei nº 4.657, de 4 de setembro de 1942).

Nossos tribunais, especificamente no que diz respeito à contravenção penal do "jogo do bicho", têm rejeitado a tese de que as condutas daqueles que se veem envolvidos com a aludida contravenção, por exemplo, sejam socialmente adequadas, e que, portanto, sobre elas não mais deveriam incidir os rigores da lei penal, assim se manifestando:

"Penal. Contravenção do 'jogo do bicho'.

Acordão absolutório fundado na perda de eficácia da norma contravencional ('a conduta embora punível deixa de sê-lo socialmente'). Decisão que nega vigência ao art. 58, § 1º, 'b', do Decreto-Lei nº 6.259/44.

Reconhece-se, em doutrina, que o costume, sempre que beneficie o cidadão, é fonte do Direito Penal. Não obstante, para nascimento do direito consuetudinário, são exigíveis certos requisitos essenciais (reconhecimento geral e vontade geral de que a norma costumeira atue como direito vigente), não identificáveis com a mera tolerância ou omissão de algumas autoridades.

A circunstância de o próprio Estado explorar jogos de azar não altera esse entendimento porque, no caso em exame, o que se pune é uma certa modalidade de jogo: a clandestina, proibida e não fiscalizada" (STJ, REsp 54.716/PR, REsp 1.994/0029499-9, Rel. Min. Assis Toledo, 5ª T., DJ 28/11/1994, p. 32.634).

"Contravenção penal. Art. 58, § 1º, Decreto-Lei nº 6.259/44. Jogo do bicho. Norma penal em vigor. Prescrição. Extinção da punibilidade.

I – Dispositivo legal, desde que não seja temporário, só perde vigência se advier outra lei que a modifique ou revogue, art. 2º do Decreto-Lei nº 4.657/42.

II – A tolerância ou a omissão de algumas autoridades em reprimir contravenção penal não têm o condão de ab-rogar ou derrogar norma legal.

III – Acórdão absolutório, fundado em perda de eficácia da norma contravencional, nega a vigência de dispositivo legal.

---

[4] Merece registro a crítica de Luis Greco quando aduz que, "por sua imprecisão, a teoria da adequação social é predominantemente recusada pela doutrina. Hoje, ela parece reduzida a um *critério de interpretação:* as elementares dos tipos devem ser concretizadas de tal maneira que não abranjam fatos socialmente adequados" (Introdução. In: ROXIN, Claus. *Funcionalismo e imputação objetiva no direito penal*, p. 32-33).

IV – Recurso conhecido e provido para restabelecer a sentença de primeiro grau, mas declarar extinta a punibilidade pela prescrição" (STJ, REsp 23.221/SP, REsp 1.992/0013775-0, Rel. Min. Pedro Acioli, 6ª T., DJ 2/5/1994, p. 10.024).

No que diz respeito à chamada *venda de produtos piratas,* já se decidiu:

"A Terceira Seção desta Corte Superior, no julgamento do Recurso Especial Repetitivo nº 1.193.196/MG, pacificou o entendimento de que é formal e materialmente típica a conduta descrita no art. 184, § 2º, do Código Penal, não havendo que se falar, portanto, no princípio da adequação social ou no princípio da insignificância" (STJ, AgRg no REsp 1.767.921 / SP, Rel. Min. Antônio Saldanha Palheiro, 6ª T., DJe 1º/02/2019).

"O Superior Tribunal de Justiça, no julgamento do REsp nº 1.193.196/MG, sob relatoria da Em. Ministra Maria Thereza de Assis Moura, submetido à sistemática dos recursos repetitivos (art. 543-C do Código de Processo Civil de 1973), consolidou entendimento no sentido de considerar típica formal e materialmente, a conduta prevista no art. 184, § 2º, do Código Penal, afastando, assim, a aplicação do princípio da adequação social, de quem expõe à venda CDS E DVDS 'piratas'. No mesmo sentido foi editado o enunciado nº 502 da Súmula desta Corte, que estabelece: Presentes a materialidade e a autoria, afigura-se típica, em relação ao crime previsto no art. 184, § 2º, do CP, a conduta de expor à venda CDs e DVDs "piratas"' (STJ, AgRg no AREsp 1.043.241/SP, Rel. Min. Felix Fischer, 5ª T., DJe 10/05/2017).

No que diz respeito à exposição e venda de CDs e DVDs piratas, o Superior Tribunal de Justiça consolidou seu posicionamento através da Súmula nº 502, publicada no DJe de 28/10/2013, que diz:

> **Súmula nº 502.** *Presentes a materialidade e a autoria, afigura-se típica, em relação ao crime previsto no art. 184, § 2º, do CP, a conduta de expor à venda CDs e DVDs piratas.*

1. QUADRO-RESUMO

Adequação social
- Somente podem ser tipificados os comportamentos que não estejam adequados socialmente, e revogados aqueles que, embora típicos, já não são mais repelidos pela sociedade.
- Restringe o âmbito de abrangência do tipo penal, limitando a sua interpretação, dele excluindo as condutas socialmente adequadas e aceitas pela sociedade.

Capítulo IX
Princípio da Fragmentariedade

Como corolário dos princípios da intervenção mínima, da lesividade e da adequação social, temos o princípio da fragmentariedade do Direito Penal.[1] O caráter fragmentário do Direito Penal significa, em síntese, que, uma vez escolhidos aqueles bens fundamentais, comprovada a lesividade e a inadequação das condutas que os ofendem, esses bens passarão a fazer parte de uma pequena parcela que é protegida pelo Direito Penal, originando-se, assim, a sua natureza fragmentária.

Na lição de Muñoz Conde:

"Nem todas as ações que atacam bens jurídicos são proibidas pelo Direito Penal, nem tampouco todos os bens jurídicos são protegidos por ele. O Direito Penal, repito mais uma vez, se limita somente a castigar as ações mais graves contra os bens jurídicos mais importantes, daí seu caráter 'fragmentário', pois que de toda a gama de ações proibidas e bens jurídicos protegidos pelo ordenamento jurídico, o Direito Penal só se ocupa de uma parte, fragmentos, se bem que da maior importância."[2]

O ordenamento jurídico se preocupa com uma infinidade de bens e interesses particulares e coletivos. Como ramos desse ordenamento jurídico temos o direito penal, o direito civil, o direito administrativo, o direito tributário etc. Contudo, nesse ordenamento jurídico, ao direito penal cabe a menor parcela no que diz respeito à proteção desses bens. Ressalte-se, portanto, sua natureza fragmentária, isto é, nem tudo lhe interessa, mas tão somente uma pequena parte, uma limitada parcela de bens que estão sob a sua proteção, mas que, sem dúvida, pelo menos em tese, são os mais importantes e necessários ao convívio em sociedade.

Ainda segundo Muñoz Conde:

"Este caráter fragmentário do direito penal aparece sob uma tríplice forma nas atuais legislações penais: em primeiro lugar, defendendo o bem jurídico somente contra ataques de especial gravidade, exigindo determinadas intenções e tendências, excluindo a punibilidade

---

[1] Para Nilo Batista, a fragmentariedade é uma das características do princípio da intervenção mínima, juntamente com a subsidiariedade. Para nós, a fragmentariedade é uma consequência da adoção dos três princípios (intervenção mínima, lesividade e adequação social), e não somente de um deles (o da intervenção mínima) (*Introdução crítica ao direito penal brasileiro*, p. 85).

[2] MUÑOZ CONDE, Francisco. *Introducción al derecho penal*, p. 71-72.

da comissão imprudente em alguns casos etc.; em segundo lugar, tipificando somente uma parte do que nos demais ramos do ordenamento jurídico se estima como antijurídico; e, por último, deixando, em princípio, sem castigo (...) e a mentira."[3]

A fragmentariedade é, como já foi dito, uma consequência da adoção dos princípios da intervenção mínima, da lesividade e da adequação social, que serviram para orientar o legislador no processo de criação dos tipos penais. Depois da escolha das condutas que serão reprimidas, a fim de proteger os bens mais importantes e necessários ao convívio em sociedade, uma vez criado o tipo penal, aquele bem por ele protegido passará a fazer parte do pequeno mundo do direito penal. A fragmentariedade, portanto, é a concretização da adoção dos mencionados princípios, analisados no plano abstrato anteriormente à criação da figura típica[4].

"Pelo princípio da fragmentariedade, corolário dos princípios da intervenção mínima e da reserva legal, somente os bens jurídicos mais relevantes e somente as lesões mais acentuadas a esses bens jurídicos mais relevantes é que devem ser protegidos pelo Direito Penal" (Agravo Regimental na Ação Penal nº 933/DF, STJ, Corte Especial, unânime, Rel. Min. Benedito Gonçalves, j. 25/08/2020, DJ 31/08/2020).

1. QUADRO-RESUMO

Fragmentariedade — Demonstra que o Direito Penal somente se importa com uma pequena e mais importante parcela dos bens existentes na sociedade e, consequentemente, com os comportamentos mais lesivos e inadequados socialmente.

---

[3] MUÑOZ CONDE, Francisco. *Introducción al derecho penal*, p. 72.
[4] Não há se subestimar a natureza subsidiária, fragmentária do Direito Penal, que só deve ser acionado quando os outros ramos do direito não sejam suficientes para a proteção dos bens jurídicos envolvidos (STF, RHC 89.624/RS. Rel.ª Min.ª Cármen Lúcia. 1ª T., j. 10/10/2006, DJ 7/12/2006).

Capítulo X
Princípio da Insignificância

Acesse e assista à aula explicativa sobre este assunto.

> http://uqr.to/1wh0y

1. INTRODUÇÃO

Tivemos a oportunidade de dizer que o princípio da intervenção mínima, como limitador do poder punitivo do Estado, faz com que o legislador selecione, para fins de proteção pelo direito penal, os bens mais importantes existentes em nossa sociedade. Além disso, ainda no seu critério de seleção, ele deverá observar aquelas condutas que se consideram socialmente adequadas, para delas também manter afastado o direito penal. Assim, uma vez escolhidos os bens a serem tutelados, estes integrarão uma pequena parcela que irá merecer a atenção do Direito Penal, em virtude de seu caráter fragmentário.

Ultrapassados todos esses princípios, o legislador, finalmente, poderá proibir determinadas condutas (positivas ou negativas) sob a ameaça de sanção. Então, por exemplo, o legislador, entendendo que a integridade física das pessoas, por ser extremamente relevante, deveria merecer a proteção do direito penal, criou o delito de lesões corporais, dizendo, no art. 129, *caput*, do Código Penal, que aquele que ofender a integridade corporal ou a saúde de outrem receberá uma pena de detenção, que variará entre um mínimo de três meses a um ano. Mas não parou por aí. Entendeu também o legislador que tinha que coibir as lesões corporais causadas de forma culposa e, assim, fez inserir um parágrafo (6º) ao art. 129 do Código Penal, determinando, dessa forma, que se a lesão for culposa o agente poderá ser condenado a uma pena de dois meses a um ano de detenção. O legislador, como se percebe, preocupou-se com a integridade corporal das pessoas da forma mais abrangente possível, punindo não só aqueles que a ofendessem dolosamente, como também de forma culposa.

Até aqui não existe novidade alguma. Obedecido o procedimento legislativo previsto na Constituição Federal, o legislador, sempre com sua atenção voltada aos princípios mencionados, poderá criar tipos penais incriminadores.

A título de ilustração, será que o legislador, ao criar o tipo de lesões corporais culposas, isto é, aquelas em que o agente, não observando o seu exigível dever de cuidado, ofende a integridade corporal ou a saúde de outrem, agindo com negligência, imprudência ou imperícia, quis se referir, indistintamente, a qualquer resultado culposo a que se tenha dado causa? Vejamos. João, querendo retirar rapidamente o carro da garagem, pois já estava atrasado para um compromisso, deixando de observar o seu exigível dever de cuidado, não verificou pelo espelho retrovisor se havia algum pedestre passando atrás do seu automóvel e, afoitamente, engatou uma marcha à ré e pisou no acelerador, quando, de repente, percebeu que alguém, naquele exato instante, atravessava a porta de sua garagem, vindo, em razão de sua conduta culposa, encostar o seu veículo na perna daquele transeunte, causando-lhe um pequeno arranhão com pouco mais de dois centímetros de extensão, que chegou a sangrar levemente.

A primeira pergunta que nos vem à mente é a seguinte: Será que João ofendeu culposamente a integridade física daquela pessoa, devendo, portanto, responder pelo fato praticado nos termos do art. 303 do Código de Trânsito Brasileiro, que prevê expressamente tal infração penal?

Para que possamos chegar a uma resposta é preciso que, inicialmente, antecipando o estudo que será feito mais adiante, tenhamos conhecimento do conceito de crime. O crime, para aqueles que adotam o seu conceito analítico, é composto pelo *fato típico*, pela *ilicitude* e pela *culpabilidade*. Para que se possa falar em fato típico é preciso, ainda, que reconheçamos a presença dos seguintes elementos:

   a)   *conduta* (dolosa ou culposa – comissiva ou omissiva);
   b)   *resultado*;
   c)   *nexo de causalidade* (entre a conduta e o resultado);
   d)   *tipicidade* (formal e conglobante).

Voltemos, então, à análise do problema.

Foi João que, culposamente (uma vez que já afirmamos que ele deixara de observar seu dever de cuidado), causou (nexo de causalidade), na direção de seu veículo automotor, o resultado (arranhão na perna) sofrido pela vítima? A resposta, da maneira como foi colocado o problema, só pode ser afirmativa. Com isso, concluímos que João, por intermédio de sua conduta culposa, deu causa ao resultado lesão sofrido pela vítima. Mas isso não é suficiente para que possamos dizer que ocorreu um fato típico. Resta-nos, ainda, uma pergunta, a saber: a conduta praticada pelo agente é típica?

Para que possamos responder a esta última indagação é preciso que tenhamos ultrapassado aquelas três etapas anteriores, isto é, devemos afirmar que o agente praticou uma conduta culposa e que houve nexo de causalidade entre a conduta e o resultado sofrido pela vítima. Chegando-se a essa conclusão, partiremos para a verificação do último elemento contido no fato típico, isto é, a tipicidade.

2. TIPICIDADE PENAL

A tipicidade penal, necessária à caracterização do fato típico, biparte-se em:

   a)   formal e
   b)   conglobante.

Tipicidade *formal* é a adequação perfeita da conduta do agente ao modelo abstrato (tipo) previsto na lei penal. No caso em exame, haveria a chamada tipicidade formal, uma vez que o legislador fez previsão expressa para o delito de lesão corporal de natureza culposa cometido na direção de veículo automotor.

Contudo, será que poderíamos falar em tipicidade *conglobante*?

Para que se possa concluir pela tipicidade conglobante, é preciso verificar dois aspectos fundamentais: *a)* se a conduta do agente é antinormativa; *b)* se o fato é materialmente típico. O estudo do princípio da insignificância reside nesta segunda vertente da tipicidade conglobante, ou seja, na chamada tipicidade material.

Além da necessidade de existir um modelo abstrato que preveja com perfeição a conduta praticada pelo agente, é preciso que, para que ocorra essa adequação, isto é, para que a conduta do agente se amolde com perfeição ao tipo penal, seja levada em consideração a relevância do bem que está sendo objeto de proteção. Quando o legislador penal chamou a si a responsabilidade de tutelar determinados bens – por exemplo, a integridade corporal e o patrimônio –, não quis abarcar toda e qualquer lesão corporal sofrida pela vítima ou mesmo todo e qualquer tipo de patrimônio, não importando o seu valor.

No caso em estudo, quando o legislador, querendo evitar que as pessoas culposamente causassem lesões umas nas outras, criou o delito de lesões corporais de natureza culposa, atento ao princípio da intervenção mínima, não quis se referir a toda e qualquer lesão, pois, como bem frisou Maurício Antônio Ribeiro Lopes "ao realizar o trabalho de redação do tipo penal, o legislador apenas tem em mente os prejuízos relevantes que o comportamento incriminado possa causar à ordem jurídica e social."[1] O bem juridicamente protegido pelo Direito Penal deve, portanto, ser relevante, ficando afastados aqueles considerados inexpressivos.

Para que possamos responder à última pergunta do exemplo citado, ou seja, se haveria tipicidade material, integrante do conceito de tipicidade conglobante, no fato de o agente ter causado uma lesão culposa de apenas dois centímetros na perna de um transeunte, devemos formular outra: será que o legislador, quando fez editar o tipo do art. 303 do Código de Trânsito Brasileiro, pensou em abranger lesões como aquelas mencionadas no exemplo?

A resposta só pode ser negativa.

No caso em exame, faltaria a chamada tipicidade material, excluindo-se, dessa forma, a tipicidade conglobante e, por conseguinte, a tipicidade penal. A tipicidade penal seria a resultante, portanto, da conjugação da tipicidade formal com a tipicidade conglobante (antinormatividade + atividades não fomentadas + tipicidade material). Elaborando um raciocínio lógico, chegaríamos à seguinte conclusão: se não há tipicidade material, não há tipicidade conglobante; consequentemente, se não há tipicidade penal, não haverá fato típico; e, como consequência lógica, se não há o fato típico, não haverá crime.

Alguns poderão dizer que é muito subjetivo o critério para que se possa concluir se o bem atacado é insignificante ou não. E realmente o é. Teremos, outrossim, de lidar ainda com o conceito de *razoabilidade* para podermos chegar à conclusão de que aquele bem não mereceu a proteção do direito penal, posto que inexpressivo.[2]

3. REJEIÇÃO AO PRINCÍPIO DA INSIGNIFICÂNCIA

Existe, *permissa* vênia, uma corrente mais radical da doutrina que entende que todo e qualquer bem merecem a proteção do direito penal, desde que haja previsão legal para tanto, não se cogitando, em qualquer caso, do seu real valor.

Pensamentos assim nos levariam a situações absurdas. Vamos raciocinar com outro exemplo. Dois jovens namorados, Pedro e Júlia, ambos com 18 anos de idade, resolvem ir ao cinema. Estudantes, somente possuem o dinheiro exato para o ingresso na sessão. Ao passarem por uma loja de doces, Pedro, delicadamente, retira um caramelo de leite deixado à exposição do público, desembrulha-o e o leva à boca. Júlia, romanticamente, como se fosse dar um

---

[1] LOPES, Maurício Antônio Ribeiro. *Teoria constitucional do direito penal*, p. 324.

[2] Conforme observado por Luiz Flávio Gomes, "não se deve confundir a insignificância com a *infração bagatelar imprópria*. Essa não nasce irrelevante para o Direito Penal, mas depois verifica-se que a incidência de qualquer pena no caso apresenta-se como totalmente desnecessária (princípio da desnecessidade da pena conjugado com o princípio da irrelevância penal do fato). No direito legislado há vários exemplos disso: no crime de peculato culposo, v.g., a reparação dos danos antes da sentença irrecorrível extingue a punibilidade. Isto é, a infração torna-se bagatelar (em sentido impróprio) e a pena desnecessária" (GOMES, Luiz Flávio. *Delito de bagatela, princípio da insignificância e princípio da irrelevância penal do fato*. 18 abr. 2004. Disponível em: <http://www.lfg.com.br/public_html/article.php?story=20041008145549539p&mode=print>. Acesso em: 8 ago. 2011).

beijo em Pedro, parte o caramelo que a esperava entre os lábios do namorado. Quando ambos já estão prestes a entrar no cinema, eis que surge, esbaforido, o segurança da loja de doces, que os havia perseguido até o cinema, e os prende por terem praticado o delito de furto, uma vez que se deliciaram, mas não pagaram o caramelo de leite pertencente à empresa comercial. Para os mais radicais, Pedro e Júlia responderiam, vejam só, por um crime de furto. Mas não somente por um simples crime de furto, e sim por um furto qualificado pelo concurso de pessoas, cuja pena mínima é de dois anos, nos termos do art. 155, § 4º, IV, do Código Penal, haja vista que, com unidade de desígnio e unidos pelo liame subjetivo, subtraíram e dividiram, amorosamente, ainda no interior da loja de doces, o caramelo por eles consumido.

Temos de formular uma outra pergunta: Será que o legislador, ao criar o delito de furto, quis proteger todo e qualquer tipo de patrimônio, ou se preocupou somente com aqueles que, efetivamente, tivessem alguma importância?

Como resposta a essa pergunta, trazemos à colação os ensinamentos de Carlos Vico Mañas:

"Ao realizar o trabalho de redação do tipo penal, o legislador apenas tem em mente os prejuízos relevantes que o comportamento incriminado possa causar à ordem jurídica e social. Todavia, não dispõe de meios para evitar que também sejam alcançados os casos leves. O princípio da insignificância surge justamente para evitar situações dessa espécie, atuando como instrumento de interpretação restritiva do tipo penal, com o significado sistemático político-criminal da expressão da regra constitucional do *nullum crimen sine lege*, que nada mais faz do que revelar a natureza subsidiária e fragmentária do direito penal."[3]

O princípio da insignificância, defendido por Claus Roxin, tem por finalidade auxiliar o intérprete quando da análise do tipo penal, para fazer excluir do âmbito de incidência da lei aquelas situações consideradas como de *bagatela*. Conforme preleciona Assis Toledo:

"Segundo o princípio da insignificância, que se revela por inteiro pela sua própria denominação, o direito penal, por sua natureza fragmentária, só vai aonde seja necessário para a proteção do bem jurídico. Não deve ocupar-se de bagatelas."[4]

Na verdade, como dissemos, não deixa de ser subjetivo o raciocínio relativo à insignificância. Obviamente que nem todos os tipos penais permitem a aplicação do princípio, a exemplo do que ocorre com o delito de homicídio. No entanto, existem infrações penais em que a sua aplicação afastará a injustiça do caso concreto, pois a condenação do agente, simplesmente pela adequação formal do seu comportamento a determinado tipo penal, importará em gritante aberração.

Assim, nossos Tribunais Superiores têm entendido pela possibilidade de sua aplicação nos delitos patrimoniais cometidos sem violência, conforme se verifica na leitura da ementa abaixo transcrita:

"O 'princípio da insignificância – que deve ser analisado em conexão com os postulados da fragmentariedade e da intervenção mínima do Estado em matéria penal – tem o sentido de excluir ou de afastar a própria tipicidade penal, examinada na perspectiva de seu caráter material. [...] Tal postulado – que considera necessária, na aferição do relevo material da tipicidade penal, a presença de certos vetores, tais como (a) a mínima ofensividade da conduta do agente,

---

[3] VICO MAÑAS, Carlos. *O princípio da insignificância como excludente da tipicidade no direito penal*, p. 56.
[4] TOLEDO, Francisco de Assis. *Princípios básicos de direito penal*, p. 133.

(b) nenhuma periculosidade social da ação, (c) o reduzidíssimo grau de reprovabilidade do comportamento e (d) a inexpressividade da lesão jurídica provocada – apoiou-se, em seu processo de formulação teórica, no reconhecimento de que o caráter subsidiário do sistema penal reclama e impõe, em função dos próprios objetivos por ele visados, a intervenção mínima do Poder Público'. (HC n. 84.412-0/SP, STF, Rel. Min. Celso de Mello, DJU 19/11/2004.) No tocante à inexpressividade da lesão jurídica provocada, esta Corte Superior firmou o entendimento segundo o qual, para fins de incidência do princípio da bagatela, o valor que se atribui, mediante avaliação, à coisa furtada não pode ser superior a 10% do valor correspondente ao salário mínimo vigente à época do fato apresentado como delituoso" (STJ, HC 421.330/AC, Rel. Min. Ribeiro Dantas, 5ª T., DJe 30/05/2018).

Da mesma forma, e como não poderia deixar de ser, o STJ aplicou o princípio da insignificância ao um réu primário que subtraiu de um estabelecimento comercial dois *steaks* de frango, avaliados em R$ 4,00 **(STJ, HC 126.272/MG, Rel. Min. Rogerio Schietti Cru, 6ª T., DJe 15/06/2021).**

Nos crimes patrimoniais violentos, no entanto, existe resistência com relação à aplicação do princípio, conforme se verifica pelos julgados de nossos Tribunais Superiores:

"Nos termos da jurisprudência pacífica desta Corte, o princípio da insignificância não se aplica aos delitos cometidos mediante violência ou grave ameaça à pessoa, como é o caso do crime de roubo. Precedentes" (STJ, AgRg no AREsp 1.450.515 / PI, Rel. Min. Nefi Cordeiro, 6ª T., DJe 24/10/2019).

"Quanto ao pleito de reconhecimento da atipicidade material da conduta imputada ao réu em razão do pequeno valor da *res furtivae*, a jurisprudência do Superior Tribunal de Justiça afasta a aplicabilidade do princípio da insignificância em crimes cometidos mediante o uso de violência ou grave ameaça, como o roubo. Precedentes" (STJ, HC 395.469/SP, Rel. Min. Ribeiro Dantas, 5ª T., DJe 28/06/2017).

Contudo, Marchi Júnior, analisando a possibilidade de aplicação do princípio da insignificância ao roubo, aduz:

"Como o princípio da bagatela afasta a tipicidade do crime de furto, deve também afastar a tipicidade do crime de roubo, ainda que praticado com violência ou grave ameaça à pessoa. Portanto, se o roubo, delito complexo, cuja objetividade jurídica é a proteção do patrimônio e da liberdade individual ou da integridade física do ofendido, não pode subsistir sem que ocorra lesão significativa a ambos os bens jurídicos protegidos. Se a lesão à liberdade individual for insignificante, a hipótese será de furto; ao contrário, se a lesão patrimonial for insignificante, subsistirá o crime contra a pessoa (ameaça, lesão corporal, constrangimento ilegal etc.)."[5]

Da mesma forma, existe controvérsia sobre a sua aplicação da Lei de Drogas (Lei nº 11.343, de 23 de agosto de 2006), como se observa pelos julgados a seguir:

"O princípio da insignificância é incompatível com a prática do tráfico de drogas, pouco importando a quantidade de entorpecente" (STF, HC 129.489 / MG, Rel. Min. Marco Aurélio, 1ª T., DJe 03/10/2019).

"Decisão que absolveu sumariamente o réu do delito de posse de drogas para consumo pessoal. Réu levava consigo 01 cigarro de maconha pesando 0,275g. Quantidade irrisória de droga (ofensividade mínima da conduta). Réu primário, sem registros em sua certidão de anteceden-

---

[5] MARCHI JÚNIOR, Antônio de Padova. *Boletim do Instituto de Ciências Penais*, nº 13, p. 12.

tes e que prontamente declarou aos policiais que tinha o entorpecente para consumo pessoal (ausência de periculosidade social do agente). Preenchimento dos requisitos. Princípio da insignificância. Conduta atípica. Recurso desprovido, por maioria. Absolvição sumária mantida" (TJRS, AC nº 70077055978, Rel. Des. Diogenes Vicente Hassan Ribeiro, j. 25/04/2018).

"Não merece prosperar a tese sustentada pela defesa no sentido de que a pequena quantidade de entorpecente apreendida com o agravante ensejaria a atipicidade da conduta ao afastar a ofensa à coletividade, primeiro porque o delito previsto no art. 28 da Lei nº 11.343/2006 é crime de perigo abstrato e, além disso, o reduzido volume da droga é da própria natureza do crime de porte de entorpecentes para uso próprio. Ainda no âmbito da ínfima quantidade de substâncias estupefacientes, a jurisprudência desta Corte de Justiça firmou entendimento no sentido de ser inviável o reconhecimento da atipicidade material da conduta também pela aplicação do princípio da insignificância no contexto dos crimes de entorpecentes" (STJ, AgRg no AREsp 1.093.488/RS, Rel. Min. Jorge Mussi, 5ª T., DJe 18/12/2017).

"A jurisprudência deste Superior Tribunal considera que não se aplica o princípio da insignificância aos delitos de tráfico de drogas e uso de substância entorpecente, pois trata-se de crimes de perigo abstrato ou presumido, sendo irrelevante para esse específico fim a quantidade de droga apreendida" (STJ, AgRg no REsp 1.442.224/SP, Rel. Min. Sebastião Reis Junior, 6ª T., DJe 13/06/2016).

"Volume de maconha ínfimo, que não permite sequer a confecção de um 'fininho', o fato assume contornos de crime de bagatela" (TJ-RS, AC 686048489, Rel. Nélson Luiz Púperi, *RJTJRS* 121/122).[6]

"O princípio da insignificância não incide apenas nos delitos materiais ou de resultado, mas também nos delitos de perigo ou de mera conduta, inclusive naqueles em que o bem jurídico atingido é difuso ou coletivo. Dessa forma, em tese, é possível a aplicação deste princípio aos crimes de drogas" (TJ-RS, AC 70031081110, Rel. Des. Odone Sanguiné, DJ 18/08/2009).

No que diz respeito aos crimes ou contravenções penais praticados contra mulher no âmbito das relações domésticas, o Superior Tribunal de Justiça publicou no DJe de 18 de setembro de 2017 a Súmula nº 589, dizendo:

> **Súmula nº 589:** É inaplicável o princípio da insignificância nos crimes ou contravenções penais praticados contra a mulher no âmbito das relações domésticas.

Concluindo, entendemos que a aplicação do princípio da insignificância não poderá ocorrer em toda e qualquer infração penal. Contudo, existem aquelas em que a radicalização no sentido de não se aplicar o princípio em estudo nos conduzirá a conclusões absurdas, punindo-se, por intermédio do ramo mais violento do ordenamento jurídico, condutas que não deviam merecer a atenção do Direito Penal em virtude da sua inexpressividade, razão pela qual são reconhecidas como de *bagatela*.

---

[6] Apud VICO MAÑAS, Carlos. *O princípio da insignificância como excludente da tipicidade no direito penal*, p. 76.

4. QUADRO-RESUMO

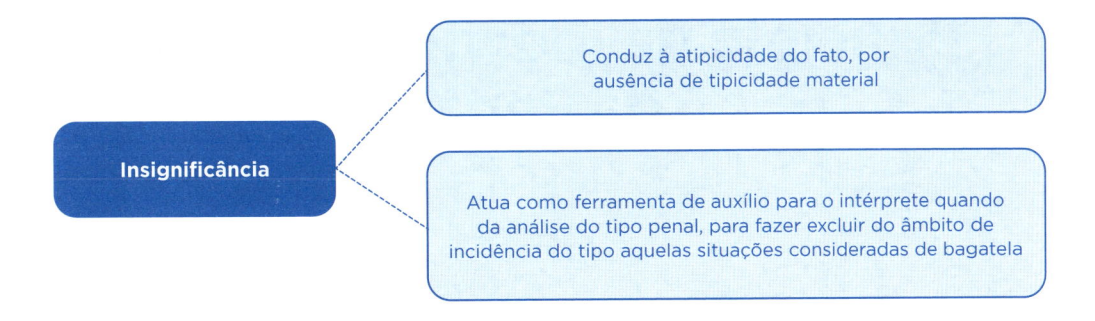

Insignificância
- Conduz à atipicidade do fato, por ausência de tipicidade material
- Atua como ferramenta de auxílio para o intérprete quando da análise do tipo penal, para fazer excluir do âmbito de incidência do tipo aquelas situações consideradas de bagatela

Posição do STF

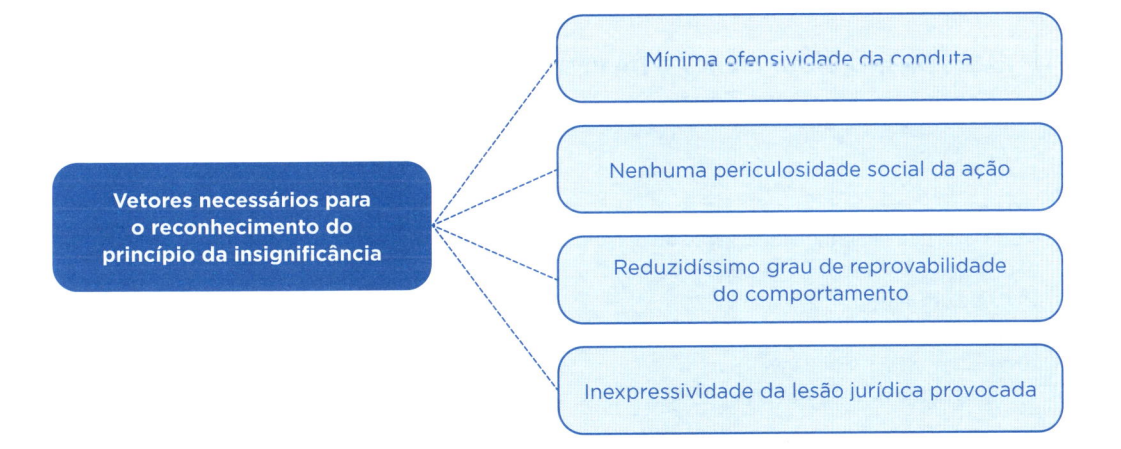

Vetores necessários para o reconhecimento do princípio da insignificância
- Mínima ofensividade da conduta
- Nenhuma periculosidade social da ação
- Reduzidíssimo grau de reprovabilidade do comportamento
- Inexpressividade da lesão jurídica provocada

Capítulo XI
Princípio da Individualização da Pena

Acesse e assista à aula explicativa sobre este assunto.
> http://uqr.to/1wh0y

1. FASES DA INDIVIDUALIZAÇÃO DA PENA

A Constituição Federal, em seu art. 5º, inciso XLVI, preconiza:

> **Art. 5º [...]:**
> XLVI – a lei regulará a individualização da pena[1] e adotará, entre outras, as seguintes:
> a) privação ou restrição da liberdade;
> b) perda de bens;
> c) multa;
> d) prestação social alternativa;
> e) suspensão ou interdição de direitos.

Interpretando o texto constitucional, podemos concluir que o primeiro momento da chamada individualização da pena ocorre com a seleção feita pelo legislador, quando escolhe para fazer parte do pequeno âmbito de abrangência do direito penal aquelas condutas, positivas ou negativas, que atacam nossos bens mais importantes. Destarte, uma vez feita essa seleção, o legislador valora as condutas, *cominando-lhes penas* que variam de acordo com a importância do bem a ser tutelado.

A proteção à vida, por exemplo, deve ser feita com uma ameaça de pena mais severa do que aquela prevista para resguardar o patrimônio; um delito praticado a título de dolo terá sua pena maior do que aquele praticado culposamente; um crime consumado deve ser punido mais rigorosamente do que o tentado etc. A esta fase seletiva, realizada pelos tipos penais no plano abstrato, chamamos de *cominação*. É a fase na qual cabe ao legislador, de acordo com

---

[1] Preleciona Bettiol que "todo direito penal moderno é orientado no sentido da individualização das medidas penais, porquanto se pretende que o tratamento penal seja totalmente voltado para características pessoais do agente a fim de que possa corresponder aos fins que se pretende alcançar com a pena ou com as medidas de segurança" (*Direito penal*, p. 336).

um critério político, valorar os bens que estão sendo objeto de proteção pelo direito penal, individualizando as penas de cada infração penal de acordo com a sua importância e gravidade.

Uma vez em vigor a lei penal, proibindo ou impondo condutas sob a ameaça de sanção, que varia de acordo com a relevância do bem, se o agente, ainda assim insistir em cometer a infração penal, deverá por ela responder. Se o agente, v.g., optou por matar em vez de ferir, a ele será aplicada a pena correspondente ao crime de homicídio.

Tendo o julgador chegado à conclusão de que o fato praticado é típico, ilícito e culpável, dirá qual a infração penal praticada pelo agente e começará, agora, a individualizar a pena a ele correspondente. Inicialmente, fixará a pena-base de acordo com o critério trifásico determinado pelo art. 68 do Código Penal, atendendo às chamadas circunstâncias judiciais; em seguida, levará em consideração as circunstâncias atenuantes e agravantes; por último, as causas de diminuição e de aumento de pena. Esta é a fase da chamada *aplicação da pena*, a qual compete, como deixamos antever, ao julgador, ou seja, ao aplicador da lei. A individualização sai do plano abstrato (cominação/ legislador) e passa para o plano concreto (aplicação/julgador).

Nesse sentido é a orientação do Superior Tribunal de Justiça, conforme se extrai do seguinte julgado:

> "Quanto à dosimetria, é cediço que o órgão julgador deve, ao individualizar as penas, examinar com acuidade os elementos, empíricos e subjetivos, que contornam a empreitada criminosa, obedecidas e sopesadas – com certo grau de discricionariedade – as circunstâncias judiciais; eventuais agravantes e atenuantes e, por fim, causas de aumento e de diminuição incidentes, na forma do art. 68, *caput*, do Código Penal, para aplicar, de forma proporcional e fundamentada, a reprimenda necessária e suficiente à reprovação do crime" (STJ, AgRg no AREsp 1.395.427 / SP, Rel. Min. Laurita Vaz, 6ª T., DJe 10/09/2019).

Finalizando, também ocorre a individualização na fase da *execução penal*, conforme determina o art. 5º da Lei nº 7.210/84 (Lei de Execução Penal), assim redigido: *Os condenados serão classificados, segundo os seus antecedentes e personalidade, para orientar a individualização da execução penal.*

Mirabete, analisando o problema da individualização no momento da execução da pena aplicada ao condenado, preleciona:

> "Com os estudos referentes à matéria, chegou-se paulatinamente ao ponto de vista de que a execução penal não pode ser igual para todos os presos – justamente porque nem todos são iguais, mas sumamente diferentes – e que tampouco a execução pode ser homogênea durante todo o período de seu cumprimento. Não há mais dúvida de que nem todo preso deve ser submetido ao mesmo programa de execução e que, durante a fase executória da pena, se exige um ajustamento desse programa conforme a reação observada no condenado, só assim se podendo falar em verdadeira individualização no momento executivo. Individualizar a pena, na execução, consiste em dar a cada preso as oportunidades e os elementos necessários para lograr a sua reinserção social, posto que é pessoa, ser distinto. A individualização, portanto, deve aflorar técnica e científica, nunca improvisada, iniciando-se com a indispensável classificação dos condenados a fim de serem destinados aos programas de execução mais adequados, conforme as condições pessoais de cada um."[2]

Assim, concluindo, a individualização da pena ocorrerá em três fases distintas: *a)* cominação; *b)* aplicação; e *c)* execução.

---

[2] MIRABETE, Júlio Fabbrini. *Execução penal*, p. 60-61.

2. INDIVIDUALIZAÇÃO DA PENA E A LEI Nº 8.072/90

Com o advento da Lei nº 8.072/90, foi travada discussão no sentido de que o § 1º do art. 2º do aludido diploma legal estaria violando o princípio da individualização da pena, uma vez que impunha o total cumprimento da pena em regime fechado, quando houvesse o cometimento dos crimes por ela elencados como hediondos, a prática de tortura, o tráfico ilícito de entorpecentes e drogas afins e o terrorismo.

Chamado a resolver a questão, mediante a manifestação de seu Plenário, assim se posicionou o STF:

"Crime hediondo – [...] – Caracterização – Regime prisional – Crimes hediondos – Cumprimento da pena em regime fechado – Art. 2º, § 1º, da Lei nº 8.072/90. Alegação de ofensa ao art. 5º, XLVI, da Constituição. Inconstitucionalidade não caracterizada. Individualização da pena. Regulamentação deferida, pela própria norma constitucional, ao legislador ordinário. À lei ordinária compete fixar os parâmetros dentro dos quais o julgador poderá efetivar ou a concreção ou a individualização da pena. Se o legislador ordinário dispôs, no uso da prerrogativa que lhe foi deferida pela norma constitucional, que nos crimes hediondos o cumprimento da pena será no regime fechado, significa que não quis ele deixar, em relação aos crimes dessa natureza, qualquer discricionariedade ao juiz na fixação do regime prisional" (STF, Plenário, Rel. Min. Paulo Brossard, DJU 23/4/1993, p. 6.922).

Já naquela época, o STJ, tendo à frente o Ministro Vicente Cernicchiaro, discordando do entendimento a que havia chegado nossa Corte Maior, assim se posicionou quanto a essa matéria:

"Responsabilidade penal – Crimes hediondos – Tráfico ilícito de entorpecentes – Regime fechado. A Constituição da República consagra o Princípio da Individualização da Pena. Compreende três fases: cominação, aplicação e execução. Individualizar é ajustar a pena cominada, considerando os dados objetivos e subjetivos da infração penal, no momento da aplicação e da execução. Impossível, por isso, a legislação ordinária impor (desconsiderando os dados objetivos e subjetivos) regime único, inflexível" (STJ, 6ª T., Rel. Min. Vicente Cernicchiaro, DJU 7/6/1993, p. 11.276).

Com o passar dos anos, alguns ministros, que se posicionavam favoravelmente ao reconhecimento da constitucionalidade do mencionado parágrafo, foram sendo substituídos no Supremo Tribunal Federal. Isso resultou na modificação de posição de nossa Suprema Corte quanto ao tema, sendo que, em 23 de fevereiro de 2006, no julgamento do *HC* 82.959/SP, tendo como Relator o Min. Marco Aurélio de Melo, foi declarada *incidenter tantum* a inconstitucionalidade do § 1º do art. 2º da Lei nº 8.072/90, conforme se pode verificar no artigo constante do boletim informativo do STF nº 418, que diz:

"Em conclusão de julgamento, o Tribunal, por maioria, deferiu pedido de *habeas corpus* e declarou, *incidenter tantum,* a inconstitucionalidade do § 1º do art. 2º da Lei nº 8.072/90, que veda a possibilidade de progressão do regime de cumprimento da pena nos crimes hediondos definidos no art. 1º do mesmo diploma legal – v. *Informativos* 315, 334 e 372. Inicialmente, o Tribunal resolveu restringir a análise da matéria à progressão de regime, tendo em conta o pedido formulado. Quanto a esse ponto, entendeu-se que a vedação de progressão de regime prevista na norma impugnada afronta o direito à individualização da pena (CF, art. 5º, XLVI), já que, ao não permitir que se considerem as particularidades de cada pessoa, a sua capacidade de reintegração social e os esforços aplicados com vista à ressocialização, acaba tornando inócua a garantia constitucional. Ressaltou-se, também, que o dispositivo impugnado apresenta incoerência, porquanto impede a progressividade, mas admite o livramento condicional após o cumprimento de dois terços da pena (Lei nº 8.072/90, art. 5º). Vencidos os Ministros Carlos Velloso, Joaquim Barbosa, Ellen Gracie, Celso de Mello e Nelson Jobim, que indeferiam a ordem, mantendo a orientação até então fixada pela Corte no sentido da constitucionalidade da norma atacada. O Tribunal, por unanimidade, explicitou que a declaração incidental de inconstitucionalidade do preceito legal em questão não gerará consequências jurídicas com relação às penas já extintas nesta data, uma vez que a decisão plenária envolve, unicamente, o afastamento do óbice representado pela norma ora declarada inconstitucional, sem prejuízo da apreciação, caso a caso, pelo magistrado competente, dos demais requisitos pertinentes ao reconhecimento da possibilidade de progressão."

A partir daquela decisão, o Supremo Tribunal Federal passou a se posicionar nesse sentido, conforme se verifica nas decisões que se seguiram ao referido julgamento:

"Crime hediondo. Tráfico de Entorpecentes. Progressão no regime prisional. Possibilidade em face do precedente do plenário (*HC* 82.959), julgado em 23/02/2006, que reconheceu, incidentalmente, a inconstitucionalidade do § 1º do art. 2º da Lei nº 8.072/90. O provimento do recurso, todavia, é parcial, cabendo ao juiz da execução examinar os demais requisitos para a progressão no regime menos rigoroso, procedendo, se entender necessário, o exame criminológico. *RHC* provido parcialmente" (*RHC* 86.951/RJ – Recurso em *habeas corpus*; 2ª T., Rel.ª Min.ª Ellen Gracie, julg. 7/03/2006, DJ 24/03/2006.)

Hoje, após a edição da Lei nº 11.464, de 28 de março de 2007, a discussão perdeu o sentido, uma vez que mencionado diploma legal, modificando a Lei nº 8.072/90, passou a determinar que a pena para os chamados crimes hediondos e afins será cumprida *inicialmente* em regime fechado (§ 1º do art. 2º). Com a nova redação dada pela Lei nº 13.964, de 24 de dezembro de 2019, ao art. 112 da Lei de Execução Penal, a progressão de regime para os crimes hediondos passou a ser da seguinte forma:

> **Art. 112.** A pena privativa de liberdade será executada em forma progressiva com a transferência para regime menos rigoroso, a ser determinada pelo juiz, quando o preso tiver cumprido ao menos:
> [...]
> V – 40% (quarenta por cento) da pena, se o apenado for condenado pela prática de crime hediondo ou equiparado, se for primário;
> VI – 50% (cinquenta por cento) da pena, se o apenado for:
> a) condenado pela prática de crime hediondo ou equiparado, com resultado morte, se for primário, vedado o livramento condicional;
> b) condenado por exercer o comando, individual ou coletivo, de organização criminosa estruturada para a prática de crime hediondo ou equiparado; ou
> c) condenado pela prática do crime de constituição de milícia privada.
> VI-A – 55% (cinquenta e cinco por cento) da pena, se o apenado for condenado pela prática de feminicídio, se for primário, vedado o livramento condicional;
> VII – 60% (sessenta por cento) da pena, se o apenado for reincidente na prática de crime hediondo ou equiparado;
> VIII – 70% (setenta por cento) da pena, se o apenado for reincidente em crime hediondo ou equiparado com resultado morte, vedado o livramento condicional.

3. QUADRO-RESUMO

Individualização da pena CF, art. 5º, XLVI

- **Cominação** — Fase da individualização da pena, que ocorre no plano abstrato, sendo de competência do legislador
- **Aplicação** — Fase da individualização da pena que ocorre no plano concreto, após a prática da infração penal, sendo de competência do julgador
- **Execução** — Conforme art. 5º da LEP

Capítulo XII
Princípio da Proporcionalidade

1. INTRODUÇÃO

Muito se tem discutido ultimamente sobre o princípio da proporcionalidade, cujas raízes, embora remontem à Antiguidade, somente conseguiram firmar-se durante o período iluminista, principalmente com a obra intitulada *Dos delitos e das penas*, de autoria do Marquês de Beccaria, cuja primeira edição veio a lume em 1764. Em seu § XLII, Cesare Bonessana concluiu que, "para não ser um ato de violência contra o cidadão, a pena deve ser, de modo essencial, pública, pronta, necessária, a menor das penas aplicável nas circunstâncias referidas, *proporcionada ao delito* e determinada pela lei."

Alberto Silva Franco, dissertando sobre o princípio em tela, aduz:

"O princípio da proporcionalidade exige que se faça um juízo de ponderação sobre a relação existente entre o bem que é lesionado ou posto em perigo (gravidade do fato) e o bem de que pode alguém ser privado (gravidade da pena). Toda vez que, nessa relação, houver um desequilíbrio acentuado, estabelece-se, em consequência, inaceitável desproporção. O princípio da proporcionalidade rechaça, portanto, o estabelecimento de cominações legais (proporcionalidade em abstrato) e a imposição de penas (proporcionalidade em concreto) que careçam de relação valorativa com o fato cometido considerado em seu significado global. Tem, em consequência, um duplo destinatário: o poder legislativo (que tem de estabelecer penas proporcionadas, em abstrato, à gravidade do delito) e o juiz (as penas que os juízes impõem ao autor do delito têm de ser proporcionadas à sua concreta gravidade)."[1]

Assim, inicialmente, e no plano abstrato, deve o legislador, atento a tal princípio, procurar alcançar a tão almejada proporcionalidade.[2] Sabemos que a tarefa não é fácil, pois, em virtude do grande número de infrações penais existentes em nosso ordenamento jurídico pe-

---

[1] SILVA FRANCO, Alberto. *Crimes hediondos*, p. 67.
[2] "Apesar de não existir nenhuma relação naturalística entre pena e delito, não podemos excluir que a primeira deva ser adequada ao segundo em alguma medida. O controle do *quantum* da pena está diretamente ligado ao controle sobre o conteúdo de desvalor do delito, mais precisamente sobre os seus conteúdos substanciais. É indubitável que qualquer juízo sobre a medida da pena, sobretudo se conduzido à maneira do critério da proporção, pressupõe necessariamente o acertamento do intrínseco desvalor do delito, se não absolutamente a reconstrução conceitual da *ratio legis* e dos objetivos da disciplina. É o desvalor do delito que constitui, na verdade, o parâmetro de valoração da proporcionalidade da pena, assim como são os objetivos assumidos pelo legislador os pertinentes para valorar-se a adequação" (Copetti, André. *Direito penal e estado democrático de direito*, p. 133).

nal, cada vez fica mais complicado o raciocínio da proporcionalidade.[3] A quase proporção, é inegável, encontra-se no talião, isto é, no olho por olho, dente por dente. Contudo, embora aparentemente proporcional, o talião ofende o princípio da humanidade, pilar indispensável em uma sociedade na qual se tem em mira a dignidade da pessoa humana. Por essa razão é que o legislador constituinte preocupou-se em consignar a dignidade da pessoa humana como um dos fundamentos do nosso Estado Social e Democrático de Direito (inciso III do art. 1º da CF).

Embora não tenha sido adotado expressamente, o princípio da proporcionalidade se dessume de outros que passaram a integrar o texto de nossa Constituição, a exemplo do princípio da individualização da pena, já analisado. Com a individualização da pena, seja no plano abstrato, pela cominação prevista para as infrações penais, seja no plano concreto, com sua aplicação pelo juiz, visualiza-se, com clareza, a obediência ou mesmo a ofensa ao princípio em estudo, mesmo que, como já dissemos, não seja um mecanismo de verificação tão simples.

No que diz respeito especificamente à proporcionalidade em concreto, ou seja, aquela levada a efeito pelo juiz, sua aferição não é tão tormentosa quanto aquela que deve ser realizada no plano abstrato. Isso porque o art. 68 do Código Penal, ao implementar o critério trifásico de aplicação da pena, forneceu ao julgador meios para que pudesse, no caso concreto, individualizar a pena do agente, encontrando, com isso, aquela proporcional ao fato por ele cometido. Assim, por exemplo, se depois de analisar, isoladamente, as circunstâncias judiciais o juiz concluir que todas são favoráveis ao agente, jamais poderá determinar a pena-base na quantidade máxima cominada ao delito por ele cometido, o que levaria, ao final de todas as três fases, a aplicar uma pena desproporcional ao fato praticado.

2. PROIBIÇÃO DE EXCESSO E PROIBIÇÃO DE PROTEÇÃO DEFICIENTE

Podemos, ainda, extrair duas importantes vertentes do princípio da proporcionalidade, quais sejam, a *proibição do excesso (übermassverbot)* e a *proibição de proteção deficiente (Untermassverbot)*.

Por meio do raciocínio da proibição do excesso, dirigido tanto ao legislador quanto ao julgador, procura-se proteger o direito de liberdade dos cidadãos, evitando a punição desnecessária de comportamentos que não possuem a relevância exigida pelo Direito Penal, ou mesmo comportamentos que são penalmente relevantes, mas que foram excessivamente valorados, fazendo com que o legislador cominasse, em abstrato, pena desproporcional à conduta praticada, lesiva a determinado bem jurídico. A título de exemplo, vejamos o que ocorre com o delito de lesão corporal praticado na direção de veículo automotor, tipificado no art. 303 do Código de Trânsito Brasileiro, comparativamente com o art. 129, *caput*, do Código Penal. Se o agente, culposamente, dada uma distração no momento em que tentava sincronizar seu aparelho de GPS, buscando se localizar em uma determinada região, vier a atropelar a vítima na direção de seu automóvel, será punido com uma pena de detenção, de seis meses a dois anos. Agora, se, dolosamente, tiver a intenção de atropelá-la, a fim de causar-lhe lesões corporais de natureza leve, a pena, de acordo com o preceito secundário do art. 129, *caput*, do Código Penal, será de detenção, de três meses a um ano.

---

[3] Ferrajoli ainda esclarece que, "infelizmente, como observou Bentham, a ideia aparentemente elementar da proporcionalidade da pena ao delito não oferece, por si só, nenhum critério objetivo de ponderação. Uma vez dissociada a qualidade da primeira da qualidade do segundo e reconhecida a inevitável heterogeneidade entre uma e outro, não existem critérios naturais, senão somente pragmáticos baseados em valorações ético-políticas ou de oportunidade para estabelecer o problema da quantidade da pena adequada a cada delito" (*Direito e razão*, p. 320).

Assim, podemos verificar o excesso no que diz respeito ao delito de lesão corporal culposa, praticado na direção de veículo automotor, em que um comportamento culposo está sendo punido mais severamente do que um doloso.

Por outro lado, o raciocínio também deve ser dirigido ao julgador, auxiliando na interpretação dos tipos penais, evitando-se a punição exagerada de fatos de pouca importância. A título de exemplo, podemos citar o que vem acontecendo após a entrada em vigor da Lei nº 12.015, de 7 de agosto de 2009, em que parte da doutrina vem se posicionando no sentido de entender que o beijo lascivo forçado, ou seja, praticado mediante violência ou grave ameaça, pode se configurar em um delito de estupro. Esse raciocínio equivocado, *permissa* vênia, faz com que um comportamento que não possui a gravidade exigida pelo art. 213 do Código Penal seja exageradamente punido.

Dessa forma, o julgador, erigindo a vertente da proibição de excesso, deixará de subsumir ao art. 213 do diploma repressivo, a conduta daquele que leva a efeito o beijo lascivo forçado, amoldando-a a outro tipo penal, a exemplo daquele que prevê o constrangimento ilegal (art. 146 do CP), ou mesmo o delito de importunação sexual (art. 215-A do CP).

A outra vertente do princípio da proporcionalidade diz respeito à proibição de proteção deficiente. Quer isso dizer que, se por um lado, não se admite o excesso, por outro, não se admite que um direito fundamental seja deficientemente protegido, seja mediante a eliminação de figuras típicas, seja pela cominação de penas que ficam aquém da importância exigida pelo bem que se quer proteger, seja pela aplicação de institutos que beneficiam indevidamente o agente etc. Conforme nos esclarece André Estefam, "a proibição deficiente consiste em não se permitir uma deficiência na prestação legislativa, de modo a desproteger bens jurídicos fundamentais. Nessa medida, seria patentemente inconstitucional, por afronta à proporcionalidade, lei que pretendesse descriminalizar o homicídio."[4]

Podemos concluir com Lenio Streck:

"Trata-se de entender, assim, que a proporcionalidade possui uma dupla face: de proteção positiva e de proteção de omissões estatais. Ou seja, a inconstitucionalidade pode ser decorrente de excesso do Estado, caso em que determinado ato é desarrazoado, resultando desproporcional o resultado do sopesamento *(Abwägung)* entre fins e meios; de outro, a inconstitucionalidade pode advir de proteção insuficiente de um direito fundamental-social, como ocorre quando o Estado abre mão do uso de determinadas sanções penais ou administrativas para proteger determinados bens jurídicos. Este duplo viés do princípio da proporcionalidade decorre da necessária vinculação de todos os atos estatais à materialidade da Constituição, e que tem como consequência a sensível diminuição da discricionariedade (liberdade de conformação) do legislador."[5]

---

[4] ESTEFAM, André. *Direito penal*, parte geral, p. 139.
[5] Streck, Lênio Luiz. A dupla face do princípio da proporcionalidade: da proibição de excesso *(Übermassverbot)* à proibição de proteção deficiente *(Untermassverbot)* ou de como não há blindagem contra normas penais inconstitucionais. *Revista da Ajuris*, Ano XXXII, p.180.

3. QUADRO-RESUMO

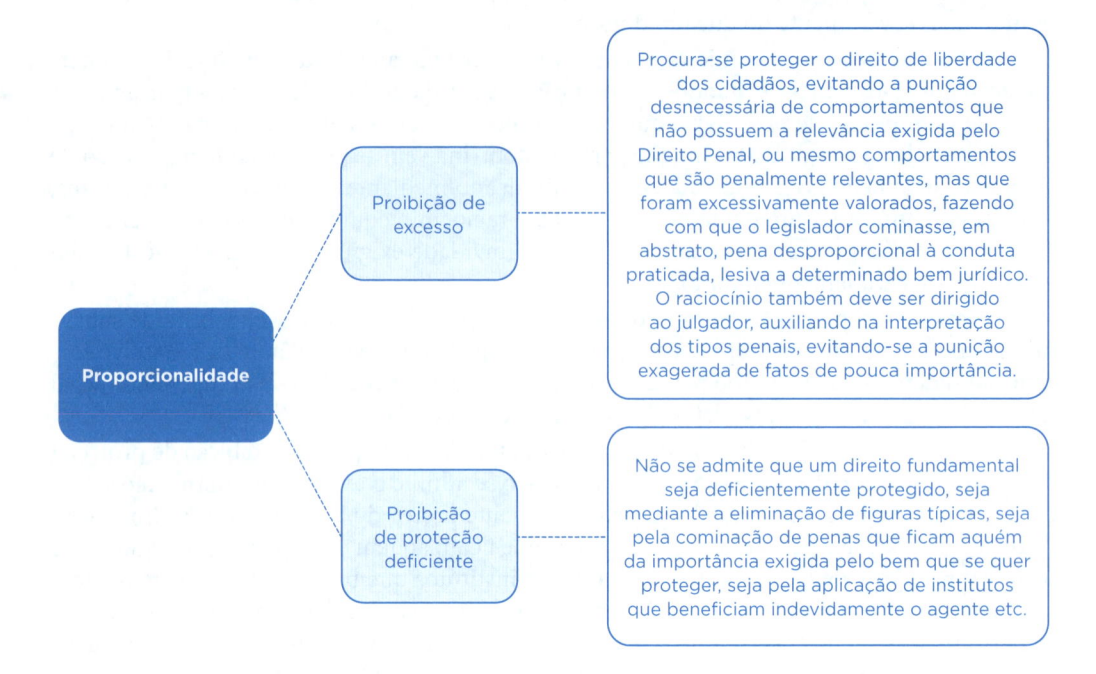

Proporcionalidade

- **Proibição de excesso**: Procura-se proteger o direito de liberdade dos cidadãos, evitando a punição desnecessária de comportamentos que não possuem a relevância exigida pelo Direito Penal, ou mesmo comportamentos que são penalmente relevantes, mas que foram excessivamente valorados, fazendo com que o legislador cominasse, em abstrato, pena desproporcional à conduta praticada, lesiva a determinado bem jurídico. O raciocínio também deve ser dirigido ao julgador, auxiliando na interpretação dos tipos penais, evitando-se a punição exagerada de fatos de pouca importância.

- **Proibição de proteção deficiente**: Não se admite que um direito fundamental seja deficientemente protegido, seja mediante a eliminação de figuras típicas, seja pela cominação de penas que ficam aquém da importância exigida pelo bem que se quer proteger, seja pela aplicação de institutos que beneficiam indevidamente o agente etc.

Capítulo XIII
Princípio da Responsabilidade Pessoal

Acesse e assista à aula explicativa sobre este assunto.
> http://uqr.to/1wh0z

Determina o inciso XLV do art. 5º da Constituição Federal:

> **XLV** – Nenhuma pena passará da pessoa do condenado, podendo a obrigação de reparar o dano e a decretação do perdimento de bens ser, nos termos da lei, estendidas aos sucessores e contra eles executadas, até o limite do valor do patrimônio transferido.

Em virtude do princípio da responsabilidade pessoal, também conhecido como *princípio da pessoalidade* ou da *intranscendência da pena*, somente o condenado é que terá de se submeter à sanção que lhe foi aplicada pelo Estado. Já se foi o tempo em que não só o autor do fato respondia pelo delito cometido, como também pessoas ligadas ao seu grupo familiar ou social.

Quer o princípio constitucional dizer que, quando a responsabilidade do condenado é penal, somente ele, e mais ninguém, poderá responder pela infração praticada. Qualquer que seja a natureza da penalidade aplicada – privativa de liberdade, restritiva de direitos ou multa –, somente o condenado é que deverá cumpri-la. Na lição de Zaffaroni:

> "Nunca se pode interpretar uma lei penal no sentido de que a pena transcenda da pessoa que é autora ou partícipe do delito. A pena é uma medida de caráter estritamente pessoal, haja vista ser uma ingerência ressocializadora sobre o condenado."[1]

Havendo o falecimento do condenado, por exemplo, a pena que lhe foi infligida, mesmo que de natureza pecuniária, não poderá ser estendida a ninguém, tendo em vista o seu caráter personalíssimo, quer dizer, somente o autor do delito é que pode submeter-se às sanções penais a ele aplicadas. Todavia, se estivermos diante de uma responsabilidade não penal, como, v.g., a obrigação de reparar o dano, nada impede que, no caso de morte do condenado e tendo havido a transferência de seus bens aos seus sucessores, estes respondam até as forças da herança, conforme preceituam o inciso XLV do art. 5º da Constituição Federal e o art. 1.997, *caput*, do Código Civil (Lei nº 10.406/2002), este último assim redigido:

---

[1] ZAFFARONI, Eugenio Raúl. *Manual de derecho penal* – Parte general, p. 138.

> **Art. 1.997.** A herança responde pelo pagamento das dívidas do falecido; mas, feita a partilha, só respondem os herdeiros, cada qual em proporção da parte que na herança lhe coube.

Com as alterações ocorridas no art. 51 do Código Penal, inicialmente pela Lei nº 9.268, de 1º de abril de 1996, e, posteriormente, pela Lei nº 13.964, de 24 de dezembro de 2019, que passaram a considerar a pena de multa como *dívida de valor*, a ser executada perante o juiz da execução penal, sendo a ela aplicadas as normas relativas à dívida ativa da Fazenda Pública, inclusive no que concerne às causas interruptivas e suspensivas da prescrição, não se possibilitando, ainda, sua conversão em pena privativa de liberdade, entendemos que a multa não perdeu o seu caráter penal.

Dessa forma, em caso de morte do condenado, não poderá o valor correspondente à pena de multa a ele aplicada ser cobrado de seus herdeiros, uma vez que, neste caso, estaríamos infringindo o princípio da responsabilidade pessoal, insculpido no inciso XLV do art. 5º da Constituição Federal, que diz que *nenhuma pena passará da pessoa do condenado*.

Para reforçar esse entendimento, diz o art. 107, I, do Código Penal que a morte do agente extingue a punibilidade. Assim, a cobrança da pena de multa aplicada, mesmo sendo considerada dívida de valor, somente pode ser levada a efeito se não houver ocorrido a extinção da punibilidade.

Tal modificação no art. 51 do Código Penal pretendeu acabar com as injustiças realizadas quando da execução das penas de multa. Condenados pobres, mesmo não tendo condições de saldar suas dívidas para com o Estado, viam suas penas de multa convertidas em penas privativas de liberdade, ainda que tais decisões fossem de encontro às disposições contidas tanto na Lei de Execução Penal quanto no Código Penal. As pessoas abastadas, nas raras oportunidades em que eram condenadas, após utilizarem todos os recursos imagináveis, tinham sempre como pagar a pena pecuniária. Havia, portanto, apesar de o texto legal exigir a solvência do condenado para que pudesse haver a conversão, uma visível desigualdade no tratamento entre condenados ricos e pobres. Além do mais, a conversão, como vinha sendo feita anteriormente, abarrotava o sistema penitenciário de presos que não tinham qualquer periculosidade, haja vista que a sanção pela infração penal por eles cometida era simplesmente de natureza pecuniária, o que, por si só, demonstrava sua timidez diante de outras infrações penais punidas com mais severidade.

Enfim, a multa é ainda considerada sanção penal e como tal deve ser tratada, não podendo, jamais, segundo entendemos, ultrapassar a pessoa do condenado, como determina o inciso XLV do art. 5º da Constituição Federal.

Apesar do raciocínio acima aduzido, nada nos garante, com relação à pena de multa, que esta seja efetivamente paga pelo condenado. Pode acontecer, e não raramente, que o condenado à pena de multa não tenha, ele próprio, condições de arcar com o seu pagamento. Nada impede, assim, que seu pai, ou algum outro familiar ou mesmo amigo, solidários com o condenado, queiram por ele pagar o valor correspondente à pena de multa, oportunidade em que será desrespeitado o princípio da intranscendência da pena.

Como exemplo de que o princípio da responsabilidade pessoal pode ser facilmente burlado, trazemos à colação os fatos que ocorreram durante a execução da pena de multa após o trânsito em julgado da Ação Penal 470, que tramitou no Supremo Tribunal Federal,' e ficou vulgarmente conhecida como "processo do mensalão", em que alguns dos condenados, sob o argumento de não terem recursos para levarem a efeito o pagamento da sanção pecuniária, solicitaram apoio de pessoas partidárias a eles e arrecadaram, via internet, por meio de um site criado especificamente para essa finalidade, quantias superiores às que efetivamente foram condenados e, com elas, efetuaram a quitação das multas que lhes foram aplicadas, ou seja, o patrimônio dos condenados não sofreu qualquer diminuição, permanecendo tal qual existiam, pelo menos em tese, no começo da ação penal.

Ferrajoli, com a precisão que lhe é peculiar, aduz que "a pena pecuniária é uma pena aberrante sob vários pontos de vista. Sobretudo porque é uma pena *impessoal*, que qualquer um pode saldar."[2]

O mesmo se diga com relação à pena restritiva de direitos na modalidade *prestação pecuniária*, em que qualquer pessoa, que não o condenado, pode cumpri-la por ele.

Embora, em sentido formal, a pena, com exceção daquelas de caráter pecuniário, não possa ultrapassar, transcender a pessoa do condenado, sabemos que, informalmente, não somente aquele que praticou a infração sofre os rigores da lei penal, como também todos aqueles que o cercam. A família do condenado, geralmente, perde aquele que trazia o sustento para casa; os filhos deixam de ter contato com os pais; seus parentes sofrem o efeito estigmatizante da condenação criminal e passam a ser tratados, também, como criminosos etc.[3]

1. QUADRO-RESUMO

Responsabilidade pessoal — CF, art. 5º, XLV: Também conhecido como *princípio da pessoalidade* ou da *intranscendência da pena*, determina que somente o condenado é que terá de se submeter à sanção que lhe foi aplicada pelo Estado. A obrigação de reparar os danos e a decretação de perdimento de bens podem ser estendidas aos sucessores e contra ele executadas, até o limite do patrimônio transferido.

---

[2] FERRAJOLI, Luigi. *Direito e razão*, p. 334.
[3] Nesse sentido, Nilo Batista, Zaffaroni, Alagia e Slokar alertam que "essa transcendência do poder punitivo na direção de terceiros é, de fato, inevitável: a comunicação, o conhecimento, a estigmatização, a queda dos rendimentos etc., são todos efeitos que inevitavelmente alcançam a família do simples acusado e mesmo outras pessoas" (*Direito penal brasileiro*, v. 1, p. 232).

Capítulo XIV
Princípio da Limitação das Penas

Acesse e assista à aula explicativa sobre este assunto.
> http://uqr.to/1wh10

1. INTRODUÇÃO

A Constituição Federal, visando a impedir qualquer tentativa de retrocesso quanto à cominação das penas levadas a efeito pelo legislador, preceitua no inciso XLVII de seu art. 5º:

XLVII – não haverá penas:
a) de morte, salvo em caso de guerra declarada, nos termos do art. 84, XIX;
b) de caráter perpétuo;
c) de trabalhos forçados;
d) de banimento;
e) cruéis.

Como se percebe, a proibição de tais penas atende a um dos fundamentos de nosso Estado Democrático de Direito, previsto no inciso III do art. 1º da Constituição Federal, que é a *dignidade da pessoa humana*.

Ferrajoli afirma, com precisão, que "acima de qualquer argumento utilitário, o valor da pessoa humana impõe uma limitação fundamental em relação à qualidade e quantidade da pena. É este o valor sobre o qual se funda, irredutivelmente, o rechaço da pena de morte, das penas corporais, das penas infames e, por outro lado, da prisão perpétua e das penas privativas de liberdade excessivamente extensas." E prossegue, concluindo que "um Estado que mata, que tortura, que humilha um cidadão não só perde qualquer legitimidade, senão que contradiz sua razão de ser, colocando-se no nível dos mesmos delinquentes."[1]

Na verdade, a partir do século XVIII, também conhecido como Século das Luzes, é que foram iniciadas as maiores transformações no que diz respeito à qualidade das penas. No final do século XVIII e início do século XIX, começa a haver uma modificação da postura adotada, onde o corpo do condenado é que tinha que sofrer pelo mal por ele produzido. Os suplícios que, na definição de Foucault[2], eram a arte de reter a vida no sofrimento, subdividindo-a em "mil mortes", foram sendo gradualmente abolidos. O espetáculo do horror, as cenas chocantes do patíbulo esta-

---
[1] FERRAJOLI, Luigi. *Direito e razão*, p. 318.
[2] FOUCAULT, Michel. *Vigiar e punir*, p. 31.

vam sendo deixadas de lado. Começava, portanto, a transição das penas aflitivas, corporais, para a pena privativa de liberdade. Mesmo tratando-se de penas privativas de liberdade, o princípio da dignidade da pessoa humana, que deve orientar toda a atividade legislativa do Estado, não poderá deixar de ser observado.

2. PENAS DE MORTE E DE CARÁTER PERPÉTUO

Muito se tem discutido ultimamente quanto à possibilidade de serem implementadas, no Brasil, as penas de morte e de caráter perpétuo. Parte da população, revoltada com o aumento da criminalidade, entende que tais penas seriam ideais para tentar inibir a prática de infrações penais graves.[3] Independentemente da discussão que se possa travar a respeito desse assunto, cabe-nos, nesta oportunidade, mencionar apenas sobre a sua viabilidade ou não, considerando-se os termos do inciso XLVII do art. 5º, que as proíbe expressamente, salvo nos casos por ela própria excepcionados.

De acordo com o art. 60, § 4º, IV, da Constituição Federal, *não será objeto de deliberação a proposta de emenda tendente a abolir os direitos e garantias individuais.*

Ora, as vedações das penas de morte e de caráter perpétuo se encontram no Capítulo I do Título II da Constituição da República, que diz respeito aos direitos e garantias fundamentais. Assim, não poderia, em caso de reforma da Constituição Federal, sequer ser objeto de deliberação a proposta de emenda que tivesse a finalidade de trazê-las para o nosso ordenamento jurídico-penal.[4]

Merece registro, por oportuna, a lição de Maurício Antônio Ribeiro Lopes, quando diz que a pena de morte:

"Deve ser reputada como algo que conflita com os princípios gerais de direito, dentre eles o da humanidade, sendo que vários foram alçados constitucionalmente, ou seja, a vedação quanto ao tratamento degradante, desumano. Se a pena tem função terapêutica, reeducadora, socializante, não pode haver pena de morte ou perpétua, que não atendam à função da pena."[5]

Embora seja adotada, ainda, por muitos países, inclusive por aqueles considerados "mais desenvolvidos", a exemplo do que ocorre com os Estados Unidos e Japão,[6] a tendência mundial

---

[3] Vicente Garrido, Per Stangeland e Santiago Redondo fornecem dados importantes a respeito do mito sobre a pena de morte: "Nos Estados Unidos, em alguns dos seus estados onde se aplica a pena de morte, se têm efetuado diversos estudos em torno da efetividade dissuasória desta pena. Para isso, os investigadores têm comparado estados que aplicam a pena de morte com outros que não a contemplam, com a finalidade de avaliar se a delinquência violenta nos primeiros é menos grave que nos segundos. Outra metodologia utilizada na América do Norte tem sido comparar a taxa de assassinatos antes e depois da abolição da pena de morte naqueles estados que a suprimiram. Os resultados destas investigações norte-americanas não têm confirmado a predição teórica da dissuasão: quer exista ou não a pena de morte, não parece ter efeito algum sobre as taxas de homicídios" (*Principios de criminología*, p.194-195).

[4] Fábio Konder Comparato vai mais além, afirmando que, "em matéria de direitos humanos, não se admitem regressões, por meio de revogação normativa, ainda que efetuada por diplomas jurídicos de hierarquia superior àquele em que foram tais direitos anteriormente declarados. Se, por exemplo, a pena de morte é abolida por norma constitucional, o advento de nova Constituição não pode restabelecê-la" (*A afirmação histórica dos direitos humanos,* p. 291).

[5] LOPES, Maurício Antônio Ribeiro. *Teoria constitucional do direito penal,* p. 406.

[6] "No início do século XXI, os Estados Unidos e o Japão são as únicas democracias formais do espaço político conhecido como Ocidente que seguem aplicando a pena de morte e que não mostraram o menor sintoma político de aboli-la nos últimos dez anos" [...] Nos Estados Unidos, "em centenas de

tem sido pela abolição da pena de morte, seja essa abolição total, ou mesmo parcial, como ocorre no Brasil, que a reserva somente para os casos de guerra declarada, nos termos do art. 84, XIX, da Constituição Federal, sendo, neste caso, executada por fuzilamento, conforme determina o art. 56 do Código Penal Militar.

Dissertando sobre a pena de prisão perpétua, Hassemer e Muñoz Conde esclarecem com precisão:

> "A prisão perpétua se constitui, hoje, em muitos ordenamentos jurídicos, como a reação social punitiva mais grave que legalmente se pode impor ao autor de um delito. De fato, constitui uma morte em vida e pode produzir o mesmo ou um maior grau de aflitividade que a pena de morte. [...]. Seu principal inconveniente para o sistema penitenciário é que é incompatível com a ressocialização e, portanto, torna-se desnecessária qualquer intervenção ou tratamento do condenado, pois, em princípio, faça este o que fizer, mostre ou não sinais de arrependimento pelo delito em virtude do qual fora condenado, modifique ou não sua conduta e seu sistema de valores, seguirá encerrado até que morra."[7]

3. PENA DE TRABALHOS FORÇADOS

Devemos interpretar com cuidado a limitação constitucional referente à pena de trabalhos forçados. A Lei de Execução Penal, em várias passagens, menciona a obrigatoriedade do trabalho do preso, como o art. 39, inciso V, que diz ser dever do condenado a *execução do trabalho*, das tarefas e das ordens recebidas, ou mesmo o art. 114, inciso I, que somente possibilita o ingresso no regime aberto ao condenado que estiver trabalhando ou comprovar a possibilidade de fazê-lo.

O que a Constituição Federal quis proibir, na verdade, foi aquele trabalho que humilha o condenado pelas condições como é executado. Não poderá qualquer autoridade responsável pela execução penal determinar o espancamento dos condenados para forçá-los ao trabalho, ou mesmo suspender sua alimentação, visando, assim, a compeli-los a cumprir aquilo que lhes cabia fazer.

Embora não possa existir, efetivamente, a cominação de penas de trabalhos forçados, o fato de volitivamente não querer trabalhar impedirá o condenado de conquistar vários benefícios contidos na Lei de Execução Penal, a exemplo, como dissemos, da progressão de regime (semiaberto para o aberto) e da remição, na qual, para os que cumprem pena sob os regimes fechado e semiaberto, para cada três dias trabalhados haverá um dia remido.

4. PENA DE BANIMENTO

O banimento era uma medida de política criminal que consistia na expulsão do território nacional de quem atentasse contra a ordem política interna ou a forma de governo estabelecida.

Orlando Soares disserta que "as formas e condições de banimento são reguladas de acordo com as legislações, que o adotam, podendo constituir-se em exílio, desterro e degredo. O

---

ocasiões se denunciaram a desigualdade distributiva da aplicação da pena de morte. Em que pese o avanço desse país nos direitos civis nas últimas quatro décadas, durante o ano de 2000 houve 85 execuções, das quais 40, quase a metade, tiveram lugar no Estado do Texas" (CORRAL, José Luiz. *História de la pena de muerte*, p. 138-140). Dos 50 Estados Americanos, 38 aplicam, efetivamente, a pena de morte, sendo o Estado do Texas o recordista em execuções.

[7] HASSEMER, Winfried; MUÑOZ CONDE, Francisco. *Introducción a la criminología*, p. 269.

banimento é, indiscutivelmente, uma pena." E continua o renomado autor dizendo que "o banimento representa a negação do direito à nacionalidade, contrariando, portanto, o disposto do art. XV, 1 e 2, da Declaração Universal dos Direitos do Homem."[8]

O Brasil, infelizmente, foi pródigo em banimentos, a começar pela família imperial, logo depois do advento da República, em 1889, até os malsinados atos institucionais que, a exemplo do AI nº 13, de 6 de setembro de 1969, estabelecia o banimento de brasileiro que, *comprovadamente, se tornar inconveniente, nocivo ou perigoso à Segurança Nacional*.

Com a vedação constitucional da pena de banimento, podemos conviver com uma diversidade enorme de ideias, sem que os detentores do "poder" possam escolher o método mais fácil e rápido de evitar a sua divulgação, vale dizer, colocando-os para fora do território nacional.

5. PENAS CRUÉIS

Zaffaroni e Pierangeli, com o acerto de sempre, prelecionam que "o antônimo da 'pena cruel' é a 'pena racional' (e não a 'pena doce', é claro). Do princípio da humanidade deduz-se a proscrição das penas cruéis e de qualquer pena que desconsidere o homem como pessoa."[9]

O § 2º do art. 5º da Convenção Americana de Direitos Humanos[10] estabelece que *ninguém deve ser submetido a torturas nem a penas ou tratamento cruéis, desumanos ou degradantes*.

Fábio Konder Comparato aduz:

"No que tange às penas degradantes ou cruéis, é geralmente admitido que entram nessa categoria todas as mutilações, tais como o decepamento da mão do ladrão, prescrito na *sharia* muçulmana, e a castração de condenados por crimes de violência sexual, constante de algumas legislações ocidentais."[11]

Corroborando o princípio de dignidade da pessoa humana, o legislador constituinte, ainda de forma expressa, quis, no inciso XLIX do art. 5º da Constituição Federal, assegurar ao preso o respeito à sua integridade física e moral.

Elder Lisbôa Ferreira da Costa, com precisão, conclui que:

"Vige no Brasil o princípio da humanidade, segundo o qual as penas degradantes e cruéis não podem ser aplicadas no ordenamento jurídico nacional. Assim, as penas de amputação, castração e torturas que recaiam sobre o corpo dos indivíduos contrariam os tratados e convenções internacionais de direitos humanos, não sendo compatíveis com os dispositivos legais em vigor no território brasileiro"[12].

---

[8] SOARES, Orlando. *Comentários à Constituição da República Federativa do Brasil*, p. 184.

[9] ZAFFARONI, Eugenio Raúl; PIERANGELI, José Henrique. *Manual de direito penal brasileiro*, p. 177.

[10] O § 3º, acrescentado ao art. 5º da Constituição Federal pela Emenda nº 45/2004, assevera: *Os tratados e convenções internacionais sobre direitos humanos que forem aprovados, em cada Casa do Congresso Nacional, em dois turnos, por três quintos dos votos dos respectivos membros, serão equivalentes às emendas constitucionais*.

[11] COMPARATO, Fábio Konder. *A afirmação histórica dos direitos humanos*, p. 297.

[12] FERREIRA DA COSTA, Elder Lisbôa. *Direito criminal constitucional* – uma visão sociológica e humanista. Parte geral, p. 307

6. QUADRO-RESUMO

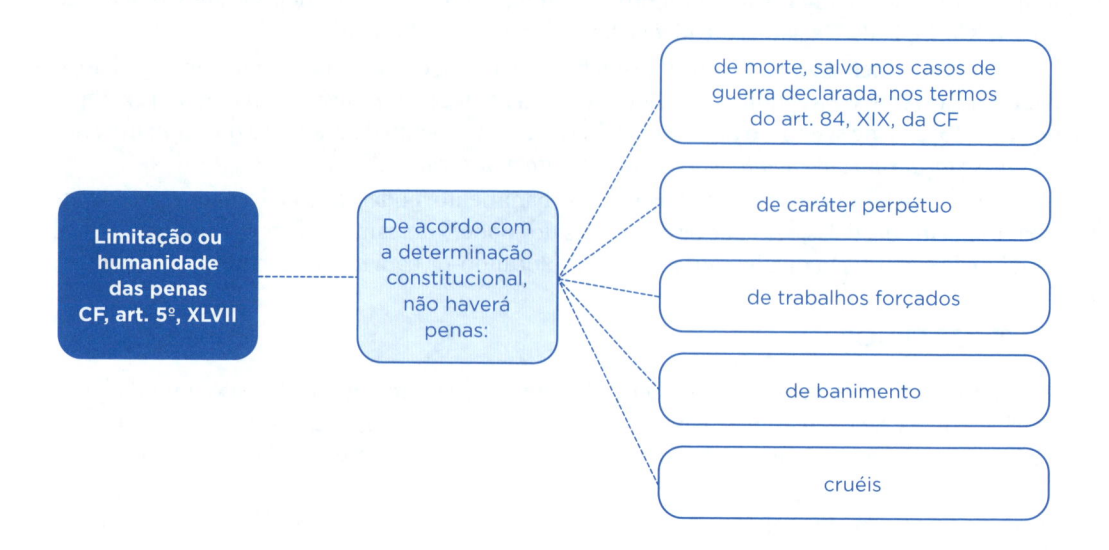

Limitação ou humanidade das penas CF, art. 5º, XLVII → De acordo com a determinação constitucional, não haverá penas:
- de morte, salvo nos casos de guerra declarada, nos termos do art. 84, XIX, da CF
- de caráter perpétuo
- de trabalhos forçados
- de banimento
- cruéis

Capítulo XV
Princípio da Culpabilidade

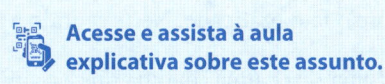

Culpabilidade diz respeito ao juízo de censura, ao juízo de reprovabilidade que se faz sobre a conduta típica e ilícita praticada pelo agente. Reprovável ou censurável é aquela conduta levada a efeito pelo agente que, nas condições em que se encontrava, podia agir de outro modo. Na precisa lição de Miguel Reale Júnior, "reprova-se o agente por ter optado de tal modo que, sendo-lhe possível atuar em conformidade com o direito, haja preferido agir contrariamente ao exigido pela lei."[1] E continua dizendo que "culpabilidade é um juízo sobre a formação da vontade do agente"; ou, ainda, nas palavras de Assis Toledo:

"Deve-se entender o princípio da culpabilidade como a exigência de um juízo de reprovação jurídica que se apoia sobre a crença – fundada na experiência da vida cotidiana – de que ao homem é dada a possibilidade de, em certas circunstâncias, 'agir de outro modo.'"[2]

Santiago Mir Puig, cuidando do conceito de culpabilidade, preleciona:

"Desde von Liszt, a doutrina absolutamente dominante acolheu o termo 'culpabilidade' para exigir a possibilidade de imputação do injusto a seu autor. Pois já faz tempo que se vem levantando vozes contrárias à conveniência desse termo. A expressão 'imputação pessoal' tem a vantagem de que deixa mais claro que nesta segunda parte da teoria do delito se trata de atribuir (*imputar*) o desvalor do fato penalmente antijurídico ao seu autor: não se castiga uma 'culpabilidade' do sujeito, senão se exige que o fato penalmente antijurídico, o único que o direito deseja prevenir, seja imputável penalmente ao seu autor."[3]

Apesar da divergência entre as denominações *imputação pessoal* e *culpabilidade*, sem dúvida alguma esta última é a que predomina entre os doutrinadores.

---

[1] REALE JÚNIOR, Miguel. *Teoria do delito*, p. 85-86.
[2] TOLEDO, Francisco de Assis. *Princípios básicos de direito penal*, p. 86-87.
[3] MIR PUIG, Santiago. *Derecho penal* – Parte general, 1996, p. 530.

O princípio da culpabilidade não se encontra no rol dos chamados princípios constitucionais expressos, podendo, no entanto, ser extraído do texto constitucional, principalmente do chamado princípio da dignidade da pessoa humana[4].

O princípio da culpabilidade possui três sentidos fundamentais:

- *Culpabilidade como elemento integrante do conceito analítico de crime* – A culpabilidade é a terceira característica ou elemento integrante do conceito analítico de crime, sendo estudada, segundo o magistral ensinamento de Welzel, após a análise do fato típico e da ilicitude, ou seja, após concluir-se que o agente praticou um injusto penal. Uma vez chegada a essa conclusão, vale dizer, de que a conduta do agente é típica e antijurídica, inicia-se um novo estudo, que agora terá seu foco dirigido à possibilidade ou não de censura sobre o fato praticado. Neste sentido a lição de Roxin, quando aduz:

"O injusto penal, quer dizer, uma conduta típica e antijurídica, não é em si punível. A qualificação como injusto expressa tão somente que o fato realizado pelo autor é desaprovado pelo direito, mas não o autoriza a concluir que aquele deva responder pessoalmente por isso, pois que esta questão deve ser decidida em um terceiro nível de valoração: o da culpabilidade."[5]

Portanto, sob esse primeiro enfoque, a culpabilidade exerce papel fundamental na caracterização da infração penal.

- *Culpabilidade como princípio medidor da pena* – Uma vez concluído que o fato praticado pelo agente é típico, ilícito e culpável, podemos afirmar a existência da infração penal. O agente estará, em tese, condenado. Deverá o julgador, após a condenação, encontrar a pena correspondente à infração penal praticada, tendo sua atenção voltada para a culpabilidade do agente como critério regulador. Nesse sentido o posicionamento de Juan Cordoba Roda, quando assevera:

"Uma segunda exigência que se deriva do princípio da culpabilidade é a correspondente ao *critério regulador da pena*, conforme o juízo de que a pena não deve ultrapassar o marco fixado pela culpabilidade da respectiva conduta."[6]

Deverá o julgador observar, agora, as regras do critério trifásico de aplicação da pena previstas pelo art. 68 do Código Penal. No primeiro momento, encontrará a chamada pena-base e, para tanto, deverá analisar, uma a uma, todas as condições judiciais elencadas pelo art. 59 do Código Penal, assim redigido:

> **Art. 59.** O juiz, atendendo à culpabilidade, aos antecedentes, à conduta social, à personalidade do agente, aos motivos, às circunstâncias e consequências do crime, bem como ao comportamento da vítima, estabelecerá, conforme seja necessário e suficiente para reprovação e prevenção do crime:

---

[4] Olga Sánchez Martínez ainda aponta outros princípios que podem ser concebidos como fonte constitucional do princípio da culpabilidade: "Mais diversos ainda são os preceitos constitucionais aos quais se atribui o implícito reconhecimento do princípio da culpabilidade. Alguns o contemplam na ideia de dignidade da pessoa humana, outros no livre desenvolvimento da personalidade, outros no valor justiça ou na segurança jurídica, também se entende contido no princípio da legalidade e na presunção de inocência, ou na configuração do Estado como social e democrático de direito, e, finalmente, no princípio da reinserção social do delinquente" (*Los principios en el derecho y la dogmática penal*, p. 85-86).
[5] ROXIN; ARZT; TIEDEMANN. *Introducción al derecho penal y al derecho penal procesal*, p. 38.
[6] CORDOBA RODA, Juan. *Culpabilidad y pena*, p. 20.

A primeira das circunstâncias judiciais a ser aferida pelo juiz é, justamente, a culpabilidade. Nessa fase, esse estudo não mais se destinará a concluir pela infração penal, já verificada no momento anterior. A culpabilidade, uma vez condenado o agente, exercerá uma função medidora da sanção penal que a ele será aplicada, devendo ser realizado outro juízo de censura sobre a conduta por ele praticada, não podendo a pena exceder ao limite necessário à reprovação pelo fato típico, ilícito e culpável praticado.

- *Culpabilidade como princípio impedidor da responsabilidade penal objetiva, ou seja, o da responsabilidade penal sem culpa* – Na precisa lição de Nilo Batista, o princípio da culpabilidade "impõe a subjetividade da responsabilidade penal. Não cabe, em direito penal, uma responsabilidade objetiva, derivada tão só de uma associação causal entre a conduta e um resultado de lesão ou perigo para um bem jurídico."[7]

Isso significa que para determinado resultado ser atribuído ao agente é preciso que a sua conduta tenha sido dolosa ou culposa. Se não houve dolo ou culpa, é sinal de que não houve conduta; se não houve conduta, não se pode falar em fato típico; e não existindo o fato típico, como consequência lógica, não haverá crime. Os resultados que não foram causados a título de dolo ou culpa pelo agente não podem ser a ele atribuídos, pois a responsabilidade penal, de acordo com o princípio da culpabilidade, deverá ser sempre subjetiva.[8]

No entanto, deve ser observado que, nessa vertente, que tem por finalidade afastar a responsabilidade penal objetiva, a culpabilidade deve ser entendida somente como um princípio em si, pois, uma vez adotada a teoria finalista da ação, dolo e culpa foram deslocados para o tipo penal, não pertencendo mais ao âmbito da culpabilidade, que é composta, segundo a maioria da doutrina nacional, pela imputabilidade, pelo potencial conhecimento da ilicitude do fato e pela exigibilidade de conduta diversa.

Resumindo, portanto, com Gustavo Bruzzone:

"Quando nos referimos à culpabilidade podemos fazê-lo em diferentes sentidos. Por um lado fazemos referência ao conceito de culpabilidade que se refere à fundamentação da pena em si; somente podemos aplicar uma pena ao autor de um fato típico, antijurídico e culpável. Também nos referimos à culpabilidade em relação ao fundamento para determinação da pena. Não o utilizamos para fundamentar a pena em si, senão para determinar a sua graduação: gravidade, tipo e intensidade. O terceiro conceito caracteriza a culpabilidade como o oposto à responsabilidade pelo resultado."[9]

---

[7] BATISTA, Nilo. *Introdução crítica ao direito penal brasileiro*, p. 104.

[8] Gevan Almeida preleciona, ainda, que "no direito penal moderno e condizente com um Estado Democrático de Direito (art. 1º da CF) não há lugar para responsabilidade objetiva, o *versari in re illicita*, do direito canônico medieval. *Nulla poena sine culpa*. O Código Penal brasileiro adotou este salutar princípio, ao prescrever que o crime pode ser doloso ou culposo e que 'pelo resultado que agrava especialmente a pena, só responde o agente que o houver causado, ao menos culposamente' (arts. 18 e 19). Este princípio, por conseguinte, proscreve qualquer espécie de responsabilidade objetiva, como, por exemplo, a causação do resultado por caso fortuito ou força maior, porquanto a relação de causalidade (art. 13) tem que ser analisada, levando-se em conta se houve dolo ou culpa" (*Modernos movimentos de política criminal e seus reflexos na legislação brasileira*, p. 32-33).

[9] Apud PARMA, Carlos. *Culpabilidad*, p. 113.

1. QUADRO-RESUMO

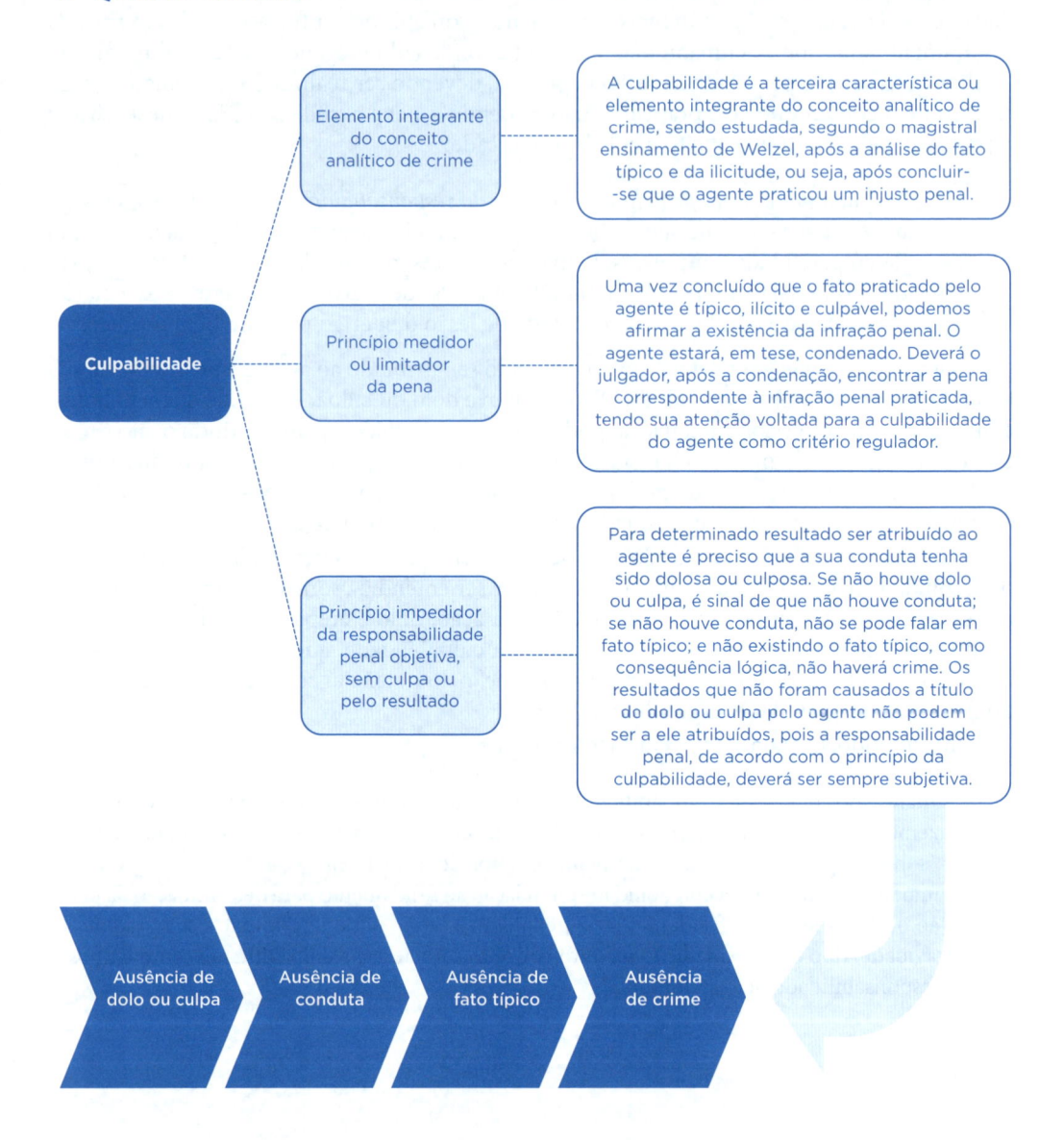

Culpabilidade

- **Elemento integrante do conceito analítico de crime**: A culpabilidade é a terceira característica ou elemento integrante do conceito analítico de crime, sendo estudada, segundo o magistral ensinamento de Welzel, após a análise do fato típico e da ilicitude, ou seja, após concluir-se que o agente praticou um injusto penal.

- **Princípio medidor ou limitador da pena**: Uma vez concluído que o fato praticado pelo agente é típico, ilícito e culpável, podemos afirmar a existência da infração penal. O agente estará, em tese, condenado. Deverá o julgador, após a condenação, encontrar a pena correspondente à infração penal praticada, tendo sua atenção voltada para a culpabilidade do agente como critério regulador.

- **Princípio impedidor da responsabilidade penal objetiva, sem culpa ou pelo resultado**: Para determinado resultado ser atribuído ao agente é preciso que a sua conduta tenha sido dolosa ou culposa. Se não houve dolo ou culpa, é sinal de que não houve conduta; se não houve conduta, não se pode falar em fato típico; e não existindo o fato típico, como consequência lógica, não haverá crime. Os resultados que não foram causados a título de dolo ou culpa pelo agente não podem ser a ele atribuídos, pois a responsabilidade penal, de acordo com o princípio da culpabilidade, deverá ser sempre subjetiva.

Ausência de dolo ou culpa → Ausência de conduta → Ausência de fato típico → Ausência de crime

Capítulo XVI
Princípio da Legalidade

1. O ESTADO DE DIREITO E O PRINCÍPIO DA LEGALIDADE

Estado de direito e princípio da legalidade são dois conceitos intimamente relacionados, pois num verdadeiro Estado de Direito, criado com a função de retirar o poder absoluto das mãos do soberano, exige-se a subordinação de todos perante a lei.

De acordo com a precisa lição de Lenio Luiz Streck e José Luis Bolzan de Morais:

"O Estado de Direito surge desde logo como o Estado que, nas suas relações com os indivíduos, se submete a um *regime de direito*, quando, então, a atividade estatal apenas pode desenvolver-se utilizando um instrumental regulado e autorizado pela ordem jurídica, assim como os indivíduos – cidadãos – têm a seu dispor mecanismos jurídicos aptos a salvaguardar-lhes de uma ação abusiva do Estado."[1]

Preleciona Paulo Bonavides:

"O princípio da legalidade nasceu do anseio de estabelecer na sociedade humana regras permanentes e válidas, que fossem obras da razão, e pudessem abrigar os indivíduos de uma conduta arbitrária e imprevisível da parte dos governantes. Tinha-se em vista alcançar um estado geral de confiança e certeza na ação dos titulares do poder, evitando-se assim a dúvida, a intranquilidade, a desconfiança e a suspeição, tão usuais onde o poder é absoluto, onde o governo se acha dotado de uma vontade pessoal soberana ou se reputa *legibus solutus* e onde, enfim, as regras de convivência não foram previamente elaboradas nem reconhecidas."[2]

Hoje, os países que possuem uma Constituição rígida, ou seja, aquelas cuja modificação de seu texto somente pode ser realizada por meio de um procedimento qualificado de emendas, que obedeça não só à forma constitucionalmente prevista como às matérias que poderão ser objeto dessa modificação, adotam um verdadeiro Estado Constitucional de Direito, no qual a Constituição, como fonte de validade de todas as normas, não pode ser contrariada pela legislação que lhe é inferior. Como instrumento de defesa da hierarquia constitucional existe o controle de constitucionalidade das leis.

---

[1] STRECK, Lenio Luiz; MORAIS, José Luis Bolzan de. *Ciência política e teoria geral do Estado*, p. 83-84.
[2] BONAVIDES, Paulo. *Ciência política*, p. 112.

Além do controle de constitucionalidade das leis, outro importante instrumento disponível na busca pela perfeita acomodação dos textos legais à norma fundamental é a chamada *interpretação conforme a Constituição*. Alexandre de Moraes leciona:

"A supremacia das normas constitucionais no ordenamento jurídico e a presunção de constitucionalidade das leis e atos normativos editados pelo poder público competente exigem que, na função hermenêutica de interpretação do ordenamento jurídico, seja sempre concedida preferência ao sentido da norma que seja adequado à Constituição Federal. Assim sendo, no caso de normas com várias significações possíveis, deverá ser encontrada a significação que apresente *conformidade com as normas constitucionais*, evitando sua declaração de inconstitucionalidade e consequente retirada do ordenamento jurídico."[3]

2. INTRODUÇÃO AO PRINCÍPIO DA LEGALIDADE PENAL

O princípio da legalidade vem insculpido no inciso XXXIX do art. 5º da Constituição Federal, que diz: *Não há crime sem lei anterior que o defina, nem pena sem prévia cominação legal* – redação que pouco difere daquela contida no art. 1º do Código Penal.

É o princípio da legalidade, sem dúvida alguma, o mais importante do Direito Penal. Conforme se extrai do art. 1º do Código Penal, bem como do inciso XXXIX do art. 5º da Constituição Federal, não se fala na existência de crime se não houver uma lei definindo-o como tal. A lei é a única fonte do direito penal quando se quer proibir ou impor condutas sob a ameaça de sanção. Tudo o que não for expressamente proibido é lícito em direito penal. Por essa razão, Von Liszt diz que o Código Penal é a Carta Magna do delinquente.[4]

Alguns autores atribuem a origem desse princípio à Magna Carta Inglesa, de 1215, editada ao tempo do Rei João Sem Terra, cujo art. 39 vinha assim redigido:

> **Art. 39.** Nenhum homem livre será detido, nem preso, nem despojado de sua propriedade, de suas liberdades ou livres usos, nem posto fora da lei, nem exilado, nem perturbado de maneira alguma; e não poderemos, nem faremos pôr a mão sobre ele, a não ser em virtude de um juízo legal de seus pares e segundo as leis do País.

No entanto, foi com a Revolução Francesa que o princípio atingiu os moldes exigidos pelo Direito Penal, conforme se pode verificar pela redação dos arts. 7º, 8º e 9º[5] da Declaração dos Direitos do Homem e do Cidadão, de 1789, o que levou Eduardo García de Enterría a afirmar que "o princípio da legalidade dos delitos e das penas, intuído pela Ilustração e con-

---

[3] MORAES, Alexandre de. *Direito constitucional*, p. 43.

[4] Dissertando sobre a expressão cunhada por Von Liszt, ou seja, de que o Código Penal era a "Magna Carta do delinquente", Claus Roxin aduz que "isso significa o seguinte: que assim como em seu momento a *Magna Charta Libertatum* britânica (1215) protegia o indivíduo das intromissões arbitrárias do poder estatal, o Código Penal põe a coberto o cidadão (tanto o honrado quanto o desonrado) de todo o castigo por uma conduta que não tenha sido claramente declarada punível antes do fato" (*Derecho penal* – Parte general, t. 1, p. 138).

[5] **Art. 7º** Ninguém pode ser acusado, preso ou detido senão nos casos determinados pela lei e de acordo com as formas por esta prescritas. Os que solicitam, expedem, executam ou mandam executar ordens arbitrárias devem ser punidos; mas qualquer cidadão convocado ou detido em virtude da lei deve obedecer imediatamente, caso contrário torna-se culpado de resistência. **Art. 8º** A lei apenas deve estabelecer penas estrita e evidentemente necessárias e ninguém pode ser punido senão por força de uma lei estabelecida e promulgada antes do delito e legalmente aplicada. **Art. 9º** Todo acusado é considerado inocente até ser declarado culpado e, se se julgar indispensável prendê-lo, todo o rigor desnecessário à guarda da sua pessoa deverá ser severamente reprimido pela lei.

cretado no grande livro de Beccaria, teve sua entrada solene na história através destes artigos da Declaração."[6]

O princípio da legalidade foi previsto expressamente em todos os nossos Códigos, desde o Código Criminal do Império, de 1830, até a reforma da parte geral do Código de 1940, ocorrida em 1984.

Por intermédio da lei existe a segurança jurídica do cidadão de não ser punido se não houver uma previsão legal criando o tipo incriminador, ou seja, definindo as condutas proibidas (comissivas ou omissivas), sob a ameaça de sanção.

Atribui-se a formulação latina do princípio da reserva legal – *nullum crimen, nulla poena sine praevia lege* – a Paul Johann Anselm Ritter Von Feuerbach, em seu *Tratado de direito penal*, que veio a lume em 1801.[7] Feuerbach assevera:

"I) Toda imposição de pena pressupõe uma lei penal (*nullum poena sine lege*). Por isso, só a cominação do mal pela lei é o que fundamenta o conceito e a possibilidade jurídica de uma pena. II) A imposição de uma pena está condicionada à existência de uma ação cominada (*nulla pena sine crimine*). Por fim, é mediante a lei que se vincula a pena ao fato, como pressuposto juridicamente necessário. III) O fato legalmente cominado (o pressuposto legal) está condicionado pela pena legal (*nullum crimen sine poena legali*). Consequentemente, o mal, como consequência jurídica necessária, será vinculado mediante lei a uma lesão jurídica determinada."[8]

Na primeira parte do art. 7º da Declaração dos Direitos do Homem e do Cidadão de 1789, já se afirmava: *Ninguém pode ser acusado, detido ou preso, senão nos casos determinados pela lei e de acordo com as formas por ela prescritas.*

O princípio da legalidade, de acordo com as precisas lições de Paulo César Busato:

"Só pode ser corretamente compreendido em sua importância e extensão quando observado em todas as suas dimensões, como garantia inviolável do cidadão frente ao exercício punitivo do Estado. Ou seja, não basta considerar o princípio da legalidade um instrumento jurídico, relacionado apenas com a norma posta, como um filtro jurídico do direito positivo. É preciso ir além e enxergar o contexto histórico de seu desenvolvimento e tudo o que se pretendeu alcançar através da sua afirmação. Visto assim, entra em evidência, antes de tudo, a sua dimensão *política*, que significa o predomínio do Poder Legislativo como órgão que representa a vontade geral frente aos outros Poderes do Estado, para, a seguir, merecer consideração sua dimensão *técnica*, que expressa a forma de como devem os legisladores formular as normas penais. O princípio de legalidade, tanto em sua dimensão política como técnica constitui uma garantia indiscutível do cidadão frente ao poder punitivo estatal"[9].

3. FUNÇÕES DO PRINCÍPIO DA LEGALIDADE

O princípio da legalidade possui quatro funções fundamentais:

1ª) proibir a retroatividade da lei penal (*nullum crimen nulla poena sine lege praevia*);

---

[6] GARCÍA ENTERRÍA, Eduardo. *La lengua de los derechos* – La formación del derecho público europeo tras la revolución francesa, p. 158.
[7] Conforme BATISTA, Nilo. *Introdução crítica ao direito penal brasileiro*, p. 66.
[8] Apud PRADO, Luiz Regis. *Curso de direito penal brasileiro* – Parte geral, p. 75.
[9] BUSATO, Paulo César. *Direito penal* – parte geral, p. 33/34.

2ª) proibir a criação de crimes e penas pelos costumes (*nullum crimen nulla poena sine lege scripta*);

3ª) proibir o emprego de analogia para criar crimes, fundamentar ou agravar penas (*nullum crimen nulla poena sine lege stricta*);

4ª) proibir incriminações vagas e indeterminadas (*nullum crimen nulla poena sine lege certa*).

O inciso XL do art. 5º da Constituição Federal, em reforço ao princípio da legalidade previsto no inciso XXXIX do mesmo artigo, diz que *a lei penal não retroagirá, salvo para beneficiar o réu*. A regra constitucional, portanto, é a da irretroatividade da lei penal; a exceção é a retroatividade, desde que seja para beneficiar o agente. Com essa vertente do princípio da legalidade tem-se a certeza de que ninguém será punido por um fato que, ao tempo da ação ou da omissão, era tido como um indiferente penal, haja vista a inexistência de qualquer lei penal incriminando-o (*nullum crimen nulla poena sine lege praevia*).

A certeza da proibição somente decorre da lei. Como preleciona Assis Toledo, "da afirmação de que só a lei pode criar crimes e penas resulta, como corolário, a proibição da invocação do direito consuetudinário para a fundamentação ou agravação da pena, como ocorreu no direito romano e medieval."[10] A fonte de conhecimento imediata do direito penal é a lei. Sem ela não se pode proibir ou impor condutas sob a ameaça de sanção (*nullum crimen nulla poena sine lege scripta*).

O princípio da legalidade veda, também, o recurso à analogia *in malam partem* para criar hipóteses que, de alguma forma, venham a prejudicar o agente, seja criando crimes, seja incluindo novas causas de aumento de pena, de circunstâncias agravantes etc. Se o fato não foi previsto expressamente pelo legislador, não pode o intérprete socorrer-se da analogia a fim de tentar abranger fatos similares aos legislados em prejuízo do agente (*nullum crimen nulla poena sine lege stricta*).

O princípio da reserva legal não impõe somente a existência de lei anterior ao fato cometido pelo agente, definindo as infrações penais. Obriga, ainda, que no preceito primário do tipo penal incriminador haja uma *definição precisa da conduta* proibida ou imposta, sendo vedada, portanto, com base em tal princípio, a criação de tipos que contenham *conceitos vagos* ou *imprecisos*. A lei deve ser, por isso, *taxativa*.

Com precisão, Paulo de Souza Queiroz preleciona:

> "O princípio da reserva legal implica a máxima determinação e taxatividade dos tipos penais, impondo-se ao Poder Legislativo, na elaboração das leis, que redija tipos penais com a máxima precisão de seus elementos, bem como ao Judiciário que as interprete restritivamente, de modo a preservar a efetividade do princípio."[11]

Exemplos de tais conceitos vagos ou imprecisos seriam encontrados naqueles tipos penais que contivessem em seu preceito primário a seguinte redação: "São proibidas quaisquer condutas que atentem contra os interesses da pátria." O que isso significa realmente? Quais são essas condutas que atentam contra os interesses da pátria? O agente tem de saber exatamente qual a conduta que está proibida de praticar, não devendo ficar, assim, nas mãos do intérprete, que dependendo do momento político pode, ao seu talante, alargar a sua exegese, de modo a abarcar todas as condutas que sejam de seu exclusivo interesse (*nullum crimen nulla*

---

[10] TOLEDO, Francisco de Assis. *Princípios básicos de direito penal*, p. 25.
[11] QUEIROZ, Paulo de Souza. *Direito penal* – Introdução crítica, p. 23-24.

poena sine lege certa), como já aconteceu na história do direito penal no período da Alemanha nazista, da Itália fascista, e na União Soviética, logo após a Revolução bolchevique.[12]

4. LEGALIDADE FORMAL E LEGALIDADE MATERIAL

Um Direito Penal que procura estar inserido sob uma ótica garantista deve, obrigatoriamente, discernir os critérios de legalidade formal e material, sendo ambos indispensáveis à aplicação da lei penal.

Por legalidade formal entende-se a obediência aos trâmites procedimentais previstos pela Constituição para que determinado diploma legal possa vir a fazer parte de nosso ordenamento jurídico. Assim, por exemplo, no que diz respeito à lei ordinária, para que se constate a sua legalidade formal, dever-se-á, após a iniciativa e discussão do projeto em plenário por ambas as casas do Congresso Nacional (Câmara dos Deputados e Senado Federal), obter a maioria dos votos, presente a maioria absoluta de seus membros, conforme determina o art. 47 da Constituição Federal. Já o projeto de lei complementar, para que possa ser aprovado, necessita dos votos da maioria absoluta dos membros de cada casa do Congresso Nacional. Assim, por exemplo, se uma lei complementar viesse a ser aprovada com o voto da maioria simples, e não absoluta, conforme determina o art. 69 da Constituição Federal, ela padeceria do vício da inconstitucionalidade formal (ou nomodinâmica), visto não ter atendido às exigências procedimentais determinadas pelo texto constitucional. Haveria, portanto, uma ilegalidade formal.

A aceitação em nosso ordenamento jurídico de uma norma que atendesse tão somente às formas e aos procedimentos destinados à sua criação conduziria à adoção do princípio de *mera legalidade,* segundo a expressão utilizada por Ferrajoli.[13]

Contudo, em um Estado Constitucional de Direito, no qual se pretenda adotar um modelo penal garantista, além da legalidade formal deve haver, também, aquela de cunho material. Devem ser obedecidas não somente as formas e procedimentos impostos pela Constituição, mas também, e principalmente, o seu conteúdo, respeitando-se suas proibições e imposições para a garantia de nossos direitos fundamentais por ela previstos. Aqui, adota-se não mera legalidade, mas, sim, como preleciona Ferrajoli, um princípio de *estrita legalidade*.[14]

Salienta Ferrajoli:

"O sistema das normas sobre a produção de normas – habitualmente estabelecido, em nossos ordenamentos, com fundamento constitucional – não se compõe somente de normas formais sobre a competência ou sobre os procedimentos de formação das leis. Inclui também normas

---

[12] Ferrajoli nos faz recordar que na Alemanha nazista "uma lei de 28 de junho de 1935 substituiu o velho art. 2º do Código Penal de 1871, que enunciava o princípio de legalidade penal, pela seguinte norma: 'será punido quem pratique um fato que a lei declare punível ou que seja merecedor de punição, segundo o conceito fundamental de uma lei penal e segundo o são sentimento do povo. Se, opondo-se ao fato, não houver qualquer lei penal de imediata aplicabilidade, o fato punir-se-á sobre a base daquela lei penal cujo conceito fundamental melhor se ajuste a ele'. Também foi negado, explicitamente, o princípio da legalidade no direito soviético dos anos seguintes à Revolução. O Código da República Russa de 1922 – inovando em relação à instrução penal de 1918, segundo a qual era 'considerado delito a ação que no momento da sua realização era proibida pela lei sob ameaça de pena' – enunciou no art. 6º uma noção de delito puramente material: é delito toda 'ação ou omissão socialmente perigosa, que ameace as bases do ordenamento soviético e a ordem jurídica estabelecida pelo regime dos operários e camponeses para o período de transição em prol da realização do comunismo'" (*Direito e razão*, p. 309).

[13] FERRAJOLI, Luigi. *Derechos y garantías* – La ley del más débil, p. 66.

[14] FERRAJOLI, Luigi. *Derechos y garantías* – La ley del más débil, p. 66.

substanciais, como o princípio da igualdade e os direitos fundamentais, que de modo diverso limitam e vinculam o poder legislativo excluindo ou impondo-lhe determinados conteúdos. Assim, uma norma – por exemplo, uma lei que viola o princípio constitucional da igualdade – por mais que tenha existência formal ou vigência, pode muito bem ser inválida e como tal suscetível de anulação por contraste com uma norma substancial sobre sua produção."[15]

Os princípios da legalidade formal e da legalidade material, bem como os de vigência e validade da norma, podem ser resumidos e expressos por intermédio do brocardo *nulla poena, nullum crimen sine lege valida*.

5. VIGÊNCIA E VALIDADE DA LEI

Da distinção entre legalidade formal e legalidade material ou substancial surge uma outra, qual seja, a diferença entre vigência e validade da norma penal.

O conceito de vigência da lei penal estaria para a legalidade formal assim como o conceito de validade estaria para a legalidade material. A lei penal formalmente editada pelo Estado pode, decorrido o período de *vacatio legis*, ser considerada em vigor. Contudo, a sua vigência não é suficiente, ainda, para que ela possa vir a ser efetivamente aplicada. Assim, somente depois da aferição de sua validade, isto é, somente depois de conferir sua conformidade com o texto constitucional é que ela terá plena aplicabilidade, sendo considerada, portanto, válida.

Nesse sentido são as lições de Ferrajoli quando diz:

"Num ordenamento jurídico dotado de Constituição rígida, para que uma norma seja válida ademais de vigente não basta que haja sido emanada com as formas predispostas para sua produção, senao que tambem e necessário que seus conteúdos substanciais respeitem os princípios e os direitos fundamentais estabelecidos na Constituição."[16]

O juiz, como já dissemos, exerce papel decisivo quanto ao controle de validade da norma, ao compará-la com o texto constitucional. Não deve ser um autômato aplicador da lei, mas sim o seu mais crítico intérprete, sempre com os olhos voltados para os direitos fundamentais conquistados a duras penas, em um Estado Constitucional de Direito. Por essa razão é que Ferrajoli assevera que a interpretação da lei deverá ser realizada sempre conforme a Constituição e que o juiz nunca deverá sujeitar-se à lei de maneira acrítica e incondicionada, senão antes de tudo à Constituição, "que impõe ao juiz a crítica das leis inválidas através de sua reinterpretação em sentido constitucional e a denúncia da sua inconstitucionalidade."[17]

Conforme a lúcida conclusão de Salo de Carvalho:

"O papel da jurisdição expresso pela teoria do garantismo deve ser compreendido como defesa intransigente dos direitos fundamentais, *topos* hermenêutico de avaliação da validade substancial das leis. O vínculo do julgador à legalidade não deve ser outro que ao da legalidade constitucionalmente válida, sendo imperante sua tarefa de superador das incompletudes, in-

---

[15] FERRAJOLI, Luigi. *Derechos y garantías* – La ley del más débil, p. 20-21.
[16] FERRAJOLI, Luigi. *Derechos y garantías* – La ley del más débil, p. 66. "A averiguação sobre o atendimento dos requisitos formais, para verificar-se se uma norma existe e é vigente, fica restrita a uma simples investigação e a um juízo empírico ou de fato, o mesmo não ocorrendo em relação à operação referente aos requisitos conteudísticos. Os juízos relativos à validez substancial das normas consistem numa valoração de sua conformidade ou desconformidade com os valores expressos pelas normas superiores a elas" (Copetti, André. *Direito penal e estado democrático de direito*, p. 143).
[17] FERRAJOLI, Luigi. *Derechos y garantías* – La ley del más débil, p. 26.

coerências e contradições do ordenamento inferior em respeito ao estatuto maior. A denúncia crítica da invalidade (constitucional) das leis permite sua exclusão do sistema, não gerando nada além do que a otimização do próprio princípio da legalidade e não, como querem alguns afoitos doutrinadores, sua negação."[18]

6. TERMO INICIAL DE APLICAÇÃO DA LEI PENAL

O procedimento legislativo previsto na Constituição Federal, apto a inovar o nosso ordenamento jurídico-penal pela edição de uma lei ordinária, é composto pelas seguintes fases: *iniciativa do projeto; discussão; votação; sanção ou veto; promulgação; publicação; vigência*.

Depois de discutido e votado o projeto de lei pelo Congresso Nacional, ele é remetido ao Presidente da República, com a finalidade de sancioná-lo (aprovando-o) ou vetá-lo (rejeitando-o) total ou parcialmente. Uma vez sancionado o projeto, o Presidente da República promulga-o, atestando que a ordem jurídica foi inovada. Desse modo, o projeto deixa de ser considerado como tal e passa a gozar do *status* de lei. Agora, a lei deverá ser publicada para que dela todos tomem conhecimento. Uma vez publicada a lei penal, ela terá vigência imediata ou não. Se houver previsão para sua vigência e se esta não coincidir com a sua publicação, o período entre a publicação e a vigência da lei é conhecido como *vacatio legis*.

Já vimos que, em virtude do princípio da legalidade, somente por intermédio de uma lei penal é que se pode proibir ou impor condutas sob a ameaça de sanção. Mas a só existência de uma lei penal não é suficiente. Como tivemos a oportunidade de perceber ao indicarmos as fases do processo de criação da lei, esta já existe a partir de sua promulgação e consequente publicação. Mas será que com a sua só publicação já estamos obrigados a obedecê-la? A resposta, aqui, só pode ser negativa.

Além da necessidade inafastável da existência de uma lei proibindo ou impondo condutas sob a ameaça de sanção, é preciso que o agente tenha praticado o fato nela incriminado posteriormente à sua vigência. A lei, portanto, deve sempre estar em vigor anteriormente à conduta do agente. O marco, portanto, para que devamos obediência à lei penal, como regra, é a data de sua vigência. Isso quer dizer que a lei penal que contenha tipos penais incriminadores ou que de qualquer forma agrave a situação do agente, aumentando, por exemplo, hipóteses de circunstâncias agravantes, criando causas de aumento de pena etc., só pode ser aplicada, ou mesmo obedecida, após a sua entrada em vigor.

Suponhamos que o Congresso Nacional aprove um projeto e o Presidente da República o sancione, proibindo a ingestão de bebidas alcoólicas em locais públicos ou abertos ao público depois das 22 horas. Para que a população pudesse tomar conhecimento da proibição, determinou-se que a lei somente entraria em vigor seis meses após a sua publicação. Um dia antes da sua vigência, alguns rapazes resolvem fazer uma comemoração e são surpreendidos às 23 horas, já terminando com as últimas garrafas de uísque que haviam consumido. Nesse instante, surgem os policiais e os prendem em flagrante, ao argumento de que haviam desobedecido à lei que proibia aquela conduta. Pergunta-se: Estava aquele grupo obrigado a obedecer à lei penal que teria vigência no dia seguinte, embora já publicada há seis meses? Absolutamente não, porque nosso marco de atenção obrigatória para com a lei penal será a partir da data da sua vigência.

Contudo, se a lei penal, em vez de prejudicar o agente, vier a beneficiá-lo, devemos ainda aguardar a data do início da sua vigência para sua aplicação?

Em caso de *lex mitior*, existe a possibilidade, como veremos mais adiante ao estudarmos o princípio da extra-atividade da lei penal, de ser aplicada ao caso concreto antes mesmo da

---

[18] CARVALHO, Salo de. *Pena e garantias* – Uma leitura do garantismo de Luigi Ferrajoli no Brasil, p. 108.

sua entrada em vigor, visto que, segundo as determinações contidas no inciso XL do art. 5º da Constituição Federal e no art. 2º do Código Penal, a lei posterior que de qualquer modo favorecer o agente deverá retroagir, ainda que o fato já tenha sido decidido por sentença condenatória transitada em julgado. O raciocínio que se faz, *in casu*, é no sentido de que se a lei, obrigatoriamente, terá de retroagir a fim de beneficiar o agente, por que não a aplicar antes mesmo do início da sua vigência, mediante a sua só publicação? Por economia de tempo, não se exige que se aguarde a sua vigência, podendo ser aplicada a partir da sua publicação.

7. MEDIDAS PROVISÓRIAS REGULANDO MATÉRIAS PENAIS

Somente a lei em sentido estrito pode criar tipos penais proibindo condutas sob a ameaça de pena. Quando falamos em lei em sentido estrito, estamos nos referindo às chamadas leis ordinárias. As leis ordinárias, como é cediço, surgem da conjugação da vontade do povo, representado por seus deputados federais, com a vontade dos Estados, representados por seus senadores, contando, ainda, com a sanção do Presidente da República, chefe do Poder Executivo. Levando em consideração o sistema representativo por nós acolhido no parágrafo único do art. 1º da Constituição Federal, devemos entender que toda vez que o sistema jurídico-penal é inovado com a criação ou abolição de figuras típicas é sinal de que a sociedade assim o quis, e para tanto valeu-se do único instrumento para isso indicado, que é a lei ordinária.

Somente por intermédio de lei ordinária, portanto, em obediência aos princípios da legalidade e da separação dos poderes, é que se pode legislar em matéria penal. Embora fosse esse o entendimento da maioria de nossos doutrinadores, muito se discutiu sobre a possibilidade de as medidas provisórias regularem matéria de Direito Penal. Vários foram os argumentos que procuravam afastar qualquer possibilidade de poderem as medidas provisórias regular matérias penais, a saber:

1º) A função de legislar em matéria penal cabe ao Poder Legislativo, e não ao Poder Executivo, havendo, no caso das medidas provisórias, uma indevida invasão na matéria reservada a outro poder, ofendendo, dessa forma, o princípio da separação dos poderes, razão pela qual a medida provisória que pretendesse regular qualquer matéria penal devia ser declarada inconstitucional.

2º) O procedimento legislativo relativo à elaboração de leis ordinárias passa pelas seguintes fases: iniciativa, discussão, votação, sanção/veto, promulgação, publicação e vigência. Quer dizer que para que seja inovado o ordenamento jurídico-penal é preciso que haja, obrigatoriamente, uma discussão sobre o tema, no qual cada parlamentar, representando o povo brasileiro (Câmara dos Deputados) e seus Estados (Senado Federal), discutirá sobre a necessidade ou não de inovação do sistema jurídico-penal. Já as medidas provisórias invertem completamente o aludido procedimento, uma vez que, segundo o art. 62 da Constituição Federal, começam a regular as situações por ela abrangidas a partir de sua publicação, sendo eficazes até que, depois de submetidas ao crivo do Congresso Nacional, sejam por ele rejeitadas ou, caso contrário, venham a ser convertidas em lei.

3º) As medidas provisórias, conforme determinado pelo art. 62 da Constituição Federal, só podem ser editadas nos casos de *relevância* e de *urgência*. Não se discute que toda matéria de direito penal seja relevante, uma vez que está em jogo a liberdade dos cidadãos. Mas onde está a urgência para que o chefe do Poder Executivo queira, de imediato, sem a necessária reflexão e discussão de muitos, inovar imediatamente o sistema jurídico-penal? Assim, como se percebe, cai por terra um de seus requisitos necessários, vale dizer, a urgência da medida provisória, sem a qual se torna impossível sua edição.

4º) Já que não sendo lei, mas possuindo simplesmente *força de lei*, conforme redação do art. 62 da Constituição Federal, ficaria a medida provisória condicionada à sua aprovação pelo Congresso Nacional para que, somente depois da sua conversão, pudesse cuidar de matéria penal? Nesse caso, a medida provisória mais pareceria com um projeto de iniciativa do Poder Executivo e também ficaria afastado, aqui, o requisito da *urgência*.

5º) Entendia o Ministro Cernicchiaro[19] que a medida provisória podia cuidar de matéria penal; contudo, somente teria aplicação a partir da sua conversão em lei.

Já Alberto Silva Franco, adotando posição totalmente contrária, preleciona:

"se a CF/88 agasalhou, no campo penal, o princípio da legalidade; se tal princípio tem, entre outros significados, o de reserva absoluta de lei; se, portanto, só a lei em sentido estrito, emanada do Poder Legislativo, mediante o procedimento adequado, poderá criar tipos e impor penas, é inquestionável que a medida provisória – 'Não é lei porque não nasce no Legislativo. Tem força de lei, embora emane de uma única pessoa, é unipessoal, não é fruto de representação popular, estabelecida no art. 1º, § 1º (todo poder emana do povo). Medida Provisória não é lei' (Temer, Michel. *Elementos de direito constitucional*, 1989, p. 153-154), que procede do Poder Executivo, representa não apenas um agravo ao princípio do *nullum crimen, nulla poena sine lege*, mas também uma insuportável invasão em matéria reservada, pela Constituição Federal, a outro poder. Enfim, uma dupla ofensa à Constituição que inquina o ato do Poder Executivo de flagrante inconstitucionalidade."[20]

Embora tais discussões tenham tido o mérito de, ao seu tempo, tentar afastar a utilização das medidas provisórias em matéria penal, depois da promulgação da Emenda Constitucional nº 32, a alínea *b* do inciso I do § 1º do art. 62 da Constituição Federal diz, textualmente, o seguinte:

> Art. 62. Em caso de relevância e urgência, o Presidente da República poderá adotar medidas provisórias, com força de lei, devendo submetê-las de imediato ao Congresso Nacional:
> § 1º É vedada a edição de medidas provisórias sobre matéria:
> I – relativa a:
> a) [...];
> b) direito penal, processual penal e processual civil;

Assim, depois de anos de discussões doutrinárias e jurisprudenciais, a vedação constitucional foi bem-vinda, mesmo que tardia, acabando, de uma vez por todas, com a possibilidade de o Poder Executivo legislar sobre matéria de Direito Penal por intermédio de suas medidas provisórias.[21]

É importante salientar, conforme alerta Andre Estefam:

"Que um setor da doutrina acredita ser possível a existência de medidas provisórias benéficas em matéria penal. Como exemplo de medida provisória benéfica, pode-se citar a Medida Provisória nº 417, de 2008 (posteriormente convertida na Lei nº 11.706, de 19/6/2008), que autorizou a entrega espontânea de armas de fogo à Polícia Federal, afastando a ocorrência do crime de porte ilegal (art. 14 da Lei nº 10.826, de 2003)."

---

[19] CERNICCHIARO, Luiz Vicente; COSTA JÚNIOR, Paulo José da. *Direito penal na Constituição*, p. 39.
[20] SILVA FRANCO, Alberto. *Código penal e sua interpretação jurisprudencial* – Parte geral, p. 28.
[21] No entanto, mesmo após o advento da citada emenda constitucional, há quem admita medida provisória apenas quando o teor desta beneficiar o agente, a exemplo do que ocorreu com o Estatuto do Desarmamento (Lei nº 10.826/2003), em relação à dilação do prazo para o registro de arma de fogo (art. 30).

8. DIFERENÇA ENTRE PRINCÍPIO DA LEGALIDADE E PRINCÍPIO DA RESERVA LEGAL

Alguns autores, a exemplo de Flávio Augusto Monteiro de Barros,[22] procuram levar a efeito uma distinção entre o princípio da legalidade e o da reserva legal.

Segundo parte da doutrina, a diferença residiria no fato de que, falando-se tão somente em princípio da legalidade, estaríamos permitindo a adoção de quaisquer dos diplomas elencados pelo art. 59 da Constituição Federal (leis complementares, leis ordinárias, leis delegadas, medidas provisórias, decretos legislativos, resoluções); ao contrário, quando fazemos menção ao princípio da reserva legal, estamos limitando a criação legislativa, em matéria penal, tão somente às leis ordinárias – que é a regra geral – e às leis complementares.

Acreditamos que o melhor seria restringir ainda mais a possibilidade de edição de diplomas penais, ficando limitada tal possibilidade às leis complementares, tal como ocorre na Espanha, que adota as chamadas Leis Orgânicas, que lhe são equivalentes. Assim, com a exigência de um *quorum* qualificado para a sua aprovação (maioria absoluta, de acordo com o art. 69 da CF), tentaríamos, de alguma forma, conter a "fúria do legislador", evitando a tão repugnada *inflação legislativa*.

De qualquer forma, apesar das posições em contrário, mesmo adotando-se a expressão *princípio da legalidade* em sede de Direito Penal, outro raciocínio não podemos ter a não ser permitir a criação legislativa, nessa matéria, somente por intermédio de leis ordinárias e leis complementares, como vimos, razão pela qual não vemos interesse em tal distinção.

9. QUADRO-RESUMO

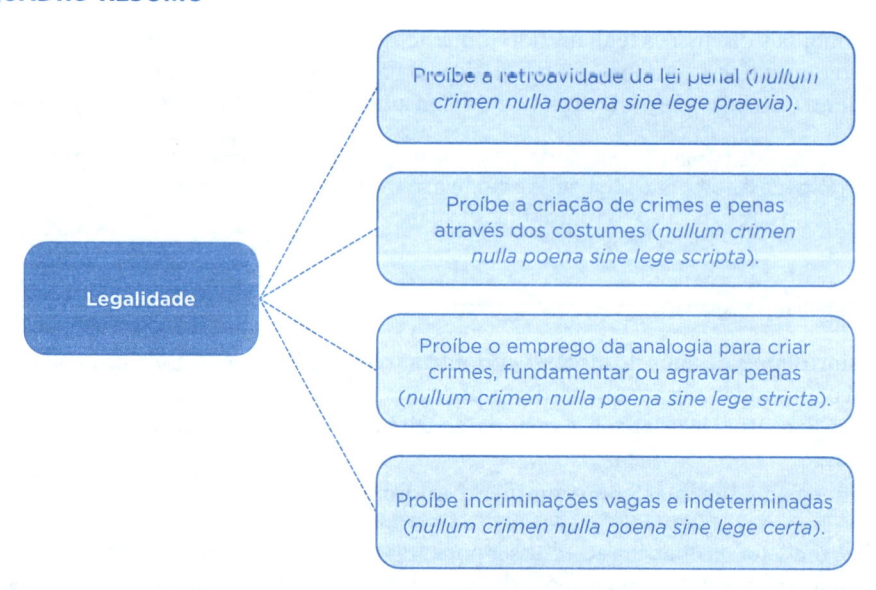

Legalidade
- Proíbe a retroavidade da lei penal (*nullum crimen nulla poena sine lege praevia*).
- Proíbe a criação de crimes e penas através dos costumes (*nullum crimen nulla poena sine lege scripta*).
- Proíbe o emprego da analogia para criar crimes, fundamentar ou agravar penas (*nullum crimen nulla poena sine lege stricta*).
- Proíbe incriminações vagas e indeterminadas (*nullum crimen nulla poena sine lege certa*).

---

[22] BARROS, Flávio Augusto Monteiro de. *Direito penal*, p. 29-30.

Legalidade formal x Legalidade material

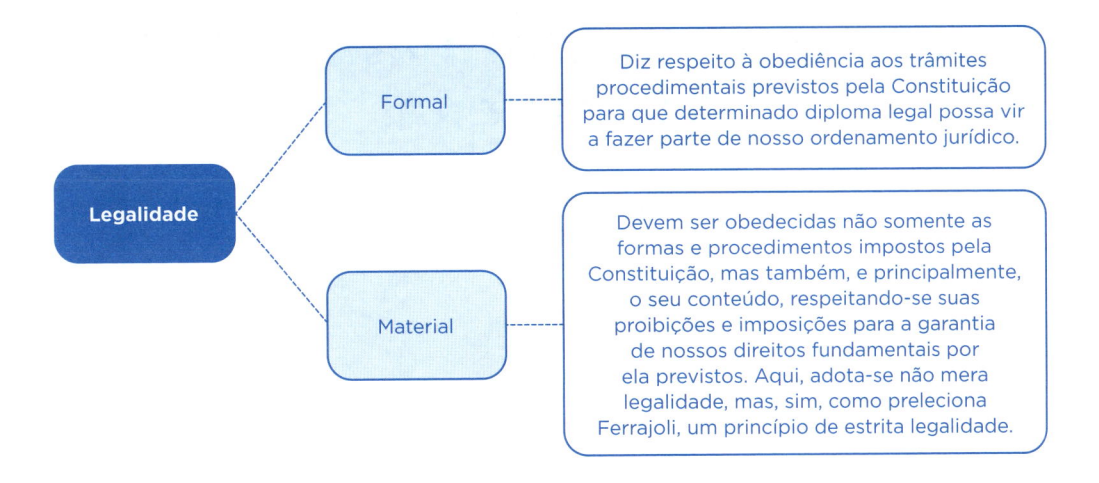

Legalidade
- **Formal**: Diz respeito à obediência aos trâmites procedimentais previstos pela Constituição para que determinado diploma legal possa vir a fazer parte de nosso ordenamento jurídico.
- **Material**: Devem ser obedecidas não somente as formas e procedimentos impostos pela Constituição, mas também, e principalmente, o seu conteúdo, respeitando-se suas proibições e imposições para a garantia de nossos direitos fundamentais por ela previstos. Aqui, adota-se não mera legalidade, mas, sim, como preleciona Ferrajoli, um princípio de estrita legalidade.

Capítulo XVII
Princípio da Extra-atividade da Lei Penal

1. INTRODUÇÃO

A lei penal, mesmo depois de revogada, pode continuar a regular fatos ocorridos durante sua vigência ou retroagir para alcançar aqueles que aconteceram anteriormente à sua entrada em vigor. Essa possibilidade que é dada à lei penal para se movimentar no tempo chama-se *extra-atividade*.

A regra geral, trazida no próprio texto da Constituição Federal, é a da irretroatividade *in pejus*, ou seja, a da absoluta impossibilidade de a lei penal retroagir para, de qualquer modo, prejudicar o agente; a exceção é a retroatividade *in mellius*, quando a lei vier, também, de qualquer modo, a favorecê-lo, conforme se dessume do inciso XL de seu art. 5º, assim redigido:

> **Art. 5º.** [...]
> [...]
> XL – a lei penal não retroagirá, salvo para beneficiar o réu.

Tal regra de proibição da retroatividade da chamada *lex gravior* reside no fato, segundo Roxin, de que:

> "Todo legislador pode cair na tentação de introduzir ou agravar *a posteriori* as previsões de pena sob a pressão de fatos especialmente escandalosos, para aplacar estados de alarme e excitação politicamente indesejáveis. Pois bem, impedir que se produzam tais leis *ad hoc*, feitas na medida do caso concreto e que em sua maioria são também inadequadas em seu conteúdo como consequência das emoções do momento, é uma exigência irrenunciável do Estado de Direito."[1]

2. TEMPO DO CRIME

Logo adiante, quando iniciarmos o estudo da extra-atividade da lei penal, perceberemos que tal extra-atividade somente ocorrerá nas hipóteses de sucessão de leis no tempo. Quando

---
[1] ROXIN, Claus. *Derecho penal* – Parte general, t. 1, p. 161.

não houver o confronto de leis que se sucederam no tempo, disputando o tratamento de determinado fato, não se poderá falar em extra-atividade.

O primeiro marco, necessário ao confronto das leis que se sucederam no tempo, deverá ser identificado com clareza. É preciso, pois, apontar com precisão o chamado tempo do crime, com base no qual nosso raciocínio se desdobrará.

Várias teorias disputam o tratamento do tema relativo ao tempo do crime, podendo-se destacar as seguintes:

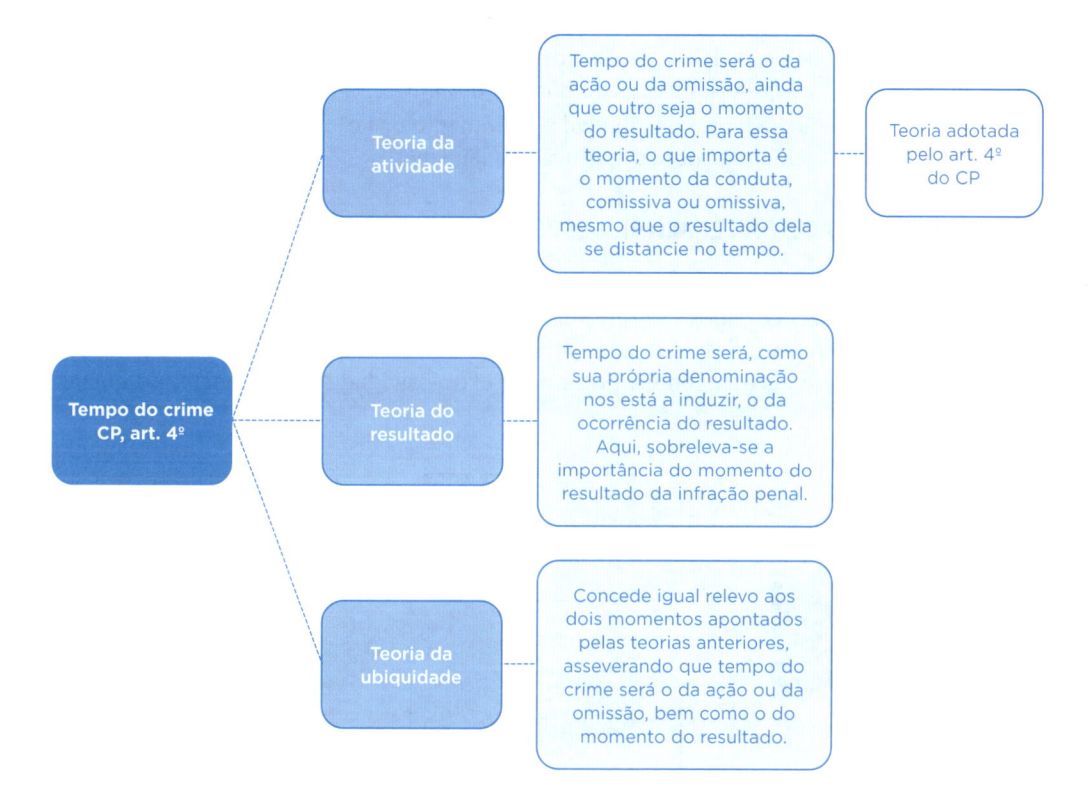

Tempo do crime CP, art. 4º

- **Teoria da atividade**: Tempo do crime será o da ação ou da omissão, ainda que outro seja o momento do resultado. Para essa teoria, o que importa é o momento da conduta, comissiva ou omissiva, mesmo que o resultado dela se distancie no tempo. — Teoria adotada pelo art. 4º do CP
- **Teoria do resultado**: Tempo do crime será, como sua própria denominação nos está a induzir, o da ocorrência do resultado. Aqui, sobreleva-se a importância do momento do resultado da infração penal.
- **Teoria da ubiquidade**: Concede igual relevo aos dois momentos apontados pelas teorias anteriores, asseverando que tempo do crime será o da ação ou da omissão, bem como o do momento do resultado.

Pela teoria da atividade, tempo do crime será o da ação ou da omissão, ainda que outro seja o momento do resultado. Para essa teoria, o que importa é o momento da conduta, comissiva ou omissiva, mesmo que o resultado dela se distancie no tempo.

Já a teoria do resultado determina que o tempo do crime será, como sua própria denominação nos está a induzir, o da ocorrência do resultado. Aqui, sobreleva-se a importância do momento do resultado da infração penal.

A teoria mista ou da ubiquidade concede igual relevo aos dois momentos apontados pelas teorias anteriores, asseverando que o tempo do crime será o da ação ou da omissão, bem como o do momento do resultado.

O Código Penal adotou a teoria da atividade, conforme se verifica no seu art. 4º, assim redigido:

> **Art. 4º.** Considera-se praticado o crime no momento da ação ou omissão, ainda que outro seja o momento do resultado.

O momento da conduta, comissiva ou omissiva, será, portanto, o nosso marco inicial para todo tipo de raciocínio que se queira fazer em sede de extra-atividade da lei penal, bem como nas situações em que não houver sucessão de leis no tempo. A escolha de tal teoria determina, por exemplo, a aplicação, ou não, da lei penal em certas situações, ou a opção pela lei mais benigna dentre aquelas que se sucederam no tempo. Suponhamos que uma pessoa tenha dirigido finalisticamente sua conduta a causar a morte de alguém, atirando em direção à vítima, vindo a atingi-la numa região letal. No momento da conduta, o agente contava com apenas 17 anos e 11 meses de idade, sendo que a morte da vítima ocorrera três meses depois, quando aquele já havia atingido a maioridade penal. No caso em tela, ficará afastada a aplicação da lei penal, uma vez que ao tempo do crime o agente era tido como inimputável.[2] Pode acontecer ainda que, ocorrendo a sucessão de leis no tempo, seja preciso confrontar a lei do momento da ação ou da omissão com aquela que a sucedeu, a fim de ser apurada e aplicada aquela que melhor atenda aos interesses do agente, ou seja, a chamada *lex mitior* ou *novatio legis in mellius*.

Em síntese, adotada a teoria da atividade, o momento da ação ou da omissão será nosso marco inicial para o raciocínio sobre a aplicação da lei penal.

3. EXTRA-ATIVIDADE DA LEI PENAL – ESPÉCIES

Chamamos de extra-atividade a capacidade que tem a lei penal de se movimentar no tempo regulando fatos ocorridos durante sua vigência, mesmo depois de ter sido revogada, ou de retroagir no tempo, a fim de regular situações ocorridas anteriormente à sua vigência, desde que benéficas ao agente. Temos, portanto, a extra-atividade como gênero, do qual seriam espécies:

Extra-atividade da lei penal
- **Ultra-atividade**: Ocorre quando a lei, mesmo depois de revogada, continua a regular os fatos ocorridos durante a sua vigência.
- **Retroatividade**: É a possibilidade conferida à lei penal de retroagir no tempo, a fim de regular os fatos ocorridos anteriormente à sua entrada em vigor.

Fala-se em ultra-atividade quando a lei, mesmo depois de revogada, continua a regular os fatos ocorridos durante sua vigência; retroatividade seria a possibilidade conferida à lei penal de retroagir no tempo, a fim de regular os fatos ocorridos anteriormente à sua entrada em vigor.

Suponhamos que alguém, dirigindo seu automóvel, tenha praticado, no trânsito, um crime de homicídio culposo no dia 1º de setembro de 1997. O § 3º do art. 121 do Código Penal prevê uma pena de detenção de um a três anos para essa modalidade de infração penal. O processo, depois de concluídas as investigações, teve início em 5 de novembro daquele mesmo ano, estando os autos conclusos para julgamento em março de 1998, ocasião em que já estava em vigor o Código de Trânsito Brasileiro (Lei nº 9.503, de 23/9/97). O Código de Trânsito, almejando punir com mais rigor os motoristas causadores de homicídios culposos, criou uma nova figura típica por intermédio de seu art. 302, assim redigido:

---

[2] Nesse caso, terá aplicação a Lei nº 8.069/90 (Estatuto da Criança e do Adolescente), haja vista a prática do ato infracional.

> **Art. 302.** Praticar homicídio culposo na direção de veículo automotor:
> Penas – detenção, de 2 (dois) a 4 (quatro) anos e suspensão ou proibição de se obter a permissão ou a habilitação para dirigir veículo automotor.

Indagamos: as novas disposições criminais do Código de Trânsito poderiam retroagir a fim de alcançar a conduta praticada pelo agente, que a elas se amolda, ocorrida anteriormente à sua vigência, ou o Código Penal, por ser mais benéfico, será ultra-ativo? A regra que deverá prevalecer, no exemplo fornecido, em obediência às determinações constitucionais, será a da ultra-atividade do Código Penal.

Concluindo, a ultra-atividade e a retroatividade da lei penal serão realizadas, sempre, em benefício do agente, e nunca em seu prejuízo, e pressupõem, necessariamente, sucessão de leis no tempo.

4. *NOVATIO LEGIS IN MELLIUS* E *NOVATIO LEGIS IN PEJUS*

O parágrafo único do art. 2º do Código Penal, cuidando da lei penal no tempo, preconiza:

> **Parágrafo único.** A lei posterior, que de qualquer modo favorecer o agente, aplica-se aos fatos anteriores, ainda que decididos por sentença condenatória transitada em julgado.

A lei nova, editada posteriormente à conduta do agente, poderá conter dispositivos que o prejudiquem ou que o beneficiem. Será considerada *novatio legis in pejus*, se prejudicá-lo; ou *novatio legis in mellius*, se beneficiá-lo.

Pode a lei nova prejudicar o agente: ampliando o rol das circunstâncias agravantes, criando causas de aumento de pena, aumentando o prazo de prescrição ou mesmo trazendo novas causas interruptivas ou suspensivas etc. Poderá beneficiá-lo quando: trouxer causas de diminuição de pena, reduzir os prazos prescricionais, condicionar as ações penais à representação do ofendido etc.

A *novatio legis in mellius* será sempre retroativa, sendo aplicada aos fatos ocorridos anteriormente à sua vigência, ainda que tenham sido decididos por sentença condenatória já transitada em julgado. Se, por exemplo, surgir uma lei nova reduzindo a pena mínima de determinada infração penal, deve aquela que foi aplicada ao agente ser reduzida a fim de atender aos novos limites,[3] mesmo que a sentença que o condenou já tenha transitado em julgado. Só não terá aplicação a lei nova, no exemplo fornecido, se o agente já tiver cumprido a pena que lhe fora imposta.

Podemos citar, ainda, a modificação no art. 127 da Lei de Execução Penal, levada a efeito pela Lei nº 12.433, de 29 de junho de 2011, que diz, *verbis*:

> **Art. 127.** Em caso de falta grave, o juiz poderá revogar até 1/3 (um terço) do tempo remido, observado o disposto no art. 57, recomeçando a contagem a partir da data da infração disciplinar.

Assim, deverão os juízes das varas de execuções criminais restabelecer até 2/3 dos dias anteriormente declarados perdidos, por ser medida mais benéfica e, portanto, necessariamente retroativa.

4.1. Aplicação da *novatio legis in pejus* nos crimes permanentes e continuados

Diz-se permanente o crime quando sua execução se prolonga, se perpetua no tempo. Existe uma ficção de que o agente, a cada instante, enquanto durar a permanência, está pra-

---

[3] Estamos partindo do princípio de que ao agente foi aplicada a pena mínima relativa àquela infração penal que teve sua pena diminuída.

ticando atos de execução. Na verdade, a execução e a consumação do delito, como regra, acabam se confundindo, a exemplo do que ocorre com o crime de sequestro e cárcere privado, previsto no art. 148 do Código Penal.

Ocorre o crime continuado, segundo a definição trazida pelo art. 71 do Código Penal, quando o agente, mediante mais de uma ação ou omissão, pratica dois ou mais crimes da mesma espécie e, pelas condições de tempo, lugar, maneira de execução e outras semelhantes, devem os subsequentes ser havidos como continuação do primeiro.

Pode acontecer a hipótese em que, durante um crime de extorsão mediante sequestro (art. 159 do CP), o agente tenha privado a vítima de sua liberdade enquanto estava em vigor a lei **A**, e, mesmo depois da entrada em vigor da lei **B**, que agravava, por exemplo, a pena cominada pela legislação anterior, a vítima ainda não tenha sido libertada, pois os sequestradores ainda estavam negociando sua libertação. Nesse caso, aplica-se a lei **A**, ou seja, a lei vigente quando da prática dos primeiros atos de execução, ou a lei **B**?

Da mesma forma, pode ocorrer que, durante a prática da cadeia de infrações pertencentes à mesma espécie, afirmando-se o crime continuado, em face da presença de todas as exigências contidas no art. 71 do diploma repressivo, pode ser que parte dela ocorra sob a vigência da lei **A**, e outra parte sob a vigência da lei **B**, mais gravosa.

Em ambas as hipóteses, pergunta-se: Qual das leis deverá ser aplicada ao caso concreto: a anterior, mais benéfica, ou a posterior, considerada *novatio legis in pejus*?

Em 24 novembro de 2003, o Supremo Tribunal Federal aprovou, em sua sessão plenária, a Súmula de nº 711, ratificando o entendimento assumido por aquela Corte no sentido de que:

> **Súmula nº 711.** *A lei penal mais grave aplica-se ao crime continuado ou ao crime permanente, se a sua vigência é anterior à cessação da continuidade ou da permanência.*

Dessa forma, nos casos expostos, deverá ter aplicação a lei **B**, desde que não tenha cessado a permanência ou a continuidade das infrações penais até o início da vigência da *lex gravior*.

5. ABOLITIO CRIMINIS

Quando o legislador, atento às mutações sociais, resolve não mais continuar a incriminar determinada conduta, retirando do ordenamento jurídico-penal a infração que a previa, pois passou a entender que o Direito Penal não mais se fazia necessário à proteção de determinado bem, ocorre o fenômeno jurídico conhecido por *abolitio criminis*.

A *abolitio criminis* tem sua previsão no *caput* do art. 2º do Código Penal, que diz:

> **Art. 2º** Ninguém pode ser punido por fato que lei posterior deixa de considerar crime, cessando em virtude dela a execução e os efeitos penais da sentença condenatória.

Descriminalizando aquela conduta até então punida pelo Direito Penal, o Estado abre mão do seu *ius puniendi* e, por conseguinte, declara a extinção da punibilidade (art. 107, III, do CP) de todos os fatos ocorridos anteriormente à edição da lei nova.

A extinção da punibilidade pode ocorrer nas fases policial e judicial. Se houver inquérito em andamento, deverá a autoridade policial remetê-lo à justiça, oportunidade em que o Ministério Público solicitará o seu arquivamento; se a denúncia já tiver sido recebida, o juiz, com base no art. 61 do Código de Processo Penal, deverá declará-la de ofício; se o processo já estiver em fase de recurso, competirá ao Tribunal reconhecê-la; depois do trânsito em julgado da sentença, competente será o juízo das execuções, nos termos do art. 66, I, da Lei de Execução Penal.

5.1. Efeitos da *abolitio criminis*

Além de conduzir à extinção da punibilidade, a *abolitio criminis* faz cessar todos os efeitos *penais* da sentença condenatória, permanecendo, contudo, seus efeitos *civis*.

Extrai-se do *caput* do art. 2º do Código Penal que, havendo a descriminalização e uma vez cessados os efeitos penais da sentença condenatória, deverá ser providenciada a retirada do nome do agente do rol dos culpados, não podendo sua condenação ser considerada para fins de reincidência ou mesmo antecedentes penais. Os efeitos civis, ao contrário, não serão atingidos pela *abolitio criminis*.

Sabe-se que com a sentença penal condenatória transitada em julgado forma-se, para a vítima da infração penal, um título executivo de natureza judicial, nos termos do inciso VI do art. 515 do Código de Processo Civil (Lei nº 13.105, de 16 de março de 2015). Se houver o trânsito em julgado da condenação penal do agente, a vítima não necessita ingressar em juízo com uma ação de conhecimento visando à reparação dos prejuízos por ela experimentados. Não precisará discutir o chamado *an debeatur* (se deve?), mas, agora, após o trânsito em julgado da sentença penal condenatória, somente procurará apurar o *quantum debeatur* (quanto deve?). Este título executivo judicial que é dado à vítima, sendo um efeito civil da sentença penal condenatória, será mantido mesmo que ocorra a *abolitio criminis*.

5.2. Abolitio criminis temporalis

Tem-se entendido por *abolitio criminis temporalis*, ou suspensão da tipicidade, a situação na qual a aplicação de determinado tipo penal encontra- -se temporariamente suspensa, não permitindo, consequentemente, a punição do agente que pratica o comportamento típico durante o prazo da suspensão. Veja-se, por exemplo, o que ocorreu com a posse irregular de arma de fogo de uso permitido, prevista pelo art. 12 do Estatuto do Desarmamento (Lei nº 10.826/2003). O art. 30 do mesmo diploma legal, com a nova redação que lhe foi dada pela Lei nº 11.706, de 16 de junho de 2008, determinou:

> **Art. 30.** Os possuidores e proprietários de arma de fogo de uso permitido ainda não registrada deverão solicitar seu registro até o dia 31 de dezembro de 2008, mediante apresentação de documento de identificação pessoal e comprovante de residência fixa, acompanhados de nota fiscal de compra ou comprovação da origem lícita da posse, pelos meios de prova admitidos em direito, ou declaração firmada na qual constem as características da arma e a sua condição de proprietário, ficando este dispensado do pagamento de taxas e do cumprimento das demais exigências constantes dos incisos I a III do *caput* do art. 4º desta Lei.

A Lei nº 11.922, de 13 de abril de 2009, em seu art. 20, prorrogou para 31 de dezembro de 2009 os prazos de que tratam o § 3º do art. 5º e o art. 30, ambos da Lei nº 10.826, de 22 de dezembro de 2003.

Chamado, reiteradamente, a decidir sobre a questão, o STJ, reconhecendo a *abolitio criminis temporalis*, mesmo anteriormente às modificações levadas a efeito pelas Leis nº 11.706/2008 e nº 11.922/2009, já havia concluído que a Lei nº 10.826/2003, em seu art. 30, havia estipulado um prazo para que os possuidores de arma de fogo regularizassem sua situação na Polícia Federal e que ninguém poderia ser processado por possuir arma de fogo antes do término do prazo legal (REsp 804.830/PA. Recurso Especial 2005/0199528-6. Rel. Min. Felix Fisher, 5ª T., julg. 17/8/2006, DJ 16/10/2006, p. 426).

"Por incidência da *abolitio criminis* temporária, revela-se atípica a conduta daquele que possuía arma de fogo, acessórios e munição, fosse de uso permitido ou de uso restrito, se praticada no período compreendido entre 23/11/2003 e 23/10/2005. Precedentes. O Estatuto do Desarmamento estabeleceu o prazo de 180 (cento e oitenta) dias, contados da data da publicação da lei, para que os proprietários e possuidores de armas de fogo não registradas, sob pena de responsabilidade penal, solicitassem o seu registro mediante apresentação de nota fiscal de compra ou a comprovação da origem lícita da posse, pelos meios de prova admitidos em direito (art. 30 da Lei nº 10.826/2003), podendo, ainda, entregá-las à Polícia Federal, ficando extinta a punibilidade de eventual crime de posse irregular de arma (art. 32 da Lei nº 10.826/2003). Durante tal lapso temporal, doutrinariamente conhecido como *vacatio legis* indireta, a conduta de possuir arma de fogo de uso permitido (art. 12 da Lei nº 10.826/2003) ou de uso restrito (art. 16 da Lei nº 10.826/2003) era considerada atípica. O legislador, de fato, conferiu ao possuidor ou proprietário de arma de fogo a possibilidade de regularizar a posse ou, ainda, de se desfazer do artefato espontaneamente, recebendo até mesmo compensação financeira. Por certo, a referida lei, em seu bojo, estabeleceu prazo específico para que tais dispositivos entrassem em vigor, reconhecendo a atipicidade dos comportamentos praticados dentro do período de 180 (cento e oitenta) dias. Inicialmente, foi prevista *abolitio criminis* temporária no tocante aos delitos dos arts. 12 e 16 da Lei nº 10.826/2003, uma vez que tais normas incriminadoras permaneceram desprovidas de eficácia até transcurso do prazo de 180 (cento e oitenta dias), contado da data de publicação do referido diploma legal. Ocorre que o aludido interstício teve seu termo final prorrogado até 23/10/2005 pela Lei nº 11.191/2005, em relação aos crimes de posse irregular de arma de fogo ou munição de uso permitido e restrito, sem qualquer distinção. Conforme a dicção do art. 1º da Lei nº 11.706/2008, que conferiu nova redação aos arts. 30 e 32 da Lei nº 10.826/2003, o prazo final restou estendido até 31/11/2008, tão somente em relação aos possuidores e proprietários de arma de fogo de uso permitido. Na sequência, com o advento da Lei nº 11.922/2009, houve nova prorrogação de tal prazo para o dia 31/12/2009" (STJ, HC 290.765/SP, Rel. Min. Ribeiro Dantas, 5ª T., DJe 21/06/2016).

O Superior Tribunal de Justiça, em 11 de junho de 2014, editou a Súmula nº 513, com o seguinte enunciado:

> **Súmula nº 513.** A abolitio criminis *temporária prevista na Lei nº 10.826/2003 aplica-se ao crime de posse de arma de fogo de uso permitido com numeração, marca ou qualquer outro sinal de identificação raspado, suprimido ou adulterado, praticado somente até 23/10/2005.*

5.3. Princípio da continuidade normativo-típica

Pode ocorrer que determinado tipo penal incriminador seja expressamente revogado, mas seus elementos venham a migrar para outro tipo penal já existente, ou mesmo criado por nova lei. Nesses casos, embora aparentemente tenha havido a abolição da figura típica, temos aquilo que se denomina *continuidade normativo-típica*.

Não ocorrerá, portanto, a *abolitio criminis*, mas, sim, a permanência da conduta anteriormente incriminada, só que constando de outro tipo penal. A título de exemplo, podemos citar o que ocorreu com o revogado art. 12 da Lei nº 6.368/76, cujos elementos foram abrangidos pela atual figura típica constante do art. 33 da Lei nº 11.343/2006. Também podemos raciocinar com o revogado delito de atentado violento ao pudor, cujos elementos migraram para a nova figura típica do art. 213 do Código Penal, com a redação que lhe foi conferida pela Lei nº 12.015/2009.

No mesmo sentido, reconhecendo o princípio da continuidade normativo- -típica, já decidiu o STJ:

"No caso, conforme consignado, o crime foi praticado em concurso de pessoas e mediante o emprego de arma branca (faca), circunstâncias previstas como causa de aumento de pena, consoante o disposto no art. 157, § 2º, incisos I e II, do Código Penal. Todavia, o inciso I do §

2º do art. 157 do Código Penal, que estabelecia o aumento de um terço até metade, no crime de roubo, se a violência ou ameaça fosse exercida com emprego de arma, foi revogado pela Lei nº 13.654, em vigor a partir de 24/04/2018, que, em continuidade normativo-típica, passou a estabelecer como causa de aumento de pena no crime de roubo apenas o emprego de arma de fogo, consoante o recém-incluído § 2º-A, inciso I, do referido dispositivo legal. Dessa forma, verifica-se que a lei posterior favorece ao réu, porquanto afasta o emprego de arma branca ou imprópria como causa de aumento de pena no crime de roubo, razão pela qual deve ser aplicada ao presente caso, nos termos do art. 2º, parágrafo único, do Código Penal" (STJ, REsp 1.807.538, Rel. Min. Laurita Vaz, DJe 16/09/2019).

"A tipificação realizada na denúncia, imputando ao recorrente o crime do art. 334, *caput*, do Código Penal, remete à redação originária do referido diploma legal, que reunia, concomitantemente, a conduta de descaminho e contrabando, pois anterior à vigência da Lei nº 13.008/2014. Após a referida lei, o art. 334 do Código Penal passou a disciplinar exclusivamente o crime de descaminho, enquanto o art. 334-A, passou a tipificar o crime de contrabando, em continuidade normativo-típica" (STJ, RHC 63.310/RS, Rel. Min. Ribeiro Dantas, 5ª T., DJe 15/06/2016).

"Embora atualmente a conduta imputada ao paciente possa caracterizar o crime de organização criminosa, o certo é que tal figura típica só foi introduzida no Direito Penal pátrio após os fatos que lhe foram assestados, o que, em observância ao princípio da legalidade, impede a aplicação do art. 1º, § 1º, da Lei nº 12.850/2013 à espécie. A simples possibilidade de enquadramento dos fatos em um tipo superveniente mais grave não enseja a sua atipicidade sob o argumento de que teria ocorrido *abolitio criminis*, pois, à época em que ocorreram, caracterizavam o delito do art. 288, parágrafo único, do Código Penal, que continua em vigor mesmo após o advento da Lei nº 12.850/2013, estando-se diante de hipótese de continuidade normativo-típica" (STJ, HC 333.694/SP, Rel. Min. Jorge Mussi, 5ª T., DJe 16/03/2016).

"A ação de conduzir veículo automotor, na via pública, estando [o motorista] com concentração de álcool por litro de sangue igual ou superior a 6 (seis) decigramas (art. 306 da Lei nº 9.503/1997, na redação dada pela Lei nº 11.705/2008) não foi descriminalizada pela alteração promovida pela Lei nº 12.760/2012. A nova redação do tipo legal, ao se referir à condução de veículo automotor por pessoa com capacidade psicomotora alterada em razão da influência de álcool, manteve a criminalização da conduta daquele que pratica o fato com concentração igual ou superior a 6 decigramas de álcool por litro de sangue, nos termos do § 1º, I, do art. 306 da Lei nº 9.503/1997. Precedentes. O crime de que ora se trata é de perigo abstrato, o que dispensa a demonstração de potencialidade lesiva da conduta, razão pela qual se amolda ao tipo a condução de veículo automotor por pessoa em estado de embriaguez, aferida na forma indicada pelo referido art. 306, § 1º, I, da Lei nº 9.503/1997. Trata-se da aplicação do princípio da continuidade normativo-típica, o que afasta a *abolitio criminis* reconhecida no acórdão recorrido" (STJ, REsp 1.492.642/RS, Rel. Min. Sebastião Reis Junior, 6ª T., DJe 15/06/2015).

"Com o advento da Lei nº 12.015/2009, as figuras do estupro e do atentado violento ao pudor foram condensadas em um mesmo dispositivo, não havendo que se falar em *abolitio criminis*, estando-se diante do princípio da continuidade normativa. Doutrina. Jurisprudência" (STJ, HC 215.444/BA, Rel. Min. Jorge Mussi, 5ª T., DJe 21/11/2013).

Mais recentemente, alguns tipos penais constantes na revogada Lei de Segurança Nacional (Lei 7.170/83) foram inseridos no Título XII (Dos Crimes Contra o Estado Democrático de Direito) do Código Penal através da Lei nº 14.197, de 1º de setembro de 2021, a exemplo do art. 359-I, que prevê o delito de atentado à soberania, anteriormente tipificado no art. 8º da LSN, podendo-se falar, então, em continuidade normativo-típica.

6. SUCESSÃO DE LEIS NO TEMPO

Entre a data do fato praticado e o término do cumprimento da pena podem surgir várias leis penais, ocorrendo aquilo que chamamos de sucessão de leis no tempo.

Nessa sucessão de leis, vamos observar as regras da ultra-atividade ou retroatividade benéficas.

À medida que forem surgindo as leis, faremos as comparações entre elas, com a finalidade de ser escolhida e aplicada aquela que melhor atenda aos interesses do agente. Se a anterior for considerada mais favorável, gozará dos efeitos da ultra-atividade; se a posterior é mais benéfica, será retroativa.

Esse "jogo comparativo" será feito até que o agente cumpra, efetivamente, a pena que lhe fora aplicada.

6.1. Lei intermediária

Pode acontecer a hipótese em que a lei a ser aplicada não seja nem aquela vigente à época dos fatos, tampouco aquela em vigor quando da prolação da sentença. É o caso da chamada lei intermediária. A regra da ultra-atividade e da retroatividade é absoluta no sentido de, sempre, ser aplicada ao agente a lei que mais lhe favoreça, não importando, na verdade, o momento de sua vigência, isto é, se na data do fato, na data da sentença ou mesmo entre esses dois marcos.

6.2. Sucessão de leis temporárias ou excepcionais

As leis temporárias e excepcionais encontram previsão no art. 3º do Código Penal, assim redigido:

> **Art. 3º** A lei excepcional ou temporária, embora decorrido o período de sua duração ou cessadas as circunstâncias que a determinaram, aplica-se ao fato praticado durante a sua vigência.

Considera-se *temporária* a lei quando esta traz expressamente em seu texto o dia do início, bem como o do término de sua vigência, a exemplo do que ocorreu com a Lei nº 12.663, de 5 de junho de 2012, que dispôs sobre as medidas relativas à Copa das Confederações, FIFA 2013, à Copa do Mundo FIFA 2014 e aos eventos relacionados, que foram realizados no Brasil. Conforme se verifica no art. 36 do referido diploma legal, os tipos previstos no Capítulo VIII, correspondente às disposições penais, teriam vigência até o dia 31 de dezembro de 2014. Da mesma forma, a Lei nº 13.284, de 10 de maio de 2016, dispondo sobre as medidas relativas aos Jogos Olímpicos e Paraolímpicos de 2016 e aos eventos relacionados, realizados no Brasil, criou uma série de tipos penais, a exemplo da utilização indevida de símbolos oficiais (art. 17), marketing de emboscada por associação (art. 19), dentre outros, que tiveram sua vigência limitada até o dia 31 de dezembro de 2016, conforme o disposto no art. 23 do diploma legal apontado. *Excepcional* é aquela editada em virtude de situações também excepcionais (anormais), cuja vigência é limitada pela própria duração da aludida situação que levou à edição do diploma legal. Como exemplo de leis excepcionais podemos citar aquelas que foram editadas buscando regular fatos ocorridos durante o estado de guerra ou mesmo calamidade pública, tal como o surto de uma doença epidêmica ou uma catástrofe da natureza que tenha dimensão nacional.

Encerrado o período de sua vigência, ou cessadas as circunstâncias anormais que a determinaram, têm-se por revogadas as leis temporária e excepcional.

Mesmo aceitando o raciocínio de Alberto Silva Franco, que diz que "a ultra--atividade dessas leis visa a frustrar o emprego de expedientes tendentes a impedir a imposição de suas sanções a fatos praticados nas proximidades de seu termo final de vigência ou da cessação das circunstâncias excepcionais que a justificaram",[4] não poderíamos suscitar a colisão dessas espécies de leis com o princípio da retroatividade da *lex mitior*, insculpido no art. 5º, XL, da Constituição da República?

Defendendo a tese da constitucionalidade, ao argumento de que as condições anormais que fizeram gerar as leis temporárias e excepcionais são consideradas elementos do tipo, assim se posiciona Damásio:

> "Quando a lei ordinária retoma o seu vigor após a extinção da vigência da lei excepcional ou temporária, não é mudada a *concepção jurídica* do fato. Este passa a ser lícito porque não mais estão presentes as condições temporais ou de fato exigidas por aquelas. Não se pode falar em exclusão da reação penal, mas sim ausência de elementos do tipo. O mesmo se pode dizer quando a lei excepcional ou temporária impõe pena mais severa. Terminado o prazo de sua vigência e em vigor a lei ordinária menos severa, não há alteração do estado jurídico do fato, no sentido de tornar mais benigna a repressão penal, mas ausência das situações que justificavam a maior punibilidade."[5]

Frederico Marques, também em defesa da extra-atividade, aduz:

> "A ultra-atividade da lei temporária ou excepcional não atinge os princípios constitucionais de nosso Direito Penal intertemporal porque a *lex mitior* que for promulgada ulteriormente para um crime que a lei temporária pune mais severamente não retroagirá porque as situações tipificadas são diferentes. [...] Nas leis temporárias e excepcionais, antes que sua eficácia no tempo como lei penal, o que temos de apreciar, como preponderante, é a contribuição do *tempus* como elemento de punibilidade na estrutura da norma. A eficácia temporal vem ínsita no preceito e decorrido o prazo de vigência desaparece o império da lei. Mas por ter sido elaborada em função de acontecimentos anormais, ou em razão de uma eficácia previamente limitada no tempo, não se pode esquecer de que a própria tipicidade dos fatos cometidos sob seu império inclui o fator temporal como pressuposto da ilicitude punível ou da agravação da sanção."[6]

Em sentido contrário, merece destaque a lúcida posição assumida por Nilo Batista, Zaffaroni, Alagia e Slokar, quando afirmam:

> "A fórmula imperativa e incondicional mediante a qual a Constituição consagrou o princípio (art. 5º, inciso XL, CR) questiona duramente a exceção aberta pela lei (art. 3º), e a doutrina brasileira começou, após 1988 – houve quem o fizesse ainda na regência da Constituição de 1946 – a caminhar na direção de compreender que também as leis penais temporárias e excepcionais não dispõem de ultratividade em desfavor do réu. Corresponderá ao legislador, perante situações calamitosas que requeiram drástica tutela penal de bens jurídicos, prover para que os procedimentos constitucionalmente devidos possam exaurir-se durante a vigência da lei; o que ele não pode fazer é abrir uma exceção em matéria que o constituinte erigiu como garantia individual. Cabe, pois, entender que o art. 3º do Código Penal não foi recebido pela Constituição da República."[7]

---

[4] SILVA FRANCO, Alberto. *Código penal e sua interpretação jurisprudencial* – Parte geral, p. 93.
[5] JESUS, Damásio E. de. *Direito penal* – Parte geral, p. 85-86.
[6] *Apud* LOPES, Maurício Antônio Ribeiro. *Princípio da legalidade penal*, p. 96-97.
[7] BATISTA, Nilo; ZAFFARONI, Eugenio Raúl; ALAGIA, Alejandro; SLOKAR, Alejandro. *Direito penal brasileiro*, v. 1, p. 217.

Entendemos que a razão se encontra com a última posição, uma vez que, não tendo a Constituição Federal ressalvado a possibilidade de ultra-atividade *in pejus* das leis temporárias e excepcionais, não será possível tal interpretação, devendo prevalecer o entendimento no sentido de que o art. 3º do Código Penal, em tema de sucessão de leis no tempo, não foi recepcionado pela atual Carta Constitucional, para fins de aplicação da lei anterior em prejuízo do agente. Assim, portanto, havendo sucessão de leis temporárias ou excepcionais, prevalecerá a regra constitucional da extra-atividade *in mellius*, ou seja, sempre que a lei anterior for benéfica, deverá gozar dos efeitos da ultra-atividade; ao contrário, sempre que a posterior beneficiar o agente, deverá retroagir, não se podendo, outrossim, excepcionar a regra constitucional.

6.3. Sucessão de complementos da norma penal em branco

Pode ocorrer que a sucessão não seja, especificamente, da norma penal em branco em si, mas sim do complemento que a faz ser compreendida, para que possa ser aplicada ao caso concreto.

Como dissemos anteriormente, a norma penal em branco pode ser subdividida em: *a)* homogênea, em sentido amplo ou homóloga, isto é, aquela cujo complemento provém da mesma fonte legislativa; ou *b)* heterogênea, em sentido estrito ou heteróloga, cujo complemento é oriundo de fonte legislativa diversa.

Assim, se houver sucessão de complemento da norma penal em branco, favorável ao agente, poderá ser levado a efeito o raciocínio correspondente à retroatividade benéfica? A doutrina se divide com relação a essa possibilidade.

Rogério Sanches Cunha, com perfeição, resume as diversas posições doutrinárias, apontando quatro correntes, a saber:

> "*1ª corrente*: Paulo José da Costa Júnior ensina que a alteração do complemento da norma penal em branco *deve sempre retroagir, desde que mais benéfica ao acusado*, tendo em vista o mandamento constitucional (a lei posterior, que de qualquer modo favorecer o agente, aplica-se aos fatos anteriores) e o direito de liberdade do cidadão.
>
> *2ª corrente*: em sentido contrário, Frederico Marques entende que a alteração da norma complementadora, mesmo que benéfica, *terá efeitos irretroativos,* por não admitir a revogação das normas em consequência da revogação de seus complementos.
>
> *3ª corrente*: Mirabete, por sua vez, ensina que *só tem importância a variação da norma complementar na aplicação retroativa da lei penal em branco quando esta provoca uma real modificação da figura abstrata do Direito Penal,* e não quando importe a mera modificação de circunstância que, na realidade, deixa subsistente a norma penal.
>
> *4ª corrente*: por fim, Alberto Silva Franco (seguido pelo STF) leciona que *a alteração* de um complemento de uma *norma penal em branco homogênea sempre teria efeitos retroativos*, vez que, a norma complementar, como lei ordinária que é, também foi submetida a rigoroso e demorado processo legislativo. A situação, contudo, se inverte quando se tratar de norma penal em branco heterogênea. Neste caso, a situação se modifica para comportar duas soluções. *Quando a legislação complementar não se reveste de excepcionalidade e nem traz consigo a sua autorrevogação,* como é o caso das portarias sanitárias estabelecedoras das moléstias cuja notificação é compulsória, *a legislação complementar, então, pela sua característica, se revogada ou modificada, poderá conduzir também à descriminalização*"[8].

---

[8] CUNHA, Rogério Sanches. *Manual de direito penal* – parte geral, p. 110/111.

7. COMBINAÇÃO DE LEIS

Fala-se em combinação de leis quando, a fim de atender aos princípios da ultra-atividade e da retroatividade *in mellius*, ao julgador é conferida a possibilidade de extrair de dois diplomas os dispositivos que atendam aos interesses do agente, desprezando aqueles outros que o prejudiquem.

Discute-se se é possível esse tipo de raciocínio, uma vez que, segundo parte da doutrina,[9] o julgador estaria criando um terceiro gênero de lei (*lex tertius*), o que lhe seria vedado. Pela possibilidade da aplicação das partes que forem favoráveis ao agente, assim já se manifestou Assis Toledo, dizendo que, "em matéria de direito transitório, não se pode estabelecer dogmas rígidos como esse da proibição da combinação de leis."[10]

Entendemos que a combinação de leis levada a efeito pelo julgador, ao contrário de criar um terceiro gênero, atende aos princípios constitucionais da ultra-atividade e retroatividade benéficas. Se a lei anterior, já revogada, possui pontos que, de qualquer modo, beneficiam o agente, deverá ser ultra-ativa; se na lei posterior que revogou o diploma anterior também existem aspectos que o beneficiem, por respeito aos imperativos constitucionais, devem ser aplicados, a exemplo do que ocorreu com as Leis nº 6.368/76 e nº 11.343/2006, em que a pena mínima cominada ao delito de tráfico de drogas era de 3 (três) anos (revogado art. 12), sendo que a *novatio legis* a aumentou para 5 (cinco) (atual art. 33). No entanto, a nova lei previu, em seu art. 33, § 4º, uma causa especial de redução de pena que não constava da lei anterior, dizendo que, *verbis*,

> § 4º Nos delitos definidos no *caput* e no § 1º deste artigo, as penas poderão ser reduzidas de 1/6 (um sexto) a 2/3 (dois terços), vedada a conversão em penas restritivas de direitos, desde que o agente seja primário, de bons antecedentes, não se dedique às atividades criminosas nem integre organização criminosa.

Assim, deverá o julgador, na hipótese de crime de tráfico ocorrido na vigência da Lei nº 6.368/76, além de partir, obrigatoriamente, da pena mínima de 3 (três) anos, aplicar, se o caso concreto permitir, a causa de redução prevista na Lei nº 11.343/2006, conjugando, assim, em benefício do agente, os dois diplomas legais, em estrita obediência ao disposto no inciso XL do art. 5º da Constituição Federal, que, prevendo os princípios da ultra e da retroatividade benéficas, determina que *a lei penal não retroagirá, salvo para beneficiar o réu*.

Infelizmente, nossos Tribunais Superiores consolidaram seus entendimentos no sentido de não permitir a combinação de leis, dizendo:

> "A pretensão de reconhecimento da causa de diminuição da pena prevista no art. 149-A, § 2º, do CP, não merece subsistir. A aplicação retroativa da Lei nº 13.344/2016 só poderá ocorrer em sua integralidade, porquanto o entendimento desta Corte Superior, é o de impossibilidade de combinação de leis. Na hipótese, se aplicada a Lei nº 13.344/2016, além da diminuição da pena pleiteada pela agravante, deverá também incidir a causa de aumento prevista no § 1º, inciso IV, do art. 149-A na terceira fase da dosimetria da pena. Desta forma, o art. 231, § 2º, do Código Penal, com a redação anterior às alterações legislativas efetuadas pelas Leis nºs 11.106/2005 e 12.015/2009, mostra-se mais benéfico para a agravante, devendo ser mantida sua aplicação" (STJ, AgRg no AREsp 1.131.361 / RJ, Rel. Min. Ribeiro Dantas, 5ª T., DJe 24/09/2019).

Nos termos do verbete nº 501 da Súmula deste Superior Tribunal de Justiça, "é cabível a aplicação retroativa da Lei nº 11.343/2006, desde que o resultado da incidência das suas

---

[9] Nesse sentido, Nélson Hungria (*Comentários ao código penal*, v. I, t. I, p. 109) e Aníbal Bruno (*Direito penal*, t. I, p. 256).

[10] TOLEDO, Francisco de Assis. *Princípios básicos de direito penal*, p. 38.

disposições, na íntegra, seja mais favorável ao réu do que o advindo da aplicação da Lei nº 6.368/1976, sendo vedada a combinação de leis" (STJ, HC 306.536/PE, Rel. Min. Jorge Mussi, 5ª T., DJe 24/05/2017).

"A partir do julgamento do EREsp nº 1.094.499/MG, a Terceira Seção desta Corte Superior firmou compreensão no sentido de ser inadmissível a combinação de leis, de modo a evitar a criação de uma terceira norma não prevista no ordenamento jurídico, inviabilizando, portanto, a aplicação da causa de diminuição de pena prevista no art. 33, § 4º, da Lei nº 11.343/2006, ao preceito do art. 12 da Lei nº 6.368/76 (antiga Lei de Drogas). Ratificando o posicionamento em epígrafe, foi recentemente aprovado, por esta Corte Superior, o verbete sumular nº 501/STJ" (STJ, AgRg no REsp 1.215.088/PR, Rel. Min. Marco Aurélio Bellizze, 5ª T., DJe 28/08/2015).

"A Terceira Seção entende que a aplicação retroativa do § 4º do artigo 33 da nova Lei de Drogas deve ser verificada, caso a caso, a fim de se aferir a situação mais vantajosa ao condenado, isto é, se a aplicação das penas insertas na antiga lei – em que a pena mínima é mais baixa – ou a aplicação da nova lei com a incidência da causa de diminuição, sem se admitir, contudo, a combinação dos textos legais, sob pena de contrariar a lógica da nova legislação, criando uma norma híbrida" (STJ, HC 223.199/MS, Rel. Min. Ericson Maranho – Desembargador convocado do TJ-SP, 6ª T., DJe 26/02/2015).

"De qualquer forma, o Supremo Tribunal Federal assentou a impossibilidade de combinação de leis, vedando a aplicação retroativa da causa especial prevista no art. 33, § 4º, da Lei nº 11.343/2006 à pena aplicada por crime cometido na vigência da Lei nº 6.368/76" (STF, ARE 773.589 AgR/DF, Rel. Min. Roberto Barroso, 1ª T., DJe 18/09/2014).

"O Pleno do Supremo Tribunal Federal pôs uma pá de cal sobre o tema ao pacificar o entendimento de que não é possível a combinação de leis, ressalvada a aplicação integral da lei mais favorável" (RE-RG 600.817, j. 07/11/2013) (STF, HC 110.516 AgR-ED/SP, Rel. Min. Luiz Fux, 1ª T., DJe 18/12/2013).

Consolidando essa posição, foi editada, pelo STJ, a Súmula nº 501, publicada no DJe de 28 outubro de 2013, que diz:

> **Súmula nº 501.** É cabível a aplicação retroativa da Lei 11.343/2006, desde que o resultado da incidência das suas disposições, na íntegra, seja mais favorável ao réu do que o advindo da aplicação da Lei 6.368/76, sendo vedada a combinação de leis.

8. COMPETÊNCIA PARA APLICAÇÃO DA *LEX MITIOR*

Pode acontecer que, ainda durante a fase investigatória, surja outra lei mais benéfica ao agente. O Ministério Público, ao receber os autos de inquérito policial, já deverá oferecer a denúncia tomando por base o novo texto. Se o processo já estiver em andamento, o juiz ou o Tribunal poderá aplicar a *lex mitior*.

Uma vez transitada em julgado a sentença penal condenatória, como regra, a competência para aplicação da *lex mitior* é transferida para o juízo das execuções, conforme determina o art. 66, I, da Lei de Execução Penal. O STF, anteriormente à vigência da Lei nº 7.210/84, por intermédio da Súmula nº 611, já havia entendido que:

> **Súmula nº 611.** Transitado em julgado a sentença condenatória, compete ao juízo das execuções a aplicação da lei mais benigna.

Embora, à primeira vista, pareça não haver mais discussões a respeito da competência para aplicação da *lex mitior* após o trânsito em julgado da sentença penal condenatória, merece ser destacado que competirá ao juízo das execuções a aplicação da lei mais benéfica sempre que tal aplicação importar num cálculo meramente matemático. Caso contrário, não. Ou seja, toda vez que o juiz da Vara de Execuções, a fim de aplicar a *lex mitior*, tiver de, obrigatoriamente, adentrar no mérito da ação penal de conhecimento, já não possuirá competência para tanto.

Suponhamos que a nova lei penal tenha criado uma causa geral de diminuição de pena por considerar a idade do agente ao tempo da ação ou da omissão. Ao juiz, para aplicar a referida redução, bastará conferir o documento de identidade existente nos autos. Se o agente se adequar às novas disposições, fará jus à redução. O cálculo, neste caso, é meramente matemático, objetivo. Agora, tomando de empréstimo o exemplo de Alberto Silva Franco, se o juiz tiver de avaliar a participação do agente para poder chegar à conclusão de que fora de menor importância, deveria obrigatoriamente, reavaliar o mérito da ação penal. Em casos como esses, a competência não mais será do juiz das execuções, mas a aplicação da lei benéfica ficará a cargo do Tribunal competente para a apreciação do recurso, via ação de revisão criminal, pois que "entendimento contrário conduziria a transformar o juiz da execução penal num 'superjuiz' com competência até para invadir a área privativa da Segunda Instância, alterando qualificações jurídicas definitivamente estatuídas."[11]

9. APURAÇÃO DA MAIOR BENIGNIDADE DA LEI

Pode acontecer que ocorra sucessão de leis e, na busca por aquela que melhor atenda aos interesses do agente, não consiga o julgador identificar a que efetivamente possa ser considerada como *lex mitior*.

Nélson Hungria, citando dispositivos dos Códigos mexicano e espanhol que dispunham que *em caso de dúvida sobre a lei mais favorável deverá ser ouvido o réu*, entendia ser essa a posição "mais racional, pois ninguém melhor do que o réu para conhecer as disposições que lhe são mais benéficas",[12] razão pela qual, se houver dúvidas quanto à aplicação da lei que melhor atenda aos interesses do agente, o réu, por intermédio de seu advogado, deverá ser consultado a fim de que faça a escolha daquela que, segundo a sua particular situação, seja tida como a mais favorável, posição com a qual concordamos.

10. IRRETROATIVIDADE DA *LEX GRAVIOR* E MEDIDAS DE SEGURANÇA

Em virtude do princípio constitucional da irretroatividade *in pejus*, podemos afirmar que a lei posterior que de qualquer modo vier a prejudicar o agente não terá aplicação retroativa, ou seja, não poderá alcançar os fatos ocorridos anteriormente à sua entrada em vigor.

Mas será que tal regra é absoluta, ou teríamos alguma exceção?

Discorrendo sobre o tema, assevera Assis Toledo que o princípio da irretroatividade *in pejus* não se aplica às medidas de segurança. Isso porque as medidas de segurança possuem caráter curativo, sendo sua finalidade, portanto, diferente da pena. São estas as suas palavras:

> "Em relação às medidas de caráter puramente assistencial ou curativo, estabelecidas em lei para os inimputáveis, parece-nos evidentemente correta a afirmação de sua aplicabilidade imediata, quando presente o estado de perigosidade, ainda que possam apresentar-se mais gravosas, pois os remédios reputados mais eficientes não podem deixar de ser ministrados aos pacientes deles carecedores só pelo fato de serem mais amargos ou mais dolorosos. Aqui, sim,

---

[11] SILVA FRANCO, Alberto. *Código penal e sua interpretação jurisprudencial* – Parte geral, v. I, t. I, p. 93.
[12] HUNGRIA, Nélson. *Comentários ao código penal*, v. 1, t. I, p. 125-126.

se poderia falar em diferença substancial entre a pena e a medida, para admitir-se a exclusão da última das restrições impostas à primeira pelo art. 5º, XXXIX e XL, da Constituição."[13]

11. APLICAÇÃO DA *LEX MITIOR* DURANTE O PERÍODO DE *VACATIO LEGIS*

Como tivemos oportunidade de ressaltar, somente depois da entrada em vigor da lei penal é que lhe devemos obediência. A vigência da lei penal, portanto, é o nosso marco inicial.

Contudo, tal regra diz respeito somente àquelas leis que criem novas figuras típicas, agravem a aplicação da pena ou que, de qualquer modo, prejudiquem o agente.

Pode acontecer que a lei nova contenha dispositivos benéficos, sendo considerada, assim, uma *novatio legis in mellius*. Nesse caso, para que possa vir a ser aplicada, é preciso que aguardemos o início de sua vigência, ou basta sua publicação?

Embora tal posicionamento não seja unânime, a maior parte de nossos doutrinadores, a exemplo do Ministro Vicente Cernicchiaro,[14] entende ser possível a aplicação da *lex mitior* mesmo durante o período de *vacatio legis*, muito embora tenham existido em nossa história leis penais que permaneceram em *vacatio legis* durante um longo espaço de tempo e vieram a ser revogadas sem sequer terem entrado em vigor, como foi o caso do Código Penal de 1969.

Nossos tribunais já têm decidido nesse sentido, conforme se verifica no resumo do julgado levado a efeito pelo extinto TA-RS, abaixo transcrito, tendo como relator o juiz Vladimir Giacomuzzi:

> "*Lex mitior* e *vacatio legis* – Código de Menores e Estatuto da Criança – Aplicação do princípio constitucional da benignidade – A lei penal mais benigna, em razão dos princípios inscritos no art. 5º, XL, e § 1º, da CF, tem aplicação imediata, não se sujeitando ao período de *vacatio legis*. O Estatuto da Criança e do Adolescente, que revoga o Código de Menores, muito embora esteja com suas regras gerais sustadas em razão do período de *vacatio*, na parte em que beneficia o agente, deve ser imediatamente aplicado, em razão da incidência do princípio constitucional da benignidade. Em razão deste entendimento, as pessoas internadas há mais de três anos ou que nesta situação tenham completado 21 anos de idade, devem ser compulsoriamente libertadas."[15]

12. *VACATIO LEGIS* INDIRETA

Tem-se entendido como *vacatio legis* indireta a hipótese em que a lei, além do seu normal período de *vacatio legis*, em seu próprio corpo, prevê outro prazo para que determinados dispositivos possam ter aplicação, a exemplo do que ocorreu com o art. 30 da Lei nº 10.826, de 22 de dezembro de 2003 (Estatuto do Desarmamento), com a nova redação que lhe foi dada pela Lei nº 11.706, de 19 de junho de 2008 que, expressamente, diz:

> Art. 30. Os possuidores e proprietários de arma de fogo de uso permitido ainda não registrada deverão solicitar seu registro até o dia 31 de dezembro de 2008, mediante apresentação de documento de identificação pessoal e comprovante de residência fixa, acompanhados de nota fiscal de compra ou comprovação da origem lícita da posse, pelos meios de prova admitidos em direito, ou declaração firmada na qual constem as características da arma e a sua condição de proprietário, ficando este dispensado do pagamento de taxas e do cumprimento das demais exigências constantes dos incisos I a III do *caput* do art. 4º desta Lei.

---

[13] TOLEDO, Francisco de Assis. *Princípios básicos de direito penal*, p. 41-42.
[14] CERNICCHIARO, Luiz Vicente; COSTA JÚNIOR, Paulo José da. *Direito penal na Constituição*, p. 88.
[15] RT 667/330.

A Lei nº 11.922, de 13 de abril de 2009, em seu art. 20, prorrogou para 31 de dezembro de 2009 os prazos de que tratam o § 3º do art. 5º e o art. 30, ambos da Lei nº 10.826, de 22 de dezembro de 2003.

Nossos Tribunais Superiores, reconhecendo a atipicidade do comportamento praticado no período de *vacatio legis* indireta, decidindo sobre a aplicação dos arts. 12 e 16 do mencionado Estatuto do Desarmamento, reiteradamente, já afirmaram:

"É atípica a posse de arma de fogo, acessórios e munição, seja de uso permitido ou de uso restrito, incidindo a chamada *abolitio criminis* temporária nas duas hipóteses, se praticada no período compreendido entre 23 de dezembro de 2003 a 31 de dezembro de 2009. No caso em apreço, constata-se que a conduta atribuída ao agravante é típica, pois não se encontra abarcada pela excepcional *vacatio legis* indireta prevista nos arts. 30 e 32 da Lei nº 10.826/2003, tendo em vista que a busca efetuada na sua residência ocorreu no ano de 2012, isto é, não se deu dentro do período de abrangência da lei em comento para o referido tipo de armamento" (STJ, AgRg no AREsp 405.534/MG, Rel. Min. Jorge Mussi, 5ª T., DJe 27/05/2016).

"A Lei nº 10.826/2003, ao instituir prazo para a regularização do registro de armas de fogo, resultou em uma *vacatio legis* indireta, tornando atípica, desde 23/12/2003, a conduta de posse de arma de fogo, seja de uso permitido ou restrito. Esta descriminalização teve seu prazo prorrogado pelas Leis nºs 10.884/2004, 11.118/2005 e 11.191/2005, até o dia 23/10/2005. Ocorre que as Leis nºs 11.706/2008 e 11.922/2009, ao prorrogarem, até o dia 31/12/2009, o prazo para a regularização de armas de fogo de uso permitido, excluíram da benesse as armas de uso restrito, proibido ou de numeração suprimida" (AgRg. no REsp 1.364.001/MG, Agravo Regimental no Recurso Especial 2013/0031462-4, Rel.ª Min.ª Assusete Magalhães, 6ª T., DJe 20/5/2013).

13. A RETROATIVIDADE DA JURISPRUDÊNCIA

A Constituição Federal, conforme dissemos, determinou que a lei penal não poderá retroagir, salvo para beneficiar o réu. Contudo, se em vez de uma lei penal estivermos diante de interpretação levada a efeito pelos Tribunais Superiores, consolidada, por exemplo, por meio de súmulas ou de decisões reiteradas, tal entendimento poderá retroagir, alcançando fatos passados?

Tal indagação deverá ser analisada sob dois enfoques. Inicialmente, poderá a nova interpretação ser produzida contrariamente ao réu, ou seja, fazia-se uma interpretação anterior que, posteriormente, foi modificada, agora prejudicando os interesses do acusado. Se o agente praticou determinado comportamento partindo do fato de que se tratava de conduta lícita, em face do entendimento jurisprudencial, e se, tempos depois, tal posição é modificada pelos Tribunais, não poderá ser prejudicado com isso. Caso venha a ser processado, poderá alegar, como tese defensiva, o erro de proibição. A título de exemplo, imaginese a hipótese daquela mulher que, em razão de posições jurisprudenciais anteriores, imaginava ser lícita a conduta de fazer *topless* na praia. Tempos depois, a jurisprudência volta atrás e passa a entender que tal comportamento se amolda ao conceito de ato obsceno. A pessoa não poderá ser prejudicada pela nova interpretação, uma vez que acreditava, em decorrência de decisões anteriores, ser lícito o seu comportamento, devendo ser beneficiada, portanto, com a excludente da culpabilidade correspondente ao erro de proibição.

Ao contrário, quando a nova interpretação jurisprudencial for benéfica ao agente, deverá, obrigatoriamente, retroagir, a fim de alcançar os fatos ocorridos no passado que foram julgados sob a ótica do entendimento anterior. Nesse sentido, Nilo Batista, Zaffaroni, Alagia e Slokar prelecionam:

"Quando a jurisprudência massivamente muda de critério e considera atípica uma ação que até esse momento qualificara como típica (ou quando julga simples o delito que até então considerara qualificado, ou justificado o que considerara antijurídico etc.) provoca um escândalo político, pois duas pessoas que realizaram idênticas ações reguladas pela mesma lei terão sido julgadas de modo que uma resultou condenada e a outra absolvida, só porque uma delas foi julgada antes. Elementares razões de equidade, assim como o art. 5º da Constituição impõem que se tome aquela primeira condenação como uma sentença contraposta ao texto expresso da lei penal reinterpretada, viabilizando sua revisão (art. 621, inciso I, CPP)."[16]

Limitando a possibilidade de aplicação da nova posição jurisprudencial benéfica ao agente, André Estefam assevera que deve:

"Ter-se em mente, em primeiro lugar, que nosso país não adota o sistema do precedente judicial, de modo que as decisões proferidas por tribunais *não* têm caráter vinculante. Há, contudo, *exceções* (súmula vinculante e controle concentrado de constitucionalidade pelo STF) e, somente nesses casos, é que terá relevância verificar se, caso surja novo entendimento mais brando por parte da jurisprudência, este deve alcançar fatos já protegidos com o manto da coisa julgada."[17]

---

[16] BATISTA, Nilo; ZAFFARONI, Eugenio Raúl; ALAGIA, Alejandro; SLOKAR, Alejandro. *Direito penal brasileiro*, v. 1, p. 224.
[17] STEFAM, André. *Direito penal* – Parte geral, v. 1, p. 150.

Capítulo XVIII
Princípio da Territorialidade

1. LUGAR DO CRIME

Antes da análise do princípio da territorialidade, que diz respeito à aplicação da lei penal no espaço, é preciso identificar o lugar do crime, observando as teorias que disputam o seu tratamento. Três teorias têm como escopo a determinação do lugar do crime, a saber:

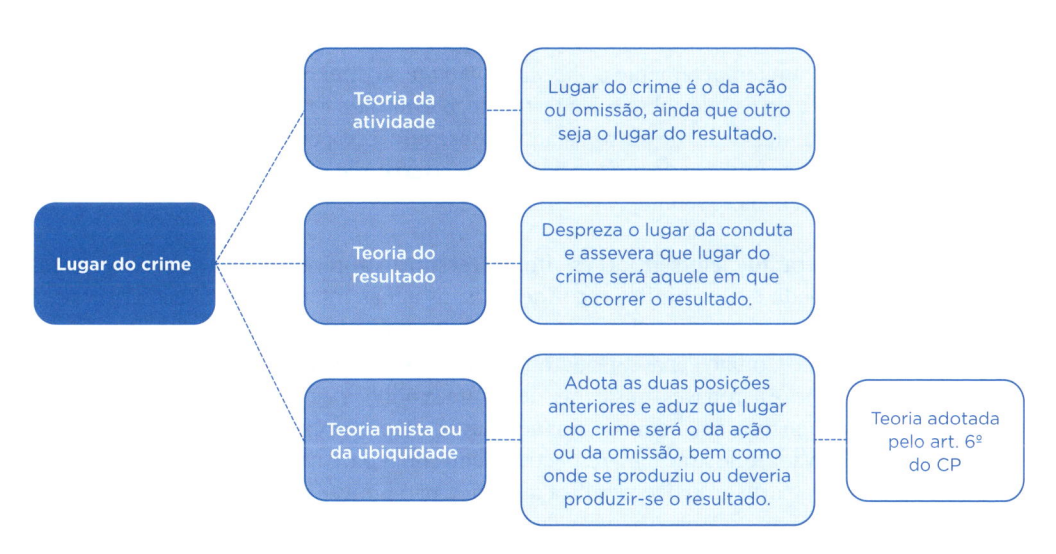

Lugar do crime
- **Teoria da atividade**: Lugar do crime é o da ação ou omissão, ainda que outro seja o lugar do resultado.
- **Teoria do resultado**: Despreza o lugar da conduta e assevera que lugar do crime será aquele em que ocorrer o resultado.
- **Teoria mista ou da ubiquidade**: Adota as duas posições anteriores e aduz que lugar do crime será o da ação ou da omissão, bem como onde se produziu ou deveria produzir-se o resultado. — Teoria adotada pelo art. 6º do CP

Pela teoria da atividade, lugar do crime seria o da ação ou da omissão, ainda que outro fosse o da ocorrência do resultado. Já a teoria do resultado despreza o lugar da conduta e defende a tese de que lugar do crime será, tão somente, aquele em que ocorrer o resultado. A teoria da ubiquidade ou mista adota as duas posições anteriores e aduz que lugar do crime será o da ação ou da omissão, bem como onde se produziu ou deveria se produzir o resultado.

Quanto ao lugar do crime, nosso Código Penal adotou a teoria da ubiquidade, conforme se verifica no seu art. 6º, assim redigido:

Art. 6º Considera-se praticado o crime no lugar em que ocorreu a ação ou a omissão, no todo ou em parte, bem como onde se produziu ou deveria produzir-se o resultado.

Com a adoção da teoria da ubiquidade, resolvem-se os problemas já há muito apontados pela doutrina, como aqueles relacionados aos *crimes a distância*. Na situação clássica, suponhamos que alguém, residente na Argentina, enviasse uma carta-bomba tendo como destinatário uma vítima que residisse no Brasil.

A carta-bomba chega ao seu destino e, ao abri-la, a vítima detona o seu mecanismo de funcionamento, fazendo-a explodir, causando-lhe a morte. Se adotada no Brasil a teoria da atividade e na Argentina, a teoria do resultado, o agente, autor do homicídio, ficaria impune. A adoção da teoria da ubiquidade resolve problemas de Direito Penal Internacional. Ela não se destina à definição de competência interna, mas, sim, à determinação da competência da Justiça brasileira. Embora competente a Justiça brasileira, pode acontecer que, em virtude de convenções, tratados e regras de Direito Internacional, o Brasil deixe de aplicar a sua lei penal aos crimes cometidos no território nacional, como veremos a seguir.

2. TERRITORIALIDADE

O art. 5º, *caput*, do Código Penal determina a aplicação da lei brasileira, sem prejuízo de convenções, tratados e regras de Direito Internacional, ao crime cometido no território nacional. É a regra da territorialidade. Pela redação do mencionado artigo, percebe-se que, no Brasil, não se adotou uma teoria absoluta da territorialidade, mas sim uma teoria conhecida como *temperada*, haja vista que o Estado, mesmo sendo soberano, em determinadas situações, pode abrir mão da aplicação de sua legislação, em virtude de convenções, tratados e regras de direito internacional, tal como previsto no *caput* do artigo referido.

Na intocável lição de Hungria:

> "O Código criou um temperamento à *impenetrabilidade* do direito interno ou à exclusividade da ordem jurídica do Estado sobre o seu território, permitindo e reconhecendo, em determinados casos, a validez da lei de outro Estado. É obséquio à boa convivência internacional, e quase sempre sob a condição de reciprocidade, que o território do Estado se torna *penetrável* pelo exercício de alheia soberania."[1]

Mirabete assevera que, em sentido estrito, o "território abrange o solo (e subsolo) sem solução de continuidade e com limites reconhecidos, as águas interiores, o mar territorial, a plataforma continental e o espaço aéreo."[2]

O § 1º do art. 5º do Código Penal considerou, para efeitos penais, como extensão do território nacional as embarcações e aeronaves brasileiras, de natureza pública ou a serviço do governo brasileiro onde quer que se encontrem, bem como as aeronaves e as embarcações brasileiras, mercantes ou de propriedade privada, que se achem, respectivamente, no espaço aéreo correspondente ou em alto-mar. Esta segunda parte do artigo significa que onde não houver soberania de qualquer país, como é o caso do alto-mar e o espaço aéreo a ele correspondente, se houver uma infração penal a bordo de uma aeronave ou embarcação mercante ou de propriedade privada, de bandeira nacional, será aplicada a legislação brasileira.

O § 2º do art. 5º do Código Penal determinou, também, a aplicação da lei brasileira aos crimes praticados a bordo de aeronaves ou embarcações estrangeiras de propriedade privada, achando-se as aeronaves em pouso no território nacional ou em voo no espaço aéreo correspondente e as embarcações, em porto ou mar territorial do Brasil. O legislador, como se verifica na redação do mencionado parágrafo, referiu-se tão somente às aeronaves e embarcações estran-

---

[1] HUNGRIA, Nélson. *Comentários ao código penal*, p.149.
[2] MIRABETE, Júlio Fabbrini. *Manual de direito penal* – Parte geral, p. 73.

geiras de propriedade privada, haja vista que as de natureza pública ou a serviço do governo estrangeiro são também consideradas como extensão do território correspondente à sua bandeira, tal como previsto no § 1º do art. 5º do Código Penal, para as aeronaves e embarcações de natureza pública ou a serviço do governo brasileiro.

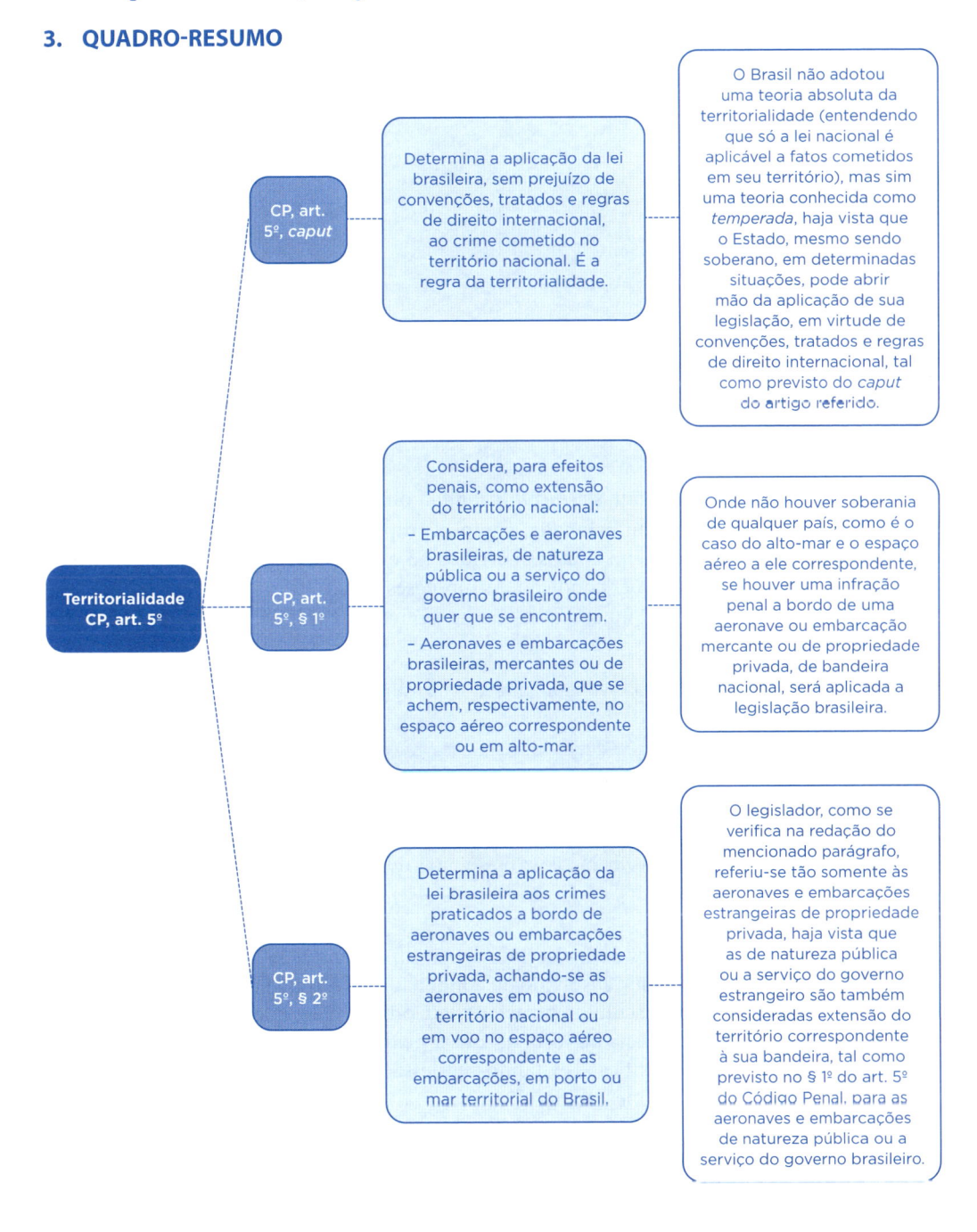

3. QUADRO-RESUMO

Territorialidade CP, art. 5º

CP, art. 5º, caput: Determina a aplicação da lei brasileira, sem prejuízo de convenções, tratados e regras de direito internacional, ao crime cometido no território nacional. É a regra da territorialidade.

O Brasil não adotou uma teoria absoluta da territorialidade (entendendo que só a lei nacional é aplicável a fatos cometidos em seu território), mas sim uma teoria conhecida como *temperada*, haja vista que o Estado, mesmo sendo soberano, em determinadas situações, pode abrir mão da aplicação de sua legislação, em virtude de convenções, tratados e regras de direito internacional, tal como previsto do *caput* do artigo referido.

CP, art. 5º, § 1º: Considera, para efeitos penais, como extensão do território nacional:
- Embarcações e aeronaves brasileiras, de natureza pública ou a serviço do governo brasileiro onde quer que se encontrem.
- Aeronaves e embarcações brasileiras, mercantes ou de propriedade privada, que se achem, respectivamente, no espaço aéreo correspondente ou em alto-mar.

Onde não houver soberania de qualquer país, como é o caso do alto-mar e o espaço aéreo a ele correspondente, se houver uma infração penal a bordo de uma aeronave ou embarcação mercante ou de propriedade privada, de bandeira nacional, será aplicada a legislação brasileira.

CP, art. 5º, § 2º: Determina a aplicação da lei brasileira aos crimes praticados a bordo de aeronaves ou embarcações estrangeiras de propriedade privada, achando-se as aeronaves em pouso no território nacional ou em voo no espaço aéreo correspondente e as embarcações, em porto ou mar territorial do Brasil.

O legislador, como se verifica na redação do mencionado parágrafo, referiu-se tão somente às aeronaves e embarcações estrangeiras de propriedade privada, haja vista que as de natureza pública ou a serviço do governo estrangeiro são também consideradas extensão do território correspondente à sua bandeira, tal como previsto no § 1º do art. 5º do Código Penal, para as aeronaves e embarcações de natureza pública ou a serviço do governo brasileiro.

Capítulo XIX
Princípio da Extraterritorialidade

Ao contrário do princípio da territorialidade, cuja regra geral é a aplicação da lei brasileira àqueles que praticarem infrações penais *dentro* do território nacional, incluídos aqui os casos considerados fictamente como sua extensão, o princípio da extraterritorialidade preocupa-se com a aplicação da lei brasileira às infrações penais cometidas além de nossas fronteiras, em países estrangeiros.

A extraterritorialidade pode ser *incondicionada* ou *condicionada*.

Extraterritorialidade incondicionada, como o próprio nome sugere, é a possibilidade de aplicação da lei penal brasileira a fatos ocorridos no estrangeiro, sem que, para tanto, seja necessário o concurso de qualquer condição. As hipóteses de extraterritorialidade incondicionada estão previstas no inciso I do art. 7º do Código Penal, que dispõe:

> **Art. 7º** Ficam sujeitos à lei brasileira, embora cometidos no estrangeiro:
> I – os crimes:
> a) contra a vida ou a liberdade do Presidente da República [*princípio da defesa, real ou de proteção*];
> b) contra o patrimônio ou a fé pública da União, do Distrito Federal, de Estado, de Território, de Município, de empresa pública, sociedade de economia mista, autarquia ou fundação instituída pelo Poder Público;
> c) contra a administração pública, por quem está a seu serviço;
> d) de genocídio,[1] quando o agente for brasileiro ou domiciliado no Brasil;
> [...].

Em qualquer das hipóteses do inciso I do art. 7º do Código Penal, o agente será punido segundo a lei brasileira, ainda que absolvido ou condenado no estrangeiro. Em caso de condenação, terá aplicação a regra insculpida no art. 8º do Código Penal, que diz que "a pena cumprida no estrangeiro atenua a pena imposta no Brasil pelo mesmo crime, quando diversas, ou nela é computada, quando idênticas", evitando-se, dessa forma, o *bis in idem*, ou seja, ser o agente punido duas vezes pelo mesmo fato.

---

[1] Nos termos do art. 6º do Estatuto de Roma do Tribunal Penal Internacional, *entende-se por "genocídio", qualquer um dos atos que a seguir se enumeram, praticado com intenção de destruir, no todo ou em parte, um grupo nacional, étnico, racial ou religioso, enquanto tal: a) homicídio de membros do grupo; b) ofensas graves à integridade física ou mental de membros do grupo; c) sujeição intencional do grupo a condições de vida com vista a provocar a sua destruição física, total ou parcial; d) imposição de medidas destinadas a impedir nascimentos no seio do grupo; e) transferência, à força, de crianças do grupo para outro grupo.*

No que diz respeito ao crime de genocídio, deve ser ressalvada, ainda, a jurisdição do Tribunal Penal Internacional, conforme o § 4º do art. 5º da Constituição Federal, acrescentado pela Emenda nº 45/2004, à qual o Brasil aderiu, conforme se verifica no Decreto nº 4.388, de 25 de setembro de 2002.

A extraterritorialidade condicionada encontra-se prevista no inciso II do art. 7º do Código Penal, que diz sujeitar-se à lei brasileira, embora cometidos no estrangeiro:

> II – os crimes:
> a) que, por tratado ou convenção, o Brasil se obrigou a reprimir (*princípio da universalidade, da justiça universal ou cosmopolita*);
> b) praticados por brasileiro (princípio da personalidade ativa);
> c) praticados em aeronaves ou embarcações brasileiras, mercantes ou de propriedade privada, quando em território estrangeiro e aí não sejam julgados [*princípio da representação*].

As condições para a aplicação da lei brasileira nos casos previstos pelo inciso II do art. 7º do Código Penal, que possuem a natureza jurídica de condições objetivas de punibilidade, são as seguintes, de acordo com o § 2º do mesmo artigo:

> **Art. 7º** Ficam sujeitos à lei brasileira, embora cometidos no estrangeiro:
> [...];
> a) entrar o agente no território nacional;
> b) ser o fato punível também no país em que foi praticado;
> c) estar o crime incluído entre aqueles pelos quais a lei brasileira autoriza a extradição;
> d) não ter sido o agente absolvido no estrangeiro ou não ter aí cumprido a pena;
> e) não ter sido o agente perdoado no estrangeiro ou, por outro motivo, não estar extinta a punibilidade, segundo a lei mais favorável.

O § 3º do art. 7º do Código Penal dispõe, ainda, que a lei brasileira se aplica também ao crime cometido por estrangeiro contra brasileiro fora do Brasil, se reunidas as condições previstas no § 2º do mesmo artigo: *a)* não foi pedida ou negada a extradição; *b)* houve requisição do Ministro da Justiça. Acolhe-se, aqui, o chamado *princípio da defesa* ou da *personalidade passiva*.

De acordo com as inovações trazidas pela Emenda Constitucional nº 45/2004, compete aos juízes federais processar e julgar as causas relativas aos direitos humanos a que se refere o § 5º do art. 109 da Constituição Federal, que diz:

> § 5º Nas hipóteses de grave violação de direitos humanos, o Procurador-Geral da República, com a finalidade de assegurar o cumprimento de obrigações decorrentes de tratados internacionais de direitos humanos dos quais o Brasil seja parte, poderá suscitar, perante o Superior Tribunal de Justiça, em qualquer fase do inquérito ou processo, incidente de deslocamento de competência para a Justiça Federal.[2]

---

[2] O Plenário do Supremo Tribunal Federal (STF) validou norma constitucional que permite o deslocamento para a Justiça Federal dos casos que envolvem grave violação de direitos humanos. A decisão se deu no julgamento das Ações Diretas de Inconstitucionalidade (ADIs) 3486 e 3493, na sessão virtual encerrada em 11/9/2023.

1. QUADRO-RESUMO

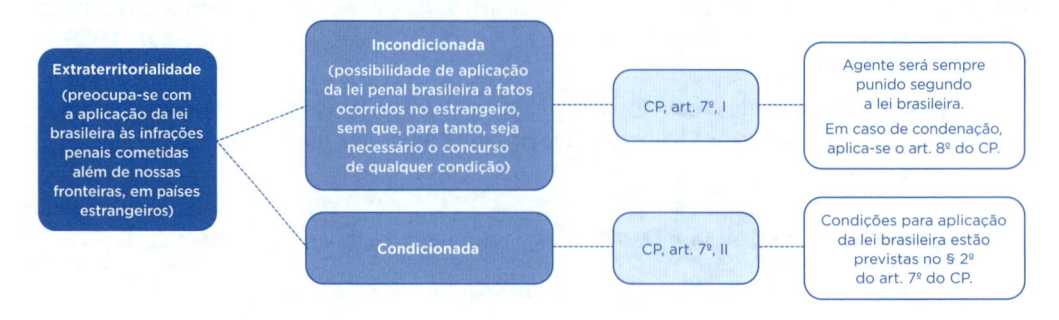

Extraterritorialidade
(preocupa-se com a aplicação da lei brasileira às infrações penais cometidas além de nossas fronteiras, em países estrangeiros)

- **Incondicionada**
(possibilidade de aplicação da lei penal brasileira a fatos ocorridos no estrangeiro, sem que, para tanto, seja necessário o concurso de qualquer condição) → CP, art. 7º, I → Agente será sempre punido segundo a lei brasileira. Em caso de condenação, aplica-se o art. 8º do CP.

- **Condicionada** → CP, art. 7º, II → Condições para aplicação da lei brasileira estão previstas no § 2º do art. 7º do CP.

Capítulo XX
Disposições sobre a Aplicação da Lei Penal

1. EFICÁCIA DA SENTENÇA ESTRANGEIRA

A sentença judicial é um ato de soberania do Estado. Contudo, seria de todo ineficaz e insuficiente se não pudéssemos executá-la, a fim de fazer valer a decisão nela contida. Como regra, sua execução, como ato soberano, deveria ficar adstrita aos limites territoriais do Estado que a proferiu. Mas, como bem observa Alberto Silva Franco:

> "Para combater com maior eficiência, dentro de suas fronteiras, a prática de fatos criminosos, o Estado se vale, por exceção, de atos de soberania de outros Estados, aos quais atribui certos e determinados efeitos. Para tanto, homologa a sentença penal estrangeira, de modo a torná-la um verdadeiro título executivo nacional, ou independentemente de prévia homologação, dá-lhe o caráter de fato jurídico relevante."[1]

O art. 9º do Código Penal cuida do tema relativo à eficácia da sentença estrangeira, dizendo que esta, *quando a aplicação da lei brasileira produz na espécie as mesmas consequências, pode ser homologada no Brasil para: I – obrigar o condenado à reparação do dano, a restituições e a outros efeitos civis; II – sujeitá-lo à medida de segurança*. O parágrafo único do citado art. 9º do Código Penal diz que a homologação depende: *a) para os efeitos previstos no inciso I, de pedido da parte interessada; b) para os outros efeitos, da existência de tratado de extradição com o país de cuja autoridade judiciária emanou a sentença, ou, na falta de tratado, de requisição do Ministro da Justiça.*

Compete ao Superior Tribunal de Justiça, nos termos da alínea *i*, acrescentada ao inciso I do art. 105 da Constituição Federal, pela Emenda nº 45/2004, a homologação das sentenças estrangeiras que, anteriormente, era levada a efeito pelo Supremo Tribunal Federal, de acordo com a revogada alínea *h*, I, do art. 102.

---

[1] SILVA FRANCO, Alberto. *Código penal e sua interpretação jurisprudencial* – Parte geral, v. I, t. I, p. 182-183.

Da mesma forma, o inciso VIII do art. 515 do Código de Processo Civil (Lei nº 13.105, de 16 de março de 2015), assevera:

> **Art. 515.** São títulos executivos judiciais, cujo cumprimento dar-se-á de acordo com os artigos previstos neste Título:
> [...]
> VIII – a sentença estrangeira homologada pelo Superior Tribunal de Justiça;

2. CONTAGEM DE PRAZO

No que diz respeito à contagem dos prazos, o art. 10 do Código Penal estabelece uma regra diversa daquela existente no § 1º do art. 798 do Código de Processo Penal. Diz o art. 10 do estatuto repressivo que o *dia do começo inclui-se no cômputo do prazo*, ao passo que o § 1º do art. 798 do Código de Processo Penal determina que *não se computará no prazo o dia do começo, incluindo-se, porém, o do vencimento*.

Surge, portanto, pelo confronto dos dois dispositivos legais, a distinção entre o prazo penal e o processual penal. Todos os prazos, como regra geral, que digam respeito ao normal andamento do processo deverão ter essa natureza, ou seja, serem considerados processuais, a exemplo do prazo concedido ao Ministério Público para o oferecimento da denúncia, bem como aqueles destinados à resposta do réu,[2] às alegações finais etc. Há prazos, contudo, que dizem respeito diretamente ao direito de liberdade dos cidadãos. Esses prazos, pela sua natureza, deverão ser considerados prazos penais, a exemplo da contagem da decadência, do período de seis meses, como regra, para a apresentação da representação ou oferecimento da queixa em juízo, do cumprimento da pena, da prescrição etc.

Se alguém, por exemplo, foi vítima de um crime de lesões corporais de natureza leve no dia 1º de janeiro de 2018, a partir dessa data, inclusive, terá início o seu prazo para que possa dirigir-se à autoridade competente a fim de apresentar sua representação, condição indispensável à instauração do inquérito policial, bem como para o início da ação penal, de acordo com o art. 88 da Lei nº 9.099/95.[3]

A nosso ver, se o indiciado ou réu estiver preso, em virtude do direito de liberdade inerente a todo cidadão, aqueles prazos que, à primeira vista, seriam considerados processuais, porque ligados diretamente aos atos do processo, em virtude da prisão cautelar do agente, transformam-se em prazos penais. Assim, v.g., se alguém tiver sido preso em flagrante delito no dia 1º de dezembro de 2020, por ter praticado um crime de roubo, a autoridade policial terá o prazo de dez dias, contado a partir da data da prisão em flagrante, para concluí-lo e remetê-lo à Justiça. Ou seja, no dia 10 de dezembro de 2020, o inquérito já deverá estar com a autoridade judiciária competente para julgar a ação penal a ser proposta pelo Ministério Público. O Promotor de Justiça, por sua vez, terá o prazo de cinco dias, nos termos do art. 46 do Código de Processo Penal, para oferecer a denúncia, a partir da data em que receber os autos

---

[2] Os arts. 396 e 396-A, *caput*, do Código de Processo Penal, com a nova redação que lhes foi dada pela Lei nº 11.719, de 20 de junho de 2008, dizem, *verbis*: Art. 396. *Nos procedimentos ordinário e sumário, oferecida a denúncia ou queixa, o juiz, se não a rejeitar liminarmente, recebê-la-á e ordenará a citação do acusado para responder à acusação, por escrito, no prazo de 10 (dez) dias.* Parágrafo único. *No caso de citação por edital, o prazo para a defesa começará a fluir a partir do comparecimento pessoal do acusado ou do defensor constituído.* Art. 396-A. *Na resposta, o acusado poderá arguir preliminares e alegar tudo o que interesse à sua defesa, oferecer documentos e justificações, especificar as provas pretendidas e arrolar testemunhas, qualificando-as e requerendo sua intimação, quando necessário.*

[3] Art. 88. *Além das hipóteses do Código Penal e da legislação especial, dependerá de representação a ação penal relativa aos crimes de lesões corporais leves e lesões culposas.*

de inquérito policial. Também aqui o primeiro dia será computado no prazo acima mencionado, visto tratar-se de indiciado preso[4].

Além dessa distinção entre os prazos penal e processual penal, o art. 10 do Código Penal determina que os dias, os meses e os anos sejam contados pelo calendário comum, isto é, pelo calendário conhecido como gregoriano. Conforme Ney Moura Teles, "o dia é o período de tempo compreendido entre a meia-noite e a meia-noite seguinte. O mês é contado de acordo com o número de dias que cada um tem: 28 ou 29 (fevereiro), 30 (abril, junho, setembro e novembro) e 31 os demais. O ano terá 365 ou 366 dias."[5]

3. FRAÇÕES NÃO COMPUTÁVEIS NA PENA

O art. 11 do Código Penal determina que sejam desprezadas nas penas privativas de liberdade e nas restritivas de direito as frações de dia, e, na pena de multa, as frações de "cruzeiro."

Isso significa que ninguém pode ser condenado, por exemplo, ao cumprimento de uma pena que tenha a duração de um mês e seis horas. Se alguém for encaminhado à penitenciária às 23 horas do dia 15 de janeiro de 2020, a fim de cumprir uma pena privativa de liberdade correspondente a seis meses de detenção, o primeiro dia, isto é, o dia 15 de janeiro de 2020, deverá ser incluído no cômputo do cumprimento da pena, não importando se, naquele dia, o condenado tenha permanecido somente uma hora preso.

No que diz respeito às penas pecuniárias, com a alteração da nossa moeda, onde se lê *cruzeiro*, na segunda parte do art. 11 do Código Penal, leia-se *real*. Aqui, quis o legislador deixar de lado a condenação em centavos. Nos valores correspondentes às penas pecuniárias deverão, portanto, ser desprezadas as frações de real.

4. LEGISLAÇÃO ESPECIAL

O art. 12 do Código Penal determina que suas regras gerais sejam aplicadas aos fatos incriminados por lei especial, se esta não dispuser de modo diverso. À falta de uma regulamentação específica para os fatos incriminados pela legislação especial, aplicam-se as regras gerais do Código Penal. Contudo, quando o estatuto especial dispuser de modo diverso, suas regras prevalecerão sobre aquelas gerais previstas no Código Penal.

A Lei das Contravenções Penais é especial em relação ao Código Penal. Mesmo sem necessidade de menção expressa, o seu art. 1º dispõe:

> **Art. 1º** Aplicam-se às contravenções as regras gerais do Código Penal, sempre que a presente Lei não disponha de modo diverso.

---

[4] Guilherme de Souza Nucci observa que a "jurisprudência tem admitido, no entanto, a compensação de prazo, quando evidenciado não ter havido prejuízo ao indivíduo preso. Portanto, se o delegado tem 10 dias para concluir o inquérito e o promotor, 5 dias para oferecer a denúncia, há um percurso necessário de 15 dias para a ação penal ter início. Logo, caso a autoridade policial remeta o inquérito no 11º dia ao fórum, mas, em compensação o promotor denunciar no 12º dia, encontra-se um ganho de 3 dias, não se justificando, pois, a materialização de constrangimento ilegal. Parece-nos sensato o raciocínio, uma vez que o Estado-investigação e o Estado-acusação, juntos, possuem 15 dias para manter o réu preso, caso o juiz não o libere antes (através de liberdade provisória), até que a ação penal comece" (*Manual de processo e execução penal*, p. 139).

[5] TELES, Ney Moura. *Direito penal* – Parte geral, p. 147.

O parágrafo único do art. 14 do Código Penal determina, salvo disposição em contrário, a punição da tentativa com as penas correspondentes ao crime consumado, diminuída de um a dois terços. Dependendo da infração penal, se pudermos fracionar o *iter criminis*, em tese será possível a punição do agente pelo *conatus*. Essa é a regra geral prevista pelo Código Penal. A Lei das Contravenções Penais, por questões de política criminal, entendeu por bem descartar, por completo, a punição do agente pela tentativa, dizendo, em seu art. 4º, *não ser punível a tentativa de contravenção*. Tal regra, por estar contida na lei especial, deverá prevalecer sobre a regra geral do Código Penal. Assim, ou o agente consuma a contravenção penal, ou o fato por ele cometido será considerado atípico, por vedação da aplicação da norma de extensão prevista no art. 14, II, do Código Penal.

Capítulo XXI
Conceito e Evolução da Teoria do Crime

Acesse e assista à aula explicativa sobre este assunto.
> http://uqr.to/1wh12

1. NOÇÕES FUNDAMENTAIS

Na lição de Zaffaroni, chama-se teoria do delito:

"A parte da ciência do direito penal que se ocupa de explicar o que é o delito em geral, quer dizer, quais são as características que devem ter qualquer delito. Esta explicação não é um mero discorrer sobre o delito com interesse puramente especulativo, senão que atende à função essencialmente prática, consistente na facilitação da averiguação da presença ou ausência de delito em cada caso concreto."[1]

Embora o crime seja insuscetível de fragmentação, pois que é um todo unitário,[2] para efeitos de estudo, faz-se necessária a análise de cada uma de suas características ou elementos fundamentais, isto é, o fato típico, a antijuridicidade e a culpabilidade. Podemos dizer que cada um desses elementos, na ordem em que foram apresentados, é um antecedente lógico e necessário à apreciação do elemento seguinte. Welzel, dissertando sobre o tema, diz:

"A tipicidade, a antijuridicidade e a culpabilidade são três elementos que convertem uma ação em um delito. A culpabilidade – a responsabilidade pessoal por um fato antijurídico – pressupõe a antijuridicidade do fato, do mesmo modo que a antijuridicidade, por sua vez, tem de estar concretizada em tipos legais. A tipicidade, a antijuridicidade e a culpabilidade estão relacionadas logicamente de tal modo que cada elemento posterior do delito pressupõe o anterior."[3]

---

[1] ZAFFARONI, Eugenio Raúl. *Manual de derecho penal* – Parte general, p. 317.

[2] Francisco Bueno Arús, dissertando sobre o conceito unitário do crime, diz, com acerto: "Penso que a Escola penalista nazista de Kiel tinha razão em um ponto: que o delito é *um ente unitário*, não fracionável em partes, perceptível pelo intelecto de maneira global, ainda que, para compreender melhor sua essência, seja didático explicar sucessivamente seus diversos caracteres" (*La ciencia del derecho penal* – Un modelo de inseguridad jurídica, p. 67).

[3] WELZEL, Hans. *Derecho penal alemán*, p. 57.

Assim, se alguém, dirigindo um automóvel em via pública, com todas as cautelas necessárias, atropela fatalmente um pedestre que, desejando cometer suicídio, se atira contra o veículo, não pratica o delito de homicídio culposo, uma vez que, se não agiu com culpa, tampouco com dolo, não há falar em conduta. Se não há conduta, não há fato típico e, como consequência, não há crime. Nesse caso, elimina-se o crime a partir do estudo de seu primeiro elemento – o fato típico. Somente quando o fato é típico, isto é, quando comprovado que o agente atuou dolosa ou culposamente, que em virtude de sua conduta adveio o resultado e, por fim, que seu comportamento se adapta perfeitamente ao modelo abstrato previsto na lei penal, é que poderemos passar ao estudo da antijuridicidade. Da mesma forma, somente iniciaremos a análise da culpabilidade se já tivermos esgotado o estudo do fato típico e da antijuridicidade.[4]

É a teoria do crime, portanto, um roteiro obrigatório a ser seguido pelos intérpretes que compõem a Justiça Penal, principalmente pelos aplicadores da lei, trazendo, outrossim, o máximo de segurança jurídica possível, reconhecendo ou não a prática de uma determinada infração penal. Assim, como afirmam, corretamente, Juan Carlos Ferré Olivé, Miguel Ángel Nuñez Paz, William Terra de Oliveira e Alexis Couto de Brito, devemos ter a:

> "Segurança de que a imposição de uma sanção penal responde a critérios científicos sérios, que não é resultado de uma atitude arbitrária ou caprichosa do intérprete. Justamente o Direito Penal, por ser o instrumento mais repressivo com que conta o Estado, requer um grau superior de sistematização, ou seja, de critérios lógicos para formular uma interpretação *coerente*, *ordenada* e fundamentalmente *uniforme* da Lei Penal. Por todos esses motivos a teoria do crime aparece como um instrumento indispensável para a interpretação da Lei Penal, para conhecer seu conteúdo"[5].

Importante salientar, ainda, que a teoria do crime encontra-se em constante evolução, nada havendo de absoluto, ainda, com relação aos seus elementos informadores. Assim, desde os seus primeiros estudos, até os dias atuais, ela foi se desenvolvendo ao longo dos anos, sempre com a finalidade última de trazer, ao máximo, a tão deseja segurança jurídica, não permitindo que fatos semelhantes sejam julgados de forma diferente, ficando tais decisões entregues à sorte.

Assim, esse "roteiro" a ser seguido, mesmo que com pequenas distinções e interpretações entre eles, servirá de norte para uma correta e mais efetiva aplicação da lei penal.

Não podemos deixar de salientar, ainda, que a opção por essa sistematização não é universal, ou seja, não a encontraremos, da mesma forma, em todos os países. Nossa tradição é de origem germânica, onde incontáveis autores se dedicaram à sua confecção. Contudo, como bem observado por Juan Carlos Ferré Olivé, Miguel Ángel Nuñez Paz, William Terra de Oliveira e Alexis Couto de Brito "no mundo anglo-saxão (Reino Unido, EUA etc.) e em vários

---

[4] Na precisa advertência de Luis Greco, "a composição e a estruturação de todos os pressupostos da punibilidade em um sistema dogmático possuem, antes de mais nada, a vantagem prática de simplificar e orientar o exame dos casos. O estudante que precisa preparar um parecer sobre a punibilidade de um comportamento e também o advogado ou o juiz, todos irão proceder à avaliação jurídico-penal dos fatos a eles submetidos seguindo a ordem que lhes é prescrita pela estrutura do crime. Havendo uma ação, examina-se primeiro a realização do tipo, depois dela a antijuridicidade e, por fim, a culpabilidade e os ulteriores pressupostos de punibilidade. Essa estruturação em uma ordem lógica de pensamentos garante que todas as questões importantes para ajuizar quanto à punibilidade ou não do fato serão realmente examinadas" (Introdução. In: ROXIN, Claus. *Funcionalismo e imputação objetiva no direito penal*, p. 213).

[5] FERRÉ OLIVÉ, Juan Carlos; NUÑEZ PAZ, Miguel Ángel; OLIVEIRA, William Terra de; BRITO, Alexis Couto de. *Direito penal brasileiro* – parte geral – princípios fundamentais e sistema, p. 218.

países europeus prevaleçam outros mecanismos de interpretação da lei penal (Holanda, França etc.) que são estruturados sobre a base de diferentes parâmetros científicos"[6], e continuam suas lições apontando os aspectos positivos de se contar com uma teoria do crime, dizendo:

> "* É um instrumento que fornece segurança jurídica, pois fixa as regras do jogo, permitindo conhecer antecipadamente o âmbito do proibido e do permitido. Dessa forma, afasta a solução dos casos penais do azar e da arbitrariedade.
>
> * Garantia dos *direitos fundamentais* do indivíduo frente ao poder arbitrário do Estado, instrumentalizando a vigência dos princípios básicos do Direito Penal (legalidade, proporcionalidade, culpabilidade etc.).
>
> * Permite estruturar racionalmente as *causas de exoneração* de responsabilidade penal (causas de justificação, de exclusão da culpabilidade etc.) analisando ordenadamente seus critérios regentes, o que resulta essencial para a segurança jurídica.
>
> * Possibilita o aparecimento de uma *jurisprudência* racional e uniforme.
>
> * Tem alcançado um alto grau de *desenvolvimento e refinamento jurídico*"[7].

2. INFRAÇÃO PENAL

Muitas vezes nos referimos aos termos *crimes*, *delitos* e *contravenções* sem atentar para o seu real significado. Será o crime diferente do delito, ou será que são expressões sinônimas? Ou, ainda, há diferença entre crime, delito e contravenção? Para responder a essas indagações, é preciso saber que nosso sistema jurídico penal adotou, de um lado, as palavras crime e delito como expressões sinônimas, e, de outro, as contravenções penais.

Isso quer dizer que, ao contrário de outras legislações que adotaram o chamado critério tripartido, a exemplo da França e da Espanha, no qual existe diferença entre crime, delito e contravenção, diferença esta que varia de acordo com a gravidade do fato e a pena cominada à infração penal, nosso sistema jurídico-penal, da mesma forma que o alemão e o italiano, v.g., fez a opção pelo critério bipartido, ou seja, entende, de um lado, os crimes e os delitos como expressões sinônimas, e, do outro, as contravenções penais.

Quando quisermos nos referir indistintamente a qualquer uma dessas figuras, devemos utilizar a expressão *infração penal*. A infração penal, portanto, como gênero, refere-se de forma abrangente aos crimes/delitos e às contravenções penais como espécies.

3. DIFERENÇA ENTRE CRIME E CONTRAVENÇÃO

Existe diferença substancial entre crime e contravenção? Inicialmente deve ser registrado que o legislador adotou um critério para a distinção entre eles. Assim, no art. 1º da Lei de Introdução ao Código Penal (Decreto-Lei nº 3.914, de 9 de dezembro de 1941), temos a seguinte definição:

> **Art. 1º** Considera-se crime a infração penal a que a lei comina pena de reclusão ou de detenção, quer isoladamente, quer alternativa ou cumulativamente com a pena de multa; contravenção, a infração penal a que a lei comina, isoladamente, pena de prisão simples ou multa, ou ambas, alternativa ou cumulativamente.

---

[6] FERRÉ OLIVÉ, Juan Carlos; NUÑEZ PAZ, Miguel Ángel; OLIVEIRA, William Terra de; BRITO, Alexis Couto de. *Direito Penal Brasileiro* – parte geral – princípios fundamentais e sistema, p. 219.

[7] FERRÉ OLIVÉ, Juan Carlos; NUÑEZ PAZ, Miguel Ángel; OLIVEIRA, William Terra de; BRITO, Alexis Couto de. *Direito Penal Brasileiro* – parte geral – princípios fundamentais e sistema, p. 220-221.

Embora o art. 1º da Lei de Introdução ao Código Penal nos forneça um critério para a distinção entre crime e contravenção penal, essa regra foi quebrada pela Lei nº 11.343/2006, haja vista que, ao cominar, no preceito secundário do seu art. 28, as penas relativas ao delito de *consumo de drogas*, não fez previsão de qualquer pena privativa de liberdade (reclusão, detenção ou prisão simples), tampouco da pena pecuniária (multa). Assim, analisando o mencionado art. 28, como podemos saber se estamos diante de um crime ou de uma contravenção penal? A saída será levar a efeito uma interpretação sistêmica do artigo, que está inserido no Capítulo III, que diz respeito aos crimes e às penas. Assim, de acordo com a redação constante do aludido capítulo, devemos concluir que o *consumo de drogas* faz parte do rol dos crimes, não se tratando, pois, de contravenção penal.

Na verdade, não há diferença substancial entre contravenção e crime. O critério de escolha dos bens que devem ser protegidos pelo Direito Penal é político, da mesma forma que é política a rotulação da conduta como contravencional ou criminosa. O que hoje é considerado crime amanhã poderá vir a tornar-se contravenção e vice-versa. Todos nós tomamos conhecimento da intensa mobilização da sociedade, aliada aos meios de comunicação de massa, para que a contravenção penal de porte de arma, prevista no art. 19 do Decreto-Lei nº 3.688/41, fosse transformada em crime, o que efetivamente ocorreu com o advento da revogada Lei nº 9.437, de 20 de fevereiro de 1997, cujo *caput* de seu art. 10 recebeu a seguinte redação, descrevendo as condutas que se quer evitar:

> **Art. 10.** Possuir, deter, portar, fabricar, adquirir, vender, alugar, expor à venda ou fornecer, receber, ter em depósito, transportar, ceder, ainda que gratuitamente, emprestar, remeter, empregar, manter sob guarda e ocultar arma de fogo, de uso permitido, sem autorização e em desacordo com determinação legal ou regulamentar:
> Pena – detenção de um a dois anos e multa.[8]

---

[8] O citado art. 10 foi revogado pela Lei nº 10.826, de 22 de dezembro de 2003, que criou, por sua vez, vários tipos de posse e porte ilegal de armas, conforme se verifica em seus arts. 12 (posse irregular de arma de fogo de uso permitido), 14 (porte ilegal de arma de fogo de uso permitido) e 16 (posse ou porte ilegal de arma de fogo de uso restrito), assim redigidos: Art. 12. *Possuir ou manter sob sua guarda arma de fogo, acessório ou munição, de uso permitido, em desacordo com determinação legal ou regulamentar, no interior de sua residência ou dependência desta, ou, ainda no seu local de trabalho, desde que seja o titular ou o responsável legal do estabelecimento ou empresa:Pena – detenção, de 1 (um) a 3 (três) anos, e multa, [...]. Art. 14. Portar, deter, adquirir, fornecer, receber, ter em depósito, transportar, ceder, ainda que gratuitamente, emprestar, remeter, empregar, manter sob guarda ou ocultar arma de fogo, acessório ou munição, de uso permitido, sem autorização e em desacordo com determinação legal ou regulamentar: Pena – reclusão, de 2 (dois) a 4 (quatro) anos, e multa. Parágrafo único. O crime previsto neste artigo é inafiançável, salvo quando a arma de fogo estiver registrada em nome do agente.[...].*OBS.: O parágrafo único do art. 14 foi declarado inconstitucional pelo STF na Adi 3.112-1 (publicada a decisão final no DJ de 26/10/2007), ao argumento de que "[...] IV – A proibição de estabelecimento de fiança para os delitos de 'porte ilegal de arma de fogo de uso permitido' e de 'disparo de arma de fogo'", mostra-se desarrazoada, porquanto são crimes de mera conduta, que não se equiparam aos crimes que acarretam lesão ou ameaça de lesão à vida ou à propriedade. "Art. 16. *Possuir, deter, portar, adquirir, fornecer, receber, ter em depósito, transportar, ceder, ainda que gratuitamente, emprestar, remeter, empregar, manter sob sua guarda ou ocultar arma de fogo, acessório ou munição de uso restrito, sem autorização e em desacordo com determinação legal ou regulamentar: Pena – reclusão, de 3 (três) a 6 (seis) anos, e multa. § 1º Nas mesmas penas incorre quem: I – suprimir ou alterar marca, numeração ou qualquer sinal de identificação de arma de fogo ou artefato; II – modificar as características de arma de fogo, de forma a torná-la equivalente a arma de fogo de uso proibido ou restrito ou para fins de dificultar ou de qualquer modo induzir a erro autoridade policial, perito ou juiz; III – possuir, deter ver, fabricar ou empregar artefato explosivo ou incendiário, sem autorização ou em desacordo com determinação legal ou regulamentar; IV – portar, possuir, adquirir, transportar ou fornecer arma de fogo com numeração, marca ou qualquer outro sinal de identificação raspado, suprimido ou adulterado; V – vender, entregar ou forne-*

Atualmente, o crime de porte ilegal de arma de fogo está previsto nos arts. 14 e 16 da Lei nº 10.826/2003, sendo, inclusive, este último, considerado como crime hediondo, de acordo com o inciso II do parágrafo único do art. 1º da Lei nº 8.072/1990, com as modificações que lhe foram conferidas pela Lei nº 13.964, de 24 de dezembro de 2019.

Às contravenções penais, por serem, na concepção de Hungria, consideradas delitos--anões, devem, em geral, tocar as infrações consideradas menos graves, ou seja, aquelas que ofendam bens jurídicos não tão importantes como aqueles protegidos quando se cria a figura típica de um delito.

Na verdade, se aplicássemos fielmente o princípio da intervenção mínima, que apregoa que o Direito Penal só deve preocupar-se com os bens e interesses mais importantes e necessários ao convívio em sociedade, não deveríamos sequer falar em contravenções, cujos bens por elas tutelados bem poderiam ter sido protegidos satisfatoriamente pelos demais ramos do Direito.

Podemos apontar, no entanto, algumas diferenças trazidas pela lei, a exemplo do fato de que não se pune a tentativa de contravenção penal (LCP, art. 4º), sendo que nos crimes isso deverá ser verificado em cada tipo penal; as ações penais, nas contravenções penais, são sempre de iniciativa pública incondicionada (LCP, art. 17), podendo, no entanto, variar, de acordo com o crime em análise, em ações penais de iniciativa pública incondicionada, condicionada ou mesmo privada (CP, art. 100) etc.

4. ILÍCITO PENAL E ILÍCITO CIVIL

Quando falamos em ilicitude, estamos nos referindo àquela relação de contrariedade entre a conduta do agente e o ordenamento jurídico. Temos ilícitos de natureza penal, civil, administrativa etc. Será que existe alguma diferença entre eles? Ou, numa divisão somente entre ilícitos penais e ilícitos não penais, podemos vislumbrar alguma diferença? Na verdade, não há diferença alguma. Ocorre que o ilícito penal, justamente pelo fato de o Direito Penal proteger os bens mais importantes e necessários à vida em sociedade, é mais grave. Também aqui o critério de distinção é político. O que hoje é um ilícito civil amanhã poderá vir a ser um ilícito penal. O legislador, sempre observando os princípios que norteiam o Direito Penal, fará a seleção dos bens que a este interessam mais de perto, deixando a proteção dos demais a cargo dos outros ramos do Direito.

A diferença entre o ilícito penal e o civil, obviamente observada a gravidade de um e de outro, encontra-se também na sua consequência. Ao ilícito penal, o legislador reservou uma pena, que pode até chegar ao extremo de privar o agente de sua liberdade,[9] tendo destinado ao ilícito civil, contudo, como sua consequência, a obrigação de reparar o dano ou outras sanções de natureza civil.

---

cer, ainda que gratuitamente, arma de fogo, acessório, munição ou explosivo a criança ou adolescente; e VI – produzir, recarregar ou reciclar, sem autorização legal, ou adulterar, de qualquer forma, munição ou explosivo. § 2º Se as condutas descritas no caput e no § 1º deste artigo envolverem arma de fogo de uso proibido, a pena é de reclusão, de 4 (quatro) a 12 (doze) anos. (Nova redação dada pela Lei nº 13.964, de 24 de dezembro de 2019.)

[9] Embora a regra geral prevista na Constituição Federal seja a da impossibilidade de ser implementada a pena de morte em nosso ordenamento jurídico, existe exceção para o caso de guerra declarada, conforme a alínea a do inciso XLVII do art. 5º, verbis:XLVII – Não haverá penas:a) de morte, salvo nos casos de guerra declarada, nos termos do art. 84, XIX.[...].De acordo com o art. 56 do Código Penal Militar, a pena de morte é executada por fuzilamento.

5. CONCEITO DE CRIME

Nosso atual Código Penal não nos fornece um conceito de crime, somente dizendo, em sua Lei de Introdução, que ao crime é reservada uma pena de reclusão ou de detenção, quer alternativa ou cumulativamente com a pena de multa.

Com essa redação, o art. 1º da Lei de Introdução ao Código Penal somente nos trouxe um critério para que, analisando o tipo penal incriminador, pudéssemos distinguir crime de contravenção, mesmo que essa regra tenha sido quebrada pelo art. 28 da Lei nº 11.343/2006. O Código Criminal do Império (1830) e o nosso primeiro Código Penal Republicano (1890) tentaram definir o conceito de crime.

Dizia o § 1º do art. 2º do Código Criminal do Império:

> **Art. 2º** Julgar-se-á crime ou delicto:
> § 1º Toda acção ou omissão voluntaria contraria ás leis penaes (*redação original*.)

Já o art. 2º do nosso primeiro Código Penal Republicano (1890) assim se expressava:

> **Art. 2º** A violação da lei penal consiste em acção ou omissão; constitue crime ou contravenção (*redação original*).

Hoje, o conceito atribuído ao crime é eminentemente doutrinário.

Como salientamos, não existe um conceito de crime fornecido pelo legislador, restando-nos, contudo, seu conceito doutrinário.

Não foram poucos os doutrinadores que, durante anos, tentaram fornecer esse conceito de delito. Interessa-nos, neste estudo, refletir somente sobre aqueles mais difundidos. Assim, mesmo que de maneira breve, faremos a análise dos seguintes conceitos:[10]

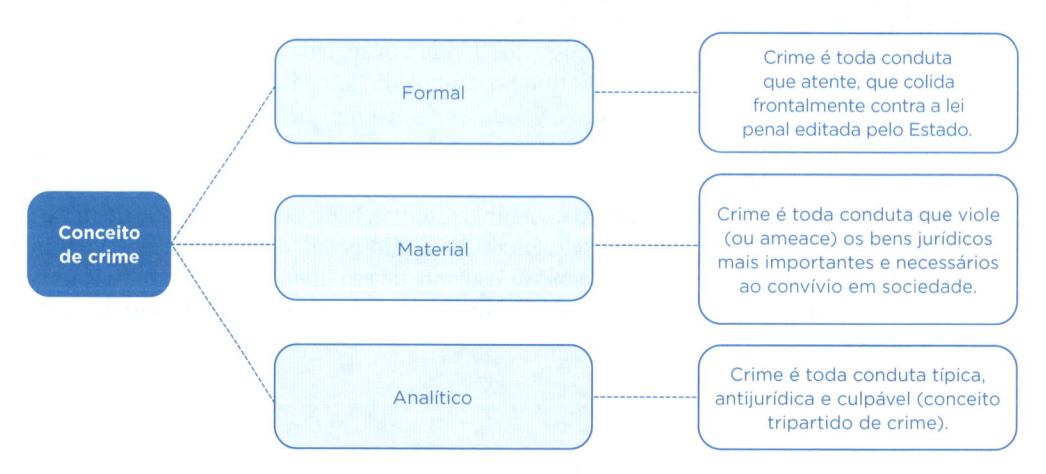

Conceito de crime
- **Formal**: Crime é toda conduta que atente, que colida frontalmente contra a lei penal editada pelo Estado.
- **Material**: Crime é toda conduta que viole (ou ameace) os bens jurídicos mais importantes e necessários ao convívio em sociedade.
- **Analítico**: Crime é toda conduta típica, antijurídica e culpável (conceito tripartido de crime).

---

[10] "Conceito definitorial de delito – segundo a teoria do *labeling approach* (ou teoria do etiquetamento). Para esta teoria, o delito carece de consistência material (ou ontológica), mas, mais do que isso, são os processos de reação social – é dizer, o controle social mesmo – que criam a conduta desviada, ou seja, a conduta não é desviada *em si* (qualidade negativa inerente à conduta), mas em razão dum processo social – arbitrário e discriminatório – de reação e seleção. O delito (comportamento desviado, por excelência) é, em consequência, uma *etiqueta*, que se associa a certas pessoas, sobretudo em razão do seu *status* social (do delinquente) e da vítima, da repercussão social, das suas consequências, da reação das partes envolvidas etc." (Queiroz, Paulo de Souza. *Direito penal* – Introdução crítica, p. 95-96).

Conforme os ensinamentos de Bettiol:

"Duas concepções opostas se embatem entre si com a finalidade de conceituar o crime: uma de caráter formal, outra de caráter substancial. A primeira atém-se ao crime *sub especie iuris*, no sentido de considerar o crime 'todo o fato humano, proibido pela lei penal'. A segunda, por sua vez, supera este formalismo considerando o crime 'todo o fato humano lesivo de um interesse capaz de comprometer as condições de existência, de conservação e de desenvolvimento da sociedade'."[11]

Sob o aspecto formal, crime seria toda conduta que atentasse, que colidisse frontalmente com a lei penal editada pelo Estado. Considerando-se o seu aspecto material, conceituamos o crime como aquela conduta que viola os bens jurídicos mais importantes.

Na verdade, os conceitos formal e material não traduzem com precisão o que seja crime. Se há uma lei penal editada pelo Estado, proibindo determinada conduta, e o agente a viola, se ausente qualquer causa de exclusão da ilicitude ou dirimente da culpabilidade, haverá crime. Já o conceito material sobreleva a importância do princípio da intervenção mínima quando aduz que somente haverá crime quando a conduta do agente atentar contra os bens mais importantes. Contudo, mesmo sendo importante e necessário o bem para a manutenção e a subsistência da sociedade, se não houver uma lei penal protegendo-o, por mais relevante que seja, não haverá crime se o agente vier a atacá-lo, em face do princípio da legalidade.

Como se percebe, os conceitos formal e material não traduzem o crime com precisão, pois não conseguem defini-lo.

Surge, assim, outro conceito, chamado analítico, porque realmente analisa as características ou elementos que compõem a infração penal.

Sobre o conceito analítico do crime, preleciona Assis Toledo:

"Substancialmente, o crime é um fato humano que lesa ou expõe a perigo bens jurídicos (jurídico-penais) protegidos. Essa definição é, porém, insuficiente para a dogmática penal, que necessita de outra mais analítica, apta a pôr à mostra os aspectos essenciais ou os elementos estruturais do conceito de crime. E dentre as várias definições analíticas que têm sido propostas por importantes penalistas, parece-nos mais aceitável a que considera as três notas fundamentais do fato-crime, a saber: ação típica (tipicidade), ilícita ou antijurídica (ilicitude) e culpável (culpabilidade). O crime, nessa concepção que adotamos, é, pois, ação típica, ilícita e culpável."[12]

Conforme preleciona Luiz Regis Prado:

"A ação, como primeiro requisito do delito, só apareceu com Berner (1857), sendo que a ideia de ilicitude, desenvolvida por Ihering (1867) para área civil, foi introduzida no Direito Penal por obra de von Liszt e Beling (1881), e a de culpabilidade, com origem em Merkel, desenvolveu-se pelos estudos de Binding (1877). Posteriormente, no início do século XX, graças a Beling (1906), surgiu a ideia de tipicidade."[13]

Alguns autores, a exemplo de Assis Toledo e Luiz Regis Prado, aduzem que o crime é composto pela ação típica, ilícita e culpável. Podemos dizer também, sem nos afastarmos desse conceito, em vez de ação típica, *fato típico*, pois que o *fato*, como veremos no quadro demonstrativo a seguir, abrange a conduta do agente, o resultado dela advindo, bem como o nexo de causalidade entre a conduta e o resultado. Portanto, não vislumbramos diferença que mereça destaque entre as expressões ação típica ou fato típico.

---

[11] BETTIOL, Giuseppe. *Direito penal*, v. I, p. 209.
[12] TOLEDO, Francisco de Assis. *Princípios básicos de direito penal*, p. 80.
[13] PRADO, Luiz Regis. *Curso de direito penal brasileiro – Parte geral*, p. 135.

Segue quadro demonstrativo, para que possamos visualizar os elementos que compõem a infração penal:

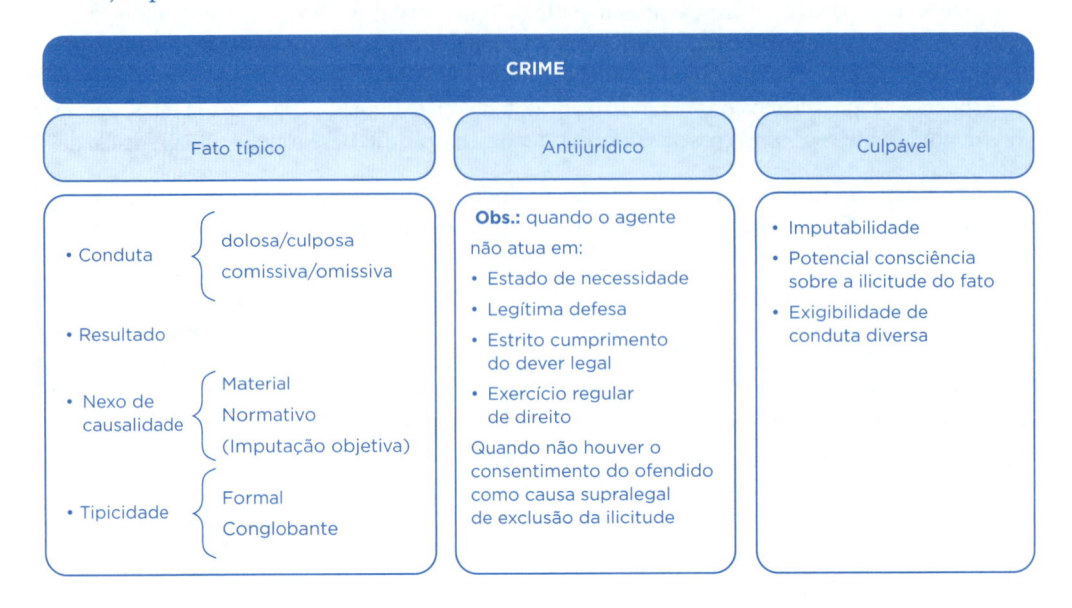

CRIME

Fato típico	Antijurídico	Culpável
• Conduta { dolosa/culposa, comissiva/omissiva } • Resultado • Nexo de causalidade { Material, Normativo (Imputação objetiva) } • Tipicidade { Formal, Conglobante }	**Obs.:** quando o agente não atua em: • Estado de necessidade • Legítima defesa • Estrito cumprimento do dever legal • Exercício regular de direito Quando não houver o consentimento do ofendido como causa supralegal de exclusão da ilicitude	• Imputabilidade • Potencial consciência sobre a ilicitude do fato • Exigibilidade de conduta diversa

6. CONCEITO ANALÍTICO DE CRIME

Como vimos, segundo a maioria dos doutrinadores, para que se possa falar em crime é preciso que o agente tenha praticado uma ação típica, ilícita e culpável. Alguns autores, a exemplo de Mezger e, entre nós, Basileu Garcia, sustentam que a punibilidade também integra tal conceito, sendo o crime, pois, uma ação típica, ilícita, culpável e punível. Estamos com Juarez Tavares,[14] que assevera que a punibilidade não faz parte do delito, sendo somente a sua consequência.

A função do conceito analítico[15] é a de analisar todos os elementos ou características que integram o conceito de infração penal sem que com isso se queira fragmentá-lo. O crime é, certamente, um todo unitário e indivisível. Ou o agente comete o delito (fato típico, ilícito e culpável), ou o fato por ele praticado será considerado um indiferente penal. O estudo estratificado ou analítico permite-nos, com clareza, verificar a existência ou não da infração penal; daí sua importância.

Na precisa lição de Roxin:

"Quase todas as teorias do delito até hoje construídas são sistemas de elementos, isto é, elas dissecam o comportamento delitivo em um número de diferentes elementos (objetivos,

---

[14] TAVARES, Juarez. *Teorias do delito*, p. 1.
[15] Conforme esclarece Cezar Roberto Bitencourt e Francisco Muñoz Conde, "a elaboração do conceito analítico começou com Carmignani (1833), embora encontre antecedentes em Deciano (1551) e Bohemero (1732). Para Carmignani, a ação delituosa compor-se-ia do concurso de uma força física e de uma força moral. Na força física estaria a ação executora do dano material do delito, e na força moral situar-se-ia na culpabilidade e o dano moral do delito. Essa construção levou ao sistema bipartido do conceito clássico de crime, dividido em aspectos objetivo e subjetivo. A construção do conceito analítico do delito, no entanto, veio a completar-se com a contribuição decisiva de Beling (1906), com a introdução do elemento tipicidade. Embora a inicialmente confusa e obscura definição desses elementos estruturais, que se depuraram ao longo do tempo, o conceito analítico, predominante, passou a definir o crime como a ação típica, antijurídica e culpável" (BITENCOURT, Cezar Roberto; MUÑOZ CONDE, Francisco. *Teoria geral do delito*, p. 22).

subjetivos, normativos, descritivos etc.), que são posicionados nos diversos estratos da construção do crime, constituindo algo como um mosaico do quadro legislativo do fato punível. Esta forma de proceder acaba levando a que se votem grandes esforços à questão sobre que posicionamento no sistema do delito deve ocupar esta ou aquela elementar do crime; pode-se descrever a história da teoria do delito nas últimas décadas como uma migração de elementares dos delitos entre diferentes andares do sistema."[16]

Adotamos, portanto, de acordo com essa visão analítica, o conceito de crime como o *fato típico, ilícito e culpável*.

O *fato típico*, segundo uma visão finalista, é composto dos seguintes elementos:

a) *conduta* dolosa ou culposa, comissiva ou omissiva;
b) *resultado*;
c) *nexo de causalidade* entre a conduta e o resultado;
d) *tipicidade* (formal e conglobante).

A *ilicitude*, expressão sinônima de antijuridicidade, é aquela relação de contrariedade, de antagonismo, que se estabelece entre a conduta do agente e o ordenamento jurídico. A licitude ou a juridicidade da conduta praticada é encontrada por exclusão, ou seja, somente será lícita a conduta se o agente houver atuado amparado por uma das causas excludentes da ilicitude previstas no art. 23 do Código Penal. Além das causas legais de exclusão da antijuridicidade, a doutrina ainda faz menção a outra, de natureza supralegal, qual seja, o *consentimento do ofendido*. Contudo, para que possa ter o condão de excluir a ilicitude, é preciso, quanto ao consentimento:

a) que o ofendido tenha capacidade para consentir;
b) que o bem sobre o qual recaia a conduta do agente seja disponível;
c) que o consentimento tenha sido dado anteriormente, ou pelo menos numa relação de simultaneidade à conduta do agente.

Ausente um desses requisitos, o consentimento do ofendido não poderá afastar a ilicitude do fato.

Culpabilidade é o juízo de reprovação pessoal que se faz sobre a conduta ilícita do agente. São elementos integrantes da culpabilidade, de acordo com a concepção finalista por nós assumida:

a) imputabilidade;
b) potencial consciência sobre a ilicitude do fato;
c) exigibilidade de conduta diversa.

Assim, na precisa conceituação de Zaffaroni:

"Delito é uma conduta humana individualizada mediante um dispositivo legal (tipo) que revela sua proibição (típica), que por não estar permitida por nenhum preceito jurídico (causa de justificação) é contrária ao ordenamento jurídico (antijurídica) e que, por ser exigível do autor que atuasse de outra maneira nessa circunstância, lhe é reprovável (culpável)."[17]

---

[16] ROXIN, Claus. *Política criminal e sistema jurídico-penal*, p. 85-86.
[17] ZAFFARONI, Eugenio Raúl. *Manual de derecho penal* – Parte general, p. 324.

Zaffaroni e Pierangeli[18] querendo, figurativamente, demonstrar o conceito analítico de crime, o comparam a uma rocha. Aduzem que para que a rocha possa ser melhor estudada pelos geólogos é preciso que seja cortada em estratos, sem que com isso fique descaracterizada. Trazendo essa lição para o Direito Penal, surge, tomando de empréstimo da geologia, o chamado *conceito estratificado de crime*, que quer dizer o mesmo que conceito analítico, asseverando que o crime é composto pelos seguintes estratos: ação típica, ilicitude e culpabilidade.

Muñoz Conde acrescenta, ainda, mais uma característica ao conceito analítico do crime, qual seja, a *punibilidade*. Para o renomado professor espanhol, a infração penal é, portanto, definida analiticamente como uma *ação ou omissão típica, antijurídica, culpável e punível*.[19]

7. CONCEITO DE CRIME ADOTADO POR DAMÁSIO, DOTTI, MIRABETE E DELMANTO

Damásio,[20] Dotti,[21] Mirabete[22] e Delmanto[23] entendem que o crime, sob o aspecto formal, é um fato típico e antijurídico, sendo que a culpabilidade é um pressuposto para a aplicação da pena. Mesmo considerando a autoridade dos defensores desse conceito, entendemos, *permissa* vênia, que não só a culpabilidade, mas também o fato típico e a antijuridicidade são pressupostos para a aplicação da pena. Para chegarmos a essa conclusão, devemos nos fazer as seguintes indagações:

- Se, por alguma razão, não houver o fato típico, poderemos aplicar pena? Obviamente que a resposta será negativa.
- Se a conduta do agente não for antijurídica, mas, sim, permitida pelo ordenamento jurídico, poderemos aplicar-lhe uma pena? Mais uma vez a resposta negativa se impõe.

Enfim, todos os elementos que compõem o conceito analítico do crime são pressupostos para a aplicação da pena, e não somente a culpabilidade, como pretendem os mencionados autores.

O fundamento desse raciocínio se deve ao fato de que o Código Penal, quando se refere à culpabilidade, especificamente nos casos em que a afasta, utiliza, geralmente, expressões ligadas à aplicação da pena, a exemplo do art. 26, que, cuidando do tema relativo à inimputabilidade, inicia sua redação dizendo que *é isento de pena o agente que, por doença mental ou desenvolvimento mental incompleto ou retardado, era, ao tempo da ação ou da omissão, inteiramente incapaz de entender o caráter ilícito do fato ou de determinar-se de acordo com esse entendimento*; ou a segunda parte do art. 21, *caput*, do Código Penal, que diz que *o erro sobre a ilicitude do fato, se inevitável,* isenta de pena.

Vale ressaltar que o Código Penal também utiliza a expressão *isento de pena*, ou alguma outra com ela parecida, para afastar outras características do crime, ou mesmo apontar causas que impedem a punibilidade do injusto culpável, conforme podemos verificar pela redação do § 1º do art. 20 do Código Penal, que cuida do chamado erro de tipo permissivo, ou mesmo do art. 181, que ao prever as escusas absolutórias disse ser *isento de pena* quem comete qualquer dos crimes previstos no Título II (dos crimes contra o patrimônio), da Parte Especial do Código Penal, em prejuízo: I – do cônjuge, na constância da sociedade conjugal; II – de ascendente ou descendente, seja o parentesco legítimo ou ilegítimo, seja civil ou natural. Nesta última hipótese, o Código não está lidando com causas que eliminam a culpabilidade, uma vez que o fato praticado pelas pessoas por ele elencadas é típico, ilícito e culpável. Somente por questões de política criminal é que a lei entendeu por bem não os punir.

---

[18] ZAFFARONI, Eugenio Raúl; PIERANGELI, José Henrique. *Manual de direito penal brasileiro*.
[19] BITENCOURT, Cezar Roberto; MUÑOZ CONDE, Francisco. *Teoria geral do delito*, p. 5.
[20] JESUS, Damásio E. de. *Direito penal* – Parte geral, p. 94.
[21] DOTTI, René Ariel. *Curso de direito penal* – Parte geral, p. 335-339.
[22] MIRABETE, Júlio Fabbrini. *Manual de direito penal* – Parte geral, p. 94.
[23] DELMANTO, Celso. *Código penal comentado*, p. 18-19.

Assim, embora o Código Penal utilize essas expressões quando quer se referir às causas dirimentes da culpabilidade, tal opção legislativa não nos permite concluir que o crime seja tão somente um fato típico e antijurídico.

Estamos com a maioria da doutrina, nacional e estrangeira, que adota a divisão tripartida do conceito analítico, incluindo a culpabilidade como um de seus elementos característicos.

8. DOGMÁTICA DO DELITO

Conforme lições de Esiquio Manuel Sánchez Herrera:

"Hoje, a maioria dos códigos penais do mundo moderno reproduzem na definição de delito a grande conquista dogmática: o delito é um comportamento típico, antijurídico e culpável. Sem embargo, isso nem sempre foi assim; foi necessário um longo processo de desenvolvimento dogmático que concretizou somente em 1906 esse conceito tripartido de delito. Desde esse momento dito progresso é irreversível"[24].

A partir de 1906, uma vez consolidado o conceito analítico do crime, com suas três características fundamentais (fato típico, ilícito e culpável), a dogmática penal vem sofrendo modificações ao longo dos anos. Essa base, no entanto, permanece firme, com algumas pequenas variações de nomenclatura e a inserção ou mesmo retirada de alguns elementos que integram essa composição.

Em uma análise sintética, podemos visualizar essa evolução tendo como ponto de partida o primeiro sistema, formado em 1906, que passou a ser reconhecido como o *sistema clássico* (causal-naturalista), cuja concepção original é atribuída a Franz von Liszt e a Ernst von Beling. Em seguida, por causa das críticas que esse primeiro sistema recebeu e com o fim de aperfeiçoá-lo, surgiu um segundo, que se denominou *sistema neoclássico* (causal-normativo), tendo como seus precursores Reinhard Frank e Edmund Mezger. Em continuidade a essa evolução, outro sistema foi criado, sendo batizado de *sistema finalista*, de autoria de Hans Welzel. No momento atual, discutem-se as chamadas *teorias funcionalistas*, subdivididas em *funcionalismo teleológico* (ou moderado), tendo como seu protagonista Claus Roxin, e também outra modalidade de funcionalismo, reconhecido como *sistêmico* (ou radical), cujo precursor é Günther Jakobs.

Quando do estudo da evolução histórica da culpabilidade, no capítulo 35, faremos a análise de cada um desses sistemas, apontando suas características fundamentais.

São precisas as palavras de Esiquio Manuel Sánchez Herrera quando afirma:

"A conceituação do delito, sua compreensão analítica e sistemática é o que permite reconhecer a dogmática certas vantagens e benefícios. Entre eles cabe destacar que o estudo dogmático do delito diferencia o profano do científico do Direito Penal; a dogmática é limite ao poder punitivo do Estado, é garantia da realização dos direitos fundamentais do processado dentro do processo penal e, sobretudo, torna mais segura a aplicação proporcional, igualitária e justa do Direito Penal. O conhecimento sistemático garante domínio sobre a matéria penal, e com isso contribui para o sucesso da segurança jurídica, fundamento essencial do Estado Social e democrático de Direito."[25]

O estudo da dogmática penal e a sistematização dos elementos que integram a infração penal fazem que o intérprete e/ou aplicador da lei tenham um roteiro seguro a seguir, a fim

---

[24] SÁNCHEZ HERRERA, Esiquio Manuel. *La dogmática de la teoría del delito* – Evolución científica del sistema del delito, p. 79.
[25] SÁNCHEZ HERRERA, Esiquio Manuel. *La dogmática de la teoría del delito* – Evolución científica del sistema del delito, p. 80.

de que, a final, possam concluir se determinada pessoa levou a efeito, realmente, um fato que possa ser assim reconhecido, ou seja, que possa ser considerado uma infração penal (crime/contravenção penal), sendo, portanto, merecedor de uma resposta à altura do Estado, que poderá, inclusive, culminar com sua privação de liberdade.

Assim, o estudo desse "roteiro" do crime, obrigará a análise de cada um de seus elementos, passo a passo, seguindo uma ordem lógica, conforme veremos mais adiante, que variará de acordo com o sistema adotado (clássico, neoclássico, finalista, funcional).

Quanto mais desenvolvida a dogmática, mais segurança haverá no que diz respeito a decisões judiciais, pois deixaremos de ficar sujeitos a fatores incertos e inseguros que poderão conduzir à absolvição ou à condenação de alguém acusado de ter praticado uma determinada infração penal.

Capítulo XXII
Classificação Doutrinária das Infrações Penais

1. CLASSIFICAÇÃO DOUTRINÁRIA DAS INFRAÇÕES PENAIS

Sempre que procuramos dissecar determinado tipo penal apontando os elementos considerados como indispensáveis à sua configuração, não podemos fugir à sua classificação doutrinária.

Classificar doutrinariamente um tipo penal significa o mesmo que apontar sua natureza jurídica. Uma vez detectada a natureza jurídica de uma infração penal, o trabalho do intérprete fica extremamente facilitado no sentido de conhecer os vários aspectos que lhe são relevantes, como o seu momento de consumação, se é possível a tentativa etc.

Também devemos observar que uma infração penal pode gozar de várias naturezas jurídicas, que lhe fornecem o seu contorno exato. Assim, por exemplo, no crime de homicídio, podemos afirmar tratar-se de um *crime material*, ou seja, uma infração penal que exige que a conduta do agente produza um resultado naturalístico. Além disso, o crime de homicídio também é de natureza plurissubsistente, isto é, aquele cujos atos constantes do *iter criminis* podem ser fracionados, razão pela qual é possível levar a efeito o raciocínio correspondente à tentativa etc.

Passamos, a seguir, a catalogar as denominações mais importantes, com as suas respectivas definições, a fim de que possam ser utilizadas quando do estudo da Parte Especial, principalmente dos delitos em espécie.

1.1. Crimes e contravenções penais

Ao contrário de alguns países da Europa, a exemplo da França e da Alemanha, que adotam uma divisão tripartida quando existem os crimes, os delitos e as contravenções penais (ou faltas), no Brasil, adotamos uma postura bipartida. Assim, temos, de um lado, como expressões sinônimas, os crimes e os delitos e, do outro, as contravenções penais.

O art. 1º da Lei de Introdução ao Código Penal (Decreto-Lei nº 3.914, de 9 de dezembro de 1941), diz o seguinte:

> **Art. 1º** Considera-se crime a infração penal a que a lei comina pena de reclusão ou de detenção, quer isoladamente, quer alternativa ou cumulativamente com a pena de multa; contravenção, a infração penal a que a lei comina, isoladamente, pena de prisão simples ou de multa, ou ambas, alternativa ou cumulativamente.

Como se percebe pela leitura do mencionado artigo, a Lei de Introdução ao Código Penal não definiu o conceito de crime ou mesmo de contravenção penal, trazendo, unicamente, um critério de distinção entre ambos. Podemos extrair do texto legal, entretanto, que a *infração penal* é o gênero, do qual são suas espécies os crimes e as contravenções penais.

Entretanto, é por meio da pena cominada em abstrato ao tipo penal incriminador que chegamos à conclusão se estamos diante de um crime ou de uma contravenção penal.

Como se verifica no art. 1º da Lei de Introdução ao Código Penal, aos crimes (ou delitos) são destinadas as penas mais graves, uma vez que se procura, por intermédio delas, proteger os bens mais importantes e necessários ao convívio em sociedade; às contravenções penais, ao contrário, são cominadas penas mais brandas, haja vista que, por meio delas, procura-se proteger bens que não possuem a relevância penal exigida pelos tipos penais que preveem os crimes.[1]

1.2. Crimes comissivos, crimes omissos (próprios e impróprios) e crimes de conduta mista

Os tipos incriminadores podem proibir ou impor condutas sob a ameaça de uma sanção de natureza penal.

Quando proíbem condutas, estamos diante de normas proibitivas, existentes nos chamados *crimes comissivos*. Neles, existe a previsão de um comportamento positivo que, se realizado, importará, em tese, na configuração do tipo penal. Assim, por exemplo, no art. 121 do Código Penal, que diz *matar alguém*, o tipo penal prevê um comportamento positivo, comissivo, isto é, o ato de matar.

Por outro lado, pode o tipo penal conter mandamentos, imposições, ou seja, determinações de condutas que, se não realizadas, caracterizarão uma infração penal. As normas, portanto, existentes nesses tipos penais que contêm imposições de comportamentos são chamadas *mandamentais*, características dos crimes omissivos próprios. Veja-se o exemplo do art. 269, que prevê o delito de omissão de notificação de doença, assim redigido: *Deixar o médico de denunciar à autoridade pública doença cuja notificação é compulsória*. Pela análise da referida figura típica, conseguimos entender que a lei penal, nesse caso, está determinando que o médico leve ao conhecimento da autoridade pública, doença cuja notificação é compulsória, sob pena de, não o fazendo, ser responsabilizado criminalmente. Nesse caso, a norma está *determinando* um comportamento, está *mandando* que o agente faça alguma coisa (denunciar à autoridade pública doença cuja notificação é compulsória). Caso não obedeça ao comando legal, será responsabilizado criminalmente.

---

[1] Embora esse tenha sido o critério de distinção adotado pelo legislador penal, ou seja, somente mediante análise do preceito secundário do tipo penal incriminador é que podemos concluir se estaremos diante de um crime ou de uma contravenção penal, o art. 28 da Lei nº 11.343/2006 adotou uma posição *sui generis*, uma vez que não comina penas privativas de liberdade, seja de reclusão, seja de detenção, ou mesmo de prisão simples, tampouco a pena de multa. Por isso, pergunta-se: O tipo penal do mencionado art. 28 prevê um delito ou uma contravenção penal? Pela análise das penas cominadas, não se pode chegar a qualquer conclusão, pois que foge à regra constante do art. 1º da citada Lei de Introdução ao Código Penal. Contudo, podemos afirmar que se trata de um crime, em virtude da sua situação topográfica na Lei nº 11.343/2006. Isso porque o art. 28 está inserido no Capítulo III do Título III do novo estatuto Antidrogas, que cuida dos *crimes e das penas*, razão pela qual, diante da disposição expressa constante do mencionado Capítulo III, podemos afirmar que o *consumo de drogas* encontra-se no rol dos *crimes* previstos pela Lei nº 11.343/2006, não se tratando, outrossim, de contravenção penal, mesmo que em seu preceito secundário não conste as penas de reclusão ou mesmo de detenção, conforme o disposto no art. 1º da Lei de Introdução ao Código Penal.

Temos, nesse ponto, de abrir um parêntese, a fim de levar a efeito a distinção entre os *crimes omissivos próprios* e os *crimes omissivos impróprios*, pois as normas que regem essas figuras típicas possuem naturezas diferentes.

Podemos dizer que em todos os crimes omissivos, sejam eles próprios, sejam impróprios, há uma norma de natureza *preceptiva*, ou seja, há um comando para que o agente faça aquilo que lhe é imposto pela lei.

Entretanto, analisando isoladamente os dois grupos de crimes omissivos, percebemos que cada um deles possui uma norma de natureza diferente.

Assim, nos crimes omissivos próprios, a norma contida nos tipos penais que preveem essa modalidade de omissão será sempre *mandamental*. O tipo penal narrará um comportamento que, se for deixado de lado, importará na responsabilidade penal daquele que estava obrigado, pelo tipo penal, a fazer alguma coisa, a exemplo do que ocorre com o art. 135 do Código Penal, que diz: *Deixar de prestar assistência, quando possível fazê-lo, sem risco pessoal, à criança abandonada ou extraviada, ou à pessoa inválida ou ferida, ao desamparo ou em grave e iminente perigo; ou não pedir, nesses casos, o socorro da autoridade pública*. Dessa forma, aquele que podendo prestar o socorro, sem risco pessoal, se omite, responderá pelo delito de omissão de socorro. Não fez, portanto, aquilo que a norma impunha que fizesse.

Por outro lado, temos os crimes omissivos impróprios, também chamados de comissivos por omissão ou omissivos qualificados. Neles, a norma constante do tipo penal é de natureza proibitiva, ou seja, contém uma proibição, prevê um comportamento comissivo. Entretanto, em virtude de o agente gozar do *status* de garantidor, aplica-se a norma de extensão prevista no § 2º do art. 13 do Código Penal, respondendo o agente pela sua inação, como se tivesse feito alguma coisa. Por essa razão, o crime é também reconhecido como comissivo por omissão. O tipo penal, portanto, prevê um comportamento comissivo que será equiparado à omissão do agente em virtude da sua posição de garantidor, com a aplicação da norma de extensão.

Imagine-se a hipótese da mãe que, querendo causar a morte de seu filho, deixe de alimentá-lo por período suficiente a conduzi-lo à morte, o que vem efetivamente a acontecer. O tipo penal do art. 121 do Código Penal diz "matar alguém" pressupondo um comportamento positivo. Essa mãe poderia ter causado a morte do seu próprio filho de outro modo, por exemplo, estrangulando-o, oportunidade em que se amoldaria ao comportamento comissivo previsto no art. 121 do Código Penal. Entretanto, preferiu deixar de ministrar-lhe a alimentação necessária à sua subsistência a estrangulá-lo, causando-lhe, também, a morte. Sua conduta, portanto, foi omissiva. Como gozava do *status* de garantidora, sua omissão será equiparada à comissão prevista no tipo.

Dessa forma, podemos concluir que as normas existentes nas *omissões próprias* são de natureza *mandamental*, sendo que as normas constantes nos tipos penais que preveem as *omissões impróprias* serão sempre *proibitivas*.

Podemos falar, ainda, em *crimes de conduta mista*, na hipótese em que o agente, inicialmente, pratica uma conduta comissiva e, posteriormente, uma conduta omissiva, a exemplo do que ocorre com o crime de apropriação de coisa achada, tipificado no art. 169, parágrafo único, II, do Código Penal. Na infração penal *sub examen*, o agente acha coisa alheia perdida e dela se apropria *(comportamento comissivo)*, total ou parcialmente, deixando de restituí-la *(comportamento omissivo)* ao dono ou legítimo possuidor ou de entregá-la à autoridade competente, dentro do prazo de 15 (quinze) dias.

1.3. Crime consumado e crime tentado

O art. 14 do Código Penal, por intermédio de seus incisos, traduz os conceitos dos crimes consumado e tentado dizendo:

> **Art. 14.** Diz-se o crime:
> I – consumado, quando nele se reúnem todos os elementos de sua definição legal;
> II – tentado, quando, iniciada a execução, não se consuma por circunstâncias alheias à vontade do agente.

Merece ser destacado o fato de que a lei penal exige, para fins de consumação do delito, a presença de *todos* os elementos de sua definição legal, não se contentando, para efeito de reconhecimento da consumação, com a presença tão somente de *alguns*.

Tal ilação nos facilitará quando do estudo do momento consumativo das diversas infrações penais contidas na Parte Especial, uma vez que, se chegarmos à conclusão de que o agente não realizou por inteiro a figura típica, seu delito restará tentado, e não consumado.

Por isso, não concordamos com o posicionamento assumido pela Súmula nº 610 do STF, quando diz:

> **Súmula nº 610.** Há crime de latrocínio, quando o homicídio se consuma, ainda que não realize o agente a subtração de bens da vítima.

Isso significa que o latrocínio, em razão de sua natureza, é formado pela conjugação de duas figuras típicas, sendo, portanto, um crime considerado complexo. Assim, para que se configure o delito em estudo, será preciso a conjugação da subtração (relativa aos crimes contra o patrimônio), com o resultado morte (característico dos crimes contra a vida). O patrimônio, no latrocínio, é o bem precipuamente considerado pelo inciso II do § 3º do art. 157 do Código Penal, com a nova redação que lhe foi conferida pela Lei nº 13.654, de 23 de abril de 2018. Dessa forma, não podemos considerar como consumado o latrocínio com a ocorrência do resultado morte sem que tenha havido a subtração, pois não estaríamos levando em consideração, para esse fim, *todos* os elementos de sua definição legal, mas tão somente *alguns*, o que contraria frontalmente a determinação contida no inciso I do art. 14 do Código Penal.

O crime tentado está previsto no inciso II do mencionado art. 14. Para tanto, ou seja, para que se reconheça a tentativa, nas hipóteses em que o tipo penal permitir, haverá necessidade de se apontar o momento em que foi *iniciada a execução*, pois a lei penal não pode punir, em virtude da adoção do princípio da lesividade, os atos preparatórios e a mera cogitação.

Como regra, os delitos chamados de unissubsistentes, nos quais há uma concentração de atos, não permitem o raciocínio da tentativa. Assim, por exemplo, não é possível a tentativa na injúria verbal. Ao contrário, também como regra, nos crimes plurissubsistentes é admitida a tentativa, a exemplo do que ocorre com o furto, em que podemos visualizar o fracionamento dos vários atos que compõem o *iter criminis*.

Com relação às contravenções penais, há regra expressa nesse sentido, não permitindo o reconhecimento da tentativa, conforme assevera o art. 4º da Lei das Contravenções Penais, *verbis*: *Não é punível a tentativa de contravenção*.

1.4. Crimes de ação pública e crimes de ação privada

Há crimes em que o Estado assume o início da *persecutio criminis in judicio*, independentemente da vontade do ofendido, e outros em que, por questões de política criminal, faculta-se à vítima ingressar em juízo com a ação penal.

Dessa forma, podem os crimes ser divididos em crimes de ação pública e crimes de ação privada.

Conforme analisamos em tópico próprio, a ação penal pode ser de iniciativa pública incondicionada ou condicionada à representação do ofendido ou por requisição do Ministro da Justiça. A regra contida no art. 100 do Código Penal é de que toda *ação penal é pública, salvo quando a lei expressamente a declara privativa do ofendido*.

Dessa forma, quando a lei penal se omite com relação à natureza da ação penal que terá a finalidade de dar início à persecução com o escopo de apurar a ocorrência de determinada infração penal, devemos entendê-la como de iniciativa pública incondicionada.

Toda vez que a lei penal exigir a representação do ofendido para o início da ação penal, deverá fazê-lo expressamente, da mesma forma que ocorre quando entrega ao particular a faculdade de ingressar em juízo, a fim de apurar a ocorrência de infrações penais que lhe interessam mais de perto.

Dessa forma, as ações penais de iniciativa privada podem ser subdivididas em: *a)* privadas propriamente ditas; *b)* privadas personalíssimas; e *c)* privadas subsidiárias da pública. Neste último caso, ou seja, nas ações privadas subsidiárias da pública, o tipo penal não a indicará, pois a natureza da ação penal, originária, é de iniciativa pública. Entretanto, dada a inércia do órgão oficial encarregado da persecução penal, abre-se a possibilidade ao particular para dar início à ação penal.

1.5. Crimes dolosos e crimes culposos

Os incisos I e II do art. 18 do Código Penal traduzem os conceitos de crime doloso e crime culposo dizendo:

Art. 18. Diz-se o crime:

Crime doloso
I – doloso, quando o agente quis o resultado ou assumiu o risco de produzi-lo;

Crime culposo
II – culposo, quando o agente deu causa ao resultado por imprudência, negligência ou imperícia.

A regra constante do parágrafo único do art. 18 do Código Penal é a seguinte:

Parágrafo único. Salvo os casos expressos em lei, ninguém pode ser punido por fato previsto como crime, senão quando o pratica dolosamente.

Tal regra, portanto, nos leva a concluir que todo crime é doloso; somente haverá infração penal de natureza culposa quando houver uma ressalva expressa na lei.

O artigo que admitir a modalidade culposa deverá, nos termos exigidos pelo mencionado parágrafo único, fazê-lo expressamente, narrando o comportamento culposo. Caso contrário, deverá ser presumida a inadmissibilidade da figura típica culposa.

Assim, imagine-se a hipótese do art. 163 do Código Penal, que prevê o crime de dano, por meio da seguinte redação: *Destruir, inutilizar ou deteriorar coisa alheia*. Como não há previsão para a modalidade culposa de dano, devemos interpretar o tipo penal levando em consideração, sempre, o comportamento doloso do agente.

Por essa razão, aquele que, em virtude de uma conduta distraída, imprudente, vier a quebrar um vaso extremamente precioso em um museu não poderá ser responsabilizado pelo crime de dano, podendo, entretanto, formulando outro raciocínio, responder na esfera cível pelos prejuízos causados.

1.6. Crime impossível e crime putativo

O art. 17 do Código Penal define o crime impossível, dizendo:

Art. 17. Não se pune a tentativa quando, por ineficácia absoluta do meio ou por absoluta impropriedade do objeto, é impossível consumar-se o crime.

Assim, por mais que o agente quisesse praticar a infração penal, esta jamais aconteceria em virtude da absoluta ineficácia do meio por ele utilizado na execução do crime, ou também em razão da absoluta impropriedade do objeto contra o qual recaía sua conduta.

Imagine-se a hipótese daquele que, pretendendo matar seu desafeto, contra ele aponte o revólver e comece a puxar o gatilho. Mesmo que, inicialmente, estivesse agindo com *animus necandi*, ou seja, o dolo correspondente à vontade de matar alguém, jamais conseguiria alcançar o resultado morte, uma vez que o revólver por ele utilizado encontrava-se sem munição, ou seja, totalmente descarregado. Aqui, o delito seria impossível em razão da absoluta ineficácia do meio.

Por outro lado, imagine-se a hipótese daquela mulher que, em decorrência de seu atraso menstrual, supondo-se grávida, ingerisse substância de efeitos abortivos, sendo que, posteriormente, viesse a saber que, na verdade, não havia concebido. Nesse caso, estaríamos diante de um *crime impossível*, em virtude da absoluta impropriedade do objeto.

Embora tanto no crime impossível como no crime putativo a conduta do agente seja dirigida ao cometimento de uma infração penal, há diferença entre os dois institutos.

No primeiro, ou seja, no crime impossível, existe previsão em nosso ordenamento jurídico da infração penal que o agente pretende praticar. Contudo, por absoluta ineficácia do meio ou por absoluta impropriedade do objeto, é impossível consumar-se o crime.

Já no *crime putativo* a situação é diversa, pois o agente almeja praticar uma infração que não encontra moldura em nossa legislação. O fato por ele praticado é atípico. É considerado, portanto, um indiferente penal.

Na precisa distinção feita por Maggiore, no delito putativo:

"O agente crê haver efetuado uma ação delituosa que existe somente em sua fantasia; em outras palavras, julga punível um fato que não merece castigo. No delito impossível o agente crê atuar de modo a ocasionar um resultado que, pelo contrário, não pode ocorrer, ou porque falta o objeto, ou porque a conduta não foi de todo idônea."[2]

1.7. Crime material, crime formal e crime de mera conduta

Há tipos penais que dependem da produção de resultados naturalísticos para que possam se consumar; outros, embora prevendo tal resultado, não o exigem, bastando que o agente pratique a conduta descrita no núcleo do tipo; além desses, há infrações penais que não preveem qualquer resultado, narrando tão somente o comportamento que se quer proibir ou impor, sob a ameaça de uma sanção penal.

Por isso, surge a necessidade de identificar as infrações penais, distinguindo os crimes em: material, formal e de mera conduta.

Assim, nos termos do relatado inicialmente, *crime material* é aquele cuja consumação depende da produção naturalística de determinado resultado, previsto expressamente pelo tipo penal, a exemplo do que ocorre com os arts. 121 e 163 do Código Penal. Dessa forma, somente haverá a consumação do delito de homicídio com o resultado morte da vítima, constante do tipo penal em questão; da mesma forma, somente podemos falar em dano consumado quando houver a destruição, deterioração ou inutilização da coisa alheia, conforme preconiza o art. 163 do Código Penal.

Por outro lado, há infrações penais que preveem um resultado naturalístico, mas não exigem sua ocorrência para efeitos de reconhecimento da consumação. São os chamados *crimes formais*, também conhecidos doutrinariamente como *delitos de resultado cortado* ou *crimes de consumação antecipada*. Nessas infrações penais, o legislador antecipa a punição, não exigindo

---

[2] MAGGIORE, Giuseppe. *Derecho penal*, v. 1, p. 545-546.

a produção naturalística do resultado previsto pelo tipo penal, a exemplo do que ocorre com o delito tipificado no art. 159 do Código Penal, que prevê o crime de extorsão mediante sequestro, dizendo: *Sequestrar pessoa com o fim de obter, para si ou para outrem, qualquer vantagem, como condição ou preço do resgate.* Nesse caso, basta que tenha havido a privação da liberdade, não importando que o agente tenha, com isso, conseguido a obtenção da vantagem. A prática, portanto, da conduta descrita no núcleo do tipo já possui o condão de fazer com que a infração penal se consume, independentemente da produção naturalística do resultado por ele previsto expressamente (obtenção da vantagem, como condição ou preço do resgate).

O *crime de mera conduta (ou de simples atividade)*, como a própria denominação diz, não prevê qualquer produção naturalística de resultado no tipo penal. Narra, tão somente, o comportamento que se quer proibir ou impor, não fazendo menção ao resultado material, tampouco exigindo sua produção, a exemplo do que ocorre com a violação de domicílio, tipificada no art. 150 do Código Penal.

Essa particularidade do crime de mera conduta não nos permite concluir que, nele, não existe qualquer resultado. O resultado que se exige para a diferenciação entre os crimes material, formal e de mera conduta é tão somente o naturalístico, ou seja, aquele que causa uma modificação perceptível no mundo exterior.

Entretanto, se nos perguntássemos: Todo crime possui resultado? A resposta, certamente, deveria ser positiva, uma vez que toda infração penal possui um resultado jurídico, que significa a lesão ou o perigo de lesão ao bem juridicamente protegido pelo tipo. Contudo, nem todo crime possui resultado material (ou naturalístico), perceptível por meio dos nossos sentidos.

1.8. Crime comum, crime próprio e crime de mão própria

Crime comum é aquele que pode ser praticado por qualquer pessoa, não exigindo o tipo penal nenhuma qualidade especial para que se possa apontar o sujeito ativo. A qualidade de comum também poderá ser considerada levando-se em consideração o sujeito passivo. Isso quer dizer que pode ocorrer, em algumas situações, que o crime, por exemplo, seja comum com relação ao sujeito ativo e não o seja com relação ao sujeito passivo, cuja qualidade especial é exigida pelo tipo.

Como regra geral, o delito de lesões corporais amolda-se ao conceito de crime comum, tanto no que diz respeito ao sujeito ativo quanto ao sujeito passivo. Qualquer pessoa pode praticar o delito tipificado no art. 129, *caput*, do Código Penal, bem como figurar como seu sujeito passivo, sofrendo, assim, com a conduta levada a efeito pelo agente.

Entretanto, a exemplo do que ocorre com a modalidade qualificada prevista no inciso V do § 2º do art. 129 do Código Penal, somente a gestante pode figurar como sujeito passivo do delito em questão, uma vez que só pode ser vítima da lesão corporal qualificada pelo resultado aborto a mulher grávida. Assim, nesse caso, a lesão corporal qualificada pelo resultado aborto poderia ser considerada um crime comum quanto ao sujeito ativo e próprio, como veremos melhor a seguir, no que diz respeito ao sujeito passivo.

Crime próprio, a seu turno, é aquele cujo tipo penal exige uma qualidade ou condição especial dos sujeitos ativos ou passivos. Veja-se, por exemplo, o que ocorre com o delito de infanticídio, previsto no art. 123 do Código Penal. A lei penal indica o sujeito ativo, ou seja, a mãe, que atua influenciada pelo estado puerperal, bem como o sujeito passivo, vale dizer, seu próprio filho. Em alguns países da Europa, como é o caso da Espanha, os crimes próprios são chamados de *crimes especiais* e se subdividem em *crimes especiais próprios e crimes especiais impróprios*. Segundo Muñoz Conde, considera-se como crime especial impróprio "aquele que tem uma correspondência com um delito comum, quer dizer, existe um delito comum que castiga a mesma conduta prevista no delito especial, mas sem exigir a qualidade pessoal requerida por este."[3] No Brasil, podemos citar o peculato-furto, tipificado no art. 312, § 1º, do Código Penal, como exemplo de crime especial impróprio, pois, se o agente não gozar do *status* de funcionário público, o crime poderá encontrar moldura no art. 155 do Código Penal. Crime especial próprio, a seu turno, seria aquele cuja prática somente seria possível por alguém que gozasse de uma qualidade ou condição especial prevista pelo tipo, não havendo qualquer correspondência, na ausência dessa qualidade especial, com um delito comum. Veja-se, por exemplo, o crime de corrupção passiva, previsto no art. 317 do Código Penal. Se quem solicita ou recebe, para si ou para outrem, em razão de sua função, vantagem indevida, é um funcionário público, nos moldes determinados pelo art. 327 do Código Penal, será responsabilizado a título de corrupção passiva. Contudo, se tal vantagem é solicitada por um particular, o fato é atípico.

De acordo com as lições de André Stefam, podemos falar, ainda, em:

> "*Crime bipróprio* quando a lei exigir *qualidade especial tanto do sujeito ativo quanto do sujeito passivo*. É o caso do crime de maus-tratos, do art. 136 do CP, em que o agente deve ser uma pessoa legalmente qualificada como detentora de autoridade, guarda ou vigilância sobre o sujeito passivo. Este, por óbvio, somente poderá ser a pessoa que, segundo a lei, figurar na condição de indivíduo sujeito à autoridade etc. do autor do fato."[4]

Crime de mão própria, como sugere sua própria denominação, é aquele cuja execução é intransferível, indelegável, devendo ser levado a efeito pelo próprio agente, isto é, "com as próprias mãos", para entendermos literalmente o seu significado. São infrações penais consideradas *personalíssimas*, as quais somente determinada pessoa, e mais ninguém, pode praticá-las. Como regra, nos crimes de mão própria não se permite o raciocínio da *autoria mediata*, diferentemente do que ocorre com os crimes próprios, nos quais, embora o sujeito ativo, por exemplo, deva gozar das qualidades ou condições exigidas pelo tipo, permite-se o raciocínio da autoria mediata, quando se vale de interposta pessoa para fins de execução da figura típica. Imagine-se a hipótese da mãe que, logo após o parto, sob a influência do estado puerperal, querendo causar a morte de seu próprio filho, coloque determinada quantidade de veneno em uma "chuquinha" e, logo em seguida, pede à enfermeira que a ofereça a seu filho, argumentando que havia acabado de retirar o leite de seu peito e que, naquele momento, não se encontrava em condições de, ela própria, amamentá-lo. A enfermeira, acreditando que o conteúdo daquela mamadeira fosse, realmente, leite materno, oferece-o ao recém-nascido que, depois de ingeri-lo, morre em virtude dos efeitos do veneno. Nesse caso, pergunta-se: o infanticídio é um crime próprio ou de mão própria? Como vimos acima, o infanticídio encontra-se no rol daqueles considerados como próprios, uma vez que, conforme demonstramos no exemplo anterior, é perfeitamente possível a delegação de sua execução, podendo-se cogitar, *in casu*, da chamada autoria mediata.

São exemplos de crimes de mão própria o falso testemunho, a prevaricação, a deserção (do Código Penal Militar) etc.

1.9. Crimes hediondos

A Constituição Federal, promulgada em 5 de outubro de 1988, exercendo sua função limitadora positiva, asseverou no inciso XLIII do seu art. 5º:

> XLIII – a lei considerará crimes inafiançáveis e insuscetíveis de graça ou anistia a prática da tortura, o tráfico ilícito de entorpecentes e drogas afins, o terrorismo e os definidos como crimes hediondos, por eles respondendo os mandantes, os executores e os que, podendo evitá-los, se omitirem;

---

[3] MUÑOZ CONDE, Francisco. *Teoría general del delito*, p. 240.
[4] STEFAM, André. *Direito penal* – Parte geral, v. 1, p. 95.

Aproximadamente dois anos depois da promulgação da Constituição Federal, visando a regulamentá-la, surgiu a Lei nº 8.072, de 25 de julho de 1990, dispondo sobre os crimes hediondos.

Alberto Silva Franco, uma das maiores autoridades sobre o assunto, apontando as origens e as motivações que deram ensejo à criação legislativa, bem como os critérios, ou mesmo a falta deles, para a indicação das infrações penais que passaram a gozar do *status* de hediondas, esclarece:

> "Sob o impacto dos meios de comunicação de massa, mobilizados em face de extorsões mediante sequestro, que tinham vitimizado figuras importantes da elite econômica e social do país (caso Martinez, caso Salles, caso Diniz, caso Medina etc.), um medo difuso e irracional, acompanhado de uma desconfiança para com os órgãos oficiais de controle social, tomou conta da população, atuando como um mecanismo de pressão ao qual o legislador não soube resistir. Na linha de pensamento da *Law and Order*, surgiu a Lei nº 8.072/90 que é, sem dúvida, um exemplo significativo de uma posição político-criminal que expressa, ao mesmo tempo, radicalismo e passionalidade. O texto legal pecou, antes de mais nada, por sua indefinição a respeito da locução 'crime hediondo', contida na regra constitucional. Em vez de fornecer uma noção, tanto quanto explícita, do que entendia ser a hediondez do crime – o projeto de lei enviado ao Congresso Nacional sugeria uma definição a esse respeito –, o legislador preferiu adotar um sistema bem mais simples, ou seja, o de etiquetar, com a expressão 'hediondo', tipos já descritos no Código Penal ou em leis especiais. Dessa forma, não é 'hediondo' o delito que se mostre 'repugnante, asqueroso, sórdido, depravado, abjecto, horroroso, horrível', por sua gravidade objetiva, ou por seu modo ou meio de execução, ou pela finalidade que presidiu ou iluminou a ação criminosa, ou pela adoção de qualquer critério válido, mas sim aquele crime que, por um verdadeiro processo de colagem, foi rotulado como tal pelo legislador. A insuficiência do critério é manifesta e dá azo a distorções sumamente injustas, a partir da seleção, feita pelo legislador, das figuras criminosas ou da forma, extremamente abrangente, de sua aplicação pelo juiz. A predeterminação de tipos delitivos, sem fixação conceitual de hediondez, provoca um certo grau de rigidez na aplicação tipológica."[5]

Conforme os lúcidos esclarecimentos de Alberto Silva Franco, não há um critério jurídico-doutrinário para fins de conceituação do que venha a ser "crime hediondo", sendo, outrossim, tal critério puramente legal. Isso significa que a lei será encarregada de apontar as infrações penais que entende que devam gozar dessa qualidade de hediondas, havendo, aí, um nítido processo de etiquetamento, ou seja, de rotulação característico da teoria do *labeling approach*.[6]

Assim, nos termos do art. 1º da Lei nº 8.072/1990, são considerados hediondos os seguintes crimes, consumados ou tentados:

> **Art. 1º** São considerados hediondos os seguintes crimes, todos tipificados no Decreto-Lei nº 2.848, de 7 de dezembro de 1940 – Código Penal, consumados ou tentados:
> I – homicídio (art. 121), quando praticado em atividade típica de grupo de extermínio, ainda que cometido por 1 (um) só agente, e homicídio qualificado (art. 121, § 2º, incisos I, II, III, IV, V, VII, VIII e IX);
> I-A – lesão corporal dolosa de natureza gravíssima (art. 129, § 2º) e lesão corporal seguida de morte (art. 129, § 3º), quando praticadas contra autoridade ou agente descrito nos arts. 142 e 144 da Constituição Federal, integrantes do sistema prisional e da Força Nacional de Segurança Pública, no exercício da função ou em decorrência dela, ou contra seu cônjuge, companheiro ou parente consanguíneo até terceiro grau, em razão dessa condição;
> I-B – feminicídio (art. 121-A);
> II – roubo:
> a) circunstanciado pela restrição de liberdade da vítima (art. 157, § 2º, inciso V);

---

[5] FRANCO, Alberto Silva. *Crimes hediondos*, p. 90-95.
[6] Para mais detalhes sobre a teoria do etiquetamento ou teoria do *labeling approach*, cf. nosso *Direito penal do equilíbrio* – Uma visão minimalista do direito penal. Rio de Janeiro: Impetus.

b) circunstanciado pelo emprego de arma de fogo (art. 157, § 2º-A, inciso I) ou pelo emprego de arma de fogo de uso proibido ou restrito (art. 157, § 2º-B);
c) qualificado pelo resultado lesão corporal grave ou morte (art. 157, § 3º);
III – extorsão qualificada pela restrição da liberdade da vítima, ocorrência de lesão corporal ou morte (art. 158, § 3º);
IV – extorsão mediante sequestro e na forma qualificada (art. 159, *caput* e §§ 1º, 2º e 3º);
V – estupro (art. 213, *caput* e §§ 1º e 2º);
VI – estupro de vulnerável (art. 217-A, *caput* e §§ 1º, 2º, 3º e 4º);
VII – epidemia com resultado morte (art. 267, § 1º);
VII-A – (vetado);
VII-B – falsificação, corrupção, adulteração ou alteração de produto destinado a fins terapêuticos ou medicinais (art. 273, *caput*, e § 1º, § 1º-A, § 1º-B, com a redação dada pela Lei nº 9.677, de 02 de julho de 1998);
VIII – favorecimento da prostituição ou de outra forma de exploração sexual de criança ou adolescente ou de vulnerável (art. 218-B, *caput*, e §§ 1º e 2º);
IX – furto qualificado pelo emprego de explosivo ou de artefato análogo que cause perigo comum (art. 155, § 4º-A);
X – induzimento, instigação ou auxílio a suicídio ou a automutilação realizados por meio da rede de computadores, de rede social ou transmitidos em tempo real (art. 122, *caput* e § 4º); (Incluído pela Lei 14.811, de 2024)
XI – sequestro e cárcere privado cometido contra menor de 18 (dezoito) anos (art. 148, § 1º, inciso IV); (Incluído pela Lei 14.811, de 2024)
XII – tráfico de pessoas cometido contra criança ou adolescente (art. 149-A, *caput*, incisos I a V, e § 1º, inciso II). (Incluído pela Lei 14.811, de 2024)
Parágrafo único. Consideram-se também hediondos, tentados ou consumados:
I – o crime de genocídio, previsto nos arts. 1º, 2º e 3º da Lei nº 2.889, de 1º de outubro de 1956;
II – o crime de posse ou porte ilegal de arma de fogo de uso proibido, previsto no art. 16 da Lei nº 10.826, de 22 de dezembro de 2003;
III – o crime de comércio ilegal de armas de fogo, previsto no art. 17 da Lei nº 10.826, de 22 de dezembro de 2003;
IV – o crime de tráfico internacional de arma de fogo, acessório ou munição, previsto no art. 18 da Lei nº 10.826, de 22 de dezembro de 2003;
V – o crime de organização criminosa, quando direcionado à prática de crime hediondo ou equiparado;
VI – os crimes previstos no Decreto-Lei nº 1.001, de 21 de outubro de 1969 (Código Penal Militar), que apresentem identidade com os crimes previstos no art. 1º desta Lei;
VII – os crimes previstos no § 1º do art. 240 e no art. 241-B da Lei nº 8.069, de 13 de julho de 1990 (Estatuto da Criança e do Adolescente). (Incluído pela Lei 14.811, de 2024)

Merece ser registrado o fato de que, após a edição da Lei nº 14.994, de 9 de outubro de 2024, que modificou o art. 112 da LEP, será possível a progressão de regime nos crimes hediondos (e afins) da seguinte forma:

V – 40% (quarenta por cento) da pena, se o apenado for condenado pela prática de crime hediondo ou equiparado, se for primário;
VI – 50% (cinquenta por cento) da pena, se o apenado for:
a) condenado pela prática de crime hediondo ou equiparado, com resultado morte, se for primário, vedado o livramento condicional;
b) condenado por exercer o comando, individual ou coletivo, de organização criminosa estruturada para a prática de crime hediondo ou equiparado; ou
c) condenado pela prática do crime de constituição de milícia privada.
VI-A – 55% (cinquenta e cinco por cento) da pena, se o apenado for condenado pela prática de feminicídio, se for primário, vedado o livramento condicional;
VII – 60% (sessenta por cento) da pena, se o apenado for reincidente na prática de crime hediondo ou equiparado;
VIII – 70% (setenta por cento) da pena, se o apenado for reincidente em crime hediondo ou equiparado com resultado morte, vedado o livramento condicional.

O art. 394-A do Código de Processo Penal, com as modificações introduzidas pela Lei nº 14.994, de 9 de outubro de 2024, no que diz respeito aos crimes hediondos, ou violência contra a mulher, determinou a prioridade de tramitação, em todas as instâncias, dos processos que tenham por finalidade a apuração das suas práticas.

1.10. Crimes militares próprios e impróprios

Os *crimes militares* são aqueles previstos pela legislação castrense, vale dizer, o Código Penal Militar (Decreto-Lei nº 1.001, de 21 de outubro de 1969). Podem ser subdivididos em *crimes militares próprios e crimes militares impróprios*. São próprios os crimes militares quando a previsão do comportamento incriminado somente encontra moldura no Código Penal Militar, não havendo previsão de punição do mesmo comportamento em outras leis penais (Código Penal ou legislação penal extravagante). Assim, por exemplo, o art. 203 do Código Penal Militar prevê o delito de *dormir em serviço* dizendo:

> **Art. 203.** Dormir o militar, quando em serviço, como oficial de quarto ou de ronda, ou em situação equivalente, ou, não sendo oficial, em serviço de sentinela, vigia, plantão às máquinas, ao leme, de ronda ou em qualquer serviço de natureza semelhante:
> Pena – detenção, de três meses a um ano.

Por outro lado, há infrações penais militares, previstas na legislação castrense, que também se encontram no Código Penal ou em leis especiais, a exemplo do que ocorre com os delitos de furto, roubo, lesão corporal, homicídio etc., razão pela qual são reconhecidas como *crimes militares impróprios*.

1.11. Crimes qualificados pelo resultado (crimes preterdolosos ou preterintencionais)

O art. 19 do Código Penal regula a matéria no que diz respeito aos crimes qualificados pelo resultado, *verbis*:

> **Art. 19.** Pelo resultado que agrava especialmente a pena, só responde o agente que o houver causado ao menos culposamente.

Na exposição de motivos da nova Parte Geral do Código Penal, o legislador deixou transparecer sua preocupação em tentar extirpar de nosso ordenamento jurídico a chamada responsabilidade penal objetiva, assim se manifestando no item 16:

> Retoma o Projeto, no art. 19, o princípio da culpabilidade, nos denominados crimes qualificados pelo resultado, que o Código vigente submeteu à injustificada responsabilidade objetiva. A regra se estende a todas as causas de aumento situadas no desdobramento causal da ação.

O Código Penal de 1940 não continha disposição similar à do atual art. 19. Por essa razão, naquela época, antes da reforma de 1984, formaram-se duas correntes que tinham por finalidade responsabilizar ou não o agente pelo resultado agravador da infração penal, a saber:

a) o resultado agravador somente podia ser imputado quando proveniente de dolo ou culpa;
b) atribuía-se o resultado agravador ao agente tão somente pela sua ocorrência, não se importando em verificar se este, pelo menos, era previsível. Era a consagração da responsabilidade penal objetiva ou responsabilidade penal sem culpa.

Na perfeita lição de Alberto Silva Franco:

"O legislador de 84 tomou partido na disputa doutrinária e, fiel à ideia-força que comandou a reforma da parte geral do Código Penal – o princípio de que não há pena sem culpabilidade –, estatuiu no art. 19 que ninguém poderá responder pelo resultado mais grave se não o tiver causado ao menos culposamente. Isto significa que não há mais cogitar da imposição de pena com base no reconhecimento puro e simples de um nexo de causalidade, entre a conduta do agente e o resultado qualificador."[7]

Conforme preleciona Roxin, "historicamente, os delitos qualificados pelo resultado procedem da teoria, elaborada pelo Direito Canônico, do chamado *versari in re illicita* [...], conforme a qual qualquer pessoa responderá, ainda que não tenha culpa, por todas as consequências que derivem de sua ação proibida."[8]

Atualmente, ocorre o *crime qualificado pelo resultado* quando o agente atua com dolo na conduta e dolo quanto ao resultado qualificador, ou dolo na conduta e culpa no que diz respeito ao resultado qualificador. Daí dizer-se que todo crime preterdoloso é crime qualificado pelo resultado, mas nem todo crime qualificado pelo resultado é crime preterdoloso. O crime qualificado pelo resultado é o gênero, do qual são suas espécies: dolo e dolo, ou dolo e culpa.

Como exemplo do primeiro caso, temos a lesão corporal qualificada pela perda ou inutilização de membro, sentido ou função. Nesse caso, o agente dirige sua conduta a, conscientemente, fazer com que a vítima sofra esse tipo de lesão gravíssima. O resultado, isto é, a perda ou a inutilização de membro, sentido ou função, é que faz com que seja agravada a pena cominada ao agente.

Como exemplo de crime preterdoloso, poderíamos mencionar a lesão corporal qualificada pelo resultado aborto. Para que tal resultado qualificador possa ser imputado ao agente é preciso que ele não o tenha querido diretamente nem assumido o risco de produzi-lo, pois, caso contrário, responderá pelo crime de aborto, e não pelo de lesão corporal gravíssima; em segundo lugar, faz-se necessário que a gravidez da vítima ingresse na esfera de conhecimento do agente, devendo este saber, obrigatoriamente, que a vítima se encontrava grávida, para que, agindo com o dolo de causar-lhe lesão, o resultado qualificador (aborto) possa ser-lhe atribuído.

É preciso, portanto, que o agente conheça a gravidez para que lhe seja imputada a lesão corporal qualificada pelo resultado aborto, pois, caso contrário, responderá apenas pela lesão que intencionava cometer, excluindo-se o resultado qualificador. Se não fosse assim, o agente seria responsabilizado objetivamente pelo resultado.

1.12. Crime continuado

O art. 71 do Código Penal define a hipótese de crime continuado:

> **Art. 71.** Quando o agente, mediante mais de uma ação ou omissão, pratica dois ou mais crimes da mesma espécie e, pelas condições de tempo, lugar, maneira de execução e outras semelhantes, devem os subsequentes ser havidos como continuação do primeiro, aplica-se-lhe a pena de um só dos crimes, se idênticas, ou a mais grave, se diversas, aumentada, em qualquer caso, de um sexto a dois terços.
> **Parágrafo único.** Nos crimes dolosos, contra vítimas diferentes, cometidos com violência ou grave ameaça à pessoa, poderá o juiz, considerando a culpabilidade, os antecedentes, a conduta social e a personalidade do agente, bem como os motivos e as circunstâncias, aumentar a pena de um só dos crimes, se idênticas, ou a mais grave, se diversas, até o triplo, observadas as regras do parágrafo único do art. 70 e do art. 75 deste Código.

O art. 71 do Código Penal elenca os requisitos necessários à caracterização do crime continuado, bem como suas consequências, a saber:

Requisitos:

a) mais de uma ação ou omissão;

---

[7] FRANCO, Alberto Silva. *Código penal e sua interpretação jurisprudencial* – Parte geral, p. 305.
[8] ROXIN, Claus. *Derecho penal* – Parte general, p. 335.

b) prática de dois ou mais crimes, da mesma espécie;
c) condições de tempo, lugar, maneira de execução e outras semelhantes;
d) os crimes subsequentes devem ser havidos como continuação do primeiro.

Consequências:

a) aplicação da pena de um só dos crimes, se idênticas, aumentada de um sexto a dois terços;
b) aplicação da mais grave das penas, se diversas, aumentada de um sexto a dois terços;
c) nos crimes dolosos, contra vítimas diferentes, cometidos com violência ou grave ameaça à pessoa, aplicação da pena de um só dos crimes, se idênticas, aumentada até o triplo;
d) nos crimes dolosos, contra vítimas diferentes, cometidos com violência ou grave ameaça à pessoa, aplicação da mais grave das penas, se diversas, aumentada até o triplo.

1.13. Crimes multitudinários

Crimes multitudinários são aqueles cometidos por uma multidão delinquente, geralmente, numa situação de tumulto.

Vale o registro da magistral passagem de Aníbal Bruno, quando descreve a multidão criminosa. Diz o mestre pernambucano:

"As multidões são agregados humanos, informes, inorgânicos, que se criam espontaneamente e espontaneamente se dissolvem, construídos e animados sempre segundo uma psicologia particular, que torna inaplicáveis aos seus feitos criminosos as regras comuns da participação. Quando uma multidão se toma de um desses movimentos paroxísticos, inflamada pelo ódio, pela cólera, pelo desespero, forma-se, por assim dizer, uma alma nova, que não é a simples soma das almas que a constituem, mas sobretudo do que nelas existe de subterrâneo e primário, e esse novo espírito é que entra a influir a manifestações de tão inaudita violência e crueldade, que espantarão mais tarde aqueles mesmos que dele faziam parte. Nesses momentos decisivos do destino das multidões, surgem inesperadamente seres que se podem dizer mais próximos da animalidade primitiva e tomam a dianteira, fazendo-se os arautos e inspiradores da multidão em tumulto. O homem subterrâneo, que se esconde no mais profundo do psiquismo, desperta a esse apelo, para inspirar as façanhas mais imprevistas de força e ferocidade. É uma arrancada de animais enfurecidos, levados pelos *meneurs*, mas esses mesmos, arrastados por esse espírito da multidão amotinada, já então difícil de dominar. Cria-se uma moral de agressão, que sufoca a habitual hierarquia de valores e subverte a vigilância da consciência ético-jurídica comum e que contamina por sugestão todos os que se encontram em presença do tumulto."[9]

1.14. Crimes de dano e crimes de perigo (abstrato e concreto)

Crimes de dano são aqueles que, para a sua consumação, deve haver a efetiva lesão ao bem juridicamente protegido pelo tipo. A conduta do agente, portanto, é dirigida finalisticamente a produzir o resultado, acarretando dano ou lesão para o bem protegido pelo tipo penal, a exemplo do que ocorre com os crimes de homicídio e lesão corporal.

Por outro lado, pode o comportamento do agente não estar dirigido finalisticamente a produzir dano ou lesão ao bem juridicamente protegido pelo tipo, causando-lhe, contudo, uma situação de perigo.

---

[9] BRUNO, Aníbal. *Direito penal*, t. II, p. 285-286.

Cria-se uma infração penal de perigo para que seja levada a efeito a punição do agente antes que seu comportamento perigoso venha, efetivamente, causar dano ou lesão ao bem juridicamente protegido. Dessa forma, os crimes de perigo são, em geral, de natureza subsidiária, sendo absorvidos pelos crimes de dano quando estes vierem a acontecer.

Os *crimes de perigo* subdividem-se em: *crimes de perigo abstrato* e *crimes de perigo concreto*. Diz-se abstrato o perigo quando o tipo penal incriminador entende como suficiente, para fins de caracterização do perigo, a prática do comportamento – comissivo ou omissivo – por ele previsto. Assim, os crimes de perigo abstrato são reconhecidos como de *perigo presumido*. A visão, para a conclusão da situação de perigo criada pela prática do comportamento típico, é realizada *ex ante*, independentemente da comprovação, no caso concreto, de que a conduta do agente tenha produzido, efetivamente ou não, a situação de perigo que o tipo procura evitar. A doutrina aponta como exemplo dessa infração penal o crime de omissão de socorro, previsto pelo art. 135 do Código Penal, raciocínio com o qual não compartilhamos. Para a doutrina majoritária, o simples fato de deixar de prestar assistência, quando possível fazê-lo, sem risco pessoal, nas situações por ele elencadas, já se configuraria no delito de omissão de socorro.

Já os chamados *crimes de perigo concreto* são aqueles cuja situação de perigo supostamente criada pela conduta do agente precisa ser demonstrada no caso concreto. A sua visão, ao contrário daquela realizada nos crimes de perigo abstrato, é sempre *ex post*, ou seja, analisa-se o comportamento praticado pelo agente, depois da sua realização, a fim de se concluir se, no caso concreto, trouxe ou não perigo ao bem juridicamente protegido pelo tipo. Como exemplo de crime de perigo concreto podemos destacar o crime de perigo para a vida ou saúde de outrem, previsto pelo art. 132 do Código Penal. Aqui, para que se possa levar a efeito a responsabilidade penal do agente, será preciso demonstrar que, com o seu comportamento, expôs a vida ou a saúde de outrem a perigo direto e iminente.

Atualmente, os crimes de perigo abstrato têm sido combatidos pela doutrina, uma vez que não se verifica, no caso concreto, a potencialidade de dano existente no comportamento do agente, o que seria ofensivo ao *princípio da lesividade*.

O Código de Trânsito Brasileiro atendeu aos reclamos doutrinários e, nas hipóteses em que previu crimes de perigo,[10] exigiu a sua concreção, afastando hipóteses antigas, previstas na Lei de Contravenções Penais, que, em diversas situações, presumiam como perigoso o comportamento levado a efeito pelo agente. Assim, comparativamente, o art. 32 da Lei de Contravenções Penais, cuja primeira parte foi revogada[11] pelo Código de Trânsito Brasileiro, dizia:

> **Art. 32.** Dirigir, sem a devida habilitação, veículo na via pública, ou embarcação a motor em águas públicas:
> Pena – multa.

Portanto, presumia como perigosa a conduta daquele que era surpreendido em via pública dirigindo sem habilitação, não importando se o agente, mesmo não tendo a exigida carteira de habilitação, conduzia com todas as cautelas necessárias.

Hoje, tal hipótese está prevista no art. 309 da Lei nº 9.503/97 que, como dissemos, revogou a primeira parte do tipo penal correspondente à mencionada contravenção penal, *verbis*:

---

[10] À exceção do seu art. 306, com a redação que lhe foi conferida pela Lei nº 12.760, de 20 de dezembro de 2012.

[11] O Supremo Tribunal Federal, liquidando com as discussões sobre a revogação da primeira parte do art. 32 da Lei das Contravenções Penais pelo art. 309 do Código de Trânsito Brasileiro, editou a Súmula nº 720, que diz: Súmula nº 720 – *O art. 309 do Código de Trânsito Brasileiro, que reclama decorra do fato perigo de dano, derrogou o art. 32 da Lei das Contravenções Penais no tocante à direção sem habilitação em vias terrestres.*

> **Art. 309.** Dirigir veículo automotor, em via pública, sem a devida Permissão para Dirigir ou Habilitação ou, ainda, se cassado o direito de dirigir, gerando perigo de dano:
> Pena – detenção, de 6 (seis) meses a 1 (um) ano, ou multa.

Como se percebe pela redação final do citado art. 309, para que se possa configurar a infração penal por ele prevista, há necessidade absoluta de se comprovar, no caso concreto, que a condução de veículo automotor pelo agente trouxe risco à vida ou à saúde de outrem, pois, caso contrário, o fato será considerado um indiferente penal, podendo, entretanto, sofrer sanções de natureza administrativa.

Assim, imagine-se a hipótese daquele que, ao ser interceptado em uma *blitz* policial de rotina, confesse ao policial que o abordou que não possui a carteira de habilitação. Embora o fato possa desencadear a apreensão do veículo, além de outras sanções administrativas, não tem relevo para fins de aplicação da lei penal, pois não foi comprovada que sua inabilitação na condução do veículo trouxe perigo à vida ou à saúde de outrem.

Agora, suponha-se que o agente, querendo aprender a dirigir por conta própria, seja surpreendido fazendo manobras arriscadas, imprudentes, não conseguindo sequer traçar uma linha reta com seu automóvel, interceptado por esse motivo após quase atropelar várias pessoas. Nesse caso, sua inabilitação na direção do veículo trouxe perigo concreto à vida ou à saúde das pessoas, podendo, agora, ser responsabilizado criminalmente.

Concluindo, a visão do perigo de natureza abstrata, considerado como presumido, é sempre feita *ex ante*, bastando a prática do comportamento comissivo ou omissivo previsto pelo tipo para que se entenda como criada a situação de perigo. Ao contrário, o crime de perigo concreto exige sempre um raciocínio *ex post*, ou seja, é preciso demonstrar que a conduta do agente, analisada no caso concreto, criou, efetivamente, uma situação de risco para os bens jurídicos de terceiros, pois, caso contrário, o fato será considerado atípico.

1.15. Crimes simples e crimes complexos

Crime simples é aquele em que, mediante a análise da figura típica, somente conseguimos visualizar uma única infração penal, que é justamente aquela por ela própria criada, a exemplo do que ocorre com o delito de homicídio.

Entende-se por *complexo* o crime em cuja figura típica existe a fusão de duas ou mais infrações penais, ou seja, essa fusão faz surgir uma terceira, denominada complexa, como é o caso do delito de roubo, em que se verifica a existência da subtração (art. 155 do CP), conjugada com o emprego da violência (art. 129 do CP) ou da grave ameaça (art. 147 do CP).

O crime complexo, para parte da doutrina, pode ser entendido em sentido amplo ou em sentido estrito, posição com a qual não concordamos. Damásio de Jesus, dissertando sobre o tema, cita Francesco Antolisei, que esclarece:

> "Há o delito complexo em sentido amplo quando 'um crime, em todas ou algumas das hipóteses contempladas na norma incriminadora, contém em si outro delito menos grave, necessariamente'. O legislador acrescenta à definição de um crime fatos que, por si mesmos, não constituem delito. Ex.: denunciação caluniosa (CP, art. 339), integrada da calúnia (CP, art. 138) e da denunciação, que por si mesma não é crime. O crime complexo em sentido amplo, nos termos dos que aceitam sua existência, não se condiciona à presença de dois ou mais delitos. Basta um a que se acrescentam elementos típicos que, isoladamente, configuram indiferente penal. Neste caso, o delito de maior gravidade absorve o de menor intensidade penal. Assim, a denunciação absorve a calúnia.

O delito complexo em sentido estrito (ou composto) é formado da reunião de dois ou mais tipos penais. O legislador apanha a definição legal de crimes e as reúne, formando uma terceira unidade delituosa (subsidiariedade implícita)."[12]

1.16. Crimes qualificados e crimes privilegiados

Crimes qualificados e *crimes privilegiados* são modalidades de infrações penais existentes nos chamados *tipos penais derivados*. Os tipos penais derivados são espécies de infrações penais que estão ligadas, umbilicalmente, ao *caput* do artigo, ou seja, à sua modalidade fundamental, por intermédio de seus parágrafos. Isso quer dizer que os tipos derivados, sejam eles qualificados ou privilegiados, *não possuem vida autônoma*, sendo considerados, portanto, circunstâncias que permitem maior ou menor punição do agente. Tal raciocínio será de extrema importância quando da aplicação do art. 30 do Código Penal, que diz:

> **Art. 30.** Não se comunicam as circunstâncias e as condições de caráter pessoal, salvo quando elementares do crime.

Assim, considera-se *qualificado* o crime quando, geralmente, as penas mínima e máxima cominadas no parágrafo são superiores àquelas previstas no *caput* do artigo. Dissemos que os limites mínimo e máximo devem, *como regra*, ser superiores ao *caput*, uma vez que em algumas infrações penais pode ocorrer tão somente o aumento ou da pena mínima, ou da pena máxima cominada em abstrato, sendo, ainda assim, considerado como qualificado.

Veja-se o exemplo do § 9º do art. 129 do Código Penal, que diz:

> § 9º Se a lesão for praticada contra ascendente, descendente, irmão, cônjuge ou companheiro, ou com quem conviva ou tenha convivido, ou, ainda, prevalecendo-se o agente das relações domésticas, de coabitação ou de hospitalidade:
> Pena – detenção, de 3 (três) meses a 3 (três) anos.

O *caput* do art. 129, que prevê a sua modalidade fundamental, comina uma pena de detenção para o crime de lesão corporal simples que varia de 3 (três) meses a 1 (um) ano. Assim, comparativamente, o § 9º do mencionado artigo, de acordo com as novas penas determinadas pela Lei nº 11.340, de 7 de agosto de 2006, que criou mecanismos para coibir a violência doméstica e familiar contra a mulher, somente aumenta a pena no seu patamar máximo, elevando-a de 1 (um) ano para 3 (três) anos, não deixando, contudo, de ser considerado como qualificado.

No art. 121 do Código Penal, ao contrário, a lei penal, por intermédio do seu § 2º, criou uma modalidade qualificada para o delito de homicídio, cominando as penas mínima e máxima em quantidades superiores àquelas previstas no *caput*.

Por outro lado, considera-se como *privilegiado* o delito quando as penas previstas no parágrafo são inferiores àquelas cominadas no *caput* do artigo.

Embora somente pudesse ser considerado como privilegiado quando as penas mínima e máxima (ou pelo menos uma delas) fossem inferiores àquelas cominadas no *caput*, a doutrina, majoritariamente, também considera privilegiado o delito na hipótese de aplicação de causas de redução de pena.

É o que ocorre, por exemplo, com o § 1º do art. 121 do Código Penal, que diz:

> § 1º Se o agente comete o crime impelido por motivo de relevante valor social ou moral, ou sob o domínio de violenta emoção, logo em seguida a injusta provocação da vítima, o juiz pode reduzir a pena de um sexto a um terço.

---

[12] JESUS, Damásio E. de. *Direito penal* – Parte geral, p. 173-174.

Como se percebe pela redação do parágrafo acima transcrito, não foram determinados os limites mínimo e máximo em quantidades inferiores ao *caput* do art. 121 do Código Penal, tendo a lei penal, tão somente, possibilitado a redução da pena de um sexto a um terço. No entanto, quando o homicídio é praticado nessas condições, fala-se em homicídio privilegiado, passando, portanto, a também gozar do *status* de privilégio as causas de diminuição de pena.

1.17. Crime de bagatela

A expressão *crime de bagatela* é característica da hipótese na qual se afirma a necessidade de aplicação do princípio da insignificância. São fatos que não se amoldam ao conceito de tipicidade material, necessário à configuração da tipicidade penal.

Apesar de sua aceitação pela doutrina, entendemos ser equivocada a expressão *crime de bagatela*. Isso porque, quando concluímos que o fato não reúne as condições exigidas para que seja considerado materialmente típico, estamos afastando a tipicidade penal e, consequentemente, eliminando a infração penal, razão pela qual não podemos chamar aquele fato penalmente indiferente de *crime de bagatela*, senão, no máximo, de uma *situação de bagatela*. No entanto, é assim que, majoritariamente, se reconhece a aplicação do princípio da insignificância, considerando suas hipóteses como de crime de bagatela.

1.18. Crime falho

Entende-se como *crime falho* as hipóteses da chamada tentativa perfeita ou acabada, em que o agente, de acordo com a sua concepção, esgota tudo aquilo que entendia como necessário e suficiente à consumação da infração penal, que somente não ocorre por circunstâncias alheias à sua vontade.

Assim, imagine-se o exemplo em que o agente, querendo produzir a morte da vítima, aponte sua arma contra ela e efetue dois disparos, acertando-a na região do tórax. Ao perceber a vítima caída, sangrando, o agente diz a si mesmo: "Vai morrer." Com base nessa certeza, deixa de efetuar os demais disparos que lhe seriam ainda possíveis e vai embora. Pouco tempo depois, para a sorte da vítima, uma viatura policial passa pelo local e leva a efeito o seu socorro, conseguindo salvá-la.

Nesse caso, o agente esgotou tudo aquilo que, de acordo com sua concepção, entendia como necessário a fim de chegar à consumação do delito, que somente não ocorreu por circunstâncias alheias à sua vontade, razão pela qual sua tentativa será considerada *perfeita, acabada*, sendo ainda reconhecida como um *crime falho*.

1.19. Crimes instantâneos, crimes permanentes e crimes instantâneos de efeitos permanentes

Considerando-se o momento de sua consumação, os crimes podem ser entendidos como *instantâneos, permanentes* ou, ainda, *instantâneos de efeitos permanentes*.

Conforme esclarece Assis Toledo:

"São instantâneos os crimes que possuem como objeto jurídico bens destrutíveis; permanentes, aqueles cuja consumação, pela natureza do bem jurídico ofendido, pode protrair-se no tempo, detendo o agente o poder de fazer cessar o estado antijurídico por ele realizado. Dentro dessa concepção, poder-se-á concluir que, no delito instantâneo (furto, injúria etc.), a consumação ocorre em um momento certo, definido; no permanente, o momento consumativo é uma situação duradoura, cujo início não coincide com o de sua cessação (sequestro, cárcere privado, usurpação de função pública etc.).

Denominam-se crimes instantâneos de efeitos permanentes aqueles em que não a conduta do agente, mas apenas o resultado da ação é permanente. Isso ocorre no homicídio (exemplo de Bettiol), cujo resultado (a morte) é irreversível, portanto permanente, mas seguramente marcado por um momento consumativo certo – aquele em que a vítima deixa de viver."[13]

Tais definições são de extrema importância, principalmente para que possamos levar a efeito os raciocínios, por exemplo, da prisão em flagrante, ou mesmo da possibilidade de concurso de pessoas, nos casos em que ocorre a chamada coautoria sucessiva, em que o agente ingressa no plano criminoso após terem sido iniciados os atos de execução.

No crime permanente, a exemplo do que ocorre com o delito de extorsão mediante sequestro, tipificado no art. 159 do Código Penal, enquanto a vítima estiver privada de sua liberdade, encontrando-se, por exemplo, no cativeiro, poderá outra pessoa ingressar no grupo, cooperando com os demais na manutenção dessa situação, até o efetivo pagamento do resgate.

Merece ser destacada, ainda, mais uma diferença existente entre o crime permanente e o crime instantâneo de efeitos permanentes. É que, nos crimes permanentes, a manutenção da situação de permanência depende da vontade do próprio agente, a exemplo do que ocorre com o crime de sequestro, em que a vítima poderá ser libertada, desde que o agente que a privou da liberdade atue nesse sentido. Ao contrário, nos chamados crimes instantâneos de efeitos permanentes, o retorno à situação anterior foge à alçada do agente, como é o caso do homicídio.

No que diz respeito ao crime permanente, merece ser destacada a Súmula nº 711 do STF:

> **Súmula no 711.** *A lei penal mais grave aplica-se ao crime continuado ou ao crime permanente, se a sua vigência é anterior à cessação da continuidade ou da permanência.*

1.20. Crime a prazo

Denomina-se *crime a prazo* aquele em que o tipo penal exige, para sua configuração, o decurso de certo espaço de tempo, a exemplo do que ocorre com a modalidade qualificada de lesão corporal, prevista no inciso I do § 1º do art. 129 do Código Penal, que somente terá aplicação nos casos em que resulte para a vítima incapacidade para suas ocupações habituais por *mais de 30 dias*.

No crime de apropriação de coisa achada, previsto pelo inciso II do art. 169 do Código Penal, se o agente, no prazo de 15 dias, a restitui ao dono ou ao legítimo possuidor, ou a entrega à autoridade competente, sequer será considerado típico o seu comportamento. Aqui, mais do que na situação anteriormente citada, o decurso do prazo é fundamental para que o comportamento tenha alguma relevância para o Direito Penal.

Dessa forma, nos crimes a prazo, o tempo previsto no tipo penal poderá fazer com que se configure ou não uma infração penal, ou mesmo agravar a situação daquela já existente.

1.21. Delitos de intenção: crimes de resultado cortado e crimes mutilados de dois atos

Assis Toledo, dissertando sobre o tema, aponta o *delito de intenção* como gênero, do qual são suas espécies o *crime de resultado cortado* e o *crime mutilado de dois atos*:

> "Denominam-se *delitos de intenção* (ou de tendência interna transcendente) aqueles em que o agente quer e persegue um resultado que não necessita ser alcançado de fato para a consumação do crime (tipos incongruentes). Dividem-se em delitos de resultado cortado e delitos mutilados de dois atos. Nos primeiros, o agente espera que o resultado externo, querido e perseguido – e que se situa fora do tipo – se produza sem a sua intervenção direta (exemplo:

---

[13] TOLEDO, Francisco de Assis. *Princípios básicos de direito penal*, p.146-147.

extorsão mediante sequestro – art. 159 – crime no qual a vantagem desejada não precisa concretizar-se, mas se vier a concretizar-se será por ato de outrem). Nos últimos, o agente quer alcançar, por ato próprio, o resultado fora do tipo (exemplo: a falsificação de moeda – art. 289 – que supõe a intenção de uso ou de introdução na circulação do dinheiro falsificado)."[14]

1.22. Crimes comuns, crimes políticos e crimes de opinião

A Constituição Federal, em várias passagens, demonstrou que há diferença a ser apontada pela doutrina no que diz respeito aos crimes comuns, políticos e de opinião, variando até mesmo a competência para julgamento de cada um deles, dizendo, de acordo com a ordem de seus artigos:

> **Art. 5º** Todos são iguais perante a lei, sem distinção de qualquer natureza, garantindo-se aos brasileiros e aos estrangeiros residentes no País a inviolabilidade do direito à vida, à liberdade, à igualdade, à segurança e à propriedade, nos termos seguintes:
> [...];
> LII – não será concedida a extradição de estrangeiro por crime político ou de opinião.
> Art. 102. Compete ao Supremo Tribunal Federal, precipuamente, a guarda da Constituição, cabendo-lhe:
> I – [...];
> II – julgar, em recurso ordinário;
> a) [...];
> b) o crime político.
> [...]
> **Art. 105.** Compete ao Superior Tribunal de Justiça:
> I – processar e julgar, originariamente:
> a) nos crimes comuns, os Governadores dos Estados e do Distrito Federal, e, nestes e nos de responsabilidade, os desembargadores dos Tribunais de Justiça dos Estados e do Distrito Federal, os membros dos Tribunais de Contas dos Estados e do Distrito Federal, os dos Tribunais Regionais Federais, dos Tribunais Regionais Eleitorais e do Trabalho, os membros dos Conselhos ou Tribunais de Contas dos Municípios e os do Ministério Público da União que oficiem perante tribunais;
> [...].
> **Art. 109.** Aos juízes federais compete processar e julgar:
> I – [...];
> II – [...];
> III – [...];
> IV – os crimes políticos e as infrações penais praticadas em detrimento de bens, serviços ou interesse da União ou de suas entidades autárquicas ou empresas públicas, excluídas as contravenções e ressalvada a competência da Justiça Militar e da Justiça Eleitoral;
> [...].

Inicialmente, devemos destacar o fato de que, quando levamos a efeito a diferença entre crimes comuns e crimes políticos, a palavra *comum* é utilizada no sentido de que não há nenhuma intenção especial, de natureza política, exigida por aquela determinada infração penal. Dessa forma, Hungria, traduzindo a diferença entre crimes comuns, aqui entendidos em seu sentido extensivo, e os crimes políticos, diz:

---

[14] TOLEDO, Francisco de Assis. *Princípios básicos de direito penal*, p. 151.

"Enquanto os primeiros atacam os bens ou interesses jurídicos do indivíduo, da família e da sociedade, penalmente protegidos pelo Estado, os crimes políticos agridem a própria segurança interna ou externa do Estado ou são dirigidos contra a própria personalidade deste."[15]

Entende-se por *crime de opinião* aquele que importa em abuso na liberdade da manifestação do pensamento, podendo ser praticado por qualquer meio que tenha a possibilidade de difundir as ideias do agente – por exemplo, mediante palavras, divulgação na imprensa, livros, artigos, revistas etc.

O inciso IV do art. 5º da Constituição Federal, embora assegurando a liberdade da manifestação de pensamento, vedando o anonimato, não permite o abuso, devendo ser responsabilizado criminalmente aquele que, sob a falsa argumentação da liberdade de manifestação do pensamento, produzir dano, por exemplo, à honra de terceiros.

1.23. Crimes à distância, crimes plurilocais e crimes em trânsito

Flávio Augusto Monteiro de Barros traduz a diferença entre os crimes a distância, plurilocais e em trânsito:

"Segundo o lugar do evento, os crimes podem ser:
a) A distância: quando a conduta e o resultado se desenvolvem em dois ou mais países. O assunto está relacionado ao problema da lei penal no espaço;
b) Plurilocal: quando a conduta e o resultado se desenvolvem em duas ou mais comarcas, dentro do mesmo país. Exemplo: a vítima é ferida na cidade de Piraju, mas morre em Bauru. A questão é relevante no tema da competência territorial (art. 70 do CPP);
c) Em trânsito: quando uma parcela da conduta se realiza num país, sem lesar ou pôr em perigo bem jurídico de seus cidadãos. Exemplo: 'A', do Paraguai, envia, para o Japão, uma carta ofendendo 'B', sendo que essa carta tem uma ligeira passagem pelo correio brasileiro, até prosseguir o seu rumo ao Japão."[16]

1.24. Crimes habituais

Considera-se *habitual* o delito em virtude do qual se exige do agente um comportamento reiterado, necessário à sua configuração. Assim, nos crimes habituais, ou o agente pratica a cadeia de condutas indispensáveis à caracterização da infração penal, consumando-a, ou, como regra, o fato será atípico.

Veja-se o exemplo do crime de curandeirismo, previsto no art. 284 do Código Penal, em que o núcleo do tipo em estudo é o verbo *exercer*. Isto é, somente quem exerce, ou seja, pratica o curandeirismo, "prescrevendo, ministrando ou aplicando, habitualmente, qualquer substância; usando gestos, palavras ou qualquer outro meio; fazendo diagnósticos" é que deverá ser responsabilizado criminalmente por esse delito. Assim, se o agente, sem a habitualidade exigida pelo tipo, prescreveu a um amigo o uso de determinada substância, enaltecendo o seu poder curativo, não poderá responder pelo delito em estudo.

---

[15] HUNGRIA, Nélson. *Comentários ao código penal*, v. I, t. II, p. 57.
[16] BARROS, Flávio Augusto Monteiro de. *Direito penal – Parte geral*, p. 92.

Discute-se a possibilidade de tentativa nos delitos habituais. Normalmente, entende-se que ou o agente pratica os atos reiterados exigidos pelo tipo, consumando a infração penal, ou o fato será atípico. Entretanto, não podemos descartar a hipótese de tentativa. Isso porque poderá o agente ter dado início à cadeia dos atos que, sabidamente, seriam habituais, quando é impedido de continuar a exercer o comportamento proibido pelo tipo, por circunstâncias alheias à sua vontade.

Mirabete, com precisão, afirma que, como regra:

"O crime *habitual* não admite tentativa, pois ou há reiteração de atos e consumação, ou não há essa habitualidade e os atos são penalmente indiferentes. Não há que se negar, porém, que, se o sujeito, sem ser médico, instala um consultório e é detido quando de sua primeira 'consulta', há caracterização da tentativa do crime previsto no art. 282."[17]

1.25. Crimes principais e crimes acessórios

Há crimes que, para sua existência, estão íntima e necessariamente ligados à prática de outros, surgindo entre eles a relação entre *principal* e *acessório*.

Tomemos como exemplo o delito de receptação. Diz o *caput* do art. 180 do Código Penal:

> **Art. 180.** Adquirir, receber, transportar, conduzir ou ocultar, em proveito próprio ou alheio, coisa que sabe ser produto de crime, ou influir para que terceiro, de boa-fé, a adquira, receba ou oculte.

Como se percebe pela redação do mencionado artigo, somente haverá receptação se a coisa que o agente adquiriu, por exemplo, for *produto de crime*. Para que ocorra a receptação, portanto, deverá ter havido um delito principal – furto, roubo etc. –, havendo entre eles uma relação de principal e acessório.

O mesmo acontece com o delito de favorecimento real, tipificado no art. 349 do Código Penal, que diz:

> **Art. 349.** Prestar a criminoso, fora dos casos de coautoria ou de receptação, auxílio destinado a tornar seguro o proveito do crime;
> [...].

Se não houver a prática de um crime anterior (principal), não haverá o favorecimento real, razão pela qual podemos afirmar a natureza acessória desse delito.

Aos crimes acessórios incide o disposto no art. 108 do Código Penal, *verbis*:

> **Art. 108.** A extinção da punibilidade de crime que é pressuposto, elemento constitutivo ou circunstância agravante de outro não se estende a este. Nos crimes conexos, a extinção da punibilidade de um deles não impede, quanto aos outros, a agravação da pena resultante da conexão.

1.26. Infrações penais de menor potencial ofensivo

Atendendo ao disposto no inciso X do art. 24 da Constituição Federal, foi editada a Lei nº 9.099, de 26 de setembro de 1995, dispondo sobre os Juizados Especiais Cíveis e Criminais.

O art. 61 da mencionada lei, em sua redação original, definiu o conceito de infração penal de menor potencial ofensivo dizendo, *verbis*:

---

[17] MIRABETE, Júlio Fabbrini. *Manual de direito penal*, v. 1, p. 161.

> **Art. 61.** Consideram-se infrações penais de menor potencial ofensivo, para os efeitos desta Lei, as contravenções penais e os crimes a que a lei comine pena máxima não superior a 1 (um) ano, excetuados os casos em que a lei preveja procedimento especial.

Aproximadamente seis anos após a edição da Lei nº 9.099/95, surgiu a Lei nº 10.259, de 12 de julho de 2001, dispondo sobre a instituição dos Juizados Especiais Cíveis e Criminais no âmbito da Justiça Federal, trazendo, no parágrafo único do seu art. 2º, novo conceito de infração penal de menor potencial ofensivo:

> **Parágrafo único.** Consideram-se infrações penais de menor potencial ofensivo, para os efeitos desta Lei, os crimes a que a lei comine pena máxima não superior a 2 (dois) anos, ou multa.[18]

Conforme se verifica por meio de um estudo comparado dos artigos nos quais houve a definição de infração penal de menor potencial ofensivo, a Lei nº 10.259/2001 ampliou para dois anos o máximo da pena cominada em abstrato para que a infração penal passe a gozar desse *status*.

Em virtude disso, surgiu a controvérsia doutrinária, havendo autores que se posicionaram no sentido de que tal aumento do limite para o reconhecimento da infração penal de menor potencial ofensivo somente dizia respeito aos crimes de competência do Juizado Especial Criminal Federal. Outros, com razão, entendiam que, a partir da edição da Lei nº 10.259/2001, não se justificava um tratamento diferenciado para os crimes de competência da Justiça Estadual, em que somente podiam ser considerados como de menor potencial ofensivo aqueles cuja pena máxima não excedesse a 1 (um) ano, enquanto nos Juizados Especiais Criminais da Justiça Federal tal limite seria de 2 (dois) anos.

Hoje, após a edição da Lei nº 11.313, de 28 de junho de 2006, a discussão perdeu o sentido, tendo em vista a nova redação do art. 61 da Lei nº 9.099/95, que diz, *verbis*:

> **Art. 61.** Consideram-se infrações penais de menor potencial ofensivo, para os efeitos desta Lei, as contravenções penais e os crimes a que a lei comine pena máxima não superior a 2 (dois) anos, cumulada ou não com multa.

A nova redação legal revogou, ainda, a última parte da redação original do mencionado art. 61, que afastava do conceito de infração penal de menor potencial ofensivo as infrações penais para as quais fosse previsto um procedimento especial. Hoje, portanto, concluindo, a infração penal de menor potencial ofensivo é reconhecida como aquela cuja pena máxima cominada não seja superior a 2 (dois) anos.

1.27. Crimes monossubjetivos e crimes plurissubjetivos

Denominam-se *monossubjetivos, unissubjetivos ou de concurso eventual* os crimes cuja conduta-núcleo pode ser praticada por uma única pessoa, a exemplo do que ocorre com o homicídio, furto, lesão corporal etc.

Plurissubjetivos, ao contrário, são aqueles nos quais o tipo penal exige a presença de duas ou mais pessoas, sem as quais o crime não se configura, como é o caso da associação criminosa, da rixa etc. São também reconhecidos como crimes de concurso necessário.

---

[18] O referido art. 2º e parágrafo único foram também modificados pela Lei nº 11.313/2006, sendo esta sua redação atual: Art. 2º *Compete ao Juizado Especial Federal Criminal processar e julgar os feitos de competência da Justiça Federal relativos às infrações de menor potencial ofensivo, respeitadas as regras de conexão e continência.Parágrafo único. Na reunião dos processos, perante o juízo comum ou o tribunal do júri, decorrente da aplicação das regras de conexão e continência, observar-se-ão os institutos da transação penal e da composição dos danos civis.*

Nos crimes plurissubjetivos, podemos ainda levar a efeito a seguinte distinção:

a)   crimes bilaterais ou de encontro;
b)   crimes coletivos ou de convergência.

Crimes bilaterais ou de encontro são aqueles em que as condutas praticadas pelos agentes tendem a se encontrar, como ocorre com o crime de bigamia, previsto no art. 235, § 1º, do Código Penal.

Crimes de convergência, na definição de Muñoz Conde, são aqueles "em que o tipo penal exige que várias pessoas concorram uniformemente para a consecução do mesmo objetivo."[19]

Essa convergência pode ocorrer:

a)   quando as *condutas são contrapostas*, isto é, quando os agentes atuam uns contra os outros, como ocorre com o delito de rixa, previsto no art. 137 do Código Penal;
b)   ou quando as *condutas são paralelas*, vale dizer, quando os esforços de todos os agentes são concentrados no sucesso de uma infração penal comum, a exemplo do crime de associação criminosa, tipificado no art. 288 do Código Penal, nos termos da redação que lhe foi conferida pela Lei nº 12.850, de 2 de agosto de 2013.

Pode ocorrer, ainda, a hipótese na qual um crime, originariamente monossubjetivo, venha a se tornar coletivo, como acontece nos casos em que ocorre o concurso de pessoas no crime de furto, previsto pelo inciso IV do § 4º do art. 155 do Código Penal.

1.28. Crimes uniofensivos e crimes pluriofensivos

Consideram-se *uniofensivos* os crimes nos quais somente se protege um único bem jurídico, como é o caso do art. 155 do Código Penal, em que se leva a efeito a proteção do patrimônio, ou no crime de homicídio, em que se protege tão somente a vida.

Ao contrário, há outros crimes em que se consegue visualizar a proteção de dois ou mais bens jurídicos, mesmo que haja precipuidade entre eles, razão pela qual são reconhecidos como pluriofensivos. Assim, no crime de latrocínio (art. 157, § 3º, II, do Código Penal), por exemplo, protege-se precipuamente o patrimônio, sem descartar a proteção da vida.

1.29. Crimes de subjetividade passiva única e crimes de subjetividade passiva dupla

Crimes de *subjetividade passiva única* são aqueles nos quais o tipo penal prevê somente um único sujeito passivo. Assim, no homicídio, por exemplo, há somente uma única vítima, isto é, aquela que foi alvo da conduta criminosa praticada pelo agente.

Entretanto, há outras infrações penais em que se atinge mais de uma pessoa (subjetividade passiva), ou seja, duas ou mais pessoas podem considerar-se vítimas da infração penal levada a efeito pelo agente, como ocorre com o delito de aborto provocado sem o consentimento da gestante, em que a gestante e o feto podem ser considerados vítimas do delito em questão. Na violação de correspondência, tipificada no art. 151 do Código Penal, da mesma forma, são consideradas vítimas do delito o remetente e o destinatário.

---

[19]   MUÑOZ CONDE, Francisco. *Teoría general del delito*, p. 239.

1.30. Crime de ímpeto

Normalmente, chama-se *crime de ímpeto* a infração penal em que o agente pratica a conduta nele prevista de forma impensada, explosiva, emocionada, sem que, para tanto, tenha tempo para refletir a respeito do seu comportamento criminoso.

O § 1º do art. 121 do Código Penal pode traduzir uma dessas situações quando aponta a possibilidade de o homicídio ser cometido sob o domínio de violenta emoção, logo em seguida à injusta provocação da vítima.

1.31. Crime progressivo

Crime progressivo, na definição de Hungria:

"Ocorre quando, da conduta inicial que realiza um tipo de crime, o agente passa a ulterior atividade, realizando outro tipo de crime, de que aquele é etapa *necessária* ou elemento constitutivo (reconhecida a unidade jurídica, segundo a regra do *ubi major, minor cessat*)."[20]

Dessa forma, para se chegar ao homicídio, ou seja, para que o agente alcance o resultado morte, deverá produzir na vítima, numa relação de anterioridade, lesões corporais, razão pela qual o crime a ser absorvido é conhecido como *delito de passagem*.

1.32. Crimes exauridos

Considera-se como *exaurido* o delito quando há um esgotamento completo da figura típica.

O *iter criminis*, vale dizer, o caminho a ser percorrido pelo agente a fim de que possa ser responsabilizado criminalmente, é composto pelas seguintes fases: *cogitação, preparação, execução, consumação* e *exaurimento*.

Há infrações penais em que pode ocorrer sua consumação, sem que, entretanto, restem exauridas. Imagine-se a hipótese do delito de extorsão mediante sequestro, tipificado no art. 159 do Código Penal, que diz: *Sequestrar pessoa com o fim de obter, para si ou para outrem, qualquer vantagem, como condição ou preço do resgate.*

Nesse delito, basta que o agente prive a vítima de sua liberdade, com o fim de obter qualquer vantagem, como condição ou preço do resgate, para que se conclua pela sua consumação. Não há necessidade, para fins de consumação do delito em estudo, que o agente obtenha a vantagem prevista no tipo. Entretanto, caso venha efetivamente a obtê-la, tal situação será considerada mero exaurimento do crime.

Entendemos que é importante distinguir crime consumado e aquele considerado exaurido, principalmente para efeitos de aplicação da pena, conforme orientação contida no art. 59 do Código Penal, ensejando punição maior na hipótese de ter sido esgotada completamente a figura típica.

1.33. Crimes de atentado ou de empreendimento

A regra, considerando-se o princípio da proporcionalidade, é de que a tentativa seja punida menos severamente do que o crime consumado, conforme se dessume do parágrafo único do art. 14 do Código Penal, que diz:

> **Parágrafo único.** Salvo disposição em contrário, pune-se a tentativa com a pena correspondente ao crime consumado, diminuída de um a dois terços.

---

[20] HUNGRIA, Nélson. *Comentários ao código penal*, v. I, t. II, p. 48-49.

Extrai-se, portanto, do parágrafo transcrito que a regra é a diminuição. Entretanto, essa regra sofre exceções, que se amoldam à redação contida em sua primeira parte, quando diz – *salvo disposição em contrário*.

Nessa disposição em contrário é que residem os chamados *crimes de atentado* ou de *empreendimento*, nos quais a tentativa é elevada ao mesmo *status* do delito consumado, não havendo possibilidade de redução da pena, tendo em vista sua previsão expressa no tipo penal.

Assim, o art. 352 do Código Penal, cuidando do delito de *evasão mediante violência contra a pessoa*, assevera:

> **Art. 352.** Evadir-se ou tentar evadir-se o preso ou o indivíduo submetido a medida de segurança detentiva, usando de violência contra a pessoa:

Dessa forma, como a tentativa foi prevista expressamente no tipo penal, não havendo necessidade da utilização da norma de extensão prevista no inciso II do art. 14 do Código Penal, deverá receber as penas correspondentes ao delito consumado, sem qualquer diminuição, sendo, nesse caso, reconhecido como crime de atentado ou de empreendimento.

1.34. Crimes vagos

Crimes vagos, na definição de Damásio de Jesus, "são os que têm por sujeito passivo entidades sem personalidade jurídica, como a família, o público ou a sociedade. Ex.: ato obsceno (CP, art. 233)."[21]

1.35. Crimes ambientais

O legislador constituinte, preocupado com o nosso meio ambiente, fez inserir um capítulo em nossa Lei Maior cuidando especificamente desse tema. Dessa forma, o *caput* do art. 225 da Constituição Federal assevera:

> **Art. 225.** Todos têm direito ao meio ambiente ecologicamente equilibrado, bem de uso comum do povo e essencial à sadia qualidade de vida, impondo-se ao Poder Público e à coletividade o dever de defendê-lo e preservá-lo para as presentes e futuras gerações.
> [...]

Crimes ambientais, portanto, são aqueles que atingem o nosso meio ambiente, causando dano ou, mesmo, perigo de lesão à nossa fauna, flora etc. Buscando dar maior efetividade à proteção ambiental, nos moldes determinados pela Constituição Federal, foi editada a Lei nº 9.605, de 12 de fevereiro de 1998, que dispõe sobre as sanções penais e administrativas derivadas de condutas e atividades lesivas ao meio ambiente.

1.36. Crimes unissubsistentes (ou monossubsistentes) e crimes plurissubsistentes

A diferença entre os crimes unissubsistentes e os considerados plurissubsistentes reside na possibilidade ou não de ser fracionado o *iter criminis*.

Assim, *crimes unissubsistentes* são aqueles nos quais ocorre uma concentração de atos, não sendo possível o raciocínio em termos do fracionamento do *iter criminis*, a exemplo do que ocorre com a injúria ou mesmo a ameaça verbal. Nesses casos, ou o agente profere as

---

[21] JESUS, Damásio E. de. *Direito penal* – Parte geral, p. 184.

palavras injuriosas ou ameaçadoras e os crimes respectivos se consumam, ou não as profere, considerando-se o seu pensamento um indiferente penal.

Ao contrário, nos chamados *crimes plurissubsistentes* existe possibilidade real de se percorrer, "passo a passo", o caminho do crime. O agente cogita, prepara-se e executa a infração penal em momentos distintos e visualizáveis, tal como ocorre com os chamados crimes materiais, como é o caso do furto, das lesões corporais etc.

A importância da distinção reside no fato de que, como regra, os crimes unissubsistentes não admitem a tentativa, ao passo que nos crimes plurissubsistentes ela é perfeitamente admissível.

1.37. Crimes transeuntes e crimes não transeuntes

A diferença entre crimes transeuntes e não transeuntes reside no fato de a infração penal deixar ou não vestígios.

Assim, *crime transeunte* seria aquele cuja prática, em decorrência de seu modo de execução, não deixa vestígios, a exemplo do que ocorre com todas as infrações penais que são levadas a efeito por intermédio da palavra verbal, como ocorre com a calúnia, a difamação, a injúria, a ameaça etc.

Por outro lado, se o crime deixa vestígios, podendo ser objeto de exame de corpo de delito, estamos diante de um *crime não transeunte*. Conforme observa James Tubenchlak, "nos crimes não transeuntes (*delicta facti permanenti*) permanecem sinais materiais alvo de serem periciados."[22]

1.38. Crimes conexos

Conexão, na definição de Paulo Rangel, "significa união, nexo, ligação, relação entre um fato e outro."[23] Dessa forma, *crimes conexos* seriam aqueles que, de alguma forma, pudessem ser entendidos como interligados, unidos.

O Código de Processo Penal determina a competência pela conexão em seu art. 76:

> **Art. 76.** A competência será determinada pela conexão:
> I – se, ocorrendo duas ou mais infrações, houverem sido praticadas, ao mesmo tempo, por várias pessoas reunidas, ou por várias pessoas em concurso, embora diverso o tempo e o lugar, ou por várias pessoas, umas contra as outras;
> II – se, no mesmo caso, houverem sido umas praticadas para facilitar ou ocultar as outras, ou para conseguir impunidade ou vantagem em relação a qualquer delas;
> III – quando a prova de uma infração ou de qualquer de suas circunstâncias elementares influir na prova de outra infração.

Em virtude da redação dos mencionados incisos, podemos apontar três diferentes espécies de conexão:

a) conexão intersubjetiva (por simultaneidade, concursal ou por reciprocidade), prevista no inciso I do art. 76 do Código de Processo Penal;
b) conexão objetiva ou lógica, prevista no inciso II do art. 76 do Código de Processo Penal;
c) conexão instrumental ou probatória, elencada no inciso III do art. 76 do Código de Processo Penal.

---

[22] TUBENCHLAK, James. *Teoria do crime*, p. 200.
[23] RANGEL, Paulo. *Direito processual penal*, p. 340.

1.39. Crimes falimentares

São aqueles previstos pelos arts. 168 a 178 da Lei nº 11.101, de 9 de fevereiro de 2005, que regula a recuperação judicial, extrajudicial e a falência do empresário e da sociedade empresária.

1.40. Crimes de responsabilidade

A Constituição Federal, em várias passagens, faz menção ao chamado crime de responsabilidade, conforme se verifica nos arts. 29-A, § 2º e § 3º; 50, § 2º; 52, I e II; 85 e seu parágrafo único; 102, I, *c*.

Da mesma forma, são vários os diplomas legais que regulam os chamados crimes de responsabilidade, a saber: Lei nº 1.079, de 10 de abril de 1950 (define os crimes de responsabilidade e regula o respectivo processo de julgamento); Lei nº 4.511, de 1º de dezembro de 1964 (dispõe sobre o meio circulante, e dá outras providências); Decreto-Lei nº 201, de 27 de fevereiro de 1967 (dispõe sobre a responsabilidade dos prefeitos e vereadores, e dá outras providências); Lei nº 7.106, de 28 de junho de 1983 (define os crimes de responsabilidade do governador do Distrito Federal, dos governadores dos Territórios Federais e de seus respectivos secretários, e dá outras providências); Lei nº 8.429, de 2 de junho de 1992 (dispõe sobre as sanções aplicáveis aos agentes públicos nos casos de enriquecimento ilícito no exercício de mandato, cargo, emprego ou função na administração pública direta, indireta ou fundacional); Lei Complementar nº 101, de 4 de maio de 2000 (estabelece normas de finanças públicas voltadas para a responsabilidade na gestão fiscal e dá outras providências); dentre outras.

O STF, por intermédio da Súmula nº 722, posicionou-se no seguinte sentido:

> **Súmula nº 722.** *São da competência legislativa da União a definição dos crimes de responsabilidade e o estabelecimento das respectivas normas de processo e julgamento.*

Na sessão Plenária de 09 de abril de 2015, o STF editou, com a mesma orientação anterior, a Súmula Vinculante nº 46, dizendo:

> **Súmula Vinculante nº 46.** *A definição dos crimes de responsabilidade e o estabelecimento das respectivas normas de processo e julgamento são da competência legislativa privativa da União.*

Pelo que se percebe por intermédio das sanções previstas nos diplomas legais que cuidam do crime de responsabilidade, embora possuam essa denominação, não se infligem sanções de natureza penal, mas, sim, aquelas de cunho político-administrativo, conduzindo à aplicação de sanções políticas, a exemplo da perda do cargo, a inabilitação por um período predeterminado etc.

Por essa razão, os *crimes de responsabilidade*, nos termos preconizados por Ricardo Cunha Chimenti, Fernando Capez, Márcio F. Elias Rosa e Marisa F. Santos:

> "Correspondem a infrações político-administrativas cujas sanções importam a vacância do cargo, a desinvestidura do agente e sua inabilitação por período de tempo certo para o exercício de funções públicas. Consistem, assim, em sanções não penais (art. 52, parágrafo único, da CF/1988), e podem ser aplicadas sem prejuízo destas."[24]

---

[24] CHIMENTI, Ricardo Cunha; CAPEZ, Fernando; ROSA, Márcio F. Elias; SANTOS, Marisa F. *Curso de direito constitucional*, p. 271.

1.41. Crimes subsidiários

Crimes subsidiários são aqueles cuja aplicação depende de ser afastada a infração penal principal. São considerados, na expressão de Hungria, "soldados de reserva."[25]

A subsidiariedade pode ser *expressa ou tácita*.

Diz-se expressa a subsidiariedade quando a própria lei faz sua ressalva, deixando transparecer seu caráter subsidiário. Assim, nos termos do preceito secundário do art. 132 do Código Penal, somente se aplica a pena prevista para o delito de perigo para a vida ou a saúde de outrem se o fato não constituir crime mais grave. Crime de perigo é aquele em que há uma probabilidade de dano. Se houver o dano, que não foi possível ser evitado com a punição do crime de perigo, não se fala em cometimento deste último. São também exemplos de subsidiariedade expressa os delitos tipificados nos arts. 238, 239, 249 e 307, todos do Código Penal.

Fala-se em subsidiariedade tácita ou implícita quando o artigo, embora não se referindo expressamente ao seu caráter subsidiário, somente tem aplicação nas hipóteses de não ocorrência de um delito mais grave, que, neste caso, afasta a aplicação da norma subsidiária. Como exemplo, podemos citar o art. 311 do Código de Trânsito Brasileiro, que proíbe a conduta de trafegar em velocidade incompatível com a segurança nas proximidades de escolas, hospitais, estações de embarque e desembarque de passageiros, logradouros estreitos, ou onde haja grande movimentação ou concentração de pessoas, gerando perigo de dano. Se o agente, deixando de observar o seu exigido dever de cuidado, imprimindo velocidade excessiva em seu veículo, próximo a um dos lugares acima referidos, atropelar alguém, causando-lhe a morte, não será responsabilizado pelo citado art. 311, mas, sim, pelo art. 302 do mesmo Código, que prevê o delito de homicídio culposo na direção de veículo automotor. O crime de dano afastará, portanto, o crime de perigo.

1.42. Crimes funcionais

Crimes funcionais são aqueles que só podem ser praticados por quem exerce cargo, emprego ou função pública.

O art. 327 do Código Penal definiu o conceito de funcionário público, que deverá ser aplicado para fins de reconhecimento dos crimes funcionais, dizendo:

> Art. 327. Considera-se funcionário público, para os efeitos penais, quem, embora transitoriamente ou sem remuneração, exerce cargo, emprego ou função pública.
> § 1º Equipara-se a funcionário público quem exerce cargo, emprego ou função em entidade paraestatal, e quem trabalha para empresa prestadora de serviço contratada ou conveniada para a execução de atividade típica da Administração Pública.
> [...]

Os crimes funcionais subdividem-se em:

a) próprios;
b) impróprios.

Crimes funcionais próprios são aqueles em que a ausência da qualidade de funcionário do agente torna o fato um indiferente penal, vale dizer, o fato passa a ser completamente atípico, como acontece com o delito de prevaricação, tipificado no art. 319 do Código Penal.

---

[25] HUNGRIA, Nélson. *Comentários ao código penal*, v. I, t. II, p. 139.

Ao contrário, nos chamados *crimes funcionais impróprios*, uma vez afastada a condição de funcionário público, o fato é desclassificado para outra infração penal, a exemplo do que ocorre com o peculato furto, previsto pelo § 1º do art. 312 do Código Penal. Aquele que, por exemplo, não gozando do *status* de funcionário público, subtrai um bem móvel pertencente à Administração Pública, deverá ser responsabilizado pelo delito de furto.

1.43. Crimes de ação múltipla ou de conteúdo variado

São conhecidos como de *ação múltipla* ou de *conteúdo variado* os crimes que preveem uma multiplicidade de comportamentos nucleares, sendo que a prática de vários deles pelo agente não importa, consequentemente, também numa multiplicidade de crimes.

Nos crimes de ação múltipla ou de conteúdo variado, mesmo que o agente pratique várias condutas previstas no tipo, deverá ser responsabilizado por somente uma infração penal.

Veja-se, por exemplo, o art. 122 do Código Penal. Aquele que induz ou instiga alguém a suicidar-se ou a praticar automutilação ou presta-lhe auxílio material para que o faça, mesmo que, hipoteticamente, tenha conseguido levar a efeito os três comportamentos previstos pelo tipo penal, somente responderá por um único delito. Também é a hipótese do art. 33 da Lei nº 11.343/2006, que diz:

> **Art. 33.** Importar, exportar, remeter, preparar, produzir, fabricar, adquirir, vender, expor à venda, oferecer, ter em depósito, transportar, trazer consigo, guardar, prescrever, ministrar, entregar a consumo ou fornecer drogas ainda que gratuitamente, sem autorização ou em desacordo com determinação legal ou regulamentar.

Se o agente, por exemplo, além de adquirir, tiver em depósito a droga para fins de tráfico ilícito, somente será responsabilizado por um único crime.

A doutrina, entretanto, ainda leva a efeito uma diferença entre os crimes de ação múltipla ou de conteúdo variado, dividindo os tipos penais que os preveem em: *tipo misto alternativo* e *tipo misto cumulativo*.

Seguindo as lições de James Tubenchlak:

> "No *tipo misto alternativo*, o agente responderá por um só crime tanto se perfizer uma conduta dentre as enunciadas alternativamente quanto na hipótese de vulnerar mais de um núcleo. Exemplos: os tipos dos arts. 122 CP ('induzir', 'instigar' ou 'auxiliar'), 150 CP ('entrar' ou 'permanecer') [...].
> No *tipo misto cumulativo*, onde igualmente existe mais de um núcleo, torna-se obrigatória a multiplicidade de condutas por parte do agente para que o delito se tenha por consumado. Exemplos: art. 242 CP ('ocultar [...] suprimindo ou alterando') e art. 243 CP ('deixar [...] ocultando-lhe [...] ou atribuindo-lhe'). Assim, na hipótese referida de supressão ou alteração de direito inerente ao estado civil de recém-nascidos, o crime permanecerá em fase de tentativa, se o agente, depois de ocultar o neonato, não lograr a alteração ou supressão de direito inerente ao estado civil."[26]

1.44. Crimes de forma livre e crimes de forma vinculada

Consideram-se de *forma livre* os crimes cuja redação típica não exige um comportamento especial, previamente definido, para fins de sua caracterização, a exemplo do que acontece com

---

[26] TUBENCHLAK, James. *Teoria do crime*, p. 34-35.

os delitos de homicídio e lesão corporal. Pode o agente causar a morte da vítima efetuando um disparo contra ela ou mesmo a impedindo de respirar, pela asfixia. O mesmo acontece com as lesões corporais, em que a forma de sua comissão não veio predeterminada na lei penal.

Existem, entretanto, outras infrações penais em que os tipos nos quais estão previstas determinam o modo como o delito deve ser praticado, vinculando-lhes a forma de cometimento. São, portanto, *delitos de forma vinculada*, como acontece na hipótese de curandeirismo, em que o art. 284 do Código Penal esclarece que o exerce quem prescreve, ministra ou aplica, habitualmente, qualquer substância; usa gestos, palavras ou qualquer outro meio; faz diagnósticos.

Damásio de Jesus ainda subdivide os crimes de forma vinculada em: a) *cumulativa*; e b) *alternativa*:

> "O crime é de forma vinculada cumulativa quando o tipo prevê várias ações do sujeito, como ocorre no caso do art. 151, § 1º, I (Decreto-Lei nº 29.151, de 17/1/1951, art. 354, § 1º), posto que não basta o simples apossamento de correspondência alheia, exigindo-se sua sonegação ou destruição. O crime é de forma vinculada alternativa quando o tipo prevê mais de um núcleo, empregando a disjuntiva 'ou', como acontece nos arts. 150, *caput*, 160, 161, 164 etc."[27]

1.45. Crimes de ensaio ou de experiência (flagrante preparado ou provocado)

Nélson Hungria atribui a denominação *crimes de ensaio* ou de *experiência* às hipóteses do chamado flagrante preparado ou provocado quando alguém provoca, estimula o agente a praticar a infração penal e, simultaneamente, toma todas as providências necessárias para prendê-lo em flagrante delito.

Afirma Nélson Hungria:

> "Somente na aparência é que ocorre um crime exteriormente perfeito. Na realidade, o seu autor é apenas o protagonista inconsciente de uma comédia. O elemento subjetivo do crime existe, é certo, em toda a sua plenitude; mas, sob o aspecto objetivo, não há violação da lei penal, senão uma inciente cooperação para a ardilosa averiguação da autoria de crimes anteriores, ou uma simulação, embora ignorada do agente, da exterioridade de um crime. O desprevenido *sujeito ativo* opera dentro de uma pura ilusão, pois, *ab initio*, a vigilância da autoridade policial ou do suposto paciente torna impraticável a real consumação do crime. Um crime que, além de astuciosamente sugerido e ensejado ao agente, tem suas consequências frustradas por medidas tomadas de antemão, não passa de um crime imaginário. Não há lesão, nem efetiva exposição a perigo de qualquer interesse público ou privado."[28]

1.46. Crimes remetidos

Diz-se *remetido* o crime quando o tipo penal remete o intérprete a outra figura típica, para que ele possa ser entendido e aplicado, como acontece, por exemplo, na hipótese prevista pelo art. 304 do Código Penal, que diz:

> **Art. 304.** Fazer uso de qualquer dos papéis falsificados ou alterados, a que se referem os arts. 297 a 302:
> Pena – a cominada à falsificação ou à alteração.

O art. 304 do Código Penal, portanto, nos remete a outra infração penal, a fim de que ele possa ser compreendido, não sendo, assim, autossuficiente sua redação.

---

[27] JESUS, Damásio E. de. *Direito penal* – Parte geral, p. 187.
[28] HUNGRIA, Nélson. *Comentários ao código penal*, v. I, t. II, p. 105-106.

O crime pode ser considerado como primariamente remetido na hipótese da chamada norma penal em branco, na qual a remessa é levada a efeito no preceito primário do tipo penal incriminador, como ocorre no citado art. 304 do diploma repressivo.

Também poderá ser entendido como secundariamente remetido quando a remessa disser respeito ao preceito secundário da norma penal, como é o caso, por exemplo, das normas penais incompletas ou imperfeitas, a exemplo do transcrito art. 304 do Código Penal, que diz ser a pena aquela cominada à falsificação ou à alteração.

1.47. Crimes aberrantes

Denominam-se *crimes aberrantes* as três hipóteses nas quais pode ser levado a efeito o raciocínio correspondente às *aberratio*, vale dizer: *aberratio ictus*, *aberratio criminis* e, ainda, *aberratio causae*.

As duas primeiras encontram previsão no Código Penal, sendo a última delas definida pela doutrina.

A *aberratio ictus*, que quer dizer desvio no golpe ou aberração no ataque, veio prevista no art. 73 do Código Penal que, sob a rubrica do erro na execução, diz:

> **Art. 73**. Quando, por acidente ou erro no uso dos meios de execução, o agente, ao invés de atingir a pessoa que pretendia ofender, atinge pessoa diversa, responde como se tivesse praticado o crime contra aquela, atendendo-se ao disposto no § 3º do art. 20 deste Código. No caso de ser também atingida a pessoa que o agente pretendia ofender, aplica-se a regra do art. 70 deste Código.

A *aberratio criminis* ou *aberratio delicti* encontra guarida no art. 74 do Código Penal que, discorrendo sobre o resultado diverso do pretendido, determinou:

> **Art. 74**. Fora dos casos do artigo anterior, quando, por acidente ou erro na execução do crime, sobrevém resultado diverso do pretendido, o agente responde por culpa, se o fato é previsto como crime culposo; se ocorre também o resultado pretendido, aplica-se a regra do art. 70 deste Código.

A última hipótese dos crimes aberrantes diz respeito à chamada *aberratio causae*, podendo-se concluir, por meio dela, que o resultado pretendido inicialmente pelo agente pode ter advindo de uma causa que por ele não havia sido cogitada, a exemplo daquele que, após efetuar vários disparos contra a vítima, acreditando que esta já havia morrido, joga o seu corpo em um rio, oportunidade em que vem, realmente, a morrer por afogamento, e não em virtude dos disparos sofridos. A vítima, como se percebe, segundo a concepção do agente, devia ter morrido em razão dos ferimentos causados pelos disparos, e não por afogamento, sendo este último considerado, pois, como resultado aberrante.

1.48. Crimes internacionais

São aqueles que dizem respeito à violação de uma norma penal internacional prevista em tratado ou convenção internacional sujeitos à jurisdição do Tribunal Penal Internacional.

A Emenda nº 45, de 8 de dezembro de 2004, acrescentou os §§ 3º e 4º ao art. 5º da Constituição Federal, assim redigidos, *verbis*:

> § 3º Os tratados e convenções internacionais sobre direitos humanos que forem aprovados, em cada Casa do Congresso Nacional, em dois turnos, por três quintos dos votos dos respectivos membros, serão equivalentes às emendas constitucionais.
> § 4º O Brasil se submete à jurisdição de Tribunal Penal Internacional a cuja criação tenha manifestado adesão.

1.49. Crimes emergentes

São reconhecidos como crimes emergentes aqueles que são fruto de uma sociedade considerada como pós-moderna, a exemplo dos delitos cibernéticos, os crimes ambientais, novas modalidades de extorsão mediante sequestro, tráfico de drogas, de armas e de pessoas, lavagem de dinheiro, terrorismo, crime organizado etc. São delitos que vão surgindo à medida que a sociedade vai se "desenvolvendo", criando novas realidades, levando, muitas vezes, o seu combate em nível internacional.

1.50. Crimes condicionados e crimes incondicionados

A maioria dos crimes não exige qualquer condição externa para que possa se configurar, razão pela qual é reconhecida como crimes incondicionados, a exemplo do que ocorre com o homicídio. Existem outras infrações penais, contudo, que exigem a realização de uma condição externa para que restem caracterizadas, razão pela qual são reconhecidos como crimes condicionados, como é o caso, segundo as lições de André Estefam, dos:

> "Crimes falimentares ou falitários, cuja punibilidade depende da superveniência da sentença que decreta a falência, concede a recuperação judicial ou concede a recuperação extrajudicial (art. 180 da Lei nº 11.101/05). São também crimes condicionados aqueles previstos no art. 7º, II, do CP (casos de extraterritorialidade condicionada da lei penal brasileira)."[29]

1.51. Crimes de trânsito

São todos aqueles praticados na direção de veículo automotor, em que terão incidência os tipos penais previstos no Código de Trânsito Brasileiro (Lei nº 9.503/97), a exemplo do que ocorre com os arts. 302 e 303 do aludido diploma legal, que preveem, respectivamente, o homicídio culposo e a lesão corporal culposa praticados na direção de veículo automotor.

Caso o veículo automotor, por exemplo, seja utilizado como instrumento para a prática de crime de homicídio doloso ou mesmo de uma lesão corporal também dolosa, não estaremos diante de um verdadeiro crime de trânsito, mas, sim, de infrações penais tipificadas no Código Penal.

1.52. Crimes de acumulação ou crimes de dano cumulativo

Nas precisas lições de Cleber Masson:

> "Esta classificação tem origem na Dinamarca (*kumulations delikte*), e parte da seguinte premissa: determinadas condutas são incapazes, isoladamente, de ofender o valor ou interesse protegido pela norma penal. Contudo, a repetição delas, cumulativamente consideradas, constitui crime, em face da lesão ou perigo de lesão ao bem jurídico. Exemplo: Embora o comportamento seja imoral e ilícito, quem joga lixo uma única vez e em quantidade pequena às margens de um riacho não comete o crime de poluição. Contudo, se esta conduta for reiterada, surgirá o delito tipificado no art. 54 da Lei nº 9.605/98 – Lei dos Crimes Ambientais"[30].

---

[29] STEFAM, André. *Direito penal* – Parte geral, v. 1, p. 102.
[30] MASSON, Cleber. *Direito penal esquematizado,* parte geral, v. 1, p. 213.

Capítulo XXIII
Conduta

1. CONDUTA

Temos a conduta como primeiro elemento integrante do fato típico. Conduta é sinônimo de ação e de comportamento. Conduta quer dizer, ainda, ação ou comportamento humano.[1] Conduta é, portanto, o elemento genérico da infração penal, ou, como afirma, com precisão Guillermo Villa, "a pedra de toque do esquema do delito e determina o conteúdo das demais categorias, a saber, tipicidade, antijuridicidade e culpabilidade"[2].

Não se fala em conduta de pessoa jurídica no sentido de imputar a esta a prática de alguma infração penal. Embora seja o delito o resultado de uma ação humana, nosso legislador constituinte previu expressamente em nossa Constituição Federal a possibilidade de punir penalmente a pessoa jurídica por ter ela própria praticado uma atividade lesiva ao meio ambiente[3], conforme se dessume da redação de seu art. 225, § 3º:

> **Art. 225.** Todos têm direito ao meio ambiente ecologicamente equilibrado, bem de uso comum do povo e essencial à sadia qualidade de vida, impondo-se ao Poder Público e à coletividade o dever de defendê-lo e preservá-lo para as presentes e futuras gerações.
> § 1º [...].
> § 2º [...].
> § 3º As condutas e atividades consideradas lesivas ao meio ambiente sujeitarão os infratores, pessoas físicas ou jurídicas, a sanções penais e administrativas, independentemente da obrigação de reparar os danos causados.

---

[1] Zaffaroni, Alagia e Slokar, com precisão, afirmam que "não é tolerável que se pretenda formalizar juridicamente um poder punitivo sobre outra coisa que não seja uma pessoa e em razão de uma ação desta. Em consequência, desde a base mesma da construção, se deve excluir do conceito de delito toda pretensão de exercício de poder punitivo sobre coisas, animais, pessoas jurídicas etc., como também o que se quer exercer sobre pessoas por algo que não seja uma ação (quer dizer, pela cor, gênero, nacionalidade, instrução, saúde, idade, eleição sexual, estado civil etc.), ou por algo que se cause sem que tenha relação com a vontade de uma pessoa (porque a empurram, arrastam etc.). Esta é a consagração teórica do *nullum crimen sine conducta*" (*Derecho penal* – Parte general, p. 361).
[2] VILLA, Guillermo. *Fundamentos metodológicos de la nueva teoría del delito*, p. 57.
[3] E também à ordem econômica e financeira e à economia popular (art. 173, § 5º, da CF), embora não haja lei regulamentando esta hipótese.

Aproximadamente dez anos depois da promulgação da Constituição Federal, surgiu a Lei nº 9.605, de 12 de fevereiro de 1998, dispondo sobre as sanções penais e administrativas derivadas de condutas e atividades lesivas ao meio ambiente, e com ela tentou-se responsabilizar criminalmente a pessoa jurídica. Diz o seu art. 3º:

> **Art. 3º** As pessoas jurídicas serão responsabilizadas administrativa, civil e penalmente conforme o disposto nesta Lei, nos casos em que a infração seja cometida por decisão de seu representante legal ou contratual, ou de seu órgão colegiado, no interesse ou benefício da sua entidade.

Tal situação, ou seja, a possibilidade de as pessoas jurídicas virem a praticar infrações penais será mais bem analisada quando for realizado o estudo do tópico relativo aos sujeitos ativos dos delitos.

Assim, ação diz respeito exclusivamente ao comportamento praticado pelo ser humano. Como adverte Guillermo Villa:

"Foram puras manifestações de ignorância as legislações que chegaram a processar animais ou objetos, que castigavam fatos, processos causais nos quais a vontade do homem nada tinha a ver para a sua produção, como quando Darío mandou açoitar o oceano porque havia acabado com sua esquadra de embarcações"[4].

A ação, ou conduta, compreende qualquer comportamento humano *comissivo* (positivo) ou *omissivo* (negativo), podendo ser ainda *doloso* (quando o agente quer ou assume o risco de produzir o resultado) ou *culposo* (quando o agente infringe o seu dever de cuidado, atuando com negligência, imprudência ou imperícia).

2. CONCEITO DE AÇÃO – CAUSAL, FINAL E SOCIAL

Segundo a concepção causalista, devemos analisar o conceito de ação em dois momentos diferentes. O primeiro, proposto inicialmente pela *teoria clássica*, no *sistema causal-naturalista* criado por Liszt e Beling, diz ser a ação o movimento humano voluntário produtor de uma modificação no mundo exterior. Nas palavras de Franz von Liszt, "ação é pois o fato que repousa sobre a vontade humana, a mudança do mundo exterior referível à vontade do homem. Sem ato de vontade não há ação, não há injusto, não há crime: *cogitationis poenam nemo patitur*. Mas também não há ação, não há injusto, não há crime sem uma mudança operada no mundo exterior, sem um resultado."[5]

A concepção clássica recebeu inúmeras críticas no que diz respeito ao conceito de ação por ela proposto, puramente natural, uma vez que, embora conseguisse explicar a ação em sentido estrito, não conseguia solucionar o problema da omissão.

Nesse sentido, conforme adverte Guillermo Villa:

"Para o esquema clássico, que acolhe o conceito causal de ação, esta é a modificação do mundo exterior que nossos sentidos podem perceber, e a vontade do indivíduo não está contida na ação como parte integrante dela, senão que a ação, para ser tal, requer meramente a voluntariedade, que é diferente da vontade. A vontade é vontade de algo concreto: quando queremos, queremos algo. No entanto, a voluntariedade é querer qualquer coisa, um querer simples, não concreto. Mas, observando detidamente, se conclui que a mesma definição legal

---

[4] VILLA, Guillermo. *Fundamentos metodológicos de la nueva teoría del delito*, p. 56-57.
[5] VON LISZT, Franz. *Tratado de direito penal alemão*, t. I, p. 193.

do delito que se elaborava a partir do conceito causal apresentava para este uma armadilha insalvável, porque se a ação era a modificação do mundo exterior perceptível pelos sentidos, resultava impossível explicar a omissão e determinar o que fazer com ela. Diziam que ela não era mais que um comportamento passivo do sujeito que não realizava uma ação esperada"[6].

Ainda de acordo com a concepção causalista, mas, agora, num momento posterior, segundo a *teoria neoclássica*, a ação, nas lições de Paz Aguado, "deixa de ser absolutamente natural para estar inspirada de um certo sentido normativo que permita a compreensão tanto da ação em sentido estrito (positiva) como a omissão. Agora a ação se define como o comportamento humano voluntário manifestado no mundo exterior."[7]

Criticando a doutrina da ação causal, Welzel, com precisão, dizia:

"O defeito fundamental da ação causal consiste em que não somente desconhece a função absolutamente constitutiva da vontade, como fator de direção para a ação, senão que, inclusive, a destrói e converte a ação em um mero processo causal desencadeado por um ato voluntário *qualquer* (ato voluntário). Desconhece que toda ação é uma *obra* (mais ou menos terminada), mediante a qual a vontade humana configura, quer dizer, dirige o suceder causal"[8].

Com o finalismo de Welzel,[9] a ação passou a ser concebida como *o exercício de uma atividade final*.[10] É a ação, portanto, um comportamento humano voluntário, dirigido a uma finalidade qualquer. O homem, quando atua, seja fazendo ou deixando de fazer alguma coisa a que estava obrigado, dirige a sua conduta sempre à determinada finalidade, que pode ser *ilícita* (quando atua com dolo, por exemplo, querendo praticar qualquer conduta proibida pela lei penal) ou *lícita* (quando não quer cometer delito algum, mas que, por negligência, imprudência ou imperícia, causa um resultado lesivo, previsto pela lei penal).

Aquele que, v.g., almejando chegar a tempo ao batismo de seu filho, imprime velocidade excessiva ao seu veículo e, em virtude disso, culposamente, atropela alguém, não atua com o fim de causar dano algum. Pelo contrário, a intenção do agente era a melhor possível. Sua finalidade era, como se percebe, completamente lícita. Contudo, os meios empregados pelo agente para que pudesse alcançar aquilo que desejava inicialmente (chegar a tempo ao batismo de seu filho) é que foram utilizados de maneira inadequada e deram causa ao evento lesivo.

De acordo com a teoria social da ação, conforme preleciona Daniela de Freitas Marques, "o conceito jurídico de comportamento humano é toda atividade humana *social* e *juridicamente relevante*, segundo os padrões axiológicos de uma determinada época, dominada ou dominável pela vontade."[11] Ou, ainda, segundo as palavras de Johannes Wessels, um dos maiores defensores desta teoria, "o conceito de ação, comum a todas as formas de conduta, reside na relevância social da ação ou da omissão. Interpreta a ação como fator estruturante

---

[6] VILLA Guillermo. *Fundamentos metodológicos de la nueva teoría del delito*, p. 3-4.
[7] CUESTA AGUADO, Paz Mercedes de La. *Tipicidad e imputación objetiva*, p. 48.
[8] WELZEL, Hans. *El nuevo sistema del derecho penal* – una introducción a la doctrina de la acción finalista, p. 51-52.
[9] WELZEL, Hans. *Derecho penal alemán*, p. 39.
[10] "O ponto de partida do modelo final de ação é a distinção entre *fato natural* e *ação humana*: o fato natural é fenômeno determinado pela causalidade, um produto mecânico de relações causais cegas; a ação humana é acontecimento dirigido pela vontade consciente do fim. Na ação humana, a vontade é a energia produtora da ação, enquanto a consciência do fim é sua direção inteligente: a finalidade dirige a causalidade para configurar o futuro conforme o plano do autor" (Santos, Juarez Cirino dos. *A moderna teoria do fato punível*, p. 15).
[11] MARQUES, Daniela de Freitas. *Elementos subjetivos do injusto*, p. 67.

conforme o sentido da realidade social, como todos os seus aspectos pessoais, finalistas, causais e normativos."[12]

3. CONDUTAS DOLOSAS E CULPOSAS

Ao autor da prática do fato podem ser imputados dois tipos de condutas: *dolosa* ou *culposa*. Ou o agente atua com dolo, quando quer diretamente o resultado ou assume o risco de produzi-lo; ou age com culpa, quando dá causa ao resultado em virtude de sua imprudência, imperícia ou negligência.

A regra, para o código penal, é de que todo crime seja doloso, somente sendo punida a conduta culposa quando houver previsão legal expressa nesse sentido, conforme determina o parágrafo único do art. 18, assim redigido:

> **Parágrafo único.** Salvo os casos expressos em lei, ninguém pode ser punido por fato previsto como crime, senão quando o pratica dolosamente.

Assim, se alguém, no interior de uma loja de departamentos, de forma extremamente imprudente, derrubar uma prateleira de cristais, embora tenha a obrigação de reparar os prejuízos causados, não estará sujeito a sanção alguma de natureza penal, uma vez que o Código Penal somente fez previsão para a conduta dolosa dirigida à destruição, deterioração ou inutilização de coisa alheia (art. 163 do CP). Portanto, embora tenha destruído os cristais, sua conduta não tem relevo para o Direito Penal, haja vista a ausência de tipicidade para o fato praticado.

Em virtude da amplitude e da relevância do tema, dolo e culpa serão analisados em capítulos distintos.

4. CONDUTAS COMISSIVAS E OMISSIVAS

Além de atuar com dolo ou culpa, o agente pode praticar a infração penal fazendo ou deixando de fazer alguma coisa a que estava obrigado. As condutas, dessa forma, podem ser comissivas (positivas) ou omissivas (negativas).

Nos crimes comissivos, o agente direciona sua conduta a uma finalidade ilícita. Por exemplo, no crime de furto, o agente atua com a finalidade de subtrair os bens móveis pertencentes à vítima, ou, no delito de homicídio, nela desfere punhaladas querendo a sua morte. Nessas hipóteses, diz-se que a conduta praticada pelo agente é positiva. Nos crimes omissivos, ao contrário, há uma abstenção de uma atividade que era imposta pela lei ao agente, como no crime de omissão de socorro, previsto no art. 135 do Código Penal. A omissão, na definição de René Ariel Dotti, "é a abstenção da atividade juridicamente exigida. Constitui uma atitude psicológica e física de não atendimento da *ação esperada*, que devia e podia ser praticada. O conceito, portanto, é puramente normativo."[13] Diz-se que sua conduta, aqui, é negativa.

Os crimes omissivos ainda podem ser próprios (puros ou simples) ou impróprios (comissivos por omissão ou omissivos qualificados).

Crimes omissivos próprios, na precisa definição de Mirabete, "são os que objetivamente são descritos com uma conduta negativa, de não fazer o que a lei determina, consistindo a omissão na transgressão da norma jurídica e não sendo necessário qualquer resultado na-

---

[12] WESSELS, Johannes. *Derecho penal* – Parte general, p. 23-24.
[13] DOTTI, René Ariel. *Curso de direito penal* – Parte geral, p. 304.

turalístico",[14] ou seja, são delitos nos quais existe o chamado *dever genérico de proteção*, ao contrário dos crimes omissivos impróprios, em que somente as pessoas referidas no § 2º do art. 13 do Código Penal podem praticá-los, uma vez que para elas existe um *dever especial de proteção*. Para que se possa falar em crime omissivo impróprio é preciso que o agente se encontre na posição de garante ou garantidor, isto é, tenha ele a obrigação legal de cuidado, proteção ou vigilância; de outra forma, assuma a responsabilidade de impedir o resultado; ou, com o seu comportamento anterior, tenha criado o risco da ocorrência do resultado.

5. AUSÊNCIA DE CONDUTA

A ação regida pela vontade é sempre uma ação final, isto é, dirigida à consecução de um fim. Se não houver vontade dirigida a uma finalidade qualquer, não se pode falar em conduta. Preleciona Zaffaroni:

> "A vontade implica sempre uma finalidade, porque não se concebe que haja vontade de nada ou vontade para nada; sempre a vontade é vontade de algo, quer dizer, sempre a vontade tem um conteúdo, que é uma finalidade."[15]

Se o agente não atua dolosa ou culposamente, não há ação. Isso pode acontecer quando o sujeito se vir impedido de atuar, como nos casos de:

a) força irresistível;
b) movimentos reflexos;
c) estados de inconsciência.

Seguindo, ainda, as lições de Zaffaroni, "a força física absoluta pode ser proveniente da natureza ou da ação de um terceiro. Há força física proveniente da natureza quando um sujeito é arrastado pelo vento, por uma corrente de água, é empurrado por uma árvore que cai."[16] Se numa dessas hipóteses, como no caso daquele que se vê arrastado pelo vento, o agente esbarra fortemente numa outra pessoa, causando-lhe lesões corporais, não podemos imputar-lhe, a título de dolo ou culpa, o resultado causado.

Como exemplos de força irresistível praticada por terceiros, ou seja, pelo homem, podemos citar a coação física (*vis absoluta*), bem como quando o agente é jogado por uma terceira pessoa de encontro a objetos ou mesmo a outras pessoas, vindo com isso, respectivamente, a danificá-los ou a lesioná-las. Nessas hipóteses, o agente não responde pelos danos ou mesmo pelas lesões que vier a causar a outras pessoas. Ainda na lição de Zaffaroni, "fica claro que, quando a ação provém de um terceiro, a ausência de ato só se dá quanto aquele que sofre a força física irresistível, mas não quanto aquele que a exerce, que atua com vontade e, em consequência, é autor de uma conduta cuja tipicidade, antijuridicidade e culpabilidade haverão de ser investigadas para se saber se é um delito."[17] Em geral, nos casos de força física irresistível, aquele que causa o dano ou a lesão em terceira pessoa nada mais é do que um instrumento nas mãos do agente coator.

Há situações, ainda, em que o nosso organismo reage a determinados impulsos e, em virtude disso, podem advir, v.g., lesões ou danos. É o caso, por exemplo, daquele que, ao co-

---

[14] MIRABETE, Júlio Fabbrini. *Manual de direito penal* – Parte geral, p. 124.
[15] ZAFFARONI, Eugenio Raúl. *Manual de derecho penal* – Parte general, p. 342.
[16] ZAFFARONI, Eugenio Raúl. *Manual de derecho penal* – Parte general, p. 342.
[17] ZAFFARONI, Eugenio Raúl. *Manual de derecho penal* – Parte general, p. 360.

locar o fio de seu aparelho de som em uma tomada recebe uma pequena descarga elétrica e, num efeito reflexo, ao movimentar seu corpo, atinge outra pessoa, causando-lhe lesões. Não podemos imputar-lhe esse resultado, em face da inexistência de conduta. Sem a conduta humana, dolosa ou culposa, não há fato típico, e sem o fato típico não se pode falar em crime.

Deve ser ressaltado, contudo, que se o movimento reflexo era previsível, a exemplo daquele que, querendo consertar um chuveiro elétrico, mesmo percebendo a existência de um fio desencapado, tenta fazê-lo sem desligar a chave de força, se vier a receber, como era previsível, uma descarga elétrica, e, em virtude de seu movimento reflexo, produzir lesões em outras pessoas, os resultados advindos desse movimento reflexo deverão ser imputados ao agente, geralmente, a título de culpa, haja vista ter deixado de observar o seu necessário dever objetivo de cuidado.

Existem, também, os casos de total inconsciência, que têm o condão de eliminar a conduta do agente, como o sonambulismo, os ataques epiléticos, hipnose etc.

Conforme esclarecem Juan Carlos Ferré Olivé, Miguel Ángel Nuñez Paz, William Terra de Oliveira e Alexis Couto de Brito:

> "Os chamados *estados de inconsciência* são hipóteses de sugestão, sonho, embriaguez letárgica ou perda brusca de consciência por causas endógenas (v.g., pelo cansaço extremo ou sonambulismo) ou exógenas (v.g., hipnose), nos quais o sujeito, quando atua, carece de voluntariedade, o que significa uma ausência de ação. O caso da hipnose é sumamente discutido como falta de ação, destacando alguns autores que realmente não há ausência de vontade, mas sim da manifestação externa da verdadeira e mais íntima personalidade do hipnotizado. Parece ser complicado afirmar que o hipnotizador chegue a dominar completamente a vontade do hipnotizado. Caberá aos peritos a responsabilidade de dar resposta a essa pergunta"[18].

No caso de embriaguez completa, desde que não seja proveniente de caso fortuito ou de força maior, embora não tenha o agente se embriagado com o fim de praticar qualquer infração penal, mesmo que não possua a menor consciência daquilo que faz, ainda assim será responsabilizado pelos seus atos. Isso porque o art. 28, II, do Código Penal determina:

> **Art. 28.** Não excluem a imputabilidade penal:
> I – [...];
> II – a embriaguez, voluntária ou culposa, pelo álcool ou substância de efeitos análogos.

Aqui, na verdade, o agente é responsabilizado pelos resultados ocorridos em virtude do ato de querer, voluntariamente, embriagar-se, ou mesmo em razão de ter, culposamente, chegado ao estado de embriaguez. Prevalece, nessa hipótese, a teoria da *actio libera in causa*, visto que se a ação foi livre na causa (ato de fazer a ingestão de bebidas alcoólicas, por exemplo) deverá o agente ser responsabilizado pelos resultados dela decorrentes.

6. FASES DE REALIZAÇÃO DA AÇÃO

Para que o agente possa alcançar sua finalidade, sua ação deve passar, necessariamente, por duas fases: interna e externa.

---

[18] FERRÉ OLIVÉ, Juan Carlos; NUÑEZ PAZ, Miguel Ángel; OLIVEIRA, William Terra de; BRITO, Alexis Couto de. *Direito penal brasileiro* – parte geral – princípios fundamentais e sistema, p. 254.

A fase interna, na lição de Welzel,[19] é aquela que transcorre na "esfera do pensamento" e é composta:

Fases de realização da ação

- **Interna**
  - Representação e antecipação mental do resultado a ser alcançado. Ex.: O agente decide matar alguém.
  - Escolha dos meios necessários a serem utilizados. Ex.: compra de uma granada.
  - Consideração dos efeitos colaterais ou concomitantes à utilização dos meios escolhidos. Ex.: sabe que com a utilização da granada pode ferir ou mesmo matar outras pessoas.
- **Externa**
  - O agente exterioriza tudo aquilo o que havia arquitetado mentalmente, dando início aos atos de execução. Ex.: arremessa a granada em direção à vítima, causando-lhe a morte.

Para que o agente possa praticar uma infração penal é preciso, em primeiro lugar, que decida sobre o crime a ser cometido. É necessário que antecipe mentalmente o fim a ser por ele perseguido. Depois de pensar e refletir sobre aquilo o que deseja alcançar, ou seja, aquilo à que sua conduta estará finalisticamente dirigida, ele parte para a escolha dos meios que utilizará na prática criminosa. Em seguida, terá de refletir se, utilizados os meios por ele escolhidos, poderá haver algum efeito colateral ou concomitante, ou seja, se sua conduta poderá dar causa a outros resultados.

Na fase externa, o agente exterioriza tudo aquilo que havia arquitetado mentalmente, colocando em prática o plano criminoso, procedendo a uma realização no mundo exterior. Ainda nas palavras de Welzel:

> "A segunda etapa da direção final se leva a cabo no mundo real. É um processo causal, determinado pela definição do fim e dos meios na esfera do pensamento. Na medida em que não se consegue a determinação final no mundo real, por exemplo, quando o resultado não se produz por qualquer razão, a ação final correspondente é somente tentada."[20]

No mesmo sentido são os ensinamentos de Zaffaroni, quando diz:

> "O aspecto interno da conduta pertence à proposição de um fim e à seleção dos meios para sua obtenção. Sempre que nos propomos a um fim, retrocedemos mentalmente desde a representação do fim para selecionar os meios com que colocaremos em marcha a causalidade para que se produza o resultado querido. Nessa seleção, não podemos deixar de representar, também, os resultados concomitantes. Terminada esta etapa, passamos à exteriorização da conduta (aspecto externo), consistente em colocar em marcha a causalidade, em direção à produção do resultado."[21]

Para que o agente possa ser punido pelo Estado é preciso que, além de querer cometer a infração penal, exteriorize sua vontade, praticando atos de execução tendentes a consumá-la. Caso contrário, se permanecer tão somente na fase da cogitação ou na de preparação, sua

---

[19] WELZEL, Hans. *Derecho penal alemán*, p. 40.
[20] WELZEL, Hans. *Derecho penal alemán*, p. 42.
[21] ZAFFARONI, Eugenio Raúl. *Manual de derecho penal – Parte general*, p. 371.

conduta não terá interesse para o Direito Penal, ressalvadas as exceções previstas expressamente na lei, como no caso do delito do art. 288 do Código Penal (associação criminosa), mesmo após a nova redação que lhe foi conferida pela Lei nº 12.850, de 2 de agosto de 2013 (associarem-se três ou mais pessoas, para o fim específico de cometer crimes), em que o legislador elevando-o à categoria de infração autônoma, pune aquilo que, normalmente, seria considerado um ato preparatório.

Inicialmente, pensávamos que essas fases de realização da ação diziam respeito, tão somente, às ações de natureza dolosa, tanto é que, em edições anteriores, colocamos essas observações em nota de rodapé.

No entanto, analisando mais detidamente, percebemos que também podem ser atribuídas às ações culposas, cuja finalidade, como regra, será lícita. Assim, por exemplo, aquele que almeja chegar à casa mais cedo, a fim de assistir a uma partida de futebol, representa e antecipa mentalmente o que quer fazer. Em seguida, escolhe os meios para que chegue até sua casa. Suponhamos que, nesse caso, tenha optado por dirigir. Contudo, devido à sua pressa em chegar mais cedo em casa, imprime velocidade excessiva. Isso permite raciocinar com a possibilidade de ocorrência de efeitos colaterais ou concomitantes a esse comportamento, vale dizer, a possibilidade de colidir com outro veículo, de atropelar um pedestre etc. Muñoz Conde, exemplificando, assevera:

> "Quando o autor conduz um carro além da velocidade permitida pode pretender uma finalidade absolutamente lícita (chegar a tempo ao local de trabalho), mas, os meios empregados para isso (conduzir imprudentemente um carro) ou os efeitos concomitantes (a morte de um pedestre atropelado) são valorados pela lei penal"[22].

O raciocínio, portanto, é o mesmo que se faz quando a ação é de natureza dolosa só que, como se percebe, com características especiais, já que a finalidade do agente é lícita.

---

[22] MUÑOZ CONDE, Francisco. *Teoría general del delito*, p. 28.

Capítulo XXIV
Tipo Penal

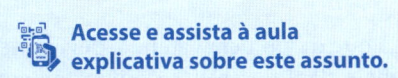

1. CONCEITO

Por imposição do princípio do *nullum crimen sine lege*, o legislador, quando quer impor ou proibir condutas sob a ameaça de sanção, deve, obrigatoriamente, valer-se de uma lei. Quando a lei em sentido estrito descreve a conduta (comissiva ou omissiva) com o fim de proteger determinado bem, cuja tutela mostrou-se insuficiente pelos demais ramos do direito, surge o chamado *tipo penal*.

Tipo, como a própria denominação diz, é o modelo, o padrão de conduta que o Estado, por meio de seu único instrumento – a lei –, visa impedir que seja praticada, ou determina que seja levada a efeito por todos nós. A palavra "tipo", na lição de Cirilo de Vargas, "constitui uma tradução livre do vocábulo *Tatbestand*, empregada no texto do art. 59 do código penal alemão de 1871, e provinha da expressão latina *corpus delicti*. O tipo, portanto, é a descrição precisa do comportamento humano, feita pela lei penal."[1] É, também, a *fattispecie*, o *fatto típico* ou simplesmente o *fatto* do Direito Penal italiano, conforme assevera Sheila Selim.[2]

No entanto, conforme esclarece, com precisão, Hans Welzel, o conceito de tipo, na verdade:

> "Remonta a Beling (*Lehre vom Verbrechen*, 1906). Enquanto antes o conceito de tipo compreendia a totalidade dos caracteres do delito, Beling o depurou a outro tipo mais restrito: o tipo de delito formulado com precisão pelo direito positivo (...) e o converteu em elemento constitutivo da estrutura (tripartida) do delito: delito é a ação típica (1) antijurídica (2) e culpável (3)"[3].

Na definição de Zaffaroni, "o tipo penal é um instrumento legal, logicamente necessário e de natureza predominantemente descritiva, que tem por função a individualização de condutas humanas penalmente relevantes."[4]

---

[1] VARGAS, José Cirilo de. *Do tipo penal*, p. 19.
[2] SALES, Sheila Jorge Selim de. *Dos tipos plurissubjetivos*, p. 23.
[3] WELZEL, Hans. *El nuevo sistema del derecho penal* – una introducción a la doctrina de la acción finalista, p. 78.
[4] ZAFFARONI, Eugenio Raúl. *Manual de derecho penal* – Parte general, p. 371.

O Estado, v.g., entendendo que deveria proteger nosso patrimônio valendo-se de um instrumento legal, criou o tipo existente no art. 155, *caput*, do Código Penal, assim redigido:

> **Art. 155.** Subtrair, para si ou para outrem, coisa alheia móvel:
> Pena – reclusão, de 1(um) a 4 (quatro) anos, e multa.

Com essa redação o Estado descreve, precisamente, o modelo de conduta que quer proibir, sob pena de quem lhe desobedecer ser punido de acordo com as sanções previstas em seu preceito secundário. Se alguém, portanto, subtrai, para si ou para outrem, coisa alheia móvel, terá praticado uma conduta que se adapta perfeitamente ao modelo em abstrato criado pela lei penal. Quando isso acontecer, surgirá outro fenômeno, chamado *tipicidade*, cuja análise será feita a seguir.

No entanto, para que o tipo penal atenda, devidamente, ao princípio da legalidade, deve descrever, da forma mais clara possível, o comportamento que se quer proibir ou impor, sob uma ameaça de sanção da natureza penal. Assim, deve ser evitada, na medida do possível, a utilização de elementos normativos, que exigem uma valoração subjetiva na sua interpretação, como ocorre com os conceitos de dignidade, decoro, justa causa etc., privilegiando os elementos descritivos, onde qualquer pessoa que fizer a sua leitura compreenderá, imediatamente, o que quer dizer, a exemplo dos termos matar, lesionar etc. Contudo, sabemos que, numa sociedade complexa como a nossa, torna-se quase impossível essa missão do típico, já que inúmeros conceitos exigirão uma valoração por parte do intérprete.

2. TIPICIDADE PENAL = TIPICIDADE FORMAL + TIPICIDADE CONGLOBANTE

Já tivemos oportunidade de salientar que o fato típico é composto pela *conduta do agente*, dolosa ou culposa, comissiva ou omissiva; pelo *resultado*; bem como pelo *nexo de causalidade* entre aquela e este. Mas isso não basta. É preciso que a conduta também se amolde, subsuma-se a um modelo abstrato previsto na lei, que denominamos *tipo*.

Tipicidade quer dizer, assim, a subsunção perfeita da conduta praticada pelo agente ao modelo abstrato previsto na lei penal, isto é, a um tipo penal incriminador, ou, conforme preceitua Muñoz Conde:

> "É a adequação de um fato cometido à descrição que dele se faz na lei penal. Por imperativo do princípio da legalidade, em sua vertente do *nullum crimen sine lege*, só os fatos tipificados na lei penal como delitos podem ser considerados como tal."[5]

A adequação da conduta do agente ao modelo abstrato previsto na lei penal (tipo) faz surgir a tipicidade formal ou legal. Essa adequação deve ser perfeita, pois, caso contrário, o fato será considerado formalmente atípico.

Quando afirmamos que só haverá tipicidade se existir adequação perfeita da conduta do agente ao modelo em abstrato previsto na lei penal (tipo), estamos querendo dizer que, por mais que seja parecida a conduta levada a efeito pelo agente com aquela descrita no tipo penal, se não houver um encaixe perfeito, não se pode falar em tipicidade. Assim, a exemplo do art. 155 do Código Penal, aquele que simplesmente subtrai coisa alheia móvel não com o fim de tê-la para si ou para outrem, mas, sim, com a intenção de usá-la, não comete o crime de furto, uma vez que no tipo penal em tela não existe a previsão dessa conduta, não sendo punível, portanto, o "furto de uso."

---

[5] MUÑOZ CONDE, Francisco. *Teoria geral do delito*, p. 41.

Figurativamente, poderíamos exemplificar a tipicidade formal valendo-nos daqueles brinquedos educativos que têm por finalidade ativar a coordenação motora das crianças. Para essas crianças, haveria "tipicidade" quando conseguissem colocar a figura do retângulo no lugar que lhe fora reservado no tabuleiro, da mesma forma sucedendo com a esfera, a estrela e o triângulo. Somente quando a figura móvel se adaptar ao local a ela destinado no tabuleiro é que se pode falar em tipicidade formal; caso contrário, não.

Entretanto, esse conceito de simples acomodação do comportamento do agente ao tipo não é suficiente para que possamos concluir pela tipicidade penal, uma vez que esta é formada pela conjugação da tipicidade formal (ou legal) com a tipicidade conglobante.

Imaginemos o seguinte exemplo: um carrasco que tem a obrigação legal de executar o condenado, dispara contra ele um tiro mortal, visto que este tinha sido sentenciado à morte por fuzilamento. Raciocinemos de acordo com o quadro correspondente à teoria do crime. Como dizia Welzel, cada um dos elementos que integram o crime, segundo o conceito analítico, deve ser analisado na seguinte ordem: fato típico, ilicitude, culpabilidade. O fato típico, como já dissemos, é composto pelos seguintes elementos: conduta dolosa ou culposa, resultado, nexo de causalidade entre a conduta e o resultado e a tipicidade penal (formada pelas tipicidades formal e conglobante). No exemplo fornecido, o carrasco havia dirigido a sua conduta finalisticamente no sentido de causar a morte do condenado, agindo, portanto, com dolo. Houve um resultado – morte do executado. A conduta do carrasco produziu o resultado (nexo de causalidade). Agora, teremos de saber se o fato praticado é típico. O primeiro passo, na ordem que foi anunciada, é descobrir se a conduta do carrasco subsume-se a um modelo abstrato previsto pela lei penal, a fim de descobrirmos se, no caso concreto, há tipicidade formal. Em conclusão, diremos que existe formalmente adequação típica da conduta do carrasco em face do art. 121 do Código Penal.

Em seguida, faremos a seguinte indagação: Existe tipicidade conglobante? Para que se possa falar em tipicidade conglobante é preciso que:

a) a conduta do agente seja antinormativa;
b) que haja tipicidade material, ou seja, que ocorra um critério material de seleção do bem a ser protegido.

A tipicidade conglobante surge quando comprovado, no caso concreto, que a conduta praticada pelo agente é considerada antinormativa, isto é, contrária à norma penal, e não imposta ou fomentada por ela, bem como ofensiva a bens de relevo para o Direito Penal (tipicidade material).

Na lição de Zaffaroni e Pierangeli, não é possível que no ordenamento jurídico, que se entende como perfeito, uma norma proíba aquilo que outra imponha ou fomente. Exemplificando com o caso de um oficial de justiça que, cumprindo uma ordem de penhora e sequestro de um quadro, de propriedade de um devedor a quem se executa em processo regular, por seu legítimo credor, para a cobrança de um crédito vencido, aduzem:

> "A lógica mais elementar nos diz que o tipo não pode proibir o que o direito ordena e nem o que ele fomenta. Pode ocorrer que o tipo legal pareça incluir estes casos na tipicidade, como sucede com o do oficial de justiça, e, no entanto, quando penetramos um pouco mais no alcance da norma que está anteposta ao tipo, nos apercebemos que, interpretada como parte da ordem normativa, a conduta que se ajusta ao tipo legal não pode estar proibida, porque a própria ordem normativa a ordena e a incentiva."[6]

---

[6] ZAFFARONI, E. Raúl; PIERANGELI, J. Henrique. *Manual de direito penal brasileiro*, p. 458.

Nesse sentido são as lições de Bobbio, quando assevera:

"Um ordenamento jurídico constitui um sistema porque não podem coexistir nele *normas incompatíveis*. Aqui, 'sistema' equivale à validade do princípio, que exclui a *incompatibilidade* das normas. Se num ordenamento vêm a existir normas incompatíveis, uma das duas ou ambas devem ser eliminadas. Se isso é verdade, quer dizer que as normas de um ordenamento têm um certo relacionamento entre si, e esse relacionamento é o relacionamento de compatibilidade, que implica na exclusão da incompatibilidade."[7]

Portanto, a antinomia existente deverá ser solucionada pelo próprio ordenamento jurídico.

Assim, com esse conceito de antinormatividade, casos que hoje são tratados quando da verificação da sua ilicitude podem ser resolvidos já no estudo do primeiro dos elementos da infração penal – o fato típico.

Voltando ao exemplo do carrasco, teríamos de raciocinar da seguinte maneira: existe uma norma contida no art. 121 do Código Penal que diz ser proibido matar. Embora exista essa norma, a proibição nela contida se dirige a todos, até mesmo ao carrasco que tem um dever legal de matar nos casos de pena de morte? A resposta só pode ser negativa. Com isso queremos afirmar que a proibição contida no art. 121 do Código Penal se dirige a todos, *à exceção daqueles que têm o dever de matar*. No confronto entre a proibição (norma contida no art. 121 do CP) e uma imposição (norma que determina que o carrasco execute a sentença de morte) devemos concluir que a proibição de matar, nos casos em que a lei prevê, não se dirige ao carrasco. Portanto, sua conduta não seria antinormativa, contrária à norma, mas, sim, de acordo, imposta pela norma. Resolve-se, portanto, o problema da antinomia, conforme proposto por Bobbio, pois se "antinomia significa o encontro de duas proposições incompatíveis, que não podem ser ambas verdadeiras, e, com referência a um sistema de normas, o encontro de duas normas que não podem ser ambas aplicadas, a eliminação do inconveniente não poderá consistir em outra coisa senão na eliminação de uma das duas normas."[8]

"(...) TIPICIDADE X ANTINORMATIVIDADE. TEORIA DA TIPICIDADE CONGLOBANTE (...) 3. A tipicidade conglobante surge quando comprovado, no caso concreto, que a conduta praticada pelo agente é considerada antinormativa, isto é, contrária à norma penal, e não imposta ou fomentada por ela, bem como ofensiva a bens de relevo para o Direito Penal (tipicidade material). Na lição de Zaffaroni e Pierangeli, não é possível que no ordenamento jurídico, que se entende como perfeito, uma norma proíba tudo aquilo que outra imponha ou fomente. (...). Portanto, a antinomia existente deverá ser solucionada pelo próprio ordenamento jurídico" (GRECO, Rogério. *Curso de Direito Penal*: Parte Geral, 20ª ed. Niterói/RJ. Impetus, 2018, p. 261/262. (...) (Embargos Declaratórios no Agravo Regimental nos Embargos Declaratórios no Agravo em Recurso Especial nº 1.421.747/SC, STJ, 5ª T., unânime, Rel. Min. Joel Ilan Paciornik, j. 10/03/2020, DJ 19/05/2020).

Com o conceito de antinormatividade esvazia-se um pouco as causas de exclusão da ilicitude nos casos especificamente de estrito cumprimento de dever legal, visto que nessa hipótese não há mera permissão para que o carrasco cause a morte do condenado, mas, sim, uma imposição feita pela lei.

Além dos casos em que houver determinação legal para a prática de certas condutas nas quais, formalmente, haveria adequação típica, podem ocorrer hipóteses em que a lei, embora

---

[7] BOBBIO, Norberto. *Teoria do ordenamento jurídico*, p. 80.
[8] BOBBIO, Norberto. *Teoria do ordenamento jurídico*, p. 91.

não impondo, fomente certas atividades. Podemos citar, também na esteira de Zaffaroni e Pierangeli, o caso do médico que intervém no paciente com finalidade terapêutica, curativa. Nesse caso, segundo os renomados autores, também não se poderia qualificar a conduta de antinormativa, visto ser essa atividade, ou seja, o exercício da medicina terapêutica, fomentada pelo Estado. Se o médico realizasse uma intervenção cirúrgica com a finalidade de salvar a vida do paciente, sua conduta seria atípica, pois não seria contrária à norma (antinormativa), mas, sim, por ela fomentada. Agora, se o profissional da medicina atua com a finalidade de executar uma cirurgia estética, a sua atividade já não mais seria considerada fomentada pelo Estado, mas somente permitida, tolerada, razão pela qual, neste último caso, embora típica a sua conduta, não seria ilícita, em virtude da ocorrência da causa de justificação prevista na segunda parte do inciso III do art. 23 do Código Penal, vale dizer, o exercício regular do direito.

Para concluirmos pela tipicidade penal é preciso, ainda, verificar a chamada tipicidade material. Sabemos que a finalidade do Direito Penal é a proteção dos bens mais importantes existentes na sociedade. O princípio da intervenção mínima, que serve de norte para o legislador na escolha dos bens a serem protegidos pelo Direito Penal, assevera que nem todo e qualquer bem é passível de ser por ele protegido, mas somente aqueles que gozem de certa importância. Nessa seleção de bens, o legislador abrigou, a fim de serem tutelados pelo Direito Penal, a vida, a integridade física, o patrimônio, a honra, a liberdade sexual etc.

Embora tenha feito a seleção dos bens que, por meio de um critério político, reputou como os de maior importância, não podia o legislador, quando da elaboração dos tipos penais incriminadores, descer a detalhes, cabendo ao intérprete delimitar o âmbito de sua abrangência. Imaginemos o seguinte: alguém, de forma extremamente imprudente, ao fazer uma manobra em seu automóvel, acaba por encostá-lo na perna de um pedestre que por ali passava, causando-lhe um arranhão de meio centímetro. Se analisarmos o fato, chegaremos à seguinte conclusão: a conduta foi culposa; houve um resultado; existe um nexo de causalidade entre a conduta e o resultado; há tipicidade formal, pois existe um tipo penal prevendo esse modelo abstrato de conduta. Ingressando no estudo da tipicidade conglobante, concluiremos, primeiramente, que a conduta praticada é antinormativa, haja vista não ser ela imposta ou fomentada pelo Estado. Contudo, quando iniciarmos o estudo da tipicidade material, verificaremos que, embora a nossa integridade física seja importante a ponto de ser protegida pelo Direito Penal, nem toda e qualquer lesão estará abrangida pelo tipo penal. Somente as lesões corporais que tenham algum significado, isto é, que gozem de certa importância, é que nele estarão previstas. Em virtude do conceito de tipicidade material, excluem-se dos tipos penais aqueles fatos reconhecidos como de bagatela, nos quais têm aplicação o princípio da insignificância.

Assim, pelo critério da tipicidade material é que se afere a importância do bem no caso concreto, a fim de que possamos concluir se aquele bem específico merece ou não ser protegido pelo Direito Penal.

Concluindo, para que se possa falar em tipicidade penal é preciso haver a fusão da tipicidade formal ou legal com a tipicidade conglobante (que é formada pela antinormatividade e pela tipicidade material). Só assim o fato poderá ser considerado penalmente típico.

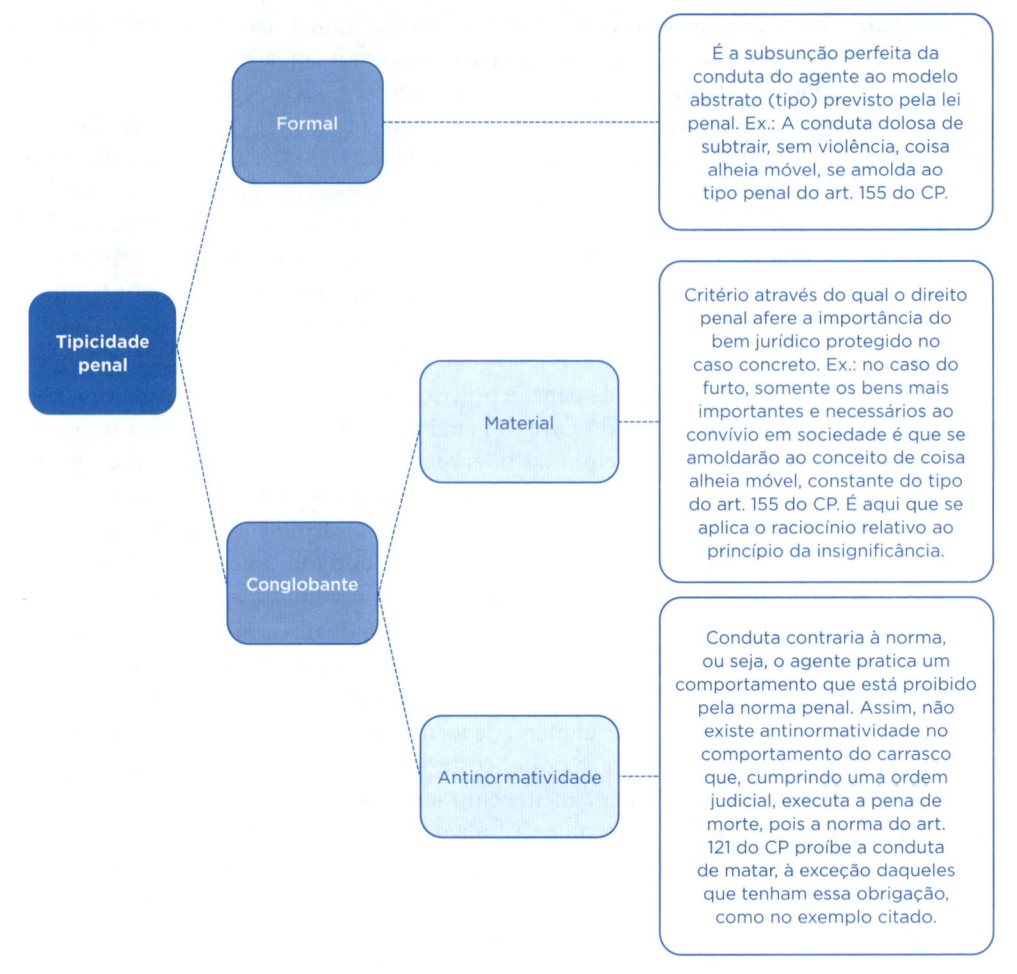

```
                                    ┌─────────────────────────────┐
                                    │ É a subsunção perfeita da   │
                          ┌────────┐│ conduta do agente ao modelo │
                          │ Formal ├┤ abstrato (tipo) previsto pela lei │
                          └────────┘│ penal. Ex.: A conduta dolosa de │
                                    │ subtrair, sem violência, coisa │
                                    │ alheia móvel, se amolda ao  │
                                    │ tipo penal do art. 155 do CP. │
                                    └─────────────────────────────┘
```

Diagrama — Tipicidade penal:

- **Formal**: É a subsunção perfeita da conduta do agente ao modelo abstrato (tipo) previsto pela lei penal. Ex.: A conduta dolosa de subtrair, sem violência, coisa alheia móvel, se amolda ao tipo penal do art. 155 do CP.

- **Conglobante**:
  - **Material**: Critério através do qual o direito penal afere a importância do bem jurídico protegido no caso concreto. Ex.: no caso do furto, somente os bens mais importantes e necessários ao convívio em sociedade é que se amoldarão ao conceito de coisa alheia móvel, constante do tipo do art. 155 do CP. É aqui que se aplica o raciocínio relativo ao princípio da insignificância.
  - **Antinormatividade**: Conduta contraria à norma, ou seja, o agente pratica um comportamento que está proibido pela norma penal. Assim, não existe antinormatividade no comportamento do carrasco que, cumprindo uma ordem judicial, executa a pena de morte, pois a norma do art. 121 do CP proíbe a conduta de matar, à exceção daqueles que tenham essa obrigação, como no exemplo citado.

3. ADEQUAÇÃO TÍPICA

Vimos, então, que há adequação típica, ou tipicidade formal, quando a conduta do agente se amolda perfeitamente a um tipo legal de crime. Existem, contudo, duas espécies de adequação típica: de *subordinação imediata* e de *subordinação mediata*.

- *Adequação típica de subordinação imediata ou direta* – Ocorrerá quando houver perfeita adequação entre a conduta do agente e o tipo penal incriminador. No homicídio, por exemplo, haverá essa adequação quando houver a morte da vítima. A partir daí, poderemos falar em adequação típica de subordinação imediata, pois que a conduta do agente se amoldou diretamente ao tipo previsto no art. 121 do Código Penal. Se neste, há descrição da conduta de "matar alguém" e se o agente causou a morte de seu semelhante, seu comportamento se subsume perfeitamente ao modelo abstrato previsto na lei penal (tipo).

- *Adequação típica de subordinação mediata ou indireta* – Pode acontecer ainda que, embora o agente atue com vontade de praticar a conduta proibida por determinado tipo incriminador, seu comportamento não consiga se adequar diretamente a essa figura típica. É o caso, por exemplo, da tentativa de homicídio. Se João, querendo causar a morte de Antônio, contra ele vier a descarregar toda a munição existente em sua arma e, mesmo assim, errar o alvo, sua conduta não se adequará imediatamente àquela descrita no art. 121 do Código Penal, pois que este exige o resultado morte da vítima.

Assim, para que possamos falar em tipicidade em casos como o do exemplo citado é preciso nos valermos das chamadas *normas de extensão*, que têm por finalidade ampliar o tipo penal, a fim de nele abranger hipóteses não previstas expressamente pelo legislador. No caso em exame, teríamos de aplicar a regra atinente à tentativa (art. 14, II, do CP), para que pudéssemos punir a conduta praticada por João. Caso não houvesse a referida norma de extensão, a conduta de João seria considerada um indiferente penal, por faltar-lhe adequação típica.

Tal raciocínio é fundamental para que possamos preservar o conceito de tipicidade. No exemplo em análise, se o legislador não nos tivesse fornecido a norma de extensão prevista no art. 14, II, do Código Penal, o fato de alguém atentar contra a vida de outro seria considerado atípico, caso não viesse a ocorrer o resultado morte. Isso porque o art. 121 do mesmo Código prevê a conduta de *matar alguém*. Se o agente não consegue esse resultado em razão de circunstâncias alheias à sua vontade, podemos concluir que sua conduta não se amoldou com perfeição ao referido artigo. Para que se possa subsumi-la, é preciso que utilizemos a norma de extensão criada pelo legislador. Assim, a adequação típica, no caso de tentativa, será de subordinação mediata ou indireta.

A Lei das Contravenções Penais, v.g., preconiza, em seu art. 4º, que *não é punível a tentativa de contravenção*. Isso quer dizer que o legislador, tratando-se de contravenções penais, não nos permitiu a aplicação da norma de extensão prevista no inciso II do art. 14 do Código Penal. Com isso, ou a conduta do agente se amolda perfeitamente ao tipo contravencional (adequação típica de subordinação imediata ou direta) e o fato será considerado típico, ou, se a infração penal permanecer na fase do *conatus*, isto é, se o agente tiver ingressado na fase dos atos de execução, mas, por circunstâncias alheias à sua vontade, não ocorrer a consumação da contravenção penal, o fato será considerado atípico, haja vista a inexistência daquela norma que tem por finalidade ampliar o tipo penal abarcando condutas que não foram previstas expressamente em seu texto.

Podemos considerar também como norma de extensão aquela contida no art. 29 do Código Penal, uma vez que responderão pela mesma infração todos aqueles que, de qualquer modo, para ela tiverem concorrido, mesmo que não tenham praticado a conduta descrita no núcleo do tipo. Por exemplo, haverá adequação típica num crime de furto não só daquela conduta cometida pelo agente que ingressou na residência da vítima e efetuou a subtração de seus bens móveis, como também daquele que, na função de vigia, permaneceu do lado de fora com a finalidade de dar o alarme se alguém por ali aparecesse.

Concluindo, fala-se em adequação típica de subordinação imediata ou direta quando a conduta do agente se amolda perfeitamente à descrição contida na figura típica, e em adequação típica de subordinação mediata ou indireta quando, para haver essa subsunção, é preciso que tenhamos de nos valer das chamadas normas de extensão.

4. FASES DA EVOLUÇÃO DO TIPO

Podemos destacar três fases na evolução do tipo. Inicialmente, o tipo possuía caráter puramente descritivo. Não havia sobre ele valoração alguma, servindo tão somente para descrever as condutas proibidas (comissivas ou omissivas) pela lei penal. Beling, citado por Cirilo de Vargas, dissertando sobre a evolução do conceito de tipo, dizia que, "no primeiro momento, é concebida como descrição pura, sendo os fatos típicos conhecidos independentemente de juizos de valor."[9]

Na lição de Fragoso:

"Com a obra de Beling, *Die Lehre von Verbrechen*, publicada em 1906, o conceito de *Tatbestand*, ou seja, o conceito de tipo, assumiu um significado técnico mais restrito. Para Beling o tipo

---

[9] BELING *apud* Vargas, José Cirilo de. *Do tipo penal*, p. 21.

não tem qualquer conteúdo valorativo, sendo meramente objetivo e descritivo, representando o lado exterior do delito, sem qualquer referência à antijuridicidade e à culpabilidade. Haveria no tipo, tão somente, uma delimitação descritiva de fatos relevantes penalmente, sem que isto envolvesse uma valoração jurídica dos mesmos."[10]

Numa segunda fase, o tipo passou a ter caráter indiciário da ilicitude. Isso quer dizer que quando o agente pratica um fato típico, provavelmente, esse fato também será antijurídico. A tipicidade de um comportamento, segundo Muñoz Conde, "não implica, pois, a sua antijuridicidade, senão apenas indício de que o comportamento pode ser antijurídico (função indiciária do tipo)."[11] O tipo, portanto, exercendo essa função indiciária, é considerado a *ratio cognoscendi* da antijuridicidade. Conforme preleciona Zaffaroni:

"A tipicidade opera como um indício de antijuridicidade, como um desvalor provisório, que deve ser configurado ou desvirtuado mediante a comprovação de causas de justificação. Devido a isto é que Max Ernst Mayer fazia um gráfico da relação entre a tipicidade e a antijuridicidade dizendo que ambas se comportavam como a fumaça e o fogo respectivamente, quer dizer que a fumaça (tipicidade) seria um indício do fogo (antijuridicidade)."[12]

Na terceira fase, o tipo passou a ser a própria razão de ser da ilicitude, a sua *ratio essendi*. Não há que se falar em fato típico se a conduta praticada pelo agente for permitida pelo ordenamento jurídico. É como se houvesse uma fusão entre o fato típico e a antijuridicidade, de modo que, se afastássemos a ilicitude, estaríamos eliminando o próprio fato típico.

Fontán Balestra, analisando a teoria da *ratio essendi*, diz que para Mezger o tipo é:

"O injusto descrito concretamente pela lei em seus diversos artigos e a cuja realização vai ligada a sanção penal. E, ao tratar a tipicidade dentro do estudo da antijuridicidade, adota Mezger uma posição extrema com respeito à de Beling: o que atua tipicamente, diz, atua também antijuridicamente, enquanto não houver uma causa de exclusão do injusto. O tipo jurídico-penal que descreve dito atuar típico tem, portanto, a mais alta significação no referente à existência da antijuridicidade penalmente relevante da ação: é fundamento real e de validez (*ratio essendi*) da antijuridicidade."[13]

A título de exemplo, o art. 121 do Código Penal, para aqueles que adotam a teoria da *ratio essendi*, estaria assim redigido: "Matar alguém, ilicitamente." O fato, para essa teoria, ou é típico e antijurídico desde a sua origem, em razão da ausência de qualquer causa de exclusão da ilicitude, ou é atípico e lícito desde o início, em face da presença de uma causa de justificação.

5. TEORIA DOS ELEMENTOS NEGATIVOS DO TIPO

Como consequência da adoção do conceito de ser o tipo a *ratio essendi* da antijuridicidade, surgiu a chamada teoria dos elementos negativos do tipo. Para essa teoria, em síntese, toda vez que não for ilícita a conduta do agente não haverá o próprio fato típico. É que, para ela, estando a antijuridicidade fazendo parte do tipo penal, se a conduta do agente for lícita, em virtude da existência de uma causa de justificação, o fato deixará de ser típico.

Dissertando sobre o tema, Jescheck preleciona que, para a teoria dos elementos negativos:

---

[10] FRAGOSO, Heleno Cláudio. *Conduta punível*, p. 117-118.
[11] MUÑOZ CONDE, Francisco. *Teoria geral do delito*, p. 43.
[12] ZAFFARONI, Eugenio Raúl. *Manual de derecho penal* – Parte general, p. 387.
[13] FONTÁN BALESTRA, Carlos. *Misión de garantía del derecho penal*, p. 31-32.

"O tipo deve abarcar não só as circunstâncias típicas do delito, senão todas aquelas que afetem a antijuridicidade. Os pressupostos das causas de justificação se entendem, assim, como elementos negativos do tipo. Incluem-se, portanto, no tipo porque somente quando faltam é possível um juízo definitivo sobre a antijuridicidade do fato. Elementos do tipo e pressupostos das causas de justificação se reúnem, por esta via, em um tipo total e se situam sistematicamente em um mesmo nível."[14]

Ou, ainda, conforme professa Enrique Cury Urzúa:

"A teoria dos elementos negativos do tipo expressa um critério radicalmente oposto ao de Beling. De conformidade com ela, a afirmação da tipicidade supõe a de antijuridicidade, porque as causas de justificação – quer dizer, aquelas que excluem a antijuridicidade – se entendem incorporadas ao tipo, da qual seriam elementos negativos implícitos."[15]

Para a teoria dos elementos negativos do tipo, não se estuda primeiramente a conduta típica para somente depois levar a efeito a análise de sua antijuridicidade. Para que possa ser considerada típica a ação, deverá ela também ser ilícita, ou seja, não permitida pelo ordenamento jurídico, em face da inexistência de uma causa de justificação.

Raciocinemos com o seguinte exemplo: João, agindo em defesa própria, pois que estava sendo injustamente agredido, saca seu revólver e atira contra Pedro, seu agressor, matando-o. De acordo com a lição de Welzel, como vimos:

"A tipicidade, a antijuridicidade e a culpabilidade são três elementos que convertem uma ação em um delito. A culpabilidade – a responsabilidade pessoal por um fato antijurídico – pressupõe a antijuridicidade do fato, do mesmo modo que a antijuridicidade, por sua vez, tem de estar concretizada em tipos legais. A tipicidade, a antijuridicidade e a culpabilidade estão relacionadas logicamente de tal modo que cada elemento posterior do delito pressupõe o anterior."[16]

Segundo o mestre alemão, para que pudéssemos, no exemplo fornecido, chegar à conclusão de que o agente agiu em legítima defesa, seria preciso que, antes, concluíssemos pela presença do fato típico. Somente depois de analisarmos se a conduta por ele praticada é típica é que poderíamos iniciar o estudo de sua antijuridicidade.

Tal raciocínio se contrapõe àquele esposado pelos adeptos da teoria dos elementos negativos do tipo. Isso porque, para essa teoria, existe um chamado *tipo total*,[17] ou seja, um tipo que deve ser entendido juntamente com a ilicitude da conduta. Haveria aqui, portanto, uma fusão do tipo com a ilicitude, de modo que se faltar esta última, ou seja, se o agente atuar amparado por uma causa de justificação, deixará de existir o próprio fato típico.

Assim, conforme esclarece Gonzalo D. Fernández:

"A teoria dos *elementos negativos do tipo* (*negative Tatbestandmerkmale*), que se remonta a Merkel, consolida e unifica ambas valorações (tipicidade e antijuridicidade), e converte as tradicionais causas de justificação em *elementos negativos do tipo*; vale dizer, em hipóteses que – em vez de eliminar somente o caráter injusto do fato, deixando subsistente a tipicidade –,

---

[14] JESCHECK, Hans-Heinrich. *Tratado de derecho penal* – Parte general, p. 338.
[15] CURY URZÚA, Enrique. *Derecho penal* – Parte general, t. I, p. 274.
[16] WELZEL, Hans. *Derecho penal alemán*, p. 57.
[17] JESCHECK, Hans-Heinrich. *Tratado de derecho penal* – Parte general, p. 338.

cumprem uma função negativa a respeito do tipo: determinam diretamente a atipicidade da conduta, a inadequação do comportamento respectivo ao tipo legal de delito."[18]

6. INJUSTO PENAL (INJUSTO TÍPICO)

Uma vez analisados o fato típico e a antijuridicidade e concluído que a conduta do agente é realmente típica e ilícita, dizemos que houve um injusto penal, ou, nas lições de Ronaldo Tanus Madeira, "a valoração de uma ilicitude como um injusto processa-se no instante em que o julgador considera que o agente realizou uma conduta típica e não justificada."[19]

Assim, quando nos referirmos às expressões *injusto típico* ou *injusto penal*, estamos querendo dizer que o fato típico e a antijuridicidade já foram objeto de exame, restando agora ser realizado somente o estudo da culpabilidade do agente. O injusto, portanto, é a conduta já valorada como ilícita.

O *injusto penal*, contudo, não se confunde com o tipo total de injusto proposto pelos defensores da teoria da *ratio essendi*. O injusto penal existirá quando o intérprete, depois de concluir pela tipicidade do fato, analisando-a, primeiramente, chegar também à conclusão de que não existe qualquer causa que exclua a ilicitude da conduta típica praticada pelo agente. Ou seja, o estudo do injusto penal é realizado em duas fases distintas: fato típico e ilicitude.

Ao contrário, para aqueles que adotam um *tipo total de injusto* não existem dois momentos distintos para sua análise, mas um único, vale dizer, ou o fato é típico e ilícito desde o início da análise, ou é um fato também permitido desde a sua origem, uma vez que, para essa teoria, o estudo analítico do crime é composto somente por duas características: tipo total de injusto (conduta típica e ilícita) e culpabilidade.

Como vimos, cada elemento que integra o conceito analítico do crime é considerado um antecedente lógico e necessário do seguinte, na ordem que apontamos, ou seja, haverá crime se o agente cometer um fato típico, antijurídico e culpável, uma vez que essa divisão tripartida, bem como a teoria da *ratio cognoscendi*, é a que tem a preferência da maioria dos autores.

7. TIPO BÁSICO E TIPOS DERIVADOS

Entende-se por tipo básico ou fundamental a forma mais simples da descrição da conduta proibida ou imposta pela lei penal. A partir dessa forma mais simples, surgem os chamados tipos derivados que, em virtude de determinadas circunstâncias, podem diminuir ou aumentar a reprimenda prevista no tipo básico. No homicídio, por exemplo, temos como sua modalidade mais simples a descrição contida no *caput* do art. 121 do Código Penal. Logo em seguida, mas ainda no mesmo art. 121, temos suas formas derivadas. No § 1º, encontramos o chamado homicídio privilegiado, no qual o legislador, em consequência da ocorrência de determinados dados, faz com que a pena aplicada seja menor do que aquela prevista na modalidade mais simples da infração penal. Já no § 2º, podemos concluir que o legislador, em virtude de algumas situações por ele previstas, aumentou a pena cominada no *caput* do artigo, qualificando, dessa forma, o delito.

---

[18] FERNÁNDEZ, Gonzalo D. *Bien jurídico y sistema del delito*, p. 158.
[19] MADEIRA, Ronaldo Tanus. *A estrutura jurídica da culpabilidade*, p. 141.

8. TIPOS NORMAIS E TIPOS ANORMAIS

Falava-se em tipos normais e anormais quando predominava, em nosso direito penal, a teoria causal, natural, ou mecanicista da ação. Dizia-se que tipo normal era aquele que continha apenas elementos objetivos (descritivos) e tipo anormal aquele que, além dos elementos objetivos, vinha impregnado de elementos subjetivos e normativos.

Assim, entendia-se que todos aqueles tipos penais que continham as expressões *com o fim de, com o intuito de, a fim de* etc., a exemplo do art. 159 do Código Penal (extorsão mediante sequestro), eram tipos anormais, haja vista que neles se podia vislumbrar o elemento subjetivo do agente.

Hoje em dia, perdeu o sentido tal discussão, pois, para aqueles que adotam a teoria da ação final, dolo e culpa se encontram na conduta do agente, e esta, a seu turno, está localizada no fato típico. Assim, todo tipo penal contém elementos subjetivos, mesmo que não sejam tão evidentes como acontece com as expressões acima referidas.

9. TIPOS FECHADOS E TIPOS ABERTOS

Tipos fechados são aqueles que possuem a descrição completa da conduta proibida pela lei penal.

No art. 121, *caput*, do Código Penal, por exemplo, o legislador, de forma clara e precisa, descreveu a conduta a que visou a proibir. Então, aquele que dolosamente matar alguém terá sua conduta subsumida ao tipo legal referido. Contudo, em determinadas situações, o legislador, por impossibilidade de prever e descrever todas as condutas possíveis de acontecer em sociedade, criou os chamados tipos abertos, nos quais não há a descrição completa e precisa do modelo de conduta proibida ou imposta. Nesses casos, faz-se necessária sua complementação pelo intérprete. É o que ocorre, v.g., com os delitos culposos[20]. Conforme a precisa lição de Juarez Cirino dos Santos, "os tipos de imprudência, devido à variabilidade das condições ou circunstâncias de sua realização, são *tipos abertos* que devem ser preenchidos ou completados por uma *valoração judicial* e, por isso, não apresentam o mesmo rigor de definição legal dos tipos dolosos."[21]

No art. 121, § 3º, do Código Penal, o legislador, ao cuidar do crime de homicídio, fez previsão da modalidade culposa, dizendo: *Se o homicídio é culposo: Pena – detenção, de um a três anos*. Aqui, para chegarmos à conclusão se a conduta do agente foi culposa ou não, é preciso detectarmos em qual modalidade ela se deu, ou seja, se a morte da vítima foi decorrente da conduta imprudente, imperita ou mesmo negligente do agente, em face da inobservância do seu dever de cuidado, ou se o resultado tinha condições de ingressar na esfera de previsibilidade do agente etc. O artigo que prevê o delito culposo não se satisfaz por ele próprio, não havendo possibilidade de compreendê-lo, fazendo-se, pura e simplesmente, a sua leitura, mas há necessidade, outrossim, de ser preenchido pelo intérprete.

O mesmo ocorre com os chamados crimes omissos impróprios ou crimes comissivos por omissão, pois, como observa Welzel, não permitem precisar o "círculo dos autores e tem que ser completado pelo juiz mediante o critério da 'posição de garante'. Por esta razão, os

---

[20] Embora tal regra comporte exceções, a exemplo do art. 180, § 3º, do Código Penal e do art. 38 da Lei nº 11.343/2006.
[21] SANTOS, Juarez Cirino dos. *A moderna teoria do fato punível*, p. 99.

tipos dos delitos culposos e dos delitos impróprios de omissão são somente em parte tipos 'legais' e em parte tipos 'que devem ser completados pelo juiz'"[22].

10. TIPOS CONGRUENTES E TIPOS INCONGRUENTES

Fazendo a distinção entre tipos congruentes e incongruentes, Santiago Mir Puig assevera que, "se a parte subjetiva da ação se corresponde com a parte objetiva, concorre um *tipo congruente*. É o que normalmente ocorre com os tipos dolosos, em que a vontade alcança a realização objetiva do tipo. Quando a parte subjetiva da ação não se corresponde com a objetiva nos encontramos na presença de um *tipo incongruente*."[23]

Maurach[24] designa por congruência a coincidência entre o dolo e o acontecer objetivo, citando como exemplo de tais tipos os crimes de homicídio, lesões corporais simples, violação de domicílio etc., ou seja, quando o elemento subjetivo se esgota, confunde-se com a prática da conduta descrita no núcleo do tipo.

Por outro lado, haveria incongruência típica, seguindo as lições de Maurach, naqueles casos "em que a lei estende o tipo subjetivo mais além do tipo objetivo, ou nos casos (mais escassos) em que se restringe o tipo subjetivo frente ao objetivo."[25] E continua o renomado autor dizendo que "ao primeiro grupo pertencem todos aqueles casos caracterizados por uma direção da vontade do autor que se superpõe ao dolo e o sobrepassa: delitos de motivo, propósito e tendência",[26] a exemplo do que ocorre com o crime de extorsão mediante sequestro, previsto no art. 159 do Código Penal, em que o agente atua impelido por um fim especial de obter qualquer vantagem como condição ou preço do resgate.

Também são incluídos nessa categoria de tipos incongruentes, segundo Maurach, os crimes preterdolosos, uma vez que, explica, "o dolo precisa estender-se somente a um resultado parcial, enquanto que, a respeito do resultado que excede, causado sem dolo pelo autor, é suficiente que haja culpa",[27] tal como ocorre o delito de lesão corporal seguida de morte.

11. TIPO SIMPLES E TIPO MISTO

Entende-se por tipo simples aquele cujo tipo penal prevê tão somente um único comportamento, vale dizer, um único núcleo. Podem, por isso, ser denominados também tipos uninucleares, a exemplo do que ocorre com o crime de homicídio simples, previsto no art. 121 do Código Penal, cuja narração constante de seu preceito primário diz: "Matar alguém".

Por outro lado, existem outros tipos penais que preveem mais de um comportamento, ou seja, mais de um núcleo em seu preceito primário, razão pela qual, consequentemente, podemos denominá-los tipos multinucleares ou tipos mistos. Esses tipos mistos podem se subdividir em: cumulativos e alternativos.

Tipo misto cumulativo seria aquele em que a prática de mais de um comportamento previsto no tipo faria com que fosse aplicado ao agente o raciocínio relativo ao concurso de crimes. Assim, podemos citar, como exemplo, o crime de abandono material, previsto no art. 244 do Código Penal. Se o agente vier a faltar, sem justa causa, ao pagamento da pensão

---

[22] WELZEL, Hans. *El nuevo sistema del derecho penal* – una introducción a la doctrina de la acción finalista, p. 73.
[23] MIR PUIG, Santiago. *Derecho penal* – Parte general, p. 205.
[24] MAURACH, Reinhart; ZIPF, Heinz. *Derecho penal* – Parte general, v. I, p. 355.
[25] MAURACH, Reinhart; ZIPF, Heinz. *Derecho penal* – Parte general, v. I, p. 356.
[26] MAURACH, Reinhart; ZIPF, Heinz. *Derecho penal* – Parte general, v. I, p. 356.
[27] MAURACH, Reinhart; ZIPF, Heinz. *Derecho penal* – Parte general, v. I, p. 356

alimentícia judicialmente acordada, fixada ou majorada e, ainda, deixar, também sem justa causa, de socorrer, por exemplo, descendente ou ascendente gravemente enfermo, responderá, pela mesma infração penal, em concurso material de crimes.

Por *tipo misto alternativo* podemos entender aquele no qual vários comportamentos (núcleos) são previstos em um determinado tipo penal, sendo que a prática de mais de um deles importará em crime único, a exemplo do que ocorre com o delito de receptação, previsto no *caput* do art. 180 do diploma repressivo. Assim, no que diz respeito ao mencionado delito, se o agente adquire, transporta e oculta, por exemplo, em proveito próprio, coisa que sabe ser produto de crime, responderá somente por um único crime de receptação, não importando que tenha praticado mais de um núcleo existente no tipo penal.

Em algumas situações não será tarefa fácil apontar se determinado tipo misto poderá ser considerado como cumulativo ou alternativo. Vimos que as consequências a respeito dessa conclusão são importantíssimas, pois que, se concluirmos pela cumulatividade, haverá concurso de crimes; se entendermos pela alternatividade, haverá crime único.

Merece ser mencionada a discussão existente sobre a redação do crime de estupro, tipificado no art. 213 do Código Penal, modificada pela Lei nº 12.015, de 7 de agosto de 2009. De acordo com nosso posicionamento, cuida-se, *in casu*, de um tipo misto alternativo. Assim, se o agente, por exemplo, mantém conjunção carnal com vítima e, em um mesmo contexto, pratica com ela sexo anal, ou mesmo sexo oral, responderá por um único crime de estupro.

Inicialmente, o STJ entendia, a nosso ver equivocadamente, que a hipótese dizia respeito a um tipo misto cumulativo, dizendo:

"Antes da edição da Lei nº 12.015/2009 havia dois delitos autônomos, com penalidades igualmente independentes: o estupro e o atentado violento ao pudor. Com a vigência da referida lei, o art. 213 do Código Penal passa a ser um tipo misto cumulativo, uma vez que as condutas previstas no tipo têm, cada uma, 'autonomia funcional e respondem a distintas espécies valorativas, com o que o delito se faz plural' (DE ASÚA, Jimenez, *Tratado de derecho penal*, Tomo III, Buenos Aires, Editorial Losada, 1963, p. 916)" (HC 78.667/SP, *Habeas Corpus* 2007/0053406-5, 5ª T., Rel.ª Min.ª Laurita Vaz, DJe 2/8/2010).

Mudando sua posição original, o STJ passou a entender, também, que se trata, *in casu*, de um tipo misto alternativo, importando em crime único, como se verifica pelos seguintes julgados:

"A jurisprudência do Superior Tribunal de Justiça é pacífica de que os crimes previstos nos arts. 213 e 214 do Código Penal – CP, após a redação dada pela Lei nº 12.015/2009, configuram crime único. Todavia, devem as diversas condutas praticadas serem valoradas na primeira fase do cálculo da pena, ficando estabelecido como limite máximo para a nova sanção, a totalidade da pena anteriormente aplicada ao estupro e ao atentado violento ao pudor, de forma a se evitar a *reformatio in pejus*. Por se tratar de inovação benéfica, *novatio legis in mellius*, a Lei nº 12.015/2009 alcança todos os fatos ocorridos anteriormente à sua vigência. Na hipótese dos autos, considerando que a vítima foi submetida a conjunção carnal e atos libidinosos diversos, no mesmo contexto fático, deve ser concedida a ordem para reconhecer a ocorrência de crime único" (STJ, HC 441.523 / BA, Rel. Min. Joel Ilan Paciornik, 5ª T., DJe 11/06/2019).

"A reforma introduzida pela Lei nº 12.015/2009 condensou num só tipo penal as condutas anteriormente tipificadas nos arts. 213 e 214 do CP, constituindo, hoje, um só crime o constrangimento, mediante violência ou grave ameaça, a ter conjunção carnal ou a praticar ou permitir que com ele se pratique outro ato libidinoso, na hipótese em que a conduta tenha sido praticada em um mesmo contexto fático e contra a mesma vítima, em observância ao princípio da retroatividade da lei mais benéfica. Trata-se, pois, de crime misto alternativo.

Na hipótese dos autos, verifica-se a ocorrência de crime único de estupro, pois as condutas delitivas – conjunção carnal, sexo anal e oral – foram praticados contra a mesma vítima e no mesmo contexto fático-temporal, o que inviabiliza a aplicação da continuidade delitiva. Ressalte-se, contudo, que, apesar de inexistir concurso de crimes, é de rigor a valoração na pena-base de todas as condutas que compuseram o tipo misto alternativo do atual crime de estupro, sob pena de vulneração da individualização da pena" (STJ, HC 325.411/SP, Rel. Min. Ribeiro Dantas, 5ª T., DJe 25/04/2018).

12. TIPO COMPLEXO

O tipo penal, como vimos, tem a incumbência de descrever a conduta que se quer proibir ou impor, sob a ameaça de sanção. Para que possamos saber o real alcance dessa proibição ou imposição, é preciso que o tipo contenha elementos de natureza objetiva.

Quando prevalecia entre nós a teoria causal, o tipo penal se aperfeiçoava tão somente com a presença de seus elementos objetivos, uma vez que dolo e culpa não pertenciam ao fato típico, mas sim à culpabilidade. O injusto penal (fato típico + antijuridicidade), para a teoria causal, era objetivo; a culpabilidade, subjetiva.

Com base nessa teoria, os elementos subjetivos estavam alocados na culpabilidade, e não no fato típico.

Depois do advento da teoria finalista da ação, implementada por Welzel, dolo e culpa foram retirados da culpabilidade e trazidos para o fato típico. O injusto, agora, de puramente objetivo, passou a ser também subjetivo, e a culpabilidade, normativa.

Com a transferência do dolo e da culpa para a conduta típica, o tipo penal passou a ser impregnado não somente de elementos objetivos, mas também, e principalmente, de elementos subjetivos.

Assim, fala-se em tipo complexo quando no tipo penal há a fusão dos elementos objetivos com elementos de natureza subjetiva.

Na escorreita lição de Zaffaroni:

"Conforme o conceito complexo [...], o tipo doloso ativo possui dois aspectos: um objetivo e outro subjetivo; quer dizer que a lei, mediante o tipo, individualiza condutas atendendo a circunstâncias que se dão no mundo exterior e a circunstâncias que estão localizadas na parte interna, no psiquismo do autor."[28]

No tipo complexo, por exigir a conjugação dos elementos objetivo e subjetivo, quando faltar este último, ou seja, quando o agente, por exemplo, não agir com dolo, por lhe faltar a vontade e a consciência de praticar a conduta prevista no tipo penal, e se o fato não for punido a título de culpa, a solução será pela atipicidade, em face da ocorrência do chamado erro de tipo, cuja finalidade precípua é afastar o dolo do agente.

---

[28] ZAFFARONI, Eugenio Raúl. *Manual de derecho penal* – Parte general, p. 395.

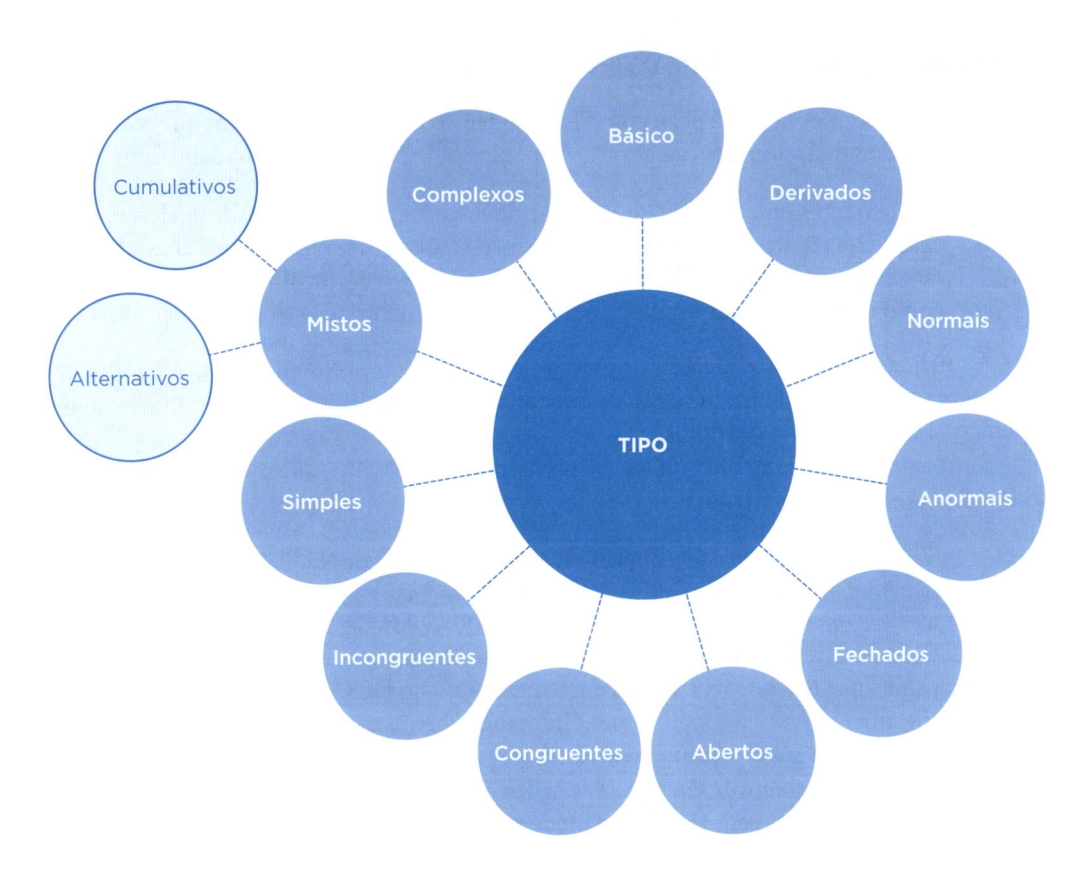

Diagrama TIPO com categorias: Básico, Derivados, Normais, Anormais, Fechados, Abertos, Congruentes, Incongruentes, Simples, Mistos, Complexos, Cumulativos, Alternativos.

13. ELEMENTARES

Elementares são dados essenciais à figura típica, sem os quais ocorre uma atipicidade absoluta ou uma atipicidade relativa.

Fala-se em atipicidade absoluta quando, por faltar uma elementar indispensável ao tipo, o fato praticado pelo agente torna-se um indiferente penal. Por exemplo, se alguém subtrai o próprio guarda-chuva, supondo-o de outrem, não pratica o delito de furto, uma vez que se encontra ausente a elementar coisa alheia móvel, a fim de caracterizar aquela infração.

Diz-se relativa a atipicidade quando, pela ausência de uma elementar, ocorre a desclassificação do fato para outra figura típica. Como exemplo de atipicidade relativa, podemos citar o caso de um funcionário público que, não se valendo da facilidade que seu cargo lhe proporciona, subtrai um computador de sua repartição. Embora o fato não seja considerado crime de peculato-furto, previsto no § 1º do art. 312 do Código Penal, pois, para que se possa caracterizá-lo, o funcionário, quando da subtração, deve valer-se da facilidade que sua especial condição lhe proporciona, o fato, contudo, não poderá ser considerado um indiferente penal. Aqui, embora afastado o peculato-furto (art. 312, § 1º, do CP), o agente responderá pela subtração a título de furto (art. 155 do CP).

Da mesma forma a mãe que, logo após o parto, vier a causar a morte de seu filho sem que tenha agido sob a influência do estado puerperal. Se não atuou motivada por esse especial estado psíquico, não poderá ser responsabilizada por infanticídio (art. 123 do CP), haja vista que a ausência da influência do estado puerperal na mãe que mata o próprio filho desclassifica a infração penal para o delito de homicídio (art. 121 do CP).

Assim, uma vez abstraída a elementar – dado fundamental à figura típica –, ocorrerá uma total atipicidade, ou uma atipicidade relativa, a que também denominamos *desclassificação*.

14. ELEMENTOS QUE INTEGRAM O TIPO

De acordo com uma concepção complexa, podemos dividir os elementos que compõem os tipos penais em duas grandes categorias: elementos objetivos e elementos subjetivos.

- Os elementos objetivos do tipo, conforme Jescheck, têm a finalidade de descrever "a ação, o objeto da ação e, em sendo o caso, o resultado, as circunstâncias externas do fato e a pessoa do autor."[29] Há tipos penais que descrevem, ainda, o sujeito passivo, como no caso do estupro de vulnerável, previsto no art. 217-A do Código Penal.

A finalidade básica dos elementos objetivos do tipo é fazer com que o agente tome conhecimento de todos os dados necessários à caracterização da infração penal, os quais, necessariamente, farão parte de seu dolo.

Na categoria dos elementos objetivos, ainda podemos subdividi-los em elementos descritivos e elementos normativos.

- *Elementos descritivos* são aqueles que têm a finalidade de traduzir o tipo penal, isto é, de evidenciar aquilo que pode, com simplicidade, ser percebido pelo intérprete. De acordo com as lições de Juan Carlos Ferré Olivé, Miguel Ángel Nuñez Paz, William Terra de Oliveira e Alexis Couto de Brito, os "elementos descritivos fazem referência a conceitos tomados da linguagem usual para cujo juízo e compreensão basta o conhecimento prático e lógico do ser humano sobre os processos corporais e anímicos do homem e sobre o mundo exterior"[30].

- *Elementos normativos* são aqueles criados e traduzidos por uma norma ou que, para sua efetiva compreensão, necessitam de uma valoração por parte do intérprete, ou, na definição de Zaffaroni, "são aqueles elementos para cuja compreensão se faz necessário socorrer a uma valoração ética ou jurídica."[31] Conceitos como *dignidade* e *decoro* (art. 140 do CP), *sem justa causa* (arts. 153, 154, 244, 246 e 248 do CP) podem variar de acordo com a interpretação de cada pessoa ou em virtude do sentido que lhe dá a norma. São considerados, portanto, elementos normativos, porque sobre eles, necessariamente, deve ser realizado um juízo de valor.[32] Conforme as lições de Esiquio Manuel Sánchez Herrera, "tinha razão Erik Wolf quando assinalou que no fundo todos os elementos do tipo têm caráter normativo, pois todos são conceitos jurídicos que requerem para sua aplicação uma valoração por parte do operador do direito"[33].

- O dolo é, por excelência, o elemento subjetivo do tipo. Elemento subjetivo quer dizer elemento anímico, que diz respeito à vontade do agente.

---

[29] JESCHECK, Hans-Heinrich. *Tratado de derecho penal* – Parte general, p. 374.
[30] FERRÉ OLIVÉ, Juan Carlos; NUÑEZ PAZ, Miguel Ángel; OLIVEIRA, William Terra de; BRITO, Alexis Couto de. *Direito penal brasileiro* – parte geral – princípios fundamentais e sistema, p. 265.
[31] ZAFFARONI, Eugenio Raúl. *Manual de derecho penal* – Parte general, p. 399.
[32] Merece registro o alerta de José Cerezo Mir, quando afirma que "os elementos normativos implicam um risco para a segurança jurídica. Há alguns, sem embargo, cujos contornos estão tão definidos, que podem ser apreciados pelo juiz com grande segurança (por exemplo, o caráter alheio da coisa, o conceito de documento público, oficial ou mercantil etc.). O legislador deve evitar a utilização de elementos normativos de caráter impreciso ou indeterminado, pois do contrário se infringirá o princípio da legalidade" (*Curso de derecho penal español* – Parte general, v. II, p. 118).
[33] SÁNCHEZ HERRERA, Esiquio Manuel. *La dogmática de la teoría del delito* – Evolución científica del sistema del delito, p. 129-130.

Preconiza Cirino dos Santos:

"o elemento subjetivo dos tipos dolosos é o dolo, que normalmente preenche todo o tipo subjetivo; às vezes, ao lado do dolo, aparecem elementos subjetivos especiais, como intenções ou tendências de ação, ou mesmo motivações excepcionais, que também integram o tipo subjetivo."[34]

Há autores que entendem que não somente o dolo está contido na expressão "elementos subjetivos do tipo", mas também a culpa, a exemplo de Fernando Galvão[35] e de Mariano Silvestroni, que diz que "a culpa é um elemento subjetivo do tipo que consiste na representação do risco que ameaça um bem jurídico."[36]

Como deixou entrever Cirino dos Santos, ao lado do dolo e da culpa há outros elementos subjetivos que dizem respeito às intenções e às tendências do agente. Geralmente, visualizamos essas intenções e tendências por meio de expressões indicativas do especial fim de agir com que atua o agente, a exemplo do art. 159 do Código Penal, assim redigido:

> **Art. 159.** Sequestrar pessoa com o fim de obter, para si ou para outrem, qualquer vantagem, como condição ou preço do resgate.

No referido tipo penal, a finalidade do agente não se resume à privação da liberdade da vítima. Aqui existe um dado a mais, qual seja, a privação da liberdade *com a finalidade de obter a vantagem, como condição ou preço do resgate*. Na expressão *com o fim de obter* para si ou para outrem qualquer vantagem como condição ou preço do resgate é que se visualiza o chamado *especial fim de agir*.

15. ELEMENTOS ESPECÍFICOS DOS TIPOS PENAIS

Conforme verificamos no tópico anterior, os tipos penais são compostos por vários elementos. Dissemos que possuem elementos objetivos (descritivos e normativos) e subjetivos. Analisaremos de forma isolada os seguintes elementos:

a) núcleo;
b) sujeito ativo;
c) sujeito passivo;
d) objeto material.

- *Núcleo do tipo* é o verbo que descreve a conduta proibida pela lei penal. O verbo tem a finalidade de evidenciar a ação que se procura evitar ou impor. Todos os tipos devem vir acompanhados de seu núcleo, para que possamos saber exatamente quais são as condutas por ele abrangidas.

Há tipos penais que possuem um único núcleo (uninucleares), como no caso do art. 121 do Código Penal, e outros que possuem vários núcleos (plurinucleares), também conhecidos como crimes de ação múltipla ou de conteúdo variado, a exemplo do art. 33 da Lei nº 11.343/2006.

- *Sujeito ativo* é aquele que pode praticar a conduta descrita no tipo. Muitas vezes o legislador limita a prática de determinadas infrações penais a certas pessoas e, para

---

[34] SANTOS, Juarez Cirino dos. *Teoria do crime*, p. 23.
[35] GALVÃO, Fernando. *Noções elementares sobre a teoria do crime*, p. 22.
[36] SILVESTRONI, Mariano H. *Teoria constitucional del delito*, p. 228.

tanto, toma o cuidado de descrever no tipo penal o agente que poderá levar a efeito a conduta nele descrita. Quando estamos diante dos chamados crimes comuns, o legislador não se preocupa em apontar o sujeito ativo, uma vez que as infrações dessa natureza podem ser cometidas por qualquer pessoa. Surge essa necessidade quando o delito é próprio, ou seja, aquele que somente pode ser praticado por um certo grupo de pessoas em virtude de determinadas condições pessoais. Nesses casos, quando estivermos diante de delitos próprios, o legislador terá de apontar, no tipo penal, o seu sujeito ativo. Como exemplo, podemos citar o art. 312 do Código Penal, no qual o tipo penal indica o funcionário público como o sujeito ativo do crime de peculato. Já no delito de homicídio, por ser considerado um crime comum, isto é, aquele que pode ser praticado por qualquer pessoa, justamente pela sua própria natureza é que no tipo não vem apontado o sujeito ativo.

Sujeito ativo do crime, ainda, só pode ser o homem.[37]

A pessoa jurídica não comete crime. Quem os pratica são os seus sócios, diretores etc. Nunca ela própria, pois *societas delinquere non potest*. Esse é também o entendimento de Zaffaroni, quando diz:

"Não se pode falar de uma vontade, em sentido psicológico, no ato de uma pessoa jurídica, o que exclui qualquer possibilidade de admitir a existência de uma conduta humana. A pessoa jurídica não pode ser autora de delito, porque não tem capacidade de conduta humana no sentido ôntico-ontológico da mesma."[38]

Cernicchiaro, com autoridade, preleciona:

"A resistência à inclusão das pessoas jurídicas é devida aos princípios que orientam o moderno Direito Penal e às tradicionais sanções, que, exceto a multa, não se adaptam a essas sociedades. Duas, pois, as objeções.
Analise-se, antes, a segunda.
É certo, há evidente incompatibilidade entre as pessoas jurídicas e as penas privativas de liberdade. Todavia, aplicáveis as restritivas de direito, por força de lei, poderão ser definidas como penas principais. A interdição de funcionamento, a dissolução da entidade, além da perda de bens, mencionadas no art. 5º, XLVI, *b*, da Constituição, superam a resistência com facilidade.
Os princípios, contudo, formam sério obstáculo. Um deles, viu-se, é o princípio da responsabilidade pessoal – fixa a relação psicológica entre o homem e a conduta – ao lado do princípio da culpabilidade.
Direito Penal, nos termos da Constituição, sem respaldo desses princípios, não é Direito Penal. Todos eles, por sua vez, tomam o homem como referência. Convergem para a preservação do direito de liberdade, reflexo dos Princípios dos Direitos Humanos.
A pessoa jurídica não corre risco dessa natureza. Além disso, não há que falar em conduta desse ente, no sentido de projeção de vontade, sabido que opera através de pessoas físicas. Estas, sim, têm vontade e fazem opção entre o atuar lícito e o comportamento ilícito.
A culpabilidade – tome-se o vocábulo no sentido de elemento subjetivo, ou significando reprovabilidade – é própria do homem. Não se censura a pessoa jurídica, mas quem atua em seu nome.

---

[37] Quando nos referimos ao homem como o único capaz de cometer crimes, não estamos, obviamente, indicando somente a pessoa do sexo masculino, mas, sim, o ser humano.
[38] ZAFFARONI, Eugenio Raúl. *Manual de derecho penal* – Parte general, p. 339.

Atribuir à pessoa jurídica vontade, conduta, tomá-la como objeto para aplaudi-la ou censurá-la não é a mesma coisa quando analisamos a pessoa física e se a critica pela deliberação e comportamentos projetados."[39]

Apesar desse entendimento quase unânime entre os doutrinadores, nossa Constituição Federal fez previsão expressa no § 3º do seu art. 225 dizendo:

> § 3º As condutas e atividades consideradas lesivas ao meio ambiente sujeitarão os infratores, pessoas físicas ou jurídicas, a sanções penais e administrativas, independentemente da obrigação de reparar os danos causados.

Interpretando tal dispositivo constitucional, Luiz Regis Prado chegou à conclusão de que, embora ambíguo o texto:

> "Não há falar aqui, porém, em previsão de responsabilidade criminal das pessoas coletivas. Aliás, o dispositivo em tela refere-se, claramente, a *conduta/atividade*, e, em sequência, a *pessoas físicas ou jurídicas*. Dessa forma, vislumbra-se que o próprio legislador procurou fazer a devida distinção, através da correlação significativa mencionada. Nada obstante, mesmo que – ad argumentandum – o dizer constitucional fosse em outro sentido – numa interpretação gramatical (a menos recomendada) diversa –, não poderia ser aceito. Não há dúvida de que a ideia deve prevalecer sobre o invólucro verbal."[40]

Em 12 de fevereiro de 1998, surgiu a Lei nº 9.605, amparada no aludido dispositivo constitucional, dispondo sobre as sanções penais e administrativas derivadas de condutas e atividades lesivas ao meio ambiente. Essa lei, de modo expresso, possibilitou a responsabilidade penal da pessoa jurídica, dizendo, em seu art. 3º, parágrafo único:[41]

> **Art. 3º** As pessoas jurídicas serão responsabilizadas administrativa, civil e penalmente conforme o disposto nesta Lei, nos casos em que a infração seja cometida por decisão de seu representante legal ou contratual, ou de seu órgão colegiado, no interesse ou benefício da sua entidade.
> **Parágrafo único.** A responsabilidade das pessoas jurídicas não exclui a das pessoas físicas, autoras, coautoras ou partícipes do mesmo fato.

No intuito de dar uma aplicação efetiva à Lei nº 9.605/98, o Superior Tribunal de Justiça, por intermédio de sua 5ª Turma, tendo como Relator o Min. Gilson Dipp, decidiu no REsp 564.960/SC, Recurso Especial 2003/0107368-4, publicado no DJ 13/6/2005, p. 331:

---

[39] CERNICCHIARO, Luiz Vicente; COSTA JÚNIOR, Paulo José da. *Direito penal na Constituição*, p. 138-139.
[40] PRADO, Luiz Regis. *Curso de direito penal brasileiro* – Parte geral, p. 147.
[41] "Importantíssima decisão foi tomada pelo TACrim.–SP, que declarou, incidentalmente, a inconstitucionalidade do art. 3º da Lei nº 9.605/98 e determinou o trancamento de ação penal instaurada contra pessoa jurídica. O acórdão unânime observa ser fato notório que o legislador brasileiro copiou o francês, sem, contudo, fazer as adaptações necessárias no âmbito do processo penal. Em França, houve prévia Lei de Adaptação, com dispositivos penais e processuais penais, além de disciplinar a execução das penas aplicadas à pessoa jurídica, regulando, dentre outras, a citação da empresa acusada (Lei nº 92-1336, de 1992, complementada pelo Decreto nº 93-726, de 1993), questões não enfrentadas no Brasil, onde todo o processo penal se rege tendo em vista a pessoalidade do agente, na feliz expressão do Des. Tupinambá Pinto de Azevedo (*Revista de Direito Ambiental*, RT nº 12, p. 106 esp.). O precedente da 3ª Câm. Crim. do TACrim. – SP foi relatado pelo juiz Fábio Gouveia (*Boletim* nº 97, Jurisprudência, dez. 2000, p. 502)" (Dotti, René Ariel. *Curso de direito penal* – Parte geral, p. 303).

"I. Hipótese em que pessoa jurídica de direito privado, juntamente com dois administradores, foi denunciada por crime ambiental, consubstanciado em causar poluição em leito de um rio, através de lançamento de resíduos, tais como, graxa, óleo, lodo, areia e produtos químicos, resultantes da atividade do estabelecimento comercial.

II. A Lei ambiental, regulamentando preceito constitucional, passou a prever, de forma inequívoca, a possibilidade de penalização criminal das pessoas jurídicas por danos ao meio ambiente.

III. A responsabilização penal da pessoa jurídica pela prática de delitos ambientais advém de uma escolha política, como forma não apenas de punição das condutas lesivas ao meio ambiente, mas como forma mesmo de prevenção geral e especial.

IV. A imputação penal às pessoas jurídicas encontra barreiras na suposta incapacidade de praticarem uma ação de relevância penal, de serem culpáveis e de sofrerem penalidades.

V. Se a pessoa jurídica tem existência própria no ordenamento jurídico e pratica atos no meio social através da atuação de seus administradores, poderá vir a praticar condutas típicas e, portanto, ser passível de responsabilização penal.

VI. A culpabilidade, no conceito moderno, é a responsabilidade social, e a culpabilidade da pessoa jurídica, neste contexto, limita- -se à vontade do seu administrador ao agir em seu nome e proveito.

VII. A pessoa jurídica só pode ser responsabilizada quando houver intervenção de uma pessoa física, que atua em nome e em benefício do ente moral.

VIII. De qualquer modo, a pessoa jurídica deve ser beneficiária direta ou indiretamente pela conduta praticada por decisão do seu representante legal ou contratual ou de seu órgão colegiado.

IX. A atuação do colegiado em nome e em proveito da pessoa jurídica é a própria vontade da empresa. A coparticipação prevê que todos os envolvidos no evento delituoso serão responsabilizados na medida de sua culpabilidade.

X. A Lei Ambiental previu para as pessoas jurídicas penas autônomas de multas, de prestação de serviços à comunidade, restritivas de direitos, liquidação forçada e desconsideração da pessoa jurídica, todas adaptadas à sua natureza jurídica.

XI. Não há ofensa ao princípio constitucional de que 'nenhuma pena passará da pessoa do condenado[...]', pois é incontroversa a existência de duas pessoas distintas: uma física – que de qualquer forma contribui para a prática do delito – e uma jurídica, cada qual recebendo a punição de forma individualizada, decorrente de sua atividade lesiva.

XII. A denúncia oferecida contra a pessoa jurídica de direito privado deve ser acolhida, diante de sua legitimidade para figurar no polo passivo da relação processual-penal."

Com a devida vênia das posições em contrário, entendemos que responsabilizar penalmente a pessoa jurídica é um verdadeiro retrocesso em nosso direito penal. A teoria do crime que temos hoje, depois de tantos avanços, terá de ser completamente revista para que possa ter aplicação a lei nº 9.605/98.[42] Isso porque, conforme frisou o Min. Cernicchiaro, já encontraremos dificuldades logo no estudo do fato típico. A pessoa jurídica, como sabemos, não possui vontade própria. Quem atua por ela são os seus representantes. Ela, como ente jurídico, sem o auxílio das pessoas físicas que a dirigem, nada faz. Não se pode falar,

---

[42] Fernando Galvão, após a construção de um raciocínio diferente do restante da doutrina, afirma, realmente, não ser possível a utilização da teoria do crime para fins de se responsabilizar penalmente a pessoa jurídica. Contudo, assevera que "a responsabilidade penal da pessoa jurídica é de natureza indireta, por fato praticado pela pessoa física que age em seu nome e interesse, aplicando-se os mesmos parâmetros dogmáticos utilizados para a responsabilização civil da pessoa jurídica, por atos praticados pelas pessoas físicas que agem em seu nome" (*Responsabilidade penal da pessoa jurídica*, p. 122).

portanto, em conduta de pessoa jurídica, pois, na lição de Pierangeli, "a vontade de ação ou vontade de conduta é um fenômeno psíquico que inexiste na pessoa jurídica."[43]

Problema ainda maior será verificar a culpabilidade de uma pessoa jurídica. Quando poderá ela sofrer um juízo de censura, já que a censurabilidade é própria do homem? Ressalta René Ariel Dotti:

> "Os crimes (ou delitos) e as contravenções não podem ser praticados pelas pessoas jurídicas, posto que a imputabilidade jurídico-penal é uma qualidade inerente aos seres humanos. Quando o CP trata deste assunto o faz em consideração às pessoas naturais, como agentes que revelam capacidade para entender o caráter ilícito do fato ou determinar-se de acordo com esse entendimento."[44]

Não bastasse, o princípio da intervenção mínima, com plena aplicação nesse tema, nos ensina que se os demais ramos do direito forem suficientes para proteger determinados bens, o direito penal, como *ultima ratio*, não deve exercer a sua interferência.[45] Sabemos quão demorado é o encerramento de uma ação penal, uma vez que todos os recursos disponíveis são utilizados, em geral, com a finalidade de, em determinadas infrações penais, tentar alcançar a prescrição. Não se aplica qualquer pena sem que haja o devido processo legal, com todas as suas implicações práticas. Conhecemos, por outro lado, a rapidez que possui o Direito Administrativo no que diz respeito à aplicação de suas sanções no exercício do poder de polícia. Isso quer dizer que o Direito Administrativo é suficientemente forte e rápido, se bem aplicado, para inibir qualquer atividade praticada por pessoa jurídica que venha a causar danos ao meio ambiente.[46]

No que diz respeito às sanções aplicáveis à pessoa jurídica, o art. 21 da Lei nº 9.605/98 assevera:

> **Art. 21.** As penas aplicáveis isolada, cumulativa ou alternativamente às pessoas jurídicas, de acordo com o disposto no art. 3º, são:
> I – multa;
> II – restritivas de direitos;
> III – prestação de serviços à comunidade.

Como não poderia deixar de ser, não há possibilidade de ser aplicada à pessoa jurídica pena privativa de liberdade, por absoluta impossibilidade no seu cumprimento. As demais sanções, desde que havendo previsão legal para elas, poderiam, como podem ainda, ser aplicadas pelo direito administrativo, no exercício de seu poder de polícia.

---

[43] PIERANGELI, José Henrique. *Escritos jurídico-penais*, p. 178.
[44] DOTTI, René Ariel. *Curso de direito penal* – Parte geral, p. 303.
[45] Também no sentido da impossibilidade de se responsabilizar penalmente a pessoa jurídica, Antonio Aurélio Abi Ramia Duarte, com autoridade, preleciona: "Não se pode tipificar como ilícito penal algo que essencialmente é de natureza civil. A reparação civil para grandes grupos econômicos tem um reflexo socialmente mais justo, coadunando-se com as pretensões sociais" (*Aspectos concernentes à responsabilidade penal da pessoa jurídica*. Disponível em: <http://www.netflash.com.br/justicavirtual>.).
[46] Em sentido contrário, Sérgio Salomão Shecaira afirma que, "dependendo do bem jurídico atingido, sempre tendo como referência a *ultima ratio* e também o caráter subsidiário e fragmentário que o direito penal conserva, são insuficientes as multas administrativas ou a responsabilidade civil. Elas não têm a publicidade do processo criminal, permitem a negociação entre a empresa e as autoridades administrativas, e não traduzem a força coercitiva que se pode atribuir às penas criminais. Ademais, não podemos admitir como uma empresa possa ter uma culpa administrativa por um ilícito e não uma culpa penal, tendo, porém, como resposta estatal uma medida com o mesmo caráter de uma pena (com objetivos preventivos e retributivos)"(*Responsabilidade penal da pessoa jurídica*, p. 104).

Na precisa lição de Carvalho Filho:

"É bastante amplo o círculo em que se pode fazer presente o poder de polícia. Com efeito, qualquer ramo de atividade que possa contemplar a presença do indivíduo rende ensejo à intervenção restritiva do Estado. Em outras palavras, não há direitos individuais absolutos a esta ou àquela atividade, mas ao contrário, deverão estar subordinados aos interesses coletivos. Daí poder dizer-se que a liberdade e a propriedade são sempre direitos condicionados, visto que sujeitos às restrições necessárias a sua adequação ao interesse público.
É esse o motivo pelo qual se faz menção à polícia de construções, à polícia sanitária, à polícia de trânsito e tráfego, à polícia de profissões, à polícia do meio ambiente etc. Em todos esses ramos aparece o Estado, em sua atuação restritiva de polícia, para a preservação do interesse da comunidade."[47]

Deve ser ressaltado, ainda, como reforço à nossa posição, que muitos atos administrativos, no exercício do poder de polícia, são autoexecutáveis, não havendo necessidade de intervenção do poder judiciário. Assim, por exemplo, a interdição de uma fábrica que esteja causando danos ao meio ambiente pode ser feita sem o aval da justiça, cujo controle do ato poderá ser realizado *a posteriori*.

Com precisão, Juan Carlos Ferré Olivé, Miguel Ángel Nuñez Paz, William Terra de Oliveira e Alexis Couto de Brito afirmam:

"Optar pela aplicação de sanções administrativas significa escolher uma solução muito apropriada para aqueles que reconhecem o potencial criminoso das pessoas jurídicas, mas, ao mesmo tempo, defendem a impossibilidade dogmática de se admitir a imposição de penas. As sanções administrativas são aplicadas, frequentemente, a pessoas jurídicas, e o Direito Administrativo desenvolveu um sistema sancionador muito evoluído, que nos últimos tempos foi se nutrindo de alguns princípios e garantias que antes pertenciam exclusivamente ao Direito Penal (legalidade, irretroatividade, *non bis in idem* etc.)"[48].

Nossa posição, baseada nos argumentos já expendidos, é no sentido de não se tolerar a responsabilidade penal da pessoa jurídica, haja vista a sua total impossibilidade de se adaptar à teoria do crime, bem como a desnecessidade de intervenção do direito penal, pois os outros ramos do direito, a exemplo do direito administrativo, são ágeis e fortes o suficiente para inibir as atividades nocivas por ela levadas a efeito.

Nesse sentido são as lições de Luiz Regis Prado, quando, com autoridade, assevera:

"Não se vislumbra qualquer embaraço na mantença do princípio da irresponsabilidade criminal da pessoa coletiva – de valor político-criminal –, pois cumpre ele um papel importante de reforçar a vigência de postulados liberais do Direito Penal próprio de um Estado de Direito democrático. Ademais, o tratamento sancionador preferente em relação a tal entidade deve ser a imposição de sanções jurídicas extrapenais."[49]

Atualmente, tanto o STF quanto o STJ pacificaram seu entendimento no sentido de permitir a responsabilidade penal da pessoa jurídica independentemente da incriminação da pessoa física que agiu em seu nome, conforme se verifica pelos julgados abaixo:

---

[47] CARVALHO FILHO, José dos Santos. *Manual de direito administrativo*, p. 46.
[48] FERRÉ OLIVÉ, Juan Carlos; NUÑEZ PAZ, Miguel Ángel; OLIVEIRA, William Terra de; BRITO, Alexis Couto de. *Direito penal brasileiro* – parte geral – princípios fundamentais e sistema, p. 732.
[49] PRADO, Luiz Regis. *Curso de direito penal brasileiro* – Parte geral, p. 149.

"É possível a responsabilização penal da pessoa jurídica por delitos ambientais independentemente da responsabilização concomitante da pessoa física que agia em seu nome. A jurisprudência não mais adota a chamada teoria da 'dupla imputação'" (STJ, 6ª T., RMS 39.173-BA, Rel. Min. Reynaldo Soares da Fonseca, j. 06/08/2015 – *Info* 566. STF, 1ª T., RE 548.181/PR, Rel. Min. Rosa Weber, j. 06/08/2013 – *Info* 714).

"[...] o Pretório Excelso e este Superior Tribunal de Justiça, revendo posicionamento firmado anteriormente, abandonaram a teoria da dupla imputação ou da coautoria necessária, tendo em vista que o art. 225, § 3º, da Constituição Federal não condiciona a responsabilização penal da pessoa jurídica por crimes ambientais à simultânea persecução penal da pessoa física em tese responsável no âmbito da empresa [...].

[...] é admitida a responsabilização penal da pessoa física, ainda que absolvida a pessoa jurídica, porquanto inexiste imposição legal da dupla imputação das pessoas física e jurídica nos crimes ambientais [...]" (Informações Complementares à Ementa) (AgRg no AREsp 1.465.998/DF, Rel. Min. Jorge Mussi, 5ª T., j. 04/08/2020, DJe 31/08/2020).

- O *sujeito passivo* pode ser considerado *formal* ou *material*. Sujeito passivo formal será sempre o Estado, que sofre toda vez que suas leis são desobedecidas. Sujeito passivo material é o titular do bem ou interesse juridicamente tutelado sobre o qual recai a conduta criminosa, que, em alguns casos, poderá ser também o Estado.

Os tipos penais, em várias passagens do código, apontam seus sujeitos passivos. Tomemos como exemplo o crime de estupro de vulnerável, previsto no *caput* do art. 217-A do Código Penal. Sujeito passivo, para a lei penal, será sempre o menor de 14 (catorze) anos. O mencionado tipo penal, além de nos informar, de maneira direta, sobre o sujeito passivo, também nos indicou, em uma situação específica, o sujeito ativo, quando utilizou a expressão *conjunção carnal*, pois esta se compreende como o ato sexual normal, que se dá com a penetração do pênis do homem na vagina da mulher. Nesta última hipótese, ou seja, quando a finalidade for a conjunção carnal, o sujeito ativo somente poderá ser o homem e sujeito passivo deverá ser uma mulher, menor de 14 (catorze) anos.

Já em outras situações, o código Penal, não apontando o sujeito passivo, permitiu que qualquer pessoa pudesse gozar desse *status*. Vejamos como exemplo o delito de homicídio. Qualquer pessoa, como é cediço, pode ser sujeito passivo desse crime.

Podem figurar como sujeitos passivos, dependendo da natureza da infração penal, tanto as pessoas físicas quanto as pessoas jurídicas.

Não há óbice algum, por exemplo, a que uma pessoa jurídica seja sujeito passivo de um crime de furto. O patrimônio móvel a ela pertencente pode, perfeitamente, ser objeto de subtração. Outras infrações, contudo, pela sua própria natureza, são incompatíveis com a condição de sujeito passivo da pessoa jurídica, a exemplo do crime de injúria, uma vez que a pessoa jurídica não possui a chamada honra subjetiva.

É importante salientar, no entanto, que nem todos podem figurar na condição de sujeito passivo, a exemplo do que ocorre com os animais, mesmo sendo objeto de ataque levado a efeito pelo sujeito ativo. Assim, por exemplo, imagine a hipótese em que alguém pratique atos de abuso, maus-tratos, fira ou mesmo mutile animais silvestres, domésticos ou domesticados, nativos ou exóticos, cometendo, outrossim, o delito tipificado no art. 32 da Lei nº 9.605/98. Nesse caso, o animal será considerado objeto material do delito praticado, sendo que o sujeito passivo será a coletividade. Da mesma forma, de acordo com as lições de André Estefam, "a pessoa morta não poderá ser sujeito passivo do crime. No delito de vilipêndio de cadáver (art.

212 do CP) o sujeito passivo é a coletividade (segundo entendimento doutrinário dominante) e no crime de calúnia contra os mortos (art. 138, § 2º, do CP), sua família."[50]

Por outro lado, os entes sem personalidade jurídica, presentes nos chamados crimes vagos, a exemplo do que ocorre com a *família,* mencionada, ou mesmo a sociedade, podem ser considerados sujeitos passivos.

Interessante salientar que, embora não se confundam as figuras dos sujeitos ativo e passivo em uma mesma infração penal, existe exceção a essa regra no delito de rixa (art. 137 do CP), em que os rixosos são, ao mesmo tempo, sujeito ativo e sujeito passivo.

- *Objeto material*: é a pessoa ou a coisa contra a qual recai a conduta criminosa do agente. No furto, o objeto do delito será a coisa alheia móvel subtraída pelo agente; no homicídio, será o corpo humano etc.

Muitas vezes o sujeito passivo se confunde com o próprio objeto material, como no caso do homicídio. Não podemos confundir, contudo, objeto material com objeto jurídico, ou seja, o bem juridicamente tutelado pela lei penal.

Por exemplo, no crime de estupro de vulnerável, o menor de 14 (catorze) anos é o objeto material do crime, e o objeto jurídico é a dignidade sexual, conforme se verifica pelas alterações trazidas pela Lei nº 12.015, de 7 de agosto de 2009.

Merece ser ressaltado, ainda, que nem todos os tipos penais possuem objeto material, pois, conforme aduz Luiz Regis Prado,[51] "o objeto material não é uma característica comum a qualquer delito, pois só tem relevância quando a consumação depende de uma alteração da realidade fática."

16. FUNÇÕES DO TIPO

Podemos destacar três importantes funções do tipo: *a)* função de garantia (ou garantidora); *b)* função fundamentadora e *c)* função selecionadora de condutas.

Exerce o tipo uma função de garantia, uma vez que o agente somente poderá ser penalmente responsabilizado se cometer uma das condutas proibidas ou deixar de praticar aquelas impostas pela lei penal. Aqui, ressalta-se a ideia de von Liszt, quando diz que o "Código Penal era a Carta Magna do delinquente." Isso porque é lícito fazer tudo aquilo que não for proibido pela lei penal. O tipo exerce essa função de garantia, uma vez que temos o direito de, ao analisá-lo, saber o que nos é permitido fazer. Roxin assevera que "todo cidadão deve ter a possibilidade, antes de realizar um fato, de saber se sua ação é punível ou não."[52]

Se, por um lado, o tipo exerce essa função garantista, também é certo afirmar que o Estado, por intermédio do tipo penal, fundamenta suas decisões, fazendo valer o seu *ius puniendi*. A relação entre essas funções do tipo – garantista e fundamentadora – é como se fosse duas faces de uma mesma moeda. Numa das faces está o tipo garantista, vedando qualquer responsabilização penal que não seja por ele expressamente prevista; na outra, a função fundamentadora por ele exercida, abrindo-se a possibilidade ao Estado de exercitar o seu direito de punir sempre que o seu tipo penal for violado.

Além das funções de garantia e fundamentadora, podemos dizer, também, que ao tipo cabe outra, qual seja, a função de selecionar as condutas que deverão ser proibidas ou impostas pela lei penal, sob a ameaça de sanção. Nessa seleção de condutas feita por intermédio do

---

[50] STEFAM, André. *Direito penal* – Parte geral, v.1. p. 88.
[51] PRADO, Luiz Regis. *Curso de direito penal brasileiro* – Parte geral, p. 81.
[52] ROXIN, Claus. *Teoría del tipo penal*, p. 170.

tipo penal, o legislador, em atenção aos princípios da intervenção mínima, da lesividade e da adequação social, traz para o âmbito de proteção do direito penal somente aqueles bens de maior importância, deixando de lado as condutas consideradas socialmente adequadas ou que não atinjam bens de terceiros. Dessa forma, a seleção das condutas a serem proibidas ou impostas caberá ao tipo, verdadeiro instrumento do direito penal.

Capítulo XXV
Tipo Doloso

Acesse e assista à aula explicativa sobre este assunto.
> http://uqr.to/1wh14

1. DISPOSITIVO LEGAL

Nos termos do art. 18 do Código Penal:

Art. 18. Diz-se o crime:
I – doloso, quando o agente quis o resultado ou assumiu o risco de produzi-lo.

2. CONCEITO DE DOLO

Dolo[1] é a vontade e consciência dirigidas a realizar a conduta prevista no tipo penal incriminador. Conforme preleciona Welzel, "toda ação consciente é conduzida pela decisão da ação, quer dizer, pela consciência do que se quer – o momento intelectual – e pela decisão a respeito de querer realizá-lo – o momento volitivo. Ambos os momentos, conjuntamente, como fatores configuradores de uma ação típica real, formam o dolo (= dolo do tipo)";[2] ou, ainda, na lição de Zaffaroni, "dolo é uma vontade determinada que, como qualquer vontade, pressupõe um conhecimento determinado."[3] Assim, podemos perceber que o dolo é formado por um elemento intelectual e um elemento volitivo.

A *consciência*, ou seja, o momento intelectual do dolo, basicamente, diz respeito à situação fática em que se encontra o agente. O agente deve ter consciência, isto é, deve saber exatamente aquilo que faz, para que se lhe possa atribuir o resultado lesivo a título de dolo. Conforme preleciona Ronaldo Tanus Madeira, "a função do conhecimento do dolo se limita a alcançar e a atingir os elementos objetivos do tipo. As circunstâncias do tipo legal de crime. O

---

[1] Dissertando sobre as origens do dolo, Patricia Laurenzo Copello esclarece que "o dolo, como pressuposto do delito, aparece pela primeira vez no Direito romano, onde foi concebido com perfis muito nítidos e definidos, identificando-o com a intenção ou, melhor ainda, com a 'má intenção'ou malícia na realização do fato ilícito. Deste modo ficava superada a primitiva concepção do ilícito penal como mera causação objetiva de resultados, exigindo-se a 'intenção imoral dirigida a um fim antijurídico' – o *'dolus malus'* – como fundamento para a aplicação da pena pública" (*Dolo y conocimiento*, p. 27).
[2] WELZEL, Hans. *Derecho penal alemán*, p. 77.
[3] ZAFFARONI, Eugenio Raúl. *Manual de derecho penal* – Parte general, p. 405.

agente quer a realização dos componentes do tipo objetivo com o conhecimento daquele caso específico e concreto."[4] Juan Carlos Ferré Olivé, Miguel Ángel Nuñez Paz, William Terra de Oliveira e Alexis Couto de Brito, com precisão, aduzem, ainda, que no aspecto:

> "*Intelectual* ou *cognitivo* encontra-se em grande medida a essência do dolo. Trata-se do conhecimento de todos e cada um dos elementos objetivos que conformam o tipo legal, unido a uma correta compreensão do significado da conduta que se está realizando. Isso pressupõe que aquele que não conhece ou compreende atua sem dolo, encontrando-se em uma situação de *erro de tipo*, que pode levar, em certas ocasiões à impunidade e, em outras, à sanção por um delito culposo"[5].

Por exemplo, se alguém, durante uma caçada, confunde um homem com um animal e atira nele, matando-o, não atua com o dolo do crime previsto no art. 121 do Código Penal, uma vez que não tinha consciência de que atirava contra um ser humano, mas sim contra um animal. Não havendo essa consciência, não se pode falar em dolo. O dolo, aqui, é afastado porque o agente incorre naquilo que se denomina "erro de tipo", cuja previsão legal se encontra no art. 20 do Código Penal.

O erro de tipo, como veremos em capítulo próprio, pode ser escusável (invencível) ou inescusável (vencível), vale dizer, respectivamente, aquele em que qualquer um de nós poderia incorrer, ou, diversamente, aquele em que se o agente tivesse agido com as diligências ordinárias, poderia ter sido evitado. O erro de tipo, em qualquer das suas formas (escusável ou inescusável), tem a finalidade de, sempre, eliminar o dolo do agente, por faltar-lhe a vontade e a consciência daquilo que estava realizando.

Na lição de Muñoz Conde:

> "Para agir dolosamente, o sujeito ativo deve saber o que faz e conhecer os elementos que caracterizam sua ação como ação típica. Quer dizer, deve saber, no homicídio, por exemplo, que mata outra pessoa; no furto, que se apodera de uma coisa alheia móvel."[6]

É importante ressaltar, ainda, no que diz respeito ao elemento cognitivo, que esse conhecimento, que diz respeito ao dolo, deve abranger tanto os elementos considerados *essenciais* na figura típica (v.g. idade da vítima, qualidade de funcionário público, coisa alheia, alguém etc.), como também aqueles que lhe são *acidentais* (a exemplo de circunstâncias que podem conduzir ao aumento ou diminuição da pena, qualificando ou privilegiando o delito etc.). Assim, imagine-se a hipótese em que o agente estupra a vítima, acreditando fosse ela maior de 16 anos quando, na verdade, ainda não havia completado os 14 anos de idade. Nesse caso, se comprovado esse fato, não poderá ser responsabilizado pela prática do crime de estupro de vulnerável (art. 217-A do CP), mas sim, tão somente, pelo estupro tipificado no art. 213 do diploma repressivo.

Da mesma forma, o conhecimento que diz respeito ao dolo deve abranger, também, os chamados *pressupostos fáticos das causas de justificação*. Assim, somente poderá alegar a legítima defesa, cujo estudo, dentro da teoria do crime, somente poderá ser feito após ter-se concluído pelo fato típico, se o agente conhecia (ou pelo menos supunha a existência) a situação de agressão injusta contra sua pessoa ou a pessoa de terceiro.

---

[4] MADEIRA, Ronaldo Tanus. *A estrutura jurídica da culpabilidade*, p. 152.
[5] FERRÉ OLIVÉ, Juan Carlos; NUÑEZ PAZ, Miguel Ángel; OLIVEIRA, William Terra de; BRITO, Alexis Couto de. *Direito penal brasileiro* – parte geral – princípios fundamentais e sistema, p. 324.
[6] MUÑOZ CONDE, Francisco. *Teoria geral do delito*, p. 57.

A consciência, no entanto, não quer dizer que o agente conheça o tipo penal ao qual se amolda sua conduta, pois, conforme esclarecem Bustos Ramírez e Hormazábal Malarée, "a exigência do conhecimento se cumpre quando o agente conhece a situação social objetiva, ainda que não saiba que essa situação social objetiva se encontra prevista dentro de um tipo penal"[7].

A vontade é outro elemento sem o qual se desestrutura o crime doloso. Aquele que é coagido fisicamente a acabar com a vida de outra pessoa não atua com vontade de matá-la. Assim, se Antônio, pressionado por João, é forçado a colocar o dedo no gatilho de uma arma, que é disparada contra Pedro, que vem a falecer, não atua com vontade. Não houve, portanto, conduta, pois, mesmo sabendo que atirando poderia causar a morte de Pedro, não atuou com vontade, devido à coação física a que fora submetido. Na realidade, o agente, no exemplo fornecido, não passa de mero instrumento nas mãos do coator.

Da mesma forma, não há que se confundir desejo com vontade. Conforme assevera Patricia Laurenzo Copello:

"O primeiro não passaria de uma atitude emotiva carente de toda eficácia na configuração do mundo exterior. A vontade, ao contrário, constituiria o motor de uma atividade humana capaz de dominar os cursos causais. Daí que só esta última possa erigir-se em um dado relevante na imputação subjetiva de resultados."[8]

De acordo com esse raciocínio, também preleciona José Cerezo Mir que o desejo:

"Não é suficiente para integrar o elemento volitivo do dolo. Se um sobrinho recomenda a seu tio, de quem é herdeiro, que faça muitas viagens de avião com a esperança de que se produza algum acidente e faleça, deseja, sem dúvida, a morte de seu tio, mas não se dá o elemento volitivo do dolo. Este concorre unicamente quando o sujeito quer o resultado delitivo como consequência de sua própria ação e se atribui alguma influência em sua produção."[9]

Enfim, faltando um desses elementos – consciência ou vontade –, descaracterizado estará o crime doloso.

3. O DOLO NO CÓDIGO PENAL

Dispõe o parágrafo único do art. 18 do Código Penal:

> **Parágrafo único.** Salvo os casos expressos em lei, ninguém pode ser punido por fato previsto como crime, senão quando o pratica dolosamente.

A regra contida nesse parágrafo é a de que todo crime é doloso, somente havendo a possibilidade de punição pela prática de conduta culposa se a lei assim o prever expressamente. Em síntese, o dolo é a regra; a culpa, a exceção.

Assim, se não houver essa ressalva expressa no texto da lei, é sinal de que não é admitida, naquela infração penal, a modalidade culposa. Como exemplo, podemos citar o crime de dano (art. 163 do CP), no qual o legislador somente fez a previsão da sua forma dolosa, permanecendo o dano culposo, por isso, como ilícito de natureza meramente civil.

---

[7] BUSTOS RAMÍREZ, Juan J.; HORMAZÁBAL MALARÉE, Hernán. *Nuevo sistema de derecho penal*, p. 83.
[8] COPELLO, Patricia Laurenzo. *Dolo y conocimiento*, p. 275.
[9] CEREZO MIR, José. *Curso de derecho penal español* – Parte general, v. II, p. 145.

Para que possamos saber se determinado tipo penal admite ou não a modalidade culposa, é preciso que leiamos todos os seus parágrafos ou mesmo seu capítulo. Caso não exista essa previsão, é sinal de que a conduta culposa, no que diz respeito àquela infração penal, não mereceu a atenção do Direito Penal.

4. TEORIAS DO DOLO

Podemos destacar quatro teorias a respeito do dolo:

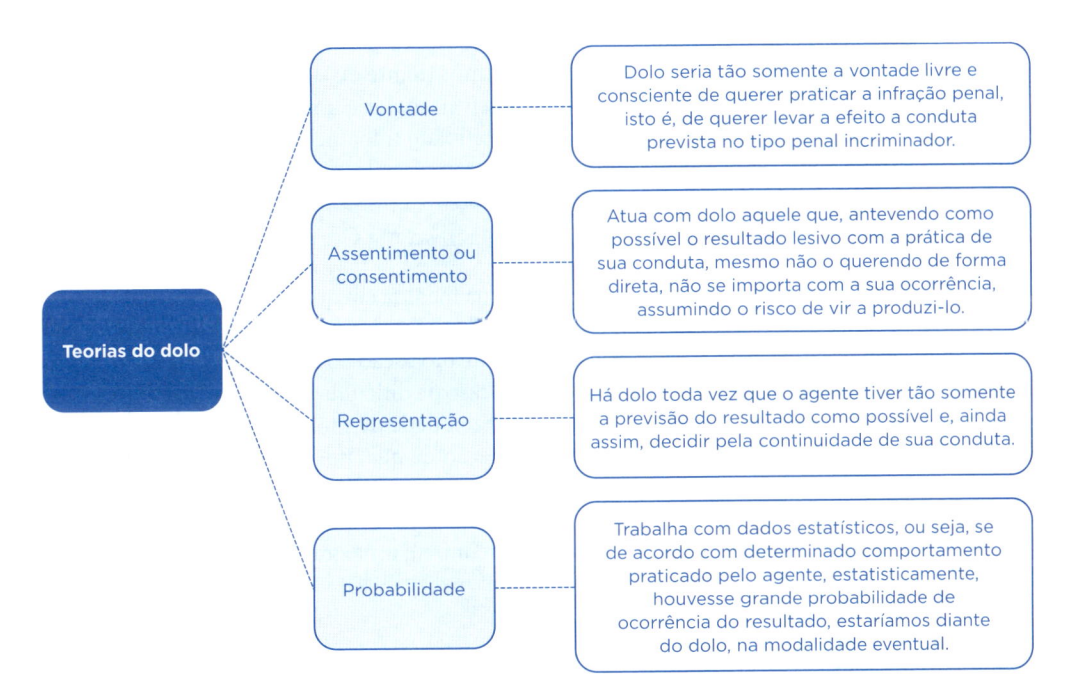

Teorias do dolo:

- **Vontade**: Dolo seria tão somente a vontade livre e consciente de querer praticar a infração penal, isto é, de querer levar a efeito a conduta prevista no tipo penal incriminador.

- **Assentimento ou consentimento**: Atua com dolo aquele que, antevendo como possível o resultado lesivo com a prática de sua conduta, mesmo não o querendo de forma direta, não se importa com a sua ocorrência, assumindo o risco de vir a produzi-lo.

- **Representação**: Há dolo toda vez que o agente tiver tão somente a previsão do resultado como possível e, ainda assim, decidir pela continuidade de sua conduta.

- **Probabilidade**: Trabalha com dados estatísticos, ou seja, se de acordo com determinado comportamento praticado pelo agente, estatisticamente, houvesse grande probabilidade de ocorrência do resultado, estaríamos diante do dolo, na modalidade eventual.

Segundo a teoria da vontade, dolo seria tão somente a vontade livre e consciente de querer[10] praticar a infração penal, isto é, de querer levar a efeito a conduta prevista no tipo penal incriminador.

Já a teoria do assentimento diz que atua com dolo aquele que, antevendo como possível o resultado lesivo com a prática de sua conduta, mesmo não o querendo de forma direta, não se importa com a sua ocorrência, assumindo o risco de vir a produzi-lo. Aqui o agente não quer o resultado diretamente, mas o entende como possível e o aceita. Segundo a precisa lição de Juarez Tavares:

"A *teoria do consentimento* ou da assunção é a teoria dominante e tem por base uma vinculação emocional do agente para com o resultado. Vale dizer, exige não apenas o conhecimento ou a previsão de que a conduta e o resultado típicos podem realizar-se, como também que o

---

[10] "O verbo *querer*, empregado para exprimir a vontade humana, é um verbo auxiliar que necessita, sempre, de um verbo principal para explicitar seu conteúdo; neste caso, o verbo *querer* deve ser completado com o verbo *realizar*, porque o direito penal proíbe *realizar* crimes e, portanto, o componente volitivo do dolo define-se como *querer realizar* o tipo objetivo de um crime" (Santos, Juarez Cirino dos. *A moderna teoria do fato punível*, p. 63).

agente se ponha de acordo com isso ou na forma de *conformar-se* ou de *aceitar* ou de *assumir o risco* de sua produção."[11]

Para a teoria da representação, podemos falar em dolo toda vez que o agente tiver tão somente a previsão do resultado como possível e, ainda assim, decidir pela continuidade de sua conduta. Para os adeptos dessa teoria, não se deve perquirir se o agente havia assumido o risco de produzir o resultado, ou se, mesmo o prevendo como possível, acreditava sinceramente na sua não ocorrência. Para a teoria da representação, não há distinção entre dolo eventual e culpa consciente, pois a antevisão do resultado leva à responsabilização do agente a título de dolo.

Segundo a teoria da probabilidade, conforme as lições de José Cerezo Mir, "se o sujeito considerava provável a produção do resultado estaremos diante do dolo eventual. Se considerava que a produção do resultado era meramente possível, se daria a imprudência consciente ou com representação."[12] Na verdade, a teoria da probabilidade trabalha com dados estatísticos, ou seja, se de acordo com determinado comportamento praticado pelo agente, estatisticamente, houvesse grande probabilidade de ocorrência do resultado, estaríamos diante do dolo eventual.

No que diz respeito à teoria da probabilidade, acrescenta Günter Stratenwerth:

"Ela acerta, seguramente, um sintoma essencial, na medida em que o autor tanto mais contará com a produção do resultado quanto mais este claramente esteja diante dos seus olhos. Ao deduzir o dolo do autor a partir da probabilidade de produção do resultado, ela se corresponde também com a estratégia preferida na *praxis* em caso de dificuldades probatórias. No entanto, basear-se, para afirmar o dolo, somente na probabilidade de produção do resultado (de que é consciente o autor) se expõe a uma dupla objeção de que, por um lado, não há nenhuma possibilidade de determinar com maior precisão o grau de probabilidade que deva ser decisivo, e de que, por outro, o autor [...] também poderá querer o improvável [como, por exemplo], tentar acertar mortalmente sua vítima que se encontra a uma grande distância."[13]

5. TEORIAS ADOTADAS PELO CÓDIGO PENAL

Pela redação do art. 18, I, do estatuto repressivo, podemos concluir, ao contrário de Damásio[14] e na esteira de Cezar Bitencourt,[15] que o Código Penal adotou as teorias da vontade e do assentimento.

Para a nossa lei penal, portanto, age dolosamente aquele que, diretamente, quer a produção do resultado, bem como aquele que, mesmo não o desejando de forma direta, assume o risco de produzi-lo.

Com isso, a simples representação mental do resultado não poderá fazer com que o agente seja responsabilizado dolosamente, uma vez que deve, no mínimo, aceitá-lo, não se importando com sua ocorrência.

---

[11] TAVARES, Juarez. *Teoria do injusto penal*, p. 278-279.
[12] CEREZO MIR, José. *Curso de derecho penal español* – Parte general, v. II, p. 149.
[13] STRATENWERTH, Günter. *Derecho penal* – Parte general 1, p. 165.
[14] Damásio entende que o Código Penal adotou tão somente a teoria da vontade (*Comentários ao código penal*, v. I, p. 246).
[15] BITENCOURT, Cezar Roberto. *Manual de direito penal* – Parte geral, p. 234.

6. ESPÉCIES DE DOLO

Costuma-se distinguir o dolo em *direto* e *indireto*.

- Diz-se direto o dolo quando o agente quer, efetivamente, cometer a conduta descrita no tipo, conforme preceitua a primeira parte do art. 18, I, do Código Penal. O agente, nesta espécie de dolo, pratica sua conduta dirigindo-a finalisticamente à produção do resultado por ele pretendido inicialmente. Assim, João, almejando causar a morte de Paulo, seu desafeto, saca seu revólver e o dispara contra este último, vindo a matá-lo. A conduta de João, como se percebe, foi direta e finalisticamente dirigida a causar a morte de Paulo.

No dolo direto, conforme exposto acima, o agente quer praticar a conduta descrita no tipo. Quer preencher os elementos objetivos descritos em determinado tipo penal. É o dolo por excelência, pois, quando falamos em dolo, o primeiro que nos vem à mente é justamente o dolo direto.

Ao estudarmos as duas fases de realização da ação, com apoio nos ensinamentos de Welzel, dissemos que na primeira delas, ou seja, na chamada fase interna, o agente: *a)* representa e antecipa mentalmente o resultado por ele pretendido, *b)* escolhe os meios necessários a fim de alcançar o resultado e *c)* reflete sobre os efeitos concomitantes, que dizem respeito à utilização dos meios por ele escolhidos, a fim de consumar a infração penal, já representada mentalmente. Dissemos, também, que o Direito Penal somente se interessa pela conduta do agente a partir do instante em que ele ingressa na segunda fase de realização da ação, qual seja, a sua fase externa, isto é, a fase na qual exteriorizará a sua conduta, dando início à execução do plano criminoso.

Tomando por base as mencionadas fases de realização da conduta, preleciona Cezar Roberto Bitencourt que o dolo direto pode ser classificado em: *a) dolo direto de primeiro grau* e *b) dolo direto de segundo grau*. De acordo com o renomado autor, "o dolo direto em relação ao *fim proposto* e aos *meios escolhidos* é classificado como de primeiro grau, e em relação aos efeitos colaterais, representados como *necessários*, é classificado como de segundo grau."[16]

A fim de que se possa visualizar melhor a diferença entre os dolos diretos de primeiro e segundo graus, raciocinemos com os seguintes exemplos: **I** – Suponhamos que **A** queira matar **B**. Para tanto, adquire uma pistola, meio tido como necessário e suficiente para o sucesso do plano criminoso. Quando **B** passa pelo local onde **A** havia se colocado de emboscada, este efetua o disparo, que causa a morte da vítima. Assim, concluímos que o dolo de **A** era direto, pois dirigido imediatamente a produzir o resultado morte, previsto pelo tipo do art. 121 do Código Penal. Além de ser direto, poderá também ser entendido como de primeiro grau, uma vez que, em razão do meio por ele selecionado, não havia possibilidade de ocorrência de qualquer efeito colateral ou concomitante, qual seja, a morte de outras pessoas, que não a vítima por ele escolhida. **II**– Agora, imagine-se que o agente, terrorista internacional, queira causar a morte de uma importante autoridade pública. Sabendo, antecipadamente, que a vítima faria uma viagem de cunho político, coloca um explosivo no avião no qual esta seria transportada, a fim de que fosse detonado quando a aeronave já tivesse decolado, o que vem a acontecer. Nesse caso, não somente ocorre a morte da autoridade pública, como também de todas as outras pessoas que com ela se encontravam no referido voo. O dolo referente à autoridade pública poderá ser considerado direto de primeiro grau, pois a conduta do terrorista foi dirigida finalisticamente a causar-lhe a morte. Com relação às demais pessoas que estavam a bordo do avião, o terrorista sequer as conhecia, como também sequer sabia o número exato de passa-

---

[16] BITENCOURT, Cezar Roberto. *Manual de direito penal* – Parte geral, p. 209.

geiros. Contudo, em razão do meio por ele selecionado a fim de causar a morte da autoridade pública, ou seja, o explosivo colocado na aeronave, o resultado morte com relação a todas as outras pessoas passou a ser considerado como certo. Ou seja, a certeza com relação aos efeitos concomitantes ou colaterais faz com que o dolo do agente seja tido como direto. Contudo, será classificado como de segundo grau, pois que a finalidade primeira não era a de causar a morte dos demais passageiros, que ele sequer conhecia. Entretanto, em virtude do meio por ele selecionado, a morte dos demais também era tida como certa. Inegavelmente, como ressalta Cezar Roberto Bitencourt, "a morte de todos foi *querida* pelo agente, como *consequência necessária* do meio escolhido. Em relação à vítima visada, o dolo direto foi de primeiro grau; em relação às demais vítimas, o dolo foi de segundo grau",[17] ou, como afirmam Zaffaroni, Alagia e Slokar, "no dolo direto de segundo grau ou mediato, o resultado típico é uma consequência necessária dos meios eleitos, que devem ser abrangidos pela vontade tanto como o fim mesmo. Daí por que também é reconhecido como *dolo de consequências necessárias*."[18]

- O dolo indireto, a seu turno, pode ser dividido em *alternativo* e *eventual*.

O dolo indireto alternativo, nas lições de Fernando Galvão, "apresenta- -se quando o aspecto volitivo do agente se encontra direcionado, de maneira alternativa, seja em relação ao resultado ou em relação à pessoa contra a qual o crime é cometido."[19] Quando a alternatividade do dolo disser respeito ao resultado, fala-se em alternatividade objetiva; quando a alternatividade se referir à pessoa contra a qual o agente dirige sua conduta, a alternatividade será subjetiva.

Como exemplo de dolo indireto alternativo, tomando por base o resultado, podemos citar aquele em que o agente efetua disparos contra a vítima, querendo feri-la ou matá-la. Percebe-se, por intermédio desse exemplo, que o conceito de dolo alternativo é um misto de dolo direto com dolo eventual. Sim, porque quando o agente quer ferir ou matar a vítima seu dolo é dirigido diretamente a uma pessoa determinada; mas, no que diz respeito ao resultado, encontramos também uma "pitada" de dolo eventual, haja vista que o agente, quando direciona sua conduta a fim de causar lesões ou a morte de outra pessoa, não se importa com a ocorrência de um ou de outro resultado, e se o resultado mais grave vier a acontecer este ser-lhe-á imputado a título de dolo eventual.

Podemos citar como exemplo de dolo alternativo quanto à pessoa, fornecido por Fernando Galvão,[20] aquele em que um agente, a certa distância, efetua disparos com sua arma de fogo contra duas pessoas, querendo matar uma ou outra. Como se percebe, aqui também encontramos um misto de dolo direto com dolo eventual.

Fala-se em dolo eventual quando o agente, embora não querendo diretamente praticar a infração penal, não se abstém de agir e, com isso, assume o risco de produzir o resultado que por ele já havia sido previsto e aceito. Nas palavras de Jescheck, "dolo eventual significa que o autor considera seriamente como possível a realização do tipo legal e se conforma com ela."[21] Ainda nesse sentido a lição de Muñoz Conde:

"No dolo eventual, o sujeito representa o resultado como de produção provável e, embora não queira produzi-lo, continua agindo e admitindo a sua eventual produção. O sujeito não quer o resultado, mas conta com ele, admite sua produção, assume o risco etc."[22]

---

[17] BITENCOURT, Cezar Roberto. *Manual de direito penal* – Parte geral, p. 210.
[18] ZAFFARONI, Eugenio Raúl; ALAGIA, Alejandro; SLOKAR, Alejandro. *Derecho penal* – Parte general, p. 499.
[19] GALVÃO, Fernando. *Noções elementares sobre a teoria do crime*, p. 23.
[20] GALVÃO, Fernando. *Noções elementares sobre a teoria do crime*, p. 24.
[21] JESCHECK, Hans-Heinrich. *Tratado de derecho penal* – Parte general, p. 404.
[22] MUÑOZ CONDE, Francisco. *Teoria geral do delito*, p. 60.

No entanto, embora, aparentemente, não se tenha problema em conceituar o dolo eventual, sua utilização prática nos conduz a uma série de dificuldades. Isto porque, ao contrário do dolo direto, não podemos identificar a *vontade* do agente como um de seus elementos integrantes, havendo, tão somente, a *consciência*, o que levou Bustos Ramírez e Hormazábal Malarée[23] a concluir que, na verdade, o dolo eventual não passa de uma espécie de culpa com representação, punida mais severamente.

Como apontam, acertadamente, Juan Carlos Ferré Olivé, Miguel Ángel Nuñez Paz, William Terra de Oliveira e Alexis Couto de Brito, o dolo eventual:

"É um dos temas mais polêmicos da dogmática jurídico-penal. Suas implicações não são exclusivamente teóricas, pois optar por um delito doloso ou culposo possui enormes consequências práticas, já que poderá ocasionar a maior pena do delito doloso, a menor da culpa ou, em certas ocasiões, a impunidade, caso o tipo em questão não possua uma modalidade culposa. De um ponto de vista valorativo, o injusto que se realiza por meio de dolo eventual é algo menor que o daquele que atua com dolo direto, e algo maior com relação ao que o faz com culpa consciente. Por esse motivo, alguns autores consideram o dolo eventual como uma forma de dolo *atenuada ou debilitada*, mas sem consequências penais (Claus Roxin), ou postulam por um abrandamento da pena a ser imposta (Diego Luzón Peña)"[24].

7. DOLO GERAL (HIPÓTESE DE ERRO SUCESSIVO)

Fala-se em dolo geral (*dolus generalis*), segundo Welzel, "quando o autor acredita haver consumado o delito quando na realidade o resultado somente se produz por uma ação posterior, com a qual buscava encobrir o fato",[25] ou, ainda, na definição de Hungria, "quando o agente, julgando ter obtido o resultado intencionado, pratica segunda ação com diverso propósito e só então é que efetivamente o dito resultado se produz."[26] Exemplificando, os insignes juristas trazem à colação caso do agente que após desferir golpes de faca na vítima, supondo-a morta, joga o seu corpo em um rio, vindo esta, na realidade, a falecer por afogamento. A discussão travada na Alemanha cingia-se ao fato de que, com a primeira conduta, o agente não havia alcançado o resultado morte, razão pela qual deveria responder por um crime tentado; em virtude de seu segundo comportamento, isto é, o fato de jogar o corpo da vítima num rio, afogando-a, seria responsabilizado por homicídio culposo.

Rejeitando essa conclusão, ou seja, de duas ações distintas com duas infrações penais também distintas, Welzel se posicionava no sentido de que o agente atuava com o chamado dolo geral, que acompanhava sua ação em todos os instantes, até a efetivação do resultado desejado *ab initio*.[27]

Dessa forma, se o agente atuou com *animus necandi* (dolo de matar) ao efetuar os golpes na vítima, deverá responder por homicídio doloso, mesmo que o resultado morte advenha de outro modo que não aquele pretendido pelo agente (*aberratio causae*), quer dizer, o dolo acompanhará todos os seus atos até a produção do resultado, respondendo o agente, portanto, por um único homicídio doloso, independentemente da ocorrência do resultado aberrante.

---

[23] BUSTOS RAMÍREZ, Juan J.; HORMAZÁBAL MALARÉE, Hernán. *Nuevo sistema de derecho penal*, p. 102.
[24] FERRÉ OLIVÉ, Juan Carlos; NUÑEZ PAZ, Miguel Ángel; OLIVEIRA, William Terra de; BRITO, Alexis Couto de. *Direito penal brasileiro – parte geral – princípios fundamentais e sistema*, p. 330.
[25] WELZEL, Hans. *Derecho penal alemán*, p. 89.
[26] HUNGRIA, Nélson. *Comentários ao Código Penal*, v. I, t. II, p. 182.
[27] WELZEL, Hans. *Derecho penal alemán*, p. 89.

8. DOLO GENÉRICO E DOLO ESPECÍFICO

Fazia-se, quando prevalecia a teoria natural da ação, a distinção entre dolo genérico e dolo específico. Dizia-se que dolo genérico era aquele em que no tipo penal não havia indicativo algum do elemento subjetivo do agente ou, melhor dizendo, não havia indicação alguma da finalidade da conduta do agente. Dolo específico, a seu turno, era aquele em que no tipo penal podia ser identificado o que denominamos de especial fim de agir. No tipo do art. 121 do Código Penal, por exemplo, não há, segundo os adeptos dessa distinção, indicação alguma da finalidade do agente, razão pela qual vislumbravam, ali, o dolo genérico. Ao contrário, no caso de tipos penais como o do art. 159 do Código Penal, em que na sua redação encontramos expressões que indicam a finalidade da conduta do agente (com o fim de etc.), existe um dolo específico.

Contudo, uma vez adotada a teoria finalista da ação, podemos dizer que em todo o tipo penal há uma finalidade que o difere de outro, embora não seja tão evidente quando o próprio artigo se preocupa em direcionar a conduta do agente, trazendo expressões dela indicativas. Isso porque, de acordo com a referida teoria, a ação é o exercício de uma atividade final, ou seja, toda conduta é finalisticamente dirigida à produção de um resultado qualquer, não importando se a intenção do agente é mais ou menos evidenciada no tipo penal.

9. DOLO NORMATIVO (*DOLUS MALUS*)

Para os adeptos da teoria causal, mais especificamente para os causalistas que adotam a chamada teoria neoclássica ou psicológico-normativa, a culpabilidade é integrada pelos seguintes elementos: imputabilidade, dolo/culpa e exigibilidade de conduta diversa.

No dolo, haveria um elemento de natureza normativa, qual seja, a consciência sobre a ilicitude do fato. Dependendo da teoria que se adote, essa consciência deverá ser real (teoria extremada do dolo) ou potencial (teoria limitada do dolo). Na precisa lição de Assis Toledo:

> "A teoria extremada do dolo – a mais antiga – situa o dolo na culpabilidade e a consciência da ilicitude no próprio dolo. O dolo é, pois, um dolo normativo, o *dolus malus* dos romanos, ou seja: vontade, previsão e mais o conhecimento de que se realiza uma conduta proibida (consciência atual da ilicitude). A teoria limitada do dolo quer ser um aperfeiçoamento da anterior, pois desta não diverge a não ser em alguns pontos: substitui o conhecimento atual da ilicitude pelo conhecimento potencial; além disso, exige a consciência da ilicitude material, não puramente formal."[28]

Assim, pelo fato de existir no dolo, juntamente com os elementos volitivos e cognitivos, considerados psicológicos, um elemento de natureza normativa (real ou potencial consciência sobre a ilicitude do fato), é que esse dolo causalista é conhecido como dolo normativo.

10. DOLO SUBSEQUENTE (*DOLUS SUBSEQUENS*)

Questão que merece destaque diz respeito à possibilidade de um dolo subsequente, em latim *dolus subsequens*, também conhecido como dolo consecutivo.

Para efeito de raciocínio, estaríamos diante de uma hipótese, por exemplo, em que o agente tivesse produzido um resultado sem que, para tanto, houvesse qualquer conduta penalmente relevante, em face da inexistência de dolo ou culpa ou, mesmo, diante de um fato inicialmente culposo, sendo que, após verificar a ocorrência desse resultado, o agente teria se alegrado ou mesmo aceitado a sua produção. Como esclarece Roxin:

---

[28] TOLEDO, Francisco de Assis. *Princípios básicos de direito penal*, p. 282-283.

"Quem mata por descuido seu inimigo e se alegra depois disso, ou seja, assume o sucesso conscientemente em sua vontade, evidentemente apesar disso somente responde pelo homicídio imprudente e não a título de dolo. Pois, somente se pode falar de realização do plano quando o plano existia antes de acontecer a ação executiva. Se antes da morte da vítima a quem o agente feriu imprudentemente o sujeito concebe o plano de não chamar um médico e deixá-la morrer, então o dolo subsequente pode fundamentar um novo homicídio por omissão, mas não converter a ação imprudente em um fato doloso. Nos delitos de dois atos o dolo deve concorrer em ambas as ações executivas e não pode formar-se *a posteriori* em somente uma delas."[29]

Podemos, assim, concluir com Günter Stratenwerth que, como não se pode querer realizar o que já aconteceu, a "mera aprovação retroativa de um resultado já produzido nunca constitui dolo."[30]

11. DOLO DE PROPÓSITO E DOLO DE ÍMPETO

A doutrina também faz distinção entre os chamados dolo de propósito e dolo de ímpeto. Rogério Sanches Cunha, com precisão, aduz que:

"É denominado dolo de propósito a vontade e consciência refletida, pensada, premeditada. Difere-se do dolo de ímpeto, caracterizado por ser repentino, sem intervalo entre a fase da cogitação e de execução do crime. Nem sempre a premeditação agrava a pena do crime, mas o ímpeto poderá corresponder a uma privilegiadora (art. 121, § 1º, CP) ou circunstância atenuante (art. 65, III, 'c' CP)"[31].

12. AUSÊNCIA DE DOLO EM VIRTUDE DE ERRO DE TIPO

Ao conceituarmos o dolo, dissemos que ele é a vontade livre e consciente de praticar a infração penal. Dolo, portanto, é a conjugação da vontade com a consciência do agente, isto é, vontade de querer praticar a conduta descrita no tipo penal com a consciência efetiva daquilo que realiza.

O erro, como veremos em capítulo próprio, numa concepção ampla, é a falsa percepção da realidade. Aquele que incorre em erro imagina uma situação diversa daquela realmente existente. O erro de tipo, na precisa lição de Zaffaroni, "é o fenômeno que determina a ausência de dolo quando, havendo uma tipicidade objetiva, falta ou é falso o conhecimento dos elementos requeridos pelo tipo objetivo."[32] No exemplo do caçador que atira em seu companheiro supondo-o um animal, não podemos, mesmo sendo inescusável o erro, vislumbrar o dolo em sua conduta. Isso porque, pelo exemplo fornecido, a vontade do agente não era dirigida a matar alguém, e sim a um animal que ele supunha estar naquele local. Tampouco tinha consciência de que matava um ser humano. Dessa forma, a consequência natural do erro de tipo é a de, sempre, afastar o dolo do agente, permitindo, contudo, a sua punição pela prática de um crime culposo, se houver previsão legal, conforme determina o *caput* do art. 20 do Código Penal, assim redigido:

Art. 20. O erro sobre elemento constitutivo do tipo legal de crime exclui o dolo, mas permite a punição por crime culposo, se previsto em lei.

---

[29] ROXIN, Claus. *Derecho penal* – Parte general, tomo I, p. 454.
[30] STRATENWERTH, Günter. *Derecho penal* – Parte general 1, p. 171.
[31] CUNHA, Rogério Sanches. *Manual de direito penal* – parte geral, p. 179.
[32] ZAFFARONI, Eugenio Raúl. *Manual de derecho penal* – Parte general, p. 411.

Concluindo, sempre que o agente incorrer em erro de tipo, seja ele escusável ou inescusável, o seu dolo restará afastado, pois, em tais casos, não atua com vontade e consciência de praticar a infração penal.

13. DOLO E CRIME DE PERIGO

Outro tema que merece uma análise mais detida diz respeito ao dolo nos chamados crimes de perigo.

Os crimes de perigo, que podem ser subdivididos em perigo abstrato e perigo concreto, constituem uma antecipação da punição levada a efeito pelo legislador, a fim de que o mal maior, consubstanciado no dano, seja evitado. Assim, podemos dizer que, punindo-se um comportamento entendido como perigoso, procura-se evitar a ocorrência do dano.

Imagine-se, por exemplo, o que ocorre na hipótese constante do art. 311 do Código de Trânsito Brasileiro, que diz:

> **Art. 311.** Trafegar em velocidade incompatível com a segurança nas proximidades de escolas, hospitais, estações de embarque e desembarque de passageiros, logradouros estreitos, ou onde haja grande movimentação ou concentração de pessoas, gerando perigo de dano:
> Pena – detenção, de 6 (seis) meses a 1 (um) ano, ou multa.

A doutrina afirma, majoritariamente, que nessas infrações de perigo, o agente deverá agir com dolo, pois não existe a ressalva exigida ao reconhecimento do comportamento culposo, conforme determina o parágrafo único do art. 18 do Código Penal.

No entanto, raciocinemos com a hipótese em que o agente, dirigindo em velocidade incompatível com a segurança, próximo a uma escola, atropele um dos alunos que tentava levar a efeito a travessia da rua naquele exato instante, causando-lhe a morte. Nesse caso, o agente que atropelou e matou a vítima seria responsabilizado pelo delito de homicídio culposo, na direção de veículo automotor (art. 302 do CTB). Dessa forma, como explicar que um comportamento anteriormente doloso (crime de perigo), se converta em um outro, agora de natureza culposa (homicídio culposo)?

Na verdade, em muitas situações, aquilo que identificamos como um *dolo de perigo* acaba se confundindo com a inobservância do dever objetivo de cuidado, característica dos crimes culposos, razão pela qual Gonzalo Quintero Olivares afirma:

> "Do ponto de vista técnico, os delitos de perigo apresentam características estruturais que os aproximam dos delitos imprudentes, ao menos até um certo grau de desenvolvimento, isto é: são condutas imprudentes que devem ser castigadas sem necessidade de que se produza a catástrofe ou o dano."[33]

E continua dizendo o renomado professor da Universidade das Ilhas Baleares:

> "O penalista não pode esquecer que a declaração de tipicidade de certas condutas não é outra coisa que uma antecipação do que, em uma situação normal de produção do resultado, *teria sido sempre um delito imprudente e não um delito doloso*. Portanto, está fora de

---

[33] OLIVARES, Gonzalo Quintero. *Los delitos de riesgo en la política criminal de nuestro tiempo* (Crítica y justificación del derecho penal en el cambio de siglo), p. 244.

lugar falar em um *dolo de perigo* quando na verdade estaremos diante de uma culpa com ou sem previsão."[34]

14. DOLO EVENTUAL E TEORIA DA CEGUEIRA DELIBERADA (CEGUEIRA INTENCIONAL OU *WILLFUL BLINDNESS*, DO MUNDO ANGLO-SAXÃO)

Ultimamente, tem-se concluído pelo dolo eventual nos casos da chamada cegueira deliberada, que ocorre nas hipóteses em que o agente, mesmo diante de situações gritantes, onde a probabilidade de ter ocorrido uma infração penal é enorme, insiste em levar a efeito o seu comportamento, desconsiderando esse fato. Como esclarecem Juan Carlos Ferré Olivé, Miguel Ángel Nuñez Paz, William Terra de Oliveira e Alexis Couto de Brito:

"Haveria tal situação quando o sujeito renuncia voluntariamente em adquirir os conhecimentos que, se computados, levariam à presença do dolo (por exemplo, se lhe oferecem uma grande soma de dinheiro para transportar objetos de natureza suspeitosa, mas o sujeito opta por vendar os olhos, já que não quer conhecer algo que lhe possa prejudicar)"[35].

E continuam suas lições, dizendo:

"No Brasil, a aplicação de tal teoria vem ganhando destaque no âmbito dos delitos relacionados com o crime organizado, especialmente o narcotráfico e a lavagem de dinheiro"[36].

Situação extremamente controvertida, e objeto de intensas discussões com a Ordem dos Advogados do Brasil, diz respeito ao fato de um advogado receber seus honorários de uma pessoa que, sabidamente, por exemplo, vive de atividades ilícitas. Imagine-se a hipótese em que o advogado tenha que fazer a defesa de um "famoso" traficante, que vive exclusivamente do tráfico de drogas, ou mesmo políticos que estão envolvidos com corrupção e, estes últimos, jamais conseguiriam pagar os vultosos honorários com suas rendas lícitas. O correto, salvo melhor juízo, seria a impossibilidade de pagamento de honorários, devendo os acusados serem defendidos pela Defensoria Pública, ou mesmo por advogados dativos, sem qualquer pagamento, ou com um pagamento determinado pelo Juízo Criminal em virtude da sua atuação no caso.

---

[34] OLIVARES, Gonzalo Quintero. *Los delitos de riesgo en la política criminal de nuestro tiempo* (Crítica y justificación del derecho penal en el cambio de siglo), p. 246.

[35] FERRÉ OLIVÉ, Juan Carlos; NUÑEZ PAZ, Miguel Ángel; OLIVEIRA, William Terra de; BRITO, Alexis Couto de. *Direito penal brasileiro* – parte geral – princípios fundamentais e sistema, p. 333.

[36] FERRÉ OLIVÉ, Juan Carlos; NUÑEZ PAZ, Miguel Ángel; OLIVEIRA, William Terra de; BRITO, Alexis Couto de. *Direito penal brasileiro* – parte geral – princípios fundamentais e sistema, p. 333.

Capítulo XXVI
Tipo Culposo

Acesse e assista à aula explicativa sobre este assunto.
> http://uqr.to/1wh15

1. DISPOSITIVO LEGAL

Nos termos do inciso II do art. 18 do Código Penal,

> **Art. 18.** Diz-se o crime:
> I – [...];
> II – culposo, quando o agente deu causa ao resultado por imprudência, negligência ou imperícia.
> **Parágrafo único.** Salvo os casos expressos em lei, ninguém pode ser punido por fato previsto como crime, senão quando o pratica dolosamente.

2. CONCEITO E ELEMENTOS DO DELITO CULPOSO

A conduta humana que interessa ao Direito Penal só pode ocorrer de duas formas: ou o agente atua dolosamente, querendo ou assumindo o risco de produzir o resultado, ou, culposamente, dá causa a esse mesmo resultado, agindo com imprudência, imperícia ou negligência. Dessa forma, somente podemos falar em conduta dolosa ou culposa.

A ausência de conduta dolosa ou culposa faz com que o fato cometido deixe de ser típico, afastando-se, por conseguinte, a própria infração penal cuja prática se quer imputar ao agente.

De acordo com o art. 18, II, do Código Penal, diz-se culposo o crime *quando o agente deu causa ao resultado por imprudência, negligência ou imperícia*. Essa definição, contudo, não é suficiente para que possamos aferir com precisão se determinada conduta praticada pelo agente pode ser ou não considerada culposa.

Na lição de Mirabete, tem-se conceituado o crime culposo como "a conduta humana voluntária (ação ou omissão) que produz resultado antijurídico não querido, mas previsível, e excepcionalmente previsto, que podia, com a devida atenção, ser evitado."[1]

Nota-se, portanto, que para a caracterização do delito culposo é preciso a conjugação de vários elementos, a saber:

a) conduta humana voluntária, comissiva ou omissiva;

---

[1] MIRABETE, Júlio Fabbrini. *Manual de direito penal* – Parte geral, p. 138.

b) inobservância de um dever objetivo de cuidado (negligência, imprudência ou imperícia);
c) o resultado lesivo não querido, tampouco assumido, pelo agente;
d) nexo de causalidade entre a conduta do agente que deixa de observar o seu dever de cuidado e o resultado lesivo dela advindo;
e) previsibilidade;
f) tipicidade.

- A conduta, nos delitos de natureza culposa, é o ato humano voluntário dirigido, em geral, à realização de um fim lícito, mas que, por imprudência, imperícia ou negligência, isto é, por não ter o agente observado o seu dever de cuidado, dá causa a um resultado não querido, nem mesmo assumido, tipificado previamente na lei penal.

Toda conduta, seja dolosa ou culposa, deve ter sempre uma finalidade. A diferença entre elas reside no fato de que na conduta dolosa, como regra, existe uma finalidade ilícita, enquanto na conduta culposa a finalidade é quase sempre lícita. Na conduta culposa, os meios escolhidos e empregados pelo agente para atingir a finalidade lícita é que foram inadequados ou mal utilizados.

Na espécie culposa, na lição de Paulo José da Costa Júnior:

"A finalidade endereça-se a um resultado juridicamente irrelevante. A ação culposa caracteriza-se por uma deficiência na execução da direção final. E esta deficiência se deve ao fato de a orientação dos meios não corresponder àquela que deveria em realidade ser imprimida para evitar as lesões aos bens jurídicos."[2]

Imaginemos o seguinte exemplo: alguém, querendo chegar mais cedo à sua residência para assistir a uma partida de futebol, imprime velocidade excessiva em seu veículo e, em virtude disso, atropela e causa a morte de uma criança que tentava efetuar a travessia da avenida pela qual o automóvel do agente transitava em alta velocidade. A finalidade do agente era lícita, ou seja, ele não queria cometer qualquer infração penal, mas, sim, chegar com a maior brevidade possível a sua casa para que não perdesse a partida de futebol. Contudo, embora lícita a finalidade do agente, a utilização dos meios para alcançá-la é que foi inadequada, porquanto não observou o seu dever de cuidado, agindo de forma imprudente ao imprimir em seu veículo velocidade não compatível com o local. O mais importante é que percebamos que em toda conduta, seja dolosa ou culposa, haverá sempre uma finalidade. Nas palavras de Zaffaroni:

"Se a conduta não se concebe sem vontade, e a vontade não se concebe sem finalidade, a conduta que individualiza o tipo culposo terá uma finalidade, tal qual a que individualiza o tipo doloso [...]. O tipo culposo não individualiza a conduta pela finalidade, mas sim porque pela forma que se obtém essa finalidade se viola um dever de cuidado."[3]

- Como segundo elemento necessário à caracterização do crime culposo temos a chamada *inobservância de um dever objetivo de cuidado*. O homem, em suas relações, não pode fazer tudo aquilo que bem entende, uma vez que, assim agindo, poderá causar lesões a terceiros. A vida em sociedade impõe-nos determinadas regras de conduta que devem ser obedecidas por todos, sob pena de gerar o caos social.

---

[2] COSTA JÚNIOR, Paulo José da. *Nexo causal*, p. 23-24.
[3] ZAFFARONI, Eugenio Raúl. *Manual de derecho penal* – Parte general, p. 427.

Na precisa lição de Ney Moura Teles:

"Nos dias de hoje – em que a vida incorpora, cada vez mais, novos e modernos instrumentos e mecanismos, destinados a facilitar a vida do homem, mas que, conforme sejam manipulados, podem causar sérios danos –, todos nós temos, cada vez maior, um dever geral objetivo de adotar toda a cautela, toda a preocupação e precaução, todo o cuidado possível, para não causarmos, com nossos comportamentos, lesões aos bens jurídicos."[4]

Esse dever de cuidado objetivo, dirigido a todos nós, faz com que atentemos para determinadas regras de comportamento, mesmo que não escritas ou expressas, a fim de convivermos harmoniosamente em sociedade. Cada membro da sociedade parte do princípio de que esse dever de cuidado objetivo será observado pelo seu semelhante. Quem precisa de norma expressa para considerar perigosa a conduta daquele que coloca um pesado vaso de flores no parapeito de uma janela localizada no 13º andar de um prédio, ou daquele que avança um sinal de trânsito de parada obrigatória, ou mesmo daquele pai, no exemplo de Ney Moura Teles, que deixa sua arma carregada ao alcance de seus filhos menores? Todas essas condutas devem ser evitadas porque infringem um dever de cuidado objetivo. Caso contrário, isto é, caso o agente as pratique e, em consequência, venha a produzir resultados lesivos, terá de responder por eles.

Juarez Tavares, analisando o tema em estudo, afirma:

"A lesão ao dever de cuidado resulta da omissão da ação cuidadosa, imposta pela norma, no sentido de atender às funções protetivas a que se propõe. A prova ou comprovação da lesão ao dever de cuidado se faz negativamente: se a ação realizada pelo agente era adequada ao objetivamente exigido, era cuidadosa e, por isso, não haverá tipicidade. Em caso contrário, verifica-se a lesão ao dever de cuidado, porque, na condução da atividade, foram omitidas as exigências protetivas impostas pela norma."[5]

A infringência ao dever de cuidado objetivo pode ocorrer nas hipóteses de imprudência, imperícia e negligência, cujos conceitos serão analisados em tópico distinto.

- Embora o agente tenha deixado de observar o seu dever de cuidado, praticando, por exemplo, uma conduta extremamente imprudente, pode haver situações em que seu comportamento não cause danos aos bens juridicamente tutelados pelo Direito Penal. Em casos tais, o agente não responderá pela prática de um delito culposo, uma vez que, para que reste caracterizada esta espécie de crime, é preciso que ocorra, como regra, um resultado naturalístico, ou seja, aquele no qual haja uma modificação no mundo exterior. Essa exigência vem expressa no inciso II do art. 18 do Código Penal, que diz ser o crime culposo quando o agente deu causa ao *resultado* por imprudência, negligência ou imperícia.

No exemplo daquele agente que, de forma imprudente, coloca o vaso de flores no parapeito da janela de seu prédio, se este não vier a cair e, por conseguinte, não causar lesão em ninguém, crime culposo algum poderá a ele ser atribuído; da mesma forma, aquele que avança um sinal de trânsito e também não causa qualquer lesão a outrem não poderá ser responsabilizado por um crime culposo.

Em síntese, para que possamos falar em delito culposo faz-se necessária a ocorrência de um resultado, como regra, naturalístico. Sem ele, o fato praticado pelo agente poderá até se amoldar

---

[4] TELES, Ney Moura. *Direito penal* – Parte geral, p. 228.
[5] TAVARES, Juarez. *Direito penal da negligência,* p. 138-139.

a outra figura típica dolosa, mas nunca culposa. No caso do agente que avança o sinal de trânsito, participando de um "racha" em via pública, embora não tenha atropelado ninguém, não podendo, portanto, ser responsabilizado por um crime de lesão ou homicídio culposo, poderá, dependendo do caso concreto, responder pelo delito previsto no art. 308[6] do Código de Trânsito Brasileiro, se sua conduta gerar situação de risco à incolumidade pública ou privada, de acordo com a atual redação legal que lhe foi conferida pela Lei nº 13.546, de 19 de dezembro de 2017.

Podemos verificar algumas exceções à exigência do resultado naturalístico, para efeitos de caracterização do crime culposo, nos arts. 228 e 229 do Estatuto da Criança e do Adolescente (Lei nº 8.069/90), que preveem crimes de mera conduta, como também o art. 38 da Lei nº 11.343/2006.[7-8]

Para que se possa falar em culpa, portanto, é preciso que o agente pratique uma conduta que infrinja um dever de cuidado objetivo e, por conseguinte, venha a causar um resultado naturalístico. Contudo, isso ainda não é o bastante.

- Deve existir, ainda, um *nexo de causalidade* entre a conduta praticada e o resultado danoso dela advindo, para que este último possa ser imputado ao agente.
- Além da conduta, da sua inobservância a um dever objetivo de cuidado, adicionados à ocorrência de um resultado naturalístico e do necessário nexo de causalidade, é preciso, também, que o fato seja *previsível* para o agente. Diz-se que no crime culposo, o agente não prevê aquilo que lhe era previsível. Essa afirmativa, como veremos adiante, presta-se tão somente para os delitos em que houver a chamada culpa inconsciente ou culpa comum, uma vez que na culpa consciente, o agente prevê o resultado, mas, *sinceramente*, não acredita na sua ocorrência.

Assim, percebe-se que a previsibilidade é outro elemento indispensável à caracterização do crime culposo. Se o fato escapar totalmente à previsibilidade do agente, o resultado não lhe poderá ser atribuído, mas sim ao caso fortuito ou à força maior.

Respondendo à sua própria indagação do que seria previsibilidade como conceito jurídico-penal, Hungria diz:

"Existe previsibilidade quando o agente, nas circunstâncias em que se encontrou, podia, segundo a experiência geral, ter representado, como possíveis, as consequências do seu ato. Previsível é o fato cuja possível superveniência não escapa à perspicácia comum. Por outras

---

[6] **Art. 308.** *Participar, na direção de veículo automotor, em via pública, de corrida, disputa ou competição automobilística ou ainda de exibição ou demonstração de perícia em manobra de veículo automotor, não autorizada pela autoridade competente, gerando situação de risco à incolumidade pública ou privada:Penas – detenção, de 6 (seis) meses a 2 (dois) anos, multa e suspensão ou proibição de se obter a permissão ou a habilitação para dirigir veículo automotor.*

[7] **Art. 38.** *Prescrever ou ministrar, culposamente, drogas, sem que delas necessite o paciente, ou fazê-lo em doses excessivas ou em desacordo com determinação legal ou regulamentar: Pena – detenção, de 6 (seis) meses a 2 (dois) anos, e pagamento de 50 (cinquenta) a 200 (duzentos) dias-multa.*

[8] **Art. 228.** *Deixar o encarregado de serviço ou o dirigente de estabelecimento de atenção à saúde de gestante de manter registro das atividades desenvolvidas, na forma e prazo referidos no art. 10 desta Lei, bem como de fornecer à parturiente ou a seu responsável, por ocasião da alta médica, declaração de nascimento, onde constem as intercorrências do parto e do desenvolvimento do neonato: Pena – detenção de 6 (seis) meses a 2 (dois) anos.* **Parágrafo único.** *Se o crime é culposo: Pena – detenção de 2 (dois) a 6 (seis) meses, ou multa.* **Art. 229.** *Deixar o médico, enfermeiro ou dirigente de estabelecimento de atenção à saúde de gestante de identificar corretamente o neonato e a parturiente, por ocasião do parto, bem como deixar de proceder aos exames referidos no art. 10 desta Lei: Pena – detenção de 6 (seis) meses a 2 (dois) anos.* **Parágrafo único.** *Se o crime é culposo: Pena – detenção de 2 (dois) a 6 (seis) meses, ou multa.*

palavras: é previsível o fato, sob o prisma penal, quando a previsão do seu advento, no caso concreto, podia ser exigida do homem normal, do *homo medius*, do tipo comum de sensibilidade ético-social."[9]

A previsibilidade condiciona o dever de cuidado: "Quem não pode prever não tem a seu cargo o dever de cuidado e não pode violá-lo."[10]

A doutrina faz distinção, ainda, entre a *previsibilidade objetiva* e a *previsibilidade subjetiva*. Previsibilidade objetiva seria aquela, conceituada por Hungria, em que o agente, no caso concreto, deve ser substituído pelo chamado "homem médio, de prudência normal." Se, uma vez levada a efeito essa substituição hipotética, o resultado ainda assim persistir, é sinal de que o fato havia escapado ao âmbito de previsibilidade do agente, porque dele não se exigia nada além da capacidade normal dos homens. Não é imposta ao agente uma previsibilidade extremamente larga que, de acordo com a imaginação do aplicador da lei, poderá ser imposta a todos os casos.

Exemplificando: Suponhamos que determinado agente, dirigindo seu veículo em velocidade excessiva próximo a uma escola, no horário de saída dos alunos, atropele um dos estudantes, causando-lhe a morte. Vamos analisar o fato aplicando os elementos que integram o delito culposo, estudados até aqui. Verifica-se, pelo exemplo fornecido, que, voluntariamente, o agente (um ser humano), dirigindo o seu automóvel em velocidade excessiva (infração ao seu dever de cuidado objetivo), atropelou e causou a morte (resultado naturalístico e nexo de causalidade) de um estudante que, naquele local e horário, acabava de sair da escola (previsibilidade no que diz respeito ao fato de que, naquele local e hora, muitas pessoas poderiam estar tentando efetuar a travessia da rua). Se substituirmos o motorista atropelador por um homem médio, de prudência normal, este último teria tido uma conduta diferente daquela que fora realizada pelo agente, deixando de imprimir velocidade excessiva em seu automóvel, próximo a uma escola. Se o homem médio estivesse no lugar do agente, teria atuado de maneira diferente e, portanto, o resultado teria sido evitado. Essa substituição em busca da modificação do resultado é que dá origem à chamada *previsibilidade objetiva*.

Além da previsibilidade objetiva, existe outra, denominada *previsibilidade subjetiva*. Vimos que para haver a previsibilidade objetiva deve-se fazer a substituição do agente por um homem médio. Se o homem médio, naquelas circunstâncias em que atuou o agente, tivesse agido de forma diferente a fim de evitar o resultado, é sinal de que este era previsível. Se mesmo com a substituição do agente pelo homem médio o resultado ainda assim persistir, devemos concluir que o fato escapou ao âmbito normal de previsibilidade e, portanto, não pode a ele ser atribuído. Na previsibilidade subjetiva, não existe essa substituição hipotética; não há a troca do agente pelo homem médio para saber se o fato escapava ou não à sua previsibilidade. Aqui, na previsibilidade subjetiva, o que é levado em consideração são as condições particulares, pessoais do agente, quer dizer, consideram-se, na previsibilidade subjetiva, as limitações e as experiências daquela pessoa cuja previsibilidade está se aferindo em um caso concreto.

Na precisa lição de Damásio:

"Nos termos do critério subjetivo, deve ser aferida tendo em vista as condições pessoais do sujeito, i.e., a questão de o resultado ser ou não previsível é resolvida com base nas circunstâncias antecedentes à sua produção. Não se pergunta o que o homem prudente deveria fazer naquele momento, mas sim o que era exigível do sujeito nas circunstâncias em que se viu envolvido."[11]

---

[9] HUNGRIA, Nélson. *Comentários ao código penal*, v. I, t. II, p. 188.
[10] ZAFFARONI, Eugenio Raúl. *Manual de derecho penal* – Parte general, p. 435.
[11] JESUS, Damásio. *Comentários ao código penal*, v. I, p. 256.

Repelindo o critério subjetivo de aferição da previsibilidade, assim se manifestou Hungria:

"É de rejeitar-se, porém, a opinião segundo a qual a previsibilidade deve ser referida à individualidade subjetiva do agente, e não ao tipo psicológico médio. O que decide não é a atenção habitual do agente ou a diligência que ele costuma empregar *in rebus suis*, mas a atenção e diligência próprias do comum dos homens; não é a previsibilidade individual, mas a medida objetiva média de precaução imposta ou reclamada pela vida social."[12]

Discordando da posição de Hungria, preleciona Zaffaroni:

"a previsibilidade deve estabelecer-se conforme a capacidade de previsão de cada indivíduo, sem que para isso possa socorrer-se a nenhum 'homem médio' ou critério de normalidade. Um técnico em eletricidade pode prever com maior precisão do que um leigo o risco que implica um cabo solto, e quem tem um dispositivo em seu automóvel que lhe permite prever acidentes que sem esse dispositivo seriam imprevisíveis, tem um maior dever de cuidado do que quem não possui este dispositivo, ainda que somente um em 999 mil o possua."[13]

Assim, para aqueles que entendem possível a aferição da previsibilidade subjetiva, em que são consideradas as condições pessoais do agente, tais fatos poderão ser objeto de análise por ocasião do estudo da culpabilidade, quando se perquirirá se era exigível do agente, nas circunstâncias em que se encontrava, agir de outro modo. Considerando o fato como um todo, depois da verificação das circunstâncias que o envolveram, bem como das condições do agente, chegando-se à conclusão de que dele não era exigível outra conduta, embora o fato seja típico, não será culpável e, portanto, não será objeto de reprovação pela lei penal.

- Finalmente, como elemento também indispensável à caracterização do delito culposo, temos a *tipicidade*. Só podemos falar em crime culposo se houver previsão legal expressa para essa modalidade de infração. A regra contida no código Penal (parágrafo único do art. 18), como foi visto, é a de que todo crime seja doloso, somente se falando em delito culposo quando a lei penal expressamente fizer essa ressalva. O dolo é a regra; a culpa, a exceção. Sim, porque de acordo com o princípio da intervenção mínima somente as infrações penais mais graves é que merecerão a atenção da lei penal. No crime de dano, por exemplo, o legislador somente cuidou de proibir, sob a ameaça de uma sanção, a conduta dolosa que viesse a destruir, inutilizar ou deteriorar coisa alheia. Caso o agente destrua culposamente coisa alheia, tal fato merecerá a atenção de outros ramos do direito que não o Penal, uma vez que no art. 163 não houve a previsão para essa modalidade de conduta.

Merece ser ressaltado, ainda, o fato de que a tipicidade material deverá ser analisada também nos delitos culposos, confrontando-se o dano causado pela conduta do agente com o resultado dela advindo, a fim de se concluir pela proteção ou não daquele bem, naquele caso concreto, especificamente. Assim, são perfeitamente aplicáveis aos delitos culposos os conceitos do princípio da insignificância. Suponhamos que o agente esteja numa imensa fila de espera carregando uma pesada pasta e, ao ouvir seu nome ser convocado pelo alto-falante, movimente-se de forma brusca e atinja outra pessoa, causando-lhe um pequeno arranhão de aproximadamente um centímetro de extensão. Apesar de haver, no exemplo fornecido, uma conduta culposa, um resultado naturalístico e um nexo de causalidade entre a conduta e esse resultado, entendemos que o fato por ele cometido é atípico, uma vez que não podemos vislumbrar a presença da tipicidade material, necessária à caracterização de qualquer infração penal.

---

[12] HUNGRIA, Nélson. *Comentários ao código penal*, v. I, t. II, p. 188.
[13] ZAFFARONI, Eugenio Raúl. *Manual de derecho penal* – Parte general, p. 435.

3. IMPRUDÊNCIA, IMPERÍCIA E NEGLIGÊNCIA

Mais do que uma conceituação de crime culposo, o inciso II do art. 18 do Código Penal nos fornece as modalidades de condutas que fazem com que o agente deixe de observar o seu exigível dever de cuidado. Essa falta de observância ao dever de cuidado pode ocorrer em virtude de imprudência, negligência ou imperícia do agente.

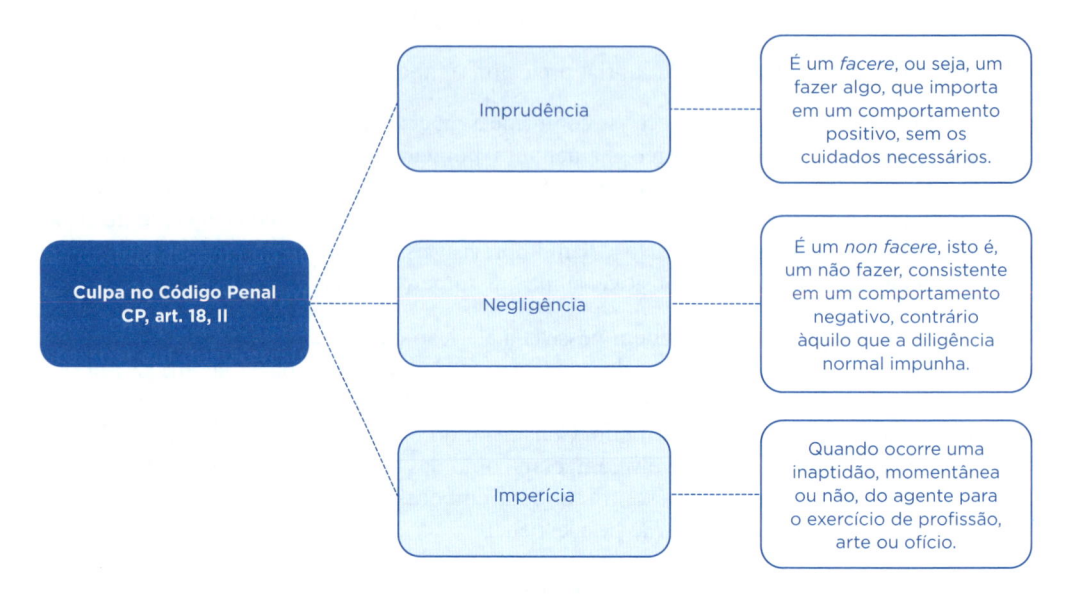

Culpa no Código Penal — CP, art. 18, II

- **Imprudência**: É um *facere*, ou seja, um fazer algo, que importa em um comportamento positivo, sem os cuidados necessários.
- **Negligência**: É um *non facere*, isto é, um não fazer, consistente em um comportamento negativo, contrário àquilo que a diligência normal impunha.
- **Imperícia**: Quando ocorre uma inaptidão, momentânea ou não, do agente para o exercício de profissão, arte ou ofício.

Pelo fato de haver em todos os delitos culposos essa ausência de observância a um dever de cuidado objetivo é que parte da doutrina, quando os analisa, a eles se refere como "direito penal da negligência."[14] Assim, nessa linha de raciocínio, o direito penal da negligência seria o gênero, do qual são espécies a imprudência, a imperícia e a própria negligência.

Imprudente seria a conduta positiva praticada pelo agente que, por não observar o seu dever de cuidado, causasse o resultado lesivo que lhe era previsível. Na definição de Aníbal Bruno, "consiste a imprudência na prática de um ato perigoso sem os cuidados que o caso requer."[15] Por exemplo, imprudente é o motorista que imprime velocidade excessiva em seu veículo ou o que desrespeita um sinal vermelho em um cruzamento etc. A imprudência é, portanto, um fazer alguma coisa.

A *negligência*, ao contrário, é um deixar de fazer aquilo que a diligência normal impunha. É o caso, por exemplo, do motorista que não conserta os freios já gastos de seu automóvel ou o do pai que deixa arma de fogo ao alcance de seus filhos menores.

Muitas vezes é difícil identificar com precisão o que pode ser considerado imprudência ou negligência. Em muitos casos, essas duas modalidades de culpa se interligam e, juntas, são consideradas como as causadoras do resultado lesivo. Imaginemos o seguinte, aproveitando os exemplos acima fornecidos: um motorista não efetua o reparo dos freios já gastos de seu automóvel e, mesmo assim, com ele transita por uma movimentada rua do centro da cidade. Em determinado momento, necessita diminuir a velocidade do automóvel e os freios não respondem ao seu comando, pois estão totalmente gastos, e, em virtude disso, atropela e mata um pedestre. Nesse exemplo, podemos vislumbrar as duas modalidades de conduta culposa.

---

[14] Conforme Juarez Tavares (*Direito penal da negligência*).
[15] BRUNO, Anibal. *Direito penal*, p. 88.

A primeira, a conduta negligente, ocorreu quando o agente não levou a efeito o necessário conserto dos freios de seu automóvel; a segunda, a conduta imprudente, ocorreu quando o agente, mesmo sabendo que não poderia contar com os freios do seu veículo, ainda assim o colocou em movimento e, por isso, veio a causar o resultado lesivo. Como se percebe, há, no exemplo fornecido, um misto de conduta negligente e imprudente.

Fala-se em *imperícia* quando ocorre uma inaptidão, momentânea ou não, do agente para o exercício de arte, profissão ou ofício. Diz-se que a imperícia está ligada, basicamente, à atividade profissional do agente. Um cirurgião plástico, v.g., durante um ato cirúrgico, pode praticar atos que, naquela situação específica, conduzam à imperícia. Com isso não estamos querendo dizer que esse profissional seja imperito, mas, sim, que, naquele caso concreto, atuou com imperícia. Um motorista pode gozar de excelente conceito profissional, mas, em determinada manobra, pode ter atuado sem a sua reconhecida habilidade, agindo com imperícia.

4. CRIME CULPOSO E TIPO ABERTO

Os crimes culposos, como vimos, são, em sua maioria, considerados tipos abertos. Isso porque não existe uma definição típica completa e precisa para que se possa, como acontece em quase todos os delitos dolosos, adequar a conduta do agente ao modelo abstrato previsto na lei. A redação do tipo culposo é diferente daquela destinada ao delito doloso. Em virtude disso, Welzel diz:

"Nos delitos culposos a ação do tipo não está determinada legalmente. Seus tipos são, por isso, 'abertos' ou 'com necessidade de complementação', já que o juiz tem que 'completá-los' para o caso concreto."[16]

No homicídio, a título de ilustração, não há como saber se a conduta do agente se amolda à previsão existente no art. 121, § 3º, do Código Penal, que diz, simplesmente: "Se o homicídio é culposo." Com essa descrição não se pode afirmar, pelo simples confronto da conduta com o modelo legal, que o agente cometeu a infração penal. É preciso que o tipo seja complementado, fazendo com que a ele se amolde à conduta levada a efeito pelo agente.

Conforme salienta Muñoz Conde, os delitos culposos são:

"Tipos abertos no sentido já anteriormente assinalado de que uma característica do tipo de injusto deve ser complementada por via judicial ou doutrinária. Isto não implica qualquer lesão ao princípio da legalidade, de vez que a própria natureza das coisas impede que se possam descrever com maior exatidão na lei todos os comportamentos negligentes suscetíveis de ocorrer ou realizar-se."[17]

No delito previsto no art. 121, § 3º, do Código Penal, por exemplo, não está dito textualmente que o pai que deixa sua arma ao alcance de seu filho menor responderá pelas lesões ou mesmo pela morte decorrente do fato de ter a criança, curiosamente, começado a com ela brincar, vindo a disparála contra si mesma. O julgador, no caso apontado, é que deverá, depois de analisar todos os elementos que compõem o crime culposo, amoldar a conduta do agente ao mencionado artigo. Assim, por não haver a descrição completa e perfeita da figura típica é que se fala que os crimes culposos são considerados tipos penais abertos.

---

[16] WELZEL, Hans. *Derecho penal alemán*, p. 157.
[17] MUÑOZ CONDE, Francisco. *Teoria geral do delito*, p. 72-73.

Embora os tipos culposos possam ser considerados como abertos, existem algumas exceções a essa regra, a exemplo do que ocorre com a receptação culposa, prevista no § 3º do art. 180 do Código Penal, onde há a narração completa do comportamento típico, assim como o art. 38 da Lei nº 11.343, de 23 de agosto de 2006.

5. CULPA CONSCIENTE E CULPA INCONSCIENTE

A previsibilidade é um dos elementos que integram o crime culposo. Quando o agente deixa de prever o resultado que lhe era previsível, fala-se em culpa inconsciente ou culpa comum. Culpa consciente é aquela em que o agente, embora prevendo o resultado, não deixa de praticar a conduta acreditando, *sinceramente*, que este resultado não venha a ocorrer. O resultado, embora previsto, não é assumido ou aceito pelo agente, que confia na sua não ocorrência.

A culpa inconsciente distingue-se da culpa consciente justamente no que diz respeito à previsão do resultado; naquela, o resultado, embora previsível, não foi previsto pelo agente; nesta, o resultado é previsto, mas o agente, confiando em si mesmo, nas suas habilidades pessoais, acredita *sinceramente* que este não venha a ocorrer. A culpa inconsciente é a culpa sem previsão e a culpa consciente é a culpa com previsão.

6. DIFERENÇA ENTRE CULPA CONSCIENTE E DOLO EVENTUAL

Na culpa consciente, o agente, embora prevendo o resultado, acredita sinceramente na sua não ocorrência; o resultado previsto não é querido ou mesmo assumido pelo agente. Já no dolo eventual, embora o agente não queira diretamente o resultado, assume o risco de vir a produzi-lo. Na culpa consciente, o agente, sinceramente, acredita que pode evitar o resultado; no dolo eventual, o agente não quer diretamente produzir o resultado, mas, se este vier a acontecer, pouco importa.

O dolo eventual está previsto na segunda parte do inciso I do art. 18 do Código Penal, que diz ser o crime doloso quando o agente quis o resultado ou *assumiu o risco de produzi-lo*.

Assim, para efeitos de distinção, raciocinemos com o exemplo do exímio atirador de facas, em que a pessoa que com ele trabalha fica presa a um alvo giratório. O atirador representa como possível o fato de acertar na pessoa que se encontra presa ao alvo. No entanto, em razão de sua habilidade pessoal, confia sinceramente que esse resultado não vá ocorrer. Caso erre o alvo, estaremos diante de um crime culposo (homicídio ou lesão corporal), que deverá a ele ser imputado a título de culpa consciente.

Por outro lado, imagine-se a hipótese em que, em uma manifestação popular, um dos participantes resolva soltar um rojão de fogos em direção a determinado policial, seu vizinho, aproveitando a ocasião para se vingar de uma animosidade anterior que havia entre eles. Tal policial, contudo, estava ao lado de outro companheiro de farda, que também é visto pelo agente. Ainda assim, mesmo antevendo como possível acertar o outro policial, que o agente sequer conhecia e nada tinha contra ele, leva adiante seu plano criminoso, acende o rojão e faz a mira, vindo, contudo, a atingir a pessoa que se encontrava ao lado de seu vizinho. Nesse caso, embora o agente não quisesse diretamente a produção desse resultado, havia assumido, aceitado o risco de produzi-lo, podendo por ele ser responsabilizado a título de dolo eventual.

6.1. Dolo eventual ou culpa consciente nos delitos praticados na direção de veículos automotores

Muito se tem discutido ultimamente quanto aos chamados delitos de trânsito. Os jornais, quase que diariamente, nos dão notícias de motoristas que, além de embriagados, dirigem em velocidade excessiva e, em virtude disso, produzem resultados lastimáveis. Em geral, ou causam a morte ou deixam sequelas gravíssimas em suas vítimas. Em razão do elevado número de casos de delitos ocorridos no trânsito, surgiram, em vários Estados da Federação, associações com a finalidade de combater esse tipo de criminalidade. O movimento da mídia, exigindo punições mais rígidas, fez com que juízes e promotores passassem a enxergar o delito de trânsito cometido nessas circunstâncias, ou seja, quando houvesse a conjugação da velocidade excessiva com a embriaguez do motorista atropelador, como hipótese de dolo eventual, tudo por causa da frase contida na segunda parte do inciso I do art. 18 do Código Penal, que diz ser dolosa a conduta quando o agente *assume o risco de produzir o resultado*.

Tal fórmula vinha se espalhando por todo o país, conforme se verifica nos seguintes julgados:

"A existência de dúvida razoável acerca da ocorrência de disputa automobilística, denominada 'racha', em alta velocidade e após aparente ingestão de bebidas alcoólicas autoriza a prolação de decisão de pronúncia, cabendo ao Tribunal do Júri a análise não só do contexto fático em que ocorreu o fato, mas também o exame acerca da existência de dolo ou culpa, uma vez que o deslinde da controvérsia sobre o elemento subjetivo do crime, se o acusado atuou com dolo eventual ou culpa consciente, é de competência do Tribunal do Júri. Precedentes. A incidência do art. 308, § 2º, do CTB, na redação da Lei nº 12.971/2014, que se refere ao crime de disputa automobilística não autorizada, somente é possível se comprovado que as circunstâncias demonstram que o agente não quis o resultado nem assumiu o risco de produzi-lo. Havendo, em princípio, dolo eventual, a questão somente poderá ser aferida pelo órgão competente, qual seja, o Tribunal do Júri, considerando a fase em que se encontra o processo, em que vige o princípio *in dubio pro societate*" (STJ, AgRg no REsp 1.320.344/DF, Rel. Min. Reynaldo Soares da Fonseca, 5ª T., DJe 1º/08/2017).

"O Superior Tribunal de Justiça tem decidido que o dolo eventual não é extraído da 'mente do agente', mas das circunstâncias do fato, de modo que a ocorrência das duas mortes e da lesão corporal, ou seja, a ofensa à integridade física de três vítimas, faz parte do resultado assumido pelo agente, que, sob a influência de álcool e em alta velocidade, trafegou na contramão de direção. No caso, tais elementos foram bem delineados na denúncia, demonstrando-se a antevisão do acusado a respeito do resultado assumido, sendo capaz, portanto, de justificar a imputação" (STJ, HC 301.295/SP, Rel. Min. Sebastião Reis Junior, 6ª T., DJe 13/05/2015).

"O dolo eventual, abrigado na segunda parte do art. 18, inciso I, do Código Penal, caracterizado na conduta do agente que assente no resultado representado, tem sido, atualmente, reconhecido com grande frequência nos delitos de trânsito, como resultado das inúmeras campanhas realizadas, demonstrando o risco da direção perigosa e a necessidade de punir o motorista que revela seu desapego à incolumidade alheia" (STJ, HC 296.621/DF, Rel. Min. Walter de Almeida Guilherme, Desembargador convocado do TJ-SP, 5ª T., DJe 11/11/2014).

"Caracteriza-se o dolo do agente, na sua modalidade eventual, quando este pratica ato do qual pode evidentemente resultar o efeito lesivo (neste caso, morte), ainda que não estivesse nos seus desígnios produzir aquele resultado, mas tendo assumindo claramente, com a realização da conduta, o risco de provocá-lo (art. 18, I, do CPB). O agente de homicídio com dolo eventual produz, inequivocamente, perigo comum (art. 121, § 2º, III, do CPB), quando, imprimindo velocidade excessiva a veículo automotor (165 km/h), trafega em via pública urbana movimentada (Ponte JK) e provoca desastre que ocasiona a morte do condutor de automóvel que se deslocava em velocidade normal, à sua frente, abalroando-o pela sua parte traseira" (STJ, REsp 912.060/DF, Rel. Min. Arnaldo Esteves Lima, 5ª T., DJe 10/3/2008).

A questão não era tão simples como se pensava. Essa fórmula criada, ou seja, embriaguez + velocidade excessiva = dolo eventual, não podia prosperar. Não se podia partir do princípio de que todos aqueles que dirigem embriagados e/ou com velocidade excessiva não se importavam em causar a morte ou mesmo lesões em outras pessoas. O dolo eventual, como vimos, reside no fato de o agente não se importar com a ocorrência do resultado por ele antecipado mentalmente, ao contrário da culpa consciente, em que esse mesmo agente, tendo a previsão do que poderia acontecer, acredita, sinceramente, que o resultado lesivo não viria a ocorrer. No dolo eventual, o agente não se preocupa com a ocorrência do resultado por ele previsto porque o aceita. Para ele, tanto faz, pouco importa. Na culpa consciente, ao contrário, o agente não quer nem assume o risco de produzir o resultado, porque se importa com sua ocorrência. O agente confia que, mesmo atuando, o resultado previsto será evitado.

Merece ser frisado, ainda, que o Código Penal, como analisado, não adotou a teoria da representação, mas, sim, as teorias da vontade e do assentimento. Exige-se, portanto, para a caracterização do dolo eventual, que o agente anteveja como possível o resultado e o aceite, não se importando realmente com sua ocorrência.

Com isso queremos salientar que nem todos os casos em que houver a fórmula embriaguez + velocidade excessiva haverá dolo eventual. Também não estamos afirmando que não há possibilidade de ocorrer tal hipótese. Só a estamos rejeitando como uma fórmula matemática, absoluta.

Imagine-se o exemplo daquele que, durante a comemoração de suas bodas de prata, beba excessivamente e, com isso, se embriague. Encerrada a festividade, o agente, juntamente com sua esposa e três filhos, resolve voltar rapidamente para a sua residência, pois queria assistir a uma partida de futebol que seria transmitida pela televisão. Completamente embriagado, dirige em velocidade excessiva, a fim de chegar a tempo para assistir ao início do jogo. Em razão do seu estado de embriaguez, conjugado com a velocidade excessiva que imprimia ao seu veículo, colide seu automóvel com outro veículo, causando a morte de toda a sua família. Pergunta-se: Será que o agente, embora dirigindo embriagado e em velocidade excessiva, não se importava com a ocorrência dos resultados? É claro que se importava.

Hungria, com precisão, também nos esclarece com um exemplo, em que aduz:

"Um motorista, dirigindo o seu carro com grande velocidade, já em atraso para atender ao compromisso de um encontro amoroso, divisa à sua frente um transeunte, que, à aproximação do veículo, fica atarantado e vacilante, sendo atropelado e morto. Evidentemente, o motorista previu a possibilidade desse evento; mas, deixando de reduzir ou anular a marcha do carro, teria aceito o risco de matar o transeunte, ou confiou em que este se desviasse a tempo de não ser alcançado? Na dúvida, a solução não pode ser outra senão a do reconhecimento de um homicídio simplesmente culposo (culpa consciente)."[18]

A insegurança começou a reinar. Fatos similares eram julgados de formas diferentes. Se um determinado acidente automobilístico recebesse a atenção da mídia, na hipótese em que um dos condutores houvesse agido numa das situações acima indicadas, vale dizer, em estado de embriaguez e/ou em velocidade excessiva, fatalmente seria indiciado, denunciado e levado a julgamento pelo Tribunal do Júri, por homicídio doloso, a título de dolo eventual. Se outro acidente, muito parecido com o que anunciamos, tivesse a sorte de não ser percebido pela mídia, como regra, seria submetido a julgamento pelo juízo singular e, se fosse o caso, condenado pela prática de um delito de natureza culposa.

Assim, a diferença doutrinária entre dolo eventual e culpa consciente foi sendo pulverizada, quando seu raciocínio era feito levando-se em consideração fatos lesivos ocorridos através do tráfego de veículos automotores.

Alguma coisa tinha que ser feita para mudar essa situação. O erro praticado até então residia no fato de que a Justiça (aqui entendida como todos os seus operadores, desde a fase policial, passando pela *opinio delicti* do Ministério Público, até o seu efetivo julgamento pelo Poder Judiciário) havia pervertido conceitos básicos do Direito Penal, em prol de condenações mais duras

---

[18] HUNGRIA, Nelson. *Comentários ao código penal*, v. 1, t. II, p. 120.

contra esses motoristas que, constantemente, ceifavam vidas inocentes. Como se percebe sem muito esforço, não competia à Justiça essa tarefa, pois que, equivocadamente, mudava conceitos já há muito consolidados pelo Direito Penal, a fim de dar uma satisfação à sociedade a respeito de fatos que, realmente, mereciam uma maior resposta penal por parte do Estado.

A solução correta, no entanto, teria que vir da lei. Era a lei que tinha que prever essas situações, não interferindo nos conceitos doutrinários consolidados pelo Direito Penal. Assim, ao longo dos anos, desde a edição do Código de Trânsito Brasileiro (Lei nº 9.503, de 23 de setembro de 1997), alterações foram sendo feitas.

Dessa forma, inicialmente, o homicídio e as lesões corporais culposas praticadas na direção de veículo automotor deixaram de ser punidos pelo Código Penal, sendo tais comportamentos especializados pelo Código de Trânsito Brasileiro. Além dessas infrações penais, outras foram criadas, prevendo a punição de comportamentos que causavam situação de perigo, como o delito tipificado no art. 306 do CTB, que teve sua redação original modificada duas vezes, sendo a primeira em 2008 e a segunda, em 2012, culminando, atualmente, em prever o comportamento daquele que conduz veículo automotor com capacidade psicomotora alterada em razão da influência de álcool ou de outra substância psicoativa que determine dependência.

Embora houvesse, como dissemos, a necessidade de se apontar, por meio da lei, quais comportamentos mereciam uma punição mais severa, tendo em vista que as modalidades culposas dos crimes de homicídio e lesão corporal culposos na direção de veículo automotor já não mais atendiam aos clamores sociais, o legislador, através da Lei nº 12.971, de 9 de maio de 2014, de forma completamente equivocada, fez inserir o § 2º ao art. 302 do Código de Trânsito Brasileiro, que dizia, *verbis*:

> § 2º Se o agente conduz veículo automotor com capacidade psicomotora alterada em razão da influência de álcool ou de outra substância psicoativa que determine dependência ou participa, em via, de corrida, disputa ou competição automobilística ou ainda de exibição ou demonstração de perícia em manobra de veículo automotor, não autorizada pela autoridade competente:
> Penas – reclusão, de 2 (dois) a 4 (quatro) anos, e suspensão ou proibição de se obter a permissão ou a habilitação para dirigir veículo automotor.

O absurdo era tão grande que, em vez de criar uma modalidade qualificada de homicídio culposo, praticado na direção de veículo automotor, o legislador cominou as mesmas penas previstas para o *caput* do mencionado artigo, modificando, somente, a pena de detenção para reclusão, o que, na prática, não faria qualquer diferença significativa.

Assim, o que seria para ser um homicídio culposo qualificado, em virtude do maior grau de reprovação do comportamento praticado pelo agente, nas situações previstas pelo § 2º, somente teve o condão de ratificar as hipóteses como sendo as de um crime culposo, com as mesmas penas para ele anteriormente previstas, afastando-se, consequentemente, o raciocínio correspondente ao delito de homicídio com dolo eventual.

Em boa hora, o referido parágrafo foi revogado pela Lei nº 13.281, de 4 de maio de 2016.

No entanto, em 19 de dezembro de 2017, foi editada a Lei nº 13.546, que acrescentou um § 3º ao art. 302 do Código de Trânsito Brasileiro, dizendo, *verbis*:

> § 3º Se o agente conduz veículo automotor sob a influência de álcool ou de qualquer outra substância psicoativa que determine dependência:
> Penas – reclusão, de cinco a oito anos, e suspensão ou proibição do direito de se obter a permissão ou a habilitação para dirigir veículo automotor.

Agora, portanto, o fato de causar a morte de alguém na direção de veículo automotor sob a influência de álcool ou de qualquer outra substância psicoativa que determine dependência importará na aplicação da qualificadora, como regra, não se descartando, dependendo do caso concreto, o dolo eventual.

7. CULPA IMPRÓPRIA

Fala-se em culpa imprópria nas hipóteses das chamadas descriminantes putativas em que o agente, em virtude de erro evitável pelas circunstâncias, dá causa dolosamente a um resultado, mas responde como se tivesse praticado um delito culposo. Pela redação do § 1º do art. 20 do Código Penal:

> § 1º É isento de pena quem, por erro plenamente justificado pelas circunstâncias, supõe situação de fato que, se existisse, tornaria a ação legítima. Não há isenção de pena quando o erro deriva de culpa e o fato é punível como crime culposo.

Nesta segunda parte do § 1º do art. 20 do Código Penal é que reside a culpa imprópria. Imaginemos o seguinte: João, que se encontra assentado próximo à entrada de uma toalete localizada no interior de um bar, percebe que Pedro, dando mostras de irritação, caminha em sua direção. Supondo que seria agredido por Pedro, o qual, diga-se de passagem, João sequer conhecia, saca o revólver que trazia consigo e o mata. Na realidade, Pedro não tinha a intenção de agredir João, mas tão somente dirigir-se à toalete que se encontrava próxima a ele. Temos, aqui, um caso típico de descriminante putativa, na qual a situação de agressão injusta somente existia na imaginação do agente. Trata-se, portanto, de hipótese de legítima defesa putativa (erro de tipo permissivo).

Depois de termos chegado a essa conclusão, devemos nos fazer mais uma indagação: O erro em que João incorreu era evitável ou inevitável? Se inevitável, João ficará isento de pena; se evitável, deverá responder pelo crime cometido a título de culpa. Ora, quando João sacou sua arma e atirou em Pedro, sua vontade era de repelir a suposta agressão que seria praticada contra sua pessoa. Agindo dessa forma, atuou com dolo, isto é, sua vontade era finalisticamente dirigida a causar o resultado por ele obtido. Se João atuou com dolo, como pode responder por um crime culposo?

Como o agente havia incorrido em um erro inescusável, embora tenha agido dolosamente, o legislador, por questões de política criminal, determinou que seria punido com as penas de um crime culposo.

Assim, ocorre a culpa imprópria (também conhecida como culpa por assimilação, por extensão ou por equiparação) quando o agente, embora tendo agido com dolo, nos casos de erro vencível, nas descriminantes putativas, responde por um crime culposo.

Em tais hipóteses de culpa imprópria é que a doutrina vislumbra a possibilidade de tentativa em delitos culposos. Isso porque, como foi dito, a conduta é dolosa, só que punida com as penas correspondentes ao crime culposo.

8. COMPENSAÇÃO E CONCORRÊNCIA DE CULPAS

Diz o Código Civil, em seu art. 368:

> **Art. 368.** Se duas pessoas forem ao mesmo tempo credor e devedor uma da outra, as duas obrigações extinguem-se, até onde se compensarem.

Vê-se, portanto, que a lei civil admite expressamente a compensação quando existe uma relação de débito e crédito mútuos entre as partes. Agora, para o Direito Penal, será admissível a chamada compensação? Raciocinemos com a seguinte hipótese: dois agentes, cada qual na direção de seu automóvel, de forma imprudente, colidem seus veículos. Nesse acidente, somente os agentes, motoristas condutores dos aludidos veículos, saíram levemente feridos. Pergunta-se: será que, nesse caso, haveria possibilidade de compensação de culpas, deixando a lei penal de punir, em virtude disso, os agentes que reciprocamente deram causa às lesões?[19] A resposta só pode ser negativa. Não se admite a compensação de culpas em Direito Penal. No caso apresentado, os agentes serão, respectivamente, réu e vítima do acidente em que se envolveram. Não importa se ambos foram os causadores dos resultados lesivos. Cada qual responderá pela sua conduta culposa, independentemente do fato de ter a outra pessoa também contribuído para a produção desse mesmo resultado.

Entende-se, nesse caso, pela impossibilidade de compensação entre as condutas culposas cometidas pelos agentes.

Embora não se possa falar em compensação, vislumbramos a possibilidade de ocorrer a concorrência de culpas. No exemplo supracitado, os dois motoristas, cada qual com sua conduta imprudente, contribuíram para a produção do resultado. Em virtude dessa situação, o comportamento do agente/vítima será levado em consideração quando da análise das circunstâncias judiciais previstas no art. 59 do Código Penal, ou seja, será apreciado e valorado no momento em que o julgador for encontrar a pena-base para a infração penal cometida.

O comportamento da vítima, como concorrente para o resultado, deve ser considerado não só nos casos em que ela goze também do *status* de agente. Quer dizer que se um motorista, em virtude de sua inobservância ao dever objetivo de cuidado, atropelar um pedestre que, de forma também imprudente, tentava atravessar uma avenida, vindo somente este último a sofrer lesões, se o julgador chegar à conclusão de que o fato praticado é típico, antijurídico e culpável, na oportunidade em que for encontrar a pena-base deverá levar em consideração o comportamento da vítima, que também concorreu, com sua conduta imprudente, para a produção do resultado lesivo por ela sofrido.

9. EXCEPCIONALIDADE DO CRIME CULPOSO

Conforme salienta Mariano Silvestroni, "existem dois modelos legislativos para estabelecer as figuras culposas: o de *numerus clausus* e o de *numerus apertus*. No primeiro caso, as figuras culposas estão previstas nos tipos penais especiais, enquanto no segundo existe uma cláusula geral que estabelece a possibilidade de que todos os delitos dolosos se cometam de forma culposa."[20] O parágrafo único do art. 18 do Código Penal, adotando a primeira fórmula, assevera que, *salvo os casos expressos em lei, ninguém pode ser punido por fato previsto como crime, senão quando o pratica dolosamente.*

Esse parágrafo quer dizer que a regra constante do Código Penal, bem como da legislação penal extravagante, é a de que todo crime seja doloso, somente podendo-se falar em crime culposo quando houver previsão expressa na lei nesse sentido. O dolo, portanto, é a regra; a culpa, a exceção. Aquele que, de forma imprudente, causar dano a um terceiro não pratica infração alguma de natureza penal, haja vista que o art. 163 do código penal não fez a previsão dessa modalidade de conduta. Deverá o agente, portanto, na esfera civil, reparar o dano por ele causado à vítima.

10. CULPA PRESUMIDA

Não se pode falar, ainda, em presunção de culpa em Direito Penal. Como vimos, o tipo penal de um delito culposo é considerado um tipo aberto, ou seja, aquele em que não há a descrição

---

[19] Hoje, tal ação penal seria condicionada à representação do ofendido e, nos termos do parágrafo único do art. 75 da Lei nº 9.099/95, o acordo homologado, relativo à composição dos danos, acarretaria a renúncia ao direito de queixa ou de representação.
[20] SILVESTRONI, Mariano H. *Teoria constitucional del delito*, p. 228-229.

exata da conduta que se procura evitar ou impor. Normalmente, após a definição do crime doloso, o legislador, no parágrafo seguinte, utiliza a expressão *se o crime* (lesão, homicídio etc.) *é culposo*. Assim, quando da análise do caso concreto, o juiz deve verificar se a conduta levada a efeito pelo agente infringe seu dever de cuidado objetivo, bem como se era previsível o resultado lesivo ocorrido, para somente depois concluir ou não pela sua culpa.

11. TENTATIVA NOS DELITOS CULPOSOS

Quando estudarmos a tentativa, observaremos que o primeiro de seus elementos é o dolo, isto é, a vontade e a consciência de querer praticar a infração penal. Nos delitos culposos, ao contrário dos de natureza dolosa, o agente não quer produzir resultado ilícito algum. Sua conduta geralmente é, como vimos, dirigida a um fim lícito, mas que, por infringência a um dever objetivo de cuidado, o agente dá causa a um resultado previsível, mas não previsto por ele (culpa inconsciente), ou, se previsto (culpa consciente), pelo menos não consentido.

Não se pode falar, portanto, em tentativa quando o agente não dá início aos atos de execução dirigidos à consumação de determinada infração penal por ele finalisticamente pretendida. O *iter criminis* é um instituto jurídico destinado aos crimes dolosos, e não aos culposos. Não se cogita, não se prepara e não se executa um crime culposo, mas tão somente um delito doloso.

Conforme esclarece Maria Fernanda Palma, "a admissão de tentativa negligente seria incorreta nos planos lógico e linguístico. De acordo com o sentido comum da linguagem, *tentar algo* pressupõe *intencionar*, ou seja, a decisão de realizar um fim, o que não pode deixar de equivaler a uma exigência de dolo."[21]

Parte da doutrina, contudo, aceita a possibilidade de tentativa nos crimes culposos, quando da ocorrência da chamada culpa imprópria (culpa por extensão, por assimilação, por equiparação), quando o agente, nos casos de erro evitável nas descriminantes putativas, atua com dolo, mas responde, por questões de política criminal, pelo resultado causado com as penas correspondentes ao delito culposo.

12. PRINCÍPIO DA CONFIANÇA E CRIMES CULPOSOS

O princípio da confiança, principalmente desenvolvido pela jurisprudência alemã, é de fundamental importância quando da verificação de um comportamento a que se atribui um agir culposo.

Vivemos em sociedade, e isso nos impõe determinadas regras de comportamento que, se observadas, diminuirão os riscos naturais a ela inerentes. Hoje, por exemplo, o trânsito de veículos nas grandes cidades contribui, assustadoramente, para os índices de mortes e lesões. No entanto, não podemos abrir mão desse conforto que nos proporciona a sociedade moderna.

Mesmo sabendo dos riscos naturais de conduzir um veículo automotor, nossa vida seria insuportável se não tivéssemos tranquilidade suficiente para fazê-lo nas vias públicas. Aqui, mais do que nunca, deve ser aplicado o princípio da confiança. Perguntas simples, como: Por que meu automóvel pode se movimentar e transpor um cruzamento de ruas, quando o sinal de trânsito está aberto, ou seja, quando aparece a luz verde? Porque confio que o motorista que se encontra na outra via, com o sinal vermelho, não o ultrapassará. Simples, assim. Se o motorista do sinal vermelho não respeita a sinalização e, por conta desse comportamento, ocorre um acidente, ocasionando lesão ou morte no motorista ou passageiros que com ele se encontravam, e que ultrapassaram corretamente o cruzamento quando o sinal estava verde,

---

[21] PALMA, Maria Fernanda. *Da tentativa possível em direito penal*, p. 79.

isso nos permite iniciar uma conclusão pelo crime culposo. Tudo deverá ser verificado no caso concreto, ou seja, se havia algum motivo para aquele comportamento, se o motorista tão somente desrespeitou as regras de trânsito etc.

Welzel, explicando esse raciocínio, diz:

> "A jurisprudência estabeleceu e desenvolveu o 'princípio da confiança' fundamentalmente para o trânsito urbano e segundo o qual, o que participa no trânsito pode confiar em que os demais se comportem também corretamente, enquanto não lhe conste o contrário por circunstâncias especiais do caso"[22].

---

[22] WELZEL, Hans. *El nuevo sistema del derecho penal* – una introducción a la doctrina de la acción finalista, p. 115.

Capítulo XXVII
Relação de Causalidade

1. DISPOSITIVO LEGAL

Preceitua o art. 13 do Código Penal:

> **Art. 13.** O resultado, de que depende a existência do crime, somente é imputável a quem lhe deu causa. Considera-se causa a ação ou a omissão sem a qual o resultado não teria ocorrido.
> § 1º A superveniência de causa relativamente independente exclui a imputação quando, por si só, produziu o resultado; os fatos anteriores, entretanto, imputam-se a quem os praticou.
> § 2º A omissão é penalmente relevante quando o omitente devia e podia agir para evitar o resultado. O dever de agir incumbe a quem:
> a) tenha por lei obrigação de cuidado, proteção ou vigilância;
> b) de outra forma, assumiu a responsabilidade de impedir o resultado;
> c) com seu comportamento anterior, criou o risco da ocorrência do resultado.

2. RELAÇÃO DE CAUSALIDADE

Ao iniciarmos o estudo sobre a teoria do crime, vimos que o fato típico é composto pela conduta (comissiva ou omissiva; dolosa ou culposa), por um resultado, pelo nexo causal entre a conduta e o resultado, e pela tipicidade penal (formal e conglobante).

O nexo causal, ou relação de causalidade, é aquele elo necessário que une a conduta praticada pelo agente ao resultado por ela produzido. Se não houver esse vínculo que liga o resultado à conduta levada a efeito pelo agente, não se pode falar em relação de causalidade e, assim, tal resultado não poderá ser atribuído ao agente, haja vista não ter sido ele o seu causador.

3. DO RESULTADO DE QUE TRATA O *CAPUT* DO ART. 13 DO CÓDIGO PENAL

Conforme observamos anteriormente, há crimes que possuem resultados naturalísticos, ou seja, aqueles que causam uma modificação no mundo exterior. Outros, contudo, são incapazes de produzir tal resultado porque nada modificam externamente que seja passível de percepção pelos nossos sentidos. Embora nem todos os crimes produzam um resultado naturalístico, todos, entretanto, produzem um resultado jurídico, que pode ser conceituado como a lesão ou perigo de lesão ao bem juridicamente tutelado pela lei penal.

Quando o *caput* do art. 13 do Código Penal inicia sua redação dizendo "*o resultado*, de que depende a existência do crime", quer se referir ao resultado naturalístico, ou ao resultado jurídico?

Sheila Bierrenbach preleciona:

"A relação de causalidade refere-se, exclusivamente, aos delitos de resultado, cuja superveniência coincide com a consumação. Trata-se do nexo de causa e efeito que há de existir entre a conduta do agente e o evento descrito no tipo."[1]

No mesmo sentido, Ronaldo Tanus Madeira afirma que, estando sua aplicação "limitada aos delitos materiais, o nexo causal não tem sentido em relação aos delitos de simples atividade, bem como aos omissivos próprios."[2]

Em sentido contrário, Luiz Flávio Gomes assevera que o art. 13 do Código Penal se aplica a todas as infrações penais, independentemente da sua natureza:

"Não existe crime sem resultado, diz o art. 13. A existência do crime depende de um resultado. Leia-se: todos os crimes exigem um resultado. Se é assim, pergunta-se: qual resultado é sempre exigido para a configuração do crime? Lógico que não pode ser o resultado natural (ou naturalístico ou típico), porque esse só é exigido nos crimes materiais. Crimes formais e de mera conduta não possuem ou não exigem resultado (natural). Consequentemente, o resultado exigido pelo art. 13 só pode ser o jurídico. Este sim é que está presente em todos os crimes. Que se entende por resultado jurídico? É a ofensa ao bem jurídico, que se expressa numa lesão ou perigo concreto de lesão. Esse resultado jurídico possui natureza normativa (é um juízo de valor que o juiz deve fazer em cada caso para verificar se o bem jurídico protegido pela norma entrou no raio de ação dos riscos criados pela conduta)."[3]

Nas edições anteriores desta obra, afirmamos que a palavra *resultado*, constante do art. 13 do Código Penal, dizia respeito tão somente ao resultado conhecido como naturalístico, ou seja, aquele que nos permite visualizar, por meio dos nossos sentidos, uma modificação no mundo exterior, característica dos chamados *crimes materiais*.

No entanto, levando a efeito uma análise mais detida da Parte Especial do nosso Código Penal e, principalmente, das disposições relativas à posição de garantidor, constantes do § 2º do art. 13 do diploma repressivo, que serão analisadas mais adiante, modificamos nosso entendimento.

Estamos, portanto, com Luiz Flávio Gomes, que não limita o resultado, previsto na redação do art. 13 do Código Penal, somente àqueles considerados como naturalísticos. Essa limitação impediria o reconhecimento, em diversas infrações penais, da responsabilidade penal do agente garantidor, como teremos oportunidade de analisar em cada infração penal constante da Parte Especial do Código Penal, nos demais volumes desta coleção.

Assim, concluindo, o resultado mencionado pelo art. 13 do Código Penal deverá ser entendido como o *jurídico*, e não o meramente naturalístico. Na verdade, qualquer resultado, seja ele *naturalístico* (compreendido no sentido proposto pelos delitos materiais, ou seja, como o de modificação no mundo exterior, perceptível pelos sentidos, a exemplo do que ocorre com os crimes de homicídio e dano), ou o *jurídico* (significando a lesão ou perigo de lesão ao bem juridicamente protegido pelo tipo penal), poderá figurar no raciocínio relativo à relação de causalidade, o que não impedirá, por exemplo, que um agente garantidor seja responsabilizado por uma infração penal de perigo, conforme veremos quando do estudo da Parte Especial do Código Penal.

---

[1] BIERRENBACH, Sheila de Albuquerque. *Crimes omissivos impróprios*, p. 56.
[2] MADEIRA, Ronaldo Tanus. *A estrutura jurídica da culpabilidade*, p. 137.
[3] GOMES, Luiz Flávio. *Princípio da ofensividade no direito penal*, p. 59-60.

4. TEORIAS SOBRE A RELAÇÃO DE CAUSALIDADE

Várias teorias surgiram com o fim de elucidar o problema da relação de causalidade. Dentre elas, as três que mais se destacaram foram as seguintes:

a) teoria da causalidade adequada (teoria da adequação);
b) teoria da relevância jurídica;
c) teoria da equivalência dos antecedentes causais (ou da *conditio sine qua non*).

Pela teoria da causalidade adequada, elaborada por von Kries, causa é a condição necessária e adequada a determinar a produção do evento. Na precisa lição de Paulo José da Costa Júnior:

"Considera-se a conduta adequada quando é idônea a gerar o efeito. A idoneidade baseia-se na regularidade estatística. Donde se conclui que a conduta adequada (humana e concreta) funda-se no *quod plerumque accidit*, excluindo acontecimentos extraordinários, fortuitos, excepcionais, anormais. Não são levadas em conta todas as circunstâncias necessárias, mas somente aquelas que, além de indispensáveis, sejam idôneas à causação do evento."[4]

No exemplo de Beling,[5] não existiria relação causal entre acender uma lareira no inverno e o incêndio produzido pelas fagulhas carregadas pelo vento.

Muñoz Conde, com a precisão que lhe é peculiar, diz:

"Uma ação será adequada para produzir um resultado quando uma pessoa normal, colocada na mesma situação que o agente, houvesse podido prever que, nas circunstâncias correntes, tal resultado provavelmente se produziria. Mas *previsível objetivamente* o é quase tudo. Por isso, a teoria da adequação recorre a outro critério limitador da causalidade, o da *diligência devida*, já que se a ação se realiza com a diligência devida, ainda que seja previsível um resultado, se mantém no âmbito do permitido juridicamente e não se coloca qualquer problema. Previsibilidade objetiva e diligência devida são, por conseguinte, os dois critérios seletivos que servem para precisar quando uma ação é adequada para produzir um resultado e, portanto, é sua causa. Mas, a teoria da adequação tem o inconveniente de confundir o plano ontológico (que ação é causa de um resultado) e o normativo (que causas devem ter relevância penal). Com efeito, que uma causa não seja adequada para produzir um resultado, porque, por exemplo, não foi previsível que se fosse produzir, não pode eliminar sua natureza de causa"[6].

A teoria da relevância entende como causa a condição relevante para o resultado. Luís Greco, dissertando sobre o tema, procurando descobrir o significado do juízo de relevância, diz que:

"Primeiramente, ele engloba dentro de si o juízo de adequação. Será irrelevante tudo aquilo que for imprevisível para o homem prudente, situado no momento da prática da ação. Só o objetivamente previsível é causa relevante. Mezger vai um pouco além da teoria da adequação, ao trabalhar, simultaneamente, com um segundo critério: *a interpretação teleológica dos tipos*. Aqui, não é possível enumerar nada de genérico: será o *telos* específico de cada tipo da parte especial que dirá o que não pode mais ser considerado relevante."[7]

---

[4] COSTA JÚNIOR, Paulo José da. *Curso de direito penal – Parte geral*, p. 61.
[5] *Apud* ROCHA, Fernando Galvão da. Imputação objetiva nos delitos omissivos. *Revista Brasileira de Ciências Criminais*, v. 33, p. 110.
[6] MUÑOZ CONDE, Francisco. *Teoría general del delito*, p. 40.
[7] GRECO, Luís. Introdução: In: Roxin, Claus. *Funcionalismo e imputação objetiva no direito penal*, p. 29.

Assim, no conhecido exemplo daquele que joga um balde d'água em uma represa completamente cheia, fazendo com que se rompa o dique, não pode ser responsabilizado pela inundação, pois sua conduta não pode ser considerada relevante a ponto de ser-lhe imputada a infração penal tipificada no art. 254 do Código Penal.

Pela teoria da equivalência dos antecedentes causais, de von Buri, adotada pelo nosso Código Penal, considera-se causa a ação ou a omissão sem a qual o resultado não teria ocorrido. Isso significa que todos os fatos que antecedem o resultado se equivalem, desde que indispensáveis à sua ocorrência. Verifica-se se o fato antecedente é causa do resultado por meio de uma eliminação hipotética. Se, suprimido mentalmente o fato, vier a ocorrer uma modificação no resultado, é sinal de que aquele é causa deste último.

Pela análise do conceito de causa concebido pela teoria da *conditio sine qua non*, podemos observar que, partindo do resultado, devemos fazer uma regressão almejando descobrir tudo aquilo que tenha exercido influência na sua produção.

Vejamos o exemplo de Damásio:

"suponhamos que **A** tenha causado a morte de **B**. A conduta típica do homicídio possui uma série de fatos, alguns antecedentes, dentre os quais poderíamos sugerir os seguintes: 1º) produção do revólver pela indústria; 2º) aquisição da arma pelo comerciante; 3º) compra do revólver pelo agente; 4º) refeição tomada pelo homicida; 5º) emboscada; 6º) disparos dos projéteis na vítima; 7º) resultado morte. Dentro dessa cadeia, excluindo-se os fatos sob os números 1º a 3º, 5º e 6º, o resultado não teria ocorrido. Logo, dele são considerados causa. Excluindo-se o fato sob o número 4 (refeição), ainda assim o evento teria acontecido. Portanto, a refeição tomada pelo sujeito não é considerada como sendo causa do resultado."[8]

Contudo, existe falha na teoria da equivalência dos antecedentes causais quando estamos diante da chamada causalidade cumulativa, isto é, de fatos que, isoladamente, teriam plenas condições de produzir o resultado. Conforme aduz José Cerezo Mir:

"Se **A** e **B** proporcionam, independentemente, a **C** uma dose mortal de veneno, na mesma comida, abstraindo-se a conduta de **A**, o resultado concreto teria ocorrido também como consequência da conduta de **B**. À mesma conclusão chegaríamos se fizéssemos a abstração da conduta de **B** (causalidade cumulativa). Para resolver estes casos, Welzel propõe a seguinte fórmula: 'Se existem várias condições das que cabe fazer abstração de modo alternativo, mas não conjuntamente, sem que deixe de produzir-se o resultado, cada uma delas é causal para a produção do resultado.'"[9]

---

[8] JESUS, Damásio E. de. *Direito penal*, v. I, p. 218.
[9] CEREZO MIR, José. *Curso de derecho penal español* – Parte general, v. II, p. 56-57.

Teorias

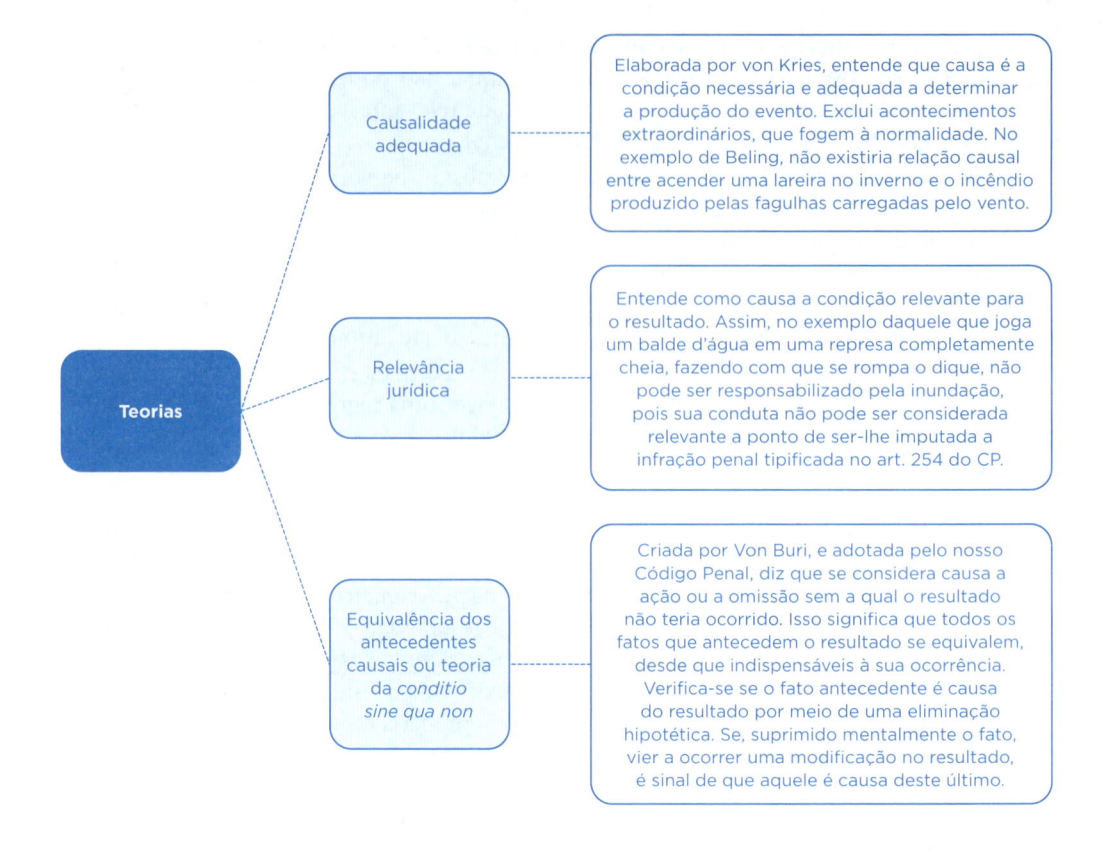

- **Causalidade adequada**: Elaborada por von Kries, entende que causa é a condição necessária e adequada a determinar a produção do evento. Exclui acontecimentos extraordinários, que fogem à normalidade. No exemplo de Beling, não existiria relação causal entre acender uma lareira no inverno e o incêndio produzido pelas fagulhas carregadas pelo vento.

- **Relevância jurídica**: Entende como causa a condição relevante para o resultado. Assim, no exemplo daquele que joga um balde d'água em uma represa completamente cheia, fazendo com que se rompa o dique, não pode ser responsabilizado pela inundação, pois sua conduta não pode ser considerada relevante a ponto de ser-lhe imputada a infração penal tipificada no art. 254 do CP.

- **Equivalência dos antecedentes causais ou teoria da *conditio sine qua non***: Criada por Von Buri, e adotada pelo nosso Código Penal, diz que se considera causa a ação ou a omissão sem a qual o resultado não teria ocorrido. Isso significa que todos os fatos que antecedem o resultado se equivalem, desde que indispensáveis à sua ocorrência. Verifica-se se o fato antecedente é causa do resultado por meio de uma eliminação hipotética. Se, suprimido mentalmente o fato, vier a ocorrer uma modificação no resultado, é sinal de que aquele é causa deste último.

5. REGRESSÃO EM BUSCA DAS CAUSAS DO RESULTADO

A crítica que se faz à teoria da equivalência dos antecedentes causais é no sentido de que, havendo necessidade dessa regressão em busca de apontar todas as causas que contribuíram para o resultado, chegaríamos a uma regressão *ad infinitum*.

No caso de um crime de homicídio, ainda no exemplo transcrito *supra*, formulado por Damásio, atribuiríamos o resultado, em virtude da mencionada regressão, até mesmo ao proprietário da empresa encarregada da produção do revólver. Não ficariam livres nem mesmo o pai ou a mãe do agente, uma vez que, se não o tivessem gerado, não teria ele cometido o delito.

Contudo, para que seja evitada tal regressão, devemos interromper a cadeia causal no instante em que não houver dolo ou culpa por parte daquelas pessoas que tiveram alguma importância na produção do resultado. Frank, citado por Fragoso, "procurando estabelecer limitações à teoria, formulou a chamada proibição de regresso (*Regressverbot*), segundo a qual não é possível retroceder além dos limites de uma vontade livre e consciente, dirigida à produção do resultado. Não seria lícito considerar como causas do resultado as condições anteriores."[10] No caso em estudo, se o agente adquiriu legalmente o revólver utilizado na prática da infração penal, não há como responsabilizar o proprietário da casa de comércio em que a arma fora vendida e entregue àquele. Aqui, interrompe-se a cadeia causal, uma vez que não houve dolo ou culpa na conduta do proprietário da casa de armas ao vender ao agente o revólver por ele utilizado como instrumento do crime.

---

[10] FRAGOSO, Heleno Cláudio. *Conduta punível*, p. 94.

6. PROCESSO HIPOTÉTICO DE ELIMINAÇÃO

Tradicionalmente, tem-se atribuído a criação do chamado "processo hipotético de eliminação" ao professor sueco Thyrén. Isso, no entanto, foi contestado, com autoridade, por Juan Carlos Ferré Olivé, Miguel Ángel Nuñez Paz, William Terra de Oliveira e Alexis Couto de Brito, que aduzem:

> "Não é correto – como alguns autores brasileiros por muitos anos o fizeram – atribuir a 'invenção' ou autoria da fórmula da 'eliminação hipotética' ao sueco Johan Carl Wilhelm Thyrén (* Lund, 1861-1933). Na verdade Thyrén em sua obra Tratados de Filosofia jurídica – considerações sobre as teorias da causalidade penal (*Abhandlungen aus der rechtsphilosophie* – I, *Bemerkungen zu den kriminalistischen kausalitätstheorien*), publicada em 1894, apenas elabora uma louvável resenha sobre as teorias existentes da época e menciona a expressão 'eliminação hipotética' ao descrever a teoria encampada por Von Buri. Buscando-se as origens de tal afirmação na literatura pátria não se encontra uma citação do texto de Thyrén, e a única referência de suposta leitura é encontrada na obra de Costa e Silva, com menção em uma nota de rodapé na qual o autor apenas elogia o trabalho do sueco"[11].

No entanto, independentemente de quem seja efetivamente seu autor, para que possamos utilizar, corretamente, a "fórmula" da eliminação hipotética, temos que fazer um exercício mental da seguinte maneira:

1º) temos de pensar no fato que entendemos como influenciador do resultado;
2º) devemos suprimir mentalmente esse fato da cadeia causal;
3º) se, como consequência dessa supressão mental, o resultado vier a se modificar, é sinal de que o fato suprimido mentalmente deve ser considerado como causa deste resultado.

Ou, ainda, na lúcida interpretação de Heleno Fragoso, "causa é todo antecedente que não pode ser suprimido *in mente*, sem afetar o resultado."[12]

Ainda nos valendo do exemplo trazido por Damásio, se suprimirmos mentalmente a fabricação da arma, o resultado, ainda assim, teria ocorrido, isto é, a vítima teria falecido em virtude dos disparos por ela recebidos? Temos de responder negativamente a essa indagação. Neste caso, havendo modificação no resultado, é sinal de que aquela conduta, suprimida mentalmente, dele foi considerada causadora.

Agora, façamos uma eliminação mental da refeição ingerida pelo agente. Se a retirarmos da cadeia causal, o resultado, ainda assim, teria ocorrido? A resposta só pode ser positiva. Em nada modifica o resultado o fato de ter o agente se alimentado anteriormente. Portanto, como não houve modificação alguma no resultado depois de termos suprimido mentalmente aquele fato, não podemos considerá-lo como causa. Esse, enfim, o processo hipotético de eliminação criado por Thyrén.

7. OCORRÊNCIA DO RESULTADO

Para que possamos falar em causa, como vimos, é preciso que, de acordo com o processo hipotético de eliminação, o fato suprimido mentalmente modifique o resultado. Mas a segun-

---

[11] FERRÉ OLIVÉ, Juan Carlos; NUÑEZ PAZ, Miguel Ángel; OLIVEIRA, William Terra de; BRITO, Alexis Couto de. *Direito penal brasileiro* – parte geral – princípios fundamentais e sistema, p. 275.
[12] FRAGOSO, Heleno Cláudio. *Lições de direito penal* – Parte geral, p. 165.

da parte da redação do *caput* do art. 13 do Código Penal diz: *Considera-se causa a ação ou omissão sem a qual o resultado não teria ocorrido.* Será, assim, que somente se considera como causa aquela que, na análise do caso concreto, modifique efetivamente o resultado?

A título de raciocínio, suponhamos que determinado agente venha caminhando pela estrada e comece a ouvir gritos de socorro. Aproxima-se do local de onde vêm os gritos e, para sua surpresa, encontra, num precipício, abraçado a um finíssimo galho de árvore prestes a se romper, o seu maior inimigo. Como não havia mais ninguém por perto, o agente, aproveitando aquela oportunidade, sacode levemente a árvore fazendo com que a vítima caia no despenhadeiro, vindo a falecer. Mesmo que o agente não tivesse sacudido a árvore, a vítima, da maneira como foi colocado o problema, não teria salvação. O galho já estava se rompendo quando o processo foi agilizado pelo agente. Daí, perguntamos: Mesmo que o agente não tivesse balançado a árvore, o resultado teria ocorrido? Sim, porque o galho se romperia de qualquer forma. Mas o resultado teria ocorrido *como ocorreu*? Não, porque o agente interferiu no acontecimento dos fatos, e, mesmo que o resultado, de qualquer forma, não pudesse ser modificado, parte dele foi alterada. Aqui, o agente antecipou a morte da vítima sacudindo o galho onde esta se encontrava agarrada. Deve, portanto, responder pelo resultado a que deu causa, ou seja, pelo delito de homicídio.

O agente – concluindo – não deve, como vimos, interferir na cadeia causal, sob pena de responder pelo resultado, mesmo que este, sem sua colaboração, fosse considerado inevitável.

Então, devemos acrescentar a expressão *como ocorreu* na redação final do *caput* do art. 13 do Código Penal, ficando, agora, assim entendido: "Considera-se causa a ação ou omissão sem a qual o resultado não teria ocorrido *como ocorreu.*"

Tal entendimento se encontra minimizado pela teoria da imputação objetiva, que será analisada no final deste capítulo.

8. ESPÉCIES DE CAUSAS

As causas, assim consideradas aquelas que interfiram na produção do resultado, podem ser *absoluta* ou *relativamente independentes.*

A relação de independência absoluta é encontrada no *caput* do art. 13 do Código Penal, quando diz que *o resultado, de que depende a existência do crime, somente é imputável a quem lhe deu causa. Considera-se causa a ação ou omissão sem a qual o resultado não teria ocorrido.*

Já o § 1º do citado art. 13 se refere às causas supervenientes relativamente independentes, não tendo o Código, contudo, cuidado de forma expressa das causas preexistentes e concomitantes.

8.1. Causa absolutamente independente

É aquela causa que teria acontecido, vindo a produzir o resultado, mesmo se não tivesse havido qualquer conduta por parte do agente.

As causas absolutamente independentes podem ser:

a) preexistentes;
b) concomitantes;
c) supervenientes.

Quando falamos em causas absolutamente independentes preexistentes, concomitantes e supervenientes, estamos querendo dizer que essas causas preexistiam, ocorreram numa relação de simultaneidade ou surgiram posteriormente à conduta do agente. Assim, a conduta do agente é o marco, o ponto de partida para saber se uma causa é preexistente, concomitante ou superveniente. A partir dela é que iniciamos a análise das causas.

- *Causa preexistente absolutamente independente* – É aquela que ocorreu anteriormente à conduta do agente.

Quando a causa é absolutamente independente e em virtude dela ocorre o resultado, não devemos imputá-lo ao agente. Exemplificando: Alfredo, querendo a morte de Paulo, contra este desfere um tiro, acertando-o na região do tórax. Embora atingido numa região letal, Paulo veio a falecer não em virtude do disparo recebido, mas porque, com intenção suicida, ingerira veneno momentos antes da agressão sofrida. Paulo morreu envenenado, e não em razão do disparo.

- *Primeira questão*: Essa causa, ou seja, o fato de ter a vítima ingerido veneno, é anterior, concomitante ou posterior à conduta do agente? Sabemos que Paulo ingeriu veneno antes de ser alvejado. Esta causa, isto é, a ingestão de veneno, deve ser considerada como uma causa preexistente. Preexistente a quê? Preexistente à conduta de Alfredo que consistiu em atirar em Paulo.
- *Segunda questão*: Se Alfredo não tivesse atirado em Paulo, este, ainda assim, teria falecido? Sim, porque havia ingerido veneno, e esta foi a causa de sua morte.

Se aplicarmos o processo hipotético de eliminação de Thyrén, chegaremos à seguinte conclusão: se suprimirmos mentalmente o disparo efetuado por Alfredo, Paulo, ainda assim, teria morrido? Sim, uma vez que Paulo não veio a falecer em virtude dos disparos, mas porque, antes, havia feito a ingestão de veneno. Dessa forma, não podemos considerar a conduta de Alfredo como a causadora do resultado morte, e, portanto, Alfredo somente responderá pelo seu dolo. Como não conseguiu, com sua conduta, alcançar o resultado morte por ele inicialmente pretendido, será responsabilizado pela prática do crime de tentativa de homicídio.

- *Causa concomitante absolutamente independente* – É aquela que ocorre numa relação de simultaneidade com a conduta do agente. Acontece no mesmo instante e paralelamente ao comportamento do agente. No exemplo fornecido por Noronha, "se **A** e **B**, com armas de calibres diferentes, atiram contra **C** (afastada a hipótese de coautoria) e ficar provado que o projétil de **B** é que, atingindo o coração da vítima, a matou, ao passo que o de **A** alcançou levemente em um braço, somente aquele responde por homicídio."[13] No caso, mesmo que o projétil disparado pela arma de **A** tivesse atingido a vítima de forma grave, mas não sendo o causador do resultado fatal, responderia ele tão somente pelo seu dolo.

Aqui, por mais uma vez, devemos aplicar o processo hipotético de eliminação de Thyrén, questionando-nos o seguinte: se eliminarmos mentalmente a conduta de **A**, ainda assim o resultado morte teria ocorrido? Sim, porque foi o projétil disparado pela arma de **B** o causador do resultado.

Dessa forma, como não houve modificação do resultado depois da supressão mental da conduta de **A**, podemos afirmar que não foi ela a sua causadora. Se queria matar e não conseguiu, responderá tão somente pela tentativa de homicídio.

- *Causa superveniente absolutamente independente* – Como nos está induzindo o próprio nome, diz-se superveniente absolutamente independente a causa ocorrida posteriormente à conduta do agente e que com ela não possui relação de dependência alguma. Tomemos o seguinte exemplo: Augusto e Bento discutem no interior de uma loja, oportunidade em que Augusto saca o revólver que trazia consigo e atira

---

[13] NORONHA, Edgard Magalhães. *Direito penal*, p. 119.

em Bento, causando-lhe um ferimento grave, que certamente o levará à morte. Logo após ter efetuado o disparo, o prédio no qual ambos se encontravam desaba e, posteriormente, comprova-se que Bento não morrera em virtude do disparo recebido, mas, sim, por ter sido soterrado.

Se, aqui, por mais uma vez, suprimirmos mentalmente a conduta de Augusto, isto é, o fato de ter atirado contra Bento, ainda assim o resultado morte teria ocorrido? Sim. Então, podemos concluir que a conduta de Augusto não causou o resultado, razão pela qual deverá responder somente pelo *conatus* (tentativa de homicídio).

- *Conclusão* – Como se percebe, em nenhuma das exclusões hipotéticas realizadas nas operações acima houve modificação no resultado. Com isso conclui-se que quando o resultado naturalístico ocorrer em virtude da existência de qualquer uma das causas absolutamente independentes (preexistentes, concomitantes e supervenientes) não poderá ele ser atribuído ao agente, que responderá tão somente pelo seu dolo.

8.2. Causa relativamente independente

Diz-se relativamente independente a causa que somente tem a possibilidade de produzir o resultado se for conjugada com a conduta do agente. Existe uma relação de dependência entre a conduta do agente e a causa que também influencia na produção do resultado. A ausência de qualquer uma delas (causa relativamente independente + conduta do agente) faz com que o resultado seja modificado.[14]

Da mesma forma que as absolutamente independentes, as causas relativamente independentes podem ser:

a) preexistentes;
b) concomitantes;
c) supervenientes.

- *Causa preexistente relativamente independente* – É aquela que já existia antes mesmo do comportamento do agente e, quando com ele conjugada numa relação de complexidade, produz o resultado.

Tomemos aquele exemplo clássico da vítima hemofílica. Suponhamos que João, querendo causar a morte de Paulo e sabendo de sua condição de hemofílico, nele desfira um golpe de faca. O golpe, embora recebido numa região não letal, conjugado com a particular condição fisiológica da vítima, faz com que esta não o suporte e venha a falecer. Nesse exemplo, duas situações podem ocorrer: se o agente queria a morte da vítima, atuando com *animus necandi*, responderá pelo resultado morte a título de homicídio doloso; se, embora sabendo da condição de hemo-

---

[14] No exemplo fornecido por Cezar Roberto Bitencourt, "se dois indivíduos, um ignorando a conduta do outro, com a intenção de matar, ministram, separadamente, quantidade de veneno insuficiente para produzir a morte da mesma vítima, mas em razão do efeito produzido pela soma das doses ministradas esta vem a morrer, qual seria a solução recomendada pela teoria de equivalência das condições, consagrada pelo direito brasileiro? Responderiam ambos por tentativa, desprezando-se o resultado morte? Ou responderiam, cada um isoladamente, pelo homicídio doloso? [...] A nosso juízo, configuram-se causas (concausas) relativamente independentes, e ambos devem responder pelo homicídio doloso consumado. Trata-se de uma modalidade de autoria colateral, onde não há vínculo subjetivo entre os autores, por isso não há coautoria" (BITENCOURT, Cezar Roberto; MUÑOZ CONDE, Francisco. *Teoria geral do delito*, p. 86-87).

fílico, o agente só almejava causar lesões na vítima, agindo tão somente com *animus laedendi*, responderá por lesão corporal seguida de morte (§ 3º do art. 129 do CP), aplicando-se, aqui, a regra contida no art. 19 do Código Penal, uma vez que o resultado morte encontrava-se no seu campo de previsibilidade, embora por ele não tenha sido querido ou assumido.

Contudo, se o agente desconhecia a hemofilia da vítima, não poderá ser responsabilizado pelo resultado morte, uma vez que estaria sendo responsabilizado objetivamente. Se queria ferir a vítima, agredindo-a com um soco na região do tórax e esta, em razão de sua particular condição de hemofílica, vem a falecer em decorrência da eclosão de um processo interno de hemorragia, o agente só poderá ser responsabilizado pelo delito de lesões corporais simples.

Da mesma forma que nas causas absolutamente independentes, podemos aplicar, no caso em exame, o processo hipotético de eliminação de Thyrén, fazendo-se aquela operação mental de supressão dos fatos anteriores ao resultado. Considerando que o agente conhecia essa particular condição da vítima, se afastarmos mentalmente a hemofilia da cadeia causal, o resultado morte não se teria verificado. Da mesma forma que, se eliminássemos mentalmente o golpe aplicado pelo agente, não haveria a morte da vítima. Assim, o resultado morte é uma conjugação da conduta do agente com uma causa (hemofilia) que já existia. As duas causas, conjuntamente, são consideradas produtoras do resultado, respondendo o agente pelo homicídio doloso ou pela lesão corporal seguida de morte, dependendo de seu dolo.

- *Causa concomitante relativamente independente* – Concomitante é a causa que, como já foi visto, numa relação de simultaneidade com a conduta do agente e com ela conjugada, também é considerada produtora do resultado. No exemplo fornecido por Damásio, "**A** desfecha um tiro em **B**, no exato instante em que este está sofrendo um colapso cardíaco, provando-se que a lesão contribuiu para a eclosão do êxito letal."[15]

Aqui, se levarmos a efeito a supressão mental da conduta do agente, ou seja, o fato de sacar sua arma e dispará-la em direção à vítima, esta não teria se apavorado e, com isso, sofrido o enfarte. Assim, a conduta do agente e o colapso cardíaco são, conjuntamente, causadores do resultado morte, razão pela qual o agente responderá pelo delito de homicídio doloso consumado.

- *Causa superveniente relativamente independente* – Podemos conceituar a causa superveniente relativamente independente como aquela ocorrida posteriormente à conduta do agente, e que com ela tenha ligação.

O Código Penal, no § 1º de seu art. 13, ao tratar das causas supervenientes relativamente independentes, previu que estas somente poderiam excluir a imputação quando, *por si sós*, produzissem o resultado.

Tomemos, aqui, a título de raciocínio, o clássico exemplo daquele que, atingido gravemente por um disparo de arma de fogo, é conduzido a um hospital. Lá chegando, o aludido nosocômio sofre um atentado terrorista, e a vítima vem a falecer não em virtude dos ferimentos originários do disparo por ela recebidos, mas em razão do desabamento do prédio.

Aplicando-se o processo hipotético de eliminação de Thyrén, se retirarmos o disparo recebido pela vítima, esta não teria sido conduzida ao hospital e, portanto, não teria morrido soterrada. Por outro lado, se retirarmos o desabamento do prédio, a morte da vítima também não teria ocorrido *como ocorreu*.

O problema, agora, será resolvido tão somente com a interpretação da expressão *por si só*, contida no já referido § 1º do art. 13 do Código Penal. A partir de seu entendimento é que

---

[15] JESUS, Damásio E. de. *Direito penal*, v. I, p. 224.

as respostas aos problemas relativos às causas supervenientes relativamente independentes começarão a surgir.

- *O significado da expressão "por si só"* – Quando a lei penal diz que "a superveniência de causa relativamente independente exclui a imputação quando, por si só, produziu o resultado", significa que somente aqueles resultados que se encontrarem como um desdobramento natural da ação, ou seja, estiverem, na expressão de Montalbano,[16] na chamada linha de desdobramento físico, ou anatomopatológico, é que poderão ser imputados ao agente.

Imaginemos o seguinte: João, querendo a morte de Pedro, efetua contra ele certeiros disparos. Pedro é socorrido por uma ambulância, que o conduz ao hospital. Durante o trajeto, a ambulância se vê envolvida num acidente de trânsito, vindo Pedro a falecer em virtude da colisão. Raciocinemos: se Pedro não tivesse sido ferido por João, não teria sido colocado na ambulância e, consequentemente, não teria falecido em razão da colisão dos veículos. Em virtude disso, deverá João responder pelo crime de homicídio doloso consumado? A resposta, aqui, atendendo ao § 1º do art. 13 do Código Penal, só pode ser negativa. Isso porque a morte de Pedro não se encontrava na chamada linha de desdobramento físico da conduta praticada por João. Como podemos chegar a essa conclusão? Indagando o seguinte: Será que aquele que recebe disparos de arma de fogo morre preso entre os destroços de veículos que colidem? Não. Esta forma de morte não se inclui como desdobramento natural de quem é alvejado por projéteis de pistola.

Suponhamos agora que, conseguindo chegar vivo ao hospital, Pedro contraia uma infecção hospitalar em razão dos ferimentos por ele sofridos. Será que podemos considerar a infecção hospitalar como um desdobramento natural da conduta inicial? Será que é normal, ou melhor dizendo, será que se encontra na mesma linha de desdobramento natural a possibilidade de alguém, ferido gravemente, vir a contrair uma infecção hospitalar? Se entendermos que sim, a infecção hospitalar deve ser considerada na mesma linha de desdobramento físico, respondendo o agente pelo resultado morte. Caso contrário, se entendermos de forma diversa, o agente responderá somente pelos atos já praticados, isto é, pelo seu dolo, sendo a ele imputada a tentativa de homicídio.

O STJ decidiu:

"O fato de a vítima ter falecido no hospital em decorrência das lesões sofridas, ainda que se alegue eventual omissão no atendimento médico, encontra-se inserido no desdobramento físico do ato de atentar contra a vida da vítima, não caracterizando constrangimento ilegal a responsabilização criminal por homicídio consumado, em respeito à teoria da equivalência dos antecedentes causais adotada no Código Penal e diante da comprovação do *animus necandi* do agente" (STJ, *HC* 42559/PE, Rel. Min. Arnaldo Esteves Lima, 5ª T., DJ 24/4/2006, p. 420).

Com essa decisão, entendeu o STJ que a eventual omissão no atendimento médico encontra-se na mesma linha de desdobramento natural e, portanto, o resultado daí advindo deve ser imputado a quem deu origem à cadeia causal.

A expressão *por si só* tem a finalidade, assim, de excluir a linha de desdobramento físico, fazendo com que o agente somente responda pelos atos já praticados. Se o resultado estiver na linha de desdobramento natural da conduta inicial do agente, este deverá por ele responder; se o resultado fugir ao desdobramento natural da ação, ou seja, se a causa superveniente rela-

---

[16] *Apud* HUNGRIA, Nélson. *Comentários ao código penal*, v. I, t. II, p. 68.

tivamente independente vier, por si só, a produzi-lo, não poderá o resultado ser atribuído ao agente, que responderá tão somente pelo seu dolo.

- *Linha de desdobramento físico e significância da lesão* – Como vimos, para que possamos atribuir o resultado ao agente é preciso que este esteja na mesma linha de desdobramento físico da ação. Assim, se alguém é ferido com um instrumento cortante e, devido ao tratamento inadequado que recebe, contrai tétano e vem a falecer, temos, pelo menos inicialmente, que o tétano é um desdobramento natural da lesão.

Mas será que em toda e qualquer lesão o resultado mais gravoso deve ser atribuído ao agente? Para evitar situações discrepantes que nos levariam a conclusões absurdas, é que o resultado tido como consequência da linha de desdobramento físico da ação do agente somente deve ser aquele produto de uma lesão que tenha significância, que seja de relevo.

A título de exemplo, se alguém ferir o dedo mínimo de uma pessoa com um canivete enferrujado, utilizado pelas pessoas do campo como instrumento necessário para "picar fumo" e, por não receber a higienização adequada, contrair tétano e falecer, será que poderemos imputar o resultado morte ao agente? Vimos que o tétano se encontra na mesma linha de desdobramento físico de uma lesão produzida por um instrumento cortante. Mas será isso suficiente? Respondendo a essa indagação, com indiscutível autoridade, preleciona Alberto Silva Franco:

"Ao critério do desdobramento da ação física deve ser adicionado outro ingrediente, qual seja, o conceito de significância, para evitar que, na vida real, surjam situações embaraçosas ou excessivamente rigorosas que poderiam atentar contra o sentimento de justiça de um homem de bem. Nestes termos, a causa superveniente não rompe o nexo de causalidade quando constituir um prolongamento ou desdobramento da ação cometida pelo agente, formando uma cadeia unilinear, desde que a causa anterior tenha um peso ponderável, seja consistente e mantenha uma certa correspondência lógica com o resultado mais lesivo a final verificado. O requisito da significância é imprescindível para evitar possíveis despautérios. Se, em face do vultoso resultado, que o agente não quis e nem podia impedir ou evitar, a causa anterior é de somenos importância, a cadeia unilinear deve ser considerada como rompida, de forma que o sujeito ativo só responderá pelo fato menos grave decorrente exclusivamente de sua conduta."[17]

Podemos, portanto, criar a seguinte fórmula relativa à imputação do resultado ao agente quando estivermos diante de uma causa superveniente relativamente independente: Resultado = mesma linha de desdobramento físico da ação inicial + significância da lesão.

- *Conclusão* – As causas preexistentes e concomitantes relativamente independentes, quando conjugadas com a conduta do agente, fazem com que este sempre responda pelo resultado. Para isso, é preciso que essas causas tenham entrado na sua esfera de conhecimento, pois, caso contrário, estaremos diante da chamada responsabilidade penal objetiva ou responsabilidade penal sem culpa.

Já as causas supervenientes relativamente independentes têm uma particularidade: o resultado somente poderá ser imputado ao agente se estiver na mesma linha de desdobramento natural da ação; caso contrário, quando a causa superveniente relativamente independente, *por si só*, vier a produzir o resultado, pelo fato de não se encontrar na mesma linha de desdobramento físico, o agente só responderá pelo seu dolo. Isso porque há um rompimento na cadeia causal, não podendo o agente responder pelo resultado que não foi uma consequência natural da sua conduta inicial.

---

17 SILVA FRANCO, Alberto. *Código penal e sua interpretação jurisprudencial* – Parte geral, v. I, t. I, p. 203.

9. OMISSÃO COMO CAUSA DO RESULTADO

Ao fornecer o conceito de causa, o Código Penal não fez distinção entre a ação ou a omissão. Pela simples leitura da parte final do *caput* do art. 13, chegamos à conclusão de que a omissão também poderá ser considerada causa do resultado, bastando para isso que o omitente tenha o dever jurídico de impedir, ou pelo menos de tentar impedir, o resultado lesivo.

Quando o Código Penal deixa transparecer que também a omissão pode ser considerada causa do resultado, quer dizer que a omissão do agente terá importância quando ele se abstiver de fazer aquilo que a lei lhe impunha naquele momento.

Não se deve cair naquela discussão estéril de que "do nada, nada surge." Não se trata, aqui, do fato de o agente não fazer absolutamente nada, mas, sim, de não fazer aquilo que a lei determinava que fizesse.

Segundo Paz Aguado, "nem toda omissão é jurídico-penalmente relevante, senão a omissão de uma ação ordenada e em tal sentido esperada pelo ordenamento jurídico penal. Assim, pois, a essência da omissão não radica na simples inatividade, senão em um 'não fazer' a ação esperada."[18]

Identificada essa obrigação legal, a inação do agente terá relevo para o Direito Penal e poderá ser considerada produtora do resultado.

10. AÇÃO ESPERADA

A lei penal não pune alguém porque simplesmente deixou de fazer alguma coisa. Pune-se, no entanto, porque o agente deixou de fazer aquilo que a lei esperava que fizesse. Somente a lei, portanto, pode impor a realização de algum comportamento. Caso o agente não leve a efeito o comportamento esperado, abre-se a possibilidade de punição.

Como ressalta Muñoz Conde:

"O delito omissivo consiste, sempre, portanto, na omissão de determinada ação que o sujeito tinha a obrigação de realizar e que podia realizar. Portanto, o delito de omissão é sempre, estruturalmente, um delito que consiste na *infração de um dever*. Mas não de um dever social ou moral, senão de um dever jurídico. Na realidade, no fundo de todo delito existe sempre uma infração de um dever, o dever de respeitar o bem jurídico protegido no tipo penal em questão (não matar, não furtar etc.), mas o essencial no delito de omissão é que esse dever se descumpre ao omitir o sujeito uma ação mandada e, portanto, esperada pelo Ordenamento jurídico"[19].

Contudo, a simples determinação legal obrigando alguém a fazer alguma coisa não é suficiente para a sua punição. Devemos investigar se, nas condições em que se encontrava, o agente podia ter agido de acordo com a vontade da lei. Sua incapacidade de agir, consequentemente, poderá evitar sua responsabilização penal. Assim, por exemplo, um sujeito paralítico, que não consegue nadar, não pode entrar no mar e efetuar o salvamento daquele que se encontra afogando, necessitando de socorro, e nem possui condições de buscar socorro junto às autoridades competentes. Seria uma aberração se a lei impusesse uma obrigação ilimitada a todos nós.

Como veremos mais adiante, se estivermos diante de uma obrigação legal dirigida, sem distinção, a todas as pessoas, estaremos diante daquilo que se denomina *dever genérico de proteção*; ao contrário, se somente determinadas pessoas possuírem esse dever, será reconhecido como um *dever específico de proteção*. Assim, por exemplo, o dever de socorrer alguém que se

---

[18] PAZ AGUADO, M. de La Cuesta. *Tipicidad y imputación objetiva*, p. 211-212.
[19] MUÑOZ CONDE, Francisco. *Teoría general del delito*, p. 49.

encontra em uma situação de perigo é inerente a todos nós, que fazemos parte da sociedade, sendo, outrossim, um *dever genérico de proteção*. Quando a lei seleciona determinadas pessoas que devem agir em algumas situações, a exemplo do que ocorre com os bombeiros, policiais, médicos, pais etc., esse dever passa a ser considerado como um *dever específico de proteção*. A título de exemplo, se alguém está se afogando numa praia, e se um surfista se encontra próximo a essa pessoa, ele, como qualquer outro cidadão que pudesse fazer o salvamento, tem um *dever genérico de proteção*. Por outro lado, se quem percebe o afogamento é um salva-vidas, ele, cuja função é salvar pessoas, tem um *dever específico de proteção*.

11. CRIMES OMISSIVOS PRÓPRIOS E IMPRÓPRIOS

A conduta do agente pode consistir num fazer ou deixar de fazer alguma coisa. Quando o agente faz alguma coisa que estava proibido, fala-se em crime comissivo; quando deixa de fazer alguma coisa a que estava obrigado, temos um crime omissivo. Os crimes omissivos podem ser: omissivos próprios, puros, ou simples e omissivos impróprios, comissivos por omissão, ou omissivos qualificados, na definição de Jescheck.

Crimes omissivos próprios, puros ou simples, segundo Mirabete:

> "São os que objetivamente são descritos com uma conduta negativa, de não fazer o que a lei determina, consistindo a omissão na transgressão da norma jurídica e não sendo necessário qualquer resultado naturalístico. Para a existência do crime basta que o autor se omita quando deve agir."[20]

Crimes omissivos impróprios, comissivos por omissão ou omissivos qualificados são aqueles em que, para sua configuração, é preciso que o agente possua um dever de agir para evitar o resultado.[21] Esse dever de agir não é atribuído a qualquer pessoa, como acontece em alguns crimes omissivos próprios, a exemplo do art. 135 do Código Penal, mas tão somente àquelas que gozem do *status* de garantidoras da não ocorrência do resultado.

Segundo a lição de Juarez Tavares:

> "Diz-se, na verdade, que os crimes omissivos impróprios são crimes de omissão qualificada porque os sujeitos devem possuir uma qualidade específica, que não é inerente e nem existe nas pessoas em geral. O sujeito deve ter com a vítima uma vinculação de tal ordem, para a proteção de seus bens jurídicos, que o situe na qualidade de garantidor desses bens jurídicos."[22]

Somente assumem a posição de garante aquelas pessoas que se amoldam às situações elencadas pelo § 2º do art. 13 do Código Penal, assim redigido:

> § 2º A omissão é penalmente relevante quando o omitente devia e podia agir para evitar o resultado. O dever de agir incumbe a quem:
> a) tenha por lei obrigação de cuidado, proteção ou vigilância;
> b) de outra forma, assumiu a responsabilidade de impedir o resultado;
> c) com seu comportamento anterior, criou o risco da ocorrência do resultado.

---

[20] MIRABETE, Júlio Fabbrini. *Manual de direito penal* – Parte geral, p. 124.
[21] Há crimes omissivos próprios ou puros que só podem ser cometidos por determinadas pessoas, sendo, portanto, classificados doutrinariamente como delitos próprios, como é o caso do art. 269 do Código Penal, que prevê a omissão de notificação de doença, em que somente o médico pode ser o sujeito ativo.
[22] TAVARES, Juarez. *As controvérsias em torno dos crimes omissivos*, p. 65.

Isso porque o Código Penal adotou o critério das *fontes formais* do dever de garantidor, deixando de lado a *teoria das funções*, preconizada por Armin Kaufmann, que defendia a tese de que seria garantidor o agente que tivesse uma relação estreita com a vítima, mesmo que não existisse qualquer obrigação legal entre eles.

A diferença básica entre o crime omissivo próprio e o impróprio é que no crime omissivo próprio, o legislador faz expressamente a previsão típica da conduta que deve ser imposta ao agente. Caso o agente se abstenha de praticá-la, incorrerá nas sanções cominadas a tais tipos penais. Como exemplos dessa espécie de crime omissivo, podemos citar a omissão de socorro (art. 135 do CP), o abandono material (art. 244 do CP), o abandono intelectual (art. 246 do CP), a omissão de notificação de doença (art. 269 do CP) e a prevaricação (art. 319 do CP). Nesses delitos, basta que o agente deixe de praticar as condutas que previamente lhe são impostas nos tipos penais para que cometa o crime omissivo próprio.

Já nos crimes omissivos impróprios, considerados tipos abertos, não há essa prévia definição típica. É preciso que o julgador elabore um trabalho de adequação, situando a posição de garantidor do agente aos fatos ocorridos, considerando, ainda, a sua real possibilidade de agir. Não há, portanto, definição prévia alguma de condutas que se quer impor ao agente.

Enquanto nos crimes omissivos próprios a conduta prevista no tipo é negativa, ou seja, o tipo prevê uma inação, nos crimes omissivos impróprios ou comissivos por omissão a conduta é positiva, isto é, comissiva, só que praticada via omissão do agente que, no caso concreto, tinha o dever de agir para evitar o resultado. Por essa razão é que se diz que o crime é comissivo por omissão, porque a conduta comissiva prevista no tipo é praticada de forma omissiva pelo agente.

Dissertando sobre os crimes omissivos impróprios, preleciona Alberto Silva Franco:

"Não há, nesta categoria de delitos, uma referência expressa, na descrição típica, ao comportamento omissivo. O tipo descreve e veda uma determinada conduta positiva, e o resultado proibido deve ser debitado ao omitente como se o tivesse produzido, através de um fazer. Tanto pode a mãe matar o próprio filho de tenra idade, através de um fazer positivo, como por meio de uma omissão, no caso, por exemplo, de negar-lhe alimento."[23]

Os resultados, nos crimes omissivos impróprios, podem ser alcançados em razão das condutas dolosa ou culposa do agente, querendo-se dizer com isso que essa espécie de crime omissivo admite tanto a inação dolosa quanto a inação culposa como meio para se atribuir o resultado ao agente. Tanto pode agir com dolo o salva-vidas que ao avistar o seu desafeto se afogando, volitivamente, não lhe presta o devido socorro e permite que este venha a falecer, como pode dar causa ao resultado morte não por ter agido dolosamente, mas, sim, por ter sido negligente no tardio atendimento.

Na lapidar lição de Wessels:

"Os delitos omissivos impróprios são os fatos puníveis nos quais quem se omite está obrigado, como 'garante', a evitar o resultado, correspondendo a omissão, valorativamente, à realização do tipo legal mediante uma ação ativa. Os delitos omissivos impróprios são um reflexo dos delitos de comissão e correspondem aos delitos de resultado. Aqui, a produção do resultado reprovado pertence ao tipo de injusto. O garante, que lesiona o dever que o incumbe de evitar o resultado, realiza um tipo penal, que está construído na lei como um delito comissivo, no qual se baseia principalmente uma norma proibitiva."[24]

---

[23] SILVA FRANCO, Alberto. *Código penal e sua interpretação jurisprudencial* – Parte geral, p. 156.
[24] WESSELS, Johannes. *Derecho penal* – Parte general, p. 208-209.

12. RELEVÂNCIA DA OMISSÃO

Nos termos do § 2º do art. 13 do Código Penal,

> § 2º A omissão é penalmente relevante quando o omitente devia e podia agir para evitar o resultado. [...]

Como bem ressaltado por Muñoz Conde:

"Em primeiro lugar, se deve estabelecer a equivalência entre omissão e causação, 'segundo o sentido do texto da lei'. O delito realizado em comissão por omissão é um delito de resultado, em que o resultado produzido deve ser imputado ao sujeito da omissão a causação desse resultado. Ainda que alguns autores falem sobre esses efeitos de 'causalidade da omissão', realmente a omissão não pode ser entendida como componente causal de nenhum resultado, já que a causalidade exige a colocação em marcha de uma força desencadeante que, por definição, falta na omissão (*ex nihilo nihil fit*). O que importa na imputação de um resultado a uma conduta omissiva ou, se se prefere, a terminologia clássica, na comissão por omissão, é a constatação de uma *causalidade hipotética*, quer dizer, a possibilidade fática que teve o sujeito de evitar o resultado. Se se dá por seguro ou, pelo menos, como muito provável que se o sujeito houvesse realizado a ação mandada, o resultado não se houvesse produzido, então se poderia indagar se cabe também *imputação objetiva* do resultado ao sujeito da omissão"[25].

Logo pela redação inicial do artigo, podemos observar que a lei penal exige a conjugação de duas situações: o *dever de agir* (elencado nas alíneas *a*, *b* e *c*) com o *poder agir*.

O dever de agir, apontado nas alíneas do § 2º do art. 13 do Código Penal, é considerado, na definição de Sheila de Albuquerque Bierrenbach, um dever especial de proteção:

"Dever específico, imposto apenas ao garante. Diverso daquele outro dever nascido, de forma imediata, da norma preceptiva, contida na Parte Especial do Código, que obriga a todos indistintamente. Deste modo, à luz do art. 135 do estatuto penal, que tipifica a 'omissão de socorro', cabe a todos cumprir o mandamento legal, agindo para evitar ou tentar evitar que o perigo que ronda o bem jurídico protegido pela norma efetive-se, transformando-se em dano. Trata-se, pois, de dever genérico de proteção."[26]

Frisamos que a lei, quando elenca as situações nas quais surge o dever de agir, fazendo nascer daí a posição de garantidor, não exige que o garante evite, a qualquer custo, o resultado. O que a lei faz é despertar o agente para a sua obrigação e se ele realiza tudo o que estava ao seu alcance, a fim de evitar o resultado lesivo, mas, mesmo com seu esforço, este vem a se produzir, não poderemos a ele imputá-lo. Assim, por exemplo, se um salva-vidas, percebendo que alguém está se afogando, prontamente presta-lhe socorro, valendo-se de todos os recursos que tinha à sua disposição, mas, ainda assim, o resultado morte vem a ocorrer, não poderemos atribuí-lo ao agente garantidor, visto que, no caso concreto, ele tentou, dentro dos seus limites, evitar sua produção. Concluindo, a lei exige que o garantidor atue a fim de tentar evitar o resultado. Se não conseguir, mesmo depois de ter realizado tudo o que estava ao seu alcance, não poderá ser responsabilizado.

Mas o dever de agir não é suficiente para que se possa imputar o resultado lesivo ao garante. Era preciso ainda que, nas condições em que se encontrava, pudesse atuar fisicamente,

---

[25] MUÑOZ CONDE, Francisco. *Teoría general del delito*, p. 53-54.
[26] BIERRENBACH, Sheila de Albuquerque. *Crimes omissivos impróprios*, p. 91.

uma vez que o mencionado § 2º do art. 13 obriga a conjugação do dever de agir com o poder agir. Ainda na lição de Sheila de Albuquerque Bierrenbach:

"O dever de agir, que deflui das posições de garantia elencadas nas alíneas do art. 13, § 2º, não prescinde da possibilidade real, física, de atuar do garante. Vale dizer, sua presença física, quando o perigo se instala ou está na iminência de instalar-se sobre o bem jurídico, bem como a possibilidade de salvá-lo, convenientemente."[27]

A impossibilidade física afasta a responsabilidade penal do garantidor por não ter atuado no caso concreto quando, em tese, tinha o dever de agir.

Conforme assevera Juarez Tavares:

"Integra também o tipo dos delitos omissivos a real possibilidade de atuar, que é, por sua vez, condição da posição de garantidor. Não se pode obrigar ninguém a agir sem que tenha a possibilidade pessoal de fazê-lo. A norma não pode simplesmente obrigar a todos, incondicionalmente, traçando, por exemplo, a seguinte sentença: 'Jogue-se na água para salvar quem está se afogando'. Bem, se a pessoa não sabe nadar, como irá se atirar na água para salvar quem está se afogando? Essa exigência incondicional é totalmente absurda e deve ser considerada como inexistente ou incompatível com os fundamentos da ordem jurídica."[28]

13. A POSIÇÃO DE GARANTIDOR

Como asseveram Juan Carlos Ferré Olivé, Miguel Ángel Nuñez Paz, William Terra de Oliveira e Alexis Couto de Brito:

"A doutrina tradicional fundamenta a posição de garantidor, sobretudo, nas fontes formais: na lei, no contrato e no agir precedente (ou *teoria da ingerência*). Apesar disso, há prevalência da *teoria das funções*, com base na tese de Armin Kaufmann, que fundamenta a posição de garantidor não nas fontes formais, mas sim nas *materiais*, ou seja, no risco que possa surgir como consequência das *funções* desempenhadas pelo garantidor, superando-se, assim, de certo modo, a *teoria formal do dever jurídico*. Alguns códigos têm aceitado a teoria das funções ou das fontes materiais, o que não ocorre no Brasil, pois o legislador entendeu por bem relacionar as situações de garantidor expressamente no texto da lei (art. 13, § 2º)"[29].

Nas alíneas do § 2º do art. 13 do Código Penal, encontramos as situações que impõem ao agente a posição de garantidor da evitabilidade do resultado.

O que a lei deseja, nessas situações por ela elencadas, é que o agente atue visando, pelo menos, a tentar impedir o resultado. É como se ela lhe dissesse: "Faça alguma coisa, porque você está obrigado a isto; caso contrário, o resultado lesivo será a você atribuído."

Isso quer dizer que, em muitas situações, se o garantidor fizer aquilo que dele se esperava a fim de evitar o resultado, e se este, ainda assim, vier a acontecer, não lhe poderá ser atribuído. Imaginemos o seguinte: durante a madrugada, determinada pessoa é baleada e, logo em seguida, conduzida a um pronto-socorro, vindo a ser recebida pelo médico de plantão. O médico, na condição de garantidor, faz tudo o que estava a seu alcance a fim de salvar a vida da vítima que, em virtude da gravidade dos ferimentos por ela sofridos, não resiste e vem a falecer. Nessa

---

[27] BIERRENBACH, Sheila de Albuquerque. *Crimes omissivos impróprios*, p. 92-93.
[28] TAVARES, Juarez. *As controvérsias em torno dos crimes omissivos*, p. 75.
[29] FERRÉ OLIVÉ, Juan Carlos; NUÑEZ PAZ, Miguel Ángel; OLIVEIRA, William Terra de; BRITO, Alexis Couto de. *Direito penal brasileiro* – parte geral – princípios fundamentais e sistema, p. 298.

situação, não podemos atribuir o resultado morte ao médico que prestou o necessário atendimento, uma vez não ter ele se omitido, mas, sim, agido de acordo com as imposições legais.

Agora, no mesmo exemplo, suponhamos que o médico, mesmo sabendo da gravidade do fato, seja negligente no atendimento, vindo a fazê-lo somente poucos segundos antes de a vítima morrer. O resultado morte poderá ser imputado ao profissional que negligenciou no atendimento, pois sua posição de garantidor impunha que atuasse em tempo hábil. Como não agiu, mesmo devendo e podendo fazê-lo, deverá ser responsabilizado pelo resultado, a título de culpa.

O garante, portanto, nas situações elencadas pelo Código Penal, tem o dever de agir para tentar impedir o resultado. Estas são as situações que impõem ao agente a posição de garantidor:

a) tenha por lei obrigação de cuidado, proteção ou vigilância;
b) de outra forma, assumiu a responsabilidade de impedir o resultado;
c) com seu comportamento anterior, criou o risco da ocorrência do resultado.

A primeira delas é a chamada obrigação legal. Como o próprio nome sugere, é aquela obrigação derivada da lei, como a obrigação dos pais para com os filhos, isto é, a relação de poder familiar, derivada do art. 1.634 do Código Civil; a obrigação concernente aos salva-vidas, que deriva da Constituição Federal (art. 144, V), em virtude de pertencerem aos quadros das polícias militares estaduais etc.

Assim, se o salva-vidas, dolosamente, deixa de prestar socorro à vítima que estava se afogando, por reconhecê-la como seu antigo devedor, e esta vem a falecer, não comete o crime de omissão de socorro (art. 135, parágrafo único, do CP), mas, sim, o de homicídio doloso por omissão. Situação completamente contrária seria aquela do surfista que, também avistando seu desafeto se afogando, vira as costas e vai embora, permitindo que ele morra. O surfista não goza da posição de garantidor, haja vista que sua situação não se amolda a qualquer das alíneas do § 2º do art. 13 do Código Penal, devendo responder, portanto, pelo crime de omissão de socorro, com a pena especialmente agravada pelo seu parágrafo único.

A alínea *b* do § 2º do art. 13 do Código Penal traz-nos outra situação em que surge o dever de agir: quando o agente, de outra forma, assume a responsabilidade de impedir o resultado. Aqui residia, tempos atrás, a chamada responsabilidade contratual. Quando alguém estivesse vinculado por um contrato – por exemplo, a babá que se obrigara a cuidar de uma criança –, essa relação contratual faria com que ele assumisse a posição de garantidor. Hoje em dia, não mais se exige a existência ou mesmo a vigência de um contrato, bastando que o agente tenha assumido, por conta própria e mesmo sem qualquer retribuição, esse encargo, como é o caso do guia alpino que, mesmo depois de ter chegado ao local para o qual fora contratado a guiar o grupo, resolve, por sua conta, conduzi-lo a outro não previamente contratado, ou do pai que, no exemplo de Juarez Tavares, querendo mergulhar no mar, solicita a alguém que olhe seu filho por alguns minutos. Se essa pessoa anui ao pedido, naquele instante se coloca na posição de garantidora e se, em virtude de sua negligência, deixar de olhar a criança e esta vier a se afogar, responderá pelo delito de homicídio culposo.

Finalmente, de acordo com a alínea *c* do § 2º do art. 13 do Código Penal, coloca-se na posição de garantidor aquele que, *com seu comportamento anterior, criou o risco da ocorrência do resultado*. Conforme preconiza Sheila de Albuquerque Bierrenbach:

> "Trata a alínea *c* do atuar precedente ou da ingerência, segundo a qual aquele que, com sua conduta anterior, cria a situação de risco para bem jurídico de terceiro está obrigado a agir, evitando que o perigo se converta em dano, sob pena de, omitindo-se, responder pelo resultado típico, como se o tivesse causado por via comissiva."[30]

---

[30] BIERRENBACH, Sheila de Albuquerque. *Crimes omissivos impróprios*, p. 80.

Podemos citar como exemplo aquele que, num acampamento, depois de acender o fogo para fazer sua comida, não o apaga posteriormente, permitindo que se inicie um incêndio.

13.1. Cominação de pena diferenciada ao garantidor

Como vimos, o garantidor responderá pelo resultado que devia e podia evitar. Assim, só a título de reforço de raciocínio, imagine-se que um policial, durante sua ronda noturna, perceba que alguém esteja praticando um crime de roubo. Cansado, mesmo podendo agir, dada a superioridade do armamento que portava, uma vez que o agente do roubo trazia consigo somente uma faca de cozinha, resolve abandonar a vítima à sua própria sorte, permitindo, assim, o sucesso do crime contra o patrimônio. Aqui, pergunta-se: por qual infração penal deverá responder o policial que, devendo e podendo, se omitiu, permitindo a consumação do crime tipificado no art. 157 do Código Penal? Ao contrário do que se poderia inicialmente imaginar, o funcionário público/policial não responderá pelo delito de prevaricação, mas sim o delito de roubo, ou seja, aquele que, devendo e podendo, não tentou evitar. Será aplicada a ele as mesmas penas previstas para o crime praticado pelo agente autor do roubo, ou seja, aquelas cominadas no preceito secundário do art. 157 do diploma repressivo. Essa, portanto, é a regra.

Essa regra, contudo, sofre exceções, a exemplo do que ocorre com o § 2º do art. 1º da Lei nº 9.455, de 7 de abril de 1997, quando, após cominar àqueles que praticam o crime de tortura uma pena de reclusão, de dois a oito anos, no que diz respeito ao garantidor, assevera, *verbis*:

> § 2º Aquele que se omite em face dessas condutas, quando tinha o dever de evitá-las ou apurá-las, incorre na pena de detenção de um a quatro anos.

Assim, como se percebe, a pena cominada ao garantidor é a metade daquela prevista para o autor da tortura. No entanto, ambos serão responsabilizados pelo delito de tortura, ou seja, a infração penal do autor/executor e a do garantidor são idênticas, modificando-se, no entanto, as penas em virtude das quais serão responsabilizados.

14. CRIMES OMISSIVOS POR COMISSÃO

Já de algum tempo se discute doutrinariamente a possibilidade de ocorrência do chamado *crime omissivo por comissão*, que seria aquele em que o agente, por meio de um comportamento positivo, impede que terceira pessoa realize a conduta a que estava obrigada, com a finalidade de produzir determinado resultado. A título de exemplo, imagine-se a hipótese em que o agente, querendo causar a morte da vítima, que estava se afogando, vem a impedir a ação do salva-vidas, ou, ainda, a hipótese em que o agente, ao saber que a vítima, seu maior inimigo, havia sido picado por uma cobra, vai até o hospital e quebra a única ampola contendo o antídoto, que seria aplicado na vítima, naquele instante, pelo médico responsável pelo atendimento, ou, também, na hipótese em que o agente, percebendo que a vítima estava se afogando, vem a rasgar o bote com o qual seria levado a efeito o seu resgate em alto-mar.

Existe controvérsia doutrinária sobre o tema. Fragoso aduz que, para von Weber, "essa espécie de crime ocorreria quando se viola uma norma que impõe uma ordem de ativar-se, em conjunto com uma proibição de impedir a ocorrência do resultado", e continua dizendo que, na Itália, Manzini afirmava peremptoriamente que existiam certos crimes omissivos que podiam ser praticados mediante ação. No entanto, juntamente com Armin Kaufmann, Fragoso[31] nega, a nosso ver com razão, a possibilidade de ocorrência dessa figura omissiva.

---

[31] FRAGOSO, Heleno Cláudio. *Crimes omissivos por comissão?* Disponível em: <http://www.buscalegis.ufsc.br/revistas/index.php/buscalegis/article/view/11339/10904>. Acesso em: 3 ago. 2010.

Com a devida vênia das posições em contrário, entendemos que se o agente, com seu comportamento comissivo, impede que alguém, seja ele garantidor ou não, venha a praticar um comportamento que, no caso concreto, lhe era exigido, deverá responder pelo resultado a título de comissão, e não de omissão, pois, efetivamente, fez alguma coisa para que o resultado viesse a se produzir.

Assim, nos exemplos que citamos, se o agente impede a ação do salva-vidas, quebra a ampola que continha o antídoto ou rasga o bote inflável, tudo isso com a finalidade de causar a morte da vítima, responderá pelo delito de homicídio doloso, praticado comissivamente, e não por um delito omissivo, levado a efeito via comissão.

15. TEORIA DA IMPUTAÇÃO OBJETIVA

Quando estudamos o tipo penal, dissemos que o tipo complexo é composto por duas partes, uma de natureza objetiva e a outra, subjetiva. Afirmamos, também, que em razão da adoção do princípio da culpabilidade, determinado fato contido em um tipo penal somente poderia ser imputado a alguém se o agente tivesse agido com dolo ou com culpa, se houvesse previsão legal para esta última modalidade de conduta. Assim, no exemplo daquele que dirigindo seu caminhão em velocidade compatível com o local, dentro de sua faixa de tráfego, observando, em suma, todos os seus deveres objetivos de cuidado, atropelasse alguém que, com intenção suicida, se jogasse na frente do mencionado veículo, vindo a morrer, obrigatoriamente, chegaríamos à conclusão de que a conduta do caminhoneiro não foi culposa, tampouco dolosa, razão pela qual não existiria, no caso concreto, conduta penalmente relevante, pois o Direito Penal somente reconhece esses dois modelos de comportamento.

Como não houve dolo ou culpa, ou seja, em face da ausência de qualquer elemento subjetivo, o resultado não poderá ser atribuído ao agente para fins penais. Nesse caso, resolve-se o estudo da estrutura jurídica do crime em sede de fato típico. Assim, se não há conduta dolosa ou culposa, não há fato típico; e, se não há fato típico, não há crime.

Tal raciocínio é importantíssimo a fim de que seja preservada, sempre, a responsabilidade subjetiva pelo fato praticado pelo agente, afastando-se aquela de natureza objetiva.

Conforme assevera Muñoz Conde:

"Hoje em dia existe unanimidade na Dogmática Jurídico-penal em que a verificação de um nexo causal entre ação e resultado não é suficiente para imputar esse resultado ao autor da ação. No processo de depuração e seleção dos fatores causais juridicamente relevantes se impõe a utilização de critérios de caráter normativo extraídos da própria natureza do Direito Penal que permitam, já no plano objetivo, delimitar a parte da causalidade juridicamente relevante"[32].

Com o surgimento da teoria da imputação objetiva, a preocupação não é, à primeira vista, saber se o agente atuou efetivamente com dolo ou culpa no caso concreto. O problema se coloca antes dessa aferição, ou seja, se o resultado previsto na parte objetiva do tipo pode ou não ser imputado ao agente. O estudo da imputação objetiva, dentro do tipo penal complexo, acontece antes mesmo da análise dos seus elementos subjetivos (dolo e culpa), pois, segundo Roxin, "a tarefa primária da imputação ao tipo objetivo é fornecer as circunstâncias que fazem de uma causação (como o limite máximo da possível imputação) uma ação típica, ou seja, que transformam, por exemplo, a causação de uma morte em um homicídio; se uma tal ação de matar também deve

---

[32] MUÑOZ CONDE, Francisco. *Teoría general del delito*, p. 41.

ser imputada ao tipo subjetivo, considerando-se dolosa, isto será examinado mais adiante."[33] Ou, como bem sintetizaram Juan Carlos Ferré Olivé, Miguel Ángel Nuñez Paz, William Terra de Oliveira e Alexis Couto de Brito, "a ideia de imputação objetiva representa um modo pelo qual se pretende determinar quando a afetação de um bem jurídico deriva essencialmente da ação humana ou quando é tão somente consequência de meras eventualidades"[34].

Na verdade, a teoria da imputação objetiva surge com a finalidade de limitar o alcance da chamada teoria da equivalência dos antecedentes causais, sem, contudo, abrir mão desta última.[35] Por intermédio dela, deixa-se de lado a observação de uma *relação de causalidade puramente material*, para se valorar outra, de *natureza jurídica, normativa*.[36]

Não basta que o resultado tenha sido produzido pelo agente para que se possa afirmar a sua relação de causalidade. É preciso, também, que a ele possa ser imputado juridicamente. Maurach, esclarecendo essa questão, preleciona:

"O complexo fenômeno da investigação jurídico-penal da causalidade somente pode ser estudado corretamente se se efetua uma clara diferenciação entre pontos de vista empíricos e normativos. É este precisamente o interesse principal da teoria da imputação objetiva do resultado; para esta, a causalidade somente é a condição mínima; a ela deve agregar-se a relevância jurídica da relação causal entre o sujeito atuante e o resultado. Portanto, a investigação da causalidade tem lugar em duas etapas, estruturadas uma sobre a outra, enquanto em primeiro lugar deve ser examinada a causalidade (empírica) do resultado e, se afirmada que ela seja, a imputação (normativa) do resultado."[37]

Como bem salientou Paulo Queiroz, a pretensão da teoria da imputação objetiva:

"Não é, propriamente, em que pese o nome, imputar o resultado, mas, em especial, delimitar o alcance do tipo objetivo (matar alguém, por exemplo), de sorte que, em rigor, é mais uma teoria

---

[33] ROXIN, Claus. *Funcionalismo e imputação objetiva no direito penal*, p. 308. Em sentido contrário à posição adotada por Roxin, entendendo que o tipo subjetivo deve ser analisado anteriormente ao tipo objetivo, Luiz Regis Prado e Érika Mendes de Carvalho prelecionam que "não se pode determinar a relevância do tipo objetivo sem levar em consideração o tipo subjetivo (que tem uma vertente cognitiva e outra volitiva). Logo, só será possível determinar o tipo objetivo quando este se encontre abarcado pela vontade de realização – que define o sentido social da ação realizada. Se desprezado o conteúdo da vontade de realização, não se logrará alcançar a pretendida delimitação do tipo objetivo. Daí decorre que o dolo figura como um pressuposto da imputação objetiva, isto é, desempenha um papel crucial na fixação do tipo objetivo" (*Teorias da imputação objetiva do resultado*, p. 162-163).

[34] FERRÉ OLIVÉ, Juan Carlos; NUÑEZ PAZ, Miguel Ángel; OLIVEIRA, William Terra de; BRITO, Alexis Couto de. *Direito penal brasileiro* – parte geral – princípios fundamentais e sistema, p. 244.

[35] "A realização do risco, ao contrário do que pensam alguns, não substituiu a causalidade, mas a pressupõe: é impossível dizer que determinado risco se realizou no resultado, se a conduta do autor não foi sequer *conditio sine qua non*, ou, para utilizar a teoria mais aceita na Alemanha atualmente, condição segundo uma lei natural, do resultado" (Greco, Luís. Introdução. In: ROXIN, Claus. *Funcionalismo e imputação objetiva no direito penal*, p. 88-89).

[36] Nesse sentido, afirma Fernando Galvão: "Pode-se distinguir causalidade material de imputação objetiva. A relação de causalidade material relaciona uma conduta a um determinado resultado no plano naturalístico e constitui pressuposto para a imputação objetiva nos crimes materiais. A definição do critério a ser utilizado para estabelecer a vinculação resulta de opção político-criminal, que acolhe qualquer das diversas teorias elaboradas para a determinação da causalidade. A imputação objetiva, por sua vez, é atribuição normativa da produção de determinado resultado a um indivíduo, de modo a viabilizar sua responsabilização" (*Imputação objetiva*, p. 43).

[37] MAURACH, Reinhart; ZIPF, Heinz. *Derecho penal* – Parte general, v. I, p. 317-318.

da 'não imputação' do que uma teoria 'da imputação'. Trata-se, além disso, não só de um corretivo à relação causal, mas de uma exigência geral da realização típica, a partir da adoção de critérios essencialmente normativos, de modo que sua verificação constitui uma questão de tipicidade, e não de antijuridicidade, prévia e prejudicial à imputação do tipo subjetivo (dolo e culpa)."[38]

Com base nos ensaios de Richard Honig,[39] autor da obra *Causalidade e Imputação Objetiva*, trazida a público em 1930, cuja finalidade era resolver os problemas criados pela teoria da equivalência dos antecedentes causais e a teoria da adequação, Roxin desenvolve o conceito de imputação objetiva.

Procurando fugir dos dogmas causais, Roxin,[40] fundamentando-se no chamado *princípio do risco*, cria uma teoria geral da imputação, para os *crimes de resultado*, com quatro vertentes que impedirão sua imputação objetiva. São elas:

a) a diminuição do risco;
b) criação de um risco juridicamente relevante;
c) aumento do risco permitido;
d) esfera de proteção da norma como critério de imputação.

Pelo critério da diminuição do risco, no exemplo de Roxin, suponhamos que **A** perceba que uma pedra é arremessada contra a cabeça de **B**. Procurando evitar a lesão mais grave, **A**, que não pode evitar que essa pedra alcance **B**, empurra-o, fazendo com que este seja atingido numa parte menos perigosa do corpo. A atuação de **A**, segundo Roxin, "significa uma diminuição do risco em relação ao bem protegido e, por isso, não se lhe pode imputar como ação típica. A conduta que reduz a probabilidade de uma lesão não se pode conceber como orientada de acordo com a finalidade de lesão da integridade corporal."[41]

A segunda vertente diz respeito à criação de um risco juridicamente relevante. Se a conduta do agente não é capaz de criar um risco juridicamente relevante, ou seja, se o resultado por ele pretendido não depender exclusivamente de sua vontade, caso este aconteça deverá ser atribuído ao acaso. Podemos citar o exemplo daquele que, almejando a morte de seu tio, com a finalidade de herdar-lhe todo o patrimônio, compra-lhe uma passagem aérea na esperança de que a aeronave sofra um acidente e venha a cair. Por acaso, o acidente acontece e a aeronave cai, matando o seu tio, bem como os demais passageiros. Embora fosse esse o desejo do agente, tal resultado jamais lhe poderá ser imputado, uma vez que com sua conduta, isto é, o fato de comprar as passagens desejando a queda do avião, não houve a criação de um risco juridicamente relevante. Como se percebe, em casos como tais, *não há domínio do resultado através da vontade humana*.

Conforme afirma Roxin,[42] o aumento ou a falta de aumento do risco permitido é a versão simplificada do *princípio do incremento do risco* desenvolvido pelo mestre alemão em 1962. Nos termos do preconizado princípio, se a conduta do agente não houver, de alguma forma, aumentado o risco de ocorrência do resultado, este não lhe poderá ser imputado. Raciocinemos com o conhecido exemplo do caso dos pelos de cabra. Um fabricante havia feito a importação de pelos de cabra para a confecção de pincéis. Mesmo tendo sido orientado pelo exportador de que os pelos deveriam ser desinfectados antes do fabrico dos pincéis, o impor-

---

[38] QUEIROZ, Paulo de Souza. *Boletim do Instituto de Ciências Penais*, p. 3.
[39] *Apud* PARMA, Carlos. *Culpabilidad*, p. 94.
[40] ROXIN, Claus. *Problemas fundamentais de direito penal*, p. 148.
[41] ROXIN, Claus. *Problemas fundamentais de direito penal*, p. 149.
[42] ROXIN, Claus. *Problemas fundamentais de direito penal*, p. 152.

tador, deixando de observar o seu necessário dever de cuidado, os coloca em contato com os seus operários, sem antes esterilizá-los, conforme determinações do exportador. Em virtude do contato com os pelos não esterilizados, quatro trabalhadores contraem uma infecção, por causa de bacilos de carbúnculo e morrem. Verificou-se posteriormente que, mesmo que o importador fabricante de pincéis tivesse tomado todas as precauções necessárias à esterilização dos pelos com os produtos indicados pelo exportador, ainda assim os operários teriam contraído a infecção fatal, pois os bacilos de carbúnculo já estavam resistentes. Em suma, mesmo que o fabricante tivesse observado o seu dever de cuidado, o resultado ainda assim poderia ter ocorrido, razão pela qual este não lhe poderá ser imputado, uma vez que a sua conduta negligente não incrementou o risco da sua ocorrência.

Da mesma forma, imagine-se a situação em que um motorista, dirigindo em velocidade excessiva, viesse a atropelar um pedestre que, embriagado, tentava efetuar a travessia de uma avenida, vindo-se a comprovar que, mesmo estando em velocidade compatível com o local, o atropelamento se daria de qualquer jeito. Dirigir em velocidade acima do permitido, naquela situação específica, não incrementou o risco de ocorrência do resultado.

Com relação à esfera de proteção da norma, assevera Fernando Galvão que "a relevância jurídica que autoriza a imputação objetiva ainda deve ser apurada pelo sentido protetivo de cada tipo incriminador; ou seja, somente haverá responsabilidade quando a conduta afrontar a finalidade protetiva da norma." E continua, dizendo que "existem casos em que o aumento do risco para além dos limites do permitido não acarreta imputação, pois a situação está fora do alcance da norma jurídica incriminadora."[43] Roxin exemplifica com o caso daquele que atropela negligentemente alguém e lhe causa a morte. A mãe da vítima, ao receber a notícia do acidente, começa a chorar e sofre um ataque nervoso:

"Deve castigar-se A por lesão negligente causada na pessoa da mãe da vítima do acidente? [...] O que verdadeiramente importa para a solução do caso é perceber se há que limitar o fim protetor dos próprios preceitos que impeçam as consequências diretamente lesivas de bens jurídicos ou se pretendemos alargá-lo de modo a evitar danos secundários desencadeados por aquelas [...] Para o direito penal, pareceme político-criminalmente correta a limitação da esfera de proteção da norma aos danos diretos."[44]

Jakobs, a seu turno, delineia outros aspectos que podem ser analisados sob o enfoque da imputação objetiva, sendo alguns deles coincidentes com os já expostos por Roxin. Sob a ótica de Jakobs, são analisadas outras vertentes da imputação objetiva, dando ênfase, também, à *imputação do comportamento*, sem desprezar a *imputação do resultado*, pois, conforme declara, "especialmente nos delitos de resultado surge a necessidade de desenvolver regras de imputação objetiva."[45]

Considerando o fato de que o homem é um ser social e, portanto, divide seu espaço mantendo *contatos sociais*, cada um de nós exerce determinado *papel* na sociedade. Afirma Jakobs:

"1) Os seres humanos encontram-se num mundo social na condição de portadores de um papel, isto é, como pessoas que devem administrar um determinado segmento do acontecer social conforme um determinado padrão. 2) Entre autor, vítima e terceiros, segundo os papéis que desempenhem, deve determinar-se a quem compete, por si só ou, junto com outros, o acontecer relevante, é dizer, quem por ter violado seu papel, administrando-o de modo deficiente,

---

[43] ROCHA, Fernando Galvão da. *Imputação objetiva*, p. 55.
[44] ROXIN, Claus. Problemas fundamentais de direito penal, p. 156.
[45] JAKOBS, Günther. *Derecho penal* – Parte general: Fundamentos y teoría de la imputación, p. 224.

responde jurídico-penalmente – ou, se foi a vítima quem violou seu papel, deve assumir o dano por si mesma. Se todos se comportam conforme o papel só fica a possibilidade de explicar o ocorrido como fatalidade ou acidente. 3) Isto vale tanto para os fatos dolosos como para os fatos culposos; só que no âmbito dos fatos dolosos frequentemente a violação do papel é tão evidente que não necessita maior explicação – a qual é menos habitual nos fatos culposos."[46]

Com fundamento no argumento segundo o qual o comportamento social do homem é vinculado a papéis, Jakobs traça quatro instituições jurídico-penais sobre as quais desenvolve a teoria da imputação objetiva, a saber:

a) risco permitido;
b) princípio da confiança;
c) proibição de regresso;
d) competência ou capacidade da vítima.

Sem a pretensão de querer esgotar todas as hipóteses em que se poderia discutir a respeito da imputação objetiva, Jakobs aduz:

"Fica sem discutir a questão sobre se só são relevantes as quatro instituições mencionadas ou se, pelo contrário, seria mais conveniente fragmentá-las mais; igualmente que fica sem discutir a questão sobre se a subdivisão apresentada é necessária ou se cabe contentar-se com um menor nível de detalhe. De qualquer modo, os fundamentos do edifício da imputação objetiva ficam delimitados."[47]

- Como dissemos, o homem é um ser social. Portanto, vive em sociedade. E não existe uma sociedade em que não haja qualquer risco. Pelo contrário. Muitas vezes os riscos são necessários a fim de impulsionar o progresso. Todos sabemos dos riscos existentes com relação ao tráfego de veículos. Contudo, ninguém imagina numa sociedade tida como moderna que o transporte realizado por automóveis seja abolido em prol de uma suposta segurança dos cidadãos.

A vertente do *risco permitido*, anunciada por Jakobs, diz respeito aos contatos sociais que, embora perigosos sob certo aspecto, são necessários e mesmo assimilados pela sociedade. Segundo Jakobs, "posto que uma sociedade sem riscos não é possível e que ninguém se propõe seriamente a renunciar à sociedade, uma garantia normativa que implique a total ausência de riscos não é factível; pelo contrário, o risco inerente à configuração social deve ser irremediavelmente tolerado como *risco permitido*."[48]

Assim, se cada um se comporta de acordo com um papel que lhe foi atribuído pela sociedade, mesmo que a conduta praticada importe na criação do risco de lesão ou perigo de lesão aos bens de terceira pessoa, se tal comportamento se mantiver de acordo com os padrões aceitos e assimilados pela sociedade, se dessa conduta advier algum resultado lesivo, este será imputado ao acaso.

Arrematando com a precisa lição de Paz Aguado:

---

[46] JAKOBS, Günther. *A imputação objetiva no direito penal*, p. 22.
[47] JAKOBS, Günther. *A imputação objetiva no direito penal*, p. 31.
[48] JAKOBS, Günther. *A imputação objetiva no direito penal*, p. 35.

"A determinação do risco permitido há de ser feita em cada caso concreto, sem que seja possível generalizar-se, nem sequer entre casos similares. Para isso haverá de se valorar em primeiro lugar as normas administrativas de controle da atividade, se é que existem, assim como as normas técnicas escritas ou consuetudinárias, deontológicas ou da experiência que regem a atividade etc. Por isso, esse critério tem especial importância no âmbito dos delitos imprudentes, para os quais foi inicialmente criado e no que desenvolve critérios especiais que hão de ser incluídos no tipo objetivo de injusto imprudente (previsibilidade objetiva e diligência devida)."[49]

- O *princípio da confiança* coloca-se como uma necessidade imperiosa para que a sociedade possa caminhar normalmente. As pessoas que convivem numa mesma sociedade devem confiar umas nas outras, ou seja, devem confiar que cada uma delas cumpra seu papel, observe todos os deveres e obrigações que lhe são inerentes a fim de que sejam evitados danos. Cada um de nós, na sociedade, é portador de determinado papel. Devemos cumpri-lo e também acreditar que o outro cumprirá o dele, pois, caso contrário, o contato social se tornaria insuportável, e as pessoas estariam impossibilitadas de praticar as condutas mais simples e corriqueiras. Por exemplo, o princípio da confiança nos permite atravessar um perigoso cruzamento, desde que o sinal esteja verde. Confiamos, dessa forma, que os veículos, que também almejam atravessar o mesmo cruzamento e que se encontram do lado no qual o sinal encontra-se vermelho, obedeçam à sinalização de parada obrigatória. Num ato cirúrgico, tido como um dos mais complexos, o médico preceptor é auxiliado por vários profissionais, podendo-se destacar dentre eles o anestesista, o instrumentista, a enfermeira, a auxiliar de enfermagem etc. Quando está levando a efeito a incisão cirúrgica no abdômen do paciente, confia que a pessoa encarregada de esterilizar o bisturi o tenha feito.

Assim, conforme preconiza André Luis Callegari:

"De acordo com este princípio, não se imputarão objetivamente os resultados produzidos por quem obrou confiando em que outros se manterão dentro dos limites do perigo permitido. O princípio da confiança significa que, apesar da experiência de que outras pessoas cometem erros, se autoriza a confiar – numa medida ainda por determinar – em seu comportamento correto."[50]

- Na vertente correspondente à *proibição de regresso*, fica ainda mais evidente o valor que Jakobs atribui aos papéis exercidos pelas pessoas na sociedade. Segundo o renomado autor, se cada um de nós se limitar a atuar de acordo com o papel para o qual fomos incumbidos de desempenhar, se dessa nossa conduta advier algum resultado, ou mesmo contribuir para o cometimento de alguma infração penal, não poderemos ser responsabilizados.

Jakobs aduz que não pretende:

"Discutir sobre a denominação que se deva receber este âmbito da imputação objetiva do comportamento, mas sobre seu conteúdo: trata-se de hipóteses em que o autor desvia até o *limite delitivo* o comportamento de um terceiro que *per se* carece de sentido delitivo. Exemplos: o autor compra uma peça de pão para envenená-la; o autor toma como pretexto os debates de um julgamento ocorrido de um correligionário seu para matar o Ministro da Justiça; o autor vai de táxi de X a Y para cometer em Y um homicídio. Em todas essas hipóteses, parte-se

---

[49] PAZ AGUADO, Mercedes de La Cuesta. *Tipicidad e imputación objetiva*, p. 150.
[50] CALLEGARI, André Luis. *Imputação objetiva*, p. 29.

da base de que o respectivo terceiro – o padeiro, os envolvidos na sessão de julgamento, o condutor do táxi – conhece o que vai suceder. Estas hipóteses se podem tentar solucionar partindo do fato de que elementos tão cotidianos como um alimento, ou algo que se possa definir arbitrariamente como motivo de um delito, ou uma possibilidade de transporte, sempre estão disponíveis, de modo que a proibição deste tipo de contribuições não é suscetível de evitar, de fato, o comportamento do autor.

Não obstante, na melhor das hipóteses, este modo de argumentar só acertaria pela metade, pois é certo que pode suceder que no caso concreto fosse possível evitar o comportamento do autor. Mas, inclusive, se isto ocorresse, e aqui o ponto decisivo, a contribuição do terceiro não só é algo comum, mas seu significado é de modo invariavelmente considerado inofensivo. O autor não pode, de sua parte, modificar esta definição do significado do comportamento, já que de qualquer modo o terceiro assume perante o autor um comportamento comum limitado e circunscrito por seu próprio papel; comportamento comum e do qual não se pode considerar seja parte de um delito."[51]

Isso significa, em síntese, que se determinada pessoa atuar de acordo com limites de seu papel, sua conduta, mesmo contribuindo para o sucesso da infração penal levada a efeito pelo agente, não poderá ser incriminada. No exemplo do padeiro, segundo o raciocínio de Jakobs, se aplicássemos o processo hipotético de eliminação de Thyrén, a conduta do padeiro de vender o pão àquele que o envenenaria a fim de causar a morte da vítima só não seria punível comprovando-se a ausência do elemento subjetivo, encerrando-se, nele, a cadeia causal, com a finalidade de evitar a regressão *ad infinitum*. Contudo, na proposta de Jakobs, mesmo se o padeiro soubesse da finalidade ilícita do agente ao comprar o pão, não poderia responder pela infração penal, pois a atividade de vender pães, seja qual for a sua utilização, consiste no seu papel de padeiro.

- Com a hipótese que denomina *competência (capacidade) da vítima*, Jakobs agrupa duas situações que merecem destaque. A primeira diz respeito ao *consentimento do ofendido*; a segunda, às chamadas *ações a próprio risco*.

O consentimento do ofendido, como veremos mais a seguir, pode exercer duas funções, quais sejam, a de afastar a tipicidade do fato e a de excluir a sua ilicitude. Presentes os requisitos necessários para que o consentimento do ofendido seja tido como válido, será ele aproveitado pelo Direito Penal.

Jakobs afirma que, no que se refere ao consentimento, seus traços fundamentais "se conhecem em todas as partes, e também goza de aceitação em seus pontos essenciais."[52] Salienta, contudo, aquelas hipóteses em que a própria vítima, com o seu comportamento, contribui ou pelo menos facilita que a consequência lesiva lhe seja imputada; "hipóteses em que, portanto, a modalidade de explicação não é a fatalidade, mas a *lesão de um dever de autoproteção* ou inclusive a *própria vontade*; as infrações dos deveres de autoproteção e a vontade se agrupam aqui sob o rótulo de *ação a próprio risco*." Por exemplo, aquele que se propõe a praticar esportes radicais sabe, de antemão, que corre o risco de se lesionar, não podendo tal fato ser atribuído ao seu instrutor, que agiu de acordo com sua capacidade, observando seu dever de cuidado. Assim, aquele que se dispõe a participar de uma cavalgada, a praticar o rapel e a fazer escaladas sabe dos riscos que são peculiares a cada uma dessas atividades, não se podendo imputar ao instrutor do grupo, por exemplo, os danos considerados como acontecimentos normais. É possível que o cavalo se assuste e jogue o cavaleiro fora da sela, como também pode aconte-

---

[51] JAKOBS, Günther. *A imputação objetiva no direito penal*, p. 27-28.
[52] JAKOBS, Günther. *A imputação objetiva no direito penal*, p. 30.

cer que o montanhista, numa escalada, perdendo o equilíbrio, caia e quebre o braço. A vítima, portanto, ao participar dessas atividades arriscadas, o faz, segundo Jakobs, *a seu próprio risco*.

Merece destaque, ainda, a chamada *heterocolocação em perigo*, situação na qual a vítima, por exemplo, pede ao agente, que está em sua companhia, que pratique uma conduta arriscada, acreditando, firmemente, que não ocorrerá qualquer resultado danoso. São exemplos do caso em exame, mencionados por Roxin:

> "1) Apesar da tempestade, o freguês quer que o condutor de um barco faça com ele a travessia do Rio Memel. O condutor desaconselha a que se proceda a travessia, apontando para os perigos nela envolvidos. O freguês insiste, o condutor acaba correndo o risco, o barco afunda e o freguês afoga-se; 2) O passageiro, que deseja chegar a tempo em um compromisso, ordena ao condutor que ultrapasse a velocidade máxima permitida. Em virtude da velocidade elevada, acontece um acidente, no qual o passageiro vem a falecer; 3) O dono de um carro, já incapaz de dirigir por motivo de embriaguez, atendendo aos pedidos de um dos participantes da festa, permite que ele vá em seu carro. O passageiro morre em um acidente causado pela alcoolização do motorista."[53]

Discute-se, nessas hipóteses, se o fato de a vítima ter, por sua própria vontade, se colocado na situação de risco afasta a responsabilidade do agente produtor do resultado.

Na verdade, a teoria da imputação objetiva, embora muito atraente, encontra resistências, visto que algumas de suas soluções podem e continuam a ser dadas por outros segmentos teóricos. Contudo, de acordo com o que foi exposto, podemos fazer algumas conclusões, a saber:

a) a imputação objetiva é uma análise que antecede a imputação subjetiva;
b) a imputação objetiva pode dizer respeito ao resultado ou ao comportamento do agente;
c) o termo mais apropriado seria o de teoria da não imputação, uma vez que a teoria visa, com as suas vertentes, a evitar a imputação objetiva (do resultado ou do comportamento) do tipo penal a alguém;
d) a teoria da imputação foi criada, inicialmente, para se contrapor aos dogmas da teoria da equivalência, erigindo uma relação de causalidade jurídica ou normativa, ao lado daquela outra de natureza material;
e) uma vez concluída pela não imputação objetiva, afasta-se o fato típico.

---

[53] ROXIN, Claus. *Funcionalismo e imputação objetiva no direito penal*, p. 367-368.

Capítulo XXVIII
Consumação e Tentativa

1. DISPOSITIVO LEGAL

O Código Penal, em seu art. 14, preocupou-se em conceituar o momento da consumação do crime, bem como quando o delito permanece na fase da tentativa (*conatus*), esclarecendo o seguinte:

> **Art. 14.** Diz-se o crime:
> I – consumado, quando nele se reúnem todos os elementos de sua definição legal;
> II – tentado, quando, iniciada a execução, não se consuma por circunstâncias alheias à vontade do agente.
> **Pena de tentativa**
> **Parágrafo único.** Salvo disposição em contrário, pune-se a tentativa com a pena correspondente ao crime consumado, diminuída de um a dois terços.

2. ITER CRIMINIS

> Acesse e assista à aula explicativa sobre este assunto.
> > http://uqr.to/1wh16

Segundo Zaffaroni e Pierangeli:

"Desde que o desígnio criminoso aparece no foro íntimo da pessoa, como um produto da imaginação, até que se opere a consumação do delito, existe um processo, parte do qual não se exterioriza, necessariamente, de maneira a ser observado por algum espectador, excluído o próprio autor. A este processo dá-se o nome de *iter criminis* ou 'caminho do crime', que significa o conjunto de etapas que se sucedem, cronologicamente, no desenvolvimento do delito."[1]

Vimos, inicialmente, que a ação é composta por duas fases: interna e externa. Na fase interna, o agente antecipa e representa mentalmente o resultado, escolhe os meios necessários a serem utilizados no cometimento da infração, bem como considera os efeitos concomitantes

---

[1] ZAFFARONI, Eugenio Raúl; PIERANGELI, José Henrique. *Da tentativa*, p. 13.

que resultarão dos meios por ele escolhidos e, em seguida, exterioriza sua conduta, colocando em prática tudo aquilo que por ele fora elucubrado.

Desde o início até o fim da infração penal, o agente passa por várias etapas, como se caminhasse por uma trilha que pudesse levá-lo ao êxito de seu plano criminoso.

O *iter criminis*, assim, é composto pelas seguintes fases:

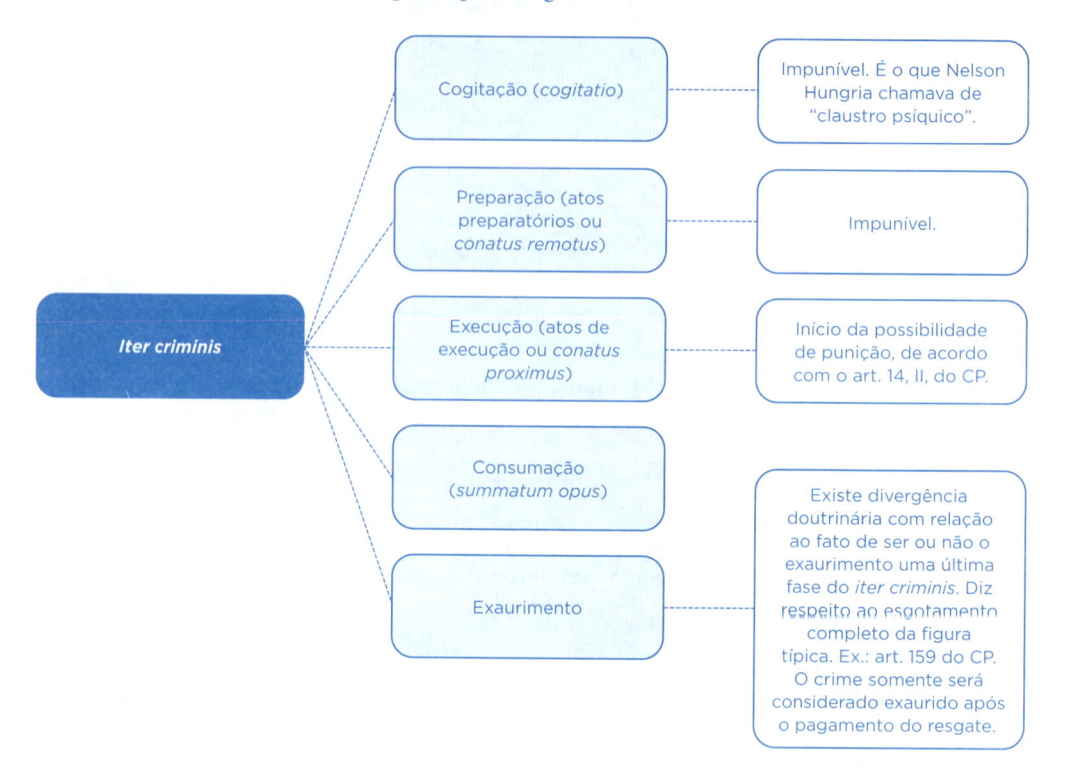

Iter criminis
- Cogitação (*cogitatio*) — Impunível. É o que Nelson Hungria chamava de "claustro psíquico".
- Preparação (atos preparatórios ou *conatus remotus*) — Impunível.
- Execução (atos de execução ou *conatus proximus*) — Início da possibilidade de punição, de acordo com o art. 14, II, do CP.
- Consumação (*summatum opus*)
- Exaurimento — Existe divergência doutrinária com relação ao fato de ser ou não o exaurimento uma última fase do *iter criminis*. Diz respeito ao esgotamento completo da figura típica. Ex.: art. 159 do CP. O crime somente será considerado exaurido após o pagamento do resgate.

Cogitação é aquela fase do *iter criminis* que se passa na mente do agente. Aqui, ele define a infração penal que deseja praticar, representando e antecipando mentalmente o resultado que busca alcançar.

Uma vez selecionada a infração penal que deseja cometer, o agente começa a se preparar com o fim de obter êxito em sua empreitada criminosa. Seleciona os meios aptos a chegar ao resultado por ele pretendido, procura o lugar mais apropriado à realização de seus atos, enfim, prepara-se para que possa, efetivamente, ingressar na terceira fase do *iter criminis*.

Em seguida, depois da cogitação e da preparação, o agente dá início à execução do crime. Quando, efetivamente, ingressa na fase dos atos de execução, duas situações podem ocorrer:

- o agente consuma a infração penal por ele pretendida inicialmente; ou,
- em virtude de circunstâncias alheias à sua vontade, a infração não chega a consumar-se, restando, portanto, tentada.

Como última fase do *iter criminis*, e em somente determinadas infrações penais, temos o chamado exaurimento. É a fase que se situa após a consumação do delito, esgotando-o plenamente.

Merece ser frisado, finalmente, que o *iter criminis* é um instituto específico para os crimes dolosos, não se falando em caminho do crime quando a conduta do agente for de natureza culposa.

3. CONSUMAÇÃO

Segundo o inciso I do art. 14 do Código Penal, diz-se consumado o crime quando nele se reúnem todos os elementos de sua definição legal. Conforme a sua classificação doutrinária, cada crime tem sua particularidade. Assim, nem todos os delitos possuem o mesmo instante consumativo. A consumação, portanto, varia de acordo com a infração penal selecionada pelo agente. Podemos, dessa forma, dizer que ocorre a consumação nos crimes:

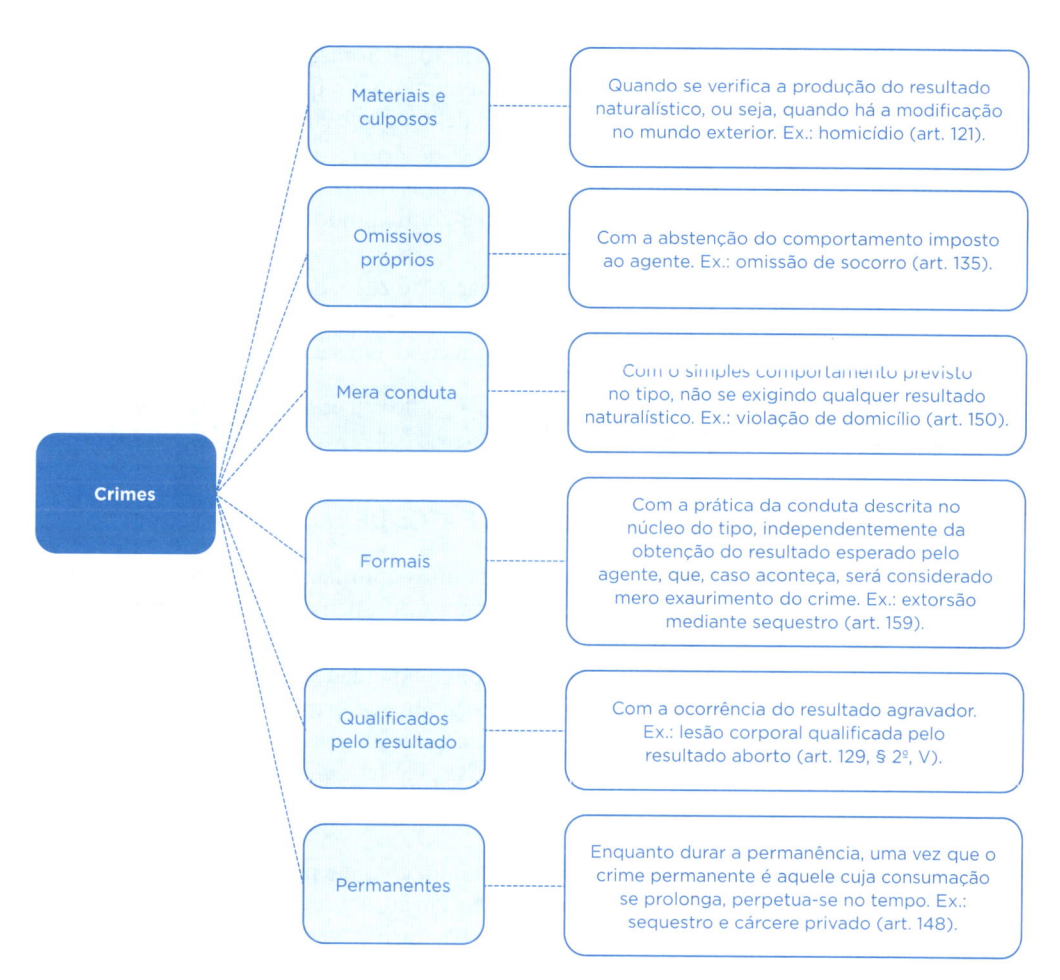

Crimes:

- **Materiais e culposos:** Quando se verifica a produção do resultado naturalístico, ou seja, quando há a modificação no mundo exterior. Ex.: homicídio (art. 121).

- **Omissivos próprios:** Com a abstenção do comportamento imposto ao agente. Ex.: omissão de socorro (art. 135).

- **Mera conduta:** Com o simples comportamento previsto no tipo, não se exigindo qualquer resultado naturalístico. Ex.: violação de domicílio (art. 150).

- **Formais:** Com a prática da conduta descrita no núcleo do tipo, independentemente da obtenção do resultado esperado pelo agente, que, caso aconteça, será considerado mero exaurimento do crime. Ex.: extorsão mediante sequestro (art. 159).

- **Qualificados pelo resultado:** Com a ocorrência do resultado agravador. Ex.: lesão corporal qualificada pelo resultado aborto (art. 129, § 2º, V).

- **Permanentes:** Enquanto durar a permanência, uma vez que o crime permanente é aquele cuja consumação se prolonga, perpetua-se no tempo. Ex.: sequestro e cárcere privado (art. 148).

4. NÃO PUNIBILIDADE DA COGITAÇÃO E DOS ATOS PREPARATÓRIOS

O inciso II do art. 14 do Código Penal assevera que o crime é tentado quando, *iniciada a sua execução, não se consuma por circunstâncias alheias à vontade do agente.*

A lei penal, com a redação dada ao aludido inciso, limitou a punição dos atos praticados pelo agente a partir de sua execução, deixando de lado a cogitação e os atos preparatórios.

Regra geral é que a cogitação e os atos preparatórios não sejam puníveis. Em hipótese alguma a cogitação poderá ser objeto de repreensão pelo Direito Penal, pois *cogitationis poc nam nemo patitur*. Contudo, em determinadas situações, o legislador entendeu por bem punir de forma autônoma algumas condutas que poderiam ser consideradas preparatórias, como nos casos dos crimes de associação criminosa (art. 288 do CP), petrechos para falsificação de moeda (art. 291 do CP) e posse de instrumentos destinados usualmente à prática de furtos (art. 25 da LCP).

Essa punição somente acontece quando o legislador eleva à categoria de infração autônoma um ato que, por sua natureza, seria considerado preparatório ao cometimento de uma outra infração penal, como acontece com o referido crime de associação criminosa. Se três pessoas se reúnem, v.g., com o fim de praticar um único crime de furto, essa reunião será considerada um ato preparatório para aquele fim. Entretanto, se o grupo se reúne com a finalidade de praticar crimes, não sendo uma reunião eventual, mas sim de caráter duradouro, o que seria um mero ato preparatório é elevado ao *status* de infração autônoma, ou seja, o delito de associação criminosa, nos termos preconizados pela nova redação do art. 288 do Código Penal, conferida pela Lei nº 12.850, de 2 de agosto de 2013. Somente nesses casos vale dizer, quando o legislador cria uma figura típica específica para um ato que, em tese, seria considerado preparatório para o cometimento de um outro delito, é que ele poderá ser punido.

Concluindo, em virtude da redação do inciso II do art. 14 do Código Penal, podemos afirmar que não poderão ser punidos a cogitação e os atos preparatórios, pois o mencionado inciso exige, pelo menos, *início de execução*, não se contentando com os fatos que lhe são anteriores.

Da mesma forma, a Lei nº 13.260, de 16 de março de 2016, que, regulamentando o disposto no inciso XLIII do art. 5º da Constituição Federal, disciplinou o terrorismo e previu a punição de atos considerados como preparatórios, dizendo, em seu art. 5º, *verbis*:

> Art. 5º. Realizar atos preparatórios de terrorismo com o propósito inequívoco de consumar tal delito:
> Pena – a correspondente ao delito consumado, diminuída de um quarto até a metade.

5. DIFERENÇA ENTRE ATOS PREPARATÓRIOS E ATOS DE EXECUÇÃO

Talvez um dos maiores problemas que enfrentamos ao iniciarmos o estudo do Direito Penal seja justamente tentar diferenciar os atos preparatórios, não puníveis pela nossa lei, dos chamados atos de execução, uma vez que a linha que os separa é por demais tênue.

Várias teorias surgiram, ao longo do tempo, com a finalidade de elaborar essa distinção. A conclusão de que determinado ato praticado pelo agente é preparatório ou de execução tem repercussões importantíssimas. Como já foi visto, a cogitação e os atos preparatórios não são puníveis, uma vez que a lei penal somente se interessa pelo fato quando o agente, ressalvadas as hipóteses de punição dos atos preparatórios como infrações autônomas, inicia os atos de execução.

Assim, se considerarmos como preparatório o ato, com ele não se importará o Direito Penal, ao passo que, se o interpretarmos como de execução, sobre ele já terá incidência a lei, podendo-se falar, a partir daí, pelo menos, em tentativa, caso o agente não chegue à consumação por circunstâncias alheias à sua vontade.

Dentre as inúmeras teorias que surgiram com a finalidade de definir a tentativa, podemos citar as seguintes:

- *Teoria subjetiva* – Haveria tentativa quando o agente, de modo inequívoco, exteriorizasse sua conduta no sentido de praticar a infração penal. Essa teoria se satisfaz tão somente com o fato de o agente revelar sua intenção criminosa através de atos inequívocos, não fazendo distinção, outrossim, entre atos preparatórios e atos de execução. Segundo Hungria,[2] para os adeptos dessa teoria, o inciso II do art. 14 do Código Penal deveria estar assim redigido: "Tentativa é a manifestação, por atos inequívocos, da intenção de cometer um crime, que não se consuma por circunstâncias

---

[2] HUNGRIA, Nélson. *Comentários ao código penal*, v. I, t. II, p. 79.

independentes da vontade do agente." A título de exemplo, praticaria um homicídio tentado aquele que, depois de ter sido agredido por outrem, fosse rapidamente até a sua casa buscar uma arma para, logo em seguida, colocar-se à espera de seu agressor, no caminho em que este habitualmente passava, mas que, por desconfiar da vingança do agente, tomara rumo diverso.[3] Segundo a teoria subjetiva, tais atos demonstrariam, de maneira inequívoca, a intenção criminosa do agente, razão pela qual deveria responder pela tentativa, uma vez que a consumação só não ocorrera por circunstâncias alheias à sua vontade.

Conforme esclarecimentos de Juan Carlos Ferré Olivé, Miguel Ángel Nuñez Paz, William Terra de Oliveira e Alexis Couto de Brito:

> "A teoria subjetiva pura, que considera a vontade objetivamente reconhecível como a base para considerar iniciada a tentativa, atualmente deve ser considerada superada. Um Direito Penal exclusivamente baseado na vontade exteriorizada esquece-se do valor socialmente concedido ao resultado, conduzindo a justiça criminal por um caminho perigoso, já que se poderia punir os atos internos, confundindo-se o Direito Penal com a moral (Direito Penal do autor)"[4].

- Teorias objetivas:

    - *Objetiva-formal* – Segundo essa teoria, formulada por Beling, somente poderíamos falar em tentativa quando o agente já tivesse praticado a conduta descrita no núcleo do tipo penal. Tudo o que antecede a esse momento é considerado como ato preparatório. Na precisa lição de Juarez Cirino dos Santos:

        > "A teoria objetiva formal indica a ação do tipo como elemento do início da execução. A tentativa se caracteriza pelo início da execução da ação do tipo: ações anteriores são preparatórias; ações posteriores são executivas. Como a ação do tipo é o objeto do dolo, o início de execução da ação do tipo é o início de realização do dolo. Assim, no homicídio com arma de fogo, a ação de matar começa no acionamento do gatilho da arma carregada apontada para a vítima; no furto com destreza, a ação de furtar começa da remoção da coisa do bolso da vítima."[5]

    - *Objetiva-material* – Essa teoria busca ser um complemento da primeira, de natureza formal. Segundo Carlos Parma, por intermédio dela se incluem "ações que por sua necessária vinculação com a ação típica, aparecem como parte integrante dela, segundo uma natural concepção ou que produzem uma imediata colocação em perigo de bens jurídicos."[6] Podem ser citados como exemplo da aplicação da mencionada teoria, no homicídio, o fato de apontar a arma para a vítima; no furto com destreza, na conduta dirigida à coisa que se encontra no bolso da vítima.

---

[3] O exemplo citado também é de Hungria.
[4] FERRÉ OLIVÉ, Juan Carlos; NUÑEZ PAZ, Miguel Ángel; OLIVEIRA, William Terra de; BRITO, Alexis Couto de. *Direito penal brasileiro* – parte geral – princípios fundamentais e sistema, p. 583.
[5] SANTOS, Juarez Cirino dos. *Teoria do crime*, p. 80-81.
[6] PARMA, Carlos. *La tentativa*, p. 56.

- *Teoria da hostilidade ao bem jurídico* – Era a teoria preconizada por Mayer. Para se concluir pela tentativa, teria de se indagar se houve ou não uma agressão direta ao bem jurídico.

   "Ato executivo (ou de tentativa) é o que ataca efetiva e imediatamente o bem jurídico; ato preparatório é o que possibilita, mas não é ainda, sob o prisma objetivo, o ataque ao bem jurídico."[7]

- Teoria da Impressão – Ultimamente, tem ganhado força a chamada teoria da impressão a qual, segundo os ensinamentos de Paulo César Busato:

   "Justifica a punibilidade da tentativa em função da impressão provocada pela conduta do agente. Toda conduta que produz na comunidade a impressão de uma agressão ao direito, prejudicando sua validade na consciência comunitária, é perigosa e, como tal, merecedora de castigo.[8]

   Como se percebe, sem muito esforço, a teoria da impressão, ao invés de resolver a questão, nos traz mais insegurança, pois, conforme salienta Paulo César Busato, baseando-se em termos vagos como perigo ao ordenamento jurídico, ou impressão da generalidade das pessoas, 'a vagueza de tais termos abre passo a valorações que dificultam a determinação do grau de abstração das ideias de 'idoneidade' ou 'periculosidade.'"[9]

Na verdade, não obstante os esforços expendidos por um grande número de doutrinadores a fim de demarcar a fronteira entre os atos preparatórios e os de execução, tal tarefa, mesmo nos dias de hoje, ainda não foi superada. Há atos que, com toda certeza, reputaríamos como preparatórios ao início da execução da infração penal, como, v.g., a aquisição da arma pelo agente e a procura pelo automóvel mais fácil de ser subtraído, em face da ausência de dispositivos de segurança; há outros que, também com absoluta certeza, entenderíamos como de execução, como no caso de o agente já estar se retirando do interior da casa da vítima levando consigo algumas joias a ela pertencentes, ou mesmo daquele que inicia o acionamento da arma puxando o seu gatilho.

Embora existam os atos extremos, em que não há possibilidade de serem confundidos, a controvérsia reside naquela zona cinzenta na qual, por mais que nos esforcemos, não teremos a plena convicção se o ato é de preparação ou de execução. Ainda não surgiu, portanto, teoria suficientemente clara e objetiva que pudesse solucionar esse problema.

6. DÚVIDA SE O ATO É PREPARATÓRIO OU DE EXECUÇÃO

Se, no caso concreto, depois de analisar detidamente a conduta do agente e uma vez aplicadas todas as teorias existentes que se prestam a tentar distinguir os atos de execução, que se configurarão em tentativa, dos atos meramente preparatórios, ainda assim persistir a dúvida, esta deverá ser resolvida em benefício do agente. Seguindo a lição de Hungria, "nos casos de irredutível dúvida sobre se o ato constitui um ataque ao bem jurídico ou apenas uma predisposição para esse ataque, o juiz terá de pronunciar o *non liquet*, negando a existência da tentativa."[10]

---

[7] *Apud* HUNGRIA, Nélson. *Comentários ao código penal*, v. I, t. II, p. 84.
[8] BUSATO, Paulo César. *Direito penal* – parte geral, p. 678.
[9] BUSATO, Paulo César. *Direito penal* – parte geral, p. 680/681.
[10] HUNGRIA, Nélson. *Comentários ao código penal*, v. I, t. II, p. 85.

7. TENTATIVA E ADEQUAÇÃO TÍPICA DE SUBORDINAÇÃO MEDIATA

Tivemos a oportunidade de dizer que, em razão do princípio da legalidade, somente a lei penal pode proibir condutas sob a ameaça de sanção.

Essas proibições devem, ainda, vir expressas de forma clara e precisa, de modo que todos nós possamos entender o conteúdo da norma penal.

Dissemos também que tipicidade formal é a adequação da conduta do agente ao modelo abstrato previsto na lei. Assim, se Alfredo dolosamente causar a morte de João, sua conduta se amoldará ao tipo do art. 121 do Código Penal. Agora, como adequar a conduta de Alfredo ao tipo do art. 121 se este não conseguir chegar à consumação do crime de homicídio? Se ele não consegue alcançar o resultado morte, embora tenha dirigido sua ação nesse sentido, como dizer que sua conduta se subsume ao modelo abstrato previsto pelo legislador?

Para evitar que tais situações restassem impunes e também para não fugir à técnica legislativa de narrar, no tipo penal, como regra geral, a consumação da infração penal, foram criadas as chamadas *normas de extensão*, como a prevista no inciso II do art. 14 do Código Penal, fazendo com que se amplie a figura típica, de modo a abranger situações não previstas expressamente pelo tipo penal.

Conforme ensinamentos de Paulo José da Costa Júnior, "o tipo contido no inciso II do art. 14 configura um tipo de extensão, como aquele descrito no art. 29 (concurso de pessoas). Isto porque, aglutinado aos vários tipos da Parte Especial, confere-lhes maior abrangência."[11]

Entende-se, portanto, que nos casos de tentativa, quando a lei dela não fizer previsão expressa no tipo – a exemplo do art. 352 do Código Penal –, haverá uma adequação típica de subordinação mediata ou indireta, pois, para que possa existir esta adequação, será necessário socorrer-se de uma norma de extensão.

Caso não houvesse essa previsão, alargando o âmbito de abrangência do tipo penal, quando a infração não chegasse a ser consumada, não haveria possibilidade de punição pela simples prática do *conatus*, uma vez que, se assim agíssemos, estaríamos ferindo o princípio da legalidade, em face da ausência de previsão legal para tanto.

8. ELEMENTOS QUE CARACTERIZAM O CRIME TENTADO

Para que se possa falar em tentativa, é preciso que:

a) a conduta seja dolosa, isto é, que exista uma vontade livre e consciente de querer praticar determinada infração penal;
b) o agente ingresse, obrigatoriamente, na fase dos chamados atos de execução;
c) não consiga chegar à consumação do crime, por circunstâncias alheias à sua vontade.

Não há um dolo próprio para o crime tentado. O dolo do agente é dirigido a realizar a conduta descrita no tipo penal. Quando o agente exterioriza sua ação, o faz com a vontade de consumar a infração penal. Quando sua ação é interrompida por circunstâncias alheias à sua vontade, o seu dolo não se modifica. Conforme preleciona Alberto Silva Franco:

---

[11] COSTA JÚNIOR, Paulo José da. *Direito penal objetivo*, p. 37.

"Se a tentativa é um tipo objetivamente incompleto, é, no entanto, do ângulo subjetivo, um tipo completo, tanto que o dolo que a informa é o mesmo dolo do crime consumado. De qualquer modo, para conceituar a tentativa, não basta o só desencadeamento do processo executivo de um fato, mas se exige também que se identifique a presença de uma vontade voltada na direção do resultado, que é a mesma do crime consumado."[12]

No que diz respeito aos atos de execução, reportamo-nos ao que foi dito quando se fez a sua distinção dos atos preparatórios.

Por circunstâncias alheias à vontade do agente, podemos entender qualquer fato externo que, de qualquer modo, influencie na interrupção da execução que levaria, normalmente, à consumação da infração penal. Não importa, aqui, se o agente havia esgotado todos os meios que tinha à sua disposição para que pudesse alcançar o resultado inicialmente pretendido (tentativa perfeita), ou se foi interrompido durante a execução do crime (tentativa imperfeita). Sendo a circunstância alheia à sua vontade a causa impedidora da consumação do crime, podemos falar em tentativa. Isso já não acontecerá nos casos em que o agente, voluntariamente, interrompe a execução, desistindo de nela prosseguir (desistência voluntária), ou vem a impedir a produção do resultado, mesmo depois de praticar tudo aquilo que estava ao seu alcance para chegar à consumação do delito (arrependimento eficaz).

9. TENTATIVA PERFEITA E IMPERFEITA

Podemos distinguir a tentativa em perfeita e imperfeita. Fala-se em tentativa perfeita, acabada, ou crime falho, quando o agente esgota, segundo o seu entendimento, todos os meios que tinha ao seu alcance a fim de alcançar a consumação da infração penal, que somente não ocorre por circunstâncias alheias à sua vontade. Diz-se imperfeita, ou inacabada, a tentativa em que o agente é interrompido durante a prática dos atos de execução, não chegando, assim, a fazer tudo aquilo que intencionava, visando a consumar o delito.

Por exemplo, se o agente, munido de uma pistola com capacidade para 15 disparos, depois de efetuar tão somente dois deles contra a vítima, acertando-a em região que considere letal, resolver que não há necessidade de prosseguir porque entende que os ferimentos produzidos certamente a levarão à morte, e se a vítima, depois da prática dos atos tidos pelo agente como necessários e suficientes à consumação do crime de homicídio, vier a ser salva em virtude de uma precisa intervenção cirúrgica, estaremos diante de um caso de tentativa perfeita.

Por outro lado, se o agente, ainda durante a prática dos atos de execução, for interrompido sem que, de acordo com o seu entendimento, tenha exaurido tudo aquilo que entendia como necessário à consumação do crime de homicídio, sendo a vítima salva, o caso será de tentativa imperfeita.

10. TENTATIVA E CONTRAVENÇÃO PENAL

O Código Penal, em seu art. 12, determina a aplicação de suas regras gerais aos fatos incriminados por lei especial, se esta não dispuser de modo diverso. Em virtude desse dispositivo, podemos indagar o seguinte: há possibilidade de falarmos em tentativa de contravenção penal aplicando-se a norma do art. 14, II, do Código Penal ao Decreto-Lei nº 3.688/41 (Lei das Contravenções Penais)? Não, uma vez que a Lei das Contravenções Penais, considerada especial em relação ao código penal, dispõe de modo diverso em seu art. 4º, asseverando *não ser punível a tentativa de contravenção.*

---

[12] SILVA FRANCO, Alberto. *Código penal e sua interpretação jurisprudencial* – Parte geral, p. 225.

Então, somente quando o agente alcançar a consumação de uma contravenção penal é que por ela poderá ser responsabilizado, pois, caso contrário, embora tenha iniciado atos de execução, se não chegar à consumação, sua conduta será considerada um indiferente penal.

Isso porque nas contravenções penais, o legislador entendeu por bem não permitir a aplicação da norma de extensão prevista no art. 14, II, do Código Penal. Neste caso, não sendo permitida, no que diz respeito à tentativa, a chamada adequação típica de subordinação mediata ou indireta, se não houver a consumação, o fato será considerado atípico.

11. CRIMES QUE NÃO ADMITEM A TENTATIVA

Podemos falar que o crime admite tentativa toda vez que pudermos fracionar o *iter criminis*. Assim, se o agente, percorrendo o *iter criminis*, der início à execução de um crime que não se consuma por circunstâncias alheias à sua vontade, poderemos atribuir-lhe o *conatus*.

A doutrina, entretanto, especifica alguns delitos que, pelo menos em tese, não admitem a tentativa, ressalvando, sempre, a total impossibilidade de falarmos em tentativa de contravenção penal, em face da norma contida no art. 4º da Lei das Contravenções Penais. Podemos citar os seguintes:

- *Crimes habituais* – São delitos em que, para se chegar à consumação, é preciso que o agente pratique, de forma reiterada e habitual, a conduta descrita no tipo. Ou o agente comete a série de condutas necessárias e consuma a infração penal, ou o fato por ele levado a efeito é atípico. Exemplos: casa de prostituição (art. 229 do CP) e curandeirismo (art. 284 do CP). Entretanto, embora seja essa a posição majoritária, não podemos descartar a hipótese de tentativa. Isso porque poderá o agente ter dado início à cadeia dos atos que, sabidamente, seriam habituais, quando é impedido de continuar a exercer o comportamento proibido pelo tipo, por circunstâncias alheias à sua vontade. Mirabete, com precisão, afirma que, como regra, "o crime *habitual* não admite tentativa, pois ou há reiteração de atos e consumação, ou não há essa habitualidade e os atos são penalmente indiferentes. Não há que se negar, porém, que, se o sujeito, sem ser médico, instala um consultório e é detido quando de sua primeira 'consulta', há caracterização da tentativa do crime previsto no art. 282."[13]
- *Crimes preterdolosos* – Fala-se em preterdolo quando o agente atua com dolo na sua conduta e o resultado agravador advém de culpa. Ou seja, há dolo na conduta e culpa no resultado; dolo no antecedente, culpa no consequente. Os crimes culposos são delitos que, obrigatoriamente, para sua consumação, necessitam de um resultado naturalístico. Se não houver esse resultado, não há falar em crime culposo. Exemplificando, não se fala em tentativa de lesão corporal seguida de morte, ou de tentativa de lesão corporal qualificada pelo resultado aborto, uma vez que o resultado não pode ter sido querido ou assumido pelo agente, pois, caso contrário, responderá por outras infrações penais (tentativa de homicídio e tentativa de aborto).
- *Crimes culposos* – Quando falamos em crime culposo, queremos dizer que o agente não quis diretamente e nem assumiu o risco de produzir o resultado, ou seja, sua vontade não foi finalisticamente dirigida a causar o resultado lesivo, mas sim que este ocorrera em virtude de sua inobservância para com o seu dever de cuidado. Aqui, o agente não atua dirigindo sua vontade a fim de praticar a infração penal, somente ocorrendo o resultado lesivo devido ao fato de ter agido com negligência, imprudência ou imperícia. Não se fala, portanto, em tentativa de crimes culposos,

---

[13] MIRABETE, Júlio Fabbrini. *Manual de direito penal*, v. 1, p. 161.

uma vez que se não há vontade dirigida à prática de uma infração penal não existirá a necessária circunstância alheia, impeditiva da sua consumação. Não se cogita, não se prepara e não se executa uma ação dirigida a cometer um delito culposo. Já afirmamos não existir um *iter criminis* para os delitos culposos. Contudo, a doutrina costuma excepcionar essa regra dizendo que na chamada culpa imprópria, prevista no § 1º do art. 20 do Código Penal, que cuida das descriminantes putativas, pode-se cogitar de tentativa, haja vista que o agente, embora atuando com dolo, por questões de política criminal, responde pelas penas relativas a um delito culposo.

- *Crimes nos quais a simples prática da tentativa é punida com as mesmas penas do crime consumado* – (crimes de atentado ou de empreendimento). Como exemplo dessa situação, podemos citar o art. 352 do Código Penal (evasão mediante violência contra a pessoa). Ali, para que se caracterize a infração penal, não importa que o agente consiga evadir-se ou somente tenha tentado evadir-se, pois, para a lei penal, as duas situações são equiparadas, sendo a tentativa punida da mesma forma que o crime consumado. Aqui, na verdade, pode haver tentativa. Contudo, isto não conduzirá a qualquer redução na pena aplicada ao agente.
- *Crimes unissubsistentes* – Unissubsistente é o crime no qual a conduta do agente é exaurida num único ato, não se podendo fracionar o *iter criminis*. A injúria verbal é um típico exemplo de crime unissubsistente. Ou o agente profere as palavras ofensivas à honra subjetiva da vítima e consuma a infração penal, ou cala-se, caso em que, como é cediço, não poderá ser punido.
- *Crimes omissivos próprios* – Embora a doutrina se posicione majoritariamente no sentido de não se permitir o raciocínio do *conatus* quando estivermos diante dessa modalidade de crime, a exemplo do que ocorre com a omissão de socorro (art. 135 do CP), não podemos descartar essa hipótese quando, dependendo do caso concreto, pudermos fracionar o *iter criminis*, como no exemplo fornecido por Zaffaroni e Pierangelli, quando dizem, acertadamente, que se o agente "encontra alguém que se acha dentro de um poço e não se lhe presta auxílio quando já se passara meia hora, estando o acidentado ileso e sendo o único perigo que possa morrer de sede se no poço ficar vários dias (o que pode suceder se é um lugar isolado), veremos que não se consuma, ainda, a omissão de socorro. O ato é de tentativa, pois já estarão presentes todos os requisitos típicos e o perigo para o bem jurídico (se o agente segue em frente, talvez outro não o veja senão depois de muitos dias). Acreditamos que o caso constitui uma *tentativa inacabada* de omissão de socorro."[14]

12. TENTATIVA E CRIME COMPLEXO

Diz-se complexo o crime quando numa mesma figura típica há a fusão de dois ou mais tipos penais. É o caso, por exemplo, do delito de roubo, em que à subtração da coisa alheia móvel também é adicionada a violência ou a grave ameaça. Nesse tipo vislumbramos pelo menos três figuras que, de forma isolada, são previstas pela lei penal: a *subtração* (art. 155 do CP), a *violência à pessoa* (art. 129 do CP) e a *ameaça* (art. 147 do CP).

Nesse caso, consuma-se o crime quando o agente preenche o tipo penal levando a efeito as condutas que, unidas, formam a unidade complexa. Tomando, ainda, o exemplo do delito de roubo, somente poderemos concluir pela sua consumação quando, aliada à violência ou à grave ameaça, o agente tiver conseguido subtrair a coisa alheia móvel. Caso contrário, ou seja,

---

[14] ZAFFARONI, Eugenio Raúl; PIERANGELLI, José Henrique. *Da tentativa* – doutrina e jurisprudência, p. 123.

embora o agente tenha feito uso de violência ou grave ameaça, se não obtiver sucesso no que diz respeito à subtração da coisa, o delito permanecerá tão somente tentado.

Pela definição fornecida, podemos concluir, também, que o latrocínio, sendo uma modalidade qualificada do delito de roubo (art. 157, § 3º, II, do CP), é um crime complexo. Poderíamos afirmar que esse crime permaneceria na fase do *conatus* se não fossem preenchidos todos os elementos que o compõem, vale dizer, a subtração da coisa alheia móvel, mais o resultado morte. Quanto a essa infração penal, especificamente, a discussão não é tão simples assim. Se temos um homicídio consumado e uma subtração consumada, não hesitamos em afirmar que estamos diante de um latrocínio consumado. Da mesma forma, se temos um homicídio tentado e uma subtração tentada, também somos convencidos de que houve um latrocínio tentado. Agora, se há o homicídio consumado e a subtração tentada, ou se a subtração foi consumada e o homicídio tentado, as discussões doutrinárias e jurisprudenciais começam a surgir. Faremos, então, a análise das duas últimas situações isoladamente.

- *subtração consumada e homicídio tentado* – Para Hungria,[15] haveria aqui uma tentativa de homicídio qualificado (art. 121, § 2º, V, do CP), pois que, segundo o renomado autor:

"Se se admitisse tentativa de latrocínio quando se consuma o homicídio (crime-meio) e é apenas tentada a subtração patrimonial (crime-fim) ou, ao contrário, quando é tentado o homicídio, consumando-se a subtração, o agente incorreria, no primeiro caso, em pena inferior à do homicídio simples (!) e, no segundo, em pena superior à da tentativa de homicídio qualificado pela conexão de meio a fim com outro crime (art. 121, § 2º, V), ainda que este 'outro crime' seja de muito maior gravidade que o roubo. A solução que sugiro, nas hipóteses formuladas, como menos subversiva dos princípios é a seguinte: o agente responderá, e tão somente, por consumado ou tentado o homicídio qualificado (121, § 2º, V), dada a relação de meio a fim entre o homicídio consumado e a tentativa de crime patrimonial ou entre homicídio tentado e a consumada lesão patrimonial."[16]

Fragoso[17] e Noronha,[18] analisando a mesma situação, discordando do posicionamento de Hungria, entendem que, havendo uma subtração consumada e um homicídio tentado, resolve-se pela tentativa de latrocínio, posição à qual nos filiamos.[19]

- *homicídio consumado e subtração tentada* – Aqui, tentando elucidar o problema, surgiram, pelo menos, três correntes:

A primeira delas, na esteira de Frederico Marques, citado por Damásio,[20] entende que houve um latrocínio tentado em virtude de ser um crime complexo.

---

[15] HUNGRIA, Nélson. *Comentários ao código penal*, v. VII, p. 62-63.
[16] O argumento de Hungria não mais se justifica, pois a pena mínima do latrocínio foi aumentada para vinte anos pela Lei nº 8.072, de 25 de julho de 1990.
[17] FRAGOSO, Heleno Cláudio. *Lições de direito penal* – Parte especial, p. 308.
[18] NORONHA, Edgar Magalhães. *Direito penal*, v. II, p. 225.
[19] Nesse sentido, já decidiu o STJ: "Para a configuração da tentativa de latrocínio, é irrelevante a ocorrência de lesão corporal, seja de natureza leve ou grave, sendo suficiente a comprovação de que o agente tinha a intenção de matar para subtrair coisa móvel de outrem, mas que, por circunstâncias alheias à sua vontade, não se consumou a morte e/ou a subtração" (*HC* 45.282/SC, Rel. Min. Arnaldo Esteves Lima, 5ª T., julg. 11/10/2005, DJ 05/12/2005, p. 346).
[20] JESUS, Damásio E. de. *Direito penal*, v. II, p. 375.

Assim, já decidiu o TJ-RJ:

"Dada a unidade de tipo, como crime complexo, não se vê razão para não ser aplicado ao latrocínio o princípio do art. 12, parágrafo único, do Código Penal (atual 14), fazendo incidir sobre a pena correspondente ao crime consumado a diminuição própria da tentativa."[21]

A segunda posição, encabeçada por Hungria, conclui que, no caso de subtração tentada e homicídio consumado, deve o agente responder tão somente por homicídio qualificado, ficando afastada a punição pela tentativa de subtração, pois, segundo o citado autor:

"A única solução que nos parece razoável é a de, sem desrespeito à unidade jurídica do crime, aplicar exclusivamente a pena mais grave, considerados os crimes separadamente, ficando absorvida ou abstraída a pena menos grave. Tome-se, por exemplo, o crime de latrocínio (art. 157, § 3º, *in fine*[22]), e suponha-se que o homicídio (crime-meio) seja apenas tentado, enquanto a subtração da *res aliena* (crime-fim) se consuma: deve ser aplicada tão somente a pena de tentativa de homicídio qualificado (art. 121, § 2º, V), considerando-se absorvida por ela a do crime patrimonial. Se, ao contrário, o homicídio se consuma, ficando apenas tentado o crime patrimonial, a pena única a aplicar-se é a do homicídio qualificado consumado."[23]

Finalmente, hoje, como terceira e majoritária posição, temos aquela adotada pelo STF, o qual deixou transparecer seu entendimento por meio da Súmula nº 610, assim redigida:

> **Súmula nº 610.** Há crime de latrocínio, quando o homicídio se consuma, ainda que não realize o agente a subtração de bens da vítima.

Para essa corrente, basta que tenha ocorrido o resultado morte para que se possa falar em latrocínio consumado, mesmo que o agente não consiga levar a efeito a subtração patrimonial.[24]

Por entendermos que para a consumação de um crime complexo é preciso que se verifiquem todos os elementos que integram o tipo, ousamos discordar das posições de Hungria e do STF e nos filiamos à posição de Frederico Marques, concluindo que, havendo homicídio consumado e subtração tentada, deve o agente responder por tentativa de latrocínio e não por homicídio qualificado ou mesmo por latrocínio consumado.

13. TENTATIVA BRANCA

Fala-se em tentativa branca, ou incruenta, quando o agente, não obstante ter-se utilizado dos meios que tinha ao seu alcance, não consegue atingir a pessoa ou a coisa contra a qual deveria recair sua conduta. A título de exemplo, se o agente, agindo com *animus necandi*, atira em direção à vítima, que sai ilesa, fala-se, neste caso, em tentativa branca.

---

[21] *RT* 515/424.
[22] OBS.: atualmente, o crime de latrocínio encontra-se previsto no inciso II do § 3º do art. 157 do Código Penal, conforme nova redação que lhe foi conferida pela Lei nº 13.654, de 23 de abril de 2018.
[23] HUNGRIA, Nélson. *Comentários ao código penal*, v. VII, p. 63-64.
[24] "Se a intenção do agente é de realizar a subtração, com emprego de violência ou grave ameaça, tendo acarretado o resultado morte – como no presente caso –, o fato do réu não ter obtido a posse mansa e tranquila dos bens não ocasiona óbice à configuração do latrocínio consumado. Dissídio jurisprudencial configurado. Incidência da Súmula nº 610/STF" (STJ, REsp 1.111.044, Rel. Min. Gilson Dipp, DJe 22/11/2010).

Importante frisar que, havendo a tentativa branca, para que possamos concluir por alguma infração penal é preciso que pesquisemos o dolo do agente. É necessário que, juntamente com a análise do conjunto probatório, para podermos identificar o dolo do agente, nos façamos a seguinte indagação: A conduta do agente era dirigida finalisticamente a quê? Somente depois de ser respondida essa pergunta é que poderemos imputar ao agente a prática de uma infração penal.

Suponhamos que alguém atire contra outra pessoa e erre o alvo. Sem identificar o dolo do agente, não podemos concluir se ele desejava *matar* (art. 121 do CP), *ferir* (art. 129 do CP) ou tão somente *expor a vida de terceiro a perigo* (art. 132 do CP).

14. TEORIAS SOBRE A PUNIBILIDADE DO CRIME TENTADO

Para solucionar o problema da punição da tentativa, surgiram basicamente duas teorias: a subjetiva e a objetiva.

Segundo a teoria subjetiva, o agente que deu início aos atos de execução de determinada infração penal, embora, por circunstâncias alheias à sua vontade, não tenha alcançado o resultado inicialmente pretendido, responde como se a tivesse consumado. Basta, como se vê, que a sua vontade seja dirigida à produção de um resultado criminoso qualquer, não importando se efetivamente ele venha ou não a ocorrer. Aqui será aplicada ao agente a pena cominada ao crime consumado, não incidindo, outrossim, redução alguma pelo fato de ter permanecido a infração penal na fase do *conatus*.

Já a teoria objetiva, adotada como regra pelo nosso código, entende que deve existir uma redução na pena quando o agente não consiga, efetivamente, consumar a infração penal. Quer dizer, a pena para a tentativa deve ser menor do que aquela aplicada ao agente que consegue preencher todos os elementos da figura típica.

Tal regra, contudo, sofre exceções, como no caso em que o legislador pune a tentativa com as mesmas penas do crime consumado, prevendo-a expressamente no tipo, a exemplo do art. 352 do Código Penal, assim redigido: *Evadir-se ou tentar evadir-se o preso ou o indivíduo submetido a medida de segurança detentiva, usando de violência contra a pessoa*. Nessa hipótese, não se fala em redução de pena nos moldes previstos pelo parágrafo único do art. 14 do Código Penal, uma vez que a tentativa foi equiparada ao crime consumado.

Por essa razão, ou seja, por causa da ressalva contida no parágrafo único do art. 14, é que podemos concluir ter o Código Penal adotado a teoria objetiva temperada, moderada ou matizada, isto é, a regra é que a pena correspondente ao crime tentado sofra uma redução. Contudo, tal regra sofre exceções, conforme previsto pelo próprio artigo. Assim, embora adotando-se uma teoria objetiva, ela não é *pura*, mas sim, como já o dissemos, temperada, moderada ou matizada.

"(...) O Código Penal, em seu art. 14, II, adotou a teoria objetiva quanto à punibilidade da tentativa, pois, malgrado semelhança subjetiva com o crime consumado, diferencia a pena aplicável ao agente doloso de acordo com o perigo de lesão ao bem jurídico tutelado. Nessa perspectiva, a jurisprudência desta Corte reconhece o critério de diminuição do crime tentado de forma inversamente proporcional à aproximação do resultado representado: quanto maior o *iter criminis* percorrido pelo agente, menor será a fração da causa de diminuição. Considerando que as instâncias ordinárias reconheceram ser cabível a redução da pena pela tentativa em 1/2 devido ao *iter criminis* percorrido, em razão da multiplicidade de disparos e do fato de a vítima ter sido atingida por dois tiros em regiões não vitais, tendo sido realizados disparos pelas costas, enquanto a vítima buscava fugir, é de rigor a manutenção do redutor devidamente aplicado, sob o título de causa de diminuição de crime tentado (art. 14, II, do CP). Ademais, maiores incursões acerca do tema demandariam revolvimento fático-probatório, o que é inadmissível na via eleita. (...)" (HC 596.624/SP, Rel. Min. Ribeiro Dantas, 5ª T., j. 25/08/2020, DJe 03/09/2020).

15. PUNIÇÃO DA TENTATIVA COMO DELITO AUTÔNOMO

Em algumas ocasiões, entendeu por bem o legislador punir a tentativa como se fora um delito autônomo, deixando, assim, de ocorrer a adequação típica de subordinação mediata, com a aplicação da norma de extensão contida no art. 14, II, do Código Penal, passando-se àquela de subordinação imediata ou direta. O próprio parágrafo único do mencionado art. 14 deixou transparecer essas situações excepcionais quando disse:

> **Pena de tentativa**
> **Parágrafo único.** Salvo disposição em contrário, pune-se a tentativa com a pena correspondente ao crime consumado, diminuída de um a dois terços.

Verificamos esse fenômeno em várias passagens no Código Penal, como é o caso dos arts. 352 e 359-L, que dizem:

> **Art. 352.** Evadir-se ou tentar evadir-se o preso ou o indivíduo submetido a medida de segurança detentiva, usando de violência contra a pessoa.
> **Art. 359-L.** Tentar, com emprego de violência ou grave ameaça, abolir o Estado Democrático de Direito, impedindo ou restringindo o exercício dos poderes constitucionais:

Nesses casos, como deixamos antever, não há necessidade de utilizar a norma de extensão prevista no art. 14, II, do Código Penal, pois o próprio tipo penal trouxe, expressamente, para dentro de si, a forma tentada.

Assim, quando o julgador for aplicar a pena, deverá desconsiderar o percentual de redução previsto no parágrafo único do art. 14 do Código Penal, uma vez que a pena da tentativa será a mesma do crime consumado.

16. TENTATIVA E APLICAÇÃO DA PENA

Conforme redação do parágrafo único do art. 14 do Código Penal, pune-se a tentativa com a pena correspondente ao crime consumado, diminuída de um a dois terços. Quer dizer que se Pedro tentar contra a vida de Maria, terá a pena cominada ao crime de homicídio diminuída entre um a dois terços.

Qual o critério a ser seguido pelo aplicador da lei a fim de escolher o percentual de diminuição? Como podemos verificar, a diferença de escolha entre os percentuais terá séria e importante repercussão quando da aplicação da pena. Suponhamos que Pedro tenha tentado praticar um homicídio qualificado, uma vez que havia utilizado recurso que tornara impossível a defesa da ofendida. A pena mínima para essa espécie de infração penal é de doze anos. Vamos considerar, ainda, que Pedro faça jus à aplicação dessa pena mínima. Sobre ela, como salientamos, deverá incidir a diminuição entre um a dois terços em razão de ter o delito permanecido na fase do *conatus*. Se o juiz aplicar o percentual mínimo de redução, a pena será reduzida para oito anos; se resolver fazer incidir a redução máxima, a pena cairá para quatro anos. Nota-se com clareza a importância da escolha do percentual de redução relativo à tentativa.

O percentual de redução não é meramente opção do julgador, livre de qualquer fundamento. Assim, visando a trazer critérios que possam ser aferidos no caso concreto, evitando decisões arbitrárias, entende a doutrina que quanto mais próximo o agente chegar à consumação da infração penal, menor será o percentual de redução; ao contrário, quanto mais distante o agente permanecer da consumação do crime, maior será a redução.

Tendo esse critério como norte, poderá o julgador fundamentar com mais facilidade o percentual por ele aplicado, evitando-se, ainda, decisões extremamente subjetivas e injustas. Poderá o condenado, a seu turno, recorrer da decisão que impôs este ou aquele percentual, de acordo com o estágio em que se encontrava o crime.

17. TENTATIVA E DOLO EVENTUAL

Questão extremamente complexa é a possibilidade de ser admitida a tentativa nas hipóteses de dolo eventual. Ao contrário do que possa parecer, mesmo tratando-se de dolo (eventual), o raciocínio não flui de forma tranquila como acontece quando estamos diante do nosso dolo por excelência, que é o dolo direto, seja ele de primeiro ou de segundo grau.

A doutrina espanhola, em sua maioria, entende, no caso em exame, ser perfeitamente admissível o *conatus*. Muñoz Conde, com o brilhantismo que lhe é peculiar, mesmo admitindo a controvérsia sobre o tema, assevera que, "na medida em que o tipo do respectivo delito admita a comissão dolosa eventual, [...], caberá também a tentativa com esta forma de imputação subjetiva, ainda que o normal na tentativa seja o dolo direto, pelo menos de segundo grau."[25] José Cerezo Mir, sem enfrentar o tema com profundidade, afirma que "a tentativa é compatível, segundo a opinião dominante, com o dolo eventual."[26] No Brasil, Frederico Marques também entende como perfeitamente admissível a tentativa no dolo eventual.[27]

Apesar da força do pensamento dos mencionados autores, acreditamos ser o dolo eventual completamente incompatível com a tentativa. Isso porque, a título de comprovação de nosso raciocínio, devemos tentar visualizar, nos casos concretos, tal possibilidade.

Bustos Ramirez e Hormazábal Malarée não admitem essa hipótese, dizendo que "não é possível a tentativa com dolo eventual, pois [...] o dolo eventual tem a estrutura de uma imprudência a que, por razões político-criminais, se aplica a pena do delito doloso."[28]

Independentemente do paralelo que se tente traçar entre o dolo eventual e a culpa consciente, o fato é que, nos casos concretos, o raciocínio da tentativa torna-se inviável. Quando falamos em tentativa, devemos trabalhar com todas as suas modalidades, inclusive aquela analisada anteriormente, denominada tentativa branca ou incruenta, que ocorre, vale frisar, quando o agente não consegue acertar a coisa ou a pessoa contra a qual recaía sua conduta.

Imagine-se, para fins de raciocínio com a tentativa no dolo eventual, o exemplo em que o agente, perigoso traficante de drogas, visualiza sua vítima, um dependente químico que, não tendo condições de arcar com sua dívida com a "boca de fumo", foi jurado de morte. Nesse instante, aponta-lhe o fuzil que trazia consigo. A vítima estava acompanhada de sua namorada, sendo que o traficante, ao mirar a sua arma, representou como possível também atingir esta última, pois se encontravam abraçados, namorando. Se o agente, ao efetuar o disparo, vier a acertar no usuário de drogas, causando-lhe a morte, estaremos diante de um delito de homicídio doloso consumado, com dolo direto de primeiro grau. Se, em vez de acertar no mencionado usuário de drogas, vier a atingir sua namorada, causando-lhe a morte, também aqui estaremos diante de um homicídio doloso consumado, com dolo eventual. Essas hipóteses, na verdade, não traduzem qualquer problema. A discussão surge, contudo, quando levamos a efeito o seguinte raciocínio: Se existe possibilidade de tentativa no dolo eventual, quando o agente efetua o disparo de sua arma em direção ao usuário de drogas, mesmo representando como possível acertar também em sua namorada, fato que lhe é indiferente, ou seja, aceita a produção de tal resultado, haveria concurso formal entre um homicídio consumado (quanto ao usuário de drogas) e outro tentado (no que diz respeito à namorada)?

A própria definição legal do conceito de tentativa nos impede de reconhecê-la nos casos em que o agente atua com dolo eventual. Quando o Código Penal, em seu art. 14, II, diz ser o crime tentado quando, iniciada a execução, não se consuma por circunstâncias alheias à

---

[25] BITENCOURT, Cezar Roberto; MUÑOZ CONDE, Francisco. *Teoria geral do delito*, p. 450.
[26] CEREZO MIR, José. *Curso de derecho penal español* – Parte general, v. III, p. 186.
[27] MARQUES, José Frederico. *Tratado de direito penal*, v. II, p. 384.
[28] BUSTOS RAMIREZ, Juan J.; HORMAZÁBAL MALARÉE, Hernán. *Lecciones de derecho penal*, v. II, p. 269.

vontade do agente, nos está a induzir, mediante a palavra *vontade*, que a tentativa somente será admissível quando a conduta do agente for finalística e diretamente dirigida à produção de um resultado, e não nas hipóteses em que somente assuma o risco de produzi-lo, nos termos propostos pela teoria do assentimento. O art. 14, II, do Código Penal adotou, portanto, para fins de reconhecimento do dolo, tão somente, a teoria da vontade.

Para aqueles que admitem, até mesmo, a possibilidade de ocorrência de dolo eventual nas infrações de trânsito, como seria a solução do problema em que o agente, por exemplo, dirigindo embriagado e em velocidade excessiva, viesse, com seu automóvel, a causar a morte de duas pessoas, ferindo outras três. Teria, para aqueles que admitem essa possibilidade, de ser denunciado por dois homicídios consumados e três tentativas? Ou, como forma alternativa de raciocínio, de ser denunciado por dois homicídios consumados e três lesões corporais?

As duas conclusões são inadmissíveis. A primeira porque, admitindo-se a tentativa no dolo eventual, nos casos de delito de trânsito, embora o agente tenha atingido cinco pessoas, matando duas e ferindo outras três, temos de apontar o início da execução dos crimes. Quando seria tal início de execução? Poderíamos dizer que, segundo a fórmula já mencionada – embriaguez + velocidade excessiva = dolo eventual –, quando o agente, embriagado, estivesse imprimindo velocidade excessiva em seu veículo, já estaria praticando atos de execução? Entendendo-se dessa forma, imagine-se que o agente, naquelas condições apontadas, partisse do ponto A com seu automóvel, a fim de chegar ao ponto B, destino por ele pretendido. Entre o ponto A e o ponto B houve o atropelamento, no local que chamaremos de ponto X. Entre o ponto A e o ponto X o agente passou por aproximadamente 100 pessoas, até que o acidente ocorresse. Teríamos aqui, também, de computar mais 100 tentativas de homicídio, já que, admitindo-se a tentativa no dolo eventual, não poderíamos deixar de lado aquela considerada tentativa branca?

No segundo caso, ou seja, quando o agente é denunciado pelas mortes e pelas lesões, também tal solução não é apropriada, uma vez que não podemos trabalhar com um "dolo bipartido." Se mata, responde pelo homicídio; se fere, com o mesmo comportamento em virtude do qual já responde o agente pelo delito de homicídio, deverá ser responsabilizado pelas lesões corporais.

Apesar da força da posição favorável à possibilidade de se aplicar o conceito de tentativa ao dolo eventual, entendemos, pelos exemplos demonstrados acima, bem como pela redação do art. 14, II, da nossa lei penal, ser tal hipótese inadmissível.

Nesse sentido, já decidiu, com acerto, o Tribunal de justiça do Rio Grande do Sul,

"O dolo eventual mostra-se incompatível com o crime tentado, porquanto a tentativa – determinada pela vontade – somente pode ser considerada quando a conduta for finalística e dirigida à produção de um resultado, o que, à evidência, não ocorre quando o agente apenas assume o risco de produzi-lo. Desclassificação para o crime de lesão corporal" (TJRS, RSE nº 70081915670, Rel. Des. Honório Gonçalves da Silva Neto, DJe 23/09/2019).

"Impossibilidade do reconhecimento de dolo eventual na modalidade tentada do crime, uma vez que da interpretação do art. 14, inciso II, do Código Penal, que estabelece que o delito tentado ocorre quando iniciada a execução, não se consuma por circunstâncias alheias à vontade do agente, resta evidente que o agente deve desejar o resultado final da ação, e apenas não o atinge por circunstâncias alheias à sua vontade, hipótese que se mostra incompatível com a definição do dolo eventual, onde o agente assume o risco de produzir o resultado. De outro lado, não havendo demonstração de que o réu tenha agido com *animus necandi*, não há se falar em dolo indireto pela assunção do risco em produzir o resultado morte, ainda que estivesse o condutor do veículo agido sob o efeito de álcool e em desrespeito às regras de trânsito. No caso concreto, tais circunstâncias são indicativas de crime tipificado no Código de Trânsito. Necessidade de desclassificação da espécie delituosa nos termos da respeitável decisão de 1º Grau" (TJ-RS, SER nº 70077112837, Rel. Des. Victor Luiz Barcellos Lima, j. 14/06/2018).

"Não há possibilidade de convivência entre os institutos da tentativa e do dolo eventual. Para a configuração do crime tentado, é necessária a vontade do agente em produzir o resultado lesivo, o qual não vem a ocorrer por circunstâncias alheias a essa vontade. Tal elemento volitivo, ou seja, o querer produzir o fato descrito no tipo penal, não se encontra presente no dolo eventual, pois neste há apenas a anuência de que determinado resultado possa ocorrer, isto é, o agente prevê o resultado como possível ou provável e não se importa com a sua ocorrência, aceitando-o. Não há, assim, no dolo eventual, a real vontade de produzir o resultado, o que o torna incompatível com o conceito dado pelo Código Penal à tentativa. Além dessa conclusão, as lesões provocadas são periféricas e a própria ofendida, modo expresso, desqualifica por completo a presença do ânimo de matar, o que por igual conduz à manutenção da decisão recorrida" (TJ-RS, RSE nº 70057702540, Rel. Des. Sandro Luz Portal, j. 28/06/2016).

O STJ, no entanto, entendendo pela possibilidade de tentativa no dolo eventual, já decidiu:

"É compatível com a imputação de homicídio tentado o dolo eventual atribuído à conduta. Precedentes" (STJ, REsp 1.790.039 / RS, Rel. Min. Rogério Schietti Cruz, 6ª T., DJe 02/08/2019).

"Este Superior Tribunal reconhece a compatibilidade entre o dolo eventual e a tentativa, consequentemente cabível a decisão de pronúncia do agente em razão da suposta prática de tentativa de homicídio na direção de veículo automotor. As qualificadoras de natureza objetiva previstas nos inciso III e IV do § 2º do art. 121 do Código Penal não são compatíveis com a figura do dolo eventual, prevista na segunda parte do art. 18, I, do mesmo diploma legal. O dolo eventual não se harmoniza com a qualificadora de natureza objetiva prevista no inciso IV do § 2º do art. 121 do Código Penal, porquanto, a despeito de o agente ter assumido o risco de produzir o resultado, por certo não o desejou. Logo, se não almeja a produção do resultado, muito mais óbvio concluir que o agente não direcionou sua vontade para impedir, dificultar ou impossibilitar a defesa do ofendido. A qualificadora descrita no inciso III do § 2º do art. 121 do Código Penal sugere ideia de suposta premeditação do delito e, consequentemente, o desejo do resultado. Ambas, portanto, são características da intenção do agente, não podendo, à semelhança do que ocorre com a tentativa, ser aceita na forma de homicídio cujo dolo é o eventual" (STJ, REsp 1.486.745/SP, Rel. Min. Sebastião Reis Júnior, 6ª T., DJe 12/04/2018).
"Esta Corte Superior de Justiça já se manifestou no sentido da compatibilidade entre o dolo eventual e o crime tentado" (STJ, AgRg no REsp 1.176.324/RS, Rel. Min. Reynaldo Soares da Fonseca, 5ª T., DJe 02/02/2016).

O STF, também de forma equivocada, já se posicionou no mesmo sentido, dizendo:

"A jurisprudência do STF, ao analisar caso análogo, consignou orientação no sentido de que não há incompatibilidade na conjugação do dolo eventual e da tentativa" (HC 114.223, Rel. Min. Teori Zavascki) (STF, HC 165.200 AgR / MG, Rel. Min. Roberto Barroso, 1ª T., DJe 14/05/2019).

Capítulo XXIX
Desistência Voluntária e Arrependimento Eficaz

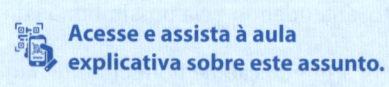

1. DISPOSITIVO LEGAL

A desistência voluntária e o arrependimento eficaz encontram-se previstos no art. 15 do Código Penal, assim redigido:

> **Art. 15.** O agente que, voluntariamente, desiste de prosseguir na execução ou impede que o resultado se produza, só responde pelos atos já praticados.

2. DESISTÊNCIA VOLUNTÁRIA

2.1. Introdução

Na primeira parte do art. 15 do Código Penal, encontramos a chamada desistência voluntária. A primeira ilação que se extrai desse artigo é que, para que se possa falar em desistência voluntária, é preciso que o agente já tenha ingressado na fase dos atos de execução. Caso ainda se encontre praticando atos preparatórios, sua conduta será considerada um indiferente penal.

Ingressando na fase dos atos de execução, duas situações poderão ocorrer:

a) o agente é interrompido durante os atos de execução, ou esgota tudo aquilo que tinha ao seu alcance para chegar à consumação da infração penal, que somente não ocorre em virtude de circunstâncias alheias à sua vontade;

b) ainda durante a prática dos atos de execução, mas sem esgotar todos os meios que tinha à sua disposição para chegar à consumação do crime, o agente desiste, voluntariamente, de nela prosseguir.

Na primeira hipótese, falamos em tentativa, uma vez que a consumação só não se deu por circunstâncias alheias à vontade do agente, embora tenha empreendido seus esforços nesse sentido.

No segundo caso é que reside a desistência voluntária. O agente interrompe, voluntariamente, os atos de execução, impedindo, por ato seu, a consumação da infração penal, razão pela qual a desistência voluntária também é conhecida por tentativa abandonada.

2.2. Desistência voluntária e política criminal

Muitos ficam perplexos com o instituto da desistência voluntária, pois, como veremos adiante, o agente que desiste de prosseguir na execução do crime somente responde pelos atos já praticados, ficando afastada a sua punição pela tentativa da infração penal por ele pretendida inicialmente.

Contudo, a lei penal, por motivos de política criminal, prefere punir menos severamente o agente que, valendo-se desse benefício legal, deixa de persistir na execução do crime, impedindo a sua consumação, do que puni-lo com mais severidade, por já ter ingressado na sua fase executiva. É preferível tentar impedir o resultado mais grave a simplesmente radicalizar na aplicação da pena. Como diz von Liszt:

> "No momento em que o agente transpõe a linha divisória entre os atos preparatórios impunes e o começo de execução punível, incorre na pena cominada contra a tentativa. Semelhante fato não pode mais ser alterado, suprimido ou 'anulado retroativamente'. Pode porém a lei, por considerações de política criminal, construir uma ponte de ouro para a retirada do agente que já se tornara passível de pena."[1]

Dessa forma, na lição do autor austríaco, é como se a lei, querendo fazer o agente retroceder, interrompendo seus atos de execução, lhe estendesse essa "ponte de ouro", para que nela pudesse retornar, deixando de prosseguir com seus atos, evitando a consumação da infração penal, cuja execução por ele já havia sido iniciada.

2.3. A desistência deve ser voluntária, e não espontânea

Impõe a lei penal que a desistência seja voluntária, mas não espontânea. Isso quer dizer que não importa se a ideia de desistir no prosseguimento da execução criminosa partiu do agente, ou se foi ele induzido a isso por circunstâncias externas que, se deixadas de lado, não o impediriam de consumar a infração penal. O importante, aqui, como diz Johannes Wessels, "é que o agente continue sendo dono de suas decisões."[2]

Conforme anota Alberto Silva Franco, "alguns julgados consideram que a desistência voluntária e o arrependimento eficaz são independentes dos motivos que levaram o agente a não consumar o fato criminoso. Qualquer desistência é boa, desde que voluntária", ou, como esclarece Maria Fernanda Palma, "a voluntariedade não depende de um impulso moral positivo. Basta com uma conduta reconhecida como expressão da liberdade, embora possa basear-se numa ponderação egoísta."[3] Criticando aqueles que exigem também a espontaneidade para caracterizar a desistência voluntária, Alberto Silva Franco assevera ainda que "se o intento do legislador fosse exigir, além da voluntariedade, também a espontaneidade, deveria ter sido bem claro a respeito. Se o agente continua 'senhor da resolução', não há por que recusar a desistência voluntária ou arrependimento eficaz."[4]

Imaginemos o seguinte: O agente, querendo causar a morte de seu desafeto, depois de com ele se encontrar em local ermo, interpela-o e efetua o primeiro disparo, acertando-o no membro inferior esquerdo. A vítima cai e, quando o agente pretendia reiniciar os disparos, suplica-lhe pela sua vida. Sensibilizado, o agente interrompe a sua execução e não efetua os disparos mortais. Aqui, embora não tenha sido espontânea, considera-se voluntária a desistência.

---

[1] VON LISZT, Franz. *Tratado de direito penal alemão*, p. 342.
[2] WESSELS, Johannes. *Derecho penal* – Parte general, p. 186.
[3] PALMA, Maria Fernanda. *Da tentativa possível em Direito Penal*, p.155.
[4] SILVA FRANCO, Alberto. *Código penal e sua interpretação jurisprudencial* – Parte geral, p. 80.

2.4. Fórmula de Frank

Muito embora satisfaça somente o requisito da voluntariedade para se caracterizar a desistência, é preciso que saibamos exatamente como identificar a sua ocorrência. Não podemos confundir voluntariedade com circunstâncias alheias à vontade do agente que o impeçam de continuar a execução do crime, uma vez que, neste último caso, devemos concluir pela tentativa.

Com o escopo de resolver esse problema, a fim de distinguirmos quando o agente desistiu voluntariamente de quando não chegou a consumar o crime por circunstâncias alheias à sua vontade, devemos aplicar ao caso concreto a chamada "Fórmula de Frank."[5] Na análise do fato, e de maneira hipotética, se o agente disser a si mesmo "posso prosseguir, mas não quero", será o caso de desistência voluntária, porque a interrupção da execução ficará a seu critério, uma vez que ainda continuará sendo o senhor de suas decisões; se, ao contrário, o agente disser "quero prosseguir, mas não posso", estaremos diante de um crime tentado, uma vez que a consumação só não ocorrera em virtude de circunstâncias alheias à vontade do agente.

Posso prosseguir + Não quero = Desistência voluntária

Quero prosseguir + Não posso = Tentativa

Exemplificando: Imaginemos que determinado agente ingresse na residência da vítima com a finalidade de, mediante o emprego de violência ou grave ameaça, subtrair os bens móveis que lhe interessarem. Logo após anunciar o assalto, o agente se vê surpreendido pelos pedidos da vítima, que lhe suplica para que não leve a efeito a subtração, alegando ser pessoa sofrida e de poucos recursos e que, se tiver seus bens subtraídos, não terá possibilidade de adquirir outros. Comovido com os fatos, o agente se desculpa e vai embora sem nada levar. Pergunta-se: estamos diante de um crime de roubo tentado, ou será um caso típico de desistência voluntária?

Para respondermos a essa indagação, devemos utilizar a fórmula trazida por Frank. O agente, nas circunstâncias em que se encontrava, podia dizer para si mesmo: "Posso prosseguir, mas não quero", ou "Quero prosseguir, mas não posso"? Entendemos que o agente podia ter prosseguido na execução do crime de roubo, pois ainda continuava senhor de suas decisões, mas não quis, razão pela qual será aplicada a regra relativa à desistência voluntária, só respondendo pelos atos já praticados.

Agora, valendo-nos do mesmo exemplo, suponhamos que o agente, logo depois de anunciar o assalto, escute um barulho parecido com o de uma sirene utilizada em carros policiais e, imaginando que será preso, coloca-se em fuga. Mais uma vez perguntamos: O agente, nas circunstâncias em que se encontrava, podia dizer para si mesmo: "Posso prosseguir, mas

---

[5] *Apud* HUNGRIA, Nélson. *Comentários ao código penal*, v. I, t. II, p. 96.

não quero", ou: "Quero prosseguir, mas não posso"? Acreditamos que a última colocação seja a mais adequada, pois, caso não tivesse escutado a sirene, não imaginaria que a polícia o tivesse descoberto e estava à sua captura, e teria continuado com a execução do delito. Aqui, portanto, responderá por tentativa de roubo.

Roxin, procurando rechaçar o raciocínio de Frank, preleciona:

"É indubitável que a desistência na tentativa não é um problema jurídico-político geral, mas um problema especificamente político-criminal. O conceito de voluntariedade, ao qual está vinculado o efeito liberador de pena da desistência, deve ser interpretado normativamente, e através da teoria dos fins da pena. No caso de alguém que erguera o braço para desferir seu golpe mortífero o abaixar, porque, no último instante não encontra a coragem de matar a vítima, não pode ser de interesse para a voluntariedade da desistência a pergunta, empiricamente quase insolúvel, sobre se para o agente era psicologicamente possível prosseguir. Decisivo é, muito mais, que a desistência pareça irracional segundo a perspectiva do ofício criminoso, e, por isso mesmo, represente uma volta para a legalidade. Se for este o caso, como no meu exemplo, então deve ser afirmada de uma vez a voluntariedade. Porque aquilo que o próprio autor reparou antes do advento do resultado não lhe precisa ser retribuído. Uma intimidação geral seria despicienda, e, também o fim de segurança e emenda da pena desaparece."[6]

2.5. Responsabilidade do agente somente pelos atos já praticados

Depois que o agente desistiu de prosseguir na execução, teremos de verificar qual ou quais infração(ções) penal(ais) cometeu até o momento da desistência, para que, nos termos da parte final do art. 15 do Código Penal, por ela(s) possa responder.

Raciocinemos: Adalberto, munido de um revólver com capacidade para seis projéteis e agindo com dolo de matar, efetua três disparos contra João, acertando-o no ombro esquerdo, na coxa e no joelho direito. Após esses disparos e ao ver seu desafeto caído, Adalberto, que ainda possuía mais três balas no tambor do revólver, sensibiliza-se e não dá continuidade à ação criminosa, deixando de efetuar os disparos que lhe restavam, evitando, assim, a morte da vítima. Embora Adalberto tenha atingido a vítima, dando mostras evidentes de que queria matá-la, somente responderá pelas lesões que nela causou (leve, grave ou gravíssima), ficando afastada a tentativa de homicídio.

A finalidade desse instituto é fazer com que o agente jamais responda pela tentativa. Isso quer dizer que se houver desistência voluntária o agente não responderá pela tentativa em virtude de ter interrompido, voluntariamente, os atos de execução que o levariam a alcançar a consumação da infração penal por ele pretendida inicialmente. Ao agente é dado o benefício legal de, se houver desistência voluntária, somente responder pelos atos já praticados, isto é, será punido por ter cometido aquelas infrações penais que antes eram consideradas delito-meio, para a consumação do delito-fim.

Vejamos: Se o agente, agindo com dolo de matar, depois de lesionar a vítima, interrompeu voluntariamente os atos de execução, só responderá pelo crime do art. 129 do Código Penal, ficando afastada a tentativa de homicídio; se agia com *animus furandi* (dolo de subtrair) ao adentrar na residência da vítima e, voluntariamente, desiste de prosseguir na execução, porque, sensibilizado, percebe que a proprietária daquela residência era parecida com a sua falecida mãe, somente responderá, segundo a maioria, por violação de domicílio, e não por tentativa de furto.

---

[6] ROXIN, Claus. *Política criminal e sistema jurídico-penal*, p. 75-77.

2.6. Agente que possui um único projétil em seu revólver

Situação sempre apontada na doutrina é aquela que diz respeito ao agente que, possuindo um único projétil em sua arma de fabricação caseira, dispara-o, agindo com dolo de matar, contra seu desafeto e, por circunstâncias alheias à sua vontade, atinge-o em região não letal. A pergunta que se faz, *in casu*, é: O agente poderia alegar a desistência voluntária, respondendo tão somente pelas lesões por ele já praticadas?

Como se percebe, o agente, depois de efetuar seu único disparo possível, esgotou seus atos de execução, razão pela qual ficará afastada a possibilidade de ser alegada a desistência voluntária, haja vista que esta, como vimos, necessita, para que possa ser arguida, que o agente ainda os esteja praticando, ou, pelo menos, ainda possa praticá-los.

Neste exemplo, o agente deverá responder pela tentativa de homicídio.

3. ARREPENDIMENTO EFICAZ

Fala-se em arrependimento eficaz quando o agente, depois de esgotar todos os meios de que dispunha para chegar à consumação da infração penal, arrepende-se e atua em sentido contrário, evitando a produção do resultado inicialmente por ele pretendido.

Podemos citar o exemplo clássico daquele que, depois de uma discussão no interior de um barco, lança seu desafeto ao mar, tendo conhecimento de que este último não sabe nadar, querendo causar sua morte por afogamento. Neste caso, o agente fez tudo aquilo que podia para conseguir o resultado morte: lançou ao mar a vítima que não sabia nadar. No entanto, após esgotar os atos que entendia como suficientes e necessários à consumação da infração penal, arrependido, resolveu salvar a vítima, não permitindo que ela morresse. Se a vítima sair ilesa do ataque, o agente não responderá por absolutamente nada; se, entretanto, sofrer alguma lesão, esta será atribuída ao agente.

4. NATUREZA JURÍDICA DA DESISTÊNCIA VOLUNTÁRIA E DO ARREPENDIMENTO EFICAZ

Para Hungria,[7] são causas de extinção da punibilidade não previstas no art. 107 do Código Penal. Defendendo posição contrária à de Hungria, Frederico Marques, citado por Damásio,[8] concluiu que o caso não é de extinção de punibilidade, mas sim de atipicidade do fato.

Salvo algumas exceções, só nos é permitido punir a tentativa quando existe uma norma de extensão, como aquela prevista no inciso II do art. 14 do Código Penal. A lei penal, ao determinar que o agente somente responderá pelos atos já praticados, quis, nos casos de desistência voluntária e arrependimento eficaz, afastar a punição pelo *conatus*. Assim, devemos concluir que, devido à total impossibilidade de ampliarmos o tipo penal, para nele abranger fatos não previstos expressamente pelo legislador, tal situação nos conduzirá, fatalmente, à atipicidade da conduta inicial do agente.

Concluindo, entendemos que a desistência voluntária e o arrependimento eficaz são causas que conduzem à atipicidade do fato, uma vez que o legislador nos retirou a possibilidade de ampliarmos o tipo penal com a norma de extensão relativa à tentativa (art. 14, II).

---

[7] HUNGRIA, Nélson. *Comentários ao código penal*, v. I, t. II, p. 93.
[8] JESUS, Damásio E. de. *Direito penal* – Parte geral, p. 296.

5. DIFERENÇA ENTRE DESISTÊNCIA VOLUNTÁRIA E ARREPENDIMENTO EFICAZ

Conforme se verifica pela própria redação do art. 15, quando o agente se encontra, ainda, praticando atos de execução, fala-se em desistência se, voluntariamente, a interrompe; já no arrependimento eficaz, o agente esgota tudo aquilo que estava à sua disposição para alcançar o resultado, isto é, pratica todos os atos de execução que entende como suficientes e necessários à consumação da infração penal, mas arrepende-se e impede a produção do resultado.

Em síntese, na desistência voluntária, o processo de execução do crime ainda está em curso; no arrependimento eficaz, a execução já foi encerrada.

6. NÃO IMPEDIMENTO DA PRODUÇÃO DO RESULTADO

Embora o agente tenha desistido voluntariamente de prosseguir na execução ou, mesmo depois de tê-la esgotado, atua no sentido de evitar a produção do resultado, se este vier a ocorrer, o agente não será beneficiado com os institutos da desistência voluntária e do arrependimento eficaz.

Assim, se o agente tiver iniciado a execução de um crime de homicídio, efetuando disparos contra a vítima que, voluntariamente, são por ele interrompidos, se ela não conseguir resistir aos primeiros ferimentos, vindo a falecer, o agente responderá pelo delito de homicídio consumado. Da mesma forma, se, depois de esgotados os atos de execução que entendia como suficientes a alcançar a consumação da infração penal, o agente se arrepende e tenta evitar o resultado morte, agindo de modo a socorrer a vítima que se encontrava em local ermo e abandonado, levando-a até um hospital, e, ainda assim, ocorrer a sua morte, o agente, muito embora tenha se arrependido, este arrependimento não pode ser considerado eficaz, devendo, portanto, responder pela prática de um crime de homicídio consumado.

Capítulo XXX
Arrependimento Posterior

1. DISPOSITIVO LEGAL

O arrependimento posterior, inovação trazida pela reforma na Parte Geral do Código Penal, vem previsto no art. 16, assim redigido:

> Art. 16. Nos crimes cometidos sem violência ou grave ameaça à pessoa, reparado o dano ou restituída a coisa, até o recebimento da denúncia ou da queixa, por ato voluntário do agente, a pena será reduzida de um a dois terços.

2. NATUREZA JURÍDICA

O arrependimento posterior é considerado uma causa geral de diminuição de pena. Mas como chegar a essa conclusão? A resposta é simples. Toda vez que o legislador nos fornecer em frações as diminuições ou os aumentos a serem aplicados, estaremos, respectivamente, diante de causas de diminuição ou de aumento de pena. Se essas causas se encontrarem na Parte Geral do Código Penal, receberão a denominação de *causas gerais de diminuição ou aumento de pena*; ao contrário, se residirem na parte especial do Código Penal, serão conhecidas como *causas especiais de aumento ou diminuição de pena*.

Assim, diante da redação do art. 16 e em virtude de sua localização no Código Penal, chegamos à conclusão de que se trata de causa geral de diminuição de pena, também reconhecida como *minorante*.

3. POLÍTICA CRIMINAL

Lembrou-se o legislador, aqui, de elaborar um artigo que atendesse mais às necessidades da vítima que propriamente aos anseios do indiciado, pois, uma vez reparado o dano ou restituída a coisa até o recebimento da denúncia por ato voluntário do agente, sua pena sofrerá uma redução de um a dois terços, amenizando, dessa maneira, para a vítima, as consequências da infração penal.

No item 15 da Exposição de Motivos da nova Parte Geral do Código Penal, justificou o legislador a criação do instituto do arrependimento posterior dizendo:

> 15. Essa inovação constitui providência de Política Criminal e é instituída menos em favor do agente do crime do que da vítima. Objetiva-se, com ela, instituir um estímulo à reparação do dano, nos crimes cometidos sem violência ou grave ameaça à pessoa.

4. MOMENTOS PARA A REPARAÇÃO DO DANO OU RESTITUIÇÃO DA COISA

A primeira ilação que se faz do art. 16 do Código Penal é de que o instituto do arrependimento posterior só é cabível se ocorrer nas seguintes fases:

a) quando a reparação do dano ou a restituição da coisa é feita ainda na fase extrajudicial, isto é, enquanto estiverem em curso as investigações policiais; ou

b) mesmo depois de encerrado o inquérito policial, com a sua consequente remessa à Justiça, pode o agente, ainda, valer-se do arrependimento posterior, desde que restitua a coisa ou repare o dano por ele causado à vítima até o recebimento da denúncia ou queixa.

Deve ser ressaltado, por oportuno, que o artigo fala em possibilidade de arrependimento posterior até o *recebimento da denúncia ou da queixa*. Assim, embora oferecida a denúncia ou apresentada a queixa, se o juiz não a tiver recebido, o agente poderá beneficiar-se com esta causa geral de diminuição de pena.

5. INFRAÇÕES PENAIS QUE POSSIBILITAM A APLICAÇÃO DO ARREPENDIMENTO POSTERIOR

O arrependimento posterior só terá cabimento quando o agente praticar uma infração penal cujo tipo não preveja como seus elementos a violência ou a grave ameaça.

No furto, por exemplo, é perfeitamente viável a aplicação do arrependimento posterior, mesmo que tenha sido ele qualificado pela destruição ou rompimento de obstáculo (art. 155, § 4º, I do CP), uma vez que a violência repelida pelo art. 16 é aquela dirigida contra pessoa, e não contra coisa. Podemos fazer o mesmo raciocínio quanto ao crime de dano, previsto no *caput* do art. 163 do Código Penal, haja vista que a violência não é empregada contra a pessoa, mas sim contra a coisa que se quer destruir, inutilizar ou deteriorar. Contudo, ainda no delito de dano, se for ele qualificado pelo emprego de violência ou grave ameaça à pessoa, nos termos do art. 163, parágrafo único, I do CP, já não mais será possível a aplicação desta causa geral de diminuição de pena.

Enfim, podemos falar na aplicação da minorante em todas as infrações penais em que não existam como elementares do tipo a violência ou a grave ameaça à pessoa, desde que reparado o dano ou restituída a coisa até o recebimento da denúncia ou da queixa, por ato voluntário do agente. Tal regra é excepcionada, segundo a posição do STF, que veremos mais adiante, somente quando o agente cometer o crime previsto no inciso VI do § 2º do art. 171 do Código Penal (emissão de cheques sem provisão suficiente de fundos), aplicando-se, nessa hipótese, a Súmula nº 554 daquele Tribunal.

6. ATO VOLUNTÁRIO DO AGENTE

Contentou-se o art. 16 do Código Penal em permitir a aplicação da causa de diminuição de pena por ele prevista quando o arrependimento posterior for voluntário, não se exigindo, aqui, o requisito da espontaneidade.

"É necessário que a reparação do dano ou a restituição da coisa seja feita por ato voluntário e consciente do agente, não necessariamente de forma espontânea. É o caso dos autos. Minorante reconhecida em favor do réu" (TJ-RS, Apelação Crime nº 70059603258, Rel. Des. Carlos Alberto Etcheverry, DJe 01/10/2015).

Não há necessidade, portanto, que o próprio agente tenha tido a ideia de restituir a coisa ou de reparar o dano para se beneficiar com a redução de pena. Pode acontecer que tenha sido convencido por terceira pessoa a restituir a coisa ou a reparar o dano, sendo seu arrependimento considerado para efeitos de redução. Também será beneficiado com o arrependimento posterior aquele que, já tendo sido descoberto pela autoridade policial como o autor do delito de furto, devolve a *res furtiva* tão somente com a finalidade de beneficiar-se com esse instituto, conforme já decidiu o TJ-SC:

> "Para a caracterização do arrependimento posterior, causa obrigatória de redução da pena, o ato de reparar o dano ou restituir a coisa precisa ser voluntário, embora possa não ser espontâneo. Assim, a redução será cabível ainda que a reparação tenha sido feita por receio de condenação ou visando à própria redução deste art. 16. Operado o ressarcimento antes do início da ação penal por ato voluntário do agente, a pena deve ser reduzida no grau máximo (*RT* 636/280)" (APR 107.053/SC, 1996.010705-3, Rel. Alvaro Wandelli, julg. 22/4/1997).

Contudo, se, v.g., a coisa subtraída pelo agente não é por ele voluntariamente entregue à autoridade policial, mas, sim, é descoberta e apreendida no curso das investigações, não se falará na aplicação da redução de pena, porque não se vislumbra, *in casu*, a voluntariedade do agente.

> "Arrependimento posterior. Reconhecimento dessas circunstâncias que demandam a reparação do dano ou restituição da coisa de forma voluntária pelo agente. Circunstâncias inaplicáveis ao caso. *Res furtiva* que não foi devolvida, mas sim apreendida pela autoridade policial, a qual estava na posse de terceiro. Requisitos legais não verificados. Falta de prejuízo com o delito que se deu pela atuação policial, e não pela vontade do réu-revisionando" (TJ-SC, Revisão Criminal nº 2013.038499-9, Rel.ª Des.ª Cinthia Beatriz da Silva Bittencourt Schaefer, julg. 31/7/2013).

Pode ocorrer, ainda, que terceira pessoa restitua a coisa ou repare o dano em nome do agente. Nessa hipótese, temos, pelo menos, duas correntes. A primeira, cuja interpretação atrela-se à letra da lei, exige a pessoalidade do ato, não permitindo a redução da pena se a reparação do dano ou a restituição da coisa forem levadas a efeito por terceira pessoa; a segunda corrente, numa interpretação mais liberal, que atende tanto aos interesses da vítima como aos do agente, permite a aplicação da redução mesmo que a reparação do dano ou a restituição da coisa tenham sido feitas por terceiros.

7. REPARAÇÃO OU RESTITUIÇÃO TOTAL, E NÃO PARCIAL

Entendemos que a reparação do dano ou a restituição da coisa devam ser totais, e não somente parciais. Suponhamos que João tenha subtraído da residência de Antônio um televisor e um telefone celular. Logo após a prática do crime, João se desfaz do televisor, vendendo-o a um caminhoneiro. Ainda na fase policial, e logo depois de ser descoberta a autoria do furto, João resolve, voluntariamente, devolver o telefone celular que havia guardado para venda futura. Nessa hipótese, por não ter sido total a restituição da coisa, entendemos ser inaplicável a redução de pena prevista para o arrependimento posterior.

Dissertando especificamente sobre a reparação parcial do dano, preleciona Alberto Silva Franco que esta deve:

> "Em princípio, ser total, mas se a vítima se satisfez com a reparação parcial é de se admitir o arrependimento posterior. A reparação do dano, como requisito indispensável, evidencia que o instituto do arrependimento posterior atende melhor às pessoas abonadas e deixa sem

amparo as pessoas carentes de recursos, ainda quando tenham o deliberado propósito de efetuar o ressarcimento."[1]

De acordo com o STF:

"É possível o reconhecimento da causa de diminuição de pena prevista no art. 16 do Código Penal (arrependimento posterior) para o caso em que o agente fez o ressarcimento da dívida principal (efetuou a reparação da parte principal do dano) antes do recebimento da denúncia, mas somente pagou os valores referentes aos juros e correção monetária durante a tramitação da ação penal. Nas exatas palavras do STF: 'É suficiente que ocorra arrependimento, uma vez reparada parte principal do dano, até o recebimento da inicial acusatória, sendo inviável potencializar a amplitude da restituição'" (STF, 1ª T., HC 165.312/SP, Rel. Min. Marco Aurélio, j. 14/04/2020 – *Info* 973).

Sobre o tema, já decidiu o STJ que:

"Para a aplicação do art. 16 do CP é indispensável que o crime seja cometido sem violência ou grave ameaça e que o bem ou valor seja devolvido à vítima antes do recebimento da denúncia, por ato voluntário do agente. Esse é o teor do dispositivo em apreço: "Nos crimes cometidos em violência ou grave ameaça à pessoa, reparado o dano ou restituída a coisa, até o recebimento da denúncia ou da queixa, por ato voluntário do agente, a pena será reduzida de um a dois terços". Não se exige remorso, constrição, pesar ou qualquer outro estímulo subjetivo para instigar o agente a agir. A lei exige iniciativa própria, que pode existir ainda que decorrente da descoberta do crime pelas autoridades ou de conselho de familiares ou advogado. Apenas quando ficar caracterizada coação ou intervenção de terceiro (por exemplo, a coisa é apreendida pela polícia, o agente é compelido a ressarcir o dano por ordem judicial, determinação de órgão de defesa do consumidor etc.), não incidirá a causa de redução, que possui caráter objetivo" (STJ, HC 510.695, Rel. Min. Rogério Schietti Cruz, P. 02/08/2019).

"A causa de diminuição de pena prevista no art. 16 do Código Penal (arrependimento posterior) exige a reparação integral, voluntária e tempestiva do dano, nos crimes cometidos sem violência ou grave ameaça à pessoa. Precedentes" (STJ, AgRg no RHC 56.387/CE, Rel. Min. Antônio Saldanha Palheiro, 6ª T., DJe 23/03/2017).

Há duas situações distintas que merecem ser objeto de análise. Na primeira delas, que diz respeito à restituição da coisa, esta deve ser total, para que se possa aplicar a redução, não se cogitando, aqui, do conformismo ou da satisfação da vítima quanto à recuperação parcial dos bens que lhe foram subtraídos. Na segunda, ou seja, não havendo mais a possibilidade de restituição da coisa, como quando o agente a destruiu ou dela se desfez, para que se possa falar em arrependimento posterior é preciso que exista a reparação do dano. Nessa situação específica é que devemos aplicar o raciocínio de Alberto Silva Franco, conjugando-se o conformismo da vítima com a reparação parcial do dano levada a efeito pelo agente, para que possa ser ele beneficiado com a redução.

8. EXTENSÃO DA REDUÇÃO AOS COAUTORES

No caso de dois agentes que, por exemplo, praticam um delito de furto, pode acontecer que somente um deles (o que detinha em seu poder os bens subtraídos) voluntariamente restitua a *res furtiva* à vítima. Nessa hipótese, se a restituição tiver sido total, entendemos que ambos os

---

[1] SILVA FRANCO, Alberto. *Código penal e sua interpretação jurisprudencial* – Parte geral, p. 174.

agentes deverão ser beneficiados com a redução, mesmo que um deles não a tenha entregado voluntariamente à vítima. Se a restituição for parcial, como já dissemos, a nenhum deles será aplicada a causa geral de redução, pois, nesse caso, deve operar-se a restituição total da coisa.

Se não houver possibilidade de restituição da coisa, para que possa ser aplicada a redução relativa ao arrependimento posterior, é preciso que ocorra a reparação do dano. Aqui, seguindo a mesma linha de raciocínio, se um dos agentes a levar a efeito, a redução poderá ser estendida também ao coautor.

No sentido da aplicação da causa de redução de pena aos coautores, decidiu o Superior Tribunal de Justiça:

"A causa de diminuição de pena do arrependimento posterior pode incidir nos crimes cometidos sem violência ou grave ameaça à pessoa quando houver a reparação integral, voluntária e tempestiva do dano, mesmo que realizada por terceiros, por se tratar de circunstância objetiva que se estende a todos os coautores ou partícipes do crime" (STJ, APn 629 / RO, Rel. Min. Nancy Andrighi, CE, DJe 10/08/2018).

"O arrependimento posterior, previsto no art. 16 do Código Penal, por possuir natureza objetiva, deve ser estendido aos corréus. Precedentes" (STJ, REsp 1.578.197/SP, Rel. Min. Sebastião Reis Junior, 6ª T., DJe 09/05/2016).

"Pela aplicação do art. 30 do Código Penal, uma vez reparado o dano integralmente por um dos autores do delito, a causa de diminuição prevista no art. 16 do mesmo Estatuto estende-se aos demais coautores, por constituir circunstância de natureza objetiva, cabendo ao julgador avaliar a fração de redução que deve ser aplicada, dentro dos parâmetros mínimo e máximo previstos no dispositivo, conforme a atuação de cada agente em relação à reparação efetivada" (REsp 1.187.976/SP, Recurso Especial 2010/0054706-4, Rel. Min. Sebastião Reis Júnior, 6ª T., DJe 26/11/2013).

9. COOPERAÇÃO DOLOSAMENTE DISTINTA E ARREPENDIMENTO POSTERIOR

Questão que merece ser analisada é aquela prevista no § 2º do art. 29 do Código Penal que diz:

> § 2º Se algum dos concorrentes quis participar de crime menos grave, ser-lhe-á aplicada a pena deste; essa pena será aumentada até metade, na hipótese de ter sido previsível o resultado mais grave.

Suponhamos que dois agentes, agindo em concurso, resolvam praticar um crime de furto numa residência que desde há muito não era frequentada pelos seus proprietários. A casa estava localizada na zona rural e já deixava transparecer os sinais de abandono. Motivados por tais facilidades, os agentes resolvem subtrair um televisor que nela se encontrava. Um dos agentes fica de vigia do lado de fora, enquanto o outro entra na mencionada residência. Para surpresa do agente que havia invadido a casa em busca do televisor, um caseiro havia sido contratado pelo novo proprietário para levar a efeito a vigilância daquela residência. O agente, já no seu interior, não desiste de seu propósito de subtrair o televisor e, agredindo o mencionado caseiro, consegue dali retirá-lo. Durante a fuga, narra o ocorrido ao outro agente que ali comparecera com o fim de praticar um crime de furto, e não de roubo.

Se, nesse caso, ainda na fase extrajudicial, o agente que tinha a intenção de praticar o crime de furto devolver a *res furtiva*, poderemos aplicar-lhe a redução do arrependimento posterior? Entendemos que sim, pois responderá por uma infração penal cujo tipo não prevê como seus elementos o emprego de grave ameaça ou violência contra a pessoa. Somente o agente que desejava praticar o crime de furto é que será beneficiado com a redução do arrependimento posterior, uma vez que responderá por essa infração penal, ficando impossibilitada a sua aplicação ao agente que cometera o crime de roubo, ou seja, aquele que não desistira do propósito criminoso mesmo sabendo da presença do vigia no interior daquela residência.

10. DIFERENÇA ENTRE ARREPENDIMENTO POSTERIOR E ARREPENDIMENTO EFICAZ

A diferença básica entre o arrependimento posterior e o arrependimento eficaz reside no fato de que naquele o resultado já foi produzido e neste último o agente impede a sua produção.

Deve ser frisado, ainda, que não se admite a aplicação da redução de pena relativa ao arrependimento posterior aos crimes cometidos com violência ou grave ameaça, não havendo essa restrição para o arrependimento eficaz.

No primeiro, há uma redução obrigatória de pena; no segundo, o agente só responde pelos atos já praticados, ficando afastada, portanto, a punição pela tentativa da infração penal cuja execução havia sido iniciada.

11. A SÚMULA Nº 554 DO STF

Assim está redigida a Súmula nº 554 do STF:

> **Súmula nº 554.** O pagamento de cheque emitido sem provisão de fundos, após o recebimento da denúncia, não obsta ao prosseguimento da ação penal.

Numa interpretação a *contrario sensu* da referida Súmula, chegamos à conclusão de que não será possível o início da ação penal se o agente efetuar o pagamento relativo ao cheque por ele emitido sem suficiente provisão de fundos, *até o recebimento da denúncia*.

Saliente-se, contudo, que a referida Súmula já havia sido publicada anteriormente à vigência da nova Parte Geral do Código Penal, que inovou nosso ordenamento jurídico com a criação do instituto do arrependimento posterior como causa obrigatória de redução da pena, quando haja reparação do dano ou restituição da coisa, nos crimes cometidos sem violência ou grave ameaça, até o recebimento da denúncia ou da queixa.

A indagação que surge agora é a seguinte: Terá aplicação a súmula nº 554 do STF, mesmo diante do instituto do arrependimento posterior?

A maior parte de nossos doutrinadores entende de forma positiva, opinando pela aplicação da Súmula nos casos específicos de cheques emitidos sem suficiente provisão de fundos, ficando as demais situações regidas pelo art. 16 do Código Penal, quando a ele se amoldarem.

Pronunciando-se sobre essa questão, decidiu o STF:

"O advento do art. 16 da nova Parte Geral do Código Penal não é incompatível com a aplicação das Súmulas 246 e 554, que devem ser entendidas complementarmente aos casos em que se verifiquem os seus pressupostos. Nao há justa causa para a ação penal, se pago o cheque emitido sem suficiente provisão de fundos, antes da propositura da ação penal, a proposta acusatória não demonstra que houve fraude no pagamento por meio de cheque, não configurando, portanto, o crime do art. 171, § 2º, VI, do Código Penal."[2]

O entendimento sumulado e ratificado posteriormente pelo STF diz respeito tão somente aos cheques emitidos sem suficiente provisão de fundos, e não àqueles falsamente preenchidos por estelionatários, que não praticam, como sabemos, a infração penal prevista no inciso VI do § 2º do art. 171 do Código Penal, mas, sim, aquela tipificada em seu *caput*.

Nessa hipótese, embora fique afastada a aplicação da Súmula nº 554, permitindo o início da *persecutio criminis in judicio*, poderá o agente beneficiar--se com a redução relativa ao arrependimento posterior, caso venha a reparar o dano por ele causado, conforme já entendeu o STJ:

---

[2] *RTJ* 119/1.063 e *JUTACrim*. 89/476.

"Tipificada a conduta da paciente como estelionato na sua forma fundamental, o fato de ter ressarcido o prejuízo à vítima antes do recebimento da denúncia não impede a ação penal, não havendo falar, pois, em incidência do disposto no enunciado nº 554 da Súmula do Supremo Tribunal Federal, que se restringe ao estelionato na modalidade de emissão de cheques sem suficiente provisão de fundo, prevista no art. 171, § 2º, VI, CP" (STJ, HC 280.089/SP, Rel. Min. Jorge Mussi, 5ª T., DJe 26/02/2014).

"1. Hipótese na qual o recorrido foi denunciado pela prática, em tese, do delito de estelionato, em sua modalidade fundamental, por ter supostamente obtido vantagem ilícita em prejuízo de estabelecimento comercial, ao pagar as despesas efetuadas com cheques furtados, falsificando a assinatura do correntista.

2. A orientação contida na Súmula 554, do Supremo Tribunal Federal, é restrita ao crime de estelionato na modalidade de emissão de cheques sem fundos, prevista no art. 171, § 2º, inciso VI, do Código Penal.

3. O ressarcimento do prejuízo antes do recebimento da denúncia não exclui o crime de estelionato cometido na sua forma fundamental (art. 171, *caput*, do CP), apenas influindo na fixação da pena, nos termos do art. 16 do Estatuto Repressivo.

4. Recurso provido" (REsp 923.197, Rel.ª Min.ª Jane Silva [Desembargadora convocada do TJ-MG], DJ 3/12/2007).

12. REPARAÇÃO DO DANO APÓS O RECEBIMENTO DA DENÚNCIA

Pode ocorrer que o agente, mesmo não efetuando a reparação dos danos até o recebimento da denúncia ou da queixa, o faça até o julgamento do seu processo.

Nesse caso, embora não seja a ele aplicada a causa geral de diminuição de pena, prevista no art. 16 do Código Penal, será pertinente a aplicação da circunstância atenuante elencada no art. 65, III, *b*, segunda parte, do mesmo diploma legal.

Assim, se a reparação do dano ou a restituição da coisa é feita por ato voluntário do agente, até o recebimento da denúncia ou da queixa, nos crimes cometidos sem violência ou grave ameaça, aplica-se a causa geral de redução de pena do art. 16 do Código Penal; se a reparação do dano ou restituição da coisa é feita antes do julgamento, mas depois do recebimento da denúncia ou da queixa, embora não se possa falar na aplicação da causa de redução de pena prevista no art. 16 do Código Penal, ao agente será aplicada a circunstância atenuante elencada na alínea *b* do inciso III do art. 65 do diploma repressivo.

13. REPARAÇÃO DOS DANOS E A LEI Nº 9.099/95

A reparação dos danos recebeu um tratamento muito especial pela Lei nº 9.099/95, na parte referente ao juizado especial criminal.

Diferentemente do que ocorre no art. 16 do Código Penal, que permite seja aplicada uma redução de pena ao agente que, nos crimes cometidos sem violência ou grave ameaça, repare o dano ou restitua a coisa até o recebimento da denúncia ou da queixa, nos crimes de competência do juizado especial criminal, a composição dos danos, nos crimes em que a ação penal seja de iniciativa privada ou pública condicionada à representação, tem um efeito muito superior. Isso porque diz o parágrafo único do art. 74 da Lei nº 9.099/95:

> **Parágrafo único.** Tratando-se de ação penal de iniciativa privada ou de ação penal pública condicionada à representação, o acordo homologado acarreta a renúncia ao direito de queixa ou representação.

A composição dos danos entre o autor do fato e a vítima, realizada na audiência preliminar (art. 72 da Lei nº 9.099/95), terá o condão de fazer com que ocorra a extinção da punibilidade (art. 107, V, do CP), em face da renúncia legal imposta à vítima ao seu direito de ingressar em juízo com sua queixa-crime, ou mesmo de oferecer sua representação.

A Lei nº 9.099/95 não fez distinção, ainda, se a infração penal foi ou não cometida com emprego de violência ou grave ameaça à pessoa. Desde que o crime seja da competência do juizado especial criminal, não importando se cometido com violência ou grave ameaça, e se a iniciativa da ação for privada ou pública condicionada à representação, o acordo referente à reparação dos danos, realizado entre o autor do fato e a vítima, resultará em renúncia, por parte desta, ao seu direito de queixa ou de representação.

14. ARREPENDIMENTO POSTERIOR E CRIME CULPOSO

Merece ser observado, ainda, que, embora a lei penal proíba o reconhecimento do arrependimento posterior nos crimes cometidos com violência ou grave ameaça à pessoa, isso não impede a aplicação da mencionada causa geral de redução de pena quando estivermos diante de delitos de natureza culposa, a exemplo do que ocorre com as lesões corporais.

Assim, imagine-se a hipótese daquele que, deixando de observar o seu necessário dever objetivo de cuidado, permite que um pesado objeto caia bem em cima dos pés da vítima, produzindo lhe lesões corporais. Se o agente se empenha no sentido de reparar os danos (no caso, as consequências das lesões corporais) experimentados pela vítima, entendemos ser de boa política criminal a aplicação do arrependimento posterior, lembrando sempre, como já esclarecido no item 15 da Exposição de Motivos da nova Parte Geral do Código Penal, que a sua criação foi levada a efeito mais com os olhos voltados para a vítima, do que para o autor da infração penal. Interessa, portanto, ao Estado, que a vítima se veja ressarcida, o mais rápido possível, dos prejuízos que lhe foram causados em virtude da prática da infração penal.

15. APLICAÇÃO MAIS BENÉFICA AO AGENTE

Pode ocorrer a hipótese em que, embora à primeira vista o fato praticado pelo agente preencha as exigências contidas no art. 16 do Código Penal, na situação concreta a causa geral de redução de pena seja afastada em virtude da aplicação de outra norma mais benéfica ao agente.

Assim, imagine-se a hipótese em que o agente tenha cometido o delito de peculato culposo, tipificado no art. 312, § 2º, do diploma repressivo. Mesmo que o agente tenha, voluntariamente, reparado o dano anteriormente ao recebimento da denúncia, não terá aplicação o art. 16, mas, sim, o § 3º do art. 312, ambos do Código Penal, uma vez que este último diz, *verbis*:

> § 3º No caso do parágrafo anterior, a reparação do dano, se precede à sentença irrecorrível, extingue a punibilidade; se lhe é posterior, reduz de metade a pena imposta.

Assim, por ser, comparativamente, o § 3º do art. 312 do Código Penal mais benéfico do que o art. 16 do mesmo diploma legal, a aplicação deste último ficará afastada.

Capítulo XXXI
Crime Impossível

1. DISPOSITIVO LEGAL

O crime impossível veio previsto no art. 17 do Código Penal, com a seguinte redação:

> **Art. 17.** Não se pune a tentativa quando, por ineficácia absoluta do meio ou por absoluta impropriedade do objeto, é impossível consumar-se o crime.

2. INTRODUÇÃO

Quando o legislador inicia a redação do artigo que prevê o crime impossível, parte da premissa de que o agente já ingressara na fase dos chamados atos de execução, e a consumação da infração penal só não ocorre por circunstâncias alheias à sua vontade.

Chegamos a tal ilação porque na redação inicial do artigo está expresso que *não se pune a tentativa*, e somente podemos falar em tentativa quando o agente, nos termos do art. 14, II, do Código Penal, já dera início aos atos de execução objetivando alcançar a consumação do crime por ele pretendido.

Por essa razão é que o crime impossível também é conhecido como *tentativa inidônea*,[1] *inadequada* ou *quase crime*.

3. TEORIAS SOBRE O CRIME IMPOSSÍVEL

Várias teorias surgiram com o escopo de elucidar o crime impossível. Dentre elas, podemos destacar duas: *teoria subjetiva* e *teoria objetiva*.

A teoria objetiva biparte-se em teoria objetiva pura e teoria objetiva temperada (moderada ou matizada).

Para a teoria subjetiva, de von Buri, não importa se o meio ou o objeto são absoluta ou relativamente ineficazes ou impróprios, pois, para a configuração da tentativa, basta que o agente tenha agido com vontade de praticar a infração penal. Ressalte-se que o agente, para essa teoria, é punido pela sua intenção delituosa, mesmo que no caso concreto bem algum se colocasse em situação de perigo. Segundo Hungria, mesmo de acordo com a

---

[1] Esclarece Miguel Ángel Nuñez Paz que "na tentativa inidônea, o autor crê erroneamente na concorrência de um elemento objetivo do tipo inexistente (dispara contra uma pessoa morta, crendo-a viva; trata-se do chamado erro de tipo ao revés" (*El delito intentado*, p. 119).

teoria subjetiva, "deve ter-se em conta somente a vontade criminosa, desde que manifesta pela conduta do agente."[2]

A teoria subjetiva atende a um sentimento natural do homem que, em muitas situações, indaga a si próprio: Se o agente deu mostras suficientes de que queria cometer o crime, praticando atos de execução tendentes a consumá-lo, por que deverá ficar impune se não conseguir alcançar o resultado em virtude da ocorrência de uma circunstância alheia à sua vontade?

Em lado diametralmente oposto se encontra a teoria objetiva pura. Para essa teoria, não importa se o meio ou o objeto eram absoluta ou relativamente inidôneos para que se pudesse chegar ao resultado cogitado pelo agente, uma vez que em nenhuma dessas situações responderá ele pela tentativa. Na lição de Hungria, segundo essa teoria, "não se pode distinguir entre inidoneidade absoluta ou relativa: em ambos os casos, não há bem jurídico em perigo e, portanto, não existe fato punível."[3]

Em situação intermediária encontra-se a teoria objetiva temperada, moderada ou matizada, que entende somente puníveis os atos praticados pelo agente quando os meios e os objetos são relativamente eficazes ou impróprios, isto é, quando há alguma possibilidade de o agente alcançar o resultado pretendido.

A teoria objetiva temperada foi a adotada pelo legislador brasileiro.

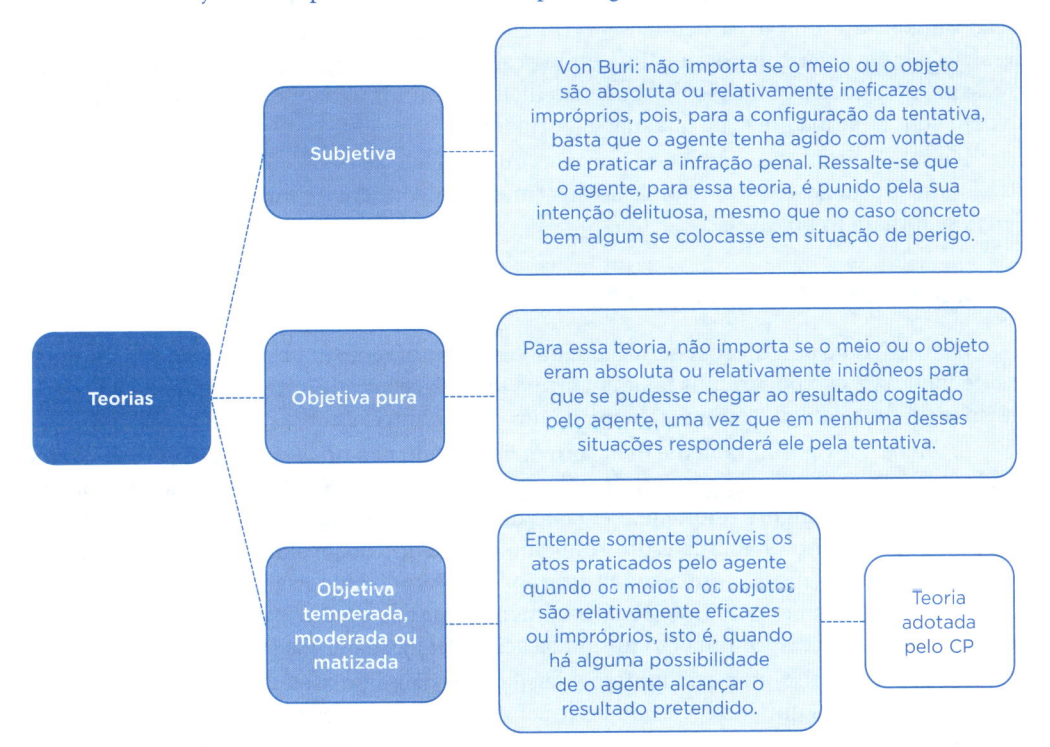

Teorias

- **Subjetiva**: Von Buri: não importa se o meio ou o objeto são absoluta ou relativamente ineficazes ou impróprios, pois, para a configuração da tentativa, basta que o agente tenha agido com vontade de praticar a infração penal. Ressalte-se que o agente, para essa teoria, é punido pela sua intenção delituosa, mesmo que no caso concreto bem algum se colocasse em situação de perigo.
- **Objetiva pura**: Para essa teoria, não importa se o meio ou o objeto eram absoluta ou relativamente inidôneos para que se pudesse chegar ao resultado cogitado pelo agente, uma vez que em nenhuma dessas situações responderá ele pela tentativa.
- **Objetiva temperada, moderada ou matizada**: Entende somente puníveis os atos praticados pelo agente quando os meios e os objetos são relativamente eficazes ou impróprios, isto é, quando há alguma possibilidade de o agente alcançar o resultado pretendido. — Teoria adotada pelo CP

4. ABSOLUTA INEFICÁCIA DO MEIO

Podemos perceber que o art. 17 do Código Penal considera o crime impossível quando o agente, depois de dar início aos atos de execução tendentes a consumar a infração penal, só não alcança o resultado por ele inicialmente pretendido porque utilizou meio absolutamente ineficaz.

---

[2] HUNGRIA, Nélson. *Comentários ao código penal*, v.I, t. II, p. 101.
[3] HUNGRIA, Nélson. *Comentários ao código penal*, v.I, t. II, p. 99.

O que podemos entender como meio? Meio é tudo aquilo utilizado pelo agente capaz de ajudá-lo a produzir o resultado por ele pretendido. O meio pode ser uma faca, um revólver, um taco de golfe, pó de vidro, veneno etc. Muitas coisas que não têm a finalidade precípua de ataque ou defesa podem ser utilizadas como meio para o cometimento de certas infrações penais. Um taco de beisebol tem a finalidade de rebater as bolas que contra ele são arremessadas; contudo, em determinadas situações, pode ser utilizado como meio para causar a morte de alguém, ocasião em que gozará do *status* de instrumento do crime.

O art. 17 do Código Penal fala em meio absolutamente ineficaz. Já vimos o que pode ser considerado meio. Mas o que vem a ser meio absolutamente ineficaz? Meio absolutamente ineficaz é aquele de que o agente se vale a fim de cometer a infração penal, mas que, no caso concreto, não possui a mínima aptidão para produzir os efeitos pretendidos. Ou, ainda, na definição de Hungria:

> "Dá-se a ineficácia absoluta do meio quando este, por sua própria essência ou natureza, é incapaz, por mais que se reitere o seu emprego, de produzir o evento a que está subordinada a consumação do crime."[4]

São exemplos clássicos mencionados pela doutrina o da utilização de revólver sem munição ou com a munição já detonada; ou o daquele que, querendo causar a morte de seu desafeto por envenenamento, substitui, equivocadamente, o veneno por açúcar; a falsificação grosseira, destinada à obtenção de vantagem ilícita, ou, ainda, o daquele que quer contaminar alguém com moléstia grave da qual não é portador.

De se ver que, nessas situações, por mais que o agente se esforce na utilização dos meios absolutamente ineficazes, a consumação do crime, como diz a parte final do art. 17 do Código Penal, se tornará impossível.

5. MEIO RELATIVAMENTE INEFICAZ

O art. 17 do Código Penal é claro quando diz que somente quando o meio for absolutamente ineficaz é que poderemos falar em crime impossível; caso contrário, quando a ineficácia do meio for relativa, estaremos diante de um crime tentado.

Já vimos que é absolutamente ineficaz o meio quando não houver qualquer possibilidade de vir a produzir o resultado pretendido pelo agente. Quando cuidamos de ineficácia relativa, a situação já se nos afigura diferente. Pelo fato de ser relativamente ineficaz, o meio utilizado pelo agente pode vir ou não a causar o resultado. Na ineficácia absoluta, em hipótese alguma o resultado será alcançado com a sua utilização. Na lição de Hungria, "dá-se a inidoneidade relativa do meio quando este, embora normalmente capaz de produzir o evento intencionado, falha no caso concreto, por uma circunstância acidental na sua utilização."[5]

No crime de falso, por exemplo, se a falsificação não é grosseira a ponto de ser identificada de plano, mas que também não pode ser considerada uma "obra de arte", dificilmente perceptível, devemos entender que a ineficácia do meio é relativa, porque a vítima poderia nela acreditar e o agente conseguir obter a vantagem indevida com a sua utilização. Outro exemplo clássico que encontramos na doutrina é o daquele em que o agente utiliza munição envelhecida em seu revólver, que poderá ou não disparar quando for utilizada, ou, também, o daquele em que uma gestante, objetivando interromper a sua gravidez, ingere medicação abortiva com o prazo de validade já expirado.

---

[4] HUNGRIA, Nélson. *Comentários ao código penal*, v. I, t. II, p. 101.
[5] HUNGRIA, Nélson. *Comentários ao código penal*, v.I, t. II, p. 101.

6. ABSOLUTA IMPROPRIEDADE DO OBJETO

Não só a absoluta ineficácia do meio inibe a punição pelo crime tentado, como também a absoluta impropriedade do objeto. Vimos qual o significado de meio. Agora, tentaremos esclarecer o conceito de objeto. Podemos entender por objeto tudo aquilo contra o qual se dirige a conduta do agente. Objeto, como já conceituamos, é a pessoa ou a coisa sobre a qual recai a conduta do agente. Nesse caso, por ser o objeto absolutamente impróprio, não se fala em tentativa. Se alguém atira em direção a outrem que parece dormir, quando, na realidade, já se encontrava morto, não comete o delito de homicídio, haja vista que o objeto é absolutamente impróprio a essa finalidade, pois só se pode causar a morte de quem esteja vivo.

Outro exemplo clássico encontrado na doutrina, e também fornecido por Hungria, é aquele em que a mulher, supondo-se grávida, ingere substância abortiva apta a expelir o feto, quando, na realidade, não existe gravidez. Como se dessume, se não existe gravidez, não há feto e, portanto, nada há quem possa ser abortado. Da mesma forma, não se pode contaminar com doença venérea quem já está contaminado ou quem apresente imunidade a ela. O objeto, outrossim, é absolutamente impróprio.

Nessas situações, por mais que o agente quisesse alcançar o resultado por ele pretendido, jamais conseguiria. Isso até por razões de ordem lógica: não se pode matar quem já está morto; não se pode abortar quando não há gravidez etc. A consumação dos crimes pretendidos seria, portanto, impossível.

7. OBJETO RELATIVAMENTE IMPRÓPRIO

Fala-se em impropriedade relativa do objeto quando a pessoa ou a coisa contra a qual recai a conduta do agente é colocada efetivamente numa situação de perigo, ou seja, está apta a sofrer com a conduta do agente, que pode vir a alcançar o resultado por ele pretendido inicialmente.

Tomemos o seguinte exemplo: um punguista, supondo que os valores pertencentes a João se encontram no bolso esquerdo de sua calça, nela cautelosamente enfia a mão, mas, na realidade, os pertences de João se encontravam em seu bolso direito. Não podemos dizer que os bens pertencentes a João não foram colocados em situação de perigo. Vamos imaginar, agora, que João nada trouxesse consigo que pudesse ser subtraído pelo punguista.

A situação, em nossa opinião, modifica-se por completo. Nesse caso, por mais que o agente quisesse subtrair os bens de João, ele jamais conseguiria, uma vez que esses bens inexistiam no instante da prática da conduta. No primeiro exemplo, o punguista responderia por tentativa de furto; no segundo, nada haveria a punir, pois seria o caso de crime impossível.

8. O CRIME IMPOSSÍVEL E A SÚMULA Nº 145 DO STF

Diz a Súmula nº 145 do STF:

> **Súmula nº145.** Não há crime, quando a preparação do flagrante pela polícia torna impossível a sua consumação.

Por intermédio da Súmula nº 145 do STF foi pacificado o entendimento daquela Corte no sentido de que, em determinadas situações, se a polícia preparar o flagrante de modo a tornar impossível a consumação do delito, tal situação importará em crime impossível, não havendo, por conseguinte, qualquer conduta que esteja a merecer a reprimenda do Estado.

Uma vez preparado o flagrante pela polícia, a total impossibilidade de se consumar a infração penal pretendida pelo agente pode ocorrer tanto no caso de absoluta ineficácia do meio por ele utilizado como no de absoluta impropriedade do objeto.

Temos visto a distinção entre o chamado flagrante preparado e o flagrante esperado. Mas qual a diferença entre os dois tipos de flagrante? No primeiro, isto é, no flagrante preparado, o agente é estimulado pela vítima, ou mesmo pela autoridade policial, a cometer a infração penal com o escopo de prendê-lo. A vítima e a autoridade policial, e até terceiros que se prestem a esse papel, são conhecidas como *agentes provocadores*. Já no flagrante esperado não haveria essa estimulação por parte da vítima, da autoridade policial ou mesmo de terceiros, no sentido de induzir o agente à prática do delito. O agente, aqui, não é induzido a cometer delito algum. Nesses casos, tendo a autoridade policial prévio conhecimento da intenção do agente em cometer a infração penal, o aguarda, sem estimulá-lo a absolutamente nada, e cuida de todos os detalhes de modo a evitar a consumação do crime. Fala-se, nessa hipótese, em possibilidade de tentativa.

A diferença entre esses tipos de flagrante, como se percebe, reside no fato de que no flagrante preparado ou provocado o agente é induzido, é estimulado a cometer a infração penal; já no flagrante esperado não existe esse estímulo, mas o agente é impedido de praticar o delito pelo fato de ter a autoridade policial tomado conhecimento prévio da ação criminosa.

Não vislumbramos, contudo, qualquer distinção que importe em atribuir a tentativa no flagrante esperado e o crime impossível no flagrante preparado.

Se o agente, analisando o caso concreto, estimulado ou não a praticar o crime, não tinha como alcançar a sua consumação porque dele soubera com antecedência a autoridade policial e preparou tudo de modo a evitá-la, não podemos atribuir-lhe *o conatus*.

Não importa se o flagrante é preparado ou esperado. Desde que o agente não tenha qualquer possibilidade, em hipótese alguma, de chegar à consumação do delito, o caso será o de crime impossível, considerando-se a absoluta ineficácia do meio por ele empregado, ou a absoluta impropriedade do objeto.

Se, porventura, restar consumada a infração penal, mesmo que tenham sido tomadas todas as providências para evitá-la, o agente responderá pelo crime, haja vista que, nesse caso, tendo conseguido alcançar o resultado inicialmente pretendido, é sinal de que os meios ou os objetos não eram absolutamente ineficazes ou impróprios.

9. DIFERENÇA ENTRE CRIME IMPOSSÍVEL E CRIME PUTATIVO

Embora tanto no crime impossível como no crime putativo a conduta do agente seja dirigida ao cometimento de uma infração penal, há diferença entre os dois institutos.

No primeiro, ou seja, no crime impossível, existe previsão em nosso ordenamento jurídico da infração penal que o agente pretende praticar. Contudo, por absoluta ineficácia do meio ou por absoluta impropriedade do objeto, é impossível consumar-se o crime.

Já no crime putativo a situação é diversa, pois o agente almeja praticar uma infração que não encontra moldura em nossa legislação. O fato por ele praticado é atípico. É considerado, portanto, um indiferente penal.

Na precisa distinção feita por Maggiore, no delito putativo:

"O agente crê haver efetuado uma ação delituosa que existe somente em sua fantasia; em outras palavras, julga punível um fato que não merece castigo. No delito impossível o agente crê atuar de modo a ocasionar um resultado que, pelo contrário, não pode ocorrer, ou porque falta o objeto, ou porque a conduta não foi de todo idônea."[6]

---

[6] MAGGIORE, Giuseppe. *Derecho penal*, v. I, p. 545-546.

Capítulo XXXII
Agravação pelo Resultado

1. DISPOSITIVO LEGAL

Diz o art. 19 do Código Penal:

> **Art. 19.** Pelo resultado que agrava especialmente a pena, só responde o agente que o houver causado ao menos culposamente.

2. INOVAÇÃO DAS DISPOSIÇÕES CONTIDAS NO ART. 19 DO CÓDIGO PENAL

Na exposição de motivos da Parte Geral do Código Penal, o legislador deixou transparecer a sua preocupação em tentar extirpar de nosso ordenamento jurídico a chamada responsabilidade penal objetiva, assim se manifestando no item 16:

> **16.** Retoma o Projeto, no art. 19, o princípio da culpabilidade, nos denominados crimes qualificados pelo resultado, que o Código vigente submeteu à injustificada responsabilidade objetiva. A regra se estende a todas as causas de aumento situadas no desdobramento causal da ação.

O Código de 1940 não continha disposição similar à do atual art. 19. Por essa razão, naquela época, antes da reforma de 1984, formaram-se duas correntes que tinham por finalidade responsabilizar ou não o agente pelo resultado agravador da infração penal, a saber:

a) o resultado agravador somente podia ser imputado quando resultante de dolo ou culpa;
b) atribuía-se o resultado agravador ao agente tão somente pela sua ocorrência, não se importando em verificar se este, pelo menos, era previsível. Era a consagração da responsabilidade penal objetiva ou responsabilidade penal sem culpa.

Na perfeita lição de Alberto Silva Franco:

"O legislador de 84 tomou partido na disputa doutrinária e, fiel à ideia-força que comandou a reforma da Parte Geral do Código Penal – o princípio de que não há pena sem culpabilidade –, estatuiu no art. 19 que ninguém poderá responder pelo resultado mais grave se não o tiver causado ao menos culposamente. Isto significa que não há mais cogitar da imposição de pena com base no reconhecimento puro e simples de um nexo de causalidade, entre a conduta do agente e o resultado qualificador."[1]

3. CRIMES QUALIFICADOS PELO RESULTADO

Conforme preleciona Roxin, "historicamente, os delitos qualificados pelo resultado procedem da teoria elaborada pelo Direito Canônico, do chamado *versari in re illicita* [...], conforme a qual qualquer pessoa responderá, ainda que não tenha culpa, por todas as consequências que derivem de sua ação proibida."[2]

Atualmente, ocorre o crime qualificado pelo resultado quando o agente atua com dolo na conduta e dolo quanto ao resultado qualificador, ou dolo na conduta e culpa no que diz respeito ao resultado qualificador. Daí dizer-se que todo crime preterdoloso é um crime qualificado pelo resultado, mas nem todo crime qualificado pelo resultado é um crime preterdoloso. Há, portanto, dolo e dolo, ou dolo e culpa.

Como exemplo do primeiro caso, temos a lesão corporal qualificada pela perda ou inutilização de membro, sentido ou função. Nesse caso, o agente dirige sua conduta a, conscientemente, fazer com que a vítima sofra esse tipo de lesão gravíssima. O resultado, isto é, a perda ou inutilização de membro, sentido ou função, é que faz com que seja agravada a pena cominada ao agente.

Como exemplo de crime preterdoloso poderíamos mencionar a lesão corporal qualificada pelo resultado aborto. Para que tal resultado qualificador possa ser imputado ao agente é preciso que ele não o tenha querido diretamente e nem assumido o risco de produzi-lo, pois, caso contrário, responderá pelo crime de aborto, e não pelo de lesão corporal gravíssima; em segundo lugar, faz-se necessário que a gravidez da vítima entre na esfera de conhecimento do agente, para que, agindo com o dolo de causar-lhe lesão, o resultado qualificador (aborto) possa ser-lhe atribuído.

É preciso, portanto, que o agente conheça a gravidez para que lhe seja imputada a lesão corporal qualificada pelo resultado aborto, pois, caso contrário, responderá apenas pela lesão que intencionava cometer, excluindo-se o resultado qualificador. Se não fosse assim, o agente responderia objetivamente pelo resultado.

Conforme ressaltam Juan Carlos Ferré Olivé, Miguel Ángel Nuñez Paz, William Terra de Oliveira e Alexis Couto de Brito:

> "A preterintencionalidade pode ser *homogênea* (trata-se do mesmo bem jurídico, mas se aplica um tipo de maior gravidade, por exemplo, lesões leves e lesões agravadas) ou *heterogênea* (quando atingem diferentes bens jurídicos, por exemplo, lesões e homicídio)"[3].

4. FINALIDADE DO ART. 19 DO CÓDIGO PENAL

A finalidade do art. 19 do Código Penal é afastar a responsabilidade penal sem culpa (objetiva), evitando-se, dessa forma, que o agente responda por resultados que sequer ingressaram na sua órbita de previsibilidade.

---

[1] SILVA FRANCO, Alberto. *Código penal e sua interpretação jurisprudencial* – Parte geral, p. 305.
[2] ROXIN, Claus. *Derecho penal* – Parte general, p. 335.
[3] FERRÉ OLIVÉ, Juan Carlos; NUÑEZ PAZ, Miguel Ángel; OLIVEIRA, William Terra de; BRITO, Alexis Couto de. *Direito penal brasileiro* – parte geral – princípios fundamentais e sistema, p. 337.

Para que o agente possa responder pelo resultado qualificador é preciso que este, embora previsível, não tenha sido previsto pelo agente. Na lição de Zaffaroni, "não só há responsabilidade penal objetiva quando se pune uma conduta só por ter causado um resultado, senão também quando se agrava a pena pela mesma razão."[4]

Raciocinemos com o seguinte exemplo: Nas dunas de Cabo Frio, um exímio lutador de capoeira, após discutir com seu desafeto, agindo com *animus laedendi* (dolo de lesão), nele desfere uma "rasteira", atingindo-o na perna, fazendo a vítima cair e bater a cabeça numa pedra que se encontrava escondida debaixo daquela fina areia, vindo a falecer.

O capoeirista agiu com dolo de causar uma lesão leve na vítima. Esta, contudo, veio a falecer porque, infelizmente, bateu a cabeça na única pedra existente naquelas dunas. Pergunta-se: Qual infração penal teria praticado o agente?

Nosso primeiro raciocínio deve ser dirigido no sentido de descobrir o seu dolo. Já sabemos, pela colocação do problema, que agira com *animus laedendi*, ou seja, dolo de causar lesão. Partindo daí, isto é, da conduta dolosa do agente finalisticamente dirigida a causar lesão na vítima, passaremos a analisar o resultado agravador – morte.

Diz o art. 19 do Código Penal que, *pelo resultado que agrava especialmente a pena, só responde o agente que o houver causado ao menos culposamente*. Para que se possa responsabilizar o agente pelo resultado agravador, exige o artigo que este o tenha causado, ao menos, de forma culposa, isto é, que em virtude de sua inobservância para com o seu dever de cuidado, com a sua conduta permitiu que viesse a ocorrer um resultado que, nas circunstâncias em que se encontrava, lhe era previsível. Se não houver a previsibilidade, um dos elementos necessários à caracterização do delito culposo, o resultado não lhe poderá ser atribuído.

No exemplo fornecido, foge ao nosso campo normal de previsibilidade o fato de alguém cair numa duna e vir a chocar a cabeça contra uma pedra que ali se encontrava oculta. Isso quer dizer que não é normal que as pessoas, ao caírem numa duna, venham a falecer em virtude desse choque.

Por essa razão, em resposta ao problema colocado, ao agente não poderá ser atribuído o delito de lesão corporal seguida de morte, uma vez que o resultado agravador não se encontrava no seu campo normal de previsibilidade, mas sim pelo crime de lesão corporal simples.

No mesmo exemplo, vamos retirar os figurantes das areias de Cabo Frio e transportá-los para as Pedras do Arpoador, na cidade do Rio de Janeiro. Agora, se o agente capoeirista desferir a sua "rasteira" querendo simplesmente causar lesão na vítima, e se esta, desequilibrando-se, cair e bater com a cabeça na rocha, a situação se modificará. Isso porque é previsível que alguém, ao cair num rochedo, possa bater a cabeça no solo e vir a falecer. Tal resultado é perfeitamente previsível, podendo ser atribuído ao agente. Aqui, a infração penal cometida pelo agente seria a de lesão corporal seguida de morte, uma vez que o seu dolo era o de causar lesão, e não o de matar.

5. CRÍTICA AOS CRIMES PRETERDOLOSOS

Embora nosso ordenamento jurídico preveja uma série de crimes preterdolosos, sua existência contradiz a regra constante do parágrafo único do art. 18 do Código Penal, que assevera: *Salvo os casos expressos em lei, ninguém pode ser punido por fato previsto como crime, senão quando o pratica dolosamente.*

Isso porque, nas hipóteses em que o resultado qualificador deva ser atribuído ao agente a título de culpa, como regra, não existe nenhuma ressalva nos artigos constantes do Código

---

[4] ZAFFARONI, Eugenio Raúl. *Manual de derecho penal* – Parte general, p. 442.

Penal ou na legislação extravagante. Em algumas situações, o resultado qualificador poderá ser imputado tanto a título de dolo como de culpa. Veja-se, por exemplo, o que ocorre com a lesão corporal qualificada pela perda ou inutilização de membro, sentido ou função. Esse resultado, como é cediço, poderá ter sido requerido inicialmente pelo agente, fazendo, outrossim, parte do seu dolo, ou poderá ter sido produzido culposamente. Em ambas as hipóteses, o agente responderá pelo delito qualificado.

Esse raciocínio, portanto, quebra a regra prevista pelo parágrafo único do art. 18 do diploma repressivo, razão pela qual seria de melhor alvitre que os tipos penais identificassem a natureza do resultado agravador, apontando se deverá fazer parte do dolo do agente ou se poderá ser atribuído a título de culpa.

Capítulo XXXIII
Erro de Tipo

1. DISPOSITIVO LEGAL

O art. 20 e seus parágrafos, do Código Penal, cuidam do chamado erro de tipo, assim redigidos:

> **Art. 20.** O erro sobre elemento constitutivo do tipo legal de crime exclui o dolo, mas permite a punição por crime culposo, se previsto em lei.
>
> **Descriminantes putativas**
> § 1º É isento de pena quem, por erro plenamente justificado pelas circunstâncias, supõe situação de fato que, se existisse, tornaria a ação legítima. Não há isenção de pena quando o erro deriva de culpa e o fato é punível como crime culposo.
>
> **Erro determinado por terceiro.**
> § 2º Responde pelo crime o terceiro que determina o erro.
>
> **Erro sobre a pessoa**
> § 3º O erro quanto à pessoa contra a qual o crime é praticado não isenta de pena. Não se consideram, neste caso, as condições ou qualidades da vítima, senão as da pessoa contra quem o agente queria praticar o crime.

2. CONCEITO DE ERRO E SUA DISTINÇÃO DA IGNORÂNCIA

Erro, na lição de Luiz Flávio Gomes:

"É a falsa representação da realidade ou o falso ou equivocado conhecimento de um objeto (é um estado positivo). Conceitualmente, o erro difere da ignorância: esta é a falta de representação da realidade ou o desconhecimento total do objeto[1] (é um estado negativo)."[2]

Não obstante essa distinção, o erro e a ignorância são tratados de forma idêntica pelo Direito Penal, sendo também idênticos os seus efeitos.

---

[1] "O objeto do erro de tipo não tem a extensão sugerida pela lei penal: o tipo legal é um conceito *constituído* de elementos subjetivos e objetivos, mas o erro de tipo só pode incidir sobre *elemento objetivo* do tipo legal, um conceito menos abrangente do que *elemento constitutivo* do tipo legal, que inclui a dimensão subjetiva do tipo" (Santos, Juarez Cirino dos. *A moderna teoria do fato punível*, p. 82).

[2] GOMES, Luiz Flávio. *Erro de tipo e erro de proibição*, p. 23.

3. ERRO DE TIPO

Entende-se por erro de tipo aquele que recai sobre as elementares, circunstâncias ou qualquer dado que se agregue à determinada figura típica, ou ainda aquele, segundo Damásio, incidente sobre os "pressupostos de fato de uma causa de justificação ou dados secundários da norma penal incriminadora."[3]

Segundo Wessels, ocorre um "erro de tipo quando alguém não conhece, ao cometer o fato, uma circunstância que pertence ao tipo legal. O erro de tipo é o reverso do dolo do tipo: quem atua 'não sabe o que faz', falta-lhe, para o dolo do tipo, a representação necessária."[4]

Quando o agente tem essa "falsa representação da realidade", falta-lhe, na verdade, a consciência de que pratica uma infração penal e, dessa forma, resta afastado o dolo que, como vimos, é a vontade livre e consciente de praticar a conduta incriminada.

Como preleciona Muñoz Conde, "o autor deve conhecer os elementos objetivos integrantes do tipo de injusto. Qualquer desconhecimento ou erro acerca da existência de alguns desses elementos exclui, portanto, o dolo e tudo o mais; se o erro for evitável deixa subsistente o tipo de injusto de um delito culposo."[5]

No conhecido exemplo do caçador que atira contra um arbusto, durante um safári, supondo que ali se encontrava um animal, vindo, contudo, a causar a morte de seu companheiro, na verdade, o agente erra no que diz respeito à elementar "alguém", prevista no art. 121 do Código Penal.

O agente, como se percebe, não tinha vontade de causar a morte de seu semelhante, tampouco tinha a consciência de que matava alguém. Sem vontade e sem consciência, não se pode falar em dolo. Embora não possa o agente responder pelo delito a título de dolo, sendo inescusável o erro, deverá, nos termos da segunda parte do art. 20 do Código Penal, ser responsabilizado a título de culpa, se houver previsão legal para tanto.

São exemplos clássicos de erro de tipo: quando o agente toma coisa alheia como própria; relaciona-se sexualmente com vítima menor de 14 anos, supondo-a maior; contrai casamento com pessoa já casada, desconhecendo o matrimônio anterior; apossa-se de coisa alheia, acreditando tratar-se de *res nullius* (coisa de ninguém); atira em alguém imaginando ser um animal; deixa de agir por desconhecer sua qualidade de garantidor; tem relações sexuais com alguém supondo-se curado de doença venérea.

Da mesma forma, deve ser aplicado o raciocínio no erro de tipo quando estivermos diante de um dado que, embora não seja elementar, ou seja, considerado como *elemento acidental*, venha a se agregar à figura típica, a exemplo do que ocorre com as circunstâncias agravantes, embora essa seja uma situação não pacificada doutrinariamente. Assim, por exemplo, se o agente comete uma infração penal contra uma mulher grávida (última figura da alínea *h* do art. 61 do CP) sem, no entanto, conhecer essa condição, não lhe poderá ser aplicada a mencionada circunstância agravante, pois, caso contrário, esse aumento a ser realizado no segundo momento de aplicação da pena a ele seria imputado objetivamente. Não concordamos, *permissa venia*, com a solução fornecida por Juan Carlos Ferré Olivé, Miguel Ángel Nuñez Paz, William Terra de Oliveira e Alexis Couto de Brito, quando aduzem:

"Ainda que por parâmetros de justiça o erro invencível devesse impedir que se apreciasse a agravante, não existe uma regulação legal expressa nesse sentido, pelo que se deveria considerar como um erro irrelevante. Contudo, entendemos que deve ser considerado no momento da

---

[3] JESUS, Damásio E. de. *Direito penal* – Parte geral, v. I, p. 265.
[4] WESSELS, Johannes. *Derecho penal* – Parte general, p. 129.
[5] MUÑOZ CONDE, Francisco. *Introducción al derecho penal*, p. 62.

individualização judicial da pena, como uma circunstância atenuante de análoga significação (art. 66 do CP), o que equilibrará a situação, compensando a circunstância agravante com outra atenuante"[6].

4. CONSEQUÊNCIAS DO ERRO DE TIPO

O erro de tipo, afastando a vontade e a consciência do agente, exclui sempre o dolo. Entretanto, há situações em que se permite a punição em virtude de sua conduta culposa, se houver previsão legal. Podemos falar, assim, em *erro de tipo invencível* (escusável, justificável, inevitável) e *erro de tipo vencível* (inescusável, injustificável, evitável).

Ocorre o erro de tipo invencível quando o agente, nas circunstâncias em que se encontrava, não tinha como evitá-lo, mesmo tomando todas as cautelas necessárias. É o erro em que qualquer um incorreria se estivesse diante das circunstâncias em que ele se encontrava. Nesse caso, sendo invencível o erro, afasta-se o dolo, bem como a culpa, deixando o fato, portanto, de ser típico.

O tipo, como já dissemos anteriormente, depois do advento da teoria finalista, passou a ser complexo. Isso significa que, para os finalistas, o tipo é composto pela conjugação dos elementos objetivos e subjetivos. A ausência de qualquer um deles elimina o próprio tipo penal. Na precisa lição de Luiz Luisi:

> "O erro de tipo, convém ressaltar, para ser entendido como excludente da tipicidade, tem como suporte a teoria finalista da ação que coloca o dolo na área da tipicidade, ou seja, o entendimento do tipo não na visão belinguiana, mas como tipo complexo, apresentando um aspecto objetivo e outro subjetivo, e neste se situando o dolo e a culpa. Assim colocado o dolo, o mesmo inexiste por carência na representação e no querer os elementos constitutivos do tipo objetivo, mas desde que não remanesça a culpa, ou não estando configurada legalmente a tipicidade subjetiva culposa."[7]

Imaginemos o seguinte exemplo: Dois amigos combinam uma caçada. Um deles, muito brincalhão, resolve pregar uma peça em seu companheiro, que ali fazia sua estreia como caçador. Uma vez acampados, escolhem o lugar ideal para permanecerem à espreita dos animais. Em certo momento, o amigo brincalhão diz que tinha de buscar mais munição em sua barraca, que se encontrava localizada atrás do local onde aguardavam a passagem dos animais. Visando a assustar seu companheiro, o amigo brincalhão faz a volta e se coloca de frente para o novel caçador. Nesse instante, começa a fazer ruídos, como se fosse um animal, e sacode bruscamente um arbusto. O novato caçador, supondo que se tratasse de um animal e certo de que seu companheiro se encontrava na barraca localizada atrás do local onde permanecia à espera dos animais, atira em direção ao arbusto e, como consequência, causa a morte do amigo "brincalhão."

Devemos fazer o seguinte raciocínio:

a) o agente não queria matar "alguém", mas, sim, um animal;
b) se não queria matar alguém, não tinha, portanto, vontade, tampouco consciência da situação fática em que estava sendo envolvido, razão pela qual devemos afastar, *ab initio*, o seu dolo;

---

[6] FERRÉ OLIVÉ, Juan Carlos; NUÑEZ PAZ, Miguel Ángel; OLIVEIRA, William Terra de; BRITO, Alexis Couto de. *Direito penal brasileiro* – parte geral – princípios fundamentais e sistema, p. 341.
[7] LUISI, Luiz. *O tipo penal, a teoria finalista e a nova legislação penal*, p. 111.

c) se o agente errou no que diz respeito à elementar "alguém", é preciso verificar se o erro em que incorrera era escusável ou inescusável;
d) se for escusável (invencível), afasta-se o dolo e a culpa;
e) se for inescusável, ou seja, se for considerado um erro vencível, deverá responder por um crime culposo, se previsto em lei.

No caso em estudo, entendemos que tudo levava a acreditar que ali, naquele arbusto, encontrava-se um animal, e não o seu companheiro de caça, haja vista que este último havia rodeado o acampamento a fim de assustá-lo. Assim, não tendo havido dolo nem mesmo culpa, considera-se atípico o fato praticado pelo agente.

Tem-se como evitável o erro, como já visto, nos casos em que ele seja considerado inescusável, isto é, naquelas situações em que, se o agente tivesse atuado com a diligência exigida, poderia ter evitado o resultado.

Sendo evitável o erro, embora o agente não responda pelo resultado a título de dolo, posto que este sempre restará afastado pela ausência de vontade e consciência, poderá ser-lhe atribuído a título de culpa, se houver previsão legal para esta modalidade de conduta.

Concluindo, o erro de tipo invencível, afastando o dolo e a culpa, elimina a própria tipicidade, haja vista a ausência dos elementos de natureza subjetiva, necessários à sua configuração, em face da criação do tipo complexo pela teoria finalista da ação; se for vencível o erro, embora sempre reste afastado o dolo, será possível a punição pela prática de um crime culposo, se previsto em lei.

5. ERRO DE TIPO ESSENCIAL E ERRO ACIDENTAL

Ocorre o *erro de tipo essencial*, como já tivemos oportunidade de ressaltar, quando o erro do agente recai sobre elementares, circunstâncias ou qualquer outro dado que se agregue à figura típica. O erro de tipo essencial, se inevitável, afasta o dolo e a culpa; se evitável, permite seja o agente punido por um crime culposo, se previsto em lei.

O *erro acidental*, ao contrário do essencial, não tem o condão de afastar o dolo (ou o dolo e a culpa) do agente, e, na lição de Aníbal Bruno, "não faz o agente julgar lícita a ação criminosa. Ele age com a consciência da antijuridicidade do seu comportamento, apenas se engana quanto a um elemento não essencial do fato ou erra no seu movimento de execução."[8]

Poderá o erro acidental ocorrer nas seguintes hipóteses:

---

[8] BRUNO, Aníbal. *Direito penal* – Parte geral, t. II, p. 123.

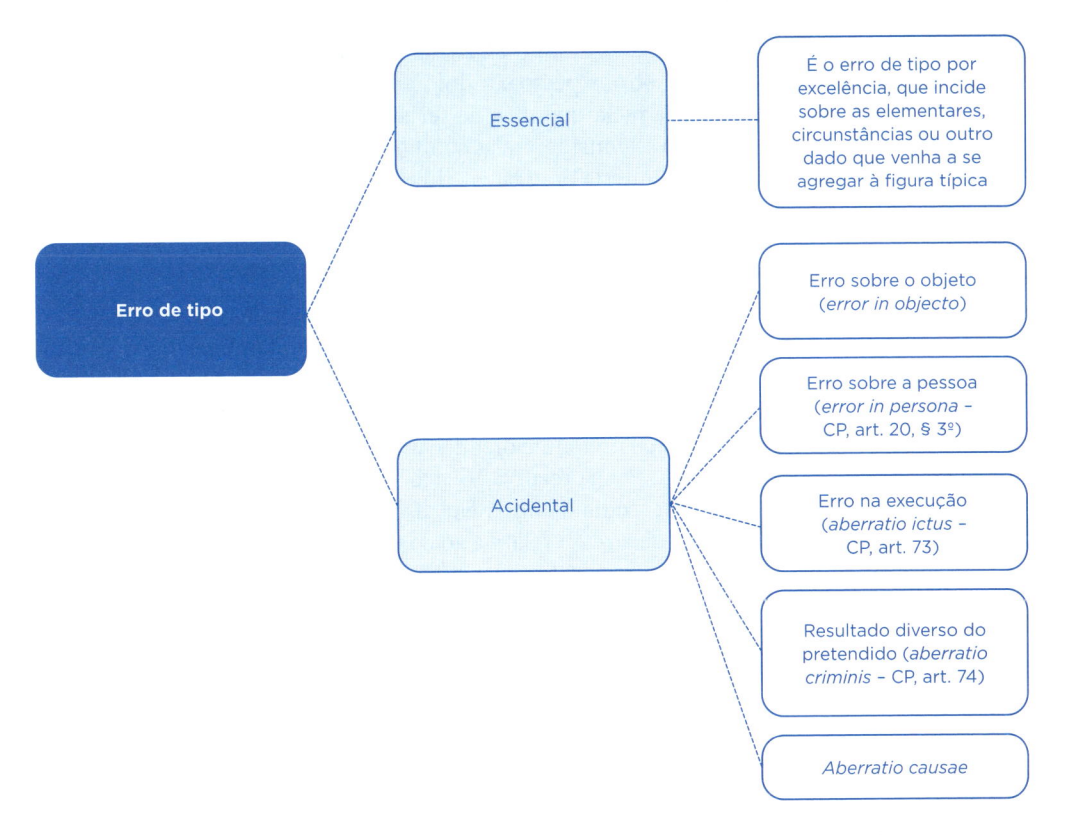

```
Erro de tipo
├── Essencial ──── É o erro de tipo por excelência, que incide sobre as elementares, circunstâncias ou outro dado que venha a se agregar à figura típica
└── Acidental
    ├── Erro sobre o objeto (error in objecto)
    ├── Erro sobre a pessoa (error in persona – CP, art. 20, § 3º)
    ├── Erro na execução (aberratio ictus – CP, art. 73)
    ├── Resultado diverso do pretendido (aberratio criminis – CP, art. 74)
    └── Aberratio causae
```

Fala-se nas hipóteses de *erro sobre o objeto* quando o agente, tendo vontade e consciência de praticar uma conduta que sabe ser penalmente ilícita, agindo, v.g., com *animus furandi*, subtrai uma pulseira que, para ele, supunha-se ouro, quando, na realidade, não passava de mera bijuteria, forjada com latão. Aqui, como dissemos, o agente tinha vontade e consciência de praticar a subtração, ou seja, dirigiu finalisticamente sua conduta no sentido de cometer um delito de furto. Equivocou-se, contudo, no caso *sub examen*, quanto ao valor que era atribuído ao bem, o que nada influencia na definição jurídica do fato.

Podemos trazer, ainda, o clássico exemplo daquele que, almejando subtrair uma saca de açúcar, por engano, subtrai outra contendo farinha. O erro recai sobre o objeto a que se destina a conduta do agente, sendo, assim, irrelevante.

O *erro sobre a pessoa* vem previsto no § 3º do art. 20 do Código Penal, assim redigido:

> § 3º O erro quanto à pessoa contra a qual o crime é praticado não isenta de pena. Não se consideram, neste caso, as condições ou qualidades da vítima, senão as da pessoa contra quem o agente queria praticar o crime.

Como se dessume da leitura do § 3º do art. 20 do Código Penal, é acidental o erro sobre a pessoa porque, na verdade, o agente não erra sobre qualquer elementar, circunstâncias ou outro dado que se agregue à figura típica. O seu erro cinge-se, especificamente, à identificação da vítima, que em nada modifica a classificação do crime por ele cometido.

Se o agente, volitiva e conscientemente, queria causar a morte de seu pai e, devido ao fato de ter-se colocado à espera da vítima em local ermo, causa a morte de um estranho que por ele fora confundido com o seu ascendente, ainda assim permanecerá íntegro o seu dolo de matar alguém.

Vimos, anteriormente, que o erro de tipo essencial tem uma finalidade precípua, qual seja, a de afastar o dolo. No erro sobre a pessoa, o dolo do tipo existe. Somente por erro do agente atinge-se pessoa diversa daquela que deveria ter sido atingida. Em tais casos, como determina o mencionado § 3º, não se consideram as condições ou qualidades da vítima, senão as da pessoa contra quem o agente queria praticar o crime.

Se queria matar o próprio pai e acabou causando a morte de seu vizinho por confundi-lo com aquele, responderá como se tivesse ocasionado a morte de seu ascendente. Há, aqui, uma substituição das pessoas que se viram envolvidas no fato.

A *aberratio ictus* (erro na execução) e a *aberratio criminis* (resultado diverso do pretendido), previstas, respectivamente, nos arts. 73 e 74 do Código Penal, também são apontadas pela doutrina como espécies de erro acidental.

Fala-se em *aberratio ictus* quando, por acidente ou erro no uso dos meios de execução, o agente, em vez de atingir a pessoa que pretendia ofender, atinge pessoa diversa. Aqui, aplica-se a regra do § 3º do art. 20 do Código Penal, relativa ao erro sobre a pessoa, respondendo como se tivesse atingido a vítima que pretendia ofender. No caso de também ser atingida a pessoa que o agente pretendia, será aplicada a regra relativa ao concurso formal de crimes (art. 70 do CP). Na *aberratio ictus*, o erro ocorre de *pessoa para pessoa*.

É o caso do agente que, querendo causar a morte de seu desafeto, atira contra ele e, errando o alvo, fere ou mata outra pessoa que passava por aquele local. Nesse caso, devemos fazer a substituição da pessoa que fora atingida por aquela que deveria sê-lo. Se ambos são atingidos, será aplicada a regra do concurso formal (art. 70 do CP).

Ocorrerá a *aberratio criminis* quando, fora dos casos do art. 73 do Código Penal, por acidente ou erro na execução do crime, sobrevier resultado diverso do pretendido. O agente responderá por culpa se o fato for previsto como crime culposo; se ocorrer também o resultado pretendido, será aplicada a regra do concurso formal de crimes (art. 70 do CP). Aqui, ao contrário da *aberratio ictus* e nos termos da primeira parte do art. 73, o erro deverá incidir de *coisa para pessoa*.

É o caso, por exemplo, daquele que, visando a destruir uma vitrine, arremessa uma pedra contra ela e, por erro, não acerta o alvo, mas atinge uma pessoa. Responderá, nessa hipótese, pelo delito de lesões corporais de natureza culposa, ficando afastada a sua responsabilidade no que diz respeito à tentativa de dano.

Pode acontecer, por fim, a hipótese de que a aberração esteja na causa do resultado, havendo, segundo Luiz Flávio Gomes,[9] um erro sobre o curso causal ou *aberratio causae*. É a hipótese daquele que, almejando matar a vítima por afogamento, a arremessa do alto de uma ponte, vindo esta, contudo, depois de chocar-se com o pilar central, a falecer por traumatismo craniano. Incluem-se, também, nas hipóteses de *aberratio causae* as situações em que ocorre o chamado dolo geral, já estudado anteriormente. Assim, no exemplo de Luiz Flávio Gomes, "depois de estrangular a vítima, o autor, crendo que ela está morta, enforca-a para simular um suicídio; todavia, fica comprovado que a vítima na verdade morreu em razão do enforcamento. Responde por um só homicídio doloso consumado."[10]

6. DESCRIMINANTES PUTATIVAS

Descriminar quer dizer transformar o fato em um indiferente penal. Ou seja, para a lei penal, o fato cometido pelo agente não é tido como criminoso, uma vez que o próprio ordenamento jurídico-penal permitiu que o agente atuasse da maneira como agiu.

---

[9] GOMES, Luiz Flávio. *Erro de tipo e erro de proibição*, p. 127.
[10] GOMES, Luiz Flávio. *Erro de tipo e erro de proibição*, p. 128.

As causas legais que afastam a ilicitude (ou antijuridicidade) da conduta do agente, fazendo que se torne permitida ou lícita, encontram-se previstas no art. 23 do estatuto repressivo. São elas: a legítima defesa, o estado de necessidade, o estrito cumprimento de dever legal e o exercício regular de direito.

Quando falamos em putatividade, queremos nos referir àquelas situações imaginárias que só existem na mente do agente. Somente o agente acredita, por erro, que aquela situação existe.

Conjugando as descriminantes previstas no art. 23 do Código Penal com a situação de putatividade, isto é, aquela situação imaginária que só existe na mente do agente, encontramos as chamadas descriminantes putativas.

Quando falamos em descriminantes putativas, estamos querendo dizer que o agente atuou supondo encontrar-se numa situação de legítima defesa, de estado de necessidade, de estrito cumprimento de dever legal ou de exercício regular de direito.

Não há, por exemplo, no caso da legítima defesa putativa, agressão alguma que justifique a repulsa pelo agente. Somente ele acredita que será agredido e, portanto, imaginando encontrar-se numa situação que permita a sua defesa legítima, ofende a integridade física do suposto agressor. Na verdade, não havia qualquer agressão que justificasse a repulsa levada a efeito pelo agente.

Raciocinemos com os seguintes exemplos:

- **A** é ameaçado de morte por **B**. Durante a madrugada, **A** encontra-se com **B**, que leva a mão à cintura, dando a impressão de que sacaria uma arma. **A**, imaginando que seria morto por **B**, saca o seu revólver e atira contra este último, matando-o. Na verdade, **B** não estava armado, e somente havia levado a mão à cintura com a finalidade de retirar um maço de cigarros que se encontrava no bolso de sua calça.

Não havia qualquer agressão injusta por parte de **B** que justificasse a repulsa de **A**. A situação de legítima defesa somente existia na cabeça do agente. Dessa forma, conclui-se pela legítima defesa putativa.

- Um morador da zona rural, não acostumado com os avanços da sociedade moderna, é levado, pela primeira vez, a um cinema cujas imagens geradas na tela são em terceira dimensão, dando a impressão de que estão acontecendo muito próximas aos espectadores. Iniciada a sessão, a primeira imagem que surge na tela é a de um leão faminto, que parte em direção à plateia. Assustado e realmente acreditando que o referido animal estava vivo e que iria atacá-lo, em virtude da perfeição das imagens geradas em terceira dimensão, o agente, de forma desesperada, coloca-se em fuga, ferindo as pessoas que estavam ao seu lado.

Para o agente, havia uma situação de perigo que justificava sua conduta, podendo-se falar, então, no chamado estado de necessidade putativo.

- Um policial, imaginando prender a pessoa contra a qual fora expedido um mandado de prisão, efetua a prisão de seu irmão gêmeo, agindo, assim, em estrito cumprimento de dever legal putativo.
- No exemplo de Aníbal Bruno,[11] haveria exercício regular de direito putativo na conduta de quem, na obscuridade, castiga fisicamente um menor, que ele toma pelo próprio filho, quando se tratava do filho do vizinho.

---

[11] BRUNO, Aníbal. *Direito penal* – Parte geral, t. II, p. 123.

Merece destaque, ainda, como exemplo concreto de legítima defesa putativa, o fato que ocorreu com o Cabo Albarello, do Batalhão de Operações Policiais Especiais do Rio de Janeiro, quando, na manhã do dia 19 de maio de 2010, ao incursionar, fazendo parte de uma patrulha, por uma comunidade carente do Rio de Janeiro, localizada no bairro do Andaraí, deparou-se com uma pessoa que parecia empunhar uma submetralhadora, quando, na verdade, tratava-se de uma furadeira. Naquele momento de tensão, acostumado aos confrontos que, constantemente, eram travados com traficantes locais, o policial militar não hesitou e disparou em direção ao suposto agressor, matando-o.

O cabo Albarello, embora denunciado pelo Ministério Público, veio a ser absolvido sumariamente (Processo nº 0290939-54.2011.8.19.0001), uma vez ter ficado constatado o erro plenamente justificável pelas circunstâncias que, de acordo com a primeira parte do § 1º do art. 20 do Código Penal, conduz à isenção de pena e, consequentemente, de acordo com o art. 415, IV, do Código de Processo Penal, à sua absolvição.

6.1. Efeitos das descriminantes putativas

Como qualquer erro, aqueles ocorridos numa situação de putatividade podem ser considerados escusáveis ou inescusáveis.

Nos termos do art. 20, § 1º, do Código Penal, o erro plenamente justificável pelas circunstâncias, ou seja, o erro escusável, isenta o agente de pena. Sendo inescusável, embora tenha agido com dolo, será ele responsabilizado como se tivesse praticado um delito culposo.

Imaginemos a seguinte situação: Rafael é ameaçado de morte por um perigoso marginal que comanda o tráfico na região onde reside. A fama de tal traficante é de que nunca deixou de cumprir uma ameaça. Rafael, não podendo contar com o apoio das autoridades policiais 24 horas por dia, assustado, adquire um revólver a fim de se defender do aludido criminoso. Certo dia, ao se dirigir para sua casa, em um local ermo, Rafael depara com o mencionado traficante, que, agindo como se fosse sacar uma arma, leva uma das mãos à cintura, momento em que Rafael, imaginando que seria morto pelo traficante, saca o seu revólver, aponta, atira e o mata. Na verdade, o traficante de drogas não estava armado e havia ido ao encontro de Rafael para tranquilizá-lo, pois, uma vez que fora convertido, tornando-se pessoa voltada à religião, já não mais praticaria qualquer infração penal e, naquela situação, ao colocar uma das mãos na cintura, almejava tão somente, como prova de sua amizade, presenteá-lo com um livro cristão.

Na situação em que Rafael se encontrava, poderíamos imaginar que ele, efetivamente, seria agredido e morto pelo traficante? A resposta, aqui, em nossa opinião, só pode ser positiva. O erro em que incorreu Rafael era plenamente justificado pelas circunstâncias, razão pela qual ficará isento de pena, mesmo não existindo uma situação real de agressão que lhe permitisse agir em sua própria defesa. A situação de defesa legítima, portanto, é considerada putativa, pois só existia para o agente.

Tomemos outro exemplo: Num restaurante, Raimundo se encontra assentado numa cadeira localizada bem em frente ao banheiro masculino. De repente, Alfredo, conhecido na região como pessoa violenta, levanta-se bruscamente do local em que se encontrava, também no interior do mesmo restaurante, e vai em direção ao banheiro, onde Raimundo se encontrava próximo. Imaginando que seria agredido por Alfredo, uma vez que este partira em sua direção, Raimundo saca o seu revólver e o mata. Pergunta-se: Havia, nas circunstâncias em que o agente se encontrava, algum motivo que levasse a crer que Raimundo seria realmente agredido por Alfredo? Nesse exemplo, entendemos ser negativa a resposta, e como consequência lógica podemos concluir que o erro em que incorreu Raimundo não era justificado pelas circunstâncias, sendo, portanto, considerado vencível, inescusável, razão pela qual deverá o agente responder pelo resultado morte a título de culpa, embora tenha atuado com dolo.

Como vimos anteriormente, aqui reside a chamada culpa imprópria, que ocorre justamente nas hipóteses em que o agente atua com dolo, mas responde como se tivesse cometido um delito culposo. Então, no último exemplo, será aplicada a segunda parte do § 1º do art. 20 do Código Penal, que diz: *Não há isenção de pena quando o erro deriva de culpa e o fato é punível como crime culposo*.

6.2. Hipóteses de erro nas descriminantes putativas

Para que se tenha um erro de tipo, nas hipóteses de descriminantes putativas, é preciso que o agente erre, como diz o § 1º do art. 20 do Código Penal, sobre uma *situação de fato* que, se existisse, tornaria a ação legítima.

Diante dessa expressão, podemos fazer a seguinte ilação: somente quando o agente tiver uma falsa percepção da realidade no que diz respeito à situação de fato que o envolvia, levando-o a crer que poderia agir amparado por uma causa de exclusão da ilicitude, é que estaremos diante de um erro de tipo. Quando o erro do agente recair sobre a existência ou mesmo sobre os limites de uma causa de justificação, o problema não se resolve como erro de tipo, mas, sim, como erro de proibição, previsto no art. 21 do Código Penal.

No exemplo do traficante, o erro em que o agente incidiu foi sobre uma situação de fato, ou seja, acreditava que seria morto ao perceber que o traficante, que o havia ameaçado, fizera um gesto como se fosse sacar uma arma, quando na realidade essa situação – agressão injusta – não existia. Logo, o agente errou sobre uma situação fática.

Pode acontecer, entretanto, que um pai, imaginando poder agir em defesa da honra de sua filha, encontre e mate o agente que a havia estuprado. Nesse exemplo, o pai da vítima estuprada não erra sobre situação de fato qualquer. Erra, sim, no que diz respeito à própria existência, naquele caso específico, de poder agir legitimamente na defesa de sua filha, causando a morte do estuprador. Aqui, não se cuida de erro de tipo, mas, sim, de erro de proibição, que, dependendo da hipótese a ser analisada, poderá afastar, se escusável, a potencial consciência da ilicitude do fato e, por conseguinte, a culpabilidade do agente, isentando-o de pena; se inescusável, terá sua pena diminuída de um sexto a um terço, conforme preceitua a parte final do *caput* do art. 21 do Código Penal.

7. AS DESCRIMINANTES PUTATIVAS E AS TEORIAS EXTREMADA (ESTRITA) E LIMITADA DA CULPABILIDADE

Muito se tem discutido sobre a natureza jurídica do erro que recai sobre as causas de justificação. Alguns entendem que se trata de erro de tipo; outros afirmam ser erro de proibição.

Com a finalidade de resolver essa questão, surgiram duas importantes teorias a respeito do erro incidente sobre as causas de justificação: *a teoria extremada* ou *estrita da culpabilidade* e a *teoria limitada da culpabilidade*.

Segundo Assis Toledo, para a "teoria extremada da culpabilidade todo e qualquer erro que recaia sobre uma causa de justificação é erro de proibição",[12] não importando, aqui, distinguir se o erro em que incorreu o agente incide sobre uma situação de fato, sobre a existência ou mesmo sobre os limites de uma causa de justificação.

A teoria limitada da culpabilidade difere da teoria anterior em um ponto muito importante: para a teoria limitada, se o erro do agente vier a recair sobre uma *situação fática*, estaremos diante de um erro de tipo, que passa a ser denominado *erro de tipo permissivo*;

---

[12] TOLEDO, Francisco de Assis. *Princípios básicos de direito penal*, p. 285.

caso o erro do agente não recaia sobre uma situação de fato, mas sim sobre os limites ou a própria existência de uma causa de justificação, o erro passa a ser, agora, o de proibição.

A nova Parte Geral do Código Penal adotou a teoria limitada da culpabilidade, conforme se dessume do item 17 da sua exposição de motivos, assim redigido:

> **17.** É, todavia, no tratamento do erro que o princípio do *nullum crimen sine culpa* vai aflorar com todo o vigor no direito legislado brasileiro. Com efeito, acolhe o Projeto, nos arts. 20 e 21, as duas formas básicas de erro construídas pela dogmática alemã: erro sobre elementos do tipo (*Tatbestandsirrtum*) e erro sobre a ilicitude do fato (*Verbotsirrtum*). Definiu-se a evitabilidade do erro em função da consciência potencial da ilicitude (parágrafo único do art. 21), mantendo-se no tocante às descriminantes putativas a tradição brasileira, que admite a forma culposa, em sintonia com a denominada teoria limitada da culpabilidade.

Raciocinemos com o seguinte exemplo: Durante a madrugada, o morador de uma casa escuta o barulho de alguém pulando o seu muro e, assustado, uma vez que seu bairro é conhecido pela habitualidade com que ocorrem assaltos a residências, pega sua arma e dirige-se ao local onde surgiu o barulho. Lá chegando, percebe a presença de um vulto já no seu quintal e, imaginando que seria assaltado, atira contra quem pensava ser um criminoso, quando, na verdade, acaba causando a morte de seu próprio filho que estava chegando naquela hora e havia esquecido as chaves.

Nesse exemplo, o agente supunha estar agindo em legítima defesa, pois acreditava que a sua família e seus bens seriam objeto de agressão por parte daquele que acabara de violar sua residência. O agente errou, como se percebe, sobre a situação de fato que o envolvia, agindo, assim, em legítima defesa putativa. No caso em exame, como o erro do agente incidiu sobre uma situação fática, nos termos da teoria limitada da culpabilidade, adotada pelo nosso Código Penal, estaríamos diante de um erro de tipo.

Suponhamos, agora, que um pacato morador de uma pequena e distante cidade localizada na zona rural tenha a sua filha estuprada. Imaginando agir em defesa da honra de sua filha, bem como da honra de sua família, vai à procura do estuprador e o mata. O agente não errou sobre situação de fato alguma. O fato era verdadeiro, ou seja, sua filha havia sido realmente estuprada. O agente erra porque supõe agir amparado pela excludente da legítima defesa da honra. O seu erro, adotando-se a teoria limitada da culpabilidade, será o de proibição, e não erro de tipo.

Imaginemos, ainda, a situação do agente que, aos 65 anos de idade, nunca tenha discutido ou agredido qualquer pessoa. Em determinado dia, durante uma partida de "truco", consegue vencer seu adversário, que se dizia imbatível. Ao ser derrotado, o adversário começa a agredi-lo com palavras, dizendo que havia sido trapaceado no jogo, para, logo em seguida, dar início às agressões físicas. Aquele pacato senhor estava sendo agora humilhado e agredido fisicamente na presença de seus amigos. Com a finalidade de se defender da agressão injusta que contra ele estava sendo praticada, saca uma faca e desfere um golpe no agressor. Depois de fazer estancar a agressão injusta, este senhor, acreditando que pelo fato de ter sido agredido inicialmente podia ir até o fim com sua conduta, desfere mais um golpe e causa a morte do seu agressor. Aqui, o agente não erra sobre a existência, mas, sim, sobre os limites dessa causa de justificação.

Concluindo com a teoria limitada da culpabilidade, se o erro sobre a causa de justificação recair sobre uma situação de fato, o erro é de tipo (art. 20, § 1º, do CP); se incidir sobre a existência ou sobre os limites dessa causa de justificação, o erro é o de proibição (art. 21 do CP). Para a teoria extremada da culpabilidade, todas essas hipóteses são consideradas como erro de proibição.

8. TEORIA DA CULPABILIDADE QUE REMETE ÀS CONSEQUÊNCIAS JURÍDICAS

Pelas consequências do erro nas descriminantes putativas podemos entender, tal como o faz Jescheck,[13] tratar-se de um erro *sui generis*. Isso porque, na verdade, tal modalidade de erro, devido à sua consequência, não pode ser tratado como erro de tipo, pois, como vimos, a finalidade do erro de tipo é a exclusão do dolo, e nos exemplos acima referidos, em todos eles, não conseguimos afastar o dolo do agente. No mencionado parágrafo, há uma fusão de consequências do erro de tipo e do erro de proibição. A maior delas, a *isenção de pena*, ocorre quando estamos diante de um erro de proibição inevitável. Por outro lado, se evitável ou vencível o erro, o agente responderá com as penas correspondentes a um crime culposo, como acontece com o erro de tipo. Existe, portanto, uma figura híbrida, por essa razão tida como *sui generis*.

Em virtude desse raciocínio, ou seja, por não podermos tratar tal espécie de erro como de tipo ou mesmo de proibição, é que Luiz Flávio Gomes chega à seguinte conclusão, elegendo a teoria da culpabilidade que remete às consequências jurídicas como aquela que melhor resolve o problema do erro nas descriminantes putativas:

> "O erro de tipo permissivo, segundo a moderna visão da culpabilidade, não é um erro de tipo incriminador excludente do dolo nem pode ser tratado como erro de proibição: é um erro *sui generis* (*recte*: erro de proibição *sui generis*), excludente da *culpabilidade dolosa*: se inevitável, destarte, exclui a culpabilidade dolosa, e não o dolo, não restando nenhuma responsabilidade penal para o agente; se vencível o erro, o agente responde pela *culpabilidade negligente* (= pela pena do crime culposo, se previsto em lei), não pela pena do crime doloso, com a possibilidade de redução. [...] Esta solução apresentada pela 'teoria da culpabilidade que remete à consequência jurídica' é a que, segundo penso, está inteiramente de acordo com o nosso *jus positum*. É ela que, adequadamente ao Código Penal brasileiro, explica a natureza jurídica, as características e as consequências do erro nas descriminantes putativas fáticas (= erro de tipo permissivo), disciplinado no art. 20, § 1º, do CP."[14]

9. DELITO PUTATIVO POR ERRO DE TIPO

Ocorre o delito putativo por erro de tipo, também conhecido como *delito de alucinação*, quando o agente supõe praticar uma infração penal que, na verdade, por ausência de um elemento constante do tipo, é um fato considerado como um indiferente penal, a exemplo daquele que, no exemplo fornecido por Paulo Cesar Busato, "traz consigo um invólucro contendo um pó branco, adquirido do traficante como se fosse cocaína, o qual, depois, constata-se ser apenas talco, não está cometendo crime"[15].

10. ERRO DE SUBSUNÇÃO

Ocorre o erro de subsunção, nas precisas lições de Luiz Flávio Gomes e Antonio García--Pablos de Molina, quando o erro do agente recai:

> "Sobre conceitos jurídicos, ou seja, sobre a compreensão do sentido jurídico de um requisito (normativo) previsto no tipo legal. No erro de subsunção há, portanto, uma valoração jurídica

---

[13] JESCHECK, Hans-Heinrich. *Tratado de derecho penal*, p. 633.
[14] GOMES, Luiz Flávio. *Erro de tipo e erro de proibição*, p. 184.
[15] BUSATO, Paulo César. *Direito penal* – parte geral, p. 653.

equivocada, isto é, há uma interpretação jurídica errônea do que está contido no tipo. O erro de subsunção não afasta a responsabilidade penal do agente (ou seja: é irrelevante).

Quem erra sobre o conceito de documento contido no art. 297 e ss. do CP responde pelo delito de falsidade normalmente. Quem supõe que um cheque não é documento ou não é documento público e o falsifica, responde pelo delito"[16].

Assim, o erro de subsunção não elimina o dolo ou a culpa, fazendo com que o agente responda pela infração penal por ele cometida. No entanto, como bem destacado por Rogério Sanches Cunha, dependendo da situação concreta, poderá "incidir a atenuante genérica do art. 66 do Código Penal"[17].

---

[16] GOMES, Luiz Flávio; GARCIA-PABLOS DE MOLINA, Antonio. *Direito penal* – parte geral, v. 2, p. 393.
[17] CUNHA, Rogério Sanches. *Manual de direito penal* – parte geral, p. 198.

Capítulo XXXIV
Ilicitude

Acesse e assista à aula explicativa sobre este assunto.
> http://uqr.to/1wh18

1. CONCEITO

Ilicitude, ou antijuridicidade, é a relação de antagonismo, de contrariedade entre a conduta do agente e o ordenamento jurídico. Quando nos referimos ao ordenamento jurídico de forma ampla, estamos querendo dizer que a ilicitude não se resume à matéria penal, mas sim que pode ter natureza civil, administrativa, tributária etc. Se a conduta típica do agente colidir com o ordenamento jurídico penal, diremos ser ela penalmente ilícita.

Esse conceito, contudo, limita-se a verificar a existência de uma norma anterior à conduta do agente, e se esta contraria aquela, deixando transparecer uma natureza meramente formal da ilicitude.

É claro que para que possamos falar em ilicitude, é preciso que o agente contrarie uma norma, pois, se não partirmos dessa premissa, sua conduta, por mais antissocial que seja, não poderá ser considerada ilícita, uma vez que não estaria contrariando o ordenamento jurídico-penal.[1] Contudo, em determinadas situações, segundo as lições de Assis Toledo:

> "A ilicitude, na área penal, não se limitará à *ilicitude típica*, ou seja, à ilicitude do delito, esta sempre e necessariamente típica. Um exemplo de ilicitude atípica pode ser encontrado na exigência da agressão ('agressão injusta' significa 'agressão ilícita') na legítima defesa. A agressão que autoriza a reação defensiva, na legítima defesa, não precisa ser um fato previsto como crime, isto é, não precisa ser um ilícito penal, mas deverá ser no mínimo um *ato ilícito*, em sentido amplo, por inexistir legítima defesa contra atos lícitos."[2]

---

[1] Nesse sentido, preleciona Juan Carlos Carbonell Mateu que "o caráter antijurídico de uma conduta deriva de sua contradição com o dever ser ideal estabelecido pelo ordenamento em seu conjunto. Uma conduta antijurídica, contrária ao direito, é uma conduta desvalorada pelo ordenamento. Tal desvaloração requer, como é lógico em um Estado de Direito, uma contradição formal com a norma que pode vir estabelecida, em princípio, por qualquer fonte de direito" (*Derecho penal: concepto y principios constitucionales*, p. 52).

[2] TOLEDO, Francisco de Assis. *Princípios básicos de direito penal*, p. 164.

Grande parte da doutrina, contudo, não se satisfaz com o conceito meramente formal da ilicitude penal e aduz outro, de natureza material, cujas distinções serão analisadas a seguir.

2. ILICITUDE FORMAL E MATERIAL

Conforme preleciona Miguel Reale Júnior:

"Von Liszt lançou, por primeiro, nas 12ª e 13ª edições de seu trabalho, a distinção entre o que é formal e o que é materialmente antijurídico. No seu entender, um fato seria formalmente antijurídico enquanto contrário a uma proibição legal, e materialmente antijurídico por implicar na lesão ou perigo a um bem jurídico, ou seja, formalmente, a antijuridicidade se caracteriza como desrespeito a uma norma, a uma proibição da ordem jurídica; materialmente, como ataque a interesses vitais de particulares e da coletividade protegidos pelas normas estatuídas pelo legislador."[3]

Com a finalidade de demonstrar que a mera contradição entre a conduta típica e o ordenamento jurídico não é suficiente para se concluir pela antijuridicidade, Assis Toledo conceitua a ilicitude como "a relação de antagonismo que se estabelece entre uma conduta humana voluntária e o ordenamento jurídico, de sorte a causar lesão ou a expor a perigo de lesão um bem jurídico tutelado."[4]

Como se percebe pelo conceito de Assis Toledo, além da relação de contrariedade entre a conduta do agente e a norma (ilicitude formal), é preciso que essa conduta possa, de alguma forma, causar lesão ou expor a perigo de lesão um bem juridicamente tutelado (ilicitude material).

Se a norma penal proíbe determinada conduta sob a ameaça de uma sanção, é porque aquela conduta ou causa lesão ou expõe a perigo de lesão o bem juridicamente protegido, e se o agente insiste em praticá-la devemos concluir pela sua ilicitude, desde que não atue amparado por uma causa de justificação.

A questão assim colocada nos leva à total desnecessidade de se fazer a distinção entre ilicitude formal e ilicitude material. Sim, pois se a norma penal existe porque visa a proteger o bem por ela considerado relevante, é sinal de que qualquer conduta que a contrarie causa lesão ou expõe a perigo de lesão aquele bem tutelado, levando-nos a adotar uma concepção unitária de ilicitude e não dualista, como se quer propor. Esta, também, a conclusão de Assis Toledo quando, depois de ilustrar que na Alemanha existe uma corrente de pensamento que considera a distinção entre ilicitude formal e material perfeitamente dispensável, preleciona:

"um comportamento humano que se ponha em relação de antagonismo com a ordem jurídica não pode deixar de lesar ou de expor a perigo de lesão os bens jurídicos tutelados por essa mesma ordem jurídica. Isso leva à conclusão de que a ilicitude, tal como a definimos anteriormente, só pode ser uma só, ou seja, aquela que se quer denominar redundantemente de material."[5]

No mesmo sentido são os ensinamentos de Sheila Bierrenbach, quando diz:

"A distinção não tem sentido. Nesta ordem de ideias, se as normas penais, proibitivas ou imperativas, são construídas com a finalidade de proteger bens jurídicos, torna-se evidente que toda oposição à norma penal implica lesão ou perigo de lesão a um bem tutelado. Confundem-se,

---

[3] REALE JÚNIOR, Miguel. *Teoria do delito*, p. 91.
[4] TOLEDO, Francisco de Assis. *Ilicitude penal e causas de sua exclusão*, p. 8.
[5] TOLEDO, Francisco de Assis. *Ilicitude penal e causas de sua exclusão*, p. 8.

portanto, ilicitude formal e material, não havendo razão para a distinção. Ilicitude constitui, pois, relação de antagonismo entre a conduta e a norma penal incriminadora, do que decorre dano ou periclitação do bem jurídico tutelado."[6]

3. A ILICITUDE NO CONCEITO ANALÍTICO DE CRIME

Para que se possa concluir pela infração penal é preciso que o agente tenha cometido um fato típico, antijurídico e culpável. Esses elementos, que integram o conceito analítico de crime, devem ser analisados nessa ordem, pois, na lapidar lição de Welzel:

"A tipicidade, a antijuridicidade e a culpabilidade são três elementos que convertem uma ação em um delito. A culpabilidade – a responsabilidade pessoal por um fato antijurídico – pressupõe a antijuridicidade do fato, do mesmo modo que a antijuridicidade, por sua vez, tem de estar concretizada em tipos legais. A tipicidade, a antijuridicidade e a culpabilidade estão relacionadas logicamente de tal modo que cada elemento posterior do delito pressupõe o anterior."[7]

A tipicidade, segundo a teoria da *ratio cognoscendi*, que prevalece entre os doutrinadores, exerce função indiciária da ilicitude. Segundo essa teoria, quando o fato for típico, provavelmente também será antijurídico, ou, na ilustração de Mayer, onde houver fumaça, provavelmente, mas nem sempre, haverá fogo.[8] A regra, segundo a teoria da *ratio cognoscendi*, é a de que quase sempre o fato típico também será antijurídico, somente se concluindo pela licitude da conduta típica quando o agente atuar amparado por uma causa de justificação. Suponhamos que **A**, agindo com *animus defendendi*, saque o revólver que trazia consigo e, visando a repelir a agressão injusta que estava sendo praticada contra a sua pessoa, atire e cause a morte de **B**. No conceito analítico de crime, uma vez adotada a teoria da *ratio cognoscendi*, o fato praticado por **A** é típico, o que indiciaria a sua ilicitude. Contudo, embora típico o fato, o agente atuou amparado por uma causa de exclusão da ilicitude, quebrando, dessa forma, a presunção havida anteriormente, com a conclusão de que, embora típico, não é ilícito, ou seja, não é contrário ao nosso ordenamento jurídico penal, em face da presença da norma permissiva prevista no art. 23, II, do Código Penal.

Se adotássemos, porém, a teoria da *ratio essendi*, que prevê um tipo total de injusto, no qual há uma fusão entre o fato típico e a ilicitude, a ausência desta nos levaria a concluir pela inexistência do próprio fato típico. Para essa teoria, não se analisa primeiramente o fato típico para, em seguida, realizar o estudo da antijuridicidade. Fato típico e antijuridicidade, por estarem fundidos, devem ser analisados num mesmo e único instante. Assim, ou o fato é típico e antijurídico (tipo total de injusto) e passa-se, agora, ao estudo da culpabilidade, ou, em virtude da existência da causa de exclusão, que afastará a ilicitude contida no tipo, deixará de ser típico.

Figurativamente, estaríamos diante das seguintes hipóteses:
Teoria da *ratio cognoscendi*
Teoria da *ratio essendi*

---

[6] BIERRENBACH, Sheila de Albuquerque. *Crimes omissivos impróprios*, p. 107.
[7] WELZEL, Hans. *Derecho penal alemán*, p. 57.
[8] *Apud* ZAFFARONI, Eugenio Raúl; PIERANGELI, José Henrique. *Manual de direito penal brasileiro*, p. 86.

4. CAUSAS DE EXCLUSÃO DA ILICITUDE

Podemos dizer que quando o agente pratica uma conduta típica, a regra será que essa conduta também seja antijurídica. Contudo, há ações típicas que, na precisa lição de Aníbal Bruno:

"Pela posição particular em que se encontra o agente ao praticá-las, se apresentam em face do Direito como lícitas. Essas condições especiais em que o agente atua impedem que elas venham a ser antijurídicas. São situações de excepcional licitude que constituem as chamadas causas de exclusão da antijuridicidade, justificativas ou descriminantes."[9]

O Código Penal, em seu art. 23,[10] previu expressamente quatro causas que afastam a ilicitude da conduta praticada pelo agente, fazendo, assim, com que o fato por ele cometido seja considerado lícito, a saber: o estado de necessidade, a legítima defesa, o estrito cumprimento de dever legal e o exercício regular de direito.

A lei penal cuidou tão somente de explicitar os conceitos de estado de necessidade e de legítima defesa, ficando as demais definições a cargo de nossa doutrina. Portanto, por opção legislativa, os conceitos de estrito cumprimento de dever legal e de exercício regular de direito não foram fornecidos por nosso legislador.

Além dessas causas que encontram amparo em nossa lei penal, outras ainda podem existir que, mesmo não tendo sido expressamente previstas pela lei, afastam a ilicitude da conduta levada a efeito pelo agente. São as chamadas causas supralegais de exclusão da ilicitude, merecendo destaque, entre nós, o *consentimento do ofendido*.

Em virtude dessas variações é que Fragoso[11] classifica as causas de exclusão da ilicitude em três grandes grupos, a saber:

a) causas que defluem de situação de necessidade (legítima defesa e estado de necessidade);
b) causas que defluem da atuação do direito (exercício regular de direito, estrito cumprimento de dever legal);
c) causa que deflui de situação de ausência de interesse (consentimento do ofendido).

Bustos Ramírez e Hormazábal Malarée ainda esclarecem:

"Cada uma das causas de justificação tem seus próprios fundamentos específicos, mas todas têm um mesmo princípio fundamentador, que é o predomínio do direito preeminente. As causas de justificação implicam sempre um processo de ponderação para determinar conforme o ordenamento jurídico e em referência ao caso concreto qual é em uma situação determinada o direito prevalente."[12]

5. ELEMENTOS OBJETIVOS E SUBJETIVOS NAS CAUSAS DE EXCLUSÃO DA ILICITUDE

Cada causa que tem por finalidade excluir a ilicitude da conduta praticada pelo agente vem, obrigatoriamente, impregnada de elementos que, para a sua efetiva caracterização, devem se fazer presentes.

---

[9] BRUNO, Anibal. *Direito penal* – Parte geral, t. I, p. 365.
[10] Também existem causas de exclusão da ilicitude na Parte Especial do Código Penal, a exemplo dos arts. 128 e 146, § 3º, que, como se percebe, não deixam de se amoldar às quatro causas previstas na Parte Geral (art. 23).
[11] FRAGOSO, Heleno Cláudio. *Lições de direito penal* – Parte geral, p. 184-185.
[12] BUSTOS RAMÍREZ, Juan J.; HORMAZÁBAL MALARÉE, Hernán. *Nuevo sistema de derecho penal*, p. 93.

Temos, outrossim, elementos de ordem objetiva e subjetiva. Os de ordem objetiva são aqueles expressos, ou implícitos, mas sempre determinados pela lei penal. Falamos em elementos expressos e implícitos porque, como já dissemos, a lei somente cuidou de definir os conceitos de legítima defesa e estado de necessidade, fornecendo-nos, portanto, todos os seus elementos de natureza objetiva. No caso do estrito cumprimento de dever legal e do exercício regular de direito, como as suas definições ficaram a cargo da doutrina e da jurisprudência, temos de extrair deles os elementos que entendemos indispensáveis à sua caracterização, mesmo que a lei não os tenha dito de maneira expressa.

Além dos referidos elementos objetivos, deve o agente saber que atua amparado por uma causa que exclua a ilicitude de sua conduta, sendo este, portanto, o indispensável requisito de ordem subjetiva.

Não é outra a lição de Welzel quando diz:

"As causas de justificação possuem elementos objetivos e subjetivos. Para a justificação de uma ação típica não basta que se deem os elementos objetivos de justificação, senão que o autor deve conhecê-los e ter, ademais, as tendências subjetivas especiais de justificação. Assim, por exemplo, na legítima defesa ou no estado de necessidade (justificante), o autor deverá conhecer os elementos objetivos de justificação (a agressão atual ou o perigo atual) e ter a vontade de defesa ou de salvamento. Se faltar um ou outro elemento subjetivo de justificação, o autor não se justifica apesar da existência dos elementos objetivos de justificação."[13]

Suponhamos que **A** dirija-se até a casa de **B** com o fim de matá-lo, em virtude do não pagamento de uma dívida de jogo. Lá chegando, olhando por sobre o muro, consegue ter a visão somente da cabeça de **B**, que se encontrava na cozinha. Nesse instante, aponta a sua arma e efetua o disparo mortal, fugindo logo em seguida. Sem que **A** soubesse, no exato momento em que atirou em **B**, este estava prestes a causar a morte de **C**, que já se encontrava de joelhos, aguardando o disparo que seria realizado por **B**. Resumindo, **A** atirou em **B** e, mesmo não sabendo, salvou a vida de **C**.

Dependendo da posição doutrinária em que se coloque o intérprete, tal problema poderá ser analisado de duas formas:

a) se não se exigir o elemento subjetivo do agente, para que lhe possa ser aplicada a causa de exclusão da ilicitude, no exemplo fornecido teria o agente atuado em legítima defesa de terceiros, uma vez que, ao atirar em **B**, salvou a vida de **C**, que por aquele seria morto;

b) se, para a aplicação da causa de justificação, for preciso apurar o elemento subjetivo do agente, ou seja, chegar à conclusão de que, ao atirar em **B**, não sabia ele que agia com *animus* de defender terceira pessoa, no caso em tela não seria possível a aplicação da excludente da legítima defesa (de terceiros).

Como se percebe, a discussão, mais do que acadêmica, leva a consequências importantíssimas: ou o agente responde pelo crime de homicídio ou não pratica crime algum, pois atua conforme o direito.

Para nós, o elemento subjetivo do agente é indispensável à caracterização das excludentes de ilicitude. Quando, pelo finalismo de Welzel, o elemento subjetivo foi transportado da culpabilidade para o fato típico, mais precisamente para a conduta do agente, na verdade o foi para o próprio injusto penal. Sim, porque a antijuridicidade é um predicado da conduta típica. O dolo do agente pode ter simplesmente uma finalidade ilícita (matar alguém por motivo fútil), ou uma

---

[13] WELZEL, Hans. *Derecho penal alemán*, p. 100.

finalidade amparada pelo ordenamento jurídico (matar alguém para se defender de uma agressão injusta que estava sendo praticada contra a sua pessoa). Essa finalidade jamais poderá ser desprezada, sob pena de regredirmos a conceitos ultrapassados da teoria causal.

No exemplo em estudo, a vontade do agente era de causar a morte de **B**, e não de salvar a vida de **C**. Por isso, deverá responder pelo seu dolo e ser responsabilizado pelo delito de homicídio. O elemento subjetivo, portanto, é fundamental à definição jurídica do fato para que possamos concluir se o agente atuou ou não em conformidade com o ordenamento jurídico.

6. CAUSAS LEGAIS DE EXCLUSÃO DA ILICITUDE

No Código Penal, as causas de exclusão da ilicitude foram previstas no Título II, correspondente ao estudo dos dispositivos legais referentes ao crime, nos arts. 23 a 25.

O art. 23 preocupou-se em elencar as causas de justificação, cuidando, ainda, do chamado excesso punível, *verbis*:

> **Exclusão da ilicitude**
> **Art. 23.** Não há crime quando o agente pratica o fato:
> I – em estado de necessidade;
> II – em legítima defesa;
> III – em estrito cumprimento de dever legal ou no exercício regular de direito.
>
> **Excesso punível**
> **Parágrafo único**. O agente, em qualquer das hipóteses deste artigo, responderá pelo excesso doloso ou culposo.

No art. 24, mantendo a tradição, o Código Penal cuidou de explicitar o estado de necessidade dizendo:

> **Estado de necessidade**
> **Art. 24.** Considera-se em estado de necessidade quem pratica o fato para salvar de perigo atual, que não provocou por sua vontade, nem podia de outro modo evitar, direito próprio ou alheio, cujo sacrifício, nas circunstâncias, não era razoável exigir-se.
> § 1º Não pode alegar estado de necessidade quem tinha o dever legal de enfrentar o perigo.
> § 2º Embora seja razoável exigir-se o sacrifício do direito ameaçado, a pena poderá ser reduzida de um a dois terços.

A definição da legítima defesa coube ao art. 25 e parágrafo único do Código Penal, incluído este último pela Lei nº 13.964, de 24 de dezembro de 2019, que dizem:

> **Legítima defesa**
> **Art. 25.** Entende-se em legítima defesa quem, usando moderadamente dos meios necessários, repele injusta agressão, atual ou iminente, a direito seu ou de outrem.
> **Parágrafo único.** Observados os requisitos previstos no *caput* deste artigo, considera-se também em legítima defesa o agente de segurança pública que repele agressão ou risco de agressão a vítima mantida refém durante a prática de crimes.

Faremos, a seguir, o estudo individualizado de cada uma dessas causas legais de exclusão da ilicitude.

7. ESTADO DE NECESSIDADE

7.1. Conceito – Elementos

Como de nossa tradição, entendeu o legislador em definir o estado de necessidade dizendo, no art. 24 do Código Penal:

> **Art. 24.** Considera-se em estado de necessidade quem pratica o fato para salvar de perigo atual, que não provocou por sua vontade, nem podia de outro modo evitar, direito próprio ou alheio, cujo sacrifício, nas circunstâncias, não era razoável exigir-se.
> § 1º Não pode alegar estado de necessidade quem tinha o dever legal de enfrentar o perigo.
> § 2º Embora seja razoável exigir-se o sacrifício do direito ameaçado, a pena poderá ser reduzida de um a dois terços.

Diferentemente da legítima defesa, em que o agente atua defendendo-se de uma agressão injusta, no estado de necessidade a regra é que ambos os bens em conflito estejam amparados pelo ordenamento jurídico. Esse conflito de bens é que levará, em virtude da situação em que se encontravam, à prevalência de um sobre o outro.

Figurativamente, seria como se o ordenamento jurídico colocasse os bens em conflito, cada qual em um dos pratos de uma balança. Ambos estão por ele protegidos. Contudo, em determinadas situações, somente um deles prevalecerá em detrimento do outro.

Quando os bens estão acondicionados nos pratos dessa "balança", inicia-se a verificação da prevalência de um sobre o outro. Surge como norteador do estado de necessidade o *princípio da ponderação dos bens*. Vários bens em confronto são colocados nessa balança, a exemplo da vida e do patrimônio. A partir daí, começaremos a avaliá-los, a fim de determinar a sua preponderância, ou mesmo a sua igualdade de tratamento, quando tiverem o mesmo valor jurídico.

Em razão da diversidade de valores entre os bens em conflito, "colocados nos pratos dessa balança", surge a distinção entre estado de necessidade justificante e estado de necessidade exculpante, distinção somente existente para os adeptos da teoria diferenciadora, que será analisada mais detidamente em tópico próprio.

Em suma, deve ser frisado que a regra do estado de necessidade é a colisão de bens juridicamente protegidos, ao contrário da legítima defesa, em que um dos agentes atua de forma contrária ao ordenamento jurídico, sendo autor de uma agressão injusta, enquanto o outro atua amparado por uma causa de exclusão de ilicitude, sendo, pois, permitida a sua conduta.

Conforme lições de Juan Carlos Ferré Olivé, Miguel Ángel Nuñez Paz, William Terra de Oliveira e Alexis Couto de Brito:

> "Através do estado de necessidade autoriza-se que um sujeito, ameaçado por uma situação de perigo, pratica *licitamente* uma conduta tipificada como delito. Enquanto na legítima defesa o pressuposto é uma agressão proveniente de um ser humano – uma ação típica e ilícita – e o delito consequente atinge os bens do mesmo sujeito agressor, no estado de necessidade as circunstâncias mudam. Em primeiro lugar, a situação arriscada pode ter origens muito diversas (um fenômeno da natureza, a atuação perigosa de um animal, uma enfermidade ou inclusive a intervenção de um ser humano, que não pressuponha uma ação típica e ilícita). Em segundo lugar, a resposta delitiva pode ser dirigida contra um terceiro não relacionado com a situação"[14].

Para que se caracterize o estado de necessidade é preciso a presença de todos os elementos objetivos previstos no tipo do art. 24 do Código Penal, bem como o elemento de natureza subjetiva, que se configura no fato de saber ou pelo menos acreditar que atua nessa condição.

A seguir, iniciaremos nosso estudo com a distinção entre estado de necessidade justificante e estado de necessidade exculpante.

---

[14] FERRÉ OLIVÉ, Juan Carlos; NUÑEZ PAZ, Miguel Ángel; OLIVEIRA, William Terra de; BRITO, Alexis Couto de. *Direito penal brasileiro* – parte geral – princípios fundamentais e sistema, p. 403.

7.2. Estado de necessidade justificante e estado de necessidade exculpante

Para que se faça a distinção entre estado de necessidade justificante e estado de necessidade exculpante é preciso conhecer as duas teorias existentes a esse respeito: *teoria unitária* e *teoria diferenciadora*.

Para levar a efeito essa diferença é preciso relembrar que estaremos, mais uma vez, colocando os bens em confronto na "balança do ordenamento jurídico", erigindo o princípio da ponderação de bens.

Para a teoria unitária, adotada pelo nosso Código Penal, todo estado de necessidade é justificante, ou seja, tem a finalidade de eliminar a ilicitude do fato típico praticado pelo agente. Esclarecedora é a rubrica do art. 23 do Código Penal que, anunciando o tema a ser cuidado, refere-se à exclusão da ilicitude. Para essa teoria, não importa se o bem protegido pelo agente é de valor superior ou igual àquele que está sofrendo a ofensa, uma vez que em ambas as situações o fato será tratado sob a ótica das causas excludentes da ilicitude. A teoria unitária não adota a distinção entre estado de necessidade justificante e estado de necessidade exculpante. Para ela, todo estado de necessidade é justificante. Assim, se para salvar a sua vida o agente vier a causar a morte de outrem, ou mesmo na situação na qual, para garantir a sua integridade física, o agente tiver de destruir coisa alheia, não importando que a sua vida tenha valor igual à do seu semelhante, ou que a sua integridade física valha mais do que o patrimônio alheio, ambas as hipóteses serão cuidadas sob o enfoque da exclusão da ilicitude da conduta, e não sobre a ausência de culpabilidade.

A teoria diferenciadora, por sua vez, traça uma distinção entre o *estado de necessidade justificante* (que afasta a ilicitude) e o *estado de necessidade exculpante* (que elimina a culpabilidade), considerando-se os bens em conflito.

Mesmo para a teoria diferenciadora, existe uma divisão interna quanto à ponderação dos bens em conflito. Para uma corrente, haverá estado de necessidade justificante somente nas hipóteses em que o bem afetado for de valor inferior àquele que se defende. Assim, haveria estado de necessidade justificante, por exemplo, no confronto entre a vida e o patrimônio, ou seja, para salvar a própria vida, o agente destrói patrimônio alheio. Nas demais situações, vale dizer, quando o bem salvaguardado fosse de valor igual ou inferior àquele que se agride, o estado de necessidade seria exculpante. É a posição de Fragoso, quando aduz:

> "A legislação vigente, adotando fórmula unitária para o estado de necessidade e aludindo apenas ao sacrifício de um bem que, 'nas circunstâncias, não era razoável exigir-se', compreende impropriamente também o caso de bens de igual valor (é o caso do náufrago que, para reter a única tábua de salvamento, sacrifica o outro). Em tais casos subsiste a ilicitude da culpa (inexigibilidade de outra conduta), que a seu tempo examinaremos."[15]

No mesmo sentido são os ensinamentos de Zaffaroni e Pierangeli, quando afirmam que "o estado de necessidade resultará de conformidade com o direito (justificante), quando a afetação do bem jurídico que causa a conduta do necessitado resulta de menor entidade que a lesão a um bem jurídico que corria perigo de sofrer."[16] Em sentido contrário, posiciona-se Assis Toledo, quando afirma que, por causa da redação do art. 24 do código penal, somente poderá se cogitar de aplicação do estado de necessidade exculpante, e mesmo assim de natureza supralegal, quando o bem ofendido for de valor superior ao do agressor:

---

[15] FRAGOSO, Heleno Cláudio. *Lições de direito penal* – Parte geral, p. 189.
[16] ZAFFARONI, Eugenio Raúl; PIERANGELI, José Henrique. *Manual de direito penal brasileiro*, p. 594.

"Em princípio, não nos parece 'razoável', para usar-se ao pé da letra a terminologia do art. 24 do código penal – permitir-se o sacrifício de um bem de maior valor para salvar-se o de menor valor. Assim, inaplicável a essa hipótese é a causa de exclusão do crime do art. 23, I, tal como a define o art. 24. Todavia, caracterizando-se, nessa mesma hipótese, o injusto, a ação típica e antijurídica, há que se passar ao exame da culpabilidade do agente, sem a qual nenhuma pena lhe poderá ser infligida. E, nesta fase, a nível do juízo de culpabilidade, não há dúvida de que o estado necessário, dentro do qual o bem mais valioso foi sacrificado, poderá traduzir uma situação de inexigibilidade de outra conduta, que se reputa, conforme sustentamos no título anterior, uma causa de exclusão da culpabilidade."[17]

Em síntese, o Código Penal optou pelo estado de necessidade justificante, ou seja, aquele que tem por finalidade eliminar a ilicitude, elencando, na redação do art. 24, os elementos objetivos necessários à sua caracterização, vale dizer, a prática de fato, para salvar de perigo atual, que não provocou por sua vontade, nem podia de outro modo evitar, direito próprio ou alheio, cujo sacrifício, nas circunstâncias, não era razoável exigir-se.

Vale registrar que o Código Penal Militar adotou a teoria diferenciadora em seus arts. 39 e 43.

Faremos, em seguida, a análise dos elementos objetivos e subjetivos caracterizadores do estado de necessidade justificante, adotados pelo art. 24 do Código Penal.

7.3. Prática de fato para salvar de perigo atual

O art. 24 do Código Penal inicia sua redação dizendo: *Considera-se em estado de necessidade quem pratica fato para salvar de perigo atual [...]*. A primeira discussão surge, portanto, logo na parte inicial do citado art. 24, no sentido de determinar o que seja *perigo atual*, de modo a justificar a ação daquele que causa lesão em bens de terceiros também protegidos pelo nosso ordenamento jurídico.

No art. 25 do Código Penal, ao cuidar da legítima defesa, o legislador fez menção expressa à atualidade e à iminência da agressão que justificaria a ação legítima do agente. Já no art. 24 do Código Penal, ao definir o estado de necessidade, como já frisado acima, referiu-se tão somente a um perigo atual. Pergunta-se: será que na expressão perigo atual também se encontra abrangido o perigo considerado iminente?

Assis Toledo, ao enfrentar o tema, deixou transparecer que na expressão perigo atual está abrangida, também, a iminência, quando aduz que "perigo é a probabilidade de dano. Perigo atual ou iminente (a atualidade engloba a iminência do perigo) é o que está prestes a concretizar-se em um dano, segundo um juízo de previsão mais ou menos seguro. Se o dano já ocorreu, o perigo perde a característica da atualidade."[18]

No mesmo sentido é o entendimento de Aníbal Bruno, quando preleciona que "é o perigo, isto é, a probabilidade de dano, que desencadeia a ação violentadora do bem jurídico alheio. Este perigo, que é assim, o requisito inicial da situação, deve ser atual, isto é, deve estar presente no momento da ação ou na iminência de produzir-se."[19]

Basileu Garcia, após esclarecer que no estado de necessidade deveria haver dois bens ou interesses jurídicos em conflito, disserta que "o fato praticado pelo agente destina-se a salvar um desses bens, de perigo atual – como tal compreendido o que ocorre no momento do fato

---

[17] TOLEDO, Francisco de Assis. *Princípios básicos de direito penal*, p. 181.
[18] TOLEDO, Francisco de Assis. *Princípios básicos de direito penal*, p. 184-185.
[19] BRUNO, Aníbal. *Direito penal* – Parte geral, t. I, p. 395.

e, também, o iminente, desde que, na sua significação prática, o caráter da iminência tenha a premência que o faça equivaler a atualidade."[20]

Em sentido contrário é a posição de José Frederico Marques que, apegando-se à letra da lei, que consigna somente a atualidade do perigo, diz aí não se incluir "o perigo iminente porque é evidente que não se pode exigir o requisito da iminência da realização do dano."[21]

Entendemos que a razão se encontra com a maioria dos autores, que concluem que na expressão *perigo atual* também está incluído o perigo iminente. Somente afastará a referida causa de exclusão da ilicitude o perigo passado, ou seja, o perigo já ocorrido, bem como o perigo remoto ou futuro, em que não haja uma possibilidade quase que imediata de dano.

7.4. Perigo provocado pelo agente

Na redação do art. 24 do Código Penal ressalvou o legislador a possibilidade de ser arguido o estado de necessidade, desde que a situação de perigo não tenha sido provocada pela *vontade* do agente. Assim, o que significa a expressão "que não provocou por sua vontade", contida no referido art. 24? Vontade quer dizer dolo, somente, ou dolo e culpa?

Aqui, também, existe controvérsia doutrinária. Alguns autores, a exemplo de Nélson Hungria, permitindo o entendimento de que vontade não se limitava à conduta dolosa do agente, diz:

"Cumpre que a situação de perigo seja alheia à vontade do agente, isto é, que este não a tenha provocado intencionalmente ou por grosseira inadvertência ou leviandade. Neste último caso, deve entender-se (para não estreitar demasiadamente os limites do estado de necessidade, com abstração do instintivo *serva te ipsum*) que o agente não só podia e devia ter previsto o advento do perigo, como também a consequente necessidade de violar o direito alheio."[22]

Essa também é a posição de Noronha, quando afirma:

"o fato de no art. 24 ler-se '[...] perigo atual, que não provocou por sua vontade [...]' não é indicativo de dolo, já que na culpa (*stricto sensu*) também existe vontade – vontade na ação causal e, por exceção, até no próprio resultado. A nós nos parece que também o perigo culposo impede ou obsta o estado de necessidade. A ordem jurídica não pode homologar o sacrifício de um direito, favorecendo ou beneficiando quem já atuou contra ela, praticando um ilícito, que até pode ser crime ou contravenção."[23]

Em sentido contrário coloca-se Fragoso, asseverando:

"Não pode alegar o estado de necessidade quem por sua vontade provocou o perigo. Essa fórmula refere-se exclusivamente ao dolo. Pode haver estado de necessidade se o agente causou culposamente a situação em que surge o perigo. Assim, por exemplo, se o agente provoca um incêndio por inobservância do cuidado devido, pode alegar o estado de necessidade, se para salvar-se causa um dano a outrem inevitável."[24]

Entendemos que a expressão "que não provocou por sua vontade" quer traduzir tão somente a conduta dolosa do agente na provocação da situação de perigo, seja esse dolo direto ou eventual.

---

[20] GARCIA, Basileu. *Instituições de direito penal*, v. I, t. I, p. 292.
[21] Apud JESUS, Damásio E. de. *Direito penal*, v. I, p. 324.
[22] HUNGRIA, Nélson, *Comentários ao código penal*, v. I, t. II, p. 273-274.
[23] NORONHA, Magalhães. *Direito penal*, v. I, p. 183-184.
[24] FRAGOSO, Heleno Cláudio. *Lições de direito penal* – Parte geral, p. 190.

Suponhamos que alguém, dentro de um cinema pertencente a seu maior concorrente, com a finalidade de dar início a um incêndio criminoso, coloque fogo numa lixeira ali existente. Não pode o agente, visando a salvar a própria vida, disputar a única saída de emergência, causando lesões ou mesmo a morte de outras pessoas, uma vez que ele, por vontade própria, ou seja, de forma dolosa (ato de atear fogo à lixeira), provocou a situação de perigo. Agora, imaginemos que o agente esteja fumando um cigarro nesse mesmo cinema. Quando percebe a presença do "lanterninha" – que caminhava na sua direção porque havia visto a fumaça produzida pelo cigarro – e, querendo livrar-se dele, arremessa-o para longe, ainda aceso, vindo, agora, em virtude da sua conduta imprudente, a causar o incêndio. Aqui, mesmo que o agente tenha provocado a situação de perigo, não o fez dirigindo finalisticamente a sua conduta para isso. Não queria ele, efetivamente, dar início a um incêndio, razão pela qual, mesmo tendo atuado de forma culposa, poderá, durante a sua fuga, se vier a causar lesões ou mesmo a morte em outras pessoas, alegar o estado de necessidade.

Resumindo, a expressão *que não provocou por sua vontade*, a nosso ver, quer dizer não ter provocado *dolosamente* a situação de perigo.

7.5. Evitabilidade do dano

Para que se possa alegar o estado de necessidade, exige a lei que o agente, além de praticar fato para salvar de perigo atual, que não provocou por sua vontade, não tenha tido possibilidade de, no caso concreto, evitar o dano produzido pela sua conduta.

A situação, aqui, pode ser colocada de duas maneiras:

a) o agente tinha como evitar o dano, deixando de praticar a conduta;
b) entre duas opções danosas, o agente podia ter escolhido a menos gravosa para a vítima.

Como ensina Assis Toledo:

"Na situação de conflito entre bens juridicamente protegidos, o sacrifício de um deles somente está autorizado quando a salvação do outro só possa fazer-se à custa desse sacrifício. Se houver alguma possibilidade razoável de salvação do bem ameaçado, de modo que evite ou que, pelo menos, reduza o dano a bem de outrem, a inevitabilidade do dano causado, ou do dano maior, desaparece. Quem mata ou fere, para salvar-se, quando podia fugir do perigo, mesmo com desprestígio para sua fama de homem corajoso, não se ampara na excludente de ilicitude em exame, que não se confunde, neste aspecto, com a legítima defesa."[25]

Isso significa que aquele que age em estado de necessidade, na verdade, não tem opção a escolher, pois sempre deverá seguir o caminho menos gravoso, ao contrário do que ocorre com a legítima defesa. Imaginemos que, numa boate, alguém venha a ser agredido injustamente por outrem. O agredido tem duas opções: *a)* ou repele a agressão injusta que estava sendo praticada contra a sua pessoa, podendo, até mesmo, em determinadas situações, causar a morte de seu agressor, ou; *b)* vira as costas e, mesmo depois de violentamente agredido, vai embora. É que na legítima defesa a lei faculta ao agente assumir uma dessas duas posturas porque a agressão que está sofrendo é uma agressão injusta, não amparada pelo ordenamento jurídico, ao contrário daquele que atua em estado de necessidade. No estado de necessidade, há dois bens jurídicos protegidos em confronto. Portanto, sempre a alternativa menos danosa é a que deverá ser escolhida, pois, do contrário, embora não afastando de plano a causa de exclusão da ilicitude, como sugerem alguns autores, o agente responderá pelo seu excesso, nos termos do art. 23, parágrafo único, do Código Penal.

---

[25] TOLEDO, Francisco de Assis. *Princípios básicos de direito penal*, p. 183-184.

No mesmo sentido são as lições de Reyes Echandía, quando aduz que "a inevitabilidade do perigo supõe que, dadas as concretas circunstâncias pessoais, temporais e espaciais com as quais o agente teve que atuar, a ação lesiva executada para salvar-se a si mesmo ou livrar outro do perigo, tenha sido a mais eficaz e, ao mesmo tempo, a que causou o menor dano possível ao titular do bem jurídico afetado." Com apoio em Manzini, continua o mestre dizendo que "se deve entender evitável o perigo e, como consequência, não justificável a conduta, não somente quando o autor podia escolher conduta lícita ou indiferente para salvar-se, senão também quando, podendo escolher entre várias condutas delitivas, preferiu voluntariamente a mais grave ou a que causava maior dano [...]", concluindo que "em tais condições, se o perigo pode ser evitado pela via da fuga, esta deve ser escolhida, sem que seja válido argumentar que seria decisão humilhante, dado que no estado de necessidade não se reage contra injusto agressor, senão que se lesiona a quem não tenha criado o perigo; por esta razão, o dano que se lhe ocasiona tem que ser a *ultima ratio* para salvar-se ou a um terceiro."[26]

Dessa forma, a exigência da inevitabilidade do dano, com os dois sentidos acima expostos, torna-se indispensável ao reconhecimento pleno da causa excludente em estudo.

7.6. Estado de necessidade próprio e de terceiros

Permite a lei, ainda, que o agente pratique o fato para salvar de perigo atual, que não provocou por sua vontade, nem podia de outro modo evitar, *direito próprio ou alheio*. É o chamado estado de necessidade próprio ou de terceiro.

Hungria assevera:

"O direito posto a salvo (ou que se pretendeu salvar) pode ser do próprio agente ou de outrem. Nesta última hipótese (socorro a terceiro, *Notstandshilfe*, do direito alemão), a lei penal não podia deixar de reconhecer que, na impossibilidade de imediata e eficiente assistência do poder de polícia do Estado, deve ser outorgada (em acréscimo à permissão de autotutela do indivíduo) a faculdade de intervenção protetora de um particular em favor de outro, pouco importando que haja, ou não, uma relação especial entre ambos (parentesco, amizade, subordinação)."[27]

No que diz respeito ao estado de necessidade próprio, aplicam-se todas as regras e discussões até aqui travadas. Contudo, existem algumas peculiaridades com relação ao estado de necessidade de terceiros, uma vez que alguém, por exemplo, que não sofre a situação de perigo, por sua vontade, opta em atuar, causando danos a bens de terceiros que estão protegidos pelo nosso ordenamento jurídico, deve encontrar limites na sua atuação.

De forma mais clara, queremos salientar o seguinte: nem sempre aquele que estiver fora da situação de perigo poderá auxiliar terceira pessoa, valendo-se do argumento do estado de necessidade, mesmo que seja essa a sua finalidade. Isto porque, pelo fato de haver dois bens protegidos em confronto, o agente, estranho à situação de perigo, somente poderá intervir com a finalidade de auxiliar uma daquelas pessoas envolvidas na situação de perigo, se o bem que estiver em jogo for considerado *indisponível*. Caso contrário, ou seja, sendo disponível o bem, a exemplo do patrimônio, não poderá intervir o estranho àquela situação de perigo, pois que, conforme assinala Assis Toledo:

"A intervenção de terceiros, contudo, quando se trate de bens disponíveis, não pode prescindir da aquiescência do titular do direito exposto a perigo de lesão, pois, nesse caso, o titular do direito pode preferir outra solução ou até, se lhe aprouver, sofrer o dano."[28]

---

[26] REYES ECHANDÍA, Alfonso. *Antijuridicidad*, p. 80.
[27] HUNGRIA, Nélson. *Comentários ao código penal*, v. I, t. II, p. 275.
[28] TOLEDO, Francisco de Assis. *Princípios básicos de direito penal*, p. 187.

Imaginemos o seguinte exemplo: Dois náufragos disputam uma última vaga no bote salva-vidas, que não comportava mais que o peso de um corpo, sob pena de também afundar. Poderá terceira pessoa auxiliar qualquer deles, sob o argumento do estado de necessidade, haja vista que o bem em jogo – vida – é considerado indisponível e, portanto, passível de defesa por terceira pessoa. Agora, raciocinemos com outro exemplo: Em determinado condomínio residencial, tem início um incêndio numa das casas ali construídas. Todas essas residências foram edificadas umas ao lado das outras, de modo que entre as casas não havia espaço algum, pois a parede divisória era comum entre elas. O incêndio teve início na casa 1, de modo que as chamas seguiram em direção às demais. Para salvar a residência de seu padrinho de casamento, que residia na casa 3, o agente destrói a casa 2, evitando, assim, a propagação do fogo. Pergunta-se: poderá o agente que destruiu a casa 2, visando a preservar a casa 3, que não era de sua propriedade, mas, sim, de terceiros, alegar o estado de necessidade? Não, uma vez que o patrimônio é um bem disponível e, portanto, não pode o agente se arvorar em juiz do caso e decidir pela sua não disponibilidade, colocando-se no lugar daquele que poderia dele dispor.

Assim, finalizando, é perfeitamente possível o estado de necessidade de terceiros, desde que o bem em jogo não seja disponível, cabendo sua defesa somente ao seu titular que, diante do caso concreto, pode optar em defendê-lo ou não. O titular do bem disponível pode, contudo, aquiescer para que terceira pessoa atue a fim de salvaguardar seu bem, permitindo que esta última atue em estado de necessidade de terceiro.

7.7. Razoabilidade do sacrifício do bem

O princípio da razoabilidade, norteador do estado de necessidade, vem expresso no art. 24 do Código Penal, pela expressão *cujo sacrifício, nas circunstâncias, não era razoável exigir-se*. Aqui sobreleva a necessidade da ponderação dos bens em conflito, para se concluir se o bem que é defendido pelo agente é de valor superior, igual ou mesmo inferior àquele que é atacado.

Vimos a discussão entre as teorias unitária e diferenciadora. A unitária, adotada pelo nosso Código Penal, não faz distinção entre o estado de necessidade justificante e o exculpante; já a teoria diferenciadora, com as divergências doutrinárias apontadas acima, distingue o estado de necessidade que exclui a ilicitude daquele que elimina a culpabilidade.

Embora o Código Penal tenha adotado a teoria unitária, se o bem que o agente defende for de valor inferior ao daquele que agride, mesmo que, nos termos da redação do art. 24, não se possa alegar o estado de necessidade, porque não era razoável agir dessa forma, abre-se-lhe, contudo, a possibilidade de ver discutido o fato em sede de culpabilidade, mais precisamente quando da análise da exigibilidade de conduta diversa, conforme salienta Cezar Roberto Bitencourt, quando diz:

> "Embora nosso Código Penal tenha adotado a teoria unitária, o princípio da razoabilidade nos permite afirmar, com segurança, que quando o bem sacrificado for de valor superior ao preservado, será inadmissível o reconhecimento de estado de necessidade. No entanto, como já referimos, se as circunstâncias o indicarem, a inexigibilidade de outra conduta poderá excluir a culpabilidade."[29]

Assim, por exemplo, é razoável que a vida (bem de maior valor) seja preservada em prejuízo do patrimônio alheio (bem de menor valor); há possibilidade, ainda, no confronto entre bens de igual valor (vida *versus* vida, patrimônio *versus* patrimônio, integridade física *versus* integridade física etc.), que um deles prevaleça em detrimento do outro. Contudo, quando o bem que

---

[29] BITENCOURT, Cezar Roberto. *Manual de direito penal* – Parte geral, p. 279-280.

se preserva é de valor inferior ao que se sacrifica, v.g., para garantir o seu patrimônio o agente causa a morte de alguém, já não mais poderá se socorrer do estado de necessidade, uma vez que o princípio da razoabilidade impede a aplicação dessa causa excludente da ilicitude.

Embora não possa o agente ver afastada a ilicitude de sua conduta, em virtude da aplicação da causa de justificação do estado de necessidade, porque lhe era razoável exigir o sacrifício de seu bem, e não aquele por ele ofendido, em razão da especial circunstância na qual se encontrava, permite o legislador uma redução na pena a ser-lhe aplicada, se não puder ser beneficiado com o afastamento da culpabilidade.

Preconiza o § 2º do art. 24 do Código Penal:

> § 2º Embora seja razoável exigir-se o sacrifício do direito ameaçado, a pena poderá ser reduzida de um a dois terços.

Imaginemos que o agente, para preservar sua integridade física, cause a morte de outrem. A vida, como sabemos, é um bem de valor superior à integridade física. Contudo, como o agente se viu envolvido numa situação de perigo não criada por sua vontade, embora fosse preferível, ou seja, mais razoável que se ferisse em vez de causar a morte de terceira pessoa, o Código Penal, atento à situação na qual estava envolvido o agente, permite que o julgador reduza a pena a ele aplicada. Deve ser frisado que, aqui, o agente pratica um fato típico, ilícito e culpável. Está, portanto, condenado.

Entretanto, pelo fato de sua culpabilidade estar diminuída em virtude da situação de perigo, sua pena poderá ser reduzida de um a dois terços.

7.8. Dever legal de enfrentar o perigo

Nos termos do § 1º do art. 24 do Código Penal:

> § 1º Não pode alegar o estado de necessidade quem tinha o dever legal de enfrentar o perigo.

Existem determinadas profissões que, pela própria natureza, são perigosas. Policiais, bombeiros, salva-vidas, por exemplo, lidam diariamente com o perigo. Mais do que isso, se comprometem, ao assumirem essas funções, a tentar livrar os cidadãos das situações perigosas em que se encontram.

Em razão desse compromisso assumido, sendo conhecedor dos riscos que tais profissões impõem, é que o legislador criou a regra do § 1º do art. 24 do Código Penal, esclarecendo que esses profissionais, geralmente, não podem alegar o estado de necessidade.

Dissemos geralmente porque aqui, também, terá aplicação o princípio da razoabilidade. Num incêndio, por exemplo, em que um cidadão comum disputa com o bombeiro que ali se encontrava para tentar salvar as vítimas a única e a última vaga em um helicóptero de resgate, caso o bombeiro o mate para tomar o seu lugar, com o objetivo de salvar-se, não poderá ser erigida em seu favor a excludente da ilicitude do estado de necessidade. Contudo, se o bombeiro estiver tentando salvar patrimônio alheio e a sua vida passar a correr perigo extremo (não o normal da sua profissão), poderá optar em salvar-se a preservar o patrimônio de outra pessoa.[30]

---

[30] Merece destaque a opinião de José Cerezo Mir quando afirma que "as pessoas sujeitas a esses deveres jurídicos não ficam excluídas, sem embargo, segundo a opinião dominante, de um modo absoluto do âmbito de aplicação da eximente do estado de necessidade. O Tribunal Supremo tem apreciado a eximente apesar da existência de um dever de sacrifício, quando este seja inútil. Por outra parte,

Detalhe importante contido nesse § 1º do art. 24 do Código Penal está na expressão *dever legal*. A pergunta que se faz é a seguinte: na expressão *dever legal* está contido tão somente aquele dever imposto pela lei, ou aqui também está abrangido, por exemplo, o dever contratual? Hungria posiciona-se no sentido de que somente o dever legal impede a alegação do estado de necessidade, e não o dever jurídico de uma forma geral, tal como o dever contratual. Diz o mestre que "o direito é um complexo harmonioso de normas, não admitindo conflitos, realmente tais, em seu seio."[31]

Assim, uma norma penal não podia declarar lícito o sacrifício do direito alheio, para salvar de perigo o próprio direito, por parte de quem, em virtude de outra norma jurídica, é obrigado a expor-se ao perigo. Trata-se de dever imposto pela lei. O texto do Código não permite extensão ao dever resultante simplesmente de contrato.

Costa e Silva e Bento de Faria[32] entendem, entretanto, ser abrangido o dever contratual. Ora, quando o Código fala apenas em lei, não se pode ler também contrato. O dever de que aqui se cogita é tão somente o que se apresenta diretamente imposto *ex lege*.

Suponhamos que alguém tenha sido contratado para prestar serviços como segurança de outrem. Ambos estão num barco, segurança e contratante, que, durante uma tempestade, não resiste a ela, soçobra e afunda. Naquele momento, ambos só conseguiam visualizar um único colete salva-vidas, haja vista que os demais haviam-se perdido. O segurança contratado, com o objetivo de salvar-se, causa a morte do seu contratante na disputa pelo colete salva-vidas. Aqui, conforme lições de Hungria, não prevalecerá a regra contida no § 1º do art. 24 do Código Penal, podendo o segurança alegar o estado de necessidade.

7.9. Estado de necessidade defensivo e agressivo

Diz-se defensivo o estado de necessidade quando a conduta do agente dirige-se diretamente ao produtor da situação de perigo, a fim de eliminá-la. Agressivo seria o estado de necessidade em que a conduta do necessitado viesse a sacrificar bens de um inocente, não provocador da situação de perigo.

O perigo pode ser proveniente de ações humanas, de animais, de coisas etc. Imaginemos o seguinte: Um cão raivoso parte em direção ao agente com a finalidade de mordê-lo. Para evitar a ofensa à sua integridade física, ou mesmo a sua morte, o agente saca um revólver, atira e mata o animal. Como aqui a conduta foi dirigida diretamente à situação de perigo, a fim de debelá-la, o estado de necessidade é considerado defensivo. Agora, se o agente, querendo salvar a sua vida, ao perceber que atrás de seu veículo estava um caminhão desgovernado, pois havia perdido os freios, joga o seu automóvel para o acostamento, colidindo com outro veículo que ali se encontrava estacionado, o estado de necessidade, neste exemplo, será considerado agressivo, pois fora atingido o bem de terceiro inocente, não provocador da situação de perigo.

7.10. Elemento subjetivo no estado de necessidade

Conforme salientamos anteriormente, no tópico relativo aos elementos objetivos e subjetivos das causas de exclusão da ilicitude, o injusto finalista é impregnado de elementos subjetivos.

---

quando a desproporção entre os bens em conflito seja grande, se propugna na moderna Ciência do Direito penal espanhol a aplicação da eximente apesar da existência de um dever de sacrifício: 'Para salvar um objeto de natureza patrimonial – diz Jiménez de Asúa – não se pode pedir a um bombeiro que renuncie a vida, nem tampouco pode negar-se ao marinheiro que salve sua existência sacrificando uma mercadoria ordinária" (*Curso de derecho penal español* – Parte general, v. II, p. 288).

[31] HUNGRIA, Nélson. *Comentários ao código penal*, v. I, t. II, p. 279.
[32] *Apud* HUNGRIA, Nélson. *Comentários ao código penal*, v. I, t. II, p. 279.

Quando Welzel, em 1931, reestruturou a teoria do crime, retirando os elementos subjetivos da culpabilidade e trazendo-os para o tipo, na verdade essa colocação dos elementos subjetivos não foi dirigida especificamente para o tipo, mas sim para todo o injusto penal (fato típico e ilicitude). Assim, não só o tipo penal vem impregnado de elementos subjetivos, como também a ilicitude.

Para que possa ser erigida uma causa de justificação, é preciso que o agente tenha conhecimento de que atua ou, no mínimo, acredite que atua, nessa condição. Caso contrário, não poderá por ela ser beneficiado.

Merece ser repetida a lição do citado mestre alemão quando aduz:

> "As causas de justificação possuem elementos objetivos e subjetivos. Para a justificação de uma ação típica não basta que se deem os elementos objetivos de justificação, senão que o autor deve conhecê-los e ter, ademais, as tendências subjetivas especiais de justificação. Assim, por exemplo, na legítima defesa ou no estado de necessidade (justificante), o autor deverá conhecer os elementos objetivos de justificação (agressão atual ou perigo atual) e ter a vontade de defesa ou de salvamento. Se faltar um ou outro elemento subjetivo de justificação, o autor não se justifica, apesar da existência dos elementos objetivos de justificação."[33]

Imaginemos o seguinte exemplo: Um médico, casado, tenta convencer sua amante a abortar o filho que ela gerava. Após insistentes pedidos, a amante o atende e ele próprio, na qualidade de médico ginecologista e obstetra, leva a efeito a curetagem. Depois de realizado o aborto, constata-se que a gravidez era de alto risco para a vida da gestante, e outra alternativa não teria, para salvar a sua vida, senão abortar. Pergunta-se: Poderá o médico que realizou o aborto, com o fim de simplesmente interromper a gravidez de sua amante, ser beneficiado com a norma contida no art. 128, I, do Código Penal, que diz que *não se pune o aborto praticado por médico, se não há outro meio de salvar a vida da gestante*? Se exigirmos o elemento subjetivo nas causas de justificação, mesmo que tenha salvado a vida da gestante praticando o aborto terapêutico, o médico será por ele responsabilizado, porque sua finalidade não era salvá-la, mas, sim, interromper a gravidez resultante de adultério.[34]

Agora, imaginemos que essa mesma gestante dirija-se a um pronto-socorro, onde, correndo risco de vida em virtude da sua gestação, conclui-se que a interrupção da gravidez se faz necessária. O médico, seu amante, que tentava convencê-la do aborto, agora o pratica não com a finalidade de ocultar o adultério, mas sim para salvar a vida da gestante. Mesmo que antes quisesse o aborto ilícito, em razão do estado de saúde da gestante, agiu com o fim de salvá-la, e, nesse último caso, poderá ser beneficiado com o inciso I do art. 128 do Código Penal, que prevê o aborto terapêutico ou profilático, agindo, outrossim, em estado de necessidade de terceiros.

Contudo, se não adotamos como necessário o elemento subjetivo nas causas de justificação, como faziam os adeptos da teoria causal, ambos os problemas teriam a mesma resposta, qual seja, teria o médico agido em estado de necessidade de terceiros. Esta não nos parece a melhor conclusão.

Portanto, para que se possa falar em estado de necessidade faz-se necessária, de acordo com a posição finalista por nós assumida, a presença do elemento subjetivo do agente.

---

[33] WELZEL, Hans. *Derecho penal alemán*, p. 100.
[34] A figura típica que constava no art. 240 do Código Penal foi revogada pela Lei nº 11.106, de 28 de março de 2005.

7.11. Excesso no estado de necessidade

O excesso será analisado com detalhes quando do estudo da legítima defesa, onde ocorre com mais frequência.

7.12. *Aberratio* e estado de necessidade

Pode ocorrer, por exemplo, que alguém se encontre numa situação de perigo e, com o escopo de salvar-se, venha a causar danos ou mesmo lesões em outrem.

Já decidiu o extinto TACrim.-SP, tendo como relator o juiz Sílvio Lemmi:

> "Age em estado de necessidade quem, vendo-se atacado por um cão raivoso, dispara arma de fogo contra o animal, não podendo, assim, ser responsabilizado por eventual ricochete da bala que porventura venha a atingir alguém."[35]

Nessa hipótese, podemos perceber que quando atiramos em direção ao cão estamos diante de um estado de necessidade defensivo. Note-se que com relação à pessoa atingida não havia qualquer das espécies de estado de necessidade (defensivo ou agressivo). Quando o projétil, desviando se do seu alvo, atinge uma pessoa, ocorrerá a hipótese de *aberratio criminis* (resultado diverso do pretendido), prevista no art. 74 do Código Penal. Contudo, tal resultado aberrante, vale dizer, lesão sofrida por aquele que passava pelo local, não poderá ser atribuído ao agente, que se encontra amparado pela causa de justificação do estado de necessidade.

7.13. Estado de necessidade putativo

Pode ocorrer, ainda, que a situação de perigo, que ensejaria ao agente agir amparado pela causa de justificação do estado de necessidade, seja putativa, vale dizer, que ocorra somente na sua imaginação.

Suponhamos que, durante uma sessão de cinema, o agente escute alguém gritar "fogo" e, acreditando estar ocorrendo um incêndio, com a finalidade de salvar-se, corre em direção à porta de saída, causando lesões nas pessoas pelas quais passou. Na verdade, tudo fora uma brincadeira, não havendo incêndio algum, tendo o agente, em virtude de ter acreditado na situação imaginária de perigo, causado lesões nas pessoas que se encontravam ao seu redor.

O problema deve ser resolvido mediante a análise das chamadas descriminantes putativas, previstas no § 1º do art. 20 do Código Penal, assim redigido:

> § 1º É isento de pena quem, por erro plenamente justificado pelas circunstâncias, supõe situação de fato que, se existisse, tornaria a ação legítima. Não há isenção de pena quando o erro deriva de culpa e o fato é punível como crime culposo.

Duas consequências poderão ocorrer no exemplo fornecido: se considerarmos escusável, invencível o erro no qual incidiu o agente, deverá ser considerado isento de pena; por outro lado, se entendermos inescusável, vencível o erro, agora, embora não responda pelos resultados por ele produzidos a título de dolo, será responsabilizado com as penas correspondentes a um crime culposo, se previsto em lei.

---

[35] *JUTACrim. – SP* 43/195.

7.14. Estado de necessidade e dificuldades econômicas

Pode acontecer que, em virtude das dificuldades econômicas pelas quais passa o agente, sua situação seja tão insuportável a ponto de praticar um fato definido como crime para que possa sobreviver.

Várias hipóteses poderão ser traduzidas pela expressão "dificuldades econômicas" que justifiquem a alegação do estado de necessidade. Na verdade, não é qualquer dificuldade econômica que abre a possibilidade de atuar o agente amparado por essa causa excludente da ilicitude, mas sim aquela situação que inviabilize a sua própria sobrevivência.

Como dissemos, no estado de necessidade, temos dois bens em confronto que estão, da mesma forma, protegidos pelo ordenamento jurídico. No caso concreto, após ponderarmos esses bens, teremos de aferir a razoabilidade da manutenção de um desses bens, aquele que se protege, em prejuízo daquele outro, isto é, o bem que se ofende.

Suponhamos que alguém, desempregado, depois de procurar exaustivamente por um trabalho honesto, chegue à casa e constate que na sua despensa não existem mais alimentos que possam sustentar sua família. Suplica por doações, mas não as consegue. Ao ver seus filhos e sua mulher implorando por um alimento qualquer, o agente se desespera, vai até um supermercado mais próximo e subtrai um saco de feijão. Aqui, temos dois bens em confronto: de um lado, a sobrevivência (vida) do agente e de sua família; do outro, o patrimônio do supermercado, também protegido pelo ordenamento jurídico. Nesse confronto, é razoável que a vida prevaleça sobre o patrimônio, podendo o agente, no caso em tela, erigir a mencionada causa de justificação.

Apesar do raciocínio acima, alguns de nossos tribunais têm decidido, equivocadamente, *permissa* vênia, no seguinte sentido:

"Estado de necessidade. Não comprovação da situação atual de extrema necessidade, a qual não reste ao agente alternativa a não ser a prática do ilícito penal com vistas à sobrevivência. Dificuldades financeiras que não podem ser utilizadas como escusas para subtração do patrimônio alheio" (STJ, HC 531.029, Rel. Min. Antônio Saldanha Palheiro, P. 05/09/2019).

"O estado de necessidade não está caracterizado se não esteve presente, em nenhum momento, o perigo atual e iminente para o réu, condição essencial ao reconhecimento da excludente de ilicitude, nos termos do art. 24 do Código Penal. A mera alegação de dificuldade financeira não justifica a prática delitiva" (STJ, AgRg no REsp 1.591.408/PR, Rel. Min. Sebastião Reis Junior, 6ª T., DJe 17/06/2016).

"A alegação de dificuldades financeiras sem efetiva comprovação de situação de penúria suscetível a caracterizar eventual perigo não configura a causa excludente de tipicidade de estado de necessidade, ainda mais quando há a possibilidade do uso de meios lícitos para suprir eventuais dificuldades. Praticar o crime por dificuldades financeiras não tem relevância social, nem sequer moral, a ensejar o reconhecimento da atenuante prevista no art. 65, III, 'a', do Código Penal" (TJ-SC, AC nº 2012.007892-1, Rel. Des. Carlos Alberto Civinski, julg. 11/6/2013).

"A miserabilidade do agente do furto não constitui causa excludente da criminalidade, caso contrário, ter-se-ia uma legião de miseráveis praticando furto impunemente, com grave repercussão na ordem pública."[36]

Situação que acontece de forma constante, ainda, é a prática do jogo do bicho. Normalmente, os apontadores são pessoas de meia-idade, que já não são aceitas no mercado de

---

[36] TACrim. – SP. *JUTACrim.* – SP 94/209.

trabalho e que somente encontram na prática contravencional um meio de sustentar a si e a sua família. Após baterem de porta em porta à procura de emprego, acabam por desembocar na contravenção, que os aceita sem restrições. Por mais uma vez, devemos colocar os bens em confronto na "balança do estado de necessidade", aplicando, também aqui, todos os princípios a ela inerentes, isto é, o da ponderação de bens e o da razoabilidade.

O mesmo raciocínio formado para o furto famélico (exemplo do pai que subtrai um saco de feijão para saciar a fome de sua família) deve ser realizado para a prática da contravenção, nas condições acima apontadas. Tem-se, de um lado, a sobrevivência do agente e de seus familiares; do outro, não se sabendo ao certo qual o bem juridicamente protegido, se o patrimônio de quem joga, se a moral, ou o monopólio do jogo pelo Estado. No confronto entre eles, temos de admitir a prevalência do primeiro, qual seja, a sobrevivência do contraventor e de sua família.

Contudo, parece-nos que os nossos tribunais ainda não se convenceram totalmente do estado de miséria e fome por que passa a população mais carente e, ignorando esse quadro conhecido por todos nós, talvez querendo manter a ordem pública à custa da população mais fraca e desprezada pelos políticos de ocasião, vem proferindo decisões conflitantes, como as abaixo transcritas:

> "Estado de necessidade. Balanceados os interesses contrastantes entre a ordem social e as dificuldades financeiras do agente, reconhece-se o seu estado jurídico de necessidade se pratica a contravenção do jogo do bicho para sobreviver (ACM 312.953, Rel. Edmeu Carmesini)."[37]
>
> "Jogo do bicho – Alegado estado de necessidade. A alegação consistente em ter o agente agido em estado de necessidade não encontra amparo no Direito, posto não ser essa justificativa compatível com as infrações de caráter permanente (TACrim.-SP, Ac., Rel.ª Jacobina Rabello)."[38]

7.15. Efeitos civis do estado de necessidade

Os arts. 188, II, parágrafo único, 929 e 930 do Código Civil esclarecem:

Art. 188. Não constituem atos ilícitos:
I – [...];
II – a deterioração ou destruição da coisa alheia, ou a lesão a pessoa, a fim de remover perigo iminente.
Parágrafo único. No caso do inciso II, o ato será legítimo somente quando as circunstâncias o tornarem absolutamente necessário, não excedendo os limites do indispensável para a remoção do perigo.
Art. 929. Se a pessoa lesada, ou o dono da coisa, no caso do inciso II do art. 188, não forem culpados do perigo, assistir-lhes-á direito à indenização do prejuízo que sofreram.
Art. 930. No caso do inciso II do art. 188, se o perigo ocorrer por culpa de terceiro, contra este terá o autor do dano ação regressiva para haver a importância que tiver ressarcido ao lesado.

O Código Civil, como se percebe pela redação do art. 188, II, não considera ilícito o ato daquele que atua em estado de necessidade e que, por se encontrar diante de uma situação de perigo iminente, vê-se obrigado a deteriorar ou a destruir a coisa alheia ou produzir lesão à pessoa a fim de remover este perigo.

Contudo, embora o ato não seja considerado ilícito, como ambos os bens em conflito estão amparados pelo ordenamento jurídico, o Código Civil permitiu àquele que sofreu com a conduta daquele que agiu em estado de necessidade obter uma indenização deste último, correspondente aos prejuízos experimentados.

Na verdade, o legislador civil quer dizer o seguinte: Mesmo que a conduta do agente que atua em estado de necessidade não seja ilícita, porque seria uma incongruência o Código Pe-

---

[37] *JUTACrim.* – SP 94/209.
[38] *JUTACrim.* – SP 82/467.

nal considerá-la lícita, enquanto para o Código Civil seria ilícita, se o terceiro que sofreu com a conduta do agente não tiver sido o causador da situação de perigo, permanecerá a obrigação de indenizar os prejuízos causados.

Caso o perigo tenha sido criado por aquele que sofreu o dano, não lhe caberá, aqui, direito à indenização.

Embora o agente tenha a obrigação de indenizar aquele que sofreu o dano com a sua conduta, se a situação de perigo tiver sido provocada por culpa de terceiro, ser-lhe-á permitida ação regressiva contra este, para haver a importância que tiver sido ressarcida ao dono da coisa.

Tal entendimento, contudo, não é unânime entre nossos doutrinadores.

José de Aguiar Dias, analisando o estado de necessidade, conclui:

> "Não é criminoso quem pratica o ato em estado de necessidade. Ocorre, porém, séria dúvida em relação aos efeitos do reconhecimento do estado de necessidade no juízo da reparação do dano, porque o art. 65 do Código de Processo Penal estabelece que 'faz coisa julgada no cível a sentença penal que reconhece ter o ato sido praticado em estado de necessidade [...]'. Câmara Leal, interpretando esse artigo, sustenta, procedentemente, depois de censurar o uso da expressão coisa julgada, que se a sentença absolutória se funda em reconhecimento do estado de necessidade, o juiz do cível é obrigado a isentar o réu da obrigação de reparar. Somos da opinião que o sistema do Código de Processo Penal aberra da tradição de nosso direito, além de fugir ao critério moderno da reparação do dano. Não há argumento capaz de convencer-me de que o direito que temos de lesar a outrem em estado de necessidade seja mais forte e mais merecedor de proteção do que o que assiste ao prejudicado de se ver reposto na situação anterior ao dano. Nem se diga que pelo Código de Processo Penal o ato praticado em estado de necessidade só isente o agente em face de quem é culpado do perigo. Para isso não era necessário dispor. Nossa convicção é que o Código de Processo Penal isentou em qualquer caso de reparação o prejuízo causado em estado de necessidade. Assim, o terceiro inocente, atingido por ato necessário, não se pode, à luz desse Código, voltar contra o causador do dano, mas somente recorrer à talvez problemática responsabilidade de quem criou a situação de necessidade. Isso estabelece uma doutrina que não pode merecer os aplausos dos juristas informados dos princípios atualmente observados em relação à responsabilidade civil, tanto mais que o ato necessário, admitido como escusa no crime, sempre foi, todavia, em qualquer das correntes de opinião, afastado como motivo de isenção do dever de reparar."[39]

Os nossos tribunais vinham decidindo contrariamente à posição de Aguiar Dias, mantendo as regras que correspondem aos atuais arts. 929 e 930 do Código Civil, como se percebe nos julgados abaixo colacionados:

> "O col. Tribunal *a quo*, à luz dos princípios da livre apreciação da prova e do livre convencimento motivado, bem como mediante análise do contexto fático-probatório dos autos, entendeu que ficou configurado o dever de indenizar, e também que o estado de necessidade não afasta a responsabilidade civil do agente – incidência da Súmula 7 do Superior Tribunal de Justiça" (STJ, AgInt no AREsp 411.894 / ES, Rel. Min. Lázaro Guimarães – Desembargador convocado do TRF 5ª Região, 4ª T., DJe 20/08/2018).

> "O acórdão recorrido decidiu em conformidade com a jurisprudência deste Superior Tribunal de Justiça em que a constatação do estado de necessidade, por si só, não exime o ocasionador direto do dano de responder pela reparação a que faz jus a vítima, ficando com ação regressiva contra o terceiro que deu origem à manobra determinante do evento lesivo" (STJ, AgRg no AREsp 55.751/RS, Rel. Min. Paulo de Tarso Sanseverino, 3ª T., DJe 14/06/2013).

---

[39] DIAS, José de Aguiar. *Da responsabilidade civil*, v. II, p. 674-675.

"Ainda que tenha reconhecido o estado de necessidade ou a ausência de culpa criminal, não arrebata ao causador de grave dano o dever de indenizá-lo (aplicação dos arts. 1.525, 1.521 e 160, II, do CC, e 65 e 66 do CPP)."[40]

"O causador de dano, que age em estado de necessidade, responde perante a vítima inocente, ficando com ação regressiva contra terceiro que causou o perigo."[41]

"Embora a lei declare que o ato praticado em estado de necessidade seja lícito, não libera quem o pratica de reparar o prejuízo que causou, podendo ajuizar ação regressiva posteriormente para se ressarcir das despesas efetuadas" (STJ, AgRg no Ag 789.883/MG, Rel. Min. Hélio Quaglia Barbosa, 4ª T., julg. 15/05/2007, DJ 04/06/2007, p. 363).

8. LEGÍTIMA DEFESA

Acesse e assista à aula explicativa sobre este assunto.
> http://uqr.to/1wh19

8.1. Conceito e finalidade

Como é do conhecimento de todos, o Estado, por meio de seus representantes, não pode estar em todos os lugares ao mesmo tempo, razão pela qual permite aos cidadãos a possibilidade de, em determinadas situações, agir em sua própria defesa.

Conforme esclarecem Ferré Olivé, Miguel Ángel Nuñez Paz, William Terra de Oliveira e Alexis Couto de Brito:

"O embasamento da legítima defesa é duplo. Por um lado, encontramos um *fundamento individual*, já que todos os seres humanos têm um direito básico que lhes permite se autoproteger diante de situações de perigo provocadas por agressões injustas. Neste caso, autoriza-se a lesão de um bem jurídico do agressor para salvaguardar o bem jurídico da vítima. Por outro, também existe um *fundamento coletivo*, que consiste na prevalência do Direito. Assim, outorga-se validez ao princípio que estabelece que o Direito não tem por que ceder diante do injusto, neste caso representado pela agressão injusta. Ao se produzir tal agressão, a proteção jurídica deve recair sobre o agredido. O Estado não está fisicamente presente para defendê-lo (através da polícia, promotores, juízes etc.) e, portanto, o Direito somente poderá reafirmar sua vigência se outorga uma autorização prévia ao cidadão, permitindo-lhe realizar sua própria proteção. No fundamento coletivo não entra em jogo a tutela do bem jurídico individual, mas sim o retorno da prevalência do ordenamento jurídico, que foi questionado pelo agressor"[42].

Contudo, tal permissão não é ilimitada, pois encontra suas regras na própria lei penal. Para que se possa falar em legítima defesa, que não pode jamais ser confundida com vingança privada, é preciso que o agente se veja diante de uma situação de total impossibilidade de recorrer ao Estado, responsável constitucionalmente por nossa segurança pública, e, só assim, uma vez presentes os requisitos legais de ordem objetiva e subjetiva, agir em sua defesa ou na defesa de terceiros. Esse, também, o pensamento de Grosso, citado por Miguel Reale Júnior,

---

[40] *RTJ* 81/542.
[41] *RTJ* 509/69.
[42] FERRÉ OLIVÉ, Juan Carlos; NUÑEZ PAZ, Miguel Ángel; OLIVEIRA, William Terra de; BRITO, Alexis Couto de. *Direito penal brasileiro* – parte geral – princípios fundamentais e sistema, p. 393-394.

quando aduz que "a natureza do instituto da legítima defesa é constituída pela possibilidade de reação direta do agredido em defesa de um interesse, dada a impossibilidade da intervenção tempestiva do Estado, o qual tem igualmente por fim que interesses dignos de tutela não sejam lesados."[43]

Em sentido contrário, José Cerezo Mir aduz:

"A impossibilidade de atuação dos órgãos do Estado não é sequer um pressuposto ou requisito da legítima defesa. Se a agressão coloca em perigo o bem jurídico atacado, a defesa é necessária com independência de que os órgãos do Estado possam atuar ou não nesse momento de um modo eficaz. Se o particular, ao impedir ou repelir a agressão, não vai mais além do estritamente necessário e concorrem os demais requisitos da eximente, estará amparado pela mesma, ainda que um agente da autoridade houvesse podido atuar nesse mesmo momento, do mesmo modo."[44]

O código penal preocupou-se em nos fornecer o conceito de legítima defesa trazendo no tipo permissivo do art. 25 todos os seus elementos caracterizadores. Procurou evitar, mantendo a tradição, que tal conceito nos fosse entregue pela doutrina e/ou mesmo pela interpretação dos Tribunais.

O legislador, portanto, no art. 25 do Código Penal, emprestou o seguinte conceito à legítima defesa:

> **Art. 25.** Entende-se em legítima defesa quem, usando moderadamente dos meios necessários, repele injusta agressão, atual ou iminente, a direito seu ou de outrem.
> **Parágrafo único.** Observados os requisitos previstos no *caput* deste artigo, considera-se também em legítima defesa o agente de segurança pública que repele agressão ou risco de agressão a vítima mantida refém durante a prática de crimes.

8.2. Bens amparados pela legítima defesa

Uma vez esclarecido o conceito de legítima defesa, é preciso responder às seguintes indagações: Já que, em determinadas situações, podemos agir por nós mesmos, quais são os bens passíveis de ser defendidos? Será que a vida, a integridade física, o patrimônio, a dignidade sexual, a liberdade etc., estão amparados pela causa de justificação da legítima defesa se, efetivamente, estiverem sofrendo ou mesmo prestes a sofrer qualquer agressão? Tem-se entendido que o instituto da legítima defesa tem aplicação na proteção de qualquer bem juridicamente tutelado pela lei. Assim, pode-se, tranquilamente, desde que presentes seus requisitos, alegar a legítima defesa no amparo daquelas condutas que defendam seus bens, materiais ou não.

Zaffaroni e Pierangeli, dissertando sobre o tema, prelecionam:

"A defesa a direito seu ou de outrem, abarca a possibilidade de defender legitimamente qualquer bem jurídico. O requisito da moderação da defesa não exclui a possibilidade de defesa de qualquer bem jurídico, apenas exigindo uma certa proporcionalidade entre a ação defensiva e a agressiva, quando tal seja possível, isto é, que o defensor deve utilizar o meio menos lesivo que tiver ao seu alcance."[45]

Contudo, deve ser frisado que o bem somente será passível de defesa se não for possível socorrer-se do Estado para a sua proteção. Assim, suponhamos que alguém esteja sendo

---

[43] REALE JÚNIOR, Miguel. *Teoria do delito*, p. 76.
[44] CEREZO MIR, José. *Curso de derecho penal español* – Parte general, v. II, p. 210; 211.
[45] ZAFFARONI, Eugenio Raúl; PIERANGELI, José Henrique. *Manual de direito penal brasileiro*, p. 582.

vítima de uma ameaça de um mal futuro, injusto e grave. Apesar de a liberdade pessoal estar protegida pelo nosso ordenamento jurídico e considerando, ainda, que o delito de ameaça a tenha como objeto jurídico, poderá a vítima, no momento em que as palavras ameaçadoras estão sendo proferidas, agredir o agente na defesa dessa sua liberdade pessoal? Nesse caso, especificamente, entendemos que não. Isso porque o mal prenunciado à vítima não está ocorrendo (atual) e nem prestes a acontecer (iminente), de modo que esta última tem plena possibilidade de, em um Estado de Direito, buscar socorro nas autoridades encarregadas da defesa da sociedade.

Excepcionando a regra geral, Muñoz Conde assevera que "os bens jurídicos comunitários não podem ser objeto de legítima defesa",[46] posição corroborada por José Cerezo Mir, quando afirma:

> "Os bens jurídicos supraindividuais, cujo portador é a sociedade (por exemplo, a fé pública, a saúde pública, a segurança do tráfego) ou o Estado, como órgão do poder soberano (a segurança exterior e interior do Estado, a ordem pública, o reto funcionamento da Administração Pública, da Administração da Justiça etc.), não são, por isso, suscetíveis de legítima defesa. Somente quando o Estado atuar como pessoa jurídica serão seus bens jurídicos (a propriedade, por exemplo) suscetíveis de legítima defesa."[47]

A regra, portanto, é de que todos os bens sejam passíveis de defesa pelo ofendido, à exceção daqueles considerados comunitários, desde que, para a sua defesa, o agente não tenha tempo suficiente ou não possa procurar o necessário amparo das autoridades constituídas para tanto.

8.3. Espécies de legítima defesa

Podemos apontar duas espécies de legítima defesa, a saber:

a) legítima defesa autêntica (real);
b) legítima defesa putativa (imaginária).

Diz-se autêntica ou real a legítima defesa quando a situação de agressão injusta está efetivamente ocorrendo no mundo concreto. Existe, realmente, uma agressão injusta que pode ser repelida pela vítima, atendendo aos limites legais.

Fala-se em legítima defesa putativa quando a situação de agressão é imaginária, ou seja, só existe na mente do agente. Só o agente acredita, por erro, que está sendo ou virá a ser agredido injustamente. Para a teoria limitada da culpabilidade, acolhida pela Exposição de Motivos do código penal,[48] o erro sobre uma causa de justificação, se incidente sobre uma situação de fato, será considerado como um erro de tipo permissivo, e não como um erro de proibição.

A legítima defesa imaginária é um caso clássico das chamadas descriminantes putativas, previstas no § 1º do art. 20 do Código Penal, que diz:

---

[46] MUÑOZ CONDE, Francisco. BITENCOURT, Cezar Roberto. *Teoria geral do delito*, p. 217.
[47] CEREZO MIR, José. *Curso de derecho penal* – Parte general, v. II, p. 209.
[48] Exposição de Motivos da nova Parte Geral do Código Penal – Lei nº 7.209/84, tópico 19. Repete o projeto as normas do Código de 1940, pertinentes às denominadas "descriminantes putativas". Ajusta-se, assim, o Projeto à teoria limitada da culpabilidade, que distingue o erro incidente sobre os pressupostos fáticos de uma causa de justificação do que incide sobre a norma permissiva. Tal como no Código vigente, admite-se nessa área a figura culposa (art. 17, § 1º).

> § 1º É isento de pena quem, por erro plenamente justificado pelas circunstâncias, supõe situação de fato que, se existisse, tornaria a ação legítima. Não há isenção de pena quando o erro deriva de culpa e o fato é punível como crime culposo.

Imaginemos que, num bar, alguém esteja próximo à entrada do lavatório quando, de repente, percebe a presença de seu maior inimigo, armado com um punhal, vindo em sua direção, com a intenção de agredi-lo. Se o agente atua, nessas condições, com vontade de se defender, será um caso típico de legítima defesa autêntica, pois a situação de agressão injusta estava realmente acontecendo. Se o agente nada fizesse, o seu agressor, provavelmente, conseguiria o seu intento, que era o de causar lesão à sua integridade física. Agora, suponhamos que nesse mesmo bar o agente perceba que o seu maior inimigo, que já o tinha ameaçado de morte por várias vezes, esteja caminhando rapidamente em sua direção. O agente, fisicamente mais fraco, imaginando que seria morto pelo autor das ameaças, saca um revólver que trazia consigo e atira, causando a morte daquele que sequer o tinha visto e que se dirigia, apressadamente, em direção ao banheiro, em frente do qual a vítima se encontrava acomodada. No primeiro exemplo, a agressão estava prestes a ocorrer, uma vez que o agressor iria, realmente, atacar a vítima. A situação de fato existia, abrindo-se a possibilidade ao agente de atuar em legítima defesa (autêntica). No segundo caso, o autor das ameaças, na verdade, não estava indo na direção do agente, mas, sim, do banheiro. O agente, pelo fato de já ter sido ameaçado anteriormente, acreditando que as promessas seriam cumpridas, sacou sua arma e atirou, causando a morte do suposto agressor. Aqui, como não havia agressão alguma que merecesse ser repelida pelo agente, posto que tal situação de fato somente existia na sua cabeça, dizemos que a legítima defesa foi putativa (imaginária).

8.4. Injusta agressão

O que podemos entender por injusta agressão, de modo a legitimar a situação de defesa? Ou, melhor dizendo, o que vem a ser injusta agressão? Respondendo a essas indagações, esclarece Maurach que, "por agressão deve entender-se a ameaça humana de lesão de um interesse juridicamente protegido";[49] ou, ainda, na lição de Welzel, "por agressão deve entender-se a ameaça de lesão de interesses vitais juridicamente protegidos (bens jurídicos), proveniente de uma conduta humana."[50]

Como se percebe pelos conceitos dos tratadistas tedescos, devemos observar que a legítima defesa é um instituto destinado à proteção de bens que estejam sendo lesados ou ameaçados de lesão por uma conduta proveniente do homem. Agressão, aqui, é entendida como um ato do homem. Daí ser impossível cogitar-se em legítima defesa contra o ataque de animais. Somente o homem pode praticar uma agressão. Além do fato de somente o homem poder cometer essa agressão, ela deve ser reputada como injusta, ou seja, não pode, de qualquer modo, ser amparada pelo nosso ordenamento jurídico.

Sabemos que temos direito à nossa liberdade. Assim, qualquer constrição ilegal a ela é passível de legítima defesa. Contudo, há determinadas situações em que o nosso direito de liberdade cede à possibilidade de ser restringido, como é o caso daquele que tem contra si expedida uma ordem judicial de prisão. Suponhamos que tenha sido fundamentadamente decretada a prisão preventiva de alguém. De posse do mandado respectivo, a autoridade policial, atendendo à ordem judicial, sai à procura do agente e o prende. Está, aqui, havendo um cerceamento de seu direito de ir, de vir ou de ficar. Entretanto, tal cerceamento não é contrário ao nosso ordenamento jurídico, posto que realizado de acordo com as prescrições legais. Embora o agente se veja privado de seu direito de locomoção, não pode, nesse caso, erigir uma situação de legítima

---

[49] MAURACH, Reinhart. *Derecho penal* – Parte general, p. 440.
[50] WELZEL, Hans. *Derecho penal alemán*, p. 101.

defesa e agredir o policial que foi à sua captura. Isso porque a agressão à sua liberdade, como se verifica, não é injusta.

Imaginemos, agora, o seguinte: Determinado agente é convidado para prestar suas declarações perante a autoridade policial. Ao chegar à delegacia de polícia, o delegado, de forma arbitrária, determina sua prisão e pede a alguns de seus detetives que o levem a uma das celas ali existentes. Nesse caso, será que o agente poderia, ao ser preso, agredir os policiais a fim de tentar alcançar sua liberdade? Acreditamos que sim, uma vez que, sendo arbitrária a prisão, o agente teria direito de defender sua liberdade, razão pela qual, caso agredisse os policiais com o escopo de tentar desvencilhar-se, estaria amparado pela excludente da legítima defesa.

Não é preciso, ainda, que a conduta praticada seja criminosa para que possa ser reputada como injusta. A conduta no chamado *furto de uso*, embora não seja considerada criminosa, é tida como um ilícito de natureza civil, dando ensejo, outrossim, à legítima defesa, uma vez que goza do *status* de agressão injusta. Da mesma forma, aquele que defende um bem de valor irrisório que estava sendo subtraído por outrem. Mesmo que o fato não seja considerado crime em face da aplicação do princípio da insignificância, poderá o agente agir na defesa de seu bem.

Deve ser frisado, ainda, que por agressão injusta somente podemos identificar aquela que tenha sido cometido dolosamente, pois, conforme salienta Muñoz Conde, "tanto a ação como a omissão devem ser agressões dolosas, quer dizer, o ataque ao bem jurídico deve ser intencional; pelo que, frente a lesões ou colocação em perigo simplesmente imprudentes não cabe legítima defesa, embora, sim, o estado de necessidade"[51].

8.5. Diferença entre agressão injusta e provocação injusta

Importantíssima é a distinção entre agressão injusta e provocação injusta. Isso porque se considerarmos o fato como agressão injusta caberá a arguição da legítima defesa, não se podendo cogitar da prática de qualquer infração penal por aquele que se defende nessa condição; caso contrário, se o entendermos como uma simples provocação injusta, contra ela não poderá ser alegada a excludente em benefício do agente, e terá ele de responder penalmente pela sua conduta.

Contudo, reputamos tal distinção tão tormentosa quanto aquela a que nos referimos quando tentamos fazer a separação entre um ato preparatório e um ato de execução.

No escólio de Assis Toledo, é preciso:

"Não confundir, como se tem feito por vezes, 'provocação' não intencional com 'agressão'. Embora a agressão possa ser uma provocação (um tapa, um empurrão) nem toda provocação constitui verdadeira agressão (pilhérias, desafios, insultos). Nesta última hipótese é que não se deve supervalorizar a provocação para permitir-se, a despeito dela, a legítima defesa quando o revide do provocado ultrapassar o mesmo nível e grau da primeira. Em outras palavras: uma provocação verbal pode ser razoavelmente repelida com expressões verbais, não com um tiro, uma facada ou coisa parecida. Se o provocado chega a estes extremos, não há como negar ao provocador a possibilidade de defesa, com as ressalvas inicialmente feitas."[52]

Na verdade, o ilustre Ministro, quando pretende fazer a distinção entre agressão e provocação, utiliza os critérios da necessidade dos meios e da proporcionalidade da repulsa, os quais são pertinentes quando estivermos diante de uma agressão injusta, na qual levaremos

---

[51] MUÑOZ CONDE, Francisco. *Teoría general del delito*, p. 121.
[52] TOLEDO, Francisco de Assis. *Ilicitude penal e causas de sua exclusão*, p. 77-78.

em conta, para se concluir pela necessidade dos meios utilizados, a proporção entre a repulsa e a ofensa ao bem protegido. Tais critérios, contudo, segundo entendemos, não resolvem o problema da distinção entre agressão e provocação.

O que para alguns poderá ser considerada mera provocação, para outros terá o cunho de agressão. A distinção é extremamente subjetiva em algumas situações.

Imaginemos que determinado agente, sensível a qualquer tipo de brincadeira que atinja os seus brios, esteja caminhando em direção à sua residência quando, de repente, percebe que um de seus vizinhos, sabendo dos seus limites, começa a enviar-lhe beijos jocosos. O agente, não suportando aquela situação, vai ao encontro daquele que, segundo o seu entendimento, o atingia moralmente e o agride, querendo, com isso, fazer cessar a suposta agressão contra a sua honra. Do exemplo fornecido podem surgir duas consequências: *a)* o ato de enviar beijos pode ser considerado mera provocação e, como tanto, não permite ao agente atuar em legítima defesa, servindo, tão somente, como circunstância atenuante (art. 65, III, *c* do CP), em caso de ser ele condenado por ter praticado o delito tipificado no art. 129 do Código Penal, pois o fato pode ser considerado típico, antijurídico e culpável; *b)* se considerarmos que os beijos enviados ao agente consistiam numa agressão à sua honra subjetiva, terá ele atuado em legítima defesa, e, assim, a sua conduta, embora típica, não poderá ser considerada ilícita, devendo ser absolvido por não ter cometido infração penal alguma.

Como consequência desse raciocínio, devemos concluir que aquele que provoca alguém sem o intuito de agredi-lo pode agir na defesa da sua pessoa, caso o provocado parta para o ataque, não sendo permitida essa possibilidade àquele que comete injusta agressão.

O próprio Código Penal faz menção, mesmo que implicitamente, à provocação, distinguindo-a da agressão, a exemplo dos arts. 59 (*comportamento da vítima*), 65, III, *c* (*sob a influência de violenta emoção, provocada por ato injusto da vítima*), e 121, § 1º (*logo em seguida a injusta provocação da vítima*). Tomemos o exemplo contido no § 1º do art. 121 do Código Penal, que prevê o crime de homicídio privilegiado. A segunda parte do § 1º diz que se o agente comete o crime *sob o domínio de violenta emoção, logo em seguida a injusta provocação da vítima, o juiz pode reduzir a pena de um sexto a um terço*. Ora, se o que ocorre é mera causa de redução de pena, é sinal de que se o agente reage a uma provocação e causa a morte do provocador, pratica uma conduta típica, antijurídica e culpável. Numa de suas brilhantes passagens, dissertando sobre o homicídio privilegiado, mais especificamente sobre a injustiça da provocação, assim se posicionou Nélson Hungria:

> "A injustiça da provocação deve ser apreciada objetivamente, isto é, não segundo a opinião de quem reage, mas segundo a opinião geral, sem se perder de vista, entretanto, a qualidade ou condição das pessoas dos contendores, seu nível de educação, seus legítimos melindres. Uma palavra que pode ofender a um homem de bem já não terá o mesmo efeito quando dirigida a um desclassificado. Por outro lado, não justifica o estado de ira a hiperestesia sentimental dos alfenins e mimosos. Faltará a objetividade da provocação, se esta não é suscetível de provocar a indignação de uma pessoa normal e de boa-fé.
>
> É bem de ver que a provocação injusta deve ser tal que contra ela não haja necessidade de defesa, pois, de outro modo, se teria de identificar na reação a legítima defesa, que é causa excludente de crime."[53]

Concluindo, somente a agressão injusta abre a possibilidade ao agredido de se defender legitimamente nos limites legais, o mesmo não acontecendo com aquele que reage a uma provocação, pois responderá pelo seu dolo, não havendo exclusão da ilicitude de sua conduta.

---

[53] HUNGRIA, Nélson. *Comentários ao código penal*, v. I, t. II, p. 289.

8.5.1. Provocação para criação de situação de legítima defesa

Pode ocorrer que o agente provocador, almejando produzir a morte do provocado, crie uma situação na qual este último pratique um ato de agressão para, somente após, sob o pretexto da legítima defesa, levar adiante o seu propósito criminoso de matá-lo. Em tais hipóteses, não poderá ser considerada a pretensa defesa legítima, pois, como esclarece Muñoz Conde:

> "Quando a agressão foi provocada intencionalmente para logo invocar a legítima defesa (*actio ilicita in causa*), porque mais que de um direito, se trata de um abuso de direito e de uma manipulação do agressor. A impunidade buscada de propósito para matar ou lesionar a alguém é uma 'perversão' do direito de defesa ou um abuso desse direito e não pode ser coberta por esta causa de justificação."[54]

8.6. Meios necessários

Meios necessários são todos aqueles eficazes e suficientes à repulsa da agressão que está sendo praticada ou que está prestes a acontecer. Costuma-se falar, ainda, que meio necessário é "aquele que o agente dispõe no momento em que rechaça a agressão, podendo ser até mesmo desproporcional com o utilizado no ataque, desde que seja o único à sua disposição no momento."[55] Com a devida vênia daqueles que adotam este último posicionamento, entendemos que para que se possa falar em meio necessário é preciso que haja *proporcionalidade* entre o bem que se quer proteger e a repulsa contra o agressor.

Imaginemos o seguinte exemplo: Uma criança com 10 anos de idade, ao passar por uma residência localizada ao lado de sua escola, percebe que lá existe uma mangueira repleta de frutas. Não resistindo à tentação, invade a propriedade alheia com a intenção de subtrair algumas mangas, oportunidade em que o proprietário daquela residência e, consequentemente, da mangueira, a avista já retirando algumas frutas. Com o objetivo de defender seu patrimônio, o proprietário, que somente tinha à sua disposição, como meio de defesa, uma espingarda cartucheira, efetua um disparo em direção à aludida criança, causando-lhe a morte. Para que possamos concluir que o proprietário agiu em defesa de seu patrimônio é preciso, antes, verificar a presença de todos os elementos, objetivos e subjetivos. Inicialmente, a primeira pergunta que devemos fazer é a seguinte: o patrimônio é um bem passível de ser defendido legitimamente? Como já afirmamos, sim. Em seguida nos questionaremos sobre a injustiça da agressão, ou seja, estava aquela criança, mesmo que inimputável, praticando uma agressão injusta ao patrimônio alheio? Por mais uma vez a resposta deve ser afirmativa. Essa agressão era atual? Sim. O agente utilizou um meio necessário? Mesmo que fosse o único que tivesse à sua disposição, não poderíamos considerar como necessário o meio utilizado pelo agente que, para defender o seu patrimônio (mangas), causou a morte de uma criança valendo-se de uma espingarda. Não há, aqui, proporção entre o que se quer defender e a repulsa utilizada como meio de defesa.

Embora, conforme preconiza Nélson Hungria, não se trate de "pesagem em balança de farmácia, mas de uma aferição ajustada às condições de fato do caso vertente", podemos verificar quando um meio, mesmo que único, pode ser considerado desnecessário à defesa do bem.

Os princípios reitores, destinados à aferição da necessidade dos meios empregados pelo agente, são o da proporcionalidade e o da razoabilidade. A reação deve ser proporcional ao

---

[54] MUÑOZ CONDE, Francisco. BITENCOURT, Cezar Roberto. *Teoria geral do delito*, p. 250.
[55] MIRABETE, Júlio Fabbrini. *Manual de direito penal* – Parte geral, p. 177.

ataque, bem como deve ser razoável. Caso contrário, devemos descartar a necessidade do meio utilizado e, como consequência lógica, afastar a causa de exclusão da ilicitude.[56]

Ainda podemos afirmar que quando o agente tiver à sua disposição vários meios aptos a ocasionar a repulsa à agressão, deverá sempre optar pelo menos gravoso, sob pena de considerarmos como desnecessário o meio por ele utilizado. Na lição de Bacigalupo, citado por Silva Franco,[57] "a repulsa deve ser necessária e ela o será se a ação do ofendido for a menos danosa de quantas estavam à sua disposição para rechaçar a agressão na situação concreta."

8.7. Moderação no uso dos meios necessários

Além de o agente selecionar o meio adequado à repulsa, é preciso que, ao agir, o faça com moderação, sob pena de incorrer no chamado excesso. Quer a lei impedir que ele, agindo inicialmente numa situação amparada pelo direito, utilizando os meios necessários, atue de forma imoderada, ultrapassando aquilo que, efetivamente, seria necessário para fazer cessar a agressão que estava sendo praticada.

Na lição de Assis Toledo:

"O requisito da moderação exige que aquele que se defende não permita que sua reação cresça em intensidade além do razoavelmente exigido pelas circunstâncias para fazer cessar a agressão. Se, no primeiro golpe, o agredido prostra o agressor tornando-o inofensivo, não pode prosseguir na reação até matá-lo."[58]

Apesar da inafastável necessidade da moderação no uso dos meios necessários à repulsa, como bem preleciona Mirabete, "a legítima defesa, porém, é uma reação humana e não se pode medi-la com um transferidor, milimetricamente, quanto à proporcionalidade de defesa ao ataque sofrido pelo sujeito."[59]

Não é o número de golpes ou disparos, por exemplo, que caracteriza a imoderação, levando o agente a atuar em excesso. Pode acontecer que, para fazer cessar a agressão que estava sendo praticada contra a sua pessoa, o agente tenha de efetuar, v.g., mais de cinco disparos, sem que isso possa conceituar-se como uso imoderado de um meio necessário. Suponhamos que **A** esteja sendo agredido injustamente por **B**. Com a finalidade de fazer cessar a agressão, **A** saca uma pistola que trazia consigo e efetua oito disparos em direção a seu agressor. Mesmo atingido por oito vezes, o agressor ainda caminha em direção ao agente, pois os disparos não foram suficientes para fazê-lo parar. Somente no nono disparo é que o agressor é derrubado

---

[56] Em sentido contrário, José Cerezo Mir afirma que "é incompatível com o fundamento da causa de justificação da legítima defesa a exigência de proporcionalidade, ou de que não exista uma grande desproporção entre o mal causado na reação defensiva e o que se pretendia produzir com a agressão ilegítima. A reação defensiva pode ir até onde seja necessário para impedir ou repelir a agressão ao bem jurídico e ao ordenamento jurídico. É lícito causar lesões corporais ou produzir a morte do agressor se é estritamente necessário para impedir ou repelir um ataque à liberdade, à liberdade sexual, (...). Carece de fundamento, por isso, o critério da opinião, dominante em nosso país, de considerar implícita no requisito da necessidade racional do meio empregado para impedir ou repelir a agressão, a exigência de proporcionalidade ou de que não exista uma grande desproporção entre a reação defensiva e a agressão ilegítima. A racionalidade que exige a lei vai referida exclusivamente à necessidade" (*Curso de derecho penal* – Parte general, v. II, p. 235-236).
[57] SILVA FRANCO, Alberto. *Código penal e sua interpretação jurisprudencial* – Parte geral, v. I, t. I, p. 378.
[58] TOLEDO, Francisco de Assis. *Princípios básicos de direito penal*, p. 204.
[59] MIRABETE, Júlio Fabbrini. *Manual de direito penal* – Parte geral, p. 177.

e a agressão cessa. Assim, para que possamos verificar se o uso do meio necessário foi moderado ou não, é preciso que tenhamos um marco, qual seja, o momento em que o agente consegue fazer cessar a agressão que contra ele era praticada. Tudo o que fizer após esse marco será considerado excesso.

8.8. Atualidade e iminência da agressão

Costuma-se dizer que atual é a agressão que está acontecendo; iminente é aquela que está prestes a acontecer. Tais conceitos simplistas não resolvem, em determinadas situações, casos de ordem prática que podem ocorrer no dia a dia daqueles que militam perante a Justiça Criminal. Dissemos que agressão iminente é aquela que está prestes a acontecer. Mas quando?

Imaginemos o seguinte exemplo: Durante uma rebelião carcerária, certo grupo de detentos reivindica algumas melhorias no sistema. Existe superlotação, a alimentação é ruim, as visitas não são regulares, as revistas aos parentes dos presos são realizadas de forma vexatória etc. Para que as exigências sejam atendidas, o grupo resolve optar por aquilo que se convencionou denominar "ciranda da morte." À medida que o tempo passa e o Estado relega a segundo plano as mencionadas solicitações, os detentos mais fortes começam a causar a morte dos mais fracos, de acordo com um "código ético" existente entre eles. Estupradores encabeçam a lista na ordem de preferência a serem mortos. Nesse clima, o preso que comanda a rebelião, durante o período da manhã, dirige-se àquele outro condenado por estupro e decreta a sua sentença: "Se nossas reivindicações não forem atendidas, você será o próximo a morrer"! Feito isso, naquela cela superlotada, durante a madrugada, sem que pudesse obter o auxílio da autoridade policial, o estuprador, temendo por sua vida, percebe que o preso que o ameaçou estava dormindo e, valendo-se de um pedaço de corda, vai em sua direção e o estrangula. A pergunta que devemos nos fazer é a seguinte: será que o preso condenado por estupro causou a morte do chefe da rebelião que o havia ameaçado agindo em legítima defesa, uma vez que a agressão anunciada era iminente? Acreditamos que não.

Respondemos negativamente àquela indagação pelo fato de entendermos como agressão iminente a que, embora não esteja acontecendo, irá acontecer quase que imediatamente. Para que possa ser considerada iminente a agressão, deve haver uma relação de proximidade. Se a agressão é remota, futura, não se pode falar em legítima defesa.

No exemplo fornecido, embora o agente não atue amparado pela causa excludente de ilicitude, poderá arguir em seu favor uma causa dirimente de culpabilidade, qual seja, a *inexigibilidade de conduta diversa*. Isso quer dizer que, no caso em estudo, por se tratar de uma agressão futura, não poderá ser arguida a legítima defesa. O caso não será resolvido com a exclusão da ilicitude, mas, sim, com o afastamento da culpabilidade, devido ao fato de que ao agente não cabia outra conduta que não aquela por ele escolhida.

William Douglas, com o brilhantismo que lhe é peculiar, trazendo à colação alguns casos concretos similares ao exemplo fornecido anteriormente, afirma que a hipótese deve continuar a ser cuidada como de legítima defesa, à qual ele agrega o adjetivo de *antecipada*. Para o renomado autor, a tese da legítima defesa antecipada (denominada também *prévia*, *preventiva* ou *preordenada*) deverá ser reconhecida no lugar daquela por nós sugerida, qual seja, a alegação da inexigibilidade de conduta diversa. Assevera o renomado autor:

"Com quase simplismo, rejeita-se a justificante em tela como amparo às pessoas citadas,[60] por não existir agressão atual ou iminente, mas futura. Os réus perdem, assim, tese absolutória

---

[60] Os casos concretos sobre os quais William Douglas desenvolve seu raciocínio são os seguintes: "1) um traficante, em morro por ele dominado, promete a morador que, se este não entregar sua filha ou esposa para a prática de relações sexuais, toda a sua família será executada. O morador sabe que

preciosa, máxime diante da ainda, por incrível que pareça, rejeição de alguns juízes em quesitar a inexigibilidade. E tais réus são, aqui, quase vítimas duas vezes: porque quase foram mortos e porque, ao se defenderem como podiam, adquiriram tão indesejável *status* processual. Não há, definitivamente, agressão futura. Utilizando analogia com a condição e o termo, do Direito Civil, na agressão futura há condição, ou seja, evento futuro e incerto. No campo da legítima defesa, o evento (aqui, agressão) será incerto ou por não se ter dele suficiente convicção, ou pela possibilidade de ser buscado auxílio da autoridade pública com razoável possibilidade de sucesso no atendimento. Na agressão, condição para a legítima defesa preventiva, o evento é futuro e certo. A certeza decorre das circunstâncias particulares de cada caso, a serem analisadas de acordo com os ensinamentos da Teoria da Prova. Existem como termo inicial a ameaça (suficientemente idônea, ou seja, mais atrevido aviso que ameaça), como termo final o início da agressão (quando os meios de defesa do agredido, por sua inferioridade, não poderão alcançar êxito), um prazo em que a agressão já deve ser tida como iminente (ao menos psicologicamente) e o exercício da defesa antecipada um meio absolutamente necessário."[61]

Apesar do esforço e da inteligência do raciocínio, ainda continuamos a acreditar que, tecnicamente, *permissa* vênia, em hipóteses como tais, a tese correta ainda será a da inexigibilidade de conduta diversa.

Concluindo, a diferença entre agressão atual e iminente não é tão fácil como aparenta ser. É preciso que consideremos, sempre, na agressão iminente, a sua certeza em acontecer quase que imediatamente, de modo que nos impeça, também, de buscar auxílio junto aos aparelhos repressores formalmente instituídos.

8.9. Defesa de direito próprio ou de terceiro

Há possibilidades, ainda, de o agente não só defender a si mesmo, como também de intervir na defesa de terceira pessoa, mesmo que esta última não lhe seja próxima, como nos casos de amizade e parentesco. Fala-se, assim, em *legítima defesa própria* e *legítima defesa de terceiros*.

Segundo entendemos, o *animus* do agente é que deverá sobressair, a fim de que possamos saber se, efetivamente, agia com a finalidade de defender sua pessoa ou de auxiliar na defesa de terceiros. Dessa forma, destaca-se o elemento subjetivo da legítima defesa.

Por exemplo, se o agente, percebendo que o seu maior inimigo está prestes a matar alguém e, aproveitando-se desse fato, o elimina sem que tenha a vontade de agir na defesa de terceira pessoa, mesmo que tenha salvado a vida desta última, responderá pelo delito de homicídio, porque o elemento subjetivo exigido nas causas de justificação encontrava-se ausente, ou seja, querer agir na defesa de terceira pessoa. Aqui, a agressão injusta que era praticada

---

isso já ocorreu com outro pai de família e que não pode contar com a proteção do Estado, de modo que – aproveitando uma rara oportunidade – mata o autor do constrangimento; 2) o 'dono' do cortiço promete matar um morador com quem discutiu, dizendo que irá concretizar a ameaça à noite. O ameaçado aproveita-se do fato do primeiro estar dormindo, à tarde, e se antecipa, ceifando a vida do anunciado agressor; 3) um pai é ameaçado por sua ex-companheira, no sentido de que, se não reatar o relacionamento, esta matará sua esposa e filha, sendo certo que essas ameaças são sérias e o ameaçado sabe que a ex-companheira (que já tentara contra a sua vida) é capaz de cumprir a promessa. Em determinado dia, ao chegar em casa, encontra sinais de luta e sua mulher e filha feridas. Informado que fora a ex-companheira a responsável pelos fatos, além de ter prometido retornar, imediatamente a procura e nela descarrega toda munição de seu revólver."

[61] SANTOS, William Douglas Resinente dos. *Ensaios críticos sobre direito penal e direito processual penal*, p. 3-4.

pelo desafeto do agente contra terceira pessoa foi uma mera desculpa para que pudesse vir a causar a sua morte, a ele não se aplicando, portanto, a causa excludente da ilicitude.

Deve ser ressaltado, ainda, não caber a defesa de terceiros quando o bem for considerado disponível. Concluímos anteriormente que todos os bens são passíveis de ser legitimamente defendidos, com a ressalva feita aos bens jurídicos comunitários. Contudo, tal regra também sofre exceções quando o agente não defende bem ou interesse próprio, mas, sim, de terceira pessoa. Se for disponível o bem de terceira pessoa, que está sendo objeto de ataque, o agente somente poderá intervir para defendê-lo com a autorização do seu titular. Caso contrário, sua intervenção será considerada ilegítima.

8.10. Agressão ou risco de agressão à vítima mantida refém durante a prática de crimes

A Lei nº 13.964, de 24 de dezembro de 2019, inseriu o parágrafo único ao art. 25 do Código Penal, dizendo, *verbis*:

> **Parágrafo único.** Observados os requisitos previstos no *caput* deste artigo, considera-se também em legítima defesa o agente de segurança pública que repele agressão ou risco de agressão a vítima mantida refém durante a prática de crimes.

Inicialmente, vale dizer que tal parágrafo não se fazia necessário. Isso porque, como se percebe sem muito esforço, narra uma situação de agressão atual, em que a vítima é mantida como refém durante a prática de crimes levados a efeito pelo agente.

Nos dias de hoje, as novas tecnologias nos permitem assistir à prática de crimes em tempo real. Infelizmente, são comuns as imagens em que pessoas são mantidas como reféns, a exemplo do que ocorre quando um crime de roubo é frustrado, e o agente priva alguém de sua liberdade, fazendo-o de escudo, a fim de evitar a ação da polícia; ou mesmo quando é a própria vítima o objeto da ação criminosa, como no caso em que alguém, inconformado com o rompimento do relacionamento amoroso, faz a vítima de refém, colocando uma faca em seu pescoço, ou mesmo uma arma de fogo direcionada à sua cabeça, ameaçando-a de morte o tempo todo; mais recentemente, no ano de 2019, foi amplamente noticiado pela mídia, e também pelas redes sociais, cenas de um agente que fez várias pessoas como reféns, dentro de um ônibus, na Ponte Rio-Niterói, na cidade do Rio de Janeiro, sendo, a final, abatido pelos *snipers* do BOPE RJ.

Nesses casos, se o agente de segurança pública atua visando à libertação da vítima, obviamente que estaria amparado pela legítima defesa. Seu comportamento se amoldaria, perfeitamente, ao conceito previsto no *caput* do art. 25 do Código Penal. Contudo, mesmo diante de situações tão evidentes, parte de nossa classe política sempre questionou o comportamento praticado pelos agentes de segurança pública, deslegitimando-o. Assim, na verdade, o parágrafo único do art. 25 do estatuto repressivo resolveu eliminar de vez com esse tipo de questionamento, fazendo uma verdadeira interpretação autêntica do conceito de legítima defesa.

Portanto, se o agente de segurança pública vier a repelir agressão ou risco de agressão à vítima mantida refém durante a prática de crimes, esse comportamento, sem discussão, se amoldará ao conceito de legítima defesa, ficando em aberto, contudo, a discussão correspondente ao excesso, como veremos mais adiante.

Por *agente de segurança pública* podemos entender todos aqueles que fazem parte do rol do art. 144 da Constituição Federal, com a nova redação que lhe foi conferida pela Emenda Constitucional nº 104, de 4 de dezembro de 2019, que diz:

> **Art. 144.** A segurança pública, dever do Estado, direito e responsabilidade de todos, é exercida para a preservação da ordem pública e da incolumidade das pessoas e do patrimônio, através dos seguintes órgãos:

I – polícia federal;
II – polícia rodoviária federal;
III – polícia ferroviária federal;
IV – polícias civis;
V – polícias militares e corpos de bombeiros militares.
VI – polícias penais federal, estaduais e distrital.
[...]
§ 8º Os Municípios poderão constituir guardas municipais destinadas à proteção de seus bens, serviços e instalações, conforme dispuser a lei.

Não podemos descartar, ainda, o emprego das Forças Armadas na chamada garantia da lei e da ordem, em que, efetivamente, atuam como força de segurança pública em situações excepcionais, conforme se verifica pelo art. 15 e parágrafos da Lei Complementar nº 97, de 9 de junho de 1999, que dizem:

Art. 15. O emprego das Forças Armadas na defesa da Pátria e na garantia dos poderes constitucionais, da lei e da ordem, e na participação em operações de paz, é de responsabilidade do Presidente da República, que determinará ao Ministro de Estado da Defesa a ativação de órgãos operacionais, observada a seguinte forma de subordinação:
[...]
§ 1º Compete ao Presidente da República a decisão do emprego das Forças Armadas, por iniciativa própria ou em atendimento a pedido manifestado por quaisquer dos poderes constitucionais, por intermédio dos Presidentes do Supremo Tribunal Federal, do Senado Federal ou da Câmara dos Deputados.
§ 2º A atuação das Forças Armadas, na garantia da lei e da ordem, por iniciativa de quaisquer dos poderes constitucionais, ocorrerá de acordo com as diretrizes baixadas em ato do Presidente da República, após esgotados os instrumentos destinados à preservação da ordem pública e da incolumidade das pessoas e do patrimônio, relacionados no art. 144 da Constituição Federal.
§ 3° Consideram-se esgotados os instrumentos relacionados no art. 144 da Constituição Federal quando, em determinado momento, forem eles formalmente reconhecidos pelo respectivo Chefe do Poder Executivo Federal ou Estadual como indisponíveis, inexistentes ou insuficientes ao desempenho regular de sua missão constitucional. (*Incluído pela Lei Complementar nº 117, de 2004.*)
§ 4º Na hipótese de emprego nas condições previstas no § 3º deste artigo, após mensagem do Presidente da República, serão ativados os órgãos operacionais das Forças Armadas, que desenvolverão, de forma episódica, em área previamente estabelecida e por tempo limitado, as ações de caráter preventivo e repressivo necessárias para assegurar o resultado das operações na garantia da lei e da ordem. (*Incluído pela Lei Complementar nº 117, de 2004.*)
§ 5º Determinado o emprego das Forças Armadas na garantia da lei e da ordem, caberá à autoridade competente, mediante ato formal, transferir o controle operacional dos órgãos de segurança pública necessários ao desenvolvimento das ações para a autoridade encarregada das operações, a qual deverá constituir um centro de coordenação de operações, composto por representantes dos órgãos públicos sob seu controle operacional ou com interesses afins. (*Incluído pela Lei Complementar nº 117, de 2004.*)
§ 6º Considera-se controle operacional, para fins de aplicação desta Lei Complementar, o poder conferido à autoridade encarregada das operações, para atribuir e coordenar missões ou tarefas específicas a serem desempenhadas por efetivos dos órgãos de segurança pública, obedecidas as suas competências constitucionais ou legais. (*Incluído pela Lei Complementar nº 117, de 2004.*)
§ 7º A atuação do militar nos casos previstos nos arts. 13, 14, 15, 16-A, nos incisos IV e V do art. 17, no inciso III do art. 17-A, nos incisos VI e VII do art. 18, nas atividades de defesa civil a que se refere o art. 16 desta Lei Complementar e no inciso XIV do art. 23 da Lei nº 4.737, de 15 de julho de 1965 (Código Eleitoral), é considerada atividade militar para os fins do art. 124 da Constituição Federal.

O parágrafo único do art. 25 do Código Penal menciona, expressamente, para efeitos de reconhecimento da legítima defesa, que a conduta do agente de segurança pública seja dirigida no sentido de repelir *agressão* ou *risco de agressão*. Aqui, quando menciona *agressão*, quer dizer que esta já está efetivamente acontecendo, a exemplo de quando a vítima está sendo espancada pelo agente, quando já sofreu um disparo de arma de fogo etc.; *risco de agressão* significa que a agressão em si ainda não aconteceu, mas está na iminência de acontecer.

Em todas essas hipóteses, a vítima é mantida como refém durante a prática de crimes pelo agente, ou seja, encontra-se privada do seu direito ambulatorial de ir, vir ou permanecer onde bem entender.

8.11. Elemento subjetivo na legítima defesa

Para que se possa falar em legítima defesa não basta só a presença de seus elementos de natureza objetiva, elencados no art. 25 do Código Penal. É preciso que, além deles, saiba o agente que atua nessa condição, ou, pelo menos, acredita agir assim, pois, caso contrário, não se poderá cogitar de exclusão da ilicitude de sua conduta, permanecendo esta, ainda, contrária ao ordenamento jurídico.

Suponhamos que, agindo com *animus necandi* (vontade de matar alguém – dolo de matar), Alberto se dirija à residência de Pedro, seu inimigo, e atire nele no exato instante em que este brandia um punhal a fim de causar a morte de João, que se encontrava já prostrado e não tinha sido visto por Alberto. Se tirássemos uma fotografia dos fatos sem analisar o elemento subjetivo de Alberto, diríamos que ele teria agido em situação de legítima defesa de terceiro, haja vista que, ao atirar em Pedro, acabou por salvar a vida de João.

Contudo, como Alberto não tinha conhecimento de que agia nessa condição, ou seja, não sabia que atuava na defesa de terceira pessoa, deverá responder pelo crime de homicídio, pois sua vontade não era dirigida a salvar alguém, mas, sim, a causar a morte de seu inimigo. Sua conduta, portanto, foi dirigida finalisticamente a causar a morte de seu desafeto, e, não, a defender terceira pessoa.

Adotando posição contrária, rejeitando a tese da necessidade do elemento subjetivo, Nélson Hungria, causalista convicto, dizia que a legítima defesa "só pode existir objetivamente, isto é, quando ocorrem, efetivamente, os seus pressupostos objetivos. Nada têm estes a ver com a opinião ou crença do agredido ou do agressor. Devem ser reconhecidos de um ponto de vista estritamente objetivo." E exemplifica dizendo que "se Tício, ao voltar à noite para casa, percebe que dois indivíduos procuram barrar-lhe o passo em atitude hostil e os abate a tiros, supondo-os policiais que o vão prender por um crime anteriormente praticado, quando na verdade são ladrões que o querem despojar, não se lhe pode negar a legítima defesa."[62]

Tal raciocínio era plenamente lógico à época em que foi formulado, ou seja, durante o período em que o nosso direito penal teve como dominante a teoria causalista da ação. O elemento subjetivo não era analisado no injusto penal (conduta típica e ilícita), mas sim na culpabilidade. Com o advento da teoria finalista e sua consequente adoção por parte da maioria de nossos autores, o elemento subjetivo, que antes residia na culpabilidade, foi deslocado para a conduta[63] do agente e, como a antijuridicidade é um adjetivo que é dado à conduta, todos os elementos subjetivos existentes nesta se refletem naquela.

Enrique Cury Urzúa, atento às modificações trazidas pela teoria finalista, salienta:

> "O objeto do juízo de antijuridicidade é, para esta teoria, a ação final típica, composta por elementos materiais e psíquicos (objetivos e subjetivos). Esta conduta, por isso, será adequada

---

[62] HUNGRIA, Nélson. *Comentários ao código penal*, v. I, t. II, p. 289.

[63] Concluímos que o dolo se encontra na conduta do agente, e não no tipo, porque este último somente retrata o modelo de conduta que se quer proibir, seja ela dolosa ou culposa. Assim, quando a teoria final se refere ao dolo no tipo, na verdade devemos entendê-la como dolo na conduta, que tem o seu modelo espelhado no tipo penal.

ao direito quando não só sua face objetiva (material) se identifique com a situação descrita pela causa de justificação, senão também sua finalidade. Ação típica justificada é aquela que desde o ponto de vista material realiza todos os pressupostos de uma causa de justificação e cuja finalidade se orienta a essa realização. Toda causa de justificação, portanto, implica um elemento subjetivo, a saber, a finalidade de atuar amparado por ela ou, mais amplamente, de conduzir-se conforme o direito."[64]

Assim, concluindo, necessário se faz à caracterização da legítima defesa o chamado *animus defendendi*, traduzido no propósito, na finalidade de defender a si ou a terceira pessoa.

8.12. Legítima defesa e agressão de inimputáveis

Poderá ser arguida a legítima defesa quando o agente dirige a sua conduta a fim de proteger bens atacados por inimputáveis, ou, nessa hipótese, deveria ser erigido o estado de necessidade?

Duas correntes se formaram com o escopo de resolver essa questão. A primeira delas, defendida por Nélson Hungria, diz que com relação aos inimputáveis deve ser afastada a possibilidade de aplicação do instituto da legítima defesa, mais gravoso para aquele que ataca o bem, optando-se pela adoção do estado de necessidade. Segundo Hungria:

"É injusta a agressão desde que seja ameaçado, sem causa legal, um bem ou interesse juridicamente tutelado. Dado este critério estritamente objetivo, seria consequência lógica a admissibilidade da legítima defesa até mesmo contra o ataque provindo de um inimputável (louco, imaturo, silvícola), pois a inimputabilidade do agente não apaga a ilicitude objetiva da ação. Cumpre, porém, atender que o instituto da legítima defesa tem um aspecto político ou de prevenção geral: representa um contramotivo à prática de ofensas injustas. Ora, esse fim psicológico da legítima defesa não pode dizer, evidentemente, com os incapazes de entendimento ou reflexão. Ainda mais: quando a lei deixa de exigir entre os requisitos da legítima defesa a impossibilidade de fuga, tem em consideração, não só que deve ser prestigiado o espírito de luta pelo direito, mas também que é inexigível a vexatória ou infamante renúncia a defesa de um direito. Ora, a possível fuga diante da agressão de um inimputável nada tem de deprimente: não é um ato de poltronaria, mas uma conduta sensata e louvável. Assim, no caso de tal agressão, o que se deve reconhecer é o 'estado de necessidade', que, diversamente da legítima defesa, fica excluído pela possibilidade de retirada do periclitante."[65]

Em sentido contrário se posiciona Roxin, quando aduz:

"As agressões não culpáveis também dão direito a legítima defesa, mas o interesse no prevalecimento do direito é substancialmente menor do que no caso normal. É verdade que, embora se renuncie totalmente à pena nesses casos, ainda se pode seguir defendendo o Direito frente ao injusto; mas essa defesa há de manter-se nos limites que exige uma proteção do agredido guiada pela consideração social."[66]

Entendemos que a razão está com esse autor. Isso porque se o inimputável pratica um injusto típico, a conduta por ele levada a efeito não é amparada pelo ordenamento jurídico, como acontece no caso de conflito de bens e interesses no estado de necessidade. Vimos que

---

[64] CURY URZÚA, Enrique. *Derecho penal* – Parte general, t. I, p. 358.
[65] HUNGRIA, Nélson. *Comentários ao código penal*, v. I, t. II, p. 296.
[66] ROXIN, Claus. *Derecho penal* – Parte general, t. I, p. 638

no estado de necessidade, existem dois bens ou interesses em conflito, sendo que, geralmente, ambos estão amparados pelo ordenamento jurídico. No caso de ataque de inimputáveis, o ordenamento jurídico não protege esse tipo de comportamento. A agressão é considerada injusta, e não justa, como no estado de necessidade. Se é injusta, abre-se a possibilidade ao agredido de agir em defesa própria ou de terceiros. Contudo, como salienta o renomado professor alemão, o caso é especial, merecendo tratamento diferenciado. Embora possa o agredido repelir a agressão injusta, como se trata de inimputáveis, deve escolher a forma de repulsa que cause o menor dano possível, ou mesmo, como dizia Hungria, em determinadas situações, desconsiderar a agressão, pois neste caso não estaria se comportando como um pusilânime, um covarde.

Se, por exemplo, o agente vier a ser incomodado por uma criança de apenas 11 anos de idade, que quer agredi-lo para que possa "aparecer" perante o seu grupo de colegas, e em vez de repelir o ataque virar as costas, desconsiderando-a, indo embora, não será reconhecido como covarde, mas sim como alguém de bom-senso.

Portanto, estamos com aquela corrente que entende que contra o ataque de inimputáveis deve ser erigida a legítima defesa, com as ressalvas feitas, e não o estado de necessidade.

8.13. Legítima defesa recíproca

Pela simples leitura do art. 25 do Código Penal verificamos a total impossibilidade de ocorrer a chamada legítima defesa recíproca (autêntica *versus* autêntica). Isso porque as duas agressões são injustas, não se cogitando, nessa hipótese, em legítima defesa, pois ambas as condutas são contrárias ao ordenamento jurídico. Somente poderá ser aventada a hipótese de legítima defesa se um dos agentes agredir injustamente o outro, abrindo-se ao ofendido a possibilidade de defender-se legitimamente.

É muito comum depararmos com inquéritos nos quais a autoridade policial indicia formalmente dois contendores que se agrediram reciprocamente, pois, durante a fase investigatória, tornou-se impossível descobrir quem, efetivamente, teria dado início às agressões, o que faria com que um deles agisse amparado pela causa de exclusão da ilicitude.

O Promotor de Justiça, por sua vez, ao receber os autos de inquérito policial e com base nas provas nele produzidas, por não saber apontar o autor inicial das agressões, oferece denúncia em face dos dois. A denúncia dirigida em face de ambos os contendores é tecnicamente perfeita, porque no início da ação penal a dúvida deve pender em benefício da sociedade (*in dubio pro societate*), a fim de que se permita, durante a instrução do feito e sob o crivo do contraditório e da ampla defesa, tentar apurar o autor das agressões injustas.

Se ao final da instrução processual não restar evidenciado quem teria dado início às agressões, devem os dois agentes ser absolvidos, haja vista que nessa fase processual deverá prevalecer o princípio do *in dubio pro reo*.

Esse é o entendimento majoritário de nossa doutrina, bem como de nossos tribunais, como podemos verificar nas ementas abaixo transcritas:

> "No caso em tela, havendo dúvida sobre quem teria começado as agressões físicas ou agido em legítima defesa, a absolvição se impõe, até porque a perícia apontou a ocorrência de lesões recíprocas" (TJ-RJ, AC 0010977-86.2010.8.19.0037, Rel.ª Des.ª Mônica Tolledo de Oliveira, julg. 12/05/2015).

> "Lesão corporal de natureza grave. Absolvição. Recurso da acusação objetivando a reforma da sentença. Agressões físicas e lesões recíprocas entre vizinhos, após discussão sobre a destruição de plantas cultivadas na beirada do muro. Materialidade comprovada. Inexistência, no entanto, de prova segura sobre o(s) responsável(eis) pelo início da contenda que se generalizou entre os familiares dos envolvidos (réus e vítimas). Insuficiência de provas para a condenação dos

acusados. Exegese do art. 386, inciso VII, do Código de Processo Penal. Sentença absolutória mantida" (TJ-SC, AC nº 2011.038531-1, Rel. Des. Newton Varella Júnior, julg. 30/4/2013).

Embora quase que unanimemente se negue a possibilidade de ocorrência de legítima defesa recíproca, já decidiu o extinto TA-MG:

"Quando dois desafetos se defrontam e, em ação coesa e sem destaque temporal, venham a fazer uso de suas armas, criando cada qual situação de perigo para o outro, indiscutivelmente se acham em legítima defesa" (AC, Rel. Lúcio Urbano).[67]

Apesar da decisão do extinto Tribunal mineiro, podemos afirmar, concluindo, não ser admissível legítima defesa autêntica (real) contra legítima defesa autêntica (real).

8.14. Legítima defesa putativa *versus* legítima defesa autêntica (real)

Não obstante a impossibilidade de falarmos em legítima defesa recíproca quando ocorrerem, simultaneamente, duas agressões injustas, não podemos negar a possibilidade de coexistirem uma legítima defesa putativa e uma legítima defesa real. Raciocinemos com o seguinte exemplo: Augusto ameaça seu vizinho João dizendo que o mataria assim que o encontrasse de uma próxima vez. João, amedrontado com a ameaça, adquire uma arma para sua defesa. Dias depois, Augusto se encontra com João e, ao avistá-lo, leva uma das mãos à cintura, dando a entender que iria sacar uma arma, oportunidade em que João, supondo que seria morto por Augusto, saca seu revólver e o aponta contra aquele e efetua o disparo. Augusto, que naquela oportunidade havia ido ao encontro de João para desculpar-se, e não para cumprir a promessa de morte, vendo que seria ferido ou morto por João, agora, realmente, saca a arma que trazia em sua jaqueta e atira neste último. Ambos saem feridos do fatídico encontro.

Vemos, aqui, o seguinte: Augusto não estava dando início a qualquer agressão injusta. Pelo contrário, tinha ido ao encontro de João para acabar com o malentendido entre eles. João, contudo, imaginando que seria agredido, saca o seu revólver e atira. Augusto, agredido injustamente por João, saca sua arma e contra ele efetua um disparo, ferindo-o.

Temos, portanto, uma situação de legítima defesa putativa (a que foi levada a efeito por João) e, logo em seguida, uma situação de legítima defesa real (aquela realizada por Augusto), havendo, outrossim, total compatibilidade entre elas.

8.15. Legítima defesa *versus* estado de necessidade

Vimos que não há possibilidade de se falar em legítima defesa recíproca, uma vez que a agressão praticada por um dos agentes deverá ser, obrigatoriamente, injusta. Dessa forma, somente um dos agentes atuará amparado por esta causa de exclusão da ilicitude.

Contudo, embora não se possa falar em legítima defesa recíproca (autêntica *versus* autêntica), seria possível cogitar de situação em que um dos agentes atue em legítima defesa e o outro em estado de necessidade? Absolutamente não. Isso porque aquele que age em estado de necessidade pratica uma conduta amparada pelo ordenamento jurídico, mesmo que esta conduta venha ofender bens também juridicamente protegidos.

No estado de necessidade, em virtude da circunstância emergencial em que se encontra o agente, permite-se que este ofenda outros bens na defesa dos seus interesses, que estão devidamente abrangidos por essa causa de exclusão da ilicitude.

---

[67] *RRTJA-MG* 8/263.

Embora não se possa cogitar em situação na qual um dos agentes atue em estado de necessidade autêntico e o outro em legítima defesa também autêntica, existe a possibilidade de um confronto entre estado de necessidade real e legítima defesa putativa. Imaginemos o seguinte: Com a finalidade de socorrer uma vítima de atropelamento, João percebe que existe um automóvel próximo ao local do acidente cujas chaves se encontram na ignição. Com o escopo de socorrer a vítima, João a coloca no banco traseiro do veículo, oportunidade em que o seu proprietário visualiza tão somente João na direção do automóvel, já com o motor ligado. Acreditando estar sendo vítima de um crime de furto, Alfredo, proprietário do veículo, atira contra João, com a finalidade de defender o seu patrimônio. Aqui, estaríamos diante de estado de necessidade autêntico (aproveitar-se do veículo de outrem a fim de socorrer a vítima de um acidente), bem como de legítima defesa putativa (atirar contra aquele que, supostamente, está subtraindo seu patrimônio, quando, na realidade, encontra-se somente prestando um socorro).

8.16. Excesso na legítima defesa

Depois da reforma da Parte Geral, em 1984, o Código Penal passou a estender as hipóteses de excesso, que originalmente só eram cabíveis em caso de legítima defesa, a todas as causas excludentes da ilicitude enumeradas no art. 23.

Quando falamos em excesso, o primeiro raciocínio que devemos ter, uma vez que lógico, é que o agente, inicialmente, agia amparado por uma causa de justificação, ultrapassando, contudo, o limite permitido pela lei.

Na precisa lição de Hermes Guerrero:

"Pode-se afirmar que, no Direito Penal, o excesso é um instituto sem vida autônoma, pois é ele funcionalmente vinculado à configuração de uma situação na qual se identifique uma causa de justificação. Assim, surge o excesso quando o agente, ao versar numa causa de exclusão da ilicitude, viola os requisitos exigidos em lei, ultrapassando as fronteiras do permitido."[68]

Raciocinemos com a legítima defesa: se alguém está sendo agredido por outrem, a lei penal faculta que atue em sua própria defesa. Para tanto, isto é, para que o agente possa afastar a ilicitude da sua conduta e ter ao seu lado a causa excludente, é preciso que atenda, rigorosamente, aos requisitos de ordem objetiva e subjetiva, previstos no art. 25 do Código Penal.

Se, mesmo depois de ter feito cessar a agressão que estava sendo praticada contra a sua pessoa, o agente não interrompe seus atos e continua com a repulsa, a partir desse momento já estará incorrendo em excesso.

Geralmente, o excesso tem início depois de um marco fundamental, qual seja, o momento em que o agente, com a sua repulsa, fez cessar a agressão que contra ele era praticada. Toda conduta praticada em excesso é ilícita, devendo o agente responder pelos resultados dela advindos. Os resultados que dizem respeito às condutas praticadas nos limites permitidos pela legítima defesa estão amparados por esta causa de justificação; os outros resultados que surgiram em virtude do excesso, por serem ilícitos, serão atribuídos ao agente, que por eles terá que ser responsabilizado. Como preleciona Cavaleiro de Ferreira, "a legítima defesa constitui uma causa de justificação. O excesso de legítima defesa é um excesso ilegítimo de defesa. Subsiste, portanto, o crime que a legítima defesa não justifica."[69]

O excesso, segundo o parágrafo único do art. 23 do Código Penal, pode ser considerado doloso ou culposo.

---

[68] VILCHEZ GUERRERO, Hermes. *Do excesso em legítima defesa*, p. 53.
[69] FERREIRA, Manuel Cavaleiro de. *Lições de direito penal* – Parte geral, p. 196.

Diz-se doloso o excesso em duas situações:

a) quando o agente, mesmo depois de fazer cessar a agressão, continua o ataque porque quer causar mais lesões ou mesmo a morte do agressor inicial (excesso doloso em sentido estrito); ou

b) quando o agente, também, mesmo depois de fazer cessar a agressão que era praticada contra a sua pessoa, pelo fato de ter sido agredido inicialmente, em virtude de erro de proibição indireto (erro sobre os limites de uma causa de justificação), acredita que possa ir até o fim, matando o seu agressor, por exemplo.

Raciocinemos com os seguintes exemplos: Pedro, dentro de um restaurante, é injustamente agredido por Zito, jogador profissional de futebol. Repelindo aquela agressão, Pedro, fisicamente mais fraco, saca seu revólver e atira em Zito, que tomba ferido no tórax. Pedro, agora, mesmo depois de ter interrompido a agressão que contra ele era cometida e sabendo que não mais poderia continuar a repulsa, diz a Zito: "A partir de hoje, você nunca mais jogará futebol"! – e efetua o segundo disparo no joelho direito de Zito. O excesso, como se percebe, foi doloso. O agente já tinha percebido que não havia mais qualquer ameaça de agressão à sua pessoa, bem como que a lei não lhe facultava continuar o ataque, mas, volitiva e conscientemente, quis causar uma lesão grave em seu agressor inicial, devendo responder por essa infração cometida em excesso. Se porventura Zito viesse a falecer em virtude do primeiro disparo que o havia acertado no tórax, como somente a conduta praticada em excesso é ilícita, Pedro seria responsabilizado pelo crime de lesão corporal, uma vez que o tiro fatal, mais precisamente, a conduta que produziu o resultado morte, estava amparada pela causa de justificação da legítima defesa.

Agora imaginemos o seguinte: O Sr. José das Pedras, com 65 anos de idade, morador de um pacato vilarejo do interior de Minas Gerais, com apenas 1.500 habitantes, encontra-se num bar jogando uma partida de truco com um forasteiro. O Sr. José das Pedras vence todas as rodadas e o forasteiro, visivelmente irritado, começa a insultá-lo e, no instante seguinte, o agride fisicamente. O Sr. José das Pedras, que nunca havia tido desentendimento algum em sua cidade, se vê, agora, numa situação constrangedora de ser humilhado na presença de seus conterrâneos. Por ser também fisicamente mais fraco, o Sr. José das Pedras arma-se com uma faca e desfere o primeiro golpe no seu agressor, fazendo cessar aquela agressão injusta. O agressor inicial cai, por causa do golpe que recebera na altura do abdome, e o Sr. José das Pedras, pessoa analfabeta, com uma criação humilde, porém rígida, que nunca havia desrespeitado qualquer pessoa, pelo fato de ter sido agredido inicialmente, acredita firmemente que possa continuar o ataque, porque estava acobertado pela legítima defesa, e efetua um outro golpe de faca, que acerta o ombro do agressor que já se encontrava prostrado.

Neste último exemplo, embora a conduta praticada em excesso tenha sido dolosa, ela foi derivada de erro sobre os limites de uma causa de justificação, e nesse caso, como em qualquer modalidade de erro, devemos aferir se era evitável ou inevitável. Se inevitável, o agente, embora atuando em excesso, será considerado isento de pena; se evitável o erro, embora o fato por ele praticado seja típico, ilícito e culpável, verá sua pena reduzida entre os limites de um sexto a um terço, nos termos da parte final do art. 21 do Código Penal.

Concluindo, o excesso doloso, portanto, pode ocorrer quando o agente, mesmo sabendo que com a sua conduta inicial já havia feito cessar a agressão que era praticada contra a sua pessoa: a) dá continuidade ao ataque, sabendo que não podia prosseguir, porque já não se fazia mais necessário; b) continua o ataque, porque incorre em erro de proibição indireto (erro sobre os limites de uma causa de justificação).

Ocorre o excesso culposo nas seguintes situações:

a) quando o agente, ao avaliar mal a situação que o envolvia, acredita que ainda está sendo ou poderá vir a ser agredido e, em virtude disso, dá continuidade à repulsa, hipótese na qual será aplicada a regra do art. 20, § 1º, segunda parte, do Código Penal; ou

b) quando o agente, em virtude da má avaliação dos fatos e da sua negligência no que diz respeito à aferição das circunstâncias que o cercavam, excede-se em virtude de um "erro de cálculo quanto à gravidade do perigo ou quanto ao *modus* da reação" (excesso culposo em sentido estrito).[70]

Da mesma forma que o excesso doloso, no excesso culposo, o agente responderá por aquilo que ocasionar depois de ter feito cessar a agressão que estava sendo praticada contra sua pessoa. Percebe-se que, nessa hipótese, podemos cogitar da chamada descriminante putativa. A situação de agressão só existia na mente do agente que, por erro quanto à situação de fato, supõe que ainda será agredido e dá continuidade ao ataque. Aplica-se, portanto, no caso de excesso culposo, a regra contida no art. 20, § 1º, do Código Penal. Se o erro for escusável, haverá isenção de pena; se inescusável, responderá o agente pelas penas correspondentes ao delito culposo. É a chamada culpa imprópria.

Imaginemos o seguinte: Alfredo, campeão de luta livre, começa, injustamente, a agredir Patrocínio. Este último, agindo com *animus defendendi*, querendo fazer cessar a agressão que era praticada contra a sua pessoa, saca um revólver e atira em seu agressor, que cai, ferido gravemente. Patrocínio, ainda supondo que Alfredo daria continuidade ao ataque, mesmo ferido, por avaliar erroneamente a situação de fato em que estava envolvido, efetua o segundo disparo, quando já não se fazia mais necessário. Num primeiro momento, quando fez cessar a agressão, efetuando o disparo em direção a Alfredo, Patrocínio agiu amparado pela excludente da legítima defesa autêntica (ou real); no segundo momento, quando imaginou que ainda seria agredido por Alfredo, quando este já não esboçava qualquer possibilidade de continuar o ataque inicial, Patrocínio atuou motivado por uma situação imaginária, que somente ocorria na sua cabeça, levando-o a agir em legítima defesa putativa. Como a hipótese de legítima defesa putativa diz respeito a erro, devemos aferir se o erro em que incorrera o agente era vencível ou invencível. Se invencível, será considerado isento de pena, conforme determina a primeira parte do § 1º do art. 20 do Código Penal; se vencível, embora tenha agido com dolo ao levar a efeito a conduta de atirar, responderá pelo resultado advindo dessa conduta com as penas correspondentes às de um crime culposo. Nesta segunda parte, como já dissemos, é que reside a chamada culpa imprópria.

O segundo caso de excesso culposo diz respeito à repulsa desmedida do agente *ab initio*. A sua incontida reação era desnecessária desde o início, pelo fato de avaliar mal a situação. Diferentemente da primeira hipótese, quando o agente fez cessar a agressão e depois, por erro, achando que ainda seria agredido, continuou a repulsa, nesta segunda hipótese não visualizamos esse intervalo de tempo. O agente atuou de forma ininterrupta, num único instante, embalado pela situação em que se encontrava quando, na verdade, não havia necessidade da intensidade como atuou.

Na precisa lição de Mirabete, "é culposo o excesso quando o agente queria um resultado necessário, proporcional, autorizado e não o excessivo, que é proveniente de sua indesculpável precipitação."[71]

Na verdade, embora o Código fale expressamente em excesso doloso e culposo, a conduta daquele que atua em excesso é sempre dolosa.[72] Conforme esclarece Aramis Nassif, "não se

---

[70] HUNGRIA, Nélson. *Comentários ao código penal*, v. I, t. II, p. 304-305.
[71] MIRABETE, Júlio Fabbrini. *Manual de direito penal* – Parte geral, p. 182.
[72] Nesse sentido, afirma Gustavo Garcia Araújo que "quem age em legítima defesa, seja excedendo ou não aos seus limites, age sempre com dolo, até porque nunca se ouviu dizer em legítima defesa de crime culposo" (Excesso culposo da legítima defesa no júri. *Boletim do Instituto de Ciências Penais*, nº 31, p. 6).

consagra o excesso pelo comportamento tecnicamente culposo, pois a culpa, no sistema penal brasileiro, diz com comportamento imprudente, negligente ou imperito. Como identificar na ação de alguém que, sofrendo agressão injusta atual ou iminente, para defender-se adote conduta meramente imprudente, negligente ou imperita?"[73]

Não importa se o agente queria prosseguir desnecessariamente com a repulsa quando depois de ter feito estancar a agressão que era praticada contra a sua pessoa, ou se avaliou mal a situação de fato. Em quaisquer dessas situações o agente atua com dolo na sua conduta, mesmo que tenha sido negligente na aferição das circunstâncias que o envolviam. Assim, o excesso dito culposo é uma conduta dolosa que, por questões de política criminal, é punida com as penas correspondentes à de um crime culposo.

Quem imputará como culposa a conduta daquele que, supondo que ainda poderá ser agredido, mesmo depois de ter feito cessar a agressão, por erro, efetua mais um disparo e causa a morte do seu agressor inicial? Quando o agente aciona o gatilho, acreditando que ainda precisa se defender, o faz com vontade e consciência. Atua, outrossim, com dolo e não com culpa. Como diz Mirabete, "na realidade, há uma conduta dolosa, mas, por medida de política criminal, a lei determina que seja fixada a pena do crime culposo, se previsto em lei, já que o sujeito atuou por um erro vencível na sua ação ou reação, diante do temor, aturdimento ou emoção que o levou ao excesso."[74]

8.17. Excesso intensivo e extensivo

Como consequência das distinções feitas acima, surgem os chamados *excesso intensivo* e *excesso extensivo*.

Ocorrerá o excesso intensivo quando o autor, "por consternação, medo ou susto excede a medida requerida para a defesa"[75] ou, na definição de Fragoso, é o excesso "que se refere à *espécie* dos meios empregados ou ao grau de sua utilização."[76]

Diz-se extensivo o excesso quando o agente, inicialmente, fazendo cessar a agressão injusta que era praticada contra a sua pessoa, dá continuidade ao ataque, quando este já não mais se fazia necessário.

Fazendo a distinção entre ambos os excessos, preconiza Santiago Mir Puig:

"O excesso extensivo se dá quando a defesa se prolonga durante mais tempo do que dura a atualidade da agressão. O excesso intensivo pressupõe, ao contrário, que a agressão seja atual mas que a defesa poderia e deveria adotar uma intensidade lesiva menor. O excesso extensivo é, pois, um excesso na duração da defesa, enquanto que o excesso intensivo é um excesso em sua virtualidade lesiva."[77]

Em outras palavras, poderíamos diferenciar as duas modalidades de excesso da seguinte forma: há excesso intensivo se o agente, durante a repulsa à agressão injusta, intensifica-a imoderadamente, quando, na verdade, para fazer cessar aquela agressão, poderia ter atuado de forma menos lesiva; o excesso extensivo ocorre quando o agente, tendo atuado nos limites impostos pela legítima defesa, depois de ter feito cessar a agressão, dá continuidade à repulsa praticando, assim, neste segundo momento, uma conduta ilícita.

---

[73] NASSIF, Aramis. *O novo júri brasileiro*, p. 151.
[74] MIRABETE, Júlio Fabbrini. *Manual de direito penal* – Parte geral, p. 185.
[75] MIRABETE, Júlio Fabbrini. *Manual de direito penal* – Parte geral, p. 182.
[76] FRAGOSO, Heleno Cláudio. *Lições de direito penal* – Parte geral, p. 188.
[77] MIR PUIG, Santiago. *Derecho penal* – Parte general, p. 434.

Exemplificando: Se alguém, ao ser atacado por outrem, em razão do nervosismo em que se viu envolvido, espanca o seu ofensor até a morte, pois não conseguia parar de agredi-lo, como o fato ocorreu numa relação de contexto, ou seja, não foi cessada a agressão para, posteriormente, decidir-se por continuar a repulsa, o excesso, aqui, será considerado intensivo. Agora, se alguém, após ter sido agredido injustamente por outrem, repele essa agressão e, mesmo depois de perceber que o agressor havia cessado o ataque porque a sua defesa fora eficaz, resolve prosseguir com os golpes, pelo fato de não mais existir agressão que permita qualquer repulsa, o excesso será denominado extensivo.

8.18. Excesso na causa

Fala-se em excesso na causa quando há "inferioridade do valor do bem ou interesse defendido, em confronto com o atingido pela repulsa."[78]

Dissemos que todos os bens são passíveis de defesa quando atacados por outrem. Contudo, essa afirmação não pode nos levar a situações absurdas. Imaginemos que alguém, querendo evitar que seu maço de cigarros seja furtado, cause a morte daquele que tentava subtraí-lo. A primeira indagação que se faz é a seguinte: o bem (maço de cigarros) podia ser legitimamente defendido pelo agente? Em seguida, e de forma obrigatória, teríamos de nos perguntar: o bem que se quer proteger é, em muito, inferior ao atingido com a repulsa? Com relação à primeira indagação, não temos dúvida em afirmar que o maço de cigarros, embora de pequeno valor, também era passível de proteção. Entretanto, o bem ofendido com a repulsa do agente era infinitamente maior do que aquele a que visava proteger.

Em situações como essas ocorrerá o excesso na causa, fazendo com que o agente responda pelo resultado, tendo em vista a gritante desproporção entre o bem ou interesse que se quer proteger em confronto com aquele atingido pela repulsa.

8.19. Excesso exculpante

Na precisa lição de Alberto Silva Franco:

"A locução 'excesso exculpante' define bem a matéria que se abriga sob sua área de abrangência. Trata-se da ocorrência de um excesso, na reação defensiva, que não é, por suas peculiaridades, reprovável, ou melhor, merecedor de apenação. Não se cuida de excesso culposo porque, neste, o excesso deriva da falta do dever objetivo de cuidado enquanto que, naquele, há um excesso resultante de medo, surpresa ou de perturbação de ânimo. É evidente que o excesso exculpante pressupõe uma agressão real, atual ou iminente, e injusta, isto é, com todas as características de uma ação ofensiva. A resposta deve, no entanto, ser havida como excessiva e tal excesso não é devido a uma postura dolosa ou culposa mas a uma atitude emocional do agredido."[79]

Com o chamado excesso exculpante busca-se eliminar a culpabilidade do agente, ou seja, o fato é típico e antijurídico, deixando, contudo, de ser culpável, em virtude de, no caso concreto, não poder ser exigida do agente outra conduta que não aquela por ele adotada.

Tal causa dirimente fora prevista expressamente pelo § 1º do art. 30 do Código Penal de 1969,[80] que, sob a rubrica *excesso escusável*, determinava:

---

[78] HUNGRIA, Nélson. *Comentários ao código penal*, v. I, t. II, p. 305.
[79] SILVA FRANCO, Alberto. *Código penal e sua interpretação jurisprudencial* – Parte geral, p. 348.
[80] PIERANGELI, José Henrique. *Códigos penais do Brasil* – Evolução histórica, p. 613.

> § 1º Não é punível o excesso quando resulta de escusável medo, surpresa, ou perturbação de ânimo em face da situação.

Na reforma de 84, contudo, não houve tal previsão expressa, sendo o excesso escusável tratado por nossa doutrina e jurisprudência como causa supralegal de exclusão da culpabilidade.

Já decidiu o TJ-MG, tendo como relator o juiz Freitas Barbosa:

"É bom deixar enfatizado que o *excessus defensionis* pode ser censurável ou não. Se é antijurídico, pode ser doloso (o agente responde pelo resultado na forma de crime doloso) ou culposo (o agente responde pelo resultado na forma de crime culposo). Todavia, pode não ser censurável, o que ocorre quando deriva de escusável medo, surpresa ou perturbação de ânimo."[81]

Devemos frisar, como já o fez Alberto Silva Franco, que o excesso exculpante não se confunde com o excesso culposo. O excesso culposo, como vimos anteriormente, pode ocorrer em duas situações: *a)* derivado de erro inescusável nas descriminantes putativas (art. 20, § 1º) ou; *b)* aquele que chamamos de excesso culposo em sentido estrito, porque ocorrido em razão da não observância de um dever de cuidado que era exigido do agente no caso concreto.

Já no excesso exculpante, o pavor da situação em que se encontra envolvido o agente é tão grande que não lhe permite avaliá-la com perfeição, fazendo com que atue além do necessário para fazer cessar a agressão. Essa sua perturbação mental o leva, em alguns casos, a afastar a culpabilidade. Dissemos em alguns casos porque, como regra, uma situação de agressão que justifique a defesa nos traz uma perturbação de espírito, natural para aquela situação. O homem, como criatura de Deus, tem sentimentos. Se esses sentimentos, avaliados no caso concreto, forem exacerbados a ponto de não permitirem um raciocínio sobre a situação em que estava envolvido o agente, podem conduzir à exclusão da culpabilidade, sob a alegação do excesso exculpante.

8.20. Legítima defesa sucessiva

Sabemos que a lei somente confere a oportunidade de nos defendermos porque o Estado, por meio de seus agentes, por razões óbvias, não pode estar ao nosso lado 24 horas por dia. Contudo, como foi visto, para que se possa alegar a defesa legítima é preciso que o agente atue nos exatos termos previstos pela lei, sem qualquer excesso. Se houver excesso, doloso ou culposo, o agente por ele terá de responder, uma vez que a legítima defesa estava permitida até o momento em que se fazia necessária a fim de cessar a agressão injusta que ali estava sendo praticada.

Tendo o agente alcançado o objetivo da lei, qual seja, fazer cessar a agressão injusta, já não poderá ir além disso. Caso contrário, quer dizer, caso venha a agir além daquilo que lhe era permitido, começa-se a falar em excesso.

A agressão praticada pelo agente, embora inicialmente legítima, transformou-se em agressão injusta quando incidiu no excesso. Nessa hipótese, quando a agressão praticada pelo agente deixa de ser permitida e passa a ser injusta, é que podemos falar em legítima defesa sucessiva, no que diz respeito ao agressor inicial. Aquele que viu repelida a sua agressão, considerada injusta inicialmente, pode agora alegar a excludente a seu favor, porque o agredido passou a ser considerado agressor, em virtude de seu excesso. Exemplificando: André, jogador de futebol profissional, injustamente, agride Pedro. Este último, pretendendo se defender da agressão que estava sendo praticada contra sua pessoa, saca seu revólver e atira em André, fazendo-o cair. Quando André já não esboçava qualquer possibilidade de continuar a agressão injusta por ele iniciada, Pedro aponta a arma para seu joelho e diz: "Agora que já não pode mais me agredir, vou fazer com que você

---

[81] *RT* 622/334.

termine sua carreira no futebol." Nesse instante, quando Pedro ia efetuar o disparo, já atuando em excesso doloso, André saca seu revólver e o mata. André, no exemplo fornecido, agiu em legítima defesa, uma vez que a agressão que seria praticada por Pedro já não mais se encontrava amparada pela excludente da ilicitude prevista no art. 25 do Código Penal, uma vez que começaria a se exceder, e o excesso, como se percebe, é considerado uma agressão injusta.

8.21. Legítima defesa e *aberratio ictus*

Perfeitamente viável é a hipótese de legítima defesa com erro na execução.

Diz o art. 73 do Código Penal:

> **Art. 73.** Quando, por acidente ou erro no uso dos meios de execução, o agente, ao invés de atingir a pessoa que pretendia ofender, atinge pessoa diversa, responde como se tivesse praticado o crime contra aquela, atendendo-se ao disposto no § 3º do art. 20 deste Código. No caso de ser também atingida a pessoa que o agente pretendia ofender, aplica-se a regra do art. 70 deste Código.

Pode ocorrer que determinado agente, almejando repelir agressão injusta, agindo com *animus defendendi*, acabe ferindo outra pessoa que não o seu agressor, ou mesmo a ambos (agressor e terceira pessoa). Nesse caso, embora tenha sido ferida ou mesmo morta outra pessoa que não o seu agressor, o resultado advindo da aberração no ataque (*aberratio ictus*) estará também amparado pela causa de justificação da legítima defesa, não podendo, outrossim, por ele responder criminalmente.

Contudo, com relação ao terceiro inocente, permanece a responsabilidade civil do agente, conforme preleciona Assis Toledo, quando afirma:

> "Não se aplica, pois, ao terceiro inocente a norma do art. 65 do Código de Processo Penal, já que, quanto a ele, a lesão, apesar da absolvição do agente, não pode ser considerada um ilícito civil. Trata-se, portanto, de uma hipótese em que a exclusão da responsabilidade penal não impede a afirmação da responsabilidade civil, restrita é claro ao terceiro inocente."[82]

8.22. Ofendículos

Ofendículos, na definição de Mirabete:

> "São aparelhos predispostos para a defesa da propriedade (arame farpado, cacos de vidro em muros etc.) visíveis e a que estão equiparados os 'meios mecânicos' ocultos (eletrificação de fios, de maçanetas de portas, a instalação de armas prontas para disparar à entrada de intrusos etc.)."[83]

Apesar da definição do renomado autor, entendemos que os ofendículos não se prestam somente à defesa do patrimônio, mas também à vida, à integridade física etc., daqueles que os utilizam como artefato de defesa.

A discussão maior a respeito dos ofendículos cinge-se à apuração de sua natureza jurídica. Hungria os considerava como uma situação de *legítima defesa preordenada*. Isso porque os instrumentos somente agiriam quando os bens estivessem sendo agredidos e, dessa forma, já haveria uma situação de defesa legítima. Outros, ao contrário, a exemplo de Aníbal Bruno, entendem que aqueles que utilizam os ofendículos atuam no *exercício regular de um direito*. Afirmava o mestre pernambucano que "a essa mesma categoria de exercício de um direito

---

[82] TOLEDO, Francisco de Assis. *Princípios básicos de direito penal*, p. 199.
[83] MIRABETE, Júlio Fabbrini. *Manual de direito penal* – Parte geral, p. 190.

pertence o ato do indivíduo que, para defender a sua propriedade, cerca-a de vários meios de proteção, as chamadas defesas predispostas ou *offendicula*."[84]

Além dos aparelhos e instrumentos destinados à proteção dos bens, considera-se, também, como ofendículos a utilização de cães ou de outros animais de guarda.

Independentemente de sua natureza jurídica, isto é, se tratados como espécie de legítima defesa (preordenada) ou se analisados como exercício regular de direito, o fato é que os ofendículos são aceitos pelo nosso ordenamento jurídico. Contudo, embora aceitos, deverá o agente tomar certas precauções na utilização desses instrumentos, sob pena de responder pelos resultados dela advindos. Na precisa lição de Aníbal Bruno:

> "A zona do lícito termina necessariamente onde começa o abuso. É preciso que o valor do bem justifique o dano possível a ser sofrido pelo agressor, e que os meios de proteção sejam dispostos de modo que só este possa vir a sofrer o dano, como réplica do Direito ao seu ato injusto e não possam constituir perigo para qualquer outro, inocente."[85]

8.23. Efeitos civis da legítima defesa

Preconiza o art. 188, I, do Código Civil:

> **Art. 188.** Não constituem atos ilícitos:
> I – os praticados em legítima defesa ou no exercício regular de um direito reconhecido.
> [...].

Nos termos do citado dispositivo legal, aquele que atua em legítima defesa não pratica ato ilícito capaz de suportar a obrigação de indenizar.

Aqui, temos em confronto um bem que se procura defender em face de uma injusta agressão contra ele praticada. Assim, prefere o ordenamento jurídico tutelar o bem injustamente agredido, e, se porventura o agressor vier a sofrer danos, não lhe caberá o direito de pedir indenização contra aquele que, defendendo licitamente seu bem ou interesse, fazendo cessar a injusta agressão que era levada a efeito, com sua atitude causou danos no agressor.

8.24. Forças policiais que repelem agressão injusta

Pode acontecer, e não é incomum, que policiais sejam vítimas de agressões injustas e, repelindo essas agressões, venham a causar lesões ou mesmo a morte de seus agressores. Nesse caso, pelo fato de pertencerem às forças de segurança, agiriam eles sob o manto do estrito cumprimento do dever legal, ou estariam amparados pela legítima defesa? Entendemos que o caso se amolda, com mais perfeição, à legítima defesa, tendo em vista a situação de agressão injusta que por eles fora repelida.

No entanto, há posições em contrário que defendem, equivocadamente, a nosso ver, a existência do estrito cumprimento do dever legal. Nesse sentido, Ferré Olivé, Miguel Ángel Nuñez Paz, William Terra de Oliveira e Alexis Couto de Brito aduzem:

> "Uma agressão injusta não dará lugar à legítima defesa, mas sim ao estrito cumprimento do dever legal (art. 23, III, do CP), salvo quando o policial encontrar-se fora de serviço e atuando como particular"[86].

---

[84] BRUNO, Anibal. *Direito penal* – Parte geral, t. II, p. 9.
[85] BRUNO, Anibal. *Direito penal* – Parte geral, t. II, p. 9.
[86] FERRÉ OLIVÉ, Juan Carlos; NUÑEZ PAZ, Miguel Ángel; OLIVEIRA, William Terra de; BRITO, Alexis Couto de. *Direito penal brasileiro* – parte geral – princípios fundamentais e sistema, p. 398.

Com todo respeito aos renomados autores, não podemos com eles concordar. Isso porque não existe, para as forças policiais, um *dever legal* de causar lesões ou mesmo de matar seus agressores. É a situação de agressão injusta que permitirá essas alternativas, quando os policiais agirão em defesa de suas próprias pessoas, ou mesmo na defesa de terceiros.

Imagine-se a cena em que uma viatura policial é recebida a tiros por um grupo de traficantes fortemente armados. Repelindo essa injusta agressão, os policiais reagem e matam seus agressores. Não se pode alegar, aqui, o estrito cumprimento do dever legal, já que no Brasil não existe, como regra, a possibilidade de pena de morte (salvo nos casos de guerra declarada, nos termos do inciso XLVII do art. 5º da CF). As mortes dos agressores, contudo, estarão plenamente justificadas em virtude da alegação da legítima defesa, se observados todos os demais requisitos dessa causa de justificação.

9. ESTRITO CUMPRIMENTO DE DEVER LEGAL

9.1. Conceito e requisitos

Diz a primeira parte do inciso III do art. 23 do Código Penal que não há crime quando o agente pratica o fato no *estrito cumprimento de um dever legal*.

Como de costume, o Código não se preocupou em definir o conceito de estrito cumprimento de dever legal, tal como procedeu com o estado de necessidade e a legítima defesa. Contudo, seus elementos caracterizadores podem ser visualizados pela só expressão "estrito cumprimento de dever legal."

Aqui, da mesma forma que as demais causas de justificação, exige-se a presença de seus elementos objetivos e subjetivos.

Inicialmente, é preciso que haja um *dever legal* imposto ao agente, dever este que, em geral, é dirigido àqueles que fazem parte da Administração Pública, tais como os policiais e oficiais de justiça, pois, conforme preleciona Juarez Cirino dos Santos, "o estrito cumprimento de dever legal compreende os deveres de intervenção do funcionário na esfera privada para assegurar o cumprimento da lei ou de ordens de superiores da administração pública, que podem determinar a realização justificada de tipos legais, como a coação, privação de liberdade, violação de domicílio, lesão corporal etc."[87] Em segundo lugar, é necessário que o cumprimento a esse dever se dê nos exatos termos impostos pela lei, não podendo em nada ultrapassá-los.

Assim, por exemplo, se um oficial de justiça, cumprindo um mandado de busca e apreensão de um televisor, por sua conta resolver também fazer a apreensão de um aparelho de som, já antevendo um pedido futuro, não terá agido nos limites estritos que lhe foram determinados, razão pela qual, com relação à apreensão do aparelho de som, não atuará amparado pela causa de justificação.

Muito se discute, também, com relação à atitude de policiais que, visando a evitar a fuga de detentos em um presídio, atiram em direção aos fugitivos com a finalidade de matá-los. Como se percebe pela redação do inciso XLVII do art. 5º da Constituição da República, não haverá pena de morte, salvo em caso de guerra declarada, nos termos do art. 84, XIX. Não pode, outrossim, o policial, sob o falso argumento de estar cumprindo o seu mister de evitar a fuga dos presos, atirar com a finalidade de matá-los. Assim, aquele que, mesmo tendo a finalidade de evitar a fuga, pratica tal conduta, não poderá alegar, em seu benefício, a excludente do estrito cumprimento de um dever legal, porque, como vimos, o cumprimento desse dever não se deu nos limites estritos impostos pela lei.

---

[87] SANTOS, Juarez Cirino dos. *A moderna teoria do fato punível*, p. 187.

Nesse sentido, já decidiu o TJ-ES, tendo como relator o Desembargador José Eduardo Grandi Ribeiro:

"Não age ao abrigo da excludente do estrito cumprimento do dever legal o policial que, a título de fazer averiguação, atira na vítima pelas costas quando esta, temerosa de uma possível detenção, se afastava a correr."[88]

Há deveres impostos pela lei, contudo, que não são dirigidos àqueles que fazem parte da Administração Pública. O Código Civil, por exemplo, em seu art. 1.634, cuidando do exercício do poder familiar, diz competir aos pais, quanto à pessoa dos filhos menores, dirigir-lhes a criação e a educação. Para tanto, deverão os pais, muitas vezes, tomar atitudes enérgicas na criação e educação dos filhos. Se, porventura, com a finalidade de corrigi-los, vierem a constrangê-los de alguma forma, tal situação, na opinião de Assis Toledo, deverá ser analisada sob a ótica do estrito cumprimento de dever legal, pois, segundo o renomado autor:

"Embora a norma permissiva em foco tenha, na grande maioria das hipóteses, endereço certo aos agentes do Poder Público (no exercício de suas funções), aplica-se, igualmente, aos particulares quando atuam sob a imposição de um dever legal. No direito de família, por exemplo, têm os cônjuges o dever de guarda e educação dos filhos (CC, art. 384, I e II[89]). E, no cumprimento desse dever, podem ter a necessidade de praticar alguma sorte de constrangimento que, fora do exercício do pátrio poder[90], constituiria ato ilícito. Se não cometem excessos, na correção dos filhos, atuam sob o pálio desta causa de justificação."[91]

Entendendo diversamente de Assis Toledo, preconiza Magalhães Noronha que os castigos aplicados pelos pais a seus filhos, com a finalidade de corrigi-los, se estiverem de acordo com um critério de razoabilidade, excluem a ilicitude do fato não em virtude do estrito cumprimento de um dever legal, mas sim em razão da causa de justificação do exercício regular de direito, alegando que, "frequentemente, pode praticar-se um fato típico sem que haja crime. O mais comum, talvez, seja o castigo paterno, em que é atingida a incolumidade física, o que se justifica pelo exercício regular de direito, pois o castigo corporal é inerente ao pátrio poder[92], embora paulatinamente vá desaparecendo."[93]

Acreditamos que nesses casos que dizem respeito às condutas praticadas pelos pais na criação e educação de seus filhos a ilicitude seja afastada não pela aplicação da causa de justificação do estrito cumprimento do dever legal, mas sim pelo exercício regular de um direito. Não há um dever, segundo entendemos, de corrigir os filhos aplicando-lhes castigos moderados, mas sim um direito. Isto é, os pais podem ou não se valer de castigos corporais, ou outras formas de constrangimento, para que seus filhos sejam educados e corrigidos, mas não podemos concluir que essa forma de castigo seja um dever, mas tão somente um direito.

Embora ainda entendamos como válido o raciocínio, a Lei nº 13.010, de 26 de junho de 2014, alterou a Lei nº 8.069, de 13 de julho de 1990 (Estatuto da Criança e do Adolescente), para estabelecer o direito da criança e do adolescente de serem educados e cuidados sem o uso de castigos físicos ou de tratamento cruel ou degradante, dizendo, em seu art. 18-A, *verbis*:

---

[88] *RT* 644/311.
[89] A citação corresponde ao atual art. 1.634, I e II, do novo Código Civil.
[90] Obs.: Poder familiar.
[91] TOLEDO, Francisco de Assis. *Princípios básicos de direito penal*, p. 212.
[92] Obs.: Poder familiar.
[93] NORONHA, Edgard Magalhães. *Direito penal*, v. I, p. 198.

> **Art. 18-A.** A criança e o adolescente têm o direito de ser educados e cuidados sem o uso de castigo físico ou de tratamento cruel ou degradante, como formas de correção, disciplina, educação ou qualquer outro pretexto, pelos pais, pelos integrantes da família ampliada, pelos responsáveis, pelos agentes públicos executores de medidas socioeducativas ou por qualquer pessoa encarregada de cuidar deles, tratá-los, educá-los ou protegê-los.
> **Parágrafo único.** Para os fins desta Lei, considera-se:
> I – castigo físico: ação de natureza disciplinar ou punitiva aplicada com o uso da força física sobre a criança ou o adolescente que resulte em:
> a) sofrimento físico; ou
> b) lesão;
> II – tratamento cruel ou degradante: conduta ou forma cruel de tratamento em relação à criança ou ao adolescente que:
> a) humilhe; ou
> b) ameace gravemente; ou
> c) ridicularize.

9.2. O esvaziamento do estrito cumprimento de dever legal como causa de exclusão da ilicitude em face da tipicidade conglobante

Zaffaroni e Pierangeli ensinam que, nos dias de hoje, para que se possa falar em tipicidade penal não basta a mera adequação da conduta ao modelo abstrato previsto na lei penal. Isso é característica de uma tipicidade reconhecida como formal ou legal. É preciso, para reconhecer a tipicidade penal, dar mais um passo. Deverá o agente indagar sobre uma outra espécie de tipicidade, qual seja, a tipicidade conglobante.

Para que o raciocínio possa se desenvolver com clareza, devemos concluir inicialmente que a tipicidade penal é formada pela conjugação da tipicidade legal (formal) com a tipicidade conglobante (tipicidade penal = tipicidade legal + tipicidade conglobante).

A tipicidade formal ou legal, como já dissemos anteriormente, é a adequação perfeita da conduta do agente ao modelo abstrato previsto na lei penal. Se, por exemplo, não houver essa adequação perfeita, esse encaixe preciso da conduta ao modelo elaborado pela lei penal, o estudo do crime estará interrompido, concluindo-se, sem a necessidade do estudo da tipicidade conglobante, pela atipicidade do fato.

Assim, por exemplo, se alguém, dirigindo de forma extremamente imprudente o seu automóvel, colidir com outro que se encontrava estacionado, destruindo-o totalmente, teremos obrigatoriamente que concluir pela atipicidade desse fato, uma vez que o Código Penal só fez previsão expressa do dano causado de forma dolosa, deixando para o Direito Civil a tutela do patrimônio quando atingido de maneira culposa.

Contudo, se entendermos que o fato praticado pelo agente é formalmente típico, visto que se amolda a algum modelo legal, daremos mais um passo e iniciaremos o estudo da tipicidade conglobante.

Segundo Zaffaroni e Pierangeli:

> "Pode ocorrer o fenômeno de que a fórmula legal aparente abarcar hipóteses que são alcançadas pela norma proibitiva considerada isoladamente, mas que de modo algum podem incluir-se na sua proibição quando considerada conglobadamente, isto é, formando parte de um universo ordenado de normas. Daí que a tipicidade penal não se reduza à tipicidade legal (isto é, à adequação à formulação legal), mas que deve evidenciar uma verdadeira proibição com relevância penal, para o que é necessário que esteja proibida à luz da consideração conglobada da norma. Isso significa que a tipicidade penal implica a tipicidade legal corrigida pela tipicidade conglobante que pode reduzir o âmbito de proibição aparente que surge da consideração isolada da tipicidade legal.
> [...].

> Os principais casos em que, apesar da tipicidade legal, configura-se uma atipicidade conglobante ocorrem quando uma norma ordena o que outra parece proibir (cumprimento de dever jurídico), quando uma norma parece proibir o que outra fomenta, quando uma norma parece proibir o que outra norma exclui do âmbito de proibição, por estar fora da ingerência do Estado, e quando uma norma parece proibir condutas, cuja realização garantem outras normas, proibindo as condutas que as perturbam."[94]

Neste tópico, nos ocuparemos somente da primeira hipótese, ou seja, quando uma norma ordena o que a outra parece proibir.

Exigindo-se a tipicidade conglobante, juntamente com a tipicidade formal, para a existência da tipicidade penal, alguns problemas são resolvidos quando da análise do fato típico. Para que haja o crime é preciso que a conduta praticada pelo agente seja típica, ilícita e culpável. Cada um desses elementos, como asseverou Welzel, nessa divisão tripartida do conceito analítico de crime, é um elemento de estudo necessário, lógico e antecedente do estudo do elemento seguinte. O intérprete, portanto, quando chega ao seu conhecimento um determinado acontecimento, deve iniciar o seu estudo pela análise do fato típico. Concluindo pela tipicidade do fato (conduta dolosa ou culposa, resultado, nexo de causalidade entre a conduta e o resultado e a tipicidade penal), deve partir para o estudo do elemento seguinte, qual seja, a ilicitude. Concluindo-se pela ilicitude da conduta, em face da ausência de causas legais ou supralegais de justificação, parte-se para a análise do último elemento – a culpabilidade.

Com a tipicidade conglobante quer-se encurtar o estudo do crime, resolvendo, em algumas hipóteses, problemas que seriam analisados fora do estudo do tipo. Isso se dá, por exemplo, nos casos em que o agente atua amparado pelo estrito cumprimento do dever legal.

Segundo o conceito de tipicidade conglobante, não é possível que no ordenamento jurídico que se entende como perfeito exista uma norma ordenando que se faça aquilo que outra proíbe. Exemplificando: Suponhamos que alguém seja condenado à morte. Caberá ao carrasco a execução do condenado. O carrasco, na verdade, cumpre uma função que lhe é imposta pela norma. Pergunta: Teria o carrasco, ao eliminar o condenado à morte, praticado uma conduta típica? Para aqueles que não adotam o conceito de tipicidade conglobante, a conduta do carrasco seria típica, mas não antijurídica, pois estaria acobertado pela causa de justificação do estrito cumprimento do dever legal.

Nesse exemplo, como se percebe, temos um conflito entre duas normas: a do art. 121, que diz ser proibido matar; e uma outra que impõe ao carrasco o dever de matar. Como resolver o conflito? Para Zaffaroni e Pierangeli, a situação deve ser analisada sob o enfoque da tipicidade conglobante, que limitará o âmbito de abrangência do tipo penal, para dele excluir condutas que não sejam antinormativas (contrárias à norma), mas que, na verdade, são impostas pela norma. Para esses autores, o fato de o carrasco matar alguém, obrigado pela norma, não deve ser resolvido quando da análise da ilicitude, mas, sim, quando da verificação da tipicidade penal, mais especificamente da tipicidade conglobante.

Após afirmarem que as normas jurídicas não vivem isoladas, mas num entrelaçamento em que umas limitam as outras e não podem ignorar-se mutuamente, preceituam:

"Esta ordem mínima, que as normas devem guardar entre si, impede que uma norma proíba o que a outra ordena, como também impede que uma norma proíba o que a outra fomenta. A lógica mais elementar nos diz que o tipo não pode proibir o que o direito ordena e nem o que ele fomenta. Pode ocorrer que o tipo legal pareça incluir estes casos na tipicidade, como sucede com o do oficial de justiça,[95] e no entanto, quando penetramos um pouco mais no

---

[94] ZAFFARONI, Eugenio Raúl; PIERANGELI, José Henrique. *Manual de direito penal brasileiro*, p. 551-552.
[95] O exemplo fornecido pelos autores diz respeito a um oficial de justiça que cumpre um mandado de penhora e sequestro de um quadro, de propriedade de um devedor a quem se executa em processo

alcance da norma que está anteposta ao tipo, nos apercebemos que, interpretada como parte da ordem normativa, a conduta que se adequa ao tipo legal não pode estar proibida, porque a própria ordem normativa a ordena e a incentiva."[96]

Concluindo, com o conceito de tipicidade conglobante, que exige como um de seus elementos integradores a antinormatividade da conduta, os casos de estrito cumprimento de dever legal deverão ser analisados não mais quando do estudo da ilicitude, mas sim quando da verificação da tipicidade penal.

Deve ser ressaltado, contudo, que o nosso Código Penal adotou o estrito cumprimento de dever legal como causa de exclusão da ilicitude, podendo, de *lege ferenda*, ser reavaliada essa postura, a fim de permitir que o estudo do crime seja interrompido em seu primeiro momento, ou seja, quando da verificação do fato típico, evitando-se o desnecessário ingresso no campo da ilicitude.

Sendo adotada, no futuro, essa postura, ocorrerá um esvaziamento das causas de exclusão de ilicitude, uma vez que, atuando o agente no estrito cumprimento de dever legal, sua conduta não será antinormativa e, como consequência, afastará a tipicidade penal por ausência de tipicidade conglobante.

10. EXERCÍCIO REGULAR DE DIREITO

A causa de justificação do *exercício regular de direito*, prevista na segunda parte do inciso III do art. 23 do Código Penal, também não foi objeto de conceituação pelo legislador. Sua definição, portanto, ficou a cargo de nossa doutrina, bem como dos tribunais.

Os seus elementos, entretanto, podem ser extraídos quando da interpretação da expressão "exercício regular de direito." Esse "direito" pode surgir de situações expressas nas regulamentações legais em sentido amplo, ou até mesmo dos costumes, ou, na precisa lição de Paulo José da Costa Júnior:

"O conceito de direito, empregado pelo inciso III do art. 23, compreende todos os tipos de direito subjetivo, pertençam eles a este ou àquele ramo do ordenamento jurídico – de direito penal, de outro ramo do direito público ou privado – podendo ainda tratar-se de norma codificada ou consuetudinária."[97]

Como ressaltamos linhas atrás, diferentemente da posição de Assis Toledo, a correção aplicada pelos pais a seus filhos menores encontra amparo nessa causa de exclusão da ilicitude, bem como as práticas esportivas violentas, desde que os atletas permaneçam nas regras previstas para aquela determinada modalidade; o direito que tem o proprietário, nos termos do art. 1.283 do Código Civil, de cortar as raízes e ramos de árvores do vizinho que invadam o seu terreno etc.

O limite do lícito, como assevera Cezar Roberto Bitencourt, "termina necessariamente onde começa o abuso, posto que aí o direito deixa de ser exercido regularmente, para mostrar-se abusivo, caracterizando sua ilicitude."[98]

---

regular, por seu legítimo credor, para a cobrança de um crédito vencido. Para que se mantenha o raciocínio inicial, como no exemplo do carrasco, a substituição dos personagens poderá ser feita, pois ambos atuam no cumprimento de um dever.

[96] ZAFFARONI, Eugenio Raúl; PIERANGELI, José Henrique. *Manual de direito penal brasileiro*, p. 460.
[97] COSTA JÚNIOR, Paulo José da. *Direito penal objetivo*, p. 62.
[98] BITENCOURT, Cezar Roberto. *Manual de direito penal – Parte geral*, p. 279-280.

11. CONSENTIMENTO DO OFENDIDO – CONCEITO, FINALIDADES E REQUISITOS

O consentimento do ofendido, na teoria do delito, pode ter dois enfoques com finalidades diferentes:

a) afastar a tipicidade;
b) excluir a ilicitude do fato.

Já dizia Bacigalupo que se discute:

"Qual é o âmbito em que deve operar o consentimento. Um setor da teoria distingue entre o consentimento que exclui a tipicidade e o que exclui a antijuridicidade, estabelecendo diversos pressupostos para a eficácia de ambos. O consentimento excluiria a tipicidade quando o tipo descrevesse uma ação cujo caráter ilícito reside em atuar contra a vontade do sujeito passivo: por exemplo, na violação de domicílio do Código Penal argentino, art. 150 ('contra a vontade expressa ou presumida do dono'). O consentimento excluiria, pelo contrário, a antijuridicidade quando o comportamento do autor importasse já uma lesão ao bem jurídico. Por exemplo, no caso do delito de dano às coisas (Código Penal argentino, art. 183)."[99]

Entre nós, o consentimento do ofendido também gera consequências diferentes, dependendo do tipo penal que se analisa. No caso de delitos contra a dignidade sexual, se a mulher consente na relação sexual, não se poderá cogitar em tipicidade da conduta daquele que com ela mantém conjunção carnal; na violação de domicílio, citada por Bacigalupo, se quem de direito permite o ingresso de outrem em sua residência, também não haverá tipicidade na conduta deste último. Contudo, há situações em que o fato é típico, mas não será antijurídico em virtude do consentimento do ofendido. Podemos citar como exemplo o caso daquele que permite que alguém lhe faça uma tatuagem. Existe, em tese, a figura da lesão corporal, uma vez que o tatuador, ao exercer a sua atividade, ofende a integridade física daquele que deseja tatuar o corpo. Embora típica, a conduta deixará de ser ilícita em razão do consentimento dado para tanto. No crime de dano, mencionado por Bacigalupo, se alguém permite que a sua coisa seja destruída, em que pese o fato ser típico, nessa hipótese, também, não será antijurídico.

Há de se ressaltar que o consentimento do ofendido, seja como causa que afaste a tipicidade, seja como excludente da ilicitude, não encontra amparo expresso em nosso Direito Penal objetivo, sendo considerado, portanto, causa supralegal. Nesse sentido, afirma Lélio Braga Calhau:

"O Código Penal Brasileiro não incluiu o consentimento do ofendido como causa de exclusão do crime. Mesmo assim, deve o mesmo ser reputado como uma *cláusula supralegal*, haja vista que o legislador não poderia prever todas as mutações das condições materiais de exclusão, sendo que a criação de novas causas de justificação, ainda não elevadas ao direito positivo, corrobora para a aplicação da justiça material."[100]

Para que o consentimento seja válido e, como consequência, possa produzir os efeitos mencionados, obrigatoriamente deverão estar presentes certos requisitos, que variam de acordo com a posição de alguns doutrinadores.

Assis Toledo, dissertando sobre o tema, preleciona:

---

[99] BACIGALUPO, Enrique. *Manual de derecho penal*, p. 132.
[100] CALHAU, Lélio Braga. *Vítima e direito penal*, p. 81.

"São requisitos do consentimento justificante:

a) que o ofendido tenha manifestado sua aquiescência livremente, sem coação, fraude ou outro vício de vontade;
b) que o ofendido, no momento da aquiescência, esteja em condições de compreender o significado e as consequências de sua decisão, possuindo, pois, capacidade para tanto;
c) que o bem jurídico lesado ou exposto a perigo de lesão se situe na esfera de disponibilidade do aquiescente;
d) finalmente, que o fato típico penal realizado se identifique com o que foi previsto e se constitua em objeto de consentimento pelo ofendido."[101]

Reyes Echandía enumera cinco requisitos necessários ao reconhecimento do consentimento do ofendido, a saber:

"1. que o direito seja daqueles de que se possam dispor validamente os particulares;

2. que o sujeito passivo tenha capacidade jurídica para dispor do direito;

3. que o consentimento seja anterior ou consentâneo à conduta do agente;

4. que seja expresso ou que, em caso contrário, não fique dúvida razoável de que o titular do direito houvera consentido;

5. que seja concreto, sério e emitido sem erro nem violência."[102]

Para nós, o consentimento do ofendido somente surtirá o efeito desejado se estiverem presentes três requisitos fundamentais:

- que o ofendido tenha capacidade para consentir;
- que o bem sobre o qual recaia a conduta do agente seja disponível;
- que o consentimento tenha sido dado anteriormente ou pelo menos numa relação de simultaneidade à conduta do agente.

O primeiro dos requisitos diz respeito à capacidade do ofendido em consentir. Somente aquele que for penalmente imputável, ou seja, que tiver 18 anos completos e que estiver em estado de perfeita higidez mental, é que poderá consentir.

Pierangeli, uma das maiores autoridades sobre o tema, depois de descartar a possibilidade de o consentimento ser emitido por menores de 18 e maiores de 14 anos, preleciona:

"Resulta meridianamente claro que o critério a ser seguido só pode ser o da idade estabelecida para a imputabilidade, ou seja, 18 anos, até porque os menores dessa idade ficam sujeitos às normas estabelecidas na legislação especial (art. 27). Adquire, pois, o indivíduo a sua capacidade penal aos 18 anos. Mas não a adquire tão somente o imputado, mas, também, o consenciente, porquanto seria inadmissível que em um mesmo Código se estabelecesse duas idades para uma mesma capacidade penal, ou, por outras palavras, uma para a prática do fato e outra para consentir em fato que a justifica."[103]

---

[101] TOLEDO, Francisco de Assis. *Princípios básicos de direito penal*, p. 215.
[102] REYES ECHANDÍA, Alfonso. *Antijuridicidad*, p. 260-261.
[103] PIERANGELI, José Henrique. *O consentimento do ofendido na teoria do delito*, p. 126.

O segundo requisito diz respeito à disponibilidade do bem sobre o qual recai o consentimento. Se o bem for indisponível, mesmo que o consenciente seja capaz, tal consentimento não será levado em consideração. Diz Fragoso:

"Bem jurídico disponível é aquele exclusivamente de interesse privado (que a lei protege somente se é atingido contra a vontade do interessado). O consentimento jamais terá efeito quando se tratar de bem jurídico indisponível, ou seja, aquele bem em cuja conservação haja interesse coletivo."[104]

São disponíveis, por natureza, os bens patrimoniais. A vida, pelo contrário, é um bem indisponível por excelência. Assim, se alguém permitir que seu automóvel faça parte de uma cena de cinema em que o veículo será explodido, embora, em tese, tenha ocorrido um fato típico, visto que o diretor das filmagens destruiu dolosamente coisa alheia, tal fato não será antijurídico, uma vez que o consentimento válido exclui a característica da ilicitude. Agora, se determinado doente em fase terminal, sofrendo intensas dores, pedir o auxílio de terceira pessoa para que desligue os aparelhos que o mantêm vivo, e se tal pessoa desligá-los, embora tenha havido um pedido do consenciente, ainda assim sua conduta será ilícita, devendo responder, pois, pelo delito de homicídio, se não houver, no caso, qualquer causa dirimente da culpabilidade, haja vista que a vida é um bem indisponível.

Há controvérsia a respeito da disponibilidade do bem integridade física. Há autores, a exemplo de Fragoso,[105] que entendem pela sua disponibilidade.

Entendemos que a integridade física é um bem disponível desde que as lesões sofridas sejam consideradas de natureza leve. Caso as lesões sejam graves ou gravíssimas, o consentimento do ofendido não terá o condão de afastar a ilicitude da conduta levada a efeito pelo agente.

O consentimento deverá, ainda, ser anterior ou mesmo simultâneo à conduta do agente. Se for posterior, não afastará a ilicitude da conduta praticada.

---

[104] FRAGOSO, Heleno Cláudio. *Lições de direito penal* – Parte geral, p. 192-193.
[105] FRAGOSO, Heleno Cláudio. *Lições de direito penal* – Parte geral, p. 192-193.

Capítulo XXXV
Culpabilidade

Acesse e assista à aula explicativa sobre este assunto.
> http://uqr.to/1wh1a

1. CONCEITO

Culpabilidade é o juízo de reprovação pessoal que se realiza sobre a conduta típica e ilícita praticada pelo agente. Nas lições de Welzel, "culpabilidade é a 'reprovabilidade' da configuração da vontade. Toda culpabilidade é, segundo isso, 'culpabilidade de vontade'. Somente aquilo a respeito do qual o homem pode algo voluntariamente lhe pode ser reprovado como culpabilidade."[1] Na definição de Cury Urzúa, "a culpabilidade é reprovabilidade do fato típico e antijurídico, fundada em que seu autor o executou não obstante que na situação concreta podia submeter-se às determinações e proibições do direito."[2] Sanzo Brodt, arremata que "a culpabilidade deve ser concebida como reprovação, mais precisamente, como juízo de reprovação pessoal que recai sobre o autor, por ter agido de forma contrária ao Direito, quando podia ter atuado em conformidade com a vontade da ordem jurídica."[3]

Conforme preconiza von Liszt, "é pelo aperfeiçoamento da doutrina da culpa que se mede o progresso do direito penal."[4] E a culpabilidade, desde von Liszt e Beling, veio progredindo com o surgimento de várias teorias que, ao longo dos anos, tiveram por meta não somente aperfeiçoá-la, mas encontrar o seu verdadeiro sentido.

O conceito de culpabilidade exerce duas funções, que podem ser visualizadas como duas faces de uma mesma moeda. Através da primeira função, consegue-se perceber, nitidamente, a finalidade *retributiva* da pena, vale dizer, a imposição de um mal adequado à culpabilidade do agente. Aqui, como esclarece Roxin, "a culpabilidade tem um efeito prejudicial para o acusado, legitimando o mal que se lhe impõe"[5]. A segunda função tem um caráter diverso, sendo utilizada como um limite para aplicação da pena que praticou a infração penal, limitando, consequentemente, o poder estatal, permitindo, assim, com que a pena seja aplicada de acordo

---

[1] WELZEL, Hans. *Derecho penal alemán*, p. 167.
[2] CURY URZÚA, Enrique. *Derecho penal – Parte general*, t. II, p. 7.
[3] SANZO BRODT, Luis Augusto. *Da consciência da ilicitude no direito penal brasileiro*, p. 102.
[4] VON LISZT, Franz. *Tratado de direito penal alemão*, p. 250.
[5] ROXIN, Claus. *Culpabilidad y prevención en derecho penal*, p. 42.

com o juízo de censura que recai sobre a conduta do agente. Assim, por exemplo, duas pessoas que, agindo em concurso, praticam um determinado delito, podem receber penas distintas, graças a essa função que exerce a culpabilidade, pois que, ainda seguindo as lições de Roxin, "o grau de culpabilidade assinala o limite máximo da pena"[6]. Esta última, como se percebe, tem um efeito benéfico ao agente, pois que o protege de penas injustas e desproporcionais.

Embora tais funções sejam amplamente adotadas pela doutrina, Roxin repele a primeira delas, com veemência. No que diz respeito à função que assiste à culpabilidade, mediante a aplicação da pena, como forma de compensar e anular o mal praticado pelo agente que cometeu o ilícito penal, entende o ilustre catedrático de Direito Penal da Universidade de Munique que esse raciocínio é irracional e incompatível com as bases teóricas da democracia[7], pois que, segundo o renomado autor, "como em uma democracia todo poder estatal (inclusive o Poder Judiciário) unicamente procede do povo, a sentença judicial carece de legitimação metafísica-teológica e seu fundamento, exclusivamente racional, descansa na vontade dos cidadãos. Esta vontade está dirigida a finalidades de prevenção geral e especial e não a uma compensação da culpabilidade cuja realização está subtraída ao poder humano"[8].

Por outro lado, Roxin entende como perfeita a função da culpabilidade quando se emprega no sentido de limitar a aplicação da pena, uma vez que esta última não pode ultrapassar, em gravidade ou duração, o grau de culpabilidade[9], e conclui, dizendo que com sua tese pretende "separar o conceito de culpabilidade do princípio retributivo, com o qual se considera muitas vezes indissoluvelmente unido, e empregá-lo unicamente conquanto sirva para limitar o poder de intervenção estatal"[10].

Obviamente que o cálculo a ser feito no momento da aplicação da pena nunca será exato, ou seja, nunca se poderá chegar, com precisão matemática, à pena exatamente correspondente à culpabilidade do agente. No entanto, a adoção dessa segunda função da culpabilidade, ou seja, limitadora da ação do Estado, impedirá que abusos sejam cometidos.

2. CULPABILIDADE E PERIGOSIDADE

Quando o julgador chega à conclusão que o fato praticado pelo agente era típico, ilícito e culpável, como regra, a consequência natural será a aplicação de uma pena. Dissemos como regra porque, eventualmente, a pena aplicada ao agente, dependendo da hipótese concreta, em sendo o agente considerado semi-imputável, poderá ser substituída por uma medida de segurança, nos termos preconizados pelo art. 98 do diploma repressivo.

Contudo, embora o fato praticado pelo agente seja considerado como típico e antijurídico, pode não estar presente a característica da culpabilidade, na hipótese em que for considerado como inimputável. Nesse caso, como veremos mais adiante, deverá ser absolvido e, consequentemente, ser-lhe aplicada a chamada medida de segurança, considerando-se a sua perigosidade.

Assim, em síntese, a *culpabilidade* abre a possibilidade de aplicação de uma pena, assim como a *perigosidade* permite a imposição de uma medida de segurança.

Muñoz Conde, com a autoridade que lhe é peculiar, em nota introdutória ao livro de Claus Roxin, com o título *Culpabilidad y prevención en derecho* penal, resume essa situação, dizendo:

---

[6] ROXIN, Claus. *Culpabilidad y prevención en derecho penal*, p. 43.
[7] ROXIN, Claus. *Culpabilidad y prevención en derecho penal*, p. 43.
[8] ROXIN, Claus. *Culpabilidad y prevención en derecho penal*, p. 43-44.
[9] ROXIN, Claus. *Culpabilidad y prevención en derecho penal*, p. 46.
[10] ROXIN, Claus. *Culpabilidad y prevención en derecho penal*, p. 48.

"Culpabilidade e perigosidade são, pois, os dois pontos de conexão do atual sistema de reação estatal frente à comissão de um fato típico e antijurídico. (...): o fato típico e antijurídico de um autor culpável dará lugar, portanto, à imposição de uma pena; o fato típico e antijurídico de um autor, culpável ou inculpável, mas perigoso, dará lugar à imposição de uma medida"[11].

3. LIVRE-ARBÍTRIO E DETERMINISMO

Muito já se discutiu sobre o fundamento da reprovabilidade da conduta daquele que praticou a infração penal. Duas teorias, surgidas por intermédio de correntes distintas, procuram justificar esse juízo de censura.

A primeira, fruto da Escola Clássica, prega o *livre-arbítrio*, sob o argumento de que o homem é moralmente livre para fazer suas escolhas. O fundamento da responsabilidade penal está na responsabilidade moral do indivíduo, sendo que esta, ou seja, a responsabilidade moral, tem por base o livre-arbítrio.

Moniz Sodré preleciona:

"Este livre-arbítrio é que serve, portanto, de justificação às penas que se impõem aos delinquentes como um castigo merecido, pela ação criminosa e livremente voluntária. Só é punível quem é moralmente livre e, por conseguinte, moralmente responsável, porque só estes podem ser autores de delitos. Se o homem cometeu um crime deve ser punido porque estava em suas mãos abster-se ou se o quisesse, praticar ao invés dele um ato meritório."[12]

A segunda teoria, com origem na Escola Positiva, prega o *determinismo*. A corrente determinista aduz, ao contrário, que o homem não é dotado desse poder soberano de liberdade de escolha, mas sim que fatores internos ou externos podem influenciá-lo na prática da infração penal. Apontando alguns dos argumentos erigidos pela teoria determinista, Moniz Sodré diz que, segundo tal corrente:

"Admitir-se a existência de uma vontade livre, não determinada por motivos de qualquer ordem, é contestar-se o valor da herança e a influência que a educação e o meio físico e social exercem sobre os homens. Não há fugir deste dilema. Ou a herança, o meio, a educação influem poderosamente sobre os indivíduos, formando-lhes o temperamento e o caráter, transmitindo-lhes e dando-lhes ideias e sentimentos que os levarão à prática de atos maus ou bons, conforme a natureza das qualidades morais transmitidas e adquiridas; e, então, a vontade não é livre, mas francamente determinada por esses motivos de ordem biológica, física e social. Ou a vontade é livre, exerce sua ação fora da influência destes fatores, e, neste caso, existe o livre-arbítrio, mas é mister confessar que o poder da herança, do meio e da educação é mera ilusão dos cientistas."[13]

Fernando Galvão posiciona-se no sentido de que:

"Toda conduta humana possui dois aspectos simultâneos e indissolúveis. Um externo, que expressa um atuar apto a modificar o mundo naturalístico, e outro interno, traduzido pelo movimento psíquico necessário à elaboração da vontade. O Direito tem como objeto de valoração a conduta humana e, como não se pode conceber esta desvinculada de seu elemento

---

[11] MUÑOZ, CONDE, Francisco. Introdução ao livro *Culpabilidad y prevención en derecho* penal, Claus Roxin, p. 14-15.
[12] ARAGÃO, Antônio Moniz Sodré de. *As três escolas penais*, p. 72.
[13] ARAGÃO, Antônio Moniz Sodré de. *As três escolas penais*, p. 82.

psíquico, é necessário reconhecer o interesse do Direito pela liberdade do querer. Dessa forma, a concepção do livre-arbítrio ressalta o poder do indivíduo para agir de outro modo, ou seja, como devia."[14]

Na verdade, entendemos que livre-arbítrio e determinismo são conceitos que, ao invés de se repelirem, se completam. Todos sabemos a influência, por exemplo, do meio social na prática de determinada infração penal. Temos, quase que diariamente, por meio da imprensa, notícias de que o tráfico de entorpecentes procura arregimentar pessoas da própria comunidade para que possam praticar o comércio ilícito de drogas. Muitos são atraídos pela ausência de oportunidades de trabalho; outros, pela falsa impressão de poder e autoridade que o tráfico de drogas transmite. Enfim, o meio social pode exercer influência ou mesmo determinar a prática de uma infração penal. Contudo, nem todas as pessoas que convivem nesse mesmo meio social se deixam influenciar e, com isso, resistem à prática de crimes. Outras, pelo fato de a pressão social ser demasiadamente forte, deixam-se levar. A esta última hipótese, como veremos mais à frente, pode-se aplicar a teoria da coculpabilidade.

Concluindo, a culpabilidade, ou seja, o juízo de censura que recai sobre a conduta típica e ilícita, é individual, pois o homem é um ser que possui sua própria identidade, razão pela qual não existe um ser igual ao outro. Temos nossas peculiaridades, que nos distinguem dos demais. Por isso, em tema de culpabilidade, todos os fatos, internos e externos, devem ser considerados a fim de se apurar se o agente, nas condições em que se encontrava, podia agir de outro modo.

4. EVOLUÇÃO HISTÓRICA DA CULPABILIDADE NA TEORIA DO DELITO

Apesar da influência do Direito italiano, a teoria do delito teve seus contornos mais definidos e sua evolução mais acentuada através da doutrina alemã. Desde Feuerbach, a partir do início do século XIX, a teoria do delito veio evoluindo gradativamente. Conforme assevera Juarez Tavares, em Feuerbach "podem-se encontrar os verdadeiros primeiros indícios de um conceito analítico de delito, em sua definição de crime como *ação antijurídica, cominada em uma lei penal*."[15] Aos poucos foram sendo descobertas e estudadas as características fundamentais do delito: ação – tipicidade – antijuridicidade – culpabilidade.

Inúmeros autores alemães contribuíram para a evolução e o aperfeiçoamento da teoria do delito. A Binding coube um estudo sobre a *teoria das normas*; a von Ihering deveu-se o desenvolvimento da antijuridicidade objetiva, mesmo que inicialmente aplicada ao Direito Civil; von Liszt e Beling foram os precursores do sistema causal-naturalista, devendo-se destacar a importância do estudo de Beling com relação aos tipos penais; Frank e Mezger tentaram aprimorar o sistema inicialmente proposto por Liszt e Beling; Goldschmidt e Freudenthal tiveram especial importância no que diz respeito à formação do conceito de exigibilidade de conduta diversa; Welzel modificou a estrutura anterior, causal, e criou um novo conceito de ação, agora finalístico; Jescheck e Wessels adotam uma posição que podemos denominar de híbrida, tentando conciliar as duas teorias – causal e final –, criando um conceito de ação de cunho eminentemente social. Enfim, foram muitos os autores que contribuíram para a evolução da teoria do crime e, especialmente, com relação à característica da culpabilidade.

Deixamos antever que, com o amadurecimento das reflexões e discussões sobre os elementos ou características da infração penal, várias modificações teóricas foram surgindo com o passar dos anos, fazendo com que houvesse gradual e significativo desenvolvimento

---

[14] GALVÃO, Fernando; GRECO, Rogério. *Estrutura jurídica do crime*, p. 362.
[15] TAVARES, Juarez. *Teorias do delito*, p. 13.

na teoria do delito. Nessa referida evolução, três teorias se destacaram – causal, final e social. Tentaremos traçar da maneira mais simplificada possível os seus contornos, para, em seguida, apontar ainda uma outra, de natureza funcional, proposta por Roxin e Jakobs.

Conforme esclarece Jesús-Maria Silva Sánchez:

"O sistema da teoria do delito de origem alemã já não é, em nossos dias, uma questão nacional alemã, como tampouco constitui o exemplo de um suposto imperialismo científico alemão. [...] No entanto, a sistemática da teoria do delito de origem alemã é hoje, todavia, a gramática mais desenvolvida da imputação jurídico-penal. Não há razão científica nem para renunciar a ela, nem para modificar seus elementos essenciais."[16]

4.1. Sistema causal-naturalista de Liszt-Beling (Sistema Clássico)

De acordo com uma visão analítica do delito, von Liszt e Beling o dividiam em dois aspectos bem definidos: um externo e outro interno. O aspecto externo, segundo a concepção de seus autores, compreendia a ação típica e antijurídica. O interno dizia respeito à culpabilidade, sendo esta o vínculo psicológico que unia o agente ao fato por ele praticado.

O delito, assim, era a ação típica, antijurídica e culpável.

A *ação* era concebida como o movimento humano voluntário, que causava uma modificação no mundo exterior, perceptível pelos sentidos. No conceito de ação estava embutido, também, o de resultado. Nas palavras de von Liszt, "ação é o fato que repousa sobre a vontade humana, a mudança no mundo exterior referível à vontade do homem. Sem ato de vontade não há ação, não há injusto, não há crime: *cogitationis poenam nemo patitur*. Mas também não há ação, não há injusto, não há crime sem uma mudança operada no mundo exterior, sem um resultado. Destarte são dados os dois elementos, de que se compõem a ideia de ação e portanto a de crime: ato de vontade e resultado."[17] A vontade ou a voluntariedade na comissão ou na omissão, segundo ainda von Liszt, significa "isenção de coação mecânica ou psicofísica."[18] Assim, não se reconheceria a ação quando o resultado fosse fruto de um comportamento praticado: *a)* sob coação física absoluta; *b)* em estado de inconsciência; *c)* em virtude dos chamados atos reflexos ou instintivos, desde que não haja a mínima relação psíquica entre esses movimentos corporais e o agente. Para essa teoria, conforme nos esclarece Esiquio Manuel Sánchez Herrera, "as atuações sob hipnose e como resultado de resoluções extremamente rápidas (atos em curto-circuito), conquanto possam significar um impulso volitivo e conquanto haja um mínimo de relação psíquica, pelo menos potencialmente, são consideradas como ação."

O *tipo*, na proposição inicial de Beling, construída em 1906, tinha a função fundamental de descrever objetivamente as condutas, nele fazendo-se, ainda, a previsão do resultado. Na precisa lição de Juarez Tavares:

"Talvez a mais importante contribuição da teoria causal tenha sido a elaboração do conceito de tipo, segundo o proposto por Beling. Na verdade, a noção de tipo veio a revolucionar inteiramente o Direito Penal, de tal modo que depois disso todas as construções sistemáticas do delito partem inquestionavelmente de seu pressuposto. Com efeito, foi com o conceito de tipo que se tornou possível a formulação do conceito analítico de delito."[19]

---

[16] SILVA SÁNCHEZ, Jesús-Maria. *Medio siglo de dogmática penal alemana* – Un punto de vista iberoamericano, p. 49-50.
[17] VON LISZT, Franz. *Tratado de direito penal alemão*, p. 193.
[18] VON LISZT, Franz. *Tratado de direito penal alemão*, p. 197.
[19] TAVARES, Juarez. *Teorias do delito*, p. 21.

A *antijuridicidade*, desenvolvida inicialmente por von Ihering com vista ao Direito Civil, compunha, juntamente com a ação típica, o injusto penal. Sua caracterização limitava-se à comprovação de que a conduta do agente contrariava a lei penal. Não havia necessidade de se indagar sobre o elemento subjetivo do agente, já que a antijuridicidade possuía uma natureza objetiva. As causas de exclusão da ilicitude, por conseguinte, também eram aferidas objetivamente. Não se devia perquirir, por exemplo, na legítima defesa, se o agente tinha ou não conhecimento de que agia nessa condição. Bastava amoldar objetivamente a sua conduta a uma situação de legítima defesa para o reconhecimento desta causa de exclusão da ilicitude. A ilicitude possuía ainda natureza puramente formal.

No sistema proposto por von Liszt e Beling, a parte externa do delito, ou seja, o injusto penal, era objetivo, sendo que na sua parte interna – a culpabilidade – é que deviam ser aferidos os elementos subjetivos do agente.

A *culpabilidade*, para esta teoria, era o lugar adequado ao estudo dos elementos subjetivos – dolo e culpa.

Mais do que elementos, dolo e culpa eram espécies de culpabilidade. A imputabilidade era tida como um pressuposto da culpabilidade. Antes de aferir dolo ou culpa, era preciso certificar-se se o agente era imputável, ou seja, capaz de responder pelo injusto penal por ele levado a efeito. Assim, segundo Ronaldo Tanus Madeira:

> "É que um doente mental jamais poderá agir com dolo ou culpa, porque, sem a capacidade psíquica para a compreensão do ilícito, não há nenhuma relação psíquica relevante para o Direito Penal, entre o agente e o fato. Sem a imputabilidade, não se perfaz a relação subjetiva entre a conduta e o resultado. Não se pode falar em dolo ou culpa de um doente mental. O dolo e a culpa como formas de exteriorização da culpabilidade em direção à causação do resultado, pressupõem a imputabilidade do agente."[20]

Os elementos subjetivos eram responsáveis pelo estabelecimento da relação psicológica entre o autor e o fato. Segundo Chaves Camargo, "o vínculo psicológico entre o autor e o fato é o fundamento para o reconhecimento da relação causal da vontade com o fato ilícito."[21]

Culpabilidade, em suma, significava o vínculo psicológico que ligava o agente ao fato ilícito por ele cometido, razão pela qual essa teoria passou a ser reconhecida como uma *teoria psicológica da culpabilidade*. Posteriormente, recebeu a denominação *sistema clássico*.

Juan Carlos Ferré Olivé, Miguel Ángel Nuñez Paz, William Terra de Oliveira e Alexis Couto de Brito aduzem:

> "A teoria psicológica propôs fundamentar a culpabilidade conforme as propostas do causalismo naturalista. O ponto de partida do modelo Liszt/Beling é extremamente singelo, já que todos os elementos objetivos do crime localizam-se no injusto (tipo e antijuridicidade), estruturados naturalisticamente sobre a base de uma *relação de causalidade*. Todo o subjetivo fica compreendido no último elemento, isto é, na culpabilidade, que é definida como um *nexo psicológico* entre o sujeito ativo e o resultado do crime. Em outros termos, a culpabilidade é um elemento interno do autor, é o conteúdo de sua vontade, que faz referência a um estado mental. A partir dessa perspectiva, o dolo é a vontade de perseguir o resultado, enquanto a culpa é a ausência de dita vontade"[22].

---

[20] MADEIRA, Ronaldo Tanus. *A estrutura jurídica da culpabilidade*, p. 86.
[21] CAMARGO, A L. Chaves. *Culpabilidade e reprovação penal*, p. 119.
[22] FERRÉ OLIVÉ, Juan Carlos; NUÑEZ PAZ, Miguel Ángel; OLIVEIRA, William Terra de; BRITO, Alexis Couto de. *Direito penal brasileiro* – parte geral – princípios fundamentais e sistema, p. 432.

O sistema causal-naturalista, apesar de seu mérito inicial, começou a sofrer algumas críticas, uma vez que, por exemplo, o conceito naturalístico de ação não conseguia explicar a essência da omissão; em sede de culpabilidade, sendo esta o vínculo psicológico entre o agente e o fato, não se conseguia explicar a *culpa inconsciente*; além disso, como bem frisou Juarez Tavares:

> "Ao fazer-se depender a imposição de pena, unicamente, do vínculo psicológico entre o agente e o fato (antiga *imputatio iuris*, dos práticos), não se obtém uma resposta convincente ao fato de porque a punibilidade deixa de existir em caso de coação irresistível, em atendimento à ordem de superior hierárquico, desde que a ordem não seja manifestamente ilegal, e em estado de necessidade exculpante."[23]

Roxin, em texto inserido na obra coletiva *Direito Penal Brasileiro*, parte geral, de autoria dos queridos amigos e professores espanhóis Juan Carlos Ferré Olivé e Miguel Ángel Nuñez Paz, além dos professores brasileiros William Terra de Oliveira e Alexis Couto de Brito, aponta, resumidamente, os argumentos contrários ao sistema penal clássico, dizendo:

> "a) Fazer depender o injusto da causalidade cria um extenso âmbito de responsabilidade objetiva. O fabricante e o vendedor de um automóvel são causalmente responsáveis pela morte produzida em um acidente, que foi gerado pelo comprador do carro. Por mais que o tipo de homicídio culposo possa incidir sobre os primeiros, tal possibilidade não se mostra plausível.
> b) Na omissão falta a causalidade no sentido científico-natural. Assim, por esse meio não se pode conceber o injusto omissivo.
> c) Pelo mesmo motivo não se pode esclarecer a tentativa por meio de conceitos do injusto que dependam da causalidade. Aqui a causalidade não pode determinar qual tipo penal foi percorrido.
> d) Também não é possível definir, por meio de premissas causais, o conteúdo objetivo do injusto de todo os tipos normativamente estruturados. Isso se mostra óbvio no famoso exemplo do crime de injúria, que consistiria na vibração produzida pelas ondas sonoras e na produção de estímulos no tímpano do ofendido. Sendo assim, da mesma maneira esse fenômeno natural acontece no elogio, e o que vem a ser o injusto da injúria não é absolutamente preenchido de conteúdo.
> e) Uma compreensão causal do injusto também conduz a resultados fáticos falsos. A isso se deve, por exemplo, a teoria subjetiva da participação, ainda não superada de todo na Alemanha, que delimita a autoria e a participação com a ajuda de uma – não existente na realidade – vontade do autor ou do partícipe, com base na premissa de que uma diferenciação objetiva das formas de colaboração é impossível porque todas as contribuições causais para o crime têm a mesma importância.
> f) Também não se pode entender a culpabilidade como um fenômeno exclusivamente subjetivo. Isso vale, antes de tudo, para a culpa inconsciente, na qual as circunstâncias que fundamentam a culpabilidade não estão absolutamente contidas na consciência do autor.
> g) Igualmente, as causas excludentes de culpabilidade como o estado de necessidade exculpante, o excesso na legítima defesa ou mesmo a inimputabilidade (parágrafos 35, 22 e 20 do Código Penal alemão), que, por mais que influenciem a situação psíquica do autor, se baseiam em fundamentos objetivos do fato"[24].

---

[23] TAVARES, Juarez. *Teorias do delito*, p. 31.
[24] ROXIN, Claus. *Direito penal brasileiro – parte geral – princípios fundamentais e sistema*, p. 46-47.

4.2. Teoria normativa – Sistema neoclássico – Metodologia neokantista

Por intermédio de Frank, em 1907, modificações foram realizadas no sistema anterior (clássico), principalmente no que diz respeito ao tipo penal e à culpabilidade. Foram introduzidos elementos subjetivos e normativos no tipo. De mera relação psicológica entre o agente e o fato, a culpabilidade passou a constituir-se de um juízo de censura ou reprovação pessoal, com base em elementos psiconormativos.[25-26] Na precisa lição de Cezar Roberto Bitencourt:

"A elaboração normativa da culpabilidade produziu-se no contexto cultural de superação do *positivismo-naturalista* e sua substituição pela *metodologia neokantiana* do chamado 'conceito neoclássico de delito'. Sintetizando, em toda evolução da teoria normativa da culpabilidade ocorre algo semelhante ao que aconteceu com a *teoria do injusto*. No injusto, naquela base *natural-causalista* acrescentou-se a teoria dos valores: ao *positivismo* do século XIX somou-se simplesmente o *neokantismo* da primeira metade do século XX. Na culpabilidade, a uma base naturalista-psicológica acrescenta-se também a teoria dos valores, primeiro com Frank, de forma vaga e difusa, posteriormente com Goldschmidt e Freudenthal. Com isso, se superpõe na culpabilidade um critério de caráter eticizante e de nítido cunho retributivo."[27]

Agora, para que o agente pudesse ser punido pelo fato ilícito por ele cometido não bastava a presença dos elementos subjetivos (dolo e culpa), mas sim que, nas condições em que se encontrava, pudesse lhe ser exigida uma conduta conforme o direito. O conceito de exigibilidade de conduta conforme a norma passou a refletir-se sobre toda a culpabilidade. Com a introdução desse elemento de natureza normativa, os problemas que anteriormente não conseguiam ser solucionados pela teoria clássica, como, v.g., o da coação irresistível, a obediência à ordem não manifestamente ilegal de superior hierárquico e o estado de necessidade exculpante, já poderiam ser tratados no campo da culpabilidade.

As ideias de Frank, segundo Carlos Parma,[28] constituíram "uma ponte" entre o psicologismo e o normativismo.

Na precisa lição de Paz Aguado,[29] o conceito neoclássico de delito modifica o sistema anterior em vários aspectos, a saber:

a) a ação deixa de ser absolutamente natural para estar inspirada em um certo sentido normativo que permita a compreensão tanto da ação em sentido estrito (positiva) como da omissão;

b) a tipicidade foi profundamente afetada pelo descobrimento de elementos normativos – que rompiam com uma concepção meramente descritiva e não valorativa da

---

[25] TAVARES, Juarez. *Teorias do delito*, p. 40.

[26] "O sistema neoclássico funda-se principalmente na filosofia neokantista dos valores (Windelband, Rickert, Lask). Esta filosofia, bastante influente nas primeiras décadas de nosso século, voltava as costas ao naturalismo e buscava devolver às ciências do espírito um fundamento autônomo, considerando sua diferença específica o fato de que a realidade que tem por objeto deveria ser referida, moldada, delimitada e sistematizada à luz de determinados valores mais altos, fundamentais para a respectiva disciplina. Torna-se consequente, de um tal ponto de vista, compreender o injusto e a culpabilidade partindo de critérios valorativos, como a lesividade social e a reprovabilidade, o que, aliás, até hoje é feito pela maioria dos modelos de sistema, com grande relevância prática" (Roxin, Claus. *Funcionalismo e imputação objetiva no direito penal*, p. 202).

[27] BITENCOURT, Cezar Roberto; MUÑOZ CONDE, Francisco. *Teoria geral do delito*, p. 319.

[28] PARMA, Carlos. *Culpabilidad*, p. 37.

[29] PAZ AGUADO, Mercedes de La Cuesta. *Tipicidad e imputación objetiva*, p. 48-50.

mesma – e de elementos subjetivos que deviam ser incluídos no tipo – ânimo de lucro, ânimo de injuriar etc.;

c) percebeu-se que o conteúdo meramente formal atribuído à antijuridicidade – oposição à norma, contradição ao direito – era insuficiente para fundamentar a intervenção penal. Junto a esse juízo de desvalor objetivo de caráter formal, a antijuridicidade passa a conter um juízo de desvalor material. O conteúdo material da antijuridicidade consiste na sua danosidade social;

d) foram revistas as relações entre tipicidade e antijuridicidade. A partir de agora, a tipicidade deixa de ser mero indício de antijuridicidade (teoria da *ratio cognoscendi*) e passa a ser a sua razão de existência (teoria da *ratio essendi*);

e) abandona-se o insuficiente conceito psicológico próprio da teoria clássica e adota-se um *conceito normativo*. A reprovabilidade como juízo de desaprovação jurídica do ato que recai sobre o autor se converte na base do sistema.

A estrutura da culpabilidade, para a teoria normativa, ficaria com o seguinte conteúdo:

a) imputabilidade;
b) dolo e culpa;
c) exigibilidade de conduta diversa.

Imputabilidade seria a possibilidade de se responsabilizar alguém pela prática de determinado fato previsto pela lei penal. Para tanto, teria o agente de possuir condições para entender o caráter ilícito do fato e de determinar-se de acordo com esse entendimento. Assim, deveria estar no pleno gozo de suas faculdades mentais para que pudesse atuar conforme o direito. Frank, dissertando sobre a imputabilidade, dizia que esta "não é capacidade de culpabilidade, nem pressuposto de culpabilidade, senão que pertence à culpabilidade."[30]

Dolo seria a vontade e a consciência de realizar o fato proibido pela lei e a culpa, uma vontade defeituosa. O dolo passou a ser entendido como um *dolus malus*, exigindo-se para sua caracterização, além da vontade de realizar o fato típico, *o conhecimento sobre a ilicitude do fato*.

O conceito de não exigibilidade passou a ser considerado como causa geral de exclusão da culpabilidade. Nas lições de Mezger, "não atua culpavelmente a pessoa a quem não pode ser exigida uma conduta distinta da realizada."[31]

A teoria normativa também é reconhecida doutrinariamente como uma teoria *psicológico-normativa*, pois, como vimos, aos elementos subjetivos, que eram tidos como espécies de culpabilidade, agregaram-se outros, que possuíam uma natureza normativa. A teoria normativa (psicológico-normativa ou neoclássica) é considerada, ainda, uma evolução teórica no sistema causal.

4.3. Teoria da ação final (Sistema Finalista)

Embora com algumas modificações, que serviram para o aperfeiçoamento do sistema clássico, a teoria neoclássica não se afastou do sistema causal, mantendo suas bases tradicionais. Foi somente a partir do início da década de 1930, mais precisamente em 1931, na Alemanha, que Hans Welzel publicou o seu "Causalidade e ação", na *Revista para a Ciência Penal Conjunta*, nº 51.[32] Nascia, ali, o finalismo.

---

[30] FRANK, Reinhard. *Sobre la estructura del concepto de culpabilidad*, p. 35.
[31] MEZGER, Edmundo. *Tratado de derecho penal*, t. II, p. 181.
[32] Conforme PARMA, Carlos. *Culpabilidad*, p. 193.

Conforme bem destacou Paz Aguado, "Welzel abandonou o pensamento abstrato e logicista próprio da teoria neoclássica para investigar a essência real da ação humana."[33] Redefiniu o conceito de ação de um ponto de vista ontológico, quer dizer, buscando as estruturas reais do ser. A ação, agora, não é concebida como mero ato voluntário que venha causar uma modificação no mundo exterior, perceptível pelos sentidos. Conforme observou Fernando Galvão, abeberando-se nos pensamentos filosóficos de Anaxágoras, Aristóteles[34], Kant, Hegel, Hartmann e nas colocações jurídicas de Samuel von Pufendorf, Helmuth von Weber e Alexander Graf Zu Dohna, Welzel[35], passa a analisar o delito utilizando como "pressuposto o fato de que a causalidade é obra da inteligência humana."[36]

Na precisa lição de Welzel:

"Ação humana é exercício de atividade final. A ação é, por isso, acontecer 'final', não somente 'causal'. A finalidade ou o caráter final da ação se baseia em que o homem, graças a seu saber causal, pode prever, dentro de certos limites, as consequências possíveis de sua atividade, estabelecendo, portanto, fins diversos e dirigir sua atividade, conforme o seu plano, a consecução desses fins. Em virtude de seu saber causal prévio, pode dirigir os distintos atos de suas atividades de tal modo que oriente o acontecer causal exterior a um fim e assim o determine finalmente. Atividade final é um agir orientado conscientemente ao fim, enquanto que o acontecer causal não está dirigido ao fim, senão que é a resultante dos componentes causais existentes em cada caso. Por isso a finalidade é – dito em forma gráfica – *vidente*, a causalidade, *cega*."[37]

A teoria finalista modificou profundamente o sistema causal. A começar pela ação, como vimos, que agora não mais podia dissociar-se da sua finalidade. Toda conduta humana vem im-

---

[33] PAZ AGUADO, Mercedes de La Cuesta. *Tipicidad e imputación objetiva*, p. 52.
[34] Zaffaroni, Alagia e Slokar prelecionam que "o conceito final de ação de Welzel se vincula quase que exclusivamente com a ética tradicional de cunho aristotélico, conforme a qual o desvalor não pode recair sobre outra coisa que uma ação, que não pode prescindir de sua finalidade" (*Derecho penal – Parte general*, p. 387).
[35] Embora alguns autores, a exemplo de Fernando Galvão, aduzam que o professor de Filosofia do Direito e de Direito Penal da Universidade de Bonn – Hans Welzel – tenha se valido dos ensinamentos e da filosofia de Nicolai Hartmann durante o processo de criação do finalismo, o mestre alemão, no prólogo da 4ª edição de sua obra intitulada *O novo sistema jurídico-penal*, traduzida por Luiz Regis Prado, faz um esclarecedor desabafo, assim se manifestando: "Até o presente momento havia guardado silêncio em relação à origem de minha doutrina, visto que na ciência deveria ter importância apenas o conteúdo de verdade de uma afirmação e não a sua origem. Contudo, ao ver afetada a afirmação em si mesma, e vendo ser esta última, em parte, objeto de uma interpretação equivocada, creio que não posso continuar silente.Não teria, sem dúvida alguma, nenhum motivo para me envergonhar se a origem de minha doutrina estivesse na filosofia de Nicolai Hartmann – se isso fosse correto. Mas esse não é o caso. As sugestões para a formulação da teoria finalista da ação não procederam de N. Hartmann, mas da Psicologia do Pensamento, e a primeira delas, precisamente, da obra *Grundlagen der denkpsychologie* (*Fundamentos da psicologia do pensamento*), do recém-falecido filósofo Richard Hönigswald. Recebi também outras sugestões dos trabalhos dos psicólogos Karl Bühler, Theodor Erismann, Reich Jaensch, Wilhelm Peters e dos fenomenólogos P. F. Linke e Alexander Pfänder, entre outros. Todos esses trabalhos, que apareceram entre 1920 e 1930, promoveram uma ruptura com a antiga psicologia mecanicista, de elementos e associações, e evidenciaram uma forma de realização dos atos anímicos que não era causal-mecânica. Em meu primeiro artigo denominei essa forma de realização *intencional dos fins* e a segui a partir da ação *interna*, dos atos do *pensamento*, que haviam sido destacados pelos trabalhos daqueles autores, até os atos *voluntários* e a *realização* da vontade (por conseguinte, até a ação *externa*)."
[36] GALVÃO, Fernando; GRECO, Rogério. *Estrutura jurídica do crime*, p. 61.
[37] WELZEL, Hans. *Derecho penal alemán*, p. 39-40.

pregnada de finalidade, seja esta lícita ou ilícita. Partindo dessa premissa, o dolo não mais podia ser analisado em sede de culpabilidade. Welzel o transportou para o tipo, dele afastando sua carga normativa, isto é, a consciência sobre a ilicitude do fato. O dolo finalista é um dolo natural, livre da necessidade de se aferir a consciência sobre a ilicitude do fato para a sua configuração. Na verdade, o elemento subjetivo foi conduzido para a ação. É através da ação que percebemos a finalidade do agente. A adequação da conduta ao modelo abstrato previsto pela lei penal (tipo) somente pode ser realizada com perfeição se conseguirmos visualizar a finalidade do agente.

O finalismo resolvia com perfeição o problema do dolo, pois este se confundia com a própria finalidade da conduta. Contudo, dizia-se que tal raciocínio não podia ser aplicado aos delitos culposos. Welzel confessa:

> "A própria teoria final da ação no princípio não apreendeu corretamente o delito culposo. A razão disso esteve em que partiu-se primitivamente com o prejulgamento generalizado na doutrina jurídico-penal de que o resultado era o aspecto jurídico penal essencial do fato culposo. Dado que o resultado não era provocado finalmente senão por causação causal-cega, acreditou-se (como os hegelianos) ter que se ampliar o conceito de ação e que colocar junto à finalidade atual, a finalidade potencial. [...] Somente com a compreensão de que o momento essencial ao fato culposo não reside no resultado, senão na classe e modo de execução da ação (isto é, na contravenção do cuidado), se abriu caminho para uma explicação conforme a estrutura da ação culposa. Os tipos dos delitos dolosos e culposos compreendem a ação final (dirigida) desde distintos pontos de vista: enquanto os tipos dos delitos dolosos (dolosos no sentido de dolo de tipo) compreendem a ação final na medida em que sua vontade de ação está dirigida à realização de resultados (objetivos) intoleráveis socialmente, os tipos dos delitos culposos se ocupam da classe de execução da ação final em relação a consequências intoleráveis socialmente, que o autor ou bem confia que não se produzirão ou bem sequer pensa em sua produção, e compreendem aquelas execuções de ação (processos de direção) que lesionaram o cuidado requerido (para evitar tais consequências) no âmbito de relação."[38]

Os tipos penais, na concepção finalista, passaram a ser considerados complexos, uma vez que neles deviam fundir-se os elementos de natureza objetiva com aqueles de natureza subjetiva (dolo e culpa).

A antijuridicidade, como predicado da ação típica, também deveria, a partir de agora, vir impregnada do mesmo elemento subjetivo desta última. O injusto penal (ação típica e antijurídica), portanto, não mais seria tido como objetivo, como na primitiva concepção de Liszt-Beling, pois que nele deveria verificar-se o seu elemento subjetivo.

Da culpabilidade, foram extraídos o dolo e a culpa, sendo transferidos para a conduta do agente, característica integrante do fato típico. O dolo, após a sua transferência, deixou de ser normativo, passando a ser um dolo tão somente natural. Na culpabilidade, contudo, permaneceu a potencial consciência sobre a ilicitude do fato – extraída do dolo –, juntamente com a imputabilidade e a exigibilidade de conduta diversa.

Assim, na culpabilidade, permaneceram somente os seus elementos de natureza normativa, razão pela qual a teoria final é reconhecida como uma *teoria normativa pura*. A culpabilidade, portanto, passa a se constituir por:

a) imputabilidade;
b) potencial consciência sobre a ilicitude do fato;
c) exigibilidade de conduta diversa.

---

[38] WELZEL, Hans. *Derecho penal alemán*, p. 155-156.

4.4. Teoria social da ação

A teoria social da ação, que tem suas raízes em Eb. Schimidt, define a ação como fenômeno social, procurando englobar aspectos do causalismo e do finalismo. Como observa Fernando Galvão:

> "Na concepção social, o conceito de ação decorre de solução conciliatória entre a pura consideração ontológica e a normativa. A teoria social pretende fazer com que a ação seja entendida como conduta socialmente relevante, dominada ou dominável pela vontade humana. A relevância social da ação é verificada à medida que a conduta produz efeitos danosos na relação do indivíduo com o seu ambiente social."[39]

Juarez Tavares, com maestria, aponta as dificuldades desse conceito de ação acrescido de sua relevância social, destacando dois pontos fundamentais:

> "*a)* a impossibilidade, até agora, de se fornecer um conceito preciso para a aventada relevância social da conduta e *b)* na imprestabilidade prática de um conceito de ação que implique um juízo de valor de tal ordem, que já diga respeito, no fundo, ao conteúdo social do fato, isto é, de conformidade ou desconformidade com a estruturação dos mandamentos coletivos (que, em seu conteúdo, não são coletivos)."[40]

Jescheck, depois de defender a tese de que ação é um comportamento humano socialmente relevante, disserta sobre a possibilidade de uma *dupla posição do dolo*. Segundo o renomado autor, "o dolo não deve, sem embargo, incluir-se somente no tipo de injusto, senão que ostenta uma *dupla posição*. Enquanto determinante da direção do comportamento constitui o elemento central do injusto típico da ação, enquanto resultado do processo de motivação do autor pertence à culpabilidade."[41]

Apesar do brilho de seus defensores, a exemplo de Jescheck e Wessels, a teoria social da ação vem sendo repudiada pela maior parte dos doutrinadores. Zaffaroni chega mesmo a dizer que o "suposto conceito social de conduta, que de modo algum serve de ponte entre causalismo e finalismo, padece dos mesmos defeitos de qualquer conceito teórico nebuloso: na melhor das hipóteses resulta estéril, porque não se pode extrair dele nenhuma consequência prática."[42] E sintetiza seu raciocínio asseverando que "o conceito social de ação no direito penal nos parece impreciso no plano teórico e perigoso e inútil a nível prático."

4.5. Funcionalismo teleológico ou moderado (Roxin) e Funcionalismo sistêmico ou radical (Jakobs)

Desde aproximadamente 1970, começou-se a discutir e a se desenvolver um sistema entendido como racional-final (ou teleológico) ou funcional do Direito Penal. Na precisa lição de Roxin, que adota uma postura funcionalista teleológica ou moderada, "os defensores desta orientação estão de acordo em rechaçar o ponto de partida do sistema finalista e partem da hipótese de que a formação do sistema jurídico-penal não pode vincular-se a realidades ontológicas prévias (ação, causalidade, estruturas lógico-reais etc.), senão que única e exclusivamente pode guiar-se pelas finalidades do Direito Penal."[43]

---

[39] ROCHA, Fernando Galvão da; GRECO, Rogério. *Estrutura jurídica do crime*, p. 66.
[40] TAVARES, Juarez. *Teorias do delito*, p. 92.
[41] JESCHECK, Hans-Heinrich. *Tratado de derecho penal*, p. 326.
[42] ZAFFARONI, Eugenio Raúl. *Tratado de derecho penal*, v. III, p. 120-121.
[43] ROXIN, Claus. *Derecho penal* – Parte general, t. I, p. 203.

Na verdade, pretende-se com o funcionalismo levar a efeito uma nova sistematização jurídico-penal. Como o próprio nome está a induzir, o funcionalismo parte dos pressupostos político-criminais ligados diretamente às funções do Direito Penal, principalmente no que diz respeito à chamada *teoria dos fins da pena*.

Em sede de estrutura jurídica do crime, o sistema funcional trabalha com duas vigas mestras: a teoria da imputação objetiva e a ampliação da culpabilidade para a categoria de *responsabilidade*. A primeira delas, nos crimes de resultado, passa a exigir, além da relação material de causalidade, um nexo normativo de causalidade, a fim de aferir se o resultado produzido pelo agente pode, juridicamente, ser a ele imputado. A segunda coluna do funcionalismo, ampliando o conceito de culpabilidade para o de responsabilidade, exige, sempre, a aferição da necessidade preventiva (especial ou geral) da pena, sem a qual se torna impossível a imposição desta.

Muñoz Conde, analisando com maestria o conceito de responsabilidade introduzido por Roxin, aduz que para este último:

"A responsabilidade penal pressupõe não somente a culpabilidade do autor, senão, ademais, a necessidade da pena desde o ponto de vista preventivo geral e especial. A culpabilidade e a prevenção, ao contrário do que sucede, por exemplo, com a colocação de Jakobs, não se fundamenta em uma unidade, senão que se limitam reciprocamente; para Roxin, as necessidades preventivas nunca podem conduzir a imposição de uma pena a um sujeito que não é culpável. Mas a culpabilidade em si mesma tampouco pode legitimar a imposição de uma pena, se esta não é necessária desde o ponto de vista preventivo."[44]

Por outro lado, a culpabilidade, numa visão funcionalista sistêmica ou radical, proposta por Jakobs, vem, de acordo com as lições de Esiquio Manuel Sánchez Herrera:

"Fundamentada e limitada a partir do fim preventivo geral da pena; essa prevenção é de caráter positivo e preferencial na medida em que se materializa o exercício da fidelidade ao Direito. A culpabilidade tem como missão selecionar, entre todas as verificadas, aquela condição jurídico penalmente relevante do ato do agente causador da defraudação das expectativas normativas. Essa condição selecionada se produz por um defeito na motivação do autor, e é isso o que precisamente permite imputar-lhe a conduta defraudadora das expectativas normativas."[45]

De acordo com as acertadas conclusões de Jesús-Maria Silva Sánchez:

"As correntes funcionalistas não pretendem, em princípio, uma modificação do sistema da teoria do delito. Se empenham, no entanto, na atribuição de novos conteúdos às categorias, com o fim de ampliar sua capacidade explicativa de soluções e sua aplicabilidade à realidade. Trata-se de orientar ditas categorias à 'função do Direito Penal na sociedade moderna.'"[46]

---

[44] MUÑOZ CONDE, Francisco. Introdução. *In*: Roxin, Claus. *La evolución de la política criminal, el derecho penal y el proceso penal*, p. 13.

[45] SÁNCHEZ HERRERA, Esiquio Manuel. *La dogmática de la teoría del delito* – Evolución científica del sistema del delito, p. 211.

[46] SILVA SÁNHEZ, Jesús-Maria. *Medio siglo de dogmática penal alemana* – Un punto de vista iberoamericano, p. 27.

5. CULPABILIDADE DE ATO E CULPABILIDADE DE AUTOR

Podemos falar, inicialmente, de um direito penal do fato e de um direito penal do autor. No direito penal do fato, analisa-se o fato praticado pelo agente, e não o agente do fato; no direito penal do autor, o enfoque já não será precipuamente o fato praticado pelo agente, mas sim o agente que cometeu o fato. Nesta última hipótese, é a pessoa do agente que é levada em consideração, a sua particular "forma de ser."

Na conceituação de Roxin:

"Por direito penal do fato se entende uma regulação legal, em virtude da qual a punibilidade se vincula a uma ação concreta descrita tipicamente e a sanção representa somente a resposta ao fato individual, e não a toda a condução de vida do autor ou aos perigos que no futuro se esperam do mesmo. Ao contrário, se tratará de um direito penal do autor quando a pena se vincule à personalidade do autor e seja a sua antissocialidade e o grau da mesma que determinem a sanção."[47]

Um direito penal exclusivamente do autor é um direito intolerável, porque não se julga, não se avalia aquilo que o homem fez, mas, sim, o que ele é. Na precisa lição de Zaffaroni e Pierangeli:

"Seja qual for a perspectiva a partir de que se queira fundamentar o direito penal do autor (culpabilidade de autor ou periculosidade), o certo é que um direito que reconheça, *mas que também respeite*, a autonomia moral da pessoa jamais pode penalizar o 'ser' de uma pessoa, mas somente o seu agir, já que o direito é uma ordem reguladora de conduta humana. Não se pode penalizar um homem por ser como escolheu ser, sem que isso violente a sua esfera de autodeterminação."[48]

Como bem destacou Assis Toledo:

"Na verdade, porém, nenhum sistema se apresenta com essa pureza. O que há são sistemas que mais se aproximam ora de um, ora de outro desses dois extremos. [...] Entre essas duas posições opostas, situam-se as correntes moderadas em prol de um direito penal do fato que considere também o autor. Esta é a posição do moderno direito penal, predominantemente um moderado direito penal do fato."[49]

Apesar da adoção de um moderado direito penal do fato, é possível distinguir-se, ainda, entre culpabilidade de ato e culpabilidade de autor. A culpabilidade do ato seria a reprovação do homem por aquilo que ele fez, considerando-se a sua capacidade de autodeterminação; já na culpabilidade de autor o que se reprova é o homem como ele é, e não aquilo que fez. Nas palavras de Jescheck, "na culpabilidade pelo fato individual se contemplam somente aqueles fatores da atitude interna juridicamente censurável que se manifestam de forma imediata na ação típica. Na culpabilidade pela conduta de vida, ao contrário, o juízo de culpabilidade se amplia a total personalidade do autor e seu desenvolvimento." Jescheck termina sua exposição concluindo que o correto parece ser a união de ambas as concepções. "O núcleo do conceito de culpabilidade somente pode ser a culpabilidade pelo fato individual, mas o Direito Penal deve ter em conta também muitas vezes a culpabilidade do autor."[50]

---

[47] ROXIN, Claus. *Derecho penal* – Parte general, t. I, p. 176-177.
[48] ZAFFARONI, Eugenio Raúl; PIERANGELI, José Henrique. *Manual de direito penal brasileiro* – Parte geral, p. 119.
[49] TOLEDO, Franscisco de Assis. *Princípios básicos de direito penal*, p. 251.
[50] JESCHECK, Hans-Heinrich. *Tratado de derecho penal*, v. I, p. 581.

6. ELEMENTOS DA CULPABILIDADE NA CONCEPÇÃO FINALISTA

Nos moldes da concepção trazida pelo finalismo de Welzel, a culpabilidade é composta pelos seguintes elementos normativos:

a) imputabilidade;
b) potencial consciência sobre a ilicitude do fato;
c) exigibilidade de conduta diversa.

A partir dessa configuração, faremos a análise individualizada de cada um deles, dentro da ordem acima proposta.

6.1. Imputabilidade (capacidade de culpabilidade)

Para que o agente possa ser responsabilizado pelo fato típico e ilícito por ele cometido é preciso que seja imputável. A imputabilidade é a possibilidade de se atribuir, imputar o fato típico e ilícito ao agente. A imputabilidade é a regra; a inimputabilidade, a exceção.

Sanzo Brodt assevera:

"A imputabilidade é constituída por dois elementos: um intelectual (capacidade de entender o caráter ilícito do fato), outro volitivo (capacidade de determinar-se de acordo com esse entendimento). O primeiro é a capacidade (genérica) de compreender as proibições ou determinações jurídicas. *Bettiol* diz que o agente deve poder 'prever as repercussões que a própria ação poderá acarretar no mundo social', deve ter, pois, 'a percepção do significado ético-social do próprio agir'. O segundo, a 'capacidade de dirigir a conduta de acordo com o entendimento ético-jurídico. Conforme *Bettiol*, é preciso que o agente tenha condições de avaliar o valor do motivo que o impele à ação e, do outro lado, o valor inibitório da ameaça penal."[51]

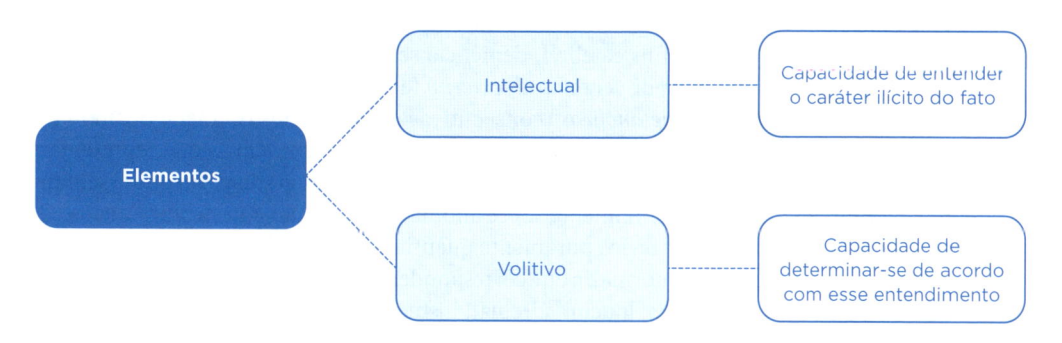

Elementos:
- Intelectual — Capacidade de entender o caráter ilícito do fato
- Volitivo — Capacidade de determinar-se de acordo com esse entendimento

O Código Penal erigiu as hipóteses que, segundo critério político-legislativo, conduziriam à inimputabilidade do agente, a saber:

I – inimputabilidade por doença mental;
II – inimputabilidade por imaturidade natural.
I – Com relação à inimputabilidade por doença mental ou desenvolvimento mental incompleto ou retardado, o art. 26 do Código Penal assim determina:

---

[51] SANZO BRODT, Luís Augusto. *Da consciência da ilicitude no direito penal brasileiro*, p. 46.

> **Art. 26.** É isento de pena o agente que, por doença mental ou desenvolvimento mental incompleto ou retardado, era, ao tempo da ação ou da omissão, inteiramente incapaz de entender o caráter ilícito do fato ou de determinar-se de acordo com esse entendimento.

Pela redação do *caput* do mencionado art. 26, verifica-se que o Código Penal adotou a conjugação de dois critérios que nos levam a concluir pela inimputabilidade do agente, a saber:

a) existência de uma doença mental ou desenvolvimento mental incompleto ou retardado;
b) a absoluta incapacidade de, ao tempo da ação ou da omissão, entender o caráter ilícito do fato ou de determinar-se de acordo com esse entendimento.

Isso significa que o Código Penal, pelo seu art. 26, *caput*, adotou o *critério biopsicológico* para a aferição da inimputabilidade do agente.

A expressão *doença mental* já de há muito vem sendo criticada. Conforme assevera Nélson Hungria, essa expressão "não colheu aprovação geral no seio da classe médica", cuja preferência se inclina para a locução "alienação mental." Explicando os motivos pelos quais o legislador havia acolhido a expressão *doença mental* em vez de *alienação mental*, diz Nélson Hungria:

> "O título 'alienação mental', ainda que tivesse um sentido incontroverso em psiquiatria, prestar-se-ia, na prática judiciária, notadamente no tribunal de juízes de fato, a deturpações e mal-entendidos. Entre gente que não cultiva a ciência psiquiátrica, *alienação mental* pode ser entendida de modo amplíssimo, isto é, como todo estado de quem está *fora de si*, alheio a si, ou de quem deixa de ser igual a si mesmo, seja ou não por causa patológica. [...] a preferência pela expressão 'doença mental' veio de que esta, nos tempos mais recentes, já superado em parte o critério de classificação a que aludia Gruhle, abrange todas as psicoses, quer as *orgânicas* e *tóxicas*, quer as *funcionais* (funcionais propriamente ditas e sintomáticas), isto é, não só as resultantes de processo patológico instalado no mecanismo cerebral precedentemente são (paralisia geral progressiva, sífilis cerebral, demência senil, arteriosclerose cerebral, psicose traumática etc.) e as causadas por venenos *ab externo* (alcoolismo, morfinismo, cocainismo, saturnismo etc.) ou *toxinas metabólicas* (consecutivas a transtornos do metabolismo produzidos por infecções agudas, enfermidades gerais etc.), como também as que representam perturbações mentais ligadas ao psiquismo normal por transições graduais ou que assentam, como diz Bumke, muito verossimilmente sobre anomalias não tanto da estrutura quanto da função do tecido nervoso ou desvios puramente quantitativos, que nada mais traduzem que variedades da disposição física normal, a que correspondem funcionalmente desvios da normal conduta psíquica (esquizofrenia, loucura circular, histeria paranoia)."[52]

Sob o título do desenvolvimento mental incompleto ou retardado se agrupam, ainda nas lições de Hungria, "não só os deficitários congênitos do desenvolvimento psíquico ou *oligofrênicos* (idiotas, imbecis, débeis mentais), como os que o são por carência de certos sentidos (surdos-mudos) e até mesmo os silvícolas inadaptados."[53] Abrindo um parêntese nas precisas lições do mestre, é preciso ressaltar que os surdos-mudos, nos dias de hoje, como regra, têm uma vida basicamente igual à daqueles que não possuem a deficiência da surdo-mudez. A possibilidade de entender e fazer-se entender já não permite alocar os surdos-mudos na cate-

---

[52] HUNGRIA, Nélson. *Comentários ao código penal*, v. I, t. II, p. 333-335.
[53] HUNGRIA, Nélson. *Comentários ao código penal*, v. I, t. II, p. 336.

goria de pessoas com desenvolvimento mental incompleto ou retardado. Nesse sentido, Juan Carlos Ferré Olivé, Miguel Ángel Nuñez Paz, William Terra de Oliveira e Alexis Couto de Brito aduzem, com precisão:

> "Desde o final do século XIX a ciência penal optou por identificar a surdo-mudez como enfermidade mental, máxime quando se tratava de surdos-mudos de nascimento que careciam de instrução. Quando estes sujeitos cometiam um crime, eram aplicadas medidas de segurança que consistiam, frequentemente, em internação em centros de educação para anormais. Essas propostas são, atualmente, completamente rechaçadas. Um surdo-mudo não é anormal nem um deficiente psíquico. Evidentemente existirão surdos-mudos que padecem de enfermidades mentais pelo que poderão ser considerados inimputáveis aplicando-se o art. 26 do CP, sempre que o sujeito em particular seja 'inteiramente incapaz de entender o caráter ilícito do fato ou de determinar-se de acordo com esse entendimento'"[54].

Tal como ocorre com os surdos-mudos, hoje em dia, não se sustenta mais a tese de que os indígenas possuem um desenvolvimento mental incompleto ou retardado. Fundamentava-se esse raciocínio, principalmente, no revogado Código Civil de 1916 e também na Exposição de Motivos do Código Penal de 1940. No entanto, conforme esclarecem Juan Carlos Ferré Olivé, Miguel Ángel Nuñez Paz, William Terra de Oliveira e Alexis Couto de Brito, na atualidade:

> "Fala-se fundamentalmente em *diversidade sociocultural* para fazer referência à situação destes membros de comunidades indígenas, aos quais não se pode tratar como sujeitos com um desenvolvimento mental incompleto, senão como possuidores de uma cosmovisão diferente, ou seja, sujeitos que não compartilham o mesmo quadro de valores sociais e culturais que o resto da coletividade"[55].

E continuam suas lições, dizendo:

> "Evidentemente, em certas ocasiões o indígena *desconhecerá* completamente a norma jurídico-penal que proíbe ou ordena sua conduta. Nesse caso, será de plena aplicação o erro de proibição culturalmente condicionado (...), que tem a vantagem de não prever a aplicação de nenhuma medida de segurança e conduzirá, quando inevitável, a uma situação de total irresponsabilidade penal"[56].

O *critério biológico*, portanto, reside na aferição da doença mental ou no desenvolvimento mental incompleto ou retardado. Contudo, mesmo que comprovado, ainda não será suficiente a fim de conduzir à situação de inimputabilidade. Será preciso verificar se o agente era, ao tempo da ação ou da omissão, *inteiramente incapaz de entender o caráter ilícito do fato ou de determinar-se de acordo com esse entendimento* (*critério psicológico*).

A escolha do legislador foi pela adoção dos dois critérios, simultaneamente, surgindo, com isso, o critério *biopsicológico*.

Conforme esclarecem Juan Carlos Ferré Olivé, Miguel Ángel Nuñez Paz, William Terra de Oliveira e Alexis Couto de Brito:

---

[54] FERRÉ OLIVÉ, Juan Carlos; NUÑEZ PAZ, Miguel Ángel; OLIVEIRA, William Terra de; BRITO, Alexis Couto de. *Direito penal brasileiro* – parte geral – princípios fundamentais e sistema, p. 462.

[55] FERRÉ OLIVÉ, Juan Carlos; NUÑEZ PAZ, Miguel Ángel; OLIVEIRA, William Terra de; BRITO, Alexis Couto de. *Direito penal brasileiro* – parte geral – princípios fundamentais e sistema, p. 463.

[56] FERRÉ OLIVÉ, Juan Carlos; NUÑEZ PAZ, Miguel Ángel; OLIVEIRA, William Terra de; BRITO, Alexis Couto de. *Direito penal brasileiro* – parte geral – princípios fundamentais e sistema, p. 463.

"Em virtude do *princípio de coincidência* ou *similitude*, a imputabilidade ou capacidade psíquica de motivação normativa deve ser analisada no *momento da comissão* do delito. Este princípio, de grande relevância para evitar que a culpabilidade absorva a história pessoal do sujeito (culpabilidade pelo caráter ou pela condução de vida), admite uma exceção expressamente prevista em lei, que se concretiza por meio das *actiones liberae in causa*".

Merece ser ressaltado que, se comprovada a total inimputabilidade do agente, deverá ele ser absolvido, nos termos do inciso VI do art. 386 do Código de Processo Penal, de acordo com a nova redação que lhe foi dada pela Lei nº 11.690, de 9 de junho de 2008, aplicando-se-lhe, por conseguinte, medida de segurança. Daí dizer-se que tal sentença é impropriamente absolutória, uma vez que, embora absolvendo o inimputável, aplica-se-lhe medida de segurança.

O parágrafo único do art. 26 do Código Penal prevê, ainda, uma redução de pena de um a dois terços para aquele que, em virtude de perturbação de saúde mental ou por desenvolvimento mental incompleto ou retardado, *não era inteiramente capaz de entender o caráter ilícito do fato ou de determinar-se de acordo com esse entendimento.*

A diferença básica entre o *caput* do art. 26 e seu parágrafo único reside no fato de que, neste último, o agente *não era* inteiramente capaz de entender a ilicitude do fato ou de determinar-se de acordo com esse entendimento. Isso quer dizer que o agente pratica um fato típico, ilícito e culpável. Será, portanto, condenado, e não absolvido, como acontece com aqueles que se amoldam ao *caput* do art. 26. Contudo, o juízo de censura que recairá sobre a conduta do agente deverá ser menor em virtude de sua perturbação da saúde mental ou de seu desenvolvimento mental incompleto ou retardado, razão pela qual a lei determina ao julgador que reduza a sua pena entre um a dois terços.

Tanus Madeira esclarece ainda:

"No parágrafo, uma diferenciação terminológica em que o legislador fala em 'perturbação da saúde mental', e não em 'doença mental ou desenvolvimento mental incompleto ou retardado, como vem escrito no *caput* do referido artigo, quer demonstrar que o parágrafo único do art. 26 cuida das hipóteses de certos tipos de enfermidade mental ou psíquica que não retiram do agente de forma total, plena a capacidade de entendimento e autodeterminação. Ao contrário, são certos tipos de doença ou enfermidade mental que apenas reduzem ou diminuem no agente a capacidade de entender o caráter ilícito do fato ou de determinar-se de acordo com esse entendimento."[57]

Se o condenado, na hipótese do parágrafo único do art. 26 do Código Penal, necessitar de especial tratamento curativo, poderá o juiz, com base no art. 98 do Código Penal, substituir a pena privativa de liberdade pela internação, ou tratamento ambulatorial, pelo prazo mínimo de um a três anos, nos termos do art. 97,[58] e seus parágrafos, do Código Penal.

---

[57] MADEIRA, Ronaldo Tanus. *A estrutura jurídica da culpabilidade*, p. 115-116.
[58] Art. 97. Se o agente for inimputável, o juiz determinará sua internação (art. 26). Se, todavia, o fato previsto como crime for punível com detenção, poderá o juiz submetê-lo a tratamento ambulatorial. Prazo § 1º A internação, ou o tratamento ambulatorial, será por tempo indeterminado, perdurando enquanto não for averiguada, mediante perícia médica, a cessação da periculosidade. O prazo mínimo deverá ser de 1 (um) a 3 (três) anos. Perícia médica § 2º A perícia médica realizar-se-á ao termo do prazo mínimo fixado e deverá ser repetida de ano em ano, ou a qualquer tempo, se o determinar o juiz da execução. Desinternação ou liberação condicional § 3º A desinternação, ou a liberação, será sempre condicional, devendo ser restabelecida a situação anterior se o agente, antes do decurso de 1 (um) ano, pratica fato indicativo de persistência de sua periculosidade. § 4º Em qualquer fase do

II – A inimputabilidade por imaturidade natural ocorre em virtude de uma presunção legal, em que, por questões de política criminal, entendeu o legislador brasileiro que os menores de 18 anos não gozam de plena capacidade de entendimento que lhes permita imputar a prática de um fato típico e ilícito. Adotou-se, portanto, o critério puramente *biológico*.

Tal presunção, nos dias de hoje, tem gerado revolta na sociedade, que presencia, com impressionante frequência, menores de 18 anos praticando toda sorte de injustos penais, valendo-se, até mesmo, da certeza da impunidade que a sua particular condição lhe proporciona.

O argumento de que ao inimputável por imaturidade natural que pratica um ato infracional será aplicada uma medida socioeducativa, nos termos previstos no Estatuto da Criança e do Adolescente (Lei nº 8.069/90), não tem o condão de convencer a sociedade, que cada dia pugna pela redução da maioridade penal para os 16 anos.

A preocupação com a maioridade penal levou o legislador constituinte a inserir no Capítulo VII de nossa Constituição Federal um artigo específico para o tema em estudo, assim redigido:

> **Art. 228.** São penalmente inimputáveis os menores de dezoito anos, sujeitos às normas da legislação especial.

A redação do aludido art. 228 da Constituição Federal muito se assemelha àquela contida no art. 27 do Código Penal, que diz:

> **Art. 27.** Os menores de 18 (dezoito) anos são penalmente inimputáveis, ficando sujeitos às normas estabelecidas na legislação especial.

Apesar da inserção no texto de nossa Constituição Federal referente à maioridade penal, tal fato não impede, caso haja vontade política para tanto, de ser levada a efeito tal redução, uma vez que o mencionado art. 228 não se encontra entre aqueles considerados irreformáveis, pois não se amolda ao rol das cláusulas pétreas elencadas nos incisos I a IV do § 4º do art. 60 da Carta Magna.[59]

A única implicação prática da previsão da inimputabilidade penal no texto da Constituição Federal é que, agora, somente por meio de um procedimento qualificado de emenda, a menoridade penal poderá ser reduzida, ficando impossibilitada tal redução via lei ordinária.

A prova da menoridade penal deve ser feita por certidão de nascimento expedida pelo registro civil ou documento que lhe substitua, a exemplo da carteira de identidade, conforme determina o parágrafo único do art. 155 do Código de Processo Penal, de acordo com a nova redação que lhe foi dada pela Lei nº 11.690, de 9 de junho de 2008, assim redigido:

> **Parágrafo único.** Somente quanto ao estado das pessoas serão observadas as restrições estabelecidas na lei civil.

---

tratamento ambulatorial, poderá o juiz determinar a Internação do agente, se essa providência for necessária para fins curativos.

[59] Em sentido contrário posiciona-se René Ariel Dotti, quando diz que a inimputabilidade "constitui uma das garantias fundamentais da pessoa humana, embora topograficamente não esteja incluída no respectivo Título (II) da Constituição que regula a matéria. Trata-se de um dos *direitos individuais* inerentes à relação do art. 5º, caracterizando, assim, uma *cláusula pétrea*" (*Curso de direito penal* – Parte geral, p. 412-413).

O STJ, a seu turno, consolidou sua posição através da Súmula nº 74, dizendo:

> **Súmula nº 74.** Para efeitos penais, o reconhecimento da menoridade do réu requer prova por documento hábil.

Uma vez completados 18 anos, o agente torna-se imputável, podendo-se atribuir-lhe uma sanção de natureza penal. Assim, no primeiro minuto da data de seu aniversário, independentemente da hora em que nasceu, o agente adquire a maioridade penal com todas as implicações dela decorrentes.

6.1.1. Denúncia oferecida em face de um inimputável e de um semi-imputável

Devemos nos fazer a seguinte pergunta quando deparamos com uma infração penal cometida por um inimputável (art. 26, *caput*, do CP): Será que poderemos denunciá-lo se, de antemão, ou seja, com base no laudo médico produzido na fase policial, já tivermos a plena convicção de que ele não tinha, em virtude de sua doença mental, capacidade de entender o caráter ilícito do fato ou de determinar-se de acordo como esse entendimento? Ou, ainda, é possível o oferecimento de denúncia em face do agente comprovadamente inimputável, quando a lei processual penal determina em seu art. 386, inciso VI, que o juiz absolverá o réu, mencionando a causa na parte dispositiva, desde que reconheça existirem circunstâncias que o isentem de pena?

A primeira pesquisa que devemos fazer quando deparamos com um fato praticado por um inimputável que, pelo menos em tese, constitui infração penal, é verificar se a conduta por ele levada a efeito é típica e antijurídica. Sim, porque se ausente um desses precedentes lógicos para a análise da culpabilidade, não há falar em infração penal, razão pela qual se for inaugurado inquérito policial deve este ser levado ao arquivo por determinação do juiz, a pedido do Ministério Público.

Imaginemos, agora, que um inimputável tenha cometido um fato típico e antijurídico, mas que, durante a fase extrajudicial, constatou-se que, em virtude de sua doença mental, ele era inteiramente incapaz de entender o caráter ilícito do fato ou de determinar-se de acordo com esse entendimento. Vimos que o art. 386, inciso VI, do Código de Processo Penal determina que o juiz absolva o réu quando houver uma causa de isenção de pena. A inimputabilidade prevista pelo *caput* do art. 26 é causa de isenção de pena. Como deve, agora, proceder o Promotor de Justiça ao tomar conhecimento desse fato? A questão, segundo nos parece, é muito simples: a única forma de aplicar medida de segurança a um inimputável é por meio de uma ação penal. Tomando conhecimento de que um agente comprovadamente inimputável praticou um fato típico e antijurídico, deve o Promotor de Justiça denunciá-lo, narrando com exatidão os fatos por ele cometidos, para que durante a instrução do processo possa ser assegurada sua ampla defesa, e, ao final da peça acusatória, deverá o membro do *Parquet*, mencionando a causa dirimente da culpabilidade, pugnar pela *absolvição* do réu, com a consequente aplicação de medida de segurança. Não haverá possibilidade, nessa hipótese, de ser formulado pedido condenatório, haja vista que a peça teria que ser rejeitada por faltar-lhe uma das condições necessárias ao regular exercício do direito de ação, qual seja, a *possibilidade jurídica do pedido*.

Se comprovada pericialmente a inimputabilidade, o pedido condenatório torna-se impossível, de acordo com a redação dada ao *caput* do art. 26 do diploma penal. Assim, deverá o Promotor de Justiça oferecer a denúncia para que ao autor do fato típico e ilícito seja aplicada medida de segurança.

Situação diversa é a do chamado semi-imputável que pratica um fato típico, ilícito e culpável. Contudo, em virtude de não ter tido pleno conhecimento do caráter ilícito do fato, sua pena deverá ser reduzida. Quando a lei, no parágrafo único do art. 26 do Código Penal, diz que "a pena pode ser reduzida de um a dois terços", referindo-se ao semi-imputável, quer dizer que a ele será aplicada a pena relativa à infração penal por ele cometida, devendo-se, contudo, fazer incidir o percentual de redução previsto pelo mencionado parágrafo. Ou seja, condena-se o semi-imputável, mas reduz-se-lhe a pena imposta, razão pela qual deverá estar consignado na peça inicial de acusação o pedido de condenação, ao contrário da situação anterior, correspondente ao inimputável.

Concluindo, ao inimputável deverá ser aplicada medida de segurança, como consequência necessária à sua absolvição em face da existência de uma causa de isenção de pena. Ao semi-imputável, impõe-se uma condenação, fazendo-se incidir, contudo, uma redução na pena que lhe for aplicada.

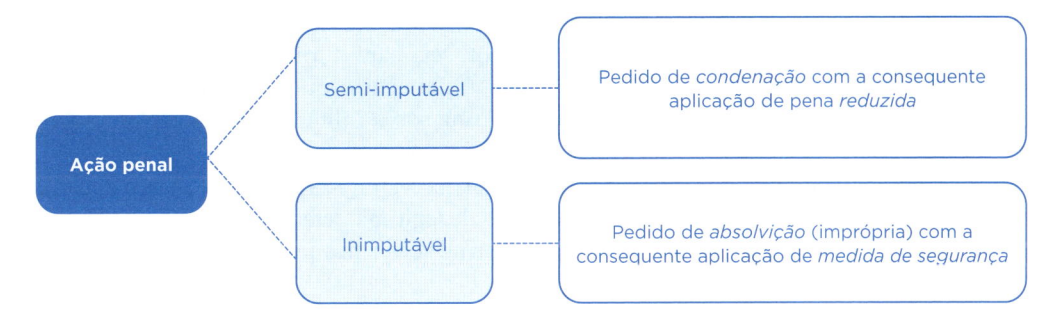

```
                    ┌─ Semi-imputável ──── Pedido de condenação com a consequente
Ação penal ─────────┤                      aplicação de pena reduzida
                    └─ Inimputável ─────── Pedido de absolvição (imprópria) com a
                                           consequente aplicação de medida de segurança
```

6.1.2. Emoção e paixão

O inciso I do art. 28 do Código Penal assevera que a emoção ou a paixão não excluem a imputabilidade penal.

A *emoção*, segundo Montovani:

> "É uma intensa perturbação afetiva, de breve duração e, em geral, de desencadeamento imprevisto, provocada como reação afetiva a determinados acontecimentos e que acaba por predominar sobre outras atividades psíquicas (ira, alegria, medo, espanto, aflição, surpresa, vergonha, prazer erótico etc.). *Paixão* é um estado afetivo violento e mais ou menos duradouro, que tende a predominar sobre a atividade psíquica, de forma mais ou menos alastrante ou exclusiva, provocando algumas vezes alterações da conduta que pode tornar-se de todo irracional por falta de controle (certas formas de amor sexual, de ódio, de ciúme, de cupidez, de entusiasmo, de ideologia política)."[60]

Com essa redação quis o Código Penal permitir a punição dos chamados crimes passionais, ou seja, aqueles que são motivados por uma intensa paixão ou emoção. Os crimes passionais, como sabemos, são alegados com frequência perante o Tribunal do Júri, cuja composição do Conselho de Sentença é formada, geralmente, por pessoas leigas, que desconhecem as leis penais. Julgam de acordo com o seu sentimento e colocam na urna o voto da sua consciência. Não precisam motivar suas decisões, razão pela qual aceitam as teses, tanto da acusação como da defesa, que mais satisfazem a sua natureza. Com muita frequência, os jurados acolhem o descontrole emocional do réu e o absolvem do crime por ele cometido. Embora a perturbação mental sofrida pelo réu, advinda da sua emoção ou paixão, não afaste, no juízo singular, a sua imputabilidade, isso não impede que os seus pares o absolvam, após se colocarem no lugar do agente.

---

[60] *Apud* SILVA FRANCO, Alberto. *Código penal e sua interpretação jurisprudencial* – Parte geral, v. I, t. I, p. 430.

Roberto Lyra, um dos mais brilhantes promotores com atuação no Júri, dissertando a respeito do homicida passional, diz:

> "o verdadeiro passional não mata. O amor é, por natureza e por finalidade, criador, fecundo, solidário, generoso. Ele é cliente das pretorias, das maternidades, dos lares e não dos necrotérios, dos cemitérios, dos manicômios. O amor, o amor mesmo, jamais desceu ao banco dos réus. Para os fins da responsabilidade, a lei considera apenas o momento do crime. E nele o que atua é o ódio. O amor não figura nas cifras da mortalidade e sim nas da natalidade; não tira, põe gente no mundo. Está nos berços e não nos túmulos."[61]

Embora a emoção ou a paixão não afastem a imputabilidade penal, em várias de suas passagens, o Código Penal valorou tais sentimentos, seja para diminuir ou mesmo para aumentar a pena aplicada, a exemplo do art. 65, III, *c*, última parte, que prevê como circunstância atenuante o fato de ter o agente cometido o crime sob a influência de violenta emoção, provocada por ato injusto da vítima.

O Tribunal Pleno do Supremo Tribunal Federal, na ADPF 779, em 15 de março de 2021, decidiu, acertadamente, não ser possível a alegação de legítima defesa da honra por parte dos réus que praticaram o delito de feminicídio, conforme se verifica pela transcrição parcial da ementa abaixo:

> "1. 'Legítima defesa da honra' não é, tecnicamente, legítima defesa. A traição se encontra inserida no contexto das relações amorosas. Seu desvalor reside no âmbito ético e moral, não havendo direito subjetivo de contra ela agir com violência. Quem pratica feminicídio ou usa de violência com a justificativa de reprimir um adultério não está a se defender, mas a atacar uma mulher de forma desproporcional, covarde e criminosa. O adultério não configura uma agressão injusta apta a excluir a antijuridicidade de um fato típico, pelo que qualquer ato violento perpetrado nesse contexto deve estar sujeito à repressão do direito penal. 2. A 'legítima defesa da honra' é recurso argumentativo/retórico odioso, desumano e cruel utilizado pelas defesas de acusados de feminicídio ou agressões contra a mulher para imputar às vítimas a causa de suas próprias mortes ou lesões. Constitui-se em ranço, na retórica de alguns operadores do direito, de institucionalização da desigualdade entre homens e mulheres e de tolerância e naturalização da violência doméstica, as quais não têm guarida na Constituição de 1988. 3. Tese violadora da dignidade da pessoa humana, dos direitos à vida e à igualdade entre homens e mulheres (art. 1º, inciso III, e art. 5º, *caput* e inciso I, da CF/88), pilares da ordem constitucional brasileira. A ofensa a esses direitos concretiza-se, sobretudo, no estímulo à perpetuação da violência contra a mulher e do feminicídio. O acolhimento da tese tem a potencialidade de estimular práticas violentas contra as mulheres ao exonerar seus perpetradores da devida sanção. 4. A 'legítima defesa da honra' não pode ser invocada como argumento inerente à plenitude de defesa própria do tribunal do júri, a qual não pode constituir instrumento de salvaguarda de práticas ilícitas."

Por unanimidade dos votos, o Supremo Tribunal Federal declarou inconstitucional o uso da tese da legítima defesa da honra em crimes de feminicídio ou de agressão contra mulheres.

6.1.3. Embriaguez

O inciso II do art. 28 do Código Penal diz também não excluir a imputabilidade penal a embriaguez, voluntária ou culposa, pelo álcool ou substância de efeitos análogos.

---

[61] LYRA, Roberto. *Como julgar, como defender*, como acusar, p. 97.

A embriaguez alcoólica, na definição de Eduardo Rodrigues, é a "perturbação psicológica mais ou menos intensa, provocada pela ingestão do álcool, que leva a total ou parcial incapacidade de entendimento e volição."[62] O Código Penal fez menção, ainda, a outra substância de efeitos análogos. Nesta última parte, podemos visualizar as substâncias tóxicas e entorpecentes, tais como a cocaína, o ópio etc.[63]

Da mesma forma que o *caput* do art. 26, o § 1º do inciso II do art. 28 do Código Penal prevê ser isento de pena o agente que, por embriaguez completa, proveniente de *caso fortuito ou força maior*, era, ao tempo da ação ou da omissão, inteiramente incapaz de entender o caráter ilícito do fato ou de determinar-se de acordo com esse entendimento.

Como bem destacou Mirabete, distinguem-se:

"Três fases ou graus de embriaguez: *incompleta*, quando há afrouxamento dos freios normais, em que o agente tem ainda consciência, mas se torna excitado, loquaz, desinibido (fase da excitação); *completa*, em que se desvanece qualquer censura ou freio moral, ocorrendo confusão mental e falta de coordenação motora, não tendo o agente mais consciência e vontade livres (fase da depressão); e *comatosa*, em que o sujeito cai em sono profundo (fase letárgica)."[64]

Analisaremos as duas formas de embriaguez que mereceram a atenção do legislador penal:

a) voluntária e
b) involuntária.

A embriaguez voluntária é aquela prevista no inciso II do mencionado art. 28, e, mesmo sendo completa, permite a punição do agente, em face da adoção da teoria da *actio libera in causa*. Na precisa definição de Narcélio de Queiroz, devemos entender por *actio libera in causa* "os casos em que alguém, no estado de não imputabilidade, é causador, por ação ou omissão, de algum resultado punível, tendo se colocado naquele estado, ou propositadamente, com a intenção de produzir o evento lesivo, ou sem essa intenção, mas tendo previsto a possibilidade do resultado, ou, ainda, quando a podia ou devia prever."[65]

A embriaguez voluntária se biparte em *voluntária em sentido estrito* e *culposa*.

Diz-se voluntária em sentido estrito a embriaguez quando o agente, volitivamente, faz a ingestão de bebidas alcoólicas com a finalidade de se embriagar. É muito comum essa espécie de embriaguez, haja vista que principalmente os jovens, quando querem comemorar alguma data que considerem importante, dizem que, por conta disso, "beberão até cair." Querem, outrossim, colocar-se em estado de embriaguez.

Culposa é aquela espécie de embriaguez, também dita voluntária, em que o agente não faz a ingestão de bebidas alcoólicas querendo embriagar-se, mas, deixando de observar o seu dever de cuidado, ingere quantidade suficiente que o coloca em estado de embriaguez. Nessa

---

[62] RODRIGUES, Eduardo Silveira Melo. *A embriaguez e o crime*, p. 9.
[63] No entanto, o art. 45 da Lei nº 11.343, de 23 de agosto de 2006, diz sobre uma modalidade específica de inimputabilidade: **Art. 45.** *É isento de pena o agente que, em razão da dependência, ou sob o efeito, proveniente de caso fortuito ou força maior, de droga, era, ao tempo da ação ou da omissão, qualquer que tenha sido a infração penal praticada, inteiramente incapaz de entender o caráter ilícito do fato ou de determinar-se de acordo com esse entendimento.* Dessa forma, de acordo com a redação do aludido artigo da Lei Antidrogas, se o agente for dependente, deverá ser isento de pena; por outro lado, não sendo dependente, somente ocorrerá a isenção de pena se estiver, quando da prática da ação ou omissão, em virtude de caso fortuito ou força maior, sob os efeitos da droga. Assim, para os que não são dependentes, mas tão somente usuários, poder-se-á aplicar a parte final do inciso II do art. 28 do Código Penal.
[64] MIRABETE, Júlio Fabbrini. *Manual de direito penal*, p. 212.
[65] QUEIROZ, Narcélio de. *Teoria da "actio libera in causa" e outras teses*, p. 37.

hipótese, o agente, por descuido, por falta de costume ou mesmo sensibilidade do organismo, embriaga-se sem que fosse a sua intenção colocar-se nesse estado.

Nas duas modalidades de embriaguez voluntária, o agente será responsabilizado pelos seus atos, mesmo que, ao tempo da ação ou da omissão, seja inteiramente incapaz de entender o caráter ilícito do fato ou de determinar-se de acordo com esse entendimento. Se a sua ação, como diz a teoria da *actio libera in causa*, foi livre na causa, ou seja, no ato de ingerir bebida alcoólica, poderá o agente ser responsabilizado criminalmente pelo resultado.

Pela definição de *actio libera in causa* de Narcélio de Queiroz, percebemos que o agente pode embriagar-se *preordenadamente*, com a finalidade de praticar uma infração penal, oportunidade em que, se vier a cometê-la, o resultado lhe será imputado a título de dolo, sendo, ainda, agravada a sua pena em razão da existência da circunstância prevista no art. 61, II, *l*, do Código Penal, ou, querendo ou não se embriagar, mas sem a finalidade de praticar qualquer infração penal, se o agente vier a causar um resultado lesivo, este lhe poderá ser atribuído, geralmente, a título de culpa.

A embriaguez involuntária pode ser proveniente de *caso fortuito* ou *força maior*.

Costumamos chamar de caso fortuito o evento atribuído à natureza e força maior aquele produzido pelo homem. Assim, no clássico evento daquele que, em visita a um alambique, escorrega e cai dentro de um barril repleto de cachaça, se, ao fazer a ingestão da bebida ali existente, vier a se embriagar, sua embriaguez será proveniente de caso fortuito. Suponhamos, agora, que durante um assalto, a vítima do crime de roubo, após ser amarrada, é forçada a ingerir bebida alcoólica e vem a se embriagar. Essa embriaguez será considerada proveniente de força maior.

Para que possa ser afastada a culpabilidade do agente, isentando-o de pena, é preciso, conforme determina o § 1º do inciso II do art. 28 do Código Penal, que a involuntária e completa embriaguez do agente seja conjugada com a sua total incapacidade de entender o caráter ilícito do fato ou de determinar-se de acordo com esse entendimento.

Da mesma forma que a embriaguez completa, proveniente de caso fortuito ou força maior, também isenta de pena, como vimos, deverá ser considerado como isento de pena o agente que, nos termos do art. 45 da Lei de Entorpecentes, sob o efeito de droga, proveniente de caso fortuito ou força maior, era, ao tempo da ação ou da omissão, qualquer que tenha sido a infração penal praticada, inteiramente incapaz de entender o caráter ilícito do fato ou de determinar-se de acordo com esse entendimento.

Assim, imagine-se a hipótese daquele em quem, contra sua vontade, foi aplicada, à força, uma injeção contendo uma substância entorpecente extremamente forte, fazendo com que o agente perdesse o controle sobre os seus atos. Se, nesse caso, nos termos da redação legal, ele vier a praticar qualquer infração penal, deverá ser considerado isento de pena.

O parágrafo único do art. 45 da Lei nº 11.343/2006 assevera, no entanto:

> **Parágrafo único.** Quando absolver o agente reconhecendo, por força pericial, que este apresentava, à época do fato previsto neste artigo, as condições referidas no *caput* deste artigo, poderá determinar o juiz, na sentença, o seu encaminhamento para tratamento médico adequado.

A embriaguez involuntária incompleta veio prevista no § 2º do inciso II do art. 28 do Código Penal, que dispõe que a pena pode ser reduzida de um a dois terços, se o agente, por embriaguez, proveniente de caso fortuito ou força maior, não possuía, ao tempo da ação ou da omissão, a plena capacidade de entender o caráter ilícito do fato ou de determinar-se de acordo com esse entendimento.

O mencionado § 2º ainda continua a exigir a embriaguez involuntária, proveniente do caso fortuito ou de força maior; contudo, tal embriaguez não é completa e, em virtude disso, o agente tinha alguma capacidade de, ao tempo da ação ou da omissão, entender o caráter ilícito do fato ou de determinar-se de acordo com esse entendimento. Dessa forma, o fato por ele cometido é considerado típico, ilícito e culpável. Dado seu estado de embriaguez involuntário, o juízo de censura sobre sua conduta será menor, razão pela qual sua pena deverá ser reduzida de um a dois terços.

O art. 46 da Lei Antidrogas, tal como o § 2º do art. 28 do Código Penal, prevê uma causa de redução de pena dizendo:

> **Art. 46.** As penas podem ser reduzidas de um terço a dois terços se, por força das circunstâncias previstas no art. 45 desta Lei, o agente não possuía, ao tempo da ação ou da omissão, a plena capacidade de entender o caráter ilícito do fato ou de determinar-se de acordo com esse entendimento.

Vale lembrar que embora o inciso II do art. 28 e seus parágrafos cuidem das diversas espécies de embriaguez devemos excluir deles a chamada *embriaguez patológica*. Segundo Frederico Marques, "a embriaguez alcoólica pode exteriorizar-se também sob formas anômalas ou patológicas, como a embriaguez delirante, a *ferocitas ebriosa* e outras espécies de caráter mórbido, como a psicose de Korsakoff e a paranoia alcoólica. O indivíduo, em tal caso, é um doente mental, pelo que é tido como inimputável, *ex vi* do art. 26 do Código Penal."[66]

A embriaguez preordenada encontra sua previsão na alínea *l* do inciso II do art. 61 do Código Penal, como uma circunstância agravante, conforme já consignado anteriormente.

O art. 306 do Código de Trânsito Brasileiro, com a redação que lhe foi dada pela Lei nº 12.760, de 20 de dezembro de 2012, prevê uma infração penal específica para aqueles que conduzem veículos automotores com capacidade psicomotora alterada em razão da influência de álcool ou de outra substância psicoativa que determine dependência, punindo tal conduta com uma pena de detenção de seis meses a três anos, multa e suspensão ou proibição de se obter a permissão ou a habilitação para dirigir veículo automotor.

6.2. Potencial consciência sobre a ilicitude do fato

6.2.1. Introdução

Depois da reforma da parte geral do Código Penal, ocorrida em 1984, o *erro* passou a receber um novo tratamento. As denominações erro de fato e erro de direito foram abolidas e, com o advento da teoria finalista da ação, o erro passou a ser reconhecido como erro de tipo e erro de proibição. Não houve uma simples modificação de nomenclatura. O erro de fato não quer dizer o mesmo que erro de tipo e nem o erro de direito traduz o mesmo que erro de proibição. O tratamento, na verdade, é que se modificou. Como bem destacou Cezar Roberto Bitencourt:

> "O *erro de tipo* e o *erro de proibição* não representam uma simples renovação de normas, mas uma profunda modificação conceitual. São novas concepções, com novas e maiores abrangências. O erro de tipo abrange situações que, outrora, eram classificadas ora como erro de fato, ora como erro de direito. Por outro lado, o erro de proibição, além de incluir situações novas (como, por exemplo, a existência ou os limites da legítima defesa), antes não consideradas, abrange uma série de hipóteses antes classificadas como erro de direito."[67]

Com o finalismo de Welzel, dolo e culpa devem ser analisados quando do estudo do fato típico. O elemento subjetivo que antes estava alocado na culpabilidade dela foi retirado e transferido para o tipo, mais especificamente para a conduta do agente. Com essa transferência,

---

[66] MARQUES, José Frederico. *Tratado de direito penal*, v. II, p. 247.
[67] BITENCOURT, Cezar Roberto. *Erro jurídico-penal*, p. 47.

o dolo deixou de ser considerado normativo, pois o seu elemento normativo, vale dizer, a *potencial consciência sobre a ilicitude do fato*, dele foi retirado e mantido na culpabilidade.

O erro de tipo, portanto, incidirá sobre os elementos, circunstâncias ou qualquer outro dado que se agregue à figura típica. Em suma, erro de tipo é analisado no tipo. O erro de proibição, ao contrário, não é estudado no tipo penal, mas, sim, quando da aferição da culpabilidade do agente. Com o erro de proibição procura-se verificar se, nas condições em que se encontrava o agente, tinha ele condições de compreender que o fato que praticava era ilícito.

O erro de proibição vem previsto no art. 21 do Código Penal, assim redigido:

> **Art. 21.** O desconhecimento da lei é inescusável. O erro sobre a ilicitude do fato, se inevitável, isenta de pena; se evitável, poderá diminuí-la de um sexto a um terço.
> **Parágrafo único.** Considera-se evitável o erro se o agente atua ou se omite sem a consciência da ilicitude do fato, quando lhe era possível, nas circunstâncias, ter ou atingir essa consciência.

Preleciona João Mestieri:

"A *vox* 'possibilidade de entender o caráter ilícito (criminoso) do fato' é genuinamente normativa, pois não se trata do conhecimento da ilicitude (operação de natureza psicológica), mas da mera *possibilidade concreta* desse conhecimento. O juízo de reprovação apenas se torna possível quando se constata que o agente teve, no caso específico, a possibilidade *concreta* de entender o caráter criminoso do fato praticado e assim determinar o seu comportamento de acordo com os interesses do sistema jurídico. O erro sobre a ilicitude do fato é *erro de proibição*; dá-se quando o agente por ignorância (*ignorantia iuris*) ou por uma representação falsa ou imperfeita da realidade supõe ser lícito o seu comportamento."[68]

6.2.2. Diferença entre o desconhecimento da lei e a falta de consciência sobre a ilicitude do fato

Diz a primeira parte do art. 21 do Código Penal que *o desconhecimento da lei é inescusável*. Em seguida, ao tratar do erro de proibição, diz que *o erro sobre a ilicitude do fato, se inevitável, isenta de pena*. Pela redação do artigo, percebe-se que o Código Penal tenta fazer uma distinção entre o desconhecimento da lei e a falta de conhecimento sobre a ilicitude do fato.

Assis Toledo, com vigor, preleciona:

"Parece-nos elementar, contudo, que, sendo a 'lei' uma coisa e a 'ilicitude' de um fato outra bem diferente, só mesmo por meio de uma imperdoável confusão a respeito do verdadeiro sentido desses dois conceitos se poderá chegar à falsa conclusão de que *ignorância da lei* é igual à *ignorância da ilicitude* de um fato da vida."[69]

Lei é um diploma formal editado pelo poder competente. Ilicitude é a relação de contrariedade que se estabelece entre a conduta humana voluntária do agente e o ordenamento jurídico. Não há que se falar em ilicitude se não houver um diploma legal impondo ou proibindo determinada conduta.

Em que pese conhecermos a distinção entre lei e ilicitude, muitas vezes aquilo que chamamos de erro de proibição direto, nas hipóteses em que o agente erra sobre o conteúdo proibitivo da norma, acabará, como consequência última, desembocando no desconhecimento da própria lei, por mais que nos esforcemos tecnicamente para tentar entender o contrário.

Nesse sentido são as lições de Juarez Cirino dos Santos:

---

[68] MESTIERI, João. *Manual de direito penal* – Parte geral, v. I, p. 188.
[69] TOLEDO, Francisco de Assis. *Princípios básicos de direito penal*, p. 262.

"A *obrigatoriedade/generalidade* da lei penal nada tem a ver com o *erro de proibição direto*: a lei penal é *geral* e *obrigatória* em qualquer ordenamento jurídico, e tais caracteres não impedem que a inevitável *ignorância* da lei penal, ou representação da *invalidade* da lei penal, ou interpretação *falsa/errada* da lei penal constituam modalidades de *erro de proibição direto* plenamente escusáveis na Alemanha e na Itália, por exemplo – donde se conclui que brocardos do tipo *ignorantia legis neminem excusat*, perderam todo o prestígio em face do *princípio da culpabilidade* e não valem mais como economia de análise."[70]

6.2.3. Consciência real e consciência potencial sobre a ilicitude do fato

A diferença fundamental entre consciência real e consciência potencial reside no fato de que, naquela, o agente deve, efetivamente, saber que a conduta que pratica é ilícita; na consciência potencial, basta a possibilidade que o agente tinha, no caso concreto, de alcançar esse conhecimento.

Segundo Sanzo Brodt, "conforme a concepção finalista da teoria do delito, à reprovação penal não é necessária a atual consciência da ilicitude; basta a possibilidade de obtê-la. Daí conceituarmos consciência da ilicitude como a capacidade de o agente de uma conduta proibida, na situação concreta, apreender a ilicitude de seu comportamento."[71] Ou, ainda, de acordo com as lições de Cezar Roberto Bitencourt:

"Com a evolução do estudo da culpabilidade, não se exige mais a consciência da ilicitude, mas sim a *potencial consciência*. Não mais se admitem presunções irracionais, iníquas e absurdas. Não se trata de uma consciência técnico-jurídica, formal, mas da chamada *consciência profana do injusto*, constituída do conhecimento da antissocialidade, da imoralidade ou da lesividade de sua conduta. E, segundo os penalistas, essa consciência provém das normas de cultura, dos princípios morais e éticos, enfim, dos conhecimentos adquiridos na vida em sociedade. São conhecimentos que, no dizer de Binding, vêm naturalmente com o ar que a gente respira."[72]

6.2.4. Espécies de erro sobre a ilicitude do fato

O erro sobre a ilicitude do fato, ou erro de proibição, pode ser:

a) direto;
b) indireto;
c) mandamental.

- *Erro de proibição direto* – Diz-se *direto* quando o erro do agente vem a recair sobre o conteúdo proibitivo de uma norma penal. Nas lições de Assis Toledo, no erro de proibição direto o agente, "por erro inevitável, realiza uma conduta proibida, ou por desconhecer a *norma proibitiva*, ou por conhecê-la mal, ou por não compreender o seu verdadeiro âmbito de incidência."[73]

Como erro de proibição direto podemos citar o exemplo do turista holandês que, ao comprar um pacote turístico para o Brasil, após assistir a uma fita promocional, na qual percebeu que um grupo de pessoas fumava um cigarro enrolado numa palha, dando a entender que se tratava de maconha, quando na verdade não era, acredita que no Brasil fosse permitido o

---

[70] SANTOS, Juarez Cirino dos. *A moderna teoria do fato punível*, p. 244.
[71] SANZO BRODT, Luis Augusto. Da consciência da ilicitude no direito penal, p. 17-18.
[72] BITENCOURT, Cezar Roberto. *Manual de direito penal*, p. 326-327.
[73] TOLEDO, Francisco de Assis. *Princípios básicos de direito penal*, p. 270.

uso da *cannabis sativa*, tal como acontece em alguns lugares de seu país. Ao chegar ao território nacional, acende o cigarro de maconha e, por causa disso, é surpreendido pela autoridade policial. Indaga-se: Será que esse turista holandês sabia que sua conduta era ilícita, ou, ao contrário, acreditava que não existia tal proibição? Como se percebe pelo exemplo fornecido, o agente erra sobre o conteúdo proibitivo da norma, razão pela qual o seu erro de proibição será considerado *direto*.

Roxin[74] nos fornece, ainda, como exemplo de erro de proibição direto o caso daquele que mantém relações sexuais com uma mulher doente mental, e não sabe, em absoluto, ser essa conduta proibida. Podemos citar, ainda o fato daquele caçador que reside no interior do Brasil e que, mesmo depois do advento da Lei nº 9.605/98,[75] continua a caçar capivaras para seu sustento, desconhecendo o caráter ilícito de sua conduta.

- *Erro de proibição indireto* – Na precisa definição de Jescheck, "também constitui erro de proibição a suposição errônea de uma causa de justificação, se o autor erra sobre a existência ou os limites da proposição permissiva (erro de permissão)."[76] Para que possamos melhor apontar as hipóteses nas quais ocorre o erro de proibição indireto, será preciso voltarmos ao estudo das duas teorias que disputam o tratamento do erro contido no § 1º do art. 20 do Código Penal, que prevê as chamadas descriminantes putativas, a saber: *teoria limitada da culpabilidade e teoria extremada ou estrita da culpabilidade*.

Para a teoria limitada da culpabilidade, se o erro do agente recair sobre uma situação fática que, se existisse, tornaria a ação legítima, será considerado erro de tipo; agora, se incidir sobre a existência ou sobre os limites de uma causa de justificação, o erro será de proibição. A teoria extremada ou estrita da culpabilidade não faz distinção entre o erro que recai sobre uma situação de fato, sobre a existência ou sobre os limites de uma causa de justificação, pois para ela todos são considerados erro de proibição.

Segundo Jescheck, o erro incidente sobre uma situação de fato, que ocorre nas descriminantes putativas, não pode ser considerado erro de tipo e tampouco erro de proibição. Para o mestre alemão, tal hipótese caracteriza-se como a de um erro *sui generis*. Nas suas palavras:

"Devem distinguir-se dois casos de erro de proibição indireto: o autor supõe erroneamente a existência de uma causa de justificação não admitida pelo ordenamento jurídico (erro sobre a existência), ou bem desconhece os limites de uma causa de justificação admitida (erro sobre os limites). A terceira hipótese, em que o autor crê erroneamente que concorrem aquelas circunstâncias que, se existissem, justificariam o fato (erro sobre o tipo de permissão) constitui um erro *sui generis*."[77]

No mesmo sentido, Luiz Flávio Gomes.[78]

- *Erro mandamental* – É aquele que incide sobre o mandamento contido nos crimes omissivos, sejam eles próprios ou impróprios. Conforme preleciona Cezar Bitencourt, é o "erro que recai sobre uma *norma mandamental*, sobre uma norma impositiva,

---

[74] ROXIN, Claus. *Derecho penal* – Parte general, t. I, p. 871.
[75] Lei nº 9.605/98: **Art. 29.** *Matar, perseguir, caçar, apanhar, utilizar espécimes da fauna silvestre, nativos ou em rota migratória, sem a devida permissão, licença ou autorização da autoridade competente, ou em desacordo com a obtida: Pena – detenção, de 6 (seis) meses a 1 (um) ano, e multa.*
[76] JESCHECK, Hans-Heinrich. *Tratado de derecho penal*, v. I, p. 632.
[77] JESCHECK, Hans-Heinrich. *Tratado de derecho penal*, v. I, p. 632-633.
[78] GOMES, Luiz Flávio. *Erro de tipo e erro de proibição*, p. 184.

sobre uma norma que manda fazer, que está implícita, evidentemente, nos tipos omissivos."[79]

Zaffaroni distingue com clareza, nos crimes omissivos, o erro que recai sobre os elementos objetivos do tipo, daí ser considerado como erro de tipo, daquele que incide sobre o mandamento, que terá repercussões em sede de culpabilidade. Segundo o mestre argentino, "nos delitos omissivos deve-se distinguir o erro que recai sobre a situação objetiva da que se deriva a posição de garantidor (pai, cônjuge, médico de plantão etc.), cujo desconhecimento dará lugar a um erro de tipo, do desconhecimento do dever de cuidado derivado dessa posição, cujo desconhecimento deve dar lugar ao erro de proibição."[80] O banhista que deixa de prestar socorro a uma criança que estava se afogando numa lagoa porque acreditava que, pelo fato de não saber nadar adequadamente, correria risco pessoal, quando, na verdade, a profundidade da lagoa permitia o socorro por causa de sua estatura, incorre em erro de tipo; já aquele que, podendo prestar o socorro à vítima que se afogava, não o faz porque, em virtude da ausência de qualquer vínculo pessoal com ela, acreditava não estar obrigado a isto, incorre em erro de proibição.

6.2.5. Erro sobre elementos normativos do tipo

Há discussão doutrinária a respeito da natureza jurídica do chamado erro sobre os elementos normativos do tipo. Elementos normativos, conforme salientamos anteriormente, são aqueles cujos conceitos são provenientes de uma norma, ou aqueles sobre os quais o intérprete, obrigatoriamente, deverá realizar um juízo de valor, a exemplo do que ocorre com as expressões *indevidamente* (art. 40, *caput*, da Lei nº 6.538/78) *e sem justa causa* (art. 153 do CP).

Alcides Munhoz Neto assevera ser preciso fazer a distinção entre elementos jurídico-normativos do tipo e elementos jurídico-normativos da ilicitude:

> "São elementos jurídico-normativos do tipo os conceitos que se constituem em circunstâncias do fato criminoso, como 'cheque', *warrant*, 'documento', 'coisa alheia', 'moeda de curso legal' etc. São elementos jurídico-normativos da ilicitude os que acentuam o desvalor da conduta, como 'indevidamente', 'sem observância de disposição legal', 'sem justa causa' ou 'sem licença da autoridade'. Embora incorporadas à descrição legal, estas referências à antijuridicidade não são circunstâncias constitutivas do fato típico; apenas ressaltam, desnecessariamente, a ilicitude comum a todas as condutas delituosas, ou estabelecem, a *contrario sensu*, especiais situações de licitude, a exemplo do que sucede com a 'licença da autoridade', que só excepcionalmente justifica determinados comportamentos (CP 1940, arts. 166 e 253). Nos dois casos, entretanto, o relevo dado à antijuridicidade nada acrescenta à estrutura do tipo. O erro sobre elemento jurídico-normativo da ilicitude é erro de proibição e como tal deve ser tratado. O erro sobre elementos jurídico-normativos do tipo é erro sobre circunstância constitutiva do crime e a este deve ser equiparado."[81]

Sanzo Brodt, seguindo a posição adotada por Jair Leonardo Lopes, aduz que "não há razão para distinguir entre elementos normativos do tipo e elementos normativos da ilicitude. Já que estão integrados ao tipo, o erro que incide sobre esses elementos será sempre o erro de tipo."[82] Filiamo-nos a esta última corrente.

---

[79] BITENCOURT, Cezar Roberto; MUÑOZ CONDE, Francisco. *Teoria geral do delito*, p. 421.
[80] ZAFFARONI, Eugenio Raúl. *Tratado de derecho penal* – Parte general, v. IV, p. 195.
[81] MUNHOZ NETTO, Alcidez. *A ignorância da antijuridicidade em matéria penal*, p. 133-134.
[82] SANZO BRODT, Luís Augusto. *Da consciência da ilicitude no direito penal brasileiro*, p. 84.

6.2.6. Consequências do erro de proibição

Tal como acontece com o erro de tipo, o erro de proibição pode ser evitável (vencível, inescusável), ou inevitável (invencível, escusável). Suas consequências, contudo, são completamente diferentes. Já dissemos que a finalidade precípua do erro de tipo é afastar o dolo da conduta do agente, seja ele escusável ou inescusável. Entretanto, se o erro de tipo for considerado escusável, eliminará o dolo e a culpa; se inescusável, ainda continuará a afastar a conduta dolosa, mas permitirá a punição do agente por um crime culposo, se previsto em lei.

As consequências do erro de proibição vêm previstas no art. 21 do Código Penal, que diz, na sua segunda parte, que o erro sobre a ilicitude do fato, se inevitável, isenta de pena; se evitável, poderá diminuí-la de um sexto a um terço. O Código Penal preocupou-se, ainda, em esclarecer o conceito de erro evitável dizendo, no parágrafo único do mencionado art. 21:

> **Parágrafo único.** Considera-se evitável o erro se o agente atua ou se omite sem a consciência da ilicitude do fato, quando lhe era possível, nas circunstâncias, ter ou atingir essa consciência.

Assim, nos termos do referido artigo, a maior das consequências do erro de proibição será a isenção de pena, caso seja ele inevitável, concluindo-se, portanto, pela ausência de culpabilidade e, por conseguinte, absolvendo-se o agente nos termos do inciso VI do art. 386 do Código de Processo Penal, de acordo com a nova redação que lhe foi dada pela Lei nº 11.690, de 9 de junho de 2008. Se evitável o erro, o fato praticado será típico, ilícito e culpável. Contudo, como laborou em erro, a reprovabilidade sobre o injusto penal por ele realizado será menor, razão pela qual sua pena será diminuída de um sexto a um terço.

6.2.7. Erro de proibição e delito putativo – Diferença

Como se percebe pelo que foi dito até aqui, quando falamos em erro de proibição direto estamos querendo dizer que o agente supunha ser lícita uma conduta que, no entanto, era proibida pelo nosso ordenamento jurídico. No exemplo do turista que fuma um cigarro de maconha no Brasil, ele acredita, por erro, que a sua conduta não importa na prática de qualquer infração penal. Não quer, portanto, praticar crime.

No que diz respeito ao delito putativo, o raciocínio é outro. Podemos dizer que erro de proibição e delito putativo são como que o verso e o reverso. Isso porque, no crime putativo, o agente quer praticar uma infração penal que, na verdade, não se encontra prevista em nosso ordenamento jurídico-penal. O agente acredita ser proibida sua conduta quando, na verdade, ela é um indiferente penal. Como observa Cezar Roberto Bitencourt:

> "O crime putativo só existe na imaginação do agente. Este supõe, erroneamente, que está praticando uma conduta típica, quando, na verdade o fato não constitui crime. Como o crime só existe na imaginação do agente, esse conceito equivocado não basta para torná-lo punível. Há no crime putativo um erro de proibição às avessas (o agente imagina proibida uma conduta permitida)."[83]

6.2.8. Erro de validez

O erro de validez, ou erro sobre a validade da norma, pode ser considerado como uma variável do erro de proibição. O autor, de acordo com as lições de Welzel:

---

[83] BITENCOURT, Cezar Roberto. *Manual de direito penal* – Parte geral, p. 370.

"Conhece a proibição, mas crê que não é válida, porque segundo sua opinião infringe uma norma jurídica positiva hierarquicamente superior, por exemplo, da Constituição, ou um princípio metapositivo. Aqui regem também as regras do erro de proibição. Se o erro é desculpável, o fato ficará impune; se não é desculpável, o fato segue sendo punível.

O erro de validez pode ser, sobretudo, desculpável se o autor confia na correção da decisão de um tribunal inferior, que havia negado erroneamente a validez da norma"[84].

6.2.9. Erro de proibição culturalmente condicionado

Pode ocorrer, como é o caso do Brasil, em que dentro de um determinado país, em que supostamente todos estão obrigados às disposições contidas em um mesmo ordenamento jurídico, coexistam culturas diferentes, a exemplo dos índios, cuja proteção está prevista no art. 231 da Constituição Federal, que diz, *verbis*:

> **Art. 231.** São reconhecidos aos índios sua organização social, costumes, línguas, crenças e tradições, e os direitos originários sobre as terras que tradicionalmente ocupam, competindo à União demarcá-las, proteger e fazer respeitar todos os seus bens.
> [...]

Em algumas situações, essas pessoas, que integram sociedades culturalmente diferentes, não conseguem internalizar as normas de outras culturas. Nesse contexto é que surge a discussão a respeito do chamado erro de proibição culturalmente condicionado, que ocorre, segundo Juan Carlos Ferré Olivé, Miguel Ángel Nuñez Paz, William Terra de Oliveira e Alexis Couto de Brito, quando o sujeito, muitas vezes, "conhece a antijuridicidade da norma, mas não compreende porque deve ser punido por condutas que realiza normalmente, conforme seus costumes ancestrais. Nesse conceito compreende-se o erro sobre a validade da norma, que acontecerá quando acreditar que essas disposições não lhe obrigam juridicamente porque existem outras normas mais específicas que regulam a vida em sua comunidade. Os efeitos desse erro serão semelhantes aos do erro de proibição: se for inevitável isentará de responsabilidade, e se evitável, diminuirá a pena"[85].

6.3. Exigibilidade de conduta diversa

6.3.1. Conceito

O conceito de exigibilidade de conduta diversa é muito amplo e abrange até mesmo as duas situações anteriormente colocadas – imputabilidade e potencial consciência sobre a ilicitude do fato –, que tem como finalidade precípua afastar a culpabilidade do agente. Se o agente era inimputável, pois, ao tempo da ação ou da omissão, era inteiramente incapaz de entender o caráter ilícito do fato ou de determinar-se de acordo com esse entendimento, não se lhe podia exigir uma conduta conforme o direito; da mesma forma aquele que atua não possuindo a necessária consciência sobre a ilicitude do fato. Todas essas causas dirimentes da culpabilidade desembocarão, é certo, na chamada inexigibilidade de outra conduta, haja vista que, nas condições em que se encontrava o agente, não se podia exigir dele comportamento diverso. Nesse sentido, as lições de Zaffaroni, quando diz que "em última análise, todas as

---

[84] WELZEL, Hans. *El nuevo sistema del derecho penal* – una introducción a la doctrina de la acción finalista, p. 185-186.
[85] FERRÉ OLIVÉ, Juan Carlos; NUÑEZ PAZ, Miguel Ángel; OLIVEIRA, William Terra de; BRITO, Alexis Couto de. *Direito penal brasileiro* – parte geral – princípios fundamentais e sistema, p. 491.

causas de inculpabilidade são hipóteses em que não se pode exigir do autor uma conduta conforme o direito."[86]

Temos, portanto, como conceito de exigibilidade de conduta diversa a possibilidade que tinha o agente de, no momento da ação ou da omissão, agir de acordo com o direito, considerando-se a sua particular condição de pessoa humana. Cury Urzúa define a exigibilidade como a "possibilidade, determinada pelo ordenamento jurídico, de atuar de uma forma distinta e melhor do que aquela a que o sujeito se decidiu."[87]

Essa possibilidade ou impossibilidade de agir conforme o direito variará de pessoa para pessoa, não se podendo conceber um "padrão" de culpabilidade. As pessoas são diferentes umas das outras. Algumas inteligentes, outras com capacidade limitada; algumas abastadas, outras miseráveis; algumas instruídas, outras incapazes de copiar o seu próprio nome. Essas particulares condições é que deverão ser aferidas quando da análise da exigibilidade de outra conduta como critério de aferição ou de exclusão da culpabilidade, isto é, sobre o juízo de censura, de reprovabilidade, que recai sobre a conduta típica e ilícita praticada pelo agente.

6.3.2. Causas legais de exclusão da culpabilidade por inexigibilidade de outra conduta

O Código Penal prevê algumas causas legais que excluem a culpabilidade. Podemos citar, dentre elas, as seguintes: coação irresistível, obediência hierárquica e a possibilidade de aborto quando a gravidez é resultante de estupro.

A *coação irresistível* e a *obediência hierárquica* foram previstas no art. 22 do Código Penal, assim redigido:

> **Art. 22.** Se o fato é cometido sob coação irresistível ou em estrita obediência a ordem não manifestamente ilegal, de superior hierárquico, só é punível o autor da coação ou da ordem.

Primeiramente devemos ressaltar que a coação mencionada no citado art. 22 é aquela de natureza moral (*vis compulsiva*), e não física (*vis absoluta*). Isso porque a coação física afasta a própria conduta do agente, por ausência de dolo ou culpa. É o caso daquele que, depois de colocar o dedo do coagido no gatilho de uma arma de fogo, faz o movimento de disparo, puxando-lhe o dedo para trás e, com isso, causa a morte da vítima. No caso de coação moral irresistível, o coagido pratica, geralmente, um fato típico e antijurídico. O injusto penal por ele cometido é que não lhe poderá ser imputado, pois, em virtude da coação a que foi submetido, não se lhe podia exigir uma conduta conforme o direito. Podemos citar o exemplo daquele que é obrigado a causar a morte de alguém, pois, caso contrário, seu filho é que seria morto, uma vez que se encontrava nas mãos dos sequestradores, que exigiam tal comportamento do coagido, sob pena de cumprirem a ameaça de morte da criança que com eles se encontrava sequestrada. Nesta última hipótese, quando o coagido vai à procura da vítima e contra ela efetua os disparos exigidos pelos sequestradores, o fato por ele praticado é típico e ilícito. Entretanto, o resultado morte não lhe poderá ser imputado, haja vista que o Código Penal determina somente a punição do autor da coação irresistível que, no caso em exame, seriam os sequestradores. O coagido atua, na verdade, como mero instrumento nas mãos do coator, sendo este último considerado autor mediato.

Ronaldo Tanus Madeira salienta:

"Quanto à punibilidade do coator, o entendimento sobre a aplicação da pena não é pacífico. Parte da doutrina entende que, além da pena cominada no crime praticado pelo coato, deve

---

[86] ZAFFARONI, Eugenio Raúl. *Manual de derecho penal* – Parte general, p. 557.
[87] CURY URZÚA, Enrique. *Derecho penal* – Parte general, t. II, p. 76.

ser atribuído ao coator o concurso formal com o crime de constrangimento ilegal previsto no art. 146 do CP. Entretanto, outra corrente doutrinária afirma não ser possível a aceitação do concurso formal do crime praticado pelo coato com o constrangimento, porque o crime atribuído ao coator, praticado pelo coagido, vem, simultaneamente, agravado na forma do art. 62, II, do CP."[88]

Nos casos de *coação resistível*, embora o fato seja considerado típico, ilícito e culpável, poderá ao agente ser aplicada a circunstância atenuante prevista no art. 65, III, *c*, primeira parte, do Código Penal.

A estrita obediência à ordem não manifestamente ilegal de superior hierárquico afasta a culpabilidade do agente em virtude de não lhe ser exigível, nessas condições, um comportamento conforme o Direito. Para que possa ser beneficiado com essa causa legal de exclusão da culpabilidade, é preciso, nos termos do art. 22, a presença de vários requisitos, a saber: *a)* que a ordem seja proferida por superior hierárquico; *b)* que essa ordem não seja manifestamente ilegal; *c)* que o cumpridor da ordem se atenha aos limites da ordem.

Hierarquia é relação de Direito Público. Para que a máquina administrativa possa funcionar com eficiência, é preciso que exista uma escala hierárquica entre aqueles que detêm o poder de mando e seus subordinados. Nesse sentido, Frederico Marques, quando aduz que para que se possa falar em obediência hierárquica é preciso que "exista dependência funcional do executor da ordem dentro do serviço público, em relação a quem lhe ordenou a prática do ato delituoso."[89] Isso quer dizer que não há relação hierárquica entre particulares, como no caso do gerente de uma agência bancária e seus subordinados, bem como tal relação inexiste nas hipóteses de temor reverencial entre pais e filhos ou mesmo entre líderes religiosos e seus fiéis.

O segundo requisito diz respeito à legalidade da ordem emanada pelo superior. Se a ordem não for *manifestamente* ilegal, ou seja, se não for evidente a sua ilegalidade, deverá o servidor, atento aos princípios que regem a Administração Pública, obedecer-lhe. Ao contrário, se for manifesta a ilegalidade da ordem, o servidor estará desobrigado de cumpri-la.

Com precisão, Ronaldo Tanus Madeira aduz:

"Normalmente, não cabe ao inferior hierárquico, mormente na dinâmica diária, questionar todas as ordens recebidas, no exercício das funções públicas, de seu superior hierárquico, principalmente se a ordem não for manifestamente ilegal. Seria um caos e uma constante inversão da hierarquia administrativa, se o cumpridor da ordem fosse a todo tempo questioná-la, embora não sendo um cumpridor cego de todas as ordens emanadas. Entretanto, se o executor da ordem tiver conhecimento ou consciência de sua ilegalidade e cumprir a ordem consciente de sua proibição ou ilicitude, responde, juntamente com o superior hierárquico, em concurso de agente em fato típico doloso."[90]

Imaginemos o exemplo do detetive que, a mando da autoridade policial, espanca o preso, a pretexto de conseguir uma confissão. Como se percebe, a ordem emanada da autoridade é manifestamente ilegal e, sendo cumprida, não permitirá a aplicação do art. 22 do Código Penal em benefício daquele que a cumpriu.

O último requisito diz respeito ao cumprimento da ordem não manifestamente ilegal dentro dos limites que lhe foram determinados. Se o agente extrapola esses limites, também não poderá ser beneficiado com a causa de exclusão da culpabilidade prevista no mencionado art. 22.

---

88 MADEIRA, Ronaldo Tanus. *A estrutura jurídica da culpabilidade*, p. 102.
89 MARQUES, José Frederico. *Tratado de direito penal*, v.II, p. 310.
90 MADEIRA, Ronaldo Tanus. *A estrutura jurídica da culpabilidade*, p. 103.

Aquele, portanto, que cumpre ordens não manifestamente ilegais não pode ser por elas responsabilizado, uma vez que não lhe era exigível, no caso concreto, ter outra conduta senão aquela determinada pelo seu superior hierárquico. Afasta-se, dessa forma, a culpabilidade do agente, por ser-lhe inexigível outro comportamento.

Se o crime foi cometido em cumprimento de ordem de autoridade, tem aplicação a circunstância atenuante prevista no art. 65, III, *c*, segunda parte, do Código Penal.

Outra hipótese legal de exclusão da culpabilidade é aquela prevista no inciso II do art. 128 do Código Penal, que diz não ser punível aborto praticado por médico se a gravidez resulta de estupro e o aborto é precedido do consentimento da gestante ou, quando incapaz, de seu representante legal.

A maioria de nossos doutrinadores entende que na hipótese de gravidez resultante de estupro, o aborto realizado pela gestante não será considerado antijurídico. Frederico Marques diz que "nos termos em que o situou o Código Penal, no art. 128, nº II, trata-se de fato típico penalmente lícito. Afasta a lei a antijuridicidade da ação de provocar aborto, por entender que a gravidez, no caso, produz dano altamente afrontoso para a pessoa da mulher, o que significa que é o estado de necessidade a *ratio essendi* da impunidade do fato típico."[91] Essa era também a posição de Fragoso.[92] Hungria, cuidando do aborto sentimental, assevera que "nada justifica que se obrigue a mulher estuprada a aceitar uma maternidade odiosa, que dê vida a um ser que lhe recordará perpetuamente o horrível episódio da violência sofrida. Segundo Binding, seria profundamente iníqua a terrível exigência do direito de que a mulher suporte o fruto de sua involuntária desonra."[93] Embora seja esse o pensamento de Hungria, em seu texto não fica evidenciada sua posição quanto à natureza jurídica do inciso II do art. 128 do Código Penal, ao contrário da sua conclusão quanto à natureza jurídica do inciso I do mencionado artigo, que cuida do chamado aborto terapêutico ou profilático. Ali, ele diz que se trata "de um caso especialmente destacado de *estado de necessidade*."[94]

Para que pudéssemos concordar com a maioria de nossos autores, seria preciso amoldar, com precisão, a hipótese prevista no inciso II do art. 128 do Código Penal a uma das causas legais de exclusão da ilicitude elencadas no art. 23 do Código Penal, vale dizer: estado de necessidade, legítima defesa, estrito cumprimento de dever legal e o exercício regular de direito.

Já vimos que, para que se possa falar em estado de necessidade, é preciso que haja um confronto de bens igualmente protegidos pelo ordenamento jurídico. Duas são as teorias que disputam o tratamento do estado de necessidade: teoria unitária e teoria diferenciadora. Para a teoria unitária, adotada pelo nosso Código Penal, todo estado de necessidade é justificante, isto é, afasta a ilicitude da conduta típica levada a efeito pelo agente. A teoria diferenciadora, a seu turno, traça uma distinção entre o estado de necessidade justificante (que exclui a ilicitude do fato) e o estado de necessidade exculpante (que afeta a culpabilidade). Para essa teoria, se o bem que se quer preservar for de valor superior àquele contra o qual se dirige a conduta do agente, estaremos diante de um estado de necessidade justificante; se o bem que se quer preservar for de valor inferior ao agredido, o estado de necessidade será exculpante; se os bens forem de valor idêntico existe controvérsia doutrinária e jurisprudencial, sendo que uma corrente opta pelo estado de necessidade justificante e outra, pelo exculpante.

Enfim, no inciso II do art. 128 do Código Penal existem dois bens em confronto: de um lado, a vida do feto, tutelada pelo nosso ordenamento jurídico desde a concepção; do outro, como sugere Frederico Marques, a dignidade sexual da mulher vítima de estupro, ou a dor

---

[91] MARQUES, José Frederico. *Tratado de direito penal*, v. IV, p. 218.
[92] FRAGOSO, Heleno Cláudio. *Lições de direito penal* – Parte especial, p. 124.
[93] HUNGRIA, Nélson. *Comentários ao código penal*, v. V, p. 304.
[94] HUNGRIA, Nélson. *Comentários ao código penal*, v. V, p. 299.

pela recordação dos momentos terríveis pelos quais passou nas mãos do estuprador. Adotando-se a teoria unitária ou diferenciadora, a solução para esse caso seria a mesma. Pela redação do art. 24 do Código Penal, somente se pode alegar o estado de necessidade quando o sacrifício, nas circunstâncias, não era razoável exigir-se. Ora, existe uma vida em crescimento no útero materno, uma vida concedida por Deus. Não entendemos razoável, no confronto entre a vida do ser humano e a dignidade sexual da gestante estuprada, optar-se por esse último bem, razão pela qual, mesmo adotando-se a teoria unitária, não poderíamos falar em estado de necessidade. Com relação à teoria diferenciadora, o tema fica mais evidente. Se o bem vida é de valor superior ao bem dignidade sexual para ela o problema se resolve não em sede de ilicitude, mas, sim, no terreno da culpabilidade, afastando-se a reprovabilidade da conduta da gestante que pratica o aborto.

Da mesma forma não conseguimos visualizar a aplicação das demais causas excludentes da ilicitude ao inciso II do art. 128 do Código Penal. Não se trata de legítima defesa, pois o feto não está agredindo injustamente a gestante; não é o caso de estrito cumprimento de dever legal, haja vista a inexistência do dever legal de matar, a não ser nos casos excepcionais, previstos no art. 84, XIX, da Constituição Federal, cuja sinistra função caberá àquele que exercer o papel de carrasco; e muito menos se pode argumentar com o exercício regular de direito, uma vez que o ordenamento jurídico quer, na verdade, é a preservação da vida, e não a sua destruição.

Entendemos, com a devida vênia das posições em contrário, que, no inciso II do art. 128 do Código Penal, o legislador cuidou de uma hipótese de inexigibilidade de conduta diversa, não se podendo exigir da gestante que sofreu a violência sexual a manutenção da sua gravidez, razão pela qual, optando-se pelo aborto, o fato será típico e ilícito, mas deixará de ser culpável.

Não somente o Código Penal prevê hipóteses legais de inexigibilidade de conduta diversa. Encontramos essa situação, também, na legislação extravagante, a exemplo do que ocorre com o parágrafo único do art. 13 da Lei nº 12.850, de 2 de agosto de 2013, que definiu *organização criminosa* e, dentre outras providências, dispôs sobre a investigação criminal e os meios de obtenção da prova, que, após cuidar do tema correspondente à infiltração de agentes, na Seção II, do seu Capítulo II, diz, textualmente:

> **Art. 13.** O agente que não guardar, em sua atuação, a devida proporcionalidade com a finalidade da investigação, responderá pelos excessos praticados.
> **Parágrafo único.** Não é punível, no âmbito da infiltração, a prática de crime pelo agente infiltrado no curso da investigação, quando inexigível conduta diversa.

Quer isso dizer que, por exemplo, se um agente infiltrado em uma organização criminosa, para que ganhe a confiança do grupo, durante as investigações, for obrigado a torturar alguém a mando dos seus chefes, se esse comportamento for necessário para que não seja descoberta sua verdadeira identidade e coloque em risco a própria segurança, poderá praticá-lo uma vez que estará o agente acobertado pela excludente da culpabilidade da inexigibilidade de conduta diversa. No entanto, somente os atos realmente necessários devem estar amparados, pois se, no caso concreto, verificar-se que a conduta do agente podia ser evitada, já que não era necessária para a manutenção da sua atuação infiltrada, deverá o agente responder pelo delito praticado.

Portanto, concluindo com Leonardo Isaac Yarochewsky:

> "Sendo a exigibilidade de comportamento conforme o Direito um dos elementos da culpabilidade, a sua ausência manifestada pela inexigibilidade exclui, portanto, a culpabilidade, do mesmo modo que a inimputabilidade e a falta da consciência da ilicitude também a excluem. Assim, o agente pode praticar uma ação típica, ilícita, sem contudo ser culpável por estar

amparado por uma das causas que excluem a culpabilidade, dentre elas a inexigibilidade de outra conduta."[95]

6.3.3. Inexigibilidade de conduta diversa como causa supralegal de exclusão da culpabilidade

Causas supralegais de exclusão da culpabilidade são aquelas que, embora não estejam previstas expressamente em algum texto legal, são aplicadas em virtude dos princípios informadores do ordenamento jurídico.

Nossa legislação penal, ao contrário da legislação alemã, não proíbe a utilização do argumento da inexigibilidade de conduta diversa como causa supralegal de exclusão da culpabilidade. Jescheck, com base na legislação alemã, assevera que deve ser afastada a teoria da inexigibilidade como causa supralegal, pois, segundo o renomado autor, a aceitação de "uma causa supralegal de exculpação por inexigibilidade implicaria, tanto concebida subjetiva como objetivamente, uma debilitação da eficácia de prevenção geral que corresponde ao Direito Penal e conduziria a uma desigualdade na aplicação do Direito." E continua dizendo que, "ainda nas situações difíceis da vida, a comunidade deve poder reclamar a obediência ao Direito ainda que isso possa exigir do afetado um importante sacrifício."[96]

No mesmo sentido é o posicionamento de Wessels, quando aduz que, "segundo a opinião dominante, a chamada 'não exigibilidade de conduta de acordo com as normas' não deve considerar-se, sem mais, como uma causa de exculpação supralegal. A admissão geral de uma causa de exculpação como esta, vaga e indeterminada no que diz respeito a pressupostos e limites, daria passo, amplamente, à insegurança jurídica." Contudo, conclui o brilhante penalista, "conforme a opinião sustentada quase por unanimidade, pode admitir-se, em situações excepcionais, uma causa supralegal de exculpação."[97]

A possibilidade de alegação de uma causa supralegal, em algumas situações, como deixou entrever Johannes Wessels, pode evitar que ocorram injustiças gritantes. Voltemos ao exemplo anteriormente fornecido quando do estudo da legítima defesa, no tópico relativo à atualidade e iminência da agressão. Vimos que determinado preso fora ameaçado de morte pelo "líder" da rebelião que estava acontecendo na penitenciária. Sua morte, contudo, estava condicionada ao não atendimento das reivindicações levadas a efeito pelos detentos. Ao perceber que o preso que o havia ameaçado estava dormindo por alguns instantes, apavorado com a possibilidade de morrer, uma vez que três outros detentos já haviam sido mortos, aproveita-se dessa oportunidade e o esgana, matando-o. Como já concluímos anteriormente, o detento que causou a morte daquele que o havia ameaçado não pode alegar a legítima defesa, uma vez que a agressão anunciada era futura, e não iminente como exige o art. 25 do Código Penal. Futura porque até poderia não acontecer, caso as exigências dos presos fossem atendidas. O fato, portanto, é típico e ilícito. Contudo, podemos afastar a reprovabilidade sobre o injusto praticado pelo agente sob o argumento da inexigibilidade de conduta diversa. Como essa causa não vem expressa em nosso ordenamento jurídico-penal, devemos entendê-la como supralegal.

Concluindo, somos da opinião de que, em nosso ordenamento jurídico, não existe qualquer impedimento para que se possa aplicar a causa exculpante supralegal da inexigibilidade de conduta diversa.

---

[95] YAROCHEWSKY, Leonardo Isaac. *Da inexigibilidade de conduta diversa*, p. 46.
[96] JESCHECK, Hans-Heinrich. *Tratado de derecho penal*, v. I, p. 688.
[97] WESSELS, Johannes. *Derecho penal* – Parte general, v. I, p. 126-127.

6.3.3.1. Objeção de consciência

Existem determinadas situações que fazem com que algumas pessoas se recusem, terminantemente, a cumprir as determinações legais em virtude de sua consciência. Muitas vezes, preferem a morte a aviltar suas convicções pessoais. Isso, de forma simplificada, é o que a doutrina reconhece como uma objeção de consciência.

Bruno Heringer Júnior, dissertando sobre o tema, esclarece, com perfeição, que "a particularidade da escusa de consciência reside na irresistibilidade, para o agente individual, dos imperativos morais que segue, o que pode provocar situações de conflito verdadeiramente existenciais, não lhe deixando margem de ação lícita, senão ao custo de significativo comprometimento de sua personalidade."[98]

Veja o que ocorre, por exemplo, com judeus ortodoxos, ou mesmo adventistas de sétimo dia que têm por costume guardar o sábado, não fazendo absolutamente nada que seja ligado a trabalho, em virtude de sua interpretação bíblica, ou, ainda, aqueles que também, por convicção religiosa, não se submetem ao serviço militar.

Elder Lisbôa Ferreira da Costa, com a precisão que lhe é peculiar, faz distinção entre duas modalidades de objeção de consciência, denominando-as endógena e exógena. De acordo com o dileto amigo e renomado autor:

> "O Estado tem o dever de respeitar a *objeção de consciência endógena*, ou seja, aquela pessoal, que diz respeito somente ao *Eu* do ser humano. É sua concepção de mundo, de felicidade. Se tenho a firme convicção e consciência que para ser feliz não necessito professar esta ou aquela religião, seguir determinado partido político, ou mesmo tomar sangue em qualquer hipótese, os direitos humanos têm que ter instrumentos que amparem esta objeção. São os preceitos da dignidade humana. Na verdade, temos aqui a concepção de felicidade que cada um traz para si, devendo o Estado respeitar essa escolha. Revela-se que o exercício desta objeção não pode afetar direitos de terceiros.
>
> De outra sorte, a *objeção de consciência exógena* é aquela onde estou em nome do Estado para aplicar determinada lei ou preceito de conformidade com os direitos humanos. Pode ser como agente delegado de uma concessão, ou permissão do serviço público. Não poderia agora invocar objeção de consciência para não aplicar. Exemplo: uma jovem entra em um hospital depois de um grave acidente. O médico, por pertencer a determinado credo, 'alega' objeção de consciência para não proceder determinada terapia, como ministrar sangue por exemplo"[99].

Em algumas situações, como no caso do serviço militar obrigatório, a própria lei prevê alternativas, a exemplo do que ocorre com o art. 143, § 1º, da Constituição Federal, que diz:

> § 1º Às Forças Armadas compete, na forma da lei, atribuir serviço alternativo aos que, em tempo de paz, após alistados, alegarem imperativo de consciência, entendendo-se como tal o decorrente de crença religiosa e de convicção filosófica ou política, para se eximir de atividades de caráter essencialmente militar.

Da mesma forma, o art. 438 do Código de Processo Penal, com a nova redação que lhe foi dada pela Lei nº 11.689, de 9 de junho de 2008, dispõe:

---

[98] HERINGER JÚNIOR, Bruno. *Objeção de consciência e direito penal* – Justificação e limites, p. 118.
[99] FERREIRA DA COSTA, Elder Lisbôa. *Tratado de direito penal* – historicidade e atualidade do penalismo, p. 234/235.

> **Art. 438.** A recusa ao serviço do júri fundada em convicção religiosa, filosófica ou política importará no dever de prestar serviço alternativo, sob pena de suspensão dos direitos políticos, enquanto não prestar o serviço imposto.
> § 1º Entende-se por serviço alternativo o exercício de atividades de caráter administrativo, assistencial, filantrópico ou mesmo produtivo, no Poder Judiciário, na Defensoria Pública, no Ministério Público ou em entidade conveniada para esses fins.
> § 2º O juiz fixará o serviço alternativo atendendo aos princípios da proporcionalidade e da razoabilidade.

O problema reside no fato de que para a objeção de consciência, em muitas situações, não haverá serviço alternativo. Nesses casos, o que fazer? O agente deverá, mesmo aviltando gravemente sua consciência, cumprir a lei a todo custo? Em muitas situações, atendendo a um critério de razoabilidade, poderá ser arguida a inexigibilidade de conduta diversa, com a finalidade de afastar a infração penal que seria atribuída ao agente.

Assim, conforme preleciona Bruno Heringer Júnior, "à míngua de uma regulamentação legal da objeção de consciência específica ao âmbito penal, é de reconhecer-lhe o caráter de causa supralegal de exclusão da culpabilidade, por inexigibilidade de conduta diversa."[100]

6.3.4. Aplicação, no Júri, das causas exculpantes supralegais

Alguns juízes e promotores, ainda resistentes ao moderno Direito Penal, não se cansam de combater as teses que, de alguma forma, possam beneficiar os acusados, seja afastando a caracterização da infração, seja evitando a aplicação de sanções severas e desnecessárias.

Nos julgamentos realizados pelo Tribunal do Júri, observávamos essa resistência no que dizia respeito à aceitação da tese da inexigibilidade de conduta diversa como causa supralegal de exclusão da culpabilidade em virtude da redação constante do revogado art. 484, III, do Código de Processo Penal que, supostamente, somente permitia a formulação de quesitos se o réu apresentasse, na sua defesa, ou alegasse, nos debates, qualquer fato ou circunstância que, *por lei*, o isentasse de pena ou excluísse o crime, ou, ainda, o desclassificasse.

A expressão *por lei*, para muitos, era impeditiva do reconhecimento de causas supralegais, a exemplo da inexigibilidade de conduta diversa.

Hoje, a discussão, a nosso ver, resta superada, pois a nova redação dada pela Lei nº 11.689, de 9 de junho de 2008, aos arts. 482 e 483 do Código de Processo Penal nos permite concluir pela sua total aplicação, dizendo, *verbis*:

> **Art. 482.** O Conselho de Sentença será questionado sobre matéria de fato e se o acusado deve ser absolvido.
> **Parágrafo único.** Os quesitos serão redigidos em proposições afirmativas, simples e distintas, de modo que cada um deles possa ser respondido com suficiente clareza e necessária precisão. Na sua elaboração, o presidente levará em conta os termos da pronúncia ou das decisões posteriores que julgaram admissível a acusação, do interrogatório e das alegações das partes.
> **Art. 483.** Os quesitos serão formulados na seguinte ordem, indagando sobre:
> I – a materialidade do fato;
> II – a autoria ou participação;
> III – se o acusado deve ser absolvido;
> IV – se existe causa de diminuição de pena alegada pela defesa;
> V – se existe circunstância qualificadora ou causa de aumento de pena reconhecidas na pronúncia ou em decisões posteriores que julgaram admissível a acusação.
> § 1º A resposta negativa, de mais de 3 (três) jurados, a qualquer dos quesitos referidos nos incisos I e II do *caput* deste artigo encerra a votação e implica a absolvição do acusado.

---

[100] HERINGER JÚNIOR, Bruno. *Objeção de consciência e direito penal* – Justificação e limites, p. 117-118.

> § 2º Respondidos afirmativamente por mais de 3 (três) jurados os quesitos relativos aos incisos I e II do *caput* deste artigo será formulado quesito com a seguinte redação:
> O jurado absolve o acusado?

Dessa forma, tal como ocorre, agora, com a legítima defesa, onde não existe mais a possibilidade de desdobrar os quesitos, analisando cada um dos seus elementos (agressão injusta, uso moderado dos meios necessários, atualidade ou iminência, defesa própria ou de terceiro), as partes discutirão se o agente, na situação em que se encontrava, tinha possibilidades de agir de forma diferente. Esse fato, levado ao conhecimento do Conselho de Sentença, fará com que o jurado decida se absolve ou condena o acusado.

Como destaca Paulo Rangel, "com a nova quesitação não importa qual seja a tese da defesa, isto é, se legítima defesa, inexigibilidade de conduta diversa ou coação moral irresistível, por exemplo, pois a pergunta é uma só: **O jurado absolve o acusado?** Se os jurados absolverem o réu, não se saberá qual foi a tese acatada, se houver mais de uma."[101]

7. COCULPABILIDADE

Sabemos, como regra geral, a influência que o *meio social* pode exercer sobre as pessoas. A educação, a cultura, a marginalidade e a banalização no cometimento de infrações penais, por exemplo, podem fazer parte do cotidiano. Sabemos, também, que a sociedade premia poucos em detrimento de muitos. Não existe distribuição de riquezas. Uma parcela pequena da sociedade vive nababescamente e convive com a outra parcela, esmagadoramente superior, formada por um grupo que se encontra no limite entre a pobreza e a miserabilidade. A classe média, aos poucos, vai perdendo posição, alguns se destacando e, por conseguinte, se enriquecendo; e outros, na sua maioria, empobrecendo dia após dia.

A teoria da coculpabilidade ingressa no mundo do Direito Penal para apontar e evidenciar a parcela de responsabilidade que deve ser atribuída à sociedade quando da prática de determinadas infrações penais pelos seus "supostos cidadãos." Contamos com uma legião de miseráveis que não possuem um teto para se abrigar, morando embaixo de viadutos ou dormindo em praças ou calçadas, que não conseguem emprego, pois o Estado não os preparou ou os qualificou para que pudessem trabalhar, que vivem a mendigar por um prato de comida, que fazem uso de bebida alcoólica para fugir à realidade que lhes é impingida. Quando tais pessoas praticam crimes, devemos apurar e dividir essa responsabilidade com a sociedade.

Zaffaroni e Pierangeli aduzem:

> "Todo sujeito age numa circunstância dada e com um âmbito de autodeterminação também dado. Em sua própria personalidade há uma contribuição para esse âmbito de autodeterminação, posto que a sociedade – por melhor organizada que seja – nunca tem a possibilidade de brindar a todos os homens com as mesmas oportunidades. Em consequência, há sujeitos que têm um menor âmbito de autodeterminação, condicionado desta maneira por causas sociais. Não será possível atribuir estas causas sociais ao sujeito e sobrecarregá-lo com elas no momento da reprovação de culpabilidade. Costuma-se dizer que há, aqui, uma 'coculpabilidade', com a qual a própria sociedade deve arcar."[102]

---

[101] RANGEL, Paulo. *Direito processual penal*, p. 619.
[102] ZAFFARONI, Eugenio Raúl; PIERANGELI, José Henrique. *Manual de direito penal brasileiro* – Parte geral, p. 610-611.

Mas, na prática, como podemos levar a efeito essa divisão de responsabilidade entre a sociedade e aquele que, em virtude de sua situação de exclusão social, praticou determinada infração penal? Não podemos, obviamente, pedir a cada membro do corpo social que cumpra um pouco da pena a ser aplicada. Assim, teremos, na verdade, duas opções: a primeira, dependendo da situação de exclusão social que se encontre a pessoa que, em tese, praticou um fato definido como crime, será a sua absolvição;[103] a segunda, a aplicação do art. 66 do Código Penal.

Suponhamos que, durante uma ronda policial, um casal de mendigos, cuja "morada" é embaixo de um viaduto, seja surpreendido no momento em que praticava relação sexual. Ali, embora seja um local público, é o único lugar onde esse casal conseguiu se estabelecer, em face da inexistência de oportunidades de trabalho, ou mesmo de programas destinados a retirar as pessoas miseráveis da rua a fim de colocá-las em lugar habitável e decente. Poderíamos, assim, atribuir a esse casal a prática do delito de ato obsceno, tipificado pelo art. 233 do Código Penal? Entendemos que não, pois foi a própria sociedade que o marginalizou e o obrigou a criar um *mundo próprio*, uma *sociedade paralela*, sem as regras ditadas por essa sociedade formal, legalista e opressora. Não poderíamos, portanto, no exemplo fornecido, concluir que o casal atuou culpavelmente, quando a responsabilidade, na verdade, seria da sociedade que os obrigou a isso. Pode acontecer, contudo, que alguém pratique determinada infração penal porque, marginalizado pela própria sociedade, não consegue emprego e, por essa razão, o *meio social* no qual foi forçosamente inserido entende que seja razoável *tomar com as suas próprias mãos* aquilo que a sociedade não lhe permite conquistar com seu trabalho. A divisão de responsabilidades entre o agente e a sociedade permitirá a aplicação de uma atenuante genérica, diminuindo, pois, a reprimenda relativa à infração penal por ele cometida.

Grégore Moura, em obra específica sobre o tema, visualiza a coculpabilidade como um princípio implícito em nossa Constituição Federal, fundamentado no § 2º do seu art. 5º, e conclui, acertadamente:

> "Aceitar a coculpabilidade como princípio constitucional implícito 'obriga' o legislador a modificar o nosso Estatuto Repressivo principalmente porque, só assim, o indivíduo atingirá a plenitude da cidadania, com o respeito ao devido processo legal e ao direito de justiça, que é elemento essencial para aplicação de todos os demais direitos.
>
> O reconhecimento do princípio da coculpabilidade é importante instrumento na identificação da inadimplência do Estado no cumprimento de sua obrigação de promover o bem comum, além de reconhecer, no plano concreto um direito fundamental do cidadão, mediante sua concretização no Direito Penal e no Processo Penal, tendo como fundamento o art. 5º, § 2º, da Constituição Federal."[104]

---

[103] Cristiano Rodrigues, com o brilhantismo que lhe é peculiar, defende a possibilidade de ser arguida a inexigibilidade de conduta diversa como causa supralegal a fim de possibilitar a absolvição do agente, levando-se em consideração a teoria da coculpabilidade, dizendo (*Temas controvertidos de direito penal*, p. 252): "somente através da ampliação do conceito de exigibilidade de conduta diversa em face da normalidade das circunstâncias concretas, e de uma aceitação mais ampla da inexigibilidade como causa de exculpação (mesmo sem expressa previsão legal), tornar-se-á possível instrumentalizar, materializar e aplicar a Teoria da Coculpabilidade em nosso ordenamento jurídico, passo fundamental na direção de um Direito Penal garantista, humano e mais isonômico."

[104] MOURA, Grégore. *Do princípio da coculpabilidade*, p. 113.

Capítulo XXXVI
Concurso de Pessoas

Acesse e assista à aula explicativa sobre este assunto.
> http://uqr.to/1wh1b

1. INTRODUÇÃO

Em nosso direito penal positivo, há inúmeras infrações penais que podem ser praticadas por uma só pessoa, a exemplo do delito de furto (art. 155 do CP). Outras, contudo, exigem, no mínimo, três pessoas para que possam se configurar, como é o caso do delito de associação criminosa (art. 288 do CP), nos termos da redação legal que lhe foi conferida pela Lei nº 12.850, de 2 de agosto de 2013. Na primeira hipótese, estaremos diante dos chamados *crimes unissubjetivos*; na segunda, diante dos *crimes plurissubjetivos*.

Cuidando do concurso de pessoas, diz o art. 29, *caput*, do Código Penal, que:

> **Art. 29.** Quem, de qualquer modo, concorre para o crime, incide nas penas a este cominadas, na medida de sua culpabilidade.

O art. 29 do Código Penal aplica-se, como regra, aos delitos unissubjetivos, também conhecidos como *delitos de concurso eventual*, uma vez que para os crimes plurissubjetivos, ou de *concurso necessário*, pelo fato de exigirem a presença de, no mínimo, duas ou mais pessoas, dependendo do tipo penal, não haveria necessidade de regra expressa para os autores, ou coautores, tendo aplicação somente no que diz respeito à participação nessas infrações penais.

Fala-se em concurso de pessoas, portanto, quando duas ou mais pessoas concorrem para a prática de uma mesma infração penal. Essa colaboração recíproca pode ocorrer tanto nos casos em que são vários os autores quanto naqueles onde existam autores e partícipes.

2. REQUISITOS PARA O CONCURSO DE PESSOAS

A regra trazida pelo art. 29 do Código Penal aplica-se, mormente, aos chamados crimes de concurso eventual (unissubjetivos), que são aqueles que podem ser cometidos por um único agente, mas que, eventualmente, são praticados por duas ou mais pessoas. Quando duas ou mais pessoas se reúnem a fim de cometer tais infrações penais (homicídio, furto, dano etc.), ou, na expressão do código, se concorrerem para o crime, incidirão nas penas a este cominadas, na medida de sua culpabilidade.

Para que se possa concluir pelo concurso de pessoas, será preciso verificar a presença dos seguintes requisitos:

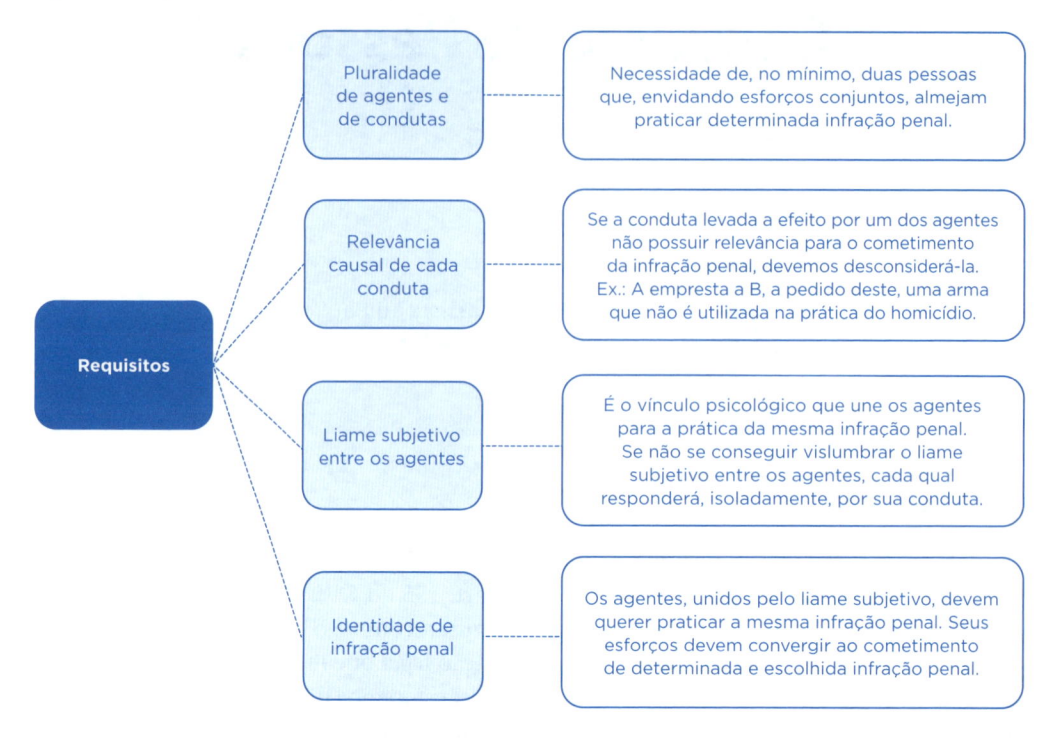

Requisitos:

- **Pluralidade de agentes e de condutas** — Necessidade de, no mínimo, duas pessoas que, envidando esforços conjuntos, almejam praticar determinada infração penal.

- **Relevância causal de cada conduta** — Se a conduta levada a efeito por um dos agentes não possuir relevância para o cometimento da infração penal, devemos desconsiderá-la. Ex.: A empresta a B, a pedido deste, uma arma que não é utilizada na prática do homicídio.

- **Liame subjetivo entre os agentes** — É o vínculo psicológico que une os agentes para a prática da mesma infração penal. Se não se conseguir vislumbrar o liame subjetivo entre os agentes, cada qual responderá, isoladamente, por sua conduta.

- **Identidade de infração penal** — Os agentes, unidos pelo liame subjetivo, devem querer praticar a mesma infração penal. Seus esforços devem convergir ao cometimento de determinada e escolhida infração penal.

A pluralidade de agentes (e de condutas) é requisito indispensável à caracterização do concurso de pessoas. O próprio nome induz sobre a necessidade de, no mínimo, duas pessoas que, envidando esforços conjuntos, almejam praticar determinada infração penal.

O segundo requisito diz respeito à relevância causal das condutas praticadas por aqueles que, de alguma forma, concorreram para o crime. Se a conduta levada a efeito por um dos agentes não possuir relevância para o cometimento da infração penal, devemos desconsiderá-la e concluir que o agente não concorreu para a sua prática. Imaginemos o seguinte: **A**, com o firme propósito de causar a morte de **B**, pelo fato de não ter encontrado a sua arma, vai até a residência de **C** e, explicando-lhe o fato, pede-lhe o revólver emprestado. **C**, mesmo sabendo da intenção de **A**, empresta-lhe a arma. Antes de ir ao encontro de **B**, **A** resolve, mais uma vez, procurar a sua pistola, calibre 380, e, para sua surpresa, consegue achá-la. Assim, deixa de lado a arma que havia solicitado a **C** e, agora, com a sua pistola vai à procura de **B** e causa-lhe a morte.

A pergunta que devemos nos fazer é a seguinte: Será que a conduta de **C** foi relevante a ponto de podermos atribuir-lhe o delito de homicídio praticado por **A**, ou, em razão de não ter o agente utilizado a arma tomada de empréstimo de **C**, a conduta deste último deixou de ser relevante na cadeia causal? Como o agente já estava decidido a cometer o crime, entendemos que, pelo fato de não ter utilizado a arma emprestada por **C**, a conduta deste passou a ser irrelevante, uma vez que não estimulou ou, de qualquer modo, influenciou o agente no cometimento de sua infração penal. Dessa forma, embora tenha querido contribuir, a ausência de relevância de sua conduta fará com que não seja responsabilizado penalmente pelo resultado.

O terceiro requisito indispensável à caracterização do concurso de pessoas diz respeito ao chamado liame subjetivo, isto é, o vínculo psicológico que une os agentes para a prática da mesma infração penal. Se não se conseguir vislumbrar o liame subjetivo entre os agentes, cada qual responderá, isoladamente, por sua conduta. No caso clássico em que **A** e **B** atiram contra **C**, sendo que um deles acerta mortalmente o alvo e o outro erra, não se sabendo qual deles conseguiu alcançar o resultado morte, dependendo da conclusão que se chegue com relação ao vínculo psicológico entre os agentes, as imputações serão completamente diferentes. Se dissermos que **A** e **B** agiram unidos pelo liame subjetivo, não importará saber, a fim de condená-los pelo crime de homicídio, qual deles, efetivamente, conseguiu acertar a vítima, causando-lhe a morte. Aqui, o liame subjetivo fará com que ambos respondam pelo homicídio consumado. Agora, se chegarmos à conclusão de que os agentes não atuaram unidos pelo vínculo subjetivo, cada qual deverá responder pela sua conduta. No caso em exame, não sabemos quem foi o autor do resultado morte. A dúvida, portanto, deverá beneficiar os agentes, uma vez que um deles não conseguiu alcançar esse resultado, praticando, assim, uma tentativa de homicídio. Dessa forma, ambos deverão responder pelo crime de homicídio tentado.

O quarto e último requisito necessário à caracterização do concurso de pessoas é a identidade de infração penal. Isso quer dizer que os agentes, unidos pelo liame subjetivo, devem querer praticar a mesma infração penal. Seus esforços devem convergir ao cometimento de determinada e escolhida infração penal.

Em síntese, somente quando duas ou mais pessoas, unidas pelo liame subjetivo, levarem a efeito condutas relevantes dirigidas ao cometimento de uma mesma infração penal é que poderemos falar em concurso de pessoas.

3. TEORIAS SOBRE O CONCURSO DE PESSOAS

Com a finalidade de distinguir e apontar a infração penal cometida por cada um dos seus participantes (autores e partícipes), surgiram três teorias que merecem destaque:

a) teoria pluralista;
b) teoria dualista;
c) teoria monista.

Para a teoria pluralista, haveria tantas infrações penais quanto fosse o número de autores e partícipes. Na precisa lição de Cezar Bitencourt, "a cada participante corresponde uma conduta própria, um elemento psicológico próprio e um resultado igualmente particular. À pluralidade de agentes corresponde a pluralidade de crimes. Existem tantos crimes quantos forem os participantes do fato delituoso."[1] Seria como se cada autor ou partícipe tivesse praticado a sua própria infração penal, independentemente da sua colaboração para com os demais agentes. Assim, se alguém tivesse induzido duas outras pessoas a praticar um delito de furto, teríamos três infrações penais distintas. Uma para cada um dos agentes. Ou seja, uma para o partícipe e uma para cada um dos coautores, isto é, para aqueles que realizaram a subtração da coisa alheia móvel.

Já a teoria dualista distingue o crime praticado pelos autores daquele cometido pelos partícipes. Para essa teoria, haveria uma infração penal para os autores e outra para os partícipes. Manzini, defensor da mencionada teoria, argumentava que "se a participação pode ser principal e acessória, primária e secundária, deverá haver um crime único para os autores e outro crime único para os chamados cúmplices *stricto sensu*. A consciência e vontade de concorrer num delito próprio confere unidade ao crime praticado pelos autores; e a de participar no delito de outrem atribui essa unidade ao praticado pelos cúmplices."[2] Tomando emprestado o exemplo acima, teríamos uma infração para aquele que induziu os agentes à prática do crime de furto e outra para os coautores, isto é, para aqueles que subtraíram a coisa alheia.

---

[1] BITENCOURT, Cezar Roberto. *Manual de direito penal* – Parte geral, p. 424.
[2] *Apud* FERRAZ, Esther de Figueiredo. *A codelinquência no direito penal brasileiro*, p. 30.

A teoria monista, também conhecida como unitária, adotada pelo nosso Código Penal, aduz que todos aqueles que concorrem para o crime incidem nas penas a este cominadas, na medida de sua culpabilidade. Para a teoria monista existe um crime único, atribuído a todos aqueles que para ele concorreram, autores ou partícipes. Embora o crime seja praticado por diversas pessoas, permanece único e indivisível. No escólio de Esther de Figueiredo Ferraz, "o delito cometido graças ao concurso de várias pessoas não se fraciona em uma série de crimes distintos. Ao contrário, conserva-se íntegro, indiviso, mantendo sua unidade jurídica à custa da convergência objetiva e subjetiva das ações dos múltiplos participantes."[3] Ainda nos valendo do exemplo acima, haveria um único crime de furto, atribuído ao partícipe e aos coautores.

Embora o Código Penal tenha adotado como regra a teoria monista ou unitária, na verdade, como bem salientou Cezar Bitencourt, "os parágrafos do art. 29 aproximaram a teoria monística da teoria dualística ao determinar a punibilidade diferenciada da participação",[4] razão pela qual Luiz Regis Prado aduz que o Código Penal adotou a teoria monista de forma "matizada ou temperada."[5]

Além das mencionadas por Cezar Bitencourt, existem outras exceções à regra da teoria monista localizadas na parte especial do Código Penal, a exemplo do crime de aborto, em que a gestante pratica o delito do art. 124, e aquele que nela o realiza, com o seu consentimento, comete o delito do art. 126.

4. AUTORIA

4.1. Introdução

Em virtude de não ter o Código Penal traduzido os conceitos de autor e partícipe, tais definições ficaram a cargo de nossa doutrina. Surgiram, portanto, algumas definições restritas, outras mais abrangentes e também posições tidas como conciliatórias. Na verdade, pelo número de teorias que surgiram ao longo do tempo, percebe-se que o tema nada tem de pacífico.

Autoria e participação são conceitos que podem ser extraídos na natureza das coisas. Zaffaroni e Pierangeli apontam com clareza esse fato, aduzindo:

"O concurso de várias pessoas num mesmo evento não é um fenômeno que se dá somente no direito penal, mas que é algo cotidiano. Da mesma maneira dizemos, diariamente, que fulano é autor de tal coisa, que beltrano é autor de tal outra, que sicrano cooperou com fulano em tal coisa e que fulano incentivou beltrano a fazer tal outra."[6]

Com isso queremos afirmar que, antes de serem conceitos jurídicos, autoria e participação são conceitos imanentes ao homem, isto é, já existem dentro de nós antes de qualquer definição jurídica.

Partindo desse conceito, que acompanha nossa natureza, chegaremos às principais teorias que chamaram para si a responsabilidade de, juridicamente, identificá-los. Foram criados conceitos restritivos e extensivos de autor como situações extremas para, posteriormente, surgir uma outra conceituação, que podemos denominar intermediária, trazida pela teoria do domínio do fato. Em seguida, faremos a análise de cada um desses conceitos.

---

[3] FERRAZ, Esther de Figueiredo. *A codelinquência no direito penal brasileiro*, p. 30.
[4] BITENCOURT, Cezar Roberto. *Manual de direito penal* – Parte geral, p. 425.
[5] PRADO, Luiz Regis. *Curso de direito penal brasileiro* – Parte geral, p. 265.
[6] ZAFFARONI, Eugenio Raúl; PIERANGELI, José Henrique. *Manual de direito penal brasileiro* – Parte geral, p. 663-664.

4.2. Conceito restritivo de autor

Para os que adotam um conceito restritivo, autor seria somente aquele que praticasse a conduta descrita no *núcleo* do tipo penal. Todos os demais que, de alguma forma, o auxiliassem, mas que não viessem a realizar a conduta narrada pelo verbo do tipo penal seriam considerados partícipes.

Como bem salienta Jescheck:

"Desde o prisma do conceito restritivo de autor, a previsão de especiais formas de participação, como a indução e a cumplicidade, significa que a *punibilidade se amplia* a ações que ficam fora do tipo, pois conforme o próprio tipo somente poderia castigar-se o que por si mesmo mata, furta ou oferece resistência. Outros intervenientes que se limitam a determinar ao autor a comissão do fato ou a auxiliá-lo, deveriam ficar impunes se não existissem os especiais preceitos penais que regulam a indução e a cumplicidade."[7]

Ainda seguindo a lição do professor alemão, se a realização da ação típica já significa objetivamente algo distinto ao seu favorecimento, deduz-se por si só que autoria e participação também devem distinguir-se conforme critérios objetivos. Dessa forma, o conceito restritivo de autor segue atrelado a uma *teoria objetiva de participação*. Essa teoria objetiva segue duas vertentes: uma *formal* e outra *material*.

Para a teoria *objetivo-formal*, autor é aquele que pratica a conduta descrita no núcleo do tipo; todos os demais que concorrerem para essa infração penal, mas que não realizarem a conduta expressa pelo verbo existente no tipo serão considerados partícipes.

Na precisa lição de Santiago Mir Puig, "o decisivo é somente e sempre a realização de todos ou alguns dos *atos executivos* previstos expressamente (literalmente) no tipo legal."[8] Também dizia Soler que "autor é, em primeiro lugar, o sujeito que executa a ação expressada pelo verbo típico da figura delitiva."[9]

Assim, suponhamos que **A** e **B**, agindo com *animus furandi* (dolo da subtração), unidos pelo liame subjetivo, resolvam furtar um televisor existente na residência de **C**. **A** tem a função de vigiar a porta de entrada da casa, bem como de transportar a *res furtiva*, enquanto **B** nela ingressa e efetua a subtração do televisor. Pela teoria objetivo-formal, como foi **B** quem praticou a conduta descrita no núcleo do tipo do art. 155 do Código Penal (subtrair), somente ele seria considerado autor, sendo **A** partícipe de um crime de furto, uma vez que, mesmo querendo a subtração, não realizou a conduta descrita no tipo.

A teoria *objetivo-material*, como assevera Jescheck, buscou suprir os defeitos da teoria objetivo-formal, "oferecendo um complemento mediante a perspectiva da maior perigosidade que deve caracterizar a contribuição do autor ao fato em comparação com a do cúmplice",[10] ou, como preleciona Damásio, a teoria objetivo-material "distingue autor de partícipe pela maior contribuição do primeiro na causação do resultado."[11]

A teoria *objetiva*, de acordo com o conceito restritivo de autor, encontrou-se em sérias dificuldades no que dizia respeito à chamada autoria mediata. Imaginemos o seguinte exemplo: um médico, querendo causar a morte de seu inimigo que se encontrava internado no hospital no qual exercia suas funções, determina a uma enfermeira que nele aplique uma

---

[7] JESCHECK, Hans-Heinrich. *Tratado de derecho penal* – Parte general, v. II, p. 893.
[8] MIR PUIG, Santiago. *Derecho penal* – Parte general, p. 362.
[9] SOLER, Sebastian. *Derecho penal argentino*, v. II, p. 258.
[10] JESCHECK, Hans-Heinrich. *Tratado de derecho penal* – Parte general, v. II, p. 893.
[11] JESUS, Damásio E. de. *Teoria do domínio do fato no concurso de pessoas*, p. 16.

injeção, por ele preparada, contendo um veneno letal. A enfermeira, atendendo ao pedido levado a efeito pelo médico, aplica a injeção e causa a morte do paciente. Como se percebe, o médico não realizou a conduta descrita no núcleo do tipo penal do art. 121 do Código Penal. Na verdade, quem matou alguém, por erro determinado por terceiro, foi a enfermeira. Como o médico não praticou a conduta narrada pelo verbo do tipo, pela teoria objetiva não poderia ele ser considerado autor. Tal conclusão, sem muito esforço, não parece ser a melhor.

Pierangeli, com precisão, aduz ainda que pode ocorrer muitas vezes que "uma pessoa que se encontre à frente de toda uma operação delitiva, orientando-a integralmente e tendo-a sob seu absoluto controle, e, apesar disso, não execute qualquer parcela da conduta que o tipo descreve."[12] Cita como exemplo o chefe de uma organização mafiosa que ordena aos seus asseclas que elimine o *capo* do grupo rival. Nesse caso, conclui o conceituado professor, não pode ser considerado mero partícipe, mas, sim, o verdadeiro autor.

Essas dificuldades tornaram o conceito restritivo de autor alvo de muitos ataques, não gozando, atualmente, da preferência de nossos doutrinadores.

4.3. Conceito extensivo de autor

O conceito extensivo de autor encontra-se numa situação diametralmente oposta à do conceito restritivo. Pelo fato de partir da teoria da equivalência das condições, os adeptos do conceito extensivo não fazem distinção entre autores e partícipes. Todos aqueles que, de alguma forma, colaboram para a prática do fato, são considerados autores.

Mas, como bem frisou Jescheck, "se autoria e participação não podem distinguir-se objetivamente, porque ambas são equivalentes desde um prisma causal, somente resta a possibilidade de buscar a distinção num critério subjetivo."[13] Por essa razão, o conceito extensivo de autor segue atrelado à *teoria subjetiva da participação*.

A teoria subjetiva procura traçar um critério de distinção entre autores e partícipes, valorando o elemento anímico dos agentes. Existe uma vontade de ser autor (*animus auctoris*), quando o agente quer o fato como próprio, e uma vontade de ser partícipe (*animus socii*), quando o agente deseja o fato como alheio.

Para a teoria subjetiva, o autor estaria realizando a conduta como o protagonista da história; já o partícipe, não querendo o fato como próprio, mas, sim, como alheio, exerce um papel secundário, sempre acessório.

Tal distinção pode, em algumas situações, tornar-se equívoca, quando, por exemplo, um matador de aluguel causa a morte da vítima não porque a desejava, mas, sim, porque fora pago para tanto, ou, no caso apontado por Santiago Mir Puig,[14] em que o tribunal alemão condenara como cúmplice o agente que causara a morte de um recém-nascido, a pedido da mãe deste último. Como praticara o fato atendendo a uma solicitação da mãe da criança, não queria o fato como próprio, mas, sim, como alheio. Em razão do total subjetivismo dessa teoria, não foi condenado a título de autor, mas tão somente de cúmplice. Zaffaroni e Pierangeli[15] nos fornecem outro caso, também julgado por um tribunal alemão, no qual se afirmou que um assassino profissional contratado num país estrangeiro, que fora enviado para matar asilados croatas com uma pistola de gás venenoso, não era autor, porque não queria o fato como seu, pois o interesse pelo resultado pertencia à potência que o enviara.

---

[12] PIERANGELI, José Henrique. *Escritos jurídico-penais*, p. 55.
[13] JESCHECK, Hans-Heinrich. *Tratado de derecho penal* – Parte general, v. II, p. 895.
[14] MIR PUIG, Santiago. *Derecho penal* – Parte general, p. 361.
[15] ZAFFARONI, Eugenio Raúl; PIERANGELI, José Henrique. *Manual de direito penal brasileiro* – Parte geral, p. 667.

4.4. Teoria do domínio do fato

Ocupando posição intermediária entre as teorias objetiva e subjetiva, surge, em 1939, pela cátedra de Hans Welzel, a teoria do domínio do fato.

Para Welzel, a característica geral do autor é o domínio final sobre o fato: "Senhor do fato é aquele que o realiza em forma final, em razão de sua decisão volitiva. A conformação do fato mediante a vontade de realização que dirige em forma planificada é o que transforma o autor em senhor do fato."[16]

A teoria do domínio do fato é considerada objetivo-subjetiva. Aquele que realiza a conduta descrita no núcleo do tipo penal tem o poder de decidir se irá até o fim com o plano criminoso, ou, em virtude de seu domínio sobre o fato, isto é, em razão de ser o senhor de sua conduta, pode deixar de lado a empreitada criminosa. Para aqueles que adotam um conceito restritivo de autor, não haveria dúvida em reconhecer como autor aquele que viesse a executar a conduta descrita no tipo.

Pode acontecer, contudo, que o agente, em vez de ser o autor executor, seja o "homem inteligente do grupo", e a sua função esteja limitada a elucubrar o plano criminoso. A estratégia a ser assumida pelo grupo, a fim de praticar a infração penal, será de sua responsabilidade. Depois de confeccionar o plano, o mentor intelectual esgota a sua tarefa, pois não é ágil o suficiente para acompanhar o grupo, e o aguarda em seu esconderijo. Pode acontecer, também, que alguém seja um exímio motorista e, durante um assalto a uma agência bancária, tal agente fique encarregado de dirigir o automóvel, indispensável à fuga do grupo.

Enfim, podem ocorrer inúmeras situações nas quais devemos distinguir quais são os autores e os partícipes.

A teoria do domínio funcional do fato, adotada por grande número de doutrinadores, resolve o problema com argumentos das teorias objetiva e subjetiva, acrescentando, ainda, um dado extremamente importante, qual seja, a chamada *divisão de tarefas*.[17]

Quando nos referimos ao domínio do fato, não estamos querendo dizer que o agente deve ter o poder de evitar a prática da infração penal a qualquer custo, mas, sim, que, com relação à parte do plano criminoso que lhe foi atribuída, sobre esta deverá ter o domínio funcional. O domínio será, portanto, sobre as funções que lhe foram confiadas e que têm uma importância fundamental no cometimento da infração penal.

Bacigalupo, com extrema didática e clareza, anuncia:

> "O domínio do fato é um conceito regulativo (Roxin-Henckel); não é um conceito onde é possível dar uma fórmula fechada, senão que depende das circunstâncias totais do fato mesmo. Somente na presença de todas as circunstâncias se pode estabelecer quem 'dominou o fato', quem é o que 'tem as rédeas dos fatos nas mãos'; ou bem quem é o que pode decidir que o fato chegará à consumação, o qual geralmente é correlativo de quem pode decidir se o fato continua ou se desiste dele; o que possui o manejo dos fatos e o leva a sua realização, é autor; o que simplesmente colabora, sem ter poderes decisórios a respeito da consumação do fato, é partícipe."[18]

---

[16] WELZEL, Hans. *Derecho penal alemán*, p. 120.

[17] "Vem ganhando primazia nos Tribunais a Teoria do Domínio do Fato, idealizada por Claus Roxin, que considera também coautor o agente que participa de um plano adredemente preparado, com divisão de tarefas, influindo, decisivamente, com a sua conduta, no resultado final do ilícito" (20020110414487APR, Rel. Edson Alfredo Smaniotto, 1ª T. Crim., julg. 30/10/2006, *DJ* 28/02/2007, p. 120).

[18] BACIGALUPO, Enrique. *Lineamentos de la teoría del delito*, p. 119.

Nilo Batista, com autoridade, depois de afirmar que a ideia de divisão de trabalho é fundamental ao conceito de coautoria, dissertando sobre o *domínio funcional do fato*, aduz:

"Só pode interessar como coautor quem detenha o domínio (funcional) do fato; desprovida deste atributo, a figura cooperativa poderá situar-se na esfera da participação (instigação ou cumplicidade). O domínio funcional do fato não se subordina à execução pessoal da conduta típica ou de fragmento desta, nem deve ser pesquisado na linha de uma divisão aritmética de um domínio 'integral' do fato, do qual tocaria a cada coautor certa fração. Considerando-se o fato concreto, tal como se desenrola, o coautor tem reais interferências sobre o 'Se' e o seu 'Como'; apenas, face à operacional fixação de papéis, não é o único a tê-las, a finalisticamente conduzir o sucesso. Pode-se entretanto afirmar com Roxin que cada coautor tem a sorte do fato total em suas mãos, 'através de sua função específica na execução do sucesso total, porque se recusasse sua própria colaboração faria fracassar o fato.'"[19]

Nesse sentido, decidiu o TJ-SP:

"Agente que não atuou na execução material dos delitos. Possibilidade de ser considerado coautor, se na empreitada criminosa concertada por prévio acordo de vontades, lhe foi incumbida atividade complementar para a obtenção da *meta optata*, cabendo-lhe parte do 'domínio funcional do fato'.
Divisão do trabalho que importa na responsabilidade pelo todo, independentemente de não ter o agente atuado na execução material dos crimes em sua totalidade, mas todos conducentes à realização do propósito comum."[20]

A teoria do domínio do fato tem aplicação nos delitos dolosos, não sendo cabível, contudo, quando a infração penal tiver a natureza culposa, pois, conforme destacou José Cerezo Mir, a teoria em estudo "tropeça nos delitos imprudentes porque neles não se pode falar de domínio do fato, já que o resultado se produz de modo cego, causal, não finalista. Nos delitos imprudentes é autor todo aquele que contribui para a produção do resultado com uma conduta que corresponde ao cuidado objetivamente devido. Nos delitos dolosos é autor o que tem o domínio finalista do fato."[21]

4.5. Coautoria

A teoria do domínio do fato fica mais evidente quando diversas pessoas, unidas pelo vínculo subjetivo, resolvem praticar uma mesma infração penal. Aqui, mais do que nunca, será de extrema importância saber quais são os autores e os partícipes.

Na lapidar lição de Welzel:

"A coautoria é autoria; sua particularidade consiste em que o domínio do fato unitário é comum a várias pessoas. Coautor é quem possuindo as qualidades pessoais de autor é portador da decisão comum a respeito do fato e em virtude disso toma parte na execução do delito."[22]

Se autor é aquele que possui o domínio do fato, é o senhor de suas decisões, coautores serão aqueles que têm o domínio funcional dos fatos, ou seja, dentro do conceito de divisão

---

[19] BATISTA, Nilo. *Concurso de agentes*, p. 77.
[20] *IBCCrim.* – SP 29/99.
[21] CEREZO MIR, José. *Curso de derecho penal español* – Parte general, v. III, p. 210.
[22] WELZEL, Hans. *Derecho penal alemán*. p. 129.

de tarefas, serão coautores todos os que tiverem uma participação importante e necessária ao cometimento da infração, não se exigindo que todos sejam executores, isto é, que todos pratiquem a conduta descrita no núcleo do tipo.

Com o brilhantismo que lhe é peculiar, Nilo Batista assevera:

"A ideia de divisão de trabalho, que alguns autores, como Antolisei, situam como reitora geral de qualquer forma de concurso de agentes, encontra na coautoria sua adequação máxima. Aqui, com clareza, se percebe a fragmentação operacional de uma atividade comum, com vistas a mais seguro e satisfatório desempenho de tal atividade. Por isso os autores afirmam que a coautoria se baseia no princípio da divisão de trabalho."[23]

Essa divisão de trabalho reforça a ideia de domínio funcional do fato. Isso porque cada agente terá o domínio no que diz respeito à função que lhe fora confiada pelo grupo. Com relação a essa função, que deverá ter importância na realização da infração penal, o agente é o senhor de suas decisões, e a parte que lhe toca terá importância no todo.

Nas precisas palavras de Juarez Cirino dos Santos, "a divisão funcional do trabalho na coautoria, como em qualquer empreendimento coletivo, implica contribuição mais ou menos diferenciada para a obra comum, a nível de planejamento ou de execução da ação típica, o que coloca o problema da distribuição da *responsabilidade penal* entre os coautores."[24]

Em última palavra, podemos falar em coautoria quando houver a reunião de vários autores, cada qual com o domínio das funções que lhe foram atribuídas para a consecução final do fato, de acordo com o critério de divisão de tarefas.

4.6. Autoria direta e indireta

Autor pode ser aquele que executa diretamente a conduta descrita pelo núcleo do tipo penal, ocasião em que será reconhecido como autor direto ou autor executor; ou poderá ser, também, aquele que se vale de outra pessoa, que lhe serve, na verdade, como instrumento para a prática da infração penal, sendo, portanto, chamado de autor indireto ou mediato.

Não resta dúvida de que o que executa a conduta narrada pelo tipo penal deve, por excelência, ser considerado autor daquele fato. É a forma mais clara e precisa de autoria (autor direto, autor executor). Assevera Nilo Batista:

"Autor direto é aquele que tem o domínio do fato (*Tatherrschaft*), na forma do domínio da ação (*Handlungsherrschaft*), pela pessoal e dolosa realização da conduta típica. Por realização pessoal se deve entender a execução de própria mão da ação típica; por realização dolosa se exprimem consciência e vontade a respeito dos elementos objetivos do tipo."[25]

Contudo, pode acontecer que o agente não realize diretamente a conduta prevista pelo verbo reitor do tipo penal, valendo-se, muitas vezes, de outras pessoas, que lhe servem como instrumento para a prática da infração penal, sendo considerado, portanto, autor indireto ou mediato.

Na precisa lição de Wessels:

---

[23] BATISTA, Nilo. *Concurso de agentes*, p. 76.
[24] SANTOS, Juarez Cirino dos. *A moderna teoria do fato punível*, p. 286-287.
[25] BATISTA, Nilo. *Concurso de agentes*, p. 77.

"Autor mediato é quem comete o fato punível 'por meio de outra pessoa', ou seja, realiza o tipo legal de um delito comissivo doloso de modo tal que, ao levar a cabo a ação típica, faz com que atue para ele um 'intermediário' na forma de um instrumento."[26]

Nesse caso, para que se possa falar em autoria indireta ou mediata, será preciso que o agente detenha o controle da situação, isto é, que tenha o domínio do fato. Nosso Código Penal prevê expressamente quatro casos de autoria mediata, a saber:

a) erro determinado por terceiro (art. 20, § 2º, do CP);
b) coação moral irresistível (art. 22, primeira parte, do CP);
c) obediência hierárquica (art. 22, segunda parte, do CP); e
d) caso de instrumento impunível em virtude de condição ou qualidade pessoal (art. 62, III, segunda parte, do CP).

Além dessas hipóteses, pode ocorrer, ainda, a autoria mediata quando o autor se vale de interposta pessoa que não pratica qualquer comportamento – doloso ou culposo – em virtude da presença de uma causa de exclusão da ação, como ocorre nas situações de força irresistível do homem e no estado de inconsciência.

Como exemplo de erro determinado por terceiro poderíamos citar o caso da enfermeira, já utilizado anteriormente, que aplica em um paciente, a pedido do médico, injeção contendo veneno letal, sem saber o seu conteúdo. O médico, que havia preparado a injeção e determinado que fosse aplicada no paciente, porque queria a sua morte, é autor mediato do crime de homicídio. A enfermeira que executou a ação não agiu com dolo ou culpa, respondendo pelo crime, portanto, tão somente o terceiro que determinou o erro.

Se alguém, em virtude de uma coação a que não podia resistir ou em estrita obediência a ordem não manifestamente ilegal de superior hierárquico, vier a praticar uma infração penal, somente será punível o autor da coação ou da ordem. Se um pai, sabendo que seu filho poderá ser morto porque tem contra ele uma arma apontada para sua cabeça, é coagido a subtrair determinados valores de uma agência bancária, somente será responsabilizado pelo furto (ou pelo roubo, se houver violência ou grave ameaça) o autor da coação, que será reconhecido como autor mediato. Da mesma forma, se um delegado de polícia determina a um detetive, seu subordinado, que efetue a prisão de alguém, dizendo-lhe já estar de posse de um mandado, quando, na verdade, a ordem não tinha sido expedida, e, caso o detetive, cumprindo a determinação de seu superior hierárquico, que aparentava ser legal, levar a efeito a prisão, somente o autor da ordem é que será responsabilizado criminalmente pela privação da liberdade daquela pessoa, sendo, portanto, seu autor mediato.

Existe a possibilidade, ainda, de o agente se valer de inimputáveis (doentes mentais ou menores) para o cometimento de infrações penais. Se, por exemplo, o agente, entregando uma arma a um doente mental, faz com que este atire em direção à vítima, causando-lhe a morte, será responsabilizado a título de autor mediato.

Discordando dessa última posição, Zaffaroni e Pierangeli aduzem:

"Nos casos em que só existe uma mera ausência de reprovabilidade do injusto, não dão ao determinador o domínio do fato, porque o único que dá a ele configuração central é o autor do injusto. Aí, o determinador conta apenas com uma probabilidade de que o interposto cometa o injusto. Quem diz ao inimputável em delírio persecutório que o autor de todos os seus males

---

[26] WESSELS, Johannes. *Derecho penal*, p. 159.

é seu vizinho não tem o domínio do fato, porque não pode controlar preponderantemente o curso dos acontecimentos. O que acontece depois de sua sugestão já não está em suas mãos."²⁷

Como exemplos de utilização de instrumento cujo comportamento não pode ser atribuído a título de dolo ou culpa, podemos mencionar os casos em que o agente empurra terceira pessoa, a fim de que esta caia sobre a vítima, produzindo-lhe lesões corporais. Como se percebe, aquele que é empurrado não atua dolosa ou culposamente, sendo que a responsabilidade será atribuída ao "homem de trás", ao autor mediato. Tal raciocínio também é aplicável nos casos de hipnose, em que o hipnotizado cumpre as ordens que lhe foram determinadas, em decorrência do seu estado de inconsciência.

4.7. Autoria mediata e crimes de mão própria

Vimos que, para que se possa falar em autoria mediata, deve o agente, detendo o domínio do fato, utilizar interposta pessoa que lhe sirva como instrumento para o cometimento da infração penal. Assim, pergunta-se: É possível falar em autoria mediata nos chamados crimes de mão própria? Antes de respondermos a essa indagação é preciso traçar a diferença entre crime próprio e crime de mão própria.

Crime próprio é aquele que só pode ser praticado por um grupo determinado de pessoas que gozem de condição especial exigida pelo tipo penal. Assim, inicialmente, somente poderá ser responsabilizado pelo peculato (art. 312 do CP) o funcionário público, porque tal qualidade é exigida expressamente pelo tipo; somente a mãe, sob a influência do estado puerperal, é que poderá ser sujeito ativo do crime de infanticídio se, durante o parto ou logo após, vier a causar a morte do próprio filho. Contudo, há outros tipos penais que, embora também exigindo certas qualidades ou condições especiais, vão mais adiante. Para a sua caracterização é preciso que o sujeito ativo, expresso no tipo penal, pratique a conduta pessoalmente. Em razão desse fato é que tais infrações penais são conhecidas como de mão própria ou de atuação pessoal, visto possuírem essa natureza personalíssima. Somente a testemunha poderá fazer afirmação falsa, negar ou calar a verdade e, em virtude disso, praticar o crime de falso testemunho (art. 342 do CP); somente o militar é que poderá desertar (art. 187 do CPM), pois, como se percebe, ninguém poderá fazê-lo em seu lugar; somente determinado funcionário público é que poderá retardar ou deixar de praticar indevidamente ato de ofício, ou praticá-lo contra disposição expressa de lei, para satisfazer interesse ou sentimento pessoal (art. 319 do CP).

Há, portanto, distinção entre crime próprio e crime de mão própria. Antes de respondermos à indagação se é possível falar em autoria mediata em crimes de mão própria, é preciso saber se há essa possibilidade sendo tão somente próprio o delito.

Entendemos ser perfeitamente possível a autoria mediata em crimes próprios, desde que o autor mediato possua as qualidades ou condições especiais exigidas pelo tipo penal. Zaffaroni e Pierangeli, esclarecendo o tema, afirmam:

> "O autor mediato deve reunir todos os caracteres que o tipo exige com relação ao autor, ou o *intraneus* (o funcionário, por exemplo), que se vale do *extraneus* (não funcionário) para praticar uma corrupção, é autor do crime de corrupção, mas o *extraneus* que se vale do *intraneus* não é autor mediato, por não possuir as condições típicas."²⁸

---

27 ZAFFARONI, Eugenio Raúl e PIERANGELI, José Henrique. *Manual de direito penal brasileiro* – Parte geral, p. 671.
28 ZAFFARONI, Eugenio Raúl; PIERANGELI, José Henrique. *Manual de direito penal brasileiro* – Parte geral, p. 672.

Embora seja possível falar em autoria mediata nos crimes próprios, haverá essa possibilidade, também, naqueles considerados de mão própria? Tem-se entendido que não. O STJ, inclusive, já decidiu:

> "Os crimes de mão própria estão descritos em figuras típicas necessariamente formuladas de tal forma que só pode ser autor quem esteja em situação de realizar pessoalmente e de forma direta o fato punível. Não sendo delito de execução pessoal, como é a hipótese dos autos, a própria autoria mediata é plausível" (STJ, REsp 761.354/PR, Rel. Min. Félix Fischer, 5ª T., DJ 16/10/2006, p. 421).
>
> "Os crimes de mão própria não admitem autoria mediata. A participação, via induzimento ou instigação, no entanto, é ressalvadas exceções, plenamente admissível" (REsp 200.785/SP, Recurso Especial 1999/0002822-8, 5ª T., Rel. Min. Felix Fischer, DJ 21/8/2000, p. 159).

Isso porque, é o argumento, por serem crimes de atuação pessoal, autor será somente aquele que vier a praticar a conduta prevista no núcleo do tipo penal. Não se cogita de autoria mediata porque a execução dos crimes de mão própria não pode ser transferida a ninguém. Não se pode, por exemplo, pedir a alguém que preste um testemunho falso no seu lugar. Aquele que "em processo judicial, ou administrativo, inquérito policial, ou em juízo arbitral" vier a fazer afirmação falsa ou negar ou calar a verdade como testemunha será responsabilizado pelo delito do art. 342.[29] Não há possibilidade de transferir a execução dessa infração penal, o que inviabiliza a autoria mediata.

No entanto, embora a posição doutrinária majoritária não admita a autoria mediata nos crimes de mão própria, no exemplo do crime de falso testemunho, pode haver uma quebra da regra geral. Assim, imagine-se a hipótese em que a testemunha seja coagida, irresistivelmente, a prestar um depoimento falso para beneficiar o autor da coação. Nesse caso, de acordo com a norma constante do art. 22 do Código Penal, somente será punido o autor da coação, sendo este, portanto, um caso de autoria mediata.

Assim, podemos dizer que, como regra, não se admite autoria mediata nos crimes de mão própria. No entanto, como toda regra, poderá sofrer exceções, como a do caso apontado, em que será possível a autoria mediata em um crime de falso testemunho praticado mediante coação irresistível.

4.8. Coautoria e crimes de mão própria

Exigindo-se nos crimes de mão própria a atuação pessoal e intransferível do agente, pergunta-se: pode-se falar em coautoria nessas espécies de infrações penais?

Vimos que a autoria mediata é possível nos crimes próprios. Desde que o autor mediato possua as qualidades e condições especiais exigidas pelo tipo penal, nada o impede de se valer de um "instrumento" para a execução da infração penal.

Também não haverá óbice algum nos delitos próprios, no que diz respeito à possibilidade de existirem, dentro do critério de distribuição de funções, vários autores que, com unidade de desígnio, pratiquem a mesma infração penal, podendo-se falar, aqui, em coautoria. Poderão dois funcionários públicos, agindo em concurso, subtrair, valendo-se da facilidade que essa qualida-

---

[29] O art. 342 do Código Penal recebeu nova redação por intermédio da Lei nº 10.268, de 28 de agosto de 2001.

de lhes proporcionava, um microcomputador existente na repartição na qual ambos trabalhavam. O crime de peculato é próprio, pois somente pode ser praticado por quem possua a qualidade de funcionário público. Contudo, embora próprio, admite a autoria mediata, bem como a coautoria, aplicando-se, com perfeição, a teoria do domínio funcional do fato.

Agora, será possível a coautoria em delitos de mão própria? Da mesma forma que, como regra, não se admite em infrações penais dessa natureza a autoria mediata, também deverá ser afastada a possibilidade de coautoria. Isso porque, por se tratar de infrações personalíssimas, não há a possibilidade de divisão de tarefas. O delito, portanto, só pode ser realizado pessoalmente pelo agente previsto no tipo penal.

Embora não se possa falar em coautoria em delitos de mão própria, nada impede que haja concurso de partícipes. Os partícipes, mesmo não possuindo o domínio sobre o fato, podem, de alguma forma, concorrer para a infração penal, induzindo, instigando ou auxiliando materialmente o autor.

Em pedido de *habeas corpus*, decidiu o TJ-SP:

"Os crimes de mão própria ou de atuação pessoal não comportam, é certo, a autoria mediata, pois não podem ser executados por intermédio de outrem. Não são compatíveis, também, com a coautoria em sentido técnico, já que impossível a hipótese de um sujeito qualificado cometer o delito com outro não qualificado, ambos realizando a conduta prevista no núcleo do tipo. Daí, porém, não se segue que tais crimes não permitam a participação por instigação ou auxílio e seja atípica a conduta de quem, como no caso de falso testemunho, convence outrem a fazer afirmação falsa, negar ou calar a verdade, como testemunha"(Rel. Dante Bussana).[30]

Apesar do acerto técnico da decisão proferida pelo Tribunal de Justiça do Estado de São Paulo, o STJ decidiu "que é possível, em tese, atribuir a advogado a coautoria pelo crime de falso testemunho" (STJ, REsp 402.783/SP, REsp 2001/0193430-6, Rel. Min. José Arnaldo da Fonseca, 5ª T., DJ 13/10/2003, p. 403).

No mesmo sentido é o posicionamento do STF, conforme se verifica pelas seguintes ementas:

"Advogado que instrui testemunha a prestar depoimento inverídico nos autos de reclamação trabalhista. Conduta que contribuiu moralmente para o crime, fazendo nascer no agente a vontade delitiva. Art. 29 do CP. Possibilidade de coautoria" (RHC 81.327/SP, Recurso em *Habeas Corpus* Rel.ª Min.ª Ellen Gracie, julg. 11/12/2001, DJ 05/04/2002).

"Recurso de *habeas corpus* – Falso testemunho – Concurso eventual – Trancamento da ação penal.
1. Esta Corte já decidiu diversas vezes que o advogado pode ser coautor, em tese, do crime de falso testemunho, não se justificando, por isso, o trancamento da ação penal.
2. Recurso conhecido e não provido" (STF, 2ª T., Rel. Min. Maurício Corrêa, julg. 10/12/1996, DJ 7/3/1997, p. 5.421).

4.9. Autor intelectual

Fala-se em autoria intelectual quando queremos nos referir ao "homem inteligente" do grupo, aquele que traça o plano criminoso, com todos os seus detalhes. Segundo as lições de Damásio,[31] "na autoria intelectual o sujeito planeja a ação delituosa, constituindo o crime produto de sua criatividade."

---

[30] *RT* 635/365.
[31] JESUS, Damásio E. de. *Teoria do domínio do fato no concurso de pessoas*, p. 19.

Pode acontecer, até mesmo, que ao autor intelectual não seja atribuída qualquer função executiva do plano criminoso por ele pensado, o que não afasta, contudo, o seu *status* de autor. Pelo contrário. Pela teoria do domínio do fato percebe-se, com clareza, a sua importância para o sucesso da infração penal.

O art. 62, I, do Código Penal diz que a pena será ainda agravada em relação ao agente que *promove ou organiza a cooperação no crime ou dirige a atividade dos demais agentes.*

4.10. Autor de determinação

Pierangeli e Zaffaroni trazem uma hipótese na qual não se pode falar em autoria, direta ou indireta, tampouco em participação, mas que, diante da redação do art. 29 do Código Penal, permite punir o agente pelo fato de ter determinado a prática da infração penal, sendo chamado, em razão disso, de *autor de determinação.*

Esclarecendo seu raciocínio, trazem à colação a hipótese de:

"Alguém que se valha de outro, que não realiza conduta para cometer um delito de mão própria: uma mulher dá sonífero a outra e depois hipnotiza um amigo, ordenando-lhe que com aquela mantenha relações sexuais durante o transe. O hipnotizado não realiza a conduta, ao passo que a mulher não pode ser autora de estupro, porque é delito de mão própria. Tampouco é partícipe, pois falta o injusto alheio em que cooperar ou a que determinar."[32]

Mesmo após a nova redação dada pela Lei nº 12.015, de 7 de agosto de 2009, ao delito de estupro, o exemplo ainda é válido. Isso porque o art. 213 do Código Penal prevê a conjunção carnal, ou seja, a relação sexual normal, o coito vagínico, que só pode ser realizado entre um homem e uma mulher.

Deixando de lado a divergência a respeito de sua classificação, já afirmamos, que, como regra, não se pode falar em autoria mediata, ou mesmo coautoria, nos chamados delitos de mão própria. Considerando-se, como querem os mencionados autores, o estupro, mediante conjunção carnal, como crime de mão própria, no caso em exame, a mulher que ministra o sonífero à outra, bem como que hipnotiza o homem que, durante o transe, é levado a manter relações sexuais com aquela, não pode ser autora mediata de estupro. Tampouco poderá ser partícipe, pois, como veremos, adotada pela maioria dos autores a *teoria da acessoriedade limitada da participação,* somente poderá haver a participação quando o autor vier a praticar um fato típico e ilícito. Pelo exemplo fornecido, o homem que manteve a conjunção carnal com a mulher que estava sob o efeito do sonífero não pratica conduta dolosa ou culposa. Portanto, se não há conduta penalmente relevante, não há fato típico, e se não há fato típico não haverá crime.

O que fazer, então? Será que a agente que criou toda essa situação ficará impune?

Para essas hipóteses em que não se pode falar em coautoria ou participação, surge outra figura, vale dizer, a do autor de determinação. Será punido, segundo os renomados tratadistas, com as penas correspondentes à infração penal que houverem determinado, e não, segundo eles, como autores dessa infração penal:

"Não se trata de autoria de delito, mas de um *tipo especial de concorrência,* em que o autor só pode ser apenado como autor da determinação em si e não do delito a que tenha determinado.

---

[32] ZAFFARONI, Eugenio Raúl; PIERANGELI, José Henrique. *Manual de direito penal brasileiro* – Parte geral, p. 676.

A mulher não é apenada como autora de estupro, mas lhe será aplicada a pena deste crime por haver cometido o *delito de determinar* para o estupro."[33-34]

4.11. Autoria por convicção

Ocorre naquelas hipóteses em que o agente conhece efetivamente a norma, mas a descumpre por razões de consciência, que pode ser política, religiosa, filosófica etc.

Reinhart Maurach e Heinz Zipf esclarecem, no que diz respeito ao delinquente por convicção, que o autor não desconhece o "desvalor de sua ação para o direito vigente e as concepções ético-sociais, mas que devido às suas convicções morais, religiosas ou políticas se sente obrigado ao fato [...]. Esse autor atuou corretamente segundo as leis de sua ética individual, da norma obrigacional reclamada para si."[35]

Veja-se o exemplo de um pai, seguidor das testemunhas de Jeová[36], que, na qualidade de garantidor, não permite que seja realizada a necessária transfusão de sangue para salvar a vida de seu filho, ou do médico que, por motivos de convicções religiosas, não pratica o aborto na gestante cuja vida corre risco, agravando-lhe a situação.

4.12. Coautoria sucessiva

Autor é aquele que detém o domínio funcional do fato. Quando duas ou mais pessoas se reúnem com a finalidade de cometer a mesma infração penal, começa a surgir a figura do coautor. Contudo, somente poderá falar-se em coautor se cada agente, dentro de um critério de divisão de tarefas, possuir o domínio funcional do fato, ou seja, a tarefa que lhe foi atribuída é importante a ponto de, se deixada de lado, interferir no sucesso da realização da infração penal.

Embora saibamos o conceito de coautor, até quando poderá alguém ingressar no grupo e passar, a partir de então, a gozar desse *status*?

A regra é de que todos os coautores iniciem, juntos, a empreitada criminosa. Mas pode acontecer que alguém, ou mesmo o grupo, já tenha começado a percorrer o *iter criminis*, ingressando na fase dos atos de execução, quando outra pessoa adere à conduta criminosa daquele, e agora, unidos pelo vínculo psicológico, passam, juntos, a praticar a infração penal. Em casos como este, quando o acordo de vontade vier a ocorrer após o início da execução, fala-se em coautoria sucessiva.

Suponhamos que **A** perceba que seu irmão **B** está agredindo **C**. Querendo auxiliá-lo, **A** se une a **B** para que, juntos, espanquem **C**. Como o crime de lesões corporais já estava em andamento, o ingresso de **A** no fato é tido como caso de coautoria sucessiva.

Visto o seu conceito, até que momento poderemos falar em coautoria sucessiva, ou seja, até quando o agente poderá se unir a outro, com a finalidade de cometer determinada infração penal?

Nilo Batista responde a essa indagação dizendo:

---

[33] ZAFFARONI, Eugenio Raúl; PIFRANGELI, José Henrique. *Manual de direito penal brasileiro* – Parte geral, p. 678.

[34] Na modalidade *ter conjunção carnal*, uma vez que, atualmente, de acordo com a atual redação legal, ocorrerá o estupro não somente quando o agente constrange alguém, mediante violência ou grave ameaça, a ter conjunção carnal, como também a praticar ou permitir que com ele se pratique outro ato libidinoso.

[35] MAURACH, Reinhart; ZIPF, Heinz. *Derecho penal* – Parte general, v. 1, p. 584.

[36] Tema 1069 – Repercussão geral. Recurso extraordinário. 2. Direito Administrativo 3. Direito de autodeterminação confessional dos testemunhas de Jeová em submeter-se a tratamento médico realizado sem transfusão de sangue. Matéria constitucional. Tema 1069. 4. Repercussão geral reconhecida.

"Pode ocorrer a coautoria sucessiva não só até a simples consumação do delito, e sim até o seu exaurimento, que Maurach chama de *'punto final'*. Dessa forma, o agente que aderisse à empresa delituosa de extorsão (art. 158 CP) por ocasião da obtenção da indevida vantagem econômica (que está situada após a consumação, configurando mero exaurimento) seria coautor sucessivo."[37]

A dúvida que pode existir quanto ao ingresso do coautor sucessivo diz respeito à infração penal que terá que responder, melhor dizendo, à sua responsabilidade por aquilo que já foi praticado pelos demais agentes. O coautor sucessivo responderá por todos os atos já cometidos pelos demais, ou somente deverá ser responsabilizado por aquilo que vier a ocorrer depois do seu ingresso na ação criminosa?

Duas correntes se formaram. De um lado, Welzel, Maurach e Nilo Batista argumentam que se o coautor sucessivo tomou conhecimento da situação em que se encontrava, deverá responder pelo fato na sua integralidade, uma vez que:

"Se por força das peculiaridades extensivas das regras sobre concurso, o agente que ingressa conscientemente na execução já iniciada de um fato 'incorpora' a sua conduta os antecedentes executivos por ele conhecidos (**A** passa a cooperar no roubo somente após a grave ameaça realizada exclusivamente por **B** contra a vítima, porém por ele conhecida)."[38]

Em sentido contrário, posicionam-se Mezger e Zaffaroni.

Entendemos que se o agente, por exemplo, depois de iniciado um crime de roubo, cujos elementos integrantes do seu tipo penal são a violência ou a grave ameaça, ingressa na execução desse delito como coautor sucessivo, não deixará de ser responsabilizado até mesmo com a causa especial de aumento de pena do emprego de arma de fogo, inciso I do § 2º-A do art. 157 do Código Penal, inserido pela Lei nº 13.654, de 23 de abril de 2018, se tal tiver ingressado na sua esfera de conhecimento. Contudo, pode acontecer que o agente, na qualidade de coautor sucessivo, ingresse na empreitada criminosa quando, por exemplo, durante um crime de roubo, uma das vítimas já tenha sido morta, estando as demais sob a mira das armas de fogo dos outros coautores. O agente, em nossa opinião, não poderá responder pelo latrocínio (inciso II do § 3º do art. 157 do CP), mas tão somente pelo roubo como a causa de aumento de penal do emprego de arma de fogo. Caso tivesse que responder pela morte, pelo simples fato de ter ingressado no grupo que realizava o roubo, sua responsabilidade seria considerada objetiva, que é vedada pelo nosso ordenamento jurídico.

Portanto, quando o coautor sucessivo adere à conduta dos demais, responderá pela infração penal que estiver em andamento, desde que todos os fatos anteriores tenham ingressado na sua esfera de conhecimento, e desde que eles não importem fatos que, por si sós, consistam em infrações mais graves já consumadas.

4.13. Autoria colateral, autoria incerta e autoria desconhecida

Fala-se em autoria colateral quando dois agentes, embora convergindo as suas condutas para a prática de determinado fato criminoso, não atuam unidos pelo liame subjetivo. Vimos, anteriormente, que um dos elementos essenciais à caracterização do concurso de pessoas é, justamente, o vínculo psicológico entre os agentes. Se não atuam atrelados por esse vínculo subjetivo, não se pode falar em concurso de pessoas, em qualquer das suas duas modalidades, vale dizer, coautoria ou participação.

---

[37] BATISTA, Nilo. *Concurso de agentes*, p. 88.
[38] BATISTA, Nilo. *Concurso de agentes*, p. 89.

No exemplo clássico, suponhamos que **A** e **B** queiram a morte de **C**. Por mera coincidência, os dois se colocam de emboscada, aguardando a vítima passar. Quando avistam a presença de **C** os dois atiram, no mesmo instante, sem que um soubesse da presença do outro naquele local.

Em casos como esse, pelo fato de os agentes não atuarem unidos por qualquer vínculo psicológico é que se diz que existe uma autoria colateral. Não são, portanto, coautores, mas, sim, autores colaterais.

Tomando por base o exemplo fornecido, imaginemos as seguintes hipóteses:

1ª) A perícia identifica que a morte de **C** foi ocasionada pelo disparo efetuado por **A**. **A** responderá por homicídio consumado e **B**, por tentativa de homicídio.

2ª) A perícia não consegue identificar quem efetuou o disparo que veio a causar a morte da vítima. Ambos serão responsabilizados por tentativa de homicídio, uma vez que, não se conseguindo apurar o autor do resultado morte, não podem os agentes responder pelo resultado mais grave, uma vez que um deles estaria sendo responsabilizado por um fato que não cometeu.

No caso em tela, se tivessem atuado os agentes unidos pelo vínculo subjetivo, não importaria saber, a fim de responsabilizá-los pelo homicídio consumado, quem teria conseguido causar a morte da vítima. Sendo considerados coautores, a morte da vítima seria atribuída a ambos.

Decidiu o STJ:

"Penal – Coautoria e autoria colateral – Distinção.

Policiais militares que, em perseguição a veículo que desobedecera à ordem de parar, desferem vários tiros em direção ao veículo perseguido, um deles atingindo o menor que estava na direção, matando-o. Condenação de todos os policiais, o autor do tiro fatal pela autoria, os demais em coautoria, por homicídio consumado (art. 205, § 1º, do CPM), apesar de ter sido identificado o único projétil causador da morte como tendo partido da arma do primeiro. Hipótese em que, por ser a perseguição aos fugitivos desobedientes fato normal na atividade de policiamento, não se pode tomá-la como suficiente a caracterizar a necessária unidade do elemento subjetivo dirigido à causação solidária do resultado. Assim, nessa hipótese os disparos de arma de fogo devem ser examinados em relação a cada um dos responsáveis por esses disparos, caracterizando-se, na espécie, a denominada autoria colateral. Como apenas um desses disparos, com autoria identificada, atingiu a vítima, matando-a, o autor do tiro fatal responde por homicídio consumado, os demais, ante a prova reconhecida pelo acórdão de que também visaram a vítima, sem atingi-la, respondem por tentativa de homicídio. Recurso especial conhecido e provido" (STJ, REsp 37.280, Rel. Min. Assis Toledo, LEXSTJ, vol. 85, p. 321).

Se, no caso do acórdão apontado, tivessem os policiais agido unidos pelo liame subjetivo, mesmo que tivessem conseguido apontar o autor do disparo fatal, todos deveriam ser condenados pelo homicídio consumado. Isso demonstra, concretamente, a importância de aferirmos a presença de todos os requisitos necessários à caracterização do concurso de pessoas.

Pode acontecer, contudo, que saibamos os autores dos disparos, como no caso acima em que **A** e **B** atiraram contra **C**, mas, mesmo assim, não consigamos identificar aquele que levou a vítima à morte. Existe a autoria colateral, haja vista que não atuaram unidos pelo vínculo psicológico. Dessa autoria colateral surgirá uma outra, chamada autoria incerta. Sabe-se quais são os possíveis autores, mas não se consegue concluir, com a certeza exigida pelo Direito Penal, quem foi o produtor do resultado. Daí dizer-se que a autoria é *incerta*. Pessoas físicas indiciadas por crime de rixa. Autoria colateral. A ausência de certeza acerca de quem foi o autor do desferimento da garrafada autoriza o inocentar de todos os réus arrolados (Apelação Cível nº 70012856548, Décima Câmara Cível, TJ-RS, Rel. Paulo Antônio Kretzmann, julg. 26/01/2006).

Quando não se conhece a autoria, ou seja, quando não se faz ideia de quem teria causado ou ao menos tentado praticar a infração penal, surge uma outra espécie de autoria, chamada agora de *desconhecida*. Esta forma de autoria difere da incerta, visto que nesta última sabe-se quem praticou as condutas, sendo que somente não se conhece, com precisão, o produtor do resultado. Na autoria desconhecida, os autores é que não são conhecidos, não se podendo imputar os fatos a qualquer pessoa.

4.14. Autoria de escritório (aparatos organizados de poder)

Zaffaroni e Pierangeli dissertam sobre outra modalidade de autoria, chamada *autoria de escritório*.

Essa nova modalidade de autoria, tida como mediata pelos renomados autores, "pressupõe uma 'máquina de poder', que pode ocorrer tanto num Estado em que se rompeu com toda a legalidade, como organização paraestatal (um Estado dentro do Estado), ou como numa máquina de poder autônoma 'mafiosa', por exemplo."[39]

Embora tratada como autoria mediata, o fato de alguém cumprir as ordens de um grupo criminoso extremamente organizado não o reduz à condição de mero instrumento, tal como acontece nos casos em que se pode falar em autoria mediata. Aqui, como em qualquer outro grupo organizado, como o "Comando Vermelho", existente nas favelas e nos morros da cidade do Rio de Janeiro, aquele que executa as ordens emanadas pelo "cabeça da organização" o faz tendo o domínio funcional do fato que lhe fora atribuído. Não pode ser considerado simples instrumento, mas, na concepção de Zaffaroni e Pierangeli, caso de *autoria mediata especial*.

De acordo com as lições de Juan Carlos Ferré Olivé, Miguel Ángel Nuñez Paz, William Terra de Oliveira e Alexis Couto de Brito:

> "Devem existir quatro requisitos imprescindíveis para se atribuir o domínio do fato ao autor por detrás: (I) poder de mando; (II) desvinculação do aparato organizado do ordenamento jurídico; (III) fungibilidade do executor imediato; e (IV) disponibilidade do fato consideravelmente elevada por parte do executor material"[40].

5. PARTICIPAÇÃO

5.1. Introdução

Já afirmamos ser o autor o protagonista da infração penal. É ele quem exerce o papel principal. Contudo, não raras as vezes, o protagonista pode receber o auxílio daqueles que, embora não desenvolvendo atividades principais, exercem papéis secundários, mas que influenciam na prática da infração penal. Estes, que atuam como coadjuvantes na história do crime, são conhecidos como partícipes.

Conforme destaca Beatriz Vargas:

> "O vocábulo partícipe pode ser empregado no sentido amplo, para significar, indistintamente, todos aqueles que participam da realização do crime: é o conceito extensivo de partícipe. Neste sentido, o termo engloba tanto os autores quanto os partícipes propriamente ditos. Todos são participantes. [...].

---

[39] ZAFFARONI, Eugenio Raúl; PIERANGELI, José Henrique. *Manual de direito penal brasileiro* – Parte geral, p. 672.
[40] FERRÉ OLIVÉ, Juan Carlos; NUÑEZ PAZ, Miguel Ángel; OLIVEIRA, William Terra de; BRITO, Alexis Couto de. *Direito penal brasileiro* – parte geral – princípios fundamentais e sistema, p. 552.

nesse sentido genérico pode-se dizer que participação e concurso são noções equivalentes. Para o efeito de distinguir entre os diversos agentes do crime, no entanto, a palavra partícipe é usada para destacar, dentre todos os agentes, somente aqueles que, embora concorrendo para a prática da infração penal, desempenham atividade diversa da do autor."[41]

Se a autoria é sempre atividade principal, participação será sempre uma atividade acessória, dependente da principal. Nesse sentido são as lições de Paul Bockelmann, quando aduz que "a participação é, necessariamente, acessória, quer dizer, dependente da existência de um fato principal. Essa acessoriedade não é 'produto da lei', mas está na natureza das coisas."[42]

Assim, para que se possa falar em partícipe é preciso, necessariamente, que exista um autor do fato. Sem este, não há possibilidade daquele, pois, conforme determina o art. 31 do Código Penal, o ajuste, a determinação ou instigação e o auxílio, salvo disposição expressa em contrário, não são puníveis se o crime não chega, pelo menos, a ser tentado, e, como sabemos, somente o autor pode chegar à fase do *conatus* (tentativa) de determinada infração penal. E, se isso não acontece, a conduta do partícipe não poderá ser punida pelo Direito Penal.

Como atividade acessória, a participação pode ser *moral* ou *material*.

Diz-se moral a participação nos casos de induzimento (que é tratado pelo Código Penal como determinação) e instigação. Material seria a participação por cumplicidade (prestação de auxílios materiais).

Induzir ou determinar é criar, incutir, colocar, fazer brotar a ideia criminosa na cabeça do agente/autor. Nessa modalidade de participação, o autor não tinha a ideia criminosa, cuja semente lhe é lançada pelo partícipe. A participação por instigação limita-se a reforçar, estimular uma ideia criminosa preexistente na mente do autor. A função do partícipe, com a sua instigação, é fazer com que o agente fortaleça a sua intenção delitiva. A atuação do instigador, nas lições de Pierangeli:

> "Deve ser decisiva no sentido de orientar e de determinar a execução, pelo autor, de uma conduta típica e antijurídica. Todavia, a punição da instigação decorre de ter levado o autor a decidir pela prática do crime, não pelo fato de ter-lhe dado a ideia, que até poderia ter sido dada por outrem."[43]

Na cumplicidade ou prestação de auxílios materiais, o partícipe facilita materialmente a prática da infração penal, por exemplo, cedendo a escada para aquele que deseja ingressar na casa da vítima, a fim de levar a efeito uma subtração, ou o que empresta a sua arma para que o autor possa causar a morte de seu desafeto. Em toda prestação de auxílios materiais existe embutida uma dose de instigação. Aquele que empresta a escada ou a sua arma para o autor está estimulando-o, mesmo que indiretamente, a praticar a infração penal, reforçando, portanto, a sua ideia criminosa.

5.2. Cumplicidade necessária

Doutrinariamente, tem-se levado a efeito a distinção entre cumplicidade necessária e cumplicidade desnecessária, entendendo-se aquela nas hipóteses em que o bem ou o auxílio material são vistos como escassos, ou seja, não poderiam ser fornecidos normalmente por qualquer pessoa, como ocorreria na segunda situação. Nilo Batista, discorrendo sobre o tema, esclarece que "são bens escassos, ou seja, cuja obtenção, por qualquer motivo, apresenta sérias

---

[41] RAMOS, Beatriz Vargas. *Do concurso de pessoas*, p. 61.
[42] BOCKELMANN, Paul. *Relaciones entre autoria e participación*, p. 7.
[43] PIERANGELI, José Henrique. *Escritos jurídico-penais*, p. 73.

dificuldades: R$ 30.000,00, uma substância medicamentosa de venda controlada, explosivos, máquinas de falsificar notas, um revólver etc. São bens abundantes: R$ 0,20, uma caneta esferográfica para falsificar uma assinatura, uma faca de cozinha, um pedaço de corda."[44] Quando o auxílio diz respeito a uma prestação de serviços, entendemos que gozará do *status* de *escasso* somente aquele que não puder ser praticado por um número considerável de pessoas, a exemplo de uma cópia de um quadro de um renomado pintor, que será utilizada por um estelionatário, que a venderá como original. Ao contrário, não poderá ser considerada como *escassa* a prestação do auxílio quando o sujeito, utilizando-se de seu veículo, transporta, até o local do crime, o autor da infração penal. Tal critério é passível de críticas, pois, em muitas situações, poderá gerar dúvida sobre se o bem ou o auxílio prestado podem ser considerados como escassos. No entanto, quando à toda evidência se puder afirmar pela escassez, a consequência dessa afirmação será a completa impossibilidade de se aplicar a causa geral de redução de pena relativa à participação de menor importância, prevista no § 1º do art. 29 do Código Penal.

5.3. Teorias sobre a participação

Para saber quando aquele que exerce um papel secundário e auxiliar na prática do fato cometido pelo autor poderá ser punido, é preciso optar por uma das quatro teorias que disputam o tratamento da acessoriedade da participação, a saber:

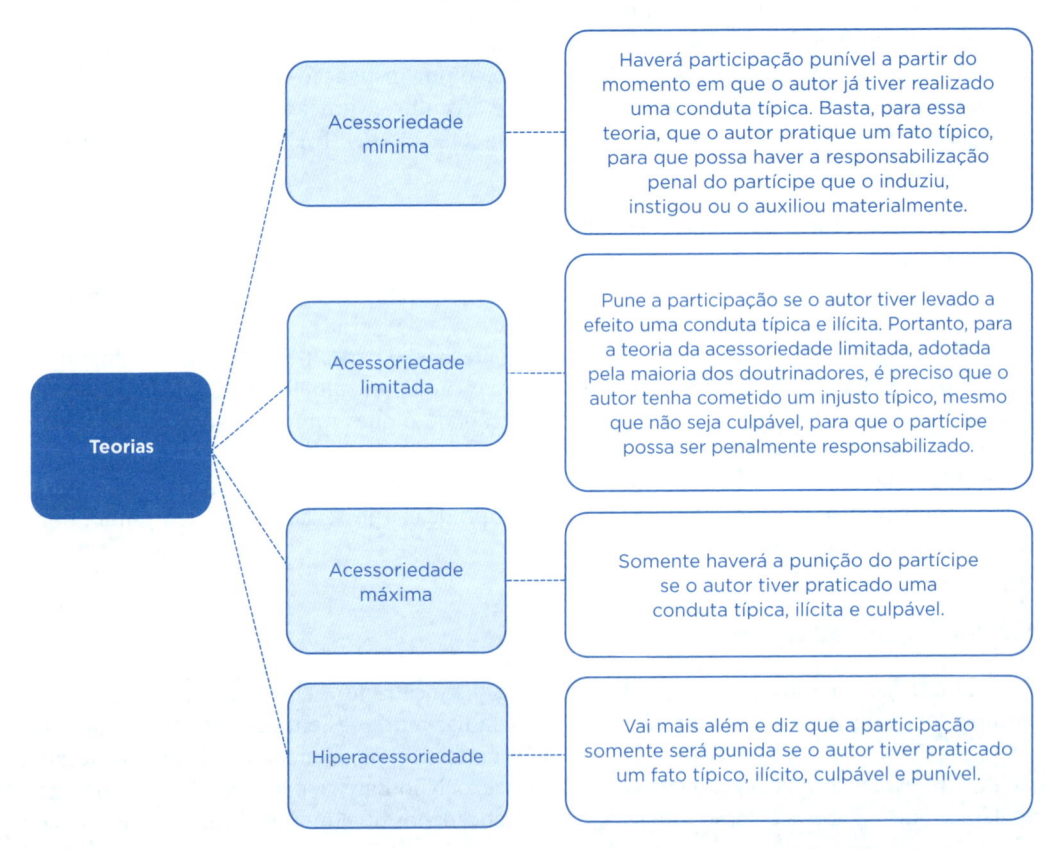

Teorias

- **Acessoriedade mínima**: Haverá participação punível a partir do momento em que o autor já tiver realizado uma conduta típica. Basta, para essa teoria, que o autor pratique um fato típico, para que possa haver a responsabilização penal do partícipe que o induziu, instigou ou o auxiliou materialmente.

- **Acessoriedade limitada**: Pune a participação se o autor tiver levado a efeito uma conduta típica e ilícita. Portanto, para a teoria da acessoriedade limitada, adotada pela maioria dos doutrinadores, é preciso que o autor tenha cometido um injusto típico, mesmo que não seja culpável, para que o partícipe possa ser penalmente responsabilizado.

- **Acessoriedade máxima**: Somente haverá a punição do partícipe se o autor tiver praticado uma conduta típica, ilícita e culpável.

- **Hiperacessoriedade**: Vai mais além e diz que a participação somente será punida se o autor tiver praticado um fato típico, ilícito, culpável e punível.

Inicialmente, é preciso assinalar que as quatro teorias apontadas sobressaltam corretamente o caráter acessório da participação, quando adotam a denominação "teorias da acesso-

---

[44] BATISTA, Nilo. *Concurso de agentes*, p. 188.

riedade." Em seguida, merece destaque a redação contida no art. 31 do Código Penal, que diz que o ajuste, a determinação ou instigação e o auxílio, salvo disposição expressa em contrário, não são puníveis se o crime não chega, pelo menos, a ser tentado. Isso quer dizer que a conduta do partícipe somente será objeto de apreciação se o autor, que exerce o papel principal, ingressar, no *iter criminis*, na fase dos atos de execução. Caso não dê início à execução do crime para o qual foi induzido, instigado ou auxiliado pelo partícipe, este último por nada poderá ser responsabilizado, ressalvadas as disposições expressas em contrário, contidas na lei.

Para a teoria da acessoriedade mínima, haverá participação punível a partir do momento em que o autor já tiver realizado uma conduta típica. Basta, para essa teoria, que o autor pratique um fato típico, para que possa haver a responsabilização penal do partícipe. No dizer de Paul Bockelmann, "a participação é acessória ao mínimo quando para sua punição é suficiente que o autor principal haja concretizado um tipo penal."[45]

Assim, imaginemos que **A**, desempregado e faminto, seja estimulado por **B**, que não pode ajudá-lo financeiramente, a subtrair um saco de feijão para que possa saciar a sua fome e a de sua família. Embora a conduta de **A** seja típica,[46] jamais poderá ser considerada como ilícita, haja vista ter agido em estado de necessidade, uma vez que o seu bem (vida), merece prevalecer em prejuízo do bem atacado (patrimônio). Contudo, embora o autor não pratique uma conduta ilícita, posto que permitida pelo ordenamento jurídico, o partícipe que o estimulou a cometê-la será responsabilizado penalmente, visto que, para a teoria da acessoriedade mínima, basta que o autor tenha praticado uma conduta típica, o que ocorreu no caso em tela.

A teoria da acessoriedade limitada pune a participação se o autor tiver levado a efeito uma conduta típica e ilícita. Portanto, para a teoria da acessoriedade limitada, adotada pela maioria dos doutrinadores, é preciso que o autor tenha cometido um injusto típico, mesmo que não seja culpável, para que o partícipe possa ser penalmente responsabilizado.

Aquele que é auxiliado materialmente por outrem, que lhe empresta uma arma a fim de que possa atuar porque, erroneamente, supõe poder agir em defesa da honra de sua filha, bem como na de sua família, age em erro de proibição indireto (erro sobre a existência de uma causa de justificação). O erro de proibição, se invencível, afasta a culpabilidade do agente, isentando-o de pena. Aquele que auxilia materialmente o autor a praticar um injusto típico, mesmo que não culpável, responderá, de acordo com a teoria limitada, pelo resultado advindo da conduta do autor. No exemplo fornecido, embora o autor não seja culpável,[47] o fato por ele cometido é típico e ilícito. Uma vez caracterizado o injusto penal, abre-se a possibilidade de ser penalmente responsabilizado o partícipe.

Para a teoria da acessoriedade máxima, somente haverá a punição do partícipe se o autor tiver praticado uma conduta típica, ilícita e culpável. Na divisão tripartida do conceito analítico, o crime é um fato típico, ilícito e culpável. Para os adeptos da teoria da acessoriedade máxima, para que se possa falar em participação, é preciso que o autor tenha praticado um injusto culpável. É a posição de Mezger, ao interpretar o Código alemão, quando diz que "a lei exige, na instigação e no auxílio, o total caráter delitivo do ato principal; não é suficiente que dito ato seja *antijurídico*, necessita também ser *culpável*."[48]

---

[45] BOCKELMANN, Paul. *Relaciones entre autoría e participación*, p. 7.
[46] Com este exemplo, por opção nossa, não estamos raciocinando com o princípio da insignificância, que poderia conduzir à atipicidade do fato.
[47] No exemplo fornecido, partimos do princípio de que era invencível o erro em que incorrera o agente. Nada há, contudo, de absoluto nesse raciocínio. Para que se possa concluir pela vencibilidade ou não do erro, será preciso, no caso concreto, avaliar todos os elementos informadores do problema. No caso em exame, para que pudéssemos formar o nosso raciocínio explicativo, adotamos o erro invencível.
[48] MEZGER, Edmundo. *Tratado de derecho penal*, p. 294.

A teoria da hiperacessoriedade vai mais além e diz que a participação somente será punida se o autor tiver praticado um fato típico, ilícito, culpável e punível. A punibilidade do injusto culpável levado a efeito pelo autor, para essa teoria, é condição indispensável à responsabilização penal do partícipe. Assim, por exemplo, se o partícipe estimula ou determina alguém, menor de 21 anos de idade, a praticar um delito de furto, e se, quanto ao autor, em razão de sua idade, for reconhecida a prescrição, uma vez que o prazo, nos termos do art. 115 do Código Penal, deve ser reduzido de metade, o partícipe não poderá ser punido.

Como deixamos entrever, a teoria da acessoriedade limitada tem a preferência da maioria dos doutrinadores, numa disputa acirrada com a teoria da acessoriedade máxima ou extrema, sendo que esta última era a mais adotada quando havia a inclinação da doutrina pela teoria causal ou naturalista da ação.

5.4. Instigação a autores e a fatos determinados

Merece ser ressaltado que a participação deve dirigir-se a fatos e a pessoas determinadas. Não se estimula, genericamente, ao cometimento de fatos não determinados. O instigador, seguindo as lições de Zaffaroni e Pierangeli, "deve pretender o cometimento de um fato determinado, isto é, de um delito determinado",[49] da mesma forma que deve dirigir-se a pessoa ou pessoas determinadas.

Quando falamos em instigação ou em induzimento, estamos querendo dizer que o partícipe estimulou ou incutiu uma ideia de um fato criminoso determinado na mente de um agente também determinado. A conduta dolosa do partícipe deve dirigir-se a contribuir, acessoriamente, para a prática de determinada infração penal, que será levada a efeito por uma ou várias pessoas também determinadas.

Caso o agente venha a incitar publicamente pessoas indeterminadas à prática de crime, não será considerado partícipe, mas, sim, autor do delito de incitação ao crime, tipificado no art. 286 do Código Penal.[50] Mesmo no caso do art. 286 do Código Penal, Magalhães Noronha professa que a incitação deve dirigir-se a crime ou crimes determinados. "A instigação feita *genericamente*, por ser vaga, não teria eficácia ou idoneidade."[51]

5.5. Participação punível – desistência voluntária e arrependimento eficaz do autor

Tratando da desistência voluntária e do arrependimento eficaz, o art. 15 do Código Penal vem assim redigido:

> **Art. 15.** O agente que, voluntariamente, desiste de prosseguir na execução ou impede que o resultado se produza, só responde pelos atos já praticados.

A primeira ilação interessante no art. 15 do Código Penal está inserida na expressão "desiste de prosseguir na execução." Quer isto significar que a desistência voluntária, bem como o arrependimento eficaz, são institutos dirigidos aos autores das infrações penais. Isso porque somente o autor pode *praticar atos de execução* e, durante a sua prática, pode desistir de neles prosseguir ou, mesmo depois de tê-los esgotado, pode arrepender-se e tentar evitar a produção do resultado por ele pretendido inicialmente.

---

[49] ZAFFARONI, Eugenio Raúl; PIERANGELI, José Henrique. *Manual de direito penal brasileiro* – Parte geral, p. 695.
[50] Art. 286. *Incitar, publicamente, a prática do crime:Pena – detenção, de 3 (três) a 6 (seis) meses, ou multa.*
[51] NORONHA, Edgard Magalhães. *Direito penal*, v. IV, p. 78.

Suponhamos que **A** tenha sido induzido por **B** a causar a morte de **C**. Durante os atos de execução, depois de efetuar dois disparos que acertaram a vítima no ombro e na perna, **A**, voluntariamente, desiste de prosseguir na execução e, com isso, evita a produção do resultado morte. Pergunta-se: Nos termos do art. 15 do Código Penal, **A** deverá ser responsabilizado por tentativa de homicídio? Absolutamente não, uma vez que a finalidade desse artigo é justamente evitar que o agente que desiste voluntariamente de prosseguir na execução ou impede que o resultado se produza responda pela tentativa de cometimento da infração penal por ele pretendida inicialmente. De acordo com a parte final do art. 15 do Código Penal, ele somente responderá pelos atos já praticados. No caso em exame, o autor causou lesões corporais na vítima e, segundo o citado artigo, deverá por elas ser responsabilizado.

Agora, como fica a situação do partícipe que induziu, estimulou ou auxiliou materialmente o autor ao cometimento da infração penal? Ou, melhor dizendo, os efeitos da desistência voluntária do autor ou do seu arrependimento eficaz também alcançam o partícipe? Para Nilo Batista, a "impunidade do partícipe é decorrência da acessoriedade da participação",[52] ou seja, se a desistência ou o arrependimento do autor o levará à atipicidade da conduta inicial por ele praticada, tal fato deverá ser estendido ao partícipe. No mesmo sentido é a posição de Esther de Figueiredo Ferraz,[53] quando diz:

> "se o executor desiste voluntariamente da consumação do crime ou impede que o resultado se produza, responderá apenas pelos atos já praticados (art. 13), beneficiando-se dessa circunstância inteiramente alheia às respectivas vontades os vários partícipes, uma vez que a isso conduz a doutrina unitária do concurso acolhida pelo art. 25."[54]

Apesar da autoridade dos renomados tratadistas, ousamos discordar do posicionamento por eles assumido. Isso porque quando o autor ingressa na fase dos atos de execução, almejando consumar a infração penal por ele pretendida, tal fato, segundo entendemos, já é suficiente para possibilitar a punição do partícipe. Tal regra podemos extrair, a *contrario sensu*, do art. 31 do Código Penal, que diz que *o ajuste, a determinação ou instigação e o auxílio, salvo disposição expressa em contrário, não são puníveis, se o crime não chega, pelo menos, a ser tentado*.

Quando o autor, por exemplo, estimulado pelo partícipe, foi à procura de seu desafeto e, ao encontrá-lo, agindo com *animus necandi* (dolo de matar), efetua dois disparos que atingem a vítima no ombro e na perna, mas, voluntariamente, desiste de prosseguir na execução, entendemos que por já ter iniciado a execução de um crime de homicídio, tal fato somente não lhe será imputado por motivos de política criminal, que não podem ser estendidos ao partícipe. Abstraindo-se a regra do art. 15 do Código Penal, o autor teria praticado um fato típico, ilícito e culpável de um crime de homicídio. Se não houvesse tais institutos (desistência voluntária e arrependimento eficaz), teria o autor de responder pelo *conatus* (tentativa). Assim, o benefício trazido pelo art. 15 do Código Penal é pessoal, sendo, portanto, intransferível ao partícipe que agiu com o dolo de induzir, instigar, ou auxiliar o autor na prática de um fato determinado (homicídio) contra uma vítima também determinada.

Embora sejamos adeptos, também, da teoria da acessoriedade limitada, entendemos que nas hipóteses de desistência voluntária ou de arrependimento eficaz do autor o partícipe não

---

[52] BATISTA, Nilo. *Concurso de agentes*, p. 135-136.
[53] FERRAZ, Esther de Figueiredo. *A codelinquência no direito penal brasileiro*, p. 173-174.
[54] Os arts. 13 e 25 referidos na citação correspondem, respectivamente, aos arts. 15 e 29 da nova parte geral do Código Penal.

será beneficiado com a regra contida no art. 15 do Código Penal, uma vez que, ao ser iniciada a execução, ali nasceu a possibilidade de se punir o partícipe.[55]

Apesar do raciocínio de Esther Ferraz, alegando a adoção, pelo Código Penal, da teoria unitária ou monista, não podemos tê-la como óbice, haja vista que o próprio código a excepciona em diversas passagens, a exemplo do § 2º do art. 29, o que levou João Mestieri a concluir que o legislador adotou uma "teoria unitária *temperada*."[56]

5.6. Arrependimento do partícipe

Vimos, no tópico anterior, as consequências para o partícipe da desistência voluntária e do arrependimento eficaz do autor. Pode acontecer, contudo, que a desistência ou o arrependimento sejam do próprio partícipe.

Na verdade, em caso de participação, dificilmente se vislumbraria uma hipótese de desistência voluntária. Normalmente, ocorre que o partícipe já incutiu a ideia criminosa na mente do autor ou a estimulou, e se volta atrás, tentando dissuadi-lo da prática da infração penal, poderíamos falar em arrependimento, e não em desistência, visto que já havia esgotado tudo aquilo que estava ao seu alcance para fazer com que o autor levasse a efeito a infração penal. Talvez pudéssemos pensar em desistência quando o partícipe tivesse se comprometido a emprestar a arma que seria usada no cometimento da infração penal, auxiliando-o materialmente, e antes que isso efetivamente acontecesse, ou seja, antes da entrega da arma ao autor, o partícipe desistisse da sua colaboração. Se a arma já havia sido entregue ao autor, e o partícipe, arrependendo-se do seu ato, a toma de volta antes da prática do crime, aqui poderíamos cogitar, mais propriamente, de arrependimento.

Embora haja essa pequena discussão quanto à possibilidade de desistência voluntária do partícipe, sendo mais comum a ocorrência do arrependimento, o que nos interessa mais de perto são os efeitos que podem acarretar a desistência ou o arrependimento do partícipe quanto a ele próprio.

Nilo Batista assevera:

> "O instigador que passa a opor-se à execução, e o cúmplice que não implementa o auxílio prometido, ou tendo-o implementado o retira, só responderão pelos atos já praticados (art. 13)[57], ou seja, impune a tentativa de participação."[58]

Entendemos que se o partícipe houver induzido ou instigado o autor, incutindo-lhe a ideia criminosa ou reforçando-a a ponto de este sentir-se decidido pelo cometimento do delito, e vier a se arrepender, somente não será responsabilizado penalmente se conseguir fazer com que o autor não pratique a conduta criminosa. Caso contrário, ou seja, se não tiver sucesso na sua missão de evitar que o delito seja cometido, depois de ter induzido ou instigado inicialmente o autor, o seu arrependimento não será eficaz e, portanto, não afastará a sua responsabilidade penal como ato acessório ao praticado pelo autor. Nesse sentido o posicionamento de Jescheck, quando diz:

---

[55] Nesse sentido também o entendimento de José Cerezo Mir, que, depois de analisar a nova redação do Código Penal espanhol, afirma que "a desistência do autor não determina a impunidade dos partícipes", uma vez que entende ser o instituto da desistência voluntária uma causa pessoal de exclusão de pena, ou seja, uma escusa absolutória (*Curso de derecho penal español* – Parte general, v. III, p. 192-193).

[56] MESTIERI, João. *Teoria elementar do direito criminal* – Parte geral, p. 253.

[57] O art. 13, mencionado na passagem do autor, corresponde ao atual art. 15 do Código Penal, que cuida da desistência voluntária e do arrependimento eficaz.

[58] BATISTA, Nilo. *Concurso de agentes*, p. 135.

"Se o partícipe se esforçou em vão para fazer com que o autor desistisse, a sua desistência foi fracassada. A desistência pode, ao contrário, ter êxito, quando o partícipe impede voluntariamente a consumação do fato para o qual havia cooperado."[59]

No que diz respeito à cumplicidade (prestação de auxílios materiais), a solução para o partícipe nos parece mais tranquila. Se houve, de sua parte, a promessa de que emprestaria a arma a ser utilizada pelo autor e, antes que ela seja entregue, desiste de participar, e se o autor comete o delito valendo-se de outro instrumento que não aquele prometido pelo partícipe, este último não poderá ser penalmente responsabilizado. Aplica-se o mesmo raciocínio se já havia emprestado a arma e, antes da prática da infração penal, consegue reavê-la, impedindo o autor de usá-la.

5.7. Tentativa de participação

Em razão do disposto no art. 31 do Código Penal, que diz:

> **Art. 31.** O ajuste, a determinação ou instigação e o auxílio, salvo disposição expressa em contrário, não são puníveis, se o crime não chega, pelo menos, a ser tentado.

Não podemos falar em tentativa de participação. Se o partícipe estimula alguém a cometer uma determinada infração penal, mas aquele que foi estimulado não vem a praticar qualquer ato de execução tendente a consumá-la, a conduta do partícipe é considerada um indiferente penal.

Com muita propriedade, Zaffaroni e Pierangeli asseveram:

"Se a participação consistisse em tipos independentes, seria admitida a tentativa de participação, ou seja, seria punível a mera proposição que alguém fizesse para convencer outro a cometer um delito (tentativa de instigação) ou o fato de que alguém emprestasse a outro um punhal para que mate a sua mulher (tentativa de cumplicidade), mesmo quando o primeiro sujeito rejeite a proposição e o segundo use o punhal somente para cortar um frango."[60]

No mesmo sentido são as lições de Nilo Batista, quando diz:

"A tentativa de participação só pode ser punível perante sistemas legais que expressamente disponham a respeito. Entre nós, deduz-se da regra do art. 27 CP[61] precisamente um princípio oposto, ou seja, o da impunidade da tentativa de participação. É indiferente que o partícipe tenha ou não realizado objetiva e subjetivamente *tutto ciò che costituisce l'atto di partecipazione*."[62]

5.8. Participação em cadeia (participação de participação)

É possível, por exemplo, que **A** induza **B** a induzir **C** a causar a morte de **D**. Ou que **A** induza **B** a emprestar sua arma a **C**, para que este venha a causar a morte de **D**. Enfim, não existe qualquer óbice para a chamada participação em cadeia ou participação de participação. O detalhe fundamental da participação em cadeia, ou mesmo da simples participação, diz respeito ao fato de que a participação, em cadeia ou não, somente será punível se o autor vier a praticar a infração penal para a qual foi estimulado pelo partícipe atendendo-se, portanto, à regra contida no já apontado art. 31 do Código Penal.

---

[59] JESCHECK, Hans-Heinrich. *Tratado de derecho penal* – Parte general, v. II, p. 749.
[60] ZAFFARONI, Eugenio Raúl; PIERANGELI, José Henrique. *Manual de direito penal brasileiro* – Parte geral, p. 684.
[61] O art. 27 mencionado no texto corresponde ao art. 31 do Código Penal.
[62] BATISTA, Nilo. *Concurso de agentes*, p. 135.

Como atividade meramente acessória e não sendo admitida a tentativa de participação, o partícipe somente será responsabilizado se o autor, pelo menos, tiver tentado praticar a infração penal.

Tentativa de participação: é inadmissível

5.9. Participação sucessiva

Da mesma forma que se admite a coautoria sucessiva, também há a possibilidade de existir a participação sucessiva.

Damásio de Jesus preleciona que "a participação sucessiva ocorre quando, presente o induzimento (determinação) ou instigação do executor, sucede outra determinação ou instigação. Ex.: **A** instiga **B** a matar **C**. Após essa participação, o agente **D**, desconhecendo a precedente participação de **A**, instiga **B** a matar **C**. Se a instigação do sujeito **D** foi eficiente em face do nexo de causalidade, é considerado partícipe do homicídio."[63]

Importante salientar que a instigação sucessiva, ou seja, aquela que foi realizada após o agente ter sido determinado ou estimulado a praticar a infração penal deve ter sido capaz de exercer alguma influência em seu ânimo, pois, caso contrário, isto é, se este já estava completamente determinado a cometer a infração penal, e se a instigação sucessiva em nada o estimulou, não terá ela a relevância necessária a fim de ensejar a punição do partícipe.

5.10. Possibilidade de participação após a consumação

Seria possível levar a efeito o raciocínio correspondente à participação após a consumação do crime? Entendemos que sim, nas hipóteses em que houver a possibilidade de exaurimento do crime e a participação vier a ocorrer em momento anterior a ele. Assim, imagine-se a hipótese do crime de extorsão mediante sequestro, tipificado no art. 159 do Código Penal. Suponhamos que a vítima ainda esteja no cativeiro, enquanto os sequestradores negociam sua liberdade. Nesse intervalo, alguém que, até então, não havia atuado criminosamente estimula o grupo a permanecer firme no propósito de obter vantagem, mediante a privação da liberdade da vítima do sequestro. Aqui, acreditamos, seria possível o raciocínio da participação após a consumação, uma vez que, no tipo indicado, ela teria ocorrido no exato instante em que a vítima se viu privada de sua liberdade. No entanto, como, a partir daquele momento, ainda estava sendo mantida em cativeiro, aguardando as negociações, antes da entrega da vantagem ainda seria possível o raciocínio correspondente à participação (moral ou material).

Seria possível que o grupo criminoso fosse, tão somente, instigado a permanecer firme no propósito de manter a vítima presa, com a finalidade de obter a vantagem patrimonial, ainda não paga, ou mesmo que alguém, a pedido de um dos integrantes do grupo, com a finalidade de dificultar a ação da polícia, emprestasse uma casa que servisse para troca de cativeiro.

---

[63] JESUS, Damásio E. de. *Direito penal* – Parte geral, v. I, p. 376.

5.11. Participação por omissão

É possível falar em participação por omissão?

A primeira distinção a ser feita, antes de respondermos à indagação, diz respeito às duas espécies de participação: *moral* (induzimento/ determinação e instigação) e *material* (cumplicidade/auxílios materiais).

A participação moral, segundo posição amplamente majoritária, é impossível de ser realizada por omissão. Nilo Batista, de forma absoluta, assevera:

> "Inimaginável o doloso processo de convencimento à resolução criminosa que se não estruture numa atuação positiva; nesse campo, poder-se-ia até abrir mão das palavras, porém nunca de uma *ação*."[64]

Como poderíamos visualizar uma cena na qual o partícipe, sem nada fazer, estaria induzindo, determinando, colocando a ideia criminosa na mente do agente/autor, ou mesmo estimulando, reforçando, acoroçoando a ideia criminosa já existente? A participação moral, como bem ressaltou Nilo Batista, necessita, obrigatoriamente, de uma atuação positiva do partícipe.

Já a participação material, contudo, pode concretizar-se numa inação do partícipe, que, com a sua omissão, contribui para a ocorrência da infração penal. Merece ser frisado que o partícipe que contribui para o fato, auxiliando materialmente a sua execução, não pode, em qualquer hipótese, ser considerado garantidor da não ocorrência desse mesmo fato, pois, caso contrário, se, tendo o dever de agir para impedir o resultado, nada faz, responderá pela infração penal a título de autoria, e não de participação.

Raciocinemos com o seguinte exemplo fornecido por Nilo Batista:

> "Numa firma comercial, o empregado **A** vem subtraindo semanalmente certa importância em dinheiro; **B**, que não é tesoureiro, nem caixa, nem exerce qualquer outra função que fizesse possível conceber o dever especial, mas que pode de alguma forma facilitar o acesso de **A** ao cofre, omite providências (chaves, horários etc.) que significariam obstáculos à atividade de **A**, desejando, por raiva do patrão, que a perda patrimonial seja expressiva."[65]

Pelo fato de **B** não gozar do *status* de garantidor, ou seja, não possuindo ele qualquer dever de agir para tentar impedir o resultado, no exemplo fornecido, haverá possibilidade de responsabilizá-lo penalmente pela subtração praticada por **A**, a título de participação. Caso contrário, se **B** fosse responsável pela guarda e vigilância do dinheiro passaria a possuir um dever especial de proteção, o que o transformaria em garantidor, segundo a regra contida na alínea *b* do § 2º do art. 13 do Código Penal. Sua omissão dolosa levaria ao cometimento de um crime comissivo por omissão, sendo ele agora responsabilizado pelo furto não mais como mero partícipe, mas sim como autor.

A empregada doméstica que, percebendo a aproximação de um agente conhecido por sua fama de praticar furtos em residências, deixa aberta a porta da casa de seus empregadores, querendo, com isso, que alguns de seus bens sejam subtraídos, porque está descontente com o tratamento que vem recebendo em seu local de trabalho, será considerada partícipe do crime de furto levado a efeito pelo agente. Agora, se quem permite o ingresso do meliante é o vigia, contratado especificamente para fazer a segurança daquela casa, como tinha o dever de agir para impedir o resultado, sendo, portanto, garantidor, não poderá ser considerado partícipe, mas autor de um crime de furto, praticado por omissão (omissivo impróprio).

---

[64] BATISTA, Nilo. *Concurso de agentes*, p. 133.
[65] BATISTA, Nilo. *Concurso de agentes*, p. 134.

5.12. Impunibilidade da participação

Deixamos antever que, segundo o art. 31 do Código Penal, *o ajuste, a determinação ou instigação e o auxílio, salvo disposição em contrário, não são puníveis, se o crime não chega, pelo menos, a ser tentado.*

Sendo a participação uma atividade acessória, sua punição dependerá, obrigatoriamente, da conduta do autor. Assim, se o autor der início à execução de um crime para o qual fora determinado ou auxiliado materialmente pelo partícipe, a partir desse instante permite-se a responsabilização penal pela participação. Caso contrário, ou seja, se o fato praticado pelo autor permanecer tão somente na fase da cogitação, ou mesmo naquela correspondente aos atos preparatórios, a participação não será punível.

5.13. Participação de menor importância

O § 1º do art. 29 do Código Penal diz que,

> § 1º Se a participação for de menor importância, a pena pode ser diminuída de um sexto a um terço.

No Código Penal de 1940, a participação de menor importância era tratada como circunstância atenuante. Dizia o inciso II do seu art. 48:

> **Art. 48.** São circunstâncias que sempre atenuam a pena:
> I – [...];
> II – ter sido de somenos importância sua cooperação no crime.

Com a reforma da parte geral do Código Penal, a participação de menor importância passou a ser reconhecida como causa geral de diminuição de pena, variando essa diminuição entre um sexto e um terço.

À primeira vista, a expressão *a pena pode ser diminuída* daria a impressão de faculdade do julgador na aplicação da redução. Contudo, como assevera Alberto Silva Franco:

> "Não se trata, no entanto, de uma redução facultativa, mas de uma causa de diminuição obrigatória de pena, desde que fique evidenciada a contribuição insignificante ou mínima do partícipe para a realização do fato típico. É evidente que, nessa hipótese, o legislador entendeu que a participação de menor importância contém em si a revelação de uma culpabilidade menos expressiva e, por isso, autorizou a redução punitiva."[66]

Aqui, uma vez concluída ser de menor importância a participação, caberá ao julgador a aplicação da redução entre os limites estabelecidos no § 1º do art. 29 do Código Penal.

Esse parágrafo, contudo, somente terá aplicação nos casos de participação (instigação e cumplicidade), não se aplicando às hipóteses de coautoria. Não se poderá falar, portanto, em coautoria de menor importância, a fim de atribuir a redução de pena a um dos coautores. Isso porque, segundo posição adotada pela teoria do domínio funcional do fato, observando-se o critério de distribuição de tarefas, coautor é aquele que tem o domínio funcional do fato que lhe fora atribuído pelo grupo, sendo sua atuação, assim, relevante para o sucesso da empreitada criminosa. Dessa forma, toda atuação daquele que é considerado coautor é importante para a prática da infração penal, não se podendo, portanto, falar em "participação de menor importância."

---

[66] SILVA FRANCO, Alberto. *Código penal e sua interpretação jurisprudencial* – Parte geral, v. I, t. I, p. 469.

5.14. Participação em crime menos grave (desvio subjetivo de conduta)

O § 2º do art. 29 do Código Penal preconiza:

> § 2º Se algum dos concorrentes quis participar de crime menos grave, ser-lhe-á aplicada a pena deste; essa pena será aumentada até a metade, na hipótese de ter sido previsível o resultado mais grave.

Verifica-se, pela redação do § 2º do art. 29 do Código Penal, a quebra da chamada teoria monista ou unitária, na qual a mesma infração penal é distribuída por todos aqueles que concorreram para a sua prática, sejam autores ou partícipes.

Pelo que se dessume do mencionado parágrafo, o legislador pretendeu punir os concorrentes nos limites impostos pela finalidade de sua conduta, ou seja, se queria concorrer para o cometimento de determinada infração penal, se o seu dolo era voltado no sentido de cooperar e praticar determinado crime, não poderá responder pelo desvio subjetivo de conduta atribuído ao autor executor.

Imaginemos o seguinte exemplo: **A** estimula **B** a causar lesões em **C**. Ao dar início às agressões, **B**, agindo agora com *animus occidendi* (dolo de matar) espanca **C** até a morte. Como se percebe, **B** não fora instigado por **A** a causar a morte de **C**. Tal fato se deveu, exclusivamente, a um desvio subjetivo da conduta de **B**. Em razão do disposto no § 2º do art. 29 do Código Penal, **A** somente deverá ser responsabilizado por seu dolo, ou seja, se a finalidade de sua participação era estimular, instigar o agente a causar lesões em alguém, e se, durante a execução do crime, o autor executor resolver ir mais adiante e praticar outra infração penal que não aquela sugerida ou estimulada pelo partícipe, este último somente será responsabilizado pelo seu dolo. Se o dolo foi o de estimular o agente a cometer o delito de lesões corporais, por ele deverá ser responsabilizado. Se o resultado mais grave fosse previsível para o concorrente, a pena prevista para a infração penal para a qual queria concorrer será aumentada até a metade.

Merece destaque o fato de que o § 2º do art. 29 do Código Penal permite tal raciocínio tanto nos casos de coautoria como nos de participação (moral e material). O parágrafo começa a sua redação fazendo menção a "alguns dos concorrentes", não limitando a sua aplicação tão somente aos partícipes.

Na verdade, pode ocorrer que um dos autores queira concorrer para a prática de determinado crime e aquele encarregado da sua execução pratique outro mais grave. Suponhamos que **A** e **B** resolvam praticar um furto de um televisor existente na residência de **C**. Sabem que a residência de **C** está praticamente abandonada e que o seu proprietário já não a frequenta há muitos meses. Na certeza de que nela não havia qualquer pessoa, **A** e **B** para lá se dirigem. **A**, segundo o critério de distribuição de tarefas, próprio da teoria do domínio funcional do fato, permanece do lado de fora da residência, fazendo a vigilância dentro do veículo no qual transportariam o televisor, sendo ele o seu motorista. Se, ao entrar na aludida residência, **B** vier a perceber a presença de seu inesperado morador e, mesmo assim, prosseguir com o seu plano de subtração, agredindo-o fisicamente para que possa subtrair o bem, e só depois de transportá-lo para um local seguro, vier a narrar a **A** os fatos que aconteceram no interior daquela residência, este último não poderá responder pelo delito de roubo, mas sim pelo de furto. O *desvio subjetivo da conduta* levado a efeito pelo autor executor não fará com que **A** responda pelo delito por ele não pretendido inicialmente. O seu dolo, o seu liame subjetivo, diz respeito a concorrer para a prática de uma subtração sem violência, ou seja, o delito de furto, e não o crime de roubo. Assim, nos termos do § 2º do art. 29 do Código Penal, como quis participar de crime menos grave, ser-lhe-á aplicada a pena deste.

Deve ser frisado, portanto, que a frase "quis participar de crime menos grave" não diz respeito exclusivamente à participação em sentido estrito, envolvendo somente os casos de instigação e cumplicidade, mas, sim, em sentido amplo, abrangendo todos aqueles que, de qualquer modo, concorrerem para o crime, estando aí incluídos autores (ou coautores) e partícipes.

Decidiu o TJ-MG, tendo como Relator o Desembargador Costa Loures:

"Quando se trata da hipótese em que um dos concorrentes quis participar de crime menos grave do que aquele que acabou sendo cometido pelo outro concorrente, cada qual responde de acordo com o que quis, isto é, de conformidade com o seu dolo. Portanto, embora responsável pelo fato, não está o coautor sujeito à mesma pena, que será diferenciada pelo Juiz de acordo com a ação de cada um no evento."[67]

Assim, concluindo com Santiago Mir Puig, "quando um dos coautores excede, por sua conta, o plano acordado, sem que os demais consintam, em princípio o excesso não pode ser a eles imputado: para além do acordo mútuo não há imputação recíproca."[68]

5.15. Cumplicidade e favorecimento real

O delito de favorecimento real encontra-se previsto no art. 349 do Código Penal, assim redigido:

> **Art. 349.** Prestar a criminoso, fora dos casos de coautoria ou de receptação, auxílio destinado a tornar seguro o proveito de crime:
> Pena – detenção, de 1 (um) a 6 (seis) meses, e multa.

Para que possamos concluir se o agente praticou ou não o crime de favorecimento real, é preciso identificar o momento no qual exteriorizou sua vontade no sentido de auxiliar o autor da infração principal a tornar seguro o proveito do crime.

Suponhamos que **A** vá ao encontro de **B**, seu amigo de infância, e exponha-lhe a sua intenção de praticar um delito de furto de vários aparelhos eletrodomésticos. Durante a conversa, **A** confessa a **B** que somente não levará adiante o seu intento criminoso em razão de não ter onde deixar os bens que seriam objeto da subtração. Nesse instante, **B**, com a finalidade de ajudar seu amigo de infância, oferece-lhe um galpão, cujo espaço físico seria ideal ao acondicionamento dos bens furtados. Após essa promessa, **A** sente-se seguro e confiante para levar adiante o seu dolo e, efetivamente, subtrai os aparelhos eletrodomésticos e os acomoda, até serem vendidos a terceiros, no galpão oferecido por **B**. Pergunta-se: Qual o crime praticado por **B**?

Antes de respondermos a essa indagação, imaginemos que, agora, após subtrair os aludidos aparelhos eletrodomésticos, **A** vai à procura de **B** e solicita-lhe auxílio a fim de acondicionar os bens subtraídos, até que deles possa se desfazer, vendendo-os a terceiros para obter o lucro ilícito. Pergunta-se: Qual o crime praticado por **B** que atende ao pedido de **A**?

Como podemos perceber, são dois exemplos diferentes. No primeiro, quando o agente **B** ofereceu o seu galpão para que **A** pudesse concretizar sua intenção criminosa, pelo fato de tê-lo auxiliado antes do cometimento do delito, **B** será considerado partícipe do crime de furto praticado por **A**. No primeiro exemplo, a prestação de seu auxílio material foi fundamental na decisão tomada por **A** no sentido de levar a efeito a subtração. Se o seu auxílio ocorreu antes do cometimento do delito, dele deverá ser considerado cúmplice, haja vista que o art. 349 do Código Penal somente atribui o crime de favorecimento real àquele que prestar auxílio a criminoso fora dos casos de coautoria ou de receptação, devendo ser relembrado que a parte especial de nosso Código Penal ainda é a de 1940, quando não havia distinção entre coautoria e participação, daí o tipo penal se referir, exclusivamente, à coautoria. No segundo exemplo,

---

[67] *RTJE* 88/155.
[68] MIR PUIG, Santiago. *Direito penal – Fundamentos e teoria do delito*, p. 362-363.

como o auxílio foi solicitado e prestado após a prática da infração penal, agora podemos falar em favorecimento real.

O importante, portanto, a fim de identificarmos se o caso é de cumplicidade na infração penal principal praticada pelo autor, que deseja tornar seguro o proveito do crime, ou de mero favorecimento real, é sabermos o momento em que o auxílio foi proposto. Se anterior à consumação da infração penal pretendida pelo autor, o caso será de cumplicidade (auxílio material); se posterior à sua consumação, concluiremos pelo favorecimento real.

Como bem destacou Pierangeli:

> "É inegável que a doutrina moderna já elaborou, em definitivo, uma regra de que só é possível haver participação enquanto o injusto não se tenha executado. Terminada a execução do delito, já não mais será possível a participação, e somente se poderá cogitar da possibilidade de adequação de uma conduta a tipos independentes definidores de condutas de favorecimento, como ocorre com os arts. 180, 348 e 349 do nosso Código Penal."[69]

6. PUNIBILIDADE NO CONCURSO DE PESSOAS

Quem, de qualquer modo, concorre para o crime, diz o *caput* do art. 29 do Código Penal, incide nas penas a este cominadas, *na medida de sua culpabilidade*.

A expressão *na medida de sua culpabilidade*[70] foi introduzida pela reforma da parte geral do Código Penal. Culpabilidade significa juízo de censura, de reprovabilidade, que recai sobre a conduta do agente. Embora duas pessoas, agindo em concurso, resolvam praticar determinada infração penal, pode-se concluir, dependendo da hipótese, que a conduta de uma delas é mais censurável do que a da outra, razão pela qual deverá ser punida mais severamente.

Com maestria, disserta Alberto Silva Franco:

> "A alteração de relevo, contida no art. 29 da PG/84, é o acréscimo, após a admissão da teoria unitária, da locução: 'na medida de sua culpabilidade'. O que isto quer significar? Antes de mais nada, uma posição de coerência, em relação à ideia-força da reforma penal: a introdução do princípio do *nullum crimen sine culpa*, em matéria de concurso de pessoas. Depois, o reconhecimento de que a sanção punitiva, em concreto, deve ser aplicada, em relação a cada concorrente, de acordo com a reprovabilidade da conduta de cada um."[71]

Suponhamos que **A** e **B** resolvam praticar um delito de furto. O primeiro, **A**, filho de um rico fazendeiro, pretende cometer o delito por mero espírito de "aventura"; já o segundo, desempregado há muito, pelo fato de não conseguir trazer, licitamente, o sustento de sua família, resolve, numa demonstração de desespero, levar a efeito a subtração, juntamente com **A**. Pergunta-se: as duas condutas merecem a mesma censura, ou uma delas é mais reprovável do que a outra? Entendemos que a conduta de **B**, que subtraiu coisa alheia móvel numa atitude de desespero, independentemente da discussão que possa existir a respeito do seu estado de necessidade, se ultrapassada essa causa de justificação, é menos censurável do que a de **A**, ob-

---

[69] PIERANGELI, José Henrique. *Escritos jurídico-penais*, p. 78.
[70] O art. 29 do Código Penal trouxe o que René Ariel Dotti chama de "cláusula salvatória", contra os excessos a que poderia levar uma interpretação literal e radicalizante da teoria monista (DOTTI, René Ariel. *Reforma penal brasileira*, p. 98).
[71] SILVA FRANCO, Alberto. *Código penal e sua interpretação jurisprudencial* – Parte geral, v. I, t. I, p. 466.

servando-se os motivos que impeliram os agentes ao cometimento da infração penal. Assim, como consequência da regra insculpida na parte final do art. 29, embora tendo o Código Penal adotado a teoria unitária, deverão ser diversas as penas aplicadas aos agentes, sendo a conduta de **A** punida mais severamente do que a de **B**.

7. CIRCUNSTÂNCIAS INCOMUNICÁVEIS

O art. 30 do Código Penal diz que:

> **Art. 30.** Não se comunicam as circunstâncias e as condições de caráter pessoal, salvo quando elementares do crime.

A regra, como se percebe pela redação do artigo, é a da incomunicabilidade, entre os coparticipantes (coautores e partícipes), das circunstâncias, bem como das condições de caráter pessoal, sendo excepcionada quando se tratar de elementares do crime.

Circunstâncias são dados periféricos, acessórios, que gravitam ao redor da figura típica, somente interferindo na graduação da pena. A existência ou não de uma circunstância em nada interfere na definição da figura típica, tendo a sua importância limitada ao aumento ou diminuição da pena de uma determinada infração penal.

Ao contrário, as elementares são dados essenciais à figura típica, sem os quais ou ocorre uma *atipicidade absoluta*, ou uma *atipicidade relativa*.[72]

Com a atipicidade absoluta, o fato praticado pelo agente torna-se um indiferente penal; já os casos de atipicidade relativa nos conduzem à chamada desclassificação.

Como se percebe, é da maior importância concluir-se por uma (circunstância) ou por outra (elementar), uma vez que as consequências práticas dessa conclusão nos conduzirão a respostas completamente diversas quando da aferição de um determinado caso concreto.

Comecemos nosso raciocínio com o seguinte exemplo: **A** e **B** praticam um crime de roubo contra a vítima **C**, irmã do primeiro agente. No caso em tela, somente a pena de **A** será aumentada em virtude da circunstância agravante prevista no art. 61, II, *e*, terceira figura, ou seja, ter cometido o crime contra sua irmã. Tal agravante, por gravitar ao redor da infração penal, em nada influencia na sua definição típica, pois, ainda que praticada a subtração violenta contra qualquer outra pessoa que não a sua irmã, seria classificada como delito de roubo. Considerada como uma circunstância de caráter pessoal, não se comunica, portanto, com o outro agente.

Suponhamos, agora, que **A**, funcionário público, e **B**, pessoa estranha à Administração Pública, resolvam subtrair um computador na repartição na qual **A** exerce suas funções. **B** tem conhecimento de que **A** é funcionário público. **A**, num domingo, valendo-se da facilidade que o seu cargo lhe proporciona, identifica-se na recepção e diz ao porteiro que havia esquecido sua carteira de identidade, e que ali voltara para buscá-la, uma vez que dela necessitava fazer uso, tendo, assim, o seu acesso liberado naquele prédio público. Rapidamente, dirige-se ao local aonde o computador se encontrava guardado e, abrindo uma janela que dava acesso para a rua, o entrega a **B**, que o aguardava do lado de fora do mencionado prédio. **A** despede-se do porteiro e vai ao encontro de **B**, para que, juntos, transportassem o bem subtraído. A conduta de **A** subsume-se ao § 1º do art. 312 do Código Penal, que, cuidando do delito de peculato-furto, aduz que *aplica-se a mesma pena, se o funcionário público, embora não tendo a posse do dinheiro, valor ou bem, o subtrai, ou concorre para que seja subtraído, em proveito próprio ou alheio, valendo-se da facilidade que lhe proporciona a qualidade de funcionário*. **A** será responsabilizado, portanto, pelo delito de peculato-furto; e **B**, que com ele concorreu para

---

[72] GRECO, Rogério. *Estrutura jurídica do crime*, p. 118.

o cometimento da subtração? Para que se responda corretamente à indagação, é preciso saber se a condição de funcionário público, que fez com que **A** respondesse pelo delito de peculato-furto, é considerada uma circunstância ou uma elementar do crime. Para tanto, teremos de perquirir o seguinte: a qualidade de funcionário público, no caso em tela, é um dado que gravita ao redor da figura típica, em nada repercutindo sobre ela, ou é um dado a ela essencial, sem o qual poderá haver, no exemplo apontado, uma desclassificação? Se retirarmos a qualidade de funcionário público de **A**, bem como a facilidade que essa qualidade lhe proporcionou para o sucesso da empreitada criminosa, haveria, aqui, uma desclassificação para o delito de furto, razão pela qual concluiremos que a qualidade de funcionário é uma elementar do tipo do § 1º do art. 312 do Código Penal, e não somente uma circunstância.

Sendo uma elementar, de acordo com a parte final do art. 30 do Código Penal, será estendida ao coparticipante que, dela tendo conhecimento, responderá, mesmo sendo um *extraneus* (pessoa estranha à Administração Pública), pelo mesmo crime cometido pelo *intraneus* (funcionário público). Dessa forma, ambos serão penalmente responsabilizados pelo delito de peculato-furto, mesmo não sendo **B** funcionário público.

Nesse sentido, decidiu o STJ, tendo como relator o Ministro Cernicchiaro:

> "O peculato é crime próprio, no tocante ao sujeito ativo; indispensável a qualificação – Funcionário público. Admissível, contudo, o concurso de pessoas, inclusive quanto ao estranho ao serviço público. Não se comunicam as circunstâncias e condições de caráter pessoal, salvo quando elementares do crime."[73]

Merece ser destacada, contudo, a diferença existente entre as circunstâncias de natureza objetiva e aquelas de natureza subjetiva.

Objetivas, materiais ou reais são as circunstâncias que, na lição de Alberto Silva Franco, "se relacionam com o fato delituoso em sua materialidade (modos de execução, uso de determinados instrumentos, tempo, ocasião, lugar, qualidades da vítima etc.)."[74] Tais circunstâncias se comunicam se ingressarem na esfera de conhecimento dos coparticipantes.

Subjetivas ou pessoais são aquelas que dizem respeito à pessoa do agente, não tendo qualquer relação, como diz Damásio de Jesus, "com a materialidade do delito, como os motivos determinantes, suas condições ou qualidades pessoais e relações com a vítima ou com outros concorrentes."[75] As circunstâncias de natureza subjetiva não se comunicam aos coparticipantes, a não ser que se transformem em elemento do tipo penal, ou seja, de simples dado periférico, passe a ser um dado essencial à figura típica. Deverá, ainda, para que seja estendida, ingressar na esfera de conhecimento dos coparticipantes.

8. CRIMES MULTITUDINÁRIOS

Embora a doutrina se volte para um direito penal mínimo, mais liberal e menos repressor, surgindo, a cada dia, medidas despenalizadoras, este não é, verdadeiramente, o sentimento do corpo social.

A sociedade enxerga no Direito Penal a salvação de todos os seus problemas. Acredita que se as penas forem mais severamente aplicadas poderão afastar todas as mazelas que a afligem. Quando, segundo a sociedade, a justiça penal não funciona, abre-se-lhe a oportunidade de ela própria fazer a sua própria justiça.

---

[73] *RT* 712/465.
[74] SILVA FRANCO, Alberto. *Código penal e sua interpretação jurisprudencial* – Parte geral, v. I, t. I, p. 491.
[75] JESUS, Damásio E. de. *Direito penal* – Parte geral, v. I, p. 380.

A todo instante os aparelhos de comunicação nos mostram linchamentos de pessoas que foram flagradas durante a prática de algum crime. A sociedade, quando se encontra diante de um criminoso, enfurecida, resolve fazer justiça pelas próprias mãos, punindo-o imediatamente, sem qualquer processo legal, com uma pena que pode chegar até mesmo à morte.

Outras vezes a sociedade não busca por justiça, mas tão somente se aproveita de uma situação de desastre ou calamidade para obter alguma vantagem. É o caso, por exemplo, de saques a supermercados, a caminhões que tombam em plena via pública, contendo cargas de alimentos, bebidas, eletrodomésticos etc.

As pessoas, nessas situações, muitas vezes não atuam querendo cooperar umas com as outras. Agem por conta própria e estimuladas pela atuação do grupo. Não atuam, em última palavra, em concurso.

Vale o registro da magistral passagem de Aníbal Bruno, quando descreve a multidão criminosa. Diz o mestre pernambucano:

> "As multidões são agregados humanos, informes, inorgânicos, que se criam espontaneamente e espontaneamente se dissolvem, construídos e animados sempre segundo uma psicologia particular, que torna inaplicáveis aos seus feitos criminosos as regras comuns da participação. Quando uma multidão se toma de um desses movimentos paroxísticos, inflamada pelo ódio, pela cólera, pelo desespero, forma-se, por assim dizer, uma alma nova, que não é a simples soma das almas que a constituem, mas sobretudo do que nelas existe de subterrâneo e primário, e esse novo espírito é que entra a influir as manifestações de tão inaudita violência e crueldade, que espantarão mais tarde aqueles mesmos que dele faziam parte. Nesses momentos decisivos do destino das multidões, surgem inesperadamente seres que se podem dizer mais próximos da animalidade primitiva e tomam a dianteira, fazendo-se os arautos e inspiradores da multidão em tumulto. O homem subterrâneo, que se esconde no mais profundo do psiquismo, desperta a esse apelo, para inspirar as façanhas mais imprevistas de força e ferocidade. É uma arrancada de animais enfurecidos, levados pelos *meneurs*, mas esses mesmos, arrastados por esse espírito da multidão amotinada, já então difícil de dominar. Cria-se uma moral de agressão, que sufoca a habitual hierarquia de valores e subverte a vigilância da consciência ético-jurídica comum e que contamina por sugestão todos os que se encontram em presença do tumulto."[76]

A sugestão do grupo, por inibir temporariamente a capacidade do agente de refletir sobre aquilo que faz, bem como a respeito das consequências de seu ato, fez com que o legislador, no art. 65, inciso III, *e*, do Código Penal, atenuasse a pena do agente quando este viesse a praticar o crime *sob a influência de multidão em tumulto, se não o provocou*.

Cezar Bitencourt, advogando a tese da possibilidade de se falar em concurso de pessoas nas infrações cometidas por multidão, assevera:

> "Essa forma *sui generis* de concurso de pessoas pode assumir proporções consideravelmente graves, pela facilidade de manipulação de massa que, em momentos de grandes excitações, anulam ou reduzem consideravelmente a capacidade de orientar-se segundo padrões éticos, morais e sociais. A prática coletiva de delito, nessas circunstâncias, apesar de ocorrer em situação normalmente traumática, não afasta a existência de *vínculos psicológicos* entre os integrantes da multidão, caracterizadores do concurso de pessoas."[77]

---

[76] BRUNO, Aníbal. *Direito penal,* t. II, p. 285-286.
[77] BITENCOURT, Cezar Roberto. *Manual de direito penal* – Parte geral, p. 447.

Se adotarmos a posição de Cezar Bitencourt, aceitando a presunção desse vínculo psicológico existente entre a multidão delinquente, teremos de atribuir os fatos, na sua grandiosidade, a todos aqueles que se encontravam nessa multidão e que, de alguma forma, praticaram condutas que, à primeira vista, seriam penalmente atípicas.

Raciocinemos com o seguinte exemplo: Um caminhão de refrigerantes sofre um acidente e tomba em plena via pública. Imediatamente, uma multidão é formada e passa a saquear a carga espalhada pela rodovia. A carga era composta por 12.500 refrigerantes, e foram todos subtraídos. Alguns daqueles que também levaram a efeito o saque subtraíram apenas duas ou três latas, cujo valor total não ultrapassava a R$ 3,00. A carga possuía o valor aproximado e hipotético de R$ 12.500,00. Se entendermos que todos aqueles que estavam inseridos nessa multidão agiam unidos pelo liame subjetivo, caracterizador do concurso de pessoas, poderemos responsabilizá-los penalmente pelo crime de furto da carga de refrigerantes no valor total de R$ 12.500,00. Agora, se excluirmos o vínculo psicológico, aqueles que somente subtraíram um ou dois refrigerantes poderão ser beneficiados com a aplicação do princípio da insignificância, afastando-se a tipicidade material e, como consequência, o próprio fato típico. Sem fato típico não há crime e, portanto, poderia aquela pessoa que praticou a subtração de bagatela ser absolvida, ao passo que se visualizarmos o liame subjetivo fatalmente seria ela condenada, independentemente do valor daquilo que efetivamente subtraiu.

No caso, também, do linchamento com resultado morte, se exigirmos a comprovação do liame subjetivo, teremos de imputar a cada agente a infração penal correspondente ao seu dolo, bem como ao resultado produzido pela sua conduta. Se queria ferir e, para tanto, desferiu um golpe com um pedaço de pau na perna daquele que estava sendo linchado, responderá somente por lesões corporais; se tinha intenção de matar, mas a sua conduta não contribuiu para o resultado morte, deverá ser responsabilizado somente pela tentativa de homicídio etc. Se viermos a presumir o vínculo psicológico entre todos aqueles que se encontravam na multidão delinquente, todos responderão pelo resultado final.

Concluindo, somos da opinião de que nos crimes multitudinários não podemos presumir o vínculo psicológico entre os agentes. Tal liame deverá ser demonstrado no caso concreto, a fim de que todos possam responder pelo resultado advindo da soma das condutas.

9. CONCURSO DE PESSOAS EM CRIMES OMISSIVOS

9.1. Crimes omissivos próprios e impróprios – Distinção

A conduta do agente pode consistir num fazer ou deixar de fazer alguma coisa. Quando o agente faz alguma coisa de que estava proibido, fala-se em crime comissivo; quando deixa de fazer alguma coisa a que estava obrigado, temos um crime omissivo.

As normas existentes nos crimes comissivos são chamadas de proibitivas, visto que o tipo penal proíbe o agente de praticar a conduta nele prevista; aquelas correspondentes aos crimes omissivos são reconhecidas como mandamentais, uma vez que o tipo penal visa, justamente, a compelir o agente a praticar determinada conduta.

Os crimes omissivos se bipartem em próprios (puros ou simples) ou impróprios (comissivos por omissão ou omissivos qualificados). Em regra, os crimes omissivos próprios não exigem qualquer resultado naturalístico à sua configuração, a exemplo do art. 135 do Código Penal, em que a lei pune somente a inação do agente, independentemente da produção de qualquer resultado que cause uma modificação no mundo exterior. Já os crimes omissivos impróprios, em razão do disposto no § 2º do art. 13 do Código Penal, exigem a produção do resultado naturalístico, uma vez que o mencionado artigo, expressamente, determina que *a omissão é penalmente relevante quando o omitente devia e podia agir para evitar o resultado*. Tal resultado, mencionado pelo § 2º do art. 13 do Código Penal, não é aquele meramente jurídico, que ocorre em toda e qualquer infração penal, mas sim o naturalístico, perceptível pelos sentidos, que causa uma modificação visível no mundo exterior. Exemplo de crime omissivo impróprio seria o do salva-vidas que, tendo o dever legal de agir, deixa de prestar socorro àquele que se afogava, porque o reconhecera como seu inimigo, desejando, outrossim, a sua morte. Se houver o resultado morte, será o salva-vidas responsabilizado penalmente pelo delito de homicídio doloso.

Percebe-se, pela redação do § 2º do art. 13 do Código Penal, que somente determinadas pessoas podem praticar o chamado crime comissivo por omissão, isto é, somente aqueles que se encontrarem nas situações elencadas pelas alíneas *a*, *b* e *c* do § 2º do art. 13 do Código Penal, é que serão considerados garantidores da não ocorrência do resultado.

Como diferenciar, portanto, um crime omissivo próprio de um impróprio? Os crimes omissivos próprios preveem uma conduta negativa do agente. No tipo penal vem descrita uma inação. A norma existente nos crimes omissivos próprios é mandamental, pois determina ao agente que faça alguma coisa explicitada pelo próprio tipo penal. Já nos crimes comissivos por omissão, somente poderão praticá-los os agentes que se amoldarem às situações previstas nas alíneas do § 2º do art. 13 do Código Penal, sendo considerados, portanto, garantidores. Além da necessidade do *status* de garantidores, para que se possa falar em crime comissivo por omissão é preciso que o tipo penal narre uma conduta comissiva (positiva), só que praticada pelo agente de forma omissiva.

Não é somente a especial qualidade do agente que nos faz chegar à conclusão de que o delito apontado é omissivo impróprio. Há tipos penais, a exemplo do art. 269 do Código Penal, que exigem especial qualidade do agente para que possam configurar-se, mas que, na verdade, são crimes omissivos próprios. O citado art. 269 do Código Penal, que prevê o delito de omissão de notificação de doença, tem a seguinte redação:

> **Art. 269.** Deixar o médico de denunciar à autoridade pública doença cuja notificação é compulsória.
> Pena – detenção, de 6 (seis) meses a 2 (dois) anos, e multa.

Embora somente o médico possa ser sujeito ativo desse delito, o crime previsto pelo referido art. 269 não é considerado comissivo por omissão, mas, sim, omissivo próprio. Isso porque, embora o tipo exija uma particular condição do sujeito ativo, sendo, pois, considerado um *crime próprio*, a conduta prevista no tipo é negativa. A norma ali existente, portanto, é mandamental. Para que pudesse ser considerado um crime comissivo por omissão tal norma teria de ser proibitiva, sendo comissiva a conduta prevista no tipo.

Na lapidar lição de Wessels:

"Os delitos omissivos impróprios são os fatos nos quais quem se omite está obrigado, como 'garante', a evitar o resultado, correspondendo a omissão, valorativamente, à realização do tipo legal mediante uma ação ativa. Os delitos omissivos impróprios são um reflexo dos delitos de comissão e correspondem aos delitos de resultado. Aqui, a produção do resultado reprovado pertence ao tipo de injusto. O garante, que lesiona o dever que o incumbe de evitar o resultado, realiza um tipo penal, que está construído na lei como um delito comissivo, no qual se baseia principalmente uma norma proibitiva."[78]

Os crimes comissivos por omissão têm, ainda, uma peculiaridade: geralmente, podem ser cometidos dolosa ou culposamente, dependendo da previsão do tipo, bem como do elemento anímico do agente.

Após essa ligeira explanação, indaga-se: É possível falar em concurso de pessoas em crimes omissivos, sejam eles próprios ou impróprios?

---

[78] WESSELS, Johannes. *Derecho penal* – Parte general, p. 208-209.

Adotando postura absoluta com relação a esse tema, Juarez Tavares assevera:

"Como os crimes omissivos são delitos de dever, para usarmos a terminologia proposta por Roxin, há uma certa especialização dos sujeitos, quer porque se encontrem concretamente diante da situação de perigo e, assim, estejam obrigados a atuar em face de um dever geral de assistência, quer porque apresentem uma especial vinculação para com a proteção do bem jurídico.

Embora a norma mandamental possa se destinar a todos, como na omissão de socorro, o preenchimento do dever é pessoal, de modo que não é qualquer pessoa que pode ser colocada na posição do omitente. Somente podem ser sujeitos ativos dos delitos omissivos, primeiramente, aqueles que se encontrem aptos a agir e se situem diante da chamada situação típica; depois, aqueles que, estando em condições reais de impedir a concretização do perigo, tenham uma vinculação especial para com a vítima ou para com a fonte produtora do perigo, de forma que se vejam submetidos a um dever de impedir o resultado.

Consoante esse dado, podemos afirmar que nos crimes omissivos não há concurso de pessoas, isto é não há coautoria nem participação."[79]

Apesar da posição de Juarez Tavares, devemos analisar o tema dividindo-o em dois itens distintos, a saber:

a) coautoria em crimes omissivos (próprios e impróprios);

b) participação em crimes omissivos (próprios e impróprios).

9.1.1. *Coautoria em crimes omissivos (próprios e impróprios)*

Nilo Batista, com autoridade, afirma:

"O dever de atuar a que está adstrito o autor do delito omissivo é indecomponível. Por outro lado, como diz Bacigalupo, a falta de ação priva de sentido o pressuposto fundamental da coautoria, que é a divisão do trabalho; assim, *no es concebible que alguien omita una parte mientras otros omiten el resto*. Quando dois médicos omitem – ainda que de comum acordo – denunciar moléstia de notificação compulsória de que tiveram ciência (art. 269 CP), temos dois autores diretos individualmente consideráveis. A inexistência do acordo (que, de resto, não possui qualquer relevância típica) deslocaria para uma autoria colateral, sem alteração substancial na hipótese. No famoso exemplo de Kaufmann, dos cinquenta nadadores que assistem passivamente ao afogamento do menino, temos cinquenta autores diretos da omissão de socorro. A solução não se altera se se transferem os casos para a omissão imprópria: pai e mãe que deixam o pequeno filho morrer à mingua de alimentação são autores diretos do homicídio; a omissão de um não 'completa' a omissão do outro; o dever de assistência não é violado em 50% por cada qual."[80]

Para o renomado autor, portanto, não se cogita de coautoria nos delitos omissivos, uma vez que cada agente possui seu dever de agir de forma individualizada, indecomponível e intransferível. Se dois garantidores, a exemplo do pai e da mãe, como citou o autor, deixam de fazer aquilo a que estavam obrigados, a fim de tentar evitar a produção do resultado, como a teoria do domínio funcional do fato não se aplica aos crimes omissivos, sejam eles próprios ou impróprios, embora tenham agido com identidade de propósito, não será o caso de coautoria, sendo cada um, individualmente, considerado autor.

---

[79] TAVARES, Juarez. *As controvérsias em torno dos crimes omissivos*, p. 85-86.
[80] BATISTA, Nilo. *Concurso de agentes*, p. 65.

Em sentido contrário é o entendimento de Cezar Bitencourt, quando afirma "ser perfeitamente possível a coautoria em crime omissivo próprio. Se duas pessoas deixarem de prestar socorro a uma pessoa gravemente ferida, podendo fazê-lo, sem risco pessoal, praticarão, individualmente, o crime autônomo de *omissão de socorro*. Agora, se essas duas pessoas, de comum acordo, deixarem de prestar socorro, nas mesmas circunstâncias, serão *coautoras* do crime de omissão de socorro. O princípio é o mesmo dos crimes comissivos: houve consciência e vontade de realizar um empreendimento comum, ou melhor, no caso de não realizá-lo conjuntamente."[81]

Tal raciocínio aplica-se, segundo o renomado autor, também aos crimes omissivos impróprios.

Como se percebe pela transcrição do texto acima, Cezar Bitencourt faz a distinção entre pessoas que, embora tendo o dever de agir, seja nos crimes omissivos próprios ou impróprios, atuam sem qualquer vínculo psicológico, e aquelas unidas pelo liame subjetivo. Assim, mesmo tratando-se de crimes omissivos, poderíamos aplicar a regra do concurso de pessoas, atribuindo o *status* de coautores a todos aqueles que tinham o dever de agir, mas que, unidos com uma identidade de propósito e vinculados psicologicamente, não o fizeram.[82]

Com a devida vênia das posições em contrário, filiamo-nos à segunda corrente, acreditando ser possível falar em coautoria nos crimes omissivos, desde que cada agente possua o dever de agir naquele determinado caso concreto. No citado exemplo dos 50 banhistas que assistem passivamente a uma criança se afogar, sendo que o socorro poderia ter sido realizado por qualquer deles sem risco pessoal, a questão, conforme salientou Cezar Bitencourt, deve ter dois enfoques: se todos agiram isoladamente, ou seja, sem qualquer influência psicológica dos demais banhistas que ali se encontravam, cada um responderá pelo delito de omissão de socorro sob o título de *autor*; agora, se resolvem, de comum acordo, não prestar o socorro, uma vez que assim decidiram conjuntamente, unidos pelo liame subjetivo, não vemos qualquer óbice ao reconhecimento da *coautoria*, visto que, como prelecionou Nilo Batista, a teoria do domínio funcional do fato, que tem como fundamento a divisão de tarefas, não se aplica aos crimes omissivos, mas, por outro lado, não impede o reconhecimento da coautoria quando todos os agentes, unidos pelo vínculo psicológico, resolvem deixar de agir em determinado caso concreto, quando a lei lhes impunha, individualmente, que agissem ou conforme o comando abstrato, sendo o caso de delitos omissivos próprios, ou com a finalidade de evitar o resultado, na hipótese de crimes omissivos impróprios.

9.1.2. *Participação em crimes omissivos (próprios e impróprios)*

Juarez Tavares, como já dissemos anteriormente, não admite qualquer espécie de concurso de pessoas nos crimes omissivos, seja em forma de coautoria ou mesmo de participação.

Em sentido contrário são as lições de Fontán Balestra, quando diz:

> "Não parece que ofereça dúvida a possibilidade de *instigar*, que é uma forma de participação nos delitos de omissão. Pode-se instigar a alguém para que faça ou deixe de fazer algo."[83]

---

[81] BITENCOURT, Cezar Roberto. *Manual de direito penal* – Parte geral, p. 445.

[82] José Cerezo Mir admite a possibilidade de concurso de pessoas em crimes omissivos impróprios desde que as várias pessoas que ocupam a posição de garante deixem de cumprir um dever que somente podia ser realizado conjuntamente. Diz o renomado mestre espanhol que "se não se trata de um dever que tenham que cumprir conjuntamente, cada omitente será autor de um delito distinto de comissão por omissão; por exemplo, o pai e a mãe que não alimentam seu filho recém-nascido e o deixam morrer de fome. Cada um deles será autor de um delito de homicídio por omissão, ainda que um conheça a conduta do outro e esteja conforme a mesma" (*Curso de derecho penal español* – Parte general, v. III, p. 272-273).

[83] FONTÁN BALESTRA, Carlos. *Derecho penal*, p. 450.

A participação em delitos omissivos, na verdade, deve ser reconhecida como uma *dissuasão*, ou seja, o partícipe dirige a sua conduta no sentido de fazer com que o autor não pratique a conduta a que estava obrigado. No crime de omissão de socorro, por exemplo, imaginemos que **A**, paraplégico, induza **B**, surfista, a não levar a efeito o socorro de **C**, que estava se afogando, uma vez que ambos já estavam atrasados para um compromisso anteriormente marcado. **A** não podia ser considerado autor do delito de omissão de socorro, haja vista que, pelo fato de ser paraplégico, não tinha condições de entrar no mar a fim de efetuar o socorro, porque se assim agisse correria risco pessoal, tampouco tinha, no caso concreto, como pedir o socorro da autoridade pública. **B**, por outro lado, surfista profissional, poderia ter realizado o socorro sem qualquer risco. Embora surfista, tal qualidade não o transformava em agente garantidor, razão pela qual a sua omissão cairia na vala comum do crime de omissão de socorro. Assim, a inação de **B** o levaria a ser responsabilizado pelo delito previsto no art. 135 do Código Penal. E, com relação à conduta de **A**, ficaria ele impune tendo induzido **B** a não prestar o socorro, ou poderia ele ser punido a título de participação? Se ambos pudessem socorrer a vítima, sem qualquer risco pessoal, mas, unidos pelo vínculo psicológico, resolvessem não fazê-lo, na esteira de Cezar Bitencourt, seriam responsabilizados como coautores do delito de omissão de socorro. Contudo, somente um deles pode realizar o salvamento, uma vez que o outro, se tentar fazê-lo, correrá risco pessoal. Entendemos que, no caso em tela, **A** será partícipe de um crime de omissão de socorro praticado por **B**.

Cezar Bitencourt também se posiciona favoravelmente à tese que possibilita o reconhecimento da participação nos crimes omissivos impróprios, sustentando:

> "A participação também pode ocorrer nos chamados 'crimes omissivos impróprios' (comissivos por omissão), 'mesmo que o partícipe não tenha o dever jurídico de não se omitir'. Claro, se o partícipe tivesse tal dever seria igualmente autor, ou coautor se houvesse a resolução conjunta de se omitir. É perfeitamente possível que um terceiro, que não está obrigado ao comando da norma, *instigue* ao *garante* a não impedir o resultado."[84]

Tomando de empréstimo o exemplo citado anteriormente, vamos substituir a figura do surfista por um salva-vidas. Agora, **A**, paraplégico, induz **B**, salva-vidas, a não prestar socorro à vítima que se afogava, quando devia e podia fazê-lo, uma vez que esta última era sua maior inimiga. **B**, nutrindo um violento ódio pela vítima, é convencido por **A** a deixá-la morrer afogada. Pelo fato de ser garantidor, nos termos da alínea *a* do § 2º do art. 13 do Código Penal, se a vítima vier a afogar-se, **B** será responsabilizado pelo delito de homicídio doloso. **A**, que o induziu a não prestar o socorro devido, para que viesse a ocorrer o resultado morte, será punido pela sua participação, respondendo, outrossim, pela mesma infração penal imputada a **B**.

10. CONCURSO DE PESSOAS EM CRIMES CULPOSOS

10.1. Introdução

Como é cediço, pode o agente dirigir a sua conduta finalisticamente à produção de um resultado ilícito, tipificado na lei penal, agindo, pois, dolosamente, ou poderá dar causa a um resultado não querido, mas previsível, ocorrido em virtude de ter deixado de observar o seu dever objetivo de cuidado, agindo com imprudência, imperícia ou negligência.

A coautoria e a participação, como regra, são institutos perfeitamente aplicáveis aos delitos dolosos. Contudo, no que diz respeito aos delitos de natureza culposa, existe controvérsia no meio acadêmico, pois, segundo Esther de Figueiredo Ferraz:

---

[84] BITENCOURT, Cezar Roberto. *Manual de direito penal* – Parte geral, p. 445.

"Muito se tem discutido sobre a possibilidade do concurso de agentes nos *crimes culposos*, ou seja, naqueles em que o agente não quer o resultado nem assume o risco de produzi-lo, não o prevê embora seja ele previsível, mas vem a causá-lo por imprudência, negligência ou imperícia."[85]

Embora exista divergência doutrinária, duas situações devem ser analisadas separadamente, a saber:

a) coautoria em delitos culposos;
b) participação em delitos culposos.

Quanto a esta última possibilidade, devemos ainda distinguir a participação dolosa da participação culposa, ambas em crimes culposos.
É o que faremos a seguir.

10.2. Coautoria em delitos culposos

Embora exista controvérsia doutrinária, a tendência contemporânea é a de aceitar a coautoria em delitos culposos. Duas pessoas podem, em um ato conjunto, deixar de observar o dever objetivo de cuidado que lhes cabia e, com a união de suas condutas, produzir um resultado lesivo.

Magalhães Noronha, depois de mencionar autores que, a exemplo de Carrara e Sighele, não aceitavam a possibilidade de concurso de pessoas nos crimes culposos, assevera:

"Tais opiniões não triunfaram, pois não só a prática, como os princípios mostram ser possível a cooperação no crime culposo. Com efeito, neste a ação causal é voluntária e o evento previsível. Ora, se se admite isso para um agente, por que não se admitir para o outro? Suponha-se o caso de dois pedreiros que, numa construção, tomam uma trave e a atiram à rua, alcançando um transeunte. Não há falar em autor *principal* e *secundário,* em realização e instigação, em ação e auxílio etc. Oficiais do mesmo ofício, incumbia-lhes aquela tarefa, só realizável pela conjugação das suas forças. Donde a ação única – apanhar e lançar o madeiro – e o resultado – lesões ou morte da vítima, também uno, foram praticados por duas pessoas, que uniram seus esforços e vontades, resultando assim coautoria. Para ambos houve vontade atuante e ausência de previsão."[86]

Merece registro a confissão feita por Esther de Figueiredo Ferraz, quando, sinceramente, aduz:

"Embora houvéssemos durante anos e convictamente negado a possibilidade da participação em crimes culposos, vimo-nos obrigadas a abrir mão daquele ponto de vista, tão ponderáveis as razões demonstrativas da procedência da opinião contrária. E chegamos à conclusão de que nossa relutância inicial em acatá-la se explicava por uma certa distorção no sentido de tratar os delitos culposos como se fossem dolosos. Ora, esses dois tipos de infrações hão de se sujeitar, cada qual a seu modo, cada qual dentro da linha imposta pela sua natureza específica, às normas pertinentes ao concurso de agentes. É evidente que o vínculo de natureza psicológica que liga as várias condutas ao resultado comum será diverso conforme se trate de crimes dolosos ou culposos. Nem por isso, entretanto, deixará de haver nesses últimos

---

[85] FERRAZ, Esther de Figueiredo. *A codelinquência no direito penal brasileiro*, p. 151-152.
[86] NORONHA, E. Magalhães. *Do crime culposo*, p. 121-122.

aquela coincidência ou confluência de vontades exigida para a caracterização do concurso. Será também, como observa José Salgado Martins, 'um concurso subjetivo de vontades, embora os agentes não atuem no sentido de, intencionalmente, alcançar o resultado'. Destarte, servindo-nos do exemplo apresentado pelo saudoso penalista pátrio, 'se dois homens que se entregam à mesma atividade, levantando uma parede, derrubando uma árvore, acionando uma máquina ou engenho industrial, não cuidarem de realizar essas diferentes ações com a necessária cautela e prudência, sendo previsível que dessa omissão poderia resultar um dano a outrem, serão coautores de um delito culposo se o dano realmente ocorrer'."[87]

Tratando-se de coautoria em delitos culposos, cada um dos agentes coparticipantes, deixando de observar o dever objetivo de cuidado que lhes cabia, auxilia os demais a praticar o ato comum que venha a causar o dano previsível a todos eles. Como bem destacou Esther de Figueiredo Ferraz, a coautoria nos crimes culposos não deve ser analisada da mesma forma que nos crimes dolosos. Contudo, embora com certas peculiaridades, não se pode afastar a possibilidade de sua configuração.

10.3. Participação em crimes culposos

Ao contrário do que acontece com a coautoria em crimes culposos, em que a maioria, hoje em dia, a aceita sem muitas dificuldades, quando nos referimos à participação em crimes culposos, a tendência quase unânime é de rechaçar essa possibilidade.

Vejamos, contudo, as hipóteses mais discutidas, quais sejam: a *participação culposa em crime culposo* e a *participação dolosa em crime culposo*.

Respondendo à sua própria indagação sobre a possibilidade de participação em crime culposo, Damásio de Jesus conclui ser "possível a coautoria. A participação, porém, não é admissível." Sobre as hipóteses acima referidas, exemplificando a respeito de uma delas, assevera o renomado professor:

> "Não há participação dolosa em crime culposo. Ex.: se **A**, desejando matar **C**, entrega a **B** uma arma, fazendo-o supor que está descarregada e induzindo-o a acionar o gatilho na direção da vítima, **B**, imprudentemente, aciona o gatilho e mata **C**. Não há participação criminosa, mas dois delitos: homicídio doloso em relação a **A**; homicídio culposo em relação a **B**."[88]

O exemplo fornecido traduz, na verdade, um caso de erro determinado por terceiro, previsto no § 2º do art. 20 do Código Penal. Sendo inescusável o erro, o agente deverá responder pelo resultado a título de culpa, e o terceiro que o determinou será responsabilizado pelo seu dolo, tal como na ilustração feita por Damásio de Jesus; se for escusável o erro, somente aquele que o provocou responderá pelo resultado por ele pretendido inicialmente, a título de dolo.

A doutrina refuta com veemência tal situação, uma vez que o concurso de pessoas exige, como regra geral, em face da adoção da teoria monista, a identidade de infração penal, dividida por todos aqueles que concorreram para a sua prática.

Situação mais controvertida é aquela em que ocorre a participação culposa em um crime culposo. No exemplo clássico daquele que, querendo chegar mais cedo ao estádio, para assistir a uma partida de futebol, induz o motorista do veículo a imprimir velocidade excessiva, deixando, com isso, de observar o seu exigível dever de cuidado, se vier, por exemplo, em razão de sua conduta imprudente, a atropelar alguém, o motorista será considerado autor de um de-

---

[87] FERRAZ, Esther de Figueiredo. *A codelinquência no direito penal brasileiro*, p. 154-155.
[88] JESUS, Damásio E. de. *Direito penal* – Parte geral, v. I, p. 366.

lito de homicídio ou lesões culposas. E aquele que o induziu a imprimir velocidade excessiva em seu automóvel ficará impune ou poderá ser responsabilizado como partícipe?

Nilo Batista, analisando o tema, afirma que "não há diferença entre autor direto e partícipe nos crimes culposos, porquanto a concausação culposa (isto é, com violação do dever objetivo de cuidado) importa sempre em autoria."[89]

Na mesma linha de raciocínio posiciona-se Cezar Bitencourt:

"a doutrina brasileira, à unanimidade, admite a coautoria em crime culposo, rechaçando, contudo, a participação. Pode existir na verdade um vínculo subjetivo na realização da conduta, que é voluntária, inexistindo, contudo, tal vínculo em relação ao resultado, que não é desejado. Os que cooperam na causa, isto é, na falta do dever de cuidado objetivo, agindo sem a atenção devida, são coautores."[90-91]

Com o devido respeito à autoridade que possuem os mencionados autores, ousamos discordar de suas posições. Quando alguém, no exemplo do automóvel, induz ou estimula outrem a imprimir velocidade excessiva, objetivando, geralmente, alcançar alguma finalidade lícita, era-lhe previsível, nas circunstâncias, que, anuindo ao pedido, a conduta do motorista poderia ocasionar o acidente. Era previsível, da mesma forma, ao motorista que detinha o controle do automóvel. Não foram as condutas conjugadas simultaneamente que levaram à eclosão do acidente, tal como no exemplo dos operários que, juntos, arremessam a tábua por sobre o tapume? Autor será aquele que praticar a conduta contrária ao dever objetivo de cuidado; partícipe será aquele que induzir ou estimular alguém a realizar a conduta contrária ao dever de cuidado.

Nesse sentido são as lições de Miguel Reale Júnior, quando, com autoridade, aduz:

"Se o motorista imprime velocidade em acordo de vontade com o acompanhante configura-se o concurso de pessoas em crime culposo, bastando para tanto que haja uma vontade consciente de concorrer para a ação imprudente."[92]

Ou, ainda, conforme as lúcidas lições de Mariano Silvestroni:

"Quem convence a outro de que exceda o limite de velocidade permitido nos leva a cabo uma ação de conduzir suscetível de violar o dever de cuidado na condução veicular. Portanto, afirmar a autoria a respeito de um eventual homicídio culposo é bastante forçado. A solução pela instigação é mais adequada, principalmente quando não existe nenhuma razão para excluir da tipicidade culposa as regras da participação criminal."[93]

Em suma, somos pela possibilidade da participação culposa em delito culposo, rechaçando, contudo, a participação dolosa em crime culposo.

---

[89] BATISTA, Nilo. *Concurso de agentes*, p. 60-61.
[90] BITENCOURT, Cezar Roberto. *Manual de direito penal* – Parte geral, p. 443.
[91] "É perfeitamente admissível, segundo o entendimento doutrinário e jurisprudencial, a possibilidade de concurso de pessoas em crime culposo, que ocorre quando há um vínculo psicológico na cooperação consciente de alguém na conduta culposa de outrem. O que não se admite nos tipos culposos, ressalve-se, é a participação. Precedentes desta Corte" (*HC* 40.474/PR, Rel.ª Min.ª Laurita Vaz, 5ª T., julg. 06/12/2005, DJ 13/02/2006, p. 832).
[92] REALE JÚNIOR, Miguel. *Instituições de direito penal* – Parte geral, v. 1, p. 324.
[93] SILVESTRONI, Mariano H. *Teoria constitucional del delito*, p. 230.

Capítulo XXXVII
Das Penas

1. INTRODUÇÃO

A pena é a consequência natural imposta pelo Estado quando alguém pratica uma infração penal. Quando o agente comete um fato típico, ilícito e culpável, abre-se a possibilidade para o Estado de fazer valer o seu *ius puniendi*.

Contudo, em um Estado Constitucional de Direito, para usarmos a expressão de Luigi Ferrajoli, embora o Estado tenha o dever/poder de aplicar a sanção àquele que, violando o ordenamento jurídico-penal, praticou determinada infração, a pena a ser aplicada deverá observar os princípios expressos, ou mesmo implícitos, previstos em nossa Constituição Federal.

Em nosso país, depois de uma longa e lenta evolução, a Constituição Federal, visando a proteger os direitos de todos aqueles que, temporariamente ou não, estão em território nacional, proibiu a cominação de uma série de penas, por entender que todas elas, em sentido amplo, ofendiam a dignidade da pessoa humana, além de fugir, em algumas hipóteses, à sua função preventiva, como veremos mais adiante. O inciso XLVII do art. 5º da Constituição Federal diz, portanto, que não haverá penas: *a)* de morte, salvo no caso de guerra declarada, nos termos do seu art. 84, XIX; *b)* de caráter perpétuo; *c)* de trabalhos forçados; *d)* de banimento; *e)* cruéis.

Um Estado que procura ser garantidor dos direitos daqueles que habitam em seu território deve, obrigatoriamente, encontrar limites ao seu direito de punir. Mas, embora hoje se pense dessa forma, pelo menos nos países em que se procura preservar a dignidade da pessoa humana, nem sempre foi assim. O sistema de penas já foi extremamente cruel, sendo que as pessoas se deleitavam em assistir às execuções que ocorriam, muitas vezes, em praças públicas.[1]

Michel Foucault narra sobre uma execução ocorrida em 1757:

> "[Damiens fora condenado, a 2 de março de 1757], a pedir perdão publicamente diante da porta principal da Igreja de Paris [aonde devia ser] levado e acompanhado numa carroça, nu, de camisola, carregando uma tocha de cera acesa de duas libras; [em seguida], na dita carroça,

---

[1] Ferrajoli, com precisão, diz que "a história das penas é, sem dúvida, mais horrenda e infamante para a humanidade do que a própria história dos delitos: porque mais cruéis e talvez mais numerosas do que as violências produzidas pelos delitos têm sido as produzidas pelas penas porque, enquanto o delito costuma ser uma violência ocasional e às vezes impulsiva e necessária, a violência imposta por meio da pena é sempre programada, consciente, organizada por muitos contra um" (*Direito e razão*, p. 310).

na praça de Grève, e sobre um patíbulo que aí será erguido, atenazado nos mamilos, braços, coxas e barrigas das pernas, sua mão direita segurando a faca com que cometeu o dito parricídio, queimada com fogo de enxofre, e às partes em que será atenazado se aplicarão chumbo derretido, óleo fervente, piche em fogo, cera e enxofre derretidos conjuntamente, e a seguir seu corpo será puxado e desmembrado por quatro cavalos e seus membros e corpo consumidos ao fogo, reduzidos a cinzas, e suas cinzas lançadas ao vento. Finalmente foi esquartejado [relata a *Gazette d'Amsterdam*]. Essa última operação foi muito longa, porque os cavalos utilizados não estavam afeitos à tração; de modo que, em vez de quatro, foi preciso colocar seis; e como isso não bastasse, foi necessário, para desmembrar as coxas do infeliz, cortar-lhe os nervos e retalhar-lhe as juntas. Afirma-se que, embora ele sempre tivesse sido um grande praguejador, nenhuma blasfêmia lhe escapou dos lábios; apenas as dores excessivas faziam-no dar gritos horríveis, e muitas vezes repetia: *'Meus Deus, tende piedade de mim; Jesus, socorrei-me'.*"[2]

2. ORIGEM DAS PENAS

Na verdade, a primeira pena a ser aplicada na história da humanidade ocorreu ainda no paraíso, quando, após ser induzida pela serpente, Eva, além de comer o fruto proibido, fez também com que Adão o comesse, razão pela qual, além de serem aplicadas outras sanções, foram expulsos do jardim do Éden.[3]

---

[2] FOUCAULT, Michel. *Vigiar e punir*, p. 9.

[3] "Mas a serpente, mais sagaz que todos os animais selváticos que o SENHOR Deus tinha feito, disse à mulher: É assim que Deus disse: Não comereis de toda árvore do jardim? Respondeu-lhe a mulher: Do fruto das árvores do jardim podemos comer, mas do fruto da árvore que está no meio do jardim, disse Deus: Dele não comereis, nem tocareis nele, para que não morrais. Então, a serpente disse à mulher: É certo que não morrereis. Porque Deus sabe que no dia em que dele comerdes se vos abrirão os olhos e, como Deus, sereis conhecedores do bem e do mal. Vendo a mulher que a árvore era boa para se comer, agradável aos olhos e árvore desejável para dar entendimento, tomou-lhe do fruto e comeu e deu também ao marido, e ele comeu. Abriram-se, então, os olhos de ambos; e, percebendo que estavam nus, coseram folhas de figueira e fizeram cintas para si. Quando ouviram a voz do SENHOR Deus, que andava no jardim pela viração do dia, esconderam-se da presença do SENHOR Deus, o homem e sua mulher, por entre as árvores do jardim. E chamou o SENHOR Deus ao homem e lhe perguntou: Onde estás? Ele respondeu: Ouvi a tua voz no jardim, e, porque estava nu, tive medo e me escondi. Perguntou-lhe Deus: Quem te fez saber que estavas nu? Comeste da árvore de que te ordenei que não comesses? Então disse o homem: A mulher que me deste por esposa, ela me deu da árvore, e eu comi. Disse o SENHOR Deus à mulher: Que é isso que fizeste? Respondeu-lhe a mulher: A serpente me enganou, e eu comi. Então o SENHOR Deus disse à serpente: Visto que isso fizeste, maldita és entre todos os animais domésticos e o és entre todos os animais selváticos; rastejarás sobre o teu ventre e comerá pó todos os dias da tua vida. Porei inimizade entre ti e a mulher, entre a tua descendência e o seu descendente. Este te ferirá a cabeça, e tu lhe ferirás o calcanhar. E à mulher disse: Multiplicarei sobremodo os sofrimentos da tua gravidez; em meio de dores darás à luz filhos; o teu desejo será para o teu marido e ele te governará. E a Adão disse: Visto que atendeste a voz de tua mulher e comeste da árvore que eu te ordenara não comesses, maldita é a terra por tua causa; em fadigas obterás dela o sustento durante os dias de tua vida. Ela produzirá também cardos e abrolhos, e tu comerás a erva do campo. No suor do rosto comerás o teu pão, até que tornes à terra, pois dela fostes formado; porque tu és pó e ao pó tornarás. E deu o homem o nome de Eva à sua mulher, por ser a mãe de todos os seres humanos. Fez o SENHOR Deus vestimenta de peles para Adão e sua mulher e os vestiu. Então disse o SENHOR Deus: Eis que o homem se tornou como um de nós, conhecedor do bem e do mal; assim, que não estenda a mão, e tome também da árvore da vida, e coma, e viva eternamente. O SENHOR Deus, por isso, o lançou fora do jardim do Éden, a fim de lavrar a terra de que fora tomado. E, expulso o homem, colocou querubins ao oriente do jardim do Éden e o refulgir de

Depois da primeira condenação aplicada por Deus, o homem, a partir do momento em que passou a viver em comunidade, também adotou o sistema de aplicação de penas toda vez que as regras da sociedade na qual estava inserido eram violadas.

Assim, várias legislações surgiram, ao longo da existência da raça humana, com a finalidade de esclarecer as penalidades cominadas a cada infração por elas previstas, a exemplo das leis dos hebreus, concedidas por Deus a Moisés durante o período no qual permaneceram no deserto à espera da terra prometida, bem como os Códigos de Hamurabi e de Manu.

Nas lições de Ataliba Nogueira, encontramos no Direito Penal romano:

> "Nas suas várias épocas, as seguintes penas: morte simples (pela mão do lictor para o cidadão romano e pela do carrasco para o escravo), mutilações, esquartejamento, enterramento (para os Vestais), suplícios combinados com jogos do circo, com os trabalhos forçados: *ad molem*, *ad metallum*, nas minas, nas *lataniae, laturnae, lapicidinae* (imensas e profundas pedreiras, destinadas principalmente aos prisioneiros de guerra). Havia também a perda do direito de cidade, a infâmia, o exílio (a *interdictio aqua et igni* tornava impossível a vida do condenado). Os cidadãos de classes inferiores e, em particular, os escravos, eram submetidos à tortura e a toda sorte de castigos corporais."[4]

Verifica-se que desde a Antiguidade até, basicamente, o século XVIII as penas tinham uma característica extremamente aflitiva, uma vez que o corpo do agente é que pagava pelo mal por ele praticado. O período iluminista, principalmente no século XVIII, foi um marco inicial para uma mudança de mentalidade no que dizia respeito à cominação das penas. Por intermédio das ideias de Beccaria, em sua obra intitulada *Dos Delitos e das Penas*, publicada em 1764, começou-se a ecoar a voz da indignação com relação a como os seres humanos estavam sendo tratados pelos seus próprios semelhantes, sob a falsa bandeira da legalidade. Conforme destaca Muniz Sodré, coube a Beccaria:

> "A honra inexcedível de haver sido o primeiro que se empenhara em uma luta ingente e famosa, que iniciara uma campanha inteligente e sistemática contra a maneira iníqua e desumana por que, naqueles tempos de opressão e barbárie, se tratavam os acusados, muitas vezes inocentes e vítimas sempre da ignorância e perversidade dos seus julgadores. Ao seu espírito, altamente humanitário, repugnavam os crudelíssimos suplícios que se inventavam como meios de punição ou de mera investigação da verdade, em que, não raro, supostos criminosos passavam por todos os transes amargurados de um sofrimento atroz e horrorizante, em uma longa agonia, sem tréguas e lentamente assassina. Ele, nobre e marquês, ao invés de escutar as conveniências do egoísmo, de sufocar a consciência nos gozos tranquilos de uma existência fidalga, em lugar de manter-se no fácil silêncio de um estéril e cômodo mutismo, na atmosfera de ociosa indiferença, ergueu a sua voz, fortalecida por um grande espírito saturado de ideias generosas, em defesa dos mais legítimos direitos dos cidadãos, proclamando bem alto verdades filosóficas e princípios jurídicos até então desconhecidos ou, pelo menos, desrespeitados e repelidos."[5]

Hoje, percebe-se haver, pelos menos nos países ocidentais, uma preocupação maior com a integridade física e mental, bem como com a vida dos seres humanos. Vários pactos são

---

uma espada que se revolvia, para guardar o caminho da árvore da vida"(Bíblia de estudos de Genebra. *Gênesis*, 3:1-24).

[4] NOGUEIRA, Ataliba. *Pena sem prisão*, p. 22.

[5] ARAGÃO, Antônio Moniz Sodré de. *As três escolas penais*, p. 35.

levados a efeito por entre as nações, visando à preservação da dignidade da pessoa humana, buscando afastar de todos os ordenamentos jurídicos os tratamentos degradantes e cruéis. Cite-se como exemplo a Declaração Universal dos Direitos do Homem, aprovada pela Assembleia-Geral das Nações Unidas em 10 de dezembro de 1948, três anos após a própria constituição da ONU, que ocorreu em 1945, logo em seguida à Segunda Grande Guerra Mundial, em que o mundo assistiu, perplexo, ao massacre de, aproximadamente, 6 milhões de judeus pelos nazistas, com a prática de atrocidades tão desumanas como aquelas referidas no início deste capítulo por Michel Foucault ou, quem sabe, talvez piores.

O sistema de penas, infelizmente, não caminha numa escala ascendente, na qual os exemplos do passado deviam servir tão somente para que não mais fossem repetidos. A sociedade, amedrontada com a elevação do índice de criminalidade, induzida pelos políticos oportunistas, cada vez mais aprega a criação de penas cruéis, tais como a castração, nos casos de crimes de estupro, por exemplo, ou mesmo a pena de morte.[6]

Ainda hoje, países que se dizem desenvolvidos e cultos, a exemplo dos Estados Unidos da América do Norte, aplicam a pena capital sob diversas formas (cadeira elétrica, injeção letal etc.).

Concluindo, mesmo que com alguns retrocessos, nosso ordenamento jurídico tende a eliminar a cominação de penas que atinjam a dignidade da pessoa humana.

3. FINALIDADES DAS PENAS – TEORIAS ABSOLUTAS E RELATIVAS

Muito se tem discutido ultimamente a respeito das funções que devem ser atribuídas às penas. O nosso Código Penal, por intermédio de seu art. 59, prevê que as penas devem ser necessárias e suficientes à *reprovação* e *prevenção* do crime. Assim, de acordo com nossa legislação penal, entendemos que a pena deve reprovar o mal produzido pela conduta praticada pelo agente, bem como prevenir futuras infrações penais.

As teorias tidas como absolutas advogam a tese da retribuição, sendo que as teorias relativas apregoam a prevenção.[7]

Na reprovação, segundo a teoria absoluta, reside o caráter retributivo da pena. Na precisa lição de Roxin:

"A teoria da retribuição não encontra o sentido da pena na perspectiva de algum fim socialmente útil, senão em que mediante a imposição de um mal merecidamente se retribui, equilibra e

---

[6] Ronaldo Leite Pedrosa, com a lucidez que lhe é peculiar, esclarece: "Numa época em que verificamos as estéreis e histéricas campanhas de 'lei e ordem', quando a cada crime que envolve vítimas de destaque na sociedade se propõe o endurecimento das penas, inclusive (como se possível fosse...) a adoção da pena de morte, a leitura serena de BECCARIA nos faz refletir sobre a experiência do passado, que não deve ser esquecida. Não é a pena endurecida de prisão que diminuirá a criminalidade. Já está desgastada a afirmação de que a cadeia apenas destrói um pouco mais o ser humano. Gasta-se muito para piorar as pessoas, com o sistema carcerário" (*Direito em história*, p. 246-247).

[7] Segundo Ferrajoli, "são teorias absolutas todas aquelas doutrinas que concebem a pena como um fim em si própria, ou seja, como 'castigo' 'reação', 'reparação' ou, ainda, 'retribuição' do crime, justificada por seu intrínseco valor axiológico, vale dizer, não um meio, e tampouco um custo, mas, sim, um dever ser metajurídico que possui em si seu próprio fundamento. São, ao contrário, 'relativas' todas as doutrinas *utilitaristas*, que consideram e justificam a pena enquanto *meio* para a realização do fim utilitário da prevenção de futuros delitos" (*Direito e razão*, p. 204).

expia a culpabilidade do autor pelo fato cometido. Se fala aqui de uma teoria 'absoluta' porque para ela o fim da pena é independente, 'desvinculado' de seu efeito social. A concepção da pena como retribuição compensatória realmente já é conhecida desde a antiguidade e permanece viva na consciência dos profanos com uma certa naturalidade: a pena deve ser justa e isso pressupõe que se corresponda em sua duração e intensidade com a gravidade do delito, que o compense."[8]

A sociedade, em geral, contenta-se com esta finalidade, porque tende a se satisfazer com essa espécie de "pagamento" ou compensação feita pelo condenado, desde que, obviamente, a pena seja privativa de liberdade. Se ao condenado for aplicada uma pena restritiva de direitos ou mesmo a de multa, a sensação, para a sociedade, é de impunidade, pois o homem, infelizmente, ainda se regozija com o sofrimento causado pelo aprisionamento do infrator.

A teoria relativa se fundamenta no critério da prevenção, que se biparte em:

a) prevenção geral – negativa e positiva;
b) prevenção especial – negativa e positiva.

A prevenção geral pode ser estudada sob dois aspectos. Pela prevenção geral negativa, conhecida também pela expressão *prevenção por intimidação*, a pena aplicada ao autor da infração penal tende a refletir na sociedade, evitando-se, assim, que as demais pessoas, que se encontram com os olhos voltados na condenação de um de seus pares, reflitam antes de praticar qualquer infração penal.[9] Segundo Hassemer, com a prevenção por intimidação "existe a esperança de que os concidadãos com inclinações para a prática de crimes possam ser persuadidos, através da resposta sancionatória à violação do Direito alheio, previamente anunciada, a comportarem-se em conformidade com o Direito; esperança, enfim, de que o Direito Penal ofereça sua contribuição para o aprimoramento da sociedade."[10] Existe, outrossim, outra vertente da prevenção geral tida como positiva. Paulo de Souza Queiroz preleciona que, "para os defensores da *prevenção integradora ou positiva*, a pena presta-se não à prevenção negativa de delitos, demovendo aqueles que já tenham incorrido na prática de delito; seu propósito vai além disso: infundir, na consciência geral, a necessidade de respeito a determinados valores, exercitando a fidelidade ao direito; promovendo, em última análise, a integração social."[11]

A prevenção especial, a seu turno, também pode ser concebida em seus dois sentidos. Pela prevenção especial negativa, existe uma neutralização daquele que praticou a infração penal, neutralização que ocorre com sua segregação no cárcere. A retirada momentânea do agente do convívio social o impede de praticar novas infrações penais, pelo menos na sociedade da qual foi retirado. Quando falamos em neutralização do agente, deve ser frisado que isso somente ocorre quando a ele foi aplicada pena privativa de liberdade. Pela prevenção especial positiva, segundo Roxin, "a missão da pena consiste unicamente em fazer com que o autor desista de cometer futuros delitos."[12] Denota-se, aqui, o caráter ressocializador da pena, fazendo com que o agente medite sobre o crime, sopesando suas consequências, inibindo-o

---

[8] ROXIN, Claus. *Derecho penal* – Parte general, t. I, p. 81-82.
[9] Ao tempo das cerimônias de suplício, o personagem principal era, na verdade, o povo que a tudo assistia. Um suplício, diz Foucault, "que tivesse sido conhecido, mas cujo desenrolar houvesse sido secreto, não teria sentido. Procurava-se dar o exemplo não só suscitando a consciência de que a menor infração corria sério risco de punição; mas provocando um efeito de terror pelo espetáculo do poder tripudiando sobre o culpado"(*Vigiar e punir*, p. 49).
[10] HASSEMER, Winfried. *Três temas de direito penal*, p. 34.
[11] QUEIROZ, Paulo de Souza. *Funções do direito penal*, p. 40.
[12] ROXIN, Claus. *Derecho penal* – Parte general, t. I, p. 85.

ao cometimento de outros. No escólio de Cezar Roberto Bitencourt, "a prevenção especial não busca a intimidação do grupo social nem a retribuição do fato praticado, visando apenas àquele indivíduo que já delinquiu para fazer com que não volte a transgredir as normas jurídico-penais."[13]

Em conclusão, podemos dizer que as teorias absolutas, que consideram a pena como um fim em si mesmo, voltam ao passado e procuram responder à seguinte indagação: "Por que punir?" Por outro lado, as teorias relativas, de cunho utilitarista, ou seja, com o raciocínio de que a aplicação da pena deve ser útil a fim de prevenir a comissão de delitos, tem seus olhos voltados para o futuro (visão prospectiva) e buscam responder à seguinte pergunta: "Para que punir?"

4. TEORIA ADOTADA PELO ART. 59 DO CÓDIGO PENAL

Em razão da redação contida no *caput* do art. 59 do Código Penal, podemos concluir pela adoção, em nossa lei penal, de uma *teoria mista ou unificadora da pena*.

Isso porque a parte final do *caput* do art. 59 do Código Penal conjuga a necessidade de reprovação com a prevenção do crime, fazendo, assim, com que se unifiquem as teorias absoluta e relativa, que se pautam, respectivamente, pelos critérios da retribuição e da prevenção.[14]

Finalidade da pena = Retribuição (TEORIA ABSOLUTA) + Prevenção (TEORIA RELATIVA)

Santiago Mir Puig aduz que a luta entre as teorias acima mencionadas, que teve lugar na Alemanha em princípios do século XX, acabou tomando uma direção *eclética*, iniciada por Merkel. Tal como a posição assumida por nossa legislação penal, Santiago Mir Puig entende que "a retribuição, a prevenção geral e a especial são distintos aspectos de um fenômeno complexo da pena."[15]

---

[13] BITENCOURT, Cezar Roberto. *Manual de direito penal* – Parte geral, p. 81.
[14] A Lei nº 11.343, de 23 de agosto de 2006, fugindo à regra do art. 59 do Código Penal, vale-se da palavra *prevenção* quando diz respeito a fatos que envolvam o *usuário ou dependente de drogas*; ao contrário, usa o termo *repressão* sempre que diz respeito a comportamentos que importem no reconhecimento do *tráfico de drogas*. Com isso, fica a dúvida: Quando estivermos diante de usuários ou dependentes de drogas, não se poderá falar em repressão (teoria absoluta), ou, em sentido contrário, quando estivermos diante de situações que importem tráfico de drogas, não se cogitará de aplicar a pena visando a suas funções preventivas (teoria relativa)? Na verdade, embora o legislador tenha fugido, mais uma vez, à técnica exigida, entendemos que o art. 59 do Código Penal terá plena aplicação, adotando-se, pois, em ambos os casos, vale dizer, *consumo e tráfico de drogas*, a teoria mista, devendo a pena a ser aplicada cumprir as funções de reprovação e prevenção do crime.
[15] MIR PUIG, Santiago. *Derecho penal* – Parte general, p. 56.

5. CRÍTICAS AOS CRITÉRIOS DE PREVENÇÃO GERAL E ESPECIAL

Sob a ótica de um Direito Penal voltado para suas consequências, podemos aduzir, na esteira de Hassemer, que os seus três aspectos informadores dizem respeito à:

a) proteção de bens jurídicos relevantes;
b) prevenção por intimidação (prevenção geral);
c) ressocialização (prevenção especial).

Independentemente das críticas que se faz à primeira das vertentes do Direito Penal voltada para as consequências, qual seja, a proteção de bens jurídicos, nesta oportunidade abordaremos somente aquelas que se dirigem às duas formas de prevenção – geral e especial.

Vimos que, por meio da prevenção geral negativa ou prevenção por intimidação, o Estado se vale da pena por ele aplicada a fim de demonstrar à população, que ainda não delinquiu, que, se não forem observadas as normas editadas, esse também será o seu fim. Dessa forma, o exemplo dado pela condenação daquele que praticou a infração penal é dirigido aos demais membros da sociedade.

Com base nessa finalidade preventiva, considerando-se a forma como é operada, bem como os efeitos que se procuram produzir, as críticas com relação à prevenção por intimidação, segundo Hassemer, giram em torno dos seguintes pontos:

"A intimidação como forma de prevenção atenta contra a dignidade humana, na medida em que ela converte uma pessoa em instrumento de intimidação de outras e, além do mais, os efeitos dela esperados são altamente duvidosos, porque sua verificação real escora-se, necessariamente, em categorias empíricas bastante imprecisas, tais como:
– o inequívoco conhecimento por parte de todos os cidadãos das penas cominadas e das condenações (pois do contrário o Direito Penal não atingiria o alvo que ele se propõe) e
– a motivação dos cidadãos obedientes à lei a assim se comportarem precisamente em decorrência da cominação e aplicação de penas (pois do contrário o Direito Penal como instrumento de prevenção seria supérfluo)."[16]

Também não escapou à crítica dos juristas o critério de prevenção especial positiva ou ressocialização. A finalidade, segundo essa concepção, é a de recuperar o condenado, fazendo sua reinserção na sociedade.

Em um sistema penitenciário falido, como faremos para reinserir o condenado na sociedade da qual ele fora retirado pelo Estado? Será que a pena cumpre, efetivamente, esse efeito ressocializante ou, ao contrário, acaba de corromper a personalidade do agente? Busca-se produzir que tipo de ressocialização? Quer-se impedir que o condenado volte a praticar novas infrações penais, ou quer-se fazer dele uma pessoa útil para a sociedade?

Raúl Cervini, com maestria, preleciona:

"A prisão, como sanção penal de imposição generalizada não é uma instituição antiga e que as razões históricas para manter uma pessoa reclusa foram, a princípio, o desejo de que mediante a privação da liberdade retribuísse à sociedade o mal causado por sua conduta inadequada; mais tarde, obrigá-la a frear seus impulsos antissociais e mais recentemente o propósito teórico de reabilitá-la. Atualmente, nenhum especialista entende que as instituições de custódia estejam desenvolvendo as atividades de reabilitação e correção que a sociedade lhes atribui.

---

[16] HASSEMER, Winfried. *Três temas de direito penal*, p. 34-35.

O fenômeno da prisionização ou aculturação do detento, a potencialidade criminalizante do meio carcerário que condiciona futuras carreiras criminais (fenômeno de contágio), os efeitos da estigmatização, a transferência da pena e outras características próprias de toda instituição total inibem qualquer possibilidade de tratamento eficaz e as próprias cifras de reincidência são por si só eloquentes. Ademais, a carência de meios, instalações e pessoal capacitado agravam esse terrível panorama."[17]

Hassemer ainda nos coloca as seguintes indagações sobre a finalidade da ressocialização. De acordo com o Prof. da Universidade de Frankfurt, "o que realmente se quer atingir com o fim apontado: uma vida exterior conforme ao Direito (ou só conforme o Direito Penal?), uma 'conversão' também interna, uma 'cura', um consentimento(?) com as normas sociais/jurídicas/penais (?) de nossa sociedade? A resposta ainda está pendente. Sem uma determinação clara e vinculante, nenhum programa de recuperação, a rigor, se justifica."[18]

Na verdade, mesmo que passível de críticas, os critérios preventivos ainda poderão servir à sociedade, bem como ao agente que cometeu a infração penal, principalmente no que diz respeito à prevenção especial ou à ressocialização do condenado. Devemos entender que, mais que um simples problema de Direito Penal, a ressocialização, antes de tudo, é um problema político-social do Estado. Enquanto não houver vontade política, o problema da ressocialização será insolúvel. De que adianta, por exemplo, fazer com que o detento aprenda uma profissão ou um ofício dentro da penitenciária se, ao sair, ao tentar se reintegrar na sociedade, não conseguirá trabalhar? E se tiver de voltar ao mesmo ambiente promíscuo do qual fora retirado para fazer com que cumprisse sua pena? Enfim, são problemas sociais que devem ser enfrentados paralelamente, ou mesmo antecipadamente, à preocupação ressocializante do preso.

6. SISTEMAS PRISIONAIS

Vimos que as penas, anteriormente, tinham uma natureza aflitiva, ou seja, o corpo do delinquente pagava pelo mal que ele havia praticado. Era torturado, açoitado, crucificado, esquartejado, esfolado vivo, enfim, todo tipo de sevícias recaía sobre seu corpo físico.

Podemos dizer que a pena de prisão, ou seja, a privação da liberdade como pena principal, foi um avanço na triste história das penas. Segundo nos informa Manoel Pedro Pimentel, a pena de prisão "teve sua origem nos mosteiros da Idade Média, como punição imposta aos monges ou clérigos faltosos, fazendo com que se recolhessem às suas celas para se dedicarem, em silêncio, à meditação e se arrependerem da falta cometida, reconciliando-se assim com Deus."[19]

Os sistemas penitenciários, a seu turno, encontraram suas origens no século XVIII e tiveram, conforme preleciona Cezar Roberto Bitencourt:

> "Além dos antecedentes inspirados em concepções mais ou menos religiosas, um antecedente importantíssimo nos estabelecimentos de Amsterdam, nos *Bridwells* ingleses, e em outras experiências similares realizadas na Alemanha e na Suíça. Estes estabelecimentos não são apenas um antecedente importante dos primeiros sistemas penitenciários, como também marcam o nascimento da pena privativa de liberdade, superando a utilização da prisão como simples meio de custódia."[20]

---

[17] CERVINI, Raúl. *Os processos de descriminalização*, p. 46.
[18] HASSEMER, Winfried. *Três temas de direito penal*, p. 39.
[19] PIMENTEL, Manoel Pedro. *O crime e a pena na atualidade*, p. 132.
[20] BITENCOURT, Cezar Roberto. *Manual de direito penal* – Parte geral, p. 91.

Dentre os sistemas penitenciários que mais se destacaram durante sua evolução, podemos apontar os sistemas:

a) pensilvânico;
b) auburniano;
c) progressivo.

No sistema pensilvânico ou de Filadélfia, também conhecido como celular, o preso era recolhido à sua cela, isolado dos demais, não podendo trabalhar ou mesmo receber visitas, sendo estimulado ao arrependimento pela leitura da Bíblia. Noticia Manoel Pedro Pimentel que "este regime iniciou-se em 1790, na *Walnut Street Jail*, uma velha prisão situada na rua Walnut, na qual reinava, até então, a mais completa aglomeração de criminosos. Posteriormente, esse regime passou para a *Eastern Penitenciary*, construída pelo renomado arquiteto Edward Haviland, e que significou um notável progresso pela sua arquitetura e pela maneira como foi executado o regime penitenciário em seu interior."[21]

Esse sistema recebeu inúmeras críticas, uma vez que, além de extremamente severo, impossibilitava a readaptação social do condenado, em face do seu completo isolamento.

As críticas ao sistema de Filadélfia ou pensilvânico fizeram com que surgisse outro, que ficou conhecido como "sistema auburniano", em virtude de ter sido a penitenciária construída na cidade de Auburn, no Estado de Nova York, no ano de 1818. Menos rigoroso que o sistema anterior, permitia o trabalho dos presos, inicialmente, dentro de suas próprias celas e, posteriormente, em grupos. O isolamento noturno foi mantido. Uma das características principais do sistema auburniano diz respeito ao silêncio absoluto que era imposto aos presos, razão pela qual também ficou conhecido como *silent system*. Manoel Pedro Pimentel aponta as falhas do sistema auburniano aduzindo:

"O ponto vulnerável desse sistema era a regra desumana do silêncio. Teria origem nessa regra o costume dos presos se comunicarem com as mãos, formando uma espécie de alfabeto, prática que até hoje se observa nas prisões de segurança máxima, onde a disciplina é mais rígida. Usavam, como até hoje usam, o processo de fazer sinais com batidas nas paredes ou nos canos d'água ou, ainda, modernamente, esvaziando a bacia dos sanitários e falando no que chamam de *boca do boi*. Falhava também o sistema pela proibição de visitas, mesmo dos familiares, com a abolição do lazer e dos exercícios físicos, bem como uma notória indiferença quanto à instrução e ao aprendizado ministrado aos presos."[22]

O sistema progressivo surgiu inicialmente na Inglaterra, sendo posteriormente adotado pela Irlanda. Pelo sistema progressivo inglês, que surgiu no início do século XIX, Alexander Maconochie, capitão da Marinha Real, impressionado com o tratamento desumano que era destinado aos presos degredados para a Austrália, resolveu modificar o sistema penal. Na qualidade de diretor de um presídio do condado de Narwich, na ilha de Norfolk, na Austrália, Maconochie cria um sistema progressivo de cumprimento das penas, a ser realizado em três estágios. No primeiro deles, conhecido como período de prova, o preso era mantido completamente isolado, a exemplo do que acontecia no sistema pensilvânico; como progressão ao primeiro estágio, era permitido o trabalho comum, observando-se o silêncio absoluto, como preconizado pelo sistema auburniano, bem como o isolamento noturno, "passando depois de algum tempo para as chamadas *public work--houses*, com vantagens maiores";[23] o terceiro período permitia o livramento condicional.

---

[21] PIMENTEL, Manoel Pedro. *O crime e a pena na atualidade*, p. 137.
[22] PIMENTEL, Manoel Pedro. *O crime e a pena na atualidade*, p. 138.
[23] PIMENTEL, Manoel Pedro. *O crime e a pena na atualidade*, p.140.

O sistema progressivo irlandês acrescentou mais uma fase às três mencionadas anteriormente, aperfeiçoando o sistema progressivo. Na precisa lição de Roberto Lyra:

"O sistema irlandês de Walter Crofton (1857) concilia os anteriores, baseando-se no rigor da segregação absoluta no primeiro período, e progressiva emancipação, segundo os resultados da emenda. Nessa conformidade, galgam-se os demais períodos – o segundo, com segregação celular noturna e vida em comum durante o dia, porém, com a obrigação do silêncio; o terceiro, o de prisão intermédia (penitenciária industrial ou agrícola), de noite e de dia em vida comum para demonstrar praticamente os resultados das provações anteriores, isto é, a esperada regeneração e a aptidão para a liberdade; por fim, chega-se ao período do livramento condicional."[24]

7. ESPÉCIES DE PENAS

De acordo com o art. 32 do Código Penal, as penas podem ser:

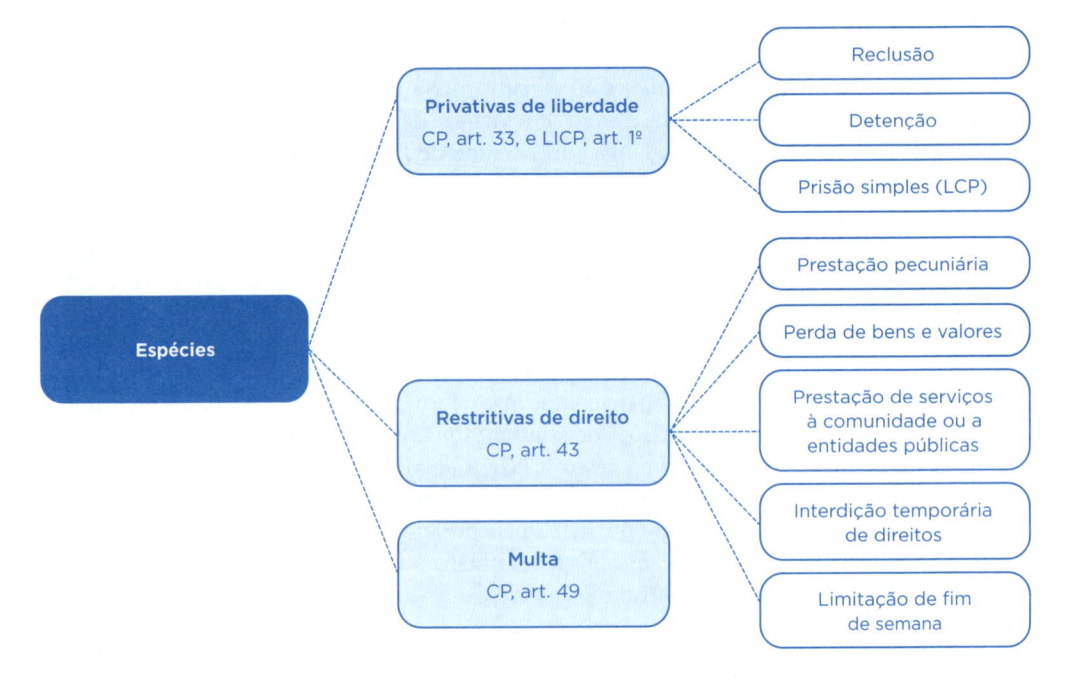

Espécies
- **Privativas de liberdade** (CP, art. 33, e LICP, art. 1º)
  - Reclusão
  - Detenção
  - Prisão simples (LCP)
- **Restritivas de direito** (CP, art. 43)
  - Prestação pecuniária
  - Perda de bens e valores
  - Prestação de serviços à comunidade ou a entidades públicas
  - Interdição temporária de direitos
  - Limitação de fim de semana
- **Multa** (CP, art. 49)

As penas privativas de liberdade previstas pelo Código Penal para os crimes ou delitos são as de *reclusão* e *detenção*. Deve ser ressaltado, contudo, que a Lei das Contravenções Penais também prevê sua pena privativa de liberdade, que é a *prisão simples*.

O art. 1º da Lei de Introdução ao Código Penal, traçando a distinção acima apontada, diz:

> **Art. 1º** Considera-se crime a infração penal a que a lei comina pena de reclusão ou de detenção, quer isoladamente, quer alternativa ou cumulativamente com a pena de multa; contravenção, a infração penal a que a lei comina, isoladamente, pena de prisão simples ou multa, ou ambas, alternativa ou cumulativamente.[25]

---

[24] LYRA, Roberto. *Comentários ao código penal*, v. II, p. 91.
[25] Dessa forma, por causa da redação constante do transcrito art. 1º, podemos afirmar que a *infração penal* é o gênero, do qual são espécies, por um lado, os crimes (ou delitos) e, por outro, as contravenções penais. Embora esse tenha sido o critério de distinção adotado pelo legislador penal, ou

As penas restritivas de direitos, de acordo com a nova redação dada ao art. 43 do Código Penal pela Lei nº 9.714/98, são: *a)* prestação pecuniária; *b)* perda de bens e valores; *c)* prestação de serviços à comunidade ou a entidades públicas; *d)* interdição temporária de direitos; e *e)* limitação de fim de semana.

A multa penal é de natureza pecuniária e seu cálculo é elaborado considerando-se o sistema de dias-multa, que poderá variar entre um mínimo de 10 (dez) ao máximo de 360 (trezentos e sessenta) dias-multa, sendo que o valor correspondente a cada dia multa será de 1/30 do valor do salário-mínimo vigente à época dos fatos até 5 (cinco) vezes esse valor. Poderá o juiz, contudo, verificando a capacidade econômica do réu, triplicar o valor do dia-multa, segundo a norma contida no § 1º do art. 60 do Código Penal.

Esse raciocínio será levado a efeito quando não houver previsão expressa, no preceito secundário do tipo penal incriminador, da quantidade mínima e máxima de dias-multa, a exemplo do que ocorre com o art. 33 da Lei nº 11.343/2006, que prevê o pagamento de 700 (setecentos) a 1.500 (mil e quinhentos) dias-multa.

De acordo com a nova redação dada pela Lei nº 13.964, de 24 de dezembro de 2019, ao art. 51 do Código Penal, transitada em julgado a sentença condenatória, a multa será executada perante o juiz da execução penal e será considerada dívida de valor, aplicáveis as normas relativas à dívida ativa da Fazenda Pública, inclusive no que concerne às causas interruptivas e suspensivas da prescrição.

8. PENAS PRIVATIVAS DE LIBERDADE

8.1. Reclusão e detenção

O Código Penal prevê duas penas privativas de liberdade – a de reclusão e a de detenção –, sobre as quais incide uma série de implicações de Direito Penal – a exemplo do regime de cumprimento de pena a ser fixado na sentença condenatória.

A pena privativa de liberdade vem prevista no preceito secundário de cada tipo penal incriminador, servindo à sua individualização, que permitirá a aferição da proporcionalidade entre a sanção que é cominada em comparação com o bem jurídico por ele protegido.

Embora a reforma da Parte Geral do Código Penal, ocorrida em 1984, tenha mantido a distinção entre as penas de reclusão e de detenção, segundo a opinião de Alberto Silva Franco, essa não foi uma escolha feliz, haja vista que, conforme o renomado autor:

"O legislador de 84 manteve a classificação 'reclusão-detenção', acolhida da PG/40 e, sob este ângulo, não se posicionou de acordo com as legislações penais mais modernas, que não mais aceitam, porque as áreas de significado dos conceitos de reclusão e de detenção estão prati-

---

seja, somente mediante a análise do preceito secundário do tipo penal incriminador é que podemos concluir se estaremos diante de um ou de outro. O art. 28 da Lei nº 11.343/2006 adotou uma posição *sui generis*, uma vez que não comina penas privativas de liberdade, seja de reclusão ou detenção, ou mesmo de prisão simples, tampouco a pena de multa. Por isso, pergunta-se: O tipo penal do mencionado art. 28 prevê delito ou contravenção penal? Pela análise das penas cominadas, não se pode chegar a qualquer conclusão, pois foge à regra do art. 1º da citada Lei de Introdução ao Código Penal. Contudo, podemos afirmar que se trata de um crime, em virtude da sua situação topográfica na Lei nº 11.343/2006. Isso porque o art. 28 está inserido no Capítulo III do Título III do novo estatuto Antidrogas, que cuida dos *crimes e das penas*, razão pela qual, em virtude da disposição expressa prevista no mencionado Capítulo III, podemos afirmar que o *consumo de drogas* encontra-se no rol dos *crimes* previstos pela Lei nº 11.343/2006, não se tratando, outrossim, de contravenção penal, mesmo que em seu preceito secundário não conste as penas de reclusão ou mesmo de detenção, conforme o disposto no art. 1º da Lei de Introdução ao Código Penal (Decreto-Lei nº 3.914, de 9 de dezembro de 1941).

camente superpostas e não evidenciam nenhum critério ontológico de distinção. Aliás, para evidenciar a precariedade da classificação, que não se firma nem na natureza ou gravidade dos bens jurídicos, que com tais penas se pretende preservar, nem ainda na quantidade punitiva maior de uma e menor de outra, basta que se observe o critério diferenciador de que se valeu o legislador."[26]

Apesar da crítica do insigne professor paulista, como deixamos antever acima, algumas diferenças de tratamento podem ser apontadas no Código Penal, bem como no Código de Processo Penal, entre as penas de reclusão e detenção, a saber:

a) a pena de reclusão deve ser cumprida em regime fechado, semiaberto ou aberto. A de detenção, em regime semiaberto, ou aberto, salvo necessidade de transferência a regime fechado (art. 33, *caput*, do CP);

b) no caso de concurso material, aplicando-se cumulativamente as penas de reclusão e de detenção, executa-se primeiro aquela (arts. 69, *caput*, e 76 do CP);

c) como efeito da condenação, a incapacidade para o exercício do poder familiar, da tutela ou da curatela nos crimes dolosos sujeitos à pena de reclusão cometidos contra outrem igualmente titular do mesmo poder familiar, contra filho, filha ou outro descendente, tutelado ou curatelado, bem como nos crimes cometidos contra a mulher por razões da condição do sexo feminino, nos termos do § 1º do art. 121-A do diploma repressivo (art. 92, II, do CP, com a nova redação que lhe foi conferida pela Lei nº 14.994, de 9 de outubro de 2024);

d) no que diz respeito à aplicação de medida de segurança, se o fato praticado pelo inimputável for punível com detenção, o juiz poderá submetê-lo a tratamento ambulatorial (art. 97 do CP).

8.2. Regimes de cumprimento de pena

Após o julgador ter concluído, em sua sentença, pela prática do delito, afirmando que o fato praticado pelo réu era típico, ilícito e culpável, a etapa seguinte consiste na aplicação da pena. Adotado o critério trifásico pelo art. 68 do Código Penal, o juiz fixará a pena-base atendendo aos critérios do art. 59 do mesmo diploma repressivo; em seguida, serão consideradas as circunstâncias atenuantes e agravantes; por último, as causas de diminuição e de aumento.

O art. 59 do Código Penal, de aferição indispensável para que possa ser encontrada a pena-base, sobre a qual recairão todos os outros cálculos relativos às duas fases seguintes, determina:

> **Art. 59.** O juiz, atendendo à culpabilidade, aos antecedentes, à conduta social, à personalidade do agente, aos motivos, às circunstâncias e as consequências do crime, bem como ao comportamento da vítima, estabelecerá, conforme seja necessário e suficiente para reprovação e prevenção do crime:
> I) – as penas aplicáveis dentre as cominadas;
> II) – a quantidade de pena aplicável, dentro dos limites previstos;
> III) – o regime inicial de cumprimento da pena privativa de liberdade;
> IV) – a substituição da pena privativa de liberdade aplicada, por outra espécie de pena, se cabível.

---

[26] SILVA FRANCO, Alberto. *Código penal e sua interpretação jurisprudencial*, v. 1, t. 1, p. 506.

Como se percebe pelo inciso III do art. 59 do Código Penal, deverá o juiz, ao aplicar a pena ao sentenciado, determinar o regime inicial de seu cumprimento, a saber, *fechado*, *semiaberto* ou *aberto*. De acordo com a lei penal (art. 33, § 1º, do CP), considera-se regime fechado a execução da pena em estabelecimento de segurança máxima ou média; regime semiaberto a execução da pena em colônia agrícola, industrial ou estabelecimento similar; aberto, a execução da pena em casa de albergado ou estabelecimento adequado.

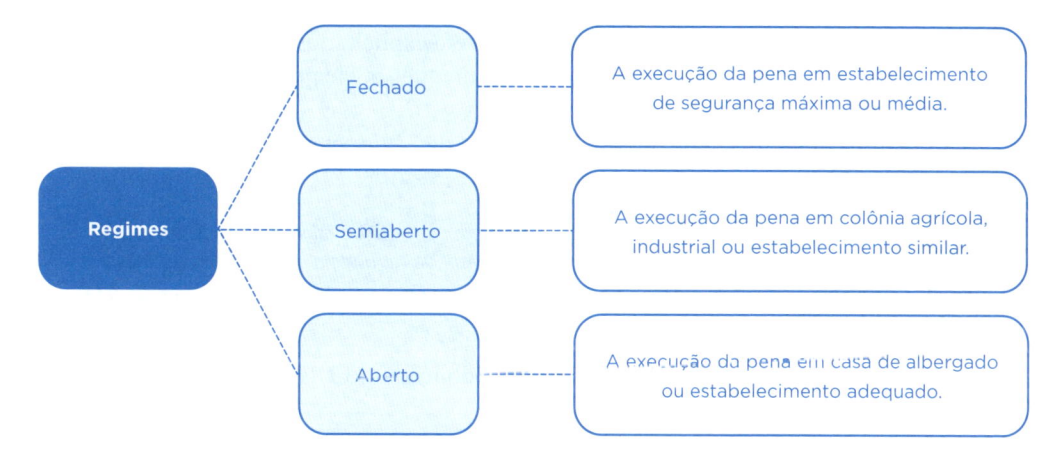

Regimes
- **Fechado**: A execução da pena em estabelecimento de segurança máxima ou média.
- **Semiaberto**: A execução da pena em colônia agrícola, industrial ou estabelecimento similar.
- **Aberto**: A execução da pena em casa de albergado ou estabelecimento adequado.

8.3. Fixação legal do regime inicial de cumprimento de pena

O Código Penal, pelo seu art. 33, § 2º, determina que as penas privativas de liberdade deverão ser executadas em forma progressiva, segundo o mérito do condenado, e fixa os critérios para a escolha do regime inicial de cumprimento de pena, a saber:

a) o condenado a pena de reclusão superior a oito anos deverá começar a cumpri-la em regime fechado;
b) o condenado não reincidente, cuja pena seja superior a quatro anos e não exceda a oito, poderá, desde o princípio, cumpri-la em regime semiaberto;
c) o condenado não reincidente, cuja pena seja igual ou inferior a quatro anos, poderá, desde o início, cumpri-la em regime aberto.[27]

Segundo o § 3º do art. 33 do Código Penal, a determinação do regime inicial de cumprimento de pena far-se-á com observância dos critérios previstos no art. 59.

Assim, a escolha pelo julgador do regime inicial para o cumprimento da pena deverá ser uma conjugação da quantidade de pena aplicada ao sentenciado com a análise das circunstâncias judiciais previstas no art. 59 do Código Penal, principalmente no que diz respeito à última

---

[27] A Lei nº 9.613/98, que dispôs sobre os crimes de "lavagem" ou ocultação de bens, direitos e valores, em seu art. 1º, § 5º, criou a hipótese de fixação do regime aberto, mesmo a condenação sendo superior ao limite de quatro anos, ainda que reincidente, dizendo, *verbis*: § 5º A pena poderá ser reduzida de um a dois terços e ser cumprida em regime aberto ou semiaberto, facultando-se ao juiz deixar de aplicá-la ou substituí-la, a qualquer tempo, por pena restritiva de direitos, se o autor, coautor ou partícipe colaborar espontaneamente com as autoridades, prestando esclarecimentos que conduzam à apuração das infrações penais, à identificação dos autores, coautores e partícipes, ou à localização dos bens, direitos ou valores objeto do crime. (*Redação dada pela Lei nº 12.683, de 2012.*)

parte do referido artigo, que determina que a pena deverá ser necessária e suficiente para a reprovação e prevenção do crime.

Suponhamos que o agente tenha sido condenado ao cumprimento de uma pena de seis anos de reclusão. Se analisássemos somente as alíneas do § 2º do art. 33 do Código Penal, teríamos de concluir que, não sendo reincidente, o seu regime inicial seria o semiaberto. Contudo, além da quantidade de pena aplicada e da primariedade, é preciso saber se as condições judiciais elencadas pelo art. 59 do Código Penal permitem que a pena seja cumprida sob essa modalidade de regime. Não sendo possível, o juiz deverá explicitar os motivos pelos quais está determinando ao sentenciado regime mais rigoroso do que aquele previsto para a quantidade de pena a ele aplicada.

O Supremo Tribunal Federal, na sessão plenária de 24 de setembro de 2003, aprovou as Súmulas nºs 718 e 719, com os seguintes enunciados:

> **Súmula nº 718.** A opinião do julgador sobre a gravidade em abstrato do crime não constitui motivação idônea para a imposição de regime mais severo do que o permitido segundo a pena aplicada.
> **Súmula nº 719.** A imposição do regime de cumprimento mais severo do que a pena aplicada permitir exige motivação idônea.

O STJ, a seu turno, editou a Súmula nº 440, publicada no DJe de 13 de maio de 2010, que diz:

> **Súmula nº 440.** Fixada a pena-base no mínimo legal, é vedado o estabelecimento de regime prisional mais gravoso do que o cabível em razão da sanção imposta, com base apenas na gravidade abstrata do delito.

Salienta-se que, no caso de omissão quanto ao regime inicial de cumprimento da pena, não havendo embargos declaratórios, transitada em julgado a sentença penal condenatória, o regime a que será submetido inicialmente o condenado será aquele de acordo com a quantidade de pena aplicada, não podendo o juiz da execução, segundo entendemos, avaliar as circunstâncias judiciais a fim de determinar o cumprimento em regime mais severo. Isso porque o art. 66 da Lei de Execução Penal, que dispõe sobre a competência do juiz da execução, não faz menção à fixação do regime inicial, cuja determinação compete ao juiz do processo de conhecimento, mas somente para os casos de progressão ou regressão. Se durante a execução da pena, o condenado demonstrar inaptidão ao regime no qual vem cumprindo sua pena, poderá o juízo da execução determinar sua regressão, conforme o art. 118 da Lei de Execução Penal.

Deve ser destacado, ainda, que, segundo o art. 33, *caput*, do Código Penal, a pena de reclusão poderá ser cumprida em qualquer dos três regimes – fechado, semiaberto ou aberto –, sendo que a pena de detenção somente nos regimes semiaberto ou aberto, salvo a necessidade de regressão para o regime fechado.

Vale ressaltar a regra contida no art. 111 da Lei de Execução Penal que diz que quando houver condenação por mais de um crime, no mesmo processo ou em processos distintos, a determinação do regime de cumprimento será feita pelo resultado da soma ou unificação das penas, observada, quando for o caso, a detração ou remição.

A Lei nº 12.736, de 30 de novembro de 2012, inserindo o § 2º ao art. 387 do Código de Processo Penal, determinou, *verbis*:

> § 2º O tempo de prisão provisória, de prisão administrativa ou de internação, no Brasil ou no estrangeiro, será computado para fins de determinação do regime inicial de pena privativa de liberdade.

Quer isso significar que o instituto da *detração*, previsto pelo art. 42 do Código Penal, deverá ser observado no instante em que o julgador proferir a sentença condenatória, fixando o regime inicial de cumprimento de pena do condenado. Assim, por exemplo, imagine-se a hipótese em que o agente tenha praticado uma determinada infração penal e tenha ficado preso cautelarmente por dois anos, sendo, ao final, condenado ao cumprimento de uma pena de nove anos de reclusão. À primeira vista, como vimos anteriormente, em virtude da quantidade de pena aplicada, o regime inicial de cumprimento da pena seria o *fechado*. No entanto, como já havia cumprido dois anos, em consequência de sua prisão cautelar, o julgador, no ato decisório, não mais precisará fixar o regime fechado ao condenado, podendo determinar o início do cumprimento da pena já em regime semiaberto, se presentes os demais requisitos, conforme preconizado pelo § 3º do art. 33 do diploma repressivo.

Antes da referida alteração legislativa, o julgador fixava o regime de acordo com o *quantum* determinado na sentença condenatória para, posteriormente, levar a efeito a detração, com a consequente modificação do regime de cumprimento de pena (se fosse o caso). Agora, o próprio juiz do processo de conhecimento já poderá antecipar essa providência, permitindo ao condenado o ingresso em regime menos rigoroso, sem a necessidade de se levar a efeito esse pedido perante o juiz das execuções criminais.

8.4. A Lei nº 8.072/90 e a imposição do cumprimento inicial da pena em regime fechado nos crimes nela previstos

Com o objetivo de concretizar a determinação contida no inciso XLIII do art. 5º da Constituição Federal, em 25 de julho de 1990 surgiu a Lei nº 8.072, dispondo sobre os chamados crimes hediondos, a prática de tortura, o tráfico ilícito de entorpecentes e drogas afins e o terrorismo.

Com as suas alterações posteriores, trazidas pelas Leis nºs 8.930/94, 12.015/2009, 12.978/2014, 13.142/2015, 13.964/2019, 14.344/2022, 14.688/2023, 14.811/2024 e 14.994/2024, o rol das infrações penais tidas como hediondas pela Lei nº 8.072/90 passou a ser o seguinte: I – homicídio (art. 121), quando praticado em atividade típica de grupo de extermínio, ainda que cometido por 1 (um) só agente, e homicídio qualificado (art. 121, § 2º, incisos I, II, III, IV, V, VII, VIII e IX); I-A – lesão corporal dolosa de natureza gravíssima (art. 129, § 2º) e lesão corporal seguida de morte (art. 129, § 3º), quando praticadas contra autoridade ou agente descrito nos arts. 142 e 144 da Constituição Federal, integrantes do sistema prisional e da Força Nacional de Segurança Pública, no exercício da função ou em decorrência dela, ou contra seu cônjuge, companheiro ou parente consanguíneo até terceiro grau, em razão dessa condição; I-B – feminicídio (art. 121-A); II – roubo: a) circunstanciado pela restrição de liberdade da vítima (art. 157, § 2º, inciso V); b) circunstanciado pelo emprego de arma de fogo (art. 157, § 2º-A, inciso I) ou pelo emprego de arma de fogo de uso proibido ou restrito (art. 157, § 2º-B); c) qualificado pelo resultado lesão corporal grave ou morte (art. 157, § 3º); III – extorsão qualificada pela restrição da liberdade da vítima, ocorrência de lesão corporal ou morte (art. 158, § 3º); IV – extorsão mediante sequestro e na forma qualificada (art. 159, *caput* e §§ 1º, 2º e 3º); V – estupro (art. 213, *caput* e §§ 1º e 2º); VI – estupro de vulnerável (art. 217-A, *caput* e §§ 1º, 2º, 3º e 4º); VII – epidemia com resultado morte (art. 267, § 1º); VII-B – falsificação, corrupção, adulteração ou alteração de produto destinado a fins terapêuticos ou medicinais (art. 273, *caput*, e § 1º, § 1º-A, § 1º-B, com a redação dada pela Lei nº 9.677, de 02/07/1998); VIII – favorecimento da prostituição ou de outra forma de exploração sexual de criança ou adolescente ou de vulnerável (art. 218-B, *caput*, e §§ 1º e 2º); IX – furto qualificado pelo emprego de explosivo ou de artefato análogo que cause perigo comum (art. 155, § 4º-A); X – induzimento, instigação ou auxílio a suicídio ou a automutilação realizados por meio da rede de computadores, de rede social ou transmitidos em tempo real (art. 122, *caput* e § 4º); XI – sequestro e cárcere privado cometido contra menor de 18 (dezoito) anos (art. 148, § 1º, inciso IV); XII – tráfico de pessoas cometido contra criança ou adolescente (art. 149-A, *caput*, incisos I a V, e § 1º, inciso II). O crime de genocídio, previsto nos arts. 1º, 2º e 3º da Lei nº 2.889, de 1º de outubro de 1956; o de posse ou porte ilegal de arma de fogo de uso proibido, previsto no art. 16 da Lei nº 10.826, de 22 de dezembro de 2003; o de comércio ilegal de armas de fogo, previsto no art. 17 da Lei nº 10.826, de 22 de dezembro de 2003; o de tráfico internacional de arma de fogo, acessório ou munição, previsto no art. 18 da Lei nº 10.826, de 22 de dezembro de 2003; o de organização criminosa, quando direcionado à prática de crime hediondo ou equiparado, sejam tentados ou consumados; os crimes previstos no Decreto-Lei nº 1.001, de 21 de outubro de 1969 (Código Penal Militar), que apresentem identidade com os crimes previstos no art. 1º da Lei nº 8.072/90, e os crimes previstos no § 1º do art. 240 e no art. 241-B da Lei nº 8.069, de 13 de julho de 1990 (Estatuto da Criança e do Adolescente), são considerados hediondos, de acordo com a nova redação dada pelas Leis nos 13.497/2017, 13.964/2019, 14.688/2023, 14.811/2024 e 14.994/2024 ao parágrafo único do art. 1º da Lei nº 8.072/90.

Com o advento da Lei nº 11.464, de 28 de março de 2007, o § 1º do art. 2º da Lei nº 8.072/90, que anteriormente determinava que as penas para as infrações penais por ela previstas seriam cumpridas *integralmente* em regime fechado, passou a prever que a pena seria cumprida, inicialmente, em regime fechado.

Com a nova redação dada pela Lei nº 14.994, de 9 de outubro de 2024, ao art. 112 da Lei de Execução Penal, a progressão de regime para os crimes hediondos passou a ser da seguinte forma:

> **Art. 112.** A pena privativa de liberdade será executada em forma progressiva com a transferência para regime menos rigoroso, a ser determinada pelo juiz, quando o preso tiver cumprido ao menos:
> [...]
> V – 40% (quarenta por cento) da pena, se o apenado for condenado pela prática de crime hediondo ou equiparado, se for primário;
> VI – 50% (cinquenta por cento) da pena, se o apenado for:
> a) condenado pela prática de crime hediondo ou equiparado, com resultado morte, se for primário, vedado o livramento condicional;
> b) condenado por exercer o comando, individual ou coletivo, de organização criminosa estruturada para a prática de crime hediondo ou equiparado; ou
> c) condenado pela prática do crime de constituição de milícia privada;
> VI-A – 55% (cinquenta e cinco por cento) da pena, se o apenado for condenado pela prática de feminicídio, se for primário, vedado o livramento condicional;
> VII – 60% (sessenta por cento) da pena, se o apenado for reincidente na prática de crime hediondo ou equiparado;
> VIII – 70% (setenta por cento) da pena, se o apenado for reincidente em crime hediondo ou equiparado com resultado morte, vedado o livramento condicional.

No entanto, por maioria de votos, o Plenário do Supremo Tribunal Federal (STF) concedeu, durante sessão extraordinária realizada no dia 27 de junho de 2012, o *Habeas Corpus (HC)* 111840 e declarou, incidentalmente, a inconstitucionalidade do § 1º do art. 2º da Lei nº 8.072/90, com redação dada pela Lei nº 11.464/2007, o qual prevê que a pena por crime de tráfico será cumprida, inicialmente, em regime fechado.

No *HC*, a Defensoria Pública do Estado do Espírito Santo pediu a concessão do *habeas corpus* para que um condenado por tráfico de drogas pudesse iniciar o cumprimento da pena de seis anos em regime semiaberto, alegando, para tanto, a inconstitucionalidade da norma que determina que os condenados por tráfico devem cumprir a pena em regime inicialmente fechado.

O julgamento teve início em 14 de junho de 2012 e, naquela ocasião, cinco Ministros se pronunciaram pela inconstitucionalidade do dispositivo: Dias Toffoli (Relator), Rosa Weber, Cármen Lúcia Antunes Rocha, Ricardo Lewandowski e Cezar Peluso. Em sentido contrário, pronunciaram-se os Ministros Luiz Fux, Marco Aurélio e Joaquim Barbosa, que votaram pelo indeferimento da ordem.

Na sessão do dia 27 de junho de 2012, em que foi concluído o julgamento, os Ministros Gilmar Mendes, Celso de Mello e Ayres Britto acompanharam o voto do relator, Ministro Dias Toffoli, pela concessão do *HC* para declarar a inconstitucionalidade do § 1º do art. 2º da Lei nº 8.072/90. De acordo com o entendimento do Relator, o dispositivo contraria a Constituição Federal, especificamente no ponto que trata do princípio da individualização da pena (art. 5º, inciso XLVI).

Assim, a decisão do STF, embora *incidenter tantum*, deverá ser aplicada não somente aos casos futuros, permitindo-se ao julgador, quando possível, a fixação de outro regime inicial de cumprimento de pena, que não o fechado, devendo, ainda, retroagir, a fim de alcançar aquelas condenações, já transitadas em julgado, ou mesmo ainda pendentes de recurso, para que esse novo entendimento seja aplicado a todos os agentes condenados não somente pelo tráfico de drogas, mas a todas as infrações penais previstas na Lei nº 8.072/90, que fizerem jus à fixação de um regime inicial de cumprimento de pena, diverso do fechado.

8.5. Lei de tortura e regime inicial de cumprimento de pena

Sete anos após a edição da Lei nº 8.072/90, surgiu em nosso ordenamento jurídico a Lei nº 9.455, de 7 de abril de 1997, definindo o crime de tortura e trazendo outras providências.

Nos incisos I e II do art. 1º da referida lei, o legislador descreveu os fatos que se configuravam em tortura, cominando-lhes uma pena de reclusão de dois a oito anos. Criou o delito de tortura qualificada (§ 3º) quando da tortura resultar lesão corporal de natureza grave (reclusão de quatro a dez anos) ou morte (reclusão de oito a dezesseis anos). Atendendo ao disposto no art. 5º, XLIII, da Constituição Federal, o § 6º do art. 1º da aludida lei dispõe que o crime de tortura é inafiançável e insuscetível de graça ou anistia.

Embora a prática da tortura estivesse prevista na Lei nº 8.072/90 como uma infração penal afim àquelas consideradas como hediondas, a Lei nº 9.455/97, quebrando a regra anteriormente destinada aos crimes daquela natureza, que impunha o cumprimento *integral* da pena em regime fechado, determinou no § 7º do seu art. 1º que o condenado pelos delitos por ela previstos *iniciaria* o cumprimento da pena em regime fechado.

Em virtude dessa nova redação, que impunha tão somente como *inicial* o regime fechado, vozes abalizadas se levantaram no sentido de apregoar que a lei de tortura, posterior à Lei nº 8.072/90, havia derrogado esta última no que dizia respeito ao regime de cumprimento de pena. A partir daquele momento, seria obrigatório o *regime inicial fechado*. Contudo, aberta estaria a possibilidade de progressão, já que a Lei nº 9.455/97 determinava que a pena seria cumprida *inicialmente* em regime fechado, dando a entender pela possibilidade da progressão, ao contrário da Lei nº 8.072/90. Em sentido contrário, outra corrente se formou, afirmando que a possibilidade de progressão era específica para os crimes de tortura, não se dirigindo às demais infrações penais previstas pela Lei nº 8.072/90.

Merecem destaque as sempre lúcidas lições de Alberto Silva Franco que, posicionando-se favoravelmente à extensão da possibilidade de progressão de regime a todas as infrações penais previstas pela Lei nº 8.072/90, assevera:

> "O ordenamento jurídico constitui um sistema racional de normas e, como tal, não suporta contradições internas. Não há razão lógica que justifique a aplicação do regime progressivo aos condenados por tortura e se negue, ao mesmo tempo, igual sistema prisional aos condenados por crimes hediondos, por terrorismo ou por tráfico ilícito de entorpecentes. Nem do ponto de vista do princípio da lesividade, nem sob o ângulo político-criminal, há possibilidade de considerar-se a tortura um fato delituoso menos grave em confronto com os crimes já referidos. Ao contrário, considerado isoladamente, o crime de tortura é o mais grave dos delitos constantes do rol constitucional. [...] A extensão da regra do § 7º do art. 1º da Lei nº 9.455/97, para todos os delitos referidos na Lei nº 8.072/90, iguala hipóteses típicas que estão constitucionalmente equiparadas; restabelece, em sua inteireza, a racionalidade e o caráter sistemático do ordenamento jurídico penal e representa uma tomada de posição do legislador ordinário em fina sintonia com o texto constitucional."[28]

---

[28] SILVA FRANCO, Alberto. *Crimes hediondos*, p. 183-184.

Contrariamente a essa posição, o Ministro Sydney Sanches preleciona:

"A Lei nº 8.072, de 25/7/1990, aponta, no art. 1º, os crimes que considera hediondos (latrocínio, extorsão qualificada pela morte, extorsão mediante sequestro e na forma qualificada, estupro [...], epidemia com resultado morte, envenenamento de água potável ou de substância alimentícia ou medicinal, qualificado pela morte, e genocídio[29]; tentados ou consumados). No art. 2º acrescenta: 'os crimes hediondos, a prática de tortura, o tráfico de entorpecentes e drogas afins e o terrorismo são insuscetíveis de: I – anistia, graça e indulto; II – fiança e liberdade provisória.'[30] E no § 1º: 'a pena por crime previsto neste artigo será cumprida integralmente em regime fechado'. Inclusive, portanto, o de tráfico de entorpecentes, como é o caso dos autos. A Lei nº 9.455, de 7/4/1997, que define os crimes de tortura e dá outras providências, no § 7º do art. 1º, esclarece: 'O condenado por crime previsto nesta Lei, salvo a hipótese do § 2º, iniciará o cumprimento da pena em regime fechado'. Vale dizer, já não exige que, no crime de tortura, a pena seja cumprida integralmente em regime fechado, mas apenas no início. Foi então mais benigna a lei com o crime de tortura, pois não estendeu tal regime aos demais crimes hediondos, nem ao tráfico de entorpecentes, nem ao terrorismo. Ora, se a Lei mais benigna tivesse ofendido o princípio da isonomia, seria inconstitucional. E não pode o juiz estender o benefício decorrente da inconstitucionalidade a outros delitos e a outras penas, pois, se há inconstitucionalidade, o juiz atua como legislador negativo, declarando a invalidade da lei. E não como legislador positivo, ampliando-lhe os efeitos a outras hipóteses não contempladas. De qualquer maneira, bem ou mal, o legislador resolveu ser mais condescendente com o crime de tortura do que com os crimes hediondos, o tráfico de entorpecentes e o terrorismo. Essa condescendência não pode ser estendida a todos eles, pelo Juiz, como intérprete da Lei, sob pena de usurpar a competência do legislador e enfraquecer, ainda mais, o combate à criminalidade mais grave. A Constituição Federal, no art. 5º, inciso XLIII, ao considerar crimes inafiançáveis e insuscetíveis de graça ou anistia a prática da tortura, o tráfico ilícito de entorpecentes e drogas afins, o terrorismo e os definidos como crimes hediondos, não tratou de regime de cumprimento da pena. Ao contrário, cuidou, aí, de permitir a extinção de certas penas, exceto as decorrentes de tais delitos. Nada impedia, pois, que a Lei nº 9.455, de 7/4/1997, definindo o crime de tortura, possibilitasse o cumprimento da pena em regime apenas inicialmente fechado – e não integralmente fechado. Pode não ter sido uma boa opção de política criminal. Mas não propriamente viciada de inconstitucionalidade" (STF, *HC* 76.543-5, Rel. Sydney Sanches, 1ª T., julg. 3/3/1998, DJU 14/4/1998, p. 6).

Hoje, após o julgamento levado a efeito pelo Supremo Tribunal Federal, que, na sessão extraordinária realizada no dia 27 de junho de 2012, concedeu o *Habeas Corpus (HC)* nº 111.840 e declarou, incidentalmente, a inconstitucionalidade do § 1º do art. 2º da Lei nº 8.072/90, com redação dada pela Lei nº 11.464/2007, que previa que a pena por crime previsto

---

[29] Obs.: Hoje, após a nova redação dada pelas Leis nos 13.964/2019, 14.688/2023, 14.811/2024 e 14.994/2024 ao parágrafo único do art. 1º da Lei nº 8.072/90, também se incluiriam os delitos de feminicídio (art. 121-A); posse ou porte ilegal de arma de fogo de uso restrito, previsto no art. 16 da Lei nº 10.826, de 22 de dezembro de 2003, o de comércio ilegal de armas de fogo, previsto no art. 17 da Lei nº 10.826, de 22 de dezembro de 2003; o de tráfico internacional de arma de fogo, acessório ou munição, previsto no art. 18 da Lei nº 10.826, de 22 de dezembro de 2003; os crimes previstos no Decreto-Lei nº 1.001, de 21 de outubro de 1969 (Código Penal Militar), que apresentem identidade com os crimes previstos no art. 1º; os crimes previstos no § 1º do art. 240 e no art. 241-B da Lei nº 8.069, de 13 de julho de 1990 (Estatuto da Criança e do Adolescente); e também o de organização criminosa, quando direcionado à prática de crime hediondo ou equiparado.

[30] A proibição de concessão de liberdade provisória foi afastada do inciso II do art. 2º da Lei nº 8.072/90 pela Lei nº 11.464, de 28 de março de 2007.

naquele artigo seria cumprida, inicialmente, em regime fechado, perdeu o sentido a discussão, devendo, agora, o julgador, fundamentadamente, determinar o regime inicial de cumprimento de pena para o delito de tortura, que poderá ser outro, diverso do regime fechado.

No que diz respeito à progressão de regime, deverá ser observado o art. 112 da LEP, com a nova redação que lhe foi conferida pela Lei nº 13.964, de 24 de dezembro de 2019, que também revogou, expressamente, o § 2º do art. 2º da Lei nº 8.072/90, bem como pela Lei nº 14.994, de 9 de outubro de 2024. Assim, de acordo com o mencionado art. 112, a progressão, para o condenado pelo crime de tortura, deverá ocorrer da seguinte forma:

> **Art. 112.** A pena privativa de liberdade será executada em forma progressiva com a transferência para regime menos rigoroso, a ser determinada pelo juiz, quando o preso tiver cumprido ao menos:
> (...)
> V – 40% (quarenta por cento) da pena, se o apenado for condenado pela prática de crime hediondo ou equiparado, se for primário;
> VI – 50% (cinquenta por cento) da pena, se o apenado for:
> a) condenado pela prática de crime hediondo ou equiparado, com resultado morte, se for primário, vedado o livramento condicional;
> b) condenado por exercer o comando, individual ou coletivo, de organização criminosa estruturada para a prática de crime hediondo ou equiparado; ou
> c) condenado pela prática do crime de constituição de milícia privada;
> VI-A – 55% (cinquenta e cinco por cento) da pena, se o apenado for condenado pela prática de feminicídio, se for primário, vedado o livramento condicional;
> VII – 60% (sessenta por cento) da pena, se o apenado for reincidente na prática de crime hediondo ou equiparado;
> VIII – 70% (setenta por cento) da pena, se o apenado for reincidente em crime hediondo ou equiparado com resultado morte, vedado o livramento condicional.

8.6. Lei de Lavagem de Capitais (Lei nº 9.613/98) e fixação do regime aberto ou semiaberto nas hipóteses de delação premiada

Dispõe o § 5º do art. 1º da Lei de Lavagem de Capitais (Lei nº 9.613, de 3 de março de 1998, com a redação que lhe foi dada pela Lei nº 12.683, de 9 de julho de 2012, *verbis*:

> § 5º A pena poderá ser reduzida de um a dois terços e ser cumprida em regime aberto ou semiaberto, facultando-se ao juiz deixar de aplicá-la ou substituí-la, a qualquer tempo, por pena restritiva de direitos, se o autor, coautor ou partícipe colaborar espontaneamente com as autoridades, prestando esclarecimentos que conduzam à apuração das infrações penais, à identificação dos autores, coautores e partícipes, ou à localização dos bens, direitos ou valores objetos do crime.

Assim, por exemplo, embora o agente, em virtude da infração penal praticada, bem como pela pena aplicada, estivesse sujeito ao cumprimento inicial de sua pena em regime fechado, o mencionado parágrafo, como benefício pela delação, permite ao julgador determinar seu cumprimento inicial em regime aberto ou mesmo semiaberto.

8.7. Impossibilidade de cumprimento de pena em regime mais gravoso do que o determinado na sentença penal condenatória

Muito se discute a respeito da possibilidade de o condenado cumprir sua pena em regime mais gravoso do que o determinado pela sentença condenatória. A título de exemplo, suponhamos que tenha sido concedido o regime semiaberto para início do cumprimento da pena aplicada ao condenado. De acordo com o art. 33, § 1º, *b*, do Código Penal a pena deveria ser cumprida em colônia agrícola, industrial ou estabelecimento similar, podendo o condenado trabalhar durante o período diurno em companhia dos demais presos, sendo-lhe, ainda, permitido o trabalho externo, bem como a frequência a cursos supletivos profissionalizantes, de instrução de segundo grau[31] ou superior. Apesar da previsão legal, o Estado não consegue vaga ou não possui os estabelecimentos previstos para que o condenado cumpra sua pena de acordo com as disposições contidas na lei penal. Indagamos: Deverá o agente, em virtude da negligência do Estado, cumprir sua pena em regime mais rigoroso do que aquele que lhe fora imposto no processo no qual fora condenado? Entendemos que não. Isso porque o condenado tem direito subjetivo de cumprir a sua pena sob o regime que lhe foi concedido, de acordo com a sua aptidão pessoal, na sentença condenatória.

Da mesma forma, não pode o condenado cumprir sua pena em regime mais rigoroso, por desídia do Estado, se foi determinado na sentença condenatória que o cumprimento se daria em regime aberto, ou seja, em casa de albergado ou estabelecimento similar. Nessa hipótese, entendemos que, se não existe qualquer dos estabelecimentos previstos na alínea *c* do § 1º do art. 33 do Código Penal, excepcionalmente, poderá o condenado cumprir sua pena em prisão domiciliar.

Nesse sentido, tem decidido o STJ:

"É cediço nesta Corte que o reeducando não pode ser compelido a cumprir a pena privativa de liberdade em regime diverso daquele que lhe é assegurado pelo Código Penal (art. 33, § 1º, "c", do mencionado diploma legal). O Supremo Tribunal Federal, nos termos da Súmula Vinculante nº 56, entende que "a falta de estabelecimento penal adequado não autoriza a manutenção do condenado em regime prisional mais gravoso, devendo-se observar, nessa hipótese, os parâmetros fixados no RE 641.320/RS". Os parâmetros mencionados na citada súmula são: a) a falta de estabelecimento penal adequado não autoriza a manutenção do condenado em regime prisional mais gravoso; b) os Juízes da execução penal poderão avaliar os estabelecimentos destinados aos regimes semiaberto e aberto, para verificar se são adequados a tais regimes, sendo aceitáveis estabelecimentos que não se qualifiquem como colônia agrícola, industrial (regime semiaberto), casa de albergado ou estabelecimento adequado – regime aberto – (art. 33, § 1º, alíneas "b" e "c"); c) no caso de haver déficit de vagas, deverão determinar: (i) a saída antecipada de sentenciado no regime com falta de vagas; (ii) a liberdade eletronicamente monitorada ao preso que sai antecipadamente ou é posto em prisão domiciliar por falta de vagas; (iii) o cumprimento de penas restritivas de direito e/ou estudo ao sentenciado que progride ao regime aberto; e d) até que sejam estruturadas as medidas alternativas propostas, poderá ser deferida a prisão domiciliar ao sentenciado. Cumpre reconhecer a existência de constrangimento ilegal, pois o paciente foi promovido ao regime intermediário, mas se encontra recolhido em estabelecimento com características de adequação ao regime fechado" (STJ, HC 431.159/SP, Rel. Min. Ribeiro Dantas, 5ª T., DJe 20/03/2018).

"Constitui flagrante ilegalidade a manutenção do apenado em regime mais gravoso durante a execução da pena, em decorrência da ausência de vagas no estabelecimento prisional adequado, devendo ser, excepcionalmente, permitido ao paciente o cumprimento da pena em regime aberto ou em prisão domiciliar até o surgimento de vaga. Precedentes" (STJ, HC 346.839/RS, Rel. Min. Joel Ilan Parciornik, 5ª T., DJe 24/06/2016).

"Patente a deficiência do Estado em viabilizar a implementação da devida política carcerária, torna-se imperiosa a concessão, em caráter excepcional, do cumprimento da pena em regime aberto ou, na falta de casa de albergado ou similar, em prisão domiciliar, até o surgimento de vaga em estabelecimento adequado, em atendimento ao princípio da dignidade da pessoa humana" (STJ, AgInt no HC 345.050/RS, Rel. Min. Antônio Saldanha Palheiro, 5ª T., DJe 14/06/2016).

---

[31] Desde a entrada em vigor da Lei nº 12.796, de 4 de abril de 2013, que alterou a Lei nº 9.394, de 20 de dezembro de 1996, a qual estabelece as diretrizes e bases da educação nacional para dispor sobre a formação dos profissionais da educação, o antigo segundo grau passou a ser conhecido como ensino médio, conforme estabelecido no art. 4º, I "c", daquele diploma legal.

Em sentido contrário a essa posição coloca-se Cezar Roberto Bitencourt, quando aduz:

"A Lei nº 7.210 afastou peremptoriamente a possibilidade de concessão de prisão domiciliar fora das hipóteses previstas no art. 117. Proibiu a praxe pouco recomendada de alguns magistrados que concediam a prisão domiciliar sob o argumento de que 'inexistia casa de albergado', com irreparáveis prejuízos para a defesa social e que em muito contribuíam para o desprestígio da Justiça Penal. A Exposição de Motivos foi incisiva nesse particular, reconhecendo 'que a prisão-albergue não se confunde com a prisão domiciliar, o Projeto declara, para evitar dúvidas, que o regime aberto não admite a execução da pena em residência particular, salvo quando se tratar de condenado maior de setenta anos ou acometido de grave doença e de condenada com filho menor ou deficiente físico ou mental ou, finalmente, de condenada gestante'."[32]

Apesar da respeitável opinião do professor gaúcho, o que não podemos tolerar é que alguém cumpra sua pena de forma mais grave do que fora determinado em sua condenação. Isso, sim, violaria a Justiça Penal. O condenado tem, já o dissemos, direito subjetivo em cumprir aquilo que lhe foi imposto na sentença condenatória. Merece ressaltar que, para se chegar à conclusão do regime inicial cabível, teve o julgador de analisar não somente a quantidade da pena aplicada, mas também todas as circunstâncias judiciais elencadas pelo art. 59 do Código Penal, razão pela qual suas características pessoais influenciaram na escolha do regime que, frise-se, não pode ser desprezado pelo Estado.

Nesse sentido, O STF, na sessão plenária de 29 de junho de 2016, aprovou a Súmula Vinculante nº 56 que, acertadamente, colocando fim à discussão, determina:

> **Súmula Vinculante nº 56.** *A falta de estabelecimento penal adequado não autoriza a manutenção do condenado em regime prisional mais gravoso, devendo-se observar, nesta hipótese, os parâmetros fixados no RE 641.320/RS.*

8.8. Regras do regime fechado

Transitada em julgado a sentença penal condenatória, tendo sido determinado ao condenado o cumprimento de sua pena em regime fechado, será ele encaminhado à penitenciária, nos termos do art. 87 da Lei de Execução Penal, expedindo-se, por conseguinte, guia de recolhimento para a execução, uma vez que, sem ela, ninguém poderá ser recolhido para cumprimento de pena privativa de liberdade (art. 107 da LEP). A guia de recolhimento, extraída pelo escrivão, que a rubricará em todas as folhas e assinará com o juiz, será remetida à autoridade administrativa incumbida da execução e conterá: I – o nome do condenado; II – a sua qualificação civil e o número do registro geral no órgão oficial de identificação; III – o inteiro teor da denúncia e da sentença condenatória, bem como certidão do trânsito em julgado; IV – a informação sobre os antecedentes e o grau de instrução; V – a data da terminação da pena; VI – outras peças do processo reputadas indispensáveis ao adequado tratamento penitenciário (art. 106 da LEP).

O condenado ao cumprimento de pena privativa de liberdade em regime fechado será submetido, no início do cumprimento da pena, a exame criminológico para a obtenção dos elementos necessários a uma adequada classificação e com vista à individualização da execução (art. 8º da LEP e art. 34, *caput*, do CP).

O condenado ao regime fechado fica sujeito a trabalho no período diurno e a isolamento durante o repouso noturno. O trabalho é um direito do preso, segundo o inciso II do art. 41 da Lei de Execução Penal. Por essa razão, se o Estado, em virtude de sua incapacidade administrativa, não lhe fornece trabalho, não poderá o preso ser prejudicado por isso, uma vez que

---

[32] BITENCOURT, Cezar Roberto. *Manual de direito penal* – Parte geral, p. 423.

o trabalho gera o direito à remição da pena, fazendo com que, para cada três dias de trabalho, o Estado tenha de remir um dia de pena do condenado. Se o Estado não está permitindo que o preso trabalhe, este não poderá ficar prejudicado no que diz respeito à remição de sua pena. Assim, excepcionalmente, deverá ser concedida a remição, mesmo que não haja efetivo trabalho.

Discordando desse posicionamento, Cezar Roberto Bitencourt aduz:

"Quando a lei fala que o trabalho é *direito do condenado* está apenas estabelecendo princípios programáticos, como faz a Constituição quando declara que todos têm direito ao trabalho, educação e saúde. No entanto, temos milhões de desempregados, de analfabetos, de enfermos e de cidadãos vivendo de forma indigna. Por outro lado, os que sustentam o direito à remição, independentemente de o condenado ter trabalhado, não defendem também o pagamento da remuneração igualmente prevista na lei, o que seria lógico."[33]

Apesar do brilhantismo do renomado autor, dele ousamos nos afastar para esclarecer que uma coisa é a remição da pena, que diz respeito diretamente à liberdade do cidadão; outra é o pagamento sem trabalho. Na primeira hipótese, não podemos nos esquecer de que o Estado não pode, por arbítrio, intransigência, inércia ou péssima administração interferir, ainda mais, sobre o direito de liberdade dos seus cidadãos; na segunda hipótese, estivesse o condenado recebendo por aquilo que não fez, estaria se enriquecendo ilicitamente. Por isso, discordando, nesse ponto, de Cezar Roberto Bitencourt, entendemos que a falta de trabalho para o condenado por culpa exclusiva do Estado não impedirá a remição.

Sendo viabilizado o trabalho, este será comum dentro do estabelecimento, na conformidade das aptidões ou ocupações anteriores do condenado, desde que compatíveis com a execução da pena.

O trabalho externo será admissível para os presos em regime fechado somente em serviços ou obras públicas realizadas por órgãos da administração direta e indireta, ou entidades privadas, desde que tomadas as cautelas contra a fuga e em favor da disciplina (art. 36 da LEP). O art. 37 da Lei de Execução Penal ainda aduz que *a prestação de trabalho externo, a ser autorizada pela direção do estabelecimento, dependerá de aptidão, disciplina, além do cumprimento mínimo de um sexto da pena.*

8.8.1. Estabelecimento penal federal de segurança máxima

A Lei nº 11.671, de 8 de maio de 2008, com as modificações que foram introduzidas pela Lei nº 13.964, de 24 de dezembro de 2019, dispôs sobre a transferência e a inclusão de presos em estabelecimentos penais federais de segurança máxima, esclarecendo que tal medida se justificaria no interesse da segurança pública ou do próprio preso, condenado ou provisório (art. 3º).

A inclusão em estabelecimento penal federal de segurança máxima, no atendimento do interesse da segurança pública, será em regime fechado de segurança máxima, com as seguintes características: I – recolhimento em cela individual; II – visita do cônjuge, do companheiro, de parentes e de amigos somente em dias determinados, por meio virtual ou no parlatório, com o máximo de 2 (duas) pessoas por vez, além de eventuais crianças, separados por vidro e comunicação por meio de interfone, com filmagem e gravações; III – banho de sol de até 2 (duas) horas diárias; e IV – monitoramento de todos os meios de comunicação, inclusive de correspondência escrita (art. 3º, § 1º).

Os estabelecimentos penais federais de segurança máxima deverão dispor de monitoramento de áudio e vídeo no parlatório e nas áreas comuns, para fins de preservação da ordem interna e da segurança pública, vedado seu uso nas celas e no atendimento advocatício, salvo

---

[33] BITENCOURT, Cezar Roberto. *Manual de direito penal*, Parte geral, v. 1, p. 436.

expressa autorização judicial em contrário. As gravações das visitas não poderão ser utilizadas como meio de prova de infrações penais pretéritas ao ingresso do preso no estabelecimento (art. 3º, §§ 2º e 3º).

O referido diploma legal condicionou a admissão do preso à decisão prévia e fundamentada do juízo federal competente, após receber os autos de transferência enviados pelo juízo responsável pela execução penal ou pela prisão provisória (art. 4º), sendo que, uma vez aceita a transferência, a execução penal ficaria a cargo do juízo federal da seção ou subseção judiciária em que estiver localizado o estabelecimento penal federal de segurança máxima ao qual foi recolhido o preso (art. 2º).

São legitimados a requerer a transferência do preso para o estabelecimento penal de segurança máxima a autoridade administrativa, o Ministério Público e o próprio preso. A Lei nº 11.671, de 8 de maio de 2008, determinou, ainda, nos parágrafos do seu art. 5º, procedimento próprio para a formalização do pedido de transferência.

Uma vez admitida a transferência, o juízo de origem deverá encaminhar ao juízo federal os autos da execução penal (art. 6º).

Rejeitada a transferência, o juízo de origem poderá suscitar o conflito de competência perante o Tribunal competente, que o apreciará em caráter prioritário (art. 9º).

A inclusão do preso em estabelecimento penal federal de segurança máxima será excepcional e por prazo determinado. O período de permanência será de até 3 (três) anos, renovável por igual período, quando solicitado motivadamente pelo juízo de origem, observados os requisitos da transferência, e se persistirem os motivos que a determinaram (art. 10 e § 1º).

As decisões relativas à transferência ou à prorrogação da permanência do preso em estabelecimento penal federal de segurança máxima, à concessão ou à denegação de benefícios prisionais ou à imposição de sanções ao preso federal poderão ser tomadas por órgão colegiado de juízes, na forma das normas de organização interna dos tribunais (art. 11-A).

Os Estados e o Distrito Federal poderão construir estabelecimentos penais de segurança máxima, ou adaptar os já existentes, aos quais será aplicável, no que couber, o disposto na Lei nº 11.671, de 8 de maio de 2008 (art. 11-B).

8.9. Regras do regime semiaberto

O art. 35 do Código Penal determina que seja aplicada a norma do art. 34 ao condenado que inicie o cumprimento de sua pena em regime semiaberto. Isso quer dizer que também, nesse regime, poderá ser realizado exame criminológico, nos termos do parágrafo único do art. 8º da Lei de Execução Penal, a fim de orientar a individualização da execução, e da Súmula nº 439 do STJ, publicada no DJe de 13 de maio de 2010, que diz ser admitido o exame criminológico pelas peculiaridades do caso, desde que em decisão motivada.

Da mesma forma que ao condenado em regime fechado, exige-se a expedição de guia de recolhimento ao condenado em regime semiaberto, cuja pena deverá ser cumprida em colônia agrícola, industrial ou estabelecimento similar, sendo-lhe permitido o trabalho em comum durante o período diurno.

É admissível o trabalho externo, bem como a frequência a cursos supletivos profissionalizantes, de instrução de segundo grau[34] ou superior.

---

[34] Desde a entrada em vigor da Lei nº 12.796, de 4 de abril de 2013, que alterou a Lei nº 9.394, de 20 de dezembro de 1996, a qual estabelece as diretrizes e bases da educação nacional para dispor sobre a formação dos profissionais da educação, o antigo segundo grau passou a ser conhecido como ensino médio, conforme estabelecido no art. 4º, I, "c", daquele diploma legal.

Também poderão remir, pela frequência a curso de ensino regular ou de educação profissional, parte do tempo de execução da pena, observado o disposto no inciso I do § 1º do art. 126 da Lei de Execução Penal, de acordo com a redação que lhe foi conferida pela Lei nº 12.433, de 29 de junho de 2011.

A discussão apontada quando do estudo do regime fechado, relativa ao fato de não se possibilitar o trabalho ao preso, aplica-se neste tópico.

O STJ, em 22 de maio de 2002, aprovou a Súmula nº 269, que diz o seguinte:

> **Súmula nº 269.** É admissível a adoção do regime prisional semiaberto aos reincidentes condenados a pena igual ou inferior a quatro anos se favoráveis as circunstâncias judiciais.

A Lei nº 12.433, de 29 de junho de 2011, alterou o art. 126 da Lei de Execução Penal para possibilitar a remição pelo estudo. O condenado que cumpre pena em regime aberto ou semiaberto e o que usufrui liberdade condicional poderão remir, pela frequência a curso de ensino regular ou de educação profissional, parte do tempo de execução da pena ou do período de prova, observado o disposto no inciso I do § 1º do art. 126 da Lei de Execução Penal, que diz que a contagem de tempo referida no *caput* será feita à razão de 1 (um) dia de pena a cada 12 (doze) horas de frequência escolar – atividade de ensino fundamental, médio, inclusive profissionalizante, ou superior, ou ainda de requalificação profissional – divididas, no mínimo, em 3 (três) dias.

Tal disposição aplica-se, ainda, às hipóteses de prisão cautelar (art. 126, §§ 6º e 7º, da LEP).

8.10. Regras do regime aberto

O regime aberto é uma ponte para a completa reinserção do condenado na sociedade. O seu cumprimento é realizado em estabelecimento conhecido como Casa do Albergado. Esse regime, baseado na autodisciplina e no senso de responsabilidade do condenado, permite que este, fora do estabelecimento e sem vigilância, trabalhe, frequente curso ou exerça outra atividade autorizada, permanecendo recolhido durante o período noturno e nos dias de folga.

A guia de recolhimento também é uma exigência para esse regime. Isso porque o art. 107 da Lei de Execução Penal determina que ninguém será recolhido, para cumprimento de pena privativa de liberdade, sem a guia expedida pela autoridade judiciária.

A peculiaridade do regime aberto, que o difere dos regimes anteriores, diz respeito ao trabalho. Nos regimes anteriores – fechado e semiaberto –, o trabalho do preso faz com que tenha direito à remição. Aqui, no regime aberto, não há previsão legal para remição da pena pelo trabalho, uma vez que somente poderá ingressar nesse regime o condenado que estiver trabalhando ou comprovar a possibilidade de fazê-lo imediatamente. No entanto, a Lei nº 12.433, de 29 de junho de 2011, incluindo o § 6º ao art. 126 da Lei de Execução Penal, assevera que o condenado que cumpre pena em regime aberto poderá remir, pela frequência a curso de ensino regular ou de educação profissional, parte do tempo de execução da pena, observado o disposto no inciso I do § 1º do referido artigo.

Vê-se, portanto, que a condição *sine qua non* para o início do cumprimento da pena ou mesmo a sua progressão para o regime aberto é a possibilidade imediata de trabalho do condenado. Sem trabalho não será possível o regime aberto. A Lei de Execução Penal excepciona a exigência do trabalho nas hipóteses do art. 117, a saber: I – condenado maior de setenta anos; II – condenado acometido de doença grave; III – condenada com filho menor ou deficiente físico ou mental; IV – condenada gestante.

Note-se que a Lei de Execução Penal fala em trabalho, e não em emprego. Portanto, mesmo que o condenado exerça uma atividade laboral sem registro, a exemplo de venda de produtos de forma autônoma, faxina em residências, lavagem de carros etc., poderá ser inserido no regime aberto. Isso porque o desemprego é uma desgraça que assola nosso país. Não podemos exigir do condenado que consiga uma colocação no mercado de trabalho, após sua condenação, competindo igualmente com aqueles que mantêm uma folha penal sem anotações. Isso seria impedir, por vias oblíquas, a concessão do regime aberto.

Obviamente que a atividade indicada pelo condenado deverá ser fiscalizada tanto pelo Ministério Público (art. 67 da LEP) quanto pelo Conselho da Comunidade (art. 81 da LEP), devendo, caso haja alguma irregularidade ou interrupção no trabalho do condenado, ser tal fato comunicado ao Juízo da Execução, para fins de justificação, nos termos do § 2º do art. 118 da Lei de Execução Penal.

Além da necessidade de estar trabalhando ou comprovar a possibilidade de fazê-lo imediatamente, o inciso II do art. 114 da Lei de Execução Penal ainda exige que o condenado apresente, pelos seus antecedentes e pelos resultados do exame criminológico, fundados indícios de que irá ajustar-se, com autodisciplina, baixa periculosidade e senso de responsabilidade, ao novo regime.

Tanto o juiz do processo de conhecimento, caso o regime aberto seja o inicialmente previsto para o cumprimento da pena, como o da execução, em caso de progressão de regime, poderão estabelecer condições especiais para a concessão de regime aberto, entre as quais, a fiscalização por monitoramento eletrônico (conforme modificação introduzida pela Lei nº 14.843/2024), sem prejuízo das seguintes condições gerais e obrigatórias: I – permanecer no local que for designado, durante o repouso e nos dias de folga; II – sair para o trabalho e retornar, nos horários fixados; III – não se ausentar da cidade onde reside, sem autorização judicial; IV – comparecer a juízo, para informar e justificar suas atividades, quando for determinado (art. 115 da LEP).

Em 13 de agosto de 2012, foi publicada no DJe a Súmula nº 493 do STJ, que diz:

> **Súmula nº 493.** É inadmissível a fixação de pena substitutiva (art. 44 do CP) como condição especial ao regime aberto.

Quer isso significar que o julgador não poderá, a título de imposição de condições para a concessão do regime aberto, determinar qualquer das penas restritivas de direitos previstas pelo art. 43 do diploma repressivo.

8.11. A remição pelo estudo nos regimes semiaberto e aberto

A Lei nº 12.433, de 29 de junho de 2011, alterou o art. 126 da LEP para possibilitar a remição pelo estudo. O condenado que cumpre pena em regime aberto ou semiaberto e o que usufrui liberdade condicional poderão remir, pela frequência a curso de ensino regular ou de educação profissional, parte do tempo de execução da pena ou do período de prova, observado o disposto no inciso I do § 1º do art. 126 da LEP. Tal disposição aplica-se, ainda, às hipóteses de prisão cautelar (art. 126, §§ 6º e 7º, da LEP).

8.12. Progressão e regressão de regime

O § 2º do art. 33 do Código Penal determina que as penas privativas de liberdade deverão ser executadas em forma progressiva, segundo o mérito do condenado.

A progressão é um misto de tempo mínimo de cumprimento de pena (critério objetivo) com o mérito do condenado (critério subjetivo). A progressão é uma medida de política criminal que serve de estímulo ao condenado durante o cumprimento de sua pena. A possibilidade de ir galgando regimes menos rigorosos faz com que os condenados tenham a esperança de retorno paulatino ao convívio social.

Apontando critérios de ordem objetiva e subjetiva, o art. 112 da Lei de Execução Penal, com as modificações trazidas pelas Leis nºs 13.964, de 24 de dezembro de 2019, 14.843, de 11 de abril de 2024, e 14.994, de 9 de outubro de 2024, diz, *verbis*:

Art. 112. A pena privativa de liberdade será executada em forma progressiva com a transferência para regime menos rigoroso, a ser determinada pelo juiz, quando o preso tiver cumprido ao menos:
I – 16% (dezesseis por cento) da pena, se o apenado for primário e o crime tiver sido cometido sem violência à pessoa ou grave ameaça;
II – 20% (vinte por cento) da pena, se o apenado for reincidente em crime cometido sem violência à pessoa ou grave ameaça;
III – 25% (vinte e cinco por cento) da pena, se o apenado for primário e o crime tiver sido cometido com violência à pessoa ou grave ameaça;
IV – 30% (trinta por cento) da pena, se o apenado for reincidente em crime cometido com violência à pessoa ou grave ameaça;
V – 40% (quarenta por cento) da pena, se o apenado for condenado pela prática de crime hediondo ou equiparado, se for primário;
VI – 50% (cinquenta por cento) da pena, se o apenado for:
a) condenado pela prática de crime hediondo ou equiparado, com resultado morte, se for primário, vedado o livramento condicional;
b) condenado por exercer o comando, individual ou coletivo, de organização criminosa estruturada para a prática de crime hediondo ou equiparado; ou
c) condenado pela prática do crime de constituição de milícia privada;
VI-A – 55% (cinquenta e cinco por cento) da pena, se o apenado for condenado pela prática de feminicídio, se for primário, vedado o livramento condicional;
VII – 60% (sessenta por cento) da pena, se o apenado for reincidente na prática de crime hediondo ou equiparado;
VIII – 70% (setenta por cento) da pena, se o apenado for reincidente em crime hediondo ou equiparado com resultado morte, vedado o livramento condicional.
§ 1º Em todos os casos, o apenado somente terá direito à progressão de regime se ostentar boa conduta carcerária, comprovada pelo diretor do estabelecimento, e pelos resultados do exame criminológico, respeitadas as normas que vedam a progressão.
§ 2º A decisão do juiz que determinar a progressão de regime será sempre motivada e precedida de manifestação do Ministério Público e do defensor, procedimento que também será adotado na concessão de livramento condicional, indulto e comutação de penas, respeitados os prazos previstos nas normas vigentes.

Suponhamos que o agente tenha sido condenado a uma pena de 8 (oito) anos de reclusão, em regime fechado, por ter praticado o crime de peculato, tipificado no art. 312, *caput*, do Código Penal. Por ser considerado reincidente na prática de crime cometido sem violência ou grave ameaça à pessoa, determina o inciso II do art. 112 da Lei de Execuções Penais que a progressão ocorra com o cumprimento de 20% (vinte por cento) da pena, se presente, ainda, o requisito de natureza subjetiva, vale dizer, ostentar boa conduta carcerária, comprovada pelo diretor do estabelecimento, e pelos resultados do exame criminológico, conforme nova redação dada ao § 2º do art. 122 da LEP pela Lei nº 14.843, de 11 de abril de 2024. Assim, cumpridos 1 (um) ano e 7 (sete) meses e 6 (seis) dias, abre-se-lhe a oportunidade de progressão para o regime semiaberto.

Conforme determina o § 2º do art. 112 em análise, a decisão do juiz que determinar a progressão de regime será sempre motivada e precedida de manifestação do Ministério Público e do defensor.

Ponto que gera dúvida em nossa doutrina diz respeito aos cálculos para a *segunda progressão de regime*. No exemplo acima citado, a primeira progressão ocorreu quando o condenado cumpriu 20% (vinte por cento) da pena que lhe fora imposta. Assim, tendo sido condenado a 8 (oito) anos de reclusão, cumpridos 1 (um) ano, 7 (sete) meses e 6 (seis) dias foi-lhe concedida a progressão. Agora, suponhamos que o condenado, após a sua progressão, esteja cumprindo sua pena em regime semiaberto. A partir de quando terá direito a uma nova progressão para o regime aberto? O cálculo relativo aos 20%, para efeitos de nova progressão deverá ser feito sobre o total da condenação ou sobre o tempo que resta a cumprir? Se fosse sobre o total da condenação, somente após 1 (um) ano, 7 (sete) meses e 6 (seis) dias é que o condenado poderia ingressar no regime aberto. Entendemos não ser essa a melhor interpretação da legislação penal. O período de 1 (um) ano, 7 (sete) meses e 6 (seis) dias, que foi considerado para efeito de progressão de regime, já é tido como tempo de pena efetivamente cumprida. Os futuros cálculos, portanto, somente poderão ser realizados sobre o tempo restante de pena a cumprir, deduzido o já cumprido no regime anterior.

Ressalte-se que a progressão também não poderá ser realizada por "saltos", ou seja, deverá sempre obedecer ao regime legal imediatamente seguinte ao qual o condenado vem cumprindo sua pena. Assim, não há possibilidade de, por exemplo, progredir diretamente do regime fechado para o regime aberto, deixando de lado o regime semiaberto.

Nesse sentido, posicionou-se o STJ:

> "O pedido de prévia oitiva do apenado para o reconhecimento de falta grave fica prejudicado pela superveniente progressão do paciente. Mesmo que se reconhecesse a mácula, o sentenciado não poderia progredir diretamente para o aberto, tendo em vista a vedação à progressão *per saltum*" (STJ, AgRg no HC 452.310 / PR, Rel. Min. Joel Ilan Paciornik, 5ª T., DJe 17/09/2018).

O § 6º, inserido no art. 112 da Lei de Execuções Penais através da Lei nº 13.964, de 24 de dezembro de 2019, assevera que:

> § 6º O cometimento de falta grave durante a execução da pena privativa de liberdade interrompe o prazo para a obtenção da progressão no regime de cumprimento da pena, caso em que o reinício da contagem do requisito objetivo terá como base a pena remanescente.

Tendo em vista a criação do referido parágrafo, se o agente vier a praticar falta grave, prevista pelos arts. 50, 51 e 52 da Lei de Execuções Penais, terá interrompida sua contagem de prazo para efeitos de progressão de regime. Assim, no exemplo que estamos trabalhando, se o agente, condenado a uma pena de 8 (oito) anos de reclusão, em regime fechado, após um ano de efetivo cumprimento de pena, faltando apenas 6 (seis) meses para requerer sua progressão de regime, vier a praticar falta grave, seu prazo será reiniciado e, somente após cumpridos 20% (vinte por cento) sobre a pena remanescente, vale dizer, 7 (sete) anos, é que poderá progredir de regime. No que diz respeito, ainda, à progressão de regime, o Supremo Tribunal Federal, na sessão plenária de 24 de setembro de 2003, aprovou as Súmulas nº 716 e nº 717, que dizem:

> **Súmula nº 716.** Admite-se a progressão de regime de cumprimento de pena ou a aplicação imediata de regime menos severo nela determinada, antes do trânsito em julgado da sentença condenatória.
>
> **Súmula nº 717.** Não impede a progressão de regime de execução da pena, fixada em sentença não transitada em julgado, o fato de o réu se encontrar em prisão especial.

O STF editou, ainda, a Súmula Vinculante nº 26, publicada no DJe de 23 de dezembro de 2009, que diz:

> **Súmula Vinculante nº 26.** Para efeito de progressão de regime no cumprimento de pena por crime hediondo, ou equiparado, o juízo da execução observará a inconstitucionalidade do art. 2º da Lei nº 8.072, de 25 de julho de 1990, sem prejuízo de avaliar se o condenado preenche, ou não, os requisitos objetivos e subjetivos do benefício, podendo determinar, para tal fim, de modo fundamentado, a realização de exame criminológico.

O STJ, a seu turno, editou a Súmula nº 439, publicada no DJe de 13 de maio de 2010, com a seguinte redação:

> **Súmula nº 439.** Admite-se o exame criminológico pelas peculiaridades do caso, desde que em decisão motivada.

Hoje, por conta da modificação ocorrida no § 1º do art. 112 da LEP, introduzida pela Lei nº 14.843, de 11 de abril de 2024, o exame criminológico deixou de ser uma possibilidade, passando a ser considerado uma necessidade para efeitos de concessão de progressão de regime.

No que diz respeito à Lei nº 8.072, de 25 de julho de 1990, o STJ firmou seu posicionamento por meio da Súmula nº 471, publicada no DJe de 28 de fevereiro de 2011, que diz:

> **Súmula nº 471.** Os condenados por crimes hediondos ou assemelhados cometidos antes da vigência da Lei nº 11.464/2007 sujeitam-se ao disposto no art. 112 da Lei nº 7.210/1984 (Lei de Execução Penal) para a progressão de regime prisional.

Por intermédio da Lei nº 10.763, de 12 de novembro de 2003, foi criado um § 4º ao art. 33 do Código Penal, *verbis*:

> § 4º O condenado por crime contra a administração pública terá a progressão de regime do cumprimento da pena condicionada à reparação do dano que causou, ou à devolução do produto do ilícito praticado, com os acréscimos legais.

Deve ser ressaltado, ainda que, com as modificações produzidas no art. 112 da LEP, através da Lei nº 13.964, de 24 de dezembro de 2019, houve uma alteração significativa no que diz respeito ao percentual que deve ser cumprido pelo condenado para efeitos de possibilitar a sua progressão de regime de cumprimento de pena.

Na maioria das hipóteses elencadas pelos incisos do mencionado art. 112, houve um aumento do tempo necessário de cumprimento de pena. Assim, pergunta-se: O art. 112 deverá ser aplicado, indistintamente, a todos os condenados que almejam progredir de regime? A resposta só pode ser negativa. Isso porque, em se tratando de uma norma de natureza mista, ou seja, possuindo tanto natureza penal como processual penal, deverá ser observado o princípio da extra-atividade. Assim, o art. 112 da LEP, com a nova redação que lhe foi conferida pela Lei nº 13.964, de 24 de dezembro de 2019, somente será aplicado aos fatos praticados após a sua entrada em vigor. Os fatos anteriores serão regidos pelos dispositivos vigentes à época da sua prática.

Nesse sentido, Soraia da Rosa Mendes e Ana Maria Martínez aduzem, com precisão, que:

"A impossibilidade de retroatividade para prejudicar o(a) condenado(a) deverá ser seguida com a implementação da Lei 13.964, vez que de todas as novas temporalidades adotadas, apenas uma é mais benéfica que a lei anterior, trata-se da primeira hipótese do art. 112 da LEP, que agora estabelece a progressão após cumpridos 16% da pena"[35].

A regressão vem disciplinada no art. 118 da Lei de Execução Penal, que diz que a execução da pena privativa de liberdade ficará sujeita à forma regressiva, com transferência para qualquer dos regimes mais rigorosos, quando o condenado: I – praticar fato definido como crime doloso ou falta grave; II – sofrer condenação, por crime anterior, cuja pena, somada ao restante da pena em execução, torne incabível o regime (conforme art. 111 da LEP).

Inicialmente, deve ser esclarecido que a primeira parte do inciso I do art. 118, segundo entendemos, não foi recepcionada pela nossa Constituição Federal. Isso porque o legislador constituinte, de forma expressa, consagrou em nosso Texto Maior o princípio da presunção de inocência, asseverando, em seu art. 5º, LVII, que ninguém será considerado culpado até o

---

[35] ROSA MENDES, Soraia da; MARTÍNEZ, Ana Maria. *Pacote anticrime* – comentários críticos à Lei 13.964/2019.

trânsito em julgado da sentença penal condenatória. A título de exemplo, suponhamos que alguém esteja cumprindo sua pena em regime semiaberto e, durante a execução, venha a ser acusado de ter agredido um outro preso, causando-lhe lesões corporais. Segundo determina o inciso I do art. 118 da Lei de Execução Penal, tendo praticado, em tese, um fato definido como crime doloso, poderia, após a audiência de justificação prevista no § 2º do mesmo artigo, ver seu regime regredido, caso o juiz da execução não se convencesse de seus argumentos. Contudo, no caso de fato definido como crime, entendemos que a regressão ocorrerá somente quando houver uma decisão definitiva a respeito da infração penal levada a efeito pelo condenado. Nesse exemplo, embora tivesse ele realmente agredido outro preso, poderia tê-lo feito em legítima defesa, o que afastaria a ocorrência do crime.[36]

A segunda parte do inciso I do art. 118 da Lei de Execução Penal também permite a regressão se o condenado praticar falta grave. O art. 50 da Lei de Execução Penal diz que: *comete falta grave o condenado à pena privativa de liberdade que: I – incitar ou participar de movimento para subverter a ordem ou a disciplina; II – fugir; III – possuir, indevidamente, instrumento capaz de ofender a integridade física de outrem; IV – provocar acidente de trabalho; V – descumprir, no regime aberto, as condições impostas; VI – inobservar os deveres previstos nos incisos II e V do art. 39 da Lei de Execução Penal; VII – tiver em sua posse, utilizar ou fornecer aparelho telefônico, de rádio ou similar, que permita a comunicação com outros presos ou com o ambiente externo* (inciso acrescentado pela Lei nº 11.466, de 28 de março de 2007), *VIII – recusar submeter-se ao procedimento de identificação do perfil genético.* (inciso acrescentado pela Lei nº 13.964, de 24 de dezembro de 2019.).[37]

O art. 52 da Lei de Execução Penal, com a nova redação que lhe foi conferida pela Lei nº 13.964, de 24 de dezembro de 2019, também considera falta grave, dizendo, *verbis*:

> **Art. 52.** A prática de fato previsto como crime doloso constitui falta grave e, quando ocasionar subversão da ordem ou disciplina internas, sujeitará o preso provisório, ou condenado, nacional ou estrangeiro, sem prejuízo da sanção penal, ao regime disciplinar diferenciado, com as seguintes características:
> I – duração máxima de até 2 (dois) anos, sem prejuízo de repetição da sanção por nova falta grave de mesma espécie;
> II – recolhimento em cela individual;
> III – visitas quinzenais, de 2 (duas) pessoas por vez, a serem realizadas em instalações equipadas para impedir o contato físico e a passagem de objetos, por pessoa da família ou, no caso de terceiro, autorizado judicialmente, com duração de 2 (duas) horas;
> IV – direito do preso à saída da cela por 2 (duas) horas diárias para banho de sol, em grupos de até 4 (quatro) presos, desde que não haja contato com presos do mesmo grupo criminoso;
> V – entrevistas sempre monitoradas, exceto aquelas com seu defensor, em instalações equipadas para impedir o contato físico e a passagem de objetos, salvo expressa autorização judicial em contrário;
> VI – fiscalização do conteúdo da correspondência;
> VII – participação em audiências judiciais preferencialmente por videoconferência, garantindo-se a participação do defensor no mesmo ambiente do preso.

No que diz respeito à prática de fato definido como crime doloso, o STJ editou a Súmula nº 526, publicada no DJe de 18 de maio de 2015, que diz:

---

[36] Em sentido contrário, assevera Renato Marcão: "Não é necessário que o crime doloso tenha sido objeto de sentença condenatória transitada em julgado. Não ocorre, na hipótese, violação do princípio da presunção de inocência ou estado de inocência" (*Curso de execução penal*, p. 145).

[37] A Lei nº 12.012, de 6 de agosto de 2009, acrescentou ao Código Penal o art. 349-A, que diz, *verbis*: Art. 349-A. *Ingressar, promover, intermediar, auxiliar ou facilitar a entrada de aparelho telefônico de comunicação móvel, de rádio ou similar, sem autorização legal, em estabelecimento prisional.Pena: detenção, de 3 (três) meses a 1 (um) ano.*

> **Súmula nº 526.** O reconhecimento de falta grave decorrente do cometimento de fato definido como crime doloso no cumprimento da pena prescinde do trânsito em julgado de sentença penal condenatória no processo penal instaurado para apuração do fato.

No caso de falta grave, a regressão somente poderá ser determinada após ser ouvido o condenado, numa audiência de justificação (art. 118, § 2º, da LEP).

Decidiu o STJ:

"Para o reconhecimento da prática de falta disciplinar, no âmbito da execução penal, é imprescindível a instauração de procedimento administrativo pelo diretor do estabelecimento prisional, assegurado o direito de defesa, a ser realizado por advogado constituído ou defensor público nomeado" (REsp n. 1.378.557/RS, Terceira Seção, Rel. Min. Marco Aurélio Bellizze, DJe de 21/03/2014, grifei). O Plenário do col. Pretório Excelso, em julgamento do RE nº 398.269/RS, Rel. Exmo. Min. Gilmar Mendes, DJe 26/02/2010, concluiu pela inaplicabilidade da Súmula Vinculante nº 5 aos procedimentos administrativos disciplinares realizados em sede de execução penal, ressaltando a imprescindibilidade da defesa técnica nesses procedimentos, sob pena de afronta aos princípios do contraditório e da ampla defesa, aos ditames da LEP e à legislação processual penal. A apuração e aplicação de sanção disciplinar em procedimento administrativo disciplinar instaurado para apuração de falta grave supostamente praticada no curso da execução penal sem a presença de defesa técnica, viola os princípios do contraditório e da ampla defesa e configura causa de nulidade absoluta do PAD" (STJ, HC 517.663 / MG, Rel. Min. Leopoldo de Arruda Raposo – Desembargador convocado do TJPE, 5ª T., DJe 11/10/2019).

> **Súmula nº 533 do STJ.** Para o reconhecimento da prática de falta disciplinar no âmbito da execução penal, é imprescindível a instauração de procedimento administrativo pelo diretor do estabelecimento prisional, assegurado o direito de defesa, a ser realizado por advogado constituído ou defensor público nomeado.

A Lei de Execução Penal também determina a regressão se o condenado sofrer condenação por crime anterior cuja pena, somada ao restante da pena em execução, torne incabível o regime, uma vez que o art. 111 diz que quando houver condenação por mais de um crime, no mesmo processo ou em processos distintos, a determinação do regime de cumprimento será feita pelo resultado da soma ou da unificação das penas, observada, quando for o caso, a detração ou a remição.

A situação nesse inciso difere daquela na qual dissemos não ter sido recepcionada pela Constituição Federal. No inciso I, o fato definido como crime doloso foi praticado durante a execução da pena e sob a égide do regime que se pretende regredir. Nesse caso, a condenação transitada em julgado fará com que ocorra a regressão, mesmo que o tempo de pena aplicado, somado ao tempo restante, possibilite, objetivamente, a permanência no regime. Aqui ficou demonstrada a falta de aptidão para o prosseguimento no regime no qual o condenado vinha cumprindo sua pena. Falta-lhe mérito para nele permanecer. Já a segunda hipótese diz respeito a crime – doloso ou culposo, a lei não faz distinção – cometido antes da progressão. Suponhamos que o agente tenha conseguido sua progressão para o regime semiaberto e, durante o cumprimento de sua pena, surja uma condenação por fato praticado anteriormente, acrescentando-lhe mais um ano de privação de liberdade. Se esse período, somado ao tempo que resta da pena a ser cumprida pelo condenado, perfizer um total que permita a manutenção do regime semiaberto, observando-se o § 2º do art. 33 do Código Penal, não haverá necessidade de regressão.

A diferença reside, portanto, no momento da prática do fato definido como crime: se antes ou durante a execução da pena no novo regime.

O STJ tem decidido no sentido de permitir a regressão de regime referida no art. 118, I e II, da LEP, mesmo sem ter ocorrido o trânsito em julgado da sentença penal condenatória:

"Ao que se extrai da letra mesma da lei, ao condenado que incide nas disposições dos incisos I e II do art. 118 da Lei nº 7.210/84, é imposta a regressão ao regime de cumprimento de pena mais gravoso, não havendo falar em violação do princípio da presunção de inocência, uma vez que a permanência do apenado em regime menos rigoroso implica, à evidência, o cumprimento das condições impostas, dentre as quais, as restrições de não praticar fato definido como crime doloso ou mesmo falta grave.

Não há exigir, em casos tais, trânsito em julgado da condenação pela nova infração, na exata razão de que reduziria a um nada a efetividade do processo de execução, exigindo-se, por isso mesmo, um quanto de certeza suficiente quanto ao crime e sua autoria, bem certificada pelo recebimento da denúncia" (REsp 564.971/RS, Rel. Min. Hamilton Carvalhido, 6ª T., julg. 7/10/ 2004, DJ 17/12/2004, p. 606).

Para que ocorra a regressão de regime de cumprimento da pena, o STF tem se posicionado afirmando que, primeiramente, deve ter havido a progressão, dizendo:

"Sentença transitada em julgado determinando o início do cumprimento da pena em regime semiaberto. Regressão de regime em razão da prática de falta grave [o paciente foi beneficiado com a saída temporária e não retornou]. Impossibilidade da regressão de regime do cumprimento da pena: a regressão de regime sem que o réu tenha sido beneficiado pela progressão de regime afronta a lógica. A sanção pela falta grave deve, no caso, estar adstrita à perda dos dias remidos. Ordem concedida" (*HC* 93.761, Rel. Min. Eros Grau, 2ª T., DJe 19/12/2008).

Merece ser ressaltado, ainda, que, ao contrário do que ocorre com a progressão de regime que, como dissemos, não poderá ser realizada "por saltos", devendo o julgador fazer com que o condenado ingresse, presentes os requisitos objetivos e subjetivos, no regime imediatamente posterior àquele que vinha cumprindo sua pena, na regressão o julgador poderá impor ao condenado o regime que, segundo as provas dos autos, lhe parece o mais adequado. Assim, se ocorrer alguma das hipóteses previstas pelo art. 118 da Lei de Execução Penal, pode o condenado, que vinha cumprindo sua pena em regime aberto, ser transferido, por exemplo, diretamente ao regime fechado, não havendo necessidade de ser submetido, primeiramente, ao regime semiaberto.

Em qualquer caso, deverá o julgador fundamentar sua decisão, explicando os motivos pelos quais entende que o condenado deverá passar a cumprir sua pena neste ou naquele regime.

8.12.1. *Jurisprudência em teses do Superior Tribunal de Justiça, Boletim nº 7, publicado em 19 de fevereiro de 2014, sobre falta grave em execução penal*

1) Após a vigência da Lei nº 11.466, de 28 de março de 2007, constitui falta grave a posse de aparelho celular ou de seus componentes, tendo em vista que a *ratio essendi* da norma é proibir a comunicação entre os presos ou destes com o meio externo.
2) A prática de fato definido como crime doloso no curso da execução penal caracteriza falta grave, independentemente do trânsito em julgado de eventual sentença penal condenatória. (Tese julgada sob o rito do art. 543-C do CPC[38])
3) Diante da inexistência de legislação específica quanto ao prazo prescricional para apuração de falta grave, deve ser adotado o menor lapso prescricional previsto no art. 109 do CP, ou seja, o de 3 anos para fatos ocorridos após a alteração dada pela Lei nº 12.234, de 5 de maio de 2010, ou o de 2 anos se a falta tiver ocorrido até essa data.

---

[38] Atual art. 1.036 do Código de Processo Civil (Lei nº 13.105, de 16 de março de 2015).

4) Para o reconhecimento da prática de falta disciplinar, no âmbito da execução penal, é imprescindível a instauração de procedimento administrativo pelo diretor do estabelecimento prisional, assegurado o direito de defesa, a ser realizado por advogado constituído ou defensor público nomeado. (Tese julgada sob o rito do art. 543-C do CPC[39])
5) A prática de falta grave pode ensejar a regressão cautelar do regime prisional sem a prévia oitiva do condenado, que somente é exigida na regressão definitiva.
6) O cometimento de falta grave enseja a regressão para regime de cumprimento de pena mais gravoso.
7) A prática de falta grave interrompe a contagem do prazo para a obtenção do benefício da progressão de regime.
8) Com o advento da Lei nº 12.433, de 29 de junho de 2011, o cometimento de falta grave não mais enseja a perda da totalidade do tempo remido, mas limita-se ao patamar de 1/3, cabendo ao juízo das execuções penais dimensionar o *quantum*, segundo os critérios do art. 57 da LEP.
9) A falta grave não interrompe o prazo para obtenção de livramento condicional. (Súmula 441/STJ)
10) A prática de falta grave não interrompe o prazo para aquisição do indulto e da comutação, salvo se houver expressa previsão a respeito no decreto concessivo dos benefícios.

O STJ consolidou seus posicionamentos com a edição das Súmulas nºs 533, 534, 535 e 660, sendo as três primeiras publicadas no DJe de 15 de junho de 2015, e a última no DJe de 13 de setembro de 2023:

> **Súmula nº 533.** *Para o reconhecimento da prática de falta disciplinar no âmbito da execução penal, é imprescindível a instauração de procedimento administrativo pelo diretor do estabelecimento prisional, assegurado o direito de defesa, a ser realizado por advogado constituído ou defensor público nomeado.*
> **Súmula nº 534.** *A prática de falta grave interrompe a contagem do prazo para a progressão de regime de cumprimento de pena, o qual se reinicia a partir do cometimento dessa infração.*
> **Súmula nº 535.** *A prática de falta grave não interrompe o prazo para fim de comutação de pena ou indulto*
> **Súmula nº 660.** *A posse, pelo apenado, de aparelho celular ou de seus componentes essenciais constitui falta grave.*

8.12.2. *Jurisprudência em teses do Superior Tribunal de Justiça, edição nº 144, sobre falta grave em execução penal – II*

1) Faltas graves cometidas em período longínquo e já reabilitadas não configuram fundamento idôneo para indeferir o pedido de progressão de regime, para que os princípios da razoabilidade e da ressocialização da pena e o direito ao esquecimento sejam respeitados.
2) O cometimento de falta de natureza especialmente grave constitui fundamento idôneo para decretação de perda dos dias remidos na fração legal máxima de 1/3 (art. 127 da Lei nº 7.210/1984 – Lei de Execução Penal).
3) O cometimento de falta grave durante a execução penal autoriza a regressão do regime de cumprimento de pena, mesmo que seja estabelecido de forma mais gravosa

---

[39] Atual art. 1.036 do Código de Processo Civil (Lei nº 13.105, de 16 de março de 2015).

do que a fixada na sentença condenatória (art. 118, I, da Lei de Execução Penal – LEP), não havendo falar em ofensa à coisa julgada.

4) Quando não houver regressão de regime prisional, é dispensável a realização de audiência de justificação no procedimento administrativo disciplinar para apuração de falta grave.

5) A prática de falta grave durante o cumprimento da pena não acarreta a alteração da data-base para fins de saída temporária e trabalho externo.

6) A posse de fones de ouvido no interior do presídio é conduta formal e materialmente típica, configurando falta de natureza grave, uma vez que viabiliza a comunicação intra e extramuros.

7) É prescindível a perícia de aparelho celular apreendido para a configuração da falta disciplinar de natureza grave do art. 50, VII, da Lei nº 7.210/1984.

8) O reconhecimento de falta grave prevista no art. 50, III, da Lei nº 7.210/1984 dispensa a realização de perícia no objeto apreendido para verificação da potencialidade lesiva, por falta de previsão legal.

9) É imprescindível a confecção do laudo toxicológico para comprovar a materialidade da infração disciplinar e a natureza da substância encontrada com o apenado no interior de estabelecimento prisional.

10) A posse de drogas no curso da execução penal, ainda que para uso próprio, constitui falta grave.

O Superior Tribunal de Justiça, por meio da sua Terceira Seção, aprovou a Súmula nº 661, publicada no DJe de 13 de setembro de 2023, que diz:

> **Súmula nº 661.** A falta grave prescinde da perícia do celular apreendido ou de seus componentes essenciais.

8.12.3. Jurisprudência em teses do Superior Tribunal de Justiça, edição nº 145, sobre falta grave em execução penal – III

1) A decisão proferida pela autoridade administrativa prisional em processo administrativo disciplinar – PAD que apura o cometimento de falta grave disciplinar no âmbito da execução penal é ato administrativo, portanto, passível de controle de legalidade pelo Poder Judiciário.

2) A decisão que reconhece a prática de falta grave disciplinar deverá ser desconstituída diante das hipóteses de arquivamento de inquérito policial ou de posterior absolvição na esfera penal, por inexistência do fato ou negativa de autoria, tendo em vista a atipicidade da conduta.

3) No processo administrativo disciplinar que apura a prática de falta grave, não há obrigatoriedade de que o interrogatório do sentenciado seja o último ato da instrução, bastando que sejam respeitados o contraditório e a ampla defesa, e que um defensor esteja presente.

4) A palavra dos agentes penitenciários na apuração de falta grave é prova idônea para o convencimento do magistrado, haja vista tratar-se de agentes públicos, cujos atos e declarações gozam de presunção de legitimidade e de veracidade.

5) No processo administrativo disciplinar instaurado para apuração de falta grave supostamente praticada no curso da execução penal, a inexistência de defesa técnica por advogado na oitiva de testemunhas viola os princípios do contraditório e da ampla defesa e configura causa de nulidade do PAD.

6) A ausência de defesa técnica em procedimento administrativo disciplinar instaurado para apuração de falta grave em execução penal viola os princípios do contraditório e da ampla defesa e enseja nulidade absoluta do PAD.

7) É dispensável nova oitiva do apenado antes da homologação judicial da falta grave, se previamente ouvido em procedimento administrativo disciplinar, em que foram assegurados o contraditório e a ampla defesa.

8) A nova redação do art. 127 da Lei de Execução Penal – LEP, que prevê a limitação da perda dos dias remidos a 1/3 (um terço) do total no caso da prática de falta grave, deve ser aplicada retroativamente por se tratar de norma penal mais benéfica.

9) O reconhecimento de falta grave no curso da execução penal justifica a perda de até 1/3 do total de dias trabalhados pelo apenado até a data do ato de indisciplina carcerária, ainda que não haja declaração judicial da remição, consoante a interpretação sistemática e teleológica do art. 127 da LEP.

10) O rol do art. 50 da Lei de Execuções Penais (Lei n. 7.210/1984), que prevê as condutas que configuram falta grave, é taxativo, não possibilitando interpretação extensiva ou complementar, a fim de acrescer ou ampliar o alcance das condutas previstas.

8.12.4. Jurisprudência em teses do Superior Tribunal de Justiça, edição nº 146, sobre falta grave em execução penal – IV

1) É necessária a individualização da conduta para reconhecimento de falta grave praticada pelo apenado em autoria coletiva, não se admitindo a sanção coletiva a todos os participantes indistintamente.

2) A imposição da falta grave ao executado em razão de conduta praticada por terceiro, quando não comprovada a autoria do reeducando, viola o princípio constitucional da intranscendência (art. 5º, XLV, da Constituição Federal).

3) A desobediência aos agentes penitenciários configura falta de natureza grave, a teor da combinação entre os art. 50, VI, e art. 39, II e V, da Lei de Execuções Penais.

4) A inobservância do perímetro estabelecido para monitoramento de tornozeleira eletrônica configura falta disciplinar de natureza grave, nos termos dos art. 50, VI, e art. 39, V, da LEP.

5) A utilização de tornozeleira eletrônica sem bateria suficiente configura falta disciplinar de natureza grave, nos termos dos art. 50, VI, e art. 39, V, da LEP.

6) O rompimento da tornozeleira eletrônica configura falta disciplinar de natureza grave, a teor dos art. 50, VI e art. 146-C da Lei nº 7.210/1989 – LEP.

7) A fuga configura falta grave de natureza permanente, porquanto o ato de indisciplina se prolonga no tempo, até a recaptura do apenado.

8) O marco inicial da prescrição para apuração da falta grave em caso de fuga é o dia da recaptura do foragido.

9) A falta grave pode ser utilizada a fim de verificar o cumprimento do requisito subjetivo necessário para a concessão de benefícios da execução penal.

10) A prática de falta grave no curso da execução penal constitui fundamento idôneo para negar a progressão de regime, ante a ausência de preenchimento do requisito subjetivo.

11) O cometimento de falta disciplinar de natureza grave no curso da execução penal justifica a exigência de exame criminológico para fins de progressão de regime. (Vide nova redação dada ao § 1º do art. 112 da LEP pela Lei nº 14.843, de 11 de abril de 2024)

12) Os efeitos da prática de outra infração penal, no curso do livramento condicional, submetem-se às regras próprias deste benefício e, portanto, não se confundem com os consectários legais da falta grave.

13) A falta disciplinar grave impede a concessão do livramento condicional, por evidenciar a ausência do requisito subjetivo relativo ao comportamento satisfatório durante o resgate da pena, nos termos do art. 83, III, do Código Penal – CP.
14) O cometimento de falta grave é motivo idôneo para o indeferimento do benefício da saída temporária, por ausência de preenchimento do requisito subjetivo.
15) A falta grave disciplinar deve ser sopesada pelo órgão jurisdicional na análise do requisito subjetivo para fins de concessão de trabalho externo, nos termos do art. 37 da LEP.
16) Consoante previsão dos art. 50, VI, e art. 39, V, da LEP, configura falta grave a recusa pelo condenado à execução de trabalho interno regularmente determinado pelo agente público competente, não havendo que se confundir o dever de trabalho, referendado pela Convenção Americana de Direitos Humanos (art. 6º), com a pena de trabalho forçado, vedada pela Constituição Federal – art. 5º, XLVIII, c.
17) A falta disciplinar de natureza grave praticada no período estabelecido pelos decretos presidenciais que tratam de benefícios executórios impede a concessão de indulto ou de comutação da pena, ainda que a penalidade tenha sido homologada após a publicação das normas.
18) A prática de falta grave durante a execução permite a regressão de regime de pena *per saltum* (art. 118, I, da LEP), sendo desnecessária a observância da forma progressiva estabelecida no art. 112 da mesma lei.

No que diz respeito à prática de fato definido como crime doloso, o STJ editou a Súmula nº 526, publicada no DJe de 18 de maio de 2015, que diz:

> **Súmula nº 526.** O reconhecimento de falta grave decorrente do cometimento de fato definido como crime doloso no cumprimento da pena prescinde do trânsito em julgado de sentença penal condenatória no processo penal instaurado para apuração do fato.

8.13. Regime especial

Procurando evitar a promiscuidade e a prostituição no sistema carcerário, a lei determina que as mulheres cumpram pena em estabelecimento próprio, observando-se os direitos e deveres inerentes à sua condição pessoal, bem como, no que couber, o disposto no capítulo I do Título V do Código Penal, atendendo-se, assim, ao disposto no art. 5º, XLVIII, da Constituição Federal, que diz que a pena será cumprida em estabelecimentos distintos, de acordo com a natureza do delito, a idade e o *sexo do apenado*.

Esses estabelecimentos prisionais destinados às mulheres deverão possuir, exclusivamente, agentes do sexo feminino na segurança de suas dependências internas, conforme determina o § 3º, incluído no art. 83 da Lei de Execução Penal pela Lei nº 12.121, de 15 de dezembro de 2009.

A Lei nº 11.942, de 28 de maio de 2009, preocupando-se com a condição da condenada gestante, parturiente e mãe, modificando o § 2º do art. 83 da Lei de Execução Penal, passou a determinar que os estabelecimentos penais destinados a mulheres serão dotados de berçário, onde as condenadas possam cuidar de seus filhos, inclusive amamentá-los, no mínimo, até 6 (seis) meses de idade.

A mencionada Lei nº 11.942, de 28 de maio de 2009, também modificou o art. 89 da Lei de Execução Penal, fazendo, ainda, inserção de um parágrafo único, dizendo, *verbis*:

> **Art. 89.** Além dos requisitos referidos no art. 88, a penitenciária de mulheres será dotada de seção para gestante e parturiente e de creche para abrigar crianças maiores de 6 (seis) meses e menores de 7 (sete) anos, com a finalidade de assistir a criança desamparada cuja responsável estiver presa.

> **Parágrafo único.** São requisitos básicos da seção e da creche referidas neste artigo:
> I – atendimento por pessoal qualificado, de acordo com as diretrizes adotadas pela legislação educacional e em unidades autônomas; e
> II – horário de funcionamento que garanta a melhor assistência à criança e à sua responsável.

Em 6 de outubro de 2015, foi publicada a Lei nº 13.167, que modificou o art. 84 da LEP, dizendo:

> **Art. 84.** O preso provisório ficará separado do condenado por sentença transitada em julgado.
> § 1º Os presos provisórios ficarão separados de acordo com os seguintes critérios:
> I – acusados pela prática de crimes hediondos ou equiparados;
> II – acusados pela prática de crimes cometidos com violência ou grave ameaça à pessoa;
> III – acusados pela prática de outros crimes ou contravenções diversos dos apontados nos incisos I e II.
> § 2º O preso que, ao tempo do fato, era funcionário da Administração da Justiça Criminal ficará em dependência separada.
> § 3º Os presos condenados ficarão separados de acordo com os seguintes critérios:
> I – condenados pela prática de crimes hediondos ou equiparados;
> II – reincidentes condenados pela prática de crimes cometidos com violência ou grave ameaça à pessoa;
> III – primários condenados pela prática de crimes cometidos com violência ou grave ameaça à pessoa;
> IV – demais condenados pela prática de outros crimes ou contravenções em situação diversa das previstas nos incisos I, II e III.
> § 4º O preso que tiver sua integridade física, moral ou psicológica ameaçada pela convivência com os demais presos ficará segregado em local próprio.

8.14. Direitos do preso

O preso conserva todos os direitos não atingidos pela perda da liberdade, impondo-se a todas as autoridades o respeito à sua integridade física e moral (art. 38 do CP). Talvez esse seja um dos artigos mais desrespeitados de nossa legislação penal. A toda hora testemunhamos, pelos meios de comunicação, a humilhação e o sofrimento daqueles que por algum motivo se encontram em nosso sistema carcerário. Não somente os presos provisórios, que ainda aguardam julgamento nas cadeias públicas, como também aqueles que já foram condenados e cumprem pena nas penitenciárias do Estado. Na verdade, temos problemas em toda a Federação. Motins, rebeliões, mortes, tráfico de entorpecentes e de armas ocorrem com frequência em nosso sistema carcerário. A pena é um mal necessário. No entanto, o Estado, quando faz valer o seu *ius puniendi*, deve preservar as condições mínimas de dignidade da pessoa humana. O erro cometido pelo cidadão ao praticar um delito não permite que o Estado cometa outro, muito mais grave, de tratá-lo como um animal. Se uma das funções da pena é a ressocialização do condenado, certamente num regime cruel e desumano isso não acontecerá. As leis surgem e desaparecem com a mesma facilidade. Direitos são outorgados, mas não são cumpridos. O Estado faz de conta que cumpre a lei, mas o preso, que sofre as consequências pela má administração, pela corrupção dos poderes públicos, pela ignorância da sociedade, sente-se cada vez mais revoltado, e a única coisa que pode pensar dentro daquele ambiente imundo, fétido, promíscuo, enfim, desumano, é em fugir e voltar a delinquir, já que a sociedade jamais o receberá com o fim de ajudá-lo.

Mesmo diante desse quadro real e verdadeiro, normas existem com a finalidade de diminuir, se bem aplicadas, o caos carcerário. Alguns dizem que a nossa Lei de Execução Penal foi feita para o chamado Primeiro Mundo, razão pela qual não tinha condições de ser aplicada em nosso país, ainda em desenvolvimento, ou emergente, como querem alguns. O fato, contudo, se resume a uma administração corrupta e sem vontade política, pois exemplos são dados a toda hora de que é possível a aplicação da nossa Lei de Execução Penal, sem que gozemos do *status* de país de Primeiro Mundo, v.g., o excepcional trabalho realizado pela Associação de Proteção e Assistência dos Condenados (APAC), em várias cidades do estado de Minas Gerais.

O art. 41 da Lei de Execução Penal diz que constituem direitos do preso:

> I – alimentação suficiente e vestuário;
> II – atribuição de trabalho e sua remuneração;
> III – previdência social;
> IV – constituição de pecúlio;
> V – proporcionalidade na distribuição do tempo para o trabalho, o descanso e a recreação;
> VI – exercício das atividades profissionais, intelectuais, artísticas e desportivas anteriores, desde que compatíveis com a execução da pena;
> VII – assistência material, à saúde, jurídica, educacional, social e religiosa;
> VIII – proteção contra qualquer forma de sensacionalismo;
> IX – entrevista pessoal e reservada com o advogado;
> X – visita do cônjuge, da companheira, de parentes e amigos em dias determinados;
> XI – chamamento nominal;
> XII – igualdade de tratamento, salvo quanto às exigências da individualização da pena;
> XIII – audiência especial com o diretor do estabelecimento;
> XIV – representação e petição a qualquer autoridade, em defesa de direito;
> XV – contato com o mundo exterior por meio de correspondência escrita, da leitura e de outros meios de informação que não comprometam a moral e os bons costumes;
> XVI – atestado de pena a cumprir, emitido anualmente, sob pena de responsabilidade da autoridade judiciária competente.
> **Parágrafo único.** Os direitos previstos nos incisos V, X e XV poderão ser suspensos ou restringidos mediante ato motivado do diretor do estabelecimento.

Todos os direitos acima são importantes e necessários para que o preso possa cumprir sua pena com dignidade, a fim de ser, futuramente, reinserido no convívio social. Contudo, vale destacar a necessidade de assistência religiosa no cárcere. Quem tem um pouco de experiência na área penal e conhece de perto o sistema carcerário sabe da importância e da diferença entre um preso convertido, ou seja, que teve um encontro com Deus, daquele outro que ainda não teve essa experiência pessoal e continua com os mesmos pensamentos que o levaram a praticar delitos.

Algumas autoridades têm certa resistência em permitir a assistência religiosa, sob o falso argumento de que aqueles que iriam pregar a palavra de Deus dentro dos estabelecimentos carcerários correriam risco. Motins e rebeliões podem acontecer a qualquer momento, sabemos disso. Não só o pregador corre risco, como também os amigos e parentes dos presos que vão visitá-los nos dias permitidos. Mas, embora sem o apoio do Estado, esse trabalho não pode cessar.

Tanto nas cadeias como nas penitenciárias existem celas exclusivas para os presos convertidos. São pessoas diferentes, que não pensam em fugir ou delinquir após o seu retorno à sociedade. Os demais presos com eles têm o conforto necessário para que possam suportar a privação da liberdade. Os crentes em Jesus Cristo, embora presos, são mais livres do que muitos outros que se encontram do lado de fora das grades. É bom lembrar que o apóstolo Paulo, de dentro da sua cela, preso, aguardando julgamento, que afinal o condenou à morte, confortava os irmãos em Cristo que estavam soltos. O apóstolo João, de dentro de uma cela localizada na ilha de Patmos, teve a revelação do livro de *Apocalipse*. Nós não sabemos os desígnios de Deus, mas muitas vezes pode ocorrer que Ele, propositadamente, permita que alguém seja preso, para que a sua Palavra seja difundida entre aqueles que mais precisam escutá-la.

Enfim, não podemos tirar a única palavra de esperança dos presos, que é a Palavra de Deus, razão pela qual o acesso deve ser livre aos pregadores. O art. 24 da Lei de Execução Penal, que muitas vezes não é obedecido pelas autoridades encarregadas da administração penitenciária, assevera que *a assistência religiosa, com liberdade de culto, será prestada aos presos e aos internados, permitindo-se-lhes a participação nos serviços organizados no estabelecimento penal, bem como a posse de livros de instrução religiosa,* sendo que, ainda, deverá existir nos estabelecimentos prisionais lugares destinados aos cultos religiosos. Não poderá o preso, contudo, contrariamente à sua vontade, ser obrigado a participar de qualquer atividade religiosa (art. 24, §§ 1º e 2º, da LEP).

8.14.1. Gestantes e mães presas

A Lei nº 11.942, de 28 de maio de 2009, fez inserir na LEP novos direitos para as presas gestantes, parturientes, bem como para aquelas que tenham filhos com até 7 (sete) anos de idade.

Tal modificação veio ao encontro dos tratados e acordos internacionais de que o Brasil faz parte, onde os Estados signatários se comprometem a fazer com que as presas tenham uma forma digna de cumprimento da pena que lhes fora imposta, não permitindo que seus laços familiares sejam rompidos, principalmente com seus filhos menores e/ou recém-nascidos.

Às presas gestantes, mesmo às provisórias, deverá ser assegurado o acompanhamento médico, desde o pré-natal até o pós-parto, extensivo ao recém-nascido, conforme determina o § 3º do art. 14 da LEP, com a redação que lhe foi dada pela Lei nº 11.942, de 28 de maio de 2009, sendo que o § 4º do mesmo artigo, inserido pela Lei nº 14.326, de 12 de abril de 2022, ainda assevera que será assegurado tratamento humanitário à mulher grávida durante os atos médico-hospitalares preparatórios para a realização do parto e durante o trabalho de parto, bem como à mulher no período de puerpério, cabendo ao poder público promover a assistência integral à sua saúde e à do recém-nascido.

Determina, ainda, o parágrafo único do art. 292 do CPP ser vedado o uso de algemas em mulheres grávidas durante os atos médico-hospitalares preparatórios para a realização do parto e durante o trabalho de parto, bem como em mulheres durante o período de puerpério imediato.

Os estabelecimentos penais destinados a mulheres serão dotados de berçário, onde as condenadas possam cuidar de seus filhos, inclusive amamentá-los, no mínimo, até 6 (seis) meses de idade (art. 83, § 2º, da LEP). Esse período de amamentação, além de fundamental importância para o recém-nascido, também evita a depressão pós-parto, pois não rompe com os laços entre mãe e filho.

Como se percebe sem muito esforço, a presa, tal como outra mãe, apega-se, instintivamente, a seu filho recém-nascido, e poder dispensar a ele os cuidados necessários fará com que o cumprimento de sua pena seja menos traumático.

Com muito acerto, a Lei nº 11.942, de 28 de maio de 2009, deu nova redação ao art. 89 da Lei de Execução Penal, que diz, *verbis*:

> **Art. 89.** Além dos requisitos referidos no art. 88, a penitenciária de mulheres será dotada de seção para gestante e parturiente e de creche para abrigar crianças maiores de 6 (seis) meses e menores de 7 (sete) anos, com a finalidade de assistir a criança desamparada cuja responsável estiver presa.
> **Parágrafo único.** São requisitos básicos da seção e da creche referidas neste artigo:
> I – atendimento por pessoal qualificado, de acordo com as diretrizes adotadas pela legislação educacional e em unidades autônomas; e
> II – horário de funcionamento que garanta a melhor assistência à criança e à sua responsável.

Por mais que alguns digam que isso, na verdade, importará também na "prisão" da criança, que se vê obrigada a acompanhar o cumprimento de pena da sua mãe, em muitas situações, essas crianças são "jogadas" na casa de familiares que, mesmo contra a sua vontade, são obrigados a dispensar os cuidados necessários ao desenvolvimento delas.

Esses lares substitutos, às vezes, passam a ser fontes de violência contra essas crianças, que são maltratadas, abusadas sexualmente etc. Por isso, como o Estado não possui programas sérios que atendam às necessidades dos filhos menores daquelas que se encontram presas no sistema penitenciário, o melhor é permitir que a própria mãe cuide de seus filhos, mesmo que, em muitos casos, por um período curto de tempo, até que a criança complete 7 (sete) anos de idade.

A Lei nº 13.769, de 19 de dezembro de 2018, inseriu o art. 318-A no Código de Processo Penal para prever que a prisão preventiva imposta à mulher gestante ou que for mãe ou responsável por crianças ou pessoas com deficiência será substituída por prisão domiciliar, desde que não tenha cometido crime com violência ou grave ameaça à pessoa e não tenha cometido o crime contra seu filho ou dependente.

Não obstante, acrescentou o § 3º ao art. 112 da Lei de Execução Penal (Lei nº 7.210/84), para prever requisitos para progressão de regime para mulher gestante ou que for mãe ou responsável por crianças ou pessoas com deficiência, *in verbis*:

> § 3º No caso de mulher gestante ou que for mãe ou responsável por crianças ou pessoas com deficiência, os requisitos para progressão de regime são, cumulativamente:
> I – não ter cometido crime com violência ou grave ameaça a pessoa;
> II – não ter cometido o crime contra seu filho ou dependente;
> III – ter cumprido ao menos 1/8 (um oitavo) da pena no regime anterior;
> IV – ser primária e ter bom comportamento carcerário, comprovado pelo diretor do estabelecimento;
> V – não ter integrado organização criminosa.

O cometimento de novo crime doloso ou falta grave implicará a revogação do benefício (art. 112, § 4º, da Lei de Execução Penal).

8.14.2. Parâmetros de acolhimento de LGBT em privação de liberdade no Brasil

Em 17 de abril de 2014, foi publicada no *DOU* a Resolução conjunta nº 1, de 15 de abril de 2014, do Conselho Nacional de Política Criminal e Penitenciária (CNPCP) e do Conselho Nacional de Combate à Discriminação, estabelecendo os parâmetros de acolhimento de LGBTQIA+ em privação de liberdade no Brasil, entendendo-se como LGBT, de acordo com o parágrafo único do art. 1º da mencionada Resolução, a população composta por lésbicas, *gays*, bissexuais, travestis e transexuais.

Dentre as previsões constantes da mencionada Resolução conjunta, podemos destacar que: *a)* a pessoa travesti ou transexual em privação de liberdade tem o direito de ser chamada pelo seu nome social, de acordo com o seu gênero, sendo que a admissão no estabelecimento prisional deverá conter o nome social da pessoa presa (art. 2º e parágrafo único); *b)* às travestis e aos *gays* privados de liberdade em unidades prisionais masculinas, considerando a sua segurança e especial vulnerabilidade, deverão ser oferecidos espaços de vivência específica (art. 3º, *caput*); *c)* as pessoas transexuais masculinas e femininas devem ser encaminhadas para as unidades prisionais femininas, sendo que às mulheres transexuais deverá ser garantido tratamento isonômico ao das demais mulheres em privação de liberdade (art. 4º e parágrafo único); *d)* possibilidade de uso de roupas femininas ou masculinas, conforme o gênero, e a manutenção de cabelos compridos, se o tiver, garantindo seus caracteres secundários de acordo com sua identidade de gênero (art. 5º); direito à visita íntima (art. 6º); *e)* atenção integral à saúde, inclusive com manutenção do tratamento hormonal (art. 7º e parágrafo único); *f)* acesso e continuidade da sua formação educacional e profissional; *g)* benefício do auxílio-reclusão aos dependentes do segurado recluso, inclusive ao cônjuge ou companheiro do mesmo sexo (art. 11).

O Estado deverá garantir a capacitação continuada aos profissionais dos estabelecimentos penais considerando a perspectiva dos direitos humanos e os princípios de igualdade e não discriminação, inclusive em relação à orientação sexual e identidade de gênero (art. 10).

8.15. Trabalho do preso e remição da pena

A experiência demonstra que nas penitenciárias onde os presos não exercem qualquer atividade laborativa o índice de tentativas de fuga é muito superior ao daquelas em que os detentos atuam de forma produtiva, aprendendo e trabalhando em determinado ofício.

O trabalho do preso, sem dúvida alguma, é uma das formas mais visíveis de levar a efeito a ressocialização. Mais do que um direito, a Lei de Execução Penal afirma que o condenado à pena privativa de liberdade está obrigado ao trabalho interno na medida de suas aptidões e capacidade (art. 31). Apenas os presos provisórios (art. 31, parágrafo único, da LEP) e o condenado por crime político (art. 200 da LEP) não estão obrigados ao trabalho. O trabalho do preso será remunerado, mediante prévia tabela, não podendo ser inferior a três quartos do salário-mínimo (art. 29, *caput*, da LEP).

Além da importância psicológico-social que o trabalho traz ao preso, o condenado que cumpre a pena em regime fechado ou semiaberto poderá remir, pelo trabalho, parte do tempo de execução da pena, nos termos do art. 126 da Lei de Execução Penal. Não caberá a aplicação do instituto da remição *pelo trabalho* aos condenados que cumprem sua pena em regime aberto, pois, conforme lição de Mirabete:

> "A remição é um direito dos condenados que estejam cumprindo a pena em regime fechado ou semiaberto, não se aplicando, assim, ao que se encontra em prisão albergue, já que a este incumbe submeter-se aos papéis sociais e às expectativas derivadas do regime, que lhe concede, a nível objetivo, a liberdade do trabalho contratual. Pela mesma razão, aliás, não se concede a remição ao liberado condicional. Também não tem direito à remição o submetido a pena de prestação de serviço à comunidade, pois o trabalho, nessa espécie de sanção, constitui, essencialmente, o cumprimento da pena."[40]

Em 29 de junho de 2011, foi publicada a Lei nº 12.433, que alterou o art. 126 da Lei de Execução Penal para possibilitar a remição pelo estudo. O condenado que cumpre pena em regime aberto ou semiaberto e o que usufrui liberdade condicional poderão remir, pela frequência a curso de ensino regular ou de educação profissional, parte do tempo de execução da pena ou do período de prova, observado o disposto no inciso I do § 1º do art. 126 da Lei de Execução Penal. Tal disposição aplica-se, ainda, às hipóteses de prisão cautelar (art. 126, §§ 6º e 7º, da LEP).

Por intermédio do instituto da remição pelo trabalho, a contagem do tempo para esse fim será feita à razão de um dia de pena por três de trabalho, sendo que o preso que estiver impossibilitado de prosseguir no trabalho em virtude de acidente continuará a beneficiar-se com a remição (art. 126, § 4º, da LEP, com a nova redação dada pela Lei nº 12.433, de 29 de junho de 2011).

Em caso de falta grave, o juiz poderá revogar até 1/3 (um terço) do tempo remido, observado o disposto no art. 57 da Lei de Execução Penal, recomeçando a contagem a partir da data da infração disciplinar (art. 127 da LEP).

O STF, na Sessão Plenária de 12 de junho de 2008, editou a Súmula Vinculante nº 9, com o seguinte teor:

> **Súmula Vinculante nº 9.** *O disposto no art. 127 da Lei nº 7.210/1984 (Lei de Execução Penal) foi recebido pela ordem constitucional vigente, e não se lhe aplica o limite temporal previsto no caput do art. 58.*

---

[40] MIRABETE, Júlio Fabbrini. *Execução penal*, p. 518.

O tempo remido será computado como pena cumprida, para todos os efeitos (art. 128 da LEP). Ou seja, o cômputo incidirá para a concessão de livramento condicional, indulto, progressão de regime e para a comutação.

Conforme afirmamos no subitem 8.7, correspondente aos estudos sobre o regime fechado, o trabalho é, ao mesmo tempo, uma obrigação (art. 31 da LEP) e um direito do preso (art. 41, II, da LEP). Caso o Estado, por intermédio de sua administração carcerária, não o viabilize para que sejam cumpridas as determinações contidas na Lei de Execução Penal, poderá o juiz da execução, diante da inércia ou da incapacidade do Estado de administrar a coisa pública, conceder a remição aos condenados que não puderam trabalhar.

Contudo, existe a outra face da moeda. Suponhamos, agora, que haja possibilidade de trabalho no estabelecimento no qual o condenado esteja cumprindo sua pena e este, terminantemente, por sua própria vontade, se recuse a se submeter a ele. Entendemos que a recusa ao trabalho caracteriza negação do requisito de natureza subjetiva, indispensável à obtenção dos demais benefícios que lhe são ofertados durante a execução da pena, a exemplo da progressão de regime (art. 112 da LEP) e do livramento condicional (art. 83, III, do CP). A recusa em trabalhar demonstra sua inaptidão para com o sistema, bem como o seu desejo de não se ressocializar.

Em 29 de fevereiro de 2016, foi publicada no DJe a Súmula nº 562 do STJ, que diz:

> **Súmula nº 562.** É possível a remição de parte do tempo de execução da pena quando o condenado, em regime fechado ou semiaberto, desempenha atividade laborativa, ainda que extramuros.

8.16. Remição pelo estudo

O STJ, por meio da Súmula nº 341, publicada no DJ de 13 de agosto de 2007, consolidou seu posicionamento no sentido de permitir a remição de pena do condenado que, durante a execução da pena, se dedica aos estudos, dizendo:

> **Súmula nº 341.** A frequência de curso de ensino formal é causa de remição de parte do tempo de execução de pena sob regime fechado ou semiaberto.

Em 29 de junho de 2011, foi publicada a Lei nº 12.433, que previu expressamente a remição pelo estudo, ao alterar os arts. 126 a 129 da Lei de Execução Penal, asseverando que:

> **Art. 126.** O condenado que cumpre a pena em regime fechado ou semiaberto poderá remir, por trabalho ou por estudo, parte do tempo de execução da pena.
> [...]
> **Art. 129.** A autoridade administrativa encaminhará mensalmente ao juízo da execução cópia do registro de todos os condenados que estejam trabalhando ou estudando, com informação dos dias de trabalho ou das horas de frequência escolar ou de atividades de ensino de cada um deles.
> [...]

O condenado que cumpre a pena em regime fechado ou semiaberto poderá remir, por trabalho ou por estudo, parte do tempo de execução da pena.

A contagem de tempo será feita à razão de 1 (um) dia de pena a cada 12 (doze) horas de frequência escolar (atividade de ensino fundamental, médio, inclusive profissionalizante, ou superior, ou ainda de requalificação profissional) divididas, no mínimo, em 3 (três) dias.

As atividades de estudo poderão ser desenvolvidas de forma presencial ou por metodologia de ensino a distância e deverão ser certificadas pelas autoridades educacionais competentes dos cursos frequentados.

O tempo a remir em função das horas de estudo será acrescido de 1/3 (um terço) no caso de conclusão do ensino fundamental, médio ou superior durante o cumprimento da pena, desde que certificada pelo órgão competente do sistema de educação.

O condenado que cumpre pena em regime aberto ou semiaberto e o que usufrui liberdade condicional poderão remir, pela frequência a curso de ensino regular ou de educação profissional, parte do tempo de execução da pena ou do período de prova, aplicando-se também essas disposições às hipóteses de prisão cautelar.

A autoridade administrativa encaminhará mensalmente ao juízo da execução cópia do registro de todos os condenados que estejam trabalhando ou estudando, com informação dos dias de trabalho ou das horas de frequência escolar ou de atividades de ensino de cada um deles.

O condenado autorizado a estudar fora do estabelecimento penal deverá comprovar mensalmente, por meio de declaração da respectiva unidade de ensino, a frequência e o aproveitamento escolar.

Vale ressaltar, ainda, que, visando a proporcionar e estimular o estudo do condenado que cumpre sua pena no estabelecimento prisional, preparando-o para o seu regresso ao convívio em sociedade, a Lei nº 12.245, de 24 de maio de 2010, inseriu o § 4º do art. 83 da Lei de Execução Penal, onde consta a seguinte determinação, *verbis*:

> Art. 83. [...].
> § 4º Serão instaladas salas de aula destinadas a cursos do ensino básico e profissionalizante.

Assim, em todos os estabelecimentos penais deverão não somente ser criadas fisicamente essas salas de aula, como implementadas a destinação delas, com a contratação de profissionais habilitados, a fim de fazer com que o preso possa obter a instrução básica necessária ou mesmo capacitar-se mediante algum curso profissionalizante.

O Superior Tribunal de Justiça, no HC 786844 SP, tendo como Relator o Min. Joel Irlan Paciornik, 5ª T., julgado em 30/5/2023, no que diz respeito à realização do ENEM pelo condenado, assim decidiu:

> "É cabível a remição pela aprovação no Exame Nacional do Ensino Médio – ENEM ainda que o Apenado já tenha concluído o ensino médio anteriormente, pois a aprovação no exame demanda estudos por conta própria mesmo para aqueles que, fora do ambiente carcerário, já possuem o referido grau de ensino (REsp n. 1854391/DF, relatora Ministra Laurita Vaz, Sexta Turma, julgado em 22/9/2020, DJe 6/10/2020), ressalvado o acréscimo de 1/3 (um terço) com fundamento no art. 126, § 5o, da Lei de Execução Penal" (STJ, AgRg no HC 768.530/SP, Rel. Min. Antonio Saldanha Palheiro, 6ª T., j. 06/03/2023, DJe 09/03/2023).

8.17. Jurisprudência em teses do Superior Tribunal de Justiça, Boletim nº 12, publicado em 14 de maio de 2014, sobre remição

1) Há remição da pena quando o trabalho é prestado fora ou dentro do estabelecimento prisional, uma vez que o art. 126 da Lei de Execução Penal não faz distinção quanto à natureza do trabalho ou quanto ao local de seu exercício.
2) O tempo remido pelo apenado por estudo ou por trabalho deve ser considerado como pena efetivamente cumprida para fins de obtenção dos benefícios da execução, e não simplesmente como tempo a ser descontado do total da pena.
3) Não há remição da pena na hipótese em que o condenado deixa de trabalhar ou estudar em virtude da omissão do Estado em fornecer tais atividades.

4) Nos regimes fechado e semiaberto, a remição é conferida tanto pelo trabalho quanto pelo estudo, nos termos do art. 126 da Lei de Execução Penal.
5) No regime aberto, a remição somente é conferida se há frequência em curso de ensino regular ou de educação profissional, sendo inviável o benefício pelo trabalho.
6) A remição pelo estudo pressupõe a frequência a curso de ensino regular ou de educação profissional, independentemente da sua conclusão ou do aproveitamento satisfatório.
7) A decisão que reconhece a remição da pena, em virtude de dias trabalhados, não faz coisa julgada nem constitui direito adquirido.
8) Cabe ao juízo da execução fixar a fração aplicável de perda dos dias remidos na hipótese de cometimento de falta grave, observando o limite máximo de 1/3 (um terço) do total e a necessidade de fundamentar a decisão em elementos concretos, conforme o art. 57 da Lei de Execução Penal.
9) A nova redação do art. 127 da Lei de Execução Penal, que prevê a limitação da perda dos dias remidos a 1/3 (um terço) do total no caso da prática de falta grave, deve ser aplicada retroativamente por se tratar de norma penal mais benéfica.

8.18. Superveniência de doença mental

O art. 41 do Código Penal dispõe que o condenado a quem sobrevém doença mental deve ser recolhido a hospital de custódia e tratamento psiquiátrico ou, à falta desse, a outro estabelecimento adequado.

A primeira observação que deve ser feita com relação a esse artigo diz respeito ao fato de a lei penal mencionar o termo *condenado*. Por causa dessa redação, devemos entender que o agente cometeu um fato típico, ilícito e culpável, sendo, portanto, condenado. Devemos entender, assim, que o agente, ao tempo da ação ou da omissão, era pessoa imputável. Entretanto, após dar início ao cumprimento de sua pena, sobreveio-lhe doença mental, razão pela qual deverá ser recolhido a hospital de custódia e tratamento psiquiátrico ou a outro estabelecimento que possa ministrar-lhe o tratamento adequado à sua doença.

O art. 183 da Lei de Execução Penal ainda dispõe que, quando no curso da execução da pena privativa de liberdade, sobrevier doença mental ou perturbação da saúde mental, o Juiz, de ofício, a requerimento do Ministério Público, da Defensoria Pública ou da autoridade administrativa, poderá determinar a substituição da pena por medida de segurança.

8.19. Detração

A detração é o instituto jurídico mediante o qual computam-se, na pena privativa de liberdade e na medida de segurança, o tempo de prisão provisória, no Brasil ou no estrangeiro, o de prisão administrativa e o de internação em qualquer dos estabelecimentos referidos no art. 41 do Código Penal.

É muito comum acontecer que, mesmo antes do trânsito em julgado da sentença penal condenatória, o agente venha a ser preso provisoriamente. As espécies de prisão provisória ou cautelar são as seguintes: *a)* prisão em flagrante; *b)* prisão preventiva; *c)* prisão temporária.[41]

---

[41] A prisão em virtude de sentença penal condenatória recorrível e a prisão em virtude de sentença de pronúncia, que também se encontravam no rol das prisões de natureza cautelar, foram revogadas, respectivamente, pela Lei nº 11.719, de 20 de junho de 2008, e pela Lei nº 11.689, de 9 de junho de 2008.

É lógico e razoável que aquele que estava preso, aguardando julgamento, se ao final vier a ser condenado, esse período em que foi privado de sua liberdade deva ser descontado quando do cumprimento de sua pena.

Contudo, alguns problemas podem surgir com relação à possibilidade de detração. Suponhamos que o agente tenha cometido vários delitos e somente num dos processos em que estava sendo julgado foi decretada sua prisão preventiva. As condenações começaram a surgir em outros processos que não aquele no qual havia sido decretada sua prisão e por meio do qual, na verdade, acabou sendo absolvido. Pergunta-se: Poderá o condenado ser beneficiado com a detração, já que a prisão cautelar foi decretada em processo no qual fora absolvido? Sim, visto que o condenado estava respondendo, simultaneamente, a várias infrações penais, razão pela qual será possível descontar na sua pena o tempo em que esteve preso cautelarmente. O art. 111 da Lei de Execução Penal nos ajuda a entender essa situação dizendo que quando houver condenação por mais de um crime, no mesmo processo ou em processos distintos, a determinação do regime de cumprimento será feita pelo resultado da soma ou da unificação das penas, observada, quando for o caso, a detração ou remição.

Imaginemos, agora, uma hipótese diferente. O agente foi absolvido, tempos atrás, de uma imputação que lhe fora feita. Naquela oportunidade, havia sido decretada sua prisão cautelar, tendo permanecido preso durante sessenta dias, até que sobreveio sua absolvição. Um ano depois de ter sido absolvido, o agente cometeu um crime, e por esse fato veio a ser condenado a dois anos de pena privativa de liberdade. Pergunta-se: Poderá, nesse caso, ser realizada a detração? Não. Isso porque, segundo entendemos, para que haja detração os processos devem tramitar simultaneamente. Caso contrário, como bem alertou Damásio,[42] o agente teria uma "carta de crédito" para infrações penais futuras. O fato de ter sido preso cautelarmente em processo no qual fora absolvido poderá gerar o direito a uma indenização pelo Estado. Isso, entretanto, não significa que fique com um crédito para com a Justiça Penal, para a prática de infrações futuras.

Merece destaque o raciocínio de Damásio, quando aduz:

"Para a aplicação do princípio da detração penal deve existir nexo de causalidade entre a prisão provisória (decorrente de flagrante, [...] ou preventiva) e a pena privativa de liberdade. Assim, quando os delitos estejam ligados pela continência ou conexão, reunidos num só processo ou em processos diversos (LEP, art. 111, parte final). Suponha-se que o sujeito esteja sendo processado por dois crimes, homicídio e lesões corporais, encontrando-se preso preventivamente em consequência do delito mais grave. Tendo cumprido quatro meses de prisão preventiva, vem a ser absolvido em relação ao homicídio, e condenado pela lesão corporal a cinco meses de detenção. Os quatro meses de prisão preventiva devem ser computados na pena privativa de liberdade, restando o cumprimento de um mês de detenção. É também admissível a detração quando a pena em relação à qual se pretende seja ela observada advém de crime cometido antes do delito em decorrência do qual o réu ficou preso provisoriamente. Ex.: um sujeito, por crime de homicídio cometido em 1987, fica preso preventivamente durante algum tempo, vindo a ser absolvido. Ocorre que também estava sendo processado por delito praticado em 1986, vindo a ser condenado. Na pena imposta é possível detrair-se o tempo da prisão provisória."[43]

Prisão administrativa, como bem destacou Cezar Roberto Bitencourt, "que não se confunde com a prisão civil *stricto sensu,* não tem natureza penal e pode decorrer de infração

---

[42] JESUS, Damásio E. de. *Direito penal* – Parte geral, p. 464.
[43] JESUS, Damásio E. de. *Direito penal* – Parte geral, p. 464.

disciplinar, hierárquica, ou mesmo de infrações praticadas por particulares, nacionais ou estrangeiros, contra a Administração Pública."[44]

O art. 42 do Código Penal fala também em tempo de internação em hospital de custódia e tratamento psiquiátrico ou em outro estabelecimento adequado para efeitos de detração na medida de segurança.

Na verdade, o que se espera deduzir não é o tempo que o sujeito ficará internado para fins de tratamento. A detração aqui mencionada diz respeito ao tempo que o juiz determinou para a realização do primeiro exame de cessação de periculosidade, uma vez que, segundo o art. 97, § 1º, do Código Penal, a internação, ou tratamento ambulatorial, será por tempo indeterminado, perdurando enquanto não for averiguada, mediante perícia médica, a cessação de periculosidade. O prazo mínimo deverá ser de um a três anos. Esse prazo mínimo mencionado pela lei é, repetimos, para a realização do primeiro exame de cessação de periculosidade.

Suponhamos que o inimputável tenha causado a morte de alguém. Ainda na fase de instrução processual, verificou-se sua total incapacidade de compreensão do caráter ilícito do fato e, antes da sentença que o absolveu e aplicou a medida de segurança, foi determinada sua imediata internação para fins de tratamento. A partir desse momento, já terá iniciado o prazo de contagem para a realização do primeiro exame de cessação de periculosidade, que ocorrerá no prazo determinado pelo art. 97, § 1º, do Código Penal, a ser estipulado pelo juiz.

O raciocínio relativo à detração também pode ser aplicado ao Estatuto da Criança e do Adolescente, conforme já decidiu o STJ:

> "Incide para o caso, por analogia, a detração penal, porque descabida era a imposição da medida socioeducativa de internação, visto que o paciente já era maior de idade ao tempo da prática do crime, o que converte a internação socioeducativa em indevida privação da liberdade, devendo esse período de tempo ser descontado em caso de futura condenação a ser imposta ao paciente" (STJ, HC 314.484/RS, Rel. Min. Felix Fischer, 5ª T., DJe 07/10/2015).

O instituto da detração também deverá ser observado quando da prolação da decisão condenatória, para efeitos de fixação do regime inicial de cumprimento da pena privativa de liberdade, de acordo com o § 2º do art. 387 do Código de Processo Penal, incluído pela Lei nº 12.736, de 30 de novembro de 2012, que diz, *verbis*:

> § 2º O tempo de prisão provisória, de prisão administrativa ou de internação, no Brasil ou no estrangeiro, será computado para fins de determinação do regime inicial de pena privativa de liberdade.

8.20. Prisão especial

Influenciados pela opinião pública, que se indignava pela maneira pela qual alguns "presos ilustres" aguardavam, em prisão especial, o julgamento de seus processos, o Estado editou a Lei nº 10.258, de 11 de julho de 2001, alterando o inciso V, bem como criando parágrafos para o art. 295 do Código de Processo Penal, esclarecendo o significado da expressão *prisão especial*, a sua localização no sistema carcerário, os seus requisitos físicos, o transporte do preso especial, bem como os seus direitos e deveres.

Para melhor visualização, vale a transcrição do art. 295 e atuais parágrafos do Código de Processo Penal:

---

[44] BITENCOURT, Cezar Roberto. *Manual de direito penal* – Parte geral, p. 434.

Art. 295. Serão recolhidos a quartéis ou a prisão especial, à disposição da autoridade competente, quando sujeitos a prisão antes de condenação definitiva:
I – os ministros de Estado;
II – os governadores ou interventores de Estados ou Territórios, o prefeito do Distrito Federal, seus respectivos secretários, os prefeitos municipais, os vereadores e os chefes de Polícia;
III – os membros do Parlamento Nacional, do Conselho de Economia Nacional e das Assembleias Legislativas dos Estados;
IV – os cidadãos inscritos no 'Livro de Mérito';
V – os oficiais das Forças Armadas e os militares dos Estados, do Distrito Federal e dos Territórios;
VI – os magistrados;
VII – os diplomados por qualquer das faculdades superiores da República;
VIII – os ministros de confissão religiosa;
IX – os ministros do Tribunal de Contas;
X – os cidadãos que já tiverem exercido efetivamente a função de jurado, salvo quando excluídos da lista por motivo de incapacidade para o exercício daquela função;
XI – os delegados de polícia e os guardas-civis dos Estados, ativos e inativos.
§ 1º A prisão especial, prevista neste Código ou em outras leis, consiste exclusivamente no recolhimento em local distinto da prisão comum.
§ 2º Não havendo estabelecimento específico para o preso especial, este será recolhido em cela distinta do mesmo estabelecimento.
§ 3º A cela especial poderá consistir em alojamento coletivo, atendidos os requisitos de salubridade do ambiente, pela concorrência dos fatores de aeração, insolação e condicionamento térmico adequados à existência humana.
§ 4º O preso especial não será transportado juntamente com o preso comum.
§ 5º Os demais direitos e deveres do preso especial serão os mesmos do preso comum.

O STF, na seção virtual de 24/3/2023 a 31/3/2023, no julgamento da ADPF 334, tendo como relator o Min. Alexandre de Moraes, por unanimidade, decidiu pela não recepção, pela Constituição Federal de 1988, do inciso VII, do art. 295 do Código de Processo Penal, nos termos do voto do relator:

1. Todos os cidadãos têm o direito a tratamento idêntico pela lei, exceto quando presente uma correlação lógica entre a distinção que a norma opera e o fator de discrímen, em consonância com os critérios albergados pela Constituição Federal.
2. O princípio constitucional da igualdade opera em dois planos distintos. De uma parte, frente ao legislador ou ao Executivo, na edição de leis e atos normativos, impedindo que possam criar tratamentos abusivamente diferenciados a pessoas que se encontram em situações idênticas. Em outro plano, na obrigação direcionada ao intérprete de aplicar a lei e atos normativos de maneira igualitária, sem estabelecimento de diferenciações em razão de sexo, religião, convicções filosóficas ou políticas, de raça ou classe social.
3. A prisão especial constitui o recolhimento provisório em local distinto, cuja concessão se admite, à luz da Constituição, quando a segregação do ambiente prisional comum visa a atender a determinadas circunstâncias pessoais que colocam seus beneficiários em situação de maior e mais gravosa exposição ao convívio geral no cárcere. Expô-los ao contato com a população carcerária frustraria a tutela desses interesses constitucionalmente protegidos.
4. Não há amparo constitucional, contudo, para a segregação de presos provisórios com apoio no grau de instrução acadêmica, tratando-se de mera qualificação de ordem estritamente pessoal que contribui para a perpetuação de uma inaceitável seletividade socioeconômica do sistema de justiça criminal, incompatível com o princípio da igualdade e com o Estado democrático de Direito.

5. Ausente qualquer justificativa que empregue sentido válido ao fator de discrímen indicado na norma impugnada, a conclusão é a de que a prisão especial, em relação aos portadores de diploma de nível superior, é inconciliável com o preceito fundamental da isonomia (art. 3º, IV, e art. 5º, caput, CF).
6. Arguição de descumprimento de preceito fundamental conhecida e julgada procedente.

Em razão da previsão contida no § 2º do art. 295 do Código de Processo Penal, entendemos como revogada tacitamente a Lei nº 5.256/67, que, por intermédio de seu art. 1º, dispunha:

> **Art. 1º** Nas localidades em que não houver estabelecimento adequado ao recolhimento dos que tenham direito a prisão especial, o juiz, considerando a gravidade das circunstâncias do crime, ouvido o representante do Ministério Público, poderá autorizar a prisão do réu ou indiciado na própria residência, de onde o mesmo não poderá afastar-se sem prévio consentimento judicial.

Isso porque, depois da criação e da introdução do mencionado § 2º do art. 295 do Código de Processo Penal pela Lei nº 10.258, de 11 de junho de 2001, já não mais subsiste o argumento da prisão especial na própria residência do réu ou indiciado, pois, não havendo estabelecimento específico para o preso especial, este será, como diz o aludido parágrafo, em cela distinta das dos demais presos, mas dentro do sistema carcerário.

O STF aprovou, na sessão plenária de 24 de setembro de 2003, a Súmula nº 717, com o seguinte enunciado:

> **Súmula nº 717.** Não impede a progressão de regime de execução da pena, fixada em sentença não transitada em julgado, o fato de o réu se encontrar em prisão especial.

8.21. Prisão-albergue domiciliar

No que se refere ao cumprimento da pena, o art. 117 da Lei de Execução Penal prevê quatro hipóteses em virtude das quais o condenado que cumpre sua pena em regime aberto poderá cumpri-la em residência particular, desde que seja: I – maior de 70 (setenta) anos; II – portador de doença grave, a exemplo do que ocorre com os portadores do vírus HIV; III – condenada com filho menor ou deficiente físico ou mental; IV – condenada gestante.

A doutrina e a jurisprudência, em sua maioria, têm considerado como taxativas tais hipóteses, evitando a ampliação do rol acima elencado.

Contudo, merece destaque a discussão a respeito do fato de ter o agente de cumprir a sua pena em regime aberto, sendo que, na comarca na qual deverá ser executada a pena, não existe Casa do Albergado, local destinado a tal fim, conforme determina o art. 93 da Lei de Execução Penal.

Entendemos que o condenado não deverá ser prejudicado no cumprimento da pena que lhe fora imposta, em virtude da inércia do Estado em cumprir as determinações contidas na Lei de Execução Penal, razão pela qual a inexistência de Casa do Albergado permitirá que cumpra sua pena em seu domicílio, ampliando-se, assim, por um motivo justo, o rol do art. 117 da Lei de Execução Penal.

O STF, acertadamente, mudou sua posição no que diz respeito à taxatividade das hipóteses constantes do art. 117 da LEP, conforme se verifica pelas seguintes ementas:

> "Segundo a iterativa jurisprudência da Corte, a inexistência de estabelecimento prisional que atenda aos requisitos da Lei de Execução Penal para o cumprimento da pena no regime fixado na sentença, excepcionalmente, permite o recolhimento do condenado ao regime de prisão

domiciliar previsto no art. 117 daquele diploma legal, cujo rol não é taxativo" (HC nº 95.334/RS, 1ª T., Relator o Ministro Marco Aurélio, DJe de 21/08/2009) (STF, HC 113.334/DF, Rel. Min. Dias Toffoli, 1ª T., DJe 20/03/2014).

"1. O art. 117 da Lei de Execução Penal é taxativo ao determinar as condições especiais que permitem ao condenado o recolhimento em prisão-albergue domiciliar. 2. A inexistência de casa de albergado ou estabelecimento similar na localidade da execução da pena não assegura ao condenado o direito à prisão-albergue domiciliar. 3. Por impossibilidade material de execução da pena no regime aberto, seja pela falta de vaga, seja pela inexistência de casa de albergado, a permanência do sentenciado em estabelecimento prisional durante o repouso noturno e dias de folga não configura constrangimento ilegal" (STF, *HC* 74.045-6/RS, julg. 13/8/1996, *v.u.*, Rel. Maurício Corrêa, 2ª T., DJU 4/10/1996, p. 37.102).

O STJ, a seu turno, da mesma forma, modificou seu pensamento inicial, passando a entender como possível a concessão da prisão domiciliar, mesmo fora das hipóteses constantes do art. 117 da Lei de Execução Penal, conforme podemos observar pelas ementas adiante colacionadas:

"Firmou-se no Superior Tribunal de Justiça o entendimento de que a inexistência de vaga em estabelecimento prisional compatível com o regime determinado no título condenatório ou decorrente de progressão de regime permite ao condenado o cumprimento da reprimenda no modo menos gravoso. Ante a deficiência do Estado em viabilizar a implementação da devida política carcerária, deve-se conceder ao paciente, em caráter excepcional, o cumprimento da pena em regime imediatamente menos gravoso ou, na falta de casa de albergado ou similar, em prisão domiciliar, até o surgimento da vaga em estabelecimento adequado" (STJ, AgRg no HC 406182/SC, Rel. Min. Antônio Saldanha Palheiro, 6ª T., DJe 14/11/2017).

"O Superior Tribunal de Justiça tem decidido que é possível a concessão de prisão domiciliar aos condenados em cumprimento de pena em regime diverso do aberto, quando devidamente comprovada a debilidade extrema do sentenciado por doença grave e a impossibilidade de recebimento do tratamento adequado no estabelecimento prisional. Precedentes" (STJ, HC 348.085/PA, Rel. Min. Ribeiro Dantas, 5ª T., DJe 25/05/2016).

A finalidade do cumprimento da pena em regime aberto é de justamente começar a reintegrar o condenado à sociedade, afastando-o do convívio carcerário que, todos sabemos, somente contribui para formar negativamente sua personalidade. A Casa do Albergado tem a função de simular uma residência alheia ao ambiente do cárcere, pois, conforme determina o art. 94 da Lei de Execução Penal, o prédio deverá situar-se em centro urbano, separado dos demais estabelecimentos, e caracterizar-se pela ausência de obstáculos físicos contra a fuga. Isso quer dizer que tal regime baseia-se na confiança que o Estado deposita no condenado. A facilidade em fugir, em virtude da ausência de obstáculos físicos, é mais uma prova por que terá de passar o condenado. É o último estágio entre o cárcere e a plena liberdade.

Agora, se não houver Casa do Albergado na Comarca na qual o condenado cumpre ou deverá cumprir sua pena, como não se lhe pode impor regime mais rigoroso do que aquele estipulado na sentença condenatória, não resta outra opção a não ser permitir que sua própria residência substitua a Casa do Albergado, com todas as limitações que lhe são inerentes, a exemplo do recolhimento noturno, após o dia de trabalho, bem como aos finais de semana e feriados, diversamente do que acontece nas hipóteses do art. 117 da Lei de Execução Penal, em que o legislador não estipulou qualquer forma de cumprimento da prisão domiciliar.

Caso o condenado descumpra as regras impostas, aí, sim, poderemos falar em regressão de regime, impondo-lhe aquele que melhor se adaptar ao caso concreto.

A Lei nº 12.403, de 4 de maio de 2011, com a redação que lhe foi conferida pela Lei nº 13.257, de 8 de março de 2016, e a Lei nº 13.769, de 19 de dezembro de 2018, introduziram novas hipóteses de prisão albergue domiciliar, como medida cautelar substitutiva da prisão preventiva, conforme se verifica na redação dos arts. 317, 318, 318-A e 318-B do Código de Processo Penal, *verbis*:

> **Art. 317.** A prisão domiciliar consiste no recolhimento do indiciado ou acusado em sua residência, só podendo dela ausentar-se com autorização judicial.
> **Art. 318.** Poderá o juiz substituir a prisão preventiva pela domiciliar quando o agente for:
> I – maior de 80 (oitenta) anos;
> II – extremamente debilitado por motivo de doença grave;
> III – imprescindível aos cuidados especiais de pessoa menor de 6 (seis) anos de idade ou com deficiência;
> IV – gestante;
> V – mulher com filho de até 12 (doze) anos de idade incompletos;
> VI – homem, caso seja o único responsável pelos cuidados do filho de até 12 (doze) anos de idade incompletos.
> Parágrafo único. Para a substituição, o juiz exigirá prova idônea dos requisitos estabelecidos neste artigo.
> **Art. 318-A.** A prisão preventiva imposta à mulher gestante ou que for mãe ou responsável por crianças ou pessoas com deficiência será substituída por prisão domiciliar, desde que:
> I – não tenha cometido crime com violência ou grave ameaça a pessoa;
> II – não tenha cometido o crime contra seu filho ou dependente.
> **Art. 318-B.** A substituição de que tratam os arts. 318 e 318-A poderá ser efetuada sem prejuízo da aplicação concomitante das medidas alternativas previstas no art. 319 deste Código.

Tais dispositivos em nada alteram o exposto anteriormente, em virtude de não ter ocorrido qualquer modificação da referida modalidade de prisão na fase de cumprimento de pena.

8.22. Uso de algemas

O STF, na sessão plenária de 13 de agosto de 2008, aprovou, por unanimidade, a Súmula Vinculante nº 11, disciplinando as hipóteses em que seria cabível o uso de algemas, dizendo:

> **Súmula Vinculante nº 11.** *Só é lícito o uso de algemas em caso de resistência e de fundado receio de fuga ou de perigo à integridade física própria ou alheia, por parte do preso ou de terceiros, justificada a excepcionalidade por escrito, sob pena de responsabilidade disciplinar civil e penal do agente ou da autoridade e de nulidade da prisão ou do ato processual a que se refere, sem prejuízo da responsabilidade civil do Estado.*

Paulo Rangel, com o brilhantismo que lhe é peculiar, dissertando sobre o tema, com precisão, assevera:

> "Com a súmula vinculante a Polícia só poderá algemar o detido quando este oferecer resistência, amcaçar fugir no momento da prisão ou tentar agredir os agentes de polícia ou a si próprio. Dessa forma, ausentes os requisitos acima o suspeito deve ser preso sem algemas, sob pena de o Estado ser processado civilmente e os agentes responderem administrativa, civil e penalmente. Além disso, o APF ou o ato processual da prisão pode ser anulado.
> Cria-se, com a súmula vinculante, um novo vício jurídico: o vício do uso de algemas que acarreta a sanção de nulidade do ato prisional. A autoridade policial deverá justificar, por escrito, o uso de algemas no preso, sob pena da responsabilidade dita na lei. O problema será se a justificação da autoridade policial convencerá a autoridade judiciária que é quem exercerá o papel fiscalizador da legalidade ou não do seu uso. Em outras palavras, inventaram mais uma maneira de anular o APF ou a decisão judicial daqueles que não podem ser presos, mas se forem que não sejam algemados.
> Algema e 'camburão' são para pobre, não para *Colarinho-Branco*."[45]

---

[45] RANGEL, Paulo. *Direito processual penal*, p. 628-629.

Desde que foram inauguradas as algemas no Brasil, principalmente no trato com os negros africanos que haviam sido retirados violentamente de seu país de origem, quase nenhuma voz se levantou para disciplinar, ou mesmo eliminar, seu uso. Isso porque, como sabemos, o sistema penal sempre foi seletivo, sempre teve seu público-alvo.

Ultimamente, após o advento da Constituição Federal de 1988, novos ventos começaram a soprar em nosso país, sendo que, excepcionalmente, pessoas até então tidas como "intocáveis" acabaram caindo nas malhas da Justiça, mesmo que por pouco tempo. Esse "incômodo" despertou, de repente, o interesse pelo uso de algemas, uma vez que, agora, aquelas pessoas que faziam parte da mais "alta sociedade" estavam conhecendo o cheiro e provando a comida servida nos cárceres. Tivemos até o inusitado depoimento de um político, que havia governado um dos maiores Estados da Federação, dizendo-se indignado com a "quentinha" que lhe era servida na cadeia. Para essas pessoas, com certeza, o uso das algemas era por demais constrangedor. Trocar suas pulseiras de ouro, conseguidas ilicitamente à custa de milhões de miseráveis brasileiros, por outra de aço era muito humilhante, e isso não poderia continuar.

Certo é, também, que alguns abusos foram cometidos em nome da suposta "isonomia", ou seja, do tratamento igualitário de todos os presos. No entanto, parece-nos que a ordem foi subvertida, ou seja, em vez de se punir o abuso, puniu-se a situação de normalidade, obrigando a autoridade policial a justificar, por escrito, o uso de algemas. E o pior, como bem ressaltou Paulo Rangel, é que isso poderá até mesmo macular o processo, como aconteceu no *HC* 91.952-9/SP, em que o STF anulou o julgamento de um acusado por um homicídio triplamente qualificado, em concurso com outra infração penal, pelo fato de ter sido exposto algemado em Plenário do Júri.

Essa decisão de nossa Suprema Corte poderá, segundo entendemos, ter efeito retroativo, a fim de abranger todos os demais casos em que o réu permaneceu algemado durante seu julgamento pelo Tribunal Popular, e isso, com certeza, será o caos da Justiça Penal.

Enfim, resta-nos, agora, esperar que algum dos legitimados previstos pelo art. 103 da Constituição Federal venha propor o cancelamento da Súmula Vinculante nº 11 e que, por outro lado, o abuso cometido com o uso de algemas também seja devidamente punido, nas esferas administrava, civil e, mesmo, penal.

Objetivando regulamentar o art. 199 da LEP, que diz respeito ao uso de algemas, foi editado o Decreto nº 8.858, de 26 de setembro de 2016, cujos artigos 1º a 3º dizem, *verbis*:

> Art. 1º O emprego de algemas observará o disposto neste Decreto e terá como diretrizes:
> I – o inciso III do *caput* do art. 1º e o inciso III do *caput* do art. 5º da Constituição, que dispõem sobre a proteção e a promoção da dignidade da pessoa humana e sobre a proibição de submissão ao tratamento desumano e degradante;
> II – a Resolução nº 2.010/2016, de 22 de julho de 2010, das Nações Unidas sobre o tratamento de mulheres presas e medidas não privativas de liberdade para mulheres infratoras (Regras de Bangkok); e
> III – o Pacto de San José da Costa Rica, que determina o tratamento humanitário dos presos e, em especial, das mulheres em condição de vulnerabilidade.
> Art. 2º É permitido o emprego de algemas apenas em casos de resistência e de fundado receio de fuga ou de perigo à integridade física própria ou alheia, causado pelo preso ou por terceiros, justificada a sua excepcionalidade por escrito.
> Art. 3º É vedado emprego de algemas em mulheres presas em qualquer unidade do sistema penitenciário nacional durante o trabalho de parto, no trajeto da parturiente entre a unidade prisional e a unidade hospitalar e após o parto, durante o período em que se encontrar hospitalizada.

A Lei nº 13.434, de 12 de abril de 2017, acrescentou parágrafo único ao art. 292 do Decreto-Lei nº 3.689, de 3 de outubro de 1941 (Código de Processo Penal), para vedar o uso de algemas em mulheres grávidas durante o parto e em mulheres durante a fase de puerpério imediato, dizendo, *verbis*:

> **Parágrafo único.** É vedado o uso de algemas em mulheres grávidas durante os atos médico-hospitalares preparatórios para a realização do parto e durante o trabalho de parto, bem como em mulheres durante o período de puerpério imediato.

8.23. Monitoramento eletrônico

8.23.1. Introdução

Dentre as novas tecnologias utilizadas, como alternativas ao cumprimento de uma pena de privação de liberdade, podemos destacar o chamado *monitoramento eletrônico*.

Podemos, com a ajuda da tecnologia, fazer com que a pena, efetivamente, cumpra suas funções sem que, para tanto, o homem seja retirado do seu meio social. Exemplo disso é o que ocorre com nossos filhos. Quando os corrigimos, não retiramos nossos filhos de casa, não os levamos a um local distante, onde ficarão isolados de seus irmãos. Na verdade, os colocamos em um lugar onde, embora dentro de sua própria casa, saberão que estarão privados de uma série de "direitos", que lhes seriam naturais caso não tivessem desobedecido a seus pais.

O castigo, mesmo dentro de casa, funciona. Se retirássemos nossos filhos e os levássemos para um local fora do ambiente familiar, isso certamente os traumatizaria. É o que acontece com os presos que são retirados do seu meio social e levados a conviver com pessoas estranhas, hostis, sem falar no fato de que passam a se isolar de seus familiares.

A tecnologia é o presente. Ela já chegou e está à disposição de todos, para inúmeras finalidades. A cada dia se descobre algo novo, uma evolução que, certamente, deverá ser utilizada pelo Sistema Penal.

Juan José González Rus[46] preleciona, com precisão, que por meio desse fantástico desenvolvimento tecnológico, principalmente a eletrônica e a informática permitem que sejam levadas a efeitos formas de vigilância extensivas e intensivas até então desconhecidas, admitindo, dessa forma, controles que podem ser exercidos sobre todas as pessoas de uma forma geral, ou, ainda, especificamente, sobre um determinado grupo. No que diz respeito especificamente ao sistema penal, dentre essas técnicas, a mais desenvolvida diz respeito à custódia em domicílio sob vigilância eletrônica, que teve um grande desenvolvimento teórico e prático, principalmente nos Estados Unidos e Canadá, cuja aplicação, hoje generalizada, pode determinar consequências relevantes sobre as técnicas de controle social e penal.

O monitoramento eletrônico foi criado com a finalidade de fazer com que o condenado não fosse retirado, abruptamente, do seu meio social. Muitos dos seus direitos, como acontece com nossos filhos durante sua correção, passam a ser limitados. No entanto, o convívio em sociedade ainda permanece. Não é dessocializado, mas, sim, educado a não praticar o ato que o levou a ter suspensos alguns desses direitos.

Conforme preleciona Edmundo Oliveira:

> "A partir de suas primeiras experiências na América do Norte, no início dos anos 80, até sua operacionalização na Europa, no meado dos anos 90, o monitoramento eletrônico é louvado por suas propriedades singulares de individualização da pena (Laville & Lameyre, 2003, pp. 370-374). Ele evita os efeitos nefastos da dessocialização do encarceramento – principalmente para os delinquentes primários – e facilita a manutenção dos elos familiares e o exercício de uma atividade profissional. Esse sistema permite, também, diminuir a taxa de ocupação nos estabelecimentos penitenciários, acolhendo réus e condenados, a pequenas ou médias penas, a um custo bem menor. A prisão domiciliar sob monitoramento eletrônico afasta de seus be-

---

[46] GONZÁLEZ RUS, Juan José. *Control electrónico y sistema penitenciario*, p. 71.

neficiários a promiscuidade e as más condições de higiene, a ociosidade e a irresponsabilidade, encontradas em tantas prisões. Trata-se de um tipo de punição que não acarreta o estigma do associado ao encarceramento, assegurando a continuação de uma vida 'normal' aos olhos do empregador e junto da família."[47]

O sistema de monitoramento eletrônico é feito por meio de um sinalizador GPS. Mas o que vem a ser um GPS? GPS é um acrônimo, significando em inglês *Global Positioning System* e em português Sistema de Posicionamento Global. Por meio do GPS é possível saber nossa localização exata no planeta. Esse projeto foi iniciado há cerca de 30 anos, pelo governo dos Estados Unidos da América, mais precisamente pelo Departamento de Defesa. Foram lançados para a órbita vários satélites com o objetivo de ultrapassar as limitações dos sistemas de localização, que eram utilizados até aquele momento. O sistema foi sendo constantemente melhorado e, atualmente, conta com 24 satélites em órbita, sendo 12 localizados em cada hemisfério e 6 estações de controle em terra[48].

Embora possamos atribuir as origens do monitoramento eletrônico aos irmãos Ralph e Robert Schwitzgebel, que realizaram as primeiras experiências no ano de 1964, nos EUA, com 16 jovens reincidentes, podemos apontar o Juiz Jack Love, do Estado do Novo México, como o precursor da ideia que, atualmente, vem sendo utilizada em vários países.

O mais interessante é que o juiz Jack Love inspirou-se numa edição de *Amazing Spider-Man* de 1977, na qual o rei do crime havia prendido um bracelete ao homem-aranha a fim de monitorar seus passos pelas ruas de Nova York. Após ler a história, o juiz Jack Love achou que a ideia poderia, efetivamente, ser utilizada no monitoramento de presos, razão pela qual procurou seu amigo Mike Gross, técnico em eletrônica e informática, a fim de persuadi-lo a produzir os receptores que seriam afixados nos pulsos, tal como havia visto na história em quadrinhos.

Em 1983, ou seja, cinco anos depois, após ter realizado, durante três semanas, testes em si mesmo com o bracelete, o juiz Jack Love determinou o monitoramento de cinco delinquentes na cidade de Albuquerque, a maior cidade do Estado do Novo México. Nascia, também, naquele momento, conforme nos esclarece Edmundo Oliveira, a National Incarceration Monitor and Control Services, a primeira empresa a produzir instalações eletrônicas destinadas ao controle de seres humanos.[49]

Atualmente, existem quatro opções técnicas de monitoramento eletrônico, que podem ser adaptadas à pessoa em forma de: *a)* pulseira; *b)* tornozeleira; *c)* cinto; e *d) microchip* (implantado no corpo humano). Nas quatro hipóteses apontadas, a utilização pode ocorrer de maneira discreta, permitindo que o condenado cumpra sua pena sem sofrer as influências nefastas do cárcere.

O sistema de monitoramento permite que os encarregados da fiscalização do cumprimento da pena do condenado monitorado conheçam, exatamente, a respeito dos seus passos, uma vez que o sistema permite saber, com precisão, se a área delimitada está sendo obedecida.

A tendência é que o monitoramento eletrônico fique cada vez mais imperceptível por outras pessoas, que não aquele que o utiliza. Quem não se recorda do tamanho inicial dos telefones celulares? Hoje, são multifuncionais e os menores possíveis. Da mesma forma, em um futuro muito próximo, em vez de pulseiras, tornozeleiras ou cintos, o monitoramento poderá

---

[47] OLIVEIRA, Edmundo. *Direito penal do futuro* – a prisão virtual, p. 9-10.
[48] Os satélites de GPS são equipados com relógios atômicos que têm precisão de bilionésimo de segundos, e transmitem continuamente para os satélites receptores na Terra sinais digitais de rádio com informações sobre a localização e a hora exata.
[49] OLIVEIRA, Edmundo. *Direito penal do futuro* – a prisão virtual, p. 28.

ser levado a efeito, por exemplo, por meio de um aparelho contido no relógio de pulso daquele que se viu beneficiado com a sua utilização.

O *microchip* subcutâneo já é uma realidade e impede qualquer visualização por parte de terceiros, podendo, inclusive, conter todas as informações necessárias relativas ao cumprimento da pena do condenado que o utiliza.

Enfim, chegamos à era tecnológica e temos de utilizá-la em benefício do homem que, em um futuro próximo, verá implodir os muros das penitenciárias que durante séculos o aprisionaram. Esse "novo homem" do futuro olhará para trás e não acreditará que seus semelhantes, há poucos séculos, eram enjaulados como animais ferozes, tratados de forma indigna e cruel.

No Brasil, depois de intensos debates, foi publicada a Lei nº 12.258, de 15 de junho de 2010, que previu a possibilidade de fiscalização do condenado por meio da monitoração eletrônica. Com as alterações produzidas pela Lei nº 14.843, de 11 de abril de 2024, de acordo com o art. 146-B da LEP, *o juiz poderá definir a fiscalização por meio da monitoração eletrônica quando*:

I – (VETADO);
II – autorizar a saída temporária no regime semiaberto;
III – (VETADO);
IV – determinar a prisão domiciliar;
V – (VETADO);
VI – aplicar pena privativa de liberdade a ser cumprida nos regimes aberto ou semiaberto, ou conceder progressão para tais regimes;
VII – aplicar pena restritiva de direitos que estabeleça limitação de frequência a lugares específicos;
VIII – conceder o livramento condicional.

O art. 146-C, acrescentado à Lei de Execução Penal pela Lei nº 12.258, de 15 de junho de 2010, assevera que o condenado será instruído acerca dos cuidados que deverá adotar com o equipamento eletrônico e dos seguintes deveres: I – receber visitas do servidor responsável pela monitoração eletrônica, responder aos seus contatos e cumprir suas orientações; II – abster-se de remover, de violar, de modificar, de danificar de qualquer forma o dispositivo de monitoração eletrônica ou de permitir que outrem o faça.

Conforme o disposto no parágrafo único do mencionado art. 146-C, com as alterações produzidas pela Lei nº 14.843, de 11 de abril de 2024, a violação comprovada de qualquer um desses deveres poderá acarretar, a critério do juiz da execução, ouvidos o Ministério Público e a defesa: *a)* a regressão do regime; *b)* a revogação da autorização de saída temporária; *c)* a revogação da prisão domiciliar; *d)* advertência, por escrito, para todos os casos em que o juiz da execução decida não aplicar alguma das medidas anteriores; *e)* a revogação do livramento condicional; *f)* a conversão da pena restritiva de direitos em pena privativa de liberdade.

O art. 146-D da Lei de Execução Penal, também introduzido pela Lei nº 12.258, de 15 de junho de 2010, determina, ainda que a monitoração eletrônica poderá ser revogada: I – quando se tornar desnecessária ou inadequada; II – se o acusado ou condenado violar os deveres a que estiver sujeito durante a sua vigência ou cometer falta grave.

Para que ocorra a revogação da monitoração eletrônica, deverá o julgador determinar, antes de sua decisão, a realização de uma *audiência de justificação*, na qual serão ouvidos o acusado, devidamente assistido pelo seu defensor, e também o Ministério Público, a exemplo do que ocorre com as hipóteses previstas pelo parágrafo único do art. 146-C da Lei de Execução Penal.

Embora o sistema de monitoramento eletrônico permita o cumprimento das finalidades atribuídas às penas, vale dizer, reprovar e prevenir a prática de infrações penais, parte da doutrina iniciou um movimento contra sua utilização, conforme esclarece Luzón Peña[50], alegando que, primeiramente, essa modalidade de cumprimento de pena é demasiado benigna aos condenados, não possuindo, assim, o necessário efeito intimidante, característico da teoria retributiva. Da mesma forma, continua Luzón Peña[51], no que diz respeito à ressocialização, afirmam que a sanção se centra somente no controle do condenado e dedica pouco ou mesmo nenhum esforço no seu tratamento ressocializante.

Em segundo lugar, dizem os opositores do monitoramento eletrônico, não existem estudos suficientemente amplos e rigorosos que tenham por finalidade apontar se, realmente, existe uma eficácia preventivo-especial da sanção daqueles que foram submetidos ao monitoramento eletrônico, em comparação aos condenados que cumpriram suas penas inseridos no sistema prisional. Ou seja, para eles, não se pode dizer, com a necessária precisão, que permitir o cumprimento monitorado de pena *extra muros* não diminui o índice de reincidência.

Com todo o respeito que merecem os opositores do monitoramento eletrônico, não se pode negar que os benefícios de um cumprimento de pena monitorado fora do cárcere são infinitamente superiores aos prejuízos causados no agente que se vê obrigado a cumprir sua pena *intra muros*.

Ressalta Luzón Peña[52] que às acusações de que o monitoramento eletrônico é por demais benigno ao condenado, além de possuir pouca ou nenhuma eficácia intimidante, tem-se rebatido com o correto argumento de que a ele são reservadas somente as infrações penais de pouca gravidade, a exemplo do que ocorre com os delitos de trânsito, subtrações patrimoniais não violentas, consumo de drogas etc. e só excepcionalmente para algum delito que preveja alguma forma de violência, como pode ocorrer com as lesões corporais. Além disso, o prognóstico que se faz do condenado lhe é favorável, ou seja, tudo leva a crer que o cumprimento da pena monitorada *extra muros* exercerá sobre eles os necessários efeitos, evitando-se a prática de futuras infrações penais.

Não podemos nos esquecer de que, mesmo com certo grau de liberdade, temos limitada uma grande parcela desse nosso direito. Assim, por mais que, aparentemente, mostre-se benigna ao condenado, ainda assim essa forma de cumprimento de pena poderá exercer sua função preventiva (geral e especial), pois que, para a sociedade, ficará demonstrado que o Estado, por meio do Direito Penal, cumpriu com sua missão protetiva de bens jurídicos, fazendo com que o autor da infração penal fosse por ela responsabilizado com uma pena correspondente ao mal por ele praticado.

Conforme esclarecimentos de Miguel Ángel Iglesias Río e Juan Antonio Pérez Parente, na maioria dos países, a prisão domiciliar com vigilância eletrônica não se contempla como medida única, senão que, com vista à consecução de expectativas ressocializadoras, o controle telemático se insere em um amplo programa de execução diário no qual, além da permanência obrigatória no domicílio ou em um lugar concreto, permitem-se saídas predeterminadas para trabalhar ou participar de sessões de terapia, realizam-se visitas não anunciadas por funcionários competentes (na parte da tarde, noite, fins de semana, dias festivos), ou com um pré-aviso de trinta minutos; o sujeito tem de se submeter a uma análise de sangue, de urina ou de ar aspirado para detectar o consumo de álcool ou drogas, várias vezes por semana, praticadas por pessoal médico especializado ou conectadas ao próprio aparato de vigilância (como ocorre na Suécia), cujos resultados são recebidos informatizadamente pela rede telefônica à central.[53]

---

[50] LUZÓN PEÑA, Diego-Manuel. *Control electrónico y sanciones alternativas a la prisión*, p. 58.
[51] LUZÓN PEÑA, Diego-Manuel. *Control electrónico y sanciones alternativas a la prisión*, p. 58.
[52] LUZÓN PEÑA, Diego-Manuel. *Control electrónico y sanciones alternativas a la prisión*, p. 59.
[53] IGLESIAS RÍOS, Miguel Ángel; PÉREZ PARENTE, Juan Antonio. *La pena de localización permanente y su seguimiento con medios de control electrónico*, p. 409.

8.23.2. Tecnologias de controle de primeira, segunda e terceira gerações

As tecnologias de controle podem ser divididas em primeira, segunda e terceira gerações.

A *primeira geração de mecanismos de controle* inclui o *sistema ativo* (vigilância eletrônica ativa) e o *sistema passivo* (vigilância eletrônica passiva), ainda quando se têm implantado também sistemas mistos, que combinam ambos os modelos.

A *vigilância eletrônica ativa*, mais frequente, é, basicamente, de acordo com as lições de Juan José González Rus,[54] integrada por três elementos, a saber: um *transmissor miniatura*, que é fixado ao condenado, de modo que não possa por ele ser removido, a exemplo, como dissemos, das pulseiras, tornozeleiras etc., cuja finalidade é transmitir um sinal, permitindo a aferição do local onde se encontra; um *receptor-transmissor*, instalado no domicílio ou no local onde se tenha determinado que o condenado deverá permanecer submetido à vigilância, e cuja finalidade é receber o sinal do transmissor nele colocado, que envia, a seu turno, um sinal ao terceiro componente do sistema, que normalmente é um computador central conectado por via telefônica com o transmissor-receptor, que controla o processo e registra tudo o que ocorre com a vigilância, ou seja, se o condenado, efetivamente, está cumprindo com aquilo que lhe fora determinado na sentença, ou se houve algum descumprimento, a exemplo de ter saído do local permitido etc.

Por meio dessa vigilância eletrônica ativa se confirma, portanto, a presença do condenado em sua casa, ou mesmo em outro local determinado pela Justiça, bem como as horas previstas para a prática de determinados comportamentos, ou, pelo contrário, sua ausência do local previamente determinado, o que, consequentemente, acarretará consequências a seu desfavor.

Esse controle, conforme esclarece Luzón Peña[55], nos Estados Unidos, é feito pelos funcionários encarregados do sistema de prova, os quais em caso de descumprimento pelo condenado, propõem as medidas punitivas correspondentes ou mesmo a aplicação de uma sanção mais dura. Além disso, também possuem a obrigação de manter um contato periódico com o condenado com a finalidade de inspecionar os dispositivos de transmissão (pulseira, tornozeleiras etc.)

Por *vigilância eletrônica* passiva podemos entender aquela que é levada a efeito por meio de um sistema aleatório de chamadas telefônicas, feitas por um computador previamente programado para isso, aos locais onde os condenados se encontram submetidos a essa modalidade de vigilância. Nesse caso, ao ser realizada a ligação, os condenados devem atender pessoalmente ao telefone. Conforme esclarece Juan José González Rus[56], nesses casos, é comum que se incorpore ao aparelho telefônico um identificador de voz, evitando que o sistema seja burlado pelo condenado, que bem poderia pedir a alguém que respondesse à chamada em seu lugar. É importante frisar que tanto as chamadas quanto às respostas do condenado permanecem registradas em um sistema informático, que está programado para produzir um alerta caso venha a ocorrer qualquer incidente.

Miguel Ángel Iglesias Río e Juan Antonio Pérez Parente aduzem que a principal vantagem do sistema passivo com controle de voz ou mecanismos digitalizados é sua menor estigmatização pública e, em certos casos, podia chegar-se a prescindir da instalação de transmissores no domicílio do vigiado. Como desvantagens, aponta-se a possível perturbação que as chamadas telefônicas, especialmente no horário noturno, causam ao resto dos moradores ou que o sujeito não escute a chamada por estar no banho, escutando música etc.[57]

---

[54] GONZÁLEZ RUS, Juan José. *Control electrónico y sistema penitenciario*, p. 72.
[55] LUZÓN PEÑA, Diego-Manuel. *Control electrónico y sanciones alternativas a la prisión*, p. 56.
[56] GONZÁLEZ RUS, Juan José. *Control electrónico y sistema penitenciario*, p. 72.
[57] IGLESIAS RÍOS, Miguel Ángel; PÉREZ PARENTE, Juan Antonio. *La pena de localización permanente y su seguimiento con medios de control electrónico*, p. 414.

A tecnologia de segunda geração foi implantada inicialmente nos Estados Unidos a partir de 2000, sendo utilizada posteriormente no Canadá e na Grã-Bretanha, cujo referente europeu é o denominado sistema Galileo, que foi concebido desde o início como um projeto civil, em oposição ao GPS americano, ao Glonass russo e ao Compass chinês, que são de origem militar, tendo várias vantagens, a exemplo da maior precisão, maior segurança, sendo menos sujeitos a problemas.

Esse sistema de segunda geração tem a capacidade não somente de controlar a permanência, em um determinado lugar, da pessoa que está sendo objeto do monitoramento, como também de milimetricamente, detectar sua presença fora do local que havia sido delimitado, apontando, precisamente, o lugar e o horário em que esteve.

Para tanto, o vigiado deverá portar um transmissor similar ao utilizado na vigilância eletrônica ativa, que tem por finalidade enviar os dados de seus movimentos à central, fazendo com que seja disparado um alarme sempre que o vigiado se distancia do perímetro dentro do qual fora confinado.

Por último, conforme esclarecem Miguel Ángel Iglesias Río e Juan Antonio Pérez Parente, a *tecnologia de terceira geração* se caracteriza porque ao controle por sistema GPS de permanência ou presença que oferecem os anteriores sistemas apontados agrega-se, também, a possibilidade de que a central de vigilância receba informações psicológicas, a frequência de pulsações, o ritmo respiratório para medir o nível de agressividade de um delinquente violento, a excitação sexual em delinquentes sexuais, cleptômanos ou psicopatas. Assim mesmo, ante qualquer descumprimento das obrigações acordadas judicialmente, algumas versões têm capacidade para realizar uma intervenção corporal direta no vigiado por meio de descargas elétricas programadas, que repercutem diretamente no sistema nervoso central, ou por meio da abertura de uma cápsula que lhe injeta um tranquilizante ou outra substância, para o caso de neuróticos agressivos, esquizofrênicos ou adeptos do álcool.

Este drástico procedimento ainda não se implementou em prisão domiciliar com vigilância eletrônica, porque constitui um castigo físico atentatório à dignidade humana; por outro lado, não leva em conta distintas situações de necessidade – urgência médica, incêndio na casa, um acidente, por exemplo – nas quais o vigiado se vê obrigado a abandonar o lugar e a suportar injustificadamente tais descargas elétricas.[58]

A Lei nº 12.403, de 4 de maio de 2011, inseriu no art. 319 do Código de Processo Penal a monitoração eletrônica como medida cautelar diversa da prisão.

A aplicação da monitoração eletrônica se fará, observando-se:

- a necessidade para aplicação da lei penal, para a investigação ou a instrução criminal e, nos casos expressamente previstos, para evitar a prática de infrações penais;
- a adequação da medida à gravidade do crime, circunstâncias do fato e condições pessoais do indiciado ou acusado.

A monitoração eletrônica poderá ser aplicada isolada ou cumulativamente a outras medidas cautelares.

As medidas cautelares, de acordo com a nova redação dada pela Lei nº 13.964, de 24 de dezembro de 2019, ao § 2º do art. 282 do Código de Processo Penal, serão decretadas pelo juiz a requerimento das partes ou, quando no curso da investigação criminal, por representação da autoridade policial ou mediante requerimento do Ministério Público.

---

[58] IGLESIAS RÍOS, Miguel Ángel; PÉREZ PARENTE, Juan Antonio. *La pena de localización permanente y su seguimiento con medios de control electrónico*, p. 415.

Ressalvados os casos de urgência ou de perigo de ineficácia da medida, o juiz, ao receber o pedido de medida cautelar, determinará a intimação da parte contrária, para se manifestar no prazo de 5 (cinco) dias, acompanhada de cópia do requerimento e das peças necessárias, permanecendo os autos em juízo, e os casos de urgência ou de perigo deverão ser justificados e fundamentados em decisão que contenha elementos do caso concreto que justifiquem essa medida excepcional (art. 282, § 3º, do CPP).

No caso de descumprimento de qualquer das obrigações impostas, o juiz, mediante requerimento do Ministério Público, de seu assistente ou do querelante, poderá substituir a medida, impor outra em cumulação, ou, em último caso, decretar a prisão preventiva, nos termos do parágrafo único do art. 312 do Código (art. 282, § 4º, do CPP).

O juiz poderá, de ofício ou a pedido das partes, revogar a medida cautelar ou substituí-la quando verificar a falta de motivo para que subsista, bem como voltar a decretá-la, se sobrevierem razões que a justifiquem (art. 282, § 5º, do CPP).

A prisão preventiva somente será determinada quando não for cabível a sua substituição por outra medida cautelar, observado o art. 319 deste Código, e o não cabimento da substituição por outra medida cautelar deverá ser justificado de forma fundamentada nos elementos presentes do caso concreto, de forma individualizada (art. 282, § 6º, do CPP).

8.23.3. Monitoramento e prisão preventiva

Merece destaque, ainda, a inovação trazida pela Lei nº 12.403, de 4 de maio de 2011, que, ao prever o elenco de medidas cautelares diversas da prisão, no inciso IX do art. 319 do Código de Processo Penal, inseriu a monitoração eletrônica.

Dessa forma, o monitoramento passa a ser possível antes mesmo do trânsito em julgado da sentença penal condenatória, evitando a desnecessária segregação cautelar do acusado, permitindo-lhe, assim, responder à ação penal em liberdade.

8.23.4. Regulamentação do monitoramento

Em 25 de novembro de 2011 foi publicado o Decreto nº 7.627, que dispõe sobre a regulamentação do monitoramento eletrônico, nos seguintes termos:

> **Art. 2º** Considera-se monitoração eletrônica a vigilância telemática posicional à distância de pessoas presas sob medida cautelar ou condenadas por sentença transitada em julgado, executada por meios técnicos que permitam indicar a sua localização.
>
> **Art. 3º** A pessoa monitorada deverá receber documento no qual constem, de forma clara e expressa, seus direitos e os deveres a que estará sujeita, o período de vigilância e os procedimentos a serem observados durante a monitoração.
>
> **Art. 4º** A responsabilidade pela administração, execução e controle da monitoração eletrônica caberá aos órgãos de gestão penitenciária, cabendo-lhes ainda:
> I – verificar o cumprimento dos deveres legais e das condições especificadas na decisão judicial que autorizar a monitoração eletrônica;
> II – encaminhar relatório circunstanciado sobre a pessoa monitorada ao juiz competente na periodicidade estabelecida ou, a qualquer momento, quando por este determinado ou quando as circunstâncias assim o exigirem;
> III – adequar e manter programas e equipes multiprofissionais de acompanhamento e apoio à pessoa monitorada condenada;
> IV – orientar a pessoa monitorada no cumprimento de suas obrigações e auxiliá-la na reintegração social, se for o caso; e
> V – comunicar, imediatamente, ao juiz competente sobre fato que possa dar causa à revogação da medida ou modificação de suas condições.
> **Parágrafo único.** A elaboração e o envio de relatório circunstanciado poderão ser feitos por meio eletrônico certificado digitalmente pelo órgão competente.

> **Art. 5º** O equipamento de monitoração eletrônica deverá ser utilizado de modo a respeitar a integridade física, moral e social da pessoa monitorada.
> **Art. 6º** O sistema de monitoramento será estruturado de modo a preservar o sigilo dos dados e das informações da pessoa monitorada.
> **Art. 7º** O acesso aos dados e informações da pessoa monitorada ficará restrito aos servidores expressamente autorizados que tenham necessidade de conhecê-los em virtude de suas atribuições.

9. PENAS RESTRITIVAS DE DIREITOS

9.1. Introdução

Se a pena é um mal necessário, devemos, num Estado Social e Democrático de Direito, buscar aquela que seja suficientemente forte para a proteção dos bens jurídicos essenciais, mas que, por outro lado, não atinja de forma brutal a dignidade da pessoa humana. As raízes iluministas do princípio da proporcionalidade fazem com que hoje, passados já três séculos, colhamos os frutos de um direito penal que visa ser menos cruel e procura observar os direitos fundamentais do homem.

A prisão, que no passado era apenas um estágio intermediário para a aplicação da pena, geralmente de caráter aflitivo, mutiladora e de morte, hoje goza de proeminência nas legislações penais. Em prol da proteção dos bens indispensáveis ao convívio em sociedade, o Direito Penal priva de liberdade aquele que cometeu o delito.

Por mais que se discuta, ainda não achamos outro meio eficaz que possa vir a substituir a pena privativa de liberdade cominada em algumas infrações penais graves. A tese abolicionista, tão festejada por Louk Hulsman, continua a ser uma utopia. Com uma crítica feroz sobre o sistema penal, o professor holandês aduz:

> "Os movimentos que tentam devolver ao detento sua dignidade humana, através da 'humanização' das prisões, geralmente se baseiam num sentimento de solidariedade pela sorte daqueles que foram levados ao cárcere. Mas é incrível como tais movimentos praticamente não obtêm qualquer avanço. Perdem-se energias consideráveis na areia movediça da instituição penitenciária. Já vi pessoas que efetivamente lutavam por verdadeiras reformas despender enormes esforços para conseguir resultados absolutamente irrisórios, como, por exemplo, que, ao fim de um ano, os detentos pudessem ver televisão por um quarto de hora. Não basta tentar modificar a situação dos detentos, para que alguma coisa realmente mude. A concentração das tentativas de mudança nesta última fase do processo penal se revela, na prática, inoperante. Pretender transformar a prisão – e somente a prisão – significa trabalhar no interior de uma posição imutável, sem qualquer perspectiva de progresso. É preciso se situar mais acima, lá no começo do processo, onde são selecionadas as pessoas que vão se tornar detentas. Além disso, deveriam existir outras solidariedades, que de nenhuma forma são incompatíveis entre si. A meu ver, trata-se de viver quatro classes de solidariedade: a solidariedade com os condenados; a solidariedade com as pessoas vitimizadas; a solidariedade com o conjunto de pessoas que vivem numa sociedade e que precisam se libertar de suas falsas crenças e dos erros que cometem ao relacionar levianamente seus problemas na sociedade com a existência do sistema penal; e, finalmente, a solidariedade com as pessoas que asseguram o funcionamento do sistema penal e que, se pudessem deixar de trabalhar pela sobrevivência de tal máquina, sentiriam prazer de se libertar. Os que perceberem e quiserem assumir estas quatro formas de solidariedade não se conterão com um simples posicionamento de reforma das prisões – e nem mesmo com a abolição pura e simples da pena de prisão. Para estes, onde me incluo, trata-se de *derrubar todo o sistema*."[59]

---

[59] HULSMAN, Louke; BERNAT DE CELIS, Jacqueline. *Penas perdidas* – O sistema penal em questão, p. 93-94.

Como se percebe pelas lições de Hulsman, seu esforço não se concentra na busca de penas que substituirão a privação da liberdade daqueles que cometem crimes, mas, sim, na própria derrubada de todo o sistema penal. Ao final de sua obra, Hulsman propõe, resumidamente, que os conflitos sejam resolvidos pela própria sociedade ou, quando muito, mediante a aplicação da justiça cível ou administrativa.

Acreditamos que esse estágio de resolução de conflitos ainda está muito distante ou, talvez, nunca chegará. Se não há possibilidades de ser abolido o sistema penal, temos de encontrar soluções que atinjam o cidadão delinquente da menor forma possível, e, ainda assim, repetimos, não conseguiríamos encontrar outra pena que possa vir, em alguns casos graves, a substituir a privação da liberdade.

Contudo, há casos em que podemos substituir a pena de prisão por outras alternativas, evitando-se, assim, os males que o sistema carcerário acarreta, principalmente com relação àqueles presos que cometeram pequenos delitos e que se encontram misturados com delinquentes perigosos. Nesse sentido são as lições de Manoel Pedro Pimentel quando afirma:

"O fracasso da prisão como agência terapêutica foi constatado, relativamente às penas de curta duração, logo depois de iniciada a prática do encarceramento como pena. É antiga, portanto, a ideia de que o ambiente do cárcere deve ser evitado, sempre que possível, nos casos em que a breve passagem do condenado pela prisão não enseje qualquer trabalho de ressocialização. Por outro lado, essas pequenas condenações não se prestam a servir como prevenção geral, acrescentando-se o inconveniente de afastar o sentenciado do convívio familiar e do trabalho, desorganizando, sem nenhuma vantagem, a sua vida."[60]

Em sentido contrário às penas alternativas posiciona-se Ralf Dahrendorf, quando diz:

"Uma teoria penal que abomina a detenção a ponto de substituí-la totalmente por multas e trabalho útil, por 'restrições ao padrão de vida', não só contém um erro intelectual, pois confunde lei e economia, como também está socialmente errada. Ela sacrifica a sociedade pelo indivíduo. Isso pode soar a alguns como incapaz de sofrer objeções, até mesmo desejável. Mas também significa que uma tal abordagem sacrifica certas oportunidades de liberdade em nome de ganhos pessoais incertos. Ser gentil com infratores poderá trazer à tona a sociabilidade escondida em alguns deles. Mas será um desestímulo para muitos, que estão longe do palco criminoso, de contribuir para o processo perene da liberdade, que consiste na sustentação e na modelagem das instituições criadas pelos homens."[61]

As penas substitutivas à prisão, apesar das posições em contrário, constituem uma solução, mesmo que parcial, para o problema relativo à resposta do Estado quando do cometimento de uma infração penal. Com fundamento nesse pensamento, a Parte Geral do Código Penal, que já tinha previsão de penas substitutivas, teve o seu rol ampliado e suas condições de cumprimento modificadas pela Lei nº 9.714, de 25 de novembro de 1998, que veio, assim, atender aos anseios da comunidade jurídica.

9.1.1. *Possibilidade de aplicação de penas restritivas de direitos no delito de tráfico de drogas*

Diz o § 4º do art. 33 da Lei nº 11.343, de 23 de agosto de 2006, *verbis*:

§ 4º Nos delitos definidos no *caput* e no § 1º deste artigo, as penas poderão ser reduzidas de um sexto a dois terços, vedada a conversão em penas restritivas de direitos, desde que o agente seja

---

[60] PIMENTEL, Manoel Pedro. *O crime e a pena na atualidade*, p. 163.
[61] DAHRENDORF, Ralf. *A lei e a ordem*, p. 109.

primário, de bons antecedentes, não se dedique às atividades criminosas nem integre organização criminosa.

No entanto, em 15 de fevereiro de 2012, o Senado Federal, por meio da Resolução nº 05, suspendeu a execução da expressão "vedada a conversão em penas restritivas de direitos" do § 4º do art. 33 da Lei nº 11.343, de 23 de agosto de 2006, declarada inconstitucional por decisão definitiva do Supremo Tribunal Federal nos autos do *Habeas Corpus* nº 97.256/RS.

Portanto, em caso de tráfico de drogas, previsto no *caput* e no § 4º do art. 33 da Lei nº 11.343, de 23 de agosto de 2006, será possível a aplicação de pena restritiva de direitos em substituição à privativa de liberdade.

Vale ressaltar, ainda, que o STF, no que diz respeito ao tráfico privilegiado, editou a Súmula Vinculante nº 59, aprovada em 19 de outubro de 2023, que diz:

Súmula Vinculante nº 59. É impositiva a fixação do regime aberto e a substituição da pena privativa de liberdade por restritiva de direitos quando reconhecida a figura do tráfico privilegiado (art. 33, § 4º, da Lei 11.343/06) e ausentes vetores negativos na primeira fase da dosimetria (art. 59 do CP), observados os requisitos do art. 33, § 2º, alínea c, e do art. 44, ambos do Código Penal.

9.2. Espécies de penas restritivas de direitos

Com o advento da Lei nº 9.714/98, foi ampliado o rol das penas restritivas de direitos elencadas pelo art. 43 do Código Penal. Duas foram adicionadas e outra recebeu um acréscimo. Nos termos do referido artigo, as penas restritivas de direito são as seguintes: 1ª) prestação pecuniária; 2ª) perda de bens e valores; 3ª) prestação de serviço à comunidade ou a entidades públicas; 4ª) interdição temporária de direitos; e 5ª) limitação de fim de semana.

Com a atual redação dada ao art. 43, foram criadas as penas de prestação pecuniária e de perda de bens e valores, sendo, ainda, admitida a prestação de serviços a entidades públicas.

Na precisa observação de Luiz Flávio Gomes:

"O art. 43 do Código Penal foi o primeiro dispositivo alterado pela Lei nº 9.714/98. Quem lê o novo preceito legal tem a superficial e enganosa impressão de que teria havido única mudança: de três teriam passado para cinco as penas restritivas de direitos. Nada mais falacioso. Primeiro porque antes não tínhamos apenas três penas restritivas de direitos. Não se pode esquecer que a pena de interdição temporária subdividia-se em três. Logo, tínhamos cinco penas restritivas. E no art. 60, § 2º, estava prevista a multa substitutiva. Desse modo, *contávamos antes com seis penas substitutivas* (cinco restritivas mais a multa). *Agora, após a reforma legislativa, temos dez* (nove restritivas mais a multa)."[62]

Segundo Luiz Flávio Gomes, essas seriam as seis penas substitutivas previstas pelo Código Penal, que se transformariam em dez, em virtude da existência de quatro subdivisões da chamada interdição temporária de direitos, mais a possibilidade da *prestação de outra natureza*, conforme art. 45, § 2º: 1ª) prestação pecuniária; 2ª) perda de bens e valores; 3ª) prestação de serviços à comunidade ou entidades públicas; 4ª) interdição temporária de direitos; 5ª) limitação de fim de semana; 6ª) multa substitutiva. Concluindo seu raciocínio, preleciona:

"Se considerarmos que a interdição temporária de direitos subdivide-se doravante em quatro (proibição do exercício de cargo, proibição do exercício de profissão, suspensão da habilitação

---

[62] GOMES, Luiz Flávio. *Penas e medidas alternativas à prisão*, p. 103.

para dirigir veículo e proibição de frequentar determinados lugares), já chegamos a nove. A última sanção cominada é a prestação de outra natureza – art. 45, § 2º."[63]

Agora, com a edição da Lei nº 12.550, de 15 de dezembro de 2011, que fez inserir o inciso V no art. 47 do Código Penal prevendo a *proibição de inscrever-se em concurso, avaliação ou exame públicos*, temos, na verdade, onze penas restritivas de direitos.

Com relação às penas restritivas de direitos, é importante salientar que, embora o art. 44 diga que são autônomas, na verdade, até a edição da Lei nº 11.343/2006, não existiam tipos penais nos quais a pena prevista no seu preceito secundário fosse única e exclusivamente a restrição de direitos. Tais penas, agora, como regra, são substitutivas, ou seja, primeiramente aplica-se a pena privativa de liberdade e, quando possível, presentes os requisitos legais, procede-se à sua substituição.[64]

Embora o Código Penal as trate como penas restritivas de direitos, nem todas possuem essa natureza. Como bem destacou Cezar Roberto Bitencourt:

> "A denominação penas 'restritivas de direitos' não foi muito feliz, pois, de todas as modalidades de sanções sob a referida rubrica, somente uma refere-se especificamente à 'restrição de direitos'. As outras – prestação pecuniária e perda de bens e valores – são de natureza pecuniária; prestação de serviços à comunidade e limitação de fim de semana referem-se mais especificamente à restrição da liberdade do apenado."[65]

9.3. Requisitos para a substituição

O art. 44 do Código Penal elenca os requisitos necessários e indispensáveis para que o juiz possa levar a efeito a substituição da pena privativa de liberdade pela restritiva de direitos. São requisitos considerados cumulativos, ou seja, todos devem estar presentes para que se possa realizar a substituição. Dois deles, segundo entendemos, são de ordem objetiva (incisos I e II do art. 44) e o terceiro de natureza subjetiva (inciso III do art. 44).

Faremos, em seguida, a análise de cada requisito, isoladamente.

O primeiro requisito, de ordem objetiva, diz que é possível a substituição quando *aplicada pena privativa de liberdade não superior a 4 (quatro) anos e o crime não for cometido com violência ou grave ameaça à pessoa ou, qualquer que seja a pena aplicada, se o crime for culposo* (art. 44, I, do CP).

A primeira exigência contida no inciso I diz respeito à quantidade da pena. A substituição somente se viabiliza se a pena aplicada não for superior a quatro anos, nos casos de infrações dolosas, uma vez que para os delitos culposos a lei não fez qualquer ressalva com relação ao limite de pena aplicada. Sendo dolosa a infração penal, se a pena aplicada não for superior a quatro anos,

---

[63] GOMES, Luiz Flávio. *Penas e medidas alternativas à prisão*, p. 104.

[64] A Lei nº 11.343, de 23 de agosto de 2006, quebrou a regra segundo a qual as penas restritivas de direitos seriam aplicadas em substituição às privativas de liberdade, conforme se verifica pela redação constante do seu art. 28, verbis:Art. 28. *Quem adquirir, guardar, tiver em depósito, transportar ou trouxer consigo, para consumo pessoal, drogas sem autorização ou em desacordo com determinação legal ou regulamentar será submetido às seguintes penas:I – advertência sobre os efeitos das drogas;II – prestação de serviços à comunidade;III – medida educativa de comparecimento a programa ou curso educativo.* Agora, portanto, de acordo com o mencionado artigo constante da Lei Antidrogas, a pena de prestação de serviços à comunidade, por exemplo, não terá natureza de pena substitutiva, não se prestando, outrossim, à substituição da pena de privação de liberdade, que não foi sequer prevista no artigo mencionado.

[65] BITENCOURT, Cezar Roberto. *Manual de direito penal* – Parte geral, p. 437-438.

teremos de verificar, ainda, se o crime foi cometido com o emprego de violência ou grave ameaça à pessoa, uma vez que, nesses casos, mesmo a pena permanecendo no limite estipulado pelo inciso I, o agente não poderá ser beneficiado com a substituição.

A primeira indagação que se levanta é a seguinte: Se uma das finalidades da substituição é justamente evitar o encarceramento daquele que teria sido condenado ao cumprimento de uma pena de curta duração, nos crimes de lesão corporal leve, de constrangimento ilegal ou mesmo de ameaça, onde a violência e a grave ameaça fazem parte desses tipos, estaria impossibilitada a substituição? Entendemos que não, pois se as infrações penais se amoldam àquelas consideradas de menor potencial ofensivo, sendo o seu julgamento realizado até mesmo no Juizado Especial Criminal, seria um verdadeiro contrassenso impedir, justamente nesses casos a substituição. Assim, se a infração penal for da competência do Juizado Especial Criminal, em virtude da pena máxima a ela cominada, entendemos que, mesmo que haja o emprego de violência ou grave ameaça, será possível a substituição.

A *inexistência da reincidência em crime doloso* é o segundo requisito exigido pelo inciso II do art. 44 do Código Penal. Isso quer dizer que se qualquer uma das duas infrações penais que estão sendo colocadas em confronto, a fim de aferir a reincidência, for de natureza culposa, mesmo sendo o réu considerado tecnicamente reincidente, isso não impedirá a substituição. Ou seja, exige a lei, como fator impeditivo da concessão da substituição, a reincidência dolosa, isto é, tanto a infração penal anterior como a posterior são de natureza dolosa. Caso contrário, aberta estará a possibilidade de aplicação de pena substitutiva à prisão.

Embora, pelo menos inicialmente, a reincidência dolosa impeça a substituição, o § 3º do art. 44 do Código Penal fez uma ressalva no sentido de que *se o condenado for reincidente, o juiz poderá aplicar a substituição, desde que, em face de condenação anterior, a medida seja socialmente recomendável e a reincidência não se tenha operado em virtude de prática do mesmo crime*.

Portanto, o juiz terá de avaliar se, mesmo tendo havido condenação anterior por crime doloso, sendo concedida a substituição, ela atingirá sua dupla finalidade: evitar o desnecessário encarceramento do condenado, impedindo, com isso, o seu contato com presos que cumprem penas em virtude da prática de infrações graves, afastando-o do ambiente promíscuo e dessocializador do sistema penitenciário, bem como se a substituição também trará em si o seu efeito preventivo. Caso o julgador perceba que em caso de substituição da pena de prisão pela restrição de direitos, em razão de condenação anterior, esta não surtirá qualquer efeito, deve prevalecer a regra do inciso III do art. 44, ficando impossibilitada a substituição.

Em todo caso, se houver condenação pela *prática do mesmo crime anterior*, sendo o condenado reincidente específico, também não se permitirá a substituição, de acordo com a última parte do § 3º do art. 44 do Código Penal.

O requisito de natureza subjetiva encontra-se no inciso III do art. 44 do Código Penal, que, juntamente com os dois anteriores, possibilita a substituição desde que *a culpabilidade, os antecedentes, a conduta social e a personalidade do condenado, bem como os motivos e as circunstâncias indicarem que essa substituição seja suficiente*.

Esse terceiro requisito serve de norte ao julgador para que determine a substituição somente nos casos em que se demonstrar ser ela a opção que atende tanto ao condenado quanto à sociedade. Pena restritiva de direitos não quer significar impunidade ou mesmo descaso para com a proteção dos bens jurídicos mais importantes tutelados pelo Direito Penal. A pena, como diz a última parte do *caput* do art. 59 do Código Penal, deve ser necessária e suficiente para a reprovação e prevenção do crime. Nesse sentido, preleciona Luiz Flávio Gomes:

> "Uma vez mais, deixou o legislador por conta dos operadores jurídicos a tarefa de individualizar o instituto alternativo da substituição em cada caso concreto. É preciso que se faça um juízo de valor sobre a 'suficiência' da resposta alternativa ao delito. Essa valoração

deve ter em mira a repressão e prevenção do delito. É sempre importante enfatizar que essa valoração deve ser objetiva e descritiva, isto é, fundamentada, para se possibilitar o seu democrático controle."[66]

Dessa forma, a fim de encontrar a pena-base para o delito cometido pelo agente, deverá o juiz analisar, uma a uma, todas as circunstâncias judiciais previstas no art. 59 do Código Penal, primeiro momento do critério trifásico previsto pelo art. 68 do mesmo estatuto. Ao final das três fases, estabelecido o regime prisional, concluindo-se pela aplicação de pena não superior a quatro anos, não sendo o sentenciado reincidente em crime doloso, o juiz deverá reavaliar as circunstâncias judiciais, à exceção das consequências do crime e do comportamento da vítima, cuja análise não foi exigida pelo inciso III do art. 44 do Código Penal, a fim de se decidir pela substituição.

9.4. Duração das penas restritivas de direitos

Diz o art. 55 do Código Penal que as penas restritivas de direitos referidas nos incisos III, IV, V e VI do art. 43 terão a mesma duração da pena privativa de liberdade substituída, ressalvado o disposto no § 4º do art. 46.

Na verdade, embora o art. 55 faça menção ao inciso III do art. 43 do Código Penal, esse inciso foi vetado pelo Poder Executivo, razão pela qual somente as penas de prestação de serviços à comunidade ou a entidades públicas, interdição temporária de direitos e limitação de fim de semana é que terão a mesma duração das penas privativas de liberdade aplicadas.

Assim, transitada em julgado a sentença que aplicou a pena restritiva de direitos, o juiz da execução, de ofício ou a requerimento do Ministério Público, promoverá a execução, podendo, para tanto, requisitar, quando necessário, a colaboração de entidades públicas ou solicitá-la a particulares (art. 147 da LEP).

No que diz respeito ao delito de consumo de drogas, tipificado no art. 28 da Lei nº 11.343/2006, o tempo de cumprimento da pena restritiva de direitos será de 5 (cinco) ou 10 (dez) meses, de acordo com as hipóteses constantes em seus §§ 3º e 4º, haja vista não possuir a natureza de pena substitutiva à privação da liberdade, afastando-se, nesse caso, o art. 55 do Código Penal.

9.5. Prestação pecuniária

A prestação pecuniária, segundo o § 1º do art. 45 do Código Penal, consiste no pagamento em dinheiro à vítima, a seus dependentes ou a entidade pública ou privada, com destinação social, de importância fixada pelo juiz, não inferior a um salário-mínimo nem superior a 360 (trezentos e sessenta) salários-mínimos. O valor pago será deduzido do montante de eventual condenação em ação de reparação civil, se coincidentes os beneficiários.

Quando o juiz do processo de conhecimento condena o réu à pena de prestação pecuniária, vários detalhes devem ser observados:

1º) a vítima e seus dependentes têm prioridade no recebimento da prestação pecuniária, não podendo o juiz determinar o seu pagamento à entidade pública ou privada quando houver aqueles;

---

[66] GOMES, Luiz Flávio. *Penas e medidas alternativas à prisão*, p. 116.

2º) nas infrações penais onde não haja vítima, a exemplo do delito de formação de associação criminosa (art. 288 do CP), poderá a prestação pecuniária ser dirigida à entidade pública ou privada com destinação social;

3º) a condenação tem os seus limites estipulados em, no mínimo, 1 (um) salário-mínimo e, no máximo, 360 (trezentos e sessenta) salários;

4º) o valor pago à vítima ou a seus dependentes será deduzido do montante em ação de reparação civil, no caso de serem coincidentes os beneficiários.

Para que a pena privativa de liberdade possa ser substituída pela prestação pecuniária, não há necessidade de ter ocorrido um prejuízo material, podendo ser aplicada nas hipóteses em que a vítima sofra um dano moral. Nesse sentido são as lições de René Ariel Dotti, quando afirma:

"Sempre que a infração provocar dano moral à vítima, o juiz poderá obrigar o réu a pagar à vítima e a seus dependentes ou a uma entidade pública ou privada, com destinação social, uma importância não inferior a 1 (um) salário-mínimo nem superior a 360 (trezentos e sessenta) salários-mínimos. Há determinados crimes que causam especial sofrimento moral ao ofendido como a lesão corporal, a ameaça, o dano, a calúnia, a difamação, a injúria, a violação do direito autoral e a usurpação do nome. A consagração constitucional do dever de indenizar o dano moral quando a ofensa atingir bens personalíssimos (art. 5º, V e X) se coloca na linha de justificação da pena de prestação pecuniária, independentemente da provocação de um dano material."[67]

O § 2º do art. 45 do Código Penal ressalva que, se houver aceitação do beneficiário, a prestação pecuniária pode consistir em *prestação de outra natureza*. O que significa prestação de outra natureza? A Exposição de Motivos da Lei nº 9.714/98 nos fornece dois exemplos do que se pode entender como prestação de outra natureza, e que já vinham sendo praticados, principalmente, nos Juizados Especiais, sem que houvesse previsão legal para tanto. São eles a oferta de mão de obra e a doação de cestas básicas.

Sem a finalidade de limitar o mencionado parágrafo, podemos entender como prestação de outra natureza qualquer prestação que possua um valor econômico, mas que não consista em pagamento em dinheiro. Se, por exemplo, o agente, em vez de pagar à vítima determinada quantia em dinheiro fixada pelo juiz, lhe propuser que receba o seu automóvel como pagamento, se esta aceitar a oferta, estará cumprida a pena. Ou também, na hipótese sugerida pela Exposição de Motivos, pode o condenado, pedreiro profissional, acertar que o seu pagamento será feito com trabalho, combinando, prévia e expressamente, o serviço a ser realizado.

A prestação de outra natureza fez com que parte da doutrina entendesse pela sua inconstitucionalidade, sob o argumento de que a Constituição Federal, em face do princípio da legalidade, proíbe as chamadas penas indeterminadas. Contrariando essa corrente, Maurício Antônio Ribeiro Lopes aduz:

"Se é verdade que, em termos de sanções criminais, são inadmissíveis, pelo princípio da legalidade, expressões vagas, equívocas ou ambíguas, nem por isso se pode dizer que, como ponto de partida, esta modalidade substitutiva se enquadre rigorosamente nessa categoria. Isso porque a própria Constituição admite a extensão do rol das espécies de pena (art. 5º,

---

[67] DOTTI, René Ariel. *Penas restritivas de direitos*, p. 110.

XLVI). Segundo, porque as penas principais não podem ter caráter genérico e vago, mas, em se tratando de penas substitutivas, entendemos existir oportunidade para interpretação menos estreita."[68]

9.5.1. Violência doméstica e familiar contra a mulher

Atendendo ao disposto no § 8º do art. 226 da Constituição Federal, bem como à *Convenção sobre a eliminação de todas as formas de discriminação contra as mulheres* e à *Convenção Interamericana para prevenir, punir e erradicar a violência contra a mulher*, foi editada a Lei nº 11.340, de 7 de agosto de 2006, criando mecanismos para coibir a violência doméstica e familiar contra a mulher.

O art. 17 do mencionado estatuto legal limitou a substituição, nos casos de violência doméstica e familiar contra a mulher, da pena privativa de liberdade, dizendo, *verbis*:

> **Art. 17.** É vedada a aplicação, nos casos de violência doméstica e familiar contra a mulher, de penas de cesta básica ou outras de prestação pecuniária, bem como a substituição de pena que implique o pagamento isolado de multa.

O Superior Tribunal de Justiça publicou no DJe de 18 de setembro de 2017 a Súmula nº 588, dizendo:

> **Súmula nº 588.** *A prática de crime ou contravenção penal contra a mulher com violência ou grave ameaça no ambiente doméstico impossibilita a substituição da pena privativa de liberdade por restritiva de direitos.*

As Leis nº 13.505, de 8 de novembro de 2017, e nº 13.880, de 8 de outubro de 2019, acrescentaram dispositivos à Lei nº 11.340, de 7 de agosto de 2006 (Lei Maria da Penha), dispondo sobre o direito da mulher em situação de violência doméstica e familiar de ter atendimento policial e pericial especializado, ininterrupto e prestado, preferencialmente, por servidores do sexo feminino, além de prever a apreensão de arma de fogo sob posse de agressor em casos de violência doméstica, conforme se verifica pela leitura dos arts. 10-A, 12, VI-A, e 12-A:

> **Art. 10-A.** É direito da mulher em situação de violência doméstica e familiar o atendimento policial e pericial especializado, ininterrupto e prestado por servidores – preferencialmente do sexo feminino – previamente capacitados.
> § 1º A inquirição de mulher em situação de violência doméstica e familiar ou de testemunha de violência doméstica, quando se tratar de crime contra a mulher, obedecerá às seguintes diretrizes:
> I – salvaguarda da integridade física, psíquica e emocional da depoente, considerada a sua condição peculiar de pessoa em situação de violência doméstica e familiar;
> II – garantia de que, em nenhuma hipótese, a mulher em situação de violência doméstica e familiar, familiares e testemunhas terão contato direto com investigados ou suspeitos e pessoas a eles relacionadas;
> III – não revitimização da depoente, evitando sucessivas inquirições sobre o mesmo fato nos âmbitos criminal, cível e administrativo, bem como questionamentos sobre a vida privada.
> § 2º Na inquirição de mulher em situação de violência doméstica e familiar ou de testemunha de delitos de que trata esta Lei, adotar-se-á, preferencialmente, o seguinte procedimento:
> I – a inquirição será feita em recinto especialmente projetado para esse fim, o qual conterá os equipamentos próprios e adequados à idade da mulher em situação de violência doméstica e familiar ou testemunha e ao tipo e à gravidade da violência sofrida;

---

[68] LOPES, Maurício Antônio Ribeiro. *Penas restritivas de direitos*, p. 366.

> II – quando for o caso, a inquirição será intermediada por profissional especializado em violência doméstica e familiar designado pela autoridade judiciária ou policial;
> III – o depoimento será registrado em meio eletrônico ou magnético, devendo a degravação e a mídia integrar o inquérito.
> **Art. 12.** Em todos os casos de violência doméstica e familiar contra a mulher, feito o registro da ocorrência, deverá a autoridade policial adotar, de imediato, os seguintes procedimentos, sem prejuízo daqueles previstos no Código de Processo Penal:
> [...]
> VI-A – verificar se o agressor possui registro de porte ou posse de arma de fogo e, na hipótese de existência, juntar aos autos essa informação, bem como notificar a ocorrência à instituição responsável pela concessão do registro ou da emissão do porte, nos termos da Lei nº 10.826, de 22 de dezembro de 2003 (Estatuto do Desarmamento);
> **Art. 12-A.** Os Estados e o Distrito Federal, na formulação de suas políticas e planos de atendimento à mulher em situação de violência doméstica e familiar, darão prioridade, no âmbito da Polícia Civil, à criação de Delegacias Especializadas de Atendimento à Mulher (Deams), de Núcleos Investigativos de Feminicídio e de equipes especializadas para o atendimento e a investigação das violências graves contra a mulher.

Vale ressaltar, ainda, que a Lei nº 14.232, de 28 de outubro de 2021, criou a Política Nacional de Dados e Informações relacionadas à Violência contra as Mulheres (PNAINFO), com a finalidade de reunir, organizar, sistematizar e disponibilizar dados e informações atinentes a todos os tipos de violência contra as mulheres, sendo que o Decreto nº 11.431, de 8 de março de 2023, instituiu o Programa Mulher Viver sem Violência, com o objetivo de integrar e ampliar os serviços públicos existentes destinados às mulheres em situação de violência, por meio da articulação dos atendimentos especializados no âmbito da saúde, da segurança pública, da justiça, da rede socioassistencial e da promoção da autonomia financeira.

Visando uma proteção mais célere à vítima de violência doméstica, a Lei nº 14.550, de 19 de abril de 2023, inseriu os §§ 4º, 5º e 6º ao art. 19 da Lei nº 11.340/2006, *verbis*:

> "§ 4º As medidas protetivas de urgência serão concedidas em juízo de cognição sumária a partir do depoimento da ofendida perante a autoridade policial ou da apresentação de suas alegações escritas e poderão ser indeferidas no caso de avaliação pela autoridade de inexistência de risco à integridade física, psicológica, sexual, patrimonial ou moral da ofendida ou de seus dependentes.
> § 5º As medidas protetivas de urgência serão concedidas independentemente da tipificação penal da violência, do ajuizamento de ação penal ou cível, da existência de inquérito policial ou do registro de boletim de ocorrência.
> § 6º As medidas protetivas de urgência vigorarão enquanto persistir risco à integridade física, psicológica, sexual, patrimonial ou moral da ofendida ou de seus dependentes."

9.6. Perda de bens e valores

Preconiza o § 3º do art. 45 do Código Penal que a perda de bens e valores pertencentes aos condenados dar-se-á, ressalvada a legislação especial, em favor do Fundo Penitenciário Nacional, e seu valor terá como teto – o que for maior – o montante do prejuízo causado ou do proveito obtido pelo agente ou por terceiro, em consequência da prática do crime.

Os bens de que trata o parágrafo podem ser móveis ou imóveis. Valores são tanto a moeda corrente depositada em conta bancária como todos os papéis que, a exemplo das ações, representam importâncias negociáveis na Bolsa de Valores.

Ressaltando a diferença existente entre a perda de bens e valores e o confisco previsto no Código Penal, Luiz Flávio Gomes assevera que "só cabe o confisco dos instrumentos do crime (*instrumenta sceleris*) e dos produtos do crime (*producta sceleris*) ou do proveito obtido com ele (CP, art. 91)[69], isto é, bens intrinsecamente antijurídicos; por seu turno, a perda de bens não requer sejam bens frutos de crime (*fructus sceleris*). O que o condenado vai perder são seus bens ou valores legítimos, os que integram seu patrimônio lícito. Nesse caso, portanto, dispensa-se a prova da origem ilícita deles."[70]

Diz o Código Penal que a perda de bens e valores pertencentes aos condenados será em favor do Fundo Penitenciário Nacional, ressalvada a legislação especial. A ressalva diz respeito a outras destinações, indicadas em legislação especial.

Questão de relevo, conforme destacou Maurício Antônio Ribeiro Lopes:

"Prende-se a examinar se na sentença o juiz declara nominalmente bens e/ou valores perdidos *in genere* ou *in specie*. O montante dos valores ou bens a serem perdidos deve corresponder – no que for maior – ao total do prejuízo causado do proveito obtido. Claro que será necessária perícia criteriosa para se chegar a tal estimativa e haverá delitos em que será impossível definir-se com precisão mínima tais cifras. A lei, a nosso ver, não estabeleceu limites mínimos para o perdimento e, na verdade, o que parece ter sido fixado como limite máximo não cumpre o papel de margem e penal. Na verdade, perda de bens e valores não deveria se dar em quantidades, mas em função do exato prejuízo causado ou do ganho ilícito obtido, como meio de tornar absolutamente inaproveitado o ganho criminoso. Assim, fixada pela sentença, temos para nós, genericamente, o maior desses valores. Transitada em julgado a sentença, proceder-se-á à avaliação de tantos bens e valores do condenado quantos sejam necessários para anular o prejuízo ou lucro ilegal e se dará, então, o decreto de perda."[71]

Existem ainda, segundo entendemos, outras diferenças que podem ser apontadas entre a perda de bens e valores prevista nos arts. 45, § 3º, e 91, II, *b*, senão vejamos:

a) a primeira é pena substitutiva à privação da liberdade, e somente poderá ser aplicada presentes os requisitos dos incisos I, II e III do art. 44 do Código Penal; a segunda é um efeito da condenação;
b) existe previsão para a perda de bens e valores quando o condenado houver *causado um prejuízo* em virtude da prática do delito, mesmo que não tenha, de alguma forma, sido beneficiado com isso; tal previsão não se encontra na alínea *b* do inciso II do art. 91 do Código Penal, que faz somente menção à perda do produto do crime ou de qualquer bem ou valor que constitua proveito auferido pelo agente com a prática do fato criminoso.

Quando a lei penal permite a substituição da pena privativa de liberdade pela perda de bens e valores nas hipóteses em que o agente, ou terceira pessoa, tenha obtido algum proveito com a prática do crime, não podendo a condenação ultrapassar o limite do montante desse proveito, na verdade gera uma sensação de impunidade. Isso porque será preferível ao agente correr o risco, praticando infrações penais que lhe possam trazer muita lucratividade, pois, se a sua ação criminosa for descoberta, poderá a Justiça Penal tão somente compeli-lo a restituir aquilo que por ele fora havido indevidamente. Tal situação fora bem observada por Eduardo Roberto A. Del-Campo, quando diz que "pretender fixar a pena com base no proveito experimentado pelo agente é o mesmo que determinar um nada jurídico. É o mesmo que dizer:

---

[69] *Vide* capítulo 43, sobre os efeitos da condenação e a perda de bens e valores.
[70] GOMES, Luiz Flávio. *Penas e medidas alternativas à prisão*, p. 136.
[71] LOPES, Maurício Antônio Ribeiro. *Penas restritivas de direitos*, p. 370.

pratique o crime que o máximo que lhe acontecerá será ter de devolver ao Estado aquilo que se locupletou ilicitamente."[72]

Na verdade, a Justiça Penal estará fazendo as vezes da Justiça Civil, transformando-se num "balcão de cobranças." Teria sido melhor ajustar a redação do art. 91, II, *b*, mantendo-se a perda de bens e valores como um efeito da condenação com a inclusão das hipóteses trazidas pelo art. 45, § 3º, do Código Penal.

Contudo, mesmo entendendo que seria mais bem utilizada como um efeito da condenação, a previsão da perda de bens e valores em razão do *prejuízo causado pelo condenado* é de suma importância. Isso porque pode ocorrer que o condenado, embora não tendo obtido proveito em consequência da prática do crime, como acontece com frequência nos delitos patrimoniais, a sua conduta criminosa pode ter causado prejuízos enormes a terceiros, a exemplo do que acontece nos crimes ambientais.

Deve ser frisado, ainda, que, embora ocorra o perdimento de bens e valores como pena substitutiva à prisão, esta medida, já o dissemos, é levada a efeito em favor do Fundo Penitenciário Nacional. Portanto, a vítima do delito, seu representante legal ou seus herdeiros ainda poderão, transitada em julgado a sentença penal condenatória, promover-lhe a execução, no juízo cível, para o efeito de reparação do dano, nos termos do art. 63 do Código de Processo Penal.

Como última anotação, devemos destacar a redação do inciso XLV do art. 5º da Constituição Federal, que, embora asseverando que nenhuma pena passará da pessoa do condenado, ressalva a possibilidade de a obrigação de reparar o dano e a decretação de perdimento de bens ser, nos termos da lei, estendidas aos sucessores e contra eles executadas, até o limite do valor do patrimônio transferido.

A redação do dispositivo constitucional nos permite concluir que, embora sendo uma pena, poderá a decretação do perdimento de bens, nos termos da ressalva de nossa Lei Maior, ser estendida aos sucessores do condenado e contra eles executada até o limite do valor do patrimônio transferido. Nesse sentido é o entendimento de Luiz Flávio Gomes,[73] quando aduz que "tanto a pena nova de perda de bens (art. 45, § 3º) como a prestação pecuniária (art. 45, § 1º), esta nada mais é que uma antecipação da reparação dos danos, podem ser estendidas aos sucessores e contra eles executadas, até o limite do valor do patrimônio transferido. Ambas exprimem as exceções constitucionais, valendo observar que a mesma ilação não se pode extrair no concernente à multa."

A Lei nº 13.964, de 24 de dezembro de 2019, criou uma nova hipótese de perda do produto ou proveito do crime, acrescentando o art. 91-A ao Código Penal, dizendo:

> **Art. 91-A.** Na hipótese de condenação por infrações às quais a lei comine pena máxima superior a 6 (seis) anos de reclusão, poderá ser decretada a perda, como produto ou proveito do crime, dos bens correspondentes à diferença entre o valor do patrimônio do condenado e aquele que seja compatível com o seu rendimento lícito.
> § 1º Para efeito da perda prevista no *caput* deste artigo, entende-se por patrimônio do condenado todos os bens:
> I – de sua titularidade, ou em relação aos quais ele tenha o domínio e o benefício direto ou indireto, na data da infração penal ou recebidos posteriormente; e
> II – transferidos a terceiros a título gratuito ou mediante contraprestação irrisória, a partir do início da atividade criminal.

---

[72] DEL-CAMPO, Eduardo Roberto A. *Penas restritivas de direitos*, p. 63.
[73] GOMES, Luiz Flávio. *Penas e medidas alternativas à prisão*, p. 138.

> § 2º O condenado poderá demonstrar a inexistência da incompatibilidade ou a procedência lícita do patrimônio.
> § 3º A perda prevista neste artigo deverá ser requerida expressamente pelo Ministério Público, por ocasião do oferecimento da denúncia, com indicação da diferença apurada.
> § 4º Na sentença condenatória, o juiz deve declarar o valor da diferença apurada e especificar os bens cuja perda for decretada.
> § 5º Os instrumentos utilizados para a prática de crimes por organizações criminosas e milícias deverão ser declarados perdidos em favor da União ou do Estado, dependendo da Justiça onde tramita a ação penal, ainda que não ponham em perigo a segurança das pessoas, a moral ou a ordem pública, nem ofereçam sério risco de ser utilizados para o cometimento de novos crimes.

Tal dispositivo será analisado mais detidamente quando do estudo dos efeitos da condenação.

9.7. Prestação de serviços à comunidade ou a entidades públicas

A prestação de serviços à comunidade ou a entidades públicas consiste na atribuição de tarefas gratuitas ao condenado, que serão por ele levadas a efeito em entidades assistenciais, hospitais, escolas, orfanatos e outros estabelecimentos congêneres, em programas comunitários ou estatais, sendo que as tarefas que lhe serão atribuídas devem ser de acordo com suas aptidões, devendo ser cumpridas à razão de uma hora de tarefa por dia de condenação, fixadas de modo a não prejudicar a jornada normal de trabalho (art. 46, §§ 1º, 2º e 3º).

Para que dar início à execução da pena restritiva de direitos, faz-se necessário o trânsito em julgado da sentença condenatória, conforme o disposto na Súmula 643 do STJ, que diz:

> **Súmula 643.** *A execução da pena restritiva de direitos depende do trânsito em julgado da condenação.*

Uma vez concedida a substituição pelo juiz do processo de conhecimento, transitada em julgado a sentença penal condenatória, os autos serão remetidos ao juízo da execução para, nos termos do art. 149 da Lei de Execução Penal: I – designar a entidade ou programa comunitário ou estatal, devidamente credenciado ou convencionado, junto ao qual o condenado deverá trabalhar gratuitamente, de acordo com as suas aptidões; II – determinar a intimação do condenado, cientificando-o da entidade, dias e horários em que deverá cumprir a pena; III – alterar a forma de execução, a fim de ajustá-las às modificações ocorridas na jornada de trabalho.

Com a atual redação dada pela Lei nº 9.714/98, o § 3º do art. 46 do Código Penal revogou tacitamente o § 1º do art. 149 da LEP, devendo o condenado, agora, conforme suas aptidões, cumprir as tarefas a que se refere o § 1º do art. 46 do Código Penal à razão de 1 (uma) hora de tarefa por dia de condenação, fixada de modo a não prejudicar a jornada normal de trabalho.

Embora o § 3º do art. 46 do Código Penal diga que as tarefas terão a duração diária de 1 (uma) hora, de modo a não prejudicar a jornada normal de trabalho, podemos entender esse tempo como o mínimo exigido do condenado, uma vez que se por sua vontade tiver o interesse de abreviar a execução de sua pena, assim poderá fazê-lo, haja vista que o § 4º do art. 46 do Código Penal diz que *se a pena substituída for superior a 1 (um) ano, é facultado ao condenado cumprir a pena substitutiva em menor tempo (art. 55), nunca inferior à 1/2 (metade) da pena privativa de liberdade fixada.*

A execução terá início a partir da data do primeiro comparecimento (art. 149, § 2º, da LEP), devendo a entidade beneficiada com a prestação de serviços encaminhar, ao juiz da execução, relatório circunstanciado das atividades do condenado, bem como, a qualquer tempo, comunicação sobre ausência ou falta disciplinar (art. 150 da LEP).

A prestação de serviços à comunidade ou a entidades públicas somente será aplicada às condenações superiores a seis meses de privação da liberdade (art. 46, *caput*, do CP), sendo que até seis meses poderão ser aplicadas as penas substitutivas previstas nos incisos I (prestação pecuniária), II (perda de bens e valores), V (interdição temporária de direitos) e VI (limitação de fim de semana) do art. 43 do Código Penal, além da multa.

Essa regra foi excepcionada no que diz respeito ao delito de consumo de drogas, previsto pelo art. 28 da Lei nº 11.343/2006, em que se poderá aplicar a pena de prestação de serviços à comunidade pelo prazo máximo de 5 (cinco) meses. No mais, conforme adverte Guilherme de Souza Nucci, poderá ser aplicado o Código Penal, sendo que o "condenado a cumprirá à razão de uma hora-tarefa por dia de condenação, num total de sete horas por semana, ajustando-se a maneira de executá-la de acordo com a conveniência do trabalho regular do condenado (art. 46, § 3º, do CP). Não poderá haver antecipação, afinal, esta somente é permitida quando a pena atinge patamar superior a um ano (art. 46, § 4º, do CP), o que não é o caso da Lei nº 11.343/2006."[74]

9.8. Interdição temporária de direitos

O art. 47 do Código Penal prevê, com o novo inciso que lhe foi acrescentado pela Lei nº 12.550, de 15 de dezembro de 2011, cinco formas de interdição temporária de direitos, a saber: I – proibição do exercício de cargo, função ou atividade pública, bem como de mandato eletivo; II – proibição do exercício de profissão, atividade ou ofício que dependam de habilitação especial, de licença ou autorização do poder público; III – suspensão de autorização ou de habilitação para dirigir veículo; IV – proibição de frequentar determinados lugares e V – proibição de inscrever-se em concurso, avaliação ou exame públicos.

Antes de analisarmos cada uma dessas interdições de direitos, é preciso relembrar que a interdição temporária de direitos terá a mesma duração da pena privativa de liberdade substituída (art. 55 do CP), razão pela qual a lei fala em *interdição temporária*. No que diz respeito, especificamente, às penas de proibição do exercício de cargo, função ou atividade pública, bem como de mandato eletivo ou de proibição do exercício de profissão, atividade ou ofício que dependam de habilitação especial, de licença ou autorização do Poder Público, respectivamente previstas nos incisos I e II do art. 47 do Código Penal, serão elas aplicadas a todo crime cometido no exercício de profissão, atividade, ofício, cargo ou função, sempre que houver violação dos deveres que lhe são inerentes (art. 56 do CP).

9.8.1. Proibição do exercício de cargo, função ou atividade pública, bem como de mandato eletivo

Como frisamos acima, a proibição de exercício de cargo, função ou atividade pública, bem como de mandato eletivo, tem caráter temporário, razão pela qual não se confunde com o previsto no inciso I do art. 92 do Código Penal, que diz ser efeito da condenação a perda do cargo, função pública ou mandato eletivo quando aplicada pena privativa de liberdade por tempo igual ou superior a um ano, nos crimes praticados com abuso de poder ou violação de dever para com a Administração Pública ou quando for aplicada pena privativa de liberdade por tempo superior a quatro anos nos demais casos.

Diz o § 1º do art. 154 da Lei de Execução Penal que, na hipótese de pena de interdição do art. 47, I, do Código Penal, a autoridade deverá, em 24 horas, contadas do recebimento do ofício expedido pelo juiz da execução determinando a suspensão temporária do exercício de cargo, função ou atividade pública, bem como mandato eletivo, baixar ato, a partir do qual a execução terá início.

---

[74] NUCCI, Guilherme de Souza. *Leis penais e processuais penais comentadas*, p. 758.

9.8.2. Proibição do exercício de profissão, atividade ou ofício que dependam de habilitação especial, de licença ou de autorização do Poder Público

Nas precisas lições de Alberto Silva Franco:

"É evidente o dúplice caráter, retributivo e preventivo, da pena em questão. De um lado, a proibição do exercício possui uma conotação significativamente aflitiva, pois recai sobre o trabalho do condenado, atingindo-o em seu normal meio de vida. De outro, tem um aspecto nitidamente preventivo na medida em que impede que a atividade lícita, reconhecida pelo Estado, seja destinada a distorções criminosas. A proibição do exercício não tem, no entanto, um alcance indiscriminado: refere-se, como é lógico, a uma determinada profissão, atividade ou ofício, deixando campo livre à atuação do condenado fora dessa área específica. Do contrário, equivaleria a uma verdadeira condenação à fome."[75]

Na hipótese, por exemplo, de um médico ter sido condenado por ter, no exercício de suas atividades profissionais, culposamente causado a morte de um paciente, mesmo que o Conselho Regional de Medicina entenda por bem aplicar-lhe uma sanção, poderá o juiz do processo de conhecimento, substituindo a pena privativa de liberdade, condenar-lhe a essa pena de interdição temporária de direitos, proibindo-lhe de, pelo tempo da pena privativa de liberdade aplicada, exercer sua profissão. Nesse caso, conforme o § 2º do art. 154 da Lei de Execução Penal, o Juízo da Execução determinará a apreensão dos documentos que autorizam o exercício do direito do interditado que, nesse caso, será a sua carteira de médico.

9.8.3. Suspensão de autorização ou de habilitação para dirigir veículo

Inicialmente, merece destaque o fato de que a suspensão de autorização ou de habilitação para dirigir veículo somente será cabível, como substituição à pena privativa de liberdade aplicada, quando a infração penal cometida pelo condenado for de natureza culposa e relacionada com a condução de veículo automotor, uma vez que, se o crime tiver sido doloso e se o agente tiver utilizado o seu veículo como instrumento para o cometimento do delito, não terá aplicação tal modalidade de interdição temporária de direitos. Nesse caso, poderá ser determinada como efeito da condenação a inabilitação para dirigir veículo, nos termos do inciso III do art. 92 do Código Penal.

Como bem observado por Júlio Fabbrini Mirabete:

"Diante da edição do Código de Trânsito Brasileiro, a suspensão de autorização e habilitação para dirigir veículo prevista no Código Penal só poderá ser aplicada, nos crimes culposos de trânsito, em substituição à pena privativa de liberdade, quando não se tratar de infração praticada com veículo automotor. Ela continua cominada, assim, para o agente que, habilitado para dirigir veículo, pratica crime culposo de trânsito na condução de veículo de tração humana ou animal (bicicletas, carroças etc.)."[76]

Isso porque, nas duas modalidades de infrações culposas – homicídio e lesões corporais – praticadas na direção de veículo automotor, o Código de Trânsito Brasileiro cominou no preceito secundário dos arts. 302 e 303, respectivamente, a pena de suspensão ou proibição de se obter a permissão ou a habilitação para dirigir veículo automotor, cuja aplicação deverá ser cumulativa com a pena privativa de liberdade.

---

[75] SILVA FRANCO, Alberto. *Código Penal e sua interpretação jurisprudencial* – Parte geral, v. 1, t. I, p. 811-812.
[76] MIRABETE, Júlio Fabbrini. *Manual de direito penal* – Parte geral, p. 274.

Em 12 de fevereiro de 2020, o Tribunal Pleno do Supremo Tribunal Federal, por unanimidade, apreciando o tema 486 da repercussão geral, deu provimento ao recurso extraordinário, e fixou a seguinte tese: "É constitucional a imposição da pena de suspensão de habilitação para dirigir veículo automotor ao motorista profissional condenado por homicídio culposo no trânsito".

9.8.4. Proibição de frequentar determinados lugares

A substituição da pena privativa de liberdade pela proibição de frequentar determinados lugares vem recebendo severas críticas de nossos doutrinadores, principalmente pela quase total impossibilidade de fiscalização do seu cumprimento pelo condenado.

Conforme preleciona Guilherme de Souza Nucci:

> "A proibição de frequentar determinados lugares é uma condição imposta no contexto de outras penas ou benefícios da execução penal ou de leis especiais, como o livramento condicional (art. 132, § 2º, c, da Lei de Execução Penal), o regime aberto (art. 115 da Lei de Execução Penal, como condição geral), a suspensão condicional do processo (art. 89, § 1º, II, da Lei nº 9.099/95). Ainda assim é quase impossível a sua devida fiscalização, podendo-se, eventualmente e de maneira casual, apenas descobrir que o condenado ou réu vem frequentando lugares proibidos, como botequins ou zonas de prostituição. Estabelecer tal proibição, como pena restritiva de direitos autônoma e substitutiva da privativa de liberdade, com a devida vênia, foi um arroubo."[77]

9.8.5. Proibição de inscrever-se em concurso, avaliação ou exame públicos

A Lei nº 12.550, de 15 de dezembro de 2011, fez a previsão de mais uma interdição temporária de direitos, vale dizer, a proibição de inscrever-se em concurso, avaliação ou exame públicos, inserindo o inciso V ao art. 47 do Código Penal.

Para que a mencionada interdição temporária de direitos venha a ser aplicada, deverá ter alguma ligação a infrações penais que digam respeito a fatos que, de alguma forma, traduzam a finalidade do agente de beneficiar-se, v.g., fraudulentamente, com sua aprovação em concurso, avaliação ou exame públicos.

Assim, por exemplo, imagine-se a hipótese em que o agente é surpreendido portando e utilizando, antecipadamente, o gabarito das questões que seriam solicitadas em determinado concurso, fornecidas, indevidamente, por algum servidor público inescrupuloso ou mesmo por ele adquirido através de algum outro meio ilegal. Nesse caso, o candidato que estava participando do certame poderá ser condenado pela prática do crime de *fraudes em certames de interesse público*, previsto pelo art. 311-A, do Código Penal, com a redação que lhe foi conferida pela Lei nº 12.550, de 15 de dezembro de 2011, abrindo-se a possibilidade, presentes os demais requisitos legais, de substituição da pena privativa de liberdade pela interdição temporária de direitos relativa à proibição de inscrever-se em futuros concursos, avaliação ou exame públicos.

9.9. Limitação de fim de semana

Conforme art. 48 do Código Penal, a limitação de fim de semana consiste na obrigação de permanecer, aos sábados e domingos, por cinco horas diárias, em casa de albergado ou outro estabelecimento adequado.

---

[77] NUCCI, Guilherme de Souza. *Código penal comentado*, p. 162.

Caberá ao juiz da execução determinar a intimação do condenado, cientificando-o do local, dias e horários em que deverá cumprir a pena (art. 151 da LEP), sendo que a execução terá início a partir da data do primeiro comparecimento (art. 151, parágrafo único, da LEP).

Durante a permanência, poderão ser ministrados ao condenado cursos e palestras ou atribuídas atividades educativas (art. 48, parágrafo único, do CP e art. 152 da LEP). Nos termos do parágrafo único do art. 152 da LEP, com a nova redação que lhe foi conferida pela Lei nº 14.344, de 24 de maio de 2022, nos casos de violência doméstica e familiar contra a criança, o adolescente e a mulher e de tratamento cruel ou degradante, ou de uso de formas violentas de educação, correção ou disciplina contra a criança e o adolescente, o juiz poderá determinar o comparecimento obrigatório do agressor a programas de recuperação e reeducação.

O estabelecimento designado encaminhará, mensalmente, ao juiz da execução relatório, bem assim comunicará, a qualquer tempo, a ausência ou falta disciplinar do condenado.

Como bem destacou Maurício Antônio Ribeiro Lopes:

> "Mais do que uma mera restrição de direitos, tal modalidade de pena é autêntica restrição da liberdade que toma o nome e a categoria de *prisão descontínua*, porque o condenado fica privado da liberdade durante o período da sua execução. Claro que, em compensação, não há perdas dos vínculos profissionais, sociais, familiares etc., além de evitar o contato deletério do cárcere. Esta pena tem uma finalidade notadamente educativa, prevendo que durante o seu cumprimento o albergado poderá receber cursos, palestras ou, ainda, realizar quaisquer outras atividades educativas. Essa previsão tem a finalidade de aproveitar positivamente o tempo que o albergado permanece no estabelecimento e, além de atribuir-lhe atividades educativas, o que está em consonância com os objetivos reeducadores da sanção penal, evita que o apenado permaneça inativo durante tantas horas e meio a tantas pessoas igualmente condenadas."[78]

9.10. Conversão das penas restritivas de direitos

A pena restritiva de direitos converte-se em privativa de liberdade quando ocorrer o descumprimento injustificado da restrição imposta. No cálculo da pena privativa de liberdade a executar será deduzido o tempo cumprido da pena restritiva de direitos, respeitado o saldo mínimo de 30 (trinta) dias de detenção ou reclusão (art. 44, § 4º, do CP).

O § 1º do art. 181 da Lei de Execução Penal determina que a pena de prestação de serviços à comunidade será convertida quando o condenado: *a)* não for encontrado por estar em lugar incerto e não sabido, ou desatender à intimação por edital; *b)* não comparecer, injustificadamente, à entidade ou programa em que deva prestar serviço; *c)* recusar-se, injustificadamente, a prestar o serviço que lhe foi imposto; *d)* praticar falta grave; *e)* sofrer condenação por outro crime à pena privativa de liberdade, cuja execução não tenha sido suspensa. Deve ser ressaltado que a alínea *e* do § 1º do art. 181 da Lei de Execução Penal foi revogada tacitamente pelo § 5º do art. 44 do Código Penal, que, com a redação dada pela Lei nº 9.714/98, diz: *Sobrevindo condenação a pena privativa de liberdade, por outro crime, o juiz da execução penal decidirá sobre a conversão, podendo deixar de aplicá-la se for possível ao condenado cumprir a pena substitutiva anterior.*

Pela redação das alíneas, percebe-se que o juiz da execução, mesmo tendo o poder de determinar a conversão da pena restritiva de direitos em privativa de liberdade (art. 66, V, *b*, da LEP), deverá, inicialmente, em caso de não ter sido encontrado o condenado, intimá-lo por edital, sendo que somente após esta formalidade, não respondendo ao chamado da Justiça

---

[78] LOPES, Maurício Antônio Ribeiro. *Penas restritivas de direitos*, p. 392.

Penal, é que poderá ser decretada a conversão. A conversão também ocorre na hipótese de não comparecimento à entidade ou programa designado, bem como na recusa da prestação do serviço, desde que não haja justificativa para tanto. Assim, entendemos que, antes de ser levada a efeito a conversão, deverá o juiz da execução designar uma audiência de justificação, a fim de que o condenado nela exponha os motivos pelos quais não está cumprindo o disposto na sentença. A falta grave também se encontra no rol dos motivos que permitem a conversão. O art. 51 da LEP diz que comete falta grave o condenado à pena restritiva de direitos quem: I – descumprir, injustificadamente, a restrição imposta; II – retardar, injustificadamente, o cumprimento da obrigação imposta; III – inobservar os deveres previstos nos incisos II e V do art. 39 da Lei de Execução Penal.

Com relação ao surgimento de nova condenação, devemos analisar se ela deveu-se a crime cometido antes ou depois da substituição da pena privativa de liberdade em restritiva de direitos, uma vez que suas consequências são diversas. Se o crime foi cometido anteriormente à substituição, entendemos que terá aplicação do disposto no § 5º do art. 44 do Código Penal, que diz que *sobrevindo condenação a pena privativa de liberdade, por outro crime, o juiz da execução penal decidirá sobre a conversão, podendo deixar de aplicá-la se for possível ao condenado cumprir a pena substitutiva anterior*. Contudo, se a condenação surgir em virtude de crime cometido durante o cumprimento da pena alternativa, entendemos que esta última deverá ser convertida em pena privativa de liberdade, haja vista que, assim agindo, o condenado deu mostras da sua inaptidão ao cumprimento da pena substitutiva.

Entretanto, havendo a conversão da pena restritiva de direitos em privativa de liberdade, não importando o motivo, no cálculo da pena privativa de liberdade a executar será deduzido o tempo cumprido da pena restritiva de direitos, respeitado o saldo mínimo de trinta dias de detenção ou reclusão. Isso quer dizer que o condenado que descumpre as condições que lhe foram impostas para a substituição não perderá o tempo de pena efetivamente cumprido por ele, devendo, contudo, mesmo que a revogação tenha ocorrido nos últimos dias de cumprimento da pena alternativa à prisão, ser recolhido pelo tempo mínimo de trinta dias de detenção ou reclusão. Com essa redação do § 4º do art. 44 do Código Penal não permitiu o legislador que o condenado, já no final de sua pena, deixasse de cumpri-la rigorosamente nos termos que foram determinados na sentença.

Outro ponto que merece ser destacado diz respeito ao cálculo do cumprimento da pena de prestação de serviços à comunidade ou a entidades públicas, para efeitos de conversão. A lei penal determina que a cada hora de serviços prestados pelo condenado será deduzido um dia na sua pena privativa de liberdade. Então, nas penas de prestação de serviços à comunidade ou a entidades públicas, devemos calcular o número de horas trabalhadas que serão deduzidas na proporção de um por um, ou seja, uma hora por um dia de pena, a fim de que possamos aferir o resíduo que será convertido em pena privativa de liberdade, observando-se, sempre, o saldo mínimo de trinta dias de detenção ou reclusão.

9.11. Execução provisória da pena restritiva de direitos

Não será possível a execução provisória da pena restritiva de direitos, conforme decidido pelo Superior Tribunal de Justiça, como se verifica pela ementa abaixo transcrita:

"Não é admissível a execução da pena restritiva de direitos antes do trânsito em julgado da condenação, em observância do entendimento majoritário da Terceira Seção, por ocasião do julgamento dos EREsp nº 1.619.087/SC e, recentemente, do HC n. 435.092/SP, com a ressalva de compreensão pessoal diversa." (STJ, HC 505751 / RS, Rel. Min. Rogério Schietti Cruz, 6ª T., DJe 02/08/2019)

Nesse sentido, a 3ª Seção do STJ, em 10 de fevereiro de 2021, aprovou a Súmula nº 643 que, acertadamente, colocando fim à discussão, determina:

> **Súmula nº 643.** A execução da pena restritiva de direitos depende do trânsito em julgado da condenação.

10. PENA DE MULTA

10.1. Introdução

A multa é uma das três modalidades de penas cominadas pelo Código Penal e consiste no pagamento ao fundo penitenciário da quantia fixada na sentença e calculada em dias-multa. Conforme definiu Vera Regina de Almeida Braga:

> "A pena de multa constitui uma modalidade de pena pecuniária, imposta pelo Estado às pessoas condenadas pela prática de infrações penais. Trata-se de uma retribuição não correspondente ao valor do dano causado, considerada como sanção de natureza patrimonial, por representar pagamento em dinheiro por determinação judicial, em virtude de sentença condenatória."[79]

A pena de multa remonta ao *Pentateuco*, ou seja, aos cinco livros escritos por Moisés, cujas letras foram inspiradas por Deus. No livro de *Êxodo*, no Capítulo 21, versículo 22, a Palavra de Deus diz que "se alguns homens brigarem, e um ferir uma mulher grávida, e for causa de que aborte, não resultando, porém, outro dano, este certamente será multado, conforme o que lhe impuser o marido da mulher, e pagará segundo o arbítrio dos juízes." No Império Romano, teve ampla aplicação, dirigindo-se aos chamados crimes patrimoniais, conforme nos esclarece Mário Curtis Giordani.[80]

Nos dias de hoje, a pena de multa atende às necessidades atuais de descarcerização, punindo o autor da infração penal com o pagamento de importância determinada pelo juiz, cujo valor deverá obedecer aos limites mínimo e máximo ditados pelo Código Penal.[81]

Merece registro, ainda, o fato de que o § 2º do art. 44 do Código Penal, com a redação dada pela Lei nº 9.714/98, revogou tacitamente o § 2º do art. 60 do mesmo diploma legal.[82]

---

[79] BRAGA, Vera Regina de Almeida. *Pena de multa substitutiva no concurso de crimes*, p. 18.

[80] GIORDANI, Mário Curtis. *Direito penal romano*, p. 70.

[81] Ferrajoli, contudo, tece duras críticas à pena de multa, sustentando que "a pena pecuniária é uma pena aberrante sob vários pontos de vista. Sobretudo porque é uma pena *impessoal*, que qualquer um pode saldar, de forma que resulta duplamente injusta: em relação ao réu, que não a quita e se subtrai, assim, à pena; em relação ao terceiro, parente ou amigo, que paga e fica, assim, submetido a uma pena por um fato alheio. Ademais, a pena pecuniária é uma pena *desigual*, ao ser sua formal igualdade bem mais abstrata do que a pena privativa de liberdade. Recai de maneira diversamente aflitiva segundo o patrimônio e, por conseguinte, é fonte de intoleráveis discriminações no plano substancial" (*Direito e razão*, p. 334).

[82] Posicionando-se contrariamente à revogação do § 2º do art. 60 do Código Penal, assevera René Ariel Dotti que este "não foi revogado pelo advento da Lei nº 9.714/98. Cf. Delmanto, o novo art. 44, I, que prevê a substituição da pena privativa de liberdade, não superior a quatro anos, se 'o crime não for cometido com violência ou grave ameaça à pessoa', não revogou tacitamente o art. 60, § 2º, do CP, que continua a ser aplicado para os delitos dolosos cometidos com violência ou grave ameaça à pessoa, *desde que a pena aplicada não seja superior* a *seis meses*. E isso porque o § 2º do art. 60 só exige a observância dos incisos II e III do art. 44 e não do mencionado inciso I. Assim sendo, uma lesão corporal leve (CP, art. 129, *caput*), cuja pena é de detenção de três meses a um ano, se for fixada em até seis meses, ou uma ameaça (CP, art. 147), cuja pena é a detenção de um a seis meses, apesar de cometidos com violência no primeiro caso e com ameaça (que deve ser grave, cf. a jurisprudência) no segundo, poderão ensejar a substituição

Assim, nos termos do mencionado § 2º do art. 44 do Código Penal, a multa poderá substituir a pena aplicada desde que a condenação seja igual ou inferior a um ano. Nesse sentido são as lições de Luiz Flávio Gomes:

> "Está revogado o § 2º do art. 60 do CP, que previa a possibilidade de substituição da prisão por multa em relação à pena privativa de liberdade não superior a seis meses. Agora, pena até um ano pode ser substituída por multa. Ampliou-se o limite da *multa substitutiva*."[83]

10.2. Sistema de dias-multa

Com a reforma ocorrida na Parte Geral do Código Penal, por intermédio da Lei nº 7.209, de 11 de julho de 1984, houve substancial modificação no que diz respeito à cominação da pena de multa nos tipos penais incriminadores. Antes da reforma, os preceitos secundários desses tipos penais especificavam os valores correspondentes à pena de multa, o que fazia com que, em pouco tempo, em virtude da inflação que sempre dominou o País, sua aplicação caísse no vazio. A substituição do valor da multa consignado em moeda corrente para o sistema de dias-multa permite que a sua aplicação seja sempre atual, como veremos a seguir. Como bem destacou José Cirilo de Vargas, "antes de adotado o critério do dia-multa, essa espécie de pena estava completamente desmoralizada, em face da deterioração da moeda e consequente aviltamento da quantia da pena, a que o delinquente condenado ficava sujeito. Quando a única pena cominada era a de multa, não se operava, de nenhum modo, a prevenção geral ou especial. Era como se não existisse o preceito secundário da norma penal incriminadora."[84]

Assim, com a finalidade de adaptar a legislação penal ao novo sistema de dias-multa, o art. 2º da Lei nº 7.209/84 determinou:

> Art. 2º São canceladas, na Parte Especial do Código e nas leis especiais alcançadas pelo art. 12 do Código Penal, quaisquer referências a valores de multas, substituindose a expressão multa de por multa.

Então, caso encontremos na legislação penal em vigor qualquer indicação a valores correspondentes à pena de multa, devemos desconsiderá-los e entendê-los, simplesmente, como referência à pena de multa, que será calculada de acordo com o sistema de dias-multa.

A pena de multa será, no mínimo, de 10 e, no máximo, de 360 dias-multa. O valor do dia-multa será fixado pelo juiz, não podendo ser inferior a um trigésimo do valor do maior salário-mínimo mensal vigente à época do fato, nem superior a cinco vezes esse salário (art. 49, § 1º, do CP). Na fixação da pena de multa, o juiz deve atender, principalmente, à situação econômica do réu, podendo seu valor ser aumentado até o triplo se o juiz considerar que é ineficaz, embora aplicada no máximo (art. 60 e § 1º do CP). O valor da multa será atualizado, quando da execução, pelos índices de correção monetária (art. 49, § 2º, do CP).

10.2.1. Pena de multa na Lei nº 11.343/2006

Fugindo à regra constante no art. 49 do Código Penal, que determinou que o número de dias-multa variaria entre 10 (dez) a 360 (trezentos e sessenta), a Lei nº 11.343/2006, nas infrações penais tipificadas nos arts. 33 a 39, consignou, em seu preceito secundário, um número de dias-multa muito superior àquele fixado pelo Código Penal.

---

da pena privativa de liberdade pela multa. O mesmo ocorre quanto aos crimes dolosos, praticados *sem violência ou grave ameaça à pessoa*, ou, ainda, para os crimes culposos nos quais as penas fixadas não sejam superiores a seis meses" (*Curso de direito penal* – Parte geral, p. 490).

[83] GOMES, Luiz Flávio. *Penas e medidas alternativas à prisão*, p. 120.
[84] VARGAS, José Cirilo de. *Instituições de direito penal* – Parte geral, t. II, p. 41.

A título de exemplo, o art. 33 da Lei de Entorpecentes comina uma pena de reclusão de 5 (cinco) a 15 (quinze) anos e pagamento de 500 (quinhentos) a 1.500 (mil e quinhentos) dias-multa. O valor de cada dia-multa, nos termos preconizados pelo art. 43 do mencionado diploma legal, será determinado de acordo com as condições econômicas do acusado, não podendo ser inferior a um trinta avos e nem superior a 5 (cinco) vezes o maior salário-mínimo. No entanto, na hipótese de concurso de crimes, determina o parágrafo único do referido art. 43 que as multas serão impostas sempre cumulativamente, podendo ser aumentadas até o décuplo se, em virtude da situação econômica do acusado, o juiz as considerar ineficazes, ainda que aplicadas no máximo.

10.3. Aplicação da pena de multa

Durante nossa carreira no Ministério Público de Minas Gerais, trabalhando, quase sempre, em Varas Criminais, tivemos a oportunidade de testemunhar a dificuldade do Judiciário no que diz respeito à correta aplicação da pena de multa. Não vai, aqui, nenhuma ofensa ou crítica à Instituição em si, mas, sim, a alguns juízes que demonstram completo desconhecimento quando o tema é aplicação da pena de multa, da mesma forma que também testemunhamos atitudes de promotores de Justiça que são verdadeiros acusadores, despreocupados com a prova do processo, mas atentos para com as suas infelizes estatísticas condenatórias.

Críticas à parte, a multa, como pena que é, deve ser encontrada segundo os critérios reitores do art. 68 do Código Penal, pelo menos inicialmente. Dissemos inicialmente porque o art. 68, que prevê o critério trifásico de aplicação da pena, servirá de norte para o julgador a fim de que possa encontrar o total dos dias-multa que será aplicado ao sentenciado. Em primeiro lugar, analisam-se as chamadas circunstâncias judiciais, previstas no art. 59 do Código Penal (culpabilidade, antecedentes, conduta social, personalidade do agente, motivos, circunstâncias e consequências do crime e o comportamento da vítima), a fim de encontrar a pena-base, que variará entre um mínimo de 10 até o máximo de 360 dias-multa de acordo com o art. 49 do Código Penal. Em seguida, serão consideradas as circunstâncias atenuantes e agravantes. Por último, as causas de diminuição e de aumento.

Uma vez encontrado o total de dias-multa, parte-se, agora, para o cálculo do valor que será atribuído a cada dia-multa. Esse valor poderá variar entre um mínimo de um trigésimo até cinco vezes o valor do salário-mínimo vigente à época do fato. Se mesmo aplicado no seu valor máximo, ou seja, cinco salários-mínimos por dia-multa, o juiz verificar que, ainda assim, em virtude da capacidade econômica do réu, é ineficaz, poderá aumentar esse valor até o triplo, vale dizer, o valor de cada dia-multa poderá chegar até 15 salários-mínimos.

São, portanto, dois momentos distintos e importantíssimos na aplicação da pena de multa: 1º) encontrar o número de dias-multa a ser aplicado, atendendo-se ao critério trifásico do art. 68 do Código Penal; 2º) atribuir o valor de cada dia-multa considerando-se a capacidade econômica do sentenciado.

10.4. Pagamento da pena de multa

Uma vez transitada em julgado a sentença penal condenatória, a multa deverá ser paga dentro de dez dias. A requerimento do condenado e conforme as circunstâncias, o juiz pode permitir que o pagamento se realize em parcelas mensais (art. 50 do CP). O juiz, antes de decidir, poderá determinar diligências para verificar a real situação econômica do condenado e, ouvido o Ministério Público, fixará o número de prestações (art. 169, § 1º, da LEP). A cobrança da multa pode efetuar-se mediante o desconto no vencimento ou no salário do condenado quando: *a)* aplicada isoladamente; *b)* aplicada cumulativamente com pena restritiva de direitos; *c)* concedida a suspensão condicional da pena. O desconto não deve incidir sobre os recursos indispensáveis ao sustento do condenado e de sua família (art. 50, §§ 1º e 2º, do CP).

Caso não haja o pagamento do valor correspondente à pena de multa no prazo de dez dias, e não tendo o condenado solicitado o seu parcelamento, deverá ser extraída certidão da sentença condenatória com trânsito em julgado, que valerá como título executivo judicial, para fins de execução.

10.5. Execução da pena de multa

O art. 51 do Código Penal, modificado inicialmente pela Lei nº 9.268, de 1º de abril de 1996, com redação atual dada pela Lei nº 13.964, de 24 de dezembro de 2019, diz:

> **Art. 51.** Transitada em julgado a sentença condenatória, a multa será executada perante o juiz da execução penal e será considerada dívida de valor, aplicáveis as normas relativas à dívida ativa da Fazenda Pública, inclusive no que concerne às causas interruptivas e suspensivas da prescrição.

A referida Lei nº 9.268/96 revogou, ainda, os parágrafos do art. 51 do Código Penal, que diziam respeito ao modo de conversão e à revogação da conversão da pena de multa. Naquela época, na conversão da pena de multa em pena privativa de liberdade, cada dia-multa correspondia a um dia de detenção, não podendo ser superior a um ano. Mesmo depois de convertida em pena privativa de liberdade, se houvesse o pagamento da pena de multa a conversão ficava sem efeito.

Essa impossibilidade de conversão da pena de multa em pena privativa de liberdade veio em boa hora. Todos nós conhecemos o drama do sistema carcerário. Cadeias superlotadas servem como penitenciárias. As penitenciárias já não têm vagas suficientes para abrigar uma demanda enorme de condenados. Todos os dias, praticamente, os meios de comunicação divulgam uma rebelião de presos em alguma parte do País.

Na verdade, as modificações trazidas pela Lei nº 9.268/98 vieram resolver dois problemas que atormentavam os penalistas.

O primeiro era que a conversão da pena de multa em pena privativa de liberdade contribuía tão somente para agravar o problema da "superlotação" do sistema carcerário, fazendo, ainda, com que os condenados que haviam cometido infrações penais "leves" viessem a dividir o mesmo espaço físico com aqueles outros condenados a infrações penais graves. O cumprimento da pena acabava se transformando numa "Escola do Crime." A revolta pela conversão da pena de multa, conjugada com o convívio com presos perigosos e contumazes na prática de crimes, acabava deturpando a personalidade do condenado, e quando ele era posto em liberdade colocava em prática tudo aquilo de ruim que havia aprendido dentro do sistema prisional.

O segundo ponto que merece destaque diz respeito ao fato de que somente os condenados pobres, que não tinham condição de pagar a pena de multa, é que viam suas penas convertidas. Dissemos, linhas atrás, que existe uma certa dificuldade na aplicação da pena de multa por parte de alguns julgadores. O fato de não saber lidar corretamente com a aplicação da pena de multa fazia com que, no caso concreto, as sensações de impunidade e injustiça se misturassem. Inúmeras vezes tivemos contato com sentenças que, independentemente da análise do art. 68 do Código Penal, bem como da capacidade econômica do réu, aplicavam a multa em seu mínimo legal, ou seja, dez dias-multa, à razão de um trigésimo do valor do salário-mínimo vigente à época dos fatos, corrigidos monetariamente. Traduzindo em valores aproximados de hoje, somente a título de exemplo, o condenado à pena de multa teria de recolher a importância de R$ 350,00 (trezentos e cinquenta reais). Indagamos o seguinte: Será que alguém, de classe média ou média alta, deixaria de recolher R$ 350,00 (trezentos e cinquenta reais) para que não sofresse o constrangimento de se ver recolhido por dez dias numa cadeia pública ou em qualquer outro estabelecimento prisional, dormindo juntamente com presos perigosos, que tentarão violentá-lo durante as madrugadas, tendo, ainda, de se alimentar com uma "quentinha" de péssima qualidade? Obviamente que a resposta é negativa. Com certeza absoluta, o homem de classe média conseguiria efetuar o pagamento da pena de multa, a fim de não vê-la convertida em privativa de liberdade. Agora, indagamos: Será que aquele trabalhador que mora na favela, pai de seis filhos, que paga aluguel e que ganha um salário-mínimo por mês, teria condições de pagar a pena de multa que lhe fora aplicada no valor de R$ 350,00 (trezentos e cinquenta reais), ou seja, equivalente a um terço daquilo que recebe mensalmente? Aqui, a resposta negativa tem outro sentido. No primeiro exemplo, o condenado de classe média ou média alta jamais deixaria de pagar a pena de multa nesse valor; do outro lado, o trabalhador assalariado não teria condições de recolhê-la, sob pena de deixar de levar o necessário alimento para a sua casa.

Como se percebe pelo exemplo fornecido, mais uma vez, o pobre era preso e o condenado das classes média e alta permanecia solto. E não adianta argumentar que o condenado insolvente não podia ter a sua pena de multa convertida em pena privativa de liberdade, porque sabemos que, na prática, não era assim que as coisas funcionavam. Os promotores de Justiça, em sua maioria, em vez de atentarem para o processo de execução previsto na Lei de Execução Penal (art. 164), depois de terem sido cientificados pela certidão do escrivão que o prazo para o pagamento da pena de multa pelo condenado havia decorrido sem o devido recolhimento, solicitavam, pura e simplesmente, a sua conversão, sendo que os juízes, também, em sua maioria, num despacho de duas linhas, atendiam ao pedido do Ministério Público e determinavam a expedição de mandado de prisão.

Hoje, com a nova redação dada ao art. 51, já não se pode falar em conversão da pena de multa em privação de liberdade. A multa, embora de natureza penal, é considerada dívida de valor, devendo ser aplicada na sua cobrança as normas relativas à dívida ativa da Fazenda Pública, ou seja, a Lei de Execução Fiscal, inclusive no que concerne às causas interruptivas e suspensivas da prescrição.

Vale registrar, ainda, que o STF, na ADIn nº 7.032, por unanimidade, na sessão virtual de 5 de março de 2024 a 22 de março de 2024, deu parcial provimento ao pedido, para conferir ao art. 51 do Código Penal interpretação no sentido de que, cominada conjuntamente com a pena privativa de liberdade, a pena de multa obsta o reconhecimento da extinção da punibilidade, salvo na situação de comprovada impossibilidade de seu pagamento pelo apenado, ainda que de forma parcelada, acrescentando, ainda, a possibilidade de o juiz de execução extinguir a punibilidade do apenado, no momento oportuno, concluindo essa impossibilidade de pagamento por meio de elementos comprobatórios constantes dos autos, nos termos do voto do Relator, Min. Flávio Dino.

10.6. Competência para a execução da pena de multa

Como a nova redação inicialmente dada ao art. 51 do Código Penal pela Lei nº 9.268/1996, embora considerasse a multa como dívida de valor e determinasse que a sua cobrança obedeceria às normas da legislação relativa à dívida ativa da Fazenda Pública, não fizesse menção a quem seria o legitimado a propor a referida execução, bem como a Vara competente para processá-la, surgiu a dúvida se seria, ainda, o Ministério Público, na Vara de Execuções Penais, ou o Procurador da Fazenda, numa das Varas de Fazenda Pública Estadual. Assim, portanto, duas correntes se formaram.

Hoje, com a atual redação dada ao art. 51 do Código Penal pela Lei nº 13.964, de 24 de dezembro de 2019, a discussão perdeu completamente o sentido, haja vista que o referido artigo menciona, expressamente, que a multa será executada perante o juiz da execução penal.

Assim, o legitimado ativo para propor a ação de execução da pena de multa será o órgão de execução do Ministério Público, com atribuições nessa área, sendo competente o juiz da execução penal, aplicáveis as normas relativas à dívida ativa da Fazenda Pública, inclusive no que concerne às causas interruptivas e suspensivas da prescrição.

11. APLICAÇÃO DA PENA

11.1. Introdução

Vimos que a individualização da pena ocorre em três fases distintas. A primeira delas, chamada por Frederico Marques de individualização legislativa:

> "É a que o legislador estabelece quando discrimina as sanções cabíveis, delimita as espécies delituosas e formula o preceito sancionador das normas incriminadoras, ligando a cada um dos fatos típicos uma pena que varia entre um mínimo e um máximo claramente determinados. A individualização legislativa, por outra parte, domina e dirige as demais porque é a lei que traça as normas de conduta do juiz e dos órgãos da execução penal, na aplicação das sanções."[85]

Tendo o réu incorrido em qualquer uma das infrações elencadas em nosso catálogo penal, parte-se para o segundo momento da individualização da pena, agora de competência do julgador. Do plano abstrato (fase da cominação) mergulhamos no plano concreto (fase da aplicação), cabendo ao juiz do processo penal de conhecimento aplicar àquele que praticou um fato típico, ilícito e culpável uma sanção penal que seja necessária e suficiente para a reprovação e prevenção do crime. Ainda no escólio de Frederico Marques:

> "A sentença é, por si, a individualização concreta do comando emergente da norma legal. Necessário é, por isso, que esse trabalho de aplicação da lei se efetue com sabedoria e justiça, o que só se consegue armando o juiz de poderes discricionários na graduação e escolha das sanções penais. Trata-se de um *arbitrium regulatum*, como diz Bellavista, consistente na faculdade a ele expressamente concedida, sob a observância de determinados critérios, de estabelecer a quantidade concreta da pena a ser imposta, entre o mínimo e o máximo legal para individualizar as sanções cabíveis."[86]

Com a finalidade de orientar o julgador neste momento tão importante que é o da aplicação da pena, a lei penal traçou uma série de etapas que, obrigatoriamente, deverão ser por ele observadas, sob pena de se macular o ato decisório, podendo conduzir até mesmo à sua nulidade.

Além disso, a pena encontrada pelo julgador deve ser proporcional ao mal produzido pelo condenado, sendo, pois, na definição do Código Penal (art. 59, parte final), aquela *necessária* e *suficiente* para a reprovação e a prevenção do crime.

11.2. Cálculo da pena

O art. 68 do Código Penal determina que a pena será aplicada observando-se três fases distintas. Inicialmente, deverá o julgador encontrar a chamada pena-base, sobre a qual incidirão os demais cálculos. Nos tipos penais incriminadores, existe uma margem entre as penas mínima e máxima, permitindo ao juiz, depois da análise das circunstâncias judiciais previstas pelo art. 59 do Código Penal, fixar aquela que seja mais apropriada ao caso concreto, razão pela qual o mencionado artigo diz:

> **Art. 59.** O juiz, atendendo à culpabilidade, aos antecedentes, à conduta social, à personalidade do agente, aos motivos, às circunstâncias e consequências do crime, bem como ao comportamento da vítima, estabelecerá, conforme seja necessário e suficiente para reprovação e prevenção do crime:
> I – as penas aplicáveis dentre as cominadas;

---

[85] MARQUES, José Frederico. *Tratado de direito penal*, v. III, p. 297.
[86] MARQUES, José Frederico. *Tratado de direito penal*, v. III, p. 300.

II – a quantidade de pena aplicável, dentro dos limites previstos;
III – [...];
IV – [...].

Cada uma dessas circunstâncias judiciais deve ser analisada e valorada individualmente, não podendo o juiz simplesmente se referir a elas de forma genérica, quando da determinação da pena-base, sob pena de se macular o ato decisório, uma vez que tanto o réu como o Ministério Público devem entender os motivos pelos quais o juiz fixou a pena-base naquela determinada quantidade. Entendemos, principalmente, que se o juiz fixou a pena-base acima do mínimo legal é direito do réu saber o porquê dessa decisão, que possivelmente será objeto de ataque quando de seu recurso. Nesse sentido, a posição dominante em nossos tribunais, conforme se verifica pelas ementas abaixo colacionadas:

"Traduz situação de injusto constrangimento o comportamento processual do Magistrado ou do Tribunal que, ao fixar a pena-base do sentenciado, adstringe-se a meras referências genéricas pertinentes às circunstâncias abstratamente elencadas no art. 59 do Código Penal. O juízo sentenciante, ao estipular a pena-base e ao impor a condenação final, deve referir-se, de modo específico, aos elementos concretizadores das circunstâncias judiciais fixadas naquele preceito normativo"(STF, *HC* 69.141-2, Rel. Celso de Melo, DJU 28/8/1992, p. 13.453).
"Não responde à exigência de fundamentação de individualização da pena-base e da determinação do regime inicial de execução de pena a simples menção aos critérios enumerados em abstrato pelo art. 59 do CP, quando a sentença não permite identificar os dados objetivos e subjetivos a que eles se adequariam, no fato concreto, em desfavor do condenado" (STF, *HC* 68.751, Rel. Sepúlveda Pertence, DJU 1º/11/1991, p. 15.569).

Depois de fixar a pena-base, em seguida serão consideradas as circunstâncias atenuantes e agravantes, previstas na Parte Geral do Código Penal (arts. 61 e 65).

Objeto de muita discussão tem sido a possibilidade de se reduzir a pena-base aquém do mínimo ou de aumentá-la além do máximo nesse segundo momento de fixação da pena. O STJ, por intermédio da Súmula nº 231, expressou seu posicionamento no sentido de que "a incidência da circunstância atenuante não pode conduzir à redução da pena abaixo do mínimo legal." Essa, infelizmente, tem sido a posição da maioria de nossos autores, que, numa interpretação *contra legem*, não permitem a redução da pena-base, em virtude da existência de uma circunstância atenuante, se aquela tiver sido fixada em seu patamar mínimo.

Dissemos que tal interpretação é contrária à lei porque o art. 65 não excepciona sua aplicação aos casos em que a pena-base tenha sido fixada acima do mínimo legal. Pelo contrário. O mencionado artigo afirma, categoricamente, que *são circunstâncias que* sempre *atenuam a pena*. Por que razão utilizaria o legislador o advérbio *sempre* se fosse sua intenção deixar de aplicar a redução, em virtude da existência de uma circunstância atenuante, quando a pena-base fosse fixada em seu grau mínimo?

A discussão não é meramente acadêmica, tendo repercussão prática importantíssima. Raciocinemos com um exemplo. Suponhamos que o agente, menor de 21 anos à época dos fatos, tenha praticado um delito de furto simples. O juiz, após analisar individualmente todas as circunstâncias judiciais, decide aplicar a pena-base em seu mínimo legal, vale dizer, um ano de reclusão.[87] No segundo momento, verifica que nos autos foi comprovada a sua menoridade por intermédio de documento próprio e que não existem circunstâncias agravantes. Para a maio-

---

[87] O raciocínio será levado a efeito considerando-se somente a pena privativa de liberdade prevista no preceito secundário do art. 155 do Código Penal, deixando-se de lado a pena de multa também ali cominada.

ria de nossos doutrinadores, como também para o STJ, a pena-base não poderia ser reduzida aquém do seu mínimo, devendo, em flagrante desrespeito ao art. 65 do Código Penal, ser desprezada a circunstância atenuante prevista no inciso I do mencionado artigo. Se fosse aplicada, conforme determina a lei, a redução pela circunstância atenuante, em um mês por exemplo, a pena, nesse segundo momento, seria inferior a um ano. Somente a título de raciocínio, imaginemos que no caso concreto não houvesse causas de aumento ou diminuição de pena, que seriam observadas no terceiro instante da aplicação da pena, e a pena final fosse determinada em onze meses de reclusão. De acordo com o inciso V do art. 109 do Código Penal, a pena igual a um ano, ou, sendo superior, não excedente a dois, prescreve em quatro anos; se inferior a um ano, a prescrição ocorrerá em 3 (três) anos, conforme determina o inciso VI, do citado art. 109, com a nova redação que lhe foi dada pela Lei nº 12.234, de 5 de maio de 2010. No caso tido como exemplo, como o agente era menor de 21 anos de idade, nos termos do art. 115 do Código Penal, o prazo prescricional deve ser reduzido pela metade. Assim, se aplicada pena de onze meses, obedecida a redução pela circunstância atenuante, o seu prazo prescricional seria de um ano e meio, o qual dificilmente não ocorreria entre os marcos interruptivos da prescrição.

Além de inviabilizar um direito do sentenciado, essa interpretação faz com que, na prática, alguns juízes tentem observar a sua aplicação aumentando um pouco a pena-base para que, no momento posterior, possam vir a reduzi-la em consideração à existência de uma circunstância atenuante, o que fere, ainda mais, a *mens legis*. Essa "boa vontade" em aplicar a circunstância atenuante nada mais é do que uma forma de burlar a lei. Se o réu tinha em seu favor todas as circunstâncias judiciais previstas pelo art. 59, era direito seu que a pena-base fosse fixada em seu mínimo legal. O fato de o juiz aumentá-la um pouco para, mais adiante, vir a decotá-la a fim de aplicar a redução pela circunstância atenuante nada mais é do que ludibriar a sua aplicação.

O argumento de que o juiz estaria legislando se reduzisse a pena aquém do mínimo ou a aumentasse além do máximo não nos convence. Isso porque o art. 59 do Código Penal, que cuida da fixação da pena-base, é claro em dizer que o juiz deverá estabelecer a quantidade de pena aplicável nos limites previstos. O juiz jamais poderá fugir aos limites determinados pela lei na fixação da pena-base. Contudo, tal proibição não se estende às demais etapas previstas pelo art. 68 do Código Penal.[88]

Por fim, quando houver concurso entre atenuantes e agravantes, a pena deve aproximar-se do limite indicado pelas circunstâncias preponderantes, entendendo-se como tais as que resultam dos motivos determinantes do crime, da personalidade do agente e da reincidência (art. 67 do Código Penal).

O terceiro momento de aplicação da pena, como já deixamos antever, diz respeito às causas de diminuição e de aumento. Vale, nessa oportunidade, fazer a diferença entre as circunstâncias atenuantes e agravantes e as causas de diminuição ou aumento de pena. Tal distinção é de suma importância, pois, como vimos quando da aplicação da pena, são aferidas em momentos distintos. A diferença fundamental entre elas reside no fato de que as circunstâncias atenuantes e agravantes são elencadas pela parte geral do Código Penal e o seu *quantum* de redução e de aumento não vem predeterminado pela lei, devendo o juiz, atento ao princípio

---

[88] Sérgio Salomão Shecaira e Alceu Corrêa Junior, dissertando sobre o tema, mostram-se adeptos da corrente que não permite a redução da pena aquém do mínimo, ou o seu aumento além do máximo, no segundo momento previsto pelo art. 68 do Código Penal, dizendo que "a lei penal, ao contrário do que faz com as causas de aumento e de diminuição, não fixa o *quantum* a ser majorado ou mitigado nesta fase. Destarte, o legislador deixou ao prudente arbítrio do juiz a tarefa de, verificando a existência de agravantes ou atenuantes, estabelecer a quantidade de aumento e de diminuição em cada caso concreto. No entanto, qualquer majoração ou mitigação de pena não pode conduzir a resultado que exceda os limites do tipo. Não se vai além do máximo nem se vem aquém do mínimo" (*Teoria da pena*, p. 280).

da razoabilidade, fixá-lo no caso concreto; as causas de diminuição e de aumento podem vir previstas tanto na parte geral como na parte especial do Código Penal, e o seu *quantum* de redução e de aumento é sempre fornecido em frações pela lei, a exemplo do § 4º do art. 121 do Código Penal, que diz que *no homicídio culposo, a pena é aumentada de* um terço, *se o crime resulta de inobservância de regra técnica de profissão, arte ou ofício, ou se o agente deixa de prestar imediato socorro à vítima, não procura diminuir as consequências do seu ato, ou foge para evitar prisão em flagrante. Sendo doloso o homicídio, a pena é aumentada em* um terço, *se o crime é praticado contra menor de 14 (quatorze) anos ou maior de 60 (sessenta) anos*. A redução pela tentativa também é um exemplo de causa de diminuição de pena, pois o parágrafo único do art. 14 diz que *salvo disposição em contrário, pune-se a tentativa com a pena correspondente ao crime consumado, diminuída de um a dois terços*.

Neste terceiro momento de aplicação da pena, não existem discussões sobre a possibilidade de sua redução aquém do mínimo ou o seu aumento além do máximo, pois, se isso acontecesse, v.g., a pena do crime tentado deveria ser sempre a mesma do consumado.

Quando houver concurso de causas de aumento ou de diminuição previstas na parte especial, pode o juiz limitar-se a um só aumento ou a uma só diminuição, prevalecendo, todavia, a causa que mais aumente ou diminua.

11.3. Circunstâncias judiciais

As circunstâncias judiciais, que deverão ser obrigatoriamente analisadas quando da fixação da pena-base pelo julgador, são as seguintes: *a)* culpabilidade; *b)* antecedentes; *c)* conduta social; *d)* personalidade do agente; *e)* motivos; *f)* circunstâncias do crime; *g)* consequências do crime; *h)* comportamento da vítima.

11.3.1. Culpabilidade

Vimos que a culpabilidade, como juízo de reprovação que recai sobre a conduta típica e ilícita praticada pelo agente, é um dos elementos integrantes do conceito tripartido de crime. Assim, concluindo pela prática da infração penal, afirmando ter o réu praticado um fato típico, ilícito e culpável, o juiz passará a aplicar a pena. Percebemos, portanto, que a condenação somente foi possível após ter sido afirmada a culpabilidade do agente. Agora, passando à fase seguinte, terá o julgador que encontrar a pena justa a ser aplicada. Logo no primeiro momento, quando irá determinar a pena-base, o art. 59 do Código Penal impõe ao julgador, por mais uma vez, a análise da culpabilidade. Temos de realizar, dessa forma, uma dupla análise da culpabilidade: na primeira, dirigida à configuração da infração penal, quando se afirmará que o agente que praticou o fato típico e ilícito era imputável, que tinha conhecimento sobre a ilicitude do fato que cometia e, por fim, que lhe era exigível um comportamento diverso; na segunda, a culpabilidade será aferida com o escopo de influenciar na fixação da pena-base. A censurabilidade do ato terá como função fazer com que a pena percorra os limites estabelecidos no preceito secundário do tipo penal incriminador.

11.3.2. Antecedentes

Os antecedentes dizem respeito ao histórico criminal do agente que não se preste para efeitos de reincidência. Entendemos que, em virtude do princípio constitucional da presunção de inocência, somente as condenações anteriores com trânsito em julgado, que não sirvam para forjar a reincidência, é que poderão ser consideradas em prejuízo do sentenciado, fazendo com que sua pena-base comece a caminhar nos limites estabelecidos pela lei penal. Suponhamos que o sentenciado possua três condenações anteriores com trânsito em julgado e que o fato pelo qual está sendo condenado foi praticado antes do trânsito em julgado de qualquer ato decisório condenatório. Não poderá ser considerado reincidente, pois o art. 63 do Código Penal diz verificar-se a reincidência quando o agente comete novo crime, depois de transitada em julgado a sentença que, no País ou no estrangeiro, o tenha condenado por crime anterior. Nesse caso, as condenações anteriores servirão para atestar seus maus antecedentes.

Se somente as condenações anteriores com trânsito em julgado, que não se prestem para afirmar a reincidência, servem para a conclusão dos maus antecedentes, estamos dizendo, com isso, que simples anotações na folha de antecedentes criminais (FAC) do agente, apontando inquéritos policiais ou mesmo processos penais em andamento, inclusive com condenações, mas ainda pendentes de recurso, não têm o condão de permitir com que a sua pena seja elevada.

O STJ, com acerto, no DJe de 13 de maio de 2010, fez publicar a Súmula nº 444, que diz:

> **Súmula nº 444.** É vedada a utilização de inquéritos policiais e ações penais em curso para agravar a pena-base.

Felizmente, o STF, mudando sua posição no julgamento do RE 591.054, através de seu Plenário, passou a entender que:

"O Pleno do STF, ao julgar o RE 591.054, com repercussão geral, de relatoria do Ministro Marco Aurélio, firmou orientação no sentido de que a existência de inquéritos policiais ou de ações penais sem trânsito em julgado não pode ser considerada como maus antecedentes para fins de dosimetria da pena. Para efeito de aumento da pena, somente podem ser valoradas como maus antecedentes decisões condenatórias irrecorríveis, sendo impossível considerar para tanto investigações preliminares ou processos criminais em andamento, mesmo que estejam em fase recursal, sob pena de violação ao art. 5º, inciso LIV" (presunção de não culpabilidade), do texto constitucional (STF, HC 151.431/MG, Rel. Min. Gilmar Mendes, 2ª T., DJe 08/05/2018).

"A existência de inquéritos policiais ou de ações penais sem trânsito em julgado não pode ser considerada como maus antecedentes para fins de dosimetria da pena" (STF, HC 104.266/RJ, Rel. Min. Teori Zavascki, 2ª T., DJe 26/05/2015).

Entendemos, também, que o documento hábil que permite que o vetor da pena possa se movimentar é a certidão do cartório no qual houve a condenação do agente. A folha de antecedentes penais servirá de norte para a procura dos processos que por ela foram apontados, mas não permitirá que, com base somente nela, a pena do sentenciado seja elevada.

O Plenário do STF, a seu turno, na Sessão Virtual de 14.4.2023 a 24.4.2023, tendo como relator o Min. Roberto Barroso, no Tema 150 de Repercussão Geral, assim decidiu:

"O Tribunal, por unanimidade, acolheu os embargos de declaração, tão somente para corrigir omissão, e fazer constar no Tema 150 da repercussão geral a fixação da tese nos seguintes moldes: 'Não se aplica ao reconhecimento dos maus antecedentes o prazo quinquenal de prescrição da reincidência, previsto no art. 64, I, do Código Penal, podendo o julgador, fundamentada e eventualmente, não promover qualquer incremento da pena-base em razão de condenações pretéritas, quando as considerar desimportantes, ou demasiadamente distanciadas no tempo, e, portanto, não necessárias à prevenção e repressão do crime, nos termos do comando do artigo 59, do Código Penal', nos termos do voto do Relator".

Em 27 de junho de 2019 foi publicada no DJe a Súmula nº 636 do STJ, que diz:

> **Súmula nº 636:** A folha de antecedentes criminais é documento suficiente a comprovar os maus antecedentes e a reincidência.

Assim, com base na decisão sumulada, não há necessidade de expedição de certidão criminal, por exemplo, para efeitos de comprovação dos maus antecedentes (ou mesmo a reincidência), sendo suficiente, para tal finalidade, a existência da folha de antecedentes criminais, onde constem tais anotações.

11.3.3. Conduta social

Por conduta social quer a lei traduzir o comportamento do agente perante a sociedade. Verifica-se o seu relacionamento com seus pares, procura-se descobrir o seu temperamento, se calmo ou agressivo, se possui algum vício, a exemplo de jogos ou bebidas, enfim, tenta-se saber como é o seu comportamento social, que poderá ou não ter influenciado no cometimento da infração penal.

Importante salientar que conduta social não se confunde com antecedentes penais, razão pela qual determinou a lei as suas análises em momentos distintos. Alguns intérpretes, procurando, *permissa* vênia, distorcer a finalidade da expressão *conduta social*, procuram fazê-la de "vala comum" nos casos em que não conseguem se valer dos antecedentes penais do agente para que possam elevar a pena-base. Afirmam alguns que se as anotações na folha de antecedentes criminais, tais como inquéritos policiais ou processos em andamento, não servirem para atestar os maus antecedentes do réu, poderão ser aproveitadas para fins de aferição de conduta social. Mais uma vez, acreditamos, tenta-se fugir às finalidades da lei. Os antecedentes traduzem o passado criminal do agente; a conduta social deve buscar aferir o seu comportamento perante a sociedade, afastando tudo aquilo que diga respeito à prática de infrações penais. Assim, se inquéritos em andamento não poderão servir para fins de verificação de maus antecedentes, da mesma forma não se prestarão para efeitos de aferição de conduta social. Pode acontecer, até mesmo, que alguém tenha péssimos antecedentes criminais, mas, por outro lado, seja uma pessoa voltada à caridade, com comportamentos filantrópicos e sociais invejáveis.

Concluindo, não podemos confundir conduta social com antecedentes penais. Estes jamais servirão de base para a conduta social, pois esta abrange todo o comportamento do agente no seio da sociedade, afastando-se desse raciocínio seu histórico criminal, verificável em sede de antecedentes penais.

11.3.4. Personalidade do agente

Conforme destacou Ney Moura Teles, "a personalidade não é um conceito jurídico, mas do âmbito de outras ciências – da psicologia, psiquiatria, antropologia – e deve ser entendida como um complexo de características individuais próprias, adquiridas, que determinam ou influenciam o comportamento do sujeito."[89]

Acreditamos que o julgador não possui capacidade técnica necessária para a aferição de personalidade do agente, incapaz de ser por ele avaliada sem uma análise detida e apropriada de toda a sua vida, a começar pela infância. Somente os profissionais de saúde (psicólogos, psiquiatras, terapeutas etc.), é que, talvez, tenham condições de avaliar essa circunstância judicial. Dessa forma, entendemos que o juiz não deverá levá-la em consideração no momento da fixação da pena-base.

Merece ser frisado, ainda, que a consideração da personalidade é ofensiva ao chamado *direito penal do fato*, pois prioriza a análise das características penais do seu autor.

11.3.5. Motivos

Os motivos são as razões que antecederam e levaram o agente a cometer a infração penal. Nas lições de Pedro Vergara, "os motivos determinantes da ação constituem toda a soma dos fatores que integram a personalidade humana e são suscitados por uma representação

---

[89] TELES, Ney Moura. *Direito penal* – Parte geral, v. II, p. 125-126.

cuja idoneidade tem o poder de fazer convergir, para uma só direção dinâmica, todas as nossas forças psíquicas."[90]

Em várias passagens, o Código Penal valora os motivos pelos quais o agente foi impelido a levar a efeito a infração penal, fazendo, desse modo, com que diminua ou aumente a pena a ser aplicada. O § 1º do art. 121 do Código Penal diz que, se o agente comete o crime impelido por motivo de relevante valor social ou moral, a pena poderá ser reduzida de um sexto a um terço. Já o inciso II do § 2º do mesmo artigo determina que a pena será de 12 a 30 anos de reclusão se o homicídio é cometido por motivo fútil.

Com base nesses exemplos, podemos também alertar para o fato de que se os motivos que levaram o agente a praticar a infração penal já estão fazendo com que sua pena fuja àquela prevista na modalidade básica do tipo penal, quando da fixação da pena-base não poderá o julgador, por mais uma vez, considerá-los negativamente, ou seja, em prejuízo do agente, sob pena de incorrer no chamado *bis in idem*. Assim, visualizando o problema, se a pena do delito de homicídio, em virtude de ter o agente o praticado por motivo fútil, fugiu aos limites previstos pelo *caput* do art. 121 do Código Penal, esse fato não poderá ser considerado a fim de permitir ao julgador que, na aplicação da pena-base, a fixe acima do mínimo legal, pois, se assim o fizer, estará considerando, por duas vezes, um mesmo fato em prejuízo do réu.

Também os motivos não poderão ser considerados duas vezes em benefício do agente se sua previsão já fizer parte do tipo penal, permitindo, dessa forma, a redução da pena a ele aplicada.

11.3.6. Circunstâncias

Na definição de Alberto Silva Franco:

"Circunstâncias são elementos acidentais que não participam da estrutura própria de cada tipo, mas que, embora estranhas à configuração típica, influem sobre a quantidade punitiva para efeito de agravá-la ou abrandá-la. As circunstâncias apontadas em lei são as circunstâncias legais (atenuantes e agravantes) que estão enumeradas nos arts. 61, 62 e 65 da PG/84 e são de cogente incidência. As circunstâncias inominadas são as circunstâncias judiciais a que se refere o art. 59 da PG/84 e, apesar de não especificadas em nenhum texto legal, podem, de acordo com uma avaliação discricionária do juiz, acarretar um aumento ou uma diminuição de pena. Entre tais circunstâncias, podem ser incluídos o lugar do crime, o tempo de sua duração, o relacionamento existente entre o autor e vítima, a atitude assumida pelo delinquente no decorrer da realização do fato criminoso etc."[91]

Merece também ser ressaltado, conforme se verifica pelas lições acima expostas, que as circunstâncias que servirão de fundamento para a aplicação da pena-base não se confundem com as chamadas circunstâncias legais, atenuantes ou agravantes, a serem aferidas no segundo momento de aplicação da pena. Não há, portanto, possibilidade de um mesmo dado periférico, que se situa ao redor da infração penal, influenciar negativamente, por duas vezes, em prejuízo do agente; tampouco poderá ser considerado duplamente em seu benefício.

11.3.7. Consequências do crime

As consequências do crime são um dado importante a ser observado quando da aplicação da pena-base. A morte de alguém casado e com filhos menores, de cujo trabalho todos

---

[90] VERGARA, Pedro. *Dos motivos determinantes no direito penal*, p. 563-564.
[91] SILVA FRANCO, Alberto. *Código penal e sua interpretação jurisprudencial*, v. I, t. I, p. 900.

dependiam para sobreviver, ou a hipótese daquele que, imprudentemente, deixando de observar o seu necessário dever de cuidado, atropela uma pessoa que efetuava a travessia de uma avenida, fazendo com que a vítima viesse a perder os movimentos do corpo, tornando-se uma pessoa paralítica, são, efetivamente, dados que devem merecer a consideração do julgador no momento em que for encontrar a pena-base.

Os crimes contra a Administração Pública, a nosso ver, encontram-se no rol daqueles cujas consequências são as mais nefastas para a sociedade. Os bandidos de colarinho branco, funcionários de alto escalão na Administração Pública, políticos inescrupulosos e tantos outros que detêm uma parcela do poder, quando efetuam subtrações dos cofres públicos, causam verdadeiras devastações no seio da sociedade. Escolas deixam de receber merendas, hospitais passam a funcionar em estado precário, obras deixam de ser realizadas, a população miserável perece de fome, enfim, são verdadeiros genocidas, uma vez que causam a morte de milhares de pessoas com suas condutas criminosas.

Tais consequências deverão, portanto, ser medidas pelo julgador, a fim de justificar o aumento da pena-base nos limites previstos pelo preceito secundário do tipo penal incriminador.

11.3.8. Comportamento da vítima

Pode a vítima ter contribuído para o cometimento da infração penal pelo agente. Antes da modificação introduzida pela reforma da Parte Geral em 1984, a Parte Especial do Código Penal, a exemplo da segunda parte do § 1º do art. 121, já tinha previsão da influência do comportamento da vítima na aplicação da pena ao agente. Segundo o mencionado parágrafo, a pena poderá ser reduzida de um sexto a um terço se o crime é cometido sob o domínio de violenta emoção, logo em seguida à injusta provocação da vítima.

Com a atual redação do art. 59 do Código Penal prevendo o comportamento da vítima como circunstância judicial de análise obrigatória, deverá o julgador averiguar sua contribuição para o cometimento do crime. Quando nos referimos à contribuição, não estamos colocando a vítima na condição de partícipe ou coautora, mas, sim, aferindo seu comportamento no caso concreto, que pode ter influenciado, em seu próprio prejuízo, a prática da infração penal pelo agente.

Na precisa colocação de Júlio Fabbrini Mirabete:

> "Estudos de Vitimologia demonstram que as vítimas podem ser 'colaboradoras' do ato criminoso, chegando-se a falar em 'vítimas natas' (personalidades insuportáveis, criadoras de casos, extremamente antipáticas, pessoas sarcásticas, irritantes, homossexuais e prostitutas etc.). Maridos verdugos e mulheres megeras são vítimas potenciais de cônjuges e filhos; homossexuais, prostitutas e marginais sofrem maiores riscos de violência diante da psicologia doentia de neuróticos com falso entendimento de justiça própria."[92]

Suponhamos que a vítima esteja se comportando de forma inconveniente e, por essa razão, o agente se irrite e a agrida. Descartando a possibilidade, por exemplo, de ter agido sob o manto da legítima defesa, pois a vítima não estava praticando qualquer agressão injusta, o agente somente cometeu o delito em virtude do comportamento da própria vítima. Também nos crimes culposos é muito comum que a vítima contribua para o acidente. Se conjugarmos, por exemplo, a velocidade excessiva daquele que estava na direção de seu veículo com o fato de ter a vítima atravessado a rodovia em local inadequado, tendo somente esta última sofrido

---

[92] MIRABETE, Júlio Fabbrini. *Direito penal* – Parte geral, p. 294.

lesões, podemos concluir que ambos, agente e vítima, contribuíram para o evento, razão pela qual o comportamento da vítima deverá ser considerado em benefício do agente quando da fixação da pena-base.

Deve ser frisado que se o comportamento da vítima já se encontra previsto em determinado tipo penal, diminuindo a reprimenda, a exemplo do mencionado § 1º do art. 121 do Código Penal, ele não poderá ser considerado, por mais uma vez, em benefício do agente.

11.4. Circunstâncias atenuantes e agravantes

Circunstâncias são dados periféricos que gravitam ao redor da figura típica e têm por finalidade diminuir ou aumentar a pena aplicada ao sentenciado. Por permanecerem ao lado da definição típica, as circunstâncias em nada interferem na definição jurídica da infração penal. As elementares, ao contrário, são dados essenciais, indispensáveis à definição da figura típica, sem os quais o fato poderá ser considerado atípico – hipótese de atipicidade absoluta –, ou haverá aquilo que chamamos de desclassificação – atipicidade relativa.

Portanto, a ausência ou a presença de uma circunstância não interfere na definição do tipo penal. Assim, por exemplo, um homicídio continuará a ser um crime de homicídio se praticado por motivo fútil ou se cometido sob domínio de violenta emoção, logo em seguida à injusta provocação da vítima. Esses dados em nada modificarão a figura típica. As elementares, ao contrário, se afastadas do tipo penal geram, no mínimo, uma hipótese de desclassificação ou, no máximo, conduzirão à atipicidade. Se uma mãe, após dar à luz a seu filho, causar-lhe a morte sem ter sido influenciada pelo estado puerperal, a ausência desse dado indispensável à configuração do delito de infanticídio – a influência do estado puerperal – fará com que o delito praticado pela parturiente deixe de se amoldar à figura prevista no art. 123 do Código Penal (infanticídio) e passe a ser aquela tipificada pelo art. 121 do mesmo diploma legal.

Merece ser frisado, ainda, que o Código Penal não fornece um *quantum* para fins de atenuação ou agravação da pena, ao contrário do que ocorre com as chamadas causas de diminuição ou de aumento, a serem observadas no terceiro momento do critério trifásico previsto no art. 68 do diploma repressivo. Para elas, o Código Penal reservou essa diminuição ou aumento em frações, a exemplo do que ocorre com o § 1º do seu art. 155, quando diz que a pena será aumentada em *um terço* se o furto for praticado durante o repouso noturno.

Até quanto podemos, outrossim, agravar ou atenuar a pena-base fixada?

Ante a ausência de critérios previamente definidos pela lei penal, devemos considerar o princípio da razoabilidade como reitor para essa atenuação ou agravação da pena. Contudo, em face da fluidez desse conceito de razoabilidade, a doutrina tem entendido que "razoável" seria agravar ou atenuar a pena-base em até um sexto do *quantum* fixado, fazendo-se, pois, uma comparação com as causas de diminuição e de aumento de pena.

Como bem observado por Cezar Roberto Bitencourt:

"O Código não estabelece a quantidade de aumento ou de diminuição das agravantes e atenuantes legais genéricas, deixando-a à discricionariedade do juiz. No entanto, sustentamos que a variação dessas circunstâncias não deve ir muito além do limite mínimo das majorantes e minorantes, que é fixado em um sexto. Caso contrário, as agravantes e as atenuantes se equipaririam àquelas causas modificadoras da pena, que, a nosso juízo, apresentam maior intensidade, situando-se pouco abaixo das qualificadoras (no caso das majorantes)."[93]

---

[93] BITENCOURT, Cezar Roberto. *Código penal comentado*, p. 219.

Assim, na ausência de determinação legal, acreditamos que, no máximo, as atenuantes e agravantes poderão fazer com que a pena-base seja diminuída ou aumentada em até *um sexto*.

Feitos esses esclarecimentos, passaremos à análise individualizada de cada uma das circunstâncias legais atenuantes e agravantes previstas pelos arts. 61, 62 e 65 do Código Penal.

11.4.1. Circunstâncias agravantes

Diz o art. 61 do Código Penal:

> São circunstâncias que sempre agravam a pena, quando não constituem ou qualificam o crime:
> I – a reincidência;
> II – ter o agente cometido o crime:
> a) por motivo fútil ou torpe;
> b) para facilitar ou assegurar a execução, a ocultação, a impunidade ou vantagem de outro crime;
> c) a traição, de emboscada, ou mediante dissimulação, ou outro recurso que dificultou ou tornou impossível a defesa do ofendido;
> d) com emprego de veneno, fogo, explosivo, tortura ou outro meio insidioso ou cruel, ou de que podia resultar perigo comum;
> e) contra ascendente, descendente, irmão ou cônjuge;
> f) com abuso de autoridade ou prevalecendo-se de relações domésticas, de coabitação ou de hospitalidade, ou com violência contra a mulher na forma da lei específica;[94]
> g) com abuso de poder ou violação de dever inerente a cargo, ofício, ministério ou profissão;
> h) contra criança, maior de 60 (sessenta) anos,[95] enfermo ou mulher grávida;
> i) quando o ofendido estava sob a imediata proteção da autoridade;
> j) em ocasião de incêndio, naufrágio, inundação ou qualquer calamidade pública, ou de desgraça particular do ofendido;
> l) em estado de embriaguez preordenada.

O art. 62 diz:

> **Art. 62.** A pena será ainda agravada em relação ao agente que:
> I – promove, ou organiza a cooperação no crime ou dirige a atividade dos demais agentes;
> II – coage ou induz outrem à execução material do crime;
> III – instiga ou determina a cometer o crime alguém sujeito à sua autoridade ou não punível em virtude de condição ou qualidade pessoal;
> IV – executa o crime, ou nele participa, mediante paga ou promessa de recompensa.

Inicialmente, deve ser observada a ressalva contida no art. 61, que assevera serem circunstâncias que agravam a pena aquelas por ele elencadas, desde que não constituam ou qualifiquem o crime. Dessa forma, evita a lei penal o chamado *bis in idem*, quer dizer, que por um mesmo fato ou idêntica situação o agente seja punido duas vezes. Fazendo parte da modalidade básica do tipo penal ou de sua forma qualificada, não poderá a circunstância agravante

---

[94] A alínea *f* teve sua redação modificada pela Lei nº 11.340, de 7 de agosto de 2006, que criou mecanismos para coibir a violência doméstica e familiar contra a mulher, dispondo, ainda, sobre a criação dos Juizados de Violência Doméstica e Familiar contra a Mulher.

[95] A redação da alínea *h*, do inciso II do art. 61 do Código Penal foi modificada pela Lei nº 10.741, de 1º de outubro de 2003, que dispôs sobre o Estatuto da Pessoa Idosa. A palavra *velho*, anteriormente utilizada pela alínea, foi modificada pela expressão *maior de 60 (sessenta) anos*, idade a partir da qual o cidadão passa a ser tratado como idoso, nos termos do art. 1º da Lei nº 10.741/03, que diz: *É instituído o Estatuto da Pessoa Idosa, destinado a regular os direitos assegurados às pessoas com idade igual ou superior a 60 (sessenta) anos.*

ser aplicada ao caso concreto. No crime de homicídio, por exemplo, muitas das suas qualificadoras estão previstas no inciso II do art. 61 do Código Penal, razão pela qual, havendo, por exemplo, um delito de homicídio qualificado pelo motivo torpe, esse fato que o qualificou, mesmo fazendo parte do rol das circunstâncias agravantes (art. 61, II, *a*, do CP), não poderá fazer com que a pena seja aumentada no segundo momento de sua aplicação.

Também merece destaque o fato de que o rol das circunstâncias agravantes é taxativo, ou seja, *numerus clausus*, não podendo ser ampliado, sob pena de violar o princípio da reserva legal.

Em seguida, analisaremos individualmente todas as circunstâncias agravantes.

I – Reincidência[96]

A reincidência é a prova do fracasso do Estado na sua tarefa ressocializadora.

Parte de nossos doutrinadores entende que a reincidência não poderia ser considerada para efeitos de agravar a pena aplicada ao sentenciado, uma vez que este estaria sendo punido duas vezes pelo mesmo fato. Conforme esclarece Zaffaroni:

> "Desde a penalização liberal do século XIX se observou que a agravação de pena por um delito anterior é uma nova pena pelo mesmo delito, que viola a proibição da dupla punição. [...] Quando se invoca a reincidência para impor uma pena superior ao mínimo, o *plus* punitivo superior ao mínimo não tem nada a ver com o segundo delito, mas senão que é uma pena pelo primeiro."[97]

Paulo Queiroz, de forma mais enfática, asseverando que a consideração da reincidência seria ofensiva ao princípio do *ne bis in idem*, diz:

> "Ao se punir mais gravemente um crime, tomando-se por fundamento um delito anterior, está-se, em verdade, a valorar e castigar, por mais uma vez, a infração anteriormente praticada, em relação à qual o autor já foi sentenciado, chegando-se, por vezes, a absurdos, como, por exemplo, estabelecer o juiz, depois de fixar a pena-base em vinte anos de prisão por latrocínio, aumentá-la de metade em razão da reincidência (mais dez anos). Nota: o crime anterior (um furto) fora apenado em dois anos de prisão. A rigor, portanto, o condenado estará a cumprir a mesma pena por mais cinco vezes.

Apesar disso, o Supremo Tribunal Federal decidiu que a agravante da reincidência é constitucional e, pois, legítima"[98].

O art. 63 do Código Penal diz verificar-se a reincidência quando o agente comete novo crime, depois de transitar em julgado a sentença que, no País ou no estrangeiro, o tenha condenado por crime anterior.

O mencionado artigo refere-se a três fatos indispensáveis à caracterização da reincidência: 1º) prática de crime anterior; 2º) trânsito em julgado da sentença condenatória; 3º) prática de novo *crime, após o trânsito em julgado* da sentença penal condenatória.

---

[96] Paulo de Souza Queiroz preleciona que o instituto da reincidência viola o princípio do *non bis in idem*, vedado pelos princípios da proporcionalidade e da estrita legalidade, dizendo que o legislador, "não raro, vulnera, claramente, o mandamento da proporcionalidade. Exemplo disso é a adoção do instituto da reincidência (CP, arts. 61, I, e 63), uma vez que, ao se punir mais gravemente um crime, tomando-se por fundamento um delito precedente, está-se, em verdade, valorando e punindo, uma segunda vez, a infração anteriormente praticada (em relação à qual já foi o agente condenado e punido)" (*Direito penal* – Introdução crítica, p. 29).

[97] ZAFFARONI, Eugenio Raul. *Estructura básica del derecho penal*, p. 266.

[98] QUEIROZ, Paulo. *Direito processual penal* – por um sistema integrado de direito, processo e execução penal, p. 143.

Dessa forma, somente haverá reincidência se o agente houver praticado dois crimes, não se podendo cogitar dessa circunstância agravante se a infração penal anterior ou posterior consistir em uma contravenção penal. Além disso, o marco para se poder iniciar o raciocínio da reincidência é o trânsito em julgado da sentença condenatória. Se o novo crime, por exemplo, vier a ser cometido pelo agente enquanto estava em curso o prazo para recurso da decisão que o havia condenado, como não tinha ocorrido, ainda, o seu trânsito em julgado, essa sentença, posteriormente, não servirá para efeitos de reincidência, sendo aproveitada, contudo, para fins de caracterização de maus antecedentes. A sentença absolutória, como se percebe, não tem o condão de gerar a reincidência, mesmo quando, nas hipóteses de absolvição imprópria, aplica medida de segurança ao inimputável.

Como regra geral, o Código Penal afastou a chamada reincidência específica, sendo suficiente a prática de crime anterior – independentemente das suas características –, que pode ou não ser idêntico ou ter o mesmo bem juridicamente protegido pelo crime posterior, praticado após o trânsito em julgado da sentença condenatória. Contudo, ao cuidar, por exemplo, do livramento condicional, exigiu, para a sua concessão, que fossem cumpridos mais de dois terços da pena, nos casos de condenação por crime hediondo, prática de tortura, tráfico ilícito de entorpecentes e drogas afins, e terrorismo, se o apenado não for *reincidente específico* em crimes dessa natureza, excepcionando a regra geral. Com o advento da Lei nº 13.964, de 24 de dezembro de 2019, no que diz respeito à progressão de regime, o art. 112 da Lei de Execução Penal passou, agora, a dispor em seu inciso VII da seguinte redação:

> **Art. 112.** A pena privativa de liberdade será executada em forma progressiva com a transferência para regime menos rigoroso, a ser determinada pelo juiz, quando o preso tiver cumprido ao menos:
> [...]
> VII – 60% (sessenta por cento) da pena, se o apenado for reincidente na prática de crime hediondo ou equiparado;

A Lei das Contravenções Penais traz sua própria regra no que diz respeito à reincidência, dizendo em seu art. 7º:

> **Art. 7º** Verifica-se a reincidência quando o agente pratica uma contravenção depois de passar em julgado a sentença que o tenha condenado, no Brasil ou no estrangeiro, por qualquer crime, ou, no Brasil, por motivo de contravenção.

O art. 64 do Código Penal aduz, ainda:

> **Art. 64.** Para efeitos de reincidência:
> I – não prevalece a condenação anterior, se entre a data do cumprimento ou extinção da pena e a infração posterior tiver decorrido período de tempo superior a 5 (cinco) anos, computado o período de prova da suspensão ou do livramento condicional, se não ocorrer revogação;
> II – não se consideram os crimes militares próprios ou políticos.

Com essa redação, o art. 64 do Código Penal elimina de nosso sistema a perpetuidade dos efeitos da condenação anterior, determinando que esta não prevalecerá se entre a data de cumprimento ou da extinção da pena e a infração posterior tiver decorrido período de tempo superior a cinco anos. Para fins de contagem desse prazo, quando ao condenado tiver sido concedida a suspensão condicional da pena ou o livramento condicional, o início da contagem do prazo de cinco anos ocorrerá a partir da data da audiência admonitória ou da cerimônia do livramento condicional, desde que não revogada a medida e declarada a extinção da pena (arts. 82 e 90 do CP).

A audiência admonitória, prevista pelo art. 160 da Lei de Execução Penal, destina-se à leitura da sentença condenatória, na qual o juiz especificou as condições impostas ao cumprimento do *sursis*. Se forem aceitas as condições pelo condenado, a partir da data dessa audiência terá início o período de prova, sendo este o marco inicial para a contagem do período de cinco anos previsto pelo art. 64, I, do Código Penal.

No que diz respeito ao livramento condicional, entendeu por bem o legislador determinar a realização de uma cerimônia, na qual serão lidas as condições a que será submetido o liberando. O art. 137 da Lei de Execução Penal diz:

> **Art. 137.** A cerimônia do livramento condicional será realizada solenemente no dia marcado pelo presidente do Conselho Penitenciário, no estabelecimento onde está sendo cumprida a pena, observando-se o seguinte:
> I – a sentença será lida ao liberando, na presença dos demais condenados, pelo presidente do Conselho Penitenciário ou membro por ele designado, ou, na falta, pelo juiz;
> II – a autoridade administrativa chamará a atenção do liberando para as condições impostas na sentença de livramento;
> III – o liberando declarará se aceita as condições.

Uma vez aceitas as condições pelo liberando, a partir dessa data tem-se início o livramento condicional. A cerimônia do livramento condicional é, portanto, o marco inicial para contagem do período de 5 (cinco) anos.

Se não houver revogação do *sursis* ou do livramento condicional, ultrapassado o período de cinco anos, não poderá a condenação anterior ser considerada para efeito de reincidência, prevalecendo tão somente para configuração dos maus antecedentes.

O inciso II do art. 64 do Código Penal também assevera que para efeito de reincidência não se consideram os crimes militares próprios e políticos. Zaffaroni e Pierangeli prelecionam:

"Os delitos militares dividem-se em próprios, impróprios e falsos militares. São delitos militares próprios aqueles que só um militar pode cometer, por sua própria condição, os quais, se realizados por pessoa que não seja militar, são atípicos. Delitos militares impróprios são aqueles em que há comprometimento de bens jurídicos militares e não militares, vale dizer que, se cometidos por um militar, são mais ou menos graves, mas que, se fosse praticado por um não militar, continuariam a ser, igualmente, típicos. Falsos delitos militares são os delitos comuns atribuídos à jurisdição militar, quando cometidos por um militar. Os únicos que não contam para a reincidência são os delitos militares próprios, isto é, os primeiros."[99]

Como bem destacou Flávio Augusto Monteiro de Barros, os crimes políticos podem ser:

"a) puros ou próprios: são os que atentam exclusivamente contra o sistema de segurança ou organização interna ou externa do Estado (...); b) impuros ou impróprios ou relativos: são os que, além de atentar contra a segurança ou organização do Estado, ainda lesam bem jurídico tutelado pela legislação ordinária (...)."[100]

Pelo fato de a lei penal não fazer distinção entre os crimes políticos próprios ou impróprios, as duas hipóteses encontram-se previstas no inciso II do art. 64 do Código Penal.

Prevista como circunstância agravante, somente no segundo momento de aplicação da pena é que poderá ser considerada a reincidência, razão pela qual o STJ, por intermédio da Súmula nº 241, posicionou-se no sentido de que *"a reincidência penal não pode ser considerada como circunstância agravante e, simultaneamente, como circunstância judicial."*

---

[99] ZAFFARONI, Eugênio Raúl; PIERANGELI, José Henrique. *Manual de direito penal brasileiro* – Parte geral, p. 846.
[100] BARROS, Flávio Augusto Monteiro de. *Direito penal* – Parte geral, v. 1, p. 434.

A reincidência, que até então poderia ser comprovada tão somente através de certidão expedida pelo cartório criminal, passou a ser reconhecida, também, via folha de antecedentes criminais, conforme se verifica pela Súmula nº 636 do Superior Tribunal de Justiça, que diz:

> **Súmula nº 636:** A folha de antecedentes criminais é documento suficiente a comprovar os maus antecedentes e a reincidência.

II – Ter o agente cometido o crime:

- *Por motivo fútil ou torpe* – Motivo fútil é aquele motivo insignificante, gritantemente desproporcional. Torpe é o motivo abjeto, vil, que nos causa repugnância, pois atenta contra os mais basilares princípios éticos e morais. Exemplo do primeiro seria o caso de o agente agredir o garçom que, equivocadamente, debitara-lhe uma cerveja a mais em sua conta; já com relação ao segundo, temos as hipóteses citadas por Mirabete, daquele que espanca uma meretriz que não quer ser explorada ou a testemunha que prestou depoimento contra os interesses do agente.

- *Para facilitar ou assegurar a execução, a ocultação, a impunidade ou vantagem de outro crime* – Na primeira hipótese, ou seja, quando o agente comete o crime para facilitar ou assegurar a execução de outro crime, existe, na verdade, uma relação de meio a fim. O crime-meio é cometido para que tenha sucesso o crime-fim. No segundo caso, o agente pratica o delito com a finalidade de ocultar outro por ele levado a efeito. Na terceira hipótese, o delito é conhecido, mas o agente procura manter desconhecida a sua autoria, assegurando-lhe a impunidade. Por fim, a prática da infração, em cuja pena está sendo aplicada a circunstância agravante, foi dirigida a assegurar a vantagem de outro crime por ele cometido.

- *À traição, de emboscada, ou mediante dissimulação, ou outro recurso que dificultou ou tornou impossível a defesa do ofendido* – Traição, na definição de Hungria, é o delito "cometido mediante ataque súbito e sorrateiro, atingindo a vítima, descuidada ou confiante, antes de perceber o gesto criminoso."[101] Emboscada é a tocaia, ou seja, o agente aguarda a vítima passar, para, então, surpreendê-la. Dissimulação, ainda na lição de Hungria é "a ocultação da intenção hostil, para acometer a vítima de surpresa."[102] O artigo determina, ainda, seja procedida a uma interpretação analógica, uma vez que a sua fórmula genérica diz que ainda agravará a pena qualquer outro recurso que dificulte ou torne impossível a defesa do ofendido. Dificultar é criar embaraços para a defesa da vítima; tornar impossível é inviabilizar, completamente, essa defesa.

- *Com o emprego de veneno, fogo, explosivo, tortura ou outro meio insidioso ou cruel, ou de que podia resultar perigo comum* – Conforme preleciona Aníbal Bruno, "o veneno é o tipo do meio insidioso, que alcança a vítima sem que ela o perceba, impedindo sua defesa e a natural reação contra o agente, do mesmo modo que a tortura e a asfixia são meios cruéis, destinados a provocar na vítima sofrimentos físicos ou morais maiores do que os necessários para a prática do crime, ou dirigidos a que este se consuma de maneira mais dolorosa e constrangedora, assim como o fogo e o explosivo exemplificam meios capazes de produzir perigo comum, em que ao dano da vítima, em geral cruel, se junta à ameaça a bens de outrem, no círculo de ação

---

[101] HUNGRIA, Nélson. *Comentários ao código penal*, v. V, p. 166.
[102] HUNGRIA, Nélson. *Comentários ao código penal*, v. V, p. 166.

do meio perigoso. Em todos esses casos e outros análogos, a maldade do agente aumenta a reprovabilidade do seu ato, conduzindo ao acréscimo da medida penal."[103]

- *Contra ascendente, descendente, irmão ou cônjuge* – A prova do parentesco deverá constar obrigatoriamente dos autos, mediante documentos próprios (carteira de identidade, certidão de nascimento ou certidão de casamento etc.), não podendo a circunstância agravante ser aplicada na sua ausência. Não importa, ainda, que o parentesco seja natural ou proveniente de adoção. Como a última figura da alínea *e* faz menção ao cônjuge, não podemos nela admitir a pessoa do(a) companheiro(a), sob pena de ser realizada a chamada analogia *in malam partem*, o que não impede que, neste caso, seja aplicada a circunstância agravante elencada pela alínea *f*, cuja análise será feita adiante.

- *Com abuso de autoridade ou prevalecendo-se de relações domésticas, de coabitação ou de hospitalidade, ou com violência contra a mulher na forma da lei específica* – Na precisa lição de Magalhães Noronha, "abuso é o uso ilegítimo, é usar mal, no caso, a autoridade que possui, seja de natureza particular ou pública, desde que não compreendida na alínea seguinte."[104] Entende-se por relações domésticas, ainda seguindo as lições de Magalhães Noronha, aquelas "estabelecidas entre os componentes de uma família, entre patrões e criados, empregados, professores e amigos da casa." Coabitar, no sentido do texto legal, quer dizer habitar ou morar em lugar comum, diversamente da hospitalidade, que se traduz, em regra, numa situação passageira ou momentânea, como as visitas. Por violência contra a mulher devemos entender aquela prevista pelo art. 5º da Lei nº 11.340, de 7 de agosto de 2006, que diz, *verbis*: **Art. 5º** *Para os efeitos desta Lei, configura violência doméstica e familiar contra a mulher qualquer ação ou omissão baseada no gênero que lhe cause morte, lesão, sofrimento físico, sexual ou psicológico e dano moral ou patrimonial: I – no âmbito da unidade doméstica, compreendida como o espaço de convívio permanente de pessoas, com ou sem vínculo familiar, inclusive as esporadicamente agregadas; II – no âmbito da família, compreendida como a comunidade formada por indivíduos que são ou se consideram aparentados, unidos por laços naturais, por afinidade ou por vontade expressa; III – em qualquer relação íntima de afeto, na qual o agressor conviva ou tenha convivido com a ofendida, independentemente de coabitação. Parágrafo único. As relações pessoais enunciadas neste artigo independem de orientação sexual.*

- *Com abuso de poder ou violação de dever inerente a cargo, ofício, ministério ou profissão* – Cargo e ofício dizem respeito aos chamados servidores públicos. Ministério encontra-se, normalmente, ligado a atividades religiosas. Profissão, como assevera Celso Delmanto, "é a atividade habitualmente exercida por alguém, como seu meio de vida",[105] a exemplo do médico, engenheiro etc.

- Contra criança, maior de 60 (sessenta) anos, enfermo ou mulher grávida – O art. 2º da Lei nº 8.069/90 (Estatuto da Criança e do Adolescente) estabeleceu que se considera criança a pessoa com até 12 anos de idade incompletos, e adolescente aquela entre 12 e 18 anos de idade. Assim, em virtude dessa opção legal, somente poderá haver a aplicação da circunstância prevista na primeira figura da alínea *h* quando a vítima tiver menos de 12 anos de idade. Com relação à segunda figura, o Estatuto da Pessoa Idosa, no lugar da palavra *velho*, utilizada pela antiga redação da alínea, fez inserir a expressão *maior de 60 (sessenta) anos*, nos fornecendo um dado de nature-

---

[103] BRUNO, Aníbal. *Direito penal*, p. 128.
[104] NORONHA, Edgard Magalhães. *Direito penal*, v. 1, p. 249.
[105] DELMANTO, Celso. *Código penal comentado*, p. 107.

za objetiva para fins de aplicação da circunstância agravante. Enfermo é aquele que está acometido por uma enfermidade que o torna debilitado, vulnerável, tendo, por essa razão, reduzida sua condição de defesa. Grávida é a mulher em cujo útero já se encontra um embrião ou o feto. Para que esta agravante seja aplicada ao agente, é preciso que, obrigatoriamente, ela ingresse na sua esfera de conhecimento, ou seja, o agente, efetivamente, deve ter conhecimento do estado de gravidez da vítima.

- *Quando o ofendido estava sob a imediata proteção da autoridade* – Essa hipótese demonstra o desrespeito do agente diante das autoridades constituídas. Mesmo, como diz a agravante, estando o ofendido sob a imediata proteção da autoridade, isso não foi suficiente para inibir sua conduta. Conforme salientado por Aníbal Bruno, "o que se ofende não é só o bem jurídico do indivíduo, mas o respeito à autoridade que o tem sob sua imediata proteção e cresce ainda a reprovação do fato pela audácia do agente, a pertinácia com que leva adiante o seu desígnio criminoso, apesar da situação particular de garantia em que se encontra a sua vítima."[106]

- *Em ocasião de incêndio, naufrágio, inundação ou qualquer calamidade pública, ou de desgraça particular do ofendido* – Quando a infração penal é cometida durante a ocorrência de uma calamidade pública, a exemplo daquelas mencionadas pela alínea *j* (incêndio, naufrágio, inundação, ou mesmo uma pandemia, a exemplo da Covid-19), existe um natural enfraquecimento na proteção de determinados bens, facilitando, sobremaneira, a ação criminosa do agente. A prática de infração penal durante situações calamitosas é fator demonstrativo da insensibilidade do agente, que, além de não se importar com o infortúnio alheio, ainda contribui para um maior sofrimento. A agravante será aplicada também na hipótese de desgraça particular do ofendido, ou seja, ao invés daquela situação de calamidade pública, que atinge um número considerável de pessoas, preocupou-se a lei penal também com a particular situação do ofendido. Celso Delmanto diz que a última parte da mencionada alínea "refere-se ao aproveitamento de situação de luto, acidente ou enfermidade da vítima ou de seus familiares",[107] podendo-se acrescentar a essas hipóteses quaisquer outras que atinjam o ofendido de modo a deprimi-lo, fazendo com que fique por demais fragilizado, a exemplo da separação judicial da vítima, a internação de um de seus filhos para a realização de tratamento de desintoxicação etc.

- *Em estado de embriaguez preordenada* – As modalidades de embriaguez voluntária vêm expressas no inciso II do art. 28 do Código Penal, podendo-se bipartir, como dissemos, em embriaguez voluntária em sentido estrito e embriaguez culposa. Na primeira, o agente faz a ingestão de bebidas alcoólicas com a finalidade de se embriagar; na segunda, embora não tendo essa finalidade, culposamente se coloca em estado de embriaguez. A agravante da embriaguez preordenada encontra-se prevista na modalidade de embriaguez voluntária em sentido estrito. Contudo, a finalidade do agente não é a de somente embriagar-se, mas de se colocar em estado de embriaguez com o fim de praticar determinada infração penal. Embora entendamos dessa forma a embriaguez preordenada, podemos em alguns casos afirmar também que o agente, colocando-se em estado de embriaguez, já não saberá o que fazer, podendo sua atitude, inclusive, ser completamente diversa daquela que esperava. Se desejava matar alguém, quando, já em completo estado de embriaguez, encontra o seu desafeto, ao invés de levar adiante o seu intento criminoso, a mudança de personalidade causada pela ingestão de bebida alcoólica pode fazer com

---

[106] BRUNO, Aníbal. *Direito penal*, t. III, p. 129.
[107] DELMANTO, Celso. *Código penal comentado*, p. 99.

que a sua intenção agressiva se transforme em outro sentimento completamente diverso. Enfim, embora não podendo o agente ter a certeza do que fará em estado de embriaguez, se a sua finalidade, ao fazer a ingestão de bebida alcoólica, era a de praticar determinada infração penal, e se esta for efetivamente levada a efeito, terá plena aplicação a agravante em discussão.

III – Agravantes no caso de concurso de pessoas
O art. 62 do Código Penal diz que a pena será ainda agravada em relação ao agente que:

- *Promove, ou organiza a cooperação no crime ou dirige a atividade dos demais agentes* – Com essa redação, o inciso I do art. 62 do Código Penal permite agravar a pena do chefe do grupo criminoso, aquele que se destaca pela sua capacidade de organizar e dirigir os demais. É o "cabeça pensante", o homem inteligente do grupo, que tem a capacidade de conduzir os demais ao sucesso da infração penal. Como bem destacou Jair Leonardo Lopes, "não há dúvida de que quem toma a iniciativa da prática do crime, traçando a atividade dos demais agentes, urdindo toda a trama, distribuindo as tarefas, revela a sua intensa disposição de delinquir, impondo-se a agravação de sua pena. Neste nível estaria o chamado 'poderoso chefão' da máfia italiana ou o 'chefe da gang' norte-americana ou, entre nós, os dirigentes de quadrilhas como no chamado 'Comando Vermelho', 'Esquadrões da morte' ou, mais recentemente, o PCC (Primeiro Comando da Capital), existente no Estado de São Paulo."[108]

As hipóteses mencionadas por Jair Leonardo Lopes se amoldariam, atualmente, ao conceito de organização criminosa, conforme se verifica pela redação do § 1º do art. 1º da Lei nº 12.850, de 2 de agosto de 2013. Também aqui haveria uma agravação da pena para aquele que exerce atividade de comando, conforme se verifica no § 3º do art. 2º da referida lei, *verbis*:

§ 3º A pena é agravada para quem exerce o comando, individual ou coletivo, da organização criminosa, ainda que não pratique pessoalmente os atos de execução.

- *Coage ou induz outrem à execução material do crime* – A coação mencionada pelo inciso II do art. 62 do Código Penal pode ser irresistível ou resistível. Na coação dita irresistível, somente o coator responderá pelo crime praticado pelo coagido, nos termos do art. 22 do Código Penal, que diz que se o fato é cometido sob coação irresistível somente é punível o autor da coação. Assim, sobre a pena aplicada ao coator, relativa ao injusto penal levado a efeito pelo coagido, ainda se fará incidir a agravante em estudo. Na coação resistível, coator e coagido responderão pela infração penal praticada por este último; contudo, a lei determina que sobre a pena aplicada ao primeiro se faça incidir a agravante. A segunda hipótese prevista pelo inciso II do art. 62 do Código Penal diz respeito àquele que induz outrem à execução material do crime. Segundo o item 53 da Exposição de Motivos da nova Parte Geral do Código Penal, *o Projeto dedicou atenção ao agente que no concurso de pessoas desenvolve papel saliente. No art. 62, reproduz-se o texto do Código atual, acrescentando-se, porém, como agravante, a ação de induzir outrem à execução material do crime. Estabelece-se, assim, paralelismo com os elementos do tipo do art. 122* que com a nova redação trazida pela Lei nº 13.964, de 24 de dezembro de 2019, passa agora a ser o de *induzimento, instigação ou auxílio a suicídio ou a automutilação.* Induzir quer dizer colocar, criar

[108] LOPES, Jair Leonardo. *Curso de direito penal* – Parte geral, p. 207.

a ideia criminosa na cabeça do agente; instigar significa reforçar, estimular uma ideia já existente. A lei penal fez opção por agravar a pena somente daquele que cria a ideia delituosa na cabeça do agente, autor da infração penal, deixando de lado a simples instigação. Embora se saiba que o autor exerce uma atividade principal e o partícipe uma atividade acessória, esta obrigatoriamente dependente daquela, merece ser frisado que, se não concorrem quaisquer outras causas que agravem a pena e se todas as circunstâncias judiciais forem favoráveis a ambos, a pena do partícipe, em virtude da aplicação dessa circunstância agravante, deverá ser maior do que a pena do autor, que executa materialmente o crime.

- *Instiga ou determina a cometer o crime alguém sujeito à sua autoridade ou não punível em virtude de condição ou qualidade pessoal* – A primeira parte do inciso diz respeito àquele que instiga ou determina a cometer o crime alguém sujeito à sua autoridade. Instigar, como vimos acima, significa reforçar, acoroçoar uma ideia criminosa já existente; a determinação, conforme salienta Fernando Galvão da Rocha, "não possui o mesmo sentido que a indução, prevista no inciso anterior, posto que na hipótese ora em análise existe uma especial relação de autoridade que confere ao agente um poder de sujeitar à sua vontade o comportamento do outro indivíduo."[109] A autoridade mencionada pode ser pública ou privada, tais como a relação hierárquica entre servidores públicos, a familiar entre pais e filhos, a religiosa etc. A segunda parte do inciso cuida daquele que instiga ou determina a cometer o crime alguém não punível em virtude de sua condição ou qualidade pessoal. Note-se que o inciso fala em *não punível*, que não se confunde com o "inculpável." O fato praticado deve, portanto, ser típico, ilícito e culpável. Contudo, em virtude de uma condição ou qualidade pessoal não será punível, a exemplo das chamadas escusas absolutórias, ou imunidades penais de caráter pessoal, previstas no art. 181 do Código Penal. Se alguém, por exemplo, é instigado por outrem a subtrair um relógio pertencente a seu pai para que, vendendo-o, possa comprar uma certa quantidade de maconha para seu consumo, o fato por ele levado a efeito será considerado típico, ilícito e culpável, havendo, portanto, o crime. Contudo, em virtude da escusa absolutória existente no art. 181, II, do Código Penal, o agente não poderá ser punido, o que não impede que aquele que o estimulou ou o induziu responda pela infração penal praticada, cuja pena será, ainda, agravada, nos termos do inciso em estudo.

- *Executa o crime, ou nele participa, mediante paga ou promessa de recompensa* – A execução ou a participação no crime mediante paga ou promessa de recompensa demonstra a completa insensibilidade, a cupidez, a ausência de princípios morais básicos do agente. Tais hipóteses configuram o chamado motivo torpe, conceituado por Hungria como "o motivo que mais vivamente ofende a moralidade média ou o sentimento ético-social comum. É o motivo abjeto, ignóbil, repugnante, que imprime ao crime um caráter de extrema vileza ou imoralidade."[110]

11.4.2. Circunstâncias atenuantes

Diz o art. 65 do Código Penal:

> **Art. 65.** São circunstâncias que sempre atenuam a pena:
> I – ser o agente menor de 21 (vinte e um), na data do fato, ou maior de 70 (setenta) anos, na data da sentença;

---

[109] ROCHA, Fernando Galvão da. *Aplicação da pena*, p. 192.
[110] HUNGRIA, Nélson. *Comentários ao código penal*, v. V, p. 161.

> II – o desconhecimento da lei;
> III – ter o agente:
> a) cometido o crime por motivo de relevante valor social ou moral;
> b) procurado, por sua espontânea vontade e com eficiência, logo após o crime, evitar-lhe ou minorar-lhe as consequências, ou ter, antes do julgamento, reparado o dano;
> c) cometido o crime sob coação a que podia resistir, ou em cumprimento de ordem de autoridade superior, ou sob influência de violenta emoção, provocada por ato injusto da vítima;
> d) confessado espontaneamente, perante a autoridade, a autoria do crime;
> e) cometido o crime sob a influência de multidão em tumulto, se não o provocou.

Conforme dissemos, entendemos, contrariamente à Súmula nº 231 do STJ, que a existência de uma circunstância atenuante fará com que a pena-base encontrada seja, obrigatoriamente, diminuída, pouco importando se tenha ou não sido fixada em seu mínimo legal. O art. 65 não faz essa ressalva, pelo contrário, determina expressamente, por intermédio do advérbio *sempre*, que a pena deverá ser diminuída caso exista alguma circunstância atenuante.

Diferentemente dos arts. 61 e 62 do Código Penal, que preveem as circunstâncias agravantes, o rol disposto no art. 65 não é taxativo, uma vez que o art. 66 diz que *a pena poderá ser ainda atenuada em razão de circunstância relevante, anterior ou posterior ao crime, embora não prevista expressamente em lei*.

Analisaremos, em seguida, as circunstâncias legais expressamente previstas pelo art. 65 do Código Penal:

I – Ser o agente menor de 21 (vinte e um), na data do fato, ou maior de 70 (setenta) anos, na data da sentença.

Em várias de suas passagens, o Código Penal se preocupa em dar um tratamento diferenciado aos agentes em razão da idade. Cuida de modo especial daqueles que, ao tempo da ação ou da omissão, eram menores de 21 anos, uma vez que ainda não estão completamente amadurecidos A segunda hipótese diz respeito àqueles que, na data da sentença, já tenham completado 70 anos de idade. A vida média do brasileiro gira em torno de 76,6 anos, segundo dados do IBGE[111]. A lei penal, atenta a esse dado importante, foi sábia ao cuidar do septuagenário de forma diferenciada, pois o castigo da pena poderá, muitas vezes, abreviar-lhe sua morte. A idade do agente determina não somente a redução de sua pena no segundo momento do critério trifásico, como também influencia, por exemplo, na concessão do *sursis* (art. 77, § 2º, do CP) ou no cálculo da prescrição (art. 115 do CP). Segundo a Súmula nº 74 do STJ, *para efeitos penais, o reconhecimento da menoridade do réu requer prova por documento hábil*. Não somente a menoridade exige prova por meio de documento hábil, mas também ao septuagenário, a fim de que lhe sejam aplicados os dispositivos legais a que faz jus, uma vez que o parágrafo único do art. 155 do Código de Processo Penal, de acordo com a atual redação que lhe foi dada pela Lei nº 11.690, de 9 de junho de 2008, determina que somente quanto ao estado das pessoas serão observadas as restrições estabelecidas na lei civil.

II – O desconhecimento da lei

Ao fazer a introdução do chamado erro de proibição, o art. 21 do Código Penal diz que *o desconhecimento da lei é inescusável*. Com essa redação, embora possamos discutir sua eficácia em razão da existência do erro de proibição direto, o recado que o Código Penal nos dá é o seguinte: de nada importa a alegação do desconhecimento da lei, pois, ainda assim, o injusto penal praticado poderá ser considerado culpável. Contudo, embora não tenha o

---

[111] Disponível em: agenciadenoticias.ibge.gov.br.

condão, segundo o mencionado art. 21, de afastar a infração penal, o desconhecimento da lei servirá como circunstância legal atenuante. Na precisa lição de Fernando Galvão da Rocha, "o fato concreto do desconhecimento da lei não admite graduações; ou o agente conhece a lei ou a desconhece. No entanto, o juiz deve utilizar-se de critérios seguros para mensurar a quantidade da redução de pena decorrente da aplicação da atenuante e realizar a dosimetria da reprimenda. Sendo o desconhecimento da lei circunstância atenuante da pena, afigura-se justo que a redução da reprimenda guarde relação com a maior ou menor influência que o desconhecimento da lei exerceu sobre a configuração da vontade delitiva. Quanto maior a influência do desconhecimento da lei, maior a redução de pena."[112]

III – Ter o agente:
- *Cometido o crime por motivo de relevante valor social ou moral* – Valor social é aquele que atende mais aos interesses da sociedade do que aos do próprio agente, individualmente considerado. Seguindo a cátedra de Hungria, deve-se entender "por motivo social aquele que corresponde, mais particularmente, aos interesses coletivos, ou é suscitado por específicas paixões ou preocupações sociais, nobres em si mesmas e condizentes com a atual organização da sociedade."[113] Valor moral, ao contrário, é o valor individualizado, atributo pessoal do agente. Como bem observado por Jair Leonardo Lopes, "o motivo de relevante valor moral é de ordem pessoal e pode determinar uma reação diante, p. ex., de uma ofensa à honra do agente. Trata-se do crime cuja motivação está de conformidade com os padrões de valores morais do meio em que vive o agente, ou da própria classe social a que pertence."[114]
- *Procurado, por sua espontânea vontade e com eficiência, logo após o crime, evitar-lhe ou minorar-lhe as consequências, ou ter, antes do julgamento, reparado o dano* – Inicialmente, deve ser frisado que a atenuante em estudo não se confunde com o arrependimento eficaz ou mesmo o arrependimento posterior. Isso porque a primeira parte da alínea *b* fala em evitar ou minorar as consequências do crime, ou seja, a infração já foi consumada e o agente somente procura minimizar os seus efeitos, razão pela qual não se confunde com o arrependimento eficaz, que evita a consumação do crime; do mesmo modo, a última parte da alínea *b* se distingue do arrependimento posterior, haja vista que neste a reparação do dano ou a restituição da coisa é feita, nos termos do art. 16 do Código Penal, até o recebimento da denúncia ou da queixa, e na atenuante em questão a reparação do dano é levada a efeito após o recebimento da denúncia ou da queixa, mas antes do julgamento do processo. A atitude de, por sua espontânea vontade, logo após o crime, evitar-lhe ou minorar-lhe as consequências ou a reparação do dano experimentado pela vítima demonstra o arrependimento do agente na prática da infração penal, devendo, pois, por essa razão, ser sua pena atenuada.
- *Cometido o crime sob coação a que podia resistir, ou em cumprimento de ordem de autoridade superior, ou sob a influência de violenta emoção, provocada por ato injusto da vítima* – A alínea *c* destaca três hipóteses de atenuação da pena: *a)* coação resistível; *b)* cumprimento de ordem de autoridade superior; *c)* influência de violenta emoção, provocada por ato injusto da vítima. A coação à que alude a alínea *c* é aquela a que o agente podia resistir, pois, caso contrário, sendo irresistível a coação, estaria afastada a culpabilidade em virtude de não lhe ser exigido outro comportamento, punindo-se,

---

[112] ROCHA, Fernando Galvão da. *Aplicação da pena*, p. 201-202.
[113] HUNGRIA, Nélson. *Comentários ao código penal*, p. 123-124.
[114] LOPES, Jair Leonardo. *Curso de direito penal – Parte geral*, p. 210.

conforme determina o art. 22 do Código Penal, somente o autor da coação. Raciocínio idêntico fazemos quando o agente cumpre a ordem emanada de seu superior, conhecendo a sua ilegalidade. Também, no art. 22 do Código Penal, está determinado que se o fato é cometido em estrita obediência a ordem não manifestamente ilegal, de superior hierárquico, só é punível o autor da ordem. Nas duas situações, coação resistível e cumprimento de ordem de autoridade superior, embora o agente responda pela infração penal, sua pena deve ser reduzida em razão da influência da coação ou da ordem emanada da autoridade superior sobre seu comportamento. Poderia ter evitado o cometimento do crime, mas sua fraqueza de personalidade levou-o a praticá-lo. Assim, embora condenado, deverá ter sua pena atenuada. A última hipótese da alínea em estudo diz respeito ao crime cometido sob a influência de violenta emoção, provocada por ato injusto da vítima. A vítima não comete qualquer agressão injusta, pois, se assim agisse, permitiria ao agente atuar em legítima defesa. No crime de homicídio privilegiado, a pena é reduzida de um sexto a um terço se o agente comete o crime sob o domínio de violenta emoção, logo em seguida à injusta provocação da vítima. Note-se que a atenuante em estudo não exige o domínio, mas tão somente a influência de violenta emoção. Deixar-se dominar é perder completamente o controle da situação; influenciar-se é agir quando o ato podia ser evitado, mas a violenta emoção o impulsionou a praticá-lo. A influência é um *minus* em relação ao domínio. Merece ser aplicada a atenuante, uma vez que a vítima, com o seu comportamento injusto, provocou a prática da infração penal pelo agente.

- *Confessado espontaneamente, perante a autoridade, a autoria do crime* – Destaca Alberto Silva Franco que "a alínea *d* do nº III do art. 65 da PG/84 modificou, sensivelmente, o texto anterior. Para que se reconheça a atenuante, basta agora ter o agente confessado perante a autoridade (policial ou judiciária) a autoria do delito, e que tal confissão seja espontânea. Não é mais mister que a confissão se refira às hipóteses de autoria ignorada do crime, ou de autoria imputada a outrem. Desde que o agente admita o seu envolvimento na infração penal, incide a atenuante para efeitos de minorar a sanção punitiva."[115] Poderá o agente, inclusive, confessar o crime no qual foi preso em flagrante delito simplesmente com a finalidade de obter a atenuação de sua pena. Como a lei não distingue, como bem asseverou Alberto Silva Franco, pouco importa se a autoria era conhecida, incerta ou ignorada. Desde que o agente a confesse, terá direito à redução de sua pena. Vale lembrar, contudo, que nesse conceito de autoridade podemos também incluir o Ministério Público, pois, não raro, nos dias de hoje, o Promotor de Justiça permanece à frente de investigações criminais procedidas em seu próprio gabinete. Nesses casos, havendo confissão por parte do agente, esta também deverá ser considerada para efeitos de aplicação da atenuante. Merece ser ressaltado, contudo, que se o agente, que havia confessado a prática da infração penal perante a autoridade policial, ao ser ouvido no inquérito policial, vier a se retratar em juízo, entendemos que tal retratação terá o condão de impedir o reconhecimento da referida atenuante.[116] No entanto, o STJ tem considerado a circunstância atenuante na hipótese em que o julgador tenha se valido da confissão do agente, mesmo que, posteriormente, tenha ele se retratado:

---

[115] FRANCO, Alberto Silva. *Código Penal e sua interpretação jurisprudencial* – Parte geral, v.1, t. 1, p. 1.049.
[116] Já decidiu o STF: "Não se beneficia da circunstância atenuante obrigatória da confissão espontânea o acusado que desta se retrata em juízo. A retratação judicial da anterior confissão efetuada perante a Polícia Judiciária obsta a invocação e a aplicação da circunstância atenuante referida no art. 65, III, *d*, do Código Penal" (*HC* 69.188-9, Rel. Min. Celso de Mello, DJU 26/3/93, p. 5.003).

"A confissão espontânea, ainda que tenha sido parcial ou qualificada, deve ser reconhecida na dosagem da pena como circunstância atenuante, nos termos do art. 65, III, do Código Penal. Precedentes" (STJ, EDcl no AgRg no HC 494.295/MS, Rel. Min. Nefi Cordeiro, 6ª T., DJe 12/08/2019).

"Nos moldes da Súmula nº 545/STJ, a atenuante da confissão espontânea deve ser reconhecida, ainda que tenha sido parcial ou qualificada, quando tal manifestação for utilizada para fundamentar o juízo condenatório, mesmo que o réu tenha dela se retratado em juízo, como na hipótese dos autos" (STJ, HC 442.782/SP, Rel. Min. Ribeiro Dantas, 5ª T., DJe 30/05/2018).

"A teor da jurisprudência deste Superior Tribunal de Justiça, a atenuante de confissão espontânea deve ser reconhecida na segunda fase da dosimetria da pena, seja ela judicial ou extrajudicial, ainda que tenha sido parcial ou qualificada, e mesmo que o réu venha a se retratar posteriormente, quando a manifestação do réu for utilizada para fundamentar a sua condenação, o que se infere na hipótese dos autos. Precedentes" (STJ, HC 357.524/SP, Rel. Min. Ribeiro Dantas, 5ª T., DJe 28/06/2016).

> **Súmula nº 545 do STJ:** *Quando a confissão for utilizada para a formação do convencimento do julgador, o réu fará jus à atenuante prevista no art. 65, III, "d", do Código Penal.*

No que diz respeito ao tráfico de drogas, para efeitos de reconhecimento de confissão espontânea e, consequentemente, incidência da circunstância atenuante, deverá ser aplicada a Súmula 630 do STJ, que diz:

> **Súmula nº 630:** *A incidência da atenuante da confissão espontânea no crime de tráfico ilícito de entorpecentes exige o reconhecimento da traficância pelo acusado, não bastando a mera admissão da posse ou propriedade para uso próprio.*

- *Cometido o crime sob a influência de multidão em tumulto, se não o provocou* – Terá aplicação a atenuante em tela toda vez que alguém cometer o crime por influência da multidão delinquente. Pode ocorrer que, num estádio de futebol, por exemplo, a briga entre torcidas desperte uma pancadaria indiscriminada, a cujas cenas chocantes já assistimos diversas vezes pelos telejornais. A ação do grupo pode, muitas vezes, influenciar o agente ao cometimento da infração penal. Se não foi ele quem provocou a situação de tumulto, poderá ser beneficiado pela atenuante, pois, segundo Jair Leonardo Lopes, "na multidão em tumulto o comportamento do indivíduo deixa de ser o próprio para ser aquele da própria multidão."[117] Embora concordemos com o renomado professor de Minas Gerais, o fato de o agente ser influenciado pela multidão não nos induz implicitamente a aceitar, entre eles, qualquer liame subjetivo, devendo cada um responder pelo seu comportamento ilícito e pelos resultados lesivos dele advindos.

11.4.3. Circunstâncias atenuantes inominadas

O art. 66 do Código Penal, demonstrando a natureza exemplificativa do rol existente no art. 65, diz que *a pena poderá ser ainda atenuada em razão de circunstância relevante, anterior ou posterior ao crime, embora não prevista expressamente em lei.*

Assim, por exemplo, pode o juiz considerar o fato de que o ambiente no qual o agente cresceu e se desenvolveu psicologicamente o influenciou no cometimento do delito; pode, tam-

---

[117] LOPES, Jair Leonardo. *Curso de direito penal* – Parte geral, p. 213.

bém, acreditar no seu sincero arrependimento, mesmo que, no caso concreto, em virtude de sua condição pessoal, não tenha tido possibilidades, como diz a alínea *b* do art. 65 do Código Penal, de logo após o crime evitar-lhe ou minorar-lhe as consequências, ou mesmo reparar o dano etc.

11.4.4. Concurso de circunstâncias agravantes e atenuantes

Diz o art. 67 do Código Penal que, *no concurso de agravantes e atenuantes, a pena deve aproximar-se do limite indicado pelas circunstâncias preponderantes, entendendo-se como tais as que resultam dos motivos determinantes do crime, da personalidade do agente e da reincidência.*

São três, portanto, as espécies de circunstâncias preponderantes, que dizem respeito:

a) aos motivos determinantes;
b) à personalidade do agente;
c) reincidência.

Motivos determinantes são aqueles que impulsionaram o agente ao cometimento do delito, tais como o motivo fútil, torpe, de relevante valor social ou moral.

A personalidade do agente refere-se a dados pessoais, inseparáveis da sua pessoa, como é o caso da idade (menor de 21 na data do fato e maior de 70 anos na data da sentença).

A reincidência demonstra que a condenação anterior não conseguiu exercer seu efeito preventivo no agente, pois, ainda assim, veio a praticar novo crime após o trânsito em julgado da decisão condenatória anterior, demonstrando, com isso, sua maior reprovação.

Se houver o concurso de uma circunstância preponderante com outra que não tenha essa natureza, prevalecerá aquela do segundo momento da aplicação da pena. No concurso de circunstâncias agravantes e atenuantes de idêntico valor, a existência de ambas levará ao afastamento das duas, ou seja, não se aumenta ou diminui a pena nesse segundo momento.

Por fim, tem-se entendido que a menoridade do réu prepondera sobre todas as demais circunstâncias. A jurisprudência do STF, tendo como Relator o Ministro Sepúlveda Pertence, firmou-se no sentido de que:

> "A atenuante da menoridade prepondera sobre todas as circunstâncias, legais ou judiciais, desfavoráveis ao condenado, incluída a agravante de reincidência (*HC* 66.605 e 70.783): com mais razão, a menoridade há de prevalecer sobre a chamada 'circunstância judicial' dos maus antecedentes: portanto, tendo a sentença exacerbado de seis meses o mínimo da pena-base, à conta dos maus antecedentes do paciente, a sua menoridade – indevidamente não considerada – há de fazer a pena retornar ao mínimo legal, sobre a qual incidem as causas especiais de aumento."[118]

Da mesma forma, o STJ decidiu:

> "A atenuante da menoridade relativa prepondera sobre qualquer outra circunstância, inclusive sobre a reincidência, consoante pacífica jurisprudência desta Corte Superior" (STJ, HC 274.758/SP, Rel.ª Min.ª Laurita Vaz, 5ª T., DJe 05/03/2014).

Modificando sua posição, o STJ passou a entender pela compensação entre a menoridade e a reincidência, não havendo preponderância desta última, dizendo:

> "O Superior Tribunal de Justiça já firmou o entendimento de que a reincidência e a menoridade relativa, sendo atributos da personalidade do agente, são igualmente preponderantes,

---
[118] RJD 26/309.

consoante disposto no art. 67 do Código Penal, devendo ser mantida a compensação integral entre as referidas circunstâncias legais operada na etapa intermediária do cálculo dosimétrico, nos moldes do reconhecido no decreto condenatório. Precedentes" (STJ, AgRg no HC 497.101/SC, Rel. Min. Ribeiro Dantas, 5ª T., DJe 12/06/2019).

Conforme já dissemos, não concordamos com a ressalva feita na ementa do STJ acima transcrita, pois, independentemente de ter sido a pena-base fixada em seu patamar mínimo, deverá ser aplicada a circunstância atenuante e, no caso da menoridade, deverá preponderar sobre qualquer outra, conduzindo a uma atenuação obrigatória da pena, de acordo com a determinação constante do *caput* do art. 65 do Código Penal.

"No caso, reconhecidas duas atenuantes em benefício do paciente, uma deve ser compensada (confissão espontânea) com a agravante da reincidência, e a outra utilizada para reduzir a pena na segunda fase da dosimetria (menoridade relativa), resguardando-se, assim, a adequada proporcionalidade no cálculo penal" (STJ, HC 502.098 / SP, Rel. Min. Ribeiro Dantas, 5ª T., DJe 04/06/2019).

"O concurso entre circunstância agravante e atenuante de idêntico valor redunda em afastamento de ambas, ou seja, a pena não deverá ser aumentada ou diminuída na segunda fase da dosimetria. Todavia, tratando-se de réu multirreincidente ou com reincidência específica, deve ser reconhecida a preponderância da agravante prevista no art. 61, I, do Código Penal, sendo admissível a sua compensação proporcional com a atenuante da confissão espontânea, em estrito atendimento aos princípios da individualização da pena e da proporcionalidade" (STJ, HC 345.398/DF, Rel. Min. Ribeiro Dantas, 5ª T., DJe 10/06/2016).

"Reconhecida a atenuante da confissão espontânea, deve ela compensada com a agravante da reincidência, conforme decidido no julgamento do recurso especial nº 1.341.370/MT, admitido como representativo de controvérsia" (STJ, AgRg no AREsp 830.401/DF, Rel. Min. Reynaldo Soares da Fonseca, 5ª T., DJe 25/05/2016).

11.4.5. Tribunal do júri

Nos julgamentos realizados pelo Tribunal do Júri, não competirá mais aos jurados a análise, mediante quesitação, das circunstâncias agravantes ou atenuantes, mas tão somente ao juiz presidente, conforme determinação constante na alínea *b* do inciso I do art. 492 do Código de Processo Penal, com a nova redação que lhe foi dada pela Lei nº 11.689, de 9 de junho de 2008, *verbis*:

> **Art. 492.** Em seguida, o presidente proferirá sentença que:
> I – no caso de condenação:
> a) [...];
> b) considerará as circunstâncias agravantes ou atenuantes alegadas nos debates.

11.4.6. Jurisprudência em teses do Superior Tribunal de Justiça, publicada na edição nº 29, sobre aplicação da pena – agravantes e atenuantes

1) A incidência da circunstância atenuante não pode conduzir à redução da pena abaixo do mínimo legal (Súmula nº 231/STJ).
2) Em observância ao critério trifásico da dosimetria da pena estabelecido no art. 68 do Código Penal, não é possível a compensação entre institutos de fases distintas.
3) O aumento na terceira fase de aplicação da pena no crime de roubo circunstanciado exige fundamentação concreta, não sendo suficiente para a sua exasperação a mera indicação do número de majorantes (Súmula nº 443/STJ).

4) Incide a atenuante prevista no art. 65, inciso III, alínea *d*, do CP na chamada confissão qualificada, hipótese em que o autor confessa a autoria do crime, embora alegando causa excludente de ilicitude ou culpabilidade.

5) A condenação transitada em julgado pelo crime de porte de substância entorpecente para uso próprio gera reincidência e maus antecedentes, sendo fundamento idôneo para agravar a pena tanto na primeira como na segunda fase da dosimetria.

6) Para efeitos penais, o reconhecimento da menoridade do réu requer prova por documento hábil (Súmula nº 74/STJ).

7) Diante do reconhecimento de mais de uma qualificadora, somente uma enseja o tipo qualificado, enquanto as outras devem ser consideradas circunstâncias agravantes, na hipótese de previsão legal, ou, de forma residual, como circunstância judicial do art. 59 do Código Penal.

8) A agravante da reincidência pode ser comprovada com a folha de antecedentes criminais, não sendo obrigatória a apresentação de certidão cartorária.

9) É possível, na segunda fase do cálculo da pena, a compensação da agravante da reincidência com a atenuante da confissão espontânea (Tese julgada sob o rito do art. 543-C do CPC/73 – Tema 585).

10) Nos casos em que há múltipla reincidência, é inviável a compensação integral entre a reincidência e a confissão.

Capítulo XXXVIII
Concurso de Crimes

1. INTRODUÇÃO

Pode ocorrer que várias pessoas, unidas pela mesma identidade de propósito, se reúnam com o fim de cometer determinada infração penal, e, neste caso, teremos aquilo que o Título IV do Código Penal denominou *concurso de pessoas*. Também pode acontecer que uma só pessoa pratique uma pluralidade de delitos, surgindo o fenômeno do *concurso de crimes*. Como última hipótese, também podemos cogitar a hipótese de que várias pessoas, unidas pelo mesmo vínculo psicológico, pratiquem uma pluralidade de crimes, ocorrendo, pois, tanto o concurso de pessoas como o concurso de crimes.

O problema do concurso de delitos, como frisou Maggiore:

"É também um problema de *concurso de penas*. Assim como no concurso de várias pessoas num mesmo delito se pergunta: Que pena deve aplicar-se a cada um dos coparticipantes? Assim, no concurso de vários delitos cometidos por uma só pessoa se perguntará: Que pena deverá aplicar-se a esta por todos os delitos que por ela foram praticados? É necessário determinar, pois, qual é o regime penal a que deve ser submetido o que incorre em diversos delitos."[1]

O Código Penal, antevendo a possibilidade de o agente praticar vários delitos, regulou o tema relativo ao concurso de crimes por intermédio de seus arts. 69, 70 e 71, que preveem, respectivamente, o concurso material (real), o concurso formal (ideal) e o crime continuado, cada qual com suas características e regras próprias, que servirão de norte ao julgador no momento crucial da aplicação da pena.

É posição dominante aquela que assevera não estar o tema relativo ao concurso de crimes relegado à teoria da pena, muito embora estejam as suas modalidades previstas no Capítulo III (da aplicação das penas) do Título V (das penas) do Código Penal, uma vez que para o próprio entendimento do tema em estudo faz-se mister seja ele tratado, como dizia Bettiol, em "íntimo contato com a teoria geral da lei penal e do crime."[2]

Merece destaque, ainda, a lição de Ada Pellegrini Grinover, Antônio Scarance Fernandes e Antônio M. Gomes Filho quando asseveram:

---

[1] MAGGIORE, Giuseppe. *Derecho penal*, v. II, p. 153.
[2] BETTIOL, Giuseppe. *Direito penal*, v. II, p. 291.

"Havendo concurso formal, crime continuado ou *aberratio ictus*, o aumento deve operar depois de fixada a pena para cada crime concorrente, como se não houvesse o concurso. Isso permite verificar se a pena acrescida pelo crime continuado ou concurso formal não excede à soma das penas dos crimes-membros. Possibilita, ainda, em face da atual redação do art. 119, verificar se não houve prescrição em relação aos diversos crimes ligados pelo nexo da continuidade ou unidos pelo concurso formal."[3]

À medida que as espécies de concurso de crimes forem sendo estudadas, procuraremos analisar os dados indispensáveis à compreensão de cada um deles, trazendo à tona conceitos e discussões sobre as teorias citadas por Bettiol.

2. CONCURSO MATERIAL OU REAL DE CRIMES

2.1. Introdução

O art. 69 do Código Penal prevê o chamado concurso material ou real de crimes, com a seguinte redação:

> **Art. 69.** Quando o agente, mediante mais de uma ação ou omissão, pratica dois ou mais crimes, idênticos ou não, aplicam-se cumulativamente as penas privativas de liberdade em que haja incorrido. No caso de aplicação cumulativa de penas de reclusão e de detenção, executa-se primeiro aquela. [...]

O primeiro aspecto a ser observado diz respeito ao conceito de ação, que pode ser concebido segundo uma concepção causal, final ou social. Resumidamente, para os causalistas, que adotam um conceito naturalista, ação é a conduta humana voluntária que produz uma modificação no mundo exterior. O conceito final de ação, criado por Welzel juntamente com sua teoria, diz ser ela o exercício de uma atividade final. A teoria social, que surgiu com a finalidade de ser uma ponte entre as duas teorias anteriores, traduz o conceito de ação como sendo a conduta socialmente relevante, dominada ou dominável pela vontade humana.[4]

Além do aspecto próprio de cada definição, é preciso salientar que a ação pode ser composta por um ou vários atos. Os atos são, portanto, os componentes de uma ação e dela fazem parte. Isso quer dizer que os atos que compõem uma ação não são ações em si mesmos, mas sim partes de um todo. Pode o agente, por exemplo, agindo com *animus necandi*, efetuar um ou vários disparos em direção ao seu desafeto, causando-lhe a morte. A ação consiste na conduta finalisticamente dirigida a causar a morte da vítima. Se, para tanto, o agente efetua vários disparos, cada um deles será considerado um elo nessa cadeia que é a conduta. Os disparos são, assim, atos que formam a conduta do agente. Não teríamos, no exemplo fornecido, várias ações de atirar, mas, sim, vários atos que compõem a ação única de matar alguém.

Como deixamos antever pela fundamentação do exemplo acima, optamos pela teoria finalista da ação e com base nela desenvolveremos o nosso raciocínio.

Também é importante salientar que adotaremos o conceito analítico do crime em sua divisão tripartida, ou seja, o crime como fato típico, ilícito e culpável, e não aquela conceituação proposta por Damásio, Mirabete, Delmanto e Dotti, que diz ser o crime um fato típico e ilícito, sendo a culpabilidade um pressuposto para a aplicação da pena.

---

[3] GRINOVER, Ada Pellegrini; FERNANDES, Antônio Scarance; GOMES FILHO, Antônio Magalhães. *As nulidades no processo penal*, p. 215.
[4] WESSELS, Johannes. *Direito penal – Parte geral*, p. 22.

2.2. Requisitos e consequências do concurso material ou real

O art. 69 do Código Penal apresenta o rol dos requisitos e consequências em razão da adoção da regra do concurso material, a saber:

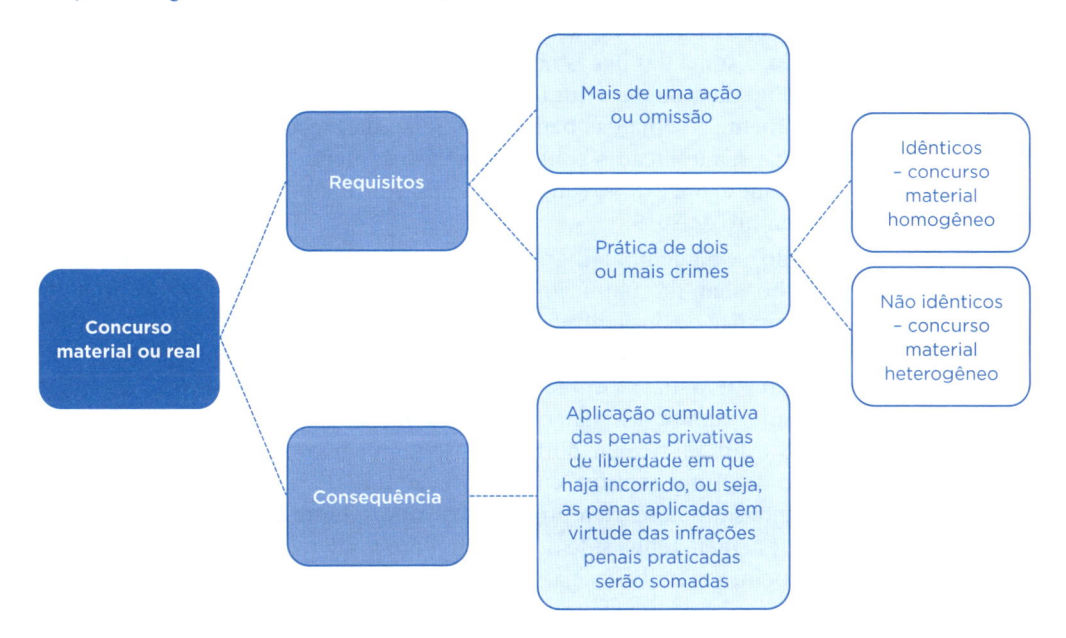

Concurso material ou real

- **Requisitos**
  - Mais de uma ação ou omissão
  - Prática de dois ou mais crimes
    - Idênticos – concurso material homogêneo
    - Não idênticos – concurso material heterogêneo
- **Consequência**: Aplicação cumulativa das penas privativas de liberdade em que haja incorrido, ou seja, as penas aplicadas em virtude das infrações penais praticadas serão somadas

A questão do chamado concurso material cuida da hipótese de quando o agente, mediante mais de uma ação ou omissão, poderá ser responsabilizado, em um mesmo processo, em virtude da prática de dois ou mais crimes. Caso as infrações tenham sido cometidas em épocas diferentes, investigadas por meio de processos também diferentes, que culminaram em várias condenações, não se fala, segundo a nossa posição, em concurso material, mas sim em soma ou unificação das penas aplicadas, nos termos do art. 66, III, *a*, da Lei de Execução Penal, com a finalidade de ser iniciada a execução penal.

O concurso material surge quando o agente, mediante mais de uma ação ou omissão, pratica dois ou mais crimes que tenham entre si uma relação de contexto, ou em que ocorra a conexão ou a continência,[5] cujos fatos criminosos poderão ser analisados em um mesmo processo, quando, ao final, se comprovados, farão com que o agente seja condenado pelos diversos delitos que cometeu, ocasião na qual, como veremos a seguir, o juiz cumulará materialmente as penas de cada infração penal por ele levada a efeito. Essa posição que assumimos é minoritária, não sendo a adotada pela maioria esmagadora de nossos autores, a exemplo de Flávio Augusto Monteiro de Barros, que aduz:

---

[5] Assevera-se nos arts. 76 e 77 do Código de Processo Penal, a respeito dos institutos da conexão e da continência: Art. 76. *A competência será determinada pela conexão: I – se, ocorrendo duas ou mais infrações, houverem sido praticadas, ao mesmo tempo, por várias pessoas reunidas, ou por várias pessoas em concurso, embora diverso o tempo e o lugar, ou por várias pessoas, umas contras as outras; II – se, no mesmo caso, houverem sido umas praticadas para facilitar ou ocultar as outras, ou para conseguir impunidade ou vantagem em relação a qualquer delas; III – quando a prova de uma infração ou de qualquer de suas circunstâncias elementares influir na prova de outra infração.* Art. 77. *A competência será determinada pela continência quando: I – duas ou mais pessoas forem acusadas pela mesma infração; II – no caso de infração cometida nas condições previstas nos arts. 70, 73 e 74 do Código Penal.* (Estes últimos artigos foram atualizados e, no original, dizem respeito aos arts. 51, § 1º, 53, segunda parte, e 54 da revogada parte geral do Código Penal de 1940.)

"Caracteriza-se o concurso material ainda quando alguns dos delitos venham a ser cometidos e julgados depois de os restantes o terem sido, porque não há necessidade de conexão entre eles, podendo os diversos delitos ser objeto de processos diferentes."[6]

Para nós, o fato de determinada infração penal ter sido julgada e posteriormente a ela outra vier a ser praticada, a soma das penas não deve ser tratada como hipótese de concurso material de crimes, embora duas ou mais infrações penais tenham ocorrido. Aqui, preferimos dizer que haverá tão somente a soma das penas, pelo juízo da execução, para fins de início de seu cumprimento, ou a sua unificação com a finalidade de atender ao limite previsto pelo art. 75 do Código Penal, que agora é de 40 (quarenta) anos, com a modificação trazida pela Lei nº 13.964, de 24 de dezembro de 2019.

Assim, por exemplo, se alguém, ao ingressar numa residência com a finalidade de cometer um crime de roubo, além da subtração violenta vier a estuprar a filha do proprietário daquela casa, teremos a prática de duas infrações penais realizadas numa relação de contexto: roubo e estupro. A regra, portanto, será a de julgamento simultâneo dessas infrações, no qual o juiz, se condenado o réu por ambas as infrações, aplicará a pena correspondente a cada uma delas para, posteriormente, cumulá-las materialmente. Pode acontecer que alguém pratique um delito de homicídio a fim de ocultar outro por ele também cometido, ou mesmo para assegurar a impunidade do crime anterior, cuja autoria se tinha por desconhecida. Embora possamos falar, em algumas hipóteses, em processos distintos, entre eles deve haver alguma ligação. Suponhamos que alguém tenha sido definitivamente condenado por estupro e tempos depois pratique um latrocínio, e também seja condenado por ele. Embora as penas devam ser somadas ou até unificadas, não se pode falar em concurso material, por ausência de qualquer relação de contexto entre os crimes, ou mesmo de conexão ou continência.

Contudo, uma vez afirmada existência do concurso material, a regra a ser adotada será a do cúmulo material. Como dito linhas atrás, o juiz deverá encontrar, isoladamente, a pena correspondente a cada infração penal praticada. Depois do cálculo final de todas elas, haverá o cúmulo material, ou seja, serão as penas somadas para que seja encontrada a pena total aplicada ao sentenciado que, por sua vez, poderá somar-se a outras para efeitos de início de execução, sendo ainda possível a unificação.

Estamos falando em soma e unificação como se fossem institutos distintos, e realmente o são. Se não o fossem, a lei não teria necessidade de mencionar as duas hipóteses, como o faz na alínea *a* do inciso III do art. 66 da Lei de Execução Penal, que diz competir ao juiz da execução decidir sobre a soma ou a unificação das penas. *Soma* é a simples operação matemática que tem por finalidade reunir, adicionar, a fim de se chegar a um resultado final de todas as penas aplicadas ao condenado; a *unificação*, embora não deixe de ser uma soma, destina-se a afastar do total das penas aplicadas ao condenado o tempo que supere o limite de quarenta anos para cumprimento de pena determinado pelo art. 75 do Código Penal, com a nova redação que lhe foi conferida pela Lei nº 13.964, de 24 de dezembro de 2019.

A parte final do *caput* do art. 69 diz ainda que, *no caso de aplicação cumulativa de penas de reclusão e de detenção, executa-se primeiro aquela*, sendo que, conforme observou Heleno Fragoso,[7] essa disposição é inútil porque não há praticamente diferença entre uma e outra das penas privativas de liberdade que se cumpram sob o mesmo regime.

---

[6] BARROS, Flávio Augusto Monteiro de. *Direito penal* – Parte geral, v. 1, p. 439.
[7] FRAGOSO, Heleno Cláudio. *Lições de Direito penal* – Parte geral, p. 348.

2.3. Concurso material homogêneo e heterogêneo

Pela expressão *idênticos ou não*, contida no *caput* do art. 69 do Código Penal, podemos concluir pela existência de dois tipos de concurso material: homogêneo e heterogêneo.

Fala-se em concurso material homogêneo quando o agente comete dois crimes idênticos, não importando se a modalidade praticada é simples, privilegiada ou qualificada. Por outro lado, ocorrerá o concurso material heterogêneo quando o agente vier a praticar duas ou mais infrações penais diversas. Como a regra adotada pelo Código Penal é a do cúmulo material, tal distinção não tem relevância prática, ao contrário do que ocorre, por exemplo, com o concurso formal, cuja análise será feita mais adiante.

2.4. Concurso material e penas restritivas de direitos

O § 1º do art. 69 do Código Penal assevera: *Na hipótese deste artigo, quando ao agente tiver sido aplicada pena privativa de liberdade, não suspensa, por um dos crimes, para os demais será incabível a substituição de que trata o art. 44 deste Código*, sendo que o § 2º do mesmo artigo aduz que *quando forem aplicadas penas restritivas de direitos, o condenado cumprirá simultaneamente as que forem compatíveis entre si e sucessivamente as demais.*

Comentando com precisão os dispositivos acima transcritos, Alberto Silva Franco preleciona:

> "É perfeitamente possível a ocorrência de concurso material de infrações com a aplicação cumulativa de penas privativas de liberdade que comportem substituição por penas restritivas de direito, em regime também cumulativo. Se, no entanto, em relação a uma delas, a pena privativa de liberdade não tiver sido suspensa, a substituição das demais, de acordo com o art. 44 da PG/84, torna-se inviável. Obsta tal procedimento o § 1º do art. 69 da PG/84. Por outro lado, no caso de aplicação cumulada de penas restritivas de direitos, a execução dessas penas poderá ser simultânea (suspensão de habilitação para dirigir veículos, por um fato e prestação de serviços à comunidade, por outro) se entre elas houver compatibilidade, ou sucessiva (duas penas de limitação de fim de semana) se tal compatibilidade inocorrer."[8]

3. CONCURSO FORMAL OU IDEAL DE CRIMES

3.1. Introdução

O art. 70 do Código Penal prevê o chamado concurso formal ou ideal de crimes, com a seguinte redação:

> "**Art. 70.** Quando o agente, mediante uma só ação ou omissão, pratica dois ou mais crimes, idênticos ou não, aplica-se-lhe a mais grave das penas cabíveis ou, se iguais, somente uma delas, mas aumentada, em qualquer caso, de um sexto até metade. As penas aplicam-se, entretanto, cumulativamente, se a ação ou omissão é dolosa e os crimes concorrentes resultam de desígnios autônomos, consoante o disposto no artigo anterior."

Fundada em razões de política criminal, a regra do concurso formal foi criada a fim de que fosse aplicada em benefício dos agentes que, com a prática de uma única conduta, viessem a produzir dois ou mais resultados também previstos como crime. Segundo a definição de

---

[8] FRANCO, Alberto Silva. *Código penal e sua interpretação jurisprudencial* – Parte geral, v. 1, t. 1, p. 1.101.

Maggiore, "concurso formal (*concursus formalis*) é, tipicamente, o realizado pela hipótese de um fato único (ação ou omissão) que viola diversas disposições legais."[9]

Fontán Balestra preleciona que duas teorias disputam o tratamento correspondente à natureza jurídica do concurso formal, a saber: teoria da unidade de delito e a tese da pluralidade. Preleciona o autor argentino que "a primeira das teorias enunciadas afirma que, não obstante a lesão de várias leis penais, existe um só delito. Na realidade, a expressão *concurso ideal* denota, por si mesma, a inexistência de uma verdadeira pluralidade de delitos, e indica que, ainda quando se tenham concretizado várias figuras, somente cometeu-se um delito. Para a tese da pluralidade, a lesão de vários tipos penais significa a existência de vários delitos. O fato de que no concurso ideal exista tão somente uma ação, resulta sem significado para esta doutrina",[10] sendo que ao final de seu raciocínio o renomado autor aponta a teoria da unidade de delito como a de sua preferência.

Conforme já destacado no tópico relativo ao concurso material ou real de crimes, devemos também aqui destacar a diferença entre ato e ação. A lei penal fala em ação, que pode ser desdobrada em vários atos. Uma rajada de metralhadora, embora consistente numa única ação, está desdobrada em vários atos. Com base nesse raciocínio, iniciaremos o estudo dos requisitos e consequências do concurso formal ou ideal de crimes.

3.2. Requisitos e consequências do concurso formal ou ideal

O art. 70 nos fornece os requisitos indispensáveis à caracterização do concurso formal, bem como as consequências pela sua aplicação, a saber:

Requisitos:

a) uma só ação ou omissão;
b) prática de dois ou mais crimes.

Consequências:

a) aplicação da mais grave das penas, aumentada de um sexto até metade;
b) aplicação de somente uma das penas, se iguais, aumentada de um sexto até metade;
c) aplicação cumulativa das penas, se a ação ou omissão é dolosa, e os crimes resultam de desígnios autônomos.

Não raro pode acontecer que o agente, mediante uma só ação ou omissão, produza dois ou mais resultados incriminados pela lei penal. Suponhamos que alguém, dirigindo de forma imprudente, em razão de sua velocidade excessiva, venha a capotar o seu veículo, causando a morte dos três passageiros que com ele se encontravam. Houve três resultados tipificados pela lei penal, todos provenientes da conduta única do agente.

A conduta do agente se distingue em dolosa e culposa. O concurso formal admite ambas as modalidades. Contudo, as consequências serão diversas, dependendo do elemento subjetivo inicial do agente. Poderá ter agido com culpa e, devido ao fato de não ter observado o seu necessário dever de cuidado, todos os resultados lhe poderão ser atribuídos a esse título, como no exemplo acima fornecido no qual o agente, na direção de seu veículo automotor, imprudentemente, capotou e provocou a morte de três pessoas. Pode acontecer, também, que a conduta seja dirigida finalisticamente a causar a morte da vítima e, por erro na execução, o agente não só atinja a pessoa que

---

[9] MAGGIORE, Giuseppe. *Derecho penal*, v. II, p. 157.
[10] FONTÁN BALESTRA, Carlos. *Derecho penal*, p. 491-492.

pretendia ofender, como também atinja pessoa diversa, como acontece nas hipóteses de *aberratio ictus*. Suponhamos que **A** atire em direção a **B** com a finalidade de matá-lo. Ao acionar o gatilho de seu fuzil, o projétil atravessa o corpo de **B**, matando-o, mas também acerta **C**, que passava pelo local, causando-lhe a morte. A conduta contra **B** foi dolosa e com relação a **C** foi culposa. A última possibilidade se traduz na hipótese em que o agente, querendo os resultados, pratica uma única conduta dolosa. Imagine-se que **A**, querendo a morte de **B** e **C**, arremesse na direção deles uma granada que, explodindo, produz os resultados por ele pretendidos inicialmente. Como a finalidade da conduta de **A** era matar as duas vítimas, valendo-se de uma única conduta, será aplicada a última parte do art. 70 do Código Penal, pois, *in casu*, teria agido com *desígnios autônomos*.

As consequências destacadas acima variam de acordo com a espécie de concurso formal, se homogêneo ou heterogêneo, bem como se o agente atuou com desígnios autônomos, conforme veremos a seguir.

3.3. Concurso formal homogêneo e heterogêneo

O art. 70 do Código Penal deixa antever a possibilidade de se distinguir o concurso formal em homogêneo e heterogêneo quando diz que o agente, mediante uma só ação ou omissão, pratica dois ou mais crimes, *idênticos ou não*.

Isso quer dizer que as infrações praticadas pelo agente podem ou não ter a mesma tipificação penal. Se idênticas as tipificações, o concurso será reconhecido como homogêneo; se diversas, será heterogêneo, ou, nas lições de Enrique Cury Urzúa, "o concurso é homogêneo quando com um mesmo fato realiza várias vezes o mesmo tipo penal, como, por exemplo, se com um mesmo disparo se dá a morte de duas pessoas, ou proferindo uma só expressão se injuria a muitos indivíduos. Por sua vez, o concurso é heterogêneo quando com um só fato se satisfazem as exigências de distintos tipos penais",[11] a exemplo daquele que querendo causar a morte de uma pessoa também fere outra que por ali passava.

Dependendo do concurso, se homogêneo ou heterogêneo, o Código Penal traz soluções diversas no momento da aplicação da pena. Se homogêneo, o juiz, ao reconhecer o concurso formal, deverá aplicar uma das penas, que serão iguais em virtude da prática de uma mesma infração penal, devendo aumentá-la de um sexto até a metade; se heterogêneo o concurso, o juiz deverá selecionar a mais grave das penas e, também nesse caso, aplicar o percentual de aumento de um sexto até metade.

3.4. Concurso formal próprio (perfeito) e impróprio (imperfeito)

O concurso formal ou ideal de crimes ainda pode ser dividido em próprio (ou perfeito) ou impróprio (ou imperfeito).

A distinção varia de acordo com a existência do elemento subjetivo do agente ao iniciar a sua conduta. Nos casos em que a conduta do agente for culposa na sua origem, sendo todos os resultados atribuídos ao agente a esse título, ou na hipótese que a conduta era dolosa, mas o resultado aberrante lhe é imputado culposamente, o concurso será reconhecido como próprio ou perfeito. Assim, por exemplo, se alguém, imprudentemente, atropelar duas pessoas que se encontravam no ponto de ônibus, causando-lhes a morte, teremos um concurso formal próprio ou perfeito. No mesmo sentido, no caso daquele que, almejando lesionar o seu desafeto, contra ele arremessa uma garrafa de cerveja que o acerta, mas também atinge outra pessoa que se encontrava próxima a ele, causando-lhe também lesões, teremos uma primeira conduta

---

[11] CURY URZÚA, Enrique. *Derecho penal* – Parte general, t. II, p. 279.

dolosa e também um resultado que lhe poderá ser atribuído a título de culpa, razão pela qual esta modalidade de concurso formal será tida como própria ou perfeita.

Situação diversa é aquela contida na parte final do *caput* do art. 70 do Código Penal, em que a lei penal fez prever a possibilidade de o agente atuar com desígnios autônomos, querendo, dolosamente, a produção de ambos os resultados. Tomamos conhecimento, por intermédio da imprensa, das atrocidades praticadas contra os judeus durante o período nazista. Até que encontrassem um meio rápido, eficaz e barato para exterminar o povo judeu, os nazistas, comandados por Hitler, resolveram, em determinado momento, enfileirar os judeus a fim de que, com um só disparo de fuzil, vários deles fossem mortos, economizando-se, com isso, tempo e munição. Quando o disparo era efetuado, a finalidade era causar a morte daquelas duas ou três pessoas que ali se encontravam. Os desígnios, portanto, eram autônomos com relação a cada uma delas, uma vez que o agente pretendia, com um único disparo, ou seja, com uma única conduta, causar a morte de **A**, **B** e **C**. Desígnio autônomo quer dizer, portanto, que a conduta, embora única, é dirigida finalisticamente, vale frisar, dolosamente, à produção dos resultados.

Ao concurso formal próprio ou perfeito, seja ele homogêneo ou heterogêneo, aplica-se o percentual de aumento de um sexto até metade. Quanto ao concurso formal impróprio ou imperfeito, pelo fato de ter o agente atuado com desígnios autônomos, almejando dolosamente a produção de todos os resultados, a regra será a do cúmulo material, isto é, embora tenha praticado uma conduta única, produtora de dois ou mais resultados, se esses resultados tiverem sido por ele queridos inicialmente, em vez da aplicação do percentual de aumento de um sexto até metade, suas penas serão cumuladas materialmente.

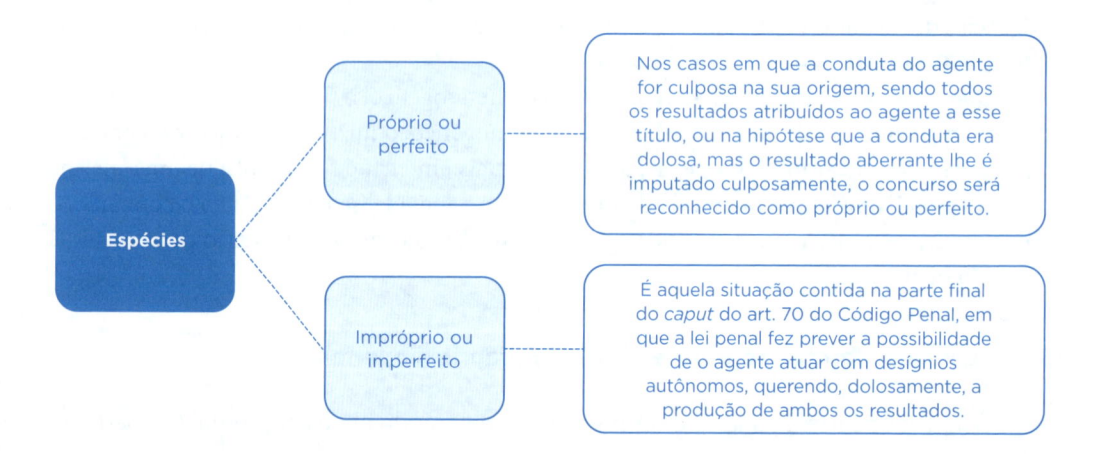

Espécies
- **Próprio ou perfeito**: Nos casos em que a conduta do agente for culposa na sua origem, sendo todos os resultados atribuídos ao agente a esse título, ou na hipótese que a conduta era dolosa, mas o resultado aberrante lhe é imputado culposamente, o concurso será reconhecido como próprio ou perfeito.
- **Impróprio ou imperfeito**: É aquela situação contida na parte final do *caput* do art. 70 do Código Penal, em que a lei penal fez prever a possibilidade de o agente atuar com desígnios autônomos, querendo, dolosamente, a produção de ambos os resultados.

3.5. Concurso material benéfico

Como dissemos, as regras do concurso formal foram criadas em benefício dos agentes que, por intermédio de uma conduta única, produziram dois ou mais resultados incriminados pela lei penal. Caso a opção tivesse recaído sobre o cúmulo material, tal como no art. 69 do Código Penal, as penas correspondentes a cada infração penal deveriam ser cumuladas materialmente.

Em virtude desse raciocínio, o parágrafo único do art. 70 do Código Penal ressalvou que a pena não poderá exceder à que seria cabível pela regra do art. 69. Isso quer dizer que, no caso concreto, deverá o julgador, ao aplicar o aumento de pena correspondente ao concurso de crimes, aferir se, efetivamente, a regra do concurso formal está beneficiando ou se, pelo contrário, está prejudicando o agente. Suponhamos que alguém, agindo com vontade de matar, impelido por um motivo fútil, atire em direção à vítima, causando-lhe a morte. Contudo, em razão da potência da arma utilizada pelo agente, o projétil atravessa o corpo da vítima e atinge a terceira pessoa que passava pelo local, causando-lhe lesões corporais. A situação que se apresenta é a seguinte: o agente deverá ser responsabilizado pelo homicídio doloso qualificado, cuja pena mínima é de doze anos. Se aplicássemos a regra do concurso formal heterogêneo, partindo do princípio de que a ele seria aplicada a pena mínima do delito em tela e que também lhe imporíamos o aumento mínimo de um sexto, a pena final seria de catorze anos. Se desprezássemos a regra do concurso formal heterogêneo e aplicássemos o cúmulo material, como a pena mínima do delito de lesão corporal de natureza culposa é de dois meses de detenção, teríamos uma pena total de doze anos e dois meses. Assim, no caso concreto, deverá o julgador analisar se, efetivamente, a regra do concurso formal beneficia o agente, pois, caso contrário, nos termos do parágrafo único do art. 70 do Código Penal, terá aplicação o cúmulo material.

3.6. Dosagem da pena

No concurso formal próprio ou perfeito aplica-se a mais grave das penas cabíveis ou, se iguais, somente uma delas, devendo o juiz, em qualquer caso, aplicar o percentual de aumento de um sexto até a metade. A variação da aplicação do percentual de aumento dependerá do número de infrações penais cometidas pelo agente, consideradas pelo concurso formal de crimes. Assim, quanto maior for o número de infrações, maior será o percentual de aumento; ao contrário, quanto menor for o número de infrações penais consideradas, menor será o percentual de aumento de pena, devendo o julgador ter a sensibilidade necessária na análise de cada caso.

3.7. Jurisprudência em teses do Superior Tribunal de Justiça, Boletim nº 23, publicado em 29 de outubro de 2014, sobre concurso formal

1) O roubo praticado contra vítimas diferentes em um único contexto configura o concurso formal e não crime único, ante a pluralidade de bens jurídicos ofendidos.
2) A distinção entre o concurso formal próprio e o impróprio relaciona-se com o elemento subjetivo do agente, ou seja, a existência ou não de desígnios autônomos.
3) É possível o concurso formal entre o crime do art. 2º da Lei nº 8.176/91 (que tutela o patrimônio da União, proibindo a usurpação de suas matérias-primas), e o crime do art. 55 da Lei nº 9.605/98 (que protege o meio ambiente, proibindo a extração de recursos minerais), não havendo conflito aparente de normas já que protegem bens jurídicos distintos.
    3.1) Não há crime único, podendo haver concurso formal, quando, no mesmo contexto fático, o agente incide nas condutas dos arts. 14 (porte ilegal de arma de fogo de uso permitido) e 16 (posse ou porte ilegal de arma de fogo de uso restrito) da Lei nº 10.826/2003.
    3.2) Não há crime único, podendo haver concurso material, quando, no mesmo contexto fático, o agente incide nas condutas dos arts. 14 (porte ilegal de arma de fogo de uso permitido) e 16 (posse ou porte ilegal de arma de fogo de uso restrito) da Lei nº 10.826/2003.
4) O aumento decorrente do concurso formal deve se dar de acordo com o número de infrações.
5) A apreensão de mais de uma arma de fogo, acessório ou munição, em um mesmo contexto fático, não caracteriza concurso formal ou material de crimes, mas delito único.

6) O benefício da suspensão do processo não é aplicável em relação às infrações penais cometidas em concurso material, concurso formal ou continuidade delitiva, quando a pena mínima cominada, seja pelo somatório, seja pela incidência da majorante, ultrapassar o limite de um (01) ano. (Súmula nº 243 do STJ)

7) No concurso de crimes, o cálculo da prescrição da pretensão punitiva é feito considerando cada crime isoladamente, não se computando o acréscimo decorrente do concurso formal, material ou da continuidade delitiva.

8) No caso de concurso de crimes, a pena considerada para fins de competência e transação penal será o resultado da soma ou da exasperação das penas máximas cominadas ao delito.

4. CRIME CONTINUADO

4.1. Introdução

O crime continuado encontra-se previsto no art. 71 e parágrafo único do Código Penal, assim redigidos:

> **Art. 71.** Quando o agente, mediante mais de uma ação ou omissão, pratica dois ou mais crimes da mesma espécie e, pelas condições de tempo, lugar, maneira de execução e outras semelhantes, devem os subsequentes ser havidos como continuação do primeiro, aplica-se-lhe a pena de um só dos crimes, se idênticas, ou a mais grave, se diversas, aumentada, em qualquer caso, de um sexto a dois terços.
> **Parágrafo único.** Nos crimes dolosos, contra vítimas diferentes, cometidos com violência ou grave ameaça à pessoa, poderá o juiz, considerando a culpabilidade, os antecedentes, a conduta social e a personalidade do agente, bem como os motivos e as circunstâncias, aumentar a pena de um só dos crimes, se idênticas, ou a mais grave, se diversas, até o triplo, observadas as regras do parágrafo único do art. 70 e do art. 75 deste Código.

Afirma Bettiol:

"A figura do crime continuado não é de data recente. As suas origens 'políticas' acham-se sem dúvida no *favor rei* que impeliu os juristas da Idade Média a considerar como furto único a pluralidade de furtos, para evitar as consequências draconianas que de modo diverso deveriam ter lugar: a pena de morte ao autor de três furtos, mesmo que de leve importância. Os nossos práticos insistiam particularmente na contextualidade cronológica da prática dos vários crimes, para considerá-los como crime único, se bem que houvesse também quem se preocupasse em encontrar a unidade do crime no *uno impetu* com o qual os crimes teriam sido realizados. Da Idade Média, a figura do crime continuado foi trasladada para todas as legislações [...]."[12]

Das três hipóteses de concurso de crimes, é sem dúvida o crime continuado que apresenta maiores discussões doutrinárias e jurisprudenciais. Criado também por razões de política criminal, o crime continuado deverá ser aplicado sempre que beneficiar o agente, devendo-se desprezá-lo quando a ele for prejudicial, conforme determina a última parte do parágrafo único do art. 71 do Código Penal.

4.2. Natureza jurídica do crime continuado

Três principais teorias disputam o tratamento sobre a natureza jurídica do crime continuado, a saber: *a)* teoria da unidade real; *b)* teoria da ficção jurídica e *c)* teoria mista.

---

[12] BETTIOL, Giuseppe. *Direito penal*, v. II, p. 312.

A teoria da unidade real entende como crime único as várias condutas que, por si sós, já se constituiriam em infrações penais. Na escorreita proposição de Vera Regina de Almeida Braga, "intenção e lesão únicas dariam lugar a um único delito, composto de várias ações. O crime continuado consistiria em um *ens reale*."[13]

A teoria da ficção jurídica entende que as várias ações levadas a efeito pelo agente que, analisadas individualmente, já consistiam em infrações penais, são reunidas e consideradas fictamente como um delito único.

Finalmente, a teoria mista reconhece, no crime continuado, um terceiro crime, fruto do próprio concurso.

Nossa lei penal adotou a teoria da ficção jurídica,[14] entendendo que, uma vez concluída pela continuidade delitiva, deverá a pena do agente sofrer exasperação.

4.3. Requisitos e consequências do crime continuado

O art. 71 do Código Penal elenca os requisitos necessários à caracterização do crime continuado, bem como suas consequências, a saber:

Requisitos:

a) mais de uma ação ou omissão;
b) prática de dois ou mais crimes, da mesma espécie;
c) condições de tempo, lugar, maneira de execução e outras semelhantes;
d) os crimes subsequentes devem ser havidos como continuação do primeiro.

Consequências:

a) aplicação da pena de um só dos crimes, se idênticas, aumentada de um sexto a dois terços;
b) aplicação da mais grave das penas, se diversas, aumentada de um sexto a dois terços;
c) nos crimes dolosos, contra vítimas diferentes, cometidos com violência ou grave ameaça à pessoa, aplicação da pena de um só dos crimes, se idênticas, aumentada até o triplo;
d) nos crimes dolosos, contra vítimas diferentes, cometidos com violência ou grave ameaça à pessoa, aplicação da mais grave das penas, se diversas, aumentada até o triplo.

4.3.1. *Crimes da mesma espécie*

O agente pode, mediante mais de uma ação ou omissão, praticar dois ou mais crimes da mesma espécie. A primeira dúvida que se apresenta pela redação do artigo em estudo é justamente saber o que significa *crimes da mesma espécie*. Várias posições foram ganhando corpo ao longo dos anos, sendo que duas merecem destaque, porque principais. A primeira posição considera como crimes da mesma espécie aqueles que possuem o *mesmo bem juridicamente protegido*, ou, na linha de raciocínio de Fragoso, "crimes da mesma espécie não são apenas aqueles previstos no mesmo artigo de lei, mas também aqueles que ofendem o mesmo bem jurídico e

---

[13] BRAGA, Vera Regina de Almeida. *Pena de multa substitutiva no concurso de crimes*, p. 59.
[14] Conforme esclarece Alcides da Fonseca Neto, "a natureza jurídica da continuidade delitiva é explicada pela teoria da ficção jurídica, pela qual ela é resultante de uma aglutinação legal tão só para fins de aplicação de uma pena, muito embora existam, no plano ontológico, vários delitos, ou seja, a unificação não retira a autonomia dos crimes componentes da cadeia delituosa" (*O crime continuado*, p. 342).

que apresentam, pelos fatos que os constituem ou pelos motivos determinantes, caracteres fundamentais comuns."[15] Assim, furto e roubo seriam da mesma espécie. A segunda posição aduz que crimes da mesma espécie são aqueles que possuem a mesma tipificação penal, não importando se simples, privilegiados ou qualificados, se tentados ou consumados. Esta é a posição de Aníbal Bruno quando diz que "cada ação deve fundamentalmente constituir a realização punível do mesmo tipo legal, isto é, essas ações repetidas devem representar dois ou mais crimes da mesma espécie, podendo reunir-se a forma consumada com a tentativa, a forma simples com a agravada. Os bens jurídicos podem ter o mesmo ou diverso titular."[16] Ao contrário, portanto, da posição anterior, para esta não poderia haver continuidade entre furto e roubo, uma vez que tais infrações penais encontram moldura em figuras típicas diferentes. Para nós, crimes da mesma espécie são aqueles que possuem o mesmo bem juridicamente protegido.[17]

Nossa jurisprudência também é vacilante, conforme podemos verificar pelas ementas abaixo transcritas:

"Nos termos da jurisprudência sedimentada nesta Corte Superior, 'para fins da aplicação do instituto do crime continuado, art. 71 do Código Penal, pode-se afirmar que os delitos de estupro de vulnerável e estupro, descritos nos arts. 217-A e 213 do CP, respectivamente, são crimes da mesma espécie'" (REsp 1.767.902/RJ, Rel. Min. Sebastião Reis Júnior, Sexta Turma, j. 13/12/2018, DJe 04/02/2019). Precedentes (STJ, AgRg no REsp 1.797.986 / GO, Rel. Min. Jorge Mussi, 5ª T., DJe 24/09/2019).

"Não é possível o reconhecimento da continuidade delitiva entre os crimes de roubo e extorsão, pois embora sejam delitos do mesmo gênero, são de espécies distintas, o que inviabiliza a aplicação da regra contida no art. 71 do Código Penal. Precedentes" (STJ, HC 461.794 / SC, Rel. Min. Reynaldo Soares da Fonseca, 5ª T., DJe 14/02/2019).

"Os delitos de roubo e latrocínio são de espécies diversas, o que torna impossível o reconhecimento da continuidade delitiva entre eles. Contudo, a ficção legal, mais favorável ao réu, foi reconhecida pela instância antecedente e não pode ser afastada no julgamento deste *habeas corpus*" (STJ, HC 222.928/SP, Rel. Min. Rogério Schietti Cruz, 6ª T., DJe 29/09/2015).

"Não se aplica a continuidade delitiva entre os crimes de receptação e adulteração de sinal identificador de veículo automotor eis que, não sendo da mesma espécie, possuem elementos objetivos e subjetivos distintos, não havendo, portanto, homogeneidade de execução" (REsp 899.003/SP, Rel. Min. Gilson Dipp, 5ª T., julg. 10/5/2007, DJ 29/6/2007, p. 712).

"Não há como reconhecer a continuidade delitiva entre os crimes de estelionato, receptação e adulteração de sinal identificador de veículo automotor, pois são infrações penais de espécies diferentes, que não estão previstas no mesmo tipo fundamental. Precedentes do STF e STJ" (STJ, REsp 738.337/DF, Recurso Especial 2005/0030253-6, Rel.ª Min.ª Laurita Vaz, julg. 17/11/2005, DJ 19/12/2005, p. 466).

---

[15] FRAGOSO, Heleno Cláudio. *Lições de direito penal*, p. 351.
[16] BRUNO, Aníbal. *Direito penal*, t. 2º, p. 302.
[17] Nesse sentido, com maestria, sentencia Patrícia Mothé Glioche Béze: "Adotada a teoria da ficção jurídica, que é a posição majoritária na doutrina e jurisprudência, o crime continuado é modalidade de concurso de crimes e não haveria obstáculo para se reconhecer como crimes da mesma espécie os que ofendem o mesmo bem jurídico, desde que presentes os outros requisitos do crime continuado (dentre eles a maneira de execução). Assim, podem ser crimes da mesma espécie aqueles que estão em artigos de lei diferentes, desde que sejam semelhantes entre si, adotando-se a teoria objetiva pura ou objetivo-subjetiva" (BÉZE, Patrícia Mothé Glioche. *Concurso formal e crime continuado*, p. 148).

Na verdade, embora se possa encontrar alguma decisão em contrário, a posição majoritária de nossos Tribunais Superiores é no sentido de considerar como crimes da mesma espécie aqueles que tiverem a mesma configuração típica (simples, privilegiada ou qualificada).

4.3.2. Condições de tempo, lugar, maneira de execução ou outras semelhantes

Exige o art. 71 do Código Penal que o agente atue em determinado tempo, a fim de que sejam aplicadas as regras relativas ao crime continuado. Também com relação a esse ponto existe divergência doutrinária e jurisprudencial, em razão da ausência de um critério rígido para a sua aferição, pois, conforme assevera Ney Moura Teles, "como mensurar essa quantidade de tempo, com base em quais critérios? Este problema é de difícil solução. Não se pode realizar análise meramente aritmética, mas entre os crimes deve mediar tempo que indique a persistência de um certo liame psíquico que sugira uma sequência entre os dois fatos."[18] Não há, portanto, como determinar o número máximo de dias ou mesmo de meses para que se possa entender pela continuidade delitiva. Deverá, isto sim, segundo entendemos, haver uma relação de contexto entre os fatos, para que o crime continuado não se confunda com a reiteração criminosa. Apesar da impossibilidade de ser delimitado objetivamente um tempo máximo para a configuração do crime continuado, o STF já decidiu:

> "Quanto ao fator 'tempo' previsto no art. 71 do Código Penal, a jurisprudência sedimentada do Supremo Tribunal Federal é no sentido de observar-se o limite de trinta dias que, uma vez extrapolado, afasta a possibilidade de se ter o segundo crime como continuação do primeiro. Precedentes – *Habeas Corpus* nº 62.451, relatado pelo Min. Aldir Passarinho perante a Segunda Turma, cujo acórdão foi publicado no Diário da Justiça, de 25 de abril de 1985, à página 5.889, e *Habeas Corpus* nº 69.305, do qual foi Relator o Min. Sepúlveda Pertence, cujo acórdão, na Primeira Turma, restou veiculado no Diário da Justiça de 5 de junho de 1992" (STF, *HC* 69.896-4, Rel. Marco Aurélio, DJU 2/4/1993, p. 5.620).

Também existe controvérsia quanto à distância entre os vários lugares nos quais os delitos foram praticados. Discute-se sobre a possibilidade de se verificar o crime continuado somente dentro de um mesmo bairro, de uma mesma cidade, comarca ou em até Estados diversos. O STF já entendeu que "o fato de serem diversas as cidades nas quais o agente perpetrou os crimes (São Paulo, Santo André e São Bernardo do Campo) não afasta a reclamada conexão espacial, pois elas são muito próximas uma da outra, e integram, como é notório, uma única região metropolitana" (RE – Rel. Xavier de Albuquerque).[19] Em sentido contrário, já se posicionou o extinto TACrim. – SP, ao afirmar que "não se admite a continuidade delitiva entre crimes praticados em cidades diversas, ainda que integrantes da mesma região metropolitana" (Rel. Brenno Marcondes).[20] A nosso ver, da mesma forma que o critério temporal, no que diz respeito ao critério espacial, deverá haver uma relação de contexto entre as ações praticadas em lugares diversos pelo agente, seja esse lugar um bairro, cidade, comarca ou até Estados diferentes. Nada impede que um grupo especializado em roubo a bancos, por exemplo, resolva, num mesmo dia, praticar vários assaltos em cidades diferentes que, embora vizinhas, não pertençam ao mesmo Estado.

A maneira de execução dos delitos, ou seja, o *modus operandi* do agente ou do grupo também é um fator importante para a verificação do crime continuado. Um estelionatário que pratica um mesmo golpe, como o do bilhete premiado, ou aquele que comumente leva a efeito

---

[18] TELES, Ney Moura. *Direito penal* – Parte geral, v. 2, p. 187.
[19] *RT* 542/455.
[20] *JUTACrim.* – SP 84/162.

os delitos de furto valendo-se de sua destreza, utilizam o mesmo meio de execução. O critério, contudo, não é tão simples como se possa imaginar. O agente, embora possa ter um padrão de comportamento, nem sempre o repetirá, o que não poderá impedir o reconhecimento da continuidade delitiva, desde que, frisamos mais uma vez, exista uma relação de contexto, de unicidade entre as diversas infrações penais.

Permite o Código Penal, ainda, o emprego da interpretação analógica, uma vez que, após se referir às condições de tempo, lugar e maneira de execução, apresenta *outras semelhantes*. Isso quer dizer que as condições objetivas indicadas pelo artigo devem servir de parâmetro à interpretação analógica por ele permitida, existindo alguns julgados, conforme noticia Alberto Silva Franco, que "têm entendido que o aproveitamento das mesmas oportunidades e das mesmas relações pode ser incluído no conceito de *condições semelhantes*."[21]

4.3.3. Os crimes subsequentes devem ser havidos como continuação do primeiro

Exige o art. 71 do Código Penal, ainda, que, em razão das condições de tempo, lugar, maneira de execução e outras semelhantes, *devem os subsequentes ser havidos como continuação do primeiro*, ou seja, as infrações penais posteriores devem ser entendidas como continuação da primeira. Embora seja clara a redação do artigo, que com ela procura fazer a distinção entre o crime continuado e a reiteração criminosa, paradoxalmente, segundo entendemos, a Exposição de Motivos da nova parte geral do Código Penal adota a chamada teoria objetiva no crime continuado, dizendo, em seu item 59:

> 59. A teoria puramente objetiva não revelou na prática maiores inconvenientes, a despeito das objeções formuladas pelos partidários da teoria objetivo-subjetiva. O projeto optou pelo critério que mais adequadamente se opõe ao crescimento da criminalidade profissional, organizada e violenta, cujas ações se repetem contra vítimas diferentes, em condições de tempo, lugar, modos de execução e circunstâncias outras, marcadas por evidente semelhança. Estender-lhe o conceito de crime continuado importa em beneficiá-la, pois o delinquente profissional tornar-se-ia passível de tratamento penal menos grave que o dispensado a criminosos ocasionais.

Para que se possa melhor conhecer a discussão, é preciso saber que três teorias disputam o tratamento do crime continuado, a saber: *a)* teoria objetiva; *b)* teoria subjetiva e *c)* teoria objetivo-subjetiva.

A teoria objetiva preconiza que para o reconhecimento do crime continuado basta a presença de requisitos objetivos que, pelo art. 71 do Código Penal, são as condições de tempo, lugar, maneira de execução e outras semelhantes. Não há, para essa teoria, necessidade de se aferir a *unidade de desígnio*, por nós denominada *relação de contexto*, entre as diversas infrações penais.

Diz a teoria subjetiva que, independentemente dos requisitos de natureza objetiva (condições de tempo, lugar, maneira de execução ou outras semelhantes), a *unidade de desígnio* ou, para nós, a relação de contexto entre as infrações penais é suficiente para que se possa caracterizar o crime continuado.

A última teoria, que possui natureza híbrida, exige tanto as condições objetivas como o indispensável dado subjetivo, ou seja, deverão ser consideradas não só as condições de tempo, lugar, maneira de execução e outras semelhantes, como também a *unidade de desígnio* ou *relação de contexto* entre as ações criminosas.

Acreditamos que a última teoria – objetivo-subjetiva – é a mais coerente com o nosso sistema penal, que não quer que as penas sejam excessivamente altas, quando desnecessárias,

---

[21] FRANCO, Alberto Silva. *Código penal e sua interpretação jurisprudencial* – Parte geral, v. 1, t. I, p. 1139.

mas também não tolera a reiteração criminosa. O criminoso de ocasião não pode ser confundido com o criminoso contumaz.

Patrícia Mothé Glioche Béze, traçando a diferença entre crime continuado e a reiteração criminosa, assevera:

> "O fundamento da exasperação da pena não visa com certeza, beneficiar o agente que, reiteradamente, pratica crimes parecidos entre si, como o estelionatário, que vive da prática de 'golpes'. Fundamentando-se no critério da menor periculosidade, da benignidade ou da utilidade prática, a razão de ser do instituto do crime continuado não se coaduna com a aplicação do benefício da exasperação da pena para aquele agente mais perigoso, que faz do crime profissão e vive deliberadamente à margem da lei.
>
> A habitualidade é, portanto, diferente da continuação. A culpabilidade na habitualidade é mais intensa do que na continuação, não podendo, portanto, ter tratamento idêntico."[22]

Nesse sentido, já se posicionou o STJ, conforme se verifica nas ementas abaixo transcritas:

> "O crime continuado é benefício penal, modalidade de concurso de crimes, que, por ficção legal, consagra unidade incindível entre os crimes parcelares que o formam, para fins específicos de aplicação da pena. Para a sua aplicação, a norma extraída do art. 71, *caput*, do Código Penal exige, concomitantemente, três requisitos objetivos: I) pluralidade de condutas; II) pluralidade de crime da mesma espécie; III) condições semelhantes de tempo, lugar, maneira de execução e outras semelhantes (conexão temporal, espacial, modal e ocasional); IV) e, por fim, adotando a teoria objetivo-subjetiva ou mista, a doutrina e jurisprudência inferiram implicitamente da norma um requisito da unidade de desígnios na prática dos crimes em continuidade delitiva, exigindo-se, pois, que haja um liame entre os crimes, apto a evidenciar de imediato terem sido esses delitos subsequentes continuação do primeiro, isto é, os crimes parcelares devem resultar de um plano previamente elaborado pelo agente" (STJ, HC 490.707 / SC, Rel. Min. Ribeiro Dantas, 5ª T., DJe 1º/03/2019).

A expressão contida no art. 71 do Código Penal – *devem os subsequentes ser havidos como continuação do primeiro* – mais do que nos permitir, nos obriga a chegar a essa conclusão.[23] Se, por exemplo, determinado agente, como se tem verificado ultimamente pelos noticiários jornalísticos, pretender roubar todas as agências bancárias de uma pequena cidade do interior, pois chegou ao seu conhecimento de que nela não havia um policiamento adequado e, assim, conseguir subtrair valores de três agências diferentes, é possível visualizar nessa hipótese uma relação de contexto ou uma unidade de desígnio. Ou seja, as três infrações penais praticadas estavam interligadas; a finalidade era a de levar a efeito, num único dia, os três roubos. Permite-se, aqui, primeiramente pela teoria da ficção jurídica, entender que os fatos foram cometidos numa relação de contexto, pois, segundo a teoria objetivo-subjetiva, estavam presentes, *in*

---

[22] BÉZE, Patrícia Mothé Glioche. *Concurso formal e crime continuado*, p. 155.

[23] "Sob a égide do antigo paradigma *causal* de fato punível, o critério do legislador para determinar a relação de *continuação* deveria ser, necessariamente, *objetivo* e, por isso, a relação de *continuação* dos fatos típicos devia ser interpretada de um ponto de vista objetivo. Mas, adotado pelo legislador o sistema *finalista* como paradigma da parte geral do Código Penal, a estrutura das ações típicas continuadas – como, aliás, a estrutura de qualquer ação típica, inclusive das ações típicas em concorrência *material e formal* –, é constituída de elementos objetivos e subjetivos, cujo exame é *necessário* para determinar não só a existência de *crimes da mesma espécie*, mas, também, para verificar a existência da relação de *continuação* da ação típica anterior *através* das ações típicas posteriores" (Santos, Juarez Cirino dos. *A moderna teoria do fato punível*, p. 340-341).

casu, os requisitos de ordem objetiva (condições de tempo, lugar e maneira de execução), além do necessário requisito de natureza subjetiva (a unidade de desígnio).

Imagine-se, agora, outro exemplo: Suponhamos que determinado agente tenha praticado um delito de roubo numa agência bancária localizada em Belo Horizonte. Dias mais tarde, depois de ter consumido com todos os valores por ele subtraídos, resolve levar a efeito nova empreitada criminosa, vindo a roubar valores de outra agência, na mesma cidade. Pergunta-se: Qual a unidade de desígnio ou a relação de contexto que se pode visualizar entre as duas infrações apontadas? Obviamente que nenhuma, razão pela qual não poderá ser beneficiado com a ficção jurídica do crime continuado.

Assim se posicionou o STF nesse sentido:

"Penal. Crime continuado. Código Penal, art. 71. I – Para que ocorra a continuidade delitiva é necessário que os delitos tenham sido praticados pelos agentes, com a utilização de ocasiões nascidas da situação primitiva, devendo existir, pois, nexo de causalidade com relação à hora, lugar e circunstâncias. II – *HC* indeferido" (*HC* 68.890/SP, 2ª T., Rel. Carlos Velloso, DJU 30/3/2001).

4.4. Crimes dolosos, contra vítimas diferentes, cometidos com violência ou grave ameaça à pessoa

O parágrafo único do art. 71 do Código Penal diz que *nos crimes dolosos, contra vítimas diferentes, cometidos com violência ou grave ameaça à pessoa, poderá o juiz, considerando a culpabilidade, os antecedentes, a conduta social e a personalidade do agente, bem como os motivos e as circunstâncias, aumentar a pena de um só dos crimes, se idênticas, ou a mais grave, se diversas, até o triplo, observadas as regras do parágrafo único do art. 70 e do art. 75 deste Código*, permitindo expressamente, portanto, a aplicação da ficção jurídica do crime continuado nas infrações penais praticadas contra vítimas diferentes, cometidas com violência ou grave ameaça à pessoa.

Com a redação trazida pela parte geral de 84, cai por terra a Súmula nº 605 do STF, que dizia não se admitir a continuidade delitiva nos crimes contra a vida. Hoje, portanto, será perfeitamente admissível a hipótese de aplicação das regras do crime continuado àquele que, por vingança, resolve exterminar todos os homens pertencentes a uma família rival à sua, ou, na hipótese de roubo, julgada pelo STF, cuja ementa merece ser transcrita:

"*Habeas corpus* – Crime de roubo qualificado em diversos apartamentos do mesmo edifício – Ocorrência de crime continuado qualificado (CP, parágrafo único do art. 71) – Presente a pluralidade de condutas e a de crimes dolosos da mesma espécie, praticados com emprego de armas, nas mesmas condições de tempo, lugar e maneira de execução, ocorre a hipótese de crime continuado qualificado, ou específico, previsto no par. único do art. 71 do Código Penal" (STF, *HC* 72.280-6, Rel. Maurício Corrêa, DJU 26/4/1996, p. 13.114).

4.5. Crime continuado simples e crime continuado qualificado

A possibilidade de haver a continuidade delitiva nas infrações penais em que o agente tenha atuado com o emprego de violência ou grave ameaça à pessoa, contra vítimas diferentes, fez surgir a distinção entre o crime continuado simples e o crime continuado qualificado. Diz-se simples o crime continuado nas hipóteses do *caput* do art. 71 do Código Penal; qualificado é o crime continuado previsto no parágrafo único do art. 71 do mesmo diploma repressivo, que permite aumentar a pena de um só dos crimes, se idênticas, ou a mais grave, se diversas, até o triplo.

O parágrafo único do art. 71 do Código Penal determina sejam observadas as regras do parágrafo único do art. 70, que prevê o chamado concurso material benéfico, bem como a do art. 75, que cuida do limite das penas. O concurso material benéfico será visto mais adiante. A referência ao art. 75 do Código Penal não impede de ser aplicada uma pena superior a quarenta anos ao agente, pois o mencionado artigo diz textualmente que *o tempo de cumprimento das penas privativas de liberdade não pode ser superior a 40 (quarenta) anos*, ou seja, à primeira vista, o condenado não poderá cumprir ininterruptamente mais do que quarenta anos, podendo, contudo, ser condenado a uma pena bem superior àquela a que deverá efetivamente cumprir.

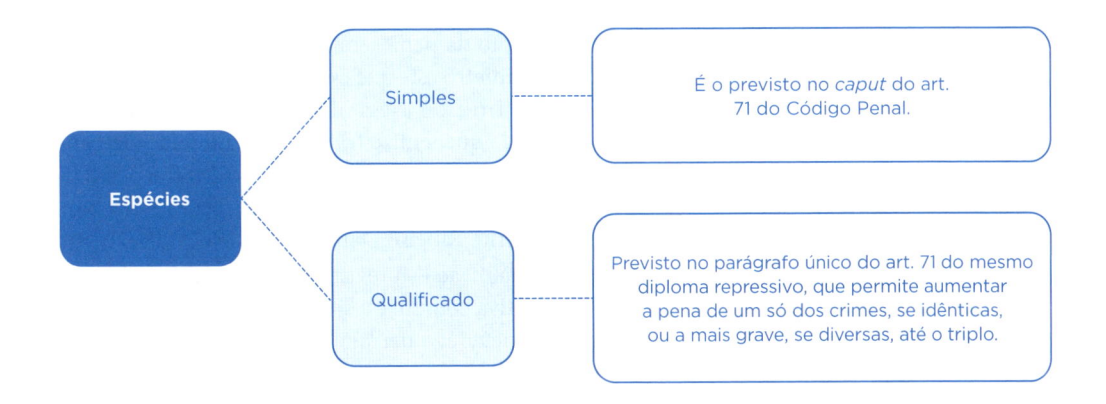

Espécies
- **Simples**: É o previsto no *caput* do art. 71 do Código Penal.
- **Qualificado**: Previsto no parágrafo único do art. 71 do mesmo diploma repressivo, que permite aumentar a pena de um só dos crimes, se idênticas, ou a mais grave, se diversas, até o triplo.

4.6. Consequências do crime continuado

Nas hipóteses de crime continuado simples, determina a lei a aplicação da pena de um só dos crimes, se idênticas, ou a mais grave, se diversas, aumentada, em qualquer caso, de um sexto a dois terços.

No caso do chamado crime continuado qualificado, o juiz, após considerar a culpabilidade, os antecedentes, a conduta social e a personalidade do agente, bem como os motivos e as circunstâncias, poderá aumentar a pena de um só dos crimes, se idênticas, ou a mais grave, se diversas, até o triplo. O triplo da pena para uma das infrações cometidas pelo agente será o teto máximo para o aumento correspondente ao crime continuado. E qual seria o aumento mínimo? Fazendo-se uma interpretação sistêmica do Código Penal, chegamos à conclusão de que o aumento mínimo será de um sexto, o mesmo previsto para o *caput* do art. 71, uma vez que não seria razoável que o juiz procedesse a aumento inferior ao determinado na hipótese de crime continuado simples que, em tese, se configura em situação menos grave do que a do parágrafo único.

4.7. Concurso material benéfico

O parágrafo único do art. 71 determina que seja observada a regra relativa ao concurso material benéfico, prevista no parágrafo único do art. 70 do Código Penal. O mesmo raciocínio que fizemos ao analisar o concurso formal pode ser transportado para o tema correspondente ao crime continuado. A ficção do crime continuado, por razões de política criminal, foi criada em benefício do agente. Assim, não seria razoável que um instituto criado com essa finalidade viesse, quando da sua aplicação, a prejudicá-lo. Se o juiz, portanto, ao levar a efeito os cálculos do aumento correspondentes ao crime continuado, verificar que tal instituto, se aplicado, será mais gravoso do que se houvesse o concurso material de crimes, deverá desprezar as regras daquele e proceder ao cúmulo material das penas.

4.8. Dosagem da pena no crime continuado

Da mesma forma que o concurso formal, no crime continuado, seja simples ou qualificado, o percentual de aumento da pena varia de acordo com o número de infrações penais praticadas. Nesse sentido, vinha decidindo o STJ:

"Firmou-se nesta Corte o entendimento de que o número de infrações cometidas deve ser considerado quando da escolha da fração de aumento decorrente da continuidade delitiva, dentre os parâmetros previstos no *caput* do art. 71 do Código Penal, sendo 1/6 (um sexto) para a hipótese de dois delitos até o patamar máximo de 2/3 (dois terços) para o caso de 7 infrações ou mais" (STJ, AgRg no AREsp 1.467.830 / RN, Rel. Min. Reynaldo Soares da Fonseca, 5ª T., DJe 04/10/2019).

"No tocante à continuidade delitiva, a exasperação da pena será determinada, basicamente, pelo número de infrações penais cometidas, parâmetro este que especificará no caso concreto a fração de aumento, dentro do intervalo legal de 1/6 a 2/3. Nesse diapasão esta Corte Superior de Justiça possui o entendimento consolidado de que, em se tratando de aumento de pena referente à continuidade delitiva, aplica-se a fração de 1/6 pela prática de 2 infrações; 1/5, para 3 infrações; 1/4 para 4 infrações; 1/3 para 5 infrações; 1/2 para 6 infrações e 2/3 para 7 ou mais infrações" (STJ, HC 411.169/SP, Rel. Min. Ribeiro Dantas, 5ª T., DJe 30/05/2018).

"A regra da continuidade delitiva específica ou qualificada – prevista no parágrafo único do art. 71 do CP –, diferentemente da continuidade delitiva comum ou simples – capitulada no *caput* do mesmo artigo, cujo aumento varia de 1/6 à metade –, permite o aumento das penas até o triplo. Seguindo tal entendimento, a jurisprudência do STJ sedimentou-se no sentido de que a fração de aumento pela continuidade delitiva específica prevista no art. 71, parágrafo único, do Código Penal, pressupõe a análise de requisitos objetivos (quantidade de crimes praticados) e subjetivos, estes consistentes na análise da culpabilidade, dos antecedentes, da conduta social, da personalidade do agente, dos motivos e das circunstâncias do crime (circunstâncias judiciais previstas no art. 59 do CP). *In casu*, o agravante foi condenado pela prática de dois homicídios qualificados em continuidade delitiva e teve a pena-base fixada acima do mínimo legal em razão de circunstâncias judiciais desfavoráveis, o que mostra mais adequada a fixação do aumento no patamar de 1/3 (um terço), diante da desproporcionalidade da aplicação da fração de 1/6" (STJ, AgRg no REsp 1252935/MG, Rel. Min. Reynaldo Soares da Fonseca, 5ª T., DJe 1º/06/2016).

No entanto, a Terceira Seção do Superior Tribunal de Justiça, criando critérios objetivos para os aumentos correspondentes ao crime continuado, editou a Súmula nº 659, publicada no DJe de 8 de setembro de 2023, que diz:

> "Súmula nº 659. A fração de aumento em razão da prática de crime continuado deve ser fixada de acordo com o número de delitos cometidos, aplicando-se 1/6 pela prática de duas infrações, 1/5 para três, 1/4 para quatro, 1/3 para cinco, 1/2 para seis e 2/3 para sete ou mais infrações".

4.9. Crime continuado e *novatio legis in pejus*

Pode acontecer que, durante a cadeia de infrações penais praticadas pelo agente, parte dela seja cometida durante a vigência de uma lei nova, que agravou, por exemplo, a situação anterior. Ou seja, parte das infrações penais foi praticada durante a vigência da Lei *A*, e outra parte durante a vigência da Lei *B*, sendo a lei posterior mais gravosa.

O que fazer diante dessa situação? Sabe-se que a ficção do crime continuado foi criada com a finalidade de beneficiar o agente, desde que presentes todos os seus requisitos, dando-se a ideia, fictamente, de infração única. Também afirmamos, com base no disposto na parte final do parágrafo único do art. 70 do Código Penal, que se a regra relativa à continuidade delitiva for prejudicial ao agente, deverá ela ser desprezada, aplicando-se, pois, o chamado concurso material benéfico. No que diz respeito à sucessão de leis no tempo, respondendo à nossa indagação, o STF tem decidido reiteradamente no sentido de que a lei posterior, mesmo que mais gravosa, será aplicada a toda a cadeia de infrações penais, conforme se verifica pelos julgados abaixo colacionados, posição à qual nos filiamos, haja vista que, mesmo conhecedores da nova lei penal, os agentes que, ainda assim, insistiram em cometer novos delitos deverão ser responsabilizados pelo todo, com base na lei nova.

Nesse sentido:

"No tocante à persistência da continuidade delitiva depois de editada lei mais severa do que a anterior sob cuja vigência se iniciou essa continuidade, o Plenário desta Corte e ambas as suas Turmas já se manifestaram pela aplicação da lei posterior mais severa. Assim, na Extradição 714, relator Ministro Sepúlveda Pertence, 13/11/97, onde se afirmou a aplicação da lei nova, ainda que mais severa, quando o início de sua vigência é anterior à cessação da permanência ou da continuidade" (STF, *HC* 77.437/RS, 1ª T., Rel. Min. Moreira Alves – DJU 16/10/1998).

"Se o paciente praticou a série de crimes sob o império de duas leis, sendo mais grave a posterior, aplica-se a nova disciplina penal a toda ela, tendo em vista que o delinquente já estava advertido da maior gravidade da sanção e persistiu na prática da conduta delituosa" (STF, *HC* 76.680, 1ª T., Rel. Min. Ilmar Galvão, DJU 12/6/1998).

A reiteração das decisões do Supremo Tribunal Federal levou aquela Corte Suprema, na sessão plenária de 24 de setembro de 2003, a aprovar a Súmula nº 711, que diz:

> **Súmula nº 711.** *A lei penal mais grave aplica-se ao crime continuado ou ao crime permanente, se a sua vigência é anterior à cessação da continuidade ou da permanência.*

Em sentido contrário, Alcides da Fonseca Neto assevera que, "na sucessão de leis no tempo, para o caso de crime praticado em continuidade delitiva, em cujo lapso sobreveio lei mais severa, deve ser aplicada lei anterior – *lex mitior*"[24] – reconhecendo-se a sua ultra-atividade em favor do réu (art. 5º, XL, da CF).

5. APLICAÇÃO DA PENA NO CONCURSO DE CRIMES

Merece destaque o tema relativo à aplicação da pena no concurso de crimes. Na sentença que reconhecer o concurso de crimes, em qualquer das três hipóteses até aqui analisadas – concurso material, concurso formal e crime continuado –, deverá o juiz aplicar, isoladamente, a pena correspondente a cada infração penal praticada. Após, segue-se a aplicação das regras correspondentes aos aludidos concursos.

Tal raciocínio faz-se mister porque o próprio Código Penal determina, no art. 119, que, *no caso de concurso de crimes, a extinção da punibilidade incidirá sobre a pena de cada um, isoladamente*, ou seja, o juiz não poderá levar a efeito o cálculo da prescrição sobre o total da pena aplicada no caso de concurso de crimes, devendo-se conhecer, de antemão, as penas que por ele foram aplicadas em seu ato decisório e que correspondem a cada uma das infrações praticadas isoladamente.

Suponhamos que alguém tenha sido condenado por ter, culposamente, efetuado um disparo com seu revólver, no momento em que o limpava, causando a morte de uma pessoa, bem como produzindo lesões corporais em outra. O juiz deverá aplicar a pena do homicídio culposo; em seguida, deverá encontrar a pena do crime de lesão corporal culposa; após fixadas as penas, aplicará a regra do concurso formal heterogêneo, ou seja, com base na maior das penas, que é a do delito de homicídio culposo, aplicará o percentual de aumento de um sexto até metade. A título de raciocínio, imagine-se que tenha encontrado a pena de um ano de detenção para o homicídio e dois meses de detenção para a lesão corporal culposa. Se aplicada a regra do concurso formal, aumentando-se em um sexto, a pena final seria de um ano e dois meses de detenção, cuja

---

[24] FONSECA NETO, Alcides da. *O crime continuado*, p. 147.

prescrição, nos termos do art. 109, V, do Código Penal, ocorreria em quatro anos. Contudo, a pena de cada infração deverá ser analisada isoladamente, podendo-se concluir que, no que diz respeito ao crime de lesão corporal culposa, a prescrição ocorrerá em três anos, conforme dispõe o art. 109, VI, do Código Penal, e a pena do homicídio culposo em quatro anos.

6. MULTA NO CONCURSO DE CRIMES

Diz o art. 72 do Código Penal que, *no concurso de crimes, as penas de multa são aplicadas distinta e integralmente.*

Isso quer dizer que, nas hipóteses de concurso material, concurso formal ou mesmo crime continuado, as penas de multa deverão ser aplicadas isoladamente para cada infração penal. Imagine-se que alguém tenha praticado quatro crimes em concurso formal. Aqui, ao invés de ser aplicado o percentual de aumento de um sexto até metade, as penas de multa serão encontradas isoladamente.

Embora com relação ao concurso material e ao concurso formal imperfeito não haja maiores discussões, no que diz respeito à aplicação da multa nas hipóteses de concurso formal perfeito e continuidade delitiva existe divergência doutrinária e jurisprudencial. Preleciona Alberto Silva Franco:

> "Se se entender que se trata de um concurso de crimes, não há dúvida de que a solução será igual à do concurso formal. Se, no entanto, se considerar que se cuida de uma hipótese não de concurso de crimes, mas, sim, de unidade legal de infrações, ou melhor, de crime único, o art. 72 da PG/84 não teria aplicabilidade e, nessa situação, a exacerbação punitiva incidiria necessariamente na determinação do número de dias-multa, dentro do sistema de dias-multa ora acolhido na PG/84. Destarte, a divergência que já existe em nível jurisprudencial persistiria."[25]

7. JURISPRUDÊNCIA EM TESES DO SUPERIOR TRIBUNAL DE JUSTIÇA, BOLETIM Nº 17, PUBLICADO EM 6 DE AGOSTO DE 2014, SOBRE CRIME CONTINUADO I

1) Para a caracterização da continuidade delitiva é imprescindível o preenchimento de requisitos de ordem objetiva – mesmas condições de tempo, lugar e forma de execução – e de ordem subjetiva – unidade de desígnios ou vínculo subjetivo entre os eventos (Teoria Mista ou Objetivo-subjetiva).

2) A continuidade delitiva, em regra, não pode ser reconhecida quando se tratarem de delitos praticados em período superior a 30 (trinta) dias.

3) A continuidade delitiva pode ser reconhecida quando se tratarem de delitos ocorridos em comarcas limítrofes ou próximas.

4) A continuidade delitiva não pode ser reconhecida quando se tratarem de delitos cometidos com modos de execução diversos.

5) Não há crime continuado quando configurada habitualidade delitiva ou reiteração criminosa.

6) Quando se tratar de crime continuado, a prescrição regula-se pela pena imposta na sentença, não se computando o acréscimo decorrente da continuação (Súmula 497/STF).

7) A lei penal mais grave aplica-se ao crime continuado ou ao crime permanente, se a sua vigência é anterior à cessação da continuidade delitiva ou da permanência (Súmula 711/STF).

---

[25] FRANCO, Alberto Silva. *Código penal e sua interpretação jurisprudencial* – Parte geral, v. 1, t. 1, p. 1.191.

8) O estupro e atentado violento ao pudor cometidos contra a mesma vítima e no mesmo contexto devem ser tratados como crime único, após a nova disciplina trazida pela Lei nº 12.015/2009.

9) É possível reconhecer a continuidade delitiva entre estupro e atentado violento ao pudor quando praticados contra vítimas diversas ou fora do mesmo contexto, desde que presentes os requisitos do artigo 71 do Código Penal.

10) A Lei nº 12.015/2009, ao incluir no mesmo tipo penal os delitos de estupro e atentado violento ao pudor, possibilitou a caracterização de crime único ou de crime continuado entre as condutas, devendo retroagir para alcançar os fatos praticados antes da sua vigência, por se tratar de norma penal mais benéfica.

11) No concurso de crimes, a pena considerada para fins de fixação da competência do Juizado Especial Criminal será o resultado da soma, no caso de concurso material, ou da exasperação, na hipótese de concurso formal ou crime continuado, das penas máximas cominadas aos delitos.

8. JURISPRUDÊNCIA EM TESES DO SUPERIOR TRIBUNAL DE JUSTIÇA, BOLETIM Nº 20, PUBLICADO EM 17 DE SETEMBRO DE 2014, SOBRE CRIME CONTINUADO II

1) Para a caracterização da continuidade delitiva, são considerados crimes da mesma espécie aqueles previstos no mesmo tipo penal.

2) É possível o reconhecimento de crime continuado entre os delitos de apropriação indébita previdenciária (art. 168-A do CP) e de sonegação de contribuição previdenciária (art. 337-A do CP).

3) Presentes as condições do art. 71 do Código Penal, deve ser reconhecida a continuidade delitiva no crime de peculato-desvio.

4) Não é possível reconhecer a continuidade delitiva entre os crimes de roubo (art. 157 do CP) e de latrocínio (art. 157, § 3º, segunda parte, do CP) porque apesar de serem do mesmo gênero não são da mesma espécie.

5) Não é possível reconhecer a continuidade delitiva entre os crimes de roubo (art. 157 do CP) e de extorsão (art. 158 do CP), pois são infrações penais de espécies diferentes.

6) Admite-se a continuidade delitiva nos crimes contra a vida.

7) O entendimento da Súmula nº 605 do STF – "não se admite continuidade delitiva nos crimes contra a vida" – encontra-se superado pelo parágrafo único do art. 71 do Código Penal, criado pela reforma de 1984.

8) Na continuidade delitiva prevista no caput do art. 71 do CP, o aumento se faz em razão do número de infrações praticadas e de acordo com a seguinte correlação: 1/6 para duas infrações; 1/5 para três; 1/4 para quatro; 1/3 para cinco; 1/2 para seis; 2/3 para sete ou mais ilícitos.

9) Na continuidade delitiva específica, prevista no parágrafo único do art. 71 do CP, o aumento fundamenta-se no número de infrações cometidas e nas circunstâncias judiciais do art. 59 do CP.

10) Caracterizado o concurso formal e a continuidade delitiva entre infrações penais, aplica-se somente o aumento relativo à continuidade, sob pena de *bis in idem*.

11) No crime continuado, as penas de multa devem ser somadas, nos termos do art. 72 do CP.

12) No crime continuado, a pena de multa deve ser aplicada mediante o critério da exasperação, tendo em vista a inaplicabilidade do art. 72 do CP.

13) O reconhecimento dos pressupostos do crime continuado, notadamente as condições de tempo, lugar e maneira de execução, demanda dilação probatória, incabível na via estreita do *habeas corpus*.

Capítulo XXXIX
Dos Crimes Aberrantes

1. INTRODUÇÃO

Muito se tem discutido ultimamente a respeito daquilo que se convencionou denominar "casos de bala perdida." Pessoas são mortas em suas próprias casas, assistindo à televisão, ou na porta de escolas, de hospitais, de supermercados etc. A troca de tiros entre delinquentes que disputam um "ponto de venda de drogas", ou mesmo entre policiais e criminosos, pode levar à morte ou causar lesões em pessoas inocentes. Esses fatos podem ser considerados como uma das três hipóteses do chamado *crime aberrante*, que são as seguintes: *a) aberratio ictus; b) aberratio criminis e c) aberratio causae.*

As duas primeiras encontram previsão no Código Penal, sendo a última delas definida pela doutrina.

A *aberratio ictus*, que quer dizer desvio no golpe ou aberração no ataque, veio prevista no art. 73 do Código Penal que, sob a rubrica do erro na execução, diz:

> **Art. 73.** Quando, por acidente ou erro no uso dos meios de execução, o agente, ao invés de atingir a pessoa que pretendia ofender, atinge pessoa diversa, responde como se tivesse praticado o crime contra aquela, atendendo-se ao disposto no § 3º do art. 20 deste Código. No caso de ser também atingida a pessoa que o agente pretendia ofender, aplica-se a regra do art. 70 deste Código.

A *aberratio criminis ou aberratio delicti* encontrou guarida no art. 74 do Código Penal, que, discorrendo sobre o resultado diverso do pretendido, determinou:

> **Art. 74.** Fora dos casos do artigo anterior, quando, por acidente ou erro na execução do crime, sobrevém resultado diverso do pretendido, o agente responde por culpa, se o fato é previsto como crime culposo; se ocorre também o resultado pretendido, aplica-se a regra do art. 70 deste Código.

Não houve, como dissemos, regulamentação legal da hipótese de *aberratio causae*, cuja análise será feita mais detidamente ao final deste capítulo.

2. ERRO NA EXECUÇÃO (*ABERRATIO ICTUS*)

Embora a doutrina faça referência ao erro na execução como hipótese de erro de tipo acidental, como já tivemos oportunidade de destacar em capítulo próprio, na verdade, se analisarmos o sentido técnico da expressão *erro* como a falsa percepção ou o conhecimento equivocado da realidade, a colocação do estudo do erro na execução sob a rubrica do erro de tipo acidental não foi uma escolha feliz. A palavra *erro*, aqui empregada, não tem o sentido de falso conhecimento da realidade. Nesse caso, como veremos a seguir, o agente conhece exatamente aquilo que está acontecendo. Contudo, por um desvio no golpe ou por uma aberração no ataque, o agente, em vez de atingir a pessoa que pretendia ofender, atinge pessoa diversa. Não há, portanto, tecnicamente, qualquer pensamento dissociado da realidade, como acontece nas hipóteses de erro.

Como bem destacou Cezar Roberto Bitencourt:

"No erro de execução a pessoa visada é a própria, embora outra venha a ser atingida, involuntária e acidentalmente. O agente dirige a conduta contra a vítima visada, o gesto criminoso é dirigido corretamente, mas a execução sai errada e a vontade criminosa vai concretizar-se em pessoa diferente. Não é o elemento psicológico da ação que é viciado – como ocorre no *error in persona* –, mas é a fase executória que não corresponde exatamente ao representado pelo agente, que tem clara percepção da realidade. O erro na *aberratio* surge não no processo de formação de vontade, mas no momento da sua exteriorização, da sua execução."[1]

São vários os detalhes que merecem atenção no estudo do erro na execução, sendo que, neste momento, analisaremos inicialmente dois deles, a saber:

a) o agente quer atingir uma pessoa;
b) contudo, por acidente ou erro no uso dos meios de execução, vem a atingir uma pessoa diversa.

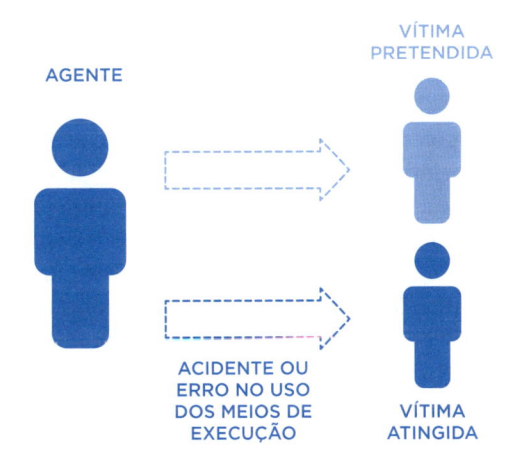

A primeira ilação que se faz do erro na execução é que ele, como induz o artigo, é um erro de *pessoa* para *pessoa*, ou seja, o agente quer atingir uma determinada pessoa e acaba atingindo pessoa diversa. Por exemplo, **A** querendo causar a morte de **B**, atira em direção a este último, vindo, contudo, a atingir **C**, causando-lhe a morte.

Sendo um erro de *pessoa* para *pessoa*, o agente pode atingir somente aquela contra a qual não estava dirigindo a sua conduta ou mesmo produzir um duplo resultado. Por essa razão, a *aberratio ictus* pode ser dividida em:

a) *aberratio ictus* com unidade simples;
b) *aberratio ictus* com unidade complexa.

---

[1] BITENCOURT, Cezar Roberto. *Manual de direito penal* – Parte geral, p. 535.

Na primeira hipótese, o agente, em vez de atingir a pessoa que pretendia ofender, atinge pessoa diversa, produzindo um único resultado (morte ou lesão corporal). O art. 73 do Código Penal determina, neste caso, seja aplicada a regra do erro sobre a pessoa, prevista no § 3º do art. 20 do Código Penal. Assim, se houver a produção do resultado morte em pessoa diversa, o agente responderá por um único crime de homicídio doloso consumado, como se efetivamente tivesse atingido a pessoa a quem pretendia ofender. Se queria a morte de seu pai e, por erro na execução, matar um estranho, responderá pelo delito de homicídio, aplicando-se, ainda, a circunstância agravante prevista no art. 61, II, *e*, primeira figura do Código Penal (ter cometido o crime contra ascendente). Se, contudo, ainda agindo com *animus necandi*, atingir terceira pessoa, causando-lhe lesões corporais, deverá o agente responder pela tentativa de homicídio. Na segunda hipótese de *aberratio ictus*, há um resultado duplo, razão pela qual a unidade é tida como complexa. Aplica-se, nesse caso, a regra do concurso formal de crimes, prevista no art. 70 do Código Penal. São quatro as hipóteses de *aberratio ictus* com unidade complexa, partindo-se do pressuposto de que em todos os casos o agente atua com o dolo de matar: 1º) o agente atira em **A**, causando não só a sua morte, como também a de **B**. Responderá pelo crime de homicídio doloso consumado, com a pena aumentada de 1/6 até metade; 2º) o agente mata **A** e fere **B**. Responderá pelo homicídio consumado, aplicando-se também o aumento previsto pelo art. 70; 3º) o agente fere **A** e **B**. Deverá ser responsabilizado pela tentativa de homicídio, aplicando-se o aumento de 1/6 até metade; 4º) o agente fere **A**, aquele contra o qual havia atuado com dolo de matar; contudo, acaba produzindo o resultado morte em **B**. Responderá pelo homicídio doloso consumado, aplicando-se o aumento do concurso formal de crimes.

Como se percebe, não fosse a regra da *aberratio ictus,* o agente teria sempre de responder por duas infrações penais, havendo ou não o concurso formal. Isso porque, tomando-se como exemplo a primeira hipótese estudada, imagine-se que o agente, agindo com vontade de matar, tivesse atirado em **A**, vindo, contudo, a causar a morte de **B**. Deixando de lado a regra do erro na execução, teríamos, *in casu*, uma tentativa de homicídio com relação a **A** e um delito de homicídio culposo com relação a **B**. Note-se que estamos partindo da premissa de que o resultado proveniente de erro na execução era previsível para o agente, razão pela qual o resultado ocorrido na vítima efetiva (**B**) deve ser transportado para a vítima em potencial (**A**). Suponhamos, agora, o seguinte: Um matador profissional leva a vítima para um lugar abandonado, isolado da cidade, próprio para o extermínio de pessoas. Ninguém trabalha ali por perto, o vilarejo mais próximo fica a quilômetros de distância e este lugar é completamente cercado, impedindo o ingresso de pessoas estranhas. Ao levar a vítima para esse local, que serve de cemitério clandestino, o agente aponta-lhe o seu fuzil e puxa o gatilho. Erra o alvo e, ao fundo, escuta o grito de uma outra pessoa que por ele havia sido atingida. Essa outra pessoa era um mendigo que havia pulado a cerca que ficava ao redor da propriedade e, supondo-a abandonada, resolveu por ali dormir. Indaga-se: Da forma como o problema foi colocado, era previsível que o agente, errando o alvo, pudesse acertar em uma outra pessoa? Absolutamente não. Se esse resultado não lhe era previsível, não será possível, segundo entendemos, transportá-lo para a vítima em potencial, ou seja, aquela pessoa que para ali havia sido levada com a finalidade de ser morta, razão pela qual o agente deverá responder somente pela sua tentativa de homicídio.

Colocando-se contrariamente à posição por nós assumida, Paulo José da Costa Júnior aduz:

"Prevalece na Itália a concepção pela qual o agente é responsabilizado pelo segundo evento de forma objetiva. No Brasil, a posição não deve ser diversa. De fato, a segunda parte do art. 73 não exige qualquer indagação acerca do comportamento psicológico do agente, limitando-se a determinar que 'no caso de ser também atingida a pessoa que o agente pretendia ofender', ser-lhe-á imposta 'a mais grave das penas cabíveis, ou, se iguais, somente uma delas, mas aumentada, em qualquer caso, de um sexto até metade.'²

Apesar da posição do renomado professor, não podemos tolerar, nos dias de hoje, qualquer ofensa ao princípio do *nullum crimen sine culpa*, ou seja, o agente somente poderá responder pelos resultados que vier a produzir a título de dolo ou culpa, afastando-se, portanto, a chamada responsabilidade penal objetiva.

2.1. *Aberratio ictus* e dolo eventual

Se a *aberratio ictus* quer traduzir uma hipótese de desvio no golpe ou uma aberração no ataque, será ela compatível com o dolo eventual no que diz respeito à vítima que fora efetivamente atingida em virtude de erro na execução?

Entendemos que se o caso é de erro na execução, aquele que atinge outra pessoa que não aquela que pretendia ofender, somente se poderá cogitar em *aberratio* se o resultado for proveniente de culpa, afastando-se o erro na hipótese de dolo, seja ele direto ou mesmo eventual. Isso porque se o agente queria (diretamente) ou não se importava em produzir o resultado por ele previsto e aceito, agindo com dolo eventual, não há falar em *erro na execução*.

Nesse sentido é a lição de Paulo José da Costa Júnior que, com precisão, assevera:

> "Não se poderá, pois, conceber um comportamento doloso qualquer com respeito à pessoa atingida e não visada. Em outras palavras: a pessoa diversa não poderá estar compreendida na esfera representativa ou volitiva do sujeito agente, quer porque o art. 73 não põe a seu cargo as agravantes que respeitam a individualidade do ofendido, quer porque se trata de uma divergência entre desejado e realizado devido a um acidente ou erro no uso dos meios de execução do crime. Nem mesmo o dolo, em sua forma eventual, de menor intensidade, poderá configurar-se com atinência à pessoa diversa. Qualquer forma de dolo é incompatível com as hipóteses previstas pelo art. 73, escapando ao âmbito da *aberratio ictus*."³

3. RESULTADO DIVERSO DO PRETENDIDO (*ABERRATIO CRIMINIS* OU *ABERRATIO DELICTI*)

O art. 74 do Código Penal inicia sua redação dizendo:

> **Art. 74.** Fora dos casos do artigo anterior, quando, por acidente ou erro na execução do crime, sobrevém resultado diverso do pretendido, o agente responde por culpa, se o fato é previsto como crime culposo; se ocorre também o resultado pretendido, aplica-se a regra do art. 70 deste Código.

No artigo anterior, mencionado pelo art. 74, encontra-se a hipótese de *aberratio ictus* que, já dissemos, ocorre quando o erro do agente varia de *pessoa* para *pessoa*. Como o art. 74 começa a sua redação dizendo *fora dos casos do artigo anterior*, entende-se que nele será estudada outra modalidade de erro, que não o erro de *pessoa* para *pessoa*.

Damásio, com precisão, aduz:

> "*Aberratio criminis* (ou *aberratio delicti*) significa desvio do crime. Enquanto na *aberratio ictus* existe erro de execução a *persona in personam*, na *aberratio criminis* há erro na execução

---

² COSTA JÚNIOR, Paulo José da. *O crime aberrante*, p. 50-51.
³ COSTA JÚNIOR, Paulo José da. *O crime aberrante*, p. 46.

do tipo a *personam in rem* ou a *re in personam*. No primeiro caso, o agente quer atingir uma pessoa e ofende outra (ou ambas). No segundo, quer atingir um bem jurídico e ofende outro (de espécie diversa)."[4]

Interpretando o artigo em estudo, podemos concluir que somente haverá interesse na sua aplicação quando o erro for de coisa para pessoa. Na hipótese de ser o erro de pessoa para coisa ficará mantido o dolo do agente, que responderá pela infração penal correspondente à sua finalidade criminosa. Assim, suponhamos que **A** arremesse uma pedra contra uma vitrine com a finalidade de destruí-la; contudo erra o alvo e atinge uma pessoa que por ali passava. De acordo com a regra do art. 74 do Código Penal, se o erro for de coisa para pessoa, se houver um resultado único, devemos desprezar o dolo inicial do agente, que era de causar dano, e o responsabilizaremos pelo resultado por ele produzido a título de culpa, devendo responder, portanto, pelo homicídio ou pelas lesões corporais por ele causadas culposamente. Numa situação inversa, quando o erro do agente varia de pessoa para coisa, embora tenha o agente errado a pessoa que pretendia ofender, vindo a atingir uma coisa, destruindo-a culposamente, para que não cheguemos a conclusões absurdas, devemos desprezar o resultado, pois atípico, fazendo com que o agente responda pelo seu dolo. Se a sua conduta era finalisticamente dirigida a causar a morte da vítima, responderá por tentativa de homicídio; se era a de produzir-lhe lesões, será responsabilizado por tentativa de lesão corporal.

Tal raciocínio se faz necessário porque, caso contrário, o simples fato de o agente ter errado a pessoa, contra quem dirigia sua conduta a fim de causar- -lhe a morte, vindo, contudo, a destruir culposamente uma coisa, não havendo possibilidade de ser punido pelo dano, cuja modalidade culposa não foi prevista pelo Código Penal, conduziria a uma situação de atipicidade do fato por ele levado a efeito, o que é de todo inconcebível.

Pode ser que a conduta do agente produza dois resultados: um contra a pessoa contra quem o agente queria praticar o crime e o outro, o dano por ele produzido culposamente. Nesse caso, como não há o dano culposo, não há que falar em concurso formal, aplicando-se somente a pena correspondente ao crime contra a pessoa. Se a finalidade era a de causar dano e se o agente, além de conseguir produzi-lo, vier a atingir uma pessoa, a situação agora permitirá a aplicação da regra do concurso formal de crimes, haja vista que o julgador deverá selecionar a mais grave das penas e sobre ela aplicar o aumento de um sexto até metade, previsto pelo art. 70 do Código Penal.

4. CONCURSO MATERIAL BENÉFICO NAS HIPÓTESES DE *ABERRATIO ICTUS* E *ABERRATIO CRIMINIS*

Em qualquer das hipóteses de *aberratio ictus ou aberratio criminis* com unidade complexa, ou seja, com a produção de dois resultados, deverá ser observada a regra do concurso material benéfico. A regra do concurso formal cederá diante do caso concreto caso a regra do cúmulo material seja mais benéfica ao agente. Assim, por exemplo, aquele que, agindo com dolo de matar, impelido por um motivo fútil, atira contra a vítima, causando-lhe a morte, bem como lesões corporais em terceira pessoa que por ali se encontrava, responde, inicialmente, pela *aberratio ictus* com unidade complexa, aplicando-se a regra do concurso formal de crimes. Entretanto, se levada a efeito a aplicação do concurso formal de crimes, fazendo-se incidir o aumento de um sexto até a metade, a pena final for superior àquela que seria encontrada pela regra do cúmulo material, este último é que terá aplicação ao caso concreto.

---

[4] JESUS, Damásio E. de. *Direito penal*, p. 280.

Assim, deverá o juiz, caso a caso, observar se, efetivamente, a aplicação do concurso formal às hipóteses de crimes aberrantes está ou não beneficiando o agente, pois, caso contrário, deverá ceder espaço para a aplicação do concurso material benéfico.

5. *ABERRATIO CAUSAE*

A última hipótese dos chamados crimes aberrantes diz respeito à *aberratio causae*. Isso quer dizer que o resultado pretendido inicialmente pelo agente pode ter advindo de uma causa que por ele não havia sido cogitada. Assim, suponhamos que o agente, querendo causar a morte da vítima por afogamento, a arremesse, por exemplo, da ponte Rio-Niterói, sendo que, antes de cair na baía de Guanabara, a vítima choca-se com um dos pilares da aludida ponte e morre em virtude de traumatismo craniano, e não por afogamento, como inicialmente pretendia o agente. Pode acontecer, ainda, que ocorra um resultado aberrante também na hipótese em que o agente, após efetuar dois disparos, supondo já ter causado a morte da vítima, com a finalidade de ocultar o suposto cadáver, coloca-a em uma cova, enterrando-a, sendo que esta, na verdade, ainda se encontrava viva, vindo, contudo, a morrer asfixiada. Cuida-se, *in casu*, do chamado dolo geral, que, na definição de Hungria, ocorre "quando o agente, julgando ter obtido o resultado intencionado, pratica segunda ação com diverso propósito e só então é que efetivamente o dito resultado se produz."[5]

Em qualquer caso, havendo o resultado aberrante, o agente responderá pelo seu dolo. No exemplo da ponte, continuará a responder pelo homicídio doloso consumado, mesmo que sua finalidade tenha sido a de produzir a morte por afogamento, e não por traumatismo craniano; no segundo exemplo, havendo o *dolus generalis*, o agente deverá ser responsabilizado pelo seu dolo inicial, ou seja, se pretendia causar a morte com os disparos por ele efetuados, mas se esta somente ocorreu depois que a vítima fora enterrada e asfixiada, continuará a ser responsabilizado por um único crime de homicídio doloso consumado, além do delito de ocultação de cadáver.

---

[5] HUNGRIA, Nélson. *Comentários ao código penal*, v. I, t. II, p. 182.

Capítulo XL
Limite das Penas

Acesse e assista à aula explicativa sobre este assunto.
> http://uqr.to/1wh1c

1. INTRODUÇÃO

A Constituição Federal, por intermédio de seu art. 5º, inciso XLVII, proíbe expressamente as penas de caráter perpétuo, conforme já dissertamos no capítulo correspondente ao princípio da limitação das penas.

Se a pena deve exercer suas funções preventivas, principalmente no que diz respeito à prevenção especial, ou seja, à ressocialização do condenado, seria um enorme contrassenso admitir-se a pena de prisão perpétua, pois seria de total inutilidade buscar a ressocialização daquele que jamais retornaria ao convívio em sociedade.

Embora grande parte da sociedade não admita essa hipótese, influenciada pelos meios de comunicação de massa, é possível e perfeitamente viável a readaptação do condenado à sociedade da qual fora retirado a fim de cumprir a pena que lhe foi imposta em virtude de ter sido condenado pela prática de uma infração penal qualquer. Por mais grave que seja o delito, o condenado tem direito ao arrependimento. Deverá, portanto, durante o cumprimento de sua pena, lutar para retornar à sociedade, buscando tornar-se um cidadão útil. Caso fosse condenado à prisão perpétua, estaríamos retirando-lhe o sopro de esperança que lhe resta para que pudesse voltar a viver pacificamente com seus pares. A sociedade deve, a seu turno, perdoar o erro cometido pelo condenado, facilitando a sua readaptação.

Fato é que todos nós cometemos desvios constantemente, e da mesma forma que precisamos do perdão de nosso irmão, também devemos perdoar, pois, conforme afirma o apóstolo Paulo em sua carta dirigida aos romanos, "todos pecaram e carecem da glória de Deus."[1]

Jesus, ensinando a seus discípulos, contou-lhes a parábola do credor incompassivo, dizendo-lhes:

"Por isso, o reino dos céus é semelhante a um rei que resolveu ajustar contas com os seus servos. E, passando a fazê-lo, trouxeram-lhe um que lhe devia dez mil talentos. Não tendo ele, porém, com que pagar, ordenou o senhor que fosse vendido ele, a mulher, os filhos e tudo quanto possuía e que a dívida fosse paga. Então o servo, prostrando-se reverente, rogou: Sê paciente comigo, e tudo te pagarei. E o senhor daquele servo, compadecendo-se, mandou-o embora e perdoou-lhe a dívida. Saindo, porém, aquele servo, encontrou um dos seus conservos

---

[1] BÍBLIA SAGRADA. *Romanos* 3:23.

que lhe devia cem denários; e, agarrando-o, o sufocava, dizendo: Paga-me o que me deves. Então seu conservo, caindo-lhe aos pés, lhe implorava: Sê paciente comigo, e te pagarei. Ele, entretanto, não quis; antes, indo-se, o lançou na prisão, até que saldasse a dívida. Vendo os seus companheiros o que havia se passado, entristeceram-se muito e foram relatar ao seu senhor tudo que acontecera. Então, o seu senhor, chamando-o, lhe disse: Servo malvado, perdoei-te aquela dívida toda porque me suplicaste; não devias tu, igualmente, compadecer-te do teu conservo, como também eu me compadeci de ti? E, indignando-se, o seu senhor o entregou aos verdugos, até que lhe pagasse toda a dívida. Assim também meu Pai celeste vos fará, se do íntimo não perdoares cada um a seu irmão."[2]

Impedindo-se a prisão perpétua, mantém-se vivo o ensinamento cristão do perdão, devendo a sociedade, em vez de emitir um novo juízo condenatório, auxiliar o condenado a se livrar do estigma do encarceramento.

2. LIMITE DAS PENAS

Em obediência ao disposto no art. 5º, XLVII, da Constituição Federal, que proíbe as penas de caráter perpétuo, diz o *caput* do art. 75 do Código Penal, com a nova redação que lhe foi conferida pela Lei nº 13.964, de 24 de dezembro de 2019:

> **Art. 75.** O tempo de cumprimento das penas privativas de liberdade não pode ser superior a 40 (quarenta) anos.

Com base na redação do mencionado artigo, podemos fazer a seguinte indagação: Será que alguém pode vir a ser condenado a uma pena superior a quarenta anos? Sim, pois a limitação existente no art. 75 do Código Penal diz respeito ao tempo de *efetivo cumprimento* da pena, e não à sua aplicação ao condenado.

Assim, a título de exemplo, alguém poderá ser condenado a trezentos anos de prisão. Contudo, conforme determina o § 1º do art. 75 do Código Penal, com a nova redação dada pela Lei nº 13.964, de 24 de dezembro de 2019:

> § 1º Quando o agente for condenado a penas privativas de liberdade cuja soma seja superior a 40 (quarenta) anos, devem elas ser unificadas para atender ao limite máximo deste artigo.

Unificar quer dizer que o julgador deverá cortar toda a "gordura" excedente ao limite máximo de cumprimento da pena, que é de quarenta anos. Tomando-se por base o exemplo fornecido, em que o agente havia sido condenado a trezentos anos, deverá o julgador, para fins de cumprimento de pena, desprezar duzentos e sessenta anos, devendo o condenado iniciar a execução de sua pena já unificada pelo limite máximo de quarenta anos. As condenações que foram desprezadas para efeito de cumprimento da pena servirão a outras finalidades, a exemplo de permitir que as vítimas executem seus títulos executivos judiciais que obtiveram com o trânsito em julgado das sentenças penais condenatórias; poderá o réu, se vier a praticar novas infrações penais, ser considerado reincidente ou portador de maus antecedentes etc.

De acordo com o art. 66, III, *a*, da Lei de Execução Penal, compete ao Juízo das Execuções decidir sobre a soma ou unificação das penas.

---

[2] BÍBLIA sagrada. *Mateus* 18:23-35.

Soma é um critério matemático, pelo qual todas as penas aplicadas serão computadas a fim de que se conheça o seu total.

≠

Unificação é o critério mediante o qual o julgador deverá desprezar, para efeitos de cumprimento da pena, o tempo que exceder a 40 (quarenta) anos.

3. TEMPO SOBRE O QUAL DEVERÃO SER PROCEDIDOS OS CÁLCULOS PARA A CONCESSÃO DOS "BENEFÍCIOS" LEGAIS

Tratando-se de direito subjetivo do condenado ou falando-se em benefícios legais, não importando, no momento, esse tipo de discussão, os cálculos a serem realizados durante a execução da pena deverão incidir sobre o total das penas unificadas, ou seja, quarenta anos, ou sobre o total da soma das penas aplicadas ao condenado?

Como a própria indagação indica, duas correntes se formaram. A primeira, por questões de política criminal, assevera que todos os cálculos durante a execução da pena deverão ser realizados sobre a pena unificada. Assim, suponhamos que alguém tivesse sido condenado a trezentos anos. Realizada a unificação, deixada de lado a "gordura" de duzentos e sessenta anos, o condenado dá início ao cumprimento de sua pena unificada em quarenta anos. Considerando o fato de que o condenado preenche todos os requisitos exigidos para a concessão do livramento condicional, por exemplo, bem como que era reincidente em crime doloso, sendo que devia cumprir mais da metade da pena, nos termos do art. 83, inciso II, do Código Penal, esse cálculo deverá ser realizado sobre quarenta anos. Dessa forma, cumpridos mais de vinte anos, poderá o condenado pleitear o livramento condicional, mesmo que sua pena somada seja de trezentos anos. Essa corrente aduz que se os cálculos fossem levados a efeito sobre o total das penas somadas isso geraria uma desmotivação, pelo condenado, durante o cumprimento de sua pena, eis que teria de cumpri-la integralmente, sem que lhe fosse dada qualquer perspectiva de saída do sistema penitenciário antes do final do cumprimento de sua pena, unificada em quarenta anos.

Nesse sentido são as lições de Ney Moura Teles, quando diz:

"O cumprimento de qualquer pena privativa de liberdade só faz sentido se existir, na mente do condenado, a perspectiva de alcançar a liberdade. Aquele que tiver a certeza de que somente ganhará a liberdade após 30 anos[3] de reclusão, não terá nenhuma razão para respeitar, no presídio e fora dele, qualquer dos valores protegidos pelo direito. Se com o sistema progressivo de cumprimento de penas privativas de liberdade, com a possibilidade concreta e real de alçar regimes mais brandos, nossas penitenciárias são verdadeiras escolas de aperfeiçoamento do crime, muito mais o seriam se uma parcela dos condenados não tivesse nenhuma perspectiva de obtenção de liberdade, ainda que a semiliberdade dos regimes semiaberto e aberto. Por isso que melhor, por plenamente coerente com o sistema progressivo brasileiro, e, principalmente, por atender aos interesses democráticos da nossa sociedade, é que a pena de 30 anos[4],

---

[3] Obs.: A Lei nº 13.964, de 24 de dezembro de 2019, alterou o limite de tempo para cumprimento de pena para quarenta anos.

[4] Obs.: A Lei nº 13.964, de 24 de dezembro de 2019, alterou o limite de tempo para cumprimento de pena para quarenta anos.

unificada, destina-se não só ao efetivo cumprimento, mas também para o cálculo dos diversos benefícios permitidos aos condenados."[5]

A segunda corrente, adotando posição contrária à anterior, aduz que os cálculos deverão ser procedidos sobre o total da soma das penas aplicadas. Isso porque, explicam, se os cálculos fossem levados a efeito sobre o total das penas unificadas, geraria um tratamento desigual entre os condenados, privilegiando aqueles que cometeram maior número de crimes. Suponhamos que o agente já tenha sido condenado por dois crimes de latrocínio a uma pena de cinquenta anos de reclusão. Depois das referidas condenações, e antes que houvesse a sua unificação, para que se desse início ao efetivo cumprimento da pena, o agente poderia praticar quantas infrações penais lhe conviesse, pois, se condenado por elas, em nada repercutiria no cumprimento de sua pena, e mais, em nada interferiria quando houvesse possibilidade de pleitear qualquer dos benefícios existentes durante a fase da execução da pena.

Na sessão plenária de 24 de setembro de 2003, o Supremo Tribunal Federal, consolidando sua posição, aprovou a Súmula nº 715, que diz:

> **Súmula nº 715.** *A pena unificada para atender ao limite de trinta anos[6] de cumprimento, determinado pelo art. 75 do Código Penal, não é considerada para a concessão de outros benefícios, como o livramento condicional ou regime mais favorável de execução.*

A nosso ver, entendemos que a razão se encontra com a nossa Corte Maior. Conforme já argumentado acima, se adotássemos a unificação como regra geral para todos os cálculos, além de ser o teto máximo de cumprimento da pena, estaríamos ofendendo o princípio da isonomia, que determina, simplificadamente, que os iguais sejam tratados igualmente, bem como que os desiguais tenham tratamento desigual. Não podemos comparar aquele condenado que, depois de cometer um grande número de infrações penais, foi por elas condenado a duzentos e cinquenta anos de reclusão, com aquele que praticou um número bem menor e foi condenado a quarenta anos. É certo que o preso deverá sentir-se estimulado a cumprir sua pena, atendendo às regras do sistema carcerário, acenando-lhe o Estado com uma série de benefícios que anteciparão o seu retorno ao convívio social; contudo, também é certo que o Estado não pode estimular a prática de infrações penais, o que aconteceria se o condenado tivesse sempre que levar a efeito os cálculos para a concessão de certos benefícios sobre o total da pena unificada.

4. CONDENAÇÃO POR FATO POSTERIOR AO INÍCIO DO CUMPRIMENTO DA PENA

O § 2º do art. 75 do Código Penal diz que:

> § 2º Sobrevindo condenação por fato posterior ao início do cumprimento da pena, far-se-á nova unificação, desprezando-se, para esse fim, o período de pena já cumprido.

A unificação, conforme afirmamos anteriormente, existe para que seja cumprida a determinação constitucional que proíbe as penas de caráter perpétuo. Por essa razão, fundados em argumentos de política criminal, determinou-se que o limite máximo de cumprimento de pena seria o de quarenta anos. Contudo, vale a indagação: Será que alguém pode cumprir,

---

[5] TELES, Ney Moura. *Direito penal* – Parte geral, v. 2, p. 201-202.
[6] Obs.: A Lei nº 13.964, de 24 de dezembro de 2019, alterou o limite de tempo para cumprimento de pena para quarenta anos.

ininterruptamente, período superior a quarenta anos? A resposta, de acordo com a redação dada ao § 2º do art. 75 do Código Penal, só pode ser afirmativa.

Um detalhe merece a nossa atenção. A lei penal diz que, sobrevindo condenação por *fato posterior ao início do cumprimento da pena*, far-se-á nova unificação. Isso significa que se o agente for surpreendido por uma condenação por fato praticado antes do início do cumprimento de sua pena já unificada, em nada modificará o cumprimento da pena, que seguirá seu curso normal, sem que seja procedida a uma nova unificação. O raciocínio é simples. Suponhamos que o agente tenha praticado dez infrações penais, que geraram dez ações penais diferentes. Depois de sete condenações, o total das penas aplicadas chegou a cento e quarenta anos de reclusão. O juiz da execução, atendendo ao disposto no § 1º do art. 75 do Código Penal, unificou a pena em quarenta anos e desprezou, para efeitos de efetivo cumprimento, cem anos. Foi dado início ao cumprimento da pena. Decorridos cinco anos, surgiram as outras condenações, que somaram mais vinte anos de reclusão. Deverá o juiz, agora, unificar, por mais uma vez, as penas aplicadas ao condenado? Não, pois se essas condenações tivessem surgido antes do início do cumprimento da pena, elas teriam sido desprezadas para fins de unificação, sendo que o condenado teria de cumprir efetivamente quarenta anos. Permaneceriam, tão somente, como já afirmamos linhas atrás, para efeito de cálculo destinado à concessão de benefícios legais.

Situação diferente é aquela trazida pelo § 2º do art. 75 do Código Penal. Aqui, o condenado já teve sua pena unificada e, agora, vem a praticar nova infração penal após o início do cumprimento da pena, e por ela também é condenado. Segundo o mencionado parágrafo, o período de pena já cumprido será desprezado, sendo procedida nova unificação, ou seja, haverá a soma do tempo de pena a cumprir com a nova condenação, fazendo-se, em seguida, nova unificação, a fim de atender ao limite de quarenta anos.

O item 61 da Exposição de Motivos da nova parte geral do Código Penal, esclarecendo a determinação contida no § 2º do art. 75, diz:

> **61.** O projeto baliza a duração máxima das penas privativas de liberdade, tendo em vista o disposto no art. 153, § 11,[7] da Constituição, e veda a prisão perpétua. As penas devem ser limitadas para alimentarem no condenado a esperança da liberdade e a aceitação da disciplina, pressupostos essenciais da eficácia do tratamento penal. Restringiu-se, pois, no art. 75, a duração das penas privativas da liberdade a 30 (trinta) anos[8], criando-se, porém, mecanismo desestimulador do crime, uma vez alcançado este limite. Caso contrário, o condenado à pena máxima pode ser induzido a outras infrações, no presídio, pela consciência da impunidade, como atualmente ocorre. Daí a regra de interpretação contida no art. 75, § 2º.

---

[7] Leia-se, atualmente, art. 5º, XLVII, da Constituição Federal.
[8] Obs.: A Lei nº 13.964, de 24 de dezembro de 2019, alterou o limite de tempo para cumprimento de pena para quarenta anos.

Capítulo XLI
Suspensão Condicional da Pena

1. INTRODUÇÃO

Verdadeira medida descarcerizadora, a suspensão condicional da pena tem por finalidade evitar o aprisionamento daqueles que foram condenados a penas de curta duração, evitando-se, com isso, o convívio promíscuo e estigmatizante do cárcere.

Conforme preleciona Cezar Roberto Bitencourt:

> "Os precedentes mais idôneos da suspensão condicional da pena, não podem assinalar mais que a partir do início do século dezenove. Com o iluminismo e a grande repercussão das ideias dos novos reformadores (Beccaria, Howard e Bentham), a crise da pena privativa de liberdade começou a ganhar destaque. A pena chamada a intimidar não intimidava. A delinquência era uma consequência natural do aprisionamento. A tradicional função de corrigir o criminoso retribuindo sua falta não se cumpria, ao contrário, provocava reincidência. Enfim, a prisão fracassava em todos os seus objetivos declarados. As penas de curta duração correspondendo, por isso mesmo, à menor gravidade do delito, e à personalidade do delinquente primário, em regra, menos perigoso, são ineficazes para emendar o delinquente, mas são suficientes para diminuir no sujeito passivo de sua execução o freio moral, que geralmente enfraquece pelo contágio das prisões."[1]

Assistimos estarrecidos, quase que diariamente, a rebeliões em penitenciárias, cadeias públicas, entidades de abrigo de menores, enfim, em todo o sistema que envolve privação da liberdade do indivíduo existe revolta e pânico. A função ressocializadora da pena vai sendo deixada de lado para dar lugar a uma "pós-graduação em criminalidade." Presos que foram condenados por infrações não tão graves saem da penitenciária filiados a grupos criminosos, a exemplo do Comando Vermelho e, atualmente, o PCC.

Dessa forma, medidas como a suspensão condicional da pena surgem a fim de preservar a dignidade da pessoa humana, que, embora tenha cometido um delito, não merece se ver privada de sua liberdade, sendo jogada em um ambiente que certamente perverterá a sua personalidade.

---

[1] BITENCOURT, Cezar Roberto, *Falência da pena de prisão*, p. 212.

2. DIREITO SUBJETIVO DO CONDENADO OU FACULDADE DO JUIZ?

Muito se tem discutido se a concessão da suspensão condicional da pena, conhecida também por *sursis*, é um direito subjetivo do condenado ou uma faculdade atribuída ao julgador ao proferir a sua decisão.

Pela redação do art. 77 do Código Penal, somos induzidos, equivocadamente, a acreditar ser uma faculdade do juiz, pois o mencionado artigo diz que *a execução da pena privativa de liberdade, não superior a 2 (dois) anos, poderá ser suspensa, por 2 (dois) a 4 (quatro) anos [...].*

A lei penal usa a expressão *poderá ser suspensa*, sugerindo ser uma faculdade do juiz. Contudo, esse não é o melhor entendimento. Isso porque o art. 157 da Lei de Execução Penal determina que o juiz ou tribunal, na sentença que aplicar pena privativa de liberdade, na situação determinada pelo seu art. 156,[2] deverá pronunciar-se motivadamente sobre a suspensão condicional, quer a conceda quer a denegue.

Ao determinar o obrigatório pronunciamento do juiz, a lei penal exigiu fossem analisados todos os requisitos que possibilitam a suspensão condicional da pena, os quais, se preenchidos, conduzirão à sua concessão pelo juiz. Assim, trata-se de direito subjetivo do condenado, e não simples faculdade do julgador, pois, conforme já decidiu o STF, "o réu tem direito à suspensão condicional da pena, se preenchidos os requisitos legais. *Habeas corpus* concedido para garantir o benefício" (*HC* 63.038-3-SP, 2ª T., Rel. Francisco Rezek, julg. 18/6/1985, p. 12.608).

3. APLICAÇÃO DO *SURSIS*

Concluindo pela prática da infração penal, o juiz condenará o réu e dará início à aplicação da pena, atendendo ao critério trifásico previsto pelo art. 68 do Código Penal. Se o *quantum* da pena total aplicada se encontrar nos limites previstos pelo art. 77 do Código Penal, deverá o juiz analisar os requisitos necessários à concessão do *sursis*. Se presentes, concederá a suspensão condicional da pena e, na própria sentença condenatória, especificará as condições a que se terá de sujeitar o condenado, em substituição à sua privação de liberdade, pois, segundo o art. 78 do Código Penal, *durante o prazo da suspensão, o condenado ficará sujeito à observação e ao cumprimento das condições estabelecidas pelo juiz.*

Essas condições podem ser legais ou judiciais. Legais são aquelas já determinadas previamente pela lei penal, elencadas pelo § 2º do art. 78 do Código Penal, a saber: *a)* proibição de frequentar determinados lugares; *b)* proibição de ausentar-se da comarca onde reside, sem autorização do juiz; *c)* comparecimento pessoal e obrigatório a juízo, mensalmente, para informar e justificar suas atividades. Judiciais são as condições determinadas pelo juiz, devendo ser adequadas ao fato, bem como à situação pessoal do condenado (art. 79 do CP). Não poderá o julgador, por exemplo, arbitrar condições vexatórias, humilhantes ou que agridam a consciência do condenado. Mirabete aduz com precisão que "também se entende que não se devem aplicar condições *ociosas*, ou seja, aquelas reguladas por dispositivos legais próprios, como a de pagar as custas e a multa; a de indenizar o dano; a de não portar arma; de o contraventor não trazer consigo material de jogo." Afirma, por oportuno, "que as condições não podem constituir, em si mesmas, penas não previstas para hipótese, nem implicar violação de direitos individuais de ordem constitucional ou depender de fatos estranhos ao sentenciado. Por essas

---

[2] Lei de Execução Penal, art. 156: *O juiz poderá suspender, pelo período de 2 (dois) a 4 (quatro) anos, a execução da pena privativa de liberdade, não superior a 2 (dois) anos, na forma prevista nos arts. 77 a 82 do Código Penal.*

razões, têm os tribunais cancelado condições impostas pelo juiz, tais como: a de recolher-se na hora certa; a de não dirigir veículo; a de não beber [...]"[3]

Transitada em julgado a sentença penal condenatória, o juiz da execução designará data para a realização da audiência admonitória, na qual serão lidas ao condenado todas as condições que lhe foram impostas ao cumprimento do *sursis,* advertindo-o das consequências de nova infração penal e do descumprimento das condições impostas (art. 160 da LEP). Se intimado, pessoalmente ou por edital com prazo de vinte dias, o agente não comparecer injustificadamente à audiência admonitória, a suspensão ficará sem efeito e será executada imediatamente a pena (art. 161 da LEP). Comparecendo à audiência admonitória, depois de ouvir a leitura das condições que lhe foram impostas para a suspensão condicional da sua pena, deverá o condenado dizer se as aceita, dando-se, assim, início ao período de prova, ou se as recusa, preferindo cumprir a pena privativa de liberdade que lhe fora aplicada por intermédio da sentença penal condenatória.

Deve-se ressaltar que o juiz poderá, a qualquer tempo, de ofício, a requerimento do Ministério Público ou mediante proposta do Conselho Penitenciário, modificar as condições e regras estabelecidas na sentença, ouvido o condenado (art. 158, § 2º, da LEP).

A fiscalização do cumprimento das condições, regulada nos Estados, territórios e Distrito Federal por normas supletivas, será atribuída ao serviço social penitenciário, patronato, conselho da comunidade ou instituição beneficiada com a prestação de serviços, inspecionados pelo Conselho Penitenciário, pelo Ministério Público, ou por ambos, devendo o juiz da execução suprir, por ato, a falta das normas supletivas (art. 158, § 3º, da LEP).

4. REQUISITOS PARA A SUSPENSÃO CONDICIONAL DA PENA

O art. 77 do Código Penal elenca os requisitos objetivos e subjetivos necessários à concessão da suspensão condicional da pena, dizendo:

> **Art. 77.** A execução da pena privativa de liberdade, não superior a 2 (dois) anos, poderá ser suspensa, por 2 (dois) a 4 (quatro) anos, desde que:
> I – o condenado não seja reincidente em crime doloso;
> II – a culpabilidade, os antecedentes, a conduta social e personalidade do agente, bem como os motivos e as circunstâncias autorizem a concessão do benefício;
> III – não seja indicada ou cabível a substituição prevista no art. 44 deste Código.
> § 1º A condenação anterior a pena de multa não impede a concessão do benefício.
> § 2º A execução da pena privativa de liberdade, não superior a 4 (quatro) anos, poderá ser suspensa, por 4 (quatro) a 6 (seis) anos, desde que o condenado seja maior de 70 (setenta) anos de idade, ou razões de saúde justifiquem a suspensão.

Os requisitos objetivos são: no chamado *sursis simples*, a condenação de pena privativa de liberdade não superior a dois anos; no *sursis etário ou no sursis humanitário*, a condenação de pena privativa de liberdade não superior a quatro anos.

Os requisitos subjetivos são: *a)* que o condenado não seja reincidente em crime doloso; *b)* a culpabilidade, os antecedentes, a conduta social e personalidade do agente, bem como os motivos e as circunstâncias.

O primeiro requisito de natureza subjetiva diz respeito ao fato de não ser o condenado *reincidente em crime doloso*.

Dois detalhes merecem destaque em virtude da redação legal. Primeiro, a prática de *crime* anterior; segundo, o *crime* anterior deve ter sido cometido *dolosamente*. Assim, se o agente

---

[3] MIRABETE, Julio Fabbrini. *Manual de direito penal* – Parte geral, p. 330-331.

tiver cometido anteriormente uma contravenção penal, tal fato não impedirá a concessão do benefício. Se, contudo, tiver praticado um crime, este somente impossibilitará a concessão do *sursis* se houver sido cometido dolosamente, ou seja, a condenação anterior por crime culposo não impede a aplicação da suspensão condicional da pena.

Deve-se ressaltar, ainda, o fato de que, mesmo que o agente tenha sido condenado anteriormente pela prática de crime doloso, se a ele tiver sido aplicada *pena de multa*, isolada ou mesmo em substituição à pena privativa de liberdade, tal condenação não impedirá a concessão do benefício, uma vez que o art. 77, § 1º, do Código Penal não levou a efeito qualquer distinção.

Como a lei penal fez menção ao reincidente em crime doloso, é preciso salientar que, embora condenado anteriormente pela prática de crime doloso, se entre a data do cumprimento ou extinção da pena e a infração posterior tiver decorrido período de tempo superior a cinco anos, computado o período de prova da suspensão condicional da pena concedida anteriormente ou do livramento condicional, não prevalecerá a condenação anterior para efeito de reincidência, podendo, portanto, ser beneficiado com o *sursis*, uma vez que já terá readquirido o *status* de primário. Tal condenação anterior, contudo, poderá ser considerada quando da aferição do segundo requisito de ordem subjetiva, onde serão avaliados os seus antecedentes penais.

O segundo requisito de ordem subjetiva veio previsto no inciso II do art. 77 do Código Penal, a saber: a culpabilidade, os antecedentes, a conduta social e personalidade do agente, os motivos e as circunstâncias.

Tais requisitos, se favoráveis, trazem a presunção de que o condenado está apto a merecer a suspensão condicional da pena que lhe fora aplicada, uma vez que, em virtude da sua análise, presume-se que não voltará a delinquir. Nas lições de Cezar Roberto Bitencourt, "o conceito de pena necessária de von Liszt adotado no final do art. 59 se consolida no inciso II do art. 77. Os elementos definidores da medida da pena, culpabilidade, antecedentes, conduta social, personalidade do réu, motivos e circunstâncias do crime informarão da conveniência ou não da suspensão da execução da pena aplicada na sentença."[4]

A suspensão condicional da pena somente será possível se não for indicada ou cabível a substituição prevista no art. 44 do Código Penal. Salienta José Antonio Paganella Boschi:

> "Com o advento da Lei nº 9.714/98, esse instituto, aliás, perdeu muito de seu espaço e vigor, porque se passou a admitir a substituição da pena privativa por restritiva de direitos e multa nas condenações de até *quatro anos*, ou seja, bem acima do limite que ensejava ou a substituição ou a concessão do *sursis* (ou seja, dois anos).
>
> Como resultado da interpretação literal do Código, portanto, a concessão da suspensão condicional da pena só será tecnicamente possível quando a reclusão ou detenção não ultrapassar a dois anos e na sentença o juiz declarar não cabível a substituição por restritiva de direitos (p. ex.: crime cometido com emprego de violência à pessoa – cuja pena não pode ser substituída –, mas sua execução pode ser suspensa mediante condições)."[5]

5. ESPÉCIES DE *SURSIS*

O Código Penal prevê quatro espécies de suspensão condicional da pena, a saber:

a) *sursis* simples;

---

[4] BITENCOURT, Cezar Roberto. *Falência da pena de prisão*, p. 230-231.
[5] BOSCHI, José Antônio Paganella. *Das penas e seus critérios de aplicação*, p. 390.

b)   *sursis* especial;
c)   *sursis* etário;
d)   *sursis* humanitário.

O *sursis* simples veio previsto no § 1º do art. 78 do Código Penal. Uma vez determinado o período de prova, no qual deverá cumprir todas as condições que lhe foram determinadas na sentença penal condenatória, o condenado, no primeiro ano do prazo, deverá prestar serviços à comunidade (art. 46 do CP) ou submeter-se à limitação de fim de semana (art. 48 do CP).

O *sursis* especial encontra-se no § 2º do art. 78 do Código Penal. Nesta segunda modalidade, se o condenado tiver reparado o dano, salvo a impossibilidade de fazê-lo, e se as circunstâncias do art. 59 lhe forem inteiramente favoráveis, o juiz poderá substituir a exigência do § 1º, ou seja, a prestação de serviços à comunidade ou a limitação de fim de semana, pelas seguintes condições, aplicadas cumulativamente: *a)* proibição de frequentar determinados lugares; *b)* proibição de ausentar-se da comarca onde reside, sem autorização do juiz; *c)* comparecimento pessoal e obrigatório a juízo, mensalmente, para informar e justificar suas atividades. Além dessas condições, poderá o juiz impor outras, nos termos do art. 79 do Código Penal, desde que adequadas ao fato e à situação pessoal do condenado.

Sursis etário é aquele concedido ao maior de 70 anos de idade que tenha sido condenado a uma pena privativa de liberdade não superior a quatro anos. Nesta hipótese, a pena poderá ser suspensa por quatro a seis anos.

O *sursis* humanitário foi uma inovação trazida pela Lei nº 9.714/98, permitindo, agora, ao condenado com uma pena não superior a quatro anos, ver concedida a suspensão condicional pelo período de quatro a seis anos, desde que razões de saúde a justifiquem. Assim, condenados portadores do vírus HIV, tuberculosos, paraplégicos ou aqueles que tenham sua saúde seriamente abalada poderão ser beneficiados com o *sursis*, evitando, dessa forma, o agravamento da sua situação que certamente aconteceria se fosse jogado no cárcere.

6. REVOGAÇÃO OBRIGATÓRIA

O art. 81 do Código Penal determina:

> **Art. 81.** A suspensão será revogada se, no curso do prazo, o beneficiário:
> I – é condenado, em sentença irrecorrível, por crime doloso;
> II – frustra, embora solvente, a execução da pena de multa ou não efetua, sem motivo justificado, a reparação do dano;
> III – descumpre a condição do § 1º do art. 78 deste Código.

As causas elencadas pelo art. 81 do Código Penal, se ocorrerem, importarão na obrigatória revogação da suspensão condicional da pena.

Se o condenado já estava sendo processado por outro crime ou se cometeu outro delito após ter iniciado o período de prova da suspensão condicional da pena, tal fato fará com que este seja prorrogado até o julgamento definitivo. Sobrevindo nova condenação por crime doloso, o *sursis* será revogado, devendo o condenado dar início ao cumprimento de ambas as penas privativas de liberdade. Contudo, se for condenado a uma pena de multa ou, mesmo, a uma pena privativa de liberdade que foi substituída pela pena de multa, entendemos que, mesmo havendo essa nova condenação por crime doloso, tal fato não terá o condão de obrigar a revogação.

A segunda hipótese de revogação obrigatória ocorre quando o condenado frustra, embora solvente, a execução de pena de multa ou não efetua, sem motivo justificado, a reparação do dano. Após a modificação do art. 51 do Código Penal, cuja primeira modificação foi feita pela Lei nº 9.268/1996, foi afastada de nosso ordenamento jurídico a possibilidade de se converter a pena de multa, considerada como dívida de valor, em pena privativa de liberdade, o que levou Alberto Silva Franco a afirmar que:

> "Se prevalece a regra da inconversibilidade da multa, não há como subsistir a frustração de sua execução como causa obrigatória de revogação do *sursis* de que trata a primeira parte do inciso II do art. 81 do Código Penal. Há, como se percebe, evidente incompatibilidade entre o sistema inovado do art. 51 com o do art. 81, II, em sua primeira parte, não mais se cogitando de 'frustração da execução' como causa de revogação obrigatória do *sursis*, subsistindo tão somente a parte segunda deste dispositivo que trata da ausência injustificada da reparação do dano."[6]

Ainda quanto à segunda parte do inciso em estudo, importa salientar que não é a simples ausência de reparação do dano que fará com que o *sursis* seja obrigatoriamente revogado, mas sim a não reparação sem motivo justificado. Se o condenado, em virtude de sua atual condição econômico-financeira, não tiver recursos suficientes para levar a efeito a reparação dos danos por ele causados, não haverá possibilidade de revogação da suspensão.

A terceira hipótese de revogação obrigatória refere-se ao descumprimento, no primeiro ano de prazo, da obrigação de prestar serviços à comunidade ou submeter-se à limitação de fim de semana imposta ao *sursis* simples.

De se notar, ainda, o art. 161 da Lei de Execução Penal, que diz que se o condenado, intimado pessoalmente ou por edital com prazo de vinte dias, não comparecer, sem qualquer justificativa, à audiência admonitória designada pelo juízo das execuções, destinada à leitura das condições sursitárias, a suspensão ficará sem efeito, devendo ser executada imediatamente a pena.

7. REVOGAÇÃO FACULTATIVA

O § 1º do art. 81 do Código Penal assevera que:

> § 1º A suspensão poderá ser revogada se o condenado descumpre qualquer outra condição imposta ou é irrecorrivelmente condenado, por crime culposo ou por contravenção, à pena privativa de liberdade ou restritiva de direitos.

Duas, portanto, as causas de revogação facultativa: *a)* descumprimento de qualquer condição sursitária; *b)* condenação irrecorrível, por crime culposo ou por contravenção, à pena privativa de liberdade ou restritiva de direitos.

O descumprimento das condições impostas à suspensão da execução da pena traduz a incapacidade e rebeldia do condenado em obedecer às determinações que lhe foram impostas, devendo, portanto, cumprir, efetivamente, a pena privativa de liberdade que lhe fora aplicada. Contudo, antes de proceder à revogação do *sursis*, deverá o juiz designar audiência de justificação, a fim de que o condenado tenha oportunidade para justificar o descumprimento das condições. Assim, o juiz, sopesando os argumentos, decidirá fundamentadamente sobre a revogação, permitindo ao condenado o seu legítimo direito de defesa, nos termos dos arts. 194 a 197 da Lei de Execução Penal.

A outra hipótese é a de condenação irrecorrível, por crime culposo ou por contravenção, à pena privativa de liberdade ou restritiva de direitos, não importando em revogação facultativa, portanto, a condenação à pena de multa. Como bem observado por Cezar Roberto Bitencourt, esse inciso cria:

---

[6] SILVA FRANCO, Alberto. *Código penal e sua interpretação jurisprudencial* – Parte geral, v. 1, t. 1, p. 1.323.

"Uma situação um pouco complicada: um indivíduo condenado, com a pena suspensa e que durante o período de prova sofre outra condenação à pena privativa de liberdade ou restritiva de direitos pode não ter revogada a suspensão anterior. Como e quando tal indivíduo cumprirá esta segunda pena? Será cumprida concomitante ou sucessivamente? Nem a lei nem a doutrina e tampouco a jurisprudência dizem como e quando será cumprida esta segunda sanção. Tampouco referem se haverá unificação com a pena suspensa que se encontra em período probatório."[7]

Permite a lei penal, ainda, que o juiz, quando facultativa a revogação, em vez de decretá-la, prorrogue o período de prova até o máximo, se este não foi o fixado (art. 81, § 3º).

8. PRORROGAÇÃO AUTOMÁTICA DO PERÍODO DE PROVA

O § 2º do art. 81 do Código Penal assevera que, se o beneficiário está sendo processado por outro crime ou contravenção, considera-se prorrogado o prazo da suspensão até o julgamento definitivo.

Tal prorrogação é automática, não havendo necessidade de ser declarada nos autos. O juiz, obviamente, ao tomar notícia de outro processo por crime ou contravenção envolvendo o beneficiário, decidirá no sentido da prorrogação. O que estamos querendo dizer é que, se porventura a notícia de outro processo surgir decorrido o prazo correspondente ao período de prova sem que tenha sido, ainda, declarada a extinção da pena, não terá o beneficiário direito subjetivo em vê-la reconhecida, bem como não haverá qualquer ilegalidade da parte do julgador que determinar a prorrogação do período de prova mesmo após decorrido completamente o seu prazo.

Nesse sentido, já decidiu o STJ:

"Se o beneficiário está sendo processado por outro delito, o *sursis* é automaticamente prorrogado até o julgamento definitivo do feito, *ex vi* do art. 81, § 2º, do CP. Recurso provido" (REsp 1.107.269/MG, Rel. Min. Felix Fischer, DJe 3/8/2009).

9. CUMPRIMENTO DAS CONDIÇÕES

Expirado o prazo sem que tenha havido revogação do benefício, será considerada extinta a pena privativa de liberdade, conforme determina o art. 82 do Código Penal.

A extinção da pena privativa de liberdade deverá ser decretada nos autos pelo juízo das execuções, ouvido sempre o Ministério Público. Isso porque, se o condenado estiver respondendo a outras ações penais, não poderá o julgador decretar a extinção da pena, pois se o beneficiário estiver sendo processado por outro crime ou contravenção considera-se prorrogado o prazo da suspensão até o julgamento definitivo, nos termos do § 2º do art. 81 do Código Penal.

Deverá o Ministério Público, antes de opinar pela decretação da extinção da pena, requerer aos órgãos competentes a folha de antecedentes criminais do beneficiário, a fim de saber se existe, ainda, algum outro processo pendente de julgamento. Depois de certificar-se de que não existe outro feito além daquele no qual o condenado estava cumprindo as condições sursitárias, expirado o período de prova, deverá emitir parecer favorável à decretação da extinção da pena, pois já decidiu o STJ:

---

[7] BITENCOURT, Cezar Roberto. *Falência da pena de prisão*, p. 239-240.

"Constitui ofensa ao art. 67 da LEP o juízo da execução declarar extinta a punibilidade atribuída ao réu, em gozo de suspensão condicional da pena, pelo simples fato de estar vencido o período de prova, sem que antes abrisse vista ao Ministério Público, para seu pronunciamento. Tratando-se de processo executivo, ou de incidente de execução, é ampla a sua atuação fiscalizadora" (Rel. José Cândido).[8]

10. DIFERENÇA ENTRE O *SURSIS* E A SUSPENSÃO CONDICIONAL DO PROCESSO

A suspensão condicional do processo é um instituto jurídico que tem por finalidade evitar a aplicação de pena privativa de liberdade nos crimes em que a pena mínima cominada for igual ou inferior a um ano.[9]

Diversamente do que ocorre com o *sursis*, na suspensão condicional do processo não há condenação do réu. Na verdade, o processo penal somente tem início por meio da peça vestibular de acusação, que pode ser a denúncia do Ministério Público ou a queixa do ofendido.

O art. 89 da Lei nº 9.099/95 diz que o Ministério Público e, segundo nossa posição, também o querelante, ao oferecer a denúncia ou a queixa, poderá propor a suspensão do processo por dois a quatro anos, desde que o acusado não esteja sendo processado ou não tenha sido condenado por outro crime, presentes os demais requisitos que autorizam a suspensão condicional da pena, elencados pelo art. 77 do Código Penal.

Tendo a proposta sido aceita pelo acusado e seu defensor, na presença do juiz, este, recebendo a denúncia, poderá suspender o processo, submetendo o acusado a período de prova, sob as seguintes condições: I – reparação do dano, salvo impossibilidade de fazê-lo; II – proibição de frequentar determinados lugares; III – proibição de ausentar-se da comarca onde reside, sem autorização do juiz; IV – comparecimento pessoal e obrigatório a juízo, mensalmente, para informar e justificar suas atividades. Poderá o juiz, ainda, especificar outras condições a que fica subordinada a suspensão, desde que adequadas ao fato e à situação pessoal do acusado.

Basicamente, as condições exigidas à concessão da suspensão condicional do processo são as mesmas existentes e necessárias à aplicação do *sursis*. Contudo, as consequências relativas à aplicação dos dois institutos são diversas, senão vejamos:

---

[8] *RJDTACrim.* 6/287.
[9] O STJ, por intermédio da Súmula nº 243, publicada no DJ de 5/2/2001, entende que *o benefício da suspensão condicional do processo não é aplicável em relação às infrações penais cometidas em concurso material, concurso formal ou continuidade delitiva, quando a pena mínima cominada, seja pelo somatório, seja pela incidência da majorante, ultrapassar o limite de um (01) ano.*

SURSIS	SUSPENSÃO CONDICIONAL DO PROCESSO
No *sursis*, o agente foi condenado e a concessão da suspensão condicional da pena somente ocorrerá após o trânsito em julgado da sentença condenatória, na audiência admonitória.	Na suspensão condicional do processo, o juiz somente recebe a denúncia, sendo que os demais atos do processo ficarão suspensos, não havendo que se falar, pois, em condenação do réu.
A vítima que figurou no processo no qual foi concedido o *sursis* tem direito a seu título executivo judicial, nos termos do inciso VI do art. 515 do Código de Processo Civil.	A vítima que figura no processo em que houve a suspensão, como não existe condenação com trânsito em julgado, não tem direito a qualquer título executivo judicial.
O beneficiário com o *sursis*, depois do período de prova, não apaga seus dados criminais, servindo a condenação em que houve a suspensão condicional da pena para forjar a reincidência ou os maus antecedentes do agente.	Como não há condenação, uma vez cumpridas as condições especificadas na sentença que concedeu a suspensão condicional do processo, expirado o prazo sem revogação, o juiz declarará a extinção da punibilidade, não servindo tal declaração para fins de reincidência ou mesmo maus antecedentes.

Capítulo XLII
Livramento Condicional

1. INTRODUÇÃO

Durante o cumprimento de sua pena, o condenado poderá fazer jus a uma série de benefícios legais, podendo destacar-se, dentre eles o livramento condicional. Como medida de política criminal, o livramento condicional permite que o condenado acelere sua reinserção no convívio social cumprindo parte da pena em liberdade, desde que presentes os requisitos de ordem subjetiva e objetiva, mediante o cumprimento de determinadas condições.

O livramento condicional assume, portanto, papel de grande importância na ressocialização do condenado, fazendo com que tenha esperança de um retorno mais abreviado à sociedade, evitando sua prolongada permanência no cárcere.

O pedido de livramento condicional deverá ser dirigido ao juiz da execução, que, depois de ouvidos o Ministério Público e o Conselho Penitenciário, deverá concedê-lo, se presentes os requisitos do art. 83, incisos e parágrafo único do Código Penal, pois se trata de direito subjetivo do condenado, e não uma faculdade do julgador, como induz a redação contida no *caput* do art. 83 do estatuto repressivo.

O § 2º do art. 112 da Lei de Execução Penal, com a nova redação que lhe foi conferida pela Lei nº 13.964, de 24 de dezembro de 2019, diz que *a decisão do juiz que determinar a progressão de regime será sempre motivada e precedida de manifestação do Ministério Público e do defensor, procedimento que também será adotado na concessão de livramento condicional, indulto e comutação de penas, respeitados os prazos previstos nas normas vigentes.*

2. REQUISITOS DO LIVRAMENTO CONDICIONAL

O art. 83, incisos e parágrafo único do Código Penal traçam os requisitos necessários à concessão do livramento condicional, *verbis*:

> **Art. 83.** O juiz poderá conceder livramento condicional ao condenado a pena privativa de liberdade igual ou superior a 2 (dois) anos, desde que:
> I – cumprida mais de um terço da pena se o condenado não for reincidente em crime doloso e tiver bons antecedentes;
> II – cumprida mais da metade se o condenado for reincidente em crime doloso;
> III – comprovado:
> a) bom comportamento durante a execução da pena;
> b) não cometimento de falta grave nos últimos 12 (doze) meses;
> c) bom desempenho no trabalho que lhe foi atribuído; e
> d) aptidão para prover a própria subsistência mediante trabalho honesto;

> IV – tenha reparado, salvo efetiva impossibilidade de fazê-lo, o dano causado pela infração;
> V – cumpridos mais de dois terços da pena, nos casos de condenação por crime hediondo, prática de tortura, tráfico ilícito de entorpecentes e drogas afins, tráfico de pessoas e terrorismo, se o apenado não for reincidente específico em crimes dessa natureza.
> **Parágrafo único.** Para o condenado por crime doloso, cometido com violência ou grave ameaça à pessoa, a concessão do livramento ficará também subordinada à constatação de condições pessoais que façam presumir que o liberado não voltará a delinquir.

Vejamos, agora, *per se*, todos os requisitos necessários à concessão do livramento condicional:

- *Pena privativa de liberdade igual ou superior a dois anos* – O primeiro requisito de natureza objetiva diz respeito ao tempo mínimo de pena aplicada ao condenado. Para que seja viabilizado o livramento condicional é preciso que o total das penas privativas de liberdade aplicadas seja igual ou superior a 2 (dois) anos, mesmo que para se chegar a esse *quantum* sejam somadas todas as penas correspondentes às diversas infrações penais praticadas, nos termos do art. 84 do Código Penal.

Com base na exigência contida no *caput* do art. 83 do Código Penal, poderá surgir uma hipótese em que o julgador tenha aplicado ao réu uma pena inferior a dois anos, impedindo-lhe, portanto, de pleitear o livramento condicional, em face da ausência desse requisito de natureza objetiva. Suponhamos que o juiz tenha aplicado ao condenado uma pena de um ano e onze meses de reclusão pela prática do delito de furto. Sendo o condenado reincidente em crime doloso, foi-lhe negada a suspensão condicional da pena, bem como a substituição da pena privativa de liberdade pela pena restritiva de direitos. Sendo assim, pergunta-se: Teria a defesa interesse em recorrer, para pleitear, junto ao tribunal responsável pelo julgamento do recurso, o aumento da pena do condenado em um mês, a fim de preencher o requisito objetivo previsto no *caput* do art. 83 do Código Penal?

A resposta deve ser afirmativa. Isso porque, se a pena não alcançar o limite mínimo de dois anos, o condenado terá de cumprir toda a condenação que lhe fora imposta, ou seja, um ano e onze meses, ao passo que se o tribunal acrescentar um mês à pena aplicada, elevando-a para dois anos, o condenado poderá voltar ao convívio em sociedade após cumpridos doze meses e um dia, ou seja, mais da metade da condenação imposta, pois é reincidente em crime doloso (art. 83, II, do Código Penal).

- *Cumprida mais de um terço da pena se o condenado não for reincidente em crime doloso e tiver bons antecedentes* – Para que o condenado possa ser beneficiado com o livramento condicional é preciso que, nos termos do inciso I do art. 83 do Código Penal, tenha ele cumprido mais de um terço da pena que lhe foi aplicada, desde que não seja reincidente em crime doloso e que tenha bons antecedentes.

Se o agente tiver sido condenado anteriormente por um crime culposo ou por contravenção penal, tal fato não impedirá a concessão do benefício após cumpridos mais de um terço da pena, uma vez que a lei penal, nessa hipótese, somente veda o livramento condicional se for ele reincidente em crime doloso.

Outro ponto que merece destaque diz respeito aos maus antecedentes. Tanto a reincidência em crime doloso como os maus antecedentes impedem a concessão do livramento condicional com o cumprimento de apenas mais de um terço do total das penas aplicadas. Contudo, a interpretação de maus antecedentes feita no mencionado artigo deve limitar-se somente àquelas condenações anteriores com trânsito em julgado que não se prestem a forjar a reincidência em crime doloso.

O cumprimento de mais de um terço da pena é o requisito objetivo exigido pelo inciso, sendo a não reincidência em crime doloso e os bons antecedentes os de natureza subjetiva.

- *Cumprida mais da metade se o condenado for reincidente em crime doloso* – A segunda hipótese do livramento condicional está destinada aos condenados reincidentes em crimes dolosos.

Entendemos, também, que o portador de maus antecedentes, em face da redação do inciso anterior, deve cumprir mais da metade da pena, a fim de poder requerer a concessão do livramento condicional.

O cumprimento de mais da metade da pena é o requisito objetivo, no caso do reincidente em crime doloso ou portador de maus antecedentes.

- *Comprovado bom comportamento durante a execução da pena; não cometimento de falta grave nos últimos 12 (doze) meses; bom desempenho no trabalho que lhe foi atribuído; e aptidão para prover a própria subsistência mediante trabalho honesto* – O inciso III do art. 83 do Código Penal foi modificado pela Lei nº 13.964, de 24 de dezembro de 2019. Além de uma mudança pequena no texto anterior, a única diferença foi a inclusão da necessidade de aferição do não cometimento de falta grave nos últimos 12 (doze) meses.

Assim, condenado deverá comprovar que durante a execução de sua pena cumpriu as obrigações que lhe são determinadas pelo art. 39 da Lei de Execução Penal, bem como ter tido um comportamento disciplinado, obedecendo aos servidores responsáveis pelo serviço de carceragem e respeitando-os, opondo-se aos movimentos individuais ou coletivos de fuga ou subversão da ordem ou da disciplina, executando os trabalhos, as tarefas e as ordens recebidas, enfim, demonstrando que a pena estava cumprindo a sua função ressocializadora.

Embora se exija do condenado a observação de suas obrigações legais, também deve-se considerar o modo como está sendo cuidado pelo Estado. Muitas vezes, servidores públicos despreparados os tratam de maneira desumana e degradante, gerando revolta no meio carcerário. Assim, se um preso se revolta porque está sendo tratado de forma humilhante, contrária àquilo a que o Estado se propôs a fim de ressocializá-lo, não podemos considerar esse fato em seu prejuízo. Para tanto, embora, não raras as vezes, os juízes se valham de meras certidões emitidas pelo sistema penitenciário, que têm por finalidade certificar sobre esse requisito de natureza subjetiva, dependendo do caso, deverá o juiz, antes de negar o livramento condicional, ouvir as razões pelas quais o condenado deixou de cumprir as obrigações que lhe eram exigidas, a fim de não produzir uma revolta ainda maior.

Exige a alínea *b* do inciso III em estudo que o condenado não tenha cometido falta grave nos últimos 12 (doze) meses. Os arts. 50, 51 e 52 da LEP apontam quais são faltas consideradas como graves, dizendo: *Art. 50. Comete falta grave o condenado à pena privativa de liberdade que: I – incitar ou participar de movimento para subverter a ordem ou a disciplina; II – fugir; III – possuir, indevidamente, instrumento capaz de ofender a integridade física de outrem; IV – provocar acidente de trabalho; V – descumprir, no regime aberto, as condições impostas; VI – inobservar os deveres previstos nos incisos II e V, do artigo 39, desta Lei. VII – tiver em sua posse, utilizar ou fornecer aparelho telefônico, de rádio ou similar, que permita a comunicação com outros presos ou com o ambiente externo. VIII – recusar submeter-se ao procedimento de identificação do perfil genético. Parágrafo único. O disposto neste artigo aplica-se, no que couber, ao preso provisório. Art. 51. Comete falta grave o condenado à pena restritiva de direitos que: I – descumprir, injustificadamente, a restrição imposta; II – retardar, injustificadamente, o cumprimento da obrigação imposta; III – inobservar os deveres previstos nos incisos II e V, do artigo 39, desta Lei.* O art. 52 da LEP, com a nova redação que lhe foi conferida pela Lei nº 13.964, de 24 de dezembro de 2019 assevera que a prática de fato previsto como crime doloso constitui falta grave.

Exige-se, também, que o condenado tenha um bom desempenho no trabalho que lhe foi atribuído, esforçando-se para dar o seu melhor, exercendo, com excelência, as atividades que lhe foram conferidas.

O condenado deverá, também, comprovar sua aptidão para prover a própria subsistência mediante trabalho honesto. Não se está exigindo, aqui, que o condenado tenha, por exemplo, uma promessa de trabalho na qual terá a sua carteira devidamente registrada. Há no país um percentual considerável correspondente àqueles que trabalham no chamado "mercado informal." São vendedores ambulantes, artesãos etc., que, embora não tenham registro em sua carteira profissional, conseguem se manter, recebendo, muitas vezes, importâncias superiores à classe assalariada. Dessa forma, não está a lei exigindo que o condenado comprove que terá a sua carteira registrada quando estiver em liberdade, mas, sim, que, mediante um trabalho honesto, lícito, seja ele qual for, poderá subsistir.

- *Tenha reparado, salvo efetiva impossibilidade de fazê-lo, o dano causado pela infração* – A reparação do dano causado pela infração penal levada a efeito pelo agente constitui um dos requisitos de ordem subjetiva elencados pelo art. 83 do Código Penal. Segundo as lições de Mirabete, "não pode postular o benefício o sentenciado que, não demonstrando haver satisfeito as obrigações civis resultantes do crime, igualmente não faça a prova da impossibilidade de reparar o dano causado pelo delito."[1]

A simples ausência de propositura de ação de indenização por parte da vítima não supre a necessidade de o condenado comprovar que não reparou o dano por absoluta impossibilidade de fazê-lo. Nesse sentido, decidiu o STF:

"Livramento condicional – Condições de admissibilidade – Prova – Reparação do dano ou impossibilidade de fazê-lo – Ônus que incumbe ao réu e que não pode ser suprido com a apresentação de certidão negativa de ação indenizatória promovida pela vítima – Omissão que implica indeferimento do pedido – Inteligência dos arts. 83, IV, do CP, 710, V, do CPP e 131 da Lei nº 7.210/84" (*HC, MS, Rel. Francisco Rezek*).[2]

Não tendo o condenado condições de reparar o dano causado pela infração penal, deverá comprovar essa situação nos autos. Se assim o fizer, poderá ser-lhe concedido o benefício, preenchidos os demais requisitos.

- *Cumpridos mais de dois terços da pena, nos casos de condenação por crime hediondo, prática de tortura, tráfico ilícito de entorpecentes e drogas afins, tráfico de pessoas e terrorismo, se o apenado não for reincidente específico em crimes dessa natureza.* O inciso V foi introduzido no art. 83 do Código Penal pela Lei nº 8.072/90, aumentando o tempo de cumprimento de pena para fins de livramento condicional para os crimes por ela previstos.

A primeira delas diz respeito ao tempo de cumprimento da pena. Anteriormente à Lei nº 8.072/90, o condenado deveria cumprir mais de um terço de sua pena, se não reincidente em crime doloso e de bons antecedentes, ou mais da metade, se reincidente em crime doloso ou portador de maus antecedentes. Agora, um novo estágio para cumprimento da pena foi

---

[1] MIRABETE, Júlio Fabbrini. *Manual de direito penal* – Parte geral, p. 336.
[2] RT 649/361.

introduzido ao art. 83 do Código Penal, vale dizer, mais de dois terços se o agente vier praticar qualquer das infrações penais previstas pela Lei nº 8.072/90, bem como o delito de tráfico de pessoas, tipificado no art. 149-A do Código Penal, desde que não seja reincidente específico em crimes dessa natureza.

Pelo que se verifica de leitura do inciso V do art. 83 do diploma repressivo, o primeiro requisito à concessão do livramento condicional será o cumprimento de mais de dois terços da pena. Além do maior tempo de cumprimento da pena, o condenado não poderá ser considerado reincidente específico em crimes dessa natureza. Cuidando sobre o tema, Alberto Silva Franco assevera:

> "O segundo requisito é tratado, no texto legal, de forma negativa. Não basta que tenha fluído, na fase executória, lapso temporal superior a dois terços da duração da pena privativa de liberdade para que possa ser aplicada, ao condenado, a medida penal do livramento condicional. É mister ainda que o apenado não seja 'reincidente específico'. No baú dos trastes penais, num canto de entretecidas teias de aranha, o legislador de 90 descobriu o conceito já tão dilapidado de 'reincidência específica' e cuidou de reanimá-lo. Ao dar-lhe nova vida, não se preocupou, contudo, em redefini-lo para efeito de alargar ou de restringir sua conhecida área de significado."[3]

O que significa a expressão *reincidência específica em crimes dessa natureza*? O inciso II do art. 46 da revogada Parte Geral do Código Penal de 1940 dizia haver a reincidência específica quando os crimes são da mesma natureza, sendo que o § 2º do mesmo artigo assim a conceituava: "Consideram-se crimes da mesma natureza os previstos no mesmo dispositivo legal, bem como os que, embora previstos em dispositivos diversos, apresentam, pelos fatos que os constituem ou por seus motivos determinantes, caracteres fundamentais comuns."

A Lei nº 8.072/90, ao inserir o inciso V ao art. 83 do Código Penal, expressou de forma diversa daquela mencionada pela Parte Geral do Código Penal de 1940, ao impossibilitar o livramento condicional ao apenado reincidente específico em *crimes dessa natureza*. Essa locução levou parte de nossa doutrina a entender a *reincidência específica em crimes dessa natureza*, prevista no inciso V do art. 83 do Código Penal, da seguinte forma, conforme deixa claro Antônio Lopes Monteiro:

> "O texto diz que o condenado não deve ser reincidente específico 'em crimes dessa natureza', referindo-se aos anteriormente mencionados: 'crime hediondo, prática da tortura, tráfico ilícito de entorpecentes e drogas afins e terrorismo'. De modo que reincidente específico, para efeito da lei, é o sujeito que comete crime hediondo, terrorismo, de drogas ou tortura depois de transitar em julgado sentença que, no País ou no estrangeiro, o tenha condenado por um desses mesmos crimes. E dentro do elenco pode haver diversificação: o primeiro delito pode referir-se a drogas; o segundo pode ser hediondo; o anterior pode ser a tortura; o segundo, terrorismo."[4]

Colocando-se contrariamente à posição anterior, Alberto Silva Franco preleciona:

> "A interpretação da locução 'em crimes dessa natureza', por apresentar um feitio literal, de caráter puramente gramatical, não se acomoda à noção comum, correntia, de reincidência específica. Não se trata, no caso, de uma reincidência qualquer, isto é, do cometimento pelo agente de um novo crime, indiferentemente de seus caracteres fundamentais, depois do trânsito em julgado da sentença que o tenha condenado por crime anterior. A reincidência que deve ser levada em conta tem características próprias, exclusivas: tem sua especificidade. E tal especificidade

---

[3] SILVA FRANCO, Alberto. *Crimes hediondos*, p. 148.
[4] MONTEIRO, Antônio Lopes. *Crimes hediondos*, p.116-117.

reside, exatamente, na comunicabilidade dos dados de composição típica dos dois delitos. [...] O que relaciona o estupro, simples ou qualificado, ao delito de terrorismo? O que há de comum entre o crime de epidemia com resultado morte e o delito de tortura? Evidentemente, nada. Em ponto algum de relevo, os referidos tipos suportam um juízo aproximativo. Onde buscar, então, a conotação específica dessa reincidência?"[5]

Acreditamos que a razão esteja com Alberto Silva Franco, ao exigir que se considere reincidência específica a prática de infrações penais idênticas, isto é, aquelas que encontram moldura no mesmo tipo penal. Dessa forma, não se poderia considerar como reincidente específico o agente que viesse a ser condenado, inicialmente, pelo crime de estupro e, posteriormente, por um crime de tráfico de drogas, ou pelo delito de tráfico de pessoas. Para que seja considerado reincidente específico, o agente deverá praticar a mesma infração penal, não importando se na modalidade simples, ou mesmo qualificada, bastando que o fato praticado encontre previsão na mesma figura típica, a exemplo daquele que havia sido condenado anteriormente pelo crime de estupro simples (art. 213, *caput*, do CP) e, posteriormente, vem a cometer outro estupro, só que agora qualificado pelo resultado morte da vítima (art. 213, § 2º, do CP).

Vale ressaltar que, no que diz respeito à prática de crimes hediondos com resultado morte, a Lei nº 13.964, de 24 de dezembro de 2019, e a Lei nº 14.994, de 9 de outubro de 2024, proibiram a concessão de livramento condicional, conforme se verifica pela leitura dos incisos VI, *a*, VI-A, e VIII, do art. 112 da Lei de Execução Penal, por ela inseridos, que dizem, *verbis*:

> **Art. 112.** A pena privativa de liberdade será executada em forma progressiva com a transferência para regime menos rigoroso, a ser determinada pelo juiz, quando o preso tiver cumprido ao menos:
> [...]
> VI – 50% (cinquenta por cento) da pena, se o apenado for:
> a) condenado pela prática de crime hediondo ou equiparado, com resultado morte, se for primário, vedado o livramento condicional;
> [...]
> VI-A – 55% (cinquenta e cinco por cento) da pena, se o apenado for condenado pela prática de feminicídio, se for primário, vedado o livramento condicional;
> VIII – 70% (setenta por cento) da pena, se o apenado for reincidente em crime hediondo ou equiparado com resultado morte, vedado o livramento condicional.

- *Crimes cometidos com violência ou grave ameaça à pessoa* – O parágrafo único do art. 83 do Código Penal diz, textualmente:

> **Parágrafo único.** Para o condenado por crime doloso, cometido com violência ou grave ameaça à pessoa, a concessão do livramento ficará também subordinada à constatação de condições pessoais que façam presumir que o liberado não voltará a delinquir.

Pela redação do mencionado parágrafo, estão dispensados desse prognóstico de que não voltarão a delinquir os condenados por crimes culposos, bem como por aqueles cometidos sem violência ou grave ameaça à pessoa. Sendo dolosa a infração penal e havendo, ainda, como elemento do tipo a violência ou a grave ameaça à pessoa, embora a lei penal não exija formalmente qualquer exame, seria de bom alvitre a realização do exame criminológico, previsto no art. 8º da Lei de Execução Penal, visando a constatar as condições pessoais do condenado que façam presumir que, se concedido o livramento condicional, não voltará a delinquir.

No que diz respeito à realização do exame criminológico, o STJ editou a Súmula nº 439, publicada no DJe em 13 de maio de 2010, com o seguinte teor:

---

[5] SILVA FRANCO, Alberto. *Crimes hediondos*, p. 149.

> **Súmula nº 439.** Admite-se o exame criminológico pelas peculiaridades do caso, desde que em decisão motivada.

3. CONDIÇÕES PARA O CUMPRIMENTO DO LIVRAMENTO

Ao analisar o pedido de livramento condicional, se o condenado preencher os requisitos objetivos e subjetivos previstos pelo art. 83 do Código Penal, o juiz da execução deverá concedê-lo, pois se trata de direito subjetivo do condenado, mediante o cumprimento de determinadas condições, a serem especificadas na sentença (art. 85 do CP).

Nos termos do § 1º do art. 132 da Lei de Execução Penal, serão sempre impostas ao liberado condicional as seguintes obrigações: *a)* obter ocupação lícita, no prazo razoável, se for apto para o trabalho; *b)* comunicar periodicamente ao juiz sua ocupação; *c)* não mudar do território da comarca do Juízo da Execução sem prévia autorização deste. Além dessas, o § 2º do art. 132 da Lei de Execução Penal diz ainda ser facultado ao juiz da execução impor ao liberado as obrigações de: *a)* não mudar de residência sem comunicação ao juiz e à autoridade incumbida da observação cautelar e de proteção; *b)* recolher-se à habitação em hora fixada; *c)* não frequentar determinados lugares; *d)* utilizar equipamento de monitoração eletrônica, conforme modificação introduzida no § 2º do art. 132 da LEP pela Lei nº 14.843, de 11 de abril de 2024.

O juiz, de ofício, a requerimento do Ministério Público, da Defensoria Pública ou mediante representação do Conselho Penitenciário e ouvido o liberado, poderá modificar as condições especificadas na sentença, devendo o respectivo ato decisório ser lido ao liberando por uma das autoridades ou funcionários indicados no inciso I do *caput* do art. 137 da Lei de Execução Penal, observado o disposto nos incisos II e III e §§ 1º e 2º do mesmo artigo, de acordo com a nova redação dada ao seu art. 144 pela Lei nº 12.313, de 19 de agosto de 2010.

4. PROCEDIMENTO DO LIVRAMENTO CONDICIONAL

Após concedido o livramento condicional, especificadas as condições ou obrigações a que terá que se submeter o liberado, será expedida a carta de livramento com cópia integral da sentença em duas vias, remetendo-a à autoridade administrativa incumbida da execução e outra ao Conselho Penitenciário (art. 136 da LEP).

Em seguida, será designada data para a *cerimônia do livramento*, que será realizada solenemente no dia marcado pelo presidente do Conselho Penitenciário, no estabelecimento onde está sendo cumprida a pena, cuja sentença será lida ao liberando, na presença dos demais condenados, pelo presidente do Conselho Penitenciário ou membro por ele designado, ou, na falta, pelo juiz (art. 137, I, da LEP). A finalidade de se fazer a leitura da sentença na presença dos demais condenados é estimular os detentos a que também procurem preencher, principalmente, os requisitos subjetivos necessários à concessão do benefício, permitindo-lhes ter a esperança de retornar ao convívio em sociedade, cumprindo parte de sua pena em liberdade.

A autoridade administrativa chamará a atenção do liberando para as condições impostas na sentença de livramento, perguntando-lhe se as aceita, devendo o liberando expressar sua vontade (art. 137, II e III, da LEP). De tudo, em livro próprio, será lavrado termo subscrito por quem presidir a cerimônia e pelo liberando, ou alguém a seu rogo, se não souber ou não puder escrever (art. 137, § 1º, da LEP). Cópia desse termo deverá ser remetida ao juiz da execução (art. 137, § 2º, da LEP).

Ao sair o liberado do estabelecimento penal, ser-lhe-á entregue, além do saldo de seu pecúlio e do que lhe pertencer, uma caderneta, que exibirá à autoridade judiciária ou administrativa sempre que lhe for exigida. A caderneta conterá: *a)* a identificação do condenado; *b)* o texto impresso da seção V, do Capítulo I, do Título V, da Lei de Execução Penal, que cuida dos dispositivos legais relativos ao livramento condicional; *c)* as condições impostas (art. 138, § 1º, alíneas *a*, *b* e *c*, da LEP).

Na falta da caderneta, será entregue ao liberado um salvo-conduto em que constem as condições do livramento, podendo substituir-se a ficha de identificação ou o seu retrato pela descrição dos sinais que possam identificá-lo (art. 138, § 2º da LEP). Na caderneta e no salvo-conduto, deverá haver espaço para consignar o cumprimento das condições referidas no art. 132 da Lei de Execução Penal.

Na hipótese de o condenado mudar-se de comarca, será remetida cópia da sentença do livramento ao juízo do lugar para onde ele se houver transferido e à autoridade incumbida da observação cautelar e de proteção (art. 133 da LEP), devendo o liberado ser advertido da obrigação de apresentar-se imediatamente às aludidas autoridades (art. 134 da LEP). Conforme observa Mirabete:

> "Isso não significa que haja mudança na competência para a execução, permanecendo com o Juízo original a incumbência de decidir a respeito dos incidentes ou alterações posteriores (revogação do benefício, modificação nas condições, extinção da pena pelo decurso do prazo etc.). O juiz da comarca para onde foi residir o condenado, diante da cópia da sentença do livramento, irá acompanhá-lo, determinando providências administrativas cabíveis, comunicando ao Juízo da Execução qualquer fato que possa acarretar atos jurisdicionais."[6]

5. NECESSIDADE DE SER OUVIDO O CONSELHO PENITENCIÁRIO PARA A CONCESSÃO DO LIVRAMENTO

O art. 131 da Lei de Execução Penal diz que o livramento condicional poderá ser concedido pelo juiz da execução, presentes os requisitos do art. 83, incisos e parágrafo único, do Código Penal, ouvidos o Ministério Público, o Conselho Penitenciário e, também, o defensor.

Diz o art. 112 da Lei de Execução Penal, com a redação determinada pelas Leis nºs 13.964, de 24 de dezembro de 2019, 14.843, de 11 de abril de 2024, e 14.994, de 9 de outubro de 2024:

> **Art. 112.** A pena privativa de liberdade será executada em forma progressiva com a transferência para regime menos rigoroso, a ser determinada pelo juiz, quando o preso tiver cumprido ao menos:
> I – 16% (dezesseis por cento) da pena, se o apenado for primário e o crime tiver sido cometido sem violência à pessoa ou grave ameaça;
> II – 20% (vinte por cento) da pena, se o apenado for reincidente em crime cometido sem violência à pessoa ou grave ameaça;
> III – 25% (vinte e cinco por cento) da pena, se o apenado for primário e o crime tiver sido cometido com violência à pessoa ou grave ameaça;
> IV – 30% (trinta por cento) da pena, se o apenado for reincidente em crime cometido com violência à pessoa ou grave ameaça;
> V – 40% (quarenta por cento) da pena, se o apenado for condenado pela prática de crime hediondo ou equiparado, se for primário;
> VI – 50% (cinquenta por cento) da pena, se o apenado for:
> a) condenado pela prática de crime hediondo ou equiparado, com resultado morte, se for primário, vedado o livramento condicional;
> b) condenado por exercer o comando, individual ou coletivo, de organização criminosa estruturada para a prática de crime hediondo ou equiparado; ou
> c) condenado pela prática do crime de constituição de milícia privada;
> VI-A – 55% (cinquenta e cinco por cento) da pena, se o apenado for condenado pela prática de feminicídio, se for primário, vedado o livramento condicional;
> VII – 60% (sessenta por cento) da pena, se o apenado for reincidente na prática de crime hediondo ou equiparado;

---

[6] MIRABETE, Júlio Fabbrini. *Execução penal*, p. 342.

> VIII – 70% (setenta por cento) da pena, se o apenado for reincidente em crime hediondo ou equiparado com resultado morte, vedado o livramento condicional.
> § 1º Em todos os casos, o apenado somente terá direito à progressão de regime se ostentar boa conduta carcerária, comprovada pelo diretor do estabelecimento, e pelos resultados do exame criminológico, respeitadas as normas que vedam a progressão.
> § 2º A decisão do juiz que determinar a progressão de regime será sempre motivada e precedida de manifestação do Ministério Público e do defensor, procedimento que também será adotado na concessão de livramento condicional, indulto e comutação de penas, respeitados os prazos previstos nas normas vigentes.
> [...]

Aqueles que militam na área penal conhecem, como regra, a demora do Conselho Penitenciário na emissão de seus pareceres para fins de livramento condicional.

O sistema carcerário abarrotado de presos, a falta de estrutura, a desorganização administrativa, bem como o número insuficiente de conselheiros, contribuem para que aqueles que já merecem estar em liberdade permaneçam presos por mais tempo do que o devido. Em vista dessa situação, pergunta-se: Deverá o juiz da execução aguardar, sempre, o parecer do Conselho Penitenciário a fim de conceder livramento condicional ao condenado, após ouvido o Ministério Público? Sendo o livramento condicional um direito subjetivo do condenado que preenche os requisitos objetivos e subjetivos necessários à concessão do benefício, o atraso na confecção de parecer pelo Conselho Penitenciário não poderá violar o seu *jus libertatis*?

Mesmo anteriormente à edição da Lei nº 10.792/2003, já nos posicionávamos no sentido de afastar a necessidade de parecer do Conselho Penitenciário para efeito de concessão do livramento condicional, uma vez que a demora na sua confecção atingia o *status libertatis* daquele que pretendia retornar ao convívio social depois de cumprir parte de sua pena. Agora, após a edição do diploma legal acima mencionado, a discussão perdeu o sentido, sendo que nossos Tribunais Superiores têm decidido, reiterada e acertadamente:

> "O Superior Tribunal de Justiça tem entendimento reiterado de que não se exige a prévia oitiva do Conselho Penitenciário para fins de concessão do livramento condicional, segundo a nova redação do art. 112 da LEP dada pela Lei nº 10.792/2003. Precedentes" (STJ, HC 350.902/SP, Rel. Min. Ribeiro Dantas, 5ª T., DJe 28/06/2016).

> "Criminal. Recurso especial. Livramento condicional. Concessão. Parecer prévio do Conselho Penitenciário. Desnecessidade. Recurso desprovido.
>
> I – A nova redação do art. 112 da LEP, dada pela Lei nº 10.792/2003 – que estabeleceu novo procedimento para a concessão da progressão do regime, determinando que o mesmo proceder fosse aplicado na concessão do livramento condicional – deixa para trás a exigência de prévia oitiva do Conselho Penitenciário, exigida no art. 131 da LEP, para a concessão do livramento condicional.
>
> II – A mesma Lei nº 10.792/2003 acabou por modificar, também, o inciso I do art. 70 da Lei de Execução Penal, retirando desse órgão a atribuição para emitir parecer sobre livramento condicional, constante da redação original do dispositivo.
>
> III – Recurso desprovido" (STJ, REsp 773.635/DF, Recurso Especial 2005/01329334-3, Rel. Min. Gilson Dipp, 5ª T., DJ 3/4/2006, p. 404).

6. REVOGAÇÃO DO LIVRAMENTO CONDICIONAL

Os arts. 86 e 87 do Código Penal preveem, respectivamente, as duas hipóteses de revogação do livramento condicional, sendo obrigatória no primeiro caso e facultativa no segundo.

Diz o art. 86:

> **Art. 86.** Revoga-se o livramento, se o liberado vem a ser condenado a pena privativa de liberdade, em sentença irrecorrível:
> I – por crime cometido durante a vigência do benefício;
> II – por crime anterior, observado o disposto no art. 84 deste Código.

O mencionado art. 86 deve ser analisado juntamente com o art. 88 do Código Penal, que determina:

> **Art. 88.** Revogado o livramento, não poderá ser novamente concedido, e, salvo quando a revogação resulta de condenação por outro crime anterior àquele benefício, não se desconta na pena o tempo em que esteve solto o condenado.

A primeira hipótese de revogação, tida como obrigatória, ocorre em virtude de ter o agente cometido novo crime após ter sido colocado em liberdade, quando já havia iniciado o cumprimento das condições aplicadas ao livramento condicional. A prática de novo crime demonstra a sua inaptidão para cumprir o restante da pena anterior em liberdade, devendo, pois, ser revogado o benefício, somando-se as penas, anterior e posterior, para efeitos de novo cumprimento.

Como penalidade por ter praticado o crime após o início do livramento condicional, o liberado perderá todo o período em que permaneceu livre. Assim, se o condenado, após dois anos de efetivo cumprimento de sua pena, restando ainda quatro anos a cumprir, decorrido um ano de livramento condicional vier a praticar novo crime, esse tempo que permaneceu em liberdade, cumprindo determinadas condições, será perdido. O tempo total de pena anterior – quatro anos – será somado com a condenação posterior, para efeitos de cumprimento da pena privativa de liberdade.

No caso do inciso II do art. 86 do Código Penal, se o liberado vier a ser condenado por crime anterior, e a soma do tempo que resta a cumprir com a nova condenação não permitir sua permanência em liberdade, deverá ser revogado o benefício.

O art. 87 do Código Penal, a seu turno, prevê a revogação facultativa do livramento condicional, dizendo: *O juiz poderá, também, revogar o livramento, se o liberado deixar de cumprir qualquer das obrigações constantes da sentença, ou for irrecorrivelmente condenado, por crime ou contravenção, a pena que não seja privativa de liberdade.* O mencionado art. 87 também deverá ser analisado juntamente com os arts. 141 e 142 da Lei de Execução Penal.

No que diz respeito ao monitoramento eletrônico, assevera o inciso VIII do parágrafo único do art. 146-C da LEP que a violação comprovada dos deveres previstos neste artigo poderá acarretar, a critério do juiz da execução, ouvidos o Ministério Público e a defesa, a revogação do livramento condicional, conforme modificação introduzida pela Lei nº 14.843, de 11 de abril de 2024.

Na hipótese de revogação facultativa em virtude da prática de infração penal cometida anteriormente à vigência do livramento, será computado como tempo de cumprimento de pena o período de prova, sendo permitida, para a concessão de novo livramento, a soma do tempo das duas penas (art. 141 da LEP). Dessa forma, o liberado não perderá o tempo de pena já cumprido em liberdade, uma vez que a infração penal pela qual foi condenado foi cometida anteriormente à concessão do benefício.

Antes de revogar o livramento, pelo fato de não estar o liberado cumprindo as condições impostas na sentença, deverá o julgador ouvi-lo em audiência própria, permitindo que se justifique. Ao final, se os argumentos do liberado convencerem o juiz da execução, deverá ser mantido o livramento; caso contrário, se não houver escusa razoável para o descumprimento das condições impostas, poderá o juiz da execução revogar o benefício, sendo que, nesse caso, não se computará na pena o tempo em que esteve solto o liberado, tampouco se concederá, em relação à mesma pena, novo livramento (art. 142 da LEP). Também no caso de ter sido o liberado irrecorrivelmente condenado por crime ou contravenção, à pena que não seja privativa de liberdade, praticado(a) durante a vigência do livramento, sendo este revogado, deverá perder todo o período em que permaneceu em liberdade, uma vez que, voltando o liberado a praticar nova infração penal, deu mostras da sua inaptidão para cumprir o restante da sua pena em liberdade.

Praticada pelo liberado outra infração penal, o juiz poderá ordenar sua prisão, ouvidos o Conselho Penitenciário e o Ministério Público, suspendendo o curso do livramento condicional, cuja revogação, entretanto, ficará dependendo da decisão final (art. 145 da LEP).

A revogação será decretada a requerimento do Ministério Público, mediante representação do Conselho Penitenciário, ou de ofício, pelo juiz, ouvido o liberado (art. 143 da LEP).

O Superior Tribunal de Justiça, consolidando seu entendimento, editou a Súmula nº 617, publicada no DJe de 1º/10/2018, que diz:

> **Súmula nº 617 do STJ:** *A ausência de suspensão ou revogação do livramento condicional antes do término do período de prova enseja a extinção da punibilidade pelo integral cumprimento da pena.*

7. EXTINÇÃO DA PENA

Tendo cumprido todo o período de prova sem que tenha havido revogação do benefício, o juiz, de ofício, a requerimento do interessado, do Ministério Público ou mediante representação do Conselho Penitenciário, declarará a extinção da pena, salvo enquanto não passar em julgado a sentença em processo a que responde o liberado, por crime cometido durante a vigência do benefício (art. 89 do CP).

Caso o delito tenha sido praticado anteriormente à vigência do benefício, como o liberado não perderá o tempo correspondente ao período em que esteve solto, poderá ser declarada a extinção da pena privativa de liberdade, uma vez expirado o prazo do livramento, sem que tenha havido revogação (arts. 90 do CP e 146 da LEP).

8. LIVRAMENTO CONDICIONAL E EXECUÇÃO PROVISÓRIA DA SENTENÇA

Pode acontecer que o sentenciado, preso cautelarmente, ainda esteja aguardando o julgamento do seu recurso, tendo a decisão, contudo, transitado em julgado somente para o Ministério Público. Pergunta-se: Poderá, nessa hipótese, ser concedido o livramento condicional àquele que ainda não goza do *status* de condenado, executando-se provisoriamente a sentença penal condenatória?

Entendemos afirmativamente, pois o sentenciado e, possivelmente, futuro condenado não poderá ser prejudicado pelo simples fato de ter recorrido da decisão que o condenou ao cumprimento de uma pena privativa de liberdade. Se já se encontram presentes os requisitos objetivos e subjetivos necessários à concessão do benefício, pelo fato de não ter havido recurso do Ministério Público e sendo impossível a *reformatio in pejus*, acreditamos deva o sentenciado ser beneficiado com o livramento condicional, mesmo que ainda não tenha havido o trânsito em julgado da sentença penal condenatória.[7]

O Supremo Tribunal Federal, na sessão plenária de 24 de setembro de 2003, aprovou a Súmula nº 716 que, embora dirigida aos casos de progressão de regime e aplicação de regime menos severo do que o determinado na sentença, pode, mediante um raciocínio analógico, ser ampliada para as hipóteses de livramento condicional, quando ainda não houver o trânsito em julgado da sentença penal condenatória.

Diz a referida Súmula nº 716:

> **Súmula nº 716.** *Admite-se a progressão de regime de cumprimento de pena ou a aplicação imediata de regime menos severo nela determinada, antes do trânsito em julgado da sentença condenatória.*

---

[7] Em sentido contrário, posicionam-se Ada Pellegrini Grinover, Antônio Scarance Fernandes e Antônio M. Gomes Filho, quando aduzem: "Não parece correto falar em execução provisória naquelas situações em que, mesmo não havendo trânsito em julgado da sentença condenatória, seja possível conceder ao acusado preso provisoriamente os benefícios previstos na Lei de Execução Penal, como, v.g., a progressão de regime; nessa situação não há ainda execução, mas tão somente a aplicação das disposições da mencionada lei ao preso provisório, como expressamente prevê o seu art. 2º" (*As nulidades no processo penal*, p. 278).

Capítulo XLIII
Dos Efeitos da Condenação

1. INTRODUÇÃO

A finalidade da sentença penal condenatória é aplicar ao agente a pena que, proporcionalmente, mais se aproxime do mal por ele praticado, a fim de cumprir as suas metas de reprovação e prevenção do crime, tal como determinado na última parte do art. 59 do Código Penal.

A principal e maior consequência do trânsito em julgado da sentença condenatória é, sem dúvida, fazer com que o condenado cumpra a pena determinada. Nas precisas lições de Frederico Marques, "a sentença penal condenatória, impondo ao réu o preceito sancionador na norma incriminadora, tem como efeito principal submeter o condenado à execução forçada."[1] Contudo, tal sentença, além de seus efeitos penais, que se encontram localizados em diversos artigos da legislação penal e processual penal, pode gerar, ainda, outros efeitos, a exemplo de tornar certa a obrigação de reparar o dano causado pelo crime, ou mesmo a de fazer com que o condenado venha a perder o cargo, a função pública ou o seu mandato eletivo.

Existem, portanto, efeitos secundários gerados pela sentença condenatória transitada em julgado que mais se parecem com outra pena, de natureza acessória. Tais efeitos, considerados extrapenais, vieram elencados pelos arts. 91, 91-A e 92 do Código Penal, cuja análise será realizada mais detidamente a seguir.

Até a edição da Lei nº 13.964, de 24 de dezembro de 2019, vinha-se entendendo que os efeitos da condenação previstos pelo art. 91 do Código Penal eram genéricos, pois não havia necessidade de sua declaração expressa na sentença condenatória, e que aqueles arrolados pelo art. 92 do mesmo diploma legal eram específicos, os quais o juiz deveria, motivadamente, declarar na sentença. Tal afirmação sempre nos pareceu incorreta, pois, como se comprovará mais adiante, existem hipóteses no art. 91 do Código Penal nas quais o julgador deverá sobre elas motivar-se expressamente, a fim de que produza os seus efeitos legais.

A criação do art. 91-A pela Lei nº 13.964, de 24 de dezembro de 2019, veio a corroborar nosso raciocínio, pois a referida perda do produto ou proveito do crime, dos bens correspondentes à diferença entre o valor do patrimônio do condenado e aquele que seja compatível com o seu rendimento lícito deverá, sempre e obrigatoriamente, ser explicitada na decisão

---

[1] MARQUES, José Frederico. *Elementos de direito processual penal*, v. III, p. 74.

condenatória. Fosse um efeito automático, conforme distinção feita acima, o artigo em questão não receberia a numeração de 91-A, mas sim de 92-A.

Além do disposto de modo genérico no Código Penal, o ordenamento jurídico prevê inúmeros efeitos decorrentes de uma condenação penal, como, v.g., a indenização civil pela prática de homicídio, lesão, crimes contra a honra ou ofensa à liberdade pessoal (arts. 948, 949, 953 e 954, respectivamente, do CC); a vedação da administração de empresa aos condenados a pena que vede, ainda que temporariamente, o acesso a cargos públicos; ou por crime falimentar, de prevaricação, peita ou suborno, concussão, peculato; ou contra a economia popular, contra o sistema financeiro nacional, contra as normas de defesa da concorrência, contra as relações de consumo, a fé pública ou a propriedade, enquanto perdurarem os efeitos da condenação (art. 1.011, § 1º, do CC); o surgimento de impedimento matrimonial pela prática do crime de homicídio (art. 1.521, VII, do CC); a suspensão do poder familiar (art. 1.637, parágrafo único, do CC); serve de fundamento para a indignidade ou deserdação na herança (arts. 1.814 e 1.961 do CC); é fundamento para a perda de mandato de Deputado ou Senador, na hipótese em que a casa respectiva assim decida (nos termos do art. 55, VI, e § 2º da CF); não serão concedidas as naturalizações ordinária e especial, nos termos, respectivamente, dos arts. 65, IV, e 69, III, da Lei nº 13.445, de 24 de maio de 2017, que instituiu a Lei de Migração.

Merece registrar que a legislação penal especial também prevê outros efeitos, como se percebe pela leitura do art. 7º da Lei nº 9.613, de 3 de março de 1998 (Lei de Lavagem de Capitais). Veja-se, ainda, o disposto no § 4º do art. 9º da Lei Maria da Penha, com a redação que lhe foi conferida pela Lei nº 13.871, de 17 de setembro de 2019, que diz que "aquele que, por ação ou omissão, causar lesão, violência física, sexual ou psicológica e dano moral ou patrimonial a mulher fica obrigado a ressarcir todos os danos causados, inclusive ressarcir ao Sistema Único de Saúde (SUS), de acordo com a tabela SUS, os custos relativos aos serviços de saúde prestados para o total tratamento das vítimas em situação de violência doméstica e familiar, recolhidos os recursos assim arrecadados ao Fundo de Saúde do ente federado responsável pelas unidades de saúde que prestarem os serviços".

2. EFEITOS GENÉRICOS DA CONDENAÇÃO

Os arts. 91 e 91-A do Código Penal dispõem:

> **Art. 91.** São efeitos da condenação:
> I – tornar certa a obrigação de indenizar o dano causado pelo crime;
> II – a perda em favor da União, ressalvado o direito do lesado ou de terceiro de boa-fé:
> a) dos instrumentos do crime, desde que consistam em coisas cujo fabrico, alienação, uso, porte ou detenção constitua fato ilícito;
> b) do produto do crime ou de qualquer bem ou valor que constitua proveito auferido pelo agente com a prática do fato criminoso.
> § 1º Poderá ser decretada a perda de bens ou valores equivalentes ao produto ou proveito do crime quando estes não forem encontrados ou quando se localizarem no exterior. *(Incluído pela Lei nº 12.694, de 24 de julho 2012)*
> § 2º Na hipótese do § 1º, as medidas assecuratórias previstas na legislação processual poderão abranger bens ou valores equivalentes do investigado ou acusado para posterior decretação de perda. *(Incluído pela Lei nº 12.694, de 24 de julho de 2012)*
> **Art. 91-A.** Na hipótese de condenação por infrações às quais a lei comine pena máxima superior a 6 (seis) anos de reclusão, poderá ser decretada a perda, como produto ou proveito do crime, dos bens correspondentes à diferença entre o valor do patrimônio do condenado e aquele que seja compatível com o seu rendimento lícito. *(Incluído pela Lei nº 13.964, de 24 de dezembro de 2019.)*
> § 1º Para efeito da perda prevista no *caput* deste artigo, entende-se por patrimônio do condenado todos os bens:

> I – de sua titularidade, ou em relação aos quais ele tenha o domínio e o benefício direto ou indireto, na data da infração penal ou recebidos posteriormente; e
> II – transferidos a terceiros a título gratuito ou mediante contraprestação irrisória, a partir do início da atividade criminal.
> § 2º O condenado poderá demonstrar a inexistência da incompatibilidade ou a procedência lícita do patrimônio.
> § 3º A perda prevista neste artigo deverá ser requerida expressamente pelo Ministério Público, por ocasião do oferecimento da denúncia, com indicação da diferença apurada.
> § 4º Na sentença condenatória, o juiz deve declarar o valor da diferença apurada e especificar os bens cuja perda for decretada.
> § 5º Os instrumentos utilizados para a prática de crimes por organizações criminosas e milícias deverão ser declarados perdidos em favor da União ou do Estado, dependendo da Justiça onde tramita a ação penal, ainda que não ponham em perigo a segurança das pessoas, a moral ou a ordem pública, nem ofereçam sério risco de ser utilizados para o cometimento de novos crimes.

- *Tornar certa a obrigação de indenizar o dano causado pelo crime* – O primeiro efeito da condenação, trazido pelo inciso I do art. 91 do Código Penal, diz respeito a tornar certa a obrigação de indenizar o dano causado pelo crime. Embora sejam independentes as esferas cível e penal, a sentença penal condenatória com trânsito em julgado evidencia, quando possível, o dano causado pelo agente mediante a prática de sua conduta típica, ilícita e culpável, gerando, pois, para a vítima, um título executivo de natureza judicial, conforme o inciso VI do art. 515 do Código de Processo Civil (Lei nº 13.105, de 16 de março de 2015).

Preleciona Fragoso:

"A sentença penal condenatória produz consequências de natureza civil. Tal sentença é declaratória da obrigação de reparar o dano. A condenação criminal torna certa a obrigação de ressarcir o dano causado pelo delito. Não se poderá mais questionar no cível sobre a existência do fato, ou quem seja o seu autor, quando estas questões se acharem decididas no crime (art. 1.525, Cód. Civil[2]). Uma vez proferida a condenação, no juízo cível vai-se questionar apenas o *quantum* da indenização."[3]

Assim, como a sentença penal condenatória transitada em julgado não tem a liquidez necessária para a sua execução, faz-se mister proceder à sua liquidação, nos termos do art. 509 do Código de Processo Civil (Lei nº 13.105, de 16 de março de 2015), pois, conforme prelecionam Nelson Nery Júnior e Rosa Maria Andrade Nery, "faltando à sentença penal o requisito da liquidez, terá de, primeiramente, ser liquidada por meio de ação de liquidação de sentença, processada e julgada no juízo cível. Com a sentença de liquidação integrando a sentença penal condenatória, abre-se oportunidade para que ela apareche processo de execução, servindo-lhe de fundamento."[4]

Considerado como efeito automático da sentença penal condenatória com trânsito em julgado, não precisa ser declarado expressamente no *decisum*, pois deflui naturalmente da condenação.

- *A perda em favor da União, ressalvado o direito do lesado ou de terceiro de boa-fé, dos instrumentos do crime, desde que consistam em coisas cujo fabrico, alienação, uso, porte*

---

[2] O artigo citado corresponde ao atual art. 935 do Código Civil (Lei nº 10.406, de 10 de janeiro de 2002).
[3] FRAGOSO, Heleno Cláudio. *Lições de direito penal* – Parte geral, p. 380.
[4] NERY JÚNIOR, Nelson; ANDRADE NERY, Rosa Maria de. *Código de processo civil comentado*, p. 816.

ou detenção constitua fato ilícito – Determina a lei penal, por intermédio da alínea *a*, do inciso II, do art. 91 do Código Penal, a perda, em favor da União, ressalvado o direito do lesado ou de terceiro de boa-fé, dos instrumentos do crime, desde que consistam em coisas cujo fabrico, alienação, uso, porte ou detenção constitua fato ilícito.

Instrumentos do crime, na definição de Cezar Roberto Bitencourt, "são os objetos, isto é, são as coisas materiais empregadas para a prática e execução do delito."[5] Como a lei penal fala expressamente em *instrumentos do crime*, não há que se falar em perda dos instrumentos destinados à prática de contravenção penal.

Somente poderão ser perdidos em favor da União os instrumentos do crime que se constituam em coisas cujo fabrico, alienação, uso, porte ou detenção constitua fato ilícito. Se alguém, por exemplo, dolosamente, vier a utilizar o seu automóvel a fim de causar lesão na vítima, o fato de ter se valido do seu veículo como instrumento do crime não fará com que ele seja perdido em favor da União, pois o seu uso não constitui fato ilícito, o que não impedirá, contudo, a aplicação do efeito específico da condenação previsto no inciso III do art. 92 do Código Penal.

Também não perderá a sua arma, por exemplo, o agente que vier a utilizá-la na prática de crime, desde que possua autorização para o seu porte.

O porte ilegal de arma de fogo, de mera contravenção penal, passou a constituir-se crime, inicialmente previsto no art. 10 da Lei nº 9.437/97, hoje também revogado pela Lei nº 10.826, de 22 de dezembro de 2003. A indagação que se faz, agora, é a seguinte: Se alguém for surpreendido portando uma arma registrada em seu nome, sem autorização para tanto, poderá vê-la perdida em favor da União? Entendemos que não, pois, *in casu*, a arma de fogo não está sendo utilizada como instrumento do crime, devendo ser considerada tão somente como objeto material[6] da infração penal. Embora tenha decidido sob a égide do revogado art. 19 da Lei das Contravenções Penais, merece transcrição a posição adotada pelo STJ:

> "O art. 91, II, *a*, do Código Penal menciona 'instrumento do crime, desde que consista em coisas, cujo fabrico, alienação, uso, porte ou detenção constitua fato ilícito'. O confisco é instituto de interpretação restritiva. 'Instrumento do crime' compreende as coisas utilizadas pelo agente para desenvolver atos de execução. Exemplo. O revólver, para matar; a gazua para romper o obstáculo da porta. Não se confunde com 'objeto material' ou da contravenção penal. No art. 19, a arma é objeto material. Não é instrumento. Não autoriza o confisco" (6ª T., REsp 79.537-0, Rel. Luiz Vicente Cernicchiaro, DJU 9/9/1996, p. 31.125).

Ressalva-se, ainda, como determinado pelo inciso II do art. 91 do Código Penal, o direito do lesado ou de terceiro de boa-fé, que não poderá ter seus instrumentos perdidos caso venham a ser utilizados indevidamente pelo agente condenado pela prática da infração penal, desde que não consistam em coisas cujo fabrico, alienação, uso, porte ou detenção constitua fato ilícito, bem como que não ocorra qualquer das modalidades de concurso de pessoas, vale dizer, a coautoria ou a participação. Suponhamos que alguém entregue sua arma de fogo a uma empresa especializada em reparações. Um empregado dessa empresa, querendo praticar um crime de roubo, a utiliza na empreitada criminosa, oportunidade em que, preso em flagrante, a arma é apreendida. Transitada em julgado a condenação, o proprietário da arma deverá vê-la restituída, pois terceiro de boa-fé, não podendo, portanto, ser apenado indiretamente com a infração penal cometida pelo condenado.

---

[5] BITENCOURT, Cezar Roberto. *Manual de direito penal* – Parte geral, v.1, p. 628.
[6] Nesse sentido, CAPEZ, Fernando. *Arma de fogo*, p. 28; JESUS, Damásio E. de. *Crimes de porte de arma de fogo e asse-melhados*, p. 41.

O STF já decidiu:

"1. Arma de fogo apreendida: a decisão que, mesmo comprovada a propriedade e a autorização do porte, decreta a perda da arma em favor do Estado, com fundamento na segurança pública, impõe inconcebível pena acessória – CP, art. 91, II, *a* – contra quem, além de não ter sido condenado, sequer foi sujeito passivo em ação penal – e contraria o art. 5º, XXII, LIV e LV da Constituição Federal. 2. RE provido, sem prejuízo da exigência, quando da devolução da arma, dos requisitos legais então vigentes" (RE 362.047/SC, Rel. Min. Sepúlveda Pertence, julg. 14/9/2004, DJ 8/10/2004, p. 9).

- *A perda em favor da União, ressalvado o direito do lesado ou de terceiro de boa-fé, do produto do crime ou de qualquer bem ou valor que constitua proveito auferido pelo agente com a prática do fato criminoso* – Na definição de Roberto Lyra:

"Produtos do crime (*producta sceleris*) são as coisas adquiridas diretamente com o crime (coisa roubada), ou mediante sucessiva especificação (joia feita com o ouro roubado), ou conseguidas mediante alienação (dinheiro da venda do objeto roubado) ou criadas com o crime (moeda falsa). Também se inclui no confisco outro qualquer bem ou valor, que importe proveito, desde que haja sido auferido pelo agente, e não por terceiros, com a prática do crime. Assim: o preço deste, os bens economicamente apreciáveis dados ou prometidos ao agente para que cometa o crime, a contraprestação que corresponde à prestação da atividade criminosa, a retribuição desta."[7]

Com o confisco do produto do crime ou dos bens ou valores que constituam proveito auferido pelo agente com a prática do fato criminoso, evita-se que o condenado obtenha qualquer vantagem com a prática de sua infração penal.

Embora tratado como efeito automático da sentença penal condenatória transitada em julgado, entendemos que o julgador deverá, na sua decisão, fundamentá-la adequadamente ao fato, apontando, por exemplo, os motivos que o levaram a presumir que o apartamento adquirido pelo agente fora fruto da subtração dos valores por ele levada a efeito, que o saldo existente em sua conta bancária deveu-se à subtração dos valores por ele realizada etc. O confisco é medida extrema, excepcional, e dessa forma deve ser cuidada, somente tendo aplicação quando o julgador tiver a convicção de que os produtos, bens e valores são provenientes da prática de crime, uma vez que, conforme já decidiu o TJ-SP, "o confisco só se justifica quando houver prova concludente de que o bem é produto do crime" (Rel. Marcial Hollanda).[8]

Ressalva-se aqui também o direito do lesado ou de terceiro de boa-fé, devendo, por exemplo, ser a vítima do furto restituída da coisa que lhe fora subtraída pelo condenado.

- *Poderá ser decretada a perda de bens ou valores equivalentes ao produto ou proveito do crime quando estes não forem encontrados ou quando se localizarem no exterior.*

Pode ocorrer a hipótese em que o agente tenha se desfeito ou mesmo escondido o produto ou proveito do crime, a exemplo daquele que adquire um imóvel no exterior ou mesmo que deposite, em uma agência bancária localizada fora do território nacional, o valor obtido criminosamente. Nesses casos, mesmo não sendo encontrados, poderá o julgador decretar a perda de bens ou valores que são equivalentes ao produto ou proveito do crime, impedindo, assim, que o agente continue auferindo lucro derivado de seu comportamento criminoso.

---

[7] LYRA, Roberto. *Comentários ao Código Penal*, v. II, p. 462-463.

[8] *JTJ-Lex* 172/309.

Tal efeito da condenação, embora tenha sido inserido no Código Penal pela Lei nº 12.694, de 24 de julho de 2012, que dispôs sobre o processo e o julgamento colegiado em primeiro grau de jurisdição de crimes praticados por organizações criminosas, não se aplica somente a estas últimas, mas, sim, a qualquer infração penal, tenha sido ou não praticada por organização criminosa, em que o agente tenha conseguido ocultar, no país ou no exterior, os bens ou valores correspondentes ao produto ou proveito do crime.

Esse perdimento, no entanto, de bens ou valores que não aqueles diretamente auferidos com a prática criminosa deve ser equivalente ao produto ou proveito do crime.

Essa inovação trazida pelo Código Penal já constava em Convenções Internacionais, das quais o Brasil era signatário, a exemplo da Convenção de Palermo (art. 12, item 1, *a*), promulgada pelo Decreto Presidencial nº 5.015, de 12 de março de 2004; Convenção das Nações Unidas contra a corrupção (art. 31, item 1, *a*), promulgada pelo Decreto Presidencial nº 5.687, de 31 de janeiro de 2006 e, ainda, a Convenção das Nações Unidas contra o tráfico ilícito de entorpecentes e de substâncias psicotrópicas (art. 5º, item 1, *a*), promulgada pelo Decreto Presidencial nº 154, de 26 de junho de 1991.

- *Na hipótese do § 1º, as medidas assecuratórias previstas na legislação processual poderão abranger bens ou valores equivalentes do investigado ou acusado para posterior decretação de perda.*

O Capítulo VI do Título VI do Código de Processo Penal cuida das chamadas Medidas Assecuratórias, a saber: *a)* sequestro, *b)* hipoteca legal e *c)* arresto.

Dessa forma, nos termos do § 2º do art. 91 do Código Penal, será possível a aplicação de uma dessas medidas assecuratórias com a finalidade de abranger os bens ou valores equivalentes ao produto ou proveito do crime quando estes não forem encontrados ou quando se localizarem no exterior, de acordo com a dicção do § 1º do mesmo artigo.

O § 2º do art. 91 do Código Penal faz menção a investigado ou acusado. Assim, as medidas assecuratórias poderão ser levadas a efeito ainda na fase investigatória, ou seja, a fase correspondente ao inquérito policial, quando o suposto autor da infração penal ainda goza do *status* de investigado ou indiciado, ou após o início da ação penal em juízo, quando passa a ser reconhecido como acusado ou réu.

Tais medidas destinam-se a assegurar a posterior decretação da perda dos bens e valores equivalentes ao produto ou proveito do crime.

Merece destaque a inovação trazida pela Lei nº 12.694, de 24 de julho de 2012, que, acrescentando o art. 144-A ao Código de Processo Penal, diz, *verbis*:

> **Art. 144-A.** O juiz determinará a alienação antecipada para preservação do valor dos bens sempre que estiverem sujeitos a qualquer grau de deterioração ou depreciação, ou quando houver dificuldade para sua manutenção.
> [...]

- *Na hipótese de condenação por infrações às quais a lei comine pena máxima superior a 6 (seis) anos de reclusão, poderá ser decretada a perda, como produto ou proveito do crime, dos bens correspondentes à diferença entre o valor do patrimônio do condenado e aquele que seja compatível com o seu rendimento lícito.*

O art. 91-A foi inserido ao Código Penal através da Lei nº 13.964, de 24 de dezembro de 2019. Fruto de intensa discussão, o artigo foi pensado a partir de operações que identificavam uma diferença significativa entre o patrimônio lícito do agente e aquele que não tinha qualquer comprovação, embora não se conseguisse apontar, com precisão, sua origem ilícita.

Agora, existe uma presunção *iuris tantum* da origem criminosa dessa diferença patrimonial. Contudo, o *caput* do art. 91-A do Código Penal somente permite que ocorra tal presunção quando à infração penal praticada pelo agente for cominada pena máxima superior a 6 (seis) anos de reclusão, a exemplo do que ocorre com o delito de constituição de milícia privada (art. 288-A do CP), cuja pena máxima cominada é de 8 (oito) anos de reclusão, ou mesmo o crime de lavagem de dinheiro, tipificado no art. 1º da Lei nº 9.613, de 3 de março de 1998, cuja pena máxima cominada é de 10 (dez) anos de reclusão.

Assim, não será qualquer infração penal que permitirá a aplicação desse efeito da condenação, mas tão somente aquelas de natureza grave, e desde que também nela se visualize algum produto ou proveito de crime. Dessa forma, o autor de um delito de homicídio, mesmo que comprove essa situação de abismo patrimonial lícito e não justificável, à primeira vista, não poderá sofrer esse efeito da condenação.

Essa perda do presumido produto ou proveito do crime, que diz respeito à diferença entre o valor do patrimônio do condenado e aquele que seja compatível com o seu rendimento lícito é também reconhecida através da expressão *confisco alargado*.

O § 1º do art. 91-A do Código Penal diz que para efeito da perda prevista em seu *caput*, entende-se por patrimônio do condenado todos os bens:

> I – de sua titularidade, ou em relação aos quais ele tenha o domínio e o benefício direto ou indireto, na data da infração penal ou recebidos posteriormente; e
> II – transferidos a terceiros a título gratuito ou mediante contraprestação irrisória, a partir do início da atividade criminal.

Como não poderia ser diferente, em se tratando de uma presunção *iuris tantum*, que admite prova em contrário, o § 2º do art. 91-A do Código Penal assevera que o condenado poderá demonstrar a inexistência da incompatibilidade ou a procedência lícita do patrimônio, oportunidade em que não será possível o confisco.

Essa apuração entre a diferença do valor do patrimônio do condenado e aquele que seja compatível com o seu rendimento lícito deverá ter sido realizada na fase das investigações. Isso porque o § 3º do referido artigo esclarece que a perda por ele prevista deverá ser requerida expressamente pelo Ministério Público, por ocasião do oferecimento da denúncia, com indicação da diferença apurada. Como a denúncia é a peça que inaugura a fase processual, com o encerramento, em tese, das investigações, a redação do mencionado parágrafo nos leva a afirmar que esse é o momento adequado para se indicar a diferença patrimonial apurada. Na denúncia, além da narração dos fatos criminosos, com a imputação de sua autoria, o Ministério Público deve requerer, expressamente, a perda, como produto ou proveito do crime, dos bens correspondentes à diferença entre o valor do patrimônio do denunciado, e possível condenado, e aquele que seja compatível com o seu rendimento lícito, indicando a diferença apurada.

Na sentença condenatória, o juiz deve declarar o valor da diferença apurada e especificar os bens cuja perda for decretada, conforme determinado pelo § 4º do art. 91-A do diploma repressivo.

O § 5º do art. 91-A do Código Penal determina, ainda, que os instrumentos utilizados para a prática de crimes por organizações criminosas e milícias deverão ser declarados perdidos em favor da União ou do Estado, dependendo da Justiça onde tramita a ação penal, ainda que não ponham em perigo a segurança das pessoas, a moral ou a ordem pública, nem ofereçam sério risco de ser utilizados para o cometimento de novos crimes.

3. EFEITOS ESPECÍFICOS DA CONDENAÇÃO

O art. 92 do Código Penal aduz:

Art. 92. São também efeitos da condenação:

I – a perda de cargo, função pública ou mandato eletivo:

a) quando aplicada pena privativa de liberdade por tempo igual ou superior a um ano, nos crimes praticados com abuso de poder ou violação de dever para com a administração pública;

b) quando for aplicada pena privativa de liberdade por tempo superior a quatro anos nos demais casos;

II – a incapacidade para o exercício do poder familiar, da tutela ou da curatela nos crimes dolosos sujeitos à pena de reclusão cometidos contra outrem igualmente titular do mesmo poder familiar, contra filho, filha ou outro descendente, tutelado ou curatelado, bem como nos crimes cometidos contra a mulher por razões da condição do sexo feminino, nos termos do § 1º do art. 121-A deste Código;

(...)

§ 1º Os efeitos de que trata este artigo não são automáticos, devendo ser motivadamente declarados na sentença pelo juiz, mas independem de pedido expresso da acusação, observado o disposto no inciso III do § 2º deste artigo.

§ 2º Ao condenado por crime praticado contra a mulher por razões da condição do sexo feminino, nos termos do § 1º do art. 121-A deste Código serão:

I – aplicados os efeitos previstos nos incisos I e II do *caput* deste artigo;

II – vedadas a sua nomeação, designação ou diplomação em qualquer cargo, função pública ou mandato eletivo entre o trânsito em julgado da condenação até o efetivo cumprimento da pena;

III – automáticos os efeitos dos incisos I e II do *caput* e do inciso II do § 2º deste artigo.

As hipóteses de efeitos específicos da condenação, previstas no art. 92 do Código Penal, como bem observado por Jair Leonardo Lopes, são "verdadeiras penas acessórias mascaradas de efeitos da condenação".[9] Devem ser declarados expressamente no *decisum* condenatório, sob pena de não serem aplicados, haja vista que não são considerados efeitos automáticos da sentença penal condenatória transitada em julgado, tal como, atualmente, esclarece o § 1º do art. 92 do CP, que diz que os efeitos de que trata este artigo não são automáticos, devendo ser motivadamente declarados na sentença pelo juiz, mas independem de pedido expresso da acusação, observado o disposto no inciso III do § 2º do mencionado artigo.

- *Perda do cargo, função pública ou mandato eletivo nas hipóteses da alínea* a e b *do inciso I, do art. 92 do Código Penal* – O inciso I do art. 92 teve sua redação modificada pela Lei nº 9.268/96. Antes da sua reforma, a perda do cargo, função pública ou mandato eletivo, nos crimes praticados com abuso de poder ou violação de dever para com a Administração Pública, somente ocorria quando a pena aplicada fosse superior a quatro anos.

Hoje, o inciso bipartiu-se em duas alíneas, que preveem situações diferentes. A primeira delas diz respeito ao fato de ter o agente sido condenado à pena privativa de liberdade por tempo igual ou superior a um ano, nos crimes praticados com abuso de poder ou violação de dever para com a Administração Pública. A segunda cuida da hipótese de condenação, por qualquer infração penal, a pena privativa de liberdade superior a quatro anos.

Cargo, na precisa definição de Celso Antônio Bandeira de Mello:

"São as mais simples e indivisíveis unidades de competência a serem expressadas por um agente, previstas em número certo, com denominação própria, retribuídas por pessoas jurídicas de direito público e criadas por lei."[10]

Função pública é aquela exercida por servidor público ou não, mas desde que realizada no interesse da Administração. O particular, agindo nessa condição, é considerado funcioná-

---

[9] LOPES, Jair Leonardo. *Curso de direito penal* – parte geral, p. 241.

[10] MELLO, Celso Antônio Bandeira de. *Curso de direito administrativo*, p. 126-127.

rio público por equiparação, extensão ou assimilação, nos termos do art. 327 do Código Penal. *Mandato eletivo* é aquele conquistado por voto popular e que pela sua própria natureza possui um tempo certo de duração, podendo ou não ser renovado.

Na verdade, as hipóteses tratadas pelo inciso I do art. 92 do Código Penal, conforme assevera Cezar Roberto Bitencourt, "não se destinam exclusivamente aos chamados crimes funcionais (arts. 312 a 347 do CP), mas a qualquer crime que um funcionário público cometer com *violação de deveres* que a sua condição de funcionário impõe, cuja pena de prisão aplicada seja igual ou superior a um ano, ou, então, a qualquer crime praticado por funcionário público, cuja pena aplicada seja superior a quatro anos."[11]

A alínea *a* do inciso I do art. 92 do Código Penal prevê a perda do cargo, função pública ou mandato eletivo quando aplicada pena privativa de liberdade por tempo igual ou superior a um ano, nos crimes praticados com abuso de poder ou violação de dever para com a Administração Pública.

Dois são os aspectos a serem analisados, com importantes desdobramentos, a saber:

a) condenação a pena privativa de liberdade igual ou superior a um ano;
b) crimes praticados com abuso de poder ou violação de dever para com a Administração Pública.

A lei penal fala em pena privativa de liberdade, razão pela qual quando o agente for condenado à pena de multa, ou mesmo tiver a sua pena privativa de liberdade substituída pela pena restritiva de direitos, já não será possível a imposição do mencionado efeito da condenação.

Se, mesmo praticando crime com abuso de poder ou violação de dever para com a Administração Pública, o agente vier a ser condenado a uma pena privativa de liberdade inferior a um ano, também não será possível a decretação da perda do cargo, função pública ou mandato eletivo.

Para que se possa falar na hipótese da alínea *a* do inciso I do art. 92 do Código Penal, é preciso que o agente tenha, ainda, praticado o crime com abuso de poder ou violação de dever para com a Administração Pública, pois, caso contrário, sendo condenado a uma pena igual ou superior a um ano e desde que não superior a quatro anos, não será possível a aplicação de tais efeitos.

Contudo, como assevera a alínea *b* do inciso I do art. 92 do Código Penal, não importando a natureza da infração penal, se o agente vier a ser condenado a uma pena privativa de liberdade superior a quatro anos, poderá ser decretada a perda do cargo, função pública ou mandato eletivo.

Tais efeitos, por não serem automáticos, deverão ser motivadamente determinados pela sentença penal condenatória.

- *Incapacidade para o exercício do poder familiar, da tutela ou da curatela nos crimes dolosos sujeitos à pena de reclusão cometidos contra outrem igualmente titular do mesmo poder familiar, contra filho, filha ou outro descendente ou contra tutelado ou curatelado.* Através do inciso II do art. 92 do Código Penal, com a nova redação que lhe foi conferida pela Lei nº 13.715, de 24 de setembro de 2018, busca-se proteger todos aqueles que possuem o poder familiar, sejam eles o pai ou a mãe, os filhos, descendentes, tutelados ou curatelados. Hoje, aos pais compete, em condições de igualdade, criar, educar, enfim, praticar todos os atos necessários ao crescimento dos filhos, exigindo que lhes prestem obediência e respeito, tal como explicitam os incisos I e VII do art. 1.634 do Código Civil. A modificação legal trazida pela Lei nº 13.715, de 24 de setembro de 2018, teve a preocupação, também, de incluir nesse efeito da condenação ambos os titulares do

---

[11] BITENCOURT, Cezar Roberto. *Manual de direito penal* – Parte geral, v. 1, p. 630.

poder familiar, incapacitando, para o seu exercício, aquele que vier a praticar um crime doloso, sujeito à pena de reclusão, cometido contra o outro detentor desse mesmo poder, tal como ocorre, com frequência, nas hipóteses de violência doméstica.

Incumbe ao tutor, sob a inspeção do juiz, reger a pessoa do menor, velar por ele e administrar-lhe os bens (art. 1.741 do CC), sendo, ainda, obrigação do curador cuidar da pessoa e dos bens do curatelado.

Assim, de acordo com o novo dispositivo legal, aquele que vier a praticar um crime doloso, sujeito à pena de reclusão, não importando a quantidade de pena cominada em abstrato ou mesmo aplicada em concreto, será declarado incapacitado para o exercício do poder familiar, da tutela ou da curatela, se praticado contra:

a) o outro titular do poder familiar;
b) filho ou filha (sendo essa distinção completamente desnecessária, pois que a palavra *filho* é o gênero de onde se extraem tanto as pessoas do sexo masculino como feminino);
c) outro descendente (aqui não importando o grau em linha reta, podendo tratar-se de netos, bisnetos etc.);
d) tutelados;
e) curatelados.

Assim, não haverá possibilidade de declarar-se esse efeito secundário da condenação na hipótese, por exemplo, em que o detentor do poder familiar, tutela ou curatela pratica um crime doloso punido com pena de detenção, como pode ocorrer na hipótese em que um pai agride seu filho, produzindo-lhe lesão corporal de natureza leve, prevista no *caput* do art. 129 do Código Penal.

Da mesma forma, encontram-se excluídas as infrações de natureza culposa, a exemplo do que ocorre quando um pai, de forma imprudente, causa um acidente de trânsito com seu veículo automotor, fazendo com que seu filho fique paralítico.

Mesmo sendo dolosa a infração penal, punida com pena de reclusão, se for praticada contra outra pessoa que não a cotitular do mesmo poder familiar, filho, filha, tutelado ou curatelado não poderá ser declarado esse efeito da condenação. Imagine-se a hipótese em que o curador esteja sendo processado pelo crime de estupro contra alguém que não seja o curatelado. Se vier a ser definitivamente condenado por este crime, isto não fará com que seja declarado incapacitado para o exercício da curatela.

Da mesma forma que no inciso anterior, tais efeitos deverão ser motivados e declarados expressamente pela sentença penal condenatória.

O § 2º do art. 23 do ECA, com a redação dada pela Lei nº 13.715, de 24 de setembro de 2018, dizendo respeito, especificamente, ao poder familiar, assevera que:

> § 2º A condenação criminal do pai ou da mãe não implicará a destituição do poder familiar, exceto na hipótese de condenação por crime doloso sujeito à pena de reclusão contra outrem igualmente titular do mesmo poder familiar ou contra filho, filha ou outro descendente.

4. EFEITOS DA CONDENAÇÃO NOS CRIMES CONTRA A PROPRIEDADE IMATERIAL

A Lei nº 10.695, de 1º de julho de 2003, acrescentou o art. 530-G ao Capítulo IV (Do Processo e do Julgamento dos Crimes contra a Propriedade Imaterial), do Título II (Dos Processos Especiais), do Livro II (Dos Processos em Espécie) do Código de Processo Penal, que diz:

> Art. 530-G. O juiz, ao prolatar a sentença condenatória, poderá determinar a destruição dos bens ilicitamente produzidos ou reproduzidos e o perdimento dos equipamentos apreendidos, desde que precipuamente destinados à produção e reprodução dos bens, em favor da Fazenda Nacional, que

deverá destruí-los ou doá-los aos Estados, Municípios e Distrito Federal, a instituições públicas de ensino e pesquisa ou de assistência social, bem como incorporá-los, por economia ou interesse público, ao patrimônio da União, que não poderão retorná-los aos canais de comércio.

5. EFEITOS DA CONDENAÇÃO NO DELITO DE FAVORECIMENTO DA PROSTITUIÇÃO OU DE OUTRA FORMA DE EXPLORAÇÃO SEXUAL DE CRIANÇA OU ADOLESCENTE OU DE VULNERÁVEL

O art. 218-B, inserido no Código Penal pela Lei nº 12.015, de 7 de agosto de 2009, e com a rubrica (*nomen juris* ou indicação marginal) que lhe foi dada posteriormente pela Lei nº 12.978, de 21 de maio de 2014, prevê o delito de *favorecimento da prostituição ou de outra forma de exploração sexual de criança ou adolescente ou de vulnerável*.

O § 3º do mencionado artigo constituiu como efeito obrigatório da condenação a cassação da licença de localização e de funcionamento do estabelecimento onde são levadas a efeito a prostituição ou outra forma de exploração sexual de alguém menor de 18 (dezoito) anos ou que, por enfermidade ou deficiência mental, não tem o necessário discernimento para a prática do ato, a exemplo do que pode ocorrer em boates, casas de *show*, hotéis, motéis etc.

6. EFEITOS DA CONDENAÇÃO NA LEI DE TORTURA[12]

O § 5º do art. 1º da Lei nº 9.455, de 7 de abril de 1997, assevera que a condenação acarretará a perda do cargo, função ou emprego público e a interdição para seu exercício pelo dobro do prazo da pena aplicada.

Existe controvérsia doutrinária no que diz respeito à necessidade de serem declarados expressamente esses efeitos na sentença penal condenatória, ou se podem ser considerados automáticos, bastando a condenação do agente pela prática do crime de tortura.

Sheila Bierrenbach, dissertando sobre o tema, assevera:

"Confrontando este parágrafo com o art. 92 do Código Penal, verifica-se que, enquanto os efeitos específicos previstos no estatuto básico devem ser motivadamente declarados na sentença, os ora analisados são automáticos, decorrendo tão somente da condenação, não carecendo de manifestação do juiz da sentença."[13]

No mesmo sentido, decidiu o STF:

"A tortura, tipificada pela Lei nº 9.455/1997, é considerada crime comum, mesmo quando praticada por militar, tendo por efeito necessário e automático da condenação a perda do cargo, função ou emprego público a que o agente estiver investido" (STF, ARE 1.105.783 AgR/RN, Rel. Min. Roberto Barroso, 1ª T., DJe 12/06/2018).

Em sentido contrário, e, segundo entendemos, *permissa* vênia, corretamente, Marcos Ramayana aduz que o § 5º do art. 1º da Lei de Tortura exige que "o juiz declare expressamente na parte dispositiva da sentença a perda do cargo, função ou emprego público",[14] não podendo ser considerados, portanto, como automáticos.

---

[12] *Vide* Lei nº 12.847, de 2 de agosto de 2013, que instituiu o Sistema Nacional de Prevenção e Combate à Tortura, criou o Comitê Nacional de Prevenção e Combate à Tortura e o Mecanismo Nacional de Prevenção e Combate à Tortura, e deu outras providências.

[13] BIERRENBACH, Sheila; FERNANDES LIMA, Walberto. *Comentários à lei de tortura* – Aspectos penais e processuais penais, p. 79.

[14] RAMAYANA, Marcos. *Leis penais especiais comentadas*, p. 266.

7. FIXAÇÃO DO VALOR MÍNIMO PARA REPARAÇÃO DOS DANOS CAUSADOS PELA INFRAÇÃO PENAL

Determina o inciso IV do art. 387 do Código de Processo Penal, com a nova redação que lhe foi conferida pela Lei nº 11.719, de 20 de junho de 2008, que o juiz, ao proferir sentença condenatória, fixará o valor mínimo para reparação dos danos causados pela infração penal, considerando os prejuízos sofridos pelo ofendido. O parágrafo único do art. 63 do mesmo diploma processual, a seu turno, assevera que transitada em julgado a sentença condenatória, a execução poderá ser efetuada pelo valor fixado nos termos do inciso IV do *caput* do art. 387 do Código de Processo Penal, sem prejuízo da liquidação para apuração do dano efetivamente sofrido.

Trata-se, outrossim, de mais um efeito da condenação, que deverá ser enfrentado expressamente pelo juiz, quando da prolação do decreto condenatório.

De acordo com as precisas lições de Renato Brasileiro de Lima:

"A fixação desse valor mínimo para reparação dos danos causados pela infração independe de pedido explícito, sem que se possa arguir eventual violação aos princípios do contraditório, da ampla defesa e da inércia da jurisdição. Ora, mesmo antes do advento da Lei nº 11.719/08, que deu nova redação ao art. 387, IV do CPP, o Código Penal já preceituava em seu art. 91, I, que é efeito automático de toda e qualquer sentença penal condenatória transitada em julgado sujeitar o condenado à obrigação de reparar o dano causado pelo delito. Por isso, não é necessário que conste da peça acusatória tal pedido, vez que se trata de efeito genérico e automático da condenação. Aplica-se, pois, o mesmo raciocínio ao art. 387, IV, do CPP: a fixação do valor mínimo da indenização é aí colocada como parte integrante da sentença condenatória. Trata-se de efeito automático da sentença condenatória, que só não deve ser fixado pelo juiz em duas hipóteses: a) infração penal da qual não resulte prejuízo à vítima determinada; b) não comprovação dos prejuízos sofridos pelo ofendido."[15]

8. EFEITO DA CONDENAÇÃO NA LEI QUE DEFINE OS CRIMES RESULTANTES DE PRECONCEITO DE RAÇA OU DE COR

Determina o art. 16 da Lei nº 7.716, de 5 de janeiro de 1989:

> **Art. 16.** Constitui efeito da condenação a perda do cargo ou função pública, para o servidor público, e a suspensão do funcionamento do estabelecimento particular por prazo não superior a três meses.

Esses efeitos, de acordo com o disposto do art. 18 do referido diploma legal, não são automáticos, devendo ser motivadamente declarados na sentença.

9. EFEITOS DA CONDENAÇÃO NA LEI QUE REGULA A RECUPERAÇÃO JUDICIAL, A EXTRAJUDICIAL E FALÊNCIA DO EMPRESÁRIO E DA SOCIEDADE EMPRESÁRIA

Diz o art. 181, incisos I e II, e §§ 1º e 2º, da Lei nº 11.101, de 9 de fevereiro de 2005:

> **Art. 181.** São efeitos da condenação por crime previsto nesta Lei:
> I – a inabilitação para o exercício de atividade empresarial;
> II – o impedimento para o exercício de cargo ou função em conselho de administração, diretoria ou gerência das sociedades sujeitas a esta Lei;
> III – a impossibilidade de gerir empresa por mandato ou por gestão de negócio.

---

[15] LIMA, Renato Brasileiro de. *Curso de processo penal*, p. 289-290.

> § 1º Os efeitos de que trata este artigo não são automáticos, devendo ser motivadamente declarados na sentença, e perdurarão até 5 (cinco) anos após a extinção da punibilidade, podendo, contudo, cessar antes pela reabilitação penal.
> § 2º Transitada em julgado a sentença penal condenatória, será notificado o Registro Público de Empresas para que tome as medidas necessárias para impedir novo registro em nome dos inabilitados.

10. EFEITOS DA CONDENAÇÃO COM RELAÇÃO A MEMBROS DO MINISTÉRIO PÚBLICO E DA MAGISTRATURA

Embora possam ter praticado uma infração penal em virtude da qual advenham os efeitos da condenação previstos no art. 92, I, *a* e *b*, do Código Penal, tendo em vista a garantia constitucional da *vitaliciedade*, prevista, para a Magistratura, no inciso I do art. 95 da Constituição Federal, e, para o Ministério Público, na alínea *a* do inciso I do § 5º do art. 128 da mesma Carta Magna, somente poderão perder o cargo mediante decisão transitada em julgado em ação própria para esse fim.

11. EFEITOS DA CONDENAÇÃO NA LEI Nº 12.850, DE 2 DE AGOSTO DE 2013 (ORGANIZAÇÃO CRIMINOSA)

A Lei nº 12.850, de 2 de agosto de 2013, definiu o conceito de organização criminosa, dispôs também sobre a investigação criminal, os meios de obtenção da prova, as infrações penais correlatas, bem como o procedimento que deve ser aplicado.

Após trazer um novo conceito, dizendo, no § 1º do art. 1º, que se considera como organização criminosa "a associação de 4 (quatro) ou mais pessoas estruturalmente ordenada e caracterizada pela divisão de tarefas, ainda que informalmente, com o objetivo de obter, direta ou indiretamente, vantagem de qualquer natureza, mediante a prática de infrações penais, cujas penas máximas sejam superiores a 4 (quatro) anos, ou que sejam de caráter transnacional", tipificou o delito de organização criminosa no art. 2º, *verbis*:

> Art. 2º Promover, constituir, financiar ou integrar, pessoalmente ou por interposta pessoa, organização criminosa:
> Pena – reclusão, de 3 (três) a 8 (oito) anos, e multa, sem prejuízo das penas correspondentes às demais infrações penais praticadas.

Independentemente da pena a ser aplicada ao funcionário público que venha a ser condenado pela infração penal apontada, o § 5º do art. 2º da Lei nº 12.850, de 2 de agosto de 2013, determina, como efeito da condenação com trânsito em julgado, a perda do cargo, função, emprego ou mandato eletivo e a interdição para o exercício de função ou cargo público pelo prazo de 8 (oito) anos subsequentes ao cumprimento da pena.

12. IDENTIFICAÇÃO DO PERFIL GENÉTICO COMO EFEITO DA CONDENAÇÃO

Diz o art. 9º-A da Lei de Execução Penal, com a redação que lhe foi conferida pela Lei nº 13.964, de 24 de dezembro de 2019:

> Art. 9º-A. O condenado por crime doloso praticado com violência grave contra a pessoa, bem como por crime contra a vida, contra a liberdade sexual ou por crime sexual contra vulnerável, será submetido, obrigatoriamente, à identificação do perfil genético, mediante extração de DNA (ácido desoxirribonucleico), por técnica adequada e indolor, por ocasião do ingresso no estabelecimento prisional.

Cuida-se de efeito genérico da condenação, não havendo necessidade de ser declarado na sentença penal condenatória.

O § 8º do art. 9º-A da LEP, incluído pela Lei nº 13.964, de 24 de dezembro de 2019, diz constituir falta grave a recusa do condenado em submeter-se ao procedimento de identificação do perfil genético.

O art. 2º da Resolução MJSP nº 16, de 11 de fevereiro de 2022, expedida pelo Comitê Gestor da Rede Integrada de Bancos de Perfis Genéticos, elenca o rol das infrações penais em que a coleta do DNA deverá ser realizada por técnica adequada e indolor, executada em cumprimento do art. 9º-A da Lei nº 7.210/84 – Lei de Execução Penal.

13. PROIBIÇÃO DE HOMENAGEM NA DENOMINAÇÃO DE BENS PÚBLICOS

A Lei nº 12.781, de 10 de janeiro de 2013, criou, em seu art. 1º, um efeito genérico para que os condenados pela prática de crime de redução à condição análoga à de escravo sejam proibidos de ser homenageados com a colocação de seus nomes em bens públicos, de qualquer natureza, pertencentes à União ou às pessoas jurídicas da administração indireta:

> **Art. 1º** É proibido, em todo o território nacional, atribuir nome de pessoa viva ou que tenha se notabilizado pela defesa ou exploração de mão de obra escrava, em qualquer modalidade, a bem público, de qualquer natureza, pertencente à União ou às pessoas jurídicas da administração indireta.

Trata-se de efeito automático, não havendo, outrossim, necessidade de ser motivadamente declarado na sentença penal condenatória.

Capítulo XLIV
Da Reabilitação

1. INTRODUÇÃO

A reabilitação veio prevista pelos arts. 93 a 95 do Código Penal, sendo que, da forma como é tratada atualmente, pouca é a sua utilidade prática.

Diz o art. 93 do Código Penal:

> **Art. 93.** A reabilitação alcança quaisquer penas aplicadas em sentença definitiva, assegurando ao condenado o sigilo dos registros sobre seu processo e condenação.
> **Parágrafo único.** A reabilitação poderá, também, atingir os efeitos da condenação, previstos no art. 92 deste Código, vedada reintegração na situação anterior, nos casos dos incisos I e II do mesmo artigo.

O art. 94 do Código Penal traz os requisitos necessários ao pedido de reabilitação:

Requisitos:

A reabilitação poderá ser requerida decorridos dois anos do dia em que for extinta, de qualquer modo, a pena ou terminar sua execução, computando-se o período de prova da suspensão e o do livramento condicional, se não sobrevier revogação, desde que o condenado:

- Tenha tido domicílio no País no prazo ora referido.
- Tenha dado, durante esse tempo, demonstração efetiva e constante de bom comportamento público e privado.
- Tenha ressarcido o dano causado pelo crime ou demonstre a absoluta impossibilidade de o fazer, até o dia do pedido, ou exiba documento que comprove a renúncia da vítima ou a novação da dívida.

2. APLICABILIDADE

Jair Leonardo Lopes, analisando o instituto da reabilitação, afirma, categoricamente:

"A nós parece que nem os efeitos acrescidos à condenação pelo art. 92 merecem aplausos, nem a reabilitação, que, tal como disciplinada no Código (arts. 93 a 95), não tem qualquer alcance prático. Quanto a esta, o seu mais importante efeito, que seria o de assegurar ao condenado o sigilo dos registros sobre seu processo e condenação, é obtido, atualmente, de modo imediato e eficaz, por aplicação do art. 202 da Lei nº 7.210/84 (Lei de Execução Penal – LEP), desde que tenha sido cumprida ou extinta a pena."[1]

O referido art. 202 da Lei de Execução Penal determina:

> **Art. 202.** Cumprida ou extinta a pena, não constarão da folha corrida, atestados ou certidões fornecidas por autoridade policial ou por auxiliares da Justiça, qualquer notícia ou referência à condenação, salvo para instruir processo pela prática de nova infração penal ou outros casos expressos em lei.

Assim, muito mais vantajosa a aplicação imediata do art. 202 da Lei de Execução Penal após cumprida ou extinta a pena aplicada ao condenado do que esperar o decurso de dois anos do dia em que foi extinta a pena, ou terminar a sua execução, para solicitar a reabilitação. Verifica-se, portanto, que a orientação contida no *caput* do art. 93 do Código Penal cairá no vazio, pois o art. 202 da Lei de Execução Penal regula a mesma hipótese, só que de forma mais benéfica e menos burocrática para o condenado.

Também não há possibilidade de reabilitação nas hipóteses dos incisos I e II do art. 92 do Código Penal.

A primeira delas cuida da perda do cargo, função pública ou mandato eletivo quando aplicada pena privativa de liberdade por tempo igual ou superior a um ano, nos crimes praticados com abuso de poder ou violação de dever para com a Administração Pública, ou quando for aplicada pena privativa de liberdade por tempo superior a quatro anos, nos demais casos. Aqui, embora o condenado não possa reabilitar-se para o cargo, função pública ou mandato eletivo ocupado anteriormente, nada impede que possa vir a fazer outro concurso público, a fim de ocupar cargo diverso, ou mesmo lhe seja confiada nova função pública, diversa da anterior, ou até ser eleito para um novo mandato, pois, conforme preleciona Alberto Silva Franco:

> "Ocorrendo o efeito da condenação de perda de cargo, função pública ou mandato eletivo, a reabilitação não tem o efeito de reintegrar o interessado na situação anterior. Assim, o reabilitado não é reconduzido ao exercício do cargo, função pública ou mandato perdidos. Serve a reabilitação para afastar qualquer óbice para que o reabilitado se habilite a novo cargo, função ou mandato eletivo."[2]

Da mesma forma, não há possibilidade de reabilitação quando o juiz, na sentença condenatória, tiver declarado a incapacidade para o exercício do poder familiar, tutela ou curatela, em virtude de ter o condenado praticado um crime doloso sujeito à pena de reclusão cometido contra outrem igualmente titular do mesmo poder familiar, contra filho, filha ou outro descendente ou contra tutelado ou curatelado.

Resta-nos, portanto, somente uma única utilidade do instituto da reabilitação, qual seja, a de fazer com que o condenado que tenha sido declarado na sentença condenatória inabilitado para dirigir veículo, pois o havia utilizado como instrumento para a prática de crime doloso, tenha, novamente, restaurada sua habilitação.

3. REQUISITOS E COMPETÊNCIA PARA A ANÁLISE DO PEDIDO

O art. 94 do Código Penal diz que a reabilitação poderá ser requerida decorridos dois anos do dia em que for extinta, de qualquer modo, a pena ou terminar sua execução, compu-

---

[1] LOPES, Jair Leonardo. *Curso de direito penal* – Parte geral, p. 243.
[2] SILVA FRANCO, Alberto. *Código penal e sua interpretação jurisprudencial* – Parte geral, v. 1, t. I, p. 1.428.

tando-se o período de prova da suspensão e o do livramento condicional, se não sobrevier revogação, desde que o condenado: I – tenha tido domicílio no País no prazo acima referido; II – tenha dado, durante esse tempo, demonstração efetiva e constante de bom comportamento público e privado; III – tenha ressarcido o dano causado pelo crime ou demonstre a absoluta impossibilidade de o fazer, até o dia do pedido, ou exiba documento que comprove a renúncia da vítima ou a novação da dívida.

Pelo fato de não ter incluído no rol de suas competências (art. 66 da LEP) a apreciação do pedido de reabilitação, tem-se entendido que o conhecimento de tal pedido competirá ao juízo do conhecimento, e não ao da execução, nos termos do art. 743 do Código de Processo Penal, somente revogado parcialmente.[3]

4. RECURSO DO INDEFERIMENTO DO PEDIDO DE REABILITAÇÃO

Diz o parágrafo único do art. 94 que, *negada a reabilitação, poderá ser requerida, a qualquer tempo, desde que o pedido seja instruído com novos elementos comprobatórios dos requisitos necessários.*

Portanto, negado seu pedido de reabilitação, poderá o condenado levar a efeito outro, desde que preenchidos os requisitos legais exigidos ou, caso não se conforme com a decisão, poderá interpor recurso de apelação, pois que, conforme já decidiu o extinto TACrim.-SP:

> "O recurso cabível da decisão denegatória do pedido de reabilitação na lei anterior tinha por fundamento o art. 581, IX, do CPP, já que era ele considerado causa extintiva da punibilidade. Diante da lei nova, que não mais considera a reabilitação como causa extintiva da punibilidade, mas sim como medida de política criminal, cabe do despacho denegatório apelação, já que tal decisão tem força definitiva (art. 593, II, do CPP)" (REc. Rel. Rubens Gonçalves).[4]

5. REVOGAÇÃO DA REABILITAÇÃO

O art. 95 do Código Penal determina que *a reabilitação será revogada, de ofício ou a requerimento do Ministério Público, se o reabilitado for condenado, como reincidente, por decisão definitiva, a pena que não seja a de multa.*

Conforme observado por Ney Moura Teles, são dois os requisitos que permitem a revogação da reabilitação, a saber:

> "*a)* a condenação transitada em julgado posterior deve ser à pena privativa de liberdade; *b)* a condenação deve se dar com o reconhecimento de que o reabilitado é reincidente. O fato pelo qual o reabilitado será condenado deverá, portanto, ter ocorrido após o trânsito em julgado da sentença penal que o condenou pelo crime anterior (art. 63, do CP). Se, todavia, tiver transcorrido cinco anos entre a data do cumprimento da pena anterior ou da sua extinção e o fato novo, computado nesse tempo o período de prova do *sursis* e do livramento condicional, não se falará igualmente em reincidência (art. 64, I, CP)."[5]

---

[3] Nesse sentido, BITENCOURT, Cezar Roberto. *Manual de direito penal*, p. 638; SILVA FRANCO, Alberto. *Código penal e sua interpretação jurisprudencial*, p. 1.430; CAPEZ, Fernando. *Curso de direito penal – Parte geral*, p. 484.

[4] *RT* 647/313.

[5] TELES, Ney Moura. *Direito penal – Parte geral*, v. II, p. 257.

Capítulo XLV
Medidas de Segurança

Acesse e assista à aula explicativa sobre este assunto.
> http://uqr.to/1wh1d

1. INTRODUÇÃO

De acordo com a parte final do art. 59 do Código Penal, a pena tem por finalidade reprovar e prevenir a prática de infrações penais.

Ao lado da pena existe o instituto da medida de segurança.[1] Durante a vigência do Código Penal de 1940, prevalecia entre nós o sistema do duplo binário, ou duplo trilho, no qual a medida de segurança era aplicada ao agente considerado perigoso,[2] que havia praticado um fato previsto como crime, cuja execução era iniciada após o condenado cumprir a pena privativa de liberdade ou, no caso de absolvição, de condenação à pena de multa, depois de passada em julgado a sentença, conforme incisos I e II do art. 82 do Código Penal de 1940.

Hoje, depois da reforma penal de 1984, afastado o sistema do duplo binário, pelo vicariante, que quer dizer sistema de substituição, aplica-se medida de segurança, como regra, ao inimputável que houver praticado uma conduta típica e ilícita, não sendo, porém, culpável. Assim, o inimputável que praticou um injusto típico deverá ser absolvido, aplicando-se-lhe, contudo, medida de segurança, cuja finalidade difere da pena.

Nas precisas palavras de Basileu Garcia, mesmo que proferidas sob a égide do Código Penal de 1940:

---

[1] Paulo César Busato e Sandro Montes Huapaya apontam, historicamente, que "a Escola Positiva desdenha o livre- -arbítrio e a culpabilidade do sujeito relacionado ao fato cometido e contrapõe a eles o determinismo para explicar, com base em concepções naturalísticas, a causalidade dos fatos individuais. O Direito Penal, até esse momento centrado no resultado do fato cometido, volta seu interesse à pessoa do delinquente. Aparece neste contexto a formulação do conceito de periculosidade e se estabelece frente a mesma um mecanismo de atuação consistente na medida de segurança. A medida de segurança, com este enfoque, se relaciona com a periculosidade do sujeito, e não com a culpabilidade" (*Introdução ao direito penal* – Fundamentos para um sistema penal democrático, p. 254.

[2] O art. 77 do Código Penal de 1940, com a redação dada pela Lei nº 6.416/77, dizia: Art. 77. *Quando a periculosidade não é presumida por lei, deve ser reconhecido perigoso o agente: I – se seus antecedentes e personalidade, os motivos determinantes e as circunstâncias do fato, os meios empregados e os modos de execução, a intensidade do dolo ou o grau da culpa, autorizam a suposição de que venha ou torne a delinquir; II – se, na prática do fato, revela torpeza, perversão, malvadez, cupidez ou insensibilidade moral.*

"Tem-se dito que a pena continua a ser um castigo, ainda que, cada vez mais, se pretenda expungi-la do caráter retributivo e expiatório. Embora se intente, na sua execução, evitar afligir o condenado, causar-lhe um sofrimento que o faça recebê-la como punição, na verdade a pena jamais perderá, no consenso geral, a eiva de paga do mal pelo mal, *malum passionis quod infligitur ob malum actionis*. Ora, em contraposição, as medidas de segurança não traduzem castigo. Foram instituídas ao influxo do pensamento da defesa coletiva, atendendo à preocupação de prestar ao delinquente uma assistência reabilitadora. À pena – acrescenta-se – invariavelmente se relaciona um sentimento de reprovação social, mesmo porque se destina a punir, ao passo que as medidas de segurança não se voltam a pública animadversão, exatamente porque não representam senão meios assistenciais e de cura do indivíduo perigoso, para que possa readaptar-se à coletividade."[3]

Conforme destacado pelo mestre Basileu Garcia, as medidas de segurança têm uma finalidade diversa da pena, pois se destinam à cura ou, pelo menos, ao tratamento daquele que praticou um fato típico e ilícito. Assim sendo, aquele que for reconhecidamente declarado inimputável, deverá ser absolvido, pois o art. 26, *caput*, do Código Penal diz *ser isento de pena o agente que, por doença mental ou desenvolvimento mental incompleto ou retardado, era, ao tempo da ação ou da omissão, inteiramente incapaz de entender o caráter ilícito do fato ou de determinar-se de acordo com esse entendimento*, sendo que o Código de Processo Penal, em seu art. 386, VI, com a nova redação que lhe foi dada pela Lei nº 11.690, de 9 de junho de 2008, assevera que o juiz absolverá o réu, mencionando a causa na parte dispositiva, desde que reconheça existirem circunstâncias que excluam o crime ou isentem o réu de pena, ou mesmo se houver fundada dúvida sobre sua existência.

Portanto, o inimputável, mesmo tendo praticado uma conduta típica e ilícita, deverá ser absolvido, aplicando-se-lhe, contudo, medida de segurança, razão pela qual esta sentença que o absolve, mas deixa a sequela da medida de segurança, é reconhecida como uma sentença absolutória imprópria. Na abalizada opinião de Tourinho Filho:

"A doutrina, sem discrepância, entende que, *in casu*, há verdadeira condenação, porquanto a aplicação daquela medida implica *uma restrizione d'indole personale o patrimoniale inflitta per sentenza del giudice* (cf. Siracusa, *apud* Frederico Marques. *Elementos*, cit., v. 3, p. 36). Por isso mesmo, Colin Sanchez, definindo as sentenças condenatórias, conclui afirmando que, por meio delas, o Juiz declara o autor *culpable, imponiendole por ello una pena o una medida de seguridad* (grifo nosso) (cf. *Derecho mexicano*, p. 158). Entretanto, no nosso Código, ela se insere entre as absolutórias, mas a doutrina, sem perdoar o legislador, prefere denominá-la *sentença absolutória imprópria*, para distingui-la da genuína absolutória, pela qual se desacolhe a pretensão punitiva deduzida na peça acusatória, sem que possa o Juiz, sequer, aplicar medida de segurança."[4]

2. ESPÉCIES DE MEDIDAS DE SEGURANÇA

O art. 96 do Código Penal determina:

---

[3] GARCIA, Basileu. *Instituições de direito penal*, v. I, t. II, p. 593-594.
[4] TOURINHO FILHO, Fernando da Costa. *Processo penal*, v. 4, p. 207.

> **Art. 96.** As medidas de segurança[5] são:
> I – internação em hospital de custódia e tratamento psiquiátrico ou, à falta, em outro estabelecimento adequado;
> II – sujeição a tratamento ambulatorial.
> Parágrafo único – Extinta a punibilidade, não se impõe medida de segurança nem subsiste a que tenha sido imposta.

Vimos que a pena surge como consequência natural pela prática de um fato típico, ilícito e culpável, ou seja, quando o agente pratica uma infração penal, abrese a oportunidade para o Estado de fazer valer o seu *ius puniendi*, aplicando-lhe uma pena que terá as funções determinadas pela parte final do art. 59 do Código Penal, vale dizer, deverá ser necessária e suficiente à reprovação e prevenção do crime.

Ao inimputável que pratica um injusto penal, o Estado reservou a medida de segurança, cuja finalidade será levar a efeito o seu tratamento. Não podemos afastar da medida de segurança, além da sua finalidade curativa, aquela de natureza preventiva especial, pois, tratando o doente, o Estado espera que este não volte a praticar qualquer fato típico e ilícito.

O tratamento a que será submetido o inimputável sujeito à medida de segurança poderá ocorrer dentro de um estabelecimento hospitalar ou fora dele. Assim, a medida de segurança poderá iniciar-se em regime de internação ou por meio de tratamento ambulatorial. Dessa forma, podemos considerar que as medidas de segurança podem ser detentivas (internação) ou restritivas (tratamento ambulatorial).

É importante ressaltar que a classe médica, há alguns anos, vem se mobilizando no sentido de evitar a internação dos pacientes portadores de doença mental, somente procedendo à internação dos casos reputados mais graves quando o convívio do doente com seus familiares ou com a própria sociedade torna-se perigoso para estes e para ele próprio. Em virtude desse raciocínio, surgiu em nosso ordenamento jurídico a Lei nº 10.216, de 6 de abril de 2001, que dispõe sobre a proteção e os direitos das pessoas portadoras de transtornos mentais, redirecionando o modelo assistencial em saúde mental.

O juiz que absolver o agente, aplicando-lhe medida de segurança, deverá, na sua decisão, optar pelo tratamento que mais se adapte ao caso, ou seja, se for necessária a internação do inimputável, já o determinará; se o tratamento ambulatorial for o que melhor atender à situação do agente, este deverá ser imposto na decisão.

O art. 97 do Código Penal aduz ainda que, *se o agente for inimputável, o juiz determinará sua internação (art. 26). Se, todavia, o fato previsto como crime for punível com detenção, poderá o juiz submetê-lo a tratamento ambulatorial*. Entendemos que, independentemente dessa disposição legal, o julgador tem a faculdade de optar pelo tratamento que melhor se adapte ao inimputável, não importando se o fato definido como crime é punido com pena de reclusão ou de detenção.

3. INÍCIO DO CUMPRIMENTO DA MEDIDA DE SEGURANÇA

O art. 171 da Lei de Execução Penal determina que 'transitada em julgado a sentença que aplicar medida de segurança, será ordenada a expedição de guia para a execução', uma vez que ninguém poderá ser internado em Hospital de Custódia e Tratamento Psiquiátrico, ou submetido a tratamento ambulatorial, para cumprimento de medida de segurança, sem a guia expedida pela autoridade judiciária (art. 172 da LEP).

O art. 173 da Lei de Execução Penal preconiza:

---

[5] *Vide* Lei nº 12.714, de 14 de setembro de 2012, que regulamentou o acompanhamento da medida de segurança.

> **Art. 173.** A guia de internamento ou de tratamento ambulatorial, extraída pelo escrivão, que a rubricará em todas as folhas e a subscreverá com o juiz, será remetida à autoridade administrativa incumbida da execução e conterá:
> I – a qualificação do agente e o número do registro geral do órgão oficial de identificação;
> II – o inteiro teor da denúncia e da sentença que tiver aplicado a medida de segurança, bem como a certidão do trânsito em julgado;
> III – a data em que terminará o prazo mínimo, de internação ou do tratamento ambulatorial;
> IV – outras peças do processo reputadas indispensáveis ao adequado tratamento ou internamento.

O Ministério Público deverá ser cientificado da guia de recolhimento e de sujeição a tratamento (art. 173, § 1º, da LEP).

4. PRAZO DE CUMPRIMENTO DA MEDIDA DE SEGURANÇA

A medida de segurança, como providência judicial curativa, não tem prazo certo de duração, persistindo enquanto houver necessidade do tratamento destinado à cura ou à manutenção da saúde mental do inimputável. Ela terá duração enquanto não for constatada, por meio de perícia médica, a chamada cessação da periculosidade do agente, podendo, não raras as vezes, ser mantida até o falecimento do paciente. Esse raciocínio levou parte da doutrina a afirmar que o prazo de duração das medidas de segurança não pode ser completamente indeterminado, sob pena de ofender o princípio constitucional que veda a prisão perpétua, principalmente tratando-se de medida de segurança detentiva, ou seja, aquela cumprida em regime de internação,[6] pois, segundo as lições de Zaffaroni e Pierangeli, "não é constitucionalmente aceitável que, a título de tratamento, se estabeleça a possibilidade de uma privação de liberdade perpétua, como coerção penal. Se a lei não estabelece o limite máximo, é o intérprete quem tem a obrigação de fazê-lo."[7]

Dessa forma, conclui Cezar Roberto Bitencourt, "começa-se a sustentar, atualmente, que a medida de segurança não pode ultrapassar o limite máximo da pena abstratamente cominada ao delito, pois esse seria 'o limite da intervenção estatal, seja a título de pena, seja a título de medida', na liberdade do indivíduo, embora não prevista expressamente no Código Penal, adequando-se à proibição constitucional do uso da prisão perpétua."[8]

André Copetti chega mesmo a afirmar ser "totalmente inadmissível que uma medida de segurança venha a ter uma duração maior do que a medida da pena que seria aplicada a um imputável que tivesse sido condenado pelo mesmo delito. Se no tempo máximo da pena correspondente ao delito o internado não recuperou sua sanidade mental, injustificável é a sua manutenção em estabelecimento psiquiátrico forense, devendo, como medida racional e humanitária, ser tratado como qualquer outro doente mental que não tenha praticado qualquer delito."[9]

Nesse sentido, o STJ consolidou seu posicionamento com a edição da Súmula nº 527, publicada no DJe de 6 de abril de 2015, dizendo:

> **Súmula nº 527.** O tempo de duração da medida de segurança não deve ultrapassar o limite máximo da pena abstratamente cominada ao delito praticado.

---

[6] Nesse sentido, GOMES, Luiz Flávio. Medidas de segurança e seus limites. *Revista Brasileira de Ciências Criminais*, nº 2, p. 66 *et seq.*, 1993.
[7] ZAFFARONI, Eugênio Raúl; PIERANGELI, José Henrique. *Manual de direito penal brasileiro* – Parte geral, p. 858.
[8] BITENCOURT, Cezar Roberto. *Manual de direito penal* – Parte geral, v. 1, p. 645.
[9] COPETTI, André. *Direito penal e estado democrático de direito*, p. 185.

Cientes de que o Estado não fornece o melhor tratamento para seus doentes, devemos deixar de lado o raciocínio teórico e ao mesmo tempo utópico de que a medida de segurança vai, efetivamente, ajudar o paciente na sua cura. Muitas vezes, o regime de internação piora a condição do doente, o que justifica a edição do novo diploma legal que proíbe a criação de novos manicômios públicos. Contudo, a situação não é tão simples assim. Casos existem em que o inimputável, mesmo após longos anos de tratamento, não demonstra qualquer aptidão ao retorno ao convívio em sociedade, podendo-se afirmar, até, que a presença dele no seio da sociedade trará riscos para sua própria vida.

Por essas razões é que o Código Penal determina, nos §§ 1º e 2º do art. 97, que *a internação, ou tratamento ambulatorial, será por tempo indeterminado, perdurando enquanto não for averiguada, mediante perícia médica, a cessação de periculosidade*, cujo prazo mínimo para internação ou tratamento ambulatorial deverá ser de um a três anos. Após esse prazo mínimo, será realizada perícia médica, devendo ser repetida de ano em ano, ou a qualquer tempo, se assim determinar o juiz da execução.

Afirma-se no art. 175 da Lei de Execução Penal:

> **Art. 175.** A cessação da periculosidade será averiguada no fim do prazo mínimo de duração da medida de segurança, pelo exame das condições pessoais do agente, observando-se o seguinte:
> I – a autoridade administrativa, até 1 (um) mês antes de expirar o prazo de duração mínima da medida, remeterá ao juiz minucioso relatório que o habilite a resolver sobre a revogação ou permanência da medida;
> II – o relatório será instruído com o laudo psiquiátrico;
> III – juntando aos autos o relatório ou realizadas as diligências, serão ouvidos, sucessivamente, o Ministério Público e o curador ou defensor, no prazo de 3 (três) dias para cada um;
> IV – o juiz nomeará curador ou defensor para o agente que não o tiver;
> V – o juiz, de ofício ou a requerimento de qualquer das partes, poderá determinar novas diligências, ainda que expirado o prazo de duração mínima da medida de segurança;
> VI – ouvidas as partes ou realizadas as diligências a que se refere o inciso anterior, o juiz proferirá a sua decisão, no prazo de 5 (cinco) dias.

Poderá o juiz, ainda, mesmo que não tenha sido esgotado o período mínimo de duração da medida de segurança, diante de requerimento fundamentado do Ministério Público ou do interessado, seu procurador ou defensor, ordenar o exame para que se verifique a cessação da periculosidade (art. 176 da LEP).

Assim, da mesma forma que aquele que pratica um fato definido como crime de homicídio pode retornar ao convívio em sociedade com apenas, por exemplo, dois anos depois de ter sido internado em Hospital de Custódia e Tratamento Psiquiátrico, depois de ter sido verificada a cessação de sua periculosidade, enquanto aquele que, após vinte anos de internação, se não estiver apto a deixar o tratamento a que vem sendo submetido, pois ainda não restou cessada a sua periculosidade, deverá nele permanecer.

Apesar da deficiência do nosso sistema, devemos tratar a medida de segurança como remédio, e não como pena. Se a internação não está resolvendo o problema mental do paciente ali internado sob o regime de medida de segurança, a solução será a desinternação, passando-se para o tratamento ambulatorial, como veremos a seguir. Mas não podemos liberar completamente o paciente se este ainda demonstra que, se não for corretamente submetido a um tratamento médico, voltará a trazer perigo para si próprio, bem como para aqueles que com ele convivem.

O STF, no entanto, já tem decidido no sentido de que o tempo de duração da medida de segurança não pode exceder ao limite máximo de 30 (trinta) anos, conforme se verifica pelas ementas abaixo transcritas:

"As medidas de segurança se submetem ao regime ordinariamente normado da prescrição penal. Prescrição a ser calculada com base na pena máxima cominada ao tipo penal debitado ao agente (no caso da prescrição da pretensão punitiva) ou com base na duração máxima da medida de segurança, trinta anos (no caso da prescrição da pretensão executória). Prazos prescricionais, esses, aos quais se aplicam, por lógico, os termos iniciais e marcos interruptivos e suspensivos dispostos no Código Penal" (*HC* 107.777/RS, *Habeas Corpus*, Rel. Min. Ayres Brito, 2ª T., DJe 073 13/4/2012, pub. 16/4/2012).

"1. A prescrição de medida de segurança deve ser calculada pelo máximo da pena cominada ao delito atribuído ao paciente, interrompendo-se-lhe o prazo com o início do seu cumprimento.

2. A medida de segurança deve perdurar enquanto não haja cessado a periculosidade do agente, limitada, contudo, ao período máximo de trinta anos.

3. A melhora do quadro psiquiátrico do paciente autoriza o juízo de execução a determinar procedimento de desinternação progressiva, em regime de semi-internação" (*HC* 97.621/RS, Rel. Min. Cezar Peluso, 2ª T., julg. 2/6/2009).

Hoje, com a modificação trazida pela Lei nº 13.964, de 24 de dezembro de 2019, ao art. 75 do Código Penal, aumentando para 40 anos o tempo de cumprimento da pena, essa posição do STF deverá mudar, adaptando-se à nova determinação legal.

5. DESINTERNAÇÃO OU LIBERAÇÃO CONDICIONAL

Nos termos do § 3º do art. 97 do Código Penal:

> § 3º A desinternação, ou a liberação, será sempre condicional, devendo ser restabelecida a situação anterior se o agente, antes do decurso de 1 (um) ano, pratica fato indicativo de persistência de sua periculosidade.

Inicialmente, deve ser esclarecido que, com a chamada desinternação, o doente deixa o tratamento realizado em regime de internação no Hospital de Custódia e Tratamento Psiquiátrico e dá início, agora, ao tratamento em regime ambulatorial. Ele ainda se encontra em tratamento, mas já não há mais necessidade de continuar internado para esse fim. Pode acontecer, contudo, que pelo exame de cessação de periculosidade se verifique que o paciente já se encontra completamente restabelecido do mal que o afligia, sendo que, neste caso, o juiz determinará sua liberação, ou seja, não mais estará obrigado a continuar o tratamento por ele iniciado, seja em regime de internação, ou mesmo por tratamento ambulatorial.

Concedida a desinternação ou a liberação, o juiz da execução estipulará certas condições que devem ser observadas pelo agente, conforme preconiza o art. 178 da Lei de Execução Penal.

Conforme se percebe pela redação do § 3º do art. 97 do Código Penal, a desinternação ou a liberação é sempre condicional, uma vez que se o agente, antes do decurso de um ano, vier a praticar fato indicativo de persistência de sua periculosidade, a medida de segurança poderá ser restabelecida. Dissertando sobre o tema, Alberto Silva Franco professa:

> "A revogação das medidas de segurança, decorrente do reconhecimento da cessação da periculosidade, é provisória. Se no ano seguinte à desinternação ou à liberação o agente praticar algum fato indicativo de que continua perigoso, será restabelecida a situação anterior (internação ou sujeição a tratamento ambulatorial). Não é necessário que o fato constitua crime; basta que dele se possa induzir periculosidade. Como fatos dessa natureza podem-se citar, por exemplo, o descumprimento das condições impostas, o não comparecimento ao local indicado para tratamento psiquiátrico ou a recusa do tratamento etc."[10]

---

[10] SILVA FRANCO, Alberto. *Código penal e sua interpretação jurisprudencial* – Parte geral, v.1, t. 1, p. 1478.

6. REINTERNAÇÃO DO AGENTE

O § 4º do art. 97 do Código Penal diz que:

> § 4º Em qualquer fase do tratamento ambulatorial, poderá o juiz determinar a internação do agente, se essa providência for necessária para fins curativos.

Pode acontecer que o agente, após sua desinternação – tendo iniciado o tratamento ambulatorial, ou mesmo na hipótese de ter sido esse tratamento o escolhido para o início do cumprimento da medida de segurança –, demonstre que a medida não está sendo suficientemente eficaz para a sua cura, razão pela qual poderá o juiz da execução determinar, fundamentadamente, a internação do agente em Hospital de Custódia e Tratamento Psiquiátrico ou outro local com dependências médicas adequadas.

7. MEDIDA DE SEGURANÇA SUBSTITUTIVA APLICADA AO SEMI-IMPUTÁVEL

Tivemos a oportunidade de salientar que o inimputável que pratica uma conduta típica e ilícita deverá ser absolvido, pois que isento de pena, nos termos do *caput* do art. 26 do Código Penal, sendo impropriamente chamada de absolutória a sentença que o absolve, mas, contudo, deixa a sequela da medida de segurança.

Ao contrário do que acontece com o inimputável, que obrigatoriamente deverá ser absolvido, o semi-imputável que pratica uma conduta típica, ilícita e culpável deverá ser condenado. Entretanto, como o juízo de reprovação que recai sobre a sua conduta é menor do que aquele que pratica o fato sem que esteja acometido de qualquer perturbação mental, a sua pena, de acordo com o parágrafo único do art. 26 do Código Penal, poderá ser reduzida de um a dois terços. Na verdade, se comprovada a perturbação de saúde mental ou o desenvolvimento mental incompleto ou retardado, que fizeram com que o agente não fosse completamente capaz de entender a ilicitude do fato ou de determinar-se de acordo com esse entendimento, embora a lei insinue uma faculdade, dizendo que o juiz *poderá* reduzir a pena, entendemos que não se trata de faculdade do julgador, mas sim de direito subjetivo do condenado em ver reduzida a sua pena, se comprovada a situação prevista pelo parágrafo único do art. 26 do Código Penal. Percebemos, também, pelo mencionado parágrafo único, que o Código fala em *redução da pena*, e, como já dissemos anteriormente, a pena é um instituto jurídico destinado aos imputáveis, enquanto a medida de segurança destina-se aos inimputáveis, uma vez que o sistema do duplo binário foi abandonado pela reforma da parte geral de 1984, que adotou o sistema vicariante.

Além da obrigatória redução de pena prevista no parágrafo único do art. 26 do Código Penal, o art. 98 do mesmo diploma repressivo permite que, nessa hipótese, necessitando o condenado de especial tratamento curativo, a pena privativa de liberdade seja substituída pela internação, ou tratamento ambulatorial, pelo prazo mínimo de um ano a três anos, nos termos do art. 97 e seus §§ 1º ao 4º.

As colocações que devem ser feitas são as seguintes: o semi-imputável foi condenado; foi-lhe aplicada uma pena (reduzida); agora, em virtude da necessidade de especial tratamento curativo, pois que a sua saúde mental encontra-se perturbada, a pena privativa de liberdade a ele aplicada poderá ser substituída pela internação ou pelo tratamento ambulatorial.

Embora a lei determine, da mesma forma que para o inimputável, que a internação ou o tratamento ambulatorial seja por prazo indeterminado, pois o art. 98 nos remete ao art. 97 e seus §§ 1º ao 4º, entendemos que, nesse caso especificamente, o tempo da medida de segurança jamais poderá ser superior ao tempo da condenação do agente. Querer auxiliar o agente portador de enfermidade mental retirando-o do convívio pernicioso do cárcere é uma conduta extremamente louvável, desde que o condenado não tenha de se submeter a uma medida de segurança que ultrapasse o tempo de sua condenação, pois se assim acontecesse estaríamos agravando a sua situação, mesmo que utilizássemos o argumento do tratamento curativo, dizendo que a medida de segurança seria o remédio adequado ao seu mal.

Dissertando sobre o tema, Luiz Regis Prado traz à colação os diversos posicionamentos, prelecionando:

> "Na primeira hipótese de substituição (semi-imputabilidade), entende-se, por um lado, que a medida de segurança imposta não poderá exceder a duração da pena que havia sido aplicada pelo juiz. Se o prazo se esgotasse sem que o paciente se encontrasse plenamente recuperado, o mesmo deveria ser colocado à disposição do juízo cível competente. Em sentido oposto, argumenta-se que o prazo de duração da medida de segurança não deverá se ater à duração da pena substituída, cabendo tal procedimento somente na hipótese de superveniência de doença mental (art. 682, § 2º, do CPP). Nesse caso, o tempo dedicado ao tratamento terapêutico do condenado será computado para os fins de detração penal (art. 42 do CP)."[11]

8. EXTINÇÃO DA PUNIBILIDADE E MEDIDA DE SEGURANÇA

Diz o parágrafo único do art. 96 do Código Penal que:

> **Parágrafo único.** Extinta a punibilidade, não se impõe medida de segurança nem subsiste a que tenha sido imposta.

Pela redação do mencionado parágrafo verifica-se que se aplicam às medidas de segurança as causas extintivas da punibilidade previstas na legislação penal, incluindo-se, obviamente, entre elas a prescrição.

No que diz respeito à prescrição, somos da opinião de que pelo fato de o agente inimputável não poder ser condenado, em face da determinação contida no *caput* do art. 26 do Código Penal, o cálculo da prescrição deverá ser realizado sempre pela pena máxima cominada ao fato definido como crime por ele levado a efeito. Nesse sentido, decidiu o STJ:

> "A prescrição nos casos de sentença absolutória imprópria é regulada pela pena máxima abstratamente cominada ao delito. Precedentes" (STJ, AgRg no HC 469.698 / SP, Rel. Min. Reynaldo Soares da Fonseca, 5ª T., DJe 19/02/2019).

9. DIREITOS DO INTERNADO

O art. 3º da Lei de Execução Penal assegura ao condenado e ao internado todos os direitos não atingidos pela sentença ou pela Lei, sendo que o art. 99 do Código Penal, com a rubrica correspondente aos direitos do internado, diz que este será recolhido a estabelecimento dotado de características hospitalares e será submetido a tratamento.

Isso significa que aquele a quem o Estado aplicou medida de segurança, por reconhecê-lo inimputável, não poderá, por exemplo, recolhê-lo a uma cela de delegacia policial, ou mesmo a uma penitenciária em razão de não haver vaga em estabelecimento hospitalar próprio, impossibilitando-lhe, portanto, o início de seu tratamento.

Nesse sentido, já decidiu o STJ:

> "Consoante entendimento deste Superior Tribunal, é indevida a segregação, em estabelecimento prisional comum, de inimputável submetido a medida de segurança de internação em

---

[11] PRADO, Luiz Regis. *Curso de direito penal brasileiro* – Parte geral, p. 471.

hospital de custódia e tratamento, mesmo na hipótese de ausência de vaga nas instituições adequadas" (STJ, AgRg no RHC 107.147 / SP, Rel. Min. Ribeiro Dantas, 5ª T., DJe 25/03/2019).

"Sendo aplicada ao recorrente a medida de segurança de internação, constitui constrangimento ilegal sua manutenção em prisão comum, ainda que o motivo seja a alegada inexistência de vaga para o cumprimento da medida aplicada (precedentes). A manutenção de estabelecimentos adequados ao cumprimento da medida de segurança de internação é de responsabilidade do Estado, não podendo o paciente ser penalizado pela insuficiência de vagas" (STJ, HC 385.198/SC, Rel. Min. Felix Fischer, 5ª T., DJe 06/06/2017).

"Viola o princípio da individualização da pena, cujo espectro de incidência é ampliado, teleologicamente, para englobar a medida de segurança, a segregação, em penitenciária, de inimputável que aguarda vaga em hospital de custódia para receber tratamento em regime de internação" (STJ, HC 300.976/SP, Rel. Min. Ericson Maranho – desembargador convocado do TJSP, 6ª T., DJe 16/03/2015).

Nessa hipótese, melhor será a solução fornecida por Mirabete, quando assevera que "constitui constrangimento ilegal sanável inclusive pela via do *habeas corpus* o recolhimento de pessoa submetida a medida de segurança em presídio comum. Na absoluta impossibilidade, por falta de vagas, para a internação, deve-se substituir o internamento pelo tratamento ambulatorial."[12]

10. INTERNAÇÃO CAUTELAR

A Lei nº 12.403, de 4 de maio de 2011, modificando o art. 319 do Código de Processo Penal, previu, expressamente, em seu inciso VII, a chamada internação provisória, como espécie de medida cautelar diversa da prisão, dizendo, *verbis*:

> **Art. 319.** São medidas cautelares diversas da prisão:
> [...];
> VII – internação provisória do acusado nas hipóteses de crimes praticados com violência ou grave ameaça, quando os peritos concluírem ser inimputável ou semi-imputável (art. 26 do Código Penal) e houver risco de reiteração;
> [...].

---

[12] MIRABETE, Júlio Fabbrini. *Manual de direito penal* — Parte geral, p. 368.

Capítulo XLVI
Ação Penal

Acesse e assista à aula explicativa sobre este assunto.
> http://uqr.to/1wh1e

1. INTRODUÇÃO

Dissertando sobre o direito de ação, Tornaghi preleciona que "o conceito de ação pode ser facilmente entendido. Quem contempla a atividade processual vê o exercício: de um direito do autor: direito de exigir a proteção do Estado ou direito de ação; de um poder jurídico do Estado sobre o autor e réu: poder de jurisdição; de um direito do réu: direito de defesa."[1]

Carnelutti diz que o ponto de vista que se consolidava cada vez mais, o qual considerava verdadeiro, era o de que o "*direito subjetivo processual*, ao qual se costuma chamar de *ação* ou *direito de ação*, é um *direito subjetivo público*, que pertence à parte, não frente a seu adversário, senão frente ao juiz, sendo que a este compete o dever de fazer tudo quanto é necessário para se pronunciar sobre a demanda, propondo-lhe uma sentença justa."[2]

Humberto Theodoro Júnior, no mesmo sentido de Carnelutti, preleciona:

"Modernamente, prevalece a conceituação da ação como *direito público subjetivo* exercitável pela parte para exigir do Estado a obrigação da tutela jurisdicional, pouco importando seja esta de amparo ou desamparo à pretensão de quem o exerce. É, por isso, abstrato. E, ainda, autônomo, porque pode ser exercitado sem sequer relacionar-se com a existência de um direito subjetivo material, em casos como o da ação declaratória negativa. É, finalmente, *instrumental*, porque se refere sempre à decisão a uma pretensão ligada ao direito material (positiva ou negativa)."[3]

As concepções formuladas pelos referidos mestres destinam-se tanto às ações de natureza civil quanto àquelas de cunho penal. É a ação, portanto, seja civil ou penal, um direito subjetivo público de se invocar do Estado-Administração a sua tutela jurisdicional, a fim de que decida sobre determinado fato trazido ao seu crivo, trazendo de volta a paz social, concedendo ou não o pedido aduzido em juízo.

A ação penal condenatória tem por finalidade apontar o autor da prática de infração penal, fazendo com que o Poder Judiciário analise os fatos por ele cometidos, que deverão ser claramente narrados na peça inicial de acusação, para que, ao final, se for condenado, seja

---

[1] TORNAGHI, Hélio. *Compêndio de processo penal*, v. II, p. 437.
[2] CARNELUTTI, Francesco. *Lecciones sobre el processo penal*, v. II, p. 10.
[3] THEODORO JÚNIOR, Humberto. *Curso de direito processual civil*, v. 1, p. 53.

aplicada uma pena justa, isto é, proporcional ao mal por ele produzido. Aloysio de Carvalho Filho diz que "a ação penal significa, pois, o exercício de uma *acusação*, que indica o autor de determinado crime, responsabilizando-o, e pedindo, para ele, a punição prevista em lei."[4]

2. CONDIÇÕES DA AÇÃO

Para que o Estado possa conhecer e julgar a pretensão deduzida em juízo, será preciso que aquele que invoca o seu direito subjetivo à tutela jurisdicional preencha determinadas condições, sem as quais a ação se reconhecerá natimorta, ou seja, embora já exercitada, não conseguirá alcançar a sua finalidade, pois perecerá logo após o seu exercício. O art. 395, II, do Código de Processo Penal, com a nova redação que lhe foi conferida pela Lei nº 11.719, de 20 de junho de 2008, assevera que a denúncia ou queixa será rejeitada quando faltar pressuposto processual ou condição para o exercício da ação penal.

Assim, são condições necessárias ao regular exercício do direito de ação de natureza penal:

a) legitimidade das partes;
b) interesse de agir;
c) possibilidade jurídica do pedido;
d) justa causa.[5]

2.1. Legitimidade das partes

A legitimidade ativa no processo penal é expressamente determinada pela lei, que aponta o titular da ação, podendo tanto ser o Ministério Público, órgão acusador oficial, ou o particular. Podemos subdividir essa legitimidade ativa em primária e secundária, pois, em determinadas ocasiões, a lei pode transferir essa legitimidade a outra pessoa que não o titular original. Como exemplo, podemos trazer a hipótese na qual o Ministério Público, por inércia, deixa de oferecer a denúncia no prazo legal, transferindo-se o direito de propor a ação penal ao particular, por meio de uma ação penal de iniciativa privada subsidiária da pública, ou seja, subsidiária àquela que deveria ter sido proposta pelo órgão oficial, legitimado primariamente a propô-la. Poderá ocorrer a mudança de legitimação ativa também na hipótese de morte do ofendido ou quando declarado ausente por decisão judicial, uma vez que o seu direito de oferecer queixa ou prosseguir na ação passará ao cônjuge, ascendente, descendente ou irmão (art. 100, § 4º, do CP e art. 31 do CPP). Legitimado passivo[6] será aquele em face do qual se propõe a ação, atribuindo-lhe a prática de uma infração penal, narrada na peça inaugural, mesmo que, posteriormente, venha a ser absolvido, pois, como bem observou Afrânio Silva Jardim:

> "O exame das condições do legítimo exercício do direito de ação penal, como da ação em geral, deve ter por base o que, abstrata e hipoteticamente, o autor alegou na petição inicial (denúncia ou queixa, nas ações condenatórias), independentemente do que, posteriormente, ficar provado, pois aí já estaremos no mérito, ou seja, apreciando a *res deducta in judicio*. Assim, se o Ministério Público alega na denúncia ter o Estado o chamado *ius puniendi* em face de Manuel da Silva, tendo em vista um furto que descreve, deverá o Juiz absolver este

---

[4] CARVALHO FILHO, Aloysio de. *Comentários ao código penal*, v. IV, p. 16-17.
[5] Em posição contrária, José Barcelos de Souza afirma não ser "a justa causa uma condição autônoma, uma quarta condição da ação" (*Direito processual civil e penal*, p. 161).
[6] O art. 564, II, do Código de Processo Penal diz: Art. 564. *A nulidade ocorrerá nos seguintes casos*: I – [...]; II – *por ilegitimidade de parte*.

réu (sentença de mérito) se restar provado que o autor daquele furto fora Pedro dos Santos. Diversamente seria se o Ministério Público imputasse o furto a Manuel da Silva e pedisse a condenação de seu filho Pedro dos Santos (*sic*) (a parte ilegítima)."[7]

2.2. Interesse de agir

O interesse de agir, no processo penal, decorre da necessidade de ter o titular da ação penal que se valer do Estado para que este conheça e, se for convencido da existência e autoria da infração penal, condene o réu ao cumprimento de uma pena justa. Liebman dizia que "o interesse de agir é o elemento material do direito de ação e consiste no interesse em obter o provimento solicitado."[8] Podemos bipartir esse interesse de agir em: interesse-necessidade e interesse-utilidade da medida. Assim, por exemplo, quando o agente pratica uma infração penal, abre-se ao Estado a possibilidade de fazer valer o seu *ius puniendi*. Contudo, a aplicação da pena ficará sujeita, sempre, ao devido processo legal. Por mais que o réu assuma a culpa do fato criminoso por ele levado a efeito, não poderá o Ministério Público, por exemplo, fazer com que, antes da ação penal, cumpra qualquer sanção de natureza penal.

Mesmo na hipótese dos chamados Juizados Especiais Criminais, em que o Ministério Público, nas infrações penais consideradas de menor potencial ofensivo – embora não exista ainda ação, isto é, embora não haja uma acusação formal perante o juízo criminal, imputando ao autor dos fatos a prática de uma infração penal, com o consequente pedido de condenação –, não podemos deixar de visualizar, no caso de proposta de transação penal, que importa na aplicação imediata de medida restritiva de direitos ou multa, a necessidade da tutela jurisdicional, pois somente ao juiz caberá impor a sanção penal cuja proposta de aplicação fora feita pelo Ministério Público e aceita pelo autor da infração. Mesmo aqui, não podemos abrir mão do Estado-Juiz para que se possa aplicar uma sanção de natureza penal, ao contrário do que acontece com a jurisdição civil. Se Alfredo deve a José a importância de R$ 100,00 (cem reais) e, no prazo avençado, procura efetuar o pagamento, não haverá necessidade, por parte de José, de cobrá-la perante a justiça cível, cuja atividade jurisdicional será secundária, ou seja, somente quando surgir uma lide entre as partes. Não sendo possível a resolução particular desse conflito de interesses é que o cidadão se valerá de seu direito subjetivo público à ação, exigindo um pronunciamento do Estado com relação à dívida na qual se diz credor.

Na verdade, o que estamos querendo traduzir é a necessidade sempre existente do exercício da jurisdição penal para que se possa aplicar qualquer sanção de natureza penal. Com ou sem ação, será sempre preciso a intervenção do Estado-Juiz na aplicação de uma pena, seja ela qual for (privativa de liberdade, restritiva de direitos ou multa).

Contudo, embora sempre haja o interesse-necessidade, às vezes pode faltar ao legitimado ativo o chamado interesse-utilidade da medida. Embora a jurisdição penal seja sempre necessária à aplicação de uma pena, pode acontecer que, no caso concreto, sua intervenção já não seja mais útil, como acontece na hipótese em que, durante o curso da ação penal, embora não tenha ainda ocorrido a prescrição, levando-se em consideração a pena máxima cominada em abstrato, tiver decorrido período suficiente para que, ao final, após a aplicação da pena em concreto, haja o reconhecimento da prescrição. Ressalta-se que, embora ainda sustentemos esse raciocínio, o STJ, por meio da Súmula nº 438, já manifestou seu posicionamento no sentido de não admitir o reconhecimento da extinção da punibilidade, considerando-se a pena hipotética, ou seja, aquela que, provavelmente, seria aplicada ao caso concreto na hipótese de condenação.

---

[7] JARDIM, Afrânio Silva. *Direito processual penal* – Estudos e pareceres, p. 140-141.
[8] LIEBMAN, Enrico Túllio. *Manual de direito processual civil*, v. 1, p. 154.

No entanto, ao contrário do posicionamento da referida Corte, entendemos que a hipótese diz respeito à ausência de uma das condições exigidas não somente ao exercício, como também ao regular andamento da ação (seja ela civil ou penal). Assim, uma vez ausente o interesse-utilidade faz-se necessário o reconhecimento da extinção do processo, sem resolução do mérito, nos termos do art. 485, VI, do Código de Processo Civil (Lei nº 13.105, de 16 de março de 2015), perfeitamente aplicável *in casu*.

2.3. Possibilidade jurídica do pedido

A terceira condição da ação diz respeito à possibilidade jurídica do pedido. Nas lições de Vicente Greco Filho, "a possibilidade jurídica do pedido consiste na formulação de pretensão que, em tese, exista na ordem jurídica como possível, ou seja, que a ordem jurídica brasileira preveja a providência pretendida pelo interessado."[9] Como bem observado por José Barcelos de Souza:

> "Pedido juridicamente impossível é, pois, o pedido insuscetível, de si mesmo, por sua própria natureza, de ser julgado pelo Poder Judiciário, por ser a este vedado fazê-lo. Não o é, pois, simplesmente o pedido que desmereça sentença favorável, ou aquele manifestamente improcedente. Nem o que apenas repugne ao direito, nem o pedido absurdo. Nem tampouco o que não encontra amparo no direito material. É pedido que, sequer, poderia ser examinado em sentença de mérito. Por isso mesmo, não seria exato julgá-lo improcedente. Ao juiz cabe, portanto, não tomar conhecimento dele, pelo que deverá indeferir a inicial ou, não o fazendo, posteriormente declarar extinto o processo, sem apreciação do mérito."[10]

Imagine-se a hipótese em que um filho subtraia, sem violência, o relógio pertencente ao seu pai, que contava com menos de 60 anos de idade, a fim de trocá-lo com um traficante de drogas, por certa quantidade de maconha para satisfazer o seu vício. Embora tenha subtraído o relógio de seu pai, o fato praticado por ele é típico, ilícito e culpável, havendo, pois, crime. Contudo, mesmo que tenha praticado uma ação típica, ilícita e culpável, o fato de ter cometido o crime contra seu ascendente faz com que seja erigida em seu favor a chamada escusa absolutória, ou imunidade penal de caráter pessoal, prevista no inciso II do art. 181 do Código Penal, que diz ser isento de pena quem pratica qualquer dos crimes definidos no título correspondente aos crimes contra o patrimônio, em prejuízo de ascendente. Dessa forma, a existência de escusa absolutória torna juridicamente impossível o pedido de condenação, pois a isenção de pena fará, obrigatoriamente, com que o agente seja absolvido. Não poderá o Ministério Público, portanto, dar início à ação penal, pois lhe faltará uma das condições necessárias ao seu regular exercício.

2.4. Justa causa

A última condição necessária para o regular exercício da ação de natureza penal condenatória é a justa causa. Justa causa, aqui, quer dizer um lastro probatório mínimo que dê suporte aos fatos narrados na peça inicial de acusação. Segundo as precisas lições de Afrânio Silva Jardim:

> "Esse suporte probatório mínimo se relaciona com os indícios da autoria, existência material de uma conduta típica e alguma prova da antijuridicidade e culpabilidade. Somente diante de todo este conjunto probatório é que, a nosso ver, se coloca o princípio da obrigatoriedade

---

[9] GRECO FILHO, Vicente. *Manual de Processo penal*, p. 97.
[10] SOUZA, José Barcelos de. *Direito processual civil e penal*, p. 60.

do exercício da ação penal [...]. Uma coisa é constatar a existência da prova no inquérito e peças de informação e outra coisa é valorá-la, cotejá-la. É preciso deixar claro que a justa causa pressupõe um mínimo de lastro probatório, mas não prova cabal. É necessário que haja alguma prova, ainda que leve. Agora, se esta prova é boa ou ruim, isto já é questão pertinente ao exame do mérito da pretensão do autor, até porque as investigações policiais não se destinam a convencer o juiz, tendo em vista o sistema acusatório e a garantia constitucional do contraditório, mas apenas viabiliza a ação penal."[11]

O art. 395, III, do Código de Processo Penal, com a redação determinada pela Lei nº 11.719, de 20 de junho de 2008, diz que a denúncia ou queixa será rejeitada quando faltar justa causa para o exercício da ação penal.

O Superior Tribunal de Justiça, através da sua Terceira Seção, editou a Súmula 648, publicada no DJe de 19/4/2021, que diz:

> **Súmula nº 648** – A superveniência da sentença condenatória prejudica o pedido de trancamento da ação penal por falta de justa causa feito em habeas corpus.

3. ESPÉCIES DE AÇÃO PENAL

O Código Penal e a legislação processual penal preveem duas espécies de ação penal, a saber: ação penal pública e ação penal privada. A regra prevista no art. 100 do Código Penal diz que toda ação penal é pública, salvo quando a lei expressamente a declara privativa do ofendido.

Na verdade, todas as ações penais, sejam elas quais forem, têm natureza pública, pois, conforme vimos anteriormente pela definição de Carnelutti, ela é um direito subjetivo público que, nas lições de Afrânio Silva Jardim, é "dirigido contra o Estado, de invocar a prestação jurisdicional, prometida a nível constitucional."[12] Contudo, na área penal, especificamente, a sua iniciativa é que se biparte em pública e privada. Assim, teremos ações penais de iniciativa pública e ações penais de iniciativa privada.

As ações penais de iniciativa pública são promovidas pelo órgão oficial, ou seja, pelo Ministério Público, sendo que as de iniciativa privada são, *ab initio*, levadas a efeito mediante queixa pelo ofendido ou por quem tenha qualidade para representá-lo.

Faremos, a seguir, a análise individual das duas espécies de ação penal, apontando suas subdivisões, suas características e seus princípios reitores.

3.1. Ação penal de iniciativa pública

A ação penal de iniciativa pública pode ser: *a)* incondicionada ou *b)* condicionada à representação do ofendido ou à requisição do Ministro da Justiça.

---

[11] JARDIM, Afrânio Silva. *Direito processual penal* Estudos e pareceres, p. 147 148. Em sentido contrário, José Barcelos de Souza, quando assevera: "Se, como visto, o sistema do Código leva a admitir, a despeito da falta de previsão legal, a rejeição da denúncia ou queixa injusta à vista de prova existente que inequivocadamente infirme a acusação, não se há de concluir, como por vezes afirmam a doutrina e a jurisprudência, que faltará justa causa para o processo sempre que a peça acusatória não estiver acompanhada de um começo de prova que lhe dê base, uma vez que o mesmo Código afasta, claramente, essa orientação. É que, como já temos sustentado, de acordo com nosso Direito Processual Positivo, a denúncia ou a queixa de ordinário não carece, para ser oferecida e recebida, ser instruída com inquérito, documento, ou qualquer elemento de convicção" (*Direito processual civil e penal*, p. 156).

[12] JARDIM, Afrânio Silva. *Direito processual penal* – Estudos e pareceres, p. 131.

3.1.1. Ação penal de iniciativa pública incondicionada

Diz-se incondicionada a ação penal de iniciativa pública quando, para que o Ministério Público possa iniciá-la ou, mesmo, requisitar a instauração de inquérito policial, não se exige qualquer condição. É a regra geral das infrações penais, uma vez que o art. 100 do Código Penal assevera que:

> **Art. 100.** A ação penal é pública, salvo quando a lei expressamente a declara privativa do ofendido. [...]

Pelo fato de não existir qualquer condição que impossibilite o início das investigações pela polícia ou que impeça o Ministério Público de dar início à ação penal pelo oferecimento de denúncia, é que o art. 27 do Código de Processo Penal diz que:

> **Art. 27.** Qualquer pessoa do povo poderá provocar a iniciativa do Ministério Público, nos casos em que caiba a ação pública, fornecendo-lhe, por escrito, informações sobre o fato e a autoria e indicando o tempo, o lugar e os elementos de convicção.

3.1.2. Ação penal de iniciativa pública condicionada à representação do ofendido ou à requisição do Ministro da Justiça

Pode acontecer, contudo, que a legislação penal exija, em determinadas infrações penais, a conjugação da vontade da vítima ou de seu representante legal, a fim de que o Ministério Público possa aduzir em juízo a sua pretensão penal, condicionando o início das investigações policiais e o oferecimento de denúncia à apresentação de sua representação. Deve ser ressaltado que a representação do ofendido ou de seu representante legal não precisa conter grandes formalismos. Nela, o ofendido ou seu representante legal simplesmente declara, esclarece a sua vontade no sentido de possibilitar ao Ministério Público a apuração dos fatos narrados, a fim de formar a sua convicção pessoal para, se for o caso, dar início à ação penal pelo oferecimento de denúncia.

Além da representação do ofendido, a lei penal fala também em requisição do Ministro da Justiça. Da mesma forma que a representação do ofendido, a requisição do Ministro da Justiça tem a natureza jurídica de condição de procedibilidade, permitindo ao Ministério Público iniciar a ação penal, uma vez preenchida essa condição. Em ambas as hipóteses – representação do ofendido ou requisição do Ministro da Justiça –, o Ministério Público não está obrigado a dar início à ação penal, pois tem total liberdade para pugnar pelo arquivamento do inquérito policial ou das peças de informação após emitir, fundamentadamente, a sua *opinio delicti*. Tais condições, portanto, uma vez preenchidas, não impõem ao Ministério Público o dever de oferecer denúncia, mas sim dizem que, se assim entender, as pessoas envolvidas pela infração penal permitem que ele assim proceda.

3.1.3. Princípios informadores da ação penal de iniciativa pública

Os princípios que envolvem a ação penal de iniciativa pública, seja ela incondicionada ou condicionada à representação do ofendido ou à requisição do Ministro da Justiça, são: *a)* obrigatoriedade ou legalidade; *b)* oficialidade; *c)* indisponibilidade; *d)* indivisibilidade; e *e)* intranscendência.

O princípio da obrigatoriedade ou da legalidade traduz-se no fato de que o Ministério Público tem o dever de dar início à ação penal desde que o fato praticado pelo agente seja, pelo menos em tese, típico, ilícito e culpável, bem como que, além das condições genéricas do regular exercício do direito de ação, exista, ainda, justa causa para a sua propositura, ou seja, aquele lastro probatório mínimo que dê sustento aos fatos alegados na peça inicial de acusação.

O princípio da oficialidade nas ações penais de iniciativa pública significa que a *persecutio criminis in judicio* será procedida por órgão oficial, qual seja, o Ministério Público, pois, segundo o inciso I do art. 129 da Constituição Federal, compete-lhe, no rol de suas funções institucionais, promover, privativamente, a ação penal pública, na forma da lei.

Pelo princípio da indisponibilidade fica vedado ao órgão oficial encarregado de promover a ação penal – ou seja, ao Ministério Público – desistir da ação penal por ele iniciada. Desistir da ação penal não significa o mesmo que pugnar, ao seu final, pela improcedência do pedido levado a efeito na denúncia. O Ministério Público não só pode como deve pedir a absolvição dos acusados nas hipóteses em que não restar evidentemente demonstrada a prática da infração penal. Isso não quer dizer disponibilidade da ação penal. Nesse caso, a ação penal cumpriu o seu propósito, que é o de levar ao conhecimento do Estado-Juiz a prática, em tese, de determinada infração penal. Se depois da regular instrução do processo as provas evidenciarem não ter sido o réu o seu autor, por exemplo, deverá ele ser absolvido. Tal absolvição se imporá, até mesmo, nas hipóteses de dúvida, pois tal dúvida deve ser considerada em benefício do acusado segundo o inafastável brocardo que determina o *in dubio pro reo*.

O princípio da indivisibilidade determina que se a infração penal foi praticada em concurso de pessoas, todos aqueles que para ela concorreram devem receber o mesmo tratamento, não podendo o Ministério Público escolher a quem acionar. Como bem observado por Tourinho Filho, "a indivisibilidade da ação penal é uma consequência lógica do princípio da obrigatoriedade ou legalidade."[13]

Finalmente, em virtude do princípio da intranscendência, a ação penal somente deve ser proposta em face daqueles que praticaram a infração penal, não podendo atingir pessoas estranhas ao fato criminoso.

3.2. Ação penal de iniciativa privada

Na precisa lição de Frederico Marques:

"Ação penal privada é aquela em que o direito de acusar pertence, exclusiva ou subsidiariamente, ao ofendido ou a quem tenha qualidade para representá-lo. Ela se denomina *ação privada*, porque seu titular é um particular, em contraposição à ação penal pública, em que o titular do *ius actionis* é um órgão estatal: o Ministério Público."[14]

As ações penais de iniciativa privada classificam-se em:
a) privada propriamente dita; *b)* privada subsidiária da pública e *c)* privada personalíssima.

3.2.1. Privada propriamente dita

As ações de iniciativa privada propriamente ditas são aquelas promovidas mediante queixa do ofendido ou de quem tenha qualidade para representá-lo. Em determinadas infrações penais, a lei penal preferiu que o início da *persecutio criminis* ficasse a cargo do particular. Embora o Estado sempre sofra com a prática de uma infração penal, pois o seu cometimento abala a ordem jurídica e coloca em risco a paz social, existem situações que interessam mais intimamente ao particular do que propriamente ao Estado. Dessa forma, como veremos mais adiante, os princípios que regem as ações penais de iniciativa privada se diferenciam daqueles que são reitores das ações penais de iniciativa pública, uma vez que o interesse do particular se sobrepujará ao interesse do Estado.

---

[13] TOURINHO FILHO, Fernando da Costa. *Código de processo penal comentado*, v. 1, p. 83.

[14] MARQUES, José Frederico. *Elementos de direito processual penal*, v. 1, p. 321.

No caso de morte do ofendido ou de ter sido declarado ausente por decisão judicial, sendo a ação penal de iniciativa privada propriamente dita, o direito de oferecer queixa ou de prosseguir na ação penal passa ao cônjuge, ascendente, descendente ou irmão, nos termos do § 4º do art. 100 do Código Penal e do art. 31 do Código de Processo Penal.

3.2.2. Privada subsidiária da pública

As ações penais de iniciativa privada subsidiárias da pública encontram respaldo não somente na legislação penal (art. 100, § 3º, do CP e art. 29 do CPP), como também no texto da Constituição Federal (art. 5º, LIX), que diz que *será admitida ação privada nos crimes de ação pública, se esta não for intentada no prazo legal*. Com essa disposição, quis o legislador constituinte, a exemplo do que fazem o Código Penal e o Código Processual Penal, permitir ao particular, vítima de determinada infração penal, que acompanhasse as investigações, bem como o trabalho do órgão oficial encarregado da persecução penal. Em razão desses dispositivos legais, se o Ministério Público, por desídia sua, deixar de oferecer denúncia no prazo legal, abre-se ao particular a possibilidade de, substituindo-o, oferecer sua queixa-crime, dando-se, assim, início à ação penal.

Merece ser ressaltado que somente caberá ao particular intentar a ação penal de iniciativa privada subsidiária da pública quando o Ministério Público, deixando decorrer *in albis* o prazo legal para o oferecimento da denúncia, não der início à ação penal. Isso quer dizer que o direito de dar início à ação penal que, originalmente, é de iniciativa pública, somente se transfere ao particular se houver desídia, inércia do Ministério Público. Mesmo que tal inércia seja justificada, como em virtude de acúmulo de serviço, o particular pode oferecer sua queixa-crime. Contudo, se em vez de oferecer a denúncia, o Ministério Público solicitar o arquivamento do inquérito policial ou requerer a devolução dos autos à delegacia de polícia para que sejam levadas a efeito algumas diligências consideradas indispensáveis ao oferecimento da denúncia, não poderá o particular intentar a sua ação de natureza subsidiária.

Atualmente, após as modificações levadas a efeito pela Lei nº 13.964, de 24 de dezembro de 2019, no art. 28 do Código de Processo Penal, será o próprio órgão do Ministério Público, com atribuições para o caso, que ordenará o arquivamento do inquérito policial, conforme se verifica pela sua atual redação, que diz:

> **Art. 28.** Ordenado o arquivamento do inquérito policial ou de quaisquer elementos informativos da mesma natureza, o órgão do Ministério Público comunicará à vítima, ao investigado e à autoridade policial e encaminhará os autos para a instância de revisão ministerial para fins de homologação, na forma da lei.
> [...]

Caso a vítima não concorde com esse entendimento do *parquet*, ela ou seu representante legal poderão, nos termos preconizados pelo § 1º do art. 28 do Código de Processo Penal, no prazo de 30 (trinta) dias do recebimento da comunicação, submeter a matéria à revisão da instância competente do órgão ministerial, conforme dispuser a respectiva lei orgânica.

Isso quer significar que a vítima, ou seu representante legal, uma vez ordenado o arquivamento do inquérito policial, não poderá ingressar em juízo com a ação penal privada subsidiária da pública, haja vista que, *in casu*, não houve inércia, desídia por parte do Ministério Público, mas sim uma decisão no sentido de, na qualidade de *dominus litis*, não dar início à ação penal.

Se for intentada ação penal de iniciativa privada subsidiária da pública, o Ministério Público poderá aditar a queixa, repudiá-la ou oferecer denúncia substitutiva, intervir em todos os termos do processo, fornecer elementos de prova, interpor recurso e, a todo tempo, no caso de negligência do querelante, retomar a ação como parte principal (art. 29 do CPP). Isso porque a ação penal é originalmente de iniciativa pública e, uma vez intentada pelo particular, será regida pelos princípios que a orientam. Enquanto o particular estiver à frente dessa ação penal, o Ministério Público funcionará, obrigatoriamente, como fiscal da lei, assumindo a posição original de parte nos casos de negligência do querelante.

3.2.3. Privada personalíssima

As ações penais de iniciativa privada, tidas como personalíssimas, são aquelas em que somente o ofendido, e mais ninguém, pode propô-las. Em virtude da natureza da infração penal praticada, entendeu por bem a lei penal que tal infração atinge a vítima de forma tão pessoal, tão íntima, que somente a ela caberá emitir o seu juízo de pertinência a respeito da propositura ou não dessa ação penal. Como exemplo de ação penal de iniciativa privada personalíssima, podemos citar aquela correspondente ao delito previsto no art. 236, que cuida do induzimento a erro essencial e ocultação de impedimento. O parágrafo único do mencionado artigo assevera que *a ação penal depende de queixa do contraente enganado e não pode ser intentada senão depois de transitar em julgado a sentença que, por motivo de erro ou impedimento, anule o casamento*, afastando-se, com essa redação, qualquer possibilidade de ser transferida às pessoas elencadas no art. 100, § 4º, do Código Penal, haja vista que, em virtude de sua natureza personalíssima, como bem destacou Mirabete, "só podem ser intentadas única e exclusivamente pelo ofendido, não havendo, portanto, sucessão por morte ou ausência."[15]

3.2.4. Princípios informadores da ação penal de iniciativa privada

As ações penais de iniciativa privada são regidas por três princípios que as informam, a saber: *a)* oportunidade; *b)* disponibilidade; *c)* indivisibilidade.

Segundo as lições de Tourinho Filho, o princípio da oportunidade "confere ao titular da ação penal o direito de julgar da conveniência ou inconveniência quanto à propositura da ação penal. Se quiser promovê-la, poderá fazê-lo, se não o quiser, não o fará",[16] justamente o contrário do que ocorre com o princípio da obrigatoriedade, que rege as ações penais de iniciativa pública, onde o Ministério Público deverá oferecer a denúncia se, em tese, o fato se configurar infração penal, presentes as condições necessárias ao regular exercício do direito de ação.

Outra característica marcante das ações penais de iniciativa privada é, justamente, a sua disponibilidade. Mesmo depois da sua propositura, o particular pode, valendo-se de determinados institutos jurídicos, dispor da ação penal por ele proposta inicialmente, a exemplo do que ocorre com a peremção, na qual o querelante poderá deixar de promover o andamento do processo durante 30 (trinta) dias seguidos, fazendo com que a ação penal seja considerada perempta, extinguindo-se, assim, a punibilidade, nos termos do art. 60, I, do Código de Processo Penal, c/c o art. 107, IV, última figura, do Código Penal. Vale lembrar que tal princípio da disponibilidade é o reverso daquele aplicável às ações de iniciativa pública, qual seja, o da indisponibilidade, nas quais o Ministério Público, uma vez oferecida a denúncia, não poderá dispor da ação penal por ele iniciada.

---

[15] MIRABETE, Júlio Fabbrini. *Código de processo penal interpretado*, p. 78.
[16] TOURINHO FILHO, Fernando da Costa. *Código de processo penal comentado*, v. 1, p. 97.

O princípio da indivisibilidade, comum às duas espécies de ação penal, encontra-se consubstanciado no art. 48 do Código de Processo Penal que diz que *a queixa contra qualquer dos autores do crime obrigará ao processo de todos, e o Ministério Público velará pela sua indivisibilidade*. A ação penal deve ser um instrumento de justiça, e não de simples vingança. Se o fato foi cometido por várias pessoas, todas elas devem, assim, por ele responder. Não poderá a vítima, por exemplo, escolher a quem processar, devendo a sua ação penal ser dirigida a todos os autores da infração penal. Nesse sentido, decidiu o STJ:

"Queixa-crime – Calúnia e injúria – Renúncia – Perempção. Se o querelante tem notícia de ofensas proferidas por todos os querelados e deixa de incluir um deles na queixa-crime, fere o princípio da indivisibilidade da ação penal, de que trata o art. 48 do CPP. A ocorrência de tal renúncia em relação ao copartícipe, aproveita ao paciente, nos termos do art. 104 do CP e 49 do CPP. Trancamento da ação penal que se impõe" (*RHC*, Rel. Cid Fláquer Scartezzini).[17]

4. REPRESENTAÇÃO CRIMINAL OU REQUISIÇÃO DO MINISTRO DA JUSTIÇA

Tanto a representação criminal como a requisição do Ministro da Justiça são consideradas *condições de procedibilidade* para o regular exercício da ação penal de iniciativa pública, sem as quais se torna impossível a abertura de inquérito policial ou o oferecimento de denúncia pelo Ministério Público.

Com a representação criminal ou a requisição do Ministro da Justiça há uma conjugação de vontades necessária e indispensável à persecução penal.

O art. 39 do Código de Processo Penal nos informa a quem poderá ser dirigida a representação:

> **Art. 39.** O direito de representação poderá ser exercido, pessoalmente ou por procurador com poderes especiais, mediante declaração, escrita ou oral, feita ao juiz, ao órgão do Ministério Público, ou à autoridade policial.
> [...]

O art. 102 do Código Penal assevera que a *representação será irretratável depois de oferecida a denúncia*. Note-se que o legislador não exigiu o *recebimento* da peça inaugural de acusação, mas tão somente o seu *oferecimento*. Assim, se o Ministério Público oferecer a denúncia, entregando-a ao cartório criminal juntamente com os autos de inquérito policial correspondentes, ou com as peças de informação, a partir desse instante já não mais será possível a retratação, e a ação penal obedecerá a todos os princípios que regem as ações de iniciativa pública.

Merece ser observado, também, que a lei penal não fez previsão da retratação da requisição levada a efeito pelo Ministro da Justiça, razão pela qual Tourinho Filho entende que ela não é possível, haja vista que, segundo o mestre de Bauru:

"Um ato administrativo, como é a requisição, partindo do Governo, através do Ministro da Justiça, há de ser, necessariamente, um ato que se revista de seriedade. Dispondo de larga margem de tempo para encaminhá-lo ao Ministério Público, de certo terá oportunidade para julgar suas vantagens ou desvantagens. Assim, sua revogação ou retratação demonstraria que a prematura requisição foi fruto de irreflexão, de leviana afoiteza, o que não se concebe nem se deve conceber [...]."[18]

---

[17] *RSTJ* 90/313.
[18] TOURINHO FILHO, Fernando da Costa. *Código de processo penal comentado*, v. 1, p. 86.

Conforme salientamos, o fato de ter havido representação criminal ou mesmo a requisição do Ministro da Justiça não impõe ao Ministério Público o obrigatório oferecimento da denúncia, uma vez que, na qualidade de *dominus litis*, poderá e deverá o Ministério Público avaliar, com independência,[19] os fatos que foram trazidos ao seu conhecimento, quando, a final, emitirá sua *opinio delicti*, que poderá ser tanto no sentido do oferecimento da denúncia, como pugnando pelo arquivamento do inquérito policial ou das peças de informação. Decidiu o TRF, 4ª Região:

"Direito Penal. Ação penal pública condicionada à representação. Arquivamento de representação solicitada pelo Ministério Público. Recurso. Impossibilidade. É irrecorrível a decisão judicial que, acolhendo solicitação do *parquet*, determina o arquivamento da representação do ofendido. Muito embora através da representação a lei confira ao ofendido uma parcela de vontade sobre a instauração do processo-crime, tratando-se de ação penal pública, somente o Ministério Público, na qualidade de *dominus litis*, pode avaliar se os fatos levados ao seu conhecimento constituem crime na forma do estatuto repressivo, com finalidade de dar início à ação penal" (Ap. 403.226-7, julg. 11/7/1996, Rel.ª Tânia Escobar, DJU 31/7/1996, p. 53.129).

Merece destaque, ainda, a inovação trazida pelo art. 16 da Lei nº 11.340, de 7 de agosto de 2006, que criou mecanismos para coibir a violência doméstica e familiar contra a mulher, que diz:

Art. 16. Nas ações penais públicas condicionadas à representação da ofendida de que trata esta Lei, só será admitida a renúncia à representação perante o juiz, em audiência especialmente designada com tal finalidade, antes do recebimento da denúncia e ouvido o Ministério Público.

Entendemos que a palavra *renúncia* deverá ser entendida como *retratação*, pois somente assim se justificaria a menção ao recebimento da denúncia, mantendo-se a regra do art. 102 do Código Penal.

O STF, na ADI 7267, tendo como relator o Min. Edson Fachin, no julgamento realizado em 22 de agosto de 2023, publicado em 11 de setembro de 2023, assim decidiu:

"Direito constitucional e penal. Ação direta de inconstitucionalidade. Pedido de interpretação conforme do art. 16 da Lei Maria da Penha. Preliminar de ilegitimidade de parte, incompetência e ausência de questão constitucional. Rejeição. Interpretação que admite designação de ofício da audiência de renúncia à representação. Impossibilidade. Interpretação inconstitucional. Ação direta julgada parcialmente procedente. 1. A promoção de melhorias no sistema de justiça condiz com as atribuições ínsitas ao Ministério Público, razão pela qual a entidade de classe que representa a integralidade de seus membros tem pertinência temática para propor ação direta em face de dispositivo constante da Lei Maria da Penha. 2. Remanescendo questão constitucional, é cabível a propositura de ação direta para afastar interpretação que já tenha sido rejeitada pelo Superior Tribunal de Justiça. 3. A legislação de combate à violência contra mulher deve ser aplicada de maneira estrita, garantido que todos os procedimentos sejam imparciais, justos e neutros relativamente a estereótipos de gênero. 4. O art. 16 da Lei Maria da Penha integra o conjunto de normas que preveem o atendimento por equipe multidisci-

---

[19] Nas lúcidas lições de Marcellus Polastri Lima, "de se ressaltar que o oferecimento da requisição não obriga o órgão do Ministério Público a denunciar, como pode falsamente parecer em vista da autoridade de que emana (Ministro da Justiça). Ocorre que o Ministério Público goza da garantia da *independência funcional*, prevista constitucionalmente (art. 127 da CF), e, destarte só está o promotor preso à sua convicção ou *opinio delicti*. Assim, se as peças recebidas não autorizarem o oferecimento da denúncia, não poderá o promotor oferecê-la, pois, caso contrário, inclusive, o juiz iria rejeitar a denúncia" (*Curso de processo penal*, v. 1, p. 236).

plinar. Sua função é a de permitir que a ofendida, *sponte propria* e assistida necessariamente por equipe multidisciplinar, possa livremente expressar sua vontade. 5. Apenas a ofendida pode requerer a designação da audiência para a renúncia à representação, sendo vedado ao Poder Judiciário designá-la de ofício ou a requerimento de outra parte. 6. Ação direta julgada parcialmente procedente, para reconhecer a inconstitucionalidade da designação, de ofício, da audiência nele prevista, assim como da inconstitucionalidade do reconhecimento de que eventual não comparecimento da vítima de violência doméstica implique retratação tácita ou renúncia tácita ao direito de representação".

No que diz respeito à ação penal para o crime de *lesão corporal leve*, por maioria de votos, o Plenário do Supremo Tribunal Federal julgou procedente a Ação Direta de Inconstitucionalidade (ADI nº 4.424) ajuizada pela Procuradoria-Geral da República quanto aos arts. 12, inciso I; 16; e 41 da Lei Maria da Penha (Lei nº 11.340/2006).

"A corrente majoritária da Corte acompanhou o voto do relator, ministro Marco Aurélio, no sentido da possibilidade de o Ministério Público dar início à ação penal sem necessidade de representação da vítima.

O art. 16 da lei dispõe que as ações penais públicas 'são condicionadas à representação da ofendida', mas, para a maioria dos ministros do STF, essa circunstância acaba por esvaziar a proteção constitucional assegurada às mulheres. Também foi esclarecido que não compete aos Juizados Especiais julgar os crimes cometidos no âmbito da Lei Maria da Penha."[20]

O Superior Tribunal de Justiça, a seu turno, consolidando seu posicionamento no mesmo sentido de nossa Corte Suprema, editou a Súmula nº 542, publicada no DJe de 31 de agosto de 2015, dizendo:

> **Súmula nº 542.** A ação penal relativa ao crime de lesão corporal resultante de violência doméstica contra a mulher é pública incondicionada.

5. AÇÃO PENAL NO CRIME COMPLEXO

Crime complexo é aquele no qual, em sua configuração típica, conseguimos visualizar a fusão de dois ou mais tipos penais. Assim, por exemplo, a fusão do crime de furto (crime simples) com o delito de lesão corporal ou ameaça faz surgir uma outra figura típica, agora denominada complexa, que é o crime de roubo.

O art. 101 do Código Penal, cuidando da ação penal no crime complexo, diz:

> **Art. 101.** Quando a lei considera como elemento ou circunstâncias do tipo legal fatos que, por si mesmos, constituem crimes, cabe ação pública em relação àquele, desde que, em relação a qualquer destes, se deva proceder por iniciativa do Ministério Público.

Tal dispositivo legal recebeu severas críticas de nossa doutrina, em razão da sua inutilidade. Segundo Mirabete, "essa disposição é tida pelos doutrinadores como inócua e até prejudicial à interpretação. Isso porque a lei adotou o sistema de especificar claramente quando o

---

[20] Supremo julga procedente ação da PGR sobre Lei Maria da Penha. *Notícias do STF*, 9 fev. 2012. Disponível em: www.stf.jus.br/portal/cms/verNoticiaDetalhe.asp?... ->. Acesso em: 10 de fevereiro de 2012.

delito deve ser apurado mediante ação privada, sendo os demais submetidos à ação pública."[21] Ney Moura Teles também afirma que "esse dispositivo é desnecessário porque sempre que a ação for de iniciativa privada, deverá constar expressamente essa disposição legal, por força do que determina o art. 100 do Código Penal."[22]

6. DECADÊNCIA DO DIREITO DE QUEIXA OU DE REPRESENTAÇÃO, RENÚNCIA E PERDÃO DO OFENDIDO

Os estudos quanto à decadência do direito de queixa ou de representação, a renúncia e o perdão do ofendido serão realizados no capítulo correspondente às causas extintivas da punibilidade, elencadas no art. 107 do Código Penal, para o qual remetemos o leitor.

7. ACORDO DE NÃO PERSECUÇÃO PENAL

A Lei nº 13.964, de 24 de dezembro de 2019, regulamentou o acordo de não persecução penal, dizendo no art. 28-A do Código de Processo Penal:

> Art. 28-A. Não sendo caso de arquivamento e tendo o investigado confessado formal e circunstancialmente a prática de infração penal sem violência ou grave ameaça e com pena mínima inferior a 4 (quatro) anos, o Ministério Público poderá propor acordo de não persecução penal, desde que necessário e suficiente para reprovação e prevenção do crime, mediante as seguintes condições ajustadas cumulativa e alternativamente:
> I – reparar o dano ou restituir a coisa à vítima, exceto na impossibilidade de fazê-lo;
> II – renunciar voluntariamente a bens e direitos indicados pelo Ministério Público como instrumentos, produto ou proveito do crime;
> III – prestar serviço à comunidade ou a entidades públicas por período correspondente à pena mínima cominada ao delito diminuída de um a dois terços, em local a ser indicado pelo juízo da execução, na forma do art. 46 do Decreto-Lei nº 2.848, de 7 de dezembro de 1940 (Código Penal);
> IV – pagar prestação pecuniária, a ser estipulada nos termos do art. 45 do Decreto-Lei nº 2.848, de 7 de dezembro de 1940 (Código Penal), a entidade pública ou de interesse social, a ser indicada pelo juízo da execução, que tenha, preferencialmente, como função proteger bens jurídicos iguais ou semelhantes aos aparentemente lesados pelo delito; ou
> V – cumprir, por prazo determinado, outra condição indicada pelo Ministério Público, desde que proporcional e compatível com a infração penal imputada.
> § 1º Para aferição da pena mínima cominada ao delito a que se refere o *caput* deste artigo, serão consideradas as causas de aumento e diminuição aplicáveis ao caso concreto.
> § 2º O disposto no *caput* deste artigo não se aplica nas seguintes hipóteses:
> I – se for cabível transação penal de competência dos Juizados Especiais Criminais, nos termos da lei;
> II – se o investigado for reincidente ou se houver elementos probatórios que indiquem conduta criminal habitual, reiterada ou profissional, exceto se insignificantes as infrações penais pretéritas;
> III – ter sido o agente beneficiado nos 5 (cinco) anos anteriores ao cometimento da infração, em acordo de não persecução penal, transação penal ou suspensão condicional do processo; e
> IV – nos crimes praticados no âmbito de violência doméstica ou familiar, ou praticados contra a mulher por razões da condição de sexo feminino, em favor do agressor.
> § 3º O acordo de não persecução penal será formalizado por escrito e será firmado pelo membro do Ministério Público, pelo investigado e por seu defensor.
> § 4º Para a homologação do acordo de não persecução penal, será realizada audiência na qual o juiz deverá verificar a sua voluntariedade, por meio da oitiva do investigado na presença do seu defensor, e sua legalidade.

---

[21] MIRABETE, Júlio Fabbrini. *Manual de direito penal* – Parte geral, p. 375.
[22] TELES, Ney Moura. *Direito penal* – Parte geral, v. 2, p. 275.

§ 5º Se o juiz considerar inadequadas, insuficientes ou abusivas as condições dispostas no acordo de não persecução penal, devolverá os autos ao Ministério Público para que seja reformulada a proposta de acordo, com concordância do investigado e seu defensor.

§ 6º Homologado judicialmente o acordo de não persecução penal, o juiz devolverá os autos ao Ministério Público para que inicie sua execução perante o juízo de execução penal.

§ 7º O juiz poderá recusar homologação à proposta que não atender aos requisitos legais ou quando não for realizada a adequação a que se refere o § 5º deste artigo.

§ 8º Recusada a homologação, o juiz devolverá os autos ao Ministério Público para a análise da necessidade de complementação das investigações ou o oferecimento da denúncia.

§ 9º A vítima será intimada da homologação do acordo de não persecução penal e de seu descumprimento.

§ 10. Descumpridas quaisquer das condições estipuladas no acordo de não persecução penal, o Ministério Público deverá comunicar ao juízo, para fins de sua rescisão e posterior oferecimento de denúncia.

§ 11. O descumprimento do acordo de não persecução penal pelo investigado também poderá ser utilizado pelo Ministério Público como justificativa para o eventual não oferecimento de suspensão condicional do processo.

§ 12. A celebração e o cumprimento do acordo de não persecução penal não constarão de certidão de antecedentes criminais, exceto para os fins previstos no inciso III do § 2º deste artigo.

§ 13. Cumprido integralmente o acordo de não persecução penal, o juízo competente decretará a extinção de punibilidade.

§ 14. No caso de recusa, por parte do Ministério Público, em propor o acordo de não persecução penal, o investigado poderá requerer a remessa dos autos a órgão superior, na forma do art. 28 deste Código.

Capítulo XLVII
Extinção da Punibilidade

Acesse e assista à aula explicativa sobre este assunto.
> http://uqr.to/1wh1f

1. INTRODUÇÃO

A punibilidade é uma consequência natural da prática de uma conduta típica, ilícita e culpável levada a efeito pelo agente. Toda vez que o agente pratica uma infração penal, isto é, toda vez que infringe o nosso direito penal objetivo, abre-se a possibilidade para o Estado de fazer valer o seu *ius puniendi*.

Contudo, nem sempre foi assim. Conforme prelecionam Antônio Carlos de Araújo Cintra, Ada Pellegrini Grinover e Cândido Rangel Dinamarco:

> "Nas fases primitivas da civilização dos povos, inexistia um Estado suficientemente forte para superar os ímpetos individualistas dos homens e impor o direito acima da vontade dos particulares: por isso, não só inexistia um órgão estatal que, com soberania e autoridade, garantisse o cumprimento do direito, como ainda não havia sequer as leis (normas gerais e abstratas impostas pelo Estado aos particulares). Assim, quem pretendesse alguma coisa que outrem o impedisse de obter haveria de, com sua própria força e na medida dela, tratar de conseguir, por si mesmo, a satisfação de sua pretensão. A própria repressão aos atos criminosos se fazia em regime de vingança privada e, quando o Estado chamou a si o *jus punitionis*, ele o exerceu inicialmente mediante seus próprios critérios e decisões, sem a interposição de órgãos ou pessoas imparciais independentes e desinteressadas."[1]

Houve, portanto, uma evolução significativa entre a primeira forma de resolução dos conflitos – a autotutela –, até a atual fase da jurisdição, na qual os particulares e também o próprio Estado, quando estiverem diante de um conflito de interesses que não pôde ou não teve condições de ser resolvido pela autocomposição entre as próprias partes, deverão levá-lo até o Estado-Juiz que, com imparcialidade e justiça, deverá decidi-lo, trazendo, assim, de volta a paz social.

É certo que, quando alguém pratica determinada infração penal, o Estado sofre, mesmo que indiretamente, com esse tipo de comportamento, devendo, outrossim, punir o infrator para que este não volte a delinquir (efeito preventivo especial da pena), bem como para que

---

[1] CINTRA, Antônio Carlos de Araújo; GRINOVER, Ada Pellegrini; DINAMARCO, Cândido Rangel. *Teoria geral do processo*, p. 21.

os demais cidadãos não o tomem como exemplo (efeito preventivo geral da pena) e venham também a praticar crimes em virtude da sensação de impunidade que gera quando alguém, mesmo tendo transgredido a lei penal editada formalmente pelo Estado, não sofre qualquer reprimenda.

Entretanto, também é certo que o Estado, em determinadas situações previstas expressamente em seus diplomas legais, pode abrir mão ou mesmo perder esse direito de punir. Mesmo que, em tese, tenha ocorrido uma infração penal, por questões de política criminal, o Estado pode, em algumas situações por ele previstas expressamente, entender por bem em não fazer valer o seu *ius puniendi*, razão pela qual haverá aquilo que o Código Penal denominou *extinção da punibilidade*.

Deve ser frisado que quando nos referimos a causas de *extinção da punibilidade* estamos diante de dados que não interferem na infração penal em si, mas, sim, que a existência desses dados pode impedir que o Estado, mesmo existindo a infração penal, seja impedido de exercitar o seu direito de punir.

Adotamos a posição acima porque, para nós, o crime é a composição da conduta típica, ilícita e culpável. Portanto, não incluímos a punibilidade no conceito de crime, como o fazem alguns autores que, a exemplo de Francisco Muñoz Conde, definem o delito como "a ação ou omissão típica, antijurídica, culpável e punível."[2] Para os autores que adotam essa divisão quadripartida do conceito analítico do crime, as causas extintivas da punibilidade conduzirão ao afastamento da própria infração penal.

Seguimos as lições de Aníbal Bruno, quando assevera:

"Para aqueles que incluem a punibilidade entre os componentes do fato punível, a inaplicabilidade da sanção o desintegra ou extingue. Mas a doutrina mais moderna e autorizada condena essa posição. Não se pode tomar a pena por momento constitutivo do atuar criminoso, mas ver nela somente a sua consequência jurídica específica. É um dado posterior a existência do crime e exige para manifestar-se que este se tenha inteiramente constituído. Quando se chega ao tempo de aplicar a sanção, é que o crime se acha com o seu conceito total perfeitamente integrado e não será a inaplicabilidade da sanção que poderá reduzi-lo a nada."[3]

O Código Penal, em seu art. 107, trouxe o rol das chamadas causas extintivas da punibilidade. Embora tal dispositivo faça o elenco das causas de extinção da punibilidade, este não é taxativo, pois, em outras de suas passagens, também prevê fatos que possuem a mesma natureza jurídica, a exemplo do § 3º do art. 312 do Código Penal, bem como do § 5º do art. 89 da Lei nº 9.099/95.

Neste capítulo, estudaremos as causas previstas nos incisos I a IX do art. 107 do Código Penal, a saber:

---

[2] MUÑOZ CONDE, Francisco; BITENCOURT, Cezar Roberto. *Teoria geral do delito*, p. 5.
[3] BRUNO, Aníbal. *Direito penal*, t. 3º, p. 196.

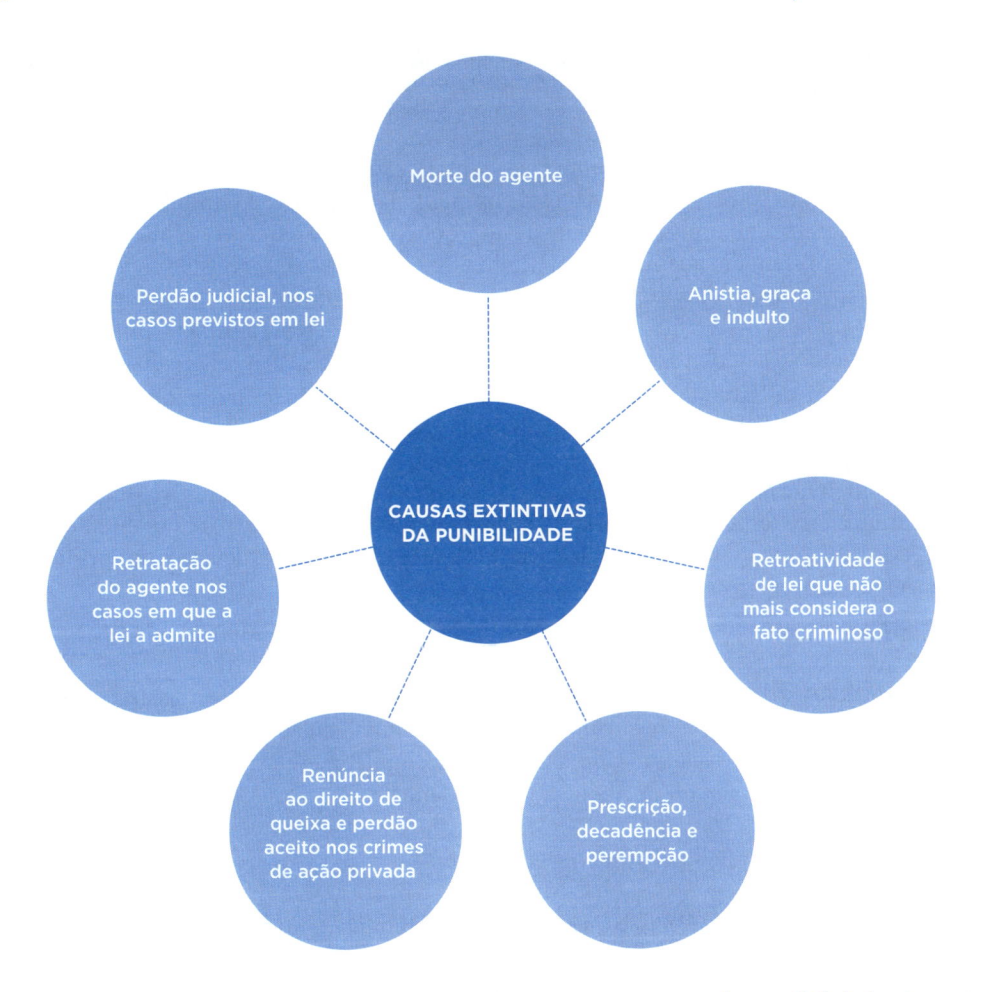

CAUSAS EXTINTIVAS DA PUNIBILIDADE:
- Morte do agente
- Anistia, graça e indulto
- Retroatividade de lei que não mais considera o fato criminoso
- Prescrição, decadência e perempção
- Renúncia ao direito de queixa e perdão aceito nos crimes de ação privada
- Retratação do agente nos casos em que a lei a admite
- Perdão judicial, nos casos previstos em lei

Contudo, antes da análise das mencionadas causas extintivas da punibilidade, é preciso ressaltar que o art. 61 do Código de Processo Penal determina que:

> **Art. 61.** Em qualquer fase do processo, o juiz, se reconhecer extinta a punibilidade, deverá declará-lo de ofício.

A redação do art. 61 da legislação processual penal deixa entrever que a declaração de extinção da punibilidade somente poderá ocorrer após o início da ação penal, quando já se puder falar em processo. Isso porque a lei processual penal fala em *fase do processo*, não se podendo daí inferir que também tenha querido abranger a investigação policial.

Quando o pedido de extinção da punibilidade for levado a efeito pelo Ministério Público, pelo querelante ou pelo agente, o parágrafo único do art. 61 do Código de Processo Penal diz que *o juiz mandará autuá-lo em apartado, ouvirá a parte contrária e, se o julgar conveniente, concederá o prazo de cinco dias para a prova, proferindo a decisão dentro de cinco dias ou reservando-se para apreciar a matéria na sentença final.*

2. MORTE DO AGENTE

A primeira das causas extintivas da punibilidade previstas pelo art. 107 do Código Penal é a morte do agente.

O art. 62 do Código de Processo Penal determina:

> **Art. 62.** No caso de morte do acusado, o juiz somente à vista da certidão de óbito, e depois de ouvido o Ministério Público, declarará a extinção da punibilidade.

Não é incomum o fato de o agente fazer juntar certidão de óbito falsa aos autos do processo no qual figura como acusado. Antes de opinar pela extinção da punibilidade, por medida de segurança, entendemos que o Ministério Público deverá requerer ao juiz que confirme o documento apresentado aos autos, expedindo ofício ao cartório de registro civil indicado no documento apresentado em juízo, a fim de que este seja ratificado pelo tabelião. Até mesmo essa medida pode não ser eficaz, pois, como sabemos, se o agente falsificar um documento médico, atestando o seu óbito, poderá levá-lo ao cartório e o registro será realizado.

Contudo, se declarada a extinção da punibilidade depois de tomadas todas as providências a fim de se certificar sobre a autenticidade do documento, se o juiz descobrir que a certidão de óbito apresentada era falsa, poderá, uma vez transitada em julgado a referida decisão, retomar o curso normal da ação penal, desconsiderando-se a decisão anterior? Duas correntes se formaram a esse respeito. A maioria de nossos autores entende que não, podendo o réu ser processado tão somente pelo crime de falso, uma vez que nosso ordenamento jurídico não tolera a chamada revisão *pro societate*.

O STF, posicionando-se contrariamente ao entendimento anterior, decidiu:

"Revogação do despacho que julgou extinta a punibilidade do réu, a vista de atestado de óbito baseado em registro comprovadamente falso; sua admissibilidade, vez que referido despacho, além de não fazer coisa julgada em sentido estrito, funda-se exclusivamente em fato juridicamente inexistente, não produzindo quaisquer efeitos."[4]

Da mesma forma, tem decidido o STJ:

"Penal. *Habeas corpus*. Decisão que extinguiu a punibilidade do réu pela morte. Certidão de óbito falsa. Violação à coisa julgada. Inocorrência.

O desfazimento da decisão que, admitindo por equívoco a morte do agente, declarou a punibilidade, não constitui ofensa à coisa julgada (STF, *HC* 60.095-RJ, Rel. Min. Rafael Mayer). Ordem denegada" (C 31.234/MG, *Habeas Corpus* 2003/0190092-8, 5ª T., Rel. Min. Felix Fischer, julg. 16/1/2003, DJ 9/2/2004, p. 198).

A morte do agente extinguindo a punibilidade também terá o condão de impedir que a pena de multa aplicada ao condenado seja executada em face dos seus herdeiros. Isso porque o fato de o art. 51 do Código Penal considerá-la como dívida de valor não afasta a sua natureza jurídica de sanção penal, e como tal deverá ser tratada, não podendo ultrapassar a pessoa do condenado, de acordo com o princípio da intranscendência da pena, previsto pelo inciso XLV do art. 5º da Constituição Federal.

3. ANISTIA, GRAÇA E INDULTO

Na precisa lição de Giuseppe Maggiore:

"Uma das mais antigas formas de extinção da pretensão punitiva é a *indulgência do príncipe*, que se expressa em três instituições: a anistia, o indulto e a graça. A *indulgentia principis* se

---

[4] *RTJ* 93/986.

justifica como uma medida equitativa endereçada a suavizar a aspereza da justiça (*supplementum iustitiae*), quando particulares circunstâncias políticas, econômicas e sociais, fariam esse rigor aberrante e iníquo. Desse modo, atua como um ótimo meio de pacificação social, depois de períodos turbulentos que transtornam a vida nacional e são ocasião inevitável de delitos."[5]

Pela anistia, o Estado renuncia ao seu *ius puniendi*, perdoando a prática de infrações penais que, normalmente, têm cunho político. A regra, portanto, é de que a anistia se dirija aos chamados crimes políticos.[6] Contudo, nada impede que a anistia também seja concedida a crimes comuns.

A Primeira Seção do Superior Tribunal de Justiça, editou a Súmula 647, publicada no DJe de 15/3/2021, dizendo:

> **Súmula nº 647** – São imprescritíveis as ações indenizatórias por danos morais e materiais decorrentes de atos de perseguição política com violação de direitos fundamentais ocorridos durante o regime militar.

A concessão da anistia é de competência da União, conforme preceitua o art. 21, XVII, da Constituição Federal, e se encontra no rol das atribuições do Congresso Nacional, sendo prevista pelo art. 48, VIII, de nossa Lei Maior. Pode ser concedida antes ou depois da sentença penal condenatória, sempre retroagindo a fim de beneficiar os agentes. Segundo Aloysio de Carvalho Filho:

> "A anistia pode ser concedida em termos *gerais* ou *restritos*. Quando a anistia restrita exclui determinados fatos, ou determinados indivíduos, ou grupos, ou classes de indivíduos, diz-se *parcial*; quando estabelece cláusulas para a fruição do benefício, diz-se *condicional*. A anistia geral ou absoluta não conhece exceção de crimes ou de pessoas, nem se subordina a limitações de qualquer espécie."[7] De acordo com o art. 2º, I, da Lei nº 8.072/90, os crimes hediondos, a prática de tortura, o tráfico ilícito de entorpecentes e drogas afins e o terrorismo são insuscetíveis de anistia.

O art. 187 da Lei de Execução Penal determina:

> **Art. 187.** Concedida a anistia, o juiz, de ofício, a requerimento do interessado ou do Ministério Público, por proposta da autoridade administrativa ou do Conselho Penitenciário, declarará extinta a punibilidade.

A anistia ainda pode ser reconhecida como: a) *própria*, quando concedida anteriormente à sentença penal condenatória; b) *imprópria*, quando concedida após a sentença penal condenatória transitada em julgado.

A graça e o indulto são da competência do Presidente da República, embora o art. 84, XII, da Constituição Federal somente faça menção a este último, subentendendo-se ser a graça o indulto individual. A diferença entre os dois institutos é que a graça é concedida individualmente a uma pessoa específica, sendo que o indulto é concedido de maneira coletiva a fatos determinados pelo chefe do Poder Executivo.

---

[5] MAGGIORE, Giuseppe. *Derecho penal*, v. II, p. 357.

[6] Conforme a Lei nº 6.683, de 28 de agosto de 1979, que, por intermédio de seu art. 1º, concedeu anistia *a todos quantos, no período compreendido entre 2 de setembro de 1961 e 15 de agosto de 1979, cometeram crimes políticos ou conexos com estes, crimes eleitorais, aos que tiveram seus direitos políticos suspensos e aos servidores da Administração Direta e Indireta, de Fundações vinculadas ao Poder Público, aos servidores dos Poderes Legislativo e Judiciário, aos militares e aos dirigentes e representantes sindicais, punidos com fundamento em Atos Institucionais e Complementares.*

[7] CARVALHO FILHO, Aloysio de. *Comentários ao código penal*, v. IV, p. 126.

Elder Lisbôa Ferreira da Costa, apontando as raízes históricas do indulto, preleciona:

"O indulto teve sua primeira aparição no direito hebreu, quando do julgamento de Jesus Cristo. À época, era costume o 'perdão' a um preso, que era solto durante o período da páscoa judaica. Isto era feito por intermédio de pedido do povo, e contava com a concordância de Roma através de seu governador. Naquela época, Pôncio Pilatos, já que a Judeia era uma possessão Romana"[8].

Nos termos do art. 188 da Lei de Execução Penal, a graça, modernamente conhecida como indulto individual, poderá ser provocada por petição do condenado, por iniciativa do Ministério Público, do Conselho Penitenciário ou da autoridade administrativa, sendo que a petição, acompanhada dos documentos que a instruírem, será entregue ao Conselho Penitenciário para a elaboração de parecer e posterior encaminhamento ao Ministério da Justiça (art. 189 da LEP).

O indulto coletivo, ou simplesmente indulto, é, normalmente, concedido anualmente pelo Presidente da República, por meio de decreto. Pelo fato de ser editado próximo ao final de ano, esse indulto acabou sendo conhecido como *indulto de natal*.

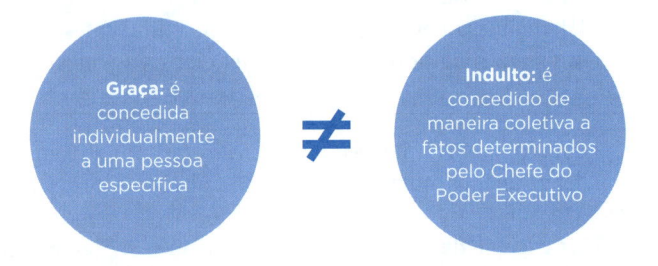

Graça: é concedida individualmente a uma pessoa específica ≠ **Indulto:** é concedido de maneira coletiva a fatos determinados pelo Chefe do Poder Executivo

Não é possível conceder a graça (indulto individual) ou o indulto (indulto coletivo) às infrações penais previstas pela Lei nº 8.072/90.

Merece registro, ainda, o fato de que a Lei nº 9.455/97 omitiu-se com relação ao indulto, dizendo no § 6º do art. 1º que:

§ 6º O crime de tortura é inafiançável e insuscetível de graça ou anistia.

Em 29 de abril de 2019, o STJ publicou no DJe a Súmula nº 631, que diz:

Súmula nº 631: *O indulto extingue os efeitos primários da condenação (pretensão executória), mas não atinge os efeitos secundários, penais ou extrapenais.*

3.1. Jurisprudência em teses do Superior Tribunal de Justiça, Boletim nº 139, publicado em 6 de janeiro de 2020, sobre indulto e comutação da pena

1) O instituto da graça, previsto no art. 5º, XLIII, da Constituição Federal, engloba o indulto e a comutação de pena, estando a competência privativa do Presidente da República para a concessão desses benefícios limitada pela vedação estabelecida no referido dispositivo constitucional.

---

[8] FERREIRA DA COSTA, Elder Lisbôa. *Tratado de direito penal – historicidade e atualidade do penalismo*, p. 738/739.

2) A sentença que concede o indulto ou a comutação de pena tem natureza declaratória, não havendo como impedir a concessão dos benefícios ao sentenciado, se cumpridos todos os requisitos exigidos no decreto presidencial.
3) O deferimento do indulto e da comutação das penas deve observar estritamente os critérios estabelecidos pela Presidência da República no respectivo ato de concessão, sendo vedada a interpretação ampliativa da norma, sob pena de usurpação da competência privativa disposta no art. 84, XII, da Constituição e, ainda, ofensa aos princípios da separação entre os Poderes e da legalidade.
4) A análise do preenchimento do requisito objetivo para a concessão dos benefícios de indulto e de comutação de pena deve considerar todas as condenações com trânsito em julgado até a data da publicação do decreto presidencial, sendo indiferente o fato de a juntada da guia de execução penal ter ocorrido em momento posterior à publicação do referido decreto.
5) A superveniência de condenação, seja por fato anterior ou posterior ao início do cumprimento da pena, não altera a data-base para a concessão da comutação de pena e do indulto.
6) O indulto e a comutação de pena incidem sobre as execuções em curso no momento da edição do decreto presidencial, não sendo possível considerar na base de cálculo dos benefícios as penas já extintas em decorrência do integral cumprimento.
7) Para a concessão de indulto, deve ser considerada a pena originalmente imposta, não sendo levada em conta, portanto, a pena remanescente em decorrência de comutações anteriores.
8) O cumprimento da fração de pena prevista como critério objetivo para a concessão de indulto deve ser aferido em relação a cada uma das sanções alternativas impostas, consideradas individualmente.
9) Compete ao Juízo da Execução Fiscal a apreciação do pedido de indulto em relação à pena de multa convertida em dívida de valor.
10) Não dispondo o decreto autorizador de forma contrária, os condenados por crimes de natureza hedionda têm direito aos benefícios de indulto ou de comutação de pena, desde que as infrações penais tenham sido praticadas antes da vigência da Lei nº 8.072/1990 e suas modificadoras.
11) É possível a concessão de comutação de pena aos condenados por crime comum praticado em concurso com crime hediondo, desde que o apenado tenha cumprido as frações referentes aos delitos comum e hediondo, exigidas pelo respectivo decreto presidencial.
12) É possível a concessão de indulto aos condenados por crime de tráfico de drogas privilegiado (§ 4º do art. 33 da Lei nº 11.343/2006), por estar desprovido de natureza hedionda.
13) O indulto humanitário requer, para sua concessão, a necessária comprovação, por meio de laudo médico oficial ou por médico designado pelo juízo da execução, de que a enfermidade que acomete o sentenciado é grave, permanente e exige cuidados que não podem ser prestados no estabelecimento prisional.
14) O indulto extingue os efeitos primários da condenação (pretensão executória), mas não atinge os efeitos secundários, penais ou extrapenais (Súmula nº 631/STJ).

4. RETROATIVIDADE DE LEI QUE NÃO MAIS CONSIDERA O FATO COMO CRIMINOSO

Ocorre a chamada *abolitio criminis* quando o Estado, por razões de política criminal, entende por bem em não mais considerar determinado fato como criminoso.

Ao cuidarmos dos princípios que informam o Direito Penal, dissemos que o legislador os tem como norte, a fim de que seja por eles orientado tanto na criação como na revogação dos tipos penais. Pelos princípios da intervenção mínima e da lesividade, por exemplo, o legislador deve entender que somente poderá legislar em matéria penal proibindo determinadas condutas, sob a ameaça de uma sanção de natureza penal, se o bem sobre o qual estiver recaindo a proteção da lei for significante, ou seja, for relevante a ponto de merecer a tutela do Direito Penal. Caso contrário, ou seja, se não houver a importância exigida pelo Direito Penal, aquele bem poderá ser protegido pelos demais ramos do ordenamento jurídico, mas não pelo Direito Penal, que possui, já o dissemos, uma natureza subsidiária.

O mesmo raciocínio que se faz quando da criação de tipos penais incriminadores também é realizado para a sua revogação. Se o bem que, antes, gozava de certa importância e hoje, em virtude da evolução da sociedade, já não possui o mesmo *status*, deverá o legislador retirá-lo do nosso ordenamento jurídico-penal, surgindo o fenômeno da *abolitio criminis*.

O art. 2º do Código Penal diz:

> **Art. 2º** Ninguém pode ser punido por fato que lei posterior deixa de considerar crime, cessando em virtude dela a execução e os efeitos penais da sentença condenatória.

Isso quer dizer que se o Estado entendeu que o bem protegido pela lei penal já não gozava mais da importância exigida pelo Direito Penal e, em virtude disso, resolveu afastar a incriminação, todos aqueles que ainda se encontram cumprindo suas penas em razão da prática da infração penal agora revogada deverão interromper o seu cumprimento, sendo declarada a extinção da punibilidade.

Nenhum efeito penal permanecerá, tais como reincidência e maus antecedentes, permanecendo, contudo, os efeitos de natureza civil, a exemplo da possibilidade de que tem a vítima de proceder à execução de seu título executivo judicial, conquistado em razão do trânsito em julgado da sentença penal que condenou o agente pela infração penal por ele cometida. A vítima da infração penal poderá levar a efeito a liquidação de seu título executivo judicial, a fim de proceder à sua execução, pois esse efeito da condenação ainda se encontra mantido, mesmo que a infração penal já não mais exista quando da efetiva execução de seu título.

Imagine-se a hipótese daquele que havia sido condenado pela prática do delito de sedução. A vítima, acreditando nas falsas promessas do agente, já havia, inclusive, marcado a data para o casamento, fazendo as despesas necessárias com enxoval, reservas etc. A conduta criminosa praticada pelo agente trouxe-lhe um prejuízo considerável. No entanto, em 28 de março de 2005, foi editada a Lei nº 11.106, revogando, além de outras, a infração penal prevista pelo art. 217 do Código Penal, vale dizer, o delito de sedução.

Logo após a entrada em vigor do mencionado diploma legal, que ocorreu na mesma data da sua publicação, foi decretada a extinção da punibilidade. Agora, pergunta-se: Embora não exista mais a infração penal em virtude da qual o agente havia sido condenado, poderá a vítima executar o seu título judicial, conseguido após o trânsito em julgado da sentença penal condenatória? A resposta só pode ser afirmativa, haja vista que, nos termos do *caput* do art. 2º do Código Penal, a *abolito criminis* fará com que seja cessada a execução, bem como os efeitos penais da sentença condenatória, permanecendo, no entanto, os efeitos de natureza civil, como é o caso.

5. PRESCRIÇÃO, DECADÊNCIA E PEREMPÇÃO

A prescrição será analisada em capítulo à parte, em consequência da extensão do tema.

A decadência é o instituto jurídico mediante o qual a vítima, ou quem tenha qualidade para representá-la, perde o seu direito de queixa ou de representação em virtude do decurso de um certo espaço de tempo.

O art. 103 do Código Penal cria uma regra geral relativa ao prazo para o exercício do direito de queixa e de representação:

> **Art. 103.** Salvo disposição expressa em contrário, o ofendido decai do direito de queixa ou de representação se não o exerce dentro do prazo de 6 (seis) meses, contado do dia em que veio a saber quem é o autor do crime, ou, no caso do § 3º do art. 100 deste Código, do dia em que se esgota o prazo para oferecimento da denúncia.

No crime de lesão corporal de natureza culposa, cuja ação penal é de iniciativa pública condicionada à representação do ofendido, o prazo decadencial tem início a partir do momento em que o ofendido toma conhecimento de que foi vítima dessa infração penal, a exemplo do que ocorre nos casos do chamado "erro médico." Pode acontecer que a vítima tenha sofrido uma lesão corporal de natureza culposa, após ter-se submetido a uma intervenção médica qualquer, produzida em razão da imperícia do profissional, que, a todo custo, tentou ocultá-la. Mais tarde, mesmo depois de decorridos seis meses da primeira intervenção na qual ocorreram as lesões, a vítima descobriu o suposto erro médico. A partir desse instante é que se tem por iniciado o prazo decadencial. Caso contrário, teríamos a situação absurda de o próprio médico tentar encobrir por durante seis meses seu erro, determinando o sucessivo retorno da vítima ao seu consultório para conseguir, ao final, fazer com que esta última perdesse o seu direito de representar, em virtude da ocorrência da decadência.

A perempção é instituto jurídico aplicável às ações penais de iniciativa privada propriamente ditas ou personalíssimas, não se destinando, contudo, àquela considerada como privada subsidiária da pública. Não tem aplicação, portanto, nas ações penais de iniciativa pública incondicionada ou condicionada à representação do ofendido, uma vez que o art. 60 do Código de Processo Penal determina:

> **Art. 60.** Nos casos em que somente se procede mediante queixa, considerar-se-á perempta a ação penal:
> I – quando, iniciada esta, o querelante deixar de promover o andamento do processo durante 30 (trinta) dias seguidos;
> II – quando, falecendo o querelante, ou sobrevindo sua incapacidade, não comparecer em juízo, para prosseguir no processo, dentro do prazo de 60 (sessenta) dias, qualquer das pessoas a quem couber fazê-lo, ressalvado o disposto no art. 36;
> III – quando o querelante deixar de comparecer, sem motivo justificado, a qualquer ato do processo a que deva estar presente, ou deixar de formular o pedido de condenação nas alegações finais;
> IV – quando, sendo o querelante pessoa jurídica, esta se extinguir sem deixar sucessor.

Além das hipóteses previstas pelo art. 60 do Código de Processo Penal, entende-se pela perempção, também, havendo a morte do querelante no caso de induzimento a erro essencial e ocultação de impedimento (art. 236 do CP), haja vista que pela natureza da ação penal, que é personalíssima, a morte do querelante impede o prosseguimento da ação penal.

Como bem destacou Mirabete, a perempção, como perda do direito de prosseguir na ação penal de iniciativa privada, é uma "sanção jurídica, imposta ao querelante por sua inércia, negligência ou contumácia. Não pode ocorrer, portanto, antes de proposta a queixa."[9]

Para que seja decretada a perempção com base na inércia do querelante é preciso que este tenha sido intimado para o ato, deixando, contudo, de promover o regular andamento do processo pelo período de trinta dias, pois, conforme já decidiu o STF:

---

9   MIRABETE, Júlio Fabbrini. *Código de processo penal interpretado*, p. 121.

"Justifica-se o reconhecimento da perempção – que constitui causa extintiva da punibilidade peculiar às ações penais exclusivamente privadas –, quando o querelante, não obstante intimado pela imprensa oficial, deixa de adotar as providências necessárias à regular movimentação do processo, gerando, com esse comportamento negativo, o abandono da causa penal por período de trinta dias" (AR – Rel. Celso de Mello).[10]

Ao contrário do que acontece na situação anterior, na qual o querelante deverá ser intimado para promover o ato que se lhe exige praticar, quando ocorrer a sua morte ou sobrevindo-lhe incapacidade, as pessoas referidas pelo § 4º do art. 100 do Código Penal deverão habilitar-se em juízo, no prazo de sessenta dias, independentemente de intimação, sob pena de perempção. Assim entendemos porque não é função da Justiça Penal, principalmente nos casos em que a ação é de iniciativa privada, fazer um trabalho de investigação, a fim de procurar os parentes do querelante para intimá-los a, se quiserem, se habilitar nos autos para que o feito tenha prosseguimento.

O inciso III do art. 60 destaca duas importantes situações. A primeira diz que a ação penal considera-se perempta quando o querelante deixa de comparecer, sem motivo justificado, a qualquer ato do processo. Por *ato do processo* devemos entender somente aqueles nos quais a sua presença é necessária, não ocorrendo a perempção quando o querelante tiver contratado advogado para representá-lo nos autos, e este comparece regularmente a todos os atos. Como bem salientou o Min. Moreira Alves:

"Não se tratando de ato processual que só possa ser realizado com a participação pessoal do querelante, não ocorre a perempção, a que alude a primeira parte do inciso III do art. 60 do CPP, se ele se faz representar por advogado, devidamente constituído com amplos poderes, inclusive para confessar, transigir e desistir. Isso porque a perempção da ação só deve ser decretada quando a omissão do querelante implique, pelo desinteresse, desídia ou descuido, abandono da causa" (STF, *RHC*, Min. Moreira Alves).[11]

A segunda parte do inciso III do art. 60 do Código de Processo Penal fala em perempção quando o querelante, em suas alegações finais, deixa de pedir a condenação do querelado. É um formalismo legal que deve ser obedecido, evidenciando-se o propósito do querelante de perseguir o seu pedido formulado em sua peça inicial de acusação. Caso o querelante peça, em alegações finais, que se faça *justiça*, deverá ser declarada a perempção, porque a justiça importa tanto na condenação como na absolvição.

Por fim, sendo o querelante pessoa jurídica, se esta se extinguir sem deixar sucessor, também deverá ser declarada a perempção. Caso haja sucessor da pessoa jurídica extinta, aplica-se a regra do inciso II do art. 60 do Código de Processo Penal, devendo a sua habilitação ocorrer no prazo de sessenta dias, a contar da data em que ocorreu a extinção da pessoa jurídica.

6. RENÚNCIA AO DIREITO DE QUEIXA OU PERDÃO ACEITO NOS CRIMES DE AÇÃO PRIVADA

6.1. Renúncia ao direito de queixa

A renúncia ao direito de queixa pode ser expressa ou tácita. Diz-se expressa a renúncia quando formalizada por meio de declaração assinada pelo ofendido, por seu representante

---

[10] *RT* 725/494.
[11] *RT* 540/395.

legal ou procurador com poderes especiais (art. 50 do CPP). Renúncia tácita ao direito de queixa é aquela na qual, nos termos do parágrafo único do art. 104 do Código Penal, o ofendido pratica atos incompatíveis com a vontade de exercê-lo, como nas hipóteses daquele que convida o autor do crime para ser seu padrinho de casamento ou para com ele constituir uma sociedade.

Entendemos como revogado pelo Código Civil o parágrafo único do art. 50 do Código do Processo Penal, que diz:

> **Art. 50.** A renúncia do representante legal do menor que houver completado 18 anos não privará este do direito de queixa, nem a renúncia do último excluirá o direito do primeiro.

O art. 74, parágrafo único, da Lei nº 9.099/95 diz ainda haver renúncia ao direito de queixa ou representação quando, tratando-se de ação penal de iniciativa privada ou de ação pública condicionada à representação do ofendido, houver a composição dos danos civis pelo autor do fato com a vítima, desde que tal acordo seja homologado pelo juiz.

O art. 49 do Código de Processo Penal determina que a renúncia do direito de queixa, em relação a um dos autores, a todos se estenderá. Analisando o mencionado artigo, Mirabete preleciona:

> "O princípio da indivisibilidade obriga ao querelante promover a ação penal contra todos os coautores do fato delituoso em tese, não podendo abstrair nenhum, a menos que seja desconhecido. Excluído algum deles, tem-se que o querelante tacitamente renunciou ao direito de processá-lo, devendo ser estendida a todos sua abdicação."[12]

No mesmo sentido, decidiu o STF:

> "Tratando-se de ação penal privada, o oferecimento de queixa-crime somente contra um ou alguns dos supostos autores ou partícipes da prática delituosa, com exclusão dos demais envolvidos, configura clara hipótese de violação ao princípio da indivisibilidade (CPP, art. 48), implicando, por isso mesmo, renúncia tácita ao direito de querela (CPP, art. 49), cuja eficácia extintiva da punibilidade estende-se a todos quantos alegadamente hajam intervindo no cometimento da infração penal (CP, art. 107, V, c/c o art. 104). Doutrina. Precedentes" (STF, Inq. 2.139 AgR/RS, AgReg. no inquérito, Rel. Min. Celso de Mello, julg. 13/9/2006).

6.2. Perdão do ofendido

O perdão do ofendido, que poderá ser concedido somente nas hipóteses em que se procede mediante queixa, pode ser: *a)* processual; *b)* extraprocessual; *c)* expresso; e *d)* tácito. Diz-se *processual,* o perdão do ofendido quando levado a efeito *intra-autos,* após ter sido iniciada a ação penal de iniciativa privada; *extraprocessual,* quando procedido fora dos autos da ação penal de iniciativa privada; *expresso,* quando constar de declaração assinada pelo ofendido, por seu representante legal ou procurador com poderes especiais (art. 56 do CPP); *tácito,* quando o ofendido pratica ato incompatível com a vontade de prosseguir na ação penal por ele iniciada (art. 106, § 1º, do CP).

---

[12] MIRABETE, Júlio Fabbrini. *Manual de direito penal* – Parte geral, p. 394.

Nos termos do art. 106 do Código Penal:

> **Art. 106.** O perdão, no processo ou fora dele, expresso ou tácito:
> I – se concedido a qualquer dos querelados, a todos aproveita;
> II – se concedido por um dos ofendidos, não prejudica o direito dos outros;
> III – se o querelado o recusa, não produz efeitos.

Assim, de acordo com o inciso I do art. 106 do Código Penal, o perdão do ofendido deverá ser dirigido a todos aqueles que, em tese, praticaram a infração penal, não podendo o querelante, portanto, escolher contra quem deverá prosseguir a ação penal por ele intentada. Caso seja da vontade dos demais querelados, o perdão do ofendido, concedido a um deles, deverá ser estendido a todos.

A segunda hipótese prevista pelo inciso II do art. 106 do Código Penal diz que se o perdão for concedido por um dos ofendidos isso não prejudica o direito dos outros. Isso quer dizer que, sendo a ação penal proposta por vários querelantes, pode cada um deles, individualmente, se for da sua vontade, conceder o perdão sem que, com isso, os demais se vejam também obrigados a perdoar. Na precisa lição de Aloysio de Carvalho Filho:

> "Se o crime feriu a vários indivíduos, irmanando-os na reação, não lhes pode impor a lei que sejam, também, solidários na piedade para com o ofensor. O perdão não é mercê coletiva, e sim individual. Quem quiser concedê-lo é livre de o fazer, mas o benefício não afeta o direito dos outros ofendidos. Qualquer desses, apesar do perdão, pode proceder contra o ofensor, para a sua punição."[13]

O inciso III do mencionado art. 106 demonstra a natureza bilateral do perdão esclarecendo que o querelado tem o direito de recusá-lo, caso ele seja oferecido pelo ofendido. O querelado, entendendo que não praticou qualquer infração penal, pode não aceitar o perdão, pugnando pelo regular andamento do processo, a fim de alcançar um provimento jurisdicional absolutório. Mesmo que seja essa a sua intenção, ou seja, mesmo que queira um julgamento definitivo dos fatos que foram levados ao crivo do Judiciário, não havendo aceitação do perdão pelo querelado, poderá o querelante gerar a extinção da punibilidade fazendo com que a ação penal seja considerada perempta, como na hipótese em que o querelante deixa de promover o andamento do processo durante 30 (trinta) dias seguidos.

Se o querelante já houver completado 18 anos de idade, somente ele poderá conceder o perdão, estando revogada pelo Código Civil a primeira parte do art. 52 do CPP.[14]

Se o querelado for mentalmente enfermo ou retardado mental e não tiver representante legal, ou colidirem os interesses deste com os do querelado, a aceitação do perdão caberá ao curador que o juiz lhe nomear (art. 53 do CPP).

Concedido o perdão mediante declaração expressa nos autos, o querelado será intimado a dizer, dentro de três dias, se o aceita, devendo, ao mesmo tempo, ser cientificado de que o seu silêncio importará em aceitação (art. 58 do CPP). A aceitação do perdão fora do processo constará de declaração assinada pelo querelado, por seu representante legal ou procurador com poderes especiais (art. 59 do CPP).

Aceito o perdão, o juiz julgará extinta a punibilidade (art. 58, parágrafo único, do CPP).

---

[13] CARVALHO FILHO, Aloysio de. *Comentários ao Código Penal*, v. IV, p. 61.
[14] Art. 52. *Se o querelante for menor de 21 (vinte e um) e maior de 18 (dezoito) anos, o direito de perdão poderá ser exercido por ele ou por seu representante legal, mas o perdão concedido por um, havendo oposição do outro, não produzirá efeito.*

7. RETRATAÇÃO DO AGENTE NOS CASOS EM QUE A LEI A ADMITE

Retratação, na definição de Guilherme de Souza Nucci, "é o ato pelo qual o agente reconhece o erro que cometeu e o denuncia à autoridade, retirando o que anteriormente havia dito."[15]

Pela retratação, o agente volta atrás naquilo que disse, fazendo com que a verdade dos fatos seja, efetivamente, trazida à luz.

Em várias de suas passagens, a legislação penal permitiu ao autor do fato retratar-se, como ocorre nos crimes de calúnia e difamação (art. 143 do CP) e nos de falso testemunho e de falsa perícia (art. 342, § 2º, do CP).

O art. 143 do Código Penal diz que o querelado que, antes da sentença, se retrata cabalmente da calúnia ou da difamação fica isento de pena. Pela redação do mencionado artigo, podemos destacar dois pontos relevantes. O primeiro diz respeito ao termo *ad quem* para que o querelado leve a efeito a sua retratação, sendo que a lei penal determinou que seria até antes da prolação da sentença. Isso quer dizer que, uma vez proferida a decisão, a retratação do agente já não mais terá o condão de extinguir a punibilidade. O termo final, portanto, será a entrega da sentença em cartório pelo juiz. O segundo ponto que merece destaque no aludido artigo refere-se ao fato de que somente nos delitos de calúnia e difamação é que caberá a retratação, não sendo permitida, portanto, no crime de injúria. Sabemos que na calúnia e na difamação existe uma imputação de fatos, sendo que no primeiro há uma imputação falsa de fatos definidos como crime e no segundo somente fatos ofensivos à reputação da vítima. Na injúria, ao contrário dos delitos anteriores, existe uma ofensa à honra subjetiva da vítima, ou seja, do conceito de que ela, vítima, acha que goza. Não se lhe imputam fatos, mas, sim, adjetivos, qualidades que ofendem a esse particular conceito. Prelecionava Hungria que a injúria "é a manifestação, por qualquer meio, de um conceito ou pensamento que importe ultraje, menoscabo ou vilipêndio contra alguém",[16] sendo que o objetivo primacial na injúria, segundo o renomado autor, é ferir a vítima no seu brio ou pudor. Como não existe, na injúria, a imputação de qualquer fato, a retratação pode não surtir o efeito desejado, mas, ao contrário, como alertou Damásio de Jesus, "pode macular ainda mais a sua dignidade ou decoro. Assim, se o ofensor diz que a vítima é ignorante, afirmando depois que é um sábio, não repara o dano, podendo causar ofensa maior."[17]

Nos crimes de falso testemunho ou falsa perícia, o § 2º do art. 342, com a nova redação dada pela Lei nº 10.268, de 28 de agosto de 2001, diz que:

> § 2º O fato deixa de ser punível se, antes da sentença no processo em que ocorreu o ilícito, o agente se retrata ou declara a verdade.

O art. 16 da Lei nº 11.340, de 7 de agosto de 2006, a seu turno, determina:

> Art. 16. Nas ações penais públicas condicionadas à representação da ofendida de que trata esta Lei, só será admitida a renúncia à representação perante o juiz, em audiência especialmente designada com tal finalidade, antes do recebimento da denúncia e ouvido o Ministério Público.

8. PERDÃO JUDICIAL, NOS CASOS PREVISTOS EM LEI

Inicialmente, é preciso destacar que o perdão judicial não se dirige a toda e qualquer infração penal, mas, sim, àquelas previamente determinadas pela lei. Assim, não cabe ao julga-

---

[15] NUCCI, Guilherme de Souza. *Código penal comentado,* p. 287.
[16] HUNGRIA, Nélson, *Comentários ao código penal,* v. VI, p. 90.
[17] JESUS, Damásio E. de. *Direito penal* – Parte especial, v. 2, p. 230.

dor aplicar o perdão judicial nas hipóteses em que bem entender, mas tão somente nos casos predeterminados pela lei penal.

Com esse raciocínio, pelo menos *ab initio*, torna-se impossível a aplicação da analogia *in bonam partem* quando se tratar de ampliação das hipóteses de perdão judicial. Isso porque a lei penal afirmou categoricamente que o perdão judicial somente seria concedido nos casos por ela previstos, afastando-se, portanto, qualquer outra interpretação.

Muito se discutiu sobre a natureza jurídica da sentença que concede o perdão judicial, sendo que as opiniões se dividiam no sentido de que seria absolutória, condenatória ou meramente declaratória de extinção da punibilidade. O STJ, por intermédio da Súmula nº 18, posicionou-se neste último sentido, afirmando que *a sentença concessiva do perdão judicial é declaratória da extinção da punibilidade, não subsistindo qualquer efeito condenatório*, devendo ser realizada uma releitura do art. 120 do Código Penal.

A forma como o perdão judicial normalmente vem previsto a fim de ser aplicado a determinada infração penal nos deixa a dúvida se ele é uma faculdade do juiz ou um direito subjetivo do agente. A título de exemplo, o § 5º do art. 121 do Código Penal diz que, *na hipótese de homicídio culposo, o juiz poderá deixar de aplicar a pena, se as consequências da infração atingirem o próprio agente de forma tão grave que a sanção penal se torne desnecessária*. Suponhamos que um pai, que possua porte legal para andar armado, chegue à casa apressado e, negligentemente, retire a arma da cintura e a coloque em cima da mesa da sala, indo, logo em seguida, ao banheiro. Seu filho menor, ao avistar a arma, começa a com ela brincar, ocasião em que esta dispara, atingindo mortalmente a criança. O pai ainda se encontrava no banheiro quando escuta o estampido. Desesperado, lembra-se de que havia deixado a arma ao alcance do seu filho, e, ao sair do banheiro, já o encontra morto. Pergunta-se: Será que esse pai, que em razão de ter deixado de observar o seu dever objetivo de cuidado culposamente causou a morte de seu próprio filho, necessita de mais alguma sanção? Acreditamos que não, devendo, pois, ser-lhe concedido o perdão judicial. Em casos como esse, indaga-se: O perdão judicial continua a ser uma faculdade do juiz ou é um direito subjetivo do agente?

Respondendo à indagação formulada, Damásio de Jesus afirma tratar-se de:

> "Um direito penal público subjetivo de liberdade. Não é um favor concedido pelo juiz. É um direito do réu. Se presentes as circunstâncias exigidas pelo tipo, o juiz não pode, segundo puro arbítrio, deixar de aplicá-lo. A expressão 'pode' empregada pelo CP nos dispositivos que disciplinam o perdão judicial, de acordo com a moderna doutrina penal, perdeu a natureza de simples faculdade judicial, no sentido de o juiz poder, sem fundamentação, aplicar ou não o privilégio. Satisfeitos os pressupostos exigidos pela norma, está o juiz obrigado a deixar de aplicar a pena."[18]

8.1. Perdão judicial no Código de Trânsito Brasileiro

Dissemos que o perdão judicial somente poderia ser concedido nas hipóteses determinadas expressamente em lei, sendo, inicialmente, uma escolha do legislador para, posteriormente, ficar a critério do juiz a sua aplicação ao caso concreto, se presentes os seus requisitos. Assim, quando não houver previsão expressa em lei, estará impossibilitado o julgador de conceder perdão judicial, sendo vedada, neste caso, a analogia *in bonam partem*.

Anteriormente ao advento da Lei nº 9.503/97, a sociedade mobilizou-se no sentido de que houvesse maior recrudescimento nas penas correspondentes aos delitos de homicídio e lesões corporais culposas praticados no trânsito, fato que culminou com a edição do Código de Trânsito Brasileiro.

---

[18] JESUS, Damásio E. de. *Direito penal* – Parte geral, v. 1, p. 597.

Antes do atual Código de Trânsito, quando o motorista, na direção de seu veículo, causava mortes ou lesões culposas, respondia, respectivamente, pelas sanções previstas nos arts. 121, § 3º, e 129, § 6º, todos do Código Penal. Para essas infrações penais havia, também, a previsão do perdão judicial (art. 121, § 5º, e art. 129, § 8º, do CP).

O Código de Trânsito Brasileiro especializou os delitos de homicídio e lesões corporais de natureza culposa, criando os tipos dos arts. 302 e 303, que dizem:

> **Art. 302.** Praticar homicídio culposo na direção de veículo automotor:
> Penas – detenção, de 2 (dois) a 4 (quatro) anos, e suspensão ou proibição de se obter a permissão ou habilitação para dirigir veículo automotor.
> **Art. 303.** Praticar lesão corporal culposa na direção de veículo automotor:
> Penas – detenção, de 6 (seis) meses a 2 (dois) anos e suspensão ou proibição de se obter a permissão ou a habilitação para dirigir veículo automotor.

Embora o projeto de lei que disciplinou o Código de Trânsito Brasileiro tivesse feito previsão do perdão judicial em seu art. 300, nas hipóteses de homicídio culposo e lesão corporal culposa, o Presidente da República entendeu por bem vetá-lo sob o argumento de que "o artigo trata do perdão judicial, já consagrado pelo Direito Penal. Deve ser vetado, porém, porque as hipóteses previstas pelo § 5º do art. 121 e § 8º do art. 129 do Código Penal disciplinam o instituto de forma mais abrangente."

Apesar dos argumentos expendidos no veto presidencial, podemos nos fazer a seguinte indagação: Sendo o perdão judicial somente aplicável nas hipóteses previamente determinadas em lei, pelo fato de não haver, em virtude do veto presidencial, previsão expressa do perdão judicial no Código de Trânsito Brasileiro, podemos continuar a aplicá-lo nas hipóteses de homicídio culposo, bem como de lesão corporal culposa praticada na direção de veículo automotor?

Respondendo afirmativamente à indagação, Ariosvaldo de Campos Pires e Sheila Selim, com maestria, aduzem:

"Embora justificáveis as razões do veto, parece-nos, com efeito, que de melhor técnica seria prever expressamente tais hipóteses no Código de Trânsito, ampliando-as como necessário. O legislador não o fez. Ainda assim, as hipóteses de perdão judicial previstas para o homicídio culposo e a lesão corporal culposa, no Código Penal, devem ser aplicadas aos arts. 302 e 303 do Código de Trânsito, seja porque o art. 291 envia o intérprete à aplicação das normas gerais do Código Penal, seja por força das razões do veto, antes expostas, que se referem expressamente àquelas hipóteses."[19]

Luiz Flávio Gomes,[20] Damásio de Jesus[21] e Maurício Antônio Ribeiro Lopes[22] também se posicionam favoravelmente à aplicação do perdão judicial referenciado nos arts. 302 e 303 do Código de Trânsito Brasileiro.

Em sentido contrário, Rui Stoco, sob o argumento de que:

"O § 5º do art. 121 do Código Penal contém disposição assemelhada, com o mesmo objetivo, cabendo, então, indagar se essa hipótese de perdão judicial aplica-se ao homicídio culposo ou lesão corporal culposa decorrente de acidente de trânsito. Lamentavelmente, a resposta é negativa. É certo que o art. 291 desse Estatuto mandou aplicar aos crimes cometidos na direção de veículo automotores o Código Penal, o Código de Processo Penal e a Lei nº 9.099/95.

---

[19] PIRES, Ariosvaldo de Campos; SALES, Sheila Jorge Selim de. *Crimes de trânsito*, p. 186.
[20] GOMES, Luiz Flávio. *Estudos de direito penal e processo penal*, p. 30.
[21] JESUS, Damásio E. de. *Crimes de trânsito*, p. 50.
[22] LOPES, Maurício Antônio Ribeiro. *Crimes de trânsito*, p. 162-163.

Contudo, restringiu essa aplicação às normas gerais do Código Penal, de modo que apenas a Parte Geral deste Código é que se aplica subsidiariamente. E então estamos diante de absurda injustiça ou desajuste legal, na medida em que o ordenamento jurídico passa a estabelecer critérios diversos para situações idênticas. Aquele que vitima um parente e comete homicídio culposo na direção de uma aeronave, de uma composição férrea, no metrô, na intervenção cirúrgica etc., terá possibilidade de obter o perdão judicial, enquanto a ocorrência do mesmo fato, nas mesmas circunstâncias, mas na condução de um veículo automotor, não poderá ensejar a obtenção do benefício. Não havendo como buscar razão lógico-jurídica onde ela não existe, só cabe lamentar a impropriedade e falta de sensibilidade da autoridade, que insiste em negar vigência à Constituição Federal e escarnecer o princípio da isonomia."[23]

Embora não concordemos com o veto presidencial, pois entendemos que as hipóteses que possibilitam a aplicação deverão estar expressas, ou seja, deverá haver previsão legal em cada tipo penal em que seja permitido, pela lei, o perdão judicial, acreditamos, junto com a corrente majoritária, ser possível, por questões de política criminal, a aplicação do perdão judicial aos arts. 302 e 303 do Código de Trânsito Brasileiro. Isso porque não seria razoável entender que, embora as razões que fizeram inserir o perdão judicial para os crimes de homicídio culposo e lesão corporal culposa foram, sem dúvida, o elevado número de acidentes de trânsito, agora que foram criadas infrações penais específicas para o trânsito, o perdão judicial não fosse aplicado.

Assim, mesmo correndo o risco de se abrir uma porta para outras infrações penais, excepcionando-se a regra contida no inciso IX do art. 107 do Código Penal, somos pela possibilidade de aplicação do perdão judicial aos delitos tipificados nos arts. 302 e 303 do Código de Trânsito Brasileiro.

8.2. Perdão judicial e a Lei nº 9.807/99

A Lei nº 9.807, de 13 de julho de 1999, estabeleceu normas para a organização e a manutenção de programas especiais de proteção a vítimas e a testemunhas ameaçadas, bem como dispôs sobre a proteção de acusados ou condenados que tenham voluntariamente prestado efetiva colaboração à investigação policial e ao processo penal.

Em seu art. 13, cuidando especificamente do perdão judicial, a Lei nº 9.807/99 determina:

Art. 13. Poderá o juiz, de ofício ou a requerimento das partes, conceder o perdão judicial e a consequente extinção da punibilidade ao acusado que, sendo primário, tenha colaborado efetiva e voluntariamente com a investigação e o processo criminal, desde que dessa colaboração tenha resultado:
I – a identificação dos demais coautores ou partícipes da ação criminosa;
II – a localização da vítima com a sua integridade física preservada;
III – a recuperação total ou parcial do produto do crime.
Parágrafo único. A concessão do perdão judicial levará em conta a personalidade do beneficiado e a natureza, circunstâncias, gravidade e repercussão social do fato criminoso.

Cuida-se, no caso, de nova possibilidade de concessão de perdão judicial em caso de concurso de pessoas. Assim, ausente o concurso de pessoas, ou seja, quando o agente vier a praticar, sozinho, a infração penal, aplica-se tudo o que foi dito no início deste estudo, ou seja, primeiramente a lei determina as infrações penais em razão das quais poderá ser concedido o perdão judicial; em seguida, já no caso concreto, havendo a previsão legal para tanto, o juiz avaliará a possibilidade de concessão do perdão judicial.

---

[23] STOCO, Rui. Código de Trânsito Brasileiro: disposições penais e suas incongruências. *Boletim do IBCCrim* nº 61, p. 9.

Com o advento da Lei nº 9.807/99, no que diz respeito ao concurso de pessoas, o raciocínio quanto à concessão deve ser modificado. Primeiramente, devemos descobrir quais foram as infrações penais abrangidas pelo referido diploma legal, pois a lei exige que a cooperação de um dos acusados seja de fundamental importância para a identificação dos demais coautores ou partícipes da ação criminosa, para ajudar a localizar a vítima, permitindo que a sua integridade física seja preservada, bem como para recuperar total ou parcialmente o produto do crime.

Pela redação do mencionado art. 13, tudo indica que a lei teve em mira o delito de extorsão mediante sequestro, previsto no art. 159 do Código Penal, uma vez que todos os seus incisos a ele se parecem amoldar. Contudo, vozes abalizadas em nossa doutrina já se levantaram no sentido de afirmar que, na verdade, a lei não limitou a sua aplicação ao crime de extorsão mediante sequestro, podendo o perdão judicial ser concedido não somente nesta, mas em qualquer outra infração penal, cujos requisitos elencados pelo art. 13 da Lei nº 9.807/99 possam ser preenchidos.

Luiz Regis Prado preleciona:

> "Depreende-se que o fato delituoso deve ter sido praticado por, no mínimo, três sujeitos (identificação dos demais coautores ou partícipes). Trata-se de circunstância pessoal, incomunicável aos demais coautores ou partícipes que não preencherem os requisitos autorizantes da concessão da medida (art. 30 do CP).
>
> São, portanto, *condições objetivas*, para a concessão do perdão judicial: *a)* a colaboração efetiva com a investigação e o processo criminal (art. 13, *caput*); *b)* a identificação dos demais coautores ou partícipes da ação criminosa (art. 13, I); *c)* a localização da vítima com a sua integridade física preservada (art. 13, II); *d)* a recuperação total ou parcial do produto do crime (art. 13, III); *e)* natureza, circunstâncias, gravidade e repercussão social do fato criminoso indicativas da concessão do perdão judicial (art. 13, parágrafo único). É suficiente o atendimento de uma das três circunstâncias indicadas. Com efeito, conforme se assinala, a adoção de posicionamento diverso significa que 'dificilmente algum réu poderá beneficiar-se do perdão judicial. É temerário acreditar que, simultaneamente, além de identificar seus comparsas, consiga com a colaboração a localização da vítima com sua integridade física preservada e a recuperação total ou parcial do produto do crime. Além disso, a tese da coexistência dos requisitos restringe a aplicação da dispensa da pena ao crime de extorsão mediante sequestro (Código Penal, art. 159), único que, em face de sua descrição típica, permite conjuntamente a '*localização da vítima com a sua integridade física preservada e a recuperação total ou parcial do produto do crime.*'"[24]

Particularmente, entendemos que o art. 13 da Lei nº 9.807/99 deverá ser conjugado com o inciso IX do art. 107 do Código Penal, sendo que este último diz que o perdão judicial somente poderá ser concedido nos casos previstos expressamente em lei. Os casos mencionados no inciso IX são aqueles que encontraram previsão na própria figura típica, a exemplo do art. 140, § 1º, 176, parágrafo único, e 180, § 5º, todos do Código Penal. A previsão para o perdão judicial, portanto, vem expressa no tipo penal incriminador, não podendo o julgador, ao seu talante, aplicá-lo às demais infrações penais para as quais não foi consignada expressamente tal possibilidade.

Não acreditamos ser razoável, por exemplo, que aquele que, juntamente com os demais coautores, tenha praticado um delito de latrocínio, a fim de beneficiar-se com o perdão judicial, auxilie a autoridade policial a identificar os outros membros do grupo, bem como ajude a recuperar total ou parcialmente o produto do crime. Não há possibilidade, nesse caso, de se

---

[24] PRADO, Luiz Regis. *Curso de direito penal brasileiro*. 2. ed., p. 562-563.

falar em localização ou mesmo preservação da integridade física da vítima, já que foi morta durante a prática do roubo.

Embora o art. 13 da Lei nº 9.807/99 não diga expressamente, podemos concluir, mediante interpretação teleológica, que a ideia-força que motivou a edição do referido artigo foi a de ser aplicado ao delito de extorsão mediante sequestro. Mesmo que não se exija, para fins de aplicação do perdão judicial, todos os requisitos por ele elencados, estaremos, ainda que indiretamente, indicando o tipo penal incriminador – art. 159 do Código Penal – sobre o qual poderá o julgador aferir a possibilidade de concessão do perdão judicial. Com essa interpretação estaremos mantendo a regra do art. 107, IX, do Código Penal, já excepcionada, infelizmente, pelos arts. 302 e 303 do Código de Trânsito Brasileiro, conforme assinalamos linhas atrás.

8.3. Perdão judicial e a Lei de Organização Criminosa (Lei nº 12.850, de 2 de agosto de 2013)

A Lei nº 12.850, de 2 de agosto de 2013, previu, na Seção I do Capítulo I, art. 4º, a chamada *colaboração premiada*, verbis:

> **Art. 4º** O juiz poderá, a requerimento das partes, conceder o perdão judicial, reduzir em até 2/3 (dois terços) a pena privativa de liberdade ou substituí-la por restritiva de direitos daquele que tenha colaborado efetiva e voluntariamente com a investigação e com o processo criminal, desde que dessa colaboração advenha um ou mais dos seguintes resultados:
> I – a identificação dos demais coautores e partícipes da organização criminosa e das infrações penais por eles praticadas;
> II – a revelação da estrutura hierárquica e da divisão de tarefas da organização criminosa;
> III – a prevenção de infrações penais decorrentes das atividades da organização criminosa;
> IV – a recuperação total ou parcial do produto ou do proveito das infrações penais praticadas pela organização criminosa;
> V – a localização de eventual vítima com a sua integridade física preservada.

Capítulo XLVIII
Prescrição

1. INTRODUÇÃO

A prescrição como causa extintiva da punibilidade veio prevista no art. 107, IV, primeira figura do Código Penal, além de ter sido regulada pelos arts. 109 a 119 do mesmo diploma legal.

Ao estudarmos as demais causas extintivas da punibilidade, dissemos que em algumas situações o Estado pode abrir mão do seu direito de punir e, em outras hipóteses, pode vir a perdê-lo. A prescrição é uma das situações em que o Estado, em virtude do decurso de certo espaço de tempo, perde seu *ius puniendi*. Embora exista alguma controvérsia doutrinária, como frisamos, entendemos que com a prescrição existe a perda do direito de punir, e não a renúncia ao direito de punir por parte do Estado. O Estado pode renunciar ao seu exclusivo *ius puniendi* quando concede, por exemplo, a anistia, a graça e o indulto. Nessas hipóteses, embora podendo levar a efeito o seu direito de punir, o Estado dele abre mão, ao contrário do que ocorre com a prescrição, quando, mesmo querendo, não poderá exercê-lo.

Dessa forma, poderíamos conceituar a prescrição como o instituto jurídico mediante o qual o Estado, por não ter tido capacidade de fazer valer o seu direito de punir em determinado espaço de tempo previsto pela lei, faz com que ocorra a extinção da punibilidade.

Vários fundamentos surgiram ao longo dos anos para justificar a necessidade da prescrição, podendo-se destacar dentre eles o *esquecimento* a respeito da infração penal, o desaparecimento da necessidade do exemplo ao meio social, a dispersão de provas, além do fator tranquilidade para aquele que praticou a infração penal, pois um erro cometido no passado não pode persegui-lo para sempre.

Damásio de Jesus aduz que "a prescrição, em face de nossa legislação penal, tem tríplice fundamento: 1º) o decurso do tempo (teoria do esquecimento do fato); 2º) a correção do condenado; e 3º) a negligência da autoridade."[1]

2. NATUREZA JURÍDICA DA PRESCRIÇÃO

Ainda hoje se discute a respeito da natureza jurídica da prescrição, ou seja, se a prescrição é um instituto jurídico de natureza material (penal), processual (processual penal) ou mista.

---

[1] JESUS, Damásio E. de. *Prescrição penal*, p. 22.

Cezar Roberto Bitencourt preleciona que "para o ordenamento jurídico brasileiro, contudo, é instituto de direito material, regulado pelo Código Penal, e, nessas circunstâncias, conta-se o dia do seu início",[2] posição à qual nos filiamos.

3. ESPÉCIES DE PRESCRIÇÃO

A legislação penal prevê duas espécies de prescrição, a saber: prescrição da pretensão punitiva e prescrição da pretensão executória.

Por intermédio do reconhecimento da prescrição da pretensão punitiva, o Estado perde a possibilidade de formar o seu título executivo de natureza judicial. Embora, em algumas situações, conforme veremos mais adiante, o Estado chegue até a proferir um decreto condenatório, tal decisão não terá a força de título executivo, em virtude da ocorrência da prescrição da pretensão punitiva.

A conclusão pela prescrição da pretensão punitiva terá repercussões importantíssimas tanto na esfera penal como na civil. O réu do processo no qual foi reconhecida a prescrição da pretensão punitiva ainda continuará a gozar do *status* de primário e não poderá ver maculados seus antecedentes penais, ou seja, será como se não tivesse praticado a infração penal. Na esfera cível, a vítima não terá como executar o decreto condenatório, quando houver, visto que a prescrição da pretensão punitiva impede a formação do título executivo judicial.

Nesse sentido, decidiu o STJ:

"A incidência da prescrição da pretensão punitiva importa na rescisão da sentença condenatória, que não faz coisa julgada material, e na supressão de seus efeitos principais e acessórios, resultando, ainda, na perda do direito de ação cognitiva, pois extingue a pretensão do Estado em obter qualquer decisão a respeito do fato criminoso, não acarretando nenhuma responsabilidade para o acusado, tampouco marcando seus antecedentes ou gerando futura reincidência. Equivale, na verdade, à exata proclamação de inocência, pois são apagados os efeitos da sentença condenatória, como se jamais tivesse existido ou sido praticado o crime" (MS 6.877/DF, Mandado de Segurança 2000/0027913-7, 3ª Seção, Rel. Min. Fernando Gonçalves, julg. 25/4/2001, DJ 21/5/2001, p. 55).

Contudo, se a prescrição disser respeito à pretensão executória, o Estado, em razão do decurso do tempo, somente terá perdido o direito de executar sua decisão. O título executório foi formado com o trânsito em julgado da sentença penal condenatória, mas não poderá ser executado. O condenado, se vier a praticar novo crime, poderá ser considerado reincidente; caso a condenação anterior não sirva para efeitos de reincidência, como na hipótese do art. 64, I, do Código Penal, ainda assim importará em maus antecedentes. A vítima do delito terá à sua disposição o título executivo judicial criado pela sentença penal condenatória transitada em julgado, nos termos do inciso VI do art. 515 do Código de Processo Civil (Lei nº 13.105, de 16 de março de 2015).

Portanto, faz-se mister a distinção entre a prescrição da pretensão punitiva e a prescrição da pretensão executória, cuja casuística estudaremos a seguir, de acordo com as disposições contidas no Código Penal.

4. PRESCRIÇÃO ANTES DE TRANSITAR EM JULGADO A SENTENÇA

O art. 109 do Código Penal determina:

---

[2] BITENCOURT, Cezar Roberto. *Manual de direito penal* – Parte geral, v. 1, p. 672.

> **Art. 109.** A prescrição, antes de transitar em julgado a sentença final, salvo o disposto no § 1º do art. 110 deste Código, regula-se pelo máximo da pena privativa de liberdade cominada ao crime, verificando-se:
> I – em 20 (vinte) anos, se o máximo da pena é superior a 12 (doze);
> II – em 16 (dezesseis) anos, se o máximo da pena é superior a 8 (oito) anos e não excede a 12 (doze);
> III – em 12 (doze) anos, se o máximo da pena é superior a 4 (quatro) anos e não excede a 8 (oito);
> IV – em 8 (oito) anos, se o máximo da pena é superior a 2 (dois) anos e não excede a 4 (quatro);
> V – em 4 (quatro) anos, se o máximo da pena é igual a 1 (um) ano ou, sendo superior, não excede a 2 (dois);
> VI – em 3 (três) anos, se o máximo da pena é inferior a 1 (um) ano.
> [...]

Com a redação dada ao art. 109, percebe-se que o primeiro cálculo a ser feito sobre a prescrição deve recair sobre a pena máxima cominada em abstrato para cada infração penal. Se o cálculo deve ser realizado antes mesmo de qualquer sentença condenatória, na qual é concretizada a pena aplicada ao agente, podemos concluir que a prescrição que leva em consideração a pena máxima cominada a cada infração penal diz respeito à pretensão punitiva do Estado.

Assim, suponhamos que alguém tenha praticado um delito de lesões corporais cuja pena máxima seja de um ano de detenção. Em razão do disposto no inciso V do art. 109 do Código Penal, a prescrição pela pena máxima em abstrato ocorrerá em quatro anos. Se, por exemplo, durante a instrução do processo, após o primeiro marco interruptivo da prescrição, que, como veremos, é o recebimento da denúncia, já tiver decorrido período igual ou superior a quatro anos, o juiz interromperá a instrução do feito e reconhecerá a extinção da punibilidade com base na prescrição da pretensão punitiva do Estado.

Esses prazos fornecidos pelos incisos do art. 109 do Código Penal servirão não somente para o cálculo da prescrição, considerando-se a pena máxima em abstrato, como também para aqueles relativos à pena já concretizada na sentença condenatória.

5. PRESCRIÇÃO DAS PENAS RESTRITIVAS DE DIREITOS

Diz o parágrafo único do art. 109 do Código Penal:

> **Art. 109.** [...]
> Parágrafo único. Aplicam-se às penas restritivas de direito os mesmos prazos previstos para as privativas de liberdade.

Como as penas restritivas de direitos são substitutivas, o prazo para efeitos de cálculo de prescrição será aquele previsto para a pena privativa de liberdade aplicada. Embora tenha havido substituição da pena privativa de liberdade pela restritiva de direitos, o tempo de cumprimento desta última será o mesmo daquela.

No que diz respeito ao delito de consumo de drogas, como o art. 28 da Lei nº 11.343, de 23 de agosto de 2006, não previu qualquer pena de privação de liberdade que pudesse servir de orientação para efeitos de cálculo do prazo prescricional, o art. 30 do citado diploma legal determinou expressamente: *Prescrevem em 2 (dois) anos a imposição e a execução das penas, observado, no tocante à interrupção do prazo, o disposto nos arts. 107 e seguintes do Código Penal.*

6. PRESCRIÇÃO DEPOIS DE TRANSITAR EM JULGADO A SENTENÇA PENAL CONDENATÓRIA

O *caput* do art. 110 do Código Penal determina que:

> **Art. 110.** A prescrição depois de transitada em julgado a sentença penal condenatória regula-se pela pena aplicada e verifica-se nos prazos fixados no artigo anterior, os quais se aumentam de um terço, se o condenado é reincidente.
> [...]

Vimos, pelo art. 109 do Código Penal, que a prescrição, antes do trânsito em julgado da sentença penal condenatória, é regulada pela pena máxima cominada a cada infração penal. Agora, o art. 110 assevera que o cálculo seja realizado sobre a pena concretizada na sentença. Contudo, o *caput* do art. 110 deverá ser conjugado com o seu § 1º, com a nova redação que lhe foi conferida pela Lei nº 12.234, de 5 de maio de 2010, que diz que *a prescrição, depois da sentença condenatória com trânsito em julgado para a acusação ou depois de improvido seu recurso, regula-se pela pena aplicada, não podendo, em nenhuma hipótese, ter por termo inicial data anterior à da denúncia ou queixa.* Isso porque caso ambas as partes tenham recorrido, ou seja, Ministério Público, por exemplo, e sentenciado, não havendo, ainda, o trânsito em julgado para o Ministério Público, tal sentença ainda poderá sofrer modificações, elevando-se, v.g., a pena aplicada, razão pela qual a contagem do prazo prescricional, nessa hipótese, deverá ser ainda realizada levando-se em consideração a pena máxima cominada à infração penal.

Contudo, caso não tenha havido recurso do Ministério Público, ou depois de ter sido ele improvido, como a pena aplicada não poderá ser elevada em face do princípio que impede sua reforma para pior (*non reformatio in pejus*), a contagem do prazo prescricional já poderá ser levada a efeito com base na pena concretizada na sentença.

A doutrina, de forma geral, considera a hipótese do art. 110 do Código Penal como a de prescrição da pretensão executória. Contudo, discordamos desse ponto de vista, uma vez que somente podemos falar em prescrição da pretensão executória quando o Estado já tiver formado o seu título executivo judicial, o que somente acontece após o trânsito em julgado para ambas as partes e, ainda, com a efetiva possibilidade de execução do título executivo judicial formado por meio do trânsito em julgado da sentença penal condenatória. Caso contrário, mesmo que, aparentemente, tenha havido a concretização da pena que fora aplicada ao agente, se o Estado não teve, por um instante sequer, a possibilidade de fazer valer sua decisão condenatória, executando a pena infligida ao condenado, a prescrição não poderá ser considerada como da pretensão executória, mas, sim, da pretensão punitiva.

Assim, suponhamos que a prescrição somente tenha ocorrido depois da sentença penal condenatória que já havia transitado em julgado para o Ministério Público. Imagine-se que não tenha havido entre os marcos interruptivos da prescrição, anteriores à sentença penal condenatória, lapso de tempo que pudesse conduzir ao reconhecimento da prescrição, sendo que tal fato ocorreu depois do recurso interposto pela defesa, antes mesmo do julgamento pelo Tribunal competente. O fato de ter o *decisum* transitado em julgado para o Ministério Público não faz com que a prescrição ocorrida posteriormente à sentença penal condenatória seja considerada como da pretensão executória, pois, aqui, como se percebe, o Estado não conseguiu formar o seu título executivo judicial. Por mais que quisesse, o Estado não poderia executar a sua decisão, razão pela qual a natureza de tal prescrição deverá ser considerada como da pretensão punitiva.

Não podemos nos esquecer dos efeitos correspondentes às nossas conclusões. Se for reconhecida a prescrição da pretensão punitiva, o Estado não poderá impingir qualquer sequela ao agente pela prática da infração penal; se considerada como prescrição da pretensão executória, todos os efeitos da sentença penal condenatória estarão mantidos.

Portanto, o trânsito em julgado da sentença penal condenatória é um dos requisitos para que se possa concluir pela prescrição da pretensão executória, mas não o único, conforme veremos mais adiante ao estudarmos as diversas modalidades de prescrição (retroativa, intercorrente e superveniente).

Merece destaque, ainda, a menção feita na parte final do *caput* do art. 110 do Código Penal, que diz que os prazos previstos pelo art. 109 serão aumentados em um terço se o condenado for reincidente.

Depois de muito se discutir se o aumento previsto para os referidos prazos seria aplicado quando da análise da prescrição da pretensão punitiva ou da pretensão executória, o STJ editou a Súmula nº 220, que diz que *a reincidência não influi no prazo da prescrição da pretensão punitiva*. Isso quer dizer que somente no que diz respeito à execução do julgado é que haverá o aumento de um terço para o reincidente, não se falando em tal aumento quando o cálculo disser respeito à prescrição da pretensão punitiva.

7. MOMENTO PARA O RECONHECIMENTO DA PRESCRIÇÃO

A prescrição é matéria de ordem pública, razão pela qual, nos termos do art. 61 do Código de Processo Penal:

> **Art. 61.** Em qualquer fase do processo, o juiz, se reconhecer extinta a punibilidade, deverá declará-lo de ofício.

Entendemos que o juiz somente poderá declarar a extinção da punibilidade com base no reconhecimento da prescrição se já houver um processo em andamento. Caso exista tão somente inquérito policial, somos da opinião de que a declaração de extinção da punibilidade não poderá ser levada a efeito.

Imagine-se, por exemplo, o fato de que alguém, juntando aos autos de inquérito policial certidão falsa de nascimento, consiga ver as investigações arquivadas, uma vez que com esse artifício o cálculo do prazo prescricional foi reduzido da metade, nos termos do art. 115 do Código Penal, o suficiente para ver reconhecida, em seu favor, a prescrição. Se o juiz declarar a extinção da punibilidade, o inquérito policial não mais poderá ser reaberto com fundamento em novas provas; entretanto, se somente tiver sido determinado o seu arquivamento, sem extinguir-se a punibilidade, o fato de ser descoberto o falso documental, comprovando-se a idade real do agente, permitirá o reinício das investigações, pois o prazo normal previsto pelo art. 109 do Código Penal ainda não se havia exaurido.

8. PRESCRIÇÃO RETROATIVA E SUPERVENIENTE (INTERCORRENTE OU SUBSEQUENTE)

Diz-se *retroativa*, atualmente, após a revogação do § 2º do art. 110 do Código Penal, a modalidade de prescrição calculada com base na pena aplicada na sentença penal condenatória recorrível, com trânsito em julgado para o Ministério Público ou para o querelante, contada a partir da data do recebimento da denúncia, até a data da publicação da sentença ou acórdão condenatórios recorríveis.

Antes da modificação trazida pela Lei nº 12.234, de 5 de maio de 2010, o primeiro marco de contagem da prescrição retroativa era a chamada *data do fato*, ou seja, a data em que o crime havia sido praticado (nos termos do art. 111 do CP). Agora, o primeiro marco para essa contagem, levando-se em consideração a pena em concreto, ou seja, aquela efetivamente concretizada na sentença ou no acórdão condenatórios recorríveis, é, efetivamente, a data do recebimento da denúncia ou da queixa.

A título de raciocínio, imagine-se a hipótese em que o agente tenha cometido, no dia 1º de junho de 2010, o delito de tentativa de furto simples. O inquérito policial foi inaugurado, sendo concluído e enviado para a Justiça no dia 30 de junho de 2010. Após analisar os fatos, o Ministério Público emite sua *opinio delicti*, e oferece denúncia, pela tentativa de furto, no dia 10 de agosto de 2010, tendo sido a peça inicial de acusação recebida no dia 11 de agosto do mesmo ano. Por uma série de motivos que pode ocorrer (a exemplo da ausência de juiz na comarca, desídia, extravio injustificado dos autos, sobrecarga de processos, ausência de funcionários no cartório etc.) o processo somente chegou a seu termo, com prolação e publicação da sentença penal condenatória, no dia 20 de agosto de 2013, condenando o acusado ao cumprimento de uma pena de 8 meses de reclusão. Ao tomar ciência da condenação do réu, o Ministério Público deixou decorrer *in albis* o prazo para recurso, ou seja, não se manifestou contrariamente à decisão. A defesa, a seu turno, exteriorizou o seu inconformismo e apelou da sentença penal condenatória.

Em virtude da ausência de apelação por parte do Ministério Público, por mais que a decisão tenha sido equivocada, a pena aplicada ao sentenciado jamais poderá ser modificada, em seu prejuízo, pelo Tribunal responsável pelo julgamento do recurso. Assim, na pior das hipóteses, a pena aplicada se manteria no *quantum* fixado pelo julgador de primeiro grau, vale dizer, 8 (oito) meses de reclusão.

A partir de agora, ou seja, desde o momento em que não houve recurso por parte do Ministério Público, permitindo que a pena fosse concretizada no total aplicado pelo juiz, essa pena, ou seja, 8 (oito) meses, servirá de cálculo para efeitos de aferição da ocorrência ou não da chamada prescrição retroativa.

Antes da entrada em vigor da Lei nº 12.234, de 5 de maio de 2010, teríamos que voltar à data do fato e calcular se, entre essa data (que no exemplo fornecido foi 1 de junho de 2010) e a data do recebimento da denúncia (11 de agosto de 2010), já teria decorrido período igual ou superior a 3 (três) anos, de acordo com o inciso VI do art. 109, com a nova redação que lhe foi conferida pela lei acima mencionada. Agora, após as referidas modificações, esse cálculo terá início a partir da *data do recebimento da denúncia* (11 de agosto de 2010), até o próximo marco interruptivo da prescrição (sentença penal condenatória recorrível, publicada em 20 de agosto de 2013).

Como entre a data do recebimento da denúncia e a da publicação da sentença penal condenatória recorrível já havia decorrido período superior a 3 (três) anos, podemos concluir ter ocorrido a chamada prescrição retroativa.

No entanto, qual seria a natureza jurídica dessa prescrição retroativa, ou seja, a prescrição retroativa diz respeito à pretensão punitiva ou à pretensão executória do Estado? Como vimos ao estudarmos as espécies de prescrições, as consequências são bem distintas entre elas. Assim, a afirmação por uma ou por outra trará diferentes e importantes consequências para o sentenciado.

Entendemos que como o Estado, mesmo depois de chegar a um decreto condenatório, não conseguiu formar o seu título executivo judicial, a prescrição retroativa deverá ser considerada como hipótese de prescrição da pretensão punitiva, com todas as consequências inerentes a esse reconhecimento, a exemplo de não servir para efeitos de reincidência, maus antecedentes, formação de título executivo judicial para a vítima etc.

Considera-se como *superveniente* (também conhecida como *intercorrente* ou *subsequente*) a prescrição que é contada a partir da publicação da sentença ou acórdão condenatórios recorríveis, tomando-se por base o trânsito em julgado para a acusação ou o improvimento do seu recurso. É reconhecida pelo nome de *superveniente* justamente por ocorrer após a sentença ou acórdãos condenatórios recorríveis.

Assim, para que se possa concluir pela prescrição superveniente: *a)* deve existir uma sentença ou acórdão condenatório recorrível, fixando uma determinada quantidade de pena, que será utilizada para efeitos de cálculo, de acordo com o art. 109 do Código Penal; *b)* deverá ter ocorrido o trânsito em julgado para a acusação (Ministério Público ou querelante); *c)* não pode ter ocorrido a prescrição retroativa, contada a partir da data do recebimento da denúncia, até a publicação da sentença ou do acórdão condenatório recorrível; *d)* será calculada para frente, ou seja, a partir da sentença ou do acórdão condenatório recorrível.

Embora o art. 110 e seu § 1º façam menção, apenas, à *sentença condenatória*, devemos entender essa expressão em seu sentido amplo, ou seja, como uma decisão judicial condenatória, monocrática (sentença) ou coletiva (acórdão), a partir da qual será contado o tempo para efeito de reconhecimento ou não da prescrição.

Não é incomum, no dia a dia forense, que muitos recursos sejam interpostos com a finalidade de fazer com que a sentença condenatória de primeiro grau, por exemplo, não transite em julgado. A finalidade, em alguns casos, é a de, justamente, buscar a prescrição superveniente, pois que muitos Tribunais demoram, excessivamente, em julgar os recursos interpostos, permitindo que ocorra a extinção da punibilidade.

Essa foi a razão, inclusive, para a modificação ocorrida no art. 116, III, do Código Penal, trazida pela Lei nº 13.964, de 24 de dezembro de 2019, de que antes de passar em julgado a sentença final, a prescrição não corre na pendência de embargos de declaração ou de recursos aos Tribunais Superiores, quando inadmissíveis.

Os termos *superveniente*, *intercorrente* e *subsequente* traduzem a mesma modalidade de prescrição, embora exista uma predileção doutrinária e jurisprudencial pelo primeiro, ou seja, pela denominação *prescrição superveniente*.

Da mesma forma que a prescrição retroativa, a prescrição superveniente ou intercorrente atinge a pretensão punitiva do Estado, uma vez que não permite a confecção do título executivo judicial.

Elder Lisbôa Ferreira da Costa, com a precisão que lhe é peculiar, afirma:

"Efetivamente, trata-se de espécie de prescrição da pretensão punitiva, haja vista que ocorre antes de transitar em julgado a sentença.
Aqui, apesar de não ter havido recurso por parte da acusação, pois esta alcançou a punição, como desejava, a sentença ainda não transitou em julgado para o acusado, devendo ser orientada a prescrição pelo tempo da condenação objeto do recurso. É, portanto, chamada de prescrição superveniente porque conta-se a partir da sentença condenatória."[3]

O STF, decidindo nesse sentido, afirmou:

"Caracterizada a prescrição da pretensão punitiva, na modalidade superveniente, se entre a data da sentença ao dia do julgamento da apelação que nega provimento a recurso do MP decorreu o lapso prescricional, hipótese em que deve ser decretada de ofício" (AR, Rcl. Célio Borja).[4]

Na mesma linha de raciocínio o STJ, quando aduz:

"Prescrição intercorrente. Consumado o lapso prescricional no curso da pendência do recurso especial, cabe declarar-se, preliminarmente, a extinção da punibilidade, com prejuízo do mérito do recurso" (REsp, Rel. José Dantas).[5]

9. TERMO INICIAL DA PRESCRIÇÃO ANTES DE TRANSITAR EM JULGADO A SENTENÇA FINAL

Determina o art. 111 do Código Penal:

Art. 111. A prescrição, antes de transitar em julgado a sentença final, começa a correr:
I – do dia em que o crime se consumou;
II – no caso de tentativa, do dia em que cessou a atividade criminosa;
III – nos crimes permanentes, do dia em que cessou a permanência;

---

[3] FERREIRA DA COSTA, Elder Lisbôa. *Curso de direito criminal*, parte geral, p. 429.
[4] *RT* 672/386.
[5] *RSTJ* 22/312.

> IV – nos de bigamia e nos de falsificação ou alteração de assentamento do registro civil, da data em que o fato se tornou conhecido;
> V – nos crimes contra a dignidade sexual ou que envolvam violência contra a criança e o adolescente, previstos neste Código ou em legislação especial, da data em que a vítima completar 18 (dezoito) anos, salvo se a esse tempo já houver sido proposta a ação penal.

A data anterior ao recebimento da denúncia, de que trata o § 1º do art. 110 do Código Penal, pode dizer respeito ao dia em que o crime se consumou. Em muitas infrações penais, a consumação ocorre com a prática da conduta do agente, a exemplo do crime de lesão corporal. Em outras, como no caso do homicídio, pode ser que a data da consumação não se confunda com a data da prática da conduta. Assim, o inciso I do art. 111 do Código Penal determina que a prescrição pode ter como marco inicial o dia em que o crime se consumou, não sendo necessariamente a data em que foi realizada a ação. O Código Penal, em seu art. 4º, adota como regra a teoria da atividade, dizendo considerar-se praticado o crime no momento da ação ou da omissão, ainda que outro seja o momento do resultado. O art. 111, I, do Código Penal, ao contrário, excepcionando a regra, adotou a teoria do resultado.

No caso de tentativa, considera-se iniciado o prazo prescricional no dia em que cessou a atividade criminosa. Pode acontecer que o agente, querendo causar a morte de seu desafeto, contra ele efetue o primeiro disparo, atingindo-o no braço. Quando ia efetuar o segundo disparo, o agente é impedido por diversas pessoas que ali se encontravam, ficando interrompida a execução do crime de morte. De acordo com o art. 111, II, do Código Penal, a partir desse instante já se poderá contar o prazo prescricional. Contudo, pode acontecer que os diversos atos de execução se distanciem no tempo, a exemplo daquele que quer matar alguém por envenenamento e aplica-lhe, diariamente, doses que, se conjugadas, o levarão à morte. A partir da ministração da última dose, no caso da tentativa, é que o prazo prescricional terá início; se houver a morte, inicia-se a contagem do prazo prescricional a partir da sua ocorrência.

Crimes permanentes são aqueles cuja execução e consumação se prolongam no tempo. No crime de sequestro, por exemplo, a privação da liberdade da vítima é um ato de execução e ao mesmo tempo de consumação. Enquanto durar a privação da liberdade, é como se a cada instante o agente o estivesse praticando. Por essa razão é que, se um inimputável, menor de 18 anos, coopera com o grupo criminoso para a prática de um crime de extorsão mediante sequestro, e se a vítima com ele permanece até que este atinja a maioridade penal, a partir do instante em que completar 18 anos já poderá ser considerado autor desse delito, mesmo tendo a vítima sido privada da sua liberdade anteriormente à maioridade penal do agente. Enquanto a infração penal estiver se prolongando no tempo, até que cesse a permanência, não terá início o prazo prescricional.

A quarta hipótese diz respeito aos crimes de bigamia e falsificação ou alteração de assentamento de registro civil. Conforme lição de Luiz Carlos Betanho:

> "Por exceção, nos delitos de bigamia e de falsificação ou alteração de assentamento de registro civil, o fluxo prescricional não se inicia da data de consumação dessas figuras criminosas, mas do dia em que tais delitos se tornaram conhecidos da autoridade pública. Embora os crimes sejam instantâneos, possuem eles efeitos permanentes, posto que perduráveis no tempo. Nesses casos, se aplicada a regra geral (da data da consumação), o agente poderia retardar indefinidamente o conhecimento da infração, enquanto a prescrição estaria correndo, para consumar-se, talvez, antes mesmo de descobertos o crime e seu autor."[6]

Diz o inciso V do art. 111 do Código Penal que a prescrição, antes de transitar em julgado a sentença final, começa a correr nos crimes contra a dignidade sexual ou que envol-

---

[6] BETANHO, Luiz Carlos. *Código penal e sua interpretação jurisprudencial* – Parte geral, v. 1, p. 1.736.

vam violência contra a criança e o adolescente, previstos no Código Penal ou em legislação especial, da data em que a vítima completar 18 (dezoito) anos, salvo se a esse tempo já houver sido proposta a ação penal.

Trata-se de modificação introduzida no referido inciso pela Lei nº 14.344, de 24 de maio de 2022, que ficou conhecida como "Lei Henry Borel". Henry Borel era uma criança com apenas 4 anos de idade que foi brutalmente espancada e morta, em 8 de maio de 2021, no apartamento localizado na Barra da Tijuca, bairro da zona oeste do Rio de Janeiro, onde morava com sua mãe, juntamente com seu padrasto. Tal fato gerou uma comoção em nível nacional, levando à edição da Lei nº 14.344, de 24 de maio de 2022.

A Lei nº 14.344, de 24 de maio de 2022, além de outras providências, criou mecanismos para a prevenção e o enfrentamento da violência doméstica e familiar contra a criança e o adolescente, nos termos no § 8º do art. 226 e do § 4º do art. 227 da Constituição Federal.

Antes da mencionada mudança, a redação anterior previa, tão somente, os crimes contra a dignidade sexual de crianças e adolescentes. Agora, após a modificação da redação do inciso V, houve previsão, também, dos crimes que envolvam violência contra a criança ou adolescente. Assim, qualquer tipo penal que contenha a violência como seu elemento, a partir da vigência do referido diploma legal, já terá como início do prazo prescricional a disposição constante do inciso V do art. 111 do Código Penal.

Inicialmente, quis o legislador evitar a impunidade daqueles que cometiam crimes contra a dignidade sexual de crianças e adolescentes, uma vez que, em muitos casos, os autores desses crimes eram aqueles que, sobre eles, tinham alguma relação de autoridade, a exemplo dos pais ou responsáveis legais. Assim, imagine-se a hipótese em que um pai mantivesse relações sexuais com sua filha, que contava com apenas 7 anos de idade, o que, infelizmente, para desgraça da nossa sociedade, é ainda muito comum. Obviamente que esse pai jamais levaria o fato ao conhecimento da autoridade policial ou mesmo do Ministério Público, atribuindo a si mesmo o crime de estupro de vulnerável. Dessa forma, quis o legislador impedir que essa omissão, eventualmente, conduzisse à situação de impunidade do agente violador.

Agora, como já dissemos anteriormente, não somente os crimes contra a dignidade sexual, mas todos aqueles que envolvam violência contra a criança e adolescente, previstos tanto no Código Penal, quanto na legislação especial, terão seu termo inicial de contagem da prescrição da data em que a vítima completar 18 (dezoito) anos.

Assim, por exemplo, não somente um delito de lesão corporal terá seu prazo de prescrição iniciado quando a vítima completar 18 (dezoito) anos, como também um crime de roubo, praticado mediante violência.

Por violência, devemos entender, portanto, somente a *vis corporalis*, ou seja, a de natureza física, ficando afastada a chamada *vis compulsiva*, ou violência moral.

No entanto, como ressalva a parte final do inciso V, do art. 111 do Código Penal, a prescrição somente não correrá se a ação penal não tiver sido proposta. Com a propositura da ação penal, ou seja, a partir da data do recebimento da denúncia, tem-se por iniciada a contagem da prescrição, independentemente do fato de ser a vítima menor de 18 anos.

Vale frisar que todas essas hipóteses dizem respeito ao início do prazo para a contagem da prescrição da pretensão punitiva do Estado. Inicialmente, considerando-se a pena máxima cominada em abstrato para a infração penal e, posteriormente, para o cálculo, a pena aplicada na sentença penal condenatória com trânsito em julgado para a acusação.

10. TERMO INICIAL DA PRESCRIÇÃO APÓS A SENTENÇA CONDENATÓRIA IRRECORRÍVEL

O art. 112 do Código Penal diz:

Art. 112. No caso do art. 110 deste Código, a prescrição começa a correr:
I – do dia em que transita em julgado a sentença condenatória, para a acusação, ou a que revoga a suspensão condicional da pena ou o livramento condicional;
II – do dia em que se interrompe a execução, salvo quando o tempo da interrupção deva computar-se na pena.

À exceção da primeira parte do inciso I do art. 112 do Código Penal, que pode ainda, como vimos, dizer respeito à prescrição da pretensão punitiva, todas as demais hipóteses previstas pelos incisos I e II do mencionado artigo cuidam do termo inicial da prescrição da pretensão executória estatal. Nessas hipóteses, o Estado já formou o seu título executivo, restando, apenas, executá-lo.

Nesse sentido, vinha entendendo o STJ:

"O termo inicial da contagem do prazo prescricional da pretensão executória é o trânsito em julgado para ambas as partes, porquanto somente neste momento é que surge o título penal passível de ser executado pelo Estado. Desta forma, não há como se falar em início da prescrição a partir do trânsito em julgado para a acusação, tendo em vista a impossibilidade de se dar início à execução da pena, já que ainda não haveria uma condenação definitiva, em respeito ao disposto no art. 5º, inciso LVII, da Constituição Federal" (STJ, HC 137.924/SP, Rel. Min. Jorge Mussi, julg. 25/5/2010).

Infelizmente, mudando, equivocadamente sua posição, passou o STJ a entender que:

"Esta Corte Superior de Justiça sedimentou entendimento no sentido de que conforme disposto expressamente no art. 112, I, do CP, o termo inicial da contagem do prazo da prescrição executória é a data do trânsito em julgado para a acusação, e não para ambas as partes, prevalecendo a interpretação literal mais benéfica ao condenado." (STJ, AgRg no REsp 1.817.283 / MT, Rel. Min. Leopoldo de Arruda Raposo – Desembargador convocado do TJPE, 5ª T., DJe 08/10/2019).

"Segundo entendimento pacificado por esta Corte Superior, o marco inicial para a contagem do prazo da prescrição executória é o dia do trânsito em julgado da condenação para o Ministério Público, e não para ambas as partes. Dicção do art. 112, I, do CP. Não tendo sido definidas as circunstâncias necessárias para a configuração do fenômeno prescricional, e havendo a necessidade de sopesar vários dados do processo, cabe ao Juízo de Execuções o exame da controvérsia, na medida em que é no caminho da relação processual que o Juiz competente deve se pronunciar sobre o fenômeno prescricional, segundo a dicção do art. 61 do CPP" (STJ, HC 349.881/RS, Rel.ª Min.ª Maria Thereza de Assis Moura, 6ª T., DJe 10/06/2016).

O STF, acertadamente, no ARE 848107/DF, tendo como relator o Min. Dias Tofoli, no que diz respeito ao inciso I do art. 112 do Código Penal, assim decidiu:

"Declara-se a não recepção pela Constituição Federal da locução 'para a acusação', contida na primeira parte do inciso I do art. 112 do Código Penal, conferindo a ela interpretação conforme à Constituição para se entender que a prescrição começa a correr do dia em que transita em julgado a sentença condenatória para ambas as partes.

Quando o agente descumpre as condições sursitárias ou aquelas especificadas para o cumprimento de seu livramento condicional, sendo revogados os benefícios legais, deverá cumprir a pena que lhe foi aplicada na sentença penal condenatória.

No que diz respeito ao *sursis*, deverá cumprir integralmente a pena que lhe foi aplicada, pois esta se encontrava suspensa mediante determinadas condições. A partir da data do trânsito em julgado da decisão que revogou o *sursis*, tem início o prazo prescricional, que será contado considerando-se a pena privativa de liberdade cujo cumprimento havia sido suspenso condicionalmente.

Quanto ao livramento condicional, também devemos dar início à contagem do prazo prescricional a partir da data do trânsito em julgado da sentença que o houver revogado. Contudo, o prazo deverá ser contado de acordo com o tempo que resta da pena, nos termos do art. 113 do Código Penal.[7]

O inciso II cuida da hipótese em que a execução é interrompida seja, por exemplo, pela fuga do condenado, seja pelo fato de ter ele sido internado em razão de doença mental. Segundo José Cirilo de Vargas, "o dia da fuga é o termo inicial. Na segunda parte do inciso, dá-se diferente: sobrevindo doença mental ou internação do sentenciado (arts. 41 e 42 do CP), o tempo de interrupção da execução será contado como de cumprimento de pena, não se podendo, por isso, correr o prazo de prescrição de maneira simultânea."[8]

Havendo a fuga do condenado, a prescrição será contada pelo tempo restante de pena a cumprir, de acordo com o art. 113 do Código Penal.

11. PRESCRIÇÃO DA MULTA

O art. 114 do Código Penal, dispondo sobre a prescrição da pena de multa, diz:

> **Art. 114.** A prescrição da pena de multa ocorrerá:
> I – em dois anos, quando a multa for a única cominada ou aplicada;
> II – no mesmo prazo estabelecido para a prescrição da pena privativa de liberdade, quando a multa for alternativa ou cumulativamente cominada ou cumulativamente aplicada.

Com a nova redação dada pela Lei nº 9.268/96, o art. 114 do Código Penal passou a prever dois prazos prescricionais distintos para a pena de multa. Segundo Cezar Roberto Bitencourt, "trata-se de uma inovação supérflua, que apenas inovou para pior: de um lado, a redação do inciso primeiro já constava da redação anterior do art. 114; de outro, a redação do inciso segundo constava do art. 118, que não foi revogado por tal lei. Tem o mérito de deixar claro que a presença da multa continua sendo regulada pelo Código Penal."[9]

Entendemos que tais prazos prescricionais dizem respeito tanto à pretensão punitiva quanto à pretensão executória do Estado. Em sentido contrário, posiciona-se Fernando Capez, quando afirma que "a prescrição da pretensão executória da multa dar-se-á sempre em cinco anos, e a execução será realizada separadamente da pena privativa de liberdade, perante a Vara da Fazenda Pública, uma vez que a nova lei determinou que, para fins de execução, a pena pecuniária fosse considerada dívida de valor."[10]

Apesar da opinião do conceituado autor, os arts. 51 e 114 do Código Penal receberam nova redação pela Lei nº 13.964, de 24 de dezembro de 2019. O art. 51 determina, tão somente, que na execução da pena de multa sejam obedecidas as normas da legislação relativa à dívida ativa da Fazenda Pública, inclusive no que concerne às causas interruptivas e suspensivas da prescrição. Foi afastado, portanto, o procedimento de cobrança da pena de multa originalmente previsto pelo Capítulo IV do Título V da Lei de Execução Penal. Devemos, agora, conjugar os prazos prescricionais ditados pelo art. 114, com as novas regras de execução da pena de multa prevista pelo art. 51. Os mencionados artigos, em vez de se repelirem, devem ser interpretados conjuntamente.

---

[7] Aqui deverão ser observados os arts. 141 e 142 da Lei de Execução Penal e o art. 88 do Código Penal.
[8] VARGAS, José Cirilo de. *Instituições de direito penal*, p. 236.
[9] BITENCOURT, Cezar Roberto; PRADO, Luiz Regis. *Código penal anotado*, p. 423.
[10] CAPEZ, Fernando. *Curso de direito penal* – Parte geral, v. 1, p. 600.

12. REDUÇÃO DOS PRAZOS PRESCRICIONAIS

A redução do prazo prescricional, prevista no art. 115 do Código Penal, só deve ser aplicada quando o réu atingir 70 anos até a primeira decisão condenatória, seja ela sentença ou acórdão (precedente da Terceira Seção) (*HC* 209.471/SP, *Habeas Corpus*, 2011/0133779-5, Rel. Min. Sebastião Reis, 6ª T., *DJe* 9/9/2014).

A imaturidade daqueles que ainda não estão com sua personalidade completamente formada, como acontece com aqueles que estão saindo da adolescência e entrando na fase adulta, pode conduzir à prática de atos ilícitos impensados. Além disso, a convivência carcerária do menor de 21 anos com criminosos perigosos acaba por deturpar a sua personalidade, razão pela qual, como medida despenalizadora, a lei penal reduz pela metade o cômputo do prazo prescricional, seja da pretensão punitiva, seja da pretensão executória.

De acordo com a Súmula nº 74 do STJ, *para efeitos penais, o reconhecimento da menoridade do réu requer prova por documento hábil* (certidão de nascimento, carteira de identidade, carteira de habilitação etc.).

Com relação aos idosos, a reforma penal de 1984 modificou a postura assumida pelo Código de 1940, pois, naquela época, exigia-se que o agente, a fim de se beneficiar com a redução do prazo prescricional, fosse maior de 70 anos ao tempo do crime. Hoje, com a redação dada ao art. 115 do Código Penal, exige-se seja ele maior de 70 anos na data da sentença penal condenatória.

A jurisprudência tem divergido no sentido de estender o prazo prescricional para aqueles que completam 70 anos depois da sentença condenatória até o acórdão proferido pelos tribunais, conforme se verifica pelas seguintes decisões proferidas pelo STJ:

"No que tange à prescrição, a Terceira Seção desta Corte, no julgamento dos Embargos de Divergência em Recurso Especial nº 749.912/PR, pacificou o entendimento de que o benefício previsto no art. 115 do Código Penal não se aplica ao réu que completou 70 anos de idade após a data da primeira decisão condenatória. Na hipótese, o acusado, nascido em 31/12/1942 possuía, na data da sentença condenatória (02/05/2003), menos de 70 anos, ou seja, 61 anos de idade, sendo inaplicável a regra da redução do prazo prescricional prevista no art. 115 do Código Penal. Não há como reduzir o prazo prescricional pela metade, já que o recorrente contava com menos de 70 (setenta) anos na data de prolação da sentença condenatória, não podendo ser reconhecida a extinção da punibilidade. Este Sodalício já se manifestou no sentido da inaplicabilidade da idade prevista no Estatuto do Idoso com a finalidade de alterar o prazo exigido para o reconhecimento da prescrição previsto no art. 115 do Código Penal" (STJ, AgRg no RHC 116.082 / RJ, Rel. Min. Leopoldo de Arruda Raposo – Desembargador convocado do TJPE, 5ª T., DJe 16/10/2019).

"A Terceira Seção desta Corte Superior de Justiça firmou o entendimento no sentido de que o termo "sentença" contido no art. 115 do Código Penal se refere à primeira decisão condenatória, seja a do juiz singular ou a proferida pelo Tribunal, não se operando a redução do prazo prescricional quando o édito repressivo é confirmado em sede de apelação ou de recurso de natureza extraordinária. Ressalva do ponto de vista do Relator. Na hipótese em tela, o acusado completou 70 (setenta) anos após a publicação da sentença condenatória, pelo que se mostra impossível a diminuição do prazo prescricional do ilícito que lhe foi imputado. Precedentes do STJ e do STF" (STJ, AgRg no HC 443.627/CE, Rel. Min. Jorge Mussi, 5ª T., DJe 23/05/2018).

"Consoante entendimento fixado pela Terceira Seção desta Corte Superior, a redução do prazo prescricional, prevista no art. 115 do Código Penal, só deve ser aplicada quando o réu atingir 70 anos até primeira decisão condenatória, seja ela sentença ou acórdão" (STJ, AgRg no AREsp 586.722/DF, Rel. Min. Reynaldo Soares da Fonseca, 5ª T., DJe 1º/09/2017).

De forma mais abrangente em outro julgado, o STJ reconhece a aplicação desse benefício legal mesmo antes da prolação da sentença:

> "Prescrição. Maior de 70 anos. Data. Sentença. A melhor interpretação do art. 115 do CP leva à conclusão de que, mesmo antes da prolação da sentença, é permitido aplicar-se o benefício da redução do prazo prescricional em favor dos agentes maiores de 70 anos de idade. Precedente citado: Inq 210-PR, DJ 27/10/1997" (REsp 651.300/SP, Rel. Min. Gilson Dipp, julg. 16/12/2004, *Informativo* 233).

13. CAUSAS SUSPENSIVAS DA PRESCRIÇÃO

Causas suspensivas ou impeditivas da prescrição são aquelas que suspendem o curso do prazo prescricional, que começa a correr pelo tempo restante, após cessadas as causas que a determinaram. Dessa forma, o tempo anterior é somado ao tempo posterior à cessação da causa que determinou a suspensão do curso do prazo prescricional.

O Código Penal dispõe sobre as causas suspensivas no art. 116 dizendo:

> **Art. 116.** Antes de passar em julgado a sentença final, a prescrição não corre:
> I – enquanto não resolvida, em outro processo, questão de que dependa o reconhecimento da existência do crime [arts. 92 a 94 do Código de Processo Penal];
> II – enquanto o agente cumpre pena no exterior;
> III – na pendência de embargos de declaração ou de recursos aos Tribunais Superiores, quando inadmissíveis; e
> IV – enquanto não cumprido ou não rescindido o acordo de não persecução penal.

Como exemplo da primeira hipótese de suspensão, prevista pelo inciso I do art. 116 do Código Penal, podemos citar o delito de bigamia. Se a validade do casamento anterior estiver sendo discutida no juízo cível, o curso da ação penal ficará suspenso, suspendendo-se, também, o prazo prescricional, até que seja resolvida a questão prejudicial. Sendo decidida a questão prejudicial, o processo retoma o seu curso normal, bem como tem-se por reiniciado o lapso prescricional, ficando o juízo criminal vinculado à decisão proferida pelo juízo cível, conforme já decidiu, com acerto, o extinto TACrim.-SP, concluindo:

> "Se a decisão irrecorrível de prejudicial civil em processo penal faz desaparecer elementos constitutivos do crime descrito na denúncia, tornando-se atípicos os fatos atribuídos, tal decisão tem força vinculante que deve ser aceita como verdade pela jurisdição penal, como formulação da vontade do Estado, nas circunstâncias, alcançando também o Ministério Público, ainda que não tenha participado do processo."[11]

O inciso II do art. 116 do Código Penal cuida da hipótese do agente que cumpre pena no exterior. Conforme lição de Frederico Marques, "a razão desse impedimento está na impossibilidade de obter-se a extradição do criminoso; e como poderia o tempo de cumprimento da pena no estrangeiro ser tal que o da prescrição corresse por inteiro, consignou o legislador a regra em foco, para evitar que se extinguisse o direito estatal de punir."[12] Em sentido contrário, se o agente cumpre pena no Brasil, não ocorrerá a suspensão do prazo da prescrição.

A Lei nº 13.964, de 24 de dezembro de 2019, além de modificar o inciso II, substituindo a palavra *estrangeiro* por *exterior*, criou mais dois incisos no art. 116 do Código Penal. O inciso III prevê como causa suspensiva da prescrição a *pendência de embargos de declaração ou de*

---

[11] *RT* 642/310.
[12] MARQUES, José Frederico. *Tratado de direito penal*, v. III, p. 505.

recursos aos Tribunais Superiores, quando inadmissíveis. Quando a lei menciona embargos de declaração e, logo em seguida, se refere a recursos aos Tribunais Superiores, devemos entender que o primeiro, qual seja, os embargos de declaração, foram dirigidos à sentença de primeiro grau ou mesmo ao acordão dos Tribunais, que não sejam os Superiores. Por outro lado, ao se referir a *recursos aos Tribunais Superiores*, podemos entender todos os recursos cabíveis, incluindo os embargos de declaração.

Por Superiores somente podemos compreender o Tribunal Superior Eleitoral (TSE), o Superior Tribunal Militar (STM), o Superior Tribunal de Justiça (STJ) e o Supremo Tribunal Federal (STF), que possuem competência na área penal.

Somente haverá a suspensão do prazo prescricional se os recursos forem inadmissíveis. Em sendo admitidos, não terão força para suspender o curso do prazo prescricional.

O inciso IV, da mesma forma inserido ao art. 116 do Código Penal pela Lei nº 13.964, de 24 de dezembro de 2019, assevera que também não corre a *prescrição enquanto não cumprido ou não rescindido o acordo de não persecução penal*. O acordo de não persecução penal encontra-se previsto no art. 28-A do Código de Processo Penal, que diz:

> **Art. 28-A.** Não sendo caso de arquivamento e tendo o investigado confessado formal e circunstancialmente a prática de infração penal sem violência ou grave ameaça e com pena mínima inferior a 4 (quatro) anos, o Ministério Público poderá propor acordo de não persecução penal, desde que necessário e suficiente para reprovação e prevenção do crime, mediante as seguintes condições ajustadas cumulativa e alternativamente:
> I – reparar o dano ou restituir a coisa à vítima, exceto na impossibilidade de fazê-lo;
> II – renunciar voluntariamente a bens e direitos indicados pelo Ministério Público como instrumentos, produto ou proveito do crime;
> III – prestar serviço à comunidade ou a entidades públicas por período correspondente à pena mínima cominada ao delito diminuída de um a dois terços, em local a ser indicado pelo juízo da execução, na forma do art. 46 do Decreto-Lei nº 2.848, de 7 de dezembro de 1940 (Código Penal);
> IV – pagar prestação pecuniária, a ser estipulada nos termos do art. 45 do Decreto-Lei nº 2.848, de 7 de dezembro de 1940 (Código Penal), a entidade pública ou de interesse social, a ser indicada pelo juízo da execução, que tenha, preferencialmente, como função proteger bens jurídicos iguais ou semelhantes aos aparentemente lesados pelo delito; ou
> V – cumprir, por prazo determinado, outra condição indicada pelo Ministério Público, desde que proporcional e compatível com a infração penal imputada.
> [...]
> § 10. Descumpridas quaisquer das condições estipuladas no acordo de não persecução penal, o Ministério Público deverá comunicar ao juízo, para fins de sua rescisão e posterior oferecimento de denúncia.
> § 11. O descumprimento do acordo de não persecução penal pelo investigado também poderá ser utilizado pelo Ministério Público como justificativa para o eventual não oferecimento de suspensão condicional do processo.
> § 12. A celebração e o cumprimento do acordo de não persecução penal não constarão de certidão de antecedentes criminais, exceto para os fins previstos no inciso III do § 2º deste artigo.
> § 13. Cumprido integralmente o acordo de não persecução penal, o juízo competente decretará a extinção de punibilidade.

O parágrafo único do art. 116 do Código Penal ressalva, ainda, que, *depois de passada em julgado a sentença condenatória, a prescrição não corre durante o tempo em que o condenado está preso por outro motivo.*

A anterior redação do § 2º do art. 53 da Constituição Federal previa a suspensão do prazo prescricional correspondente às infrações penais praticadas por senadores e deputados federais, quando dizia que "o indeferimento do pedido de licença ou a ausência de deliberação suspende a prescrição enquanto durar o mandato."

O STF, interpretando o mencionado dispositivo constitucional, já decidiu:

"A suspensão da prescrição da pretensão punitiva contra parlamentar, determinada pelo art. 53, § 2º, da Constituição, para as hipóteses de indeferimento da licença para o processo ou de ausência de deliberação a respeito, não tem o caráter de sanção; resulta unicamente – como é da natureza do instituto – do consequente empecilho ao exercício da jurisdição, que se manifesta desde quando se faça necessário paralisar o procedimento e aguardar a deliberação do Parlamento ou, no caso da deliberação negativa, o término, com o fim do mandato, da imunidade processual do acusado. Consequentemente, o termo inicial da suspensão da prescrição é o momento em que, reconhecendo-a necessária, o Relator determina a solicitação da licença com sobrestamento do feito" (Inq. 457-0, Rel. Carlos Velloso, DJU 6/8/1993, p. 14.901).

Atualmente, depois da edição da Emenda Constitucional nº 35, não mais subsiste a necessidade do pedido de licença para que o parlamentar possa ser processado criminalmente. Contudo, o § 3º do art. 53 da Constituição Federal, com a redação que lhe foi dada pela mencionada emenda, diz:

§ 3º Recebida a denúncia contra o Senador ou Deputado, por crime ocorrido após a diplomação, o Supremo Tribunal Federal dará ciência à Casa respectiva, que, por iniciativa de partido político nela representado e pelo voto da maioria de seus membros, poderá, até a decisão final, sustar o andamento da ação.

Nos termos do § 4º do mencionado art. 53:

§ 4º O pedido de sustação será apreciado pela Casa respectiva no prazo improrrogável de quarenta e cinco dias do seu recebimento pela Mesa Diretora.

O § 5º do referido art. 53, também com a nova redação que lhe foi dada pela Emenda Constitucional nº 35, cuidou da suspensão do prazo prescricional, dizendo: *A sustação do processo suspende a prescrição, enquanto durar o mandato.*

A Lei nº 9.099/95, ao criar o instituto da suspensão condicional do processo, trouxe com ele mais uma hipótese de suspensão do curso do prazo prescricional, que veio prevista no § 6º do art. 89 do referido diploma legal.

Assim, uma vez aceita a proposta de suspensão condicional do processo pelo acusado e seu defensor, na presença do juiz, este, recebendo a denúncia, suspenderá o processo, devendo o acusado submeter-se a um período de prova, mediante o cumprimento de determinadas condições. Portanto, na data da audiência na qual foi aceita a proposta de suspensão condicional do processo tem-se, também, por suspenso o curso da prescrição da pretensão punitiva.

A Lei nº 9.271/96 deu nova redação ao art. 366 do Código de Processo Penal, criando também outra hipótese de suspensão da prescrição. Diz o referido artigo:

Art. 366. Se o acusado, citado por edital, não comparecer, nem constituir advogado, ficarão suspensos o processo e o curso do prazo prescricional, podendo o juiz determinar a produção antecipada das provas consideradas urgentes e, se for o caso, decretar a prisão preventiva, nos termos do disposto no art. 312.

O STF, analisando a hipótese do art. 366 do Código de Processo Penal, decidiu:

"Citação por edital e revelia: suspensão do processo e do curso do prazo prescricional, por tempo indeterminado – CPP, art. 366, com a redação da Lei nº 9.271/96. Conforme assentou o Supremo Tribunal Federal, no julgamento da Ext. 1.042, 19/12/2006, Pertence, a Constituição Federal não proíbe a suspensão da prescrição, por prazo indeterminado, na hipótese do art. 366 do CPP. A indeterminação do prazo da suspensão não constitui, a rigor, hipótese de imprescritibilidade: não impede a retomada do curso da prescrição, apenas a condiciona a um evento futuro e incerto, situação substancialmente diversa da imprescritibilidade. Ademais, a Constituição Federal se limita, no art. 5º, XLII e XLIV, a excluir os crimes que enumera da incidência material das regras da prescrição, sem proibir, em tese, que a legislação ordinária criasse outras hipóteses. Não cabe, nem mesmo sujeitar o período de suspensão de que trata o art. 366 do CPP ao tempo da prescrição em abstrato, pois, 'do contrário, o que se teria, nessa hipótese, seria uma causa de interrupção, e não de suspensão.' RE provido, para excluir o limite temporal imposto à suspensão do curso da prescrição" (RE 460.971, Rel. Min. Sepúlveda Pertence, 1ª T., DJ 30/3/2007).

Em sentido contrário, o STJ aprovou a Súmula nº 415, publicada no DJe de 16 de dezembro de 2009, que diz:

> **Súmula nº 415.** O período de suspensão do prazo prescricional é regulado pelo máximo da pena cominada.

Assim, de acordo com o STJ, para as hipóteses previstas pelo art. 366 do Código de Processo Penal, a suspensão do prazo prescricional será regulada pelo máximo da pena cominada em abstrato, nos termos do art. 109 do Código Penal.

O art. 368 do Código de Processo Penal, com a redação dada pela Lei nº 9.271/96, diz:

> **Art. 368.** Estando o acusado no estrangeiro, em lugar sabido, será citado mediante carta rogatória, suspendendo-se o curso do prazo de prescrição até o seu cumprimento.

Podemos citar, também, o art. 9º da Lei nº 10.684, de 30 de maio de 2003, que diz:

> **Art. 9º** É suspensa a pretensão punitiva do Estado, referente aos crimes previstos nos arts. 1º e 2º da Lei nº 8.137, de 27 de dezembro de 1990, e nos arts. 168-A e 337-A do Decreto-Lei nº 2.848, de 7 de dezembro de 1940 – Código Penal, durante o período em que a pessoa jurídica relacionada com o agente dos aludidos crimes estiver incluída no regime de parcelamento.
> § 1º A prescrição criminal não corre durante o período de suspensão da pretensão punitiva.
> [...].

A Lei nº 12.850, de 2 de agosto de 2013, cuidando da colaboração premiada, no que diz respeito à organização criminosa, em seu § 3º do art. 4º, assevera:

> § 3º O prazo para oferecimento de denúncia ou o processo, relativos ao colaborador, poderá ser suspenso por até 6 (seis) meses, prorrogáveis por igual período, até que sejam cumpridas as medidas de colaboração, suspendendo-se o respectivo prazo prescricional.

14. CAUSAS INTERRUPTIVAS DA PRESCRIÇÃO

Ao contrário do que ocorre com as causas suspensivas, que permitem a soma do tempo anterior ao fato que deu causa à suspensão da prescrição, com o tempo posterior, as causas interruptivas têm o condão de fazer com que o prazo, a partir delas, seja novamente iniciado, ou seja, após cada causa interruptiva da prescrição, deve ser procedida nova contagem do prazo, desprezando-se, para esse fim, o tempo anterior ao marco interruptivo (art. 117, § 2º, do CP).

O art. 117 do Código Penal, de forma taxativa, enumera as causas interruptivas da prescrição dizendo:

> **Art. 117.** O curso da prescrição interrompe-se:
> I – pelo recebimento da denúncia ou da queixa;
> II – pela pronúncia;
> III – pela decisão confirmatória da pronúncia;
> IV – pela publicação da sentença ou acórdão condenatórios recorríveis;
> V – pelo início ou continuação do cumprimento da pena;
> VI – pela reincidência.

14.1. Recebimento da denúncia ou da queixa

Inicialmente, deve ser destacado o fato de que o Código Penal exige, para fins de interrupção da prescrição, o *recebimento*, e não somente o *oferecimento*, da denúncia ou da queixa. Pode acontecer em comarcas onde exista acúmulo de processos ou mesmo carência de juízes que, por exemplo, o Ministério Público ofereça a denúncia no mês de março e esta, em decorrência daquelas razões, somente venha a ser recebida seis meses depois. Para efeitos de interrupção da prescrição, valerá, portanto, a data do despacho de recebimento da peça inicial de acusação, não importando sua distância com a data do seu oferecimento.

A data do despacho de recebimento vale tanto para os juízes monocráticos como para os feitos de competência dos tribunais, onde a prescrição será interrompida na data do despacho de recebimento da denúncia ou da queixa proferido pelo relator do processo. Nesse sentido, decidiu o STJ:

> "O recebimento da denúncia, nos processos de competência originária dos Tribunais, interrompe a prescrição, já que a denúncia, no caso, não é substitutiva mas peça essencial à instauração da ação penal" (REsp 11.195, Rel. Assis Toledo, DJU 16/9/1991, p. 12.645).

O aditamento feito à denúncia não interrompe a prescrição, a não ser que contenha novos fatos que se traduzam em nova infração penal,[13] ou que importe em inclusão de novo acusado.[14]

Se o anterior despacho de recebimento da denúncia for anulado, o prazo prescricional será interrompido somente a partir do novo despacho de recebimento da peça inaugural, pois, segundo o STF, "termo inicial do prazo prescricional é o recebimento válido da denúncia e não despacho anterior de recebimento anulado" (*HC*, Rel. Thompson Flores).[15]

O despacho que rejeita a denúncia ou a queixa, como se percebe, não tem força interruptiva da prescrição. A interrupção, segundo Cezar Roberto Bitencourt, "ocorrerá na data em que, se em grau recursal, a Superior Instância vier a recebê-la. Igualmente, o recebimento das preambulares referidas, por juiz incompetente, não interrompe o curso prescricional, só o interrompendo o recebimento renovado pelo *juiz natural*."[16]

14.1.1. *Recebimento da denúncia ou queixa na atual legislação processual penal*

As alterações no Código de Processo Penal levadas a efeito pela Lei nº 11.719, de 20 de junho de 2008, trouxeram alguns impasses. Isso porque, em duas passagens distintas, constantes dos arts. 396 e 399, fez-se menção ao recebimento da denúncia. Agora, a pergunta que fazemos é a seguinte: Em qual dos momentos previstos no Código de Processo Penal poderá ser reconhecido o recebimento da denúncia para efeitos de interrupção da prescrição? Seria na primeira oportunidade em que o julgador tomasse conhecimento da denúncia ou queixa (art. 396, *caput*, do CPP), ou após a resposta do réu (art. 399 do CPP)? Essas respostas, como percebemos, são extremamente importantes, uma vez que, dependendo do caso concreto, poderá importar no reconhecimento ou não da prescrição.

Duas posições se formaram após a edição do referido diploma legislativo. A primeira, entendendo que a denúncia deve ser considerada como recebida nos termos do art. 396 do

---

[13] *JUTACrim*. 35/180.
[14] *RJD* 2/128.
[15] *RTJ* 95/1058.
[16] BITENCOURT, Cezar Roberto. *Manual de direito penal* – Parte geral, v. 1, p. 683.

Código de Processo Penal. Nesse sentido, podemos citar as lições de Nereu José Giacomolli, quando diz:

"Da maneira como se estruturou a reforma, não há como ser sustentado ser o segundo momento o verdadeiro momento do recebimento da acusação. É o que se infere de uma leitura sistemática do art. 363 do CPP (processo penal se forma com a citação do acusado); do art. 366 do CPP (suspensão do processo após a citação por edital, quando o réu não comparecer e nem constituir advogado) e do art. 397 do CPP (absolvição sumária). Todos esses atos processuais e decisões ocorrem antes do recebimento da denúncia que está no art. 399 do CPP. Portanto, o momento do recebimento da acusação é o que se encontra previsto no art. 396 do CPP."[17]

No mesmo sentido, afirmam Nestor Távora e Rosmar A. R. C. de Alencar:

"Malgrado o art. 399, CPP, seja iniciado pela menção 'recebida a denúncia ou a queixa, o juiz designará dia e hora para a audiência', que poderia incutir o entendimento de que só após a resposta à acusação seria recebida a denúncia ou a queixa (com o consectário de ser interrompida a prescrição), o intérprete deve atentar para o fato de que o art. 396, CPP, preconiza que a citação para responder a ação penal ocorrerá se o juiz receber a petição acusatória."[18]

Já decidiu o STJ que:

"Após a reforma legislativa operada pela Lei nº 11.719/2008, o momento do recebimento da denúncia dá-se, nos termos do art. 396 do Código de Processo Penal, após o oferecimento da acusação e antes da apresentação de resposta à acusação, seguindo-se o juízo de absolvição sumária do acusado, tal como disposto no art. 397 do aludido diploma legal. A alteração criou para o magistrado a possibilidade, em observância ao princípio da duração razoável do processo e do devido processo legal, de absolver sumariamente o acusado ao vislumbrar hipótese de evidente atipicidade da conduta, a ocorrência de causas excludentes da ilicitude ou culpabilidade, ou ainda a extinção da punibilidade, situação em que deverá, por imposição do art. 93, inciso IX, da Constituição Federal, motivadamente fazê-lo, como assim deve ser feito, em regra, em todas as suas decisões" (STJ, RHC 67.038/SP, Rel. Min. Jorge Mussi, 5ª T., DJe 25/05/2016).

Em sentido contrário, Paulo Rangel aduz:

"Não há dúvida de que o legislador cometeu uma falta grave dentro da área da redação do recebimento da denúncia e merece um cartão vermelho. A denúncia apenas é recebida no art. 399 e a razão é simples:

A uma, quando a denúncia é oferecida, o juiz determina a citação do réu para responder à acusação.

A duas, oferecida a resposta prévia, o juiz é chamado a se manifestar sobre a presença ou não das causas mencionadas no art. 397, isto é, se absolve sumariamente ou não o acusado.

---

[17] GIACOMOLLI, Nereu José. *Reformas (?) do processo penal*, p. 64-65. "A par da divergência doutrinária instaurada, na linha do entendimento majoritário (Andrey Borges de Mendonça; Leandro Galluzzi dos Santos; Walter Nunes da Silva Junior; Luiz Flávio Gomes; Rogério Sanches Cunha e Ronaldo Batista Pinto), é de se entender que o recebimento da denúncia se opera na fase do art. 396 do Código de Processo Penal" (STJ, HC 138.089/SC, *Habeas Corpus* 2009/0106982-9, Rel. Min. Felix Fischer, 5ª T., DJe 22/03/2010, *RSTJ* vol. 218 p. 551).

[18] TÁVORA, Nestor; ALENCAR, Rosmar A. R. C de. *Curso de direito processual penal*, p. 609.

A três, não absolvendo sumariamente o réu, aí sim o juiz recebe a denúncia e determina audiência de instrução e julgamento.

Perceba que são passos, coerentes, que devem ser dados pelo juiz. Não faz sentido o juiz receber a denúncia no art. 396 e citar o réu para oferecer a resposta prévia. Por que a resposta prévia então? A resposta prévia é uma inovação das leis modernas que entraram em vigor no ordenamento jurídico possibilitando ao juiz ouvir primeiro o acusado, antes de colocá-lo no banco dos réus. É o exercício do contraditório e da ampla defesa, pois receber a denúncia antes da resposta prévia não faria sentido.

A Lei de Drogas – 11.343/2006 – também tem a mesma regra em seus arts. 55 e 56 onde o juiz apenas recebe a denúncia depois da manifestação da defesa.

A Lei do JECRIM – 9.099/95 – tem o art. 81, que permite que primeiro a defesa responda à acusação para depois o juiz receber ou não a acusação.

A expressão *recebê-la-á* do art. 396 não significa tecnicamente juízo de admissibilidade da acusação, mas sim o ato de 'entrar na posse' da petição inicial penal. Recebe em suas mãos a petição inicial. Se a denúncia é distribuída à vara criminal, ela é entregue ao juiz que a recebe em suas mãos, sem exercer ainda o juízo de admissibilidade."[19]

Entendemos, com a devida vênia, que a razão se encontra com a segunda corrente, que preleciona que o recebimento da denúncia só acontece, efetivamente, no art. 399 do Código de Processo Penal. Isso porque, como bem salientou Paulo Rangel, inicialmente, ou seja, no momento previsto pelo art. 396 do Código de Processo Penal, o juiz toma o primeiro contato com a acusação.

Ali, se observar que a inicial padece de vícios graves, a exemplo da ausência de uma das condições necessárias para o regular exercício do direito de ação, com a ilegitimidade da parte, já a rejeitará de plano. Se, pelo menos superficialmente, tudo estiver em ordem, determinará a citação do acusado para que apresente sua resposta, por escrito, no prazo de 10 (dez) dias.

Após a resposta do réu, depois de sopesar os argumentos e as provas trazidas para os autos, se não for o caso de rejeição, ou mesmo de absolvição sumária, receberá a denúncia ou queixa e designará dia e hora para a audiência, ordenando a intimação do acusado, de seu defensor, do Ministério Público e, se for o caso, do querelante e do assistente, conforme dispõe o art. 399 do Código de Processo Penal.

Concluímos, outrossim, que somente nesse momento é que se considerará interrompida a prescrição, levando-se a efeito, consequentemente, os cálculos relativos aos prazos prescricionais.

Em sentido contrário, já decidiu o STJ:

"*Estelionato. Prescrição. Extinção da punibilidade. Marco interruptivo prescricional. Recebimento da denúncia. Superveniência da Lei nº 11.719/2008. Alteração dos arts. 396 e 399 do CPP. Suposta contradição. Imprecisão legislativa. Momento processual após o oferecimento da peça inaugural e anterior à apresentação da defesa do acusado. Lapso prescricional não transcorrido. Ordem denegada.*
1. De acordo com a melhor doutrina, após a reforma legislativa operada pela Lei nº 11.719/08, o momento adequado ao recebimento da denúncia é o imediato ao oferecimento da acusação e anterior à apresentação de resposta à acusação, nos termos do art. 396 do Código de Processo Penal, razão pela qual se tem como este o marco interruptivo prescricional previsto no art. 117, inciso I, do Código Penal para efeitos de contagem do lapso temporal da prescrição da pretensão punitiva estatal.
2. Considerando-se que os fatos narrados na denúncia ocorreram em 29/12/1996 e que o momento adequado ao recebimento da peça vestibular é o preconizado no art. 396 do Código de Processo

---

[19] RANGEL, Paulo. *Direito processual penal*, p. 495.

Penal – após o oferecimento da acusação –, o qual, *in casu*, se deu em 6/6/2008, e estando o paciente incurso nas sanções do art. 171, § 2º, inciso I, do Código Penal, cuja pena máxima *in abstrato* prevista é de 5 (cinco) anos, a prescrição somente ocorreria após decorridos 12 (doze) anos, observado o disposto no art. 109, inciso III, daquele Estatuto Repressivo, prazo que não transcorreu, tendo em vista a interrupção do lapso prescricional com o recebimento da denúncia. 3. Ordem denegada" (STJ, *HC* 144.104/SP, Rel. Min. Jorge Mussi, 5ª T., DJe 2/8/2010).

14.2. Pronúncia

A pronúncia é o ato formal de decisão pelo qual o juiz, nos casos de competência do Tribunal do Júri, convencendo-se da materialidade do fato e da existência de indícios suficientes de autoria ou de participação, conforme redação constante do art. 413 do Código de Processo Penal, com a atual redação que lhe foi dada pela Lei nº 11.689, de 9 de junho de 2008, encerra a primeira etapa do julgamento, declarando o dispositivo legal em cuja sanção julgar incurso o réu. Nas lições de Tourinho Filho, "não se trata de sentença de mérito, pois, mesmo reconhecendo seja o réu o autor do crime, não aplica nenhuma *sanctio iuris*. A sentença aí tem, por evidente, caráter nitidamente processual. Por meio dela se encerra a primeira etapa do procedimento escalonado do processo de competência do Júri."[20]

Portanto, nos processos de competência do Júri, a decisão de pronúncia interrompe a prescrição, contando-se tal marco interruptivo a partir da sua publicação em cartório.

Se houver recurso da decisão de pronúncia e o Tribunal se manifestar no sentido da desclassificação da infração penal para aquela que não se encontre entre as de competência do Júri, remetendo os autos ao juízo monocrático competente, a pronúncia já não mais terá força interruptiva. Assim, se o Tribunal desclassificar a tentativa de homicídio constante da pronúncia para o crime de lesões corporais, remetendo-se o processo ao juízo competente que, agora, já não mais será o Júri, a pronúncia perderá seu efeito interruptivo.

Contudo, se a desclassificação ainda disser respeito a crime de competência do Júri, mantida estará a interrupção da prescrição pela pronúncia. Da mesma forma a desclassificação determinada pelo Conselho de Sentença, de acordo com a posição dominante, não afastará o efeito interruptivo da prescrição atribuído à sentença de pronúncia. Nesse sentido, decidiu o STJ:

> "A sentença de pronúncia é causa interruptiva da contagem do prazo prescricional, carecendo de relevância o fato de haver o Tribunal do Júri desclassificado o delito de homicídio qualificado para o de lesões corporais de natureza grave" (RE 11.813, Rel. Costa Lima, DJU 7/10/1991, p. 13.980).

O STJ, firmando o seu posicionamento, editou a Súmula nº 191, que diz:

> **Súmula nº 191.** *A pronúncia é causa interruptiva da prescrição, ainda que o Tribunal do Júri venha a desclassificar o crime.*

Aramis Nassif, criticando a postura assumida pelos nossos Tribunais Superiores, preleciona:

> "A jurisprudência vem mantendo, indevida e injustificadamente, a interrupção da prescrição pela pronúncia (ou sua confirmação), mesmo que ocorra a desclassificação pelo Conselho de Sentença, que, em sendo própria ou imprópria, descarta o *animus necandi*, ou seja, não mais reconhece a configuração do crime doloso contra a vida e, com isto, a própria decisão de pronúncia."[21]

---

[20] TOURINHO FILHO, Fernando da Costa. *Manual de processo penal*, p. 502.
[21] NASSIF, Aramis. *O novo júri brasileiro*, p. 64.

O raciocínio fundamenta-se no fato de que, se não houve crime doloso contra a vida, razão pela qual o Conselho de Sentença o desclassificou para outra infração penal, a exemplo do que ocorre com a lesão corporal seguida de morte, ou mesmo um homicídio de natureza culposa, não teria sentido a manutenção da pronúncia como causa interruptiva da prescrição, prejudicando, assim, o interesse do acusado em ver reconhecida a extinção da punibilidade, caso fosse possível, desconsiderando a interrupção da prescrição gerada pela decisão de pronúncia, posição com a qual nos filiamos.

Caso a primeira decisão de pronúncia tenha sido anulada pelo Tribunal, já não terá ela efeito interruptivo, devendo a interrupção ocorrer a partir da publicação da segunda em cartório.

14.3. Decisão confirmatória da pronúncia

O acórdão que confirma a decisão de pronúncia interrompe a prescrição. Além dessa situação, segundo a lição de Guilherme de Souza Nucci, deve ser acrescentada "a hipótese de o tribunal pronunciar o réu, anteriormente impronunciado ou absolvido sumariamente pelo juiz. A razão de duas causas interruptivas, no procedimento do Júri, explica-se pela complexidade e pela longa duração que ele normalmente apresenta."[22]

Merece destaque, ainda, a decisão do STF que nos esclarece a respeito da data que deverá ser considerada, nos tribunais, para efeito de interrupção da prescrição, quando afirma:

"A interrupção do prazo prescricional se dá no dia da realização do julgamento, e não no dia da publicação do acórdão no *Diário da Justiça*. Com esse entendimento, a Turma indeferiu *habeas corpus* impetrado contra decisão tomada em ação penal originária pelo Tribunal de Justiça, em que se alegava a extinção da punibilidade pela prescrição da pretensão punitiva, considerando o lapso de tempo entre o recebimento da denúncia e o dia da publicação do acórdão condenatório" (HC 76.448-RS, Rel. Min. Néri da Silveira, 2ª T., julg. 17/12/1998).[23]

14.4. Publicação da sentença ou acórdão condenatórios recorríveis

Pela redação do inciso IV do art. 117 do Código Penal, podemos concluir que somente a publicação da sentença penal *condenatória* recorrível interrompe a prescrição, não possuindo essa força, portanto, aquela de natureza *absolutória*.

A sentença penal condenatória recorrível interromperá a prescrição quando da sua publicação em cartório, e não a partir da sua publicação no órgão oficial de imprensa. Nesse sentido:

"Publicação da sentença é o ato pelo qual o juiz a coloca em cartório (salvo se proferida em audiência), tornando-a pública. Não se confunde com a publicação na imprensa, ou pessoalmente, por intimação ao réu e ao defensor, para efeitos processuais, para, querendo, manifestar recurso" (STJ, REsp 77.050, Rel. Luiz Vicente Cernicchiaro, DJU 13/5/1996, p. 15.583).

"A publicação da sentença ocorre quando o escrivão a recebe do Juiz (CPP, art. 389), independentemente de qualquer outra formalidade: a não lavratura de termo nos autos implica em se considerar como data da publicação a do primeiro ato subsequente; o registro no livro próprio é formalidade que se destina a sua conservação, não comprometendo a validade da sentença" (STF, HC 73.242/GO, Rel. Min. Maurício Corrêa, julg. 9/4/1996).

O art. 389 do Código de Processo Penal dispõe, expressamente, que:

> Art. 389. A sentença será publicada em mão do escrivão, que lavrará nos autos o respectivo termo, registrando-a em livro especialmente destinado a esse fim.

---

[22] NUCCI, Guilherme de Souza. *Código penal comentado*, p. 299.
[23] *Informativo do Supremo Tribunal Federal* nº 100, DORJ de 13/3/1998, Seção I, p. 4.

Se, porventura, a primeira sentença penal condenatória vier a ser anulada pelo tribunal, deixará de interromper a prescrição. A interrupção ocorrerá com a publicação da nova decisão.

A sentença concessiva do perdão judicial, por ter natureza meramente declaratória da extinção da punibilidade, nos termos da Súmula nº 18 do STJ, não interrompe a prescrição.

A Lei nº 11.596, de 29 de novembro de 2007, modificando a redação do inciso IV do art. 117 do Código Penal, criou mais uma causa de interrupção da prescrição, vale dizer, a *publicação do acórdão condenatório recorrível*.

Por acórdão condenatório recorrível, podemos entender aquele confirmatório da sentença condenatória de primeiro grau ou o que condenou, pela primeira vez, o acusado (seja em grau de recurso ou mesmo como competência originária do Tribunal). Como a Lei nº 11.596, de 29 de novembro de 2007, ao dar nova redação ao inciso IV do art. 117 do Código Penal, não fez qualquer distinção, vários acórdãos sucessivos, desde que recorríveis, podem interromper a prescrição.[24]

"Em recente julgamento, o Plenário do Supremo Federal firmou a compreensão de que o acórdão confirmatório de sentença condenatória implica a interrupção da prescrição (HC nº 176.473/RR)" (STJ/AgRg nos EDcl no REsp 1.687.713 / SP. AGRAVO REGIMENTAL NOS EMBARGOS DE DECLARAÇÃO NO RECURSO ESPECIAL 2017/0191.445-6 Rel. Min. Rogerio Schietti Cruz, 6ª T., j. 09/06/2020, DJe 17/06/2020).

A simples leitura do resultado do julgamento durante a sessão do Tribunal já é suficiente para efeitos de se concluir pela publicação do acórdão e consequente interrupção da prescrição, não se exigindo, para esse fim, a publicação na imprensa.

No concurso de pessoas, em razão da norma prevista no § 1º do art. 117 do Código Penal, o efeito interruptivo se estende a todos os réus, inclusive sobre eventual codelinquente absolvido.

"A Lei nº 11.596/2007, ao alterar a redação do inciso IV do art. 117 do CP ('Art. 117 – O curso da prescrição interrompe-se: [...] IV – pela publicação da sentença ou acórdão condenatórios recorríveis;'), apenas confirmara pacífico posicionamento doutrinário e jurisprudencial no sentido que o acórdão condenatório reveste-se de eficácia interruptiva da prescrição penal. Com base nesse entendimento, a Turma indeferiu *habeas corpus* em que pleiteada a declaração de extinção da punibilidade do paciente que, inicialmente condenado por abuso de autoridade (Lei nº 4.898/65, art. 4º, A), tivera sua sentença reformada, pelo Tribunal de Justiça local, para a prática do crime de extorsão, sendo este acórdão anulado pelo STJ no tocante à causa especial de aumento de pena. Inicialmente, aduziu-se ser juridicamente relevante a existência de dois lapsos temporais, a saber: a) entre a data do recebimento da denúncia e a sentença condenatória e b) entre esta última e o acórdão que reformara em definitivo a condenação, já que o acórdão que modifica substancialmente decisão monocrática representa novo julgamento e assume, assim, caráter de marco interruptivo da prescrição. Tendo em conta a pena máxima

---

[24] Em sentido contrário, André Estefam aduz, a nosso ver equivocadamente, *permissa* vênia, que somente o acórdão que reforma a sentença absolutória, condenando o réu em grau de recurso, é que pode interromper a prescrição, ressaltando que o acórdão que confirma a sentença condenatória não possui esse efeito (André Estefam, *Direito Penal*, parte geral, p. 467).Estamos com Paulo Queiroz quando, criticando essa posição assumida por parte de nossos doutrinadores, afirma que "o equívoco é manifesto. Primeiro porque esta lei não faz distinção entre acórdão condenatório e confirmatório da sentença condenatória, distinção que é própria da decisão de pronúncia, por outras razões; no particular a distinção é arbitrária, portanto. Segundo porque o acórdão que confirma a sentença condenatória a substitui. Terceiro, porque este acórdão é tão condenatório quanto qualquer outro. Quarto, porque a distinção implicaria conferir a este acórdão efeito próprio de absolvição. Quinto, porque não faria sentido algum que o acórdão que condena pela primeira vez interrompesse o prazo prescricional e o seguinte não. Finalmente, se os argumentos no sentido de distinguir acórdão condenatório e confirmatório faziam sentido antes da reforma, já agora não o fazem mais" (Paulo Queiroz, *Direito Penal*, parte geral, p. 433).

cominada em abstrato para o delito de extorsão simples ou a sanção concretamente aplicada, constatou-se que, no caso, a prescrição não se materializara. O Min. Marco Aurélio ressaltou em seu voto que a mencionada Lei nº 11.596/2007 inserira mais um fator de interrupção, pouco importando a existência de sentença condenatória anterior, sendo bastante que o acórdão, ao confirmar essa sentença, também, por isso mesmo, mostre-se condenatório" (STF, *HC* 92.340/ SC, Rel. Min. Ricardo Lewandowski, 1ª T., julg. 18/3/2008).

14.5. Início ou continuação do cumprimento da pena

A data de início ou continuação do cumprimento da pena interrompe a prescrição da pretensão executória do Estado. Isso quer dizer que o Estado já havia formado o seu título, que aguardava apenas a sua execução. Com o início do cumprimento da pena, interrompida estará tal modalidade de prescrição.

Caso o condenado fuja, o prazo prescricional começa a correr a partir da sua fuga, e será regulado pelo tempo restante da pena. Sendo recapturado e voltando a cumprir o restante da pena que lhe fora imposta, a partir desse instante também estará interrompida a prescrição da pretensão executória. Nesse sentido, decidiu o STJ:

> "Se o acusado esteve preso legalmente por um único dia, isso já é suficiente para a interrupção do prazo prescricional (CP, art. 117, V)" (*RHC* 4.275, Rel. Edson Vidigal, DJU 5/2/1996, p. 1.408).

Durante o cumprimento da pena, evidentemente, a prescrição da pretensão executória não tem curso.

14.6. Reincidência

Embora exista posição contrária, entendemos que a reincidência, como marco interruptivo da prescrição da pretensão executória, tem o poder de gerar tal efeito a partir da data do trânsito em julgado da sentença que condenou o agente pela prática de novo crime.

Como ressaltam Zaffaroni e Pierangeli, a prescrição da pretensão executória é interrompida "na data do trânsito em julgado de nova sentença condenatória, ou seja, com sentença condenatória por um segundo crime e não na data do cometimento desse crime, muito embora parte da jurisprudência se oriente em sentido contrário, ora pela data da prática do novo crime, ora pela data da instauração de nova ação penal."[25]

14.7. Efeitos da interrupção

O § 1º do art. 117 do Código Penal diz que:

> § 1º. Excetuados os casos dos incisos V e VI deste artigo, a interrupção da prescrição, produz efeitos relativamente a todos os autores do crime. Nos crimes conexos, que sejam objeto do mesmo processo, estendese aos demais a interrupção relativa a qualquer deles.

A primeira hipótese tratada pelo mencionado parágrafo diz respeito ao concurso de pessoas. Tratando-se de prescrição da pretensão punitiva, como é o caso dos quatro primeiros marcos interruptivos previstos pelo art. 117 do Código Penal, o reconhecimento da interrupção alcançará igualmente a todos os agentes, a não ser aqueles que gozem de uma qualidade especial que lhes permita ter um prazo diferenciado dos demais, como é o caso do menores de 21 anos ao tempo do crime, bem como aos maiores de 70 anos, na data da sentença.

---

[25] ZAFFARONI, Eugênio Raúl; PIERANGELI, José Henrique. *Manual de direito penal brasileiro* – Parte geral, p. 760.

Mesmo que um dos coautores tenha sido absolvido enquanto os demais foram condenados, a sentença penal condenatória, segundo o STF, também produzirá seus efeitos com relação àquele, pois:

"O fato de corréu haver sido condenado pelo Juízo implica interrupção da prescrição quanto ao absolvido cuja situação jurídica veio alterar-se frente ao recurso interposto pelo Ministério Público. A razão de ser do preceito, socialmente aceitável, é evitar que situação precária, a beneficiar um dos corréus, vindo este a ser condenado em segundo grau, acabe por resultar em tratamento diferenciado" (HC 71.316-5, Rel. Min. Marco Aurélio, DJU 23/2/1996, p. 3.623).

No que diz respeito aos crimes conexos, Zaffaroni e Pierangeli, exemplificando, aduzem:

"A pronúncia por um delito de aborto não consentido (art. 125 do CP) estende o efeito da interrupção ao delito de sedução (art. 217 do CP),[26] ainda que o julgamento deste último delito não seja da competência do Tribunal do Júri, ainda que absolvido o agente do crime de aborto. Mas, consoante a jurisprudência, só a *conexão real ou substancial*, que é obrigatória, produz tal consequência, pois a *conexão formal ou circunstancial*, ditada pela facilidade na colheita da prova, não leva a tal conclusão."[27]

15. PRESCRIÇÃO NO CONCURSO DE CRIMES

Diz o art. 119 do Código Penal que *no caso de concurso de crimes, a extinção da punibilidade incidirá sobre a pena de cada um, isoladamente*.

As hipóteses de concurso de crimes previstas em nossa legislação penal são: *a)* concurso material; *b)* concurso formal; e *c)* crime continuado.

Em razão da determinação contida no mencionado art. 119 do Código Penal, embora a pena final aplicada possa ter sido fruto de um concurso de crimes, para efeitos de prescrição teremos de encontrar a pena de cada uma das infrações penais, individualmente, e sobre ela fazer o cálculo prescricional.

Suponhamos que alguém, culposamente, ao limpar sua arma, faça com que ela dispare e, em razão do referido disparo, duas pessoas tenham sido atingidas, sendo que uma delas morre e a outra se fere. Temos aqui, como se percebe, um concurso formal heterogêneo entre os crimes de homicídio culposo e lesão corporal também de natureza culposa. Quando o juiz for levar a efeito o cálculo do lapso prescricional, deverá observar, inicialmente, a pena máxima de cada delito em abstrato. Se não tiver ocorrido a prescrição considerando-se a pena máxima em abstrato, partirá, depois da sentença penal condenatória, para o cálculo da prescrição, considerando-se, agora, a pena aplicada na sentença, com trânsito em julgado para a acusação. Suponhamos que, com base no exemplo fornecido, tenha o agente sido condenado ao cumprimento de uma pena de 1 (um) ano e 2 (dois) meses, ou seja, foi aplicada a pena mínima prevista para o delito de homicídio culposo (um ano) e sobre ela fez incidir o aumento de um sexto, previsto pelo art. 70 do Código Penal.

Se considerássemos a pena total aplicada, a prescrição, *in casu*, ocorreria em quatro anos. Contudo, a prescrição do crime de homicídio culposo deve ser calculada isoladamente, o mesmo acontecendo com aquela correspondente à lesão de natureza culposa.

Foi por essa razão que, ao estudarmos o tópico correspondente à aplicação da pena, sugerimos que, em caso de concurso de crimes, o julgador deverá aplicar a pena para cada uma

---

[26] Hoje já revogado pela Lei nº 11.106, de 28 de março de 2005.
[27] ZAFFARONI, Eugênio Raúl; PIERANGELI, José Henrique. *Manual de direito penal brasileiro* – Parte geral, p. 761.

das infrações penais. Ao final, verificando-se o concurso, aplicará a hipótese pertinente ao caso, fazendo incidir o aumento característico de cada um.

16. PRESCRIÇÃO PELA PENA EM PERSPECTIVA (IDEAL, HIPOTÉTICA OU PELA PENA VIRTUAL)

Muito se tem discutido a respeito daquilo que se convencionou chamar de *reconhecimento antecipado da prescrição em razão da pena em perspectiva*.

Embora não concordemos em reconhecer aquilo que ainda não ocorreu efetivamente, como seria o caso do reconhecimento da prescrição considerando-se uma provável pena a ser aplicada ao autor do fato, a situação merece uma análise mais aprofundada, até mesmo para trazer outros fundamentos que possam conduzir à extinção do processo, sem julgamento do mérito, uma vez que, após a edição da Lei nº 12.234, de 5 de maio de 2010, já não é mais possível levar a efeito o raciocínio correspondente à prescrição retroativa, contada a partir da data do fato, até o efetivo recebimento da denúncia.

Assim, a discussão, agora, terá somente um foco, vale dizer, a extinção da punibilidade levando-se em consideração o raciocínio da prescrição pela pena em perspectiva (ideal, hipotética ou virtual).

O STJ, ratificando seu posicionamento, fez editar a Súmula nº 438, publicada no DJe de 13 de maio de 2010, com o seguinte enunciado:

> **Súmula nº 438.** *É inadmissível a extinção da punibilidade pela prescrição da pretensão punitiva com fundamento em pena hipotética, independentemente da existência ou sorte do processo penal.*

Entendemos que a posição, com a devida vênia, é equivocada. Isso porque, para que uma ação tenha início, ou mesmo para que possa caminhar até seu final julgamento, é preciso que se encontrem presentes as chamadas condições para o regular exercício do direito de ação, vale dizer: *a)* legitimidade; *b)* interesse; *c)* possibilidade jurídica do pedido; e *d)* justa causa.

Ao estudarmos as referidas condições da ação no capítulo a elas correspondente, dissemos que o interesse de agir se biparte em: interesse-necessidade e interesse-utilidade da medida. Concluímos que para que se possa aplicar pena haverá sempre necessidade de um procedimento formal em juízo, com todos os controles que lhe são inerentes. Portanto, sempre na jurisdição penal estará preenchida a condição interesse de agir, na modalidade necessidade da medida. Contudo, o interesse-utilidade nem sempre estará presente.

Assim, imagine-se a hipótese em que o agente tenha sido processado pela prática de um delito de lesão corporal de natureza leve, cuja pena varia de 3 (três) meses a 1 (um) ano de detenção. Vamos deixar de lado o fato de que, normalmente, esse delito é julgado pelo Juizado Especial Criminal. Suponhamos que o fato tenha ocorrido em 1º de junho de 2010. A denúncia foi recebida no dia 30 de agosto de 2010. No entanto, decorridos mais de três anos após o recebimento da denúncia, a instrução do processo ainda não foi encerrada. O juiz, a título de raciocínio, durante a correição, que é realizada anualmente, se depara com esse processo, e percebe, através de uma análise antecipada de todo o conjunto probatório, que, se o réu vier a ser condenado, jamais receberá a pena máxima prevista pelo art. 129, *caput*, do Código Penal, ou seja, sua pena, em caso de condenação, será inferior a 1 (um) ano.

Conforme a atual redação dada pela Lei nº 12.234, de 5 de maio de 2010, ao inciso VI do art. 109 do Código Penal, a prescrição ocorrerá em 3 (três) anos, se o máximo da pena é inferior a 1 (um) ano.

Assim, de acordo com o nosso exemplo, no momento em que o juiz depara com aquele processo, durante o procedimento de correição, destinado a aferir a regularidade dos feitos que estão em tramitação, verifica que já se passaram mais de 3 (anos) e que a pena, em caso de condenação, será inferior a 1 (um) ano. Isso significa que, se o réu for realmente condenado, fatalmente deverá ser reconhecida a chamada prescrição retroativa, contada a partir do recebimento da denúncia, até publicação da sentença condenatória recorrível.

Dessa forma, perguntamos: Por que levar adiante a instrução do processo se, ao final, pelo que tudo indica, será declarada a extinção da punibilidade, em virtude do reconhecimento da prescrição? Aqui, segundo nosso raciocínio, o julgador deverá extinguir o processo, sem resolução do mérito, nos termos do art. 485, VI, do Código de Processo Civil (Lei nº 13.105, de 16 de março de 2015), uma vez que, naquele exato instante, pode constatar a ausência de uma das condições necessárias ao regular exercício do direito de ação, vale dizer, o chamado *interesse-utilidade* da medida.

Portanto, mesmo que, agora, tenha uma aplicação mais limitada, uma vez que foi extinta, pela Lei nº 12.234, de 5 de maio de 2010, a possibilidade de ser reconhecida a prescrição retroativa, contada a partir da data do fato, até o recebimento da denúncia, a possibilidade de se raciocinar com a chamada prescrição pela pena em perspectiva, ideal, hipotética ou virtual ainda se mantém. Assim, não podemos concordar com a Súmula nº 438 do STJ que inadmitiu, radicalmente, o seu reconhecimento.

17. PRESCRIÇÃO E DETRAÇÃO

Pode ocorrer a hipótese em que o agente tenha sido preso cautelarmente durante determinado tempo. Esse período de prisão cautelar deverá ser deduzido quando do efetivo cumprimento da pena, de acordo com o art. 42 do Código Penal. No entanto, pergunta-se: Seria possível levar a efeito a detração, ou seja, a diminuição do tempo de pena a ser cumprido pelo agente, em virtude de sua anterior prisão cautelar, para efeito de reconhecimento da prescrição da pretensão punitiva do Estado? Respondendo a essa indagação, o STF manifestou-se, corretamente, no sentido de somente permitir o raciocínio correspondente à detração quando o cálculo da prescrição disser respeito à pretensão executória, conforme se verifica pela ementa abaixo transcrita:

> "Prescrição da pretensão punitiva *versus* prescrição da pretensão executória – Detração. A detração apenas é considerada para efeito da prescrição da pretensão executória, não se estendendo aos cálculos relativos à prescrição da pretensão punitiva" (STF, Rel. Min. Marco Aurélio, 1ª T., julg. 11/5/2010, DJe 110, 18/6/2010).

18. IMPRESCRITIBILIDADE

A Constituição Federal, excepcionando a regra da prescritibilidade, elegeu duas hipóteses em que a pretensão punitiva ou mesmo executória do Estado não é atingida, a saber:

1ª) a prática de racismo[28] (art. 5º, XLII, da CF), prevista pela Lei nº 7.716/89, com as alterações introduzidas pelas Leis nº 8.081/90, nº 9.459/97, nº 12.288/2010, nº 12.735/2012, 14.532/23, entre outras; e

2ª) a ação de grupos armados, civis ou militares, contra a ordem constitucional e o Estado Democrático (art. 5º, XLIV, da CF), com moldura no Título XII, que foi inserido ao Código Penal através da Lei nº 14.197, de 1º de setembro de 2021, prevendo os chamados "crimes contra o Estado Democrático de Direito".

---

[28] Obs.: Em 10 de janeiro de 2022 foi editado o Decreto 10.932, que promulgou a Convenção Interamericana contra o Racismo, a Discriminação Racial e Formas Correlatas de Intolerância, firmada pela Brasil, na Guatemala, em 5 de junho de 2013.

Referências

ALEXANDRINO, Marcelo; PAULO, Vicente. *Direito administrativo*. 10. ed. Niterói: Impetus, 2006.

ALMEIDA, Gevan. *Modernos movimentos de política criminal e seus reflexos na legislação brasileira*. Rio de Janeiro: Lumen Juris, 2002.

AMARAL, Cláudio do Prado. Princípios penais – Da legalidade à culpabilidade. *Revista do IBCCRIM*, São Paulo, v. 24, 2003.

AMARAL, Sylvio do. *Falsidade documental*. 3. ed. São Paulo: Revista dos Tribunais, 1989.

AMISY NETO, Abrão. *Estupro, estupro de vulnerável e ação penal*. Disponível em: <http://jus2.uol.com.br/doutrina/texto.asp?id=13404>. Acesso em: 30 ago. 2009.

ANDRADE, Eloberg Bezerra. Coexistência de princípios constitucionais: direito à vida e liberdade de crença religiosa. *Revista da Faculdade de Direito da Universidade Federal de Uberlândia*, v. 42, n. 2, 2014. Disponível em: <http://www.seer.ufu.br/index.php/revistafadir/article/view/26029/16326>. Acesso em: 14 mar. 2015.

ANTOLISEI, Francesco. *Manuale di diritto penale* – Parte generale. Milano: Giuffrè, 1955.

ARAGÃO, Antônio Moniz Sodré de. *As três escolas penais*. São Paulo: Freitas Bastos, 1955.

ARAÚJO, Gustavo Garcia. *Boletim do Instituto de Ciências Penais*. Belo Horizonte, n. 31, nov. 2002.

ARRAIS, Gerson Santana. *Homicídio simples praticado a partir de atividade de extermínio considerado como hediondo*. Disponível em: <http://jus.com.br/revista/texto/14711/homicidio-simples-praticado-a-partir-de-atividade-de-exterminio-considerado-como-hediondo#ixzz27t-0tXHHg>. Acesso em: 29 set. 2012.

ARÚS, Francisco Bueno. *La ciencia del derecho penal*: un modelo de inseguridad jurídica. Navarra: Aranzadi, 2005.

ASSEMBLEIA LEGISLATIVA DO ESTADO DO RIO DE JANEIRO. *Relatório final da Comissão Parlamentar de Inquérito*: Resolução n. 433/2008 da Assembleia Legislativa do Estado do Rio de Janeiro, p. 34. Disponível em: <http://www.marcelofreixo.com.br/site/upload/relatoriofinalportugues.pdf>. Acesso em: 29 set. 2012.

AVENA, Norberto. *Processo penal esquematizado*. São Paulo: Método, 2009.

BACIGALUPO, Enrique. *Lineamentos de la teoría del delito*. Buenos Aires: Astrea, 1974.

BACIGALUPO, Enrique. *Manual de derecho penal*. Bogotá: Temis, 1994.

BACIGALUPO, Enrique. *Tratado de derecho penal*. Buenos Aires: Abeledo- Perrot, 1969. v. V.

BANDEIRA DE MELLO, Celso Antônio. *Curso de direito administrativo*. 5. ed. São Paulo: Malheiros, 1994.

BARBOSA, Aldeleine Melhor; e outros. *Curso de direito penal* – parte especial. Salvador: Editora Juspodivm, 2013. v. 2.

BARROS, Flávio Augusto Monteiro de. *Direito penal* – Parte geral. São Paulo: Saraiva, 1999. v. I.

BARROS, Francisco Dirceu. *Código penal* – Parte geral. Niterói: Impetus, 2004.

BARROS, Francisco Dirceu. *Crimes contra a dignidade sexual para concursos*. São Paulo: Campus, 2010.

BARROS, Francisco Dirceu. *Direito penal* – Parte especial. Rio de Janeiro: Campus, 2007. v. I.

BARROS, Francisco Dirceu. *Feminicídio e neocolpovulvoplastia: As implicações legais do conceito de mulher para os fins penais*. Disponível em: <http://franciscodirceubarros.jusbrasil.com.br/artigos/173139537/feminicidio-e-neocolpovulvoplastia-as-implicacoes-legais-do-conceito--de-mulher-para-os-fins-penais>. Acesso em: 14 mar. 2015.

BARROS, Francisco Dirceu. *Os agentes passivos do homicídio funcional*: Lei n. 13.142/2015. A controvérsia da terminologia autoridade e o filho adotivo como agente passivo do homicídio funcional. Disponível em: <http://jus.com.br/artigos/41302/os-agentes-passivos-do-homicidio-funcional-lei-n-13-142-2015>. Acesso em: 5 ago. 2015.

BARROS, Marco Antonio de. *A busca da verdade no processo penal*. São Paulo: Revista dos Tribunais, 2002.

BATISTA, Nilo. *Concurso de agentes*. 2. ed. Rio de Janeiro: Lumen Juris, 2004.

BATISTA, Nilo. *Introdução crítica ao direito penal brasileiro*. Rio de Janeiro: Revan, 1996.

BATISTA, Nilo; ZAFFARONI, Eugenio Raúl; ALAGIA, Alejandro; SLOKAR, Alejandro. *Direito penal brasileiro*. Rio de Janeiro: Revan, 2003. v. I.

BATISTA, Weber Martins. *O furto e o roubo no direito e no processo penal*. 2. ed. Rio de Janeiro: Forense, 1995.

BECCARIA, Cesare. *Dos delitos e das penas*. São Paulo: Revista dos Tribunais, 1999.

BEJERANO GUERRA, Fernando. John Howard: inicio y bases de la reforma penitenciaria. In: VALDÉS, García (Dir.). *Historia de la prisión*: teorías economicistas: critica. Madrid: Edisofer, 1997.

BERENGUER, Enrique Orts. *Comentários al código penal de 1995*. Valencia: Tirant lo Blanch, 1996. v. I.

BERGEL, Jean-Louis. *Teoria geral do direito*. São Paulo: Martins Fontes, 2001.

BETANHO, Luiz Carlos. *Código penal e sua interpretação jurisprudencial*. São Paulo: Revista dos Tribunais, 1997.

BETTIOL, Giuseppe. *Direito penal*. Campinas: Red Livros, 2000.

BETTIOL, Giuseppe. *Direito penal*. São Paulo: Revista dos Tribunais, 1976. v. I.

BÉZE, Patrícia Mothé Glioche. *Concurso formal e crime continuado*. Rio de Janeiro: Renovar, 2001.

BIANCHINI, Alice. *Pressupostos materiais mínimos da tutela penal*. São Paulo: Revista dos Tribunais, 2002.

BÍBLIA DE ESTUDOS GENEBRA. São Paulo: Cultura Cristã, 1999.

BÍBLIA SAGRADA. *Nova tradução na linguagem de hoje*. São Paulo: Sociedade Bíblica do Brasil, 2001.

BIDASOLO, Mirentxu Corcoy. *Delitos de peligro y protección de bienes jurídicos--penales supraindividuales*. Valencia: Tirant lo Blanch, 1999.

BIERRENBACH, Sheila de Albuquerque. *Crimes omissivos impróprios*. Belo Horizonte: Del Rey, 1996.

BIERRENBACH, Sheila de Albuquerque; FERNANDES LIMA, Walberto. *Comentários à lei de tortura* – Aspectos penais e processuais penais. Rio de Janeiro: Lumen Juris, 2006.

BITENCOURT, Cezar Roberto. Assédio sexual: contribuição jurídico-normativa da globalização. In: *Assédio sexual*. São Paulo: Saraiva, 2002.

BITENCOURT, Cezar Roberto. *Código penal comentado*. São Paulo: Saraiva, 2002.

BITENCOURT, Cezar Roberto. *Erro jurídico-penal*. São Paulo: Revista dos Tribunais, 1996.

BITENCOURT, Cezar Roberto. *Falência da pena de prisão*. São Paulo: Revista dos Tribunais, 1993.

BITENCOURT, Cezar Roberto. *Lições de direito penal* – Parte geral. Porto Alegre: Livraria do Advogado, 1995.

BITENCOURT, Cezar Roberto. *Manual de direito penal* – Parte geral. São Paulo: Saraiva, 2000. v. I.

BITENCOURT, Cezar Roberto. MUÑOZ CONDE, Francisco. *Teoria geral do delito*. São Paulo: Saraiva, 2000.

BITENCOURT, Cezar Roberto. *Tratado de direito penal – parte especial*. 7. ed. São Paulo: Saraiva, 2013, v. IV.

BITENCOURT, Cezar Roberto. *Tratado de direito penal*. 3. ed. São Paulo: Saraiva, 2003. v. II.

BITENCOURT, Cezar Roberto. *Tratado de direito penal*. São Paulo: Saraiva, 2003. v. III.

BITENCOURT, Cezar Roberto; PRADO, Luiz Regis. *Código penal anotado*. São Paulo: Revista dos Tribunais, 1999.

BIZZOTTO, Alexandre; RODRIGUES, Andreia de Brito. *Nova lei de drogas*. 2. ed. Rio de Janeiro: Lumen Juris, 2007.

BOBBIO, Norberto. *Teoria do ordenamento jurídico*. Brasília: Editora UnB, 1982.

BOCKELMANN, Paul. *Relaciones entre autoría e participación*. Buenos Aires: Abeledo-Perrot, 1960.

BONAVIDES, Paulo. *Ciência política*. São Paulo: Malheiros, 1994.

BONAVIDES, Paulo. *Curso de direito constitucional*. São Paulo: Malheiros, 1996.

BORJA JIMÉNEZ, Emiliano. *Curso de política criminal*. Valencia: Tirant lo Blanch, 2003.

BOSCHI, José Antônio Paganella. *Das penas e seus critérios de aplicação*. 2. ed. Porto Alegre: Livraria do Advogado, 2002.

BRAGA, Vera Regina de Almeida. *Pena de multa substitutiva no concurso de crimes*. São Paulo: Revista dos Tribunais, 1997.

BRANQUINHO, Wesley Marques. *O novo divórcio – Emenda Constitucional n. 66*. Disponível em: <http://jus.uol.com.br/revista/texto/16997/o-novo-divorcio-emenda-constitucional-n-66>.

BRASIL. Ministério da Saúde. Secretaria de Atenção à Saúde. Departamento de Atenção Especializada. *Regulação médica das urgências*. Brasília: Ed. do Ministério da Saúde, 2006. Módulo II (Série A. Normas e Manuais Técnicos).

BRASIL. Supremo Tribunal Federal. Plenário: dispositivo da lei de contravenções penais é incompatível com a Constituição. Notícias STF, Brasília, 3 out. 2013. Disponível em: <http://www.stf.jus.br/portal/cms/verNoticiaDetalhe.asp?idConteudo=25005>.

BRASIL. Supremo Tribunal Federal. Supremo julga procedente ação da PGR sobre Lei Maria da Penha. *Notícias do STF*, 9 fev. 2012. Disponível em: <www.stf.jus.br/portal/cms/verNoticiaDetalhe.asp?...->.

BRITO FILHO, José Cláudio Monteiro de. *Trabalho com redução do homem a condição análoga à de escravo e dignidade da pessoa humana*. Disponível em: <http://www.pgt.mpt.gov.br/publicacoes>.

BRUNO, Aníbal. *Crimes contra a pessoa*. 4. ed. Rio de Janeiro: Editora Rio, 1976.

BRUNO, Aníbal. *Direito penal – Parte geral*. Rio de Janeiro: Forense, 1967.

BRUNO, Aníbal. *Direito penal*. 4. ed. Rio de Janeiro: Forense, 1984. t. II.

BRUNO, Aníbal; HUAPAYA, Sandro Montes. *Introdução ao direito penal – Fundamentos para um sistema penal democrático*. Rio de Janeiro: Lumen Juris, 2003.

BUSATO, Paulo César. *Direito penal – parte especial 1*. São Paulo: Atlas, 2014.

BUSTOS RAMÍREZ, Juan J. *Leciones de derecho penal*. Madrid: Trotta, 1997. v. I.

BUSTOS RAMÍREZ, Juan J. *Nuevo sistema de derecho penal*. Madrid: Trotta, 2004.

BUSTOS RAMÍREZ, Juan J.; HORMAZÁBAL MALARÉE, Hernán. *Lecciones de derecho penal*. Madrid: Trotta, 1999. v. II.

CABETTE, Eduardo Luiz Santos. *A Lei n. 11.923/09 e o famigerado sequestro-relâmpago. – Afinal, que raio de crime é esse?* Disponível em: <http://jus2.uol.com.br/doutrina/texto.asp?id=12760>. Acesso em: 29 ago. 2009.

CABETTE, Eduardo Luiz Santos. *Homicídio e lesões corporais de agentes de segurança pública e forças armadas*: alterações da Lei 13.142/15. Disponível em: <http://jus.com.br/artigos/40830/homicidio-e-lesoes-corporais-de-agentes-de-seguranca-publica-e-forcas-armadas-alteracoes-da-lei-13-142-15>. Acesso em: 5 ago. 2015.

CABRAL NETTO, Joaquim. *Instituições de processo penal*. Belo Horizonte: Del Rey, 1997.

CALDERÓN, Ángel; CHOCLÁN, José Antonio. *Derecho penal* – Parte especial. 2. ed. Madrid: Bosch, 2001, v. II.

CALHAU, Lélio Braga. *Desacato*. Belo Horizonte: Mandamentos, 2004.

CALHAU, Lélio Braga. *Vítima e direito penal*. Belo Horizonte: Mandamentos, 2002.

CALLEGARI, André Luis. *Imputação objetiva* – Lavagem de dinheiro e outros temas do direito penal. Porto Alegre: Livraria do Advogado, 2001.

CAMARGO, A. L. Chaves. *Culpabilidade e reprovação penal*. São Paulo: Sugestões Literárias, 1994.

CAPARRÓS, José E. Sáinz-Cantero. *La codelinquencia en los delitos imprudentes en el código penal de 1995*. Madrid: Marcial Pons, 2001.

CAPEZ, Fernando. *Arma de fogo*. São Paulo: Saraiva, 1997.

CAPEZ, Fernando. *Curso de direito penal* – Parte geral. São Paulo: Saraiva, 2000.

CAPEZ, Fernando. *Curso de direito penal*. 3. ed. São Paulo: Saraiva, 2003. v. 2.

CAPEZ, Fernando. *Curso de direito penal*. São Paulo: Saraiva, 2004. v. 3.

CARMONA SALGADO, C.; GONZÁLEZ RUS, J. J.; MORILLAS CUEVA, L.; POLAINO NAVARRETE, M. *Manual de derecho penal* – Parte especial. Madrid: Editoriales de Derecho Reunidas, 1993.

CARNELUTTI, Francesco. *Lecciones sobre el proceso penal*. Buenos Aires: Ediciones Jurídicas Europa--América/Bosch, 1950. v. II.

CARRARA, Francesco. *Programa de derecho criminal* – Parte especial. Bogotá: Temis, 1973. v. 1-2.

CARRARA, Francesco. *Programa de derecho criminal*. Bogotá: Temis, 1991. v. VI.

CARRARA, Francesco. *Programa de derecho criminal*. Bogotá: Temis, 1988. v. III.

CARRARA, Francesco. *Programa do curso de direito criminal* – Parte geral. Campinas: LZN, 2002. v. 2.

CARVALHO FILHO, Aloysio de. *Comentários ao código penal*. Rio de Janeiro: Forense, 1958. v. IV.

CARVALHO FILHO, José dos Santos. *Manual de direito administrativo*. Rio de Janeiro: Freitas Bastos, 1997.

CARVALHO, Salo de. *Pena e garantias* – Uma leitura do garantismo de Luigi Ferrajoli. Rio de Janeiro: Lumen Juris, 2001.

CARVALHO, Salo de; CARVALHO, Amilton Bueno de. *Aplicação da pena e garantismo*. Rio de Janeiro: Lumen Juris, 2001.

CASTILLO JIMENEZ, Cinta. *Protección del derecho a la intimidad y uso de las nuevas tecnologias de la información*. 2001. Huelva: Facultad de Derecho. Universidad de Huelva. v. 1: Derecho y conocimiento.

CASTRO, Viveiros de. *A nova escola penal*. Rio de Janeiro: Jacintho, 1913.

CAVALCANTE, Márcio André Lopes. *Comentários à Lei 12.971/2014*, que alterou o Código de Trânsito Brasileiro. 2014. Disponível em: <http://www.dizerodireito.com.br/2014/05/comentarios-lei--129712014-que-alterou-o.html>. Acesso em: 19 mai. 2014.

CENTRO DE ESTUDOS, RESPOSTA E TRATAMENTO DE INCIDENTES DE SEGURANÇA NO BRASIL. *Cartilha de segurança*. Disponível em: <http://cartilha.cert.br/malware/>. Acesso em: 10 dez. 2012.

CEREZO MIR, José. *Curso de derecho penal español* – Parte general. Madrid: Tecnos, 2001. v. II e III.

CEREZO, Ángel Calderón; MONTALVO, José Antonio Choclán. *Derecho penal*. 2. ed. Barcelona: Bosch, 2001. t. II.

CERNICCHIARO, Luiz Vicente; COSTA JR., Paulo José da. *Direito penal na* Constituição. São Paulo: Revista dos Tribunais, 1995.

CERVINI, Raúl. *Os processos de descriminalização*. São Paulo: Revista dos Tribunais, 1995 (Tradução da 2. ed. espanhola).

CHAMPLIN, Russell Norman; BENTES, João Marques. *Enciclopédia de bíblia, teologia e filosofia*. São Paulo: Candeia, 1997. v. 6.

CHAMPLIN, Russell Norman; BENTES, João Marques. *Enciclopédia de bíblia, teologia e filosofia*. São Paulo: Candeia, 1997. v. 6.

CHIMENTI, Ricardo Cunha; CAPEZ, Fernando; ROSA, Márcio F. Elias; SANTOS, Marisa F. *Curso de direito constitucional*. São Paulo: Saraiva, 2004.

CHOUKR, Fauzi Hassan. *Código de processo penal*. Rio de Janeiro: Lumen Juris, 2005.

CINTRA, Antônio Carlos de Araújo; GRINOVER, Ada Pelegrini; COMPARATO, Fábio Konder. *A afirmação histórica dos direitos humanos*. São Paulo: Saraiva, 2001.

COBO DEL ROSAL, Manuel; VIVES ANTÓN, Tomás S. *Derecho penal* – Parte general. Velencia: Tirant lo Blanch, 1999.

COÊLHO, Yuri Carneiro. *Curso de direito penal didático*. São Paulo: Atlas, 2015.

COMPARATO, Fábio Konder. *A afirmação histórica dos direitos humanos*. São Paulo: Saraiva, 2001.

CONTRERAS, Guillermo Portilla. *La influencia de las ciencias sociales en el derecho penal* – La defensa del modelo ideológico neoliberal en las teorías funcionalistas y en el discurso ético de Habermas sobre selección de los intereses penales (Crítica y justificación del derecho penal en el cambio de siglo – El análisis crítico de la Escuela de Frankfurt). Cuenca: Editeones de la Universidade de Castilla-La Mancha, 2003.

COPELLO, Patricia Laurenzo. *Dolo y conocimiento*. Valencia: Tirant lo Blanch, 1999.

COPETTI, André. *Direito penal e estado democrático de direito*. Porto Alegre: Livraria do Advogado, 2000.

CORDOBA RODA, Juan. *Culpabilidad y pena*. Barcelona: Ariel, 1989.

CORRAL, José Luis. *Historia de la pena de muerte*. Madrid: Aguilar, 2005.

COSTA JÚNIOR, Paulo José da. *Agressões à intimidade* – O episódio Lady Dy. São Paulo: Malheiros, 1997.

COSTA JÚNIOR, Paulo José da. *Curso de direito penal* – Parte geral. São Paulo: Saraiva, 1991. v. I.

COSTA JÚNIOR, Paulo José da. *Curso de direito penal*. São Paulo: Saraiva, 1991. vol. 1, 2 e 3.

COSTA JÚNIOR, Paulo José da. *Direito penal objetivo*. Rio de Janeiro: Forense Universitária, 1989.

COSTA JÚNIOR, Paulo José da. *Nexo causal*. São Paulo: Malheiros, 1996.

COSTA JÚNIOR, Paulo José da. *O crime aberrante*. Belo Horizonte: Del Rey, 1996.

COSTA, Álvaro Mayrink da. *Direito penal* – Parte especial. 5. ed. Rio de Janeiro: Forense, 2001.

COSTA, Marco Aurélio Rodriques da. *Crimes de informática*. Jus Navegandi, Teresina, ano 1, n. 12, mai. 1997. Disponível em: <http://jus2.uol.com.br/doutrina/texto.asp?id=1826>. Acesso em: 20 jan. 2009.

COSTA, Wille Duarte. *Títulos de crédito*. Belo Horizonte: Del Rey, 2003.

CUERDA RIEZU, Antonio. *El legislador y el derecho penal* (una orientación a los orígenes). Madrid: Editorial Centro de Estudios Ramon Areces, 1991.

CUESTA AGUADO, Paz Mercedes de La. *Tipicidad e imputación objetiva*. Argentina: Cuyo, 1998.

CUNHA, Rogério Sanches. *Direito penal* – Parte especial. São Paulo: Revista dos Tribunais, v. 3, 2008.

CUNHA, Rogério Sanches. *Manual de direito penal* – parte especial, volume único. 5. ed. Salvador: Editora Juspodivm, 2013.

CUNHA, Rogério Sanches. *Manual de direito penal* – Parte geral. Salvador: Juspodivm, 2013.

CUNHA, Rogério Sanches. *Nova Lei 13.142/15*: breves comentários. Disponível em: <http://www.portalcarreirajuridica.com.br/noticias/nova-lei-13-142-15-breves-comentarios-por-rogerio--sanches-cunha>. Acesso em: 5 ago. 2015.

CUNHA, Rogério Sanches; PINTO, Ronaldo Batista. *Crime organizado* – Comentários à nova lei sobre o crime organizado – Lei n. 12.850/2013, Salvador: Juspodivm, 2013.

CUNHA, Sérgio Sérvulo da. O que é um princípio. GRAU, Eros Roberto (Coord.). In: *Estudos de direito constitucional em homenagem a José Afonso da Silva*. São Paulo: Malheiros, 2003.

CURY URZÚA, Enrique. *Derecho penal* – Parte general. Santiago: Jurídica de Chile, 1992.

D'URSO, Luiz Flávio Borges. *A tradição do pendura*. Disponível em: <http:// www.novomilenio.inf.br/festas/pendura.htm>.

DAHRENDORF, Ralf. *A lei e a ordem*. Rio de Janeiro: Instituto Liberal, 1997.

DEL-CAMPO, Eduardo Roberto. *Penas restritivas de direitos*. São Paulo: Juarez de Oliveira, 1999.

DELGADO, Lucrecio Rebollo. *Derechos fundamentales y protección de datos*. Madrid: Dykinson, 2004.

DELMANTO, Celso. *Código penal comentado*. Rio de Janeiro: Renovar, 1986.

DELMANTO, Celso; DELMANTO, Roberto; DELMANTO JÚNIOR, Roberto; DELMANTO, Fábio M. de Almeida. *Código penal comentado*. 6. ed. Rio de Janeiro: Renovar, 2002.

DIAS, Jorge de Figueiredo; ANDRADE, Manuel da Costa. *Criminologia* – O homem delinquente e a sociedade criminógena. Coimbra: Coimbra Editora, 1997.

DIAS, José de Aguiar. *Da responsabilidade civil*. Rio de Janeiro: Forense, 1994.

DIAS, Maria Berenice. *O fim da separação judicial – Um novo recomeço*. Disponível em: <http://www.mariaberenice.com.br>.

DÍAZ, Gerardo Landrove. *La moderna victimología*. Valencia: Tirant lo Blanch, 1998.

DINAMARCO, Cândido Rangel. *Teoria geral do processo*. 17. ed. São Paulo: Malheiros, 2001.

DONNA, Edgardo Alberto. *Derecho penal* – Parte general. Buenos Aires: Rubinzal-Culzoni, 2008. t. I: Fundamentos – Teoría de la ley penal.

DOTTI, René Ariel. *Curso de direito penal* – Parte geral. Rio de Janeiro: Forense, 2001.

DOTTI, René Ariel. *Penas restritivas de direitos*. São Paulo: Revista dos Tribunais, 1999.

DOTTI, René Ariel. *Reforma penal brasileira*. Rio de Janeiro: Forense, 1988.

DOUGLAS, William; CALHAU, Lélio Braga; KRYMCHANTOWSKY, Abouch V. DUQUE, Flávio Granado. *Medicina legal*. 5. ed. Rio de Janeiro: Impetus, 2003.

DUARTE, Antonio Aurélio Abi Ramia. *Aspectos concernentes à responsabilidade penal da pessoa jurídica*. Disponível em: <http://www.netflash.com.br/ justicavirtual>.

EMILIO SARRULE, Oscar. *La crisis de legitimidad del sistema jurídico penal* (Abolicionismo ou justificación). Buenos Aires: Editorial Universidad, 1998.

ESQUERDO, Esperanza Vaello. *Introducción al derecho penal*. San Vicente del Raspeig: Universidad de Alicante, 2002.

ESTEFAM, André. *Crimes sexuais* – Comentários à Lei n. 12.015, de 7 de agosto de 2009. São Paulo: Saraiva, 2009.

ESTEFAM, André. *Direito penal* – Parte geral. São Paulo: Saraiva, 2013, v. 1.

FALCÓN Y TELLA, Maria José. FALCÓN Y TELLA, Fernando. *Fundamento y finalidad de la sanción*: ¿un derecho a castigar? Madrid: Marcial Pons, 2005.

FALEIROS, Eva. T. Silveira. *A exploração sexual de crianças e adolescentes no Brasil:* reflexões teóricas, relatos de pesquisas e intervenções psicossociais. Renata Maria Coimbra Libório e Sônia M. Gomes Sousa (Orgs.). Casa do Psicólogo. Editora da ACG, 2004.

FARIA, Bento de. *Código penal brasileiro* (comentado). Rio de Janeiro: Record, 1961. v. V e VI.

FÁVERO, Flamínio. *Medicina legal*. São Paulo: Martins, 1980. v. 1-2.

FERNANDES GOMES, Abel; PRADO, Geraldo; DOUGLAS, William. *Crime organizado*. Rio de Janeiro: Impetus, 2000.

FERNANDES, Newton; FERNANDES, Valter. *Criminologia integrada*. São Paulo: Revista dos Tribunais, 2002.

FERNÁNDEZ, Gonzalo D. *Bien jurídico y sistema del delito*. Buenos Aires: Editorial BdeF, 2004.

FERRAJOLI, Luigi. *Derechos y garantías* – La ley del más débil. Madri: Trotta, 2001.

FERRAJOLI, Luigi. *Direito e razão* – Teoria do garantismo penal. São Paulo: Revista dos Tribunais, 2002.

FERRAJOLI, Luigi. *El garantismo y la filosofía del derecho*. Colombia: Universidade Externado de Colombia, 2000 (Série de Teoria Jurídica y Filosofia del Derecho, n. 15).

FERRAZ, Esther de Figueiredo. *A codelinquência no direito penal brasileiro*. São Paulo: Bushatsky, 1976.

FERRÉ OLIVÉ, Juan Carlos; NUÑEZ PAZ, Miguel Ángel; OLIVEIRA, William Terra de; BRITO, Alexis Couto de. *Direito penal brasileiro* – parte geral – princípios fundamentais e sistema. 2ª ed. São Paulo: Saraiva, 2017.

FERREIRA DA COSTA, Elder Lisbôa. *Compêndio teórico e prático do tribunal do júri*. Campinas: Jurídica Mizuno, 2004.

FERREIRA DA COSTA, Elder Lisbôa. *Curso de direito criminal* – Parte geral. Belém: Unama, 2007.

FERREIRA DA COSTA, Elder Lisbôa. *Direito criminal constitucional* – uma visão sociológica e humanista. Parte geral. Belém: Editora Paka-Tatu, 2012.

FERREIRA DA COSTA, Elder Lisbôa. *Tratado de direito penal* – historicidade e atualidade do penalismo. 2ª ed. Rio de janeiro: Lumen Juris, 2017.

FERREIRA, Fernando José Araújo. Processo seletivo vestibular nas universidades e faculdades particulares e a nova LDB (Lei n. 9.394/96). *Revista Eletrônica PRPE*, out. 2003.

FERREIRA, Manuel Cavaleiro de. *Lições de direito penal* – Parte geral, 1992.

FERRI, Enrico jurista. *I nuovi orizzonti del diritto e della procedura penale*. Bologna: Zanichelli, 1881.

FEU ROSA, Antônio José Miguel. *Direito penal* – Parte geral. São Paulo: Revista dos Tribunais, 1993.

FEUERBACH, Johann Paul Anselm von. *Tratado de derecho penal*. Tradução de Eugenio Raul Zaffaroni e Irma Hagemaier. Buenos Aires: Hammurabi, 2007.

FIGUEIREDO DIAS, Jorge e ANDRADE, Manoel da Costa. *Criminologia* – O homem delinquente e a sociedade criminógena. Coimbra: Coimbra Editora, 1997.

FLETCHER, George P. *Las victimas ante el jurado*. Valencia Tirant lo Blanch, 1997.

FONSECA NETO, Alcides da. *O crime continuado*. Rio de Janeiro: Lumen Juris, 2004.

FONTÁN BALESTRA, Carlos. *Derecho penal* – Parte general. Buenos Aires: Abeledo-Perrot, 1953.

FONTÁN BALESTRA, Carlos. *Misión de garantía del derecho penal*. Buenos Aires: De Palma, 1950.

FONTÁN BALESTRA, Carlos. *Tratado de derecho penal*. Buenos Aires: Abeledo-Perrot, 1969. v. IV-V.

FOUCAULT, Michel. *Vigiar e punir*. 23. ed. Petrópolis: Vozes, 2000.

FRAGOSO, Heleno Cláudio. *Conduta punível*. São Paulo: Bushatsky, 1961.

FRAGOSO, Heleno Cláudio. *Crimes omissivos por comissão (?)*. Disponível em: <http://www.buscalegis.ufsc.br/revistas/index.php/buscalegis/article/view/11339/10904>. Acesso em: 3 ago. 2010.

FRAGOSO, Heleno Cláudio. *Lições de direito penal* – Parte especial. Rio de Janeiro: Forense, 1981.

FRAGOSO, Heleno Cláudio. *Lições de direito penal* – Parte especial. 4. ed. Rio de Janeiro: Forense, 1984.

FRAGOSO, Heleno Cláudio. *Lições de direito penal*: parte geral. 16. ed. atual. por Fernando Fragoso. Rio de Janeiro: Forense, 2003.

FRANÇA, Genival Veloso de. *Fundamentos de medicina legal*. Rio de Janeiro: Guanabara Koogan, 2005.

FRANÇA, Genival Veloso de. *Medicina legal*. 7. ed. Rio de Janeiro: Guanabara Koogan, 2004.

FRANÇA, Rubens Limongi. *Instituições de direito civil.* 4. ed. São Paulo: Saraiva, 1996.

FRANK, Reinhard. *Sobre la estrutura del concepto de culpabilidad.* Buenos Aires: IBDEF, 2000.

FREITAS, Gilberto Passos de; FREITAS, Vladimir Passos de. *Abuso de autoridade.* 9. ed. São Paulo: Revista dos Tribunais, 2001.

FÜHRER, Maximiliano Roberto Ernesto; FÜHRER, Maximilianus Cláudio Américo. *Código Penal comentado.* 3. ed. São Paulo: Malheiros, 2010.

FURLANETO NETO, Mário; GUIMARÃES, José Augusto Chaves. Crimes na internet: elementos para uma reflexão sobre a ética informacional. *Revista CEJ*, Brasília, n. 20, jan./mar. 2003.

GAGLIANO, Pablo Stolze. *A nova emenda do divórcio* – Primeiras reflexões. Disponível em: <http://www.pablostolze.com.br>.

GALVÃO, Fernando. *Aplicação da pena.* Belo Horizonte: Del Rey, 1995.

GALVÃO, Fernando. *Direito Penal – crimes contra a administração pública.* Belo Horizonte: D'Plácido Editora, 2015.

GALVÃO, Fernando. *Direito penal – crimes contra a pessoa.* São Paulo: Saraiva, 2013.

GALVÃO, Fernando. *Direito penal –* Parte geral. Niterói: Impetus, 2004.

GALVÃO, Fernando. Imputação objetiva nos delitos omissivos. *Revista Brasileira de Ciências Criminais*, São Paulo, v. 33, mar. 2001.

GALVÃO, Fernando. *Imputação objetiva.* Belo Horizonte: Mandamentos, 2000.

GALVÃO, Fernando. *Noções elementares sobre a teoria do crime.* Viçosa: Imprensa Universitária, 1993.

GALVÃO, Fernando. *Responsabilidade penal da pessoa jurídica.* Belo Horizonte: Del Rey, 2003.

GALVÃO, Fernando; GRECO, Rogério. *Estrutura jurídica do crime.* Belo Horizonte: Mandamentos, 1999.

GALVETE, Javier. *Fragmentos y ensayos*: apuntes biográficos sobre John Howard. Madrid: Librería Naval y Extranjera, 1876.

GARCIA ENTERRIA, Eduardo de. *La lengua de los derechos* – La información del derecho público europeo trás la revolución francesa. Madrid: Civitas, 2001.

GARCIA, Basileu. *Instituições de direito penal.* 7. ed. rev. e atual. São Paulo: Saraiva, 2008. v. 1, t. 1.

GARCIA-PABLOS DE MOLINA, Antonio. *Tratado de criminologia.* 4. ed. atual., corr. e aum. Valencia: Tirant lo Blanch, 2009.

GAROFALO, Raphaele. *Criminologia.* Lisboa: Clássica, 1916.

GARRIDO, Vicente; STANGELAND, Per; REDONDO, Santiago. *Principios de criminologia.* Valencia: Tirant lo Blanch, 2001.

GIACOMOLLI, Nereu José. *Reformas(?) do processo penal.* Rio de Janeiro: Lumen Juris, 2008.

GIORDANI, Mário Curtis. *Direito penal romano.* Rio de Janeiro: Lumen Juris, 1997.

GIRÃO, Rubia Mara Oliveira Castro. *Crime de assédio sexual.* São Paulo: Atlas, 2004.

GOMES, José Jairo. *Teoria geral do direito civil.* Belo Horizonte: Del Rey, 2009.

GOMES, Luiz Flávio. *Crimes previdenciários.* 3. ed. São Paulo: Revista dos Tribunais, 2001.

GOMES, Luiz Flávio. *Delito de bagatela, princípio da insignificância e princípio da irrelevância penal do fato.* 18 abr. 2004. Disponível em: <http://www.lfg.com.br/public_html/article.php?story=20041008145549539p&mode=print>. Acesso em: 8 ago. 2011.

GOMES, Luiz Flávio. *Erro de tipo e erro de proibição.* São Paulo: Revista dos Tribunais, 1999.

GOMES, Luiz Flávio. *Estudos de direito penal e processo penal.* São Paulo: Revista dos Tribunais, 1999.

GOMES, Luiz Flávio. Medidas de segurança e seus limites. *Revista Brasileira de Ciências Criminais*, n. 2, 1993.

GOMES, Luiz Flávio. *Norma e bem jurídico no direito penal.* São Paulo: Revista dos Tribunais, 2002.

GOMES, Luiz Flávio. *O princípio da ofensividade no direito penal*. São Paulo: Revista dos Tribunais, 2002.

GOMES, Luiz Flávio. *Penas e medidas alternativas à prisão*. São Paulo: Revista dos Tribunais, 1999.

GOMES, Luiz Flávio; BIANCHINI, Alice. *Crimes de responsabilidade fiscal*. São Paulo: Revista dos Tribunais, 2001.

GOMES, Luiz Flávio; BIANCHINI, Alice; CUNHA Rogério Sanches; OLIVEIRA, William Terra de. *Nova lei de drogas comentada*. São Paulo: Revista dos Tribunais, 2006.

GOMES, Luiz Flávio; CUNHA, Rogério Sanches; MAZZUOLI, Valerio de Oliveira. *Comentários à reforma criminal de 2009 e à convenção de Viena sobre o direito dos tratados*. São Paulo: Revista dos Tribunais, 2009.

GOMES, Luiz Flávio; GARCIA-PABLOS DE MOLINA, Antonio. *Direito Penal – parte geral*, v. 2. São Paulo: Revista dos Tribunais, 2007.

GÓMEZ DE LA TORRE, Ignacio Verdugo; ZAPATERO, Luis Arroyo; OLIVÉ, Juan Carlos Ferre; PIEDECASAS, José Ramón Serrano; RIVAS, Nicolas García. *Lecciones de derecho penal* – Parte general. 2. ed. Barcelona: Editorial Práxis, 1999.

GONZÁLEZ PARRA, Ricardo. Jeremy Bentham: el utilitarismo y su influencia en la reforma del sistema penitenciário In: VALDÉS, García (Dir.). *Historia de la prisión* – Teorías economicistas: critica. Madrid: Edisofer, 1997.

GONZÁLEZ RUS, Juan José. *Control electrónico y sistema penitenciario*. VIII Jornadas penitenciarias Andaluzas, Junta de Andalucia, Consejeria de Gobernación, 1994.

GRANDINETTI, Luiz Gustavo; BATISTA, Nilo; MELLO, Adriana Ramos de; PINHO, Humberto Dalla Bernardina de; PRADO, Geraldo. *Violência doméstica e familiar contra a mulher*. Rio de Janeiro: Lumen Juris, 2007.

GRECO FILHO, Vicente. *Direito processual civil brasileiro*. 7. ed. São Paulo: Saraiva, 1993. v. 3.

GRECO FILHO, Vicente. *Manual de processo penal*. São Paulo: Saraiva, 1991.

GRECO, Luís. *Funcionalismo e imputação objetiva no direito penal*. Rio de Janeiro: Renovar, 2002.

GRECO, Rogério. *Código penal comentado*. 9. ed. Rio de Janeiro: Impetus, 2015.

GRECO, Rogério. *Curso de direito penal*: parte especial. 11 ed. Rio de Janeiro: Impetus, 2015. v. IV.

GRECO, Rogério. *Curso de direito penal*: parte especial. 12. ed. Rio de Janeiro: Impetus, 2015. v. II.

GRECO, Rogério. *Curso de direito penal*: parte especial. 12. ed. Rio de Janeiro: Impetus, 2015. v. III.

GRECO, Rogério. *Curso de direito penal*: parte geral. 17. ed. Rio de Janeiro: Impetus, 2015.

GRECO, Rogério. *Direito penal do equilíbrio* – Uma visão minimalista do direito penal. 2. ed. Rio de Janeiro: Impetus, 2006.

GRECO, Rogério. *Direito penal do equilíbrio* – Uma visão minimalista do direito penal. 8. ed. Rio de Janeiro: Impetus, 2015.

GRECO, Rogério. *Os absurdos da Lei 12.971, de 9 de maio de 2014*. Disponível em: <http://www.impetus.com.br/artigo/786/os-absurdos-da-lei-n-12971-de-9-de-maio-de-2014>.

GRECO, Rogério. *Sistema prisional* – Colapso atual e soluções alternativas. 2. ed. Rio de Janeiro: Impetus, 2015.

GRECO, Rogério; GOMES FILHO, Antonio Magalhães; FERNANDES, Antonio Scarance; Luiz Flávio. *Juizados especiais criminais*. 4. ed. São Paulo: Revista dos Tribunais, 2002.

GRINOVER, Ada Pellegrini; FERNANDES, Antonio Scarance; GOMES FILHO, Antônio Magalhães. *As nulidades no processo penal*. São Paulo: Revista dos Tribunais, 1999.

GUILLERMO LUCERO, Pablo; ANDRÉS KOHEN, Alejandro. *Delitos informáticos*. Buenos Aires: Ediciones D & D, 2010.

GUTIÉRREZ FRANCÉS, Mariluz. *Ámbito jurídico de las tecnologías de la información*. Madrid: Consejo General de Poder Judicial, 1996.

HASSEMER, Winfried. *Três temas de direito penal*. Porto Alegre: Fundação Escola Superior do Ministério Público, 1993.

HASSEMER, Winfried; MUÑOZ CONDE, Francisco. *Introducción a la criminologia*. Valencia: Tirant lo Blanch, 2001.

HERINGER JÚNIOR, Bruno. *Objeção de consciência e direito penal* – Justificação e limites. Rio de Janeiro: Lumen Juris, 2007.

HIRECHE, Gamil Föppel El. *Análise criminológica das organizações criminosas*. Rio de Janeiro: Lumen Juris, 2005.

HOLANDA, Aurélio Buarque de. *Novo dicionário Aurélio da língua portuguesa*. 4. ed. Curitiba: Positivo, 2009.

HOWARD, John. *The state of the prisons in England and Wales*: with preliminary observations, and an account of some foreign prisons. Toscana, 1777.

HULSMAN, Louk; BERNART DE CELIS, Jacqueline. *Penas perdidas* – O sistema penal em questão. Rio de Janeiro: Luam, 1993.

HUNGRIA, Nélson. *Comentários ao código penal*. 4. ed. Rio de Janeiro: Forense, 1958. v. VI.

HUNGRIA, Nélson. *Comentários ao código penal*. Rio de Janeiro: Forense, 1958. v. 1, t. I e II.

HUNGRIA, Nélson. *Comentários ao código penal*. Rio de Janeiro: Forense, 1955. v. V.

HUNGRIA, Nélson. *Comentários ao código penal*. Rio de Janeiro: Forense, 1956. v. VIII.

HUNGRIA, Nélson. *Comentários ao código penal*. Rio de Janeiro: Forense, 1967. v. VII.

IBRAHIM, Fábio Zambitte. *Curso de direito previdenciário*. 7. ed. Rio de Janeiro: Impetus, 2006.

IGLESIAS RÍOS, Miguel Ángel; PÉREZ PARENTE, Juan Antonio. *La pena de localización permanente y su seguimiento con medios de control electrónico*. Estudios jurídicos sobre la sociedad de la información y nuevas tecnologías: con motivo del XX aniversario de la Facultad de Derecho de Burgos, coordenado por Santiago A. Bello Paredes, Alfonso Murillo Villar, 2005.

INSTITUTO BRASILEIRO DE CIÊNCIAS CRIMINAIS – IBCCRIM. *Boletim de Jurisprudência* n. 37, jan. 1996.

JAKOBS, Günther. *A imputação objetiva no direito penal*. Tradução de André Luis Callegari. São Paulo: Revista dos Tribunais, 2000.

JAKOBS, Günther. *Derecho penal* – Parte general: Fundamentos y teoría de la imputación. Madri: Marcial Pons, 1997.

JARDIM, Afrânio Silva. *Direito processual penal*. 11. ed. Rio de Janeiro: Forense, 2002.

JESCHECK, Hans-Heinrich. *Tratado de derecho penal* – Parte general. Barcelona: Bosch, 1981. v. I.

JESUS, Damásio E. *Comentários ao código penal*. São Paulo: Saraiva, 1985. v. 1 e 2.

JESUS, Damásio E. *Crimes de porte de arma de fogo e assemelhados*. São Paulo: Saraiva, 1997.

JESUS, Damásio E. *Crimes de trânsito*. São Paulo: Saraiva, 1998.

JESUS, Damásio E. *Direito penal* – Parte geral. São Paulo: Saraiva, 1994.

JESUS, Damásio E. *Direito penal* 19. ed. São Paulo: Saraiva, 2010. v. 3.

JESUS, Damásio E. *Direito penal*. 22. ed. São Paulo: Saraiva, 1999. v. 2.

JESUS, Damásio E. *Prescrição penal*. São Paulo: Saraiva, 1995.

JESUS, Damásio E. *Teoria do domínio do fato no concurso de pessoas*. São Paulo: Saraiva, 2001.

JESUS, Damásio E. *Violência doméstica*. São Paulo: Complexo Jurídico Damásio de Jesus, ago. 2004. Disponível em: <http://www.damasio.com.br/novo/ html/frame_artigos.htm>.

JIMÉNEZ DE ASÚA, Luis. *Princípios de derecho penal* – La ley e el delito. Buenos Aires: Abeledo-Perrot, 1958.

JIMÉNEZ DE ASÚA, Luis. *Tratado de derecho penal*. Buenos Aires: Losada, 1964. t. 1.

JIMENEZ, Cinta Castillo. *Protección del derecho a la intimidad y uso de las nuevas tecnologías de la información*. Huelva: Facultad de Derecho. Universidad de Huelva. Derecho y Conocimiento. v. 1.

JORIO, Israel Domingos. *Latrocínio*. Belo Horizonte: Del Rey, 2008.

JÚNIOR, Romeu de Almeida Salles. *Código penal interpretado*. São Paulo: Saraiva, 1996.

LARDIZÁBAL Y URIBE, Manuel de. *Discurso sobre las penas*. Cádiz: Servicio de Publicaciones Universidad de Cádiz, 2001.

LEIRIA, Antônio José Fabrício. *Teoria e aplicação da lei penal*. São Paulo: Saraiva, 1981.

LIEBMANN, Enrico Túlio. *Manual de direito processual civil*. Tradução de Cândido Rangel Dinamarco. Rio de Janeiro: Forense, 1984. v. I.

LIMA, Marcellus Polastri. *Curso de processo penal*. Rio de Janeiro: Lumen Juris, 2002. v. 1.

LIMA, Renato Brasileiro de. *Curso de processo penal*. Niterói: Impetus, 2013.

LIMA, Renato Brasileiro de. *Legislação criminal especial comentada*. Niterói: Impetus, 2013.

LINHARES, Marcello Jardim. *Contravenções penais*. São Paulo: Saraiva, 1980. v. II.

LOPES JÚNIOR, Aury. *Direito processual penal*. 9. ed. São Paulo: Saraiva, 2012.

LOPES, Jair Leonardo. *Crimes de trânsito*. São Paulo: Revista dos Tribunais, 1998.

LOPES, Jair Leonardo. *Curso de direito penal*. 3. ed. São Paulo: Revista dos Tribunais, 1999.

LOPES, Jair Leonardo. *Penas restritivas de direitos*. São Paulo: 1999.

LOPES, Jair Leonardo. *Princípio da legalidade penal* – Projeções contemporâneas. São Paulo: Revista dos Tribunais, 1994.

LOPES, Jair Leonardo. *Teoria constitucional do direito penal*. São Paulo: Revista dos Tribunais, 2000.

LOPES, Maurício Antônio Ribeiro. *Como julgar, como defender, como acusar*. Rio de Janeiro: José Konfino, 1975.

LÓPEZ ORTEGA, Juan José. *Intimidad informática y derecho penal: derecho a la intimidad y nuevas tecnologías*. Madrid: Consejo General del Poder Judicial, 2004.

LUISI, Luiz. *O tipo penal, a teoria finalista e a nova legislação penal*. Porto Alegre: Fabris, 1987.

LUZÓN PEÑA, Diego Manuel. *Control electrónico y sanciones alternativas a la prisión*. Sevilla: VIII Jornadas Penitenciarias Andaluzas, Junta de Andalucia, Consejeria de Gobernación, 1994.

LUZÓN PEÑA, Diego-Manuel. *Enciclopedia penal básica*. 16. ed. Granada: Comares, 2002.

LYRA FILHO, Roberto; CERNICCHIARO, Luiz Vicente. *Compêndio de direito penal* – Parte geral. São Paulo: José Bushatsky, 1973.

LYRA, Roberto. *Comentários ao código penal*. Rio de Janeiro: Forense, 1942. v. II.

LYRA, Roberto. *Como julgar, como defender, como acusar*. Rio de Janeiro: José Konfino, 1975.

MACHADO, Hugo de Brito. *Curso de direito tributário*. 8. ed. São Paulo: Malheiros, 1993.

MADEIRA, Ronaldo Tanus. *A estrutura jurídica da culpabilidade*. Rio de Janeiro: Lumen Juris, 1999.

MAGGIORE, Giuseppe. *Derecho penal*. 5. ed. Bogotá: Temis, 1971. v. IV.

MAGGIORE, Giuseppe. *Derecho penal*. Bogotá: Temis, 1971. v. I.

MAGGIORE, Giuseppe. *Derecho penal*. Bogotá: Temis, 1972. v. II.

MAGGIORE, Giuseppe. *Derecho penal*. Bogotá: Temis, 1972. v. III.

MANUAL MERCK DE MEDICINA. 16. ed. São Paulo: Roca, 1995.

MARANHÃO, Odon Ramos. *Curso básico de medicina legal*. 7. ed. São Paulo: Malheiros, 1995.

MARCÃO, Renato. *Comentários à lei de imprensa*. São Paulo: Revista dos Tribunais, 2007.

MARCÃO, Renato. *Curso de execução penal*. 2. ed. São Paulo: Saraiva, 2005.

MARCÃO, Renato. Curso de execução penal. 2. ed. São Paulo: Saraiva, 2005. In: *Lei 11.106/2005: novas modificações ao código penal brasileiro*. Disponível em: <http://www.serrano.neves.com.br>.

MARCÃO, Renato. *Lei 11.106/2005* – Novas modificações ao código penal brasileiro. Disponível em: <http://www.serrano.neves.com.br>.

MARCÃO, Renato. *Lei n. 12.012, de 6 de agosto de 2009*: ingresso de aparelho de telefonia celular em estabelecimento penal. Disponível em: <http://jusvi.com/artigos/41374>. Acesso em: 18 ago. 2009.

MARCÃO, Renato. *Tóxicos*. 3. ed. São Paulo: Saraiva, 2005.

MARCÃO, Renato; GENTIL, Plínio. *Crimes contra a dignidade sexual*. São Paulo: Saraiva, 2011.

MARCHI JÚNIOR, Antônio de Padova. *Boletim do Instituto de Ciências Penais,* Belo Horizonte, n. 13, mar. 2001.

MARQUES, Daniela Freitas. *Elementos subjetivos do injusto.* Belo Horizonte: Del Rey, 2001.

MARQUES, José Frederico. *Elementos de direito processual penal*. Campinas: BookSeller, 1997, v. 1.

MARQUES, José Frederico. *Tratado de direito penal*. Campinas: Bookseller, 1997. v. II.

MARQUES, José Frederico. *Tratado de direito penal*. São Paulo: Millenium, 1997. v. I e II.

MARQUES, José Frederico. *Tratado de direito penal*. São Paulo: Millenium, 1999. v. III e IV.

MARREY, Adriano; SILVA FRANCO, Alberto; STOCO, Rui. *Teoria e prática do júri*. São Paulo: Revista dos Tribunais, 2000.

MARTÍNEZ, Olga Sánchez. *Los principios en el derecho y la dogmática penal.* Madrid: Dykinson, 2004.

MASSON, Cleber. *Direito penal esquematizado – Parte especial*. 3. ed. São Paulo: Gen- Método, 2013. v. 3.

MASSON, Cleber. *Direito penal esquematizado – Parte especial*. 5. ed. Rio de Janeiro: Forense; São Paulo: Método. 2013. v. 2.

MASSON, Cleber. *Direito penal esquematizado – parte geral*. 7. ed. Rio de Janeiro: Forense; São Paulo: Método. 2013. v. 1.

MATEU, Juan Carlos Carbonell. *Derecho penal* – Concepto y principios constitucionales. Madrid: Tirant lo Blanch, 1999.

MAURACH, Reinhart; ZIPF, Heinz. *Derecho penal* – Parte general. Buenos Aires: Astrea, 1994. v. 1.

MAURACH, Reinhart; ZIPF, Heinz. *Derecho penal* – parte general. Tradução de Jorge Bofill Genzsch e Enrique Aimone Gibson. Buenos Aires: Astrea, 1994. v. 1.

MAZILLI, Hugo Nigro. *Manual do promotor de justiça*. 2. ed. São Paulo: Saraiva, 1991.

MÉDICI, Sérgio de Oliveira. *Teoria dos tipos penais* – Parte especial do direito penal. São Paulo: Revista dos Tribunais, 2004.

MEIRELLES, Hely Lopes. *Direito administrativo brasileiro*. 19. ed. São Paulo: Malheiros, 1994.

MENDES, Soraia da Rosa; MARTÍNEZ, Ana Maria. *Pacote anticrime* – comentários críticos à Lei 13.964/2019. São Paulo: Gen/Atlas, 2020.

MENDONÇA, Andrey Borges de. *Nova reforma do código de processo penal*. São Paulo: Grupo Editorial Nacional e Editora Método, 2008.

MESTIERI, João. *Do delito de estupro*. São Paulo: Revista dos Tribunais, 1982.

MESTIERI, João. *Manual de direito penal* – Parte geral. Rio de Janeiro: Forense, 1999. v. I.

MESTIERI, João. *Teoria elementar do direito criminal*. Rio de Janeiro: Edição do Autor, 1990.

MEZGER, Edmundo. Tratado de derecho penal. Tradução de José Arturo Rodrigues Muñoz. Madrid, *Revista de derecho privado*, 1946, t. I; 1949, t. II.

MILLER, Jacques-Alain. A máquina panóptica de Jeremy Bentham. In: BENTHAM, Jeremy. *O panóptico*. 2. ed. Tomaz Tadeu (Org.). Belo Horizonte: Autêntica, 2000.

MIR PUIG, Santiago. *Derecho penal* – Parte general. 4. ed. Barcelona, 1996.

MIR PUIG, Santiago. *Direito penal – Fundamentos e teoria do delito*. São Paulo: Revista dos Tribunais, 2007.

MIR PUIG, Santiago. *Estado, pena y delito*. Buenos Aires: IBDEF, 2006.

MIR PUIG, Santiago. *Execução penal*. São Paulo Atlas, 2004.

MIR PUIG, Santiago. *Manual de direito penal*. 16. ed. São Paulo: Atlas, 2000. v. I-II.

MIR PUIG, Santiago; FABBRINI, Renato N. *Manual de direito penal*. 27. ed. São Paulo: Atlas, 2010. v. 2.

MIRABETE, Júlio Fabbrini. *Código de processo penal interpretado*. São Paulo: Atlas, 1997.

MIRANDA, Darcy Arruda. *Comentários à lei de imprensa*. 3. ed. São Paulo: RT.

MIRANDA, Nilmário. *A ação dos grupos de extermínio no Brasil*. DHnet. Disponível em: <http://www.dhnet.org.br/direitos/militantes /nilmario/nilma rio_dossieexterminio.html>. Acesso em: 29 set. 2012.

MONTEIRO, Antônio Lopes. *Crimes contra a previdência social*. São Paulo: Saraiva, 2000.

MONTEIRO, Antônio Lopes. *Crimes hediondos*. São Paulo: Saraiva, 1996.

MONTEIRO, Washington de Barros. *Curso de direito civil*. 22. ed. São Paulo: Saraiva, 1988.

MORAES, Alexandre de. *Direito constitucional*. 9. ed. São Paulo: Atlas, 2001.

MORAES, Flávio Queiroz de. *Delito de rixa*. São Paulo: Saraiva, 1944.

MOREIRA NETO, Diogo Figueiredo. *Curso de direito administrativo*. 7. ed. Rio de Janeiro: Forense, 1989.

MOREIRA, Rômulo de Andrade. *Ação penal nos crimes contra a liberdade sexual e nos delitos sexuais contra vulnerável – A Lei n. 12.015/99*. Disponível em: <http://www.migalhas.com.br/mostra_noticia_articuladas.aspx?cod= 91 630>. Acesso em: 27 ago. 2009.

MORENO CASTILLO, María Asunción. Estudio del pensamiento de Cesare Beccaria en la evolución del aparato punitivo. In: VALDÉS, García (Dir.). *Historia de la prisión* – Teorías economicistas: critica. Madrid: Edisofer, 1997.

MOURA, Grégore Moreira de. *Do princípio da coculpabilidade no direito penal*. Rio de Janeiro: Impetus, 2006.

MOURA, Maria Thereza Rocha de Assis; SAAD, Marta. *Código penal e sua interpretação jurisprudencial*. 8. ed. São Paulo: Revista dos Tribunais, 2007.

MUNHOZ NETTO, Alcidez. *A ignorância da antijuridicidade em matéria penal*. Rio de Janeiro: Forense, 1978.

MUÑOZ CONDE, Francisco. *Derecho Penal* – Parte especial. 14. ed. Valencia: Tirant lo Blanch, 2002.

MUÑOZ CONDE, Francisco. *Introducción al derecho penal*. Barcelona: Bosch, 1975.

MUÑOZ CONDE, Francisco. *Teoría general del delito*. 3. ed. Valencia: Tirant lo blanch, 2004.

MUÑOZ CONDE, Francisco. *Teoria geral do delito*. Tradução de Juarez Tavares e Luiz Régis Prado. Porto Alegre: Fabris, 1988.

MUÑOZ CONDE, Francisco, BITENCOURT, César Roberto. *Teoria geral do delito*. São Paulo: Saraiva, 2000.

NAÇÕES UNIDAS. *Convenção das Nações Unidas sobre o uso de comunicações eletrônicas em contratos internacionais*. Disponível em: <http://www.cisg-brasil.net/doc/Traducao_convencao_comunicacoes_Eletronicas.pdf>. Acesso em: 10 dez. 2012.

NASCIMENTO, Amauri Mascaro. *Iniciação ao direito do trabalho*. 21. ed. São Paulo: LTr, 1994.

NASSIF, Aramis. *O novo júri brasileiro*. Porto Alegre: Livraria do Advogado, 2009.

NERY JÚNIOR, Nelson; ANDRADE NERY, Rosa Maria de. *Código de Processo Civil comentado*. São Paulo: Revista dos Tribunais, 1997.

NEUMANN, Ulfrid. *Alternativas al derecho penal* – Crítica y justificación del derecho penal en el cambio de siglo – El análisis crítico de la Escuela de Frankfurt. Cuenca: Editiones de la Universidade de Castilla-La Mancha, 2003.

NOGUEIRA, Ataliba. *Pena sem prisão*. São Paulo: Saraiva, 1956.

NOGUEIRA, Gustavo Santana. *Das súmulas vinculantes* (Reforma do Judiciário – Primeiras reflexões sobre a emenda constitucional n. 45/2004). São Paulo: Revista dos Tribunais, 2005.

NOGUEIRA, Sandro D'Amato. *Crimes de informática*. Leme: Editora BH, 2009.

NORONHA, Edgard Magalhães. *Direito penal*. 24. ed. São Paulo: Saraiva, 2003. v. 4.

NORONHA, Edgard Magalhães. *Direito penal*. 27. ed. São Paulo: Saraiva, 2003. v. 3.

NORONHA, Edgard Magalhães. *Direito penal*: parte geral. 38. ed. rev. e atual. por Adalberto José Q. T. de Camargo Aranha. São Paulo: Saraiva, 2004. v. 1 e 2.

NORONHA, Edgard Magalhães. *Do crime culposo*. São Paulo: Saraiva, 1957.

NUCCI, Guilherme de Souza. *Código penal comentado*. 3. ed. São Paulo: Revista dos Tribunais, 2003.

NUCCI, Guilherme de Souza. *Crimes contra a dignidade sexual* – Comentários à lei n. 12.015, de 7 de agosto de 2009. São Paulo: Revista dos Tribunais, 2009.

NUCCI, Guilherme de Souza. *Leis penais e processuais penais comentadas*. 3. ed. São Paulo: Revista dos Tribunais, 2008.

NUCCI, Guilherme de Souza. *Organização criminosa* – Comentários à Lei 12.850, de 02 de agosto de 2013. São Paulo: Revista dos Tribunais, 2013.

NUÑEZ PAZ, Miguel Ángel. El delito intentado. Madrid: Colex, 2003.

O GLOBO. *Brasil tem 20 mil trabalhadores em condição análoga à escravidão*. 27 maio 2011. Disponível em: <http://oglobo.globo. com/pais/mat/2011/05/27/brasil-tem-20-mil-trabalhadores--em-condicao-ana loga-escravidao-924549388.asp>.

OLIVARES, Gonzalo Quintero. *Adonde va el derecho penal*. Madrid: Thomson; Civitas, 2004.

OLIVARES, Gonzalo Quintero. *Los delitos de riesgo en la política criminal de nustro tiempo* (Crítica y justificación del derecho penal en el cambio de siglo – El análisis crítico de la Escuela de Frankfurt). Cuenca: Editiones de la Universidade de Castilla-La Mancha, 2003.

OLIVEIRA, Cláudio Brandão de. *Manual de direito administrativo*. 3. ed. Niterói: Impetus, 2006.

OLIVEIRA, Edmundo. *Direito penal do futuro* – A prisão virtual. Rio de Janeiro: Forense, 2002.

OLIVEIRA, Edmundo. *O futuro alternativo das prisões*. Rio de Janeiro: Forense, 2002.

ORTEGA, Juan José López. *Intimidad informática y derecho penal*. Derecho a la intimidad y nuevas tecnologias. Madri: Consejo General del Poder Judicial, 2004.

PABLOS DE MOLINA, Antonio Garcia; GOMES, Luiz Flávio. *Criminologia*. 7. ed. São Paulo: Revista dos Tribunais, 2014.

PALMA, Maria Fernanda. *Da tentativa possível em direito penal*. Coimbra: Almedina, 2006.

PARMA, Carlos. *Culpabilidad*. Mendoza: Cuyo, 1997.

PARMA, Carlos. *La tentativa*. Argentina: Cuyo, 1996.

PASCHOAL, Janaína Conceição. *Constituição, criminalização e direito penal mínimo*: São Paulo: Revista dos Tribunais, 2003.

PEDROSA, Ronaldo Leite. *Direito em história*. Nova Friburgo: Imagem Virtual, 2002.

PEIXINHO, Manoel Messias. *A interpretação da Constituição e os princípios fundamentais*. 3. ed. Rio de Janeiro: Lumen Juris, 2003.

PEREIRA, Caio Mário da Silva. *Instituições de direito civil*. Rio de Janeiro: Forense, 1992. v. IV.

PEREIRA, Jeferson Botelho. *Breves apontamentos sobre a Lei n. 13.104/2015, que cria o crime de feminicídio no ordenamento jurídico brasileiro*. Disponível em: <http://jus.com.br/artigos/37061/breves-apontamentos-sobre-a-lei-n-13-104-2015-que-cria-de-crime-feminicidio-no-ordenamento-juridico-brasileiro>. Acesso em: 14 mar. 2015.

PEREIRA, Jeferson Botelho. *Morte de Policiais* – Uma lei que tenta inibir a ação contra o Estado. Disponível em: <http://jus.com.br/artigos/40770/morte-de-policiais-uma-lei-que-tenta-inibir-a-acao-contra-o-estado>. Acesso em: 5 ago. 2015.

PESSINA, Enrique. *Elementos de derecho penal*. 2. ed. Madrid: Hijos de Reus, editores, 1913.

PESSINI, Léo. *Distanásia:* até quando investir sem agredir. Disponível em: <http// www.cfm.org.br/revista/411996/dist.htm>.

PIEDADE JÚNIOR, Heitor. *Vitimologia* – Evolução no tempo e no espaço. Rio de Janeiro: Freitas Bastos, 1993.

PIERANGELI, José Henrique (Coord.). *Códigos penais do Brasil* – Evolução histórica. Bauru: Jalovi, 1980.

PIERANGELI, José Henrique. *Da tentativa*. São Paulo: Revista dos Tribunais, 1988.

PIERANGELI, José Henrique. *Escritos jurídico-penais*. São Paulo: Revista dos Tribunais, 1992.

PIERANGELI, José Henrique. *Manual de direito penal brasileiro* – Parte especial (arts. 121 a 234). São Paulo: Revista dos Tribunais, 2005.

PIERANGELI, José Henrique. *O consentimento do ofendido na teoria do delito*. São Paulo: Revista dos Tribunais, 1989.

PIMENTEL, Manoel Pedro. *O crime e a pena na atualidade*. São Paulo: Revista dos Tribunais, 1983.

PIRES, Ariosvaldo de Campos; SALES, Sheila Jorge Selim de. *Crimes de trânsito*. Belo Horizonte: Del Rey, 1998.

PRADO, Geraldo; CARVALHO, Luis Gustavo Grandinetti Castanho de. *Lei dos juizados especiais criminais*. 3. ed. Rio de Janeiro: Lumen Juris, 2003.

PRADO, Luiz Regis. *Bem jurídico-penal e Constituição*. São Paulo: Revista dos Tribunais, 1999.

PRADO, Luiz Regis. *Crimes contra o ambiente*. 2. ed. São Paulo: Revista dos Tribunais, 2001.

PRADO, Luiz Regis. *Curso de direito penal brasileiro* – Parte especial. 8. ed. São Paulo: Revista dos Tribunais, 2010, v. 2.

PRADO, Luiz Regis. *Curso de direito penal brasileiro* – Parte geral. 2. ed. São Paulo: Revista dos Tribunais, 2000.

PRADO, Luiz Regis; CARVALHO, Érika Mendes de. *Teorias da imputação objetiva do resultado*. São Paulo: Revista dos Tribunais, 2002.

QUEIROZ, Narcélio de. *Teoria da "actio libera in causa" e outras teses*. Rio de Janeiro: Forense, 1963.

QUEIROZ, Paulo et al. *Curso de direito penal* – parte especial, v. 2. Salvador: Editora Juspodivm, 2013.

QUEIROZ, Paulo. *Boletim do Instituto de Ciências Penais*, Belo Horizonte, dez. 2000.

QUEIROZ, Paulo. *Direito penal* – Introdução crítica. São Paulo: Saraiva, 2001.

QUEIROZ, Paulo. *Direito penal* – Parte geral. 4. ed. Rio de Janeiro: Lumen Juris, 2008.

QUEIROZ, Paulo. *Direito processual penal* – por um sistema integrado de direito, processo e execução penal. Salvador: Editora Juspodivm, 2018.

QUEIROZ, Paulo. *Funções do direito penal*. Belo Horizonte: Del Rey, 2001.

QUERALT, Joan J. *Derecho penal español*. Barcelona: Bosch. 1987, v. 2.

RAMAYANA, Marcos. *Leis penais especiais comentadas*. Rio de Janeiro: Impetus, 2007.

RAMOS, Beatriz Vargas. *Do concurso de pessoas*. Belo Horizonte: Del Rey, 1996.

RANGEL, Paulo. *Direito processual penal*. 17. ed. Rio de Janeiro: Lumen Juris, 2009.

RANGEL, Paulo. *O processo penal e a violência urbana*: uma abordagem crítica construtiva à luz da Constituição. Rio de Janeiro: Lumen Juris, 2008.

REALE JÚNIOR, Miguel. *Instituições de direito penal* – Parte geral. Rio de Janeiro: Forense, 2002. v. I.

REALE JÚNIOR, Miguel. *Teoria do delito*. São Paulo: Revista dos Tribunais, 1998.

REYES ECHANDÍA, Afonso. *Antijuridicidad*. Bogotá: Temis, 1997.

REZENDE, Jorge de. O parto. In:_____ *et al*. (Coord.). *Obstetrícia*. 8. ed. Rio de Janeiro: Guanabara Koogan, 1998.

REZENDE, Jorge de. O puerpério In:_____ *et al*. (Coord.). *Obstetrícia*. 8. ed. Rio de Janeiro: Guanabara Koogan, 1998.

REZENDE, Jorge de. Operação cesariana. In:_____ *et al*. (Coord.). *Obstetrícia*. 8. ed. Rio de Janeiro: Guanabara Koogan, 1998.

REZENDE, Jorge de. Prenhez ectópica. In: REZENDE, Jorge de *et al*. (Coord.). *Obstetrícia*. 8. ed. Rio de Janeiro: Guanabara Koogan, 1998.

REZENDE, Jorge de; MONTENEGRO, Carlos Antônio Barbosa; BARCELLOS, José Maria. Abortamento. In: REZENDE, Jorge de *et al*. (Coord.). *Obstetrícia*. 8. ed. Rio de Janeiro: Guanabara Koogan, 1998.

RODRIGUES DA COSTA, Marco Aurélio. Crimes de informática. *Jus Navigandi*, Teresina, ano 1, n. 12, maio de 1997. Disponível em: <http://jus2.uol.com.br/doutrina/texto.asp?id=1826>. Acesso em: 20 jan. 2009.

RODRIGUES, Cristiano. *Temas controvertidos de direito penal*. Rio de Janeiro: Lumen Juris, 2009.

RODRIGUES, Eduardo Silveira Melo. *A embriaguez e o crime*. Brasília: Brasília Jurídica, 1996.

RODRIGUEZ NUÑEZ, Alicia. *Elementos básicos de investigación criminal*. Disponível em: <http://iugm.es/uploads/tx_iugm/LIBROelementosbasicos_ ok.pdf>.

RODRIGUEZ, Laura Zúñiga. *Política criminal*. Madrid: Colex, 2001.

ROSA, Antônio José Miguel Feu. *Direito penal* – Parte especial. São Paulo: Revista dos Tribunais, 1995.

ROSSINI, Augusto. *Informática, telemática e direito penal*. São Paulo: Memória Jurídica Editora, 2004.

ROXIN, Claus. *Culpabilidad y prevención en derecho* penal. Instituto Editorial Reus. Madri: 1981.

ROXIN, Claus. *Derecho penal* – Parte general. Madrid: Civitas, 1997. t. I.

ROXIN, Claus. *Funcionalismo e imputação objetiva no direito penal*. Tradução e introdução de Luís Greco. Rio de Janeiro: Renovar, 2002.

ROXIN, Claus. *La evolución de la política criminal, el derecho penal y el proceso penal*. Valencia: Tirant lo Blanch, 2000.

ROXIN, Claus. *Política criminal e sistema jurídico-penal*. Tradução e Introdução de Luís Greco. Rio de Janeiro: Renovar, 2000.

ROXIN, Claus. *Problemas fundamentais de direito penal*. Lisboa: Vega, 1986. (Coleção Veja Universidade.)

ROXIN, Claus. *Teoría del tipo penal*. Buenos Aires: Depalma, 1979.

ROXIN, Claus; ARZT, Gunther; TIEDEMANN, Klaus. *Introducción al derecho penal y al derecho penal procesal*. Barcelona: Ariel, 1989.

SALES, Sheila Jorge Selim de. *Dos tipos plurissubjetivos*. Belo Horizonte: Del Rey, 1997.

SALLES JÚNIOR, Romeu de Almeida. *Código penal interpretado*. São Paulo: Saraiva, 1996.

SALLES JÚNIOR, Romeu de Almeida. *Inquérito policial e ação penal*. São Paulo: Saraiva, 1989.

SÁNCHEZ HERRERA, Esiquio Manuel. *La dogmática de la teoria del deito* – Evolución científica del sistema del delito. 1. reimp. Colombia: Universidad Externado de Colombia, 2011.

SANMARTÍN, Jose. *Inquérito policial e ação penal*. São Paulo: Saraiva, 1989.

SANMARTÍN, Jose. *La violencia y sus claves*. Barcelona: Ariel, 2004.

SANTOS, Juarez Cirino dos. *A moderna teoria do fato punível*. Rio de Janeiro: Freitas Bastos, 2000.

SANTOS, Juarez Cirino dos. *Teoria do crime*. Rio de Janeiro: Forense, 1985.

SANTOS, William Douglas Resinente dos. *Ensaios críticos sobre direito penal e direito processual penal*. Rio de Janeiro: Lumen Juris, 1995.

SANZO BRODT, Luis Augusto. *Da consciência da ilicitude no direito penal brasileiro*. Belo Horizonte: Del Rey, 1996.

SARRULE, Oscar Emilio. *La crisis de legitimidad del sistema jurídico penal* – Abolicionismo o justificación. Buenos Aires: Editorial Universidad, 1998.

SCHELB, Guilherme. *Segredos da violência* – Estratégias para a solução e prevenção de conflitos com crianças e adolescentes. Brasília: Thesaurus, 2008.

SCHMIDT, Andrei Zenkner. *Da prescrição penal*. Porto Alegre: Livraria do Advogado, 1997.

SEGUNDO, Luiz Carlos Furquim Vieira. *Crimes contra a vida*. São Paulo: Memória Jurídica, 2009.

SHECAIRA, Sérgio Salomão. *Responsabilidade penal da pessoa jurídica*. São Paulo: Revista dos Tribunais, 1999.

SHECAIRA, Sérgio Salomão; CORRÊA JÚNIOR, Alceu. *Teoria da pena*. São Paulo: Revista dos Tribunais, 2002.

SILVA FRANCO, Alberto. *Código penal e sua interpretação jurisprudencial* – Parte geral. São Paulo: Revista dos Tribunais, 1997. v. I, t. I e II.

SILVA FRANCO, Alberto. *Crimes hediondos*. 4. ed. São Paulo: Revista dos Tribunais, 2000.

SILVA JÚNIOR, José. *Código penal e sua interpretação jurisprudencial*. 6. ed. São Paulo: Revista dos Tribunais, 1997. v. 1, t. II.

SILVA SÁNCHEZ, Jesús-Maria. *Medio siglo de dogmática penal alemana* – Un punto de vista ibero-americano. Bogotá: Universidade Externado de Colombia, 2013 (Cuadernos de Conferencias y artículos, n. 46).

SILVA, Evandro Lins e. *De Beccaria a Filippo Gramatica:* uma visão global da história da pena. Edição do autor, 1991.

SILVA, Justino Adriano Farias da. *Direito funerário penal*. Porto Alegre: Livraria do Advogado, 1992.

SILVESTRONI, Mariano H. *Teoria constitucional del delito*. Buenos Aires: Editores Del Puerto, 2004.

SLAIB FILHO, Nagib. *Direito constitucional*. Rio de Janeiro: Forense, 2004.

SOARES Orlando. *Comentários à Constituição da República Federativa do Brasil*. Rio de Janeiro: Forense, 1998.

SODRÉ, Moniz. *As três escolas penais*. Rio de Janeiro: Freitas Bastos, 1955.

SOLER, Sebastian. *Derecho penal argentino*. Buenos Aires: Tipográfica Editora Argentina, 1951. v. II.

SOLER, Sebastian. *Derecho penal argentino*. Buenos Aires: Tipográfica Editora Argentina, 1976. v. III.

SOUZA, José Barcelos de. *Direito processual civil e penal*. Rio de Janeiro: Forense, 1995.

SOUZA, Sérgio Ricardo de. *A nova lei antidrogas*. Niterói: Impetus, 2006.

STOCO, Rui. *Código de trânsito brasileiro* – Disposições penais e suas incongruências. *Boletim do IBCCrim*, São Paulo, ano 5, n. 61, p. 9, dez. 1997.

STOCO, Rui. *Código penal e sua interpretação jurisprudencial*. 6. ed. São Paulo: Revista dos Tribunais, 1997. v. 2.

STOCO, Rui. *Responsabilidade civil e sua interpretação jurisprudencial* – Parte geral. São Paulo: Revista dos Tribunais, 1994.

STRATENWERTH, Günter. *Derecho penal* – Parte general I. Navarra: Thomson; Civitas, 2005.

STRECK, Lenio Luiz. A dupla face do princípio da proporcionalidade: da proibição de excesso (*Übermassverbot*) à proibição de proteção deficiente (*Untermassverbot*) ou de como não há blindagem contra normas penais inconstitucionais. *Revista da Ajuris*, Ano XXXII, n. 97, mar. 2005.

STRECK, Lenio Luiz; MORAIS, José Luis Bolzan. *Ciência política e teoria geral do Estado*. Porto Alegre: Livraria do Advogado, 2000.

SZNICK, Valdir. *Crimes sexuais violentos*. São Paulo: Ícone, 1992.

TAVARES, Juarez. *As controvérsias em torno dos crimes omissivos*. Rio de Janeiro: Instituto Latino-Americano de Cooperação Penal, 1996.

TAVARES, Juarez. Critérios de seleção de crimes e cominação de penas. *Revista Brasileira de Ciências Criminais*, número especial de lançamento, São Paulo, 1992.

TAVARES, Juarez. *Direito penal da negligência*. São Paulo: Revista dos Tribunais, 1985.

TAVARES, Juarez. *Teoria do injusto penal*. Belo Horizonte: Del Rey, 2000.

TAVARES, Juarez. *Teorias do delito*. São Paulo: Revista dos Tribunais, 1980.

TÁVORA, Nestor; ALENCAR, Rosmar A. R. C de. *Curso de direito processual penal*. 2. ed. Salvador: Juspodivm, 2009.

TELES, Ney Moura. *Direito penal* – Parte especial. São Paulo: Atlas, 2004. v. 2.

TELES, Ney Moura. *Direito penal* – Parte geral. São Paulo: Editora de Direito, 1996. v. I e II.

TELES, Ney Moura. *Direito penal*. Parte especial. São Paulo: Atlas, 2004. v. 3.

THEODORO JÚNIOR, Humberto. *Curso de direito processual civil*. Rio de Janeiro: Forense, 1989. v. I.

TOLEDO, Francisco de Assis. *Ilicitude penal e causas de sua exclusão*. Rio de Janeiro: Forense, 1984.

TOLEDO, Francisco de Assis. *Penas restritivas de direitos*. São Paulo: Revista dos Tribunais, 1999.

TOLEDO, Francisco de Assis. *Princípios básicos de direito penal*. São Paulo: Saraiva, 1994.

TORNAGHI, Hélio. *Compêndio de processo penal*. Rio de Janeiro: José Konfino, 1967. v. II.

TORNAGHI, Hélio. *Compêndio de processo penal*. Rio de Janeiro: José Konfino, 1967. t. III.

TORRES, Sergio Gabriel. Características y consecuencias del derecho penal de emergência: la emergencia del miedo. In: ZAFFARONI, Eugenio Raul; FERRAJOLI, Luigi; BASÍLICO, Ricardo Angel. *La Emergencia del Miedo*. Buenos Aires: Ediar, 2012.

TOURINHO FILHO, Fernando da Costa. *Código de processo penal comentado*. São Paulo: Saraiva, 1999. v. I.

TOURINHO FILHO, Fernando da Costa. *Manual de processo penal*. 2. ed. São Paulo: Saraiva, 2001.

TOURINHO FILHO, Fernando da Costa. *Prática de processo penal*. 13. ed. São Paulo: Jalovi.

TOURINHO FILHO, Fernando da Costa. *Processo penal*. São Paulo: Saraiva, 1989. v. IV.

TOURINHO NETO, Fernando da Costa; FIGUEIRA JÚNIOR, Joel Dias. *Juizados especiais federais cíveis e criminais*. São Paulo: Revista dos Tribunais, 2002.

TUBENCHLAK, James. *Teoria do crime*. Rio de Janeiro: Forense, 1980.

VARGAS, José Cirilo de. *Do tipo penal*. Belo Horizonte: UFMG, 1997.

VARGAS, José Cirilo de. *Instituições de direito penal* – Parte geral. Belo Horizonte: Del Rey, 1997. t. I.

VARGAS, José Cirilo de. *Instituições de direito penal* – Parte geral. Rio de Janeiro: Forense, 2000. t. II.

VARGAS, José Cirilo de. *Introdução ao estudo dos crimes em espécie*. Belo Horizonte: Del Rey, 1993.

VENOSA, Sílvio de Salvo. *Direito civil*. 4. ed. São Paulo: Atlas, 2004. v. VI.

VERGARA, Pedro. *Dos motivos determinantes no direito penal*. Rio de Janeiro: Forense, 1980.

VICO MAÑAS, Carlos. *O princípio da insignificância como excludente da tipicidade no direito penal*. São Paulo: Saraiva, 1994.

VILCHEZ GUERRERO, Hermes. *Do excesso em legítima defesa*. Belo Horizonte: Del Rey, 1997.

VILLA Guillermo. *Fundamentos metodológicos de la nueva teoría del delito*. Santa Fé de Bogotá: Editorial Temis, 1991.

VIVES ANTÓN, T. S.; BOIX REIG, J.; ORTS BERENGUER, E.; CARBONELL MATEU, J. C.; GONZÁLEZ CUSSAC, J. L. *Derecho penal* – Parte especial. 3. ed. Valencia: Tirant lo Blanch, 1999.

VON LISZT, Franz. *Tratado de direito penal alemão*. Tradução de José Hygino Duarte Pereira. Rio de Janeiro: F. Briguiet, 1889. t. I.

WELZEL, Hans. *Derecho penal alemán*. Tradução de Juan Bustos Ramirez e Sergio Yañes Peréz. Chile: Jurídica de Chile, 1987.

WELZEL, Hans. *El nuevo sistema del derecho penal* – una introducción a la doctrina de la acción finalista. 3ª reimpresión. Montevideo – Buenos Aires: IBdeF Julio César Faria – Editor, 2006.

WELZEL, Hans. *O novo sistema jurídico-penal* – Uma introdução à doutrina da ação finalista. Tradução de Luiz Regis Prado. São Paulo: Revista dos Tribunais, 2001.

WESSELS, Johannes. *Derecho penal* – Parte general. Buenos Aires: De Palma, 1980.

WESSELS, Johannes. *Direito penal* – Parte geral. Porto Alegre: Fabris, 1976.

YAROCHEWSKY, Leonardo Isaac. *Da inexigibilidade de conduta diversa*. Belo Horizonte: Del Rey, 2000.

ZAFFARONI, Eugenio Raúl. *Estructura basica del derecho penal*. 1. reimp. Buenos Aires: Ediar, 2011.

ZAFFARONI, Eugenio Raúl. *Manual de derecho penal* – Parte general. Buenos Aires: Ediar, 1996.

ZAFFARONI, Eugenio Raúl. *Tratado de derecho penal* – parte general. Buenos Aires: Ediar, 1981. t. I, II, III e IV.

ZAFFARONI, Eugenio Raúl; ALAGIA, Alejandro; SLOKAR, Alejandro. *Derecho penal* – Parte general. Buenos Aires: Ediar, 2000.

ZAFFARONI, Eugenio Raúl; PIERANGELI, J. Henrique. *Da tentativa*. São Paulo: Revista dos Tribunais, 1995.

ZAFFARONI, Eugenio Raúl; PIERANGELI, J. Henrique. *Manual de direito penal brasileiro* – Parte geral. 2. ed. São Paulo: Revista dos Tribunais, 1999.

Índice Remissivo

A

Aberração no ataque *379, 195*

Aberratio causae 195, 237, 330, 195

Aberratio criminis 195, 330, 353, 195

Aberratio criminis com unidade complexa *600*

Aberratio delicti 596, 599, 195

Aberratio e estado de necessidade *353*

Aberratio ictus 576, 581, 330, 596, 379, 195

Aberratio ictus com unidade complexa *597, 598, 600*

Aberratio ictus com unidade simples *597*

Aberratio ictus e dolo eventual *599*

Abolitio criminis 130, 80, 131, 132

Abolitio criminis temporalis 131

Aborto *176*

Aborto não consentido *708*

Aborto provocado sem o consentimento da gestante *187*

Aborto quando a gravidez é resultante de estupro *420*

Aborto sentimental *422*

Aborto terapêutico *352*

Aborto terapêutico ou profilático *352, 422*

Absoluta impropriedade do objeto *80, 169, 170, 316, 319, 320*

Absoluta ineficácia do meio *170*

Absolvição imprópria *561*

Abuso de autoridade *564*

Abuso de poder *634, 635, 540, 564*

Ação *398, 400*

Ação de grupos armados, civis ou militares, contra a ordem constitucional e o estado democrático *710*

Ação direta de inconstitucionalidade *66, 664*

Ação esperada *270*

Ação penal *150, 653, 656, 313*

Ação penal de iniciativa privada *12, 314*

Ação penal de iniciativa privada personalíssima *661*

Ação penal de iniciativa privada subsidiária da pública *654*

Ação penal de iniciativa pública *657, 658*

Ação penal de iniciativa pública condicionada à representação *12*

Ação penal de iniciativa pública condicionada à representação do ofendido ou de requisição do ministro da justiça *658*

Ação penal de iniciativa pública incondicionada *658*

Ação penal no crime complexo *664*

Ação penal privada *657*

Ação penal pública *657*

Ação penal pública condicionada à representação *314*

Ação regressiva *355, 357*

Ação típica justificada *370*

Ações a próprio risco *283*

Ações de iniciativa privada propriamente ditas *659*

Ações penais de iniciativa privada *659*

Ações penais de iniciativa privada subsidiárias da pública *660*

Ações penais de iniciativa pública *675*

Acórdão condenatório recorrível *690, 706*

Actio ilicita in causa 363

Actio libera in causa 202, 411, 412

Adequação típica *207, 208, 210, 211*

Adequação típica de subordinação imediata ou direta *210, 211*

Adequação típica de subordinação mediata *298*

Adequação típica de subordinação mediata ou indireta *210, 211, 291, 293*

Adulteração de sinal identificador de veículo automotor *586*

Adultério *2, 78*

Agência nacional de vigilância sanitária *54*

Agentes provocadores *320*

Agravantes *552, 558, 559*

Agravantes no caso de concurso de pessoas *566*

Agressão atual *341, 352, 365, 366*

Agressão iminente *365, 366*

Agressão injusta *379*

Álcool *54, 253*

Algemas *519*

Alienação antecipada *632*

Ambiente doméstico *535*

Ameaça *190, 359, 532, 534*

Ameaça de pena *47*

Ameaça verbal *189*

Analogia *22, 73, 118, 366*

Analogia *in bonam partem 74, 74, 75*

Analogia *in malam partem 74, 118, 564*

Animus defendendi 339, 370, 375, 379

Animus furandi 305, 329, 433

Animus laedendi 267, 323

Animus necandi 62, 170, 237, 266, 296, 369

Anistia *172, 670, 487*

Anistia geral ou absoluta *671*

Anistia restrita *671*

Anomia *57*

Antecedentes *482, 491, 532, 553, 554, 555, 561*

Antefato impunível *61*

Antijuridicidade *153, 154, 161, 162, 212, 213, 214, 331, 337, 339, 341, 369, 392, 394, 397, 399*

Antijuridicidade objetiva *392*

Antinomia *58, 208*

Antinormatividade *89, 208, 209, 385*

Antropologia criminal *31, 40*

Anulabilidade dos atos inválidos *8*

Aplicação da pena no concurso de crimes *593*

Aplicação retroativa da lei *138*

Apropriação de coisa achada *182*

Arquivamento da representação *663*

Arquivamento do inquérito policial *658, 660*

Arrependimento do partícipe *452*

Arrependimento eficaz *292, 302, 303, 306, 307, 313, 452, 569*

Arrependimento eficaz do autor *450*

Arrependimento posterior *11, 308, 309, 310, 312, 313, 315, 569*

Arrependimento posterior e crime culposo *315*

Arresto *632*

Asfixia *563*

Associação criminosa *186, 187*

Ataques epiléticos *202*

Atenuantes *552, 558, 559, 573*

Atipicidade absoluta *219, 558*

Atipicidade conglobante *384*

Atipicidade do fato *306, 383*

Atipicidade relativa *219, 558*

Atividades não fomentadas *89*

Ato executivo *290*

Ato infracional *80, 407*

Ato injusto da vítima *569*

Ato libidinoso *443*

Ato obsceno *189*

Atos de execução *62, 130, 288, 290, 291, 292, 300, 302, 303, 305, 306, 307, 316, 317*

Atos ilícitos *355, 380*

Atos preparatórios *287, 288, 292, 302, 303*

Atos reflexos ou institivos *393*

Audiência admonitória *609, 561*

Audiência de justificação *499, 500, 523, 544*

Audiência preliminar *314*

Ausência de conduta *201*

Autor *435, 436*

Autor de determinação *442*

Autor direto *437, 470*

Autor executor *435, 437*

Autoria *432, 433, 442*

Autoria colateral *266, 444, 445*

Autoria de escritório *446*

Autoria desconhecida *446*

Autoria direta e indireta *437*

Autoria ignorada do crime *570*

Autoria imputada a outrem *570*

Autoria incerta *445*

Autoria intelectual *441*

Autoria mediata *172, 433, 438, 439, 440, 441, 442, 446*

Autoria mediata e crimes de mão própria *439*

Autoria mediata especial *446*

Autoria por convicção *443*

Autor indireto *437*

Autor mediato *420, 438, 439*

Autotutela *348*

B

Bala perdida *596*

Banimento *106, 108*

Beccaria *21, 22, 25*

Bem juridicamente protegido *338, 259, 355, 561*

Bem jurídico *3*

Bens disponíveis *348*

Bens jurídicos comunitários *359, 367*

Bens jurídicos supra-individuais *359*

Bens personalíssimos *534*

Bigamia *692, 70, 187*

Bilhete premiado *587*

Bis in idem *146, 556, 559*

C

Calamidade pública *565*

Cálculo da pena *543, 544, 550*

Calúnia *190, 679*

Capacidade de culpabilidade *397, 403*

Capacidade de determinar-se *403*

Capacidade de entender o caráter ilícito do fato *403*

Capacidade do ofendido *387*

Capacidade para consentir *387*

Cargo *634, 540*

Carta de livramento *622*

Carta rogatória *700*

Carteira de habilitação *179*

Casa de albergado *483, 490, 518, 542*

Casas de correção *19*

Caso fortuito *202, 245, 411, 412*

Castas *15*

Castigos corporais *382*

Castigos físicos *382*

Causa absolutamente independente *264*

Causa concomitante absolutamente independente *265*

Causa concomitante relativamente independente *267*

Causa de diminuição de pena *309, 553*

Causa de exclusão da ação *438*

Causa de exclusão da culpabilidade *345*

Causa de exclusão da ilicitude *159, 212, 333, 339, 346, 347, 364, 371, 372, 385, 394*

Causa de isenção de pena *408*

Causa de justificação *209, 212, 333, 334, 338, 352, 370, 385, 416, 449, 459*

Causa dirimente da culpabilidade *365, 388, 408*

Causa extintiva da punibilidade *643, 685*

Causa geral de diminuição de pena *308, 309, 314, 456*

Causalidade cumulativa *261*

Causa preexistente absolutamente independente *265*

Causa preexistente relativamente independente *266*

Causa relativamente independente *258, 266, 268*

Causas de aumento ou diminuição de pena *552*

Causas de diminuição de pena *181*

Causas de diminuição e de aumento de pena *95*

Causas de diminuição ou aumento de pena *552*

Causas de diminuição ou de aumento *558*

Causas de diminuição ou de aumento de pena *308*

Causas de exclusão da antijuridicidade, justificativas ou descriminantes *340*

Causas de exclusão da ilicitude 208, 340, 394
Causas de extinção da punibilidade 5, 306
Causas de isenção de pena 52
Causas de justificação 213, 342
Causas dirimentes da culpabilidade 419
Causas especiais de aumento ou diminuição de pena 308
Causas excludentes da ilicitude 161, 373, 423
Causas extintivas da punibilidade 651, 665, 668, 669, 685
Causas gerais de diminuição ou aumento de pena 308
Causas interruptivas da prescrição 700
Causas interruptivas e suspensivas da prescrição 549
Causas legais de exclusão da antijuridicidade 161
Causas legais de exclusão da ilicitude 342, 422
Causas supervenientes relativamente independentes 264, 268
Causas supralegais de exclusão da culpabilidade 424
Causas supralegais de exclusão da ilicitude 340
Causa superveniente absolutamente independente 265
Causa superveniente relativamente independente 267, 268, 269
Causa supralegal de exclusão da culpabilidade 378, 424, 426
Cerimônia do livramento 622
Cerimônia do livramento condicional 561, 562
Certidão de óbito falsa 670
Cessação da periculosidade 647, 648, 406
Cheque emitido sem suficiente provisão de fundos 313
Cidades refúgio 14
Cigarro 54
Cinto 522
Ciranda da morte 365
Circunstância agravante 559, 562, 564
Circunstância atenuante 314
Circunstância preponderante 572
Circunstâncias 532, 556

Circunstâncias agravantes 551, 559, 560, 568, 573
Circunstâncias atenuantes 482, 567
Circunstâncias atenuantes e agravantes 95, 547, 551, 552, 558
Circunstâncias atenuantes inominadas 571
Circunstâncias incomunicáveis 460
Circunstâncias inominadas 556
Circunstâncias judiciais 95, 100, 483, 494, 533, 550, 551, 552, 553, 556, 567
Circunstâncias legais 556
Circunstâncias preponderantes 552, 572
Citação por edital 150, 699
Classificação das normas penais 51
Classificação doutrinária das infrações penais 165
Cláusulas pétreas 407
Coação 566
Coação física 201, 420
Coação física absoluta 393
Coação irresistível 395, 396, 420, 440, 566
Coação moral irresistível 420, 427, 438
Coação resistível 421, 566, 569
Coautoria 436, 437, 440, 441, 266, 442
Coautoria e crimes de mão própria 440
Coautoria sucessiva 182, 443
Coculpabilidade 427, 428
Código criminal do império 1, 117, 158
Código de Direito Canônico 19
Código de Trânsito Brasileiro 60, 88, 128, 178, 89, 192, 240, 245, 413, 541
Código Penal Militar 108, 157, 175, 345
Cogitação 188, 203, 286, 287, 288, 456
Cogitationis poenam nemo patitur 393
Coisa julgada material 686
Colaboração premiada 684
Comando vermelho 446, 566
Combinação de leis 138
Cominação 94
Communis opinio doctorum 66
Compensação de culpas em direito penal 255
Competência do tribunal do júri 704, 708
Competência originária dos tribunais 701

Competência originária do tribunal *706*
Competência ou capacidade da vítima *281*
Competência para a execução da pena de multa *549*
Competência pela conexão *190*
Competência territorial *184*
Comportamento da vítima *557, 558*
Comportamento delitivo *31*
Comportamentos delitivos *32*
Composição *16*
Composição dos danos *12, 255, 314, 314*
Composição dos danos civis *186*
Compositio *16*
Comunismo *119*
Comutação *511*
Conatus *152, 211, 266, 285, 291, 293, 298, 299, 306*
Conceito analítico de crime *112, 159, 339, 160, 162, 339, 384, 393*
Conceito clássico de crime *160*
Conceito de ação *392, 393, 398, 399, 198, 400*
Conceito de crime *158, 88, 158*
Conceito de dolo *230*
Conceito de funcionário público *192*
Conceito de legítima defesa *358*
Conceito de tipo *211, 393*
Conceito estratificado de crime *162*
Conceito extensivo de autor *434*
Conceito final de ação *398*
Conceito neoclássico de delito *396*
Conceito restritivo de autor *433, 435*
Conceito social de ação *400*
Conceito tripartido de crime *553*
Conceito unitário do crime *153*
Concepção retributiva da pena *35*
Concorrência de culpas *254, 255*
Concurso aparente de normas *58*
Concurso de causas de aumento ou de diminuição *553*
Concurso de circunstâncias agravantes e atenuantes *572*
Concurso de circunstâncias agravantes e atenuantes de idêntico valor *572*

Concurso de crimes *575, 582, 584, 593, 594, 708*
Concurso de partícipes *441*
Concurso de penas *575*
Concurso de pessoas *291, 182, 187, 429, 430, 431, 444, 445, 462, 463, 469, 566*
Concurso entre atenuantes e agravantes *552*
Concurso formal *575, 576, 579, 580, 581, 582, 330, 593, 594, 598, 299, 421*
Concurso formal heterogêneo *583, 593, 708*
Concurso formal homogêneo e heterogêneo *581*
Concurso formal imperfeito *594*
Concurso formal impróprio ou imperfeito *582*
Concurso formal ou ideal de crimes *579, 580, 581*
Concurso formal perfeito *594*
Concurso formal próprio ou perfeito *581, 582, 583*
Concurso formal próprio (perfeito) e impróprio (imperfeito) *581*
Concurso material *575, 577, 578, 579, 593, 62, 63, 482*
Concurso material benéfico *582, 591, 592, 600*
Concurso material heterogêneo *579*
Concurso material homogêneo *579*
Concurso material ou real de crimes *576, 580*
Condição de procedibilidade *658*
Condições carcerárias mínimas *27*
Condições da ação *654, 709*
Condições de procedibilidade *662*
Condições do livramento *623*
Condições sursitárias *612, 613, 694*
Conditio sine qua non *260*
Conduta *161, 197*
Conduta proibida *54*
Conduta social *532, 547, 555, 555*
Conexão *186, 190*
Conexão espacial *587*
Conexão formal ou circunstancial *708*
Conexão intersubjetiva (por simultaneidade, concursal ou por reciprocidade) *190*
Conexão objetiva ou lógica *190*
Conexão real ou substancial *708*

Confisco 630, 631, 536

Confissão 22, 570

Confissão do agente 570

Confissão espontânea 570

Conflito aparente de normas 58, 63

Congresso nacional 56

Consciência da ilicitude 238, 333, 415, 423

Consciência potencial sobre a ilicitude do fato 415

Consciência profana do injusto 415

Conselho da comunidade 495, 609

Conselho de sentença 426, 704

Conselho penitenciário 562, 609, 616, 622, 623, 624, 671

Conselho regional de medicina 541

Consentimento da gestante 422

Consentimento do ofendido 161, 283, 340, 386, 387

Consentimento justificante 387

Consequências do crime 533, 547, 556

Constituição 8

Constrangimento ilegal 91, 151, 532

Consumação 188, 285, 287

Consumo de drogas 156, 481, 166, 524, 533, 540

Contagem da prescrição 693

Contagem de prazo 150

Contatos sociais 280

Continência 577, 186

Continuidade delitiva 585, 588, 593, 594, 595, 614

Continuidade delitiva nos crimes contra a vida 590

Continuidade normativo-típica 132

Contrato social 29

Contravenção penal 166, 83, 168, 292, 561

Contravenções penais 77, 155, 157

Controle concentrado 75

Controle de constitucionalidade das leis 115

Controle difuso 75

Controle direto de constitucionalidade 71

Controle social 9, 33

Convenção americana de direitos humanos 109

Convenção interamericana para prevenir, punir e erradicar a violência contra a mulher 535

Convenção sobre a eliminação de todas as formas de discriminação contra as mulheres 535

Conversão da pena de multa 548, 549

Conversão da pena restritiva de direitos em privativa de liberdade 543

Cooperação dolosamente distinta e arrependimento posterior 312

Corrupção passiva 172

Costume 47

Costume ab-rogativo 48

Costumes 47, 48, 118

Criança 564

Crime 40, 42, 165

Crime ambiental 224

Crime a prazo 182

Crime comissivo 271

Crime complexo 295, 179, 296

Crime complexo em sentido amplo 179

Crime comum 171

Crime consumado 167

Crime continuado 176, 182, 575, 576, 584, 585, 586, 587, 588, 590, 591, 592, 593, 594

Crime continuado e *novatio legis in pejus* 592

Crime continuado qualificado 590, 591

Crime continuado simples 590, 591

Crime culposo 169

Crime de bagatela 92, 181

Crime de dano 60, 192

Crime de ímpeto 188

Crime de mão própria 172, 439

Crime de mera conduta 170, 171

Crime de opinião 184

Crime de perigo 60, 192, 240

Crime de perigo para a vida ou saúde de outrem 178

Crime de responsabilidade 191

Crime de resultado cortado 182

Crime doloso 169

Crime falho 181, 292

Crime-fim 563
Crime formal 170
Crime hediondo 173, 561
Crime impossível 80, 169, 170, 316, 317, 318, 319, 320
Crime impossível e crime putativo 320
Crime impossível no flagrante preparado 320
Crime instantâneo de efeitos permanentes 182
Crime material 165, 170
Crime-meio 563
Crime mutilado de dois atos 182
Crime omissivo 271
Crime permanente 182, 182
Crime preterdoloso 176, 322
Crime progressivo 188
Crime próprio 171, 172, 439
Crime próprio e crime de mão própria 439
Crime putativo 169, 170, 320, 418
Crime qualificado pelo resultado 176
Crime simples 179
Crime tentado 167, 168, 553
Crimes aberrantes 195
Crimes acessórios 185
Crimes a distância 144, 184
Crimes ambientais 189
Crimes a prazo 182
Crimes bilaterais ou de encontro 187
Crimes coletivos ou de convergência 187
Crimes comissivos 166, 200
Crimes complexos 179
Crimes comuns 183, 222
Crimes concorrentes 579
Crimes condicionados 196
Crimes conexos 707, 190
Crimes contra a propriedade imaterial 636
Crimes contra a vida 168
Crimes contra o patrimônio 69, 168
Crimes culposos 249, 293, 470
Crimes da mesma espécie 584, 585, 176
Crimes de ação múltipla 63
Crimes de ação múltipla ou de conteúdo variado 193, 221
Crimes de ação privada 168
Crimes de ação pública 168
Crimes de atentado ou de empreendimento 188, 189, 294
Crimes de atuação pessoal 440
Crimes de concurso eventual 429
Crimes de concurso necessário 186
Crimes de conduta mista 167
Crimes de consumação antecipada 170
Crimes de convergência 187
Crimes de dano 177
Crimes de ensaio ou de experiência 194
Crimes de forma livre 193
Crimes de forma vinculada 193, 194
Crimes de mão própria 439, 440, 441
Crimes de mera conduta 245
Crimes de opinião 183
Crimes de perigo 177, 178, 240
Crimes de perigo abstrato 178
Crimes de perigo concreto 178
Crimes de responsabilidade 191
Crimes de resultado 279, 401
Crimes de subjetividade passiva única 187
Crimes de trânsito 196
Crimes dolosos contra a vida 69
Crimes em trânsito 184
Crimes especiais 171
Crimes especiais impróprios 171
Crimes especiais próprios 171
Crimes exauridos 188
Crimes falimentares 191
Crimes formais 170, 259
Crimes funcionais 635, 192
Crimes funcionais impróprios 193
Crimes funcionais próprios 192
Crimes habituais 184, 293
Crimes hediondos 96, 172, 97, 175
Crimes incondicionados 196
Crimes instantâneos 181
Crimes instantâneos de efeitos permanentes 181
Crimes internacionais 195

Crimes materiais *190, 259*
Crimes militares *175*
Crimes militares impróprios *175*
Crimes militares próprios *175, 561, 562*
Crimes monossubjetivos *186*
Crimes multitudinários *177*
Crimes não transeuntes *190*
Crimes omissivos *200, 416*
Crimes omissivos impróprios *167, 201*
Crimes omissivos impróprios, comissivos por omissão ou omissivos qualificados *271*
Crimes omissivos impróprios ou comissivos por omissão *272*
Crimes omissivos próprios *166, 167, 200, 271, 272, 294*
Crimes passionais *409*
Crimes permanentes *181, 182*
Crimes plurilocais *184*
Crimes plurinucleares *63*
Crimes pluriofensivos *187*
Crimes plurissubjetivos *186, 429*
Crimes plurissubsistentes *168, 189*
Crimes políticos *183, 183, 562*
Crimes políticos próprios ou impróprios *562*
Crimes preterdolosos *216, 293, 323*
Crimes preterdolosos ou preterintencionais *175*
Crimes principais *185*
Crimes privados *17*
Crimes privilegiados *180*
Crimes próprios *440*
Crimes públicos *17*
Crimes qualificados *180*
Crimes qualificados pelo resultado *175, 321, 322*
Crimes que não admitem a tentativa *293*
Crimes remetidos *194*
Crimes simples *179*
Crimes subjetividade passiva dupla *187*
Crimes subsidiários *192*
Crimes transeuntes *190*
Crimes uniofensivos *187*
Crimes unissubjetivos *429*
Crimes unissubsistentes *189, 294*

Crimes vagos *189, 228*
Criminologia *31*
Critério biopsicológico para a aferição da inimputabilidade *404*
Critério trifásico *95, 533, 547, 558, 568*
Critério trifásico de aplicação da pena *100, 112*
Culpabilidade *111, 112, 113, 153, 154, 161, 88, 213, 214, 218, 224, 333, 247, 339, 344, 349, 350, 365, 369, 377, 389, 392, 394, 396, 397, 399, 400, 401, 403, 408, 414, 417, 225, 423, 532, 553*
Culpabilidade como elemento integrante do conceito analítico de crime *112*
Culpabilidade como princípio impedidor da responsabilidade penal objetiva *113*
Culpabilidade como princípio medidor da pena *112*
Culpabilidade de ato *402*
Culpabilidade de autor *402*
Culpabilidade do ato *402*
Culpabilidade dolosa *335*
Culpabilidade na teoria do delito *392*
Culpabilidade negligente *335*
Culpabilidade pela conduta de vida *402*
Culpa comum *245, 250*
Culpa consciente *234, 245, 250, 252, 256, 299*
Culpa consciente e dolo eventual *250*
Culpa cosciente *252*
Culpa imprópria *254, 256, 294, 333, 375*
Culpa inconsciente *245, 250, 256, 395*
Culpa por assimilação, por extensão ou por equiparação *254*
Culpa por extensão, por assimilação, por equiparação *256*
Culpa presumida *255*
Cumplicidade desnecessária *447*
Cumplicidade necessária *447*
Cumprimento de ordem de autoridade superior *569*
Cúmulo material *578, 579, 582, 583, 591, 600*
Curandeirismo *184, 194*
Curetagem *352*

D

Dano *169*
Dano moral *534*

Dano social *3*
Decadência *674*
Decadência do direito de queixa ou de representação *665*
Decisão confirmatória da pronúncia *705*
Declaração de extinção da punibilidade *669*
Declaração dos direitos do homem e do cidadão *116, 117*
Declaração universal dos direitos do homem *109*
Defensoria pública *622*
Degredo *108*
Delicta eclesiastica *18*
Delicta mere secularia *18*
Delinquência *33, 41*
Delinquente *33, 41, 44*
Delito *32*
Delito de intenção *182*
Delito de passagem *188*
Delitos de concurso eventual *429*
Delitos de resultado cortado *170*
Delitos de trânsito *250*
Delitos imprudentes *436*
Delitos materiais *259*
Delitos militares impróprios *562*
Delitos próprios *222*
Denúncia contra senador ou deputado *699*
Denúncia substitutiva *660*
Dependente *411*
Desclassificação *219, 558*
Descodificação penal *6*
Desconhecimento da lei *414, 568, 569*
Descriminante putativa *375*
Descriminantes putativas *254, 256, 294, 330, 331, 333, 334, 353, 359, 378, 416*
Desdobramento causal da ação *175*
Desenvolvimento mental incompleto ou retardado *404, 404, 406*
Desgraça particular do ofendido *565*
Desígnios autônomos *579, 580, 581, 582*
Desinternação *648, 649*
Desistência voluntária *292, 302, 303, 304, 305, 306, 307, 450*

Desistência voluntária e política criminal *303*
Desterro *108*
Desvio do crime *599*
Desvio no golpe *195*
Detenção *166*
Determinação *567*
Determinismo *391, 392*
Detração *484, 513*
Dever contratual *351*
Dever de autoproteção *283*
Dever de sacrifício *350*
Dever especial de proteção *201, 273*
Dever genérico de proteção *201, 273*
Dever inerente a cargo, ofício, ministério ou profissão *564*
Dever legal *351, 381, 382*
Dever legal de enfrentar o perigo *350*
Dever objetivo de cuidado *202, 243, 245, 315, 377*
Dias-multa *547*
Difamação *190, 679*
Dignidade da pessoa humana *100, 106*
Dignidade sexual *228, 386*
Diminuição do risco *279*
Direito consuetudinário *118*
Direito da mulher *535*
Direito de ação *653*
Direito de liberdade *22*
Direito de punir *23*
Direito de queixa ou de representação *675*
Direito penal *1, 3*
Direito penal canônico *18*
Direito penal da negligência *248*
Direito penal do autor *81, 402*
Direito penal do equilíbrio *173*
Direito penal do fato *402, 555*
Direito penal germânico *17*
Direito penal máximo *12*
Direito penal mínimo *11, 77*
Direito penal moderno *12*
Direito penal objetivo *6, 7*
Direito penal religioso *15*

Direito penal romano *16*
Direito penal subjetivo *6, 7*
Direito positivo *386*
Direitos do internado *651*
Direitos e garantias fundamentais *107*
Direitos e garantias individuais *107*
Direitos fundamentais *8*
Direitos humanos *107, 109, 147, 195*
Direitos humanos constitucionalizados *9*
Direitos políticos *671*
Direito subjetivo do agente *680*
Direito subjetivo do condenado *608, 616, 622, 624, 650*
Direito subjetivo público *653*
Disparo de arma de fogo *156*
Dissimulação *563*
Dívida ativa da Fazenda Pública *549*
Dívida de valor *612, 670, 549*
Divisão de tarefas *435, 441*
Doença cuja notificação é compulsória *166*
Doença mental *404, 405, 408*
Dolo *230*
Dolo alternativo *236*
Dolo bipartido *300*
Dolo causalista *238*
Dolo consecutivo *238*
Dolo de perigo *240*
Dolo direto *235, 236, 299*
Dolo direto de primeiro grau *235, 299*
Dolo direto de segundo grau *235, 236*
Dolo e crime de perigo *240*
Dolo específico *238*
Dolo eventual *234, 236, 250, 251, 252, 299, 300*
Dolo finalista *399*
Dolo genérico *238*
Dolo geral *237, 330*
Dolo indireto *236*
Dolo indireto alternativo *236*
Dolo natural *399*
Dolo normativo *238*
Dolo subsequente *238*
Dolus generalis *237*
Dolus malus *230, 238, 397*

Domínio de violenta emoção *558, 570*
Domínio funcional do fato *436, 437*
Dormir em serviço *175*
Dos delitos e das penas *99*
Doutrinas utilitaristas *34*
Dupla posição do dolo *400*

E

Economia processual *11*
Édito de tessalônica *18*
Édito de tolerância *18*
Efeito automático da sentença *629, 631*
Efeito da condenação *537, 540, 541*
Efeito preventivo especial da pena *667*
Efeito preventivo geral da pena *668*
Efeitos civis da legítima defesa *380*
Efeitos civis do estado de necessidade *355*
Efeitos da condenação *641*
Efeitos da condenação nos crimes contra a propriedade imaterial *636*
Efeitos específicos da condenação *633*
Efeitos genéricos da condenação *628*
Efeitos penais da sentença condenatória *674*
Elementares *219, 558*
Elementares do crime *180*
Elemento subjetivo *369*
Elemento subjetivo de justificação *341, 352*
Elemento subjetivo do tipo *220*
Elemento subjetivo na legítima defesa *369*
Elemento subjetivo nas causas de justificação *352*
Elemento subjetivo no estado de necessidade *351*
Elementos específicos dos tipos penais *221*
Elementos jurídico-normativos da ilicitude *417*
Elementos jurídico-normativos do tipo *417*
Elementos negativos do tipo *213*
Elementos normativos *403, 417*
Elementos objetivos de justificação *352*
Elementos objetivos do tipo *220, 230*
Elementos objetivos e subjetivos das causas de exclusão da ilicitude *351*
Elementos subjetivos do tipo *221*

Emboscada 563
Embriaguez 410
Embriaguez completa 202, 412
Embriaguez culposa 565
Embriaguez involuntária 412
Embriaguez involuntária incompleta 412
Embriaguez patológica 70, 413
Embriaguez preordenada 413, 565
Embriaguez voluntária 411, 412, 565
Embriaguez voluntária em sentido estrito 565
Embriaguez voluntária ou culposa 70
Emoção 409, 410
Enfermo 564
Entorpecente 54
Epidemia com resultado morte 621
Equipamento de monitoração eletrônica 622
Erro acidental 328, 330
Erro de direito 413
Erro de execução 599
Erro de fato 413
Erro de permissão 416
Erro de pessoa para coisa 600
Erro de pessoa para pessoa 597, 599
Erro de proibição 333, 335, 359, 413, 414, 415, 417, 418, 568
Erro de proibição às avessas 418
Erro de proibição direto 414, 415, 416, 418, 568
Erro de proibição e delito putativo 418
Erro de proibição indireto 374, 416
Erro de proibição inevitável 335
Erro de proibição *sui generis* 335
Erro determinado por terceiro 434, 438
Erro de tipo 218, 231, 239, 325, 326, 327, 333, 334, 335, 413, 414, 416, 417, 418
Erro de tipo acidental 596
Erro de tipo ao revés 316
Erro de tipo essencial 328, 330
Erro de tipo invencível (escusável, justificável, inevitável) 327
Erro de tipo permissivo 162, 254, 333, 335, 359
Erro de tipo vencível (inescusável, injustificável, evitável) 327
Erro de validez 418

Erro evitável 418
Erro mandamental 416
Erro médico 675
Erro na execução 580, 330, 596, 597, 598, 195
Erro nas descriminantes putativas 335
Erro sobre a ilicitude do fato 162, 334, 414, 415, 418
Erro sobre a pessoa 329, 330
Erro sobre elementos do tipo 334
Erro sobre o objeto 329
Erro sobre os elementos normativos do tipo 417
Erro sobre uma causa de justificação 359
Erro *sui generis* 416
Error in persona 597
Escola biológica da criminologia 41
Escola clássica 38, 391
Escola correcionalista 44
Escola da nova defesa social 44
Escola italiana 41
Escola moderna alemã 43
Escola positiva 40, 42, 391
Escola técnico-jurídica 43
Escolas penais 34
Escusa absolutória 656
Escusas absolutórias 162, 567
Esfera de conhecimento do agente 176
Esfera de proteção da norma 279, 280
Especial fim de agir 238
Especial tratamento curativo 650, 406
Espécies de ação penal 657
Espécies de conexão 190
Espécies de culpabilidade 394
Espécies de legítima defesa 359
Espécies de medidas de segurança 645
Espécies de prescrição 686
Específico da condenação 630
Estabelecimentos prisionais destinados às mulheres 505
Estado constitucional de direito 7, 8
Estado de direito 23
Estado de inconsciência 438, 439

Estado de necessidade *331, 340, 341, 342, 343, 344, 345, 346, 347, 349, 350, 351, 352, 353, 355, 356, 370, 371, 372, 422, 423*

Estado de necessidade autêntico *373*

Estado de necessidade defensivo *353*

Estado de necessidade defensivo e agressivo *351*

Estado de necessidade de terceiros *348, 349, 352*

Estado de necessidade e dificuldades econômicas *354*

Estado de necessidade exculpante *343, 344, 395, 396, 422*

Estado de necessidade justificante *343, 344, 345, 422*

Estado de necessidade próprio *348*

Estado de necessidade próprio e de terceiros *348*

Estado de necessidade putativo *331, 353*

Estado de necessidade real *373*

Estado puerperal *59, 171, 172, 219, 558*

Estados de inconsciência *201*

Estatuto da Criança e do Adolescente *407, 564*

Estatuto de Roma *146*

Estatuto da Pessoa Idosa *559, 564*

Estelionato *586*

Estelionato com cheque *61*

Estigmas *41*

Estrito cumprimento de dever legal *208, 331, 340, 341, 342, 381, 382, 383, 385, 422, 423*

Estrito cumprimento de dever legal putativo *331*

Estrito cumprimento de um dever legal *381*

Estrito cumprimento do dever legal *382*

Estupro *621*

Estupro de vulnerável *228*

Esvaziamento das causas de exclusão de ilicitude *385*

Evasão mediante violência contra a pessoa *189, 294*

Exame criminológico *97, 497*

Exame de cessação de periculosidade *649*

Exame de corpo de delito *190*

Exaurimento *188*

Excesso culposo *374, 375, 377, 378*

Excesso culposo em sentido estrito *375, 378*

Excesso doloso *374, 375, 379*

Excesso doloso em sentido estrito *374*

Excesso escusável *377, 378*

Excesso exculpante *377, 378*

Excesso extensivo *376*

Excesso intensivo *376*

Excesso na causa *377*

Excesso na legítima defesa *373*

Excesso no estado de necessidade *353*

Excesso punível *342*

Execução *188*

Execução da pena *5*

Execução da pena de multa *548*

Execução material do crime *566*

Execução provisória *626*

Execução provisória da pena restritiva de direitos *544*

Exercício regular de direito *331, 340, 341, 342, 380, 382, 385, 422, 423*

Exercício regular de direito putativo *331*

Exercício regular de um direito *382*

Exercício regular do direito *209*

Exigibilidade de conduta diversa *113, 161, 349, 399, 403, 419*

Exílio *108*

Exploração de prestígio *6*

Exploração sexual *637*

Explosivo *563*

Exposição de motivos *66*

Exposição de motivos da nova parte geral do Código Penal *308, 315, 321*

Expulsão coletiva da paz *16*

Extensão do território nacional *144*

Extinção da pena *626*

Extinção da punibilidade *593, 667, 668, 669, 674, 678, 680, 682, 685, 104, 687, 689, 691, 705, 314*

Extinção da punibilidade e medida de segurança *651*

Extorsão mediante sequestro *171, 182, 188*

Extra-atividade da lei penal *126, 127, 128*

Extradição *147, 183*
Extraneus *439*
Extraterritorialidade condicionada *147*
Extraterritorialidade incondicionada *146*

F

Facilitar ou assegurar a execução, a ocultação, a impunidade ou vantagem de outro crime *563*
Falsa perícia *679*
Falsificação grosseira *318*
Falsificação ou alteração de assentamento de registro civil *692*
Falsificação ou alteração de assentamento do registro civil *692*
Falsos delitos militares *562*
Falso testemunho *439, 441*
Falta de vagas em estabelecimento penal adequado *491*
Falta grave *544*
Falta grave em execução penal *501*
Fase da cominação *550*
Fases da individualização da pena *94*
Fato típico *88, 89, 112, 113, 153, 154, 161, 206, 208, 212, 213, 214, 215, 218, 277, 384, 385*
Fattispecie *205*
Favorecimento real *185*
Fiança *156*
Finalidade de proteção de bens jurídicos *3*
Finalidade do direito penal *2*
Finalidade preventiva especial da pena *37*
Finalismo *397, 399, 403, 413*
Fiscalização por monitoramento eletrônico *495*
Flagrante delito *194*
Flagrante esperado *320*
Flagrante preparado *320*
Flagrante preparado ou provocado *194*
Fogo *563*
Fonte de cognição ou de conhecimento do direito penal *47*
Fonte de produção *55*
Fonte de produção do direito penal *47*

Fontes cognitivas mediatas *47*
Fontes de conhecimento *46*
Fontes de produção *46*
Fontes do direito penal *46, 47*
Fontes formais do dever de garantidor *272*
Força irresistível *201*
Força irresistível do homem *438*
Força maior *245, 411, 412*
Fórmula de Frank *304*
Fórmula genérica *563*
Fracionamento do *iter criminis* *189*
Fuga de detentos *381*
Fuga do condenado *695*
Função da pena *35*
Função indiciária do tipo *212*
Função ou atividade pública *540*
Função pública *634*
Funcionalismo *401*
Funcionalismo sistêmico ou radical *400*
Funcionalismo teleológico ou moderado *400*
Funcionário público *639, 5, 192*
Funcionário público por equiparação *634*
Funções do direito penal *401*
Funções do princípio da legalidade *117*
Funções do tipo *228*
Fundo penitenciário nacional *536, 538*
Fúria legislativa *3*
Furto de uso *206, 361*
Furto famélico *355*

G

Garantias primárias *8*
Garantias secundárias *8*
Garantidor *167, 259, 273, 274, 275, 276, 417*
Garantismo *8*
Garantismo penal *22*
Genocídio *57, 146, 147*
Graça *172, 670, 671, 487*
Grave ameaça *584, 585, 590, 531*
Gravidez resultante de adultério *352*
Gravidez resultante de estupro *422*

Grupo nacional, étnico, racial ou religioso *146*
Guerra declarada *108*
Guia de internamento ou de tratamento ambulatorial *647*

H

Hábito *47*
Habitualidade delitiva *594*
Hamurabi *15*
Heterocolocação em perigo *284*
Hipnose *202*
Hipoteca legal *632*
Homem de trás *439*
Homicídio *59*
Homicídio culposo na direção de veículo automotor *129, 60, 192*
Homicídio culposo qualificado *253*
Homicídio doloso por omissão *275*
Homicídio privilegiado *181, 214, 362, 570*
Homologação das sentenças estrangeiras *149*
Honra subjetiva *227, 362*
Hospital de custódia e tratamento psiquiátrico *646, 648, 649, 650*

I

Ilicitude *88, 112, 161, 337, 338, 344, 350, 365, 386*
Ilicitude atípica *337*
Ilicitude formal *338*
Ilicitude material *338*
Ilicitude típica *337*
Iluminismo *607*
Imperícia *169, 198, 200, 242, 243, 244, 249, 293*
Imprescritibilidade *710*
Imprudência *169, 198, 200, 242, 243, 244, 248, 293*
Impunibilidade da participação *456*
Imputabilidade *113, 161, 394, 397, 399, 403, 419*
Imputação do comportamento *280*
Imputação do resultado *280*
Imunidade penal de caráter pessoal *656*

Imunidades penais de caráter pessoal *567*
Incêndio *565*
Inconstitucionalidade formal *119*
Independência funcional *663*
Indicação marginal *5*
Individualização concreta *550*
Individualização da pena *94, 550*
Individualização legislativa *550*
Indivisibilidade da ação penal *659*
Indução *567*
Indulgência do príncipe *670*
Indulto *670, 671, 672, 685*
Indulto coletivo *672*
Indulto de natal *672*
Indulto individual *671, 672*
Induzimento *440*
Induzimento a erro essencial e ocultação de impedimento *661, 675*
Ineficácia absoluta do meio *169, 316*
Inevitabilidade do dano *348*
Inexigibilidade de conduta diversa *365, 366, 423, 424, 426, 428*
Infanticídio *59, 171, 172, 219, 558*
Infecção hospitalar *268*
Infiltração de agentes *423*
Inflação legislativa *58, 124*
Influência de violenta emoção *569, 570*
Infração penal *7, 155, 160, 431*
Infração penal de menor potencial *185*
Infração penal de menor potencial ofensivo *186*
Ingerência *275*
Início ou continuação do cumprimento da pena *707*
Inimputabilidade *162, 403, 405, 408, 423*
Inimputabilidade por doença mental *403*
Inimputabilidade por imaturidade natural *403, 407*
Inimputável *409*
Injúria *189, 190*
Injúria verbal *168, 294*
Injusta agressão *360, 362*
Injusta provocação *362*

Injusta provocação da vítima *188, 557, 558, 570*
Injusto penal *112, 214, 218*
Injusto típico *214*
Insconsciência *393*
Instigação *440, 567*
Instrumenta sceleris *537*
Instrumento impunível *438*
Instrumentos do crime *629, 536*
Interdição temporária de direitos *530, 533, 541*
Interesse de agir *654, 655, 709*
Internação *646, 647, 648, 649, 650, 406*
Internação em hospital de custódia e tratamento psiquiátrico *646*
Interpretação analógica *71, 71, 563*
Interpretação autêntica *65*
Interpretação autêntica contextual *65*
Interpretação autêntica posterior *65*
Interpretação conforme a Constituição *71, 116*
Interpretação da lei conforme a Constituição *8*
Interpretação declaratória *70*
Interpretação doutrinária *66*
Interpretação e integração da lei penal *64*
Interpretação extensiva *70, 71*
Interpretação extensiva em sentido estrito *71*
Interpretação gramatical *223*
Interpretação histórica *69*
Interpretação judicial *66*
Interpretação judicial sumular *66*
Interpretação literal ou gramatical *68*
Interpretação objetiva *64*
Interpretação restritiva *70*
Interpretação restritiva do tipo penal *90*
Interpretação sistêmica *68, 68, 156*
Interpretação subjetiva *64*
Interpretação teleológica *68*
Interrupção da prescrição *701, 704, 705, 706, 707*
Interrupção da prescrição pela pronúncia *704*
Intra-autos *66*
Intraneus *439*
Inundação *565*
Irretroatividade da lei penal *118*

Irretroatividade *in pejus* *126*
Iter criminis *152, 165, 168, 188, 189, 256, 285, 286, 293, 294*
Ius accusationis *7*
Ius persequendi *6*
Ius puniendi *667, 671, 6*
Ius puniendi em sentido negativo *7*
Ius puniendi positivo *7*

J

Jogo do bicho *48, 83, 354, 355*
Juizados de violência doméstica e familiar contra a mulher *559*
Juizados especiais criminais *11*
Juiz natural *701*
Juízo de censura *111, 113, 391, 392, 396, 406, 420*
Juízo de reprovabilidade *111*
Juízo de reprovação *650*
Justa causa *654, 656, 658*

L

Latrocínio *168*
Latrocínio consumado *295, 296*
Latrocínio tentado *295*
Law and order *173*
Legalidade formal *24, 119, 120*
Legalidade material *120*
Lege ferenda *385*
Legislação castrense *175*
Legislação extravagante *5*
Legislador negativo *75*
Legislador positivo *75*
Legítima defesa *331, 334, 337, 340, 341, 342, 347, 352, 357, 358, 359, 360, 361, 362, 363, 364, 365, 369, 370, 371, 372, 373, 374, 375, 376, 378, 380, 422, 423, 424, 427*
Legítima defesa antecipada *365*
Legítima defesa autêntica *360, 372, 375*
Legítima defesa autêntica (real) *359*
Legítima defesa com erro na execução *379*
Legítima defesa da honra *334*

Legítima defesa de terceiros *341, 366, 369*

Legítima defesa e *aberratio ictus* *379*

Legítima defesa e agressão de inimputáveis *370*

Legítima defesa preordenada *379*

Legítima defesa preventiva *366*

Legítima defesa própria *366*

Legítima defesa putativa *254, 331, 334, 372, 373, 375*

Legítima defesa putativa (imaginária) *359*

Legítima defesa putativa *versus* legítima defesa autêntica *372*

Legítima defesa real *372*

Legítima defesa recíproca *371, 372*

Legítima defesa sucessiva *378*

Legítima defesa *versus* estado de necessidade *372*

Legitimidade *654*

Legitimidade das partes *654*

Lei *51*

Lei ambiental *224*

Lei Antidrogas *54, 55, 80, 411, 413, 531*

Lei Complementar *119*

Lei das Contravenções Penais *151, 168, 178, 211, 292, 561*

Lei das XII Tábuas *16*

Lei de execução fiscal *549*

Lei de execução penal *95, 108, 511*

Lei de Introdução ao Código Penal *155, 158, 165*

Lei de Introdução às Normas do Direito Brasileiro *48, 73*

Lei de migração *628*

Lei de talião *14*

Lei do mais forte *14*

Lei em sentido estrito *54*

Lei Maria da Penha *664*

Lei ordinária *119, 122*

Lei penal em branco *56*

Lei penal no espaço *184*

Leis *23*

Leis complementares *124*

Leis ordinárias *124*

Lesão corporal *534*

Lesão corporal culposa na direção de veículo automotor *681*

Lesão corporal de natureza culposa *675*

Lesão corporal gravíssima *176*

Lesão corporal leve *532*

Lesão corporal qualificada pela perda ou inutilização de membro, sentido ou função *176, 322*

Lesão corporal qualificada pelo resultado aborto *171, 176, 322*

Lésbicas, gays, bissexuais, travestis e transexuais *509*

Lex gravior *126*

Lex mitior *121, 128*

LGBT *509*

Liame subjetivo *90, 430, 431, 433, 571*

Liberação condicional *649*

Limitação de fim de semana *530, 533, 542*

Limite das penas *602*

Liquidação de sentença *629*

Livramento condicional *604, 610, 616, 617, 618, 619, 622, 623, 624, 97, 542, 561, 562*

Livramento condicional e execução provisória da sentença *626*

Livre-arbítrio *39, 391, 392*

Lugar do crime *143*

M

Magna carta inglesa *116*

Maior de 60 (sessenta) anos *564*

Maior de 70 (setenta) anos *568*

Maioridade penal *407*

Majorante *614*

Majorantes *558*

Mandato eletivo *635, 540*

Marcos interruptivos da prescrição *688*

Maus antecedentes *554, 561, 562*

Medida cautelar *526, 527*

Medida de segurança *5, 644, 645, 646, 647, 648, 406, 408, 409, 561*

Medida de segurança detentiva *647*

Medida provisória benéfica *123*
Medida socioeducativa *407*
Medidas assecuratórias *632*
Medidas de segurança *1*
Medidas provisórias *122, 123*
Medidas provisórias em matéria penal *123*
Meio absolutamente ineficaz *317, 318*
Meio ambiente *198, 223, 224*
Meio insidioso ou cruel *563*
Meios capazes de produzir perigo comum *563*
Meios cruéis *563*
Meios necessários *363, 364*
Menoridade *568*
Menoridade penal *407*
Menor potencial ofensivo *532*
Metodologia neokantista *396*
Microchip *522, 523*
Ministério Público *616, 622, 623, 659, 660*
Minorante *308, 309*
Minorantes *558*
Modalidades de penas *19*
Modelo panóptico *30*
Modus operandi *587*
Monitoração eletrônica *526*
Monitoramento eletrônico *521, 522, 523, 524, 527, 625*
Morte do agente *669, 670*
Motivo de relevante valor moral *569*
Motivo de relevante valor social *569*
Motivo fútil *556, 558, 563*
Motivo torpe *567*
Motivos *532, 555*
Motivos determinantes *555, 572*
Motivos determinantes do crime *552*
Movimentos reflexos *201*
Mulher grávida *564*
Mulheres grávidas durante o parto *520*
Multa no concurso de crimes *594*
Multa substitutiva *530, 546*
Multidão criminosa *177*
Multidão delinquente *177, 571*
Multidão em tumulto *177, 571*
Mutilações *16*

N

Natureza jurídica da desistência voluntária e do arrependimento eficaz *306*
Natureza jurídica da prescrição *685*
Natureza jurídica do crime continuado *584*
Naufrágio *565*
Nazismo *11*
Negligência *169, 198, 200, 242, 243, 244, 248, 293*
Neocriminalização *25*
Neopenalização *25*
Nexo de causalidade *5, 247*
Norma de extensão *167*
Norma jurídica *51*
Norma penal em branco *54, 57, 195*
Normas de extensão *211, 291*
Normas penais *50, 51*
Normas penais em branco *54*
Normas penais em branco de complementação homóloga heterovitelina *55*
Normas penais em branco de complementação homóloga homovitelina *55*
Normas penais em branco heterogêneas *55*
Normas penais em branco ou primariamente remetidas *53*
Normas penais em sentido estrito *52*
Normas penais incompletas ou imperfeitas *57, 195*
Normas penais incriminadoras *51*
Normas penais não incriminadoras *51, 52, 53*
Novação da dívida *643*
Novatio legis in mellius *128, 129*
Novatio legis in pejus *129*
Núcleo do tipo *221*
Núcleo essencial da conduta *56*
Nulla accusatio sine probatione *11*
Nulla actio sine culpa *11*
Nulla culpa sine judicio *11*
Nulla injuria sine actione *11*
Nulla lex (poenalis) sine necessitate *11*
Nulla necessitas sine injuria *11*
Nulla poena sine crimine *10*
Nulla probatio sine defensione *11*

Nullum crimen nulla poena sine lege certa 118
Nullum crimen nulla poena sine lege praevia 117
Nullum crimen nulla poena sine lege scripta 118
Nullum crimen nulla poena sine lege stricta 118
Nullum crimen sine lege 11
Nullum judicium sine accusatione 11

O

Obediência hierárquica 420, 421, 438
Objeção de consciência 425, 426
Objeção de consciência endógena 425
Objeção de consciência exógena 425
Objetiva-material 289
Objeto material 228
Obrigação de cuidado, proteção ou vigilância 275
Ocultação de cadáver 601
Ofendículos 379, 380
Omissão como causa do resultado 270
Omissão de notificação de doença 166
Omissão de socorro 167, 178, 275
Omissões impróprias 167
Omissões próprias 167
Oralidade 11
Ordálias 17, 19
Ordem de autoridade superior 569
Ordem não manifestamente ilegal 570
Organização criminosa 639, 423, 566
Organizações criminosas 632

P

Pacto social 22
Pagamento da pena de multa 547
Paga ou promessa de recompensa 567
Paixão 409, 410
Panóptico 29, 30
Participação 432, 433, 436, 441, 177, 442
Participação 446
Participação após a consumação do crime 454
Participação de menor importância 456
Participação em cadeia (participação de participação) 453
Participação por omissão 455
Participação punível 450
Participação sucessiva 454
Partícipe 470
Parturientes 508
Peculato furto 193
Peculato-furto 172, 219
Pecúlio 622
Pedido juridicamente impossível 656
Pena 13, 14, 24, 34, 42, 44
Pena acessória 631
Pena alternativa 544
Pena-base 95, 100, 112, 533, 550, 551, 552, 553, 559
Pena-base aquém do mínimo 551
Pena corporal 29
Pena de morte 17, 106, 107, 108, 20, 157, 208, 381
Pena de morte coletiva 16
Pena de multa 166, 545, 546, 546, 548
Pena de multa na Lei nº 11.343/2006 546
Pena de privação de liberdade 29
Pena de trabalhos forçados 108
Pena em perspectiva 709
Penalização liberal 560
Pena não privativa de liberdade 11
Pena privativa de liberdade 531
Pena substitutiva 495
Penas 18, 20
Penas alternativas 529
Penas corporais 19, 20
Penas cruéis 15
Penas de caráter perpétuo 602, 603, 605
Penas indeterminadas 534
Penas infamantes 20
Penas privativas de liberdade 20
Penas restritivas de direitos 528, 530, 531
Penas unificadas 604, 605
Penitenciárias 28
Perda de bens e valores 530, 536, 537, 538

Perda de bens ou valores *631*

Perda de cargo, função pública ou mandato eletivo *634, 635, 642*

Perdão do ofendido *665, 677*

Perdão judicial *679, 680, 681, 682, 683, 684*

Perdão judicial e a Lei nº 9.807/99 *682*

Perdão judicial em caso de concurso de pessoas *682*

Perdão judicial no Código de Trânsito Brasileiro *680*

Perdimento de bens *538*

Perempção *661, 675, 676*

Perícia médica *648*

Periculosidade *644, 648, 402, 406*

Perigo abstrato *240*

Perigo atual *341, 345, 346*

Perigo comum *563*

Perigo concreto *240*

Perigo de contágio venéreo *70*

Perigo de dano *179*

Perigo iminente *346*

Perigo para a vida ou saúde de outrem *192*

Perigo presumido *178*

Período criminológico *30*

Período de prova *609, 610, 611, 613, 614, 625, 626, 643, 561, 562*

Período humanitário *19*

Persecutio criminis in judicio *6, 168, 313*

Personalidade do agente *552, 572*

Personalidade do condenado *532*

Perturbação de saúde mental *406*

Pessoas portadoras de transtornos mentais *646*

Poder de polícia *225, 226*

Poder familiar *275, 382*

Poder Judiciário *7*

Poligamia *70*

Ponte de ouro *303*

Porte ilegal de arma de fogo *156*

Porte ilegal de arma de fogo de uso permitido *156*

Pós-fato impunível *61*

Posse irregular de arma de fogo *156*

Possibilidade jurídica do pedido *654, 408*

Potencial conhecimento da ilicitude do fato *113*

Potencial consciência sobre a ilicitude do fato *161, 399, 403, 414, 419*

Prazo decadencial *675*

Prazo mínimo de duração da medida de segurança *648*

Prazo penal *150*

Prazo prescricional *687, 688, 692, 694, 696, 697, 699, 701, 707*

Preceito primário *52, 53, 54, 57, 118, 195*

Preceito secundário *52, 57, 60, 156, 166, 195, 531*

Preceptum iuris *52*

Preparação *188*

Presas gestantes *508*

Prescrição *651, 674, 685, 688, 689, 693*

Prescrição antes de transitar em julgado a sentença *686*

Prescrição antes de transitar em julgado a sentença final *691*

Prescrição após a sentença condenatória irrecorrível *693*

Prescrição da pena de multa *695*

Prescrição da pretensão executória *686, 688, 707*

Prescrição da pretensão executória da multa *695*

Prescrição da pretensão punitiva *686, 687, 688, 693, 694, 699, 705, 707*

Prescrição da pretensão punitiva contra parlamentar *699*

Prescrição das penas restritivas de direitos *687*

Prescrição depois de transitar em julgado a sentença *687*

Prescrição intercorrente *691*

Prescrição no concurso de crimes *708*

Prescrição pela pena em perspectiva *709*

Prescrição retroativa e superveniente (intercorrente ou subsequente) *686, 689*

Prescrição superveniente *691*

Presidente da República *46*

Preso provisório *626*

Prestação de outra natureza *531, 534*

Prestação de serviço à comunidade ou a entidades públicas *530*

Prestação de serviços à comunidade *611*

Prestação de serviços à comunidade ou a entidades públicas *533, 539*

Prestação de serviços à comunidade ou entidades públicas *530*

Prestação de serviços a entidades públicas *530*

Prestação pecuniária *105, 530, 533, 538*

Pretensão punitiva do estado *691*

Preterdolo *293*

Prevaricação *192*

Prevenção especial *602*

Prevenção especial negativa *25, 38*

Prevenção especial positiva *25, 38*

Prevenção geral *370, 529*

Prevenção geral e especial *224*

Prevenção geral negativa *37*

Prevenção geral positiva *37*

Prevenção por intimidação *37*

Previsão do resultado *250*

Previsibilidade *245, 250, 323*

Previsibilidade objetiva *246*

Previsibilidade subjetiva *246, 247*

Primeiro comando da capital *566*

Princípio constitucional implícito *428*

Princípio da adequação social *82, 83*

Princípio da alternatividade *63*

Princípio da anterioridade da lei *20*

Princípio da bagatela *91*

Princípio da co-culpabilidade *428*

Princípio da confiança *281, 282*

Princípio da consunção *60*

Princípio da continuidade normativo-típica *132*

Princípio da culpabilidade *111, 112, 113, 175, 222, 277, 321, 415*

Princípio da defesa ou da personalidade passiva *147*

Princípio da defesa, real ou de proteção *146*

Princípio da dignidade da pessoa humana *20, 38, 107, 109, 112*

Princípio da disponibilidade *661*

Princípio da divisão de trabalho *437*

Princípio da especialidade *59, 60*

Princípio da extra-atividade da lei penal *121, 126*

Princípio da extraterritorialidade *146*

Princípio da fragmentariedade *85*

Princípio da humanidade *100, 109*

Princípio da indisponibilidade *659*

Princípio da individualização da pena *94, 96, 100, 486*

Princípio da indivisibilidade *659, 662, 677*

Princípio da insignificância *87, 88, 89, 90, 92, 181, 209, 247, 361*

Princípio da intervenção mínima *50, 76, 77, 83, 89, 157, 159, 209, 225, 247*

Princípio da intranscendência *659*

Princípio da intranscendência da pena *104*

Princípio da isonomia *605, 75*

Princípio da legalidade *6, 23, 47, 55, 56, 65, 71, 73, 112, 115, 116, 117, 118, 121, 124, 159, 206, 249, 291, 534*

Princípio da lesividade *79, 80, 168, 178*

Princípio da limitação das penas *602*

Princípio da obrigatoriedade do exercício da ação penal *656*

Princípio da obrigatoriedade ou da legalidade *658*

Princípio da oficialidade *659*

Princípio da oportunidade *661*

Princípio da personalidade ativa *147*

Princípio da pessoalidade ou da intranscendência da pena *103*

Princípio da ponderação dos bens *343*

Princípio da proporcionalidade *72, 99, 100, 188, 528*

Princípio da razoabilidade *349, 350, 552, 558*

Princípio da reinserção social do delinquente *112*

Princípio da representação *147*

Princípio da reserva legal *47, 50, 75, 117, 118, 124, 560*

Princípio da responsabilidade pessoal *103, 104, 222*

Princípio da separação dos poderes *122*

Princípio da subsidiariedade 60
Princípio da territorialidade 143, 146
Princípio da universalidade, da justiça universal ou cosmopolita 147
Princípio de estrita legalidade 119
Princípio de mera legalidade 119
Princípio do incremento do risco 279
Princípio do *in dubio pro reo* 72
Princípio do risco 279
Princípios constitucionais expressos 112
Princípios gerais de direito 47
Princípios gerais do direito 48
Prioridade de tramitação 175
Prisão 30, 38
Prisão descontínua 543
Prisão domiciliar 509
Prisão em flagrante 80, 182
Prisão especial 515
Prisão perpétua 106, 108, 602, 603
Prisão preventiva 360, 513, 514, 527
Prisão simples 155, 165, 166
Prisão temporária 513
Privação coletiva de direitos 16
Privatização do direito penal 11
Procedimento especial 186
Processo hipotético de eliminação de thyrén 263, 265, 267, 283
Processo penal 22
Produção antecipada das provas 699
Producta sceleris 537
Produto do crime 631
Produto ou proveito do crime 632
Produtos do crime 537
Progressão de regime 96, 96, 108, 501
Progressão de regime no cumprimento de pena por crime hediondo, ou equiparado 497
Progressão de regime para mulher gestante 509
Proibição de frequentar determinados lugares 531, 540, 542
Proibição de regresso 262, 281, 282
Proibição do exercício de cargo 530, 540
Proibição do exercício de cargo, função ou atividade pública, bem como de mandato eletivo 540
Proibição do exercício de profissão 530, 540
Proibição do exercício de profissão, atividade ou ofício que dependam de habilitação especial, de licença ou de autorização do poder público 541
Pronúncia 700, 704, 708
Proporcionalidade 14
Proporcionalidade das penas 24
Prorrogação automática do período de prova 613
Prorrogação do período de prova 613
Proteção a vítimas e a testemunhas ameaçadas 682
Proteção da autoridade 565
Publicação da sentença ou acórdão condenatórios recorríveis 705
Pulseira 329, 522, 525
Punibilidade 160, 162
Punibilidade do crime tentado 297
Punição 14
Putatividade 331

Q

Queixa-crime 6
Queixa do ofendido 659
Querelante pessoa jurídica 676
Quesitação 427

R

Racha 245
Racismo 710
Rapto 2
Ratio cognoscendi 212
Ratio essendi 212
Reabilitação 641, 642, 643
Reação social 31
Recebimento da denúncia 687, 692, 700, 701, 309
Recebimento da denúncia ou da queixa 569

Recebimento válido da denúncia *701*
Receptação *185*
Reclamação ao Supremo Tribunal Federal *67*
Reclusão *166*
Reconhecimento antecipado da prescrição *709*
Recurso que dificulte ou torne impossível a defesa do ofendido *563*
Recurso que dificultou ou tornou impossível a defesa do ofendido *563*
Redução a condição análoga à de escravo *640*
Redução do prazo prescricional *696*
Reforma penitenciária *26*
Reformatio in pejus *626, 688*
Regime aberto *494, 495*
Regime especial *505*
Regra jurídica *51*
Regressão de regime *500, 518*
Rei João Sem Terra *116*
Reincidência *532, 552, 553, 560, 560, 561, 561, 562, 572*
Reincidência dolosa *532*
Reincidência específica *620, 561*
Reincidente *609, 686*
Reincidente em crime doloso *533*
Reincidente específico *532*
Reinternação do agente *650*
Reiteração criminosa *587, 588, 589, 594*
Relação de causalidade *258, 259*
Relação íntima de afeto *564*
Relação psicológica entre o autor e o fato *394*
Relações domésticas *92*
Relações domésticas, de coabitação ou de hospitalidade *564*
Relevância social da ação *400*
Relevante valor social ou moral *569*
Remição *108, 484, 492, 511*
Remição da pena *512, 513*
Remição pelo estudo *494, 495, 510, 511, 513*
Remição pelo trabalho *510*
Renúncia ao direito de queixa *676*
Renúncia ao direito de queixa ou representação *12*
Renúncia à representação *663*

Renúncia tácita ao direito de queixa *677*
Reparação do dano *309, 310, 311, 313, 314, 569*
Reparação dos danos *11*
Reparação parcial do dano *310*
Representação *662*
Representação criminal *662, 663*
Representação da vítima *664*
Representação do ofendido *169, 658*
Requisição do ministro da justiça *168, 658, 662*
Res nullius *326*
Responsabilidade civil do agente *379*
Responsabilidade contratual *275*
Responsabilidade criminal das pessoas coletivas *223*
Responsabilidade de impedir o resultado *275*
Responsabilidade dos prefeitos *191*
Responsabilidade objetiva *113*
Responsabilidade pelos atos ilícitos *8*
Responsabilidade penal *42, 401*
Responsabilidade penal da pessoa jurídica *223, 224*
Responsabilidade penal objetiva *175, 321, 269, 323*
Responsabilidade penal sem culpa *113, 175, 269, 321, 322*
Ressocialização *602, 529*
Restituição da coisa *309, 310, 311, 313, 314, 569*
Resultado aberrante *353, 195*
Resultado agravador *175, 323*
Resultado agravador da infração penal *321*
Resultado diverso do pretendido *195, 330, 353*
Resultado jurídico *171, 258*
Resultado material *171*
Resultado naturalístico *165, 170, 244, 245, 247, 258*
Resultado qualificador *176, 322, 323*
Retratação *662, 663, 679*
Retratação da requisição *662*
Retratação do agente *679*
Retribuição *14*
Retroatividade da lei penal *117, 129*
Retroatividade *in mellius* *126*
Revelia *699*

ÍNDICE REMISSIVO

Revisão *pro societate* 670
Revogação da reabilitação 643
Revogação das medidas de segurança 649
Revogação da suspensão condicional da pena 611
Revogação de leis pelos costumes 48
Revogação do livramento condicional 624
Revogação do *sursis* 612
Revogação facultativa 612
Revogação facultativa do livramento condicional 625
Risco da ocorrência do resultado 275
Risco juridicamente relevante 279
Risco permitido 279, 281
Rixa 187
Rquivamento do inquérito policial 663
Rubrica 5

S

Salvo-conduto 623
Sanção penal 8
Sanções de caráter coletivo 16
Sanções políticas 191
Sanctio iuris 52, 57
Século das luzes 106
Sedução 674, 2
Semi-imputável 408, 409
Senado federal 530
Sentença absolutória imprópria 645
Sentença concessiva do perdão judicial 680, 706
Sentença de pronúncia 704, 705
Sentença penal estrangeira 149
Sequestro 632, 692
Serviço militar obrigatório 425
Serviço social penitenciário 609
Sistema causal 398
Sistema causal-naturalista 198, 392, 393, 395
Sistema clássico 393, 394
Sistema de dias-multa 546, 546
Sistema de freios e contrapesos 56
Sistema do duplo binário 644, 650

Sistema funcional 401
Sistema nacional de políticas públicas sobre drogas 55, 56
Sistema neoclássico 396
Sistema prisional 22, 30
Sistema progressivo 604
Sistema representativo 47
Sistema vicariante 650
Sistemas carcerários 27
Sistemas prisionais 27, 478
Sonambulismo 202
Subsidiariedade expressa 192
Subsidiariedade tácita ou implícita 192
Substância psicoativa 253
Sucessão de leis no tempo 126, 128, 129
Sujeito ativo 221
Sujeito passivo 227
Sujeito passivo formal 227
Sujeito passivo material 227
Súmula com efeito vinculante 66, 67
Súmula não vinculante 67
Súmula vinculante 491, 519
Súmulas 66
Superveniência de doença mental 651
Supremo Tribunal Federal 7
Supressão ou alteração de direito inerente ao estado civil de recém-nascidos 193
Surdos-mudos 404
Sursis 608, 609, 610, 611, 612, 561, 562, 568
Sursis especial 611
Sursis etário 609, 611
Sursis humanitário 609, 611
Sursis simples 609, 610, 612
Suspensão condicional da pena 607, 608, 609, 610, 611, 614, 547, 561
Suspensão condicional do processo 614, 542
Suspensão da execução da pena 612
Suspensão da habilitação para dirigir veículo 530
Suspensão de autorização ou de habilitação para dirigir veículo 541
Suspensão do prazo prescricional 698, 699
Suspensão dos direitos políticos 426

T

Tarifa de composição *16*
Tatbestand *205, 211*
Taxatividade da lei penal *24*
Temor reverencial *421*
Tempo do crime *5, 127*
Tentativa *553*
Tentativa abandonada *302*
Tentativa branca *300*
Tentativa branca ou incruenta *299*
Tentativa branca, ou incruenta *296*
Tentativa como delito autônomo *298*
Tentativa de contravenção *152, 168, 211*
Tentativa de contravenção penal *293*
Tentativa de crimes culposos *293*
Tentativa de latrocínio *295, 296*
Tentativa de participação *453*
Tentativa de suicídio *80*
Tentativa e adequação típica de subordinação mediata *291*
Tentativa e aplicação da pena *298*
Tentativa e contravenção penal *292*
Tentativa e crime complexo *294*
Tentativa e dolo eventual *299*
Tentativa em delitos culposos *254*
Tentativa imperfeita *292*
Tentativa inidônea, inadequada ou quase-crime *316*
Tentativa negligente *256*
Tentativa no flagrante esperado *320*
Tentativa nos crimes culposos *256*
Tentativa nos delitos culposos *256*
Tentativa nos delitos habituais *185*
Tentativa perfeita *292*
Tentativa perfeita, acabada, ou crime falho *292*
Tentativa perfeita ou acabada *181*
Teoria causalista da ação *369*
Teoria causal, natural, ou mecanicista da ação *215*
Teoria clássica *198*
Teoria da ação final *215*
Teoria da ação final (sistema finalista) *397*

Teoria da acessoriedade limitada *449*
Teoria da acessoriedade limitada da participação *442*
Teoria da acessoriedade máxima *449*
Teoria da acessoriedade mínima *449*
Teoria da *actio libera in causa* *411, 412*
Teoria da adequação *279*
Teoria da atividade *128, 143, 234*
Teoria da causalidade adequada *260*
Teoria da cegueira deliberada *241*
Teoria da coculpabilidade *392, 427, 428*
Teoria da *conditio sine qua non* *261*
Teoria da culpabilidade que remete às consequências jurídicas *335*
Teoria da equivalência das condições *434*
Teoria da equivalência dos antecedentes causais *260, 261, 262, 278, 279*
Teoria da ficção jurídica *584, 585, 586, 589*
Teoria da hiperacessoriedade *450*
Teoria da hostilidade ao bem jurídico *290*
Teoria da imputação objetiva *264, 277, 278, 281, 284, 401*
Teoria da pena *575*
Teoria da probabilidade *234*
Teoria da *ratio cognoscendi* *214, 339, 397*
Teoria da *ratio essendi* *212, 214, 339, 397*
Teoria da relevância *260*
Teoria da relevância jurídica *260*
Teoria da representação *234, 252*
Teoria da retribuição *34*
Teoria das funções *272*
Teoria das normas *392*
Teoria da ubiquidade ou mista *143*
Teoria da unidade de delito *580*
Teoria da unidade real *584, 585*
Teoria da utilidade *29*
Teoria da vontade *233, 300*
Teoria de binding *50*
Teoria de prevenção geral *36*
Teoria determinista *391*
Teoria diferenciadora *343, 344, 345, 349, 422, 423*
Teoria do assentimento *233, 300*

Teoria do consentimento ou da assunção 233
Teoria do crime 224, 392
Teoria do delito 153, 392, 393
Teoria do direito natural 29
Teoria do domínio do fato 432, 435, 436, 442
Teoria do domínio funcional do fato 435, 441
Teoria do esquecimento do fato 685
Teoria do etiquetamento 158, 173
Teoria do garantismo 120
Teoria do garantismo penal 9
Teoria do *labeling approach* 158, 173
Teoria do pacto social 22
Teoria do resultado 143
Teoria dos elementos negativos do tipo 212, 213
Teoria dos fins da pena 401
Teoria dos valores 396
Teoria dualista 431
Teoria extremada do dolo 238
Teoria extremada ou estrita da culpabilidade 333, 416
Teoria final da ação 399
Teoria finalista 327, 369, 398
Teoria finalista da ação 113, 218, 328, 238, 398, 413
Teoria limitada da culpabilidade 333, 334, 359, 416
Teoria limitada do dolo 238
Teoria mista 584, 585
Teoria mista ou objetivo-subjetiva 594
Teoria monista 431, 432
Teoria natural da ação 238
Teoria neoclássica 199
Teoria neoclássica ou psicológico-normativa 238
Teoria normativa 396, 397
Teoria normativa da culpabilidade 396
Teoria normativa pura 399
Teoria objetiva 297, 297
Teoria objetiva de participação 433
Teoria objetiva formal 289
Teoria objetiva no crime continuado 588
Teoria objetiva pura 316, 317

Teoria objetiva temperada 316, 317
Teoria objetiva temperada, moderada ou matizada 297
Teoria objetivo-formal 433
Teoria objetivo-material 433
Teoria objetivo-subjetiva 588, 589
Teoria pluralista 431
Teoria psicológica da coação 36
Teoria psicológica da culpabilidade 394
Teoria psicológico-normativa 397
Teoria relativa 36
Teoria retributiva 35
Teoria social da ação 199, 400
Teoria subjetiva 288, 289, 297, 316, 317
Teoria subjetiva da participação 434
Teoria unitária 344, 349, 422
Teoria utilitarista 30
Teorias absolutas 34
Teorias da acessoriedade 448
Teorias da vontade e a do assentimento 252
Teorias do dolo 233
Terceira escola 42
Termo inicial da prescrição da pretensão executória 694
Territorialidade 144
Terrorismo 96, 172, 561
Tese da pluralidade 580
Tipicidade 88, 91, 206, 212, 213, 247, 328, 339, 386, 392, 397
Tipicidade conglobante 88, 89, 207, 209, 383, 384, 385
Tipicidade formal 88, 89, 207, 209, 210, 291, 384
Tipicidade legal 383
Tipicidade material 88, 89, 181, 207, 209, 247
Tipicidade penal 383, 385
Tipo anormal 215
Tipo básico ou fundamental 214
Tipo complexo 218, 277, 328
Tipo culposo 242
Tipo de extensão 291
Tipo doloso 230
Tipo misto alternativo 193

Tipo misto cumulativo *193*
Tipo normal *215*
Tipo penal *205*
Tipo permissivo *358*
Tipo total *213*
Tipo total de injusto *214, 339*
Tipos abertos *215, 249, 272*
Tipos congruentes *216*
Tipos derivados *214*
Tipos fechados *215*
Tipos incongruentes *182, 216*
Tipos normais e anormais *215*
Tipos penais derivados *180*
Tipos penais incriminadores *52*
Título executivo *548*
Título executivo de natureza judicial *131*
Título executivo judicial *674, 686, 688, 691*
Tornozeleira *522*
Torpe *563*
Tortura *22, 172, 96, 487, 561, 563, 637*
Trabalho do preso *108, 510*
Trabalhos forçados *108*
Tráfico *486*
Tráfico de drogas *476, 486, 487, 529, 530*
Tráfico de influência *6*
Tráfico ilícito de entorpecentes *96, 96, 172, 561*
Traição *563*
Trancamento de ação penal *223*
Transação penal *186*
Transexuais *509*
Transexual *509*
Trânsito em julgado da sentença penal condenatória *560*
Tratado de extradição *149*
Tratado ou convenção internacional *195*
Tratados internacionais de direitos humanos *147*
Tratamento ambulatorial *646, 647, 648, 649, 650, 406*
Travesti *509*
Tribunal do júri *573*
Tribunal penal internacional *146, 147, 195*
Tutela dos direitos *8*

U

Unidade de desígnio *588, 589*
Unificação das penas *577, 603*
Uso de algemas *519, 520*
Utilitarismo do direito *29*

V

Vacância do cargo *191*
Vacatio legis *120, 121*
Valor do dia-multa *546*
Valor moral *569*
Valor social *569*
Veneno *563*
Versari in re illicita *113, 176, 322*
Veto presidencial *681, 682*
Vigência da lei penal *120*
Vigilância eletrônica ativa *525, 526*
Vigilância eletrônica passiva *525*
Vingador de sangue *14*
Vingança *7, 14, 17*
Vingança de sangue *18*
Vingança divina *15*
Vingança privada *14, 19*
Vingança pública *15, 34*
Violação de correspondência *187*
Violação de dever inerente a cargo, ofício, ministério ou profissão *564*
Violação de dever para com a administração pública *540, 634, 635, 642*
Violação de domicílio *171*
Violência *590, 531*
Violência contra a mulher *175, 564*
Violência doméstica e familiar contra a mulher *180, 535, 559, 564*
Violenta emoção *188, 557*
Violenta emoção, provocada por ato injusto da vítima *569*
Vis absoluta *201, 420*
Vis compulsiva *420*
Vitaliciedade *639*
Vitimologia *11, 33, 557*
Voluntas legis *64, 72*
Voluntas legislatoris *64, 65*